U0896209

2016

中国税务稽查年鉴

China Taxation Auditing Yearbook

国家税务总局稽查局　编

中国税务出版社

图书在版编目(CIP)数据

中国税务稽查年鉴.2016/国家税务总局稽查局编.
--北京:中国税务出版社,2017.3
ISBN 978-7-5678-0456-2

Ⅰ.①中… Ⅱ.①国… Ⅲ.①税收管理-中国-2016-年鉴
Ⅳ.①F812.423-54

中国版本图书馆CIP数据核字(2016)第189177号

书　　名: **中国税务稽查年鉴·2016**
作　　者: 国家税务总局稽查局　编
责任编辑: 陈金艳　崔盛业　杨　鹤
责任校对: 于　玲
技术设计: 刘冬珂
出版发行: 中国税务出版社
北京市丰台区广安路9号国投财富广场1号楼11层
邮政编码:100055
http://www.taxation.cn
E-mail:swcb@taxation.cn
发行中心电话:(010)83362087
传真:(010)83362049
经　　销: 各地新华书店
印　　刷: 北京联兴盛业印刷股份有限公司
规　　格: 787毫米×1092毫米　1/16
印　　张: 30.5　彩插:1.5
字　　数: 1006000字
版　　次: 2017年3月第1版　2017年3月第1次印刷
书　　号: ISBN 978-7-5678-0456-2
定　　价: 280.00元

《中国税务稽查年鉴（2016）》

编辑委员会

《中国税务稽查年鉴（2016）》

审　稿

（以姓氏笔画为序）

一、国家税务总局稽查局

尹　雁　王　磊　李亚兵　李光辉　李明磊　汪永标
陈　杰　金　鑫　徐　平　曾静蓉

二、各省（自治区、直辖市、计划单列市）国家税务局稽查局、地方税务局稽查局

于　波　仇应广　王书剑　王长江　王发升　王永春
王志彬　王汴梁　王哨兵　王　廉　邓新凤　包清泉
叶继海　宁　赟　甘　石　石惠民　艾礼贵　边宏庆
刘义峰　华　方　向垣树　孙建东　达娃云丹　邢汝霖
余振荣　吴玉琦　张　目　张　军　张红梅　张连发
张铁林　张维俊　张雅军　李才波　李天星　李伏虎
李　轩　李　波　李铁成　李维海　杨彦龙　杨　楠
汪明荣　沈金元　陆介康　陈岸颖　周铁锋　孟来茂
岳克健　欧阳海珠　郑　青　金　岩　侯树森　胡峻峰
赵灿奇　赵　勇　赵新科　倪永刚　唐林玮　晏懋秋
聂　霞　高　剑　屠克威　曹　蓉　章　程　黄　坚
黄明松　彭正国　曾安辉　葛敬书　窦晓军　赖容锦
端木阳　滕纪丰

《中国税务稽查年鉴（2016）》

撰　稿

（以姓氏笔画为序）

一、国家税务总局稽查局

王明科　艾　玥　刘　扬　张一培　张达光　李恺阳
杨海铮　金　鑫　宫　怡　郭六武

二、各省（自治区、直辖市、计划单列市）国家税务局稽查局、地方税务局稽查局

丁占伟　刁学权　马怡宏　孔晓飞　王伟域　王　军
王　冰　王泽民　王　艳　王雪松　史晓泳　石卫斌
石金泽　全进红　刘元元　刘心宁　刘建东　刘　钰
刘　琪　后　甜　宇文峰　安　宁　江永珍　何勇飞
吴姝虹　宋寒菁　张云峰　张立君　张迎春　张晓斌
张海峰　张　惠　张雯莹　张腾飞　李　未　李　伟
李旭东　李辰钰　李佳懋　李昭婕　李　铭　李　鸿
李　博　李　蓉　李碧晓　李　燕　杨小红　杨昕颜
杨　洋　沈伊纯　肖　立　邹敏敏　陈小丹　陈艳荣
陈　霞　周兴红　周登恒　呼　和　季晓丽　罗　文
苗丽晓　范　瑞　金　岩　娄开峻　段晓峰　胡东胜
贵飞翔　赵　娜　赵翠芳　倪适雨　夏　莉　班　烨
翁旭东　郭　鑫　钱　庆　高　剑　高　楠　崔伟茹
康　勇　康健全　曹映君　曹　蓉　梁　丁　梁俊杰
黄丽芳　彭保东　温　博　舒　娜　葛　玮　蒋　攀
谢　芳　鲁晓琳　雷顺玉　蔡燕青　谭　红　谭　园
德　吉　潘海涛　戴　清　戴　蓉　魏丽萍

《中国税务稽查年鉴（2016）》

编辑出版人员

总　　编　　辑：王学东　张铁勋

副 总 编 辑：李国成　于海春　文月寿
　　　　　　　沈甫明　朱承斌

文 字 编 辑：曾静蓉　刘淑民　陈金艳
　　　　　　　崔盛业　杨　鹤

彩 页 编 辑：张　雷

校　　　　对：于　玲

监　　　　制：刘冬珂

发　　　　行：张　雷

编 辑 说 明

《中国税务稽查年鉴》由国家税务总局稽查局组织编写，中国税务出版社编辑出版发行，是记录全国税务稽查年度工作的文献资料性工具书。

《中国税务稽查年鉴（2016）》全面反映2015年度中国税务稽查工作的总体情况，收录税务稽查大事记、重大要案、规范性文件、重要统计数据、机构人员、文选等内容。

本年鉴共分九个篇目：

第一篇　重要文献。本篇收录国家税务总局领导、国家税务总局稽查局领导关于税务稽查工作的重要讲话和其他重要文件。

第二篇　全国税务稽查工作。本篇综述全国税务稽查各项业务工作开展的基本情况。

第三篇　各地税务稽查工作。本篇收录各省（自治区、直辖市、计划单列市）国家税务局、地方税务局稽查工作情况。

第四篇　大事记。本篇按照时间顺序收录2015年度全国税务稽查工作重大举措、国家税务总局稽查局及税务稽查系统重大事件和税务总局稽查局领导的重要活动等。

第五篇　重大案件辑要。本篇收录2015年度国家税务总局稽查局督办、查处的部分重大案件及各省（自治区、直辖市、计划单列市）国家税务局稽查局、地方税务局稽查局直接查处的大要案件。

第六篇　法规及规范性文件。本篇收录2015年度发布的与税务稽查相关的法律、法规、规章及规范性文件，包括国家税务总局发布的规范性文件及各省（自治区、直辖市、计划单列市）国家税务局、地方税务局根据本地情况制定的规范性文件目录等。

第七篇　统计资料。本篇收录全国税务稽查机构查处税收违法案件情况、行政强制措施及移送司法机关案件情况、违法举报案件情况、协查工作情况及机构人员、装备情况等统计资料。

第八篇　机构和人员。本篇收录国家税务总局稽查局领导名单、处级机构及副处级以上人员名单，各省（自治区、直辖市、计划单列市）国家税务局、地方税务局稽查局副处级以上人员名单、领导任免情况、机构设置和人员基本情况，税务稽查系统表彰情况等。统计时间截至2015年12月31日。

第九篇　文选。本篇选录2015年度税务稽查理论研究及调研的重要成果和优秀税务稽查论文。

本年鉴收录的资料不包括中国台湾和香港、澳门特别行政区。

本年鉴在编辑出版过程中得到各方面的大力支持，在此表示衷心感谢！同时，为进一步提高质量，希望读者提出意见和建议。

《中国税务稽查年鉴》编辑部

2016年12月

目　　录

第一篇　重要文献

第二篇　全国税务稽查工作

第三篇　各地税务稽查工作

第四篇　重大案件辑要

第五篇　法规及规范性文件

第六篇　统计资料

第七篇　机构和人员

第八篇　大事记

第九篇　文　选

第一篇

重要文献

认识税收新常态　把握发展新要求
持续推进税务稽查现代化

——在全国税务稽查工作视频会议上的讲话

孙瑞标

（2015 年 3 月 3 日）

同志们：

这次全国税务稽查工作会议的主要任务是，贯彻落实全国税务工作会议精神，总结 2014 年税务稽查工作，研究新形势下税务稽查现代化建设的前进方向，部署 2015 年税务稽查工作任务。刚才，李国成同志传达了王军局长对税务稽查工作的重要批示。王军局长充分肯定了过去一年税务稽查工作取得的成绩，对做好 2015 年税务稽查工作提出了殷切希望。我们要认真学习、深刻领会，坚决贯彻落实好。6 个单位的大会发言都很好，从不同角度反映了近年来税务稽查工作的亮点和经验，值得大家学习借鉴。下面，我根据这次会议的主要任务，讲三点意见。

一、顽强拼搏，2014 年税务稽查工作成绩斐然

2014 年，面对极其复杂严峻的经济税收形势，全国各级税务稽查部门坚决落实税务总局党组的部署和要求，以持续推进税务稽查现代化为主线，以打击违法犯罪、促进堵漏增收为重点，勇于担当，敢于亮剑，团结拼搏，税务稽查工作开创了新局面，迈上了新台阶，为完成全年税收任务做出了积极贡献。

（一）重大案件查处取得新战果

各级税务稽查部门精心组织打击虚开增值税专用发票专项行动、打击骗取出口退（免）税专项行动、“营改增”试点行业专项稽查以及石油石化产品消费税专项检查等四个专项行动，有力推动了重大税收违法案件查处工作，取得了丰硕战果。全年共查处税收违法案件 15.3 万起，其中，查处百万元以上案件 7302 起、查补税款 386 亿元，比上年增加 631 起和 76 亿元；受理举报案件 3.44 万件，结案 2.26 万件，查补收入 47.6 亿元；通过协查系统委托协查增值税专用发票和其他可抵扣凭证 32 万余份，查实有问题 22 万份，查补收入 8.53 亿元；河北“7・15”案、吉林“4・08”案、福建“8・22”案和“1・20”案、上海珂兰商贸涉税案、厦门张天盛犯罪团伙骗税案、湖北“2・24”案、四川“凯旋一号”案、贵州“3・21”虚开发票案等案件查处取得重大突破，有力打击了犯罪分子的嚣张气焰，有效遏制了重大税收违法活动的蔓延势头。在四个专项行动中，天津、内蒙古、吉林、

福建、河南、贵州等国税局打击虚开增值税专用发票专项行动比较突出，河北、宁波、厦门、江西、湖南、广东、深圳、广西、海南、四川等国税局打击骗取出口退（免）税专项行动比较突出，上海、河北、陕西、青海等国税局“营改增”试点行业专项稽查比较突出，辽宁、山东、湖北、浙江、青岛等国税局石油石化产品消费税专项检查比较突出。税务总局局长王军对四个专项行动给予了高度评价，在相关总结报告上批示：“四个报告都很好，稽查局及这支队伍为今年完成税收任务、规范税收秩序、树立和提升税务形象做出了成绩和贡献！谢谢同志们!”

（二）专项检查取得新成效

各级税务稽查部门将税收专项检查作为堵漏增收的重要举措，按照狠抓重点与全面推进相结合、立案检查与组织纳税人自查相结合、行业检查与区域整治相结合的方法落实工作，取得了显著成效。全国共组织自查及立案检查纳税人 30.7 万户，查补收入 889 亿元。河北、吉林、黑龙江、大连、江苏、山东、青岛等国税局和天津、辽宁、河南、深圳、四川、宁夏等地税局，部署周密，措施扎实，成效显著。

（三）重点税源企业轮查取得新成果

各级税务稽查部门不断加大高风险重点税源企业轮查力度，取得了挽回巨额税收流失、提升企业税法遵从度、完善轮查工作机制等多重效果。在税务总局统一部署开展的中国航天科工集团等 12 户重点税源企业轮查和各地自选高风险重点税源企业检查中，共实现查补收入 114 亿元；在对中国农业银行、中国建设银行和华能集团的重点检查中，稽查部门与大企业管理、税政、征管和收规等部门密切协作，检查发现了一些重大涉税问题，初步统计两行应补缴税款 410.45 亿元，华能集团应补缴税款 5.68 亿元。北京市国税局、地税局组织专门力量对相关企业集团总部开展检查，既确保了对企业总部的检查力度，又有效支持了各地对分支机构的检查工作。黑龙江、河南、辽宁、湖南、甘肃、内蒙古、重庆等国税局和黑龙江、河南、山西、吉林、广西、云南等地税局，组织到位，措施得力，成效明显。

（四）打击发票违法犯罪活动取得新成绩

各级税务稽查部门积极牵头协调公安、工信等相关部门，持续推进打击发票违法犯罪活动工作，取得了积极成效。全国共查处各类发票违法案件 10.2 万起，查获非法发票 6449 万份，抓获犯罪嫌疑人 6014 人；税务机关查处违法企业 9.9 万户，涉及非法发票 788 万份，挽回税收 134 亿元。山东、安徽、上海、陕西、宁波、宁夏、浙江、山西、深圳等国税局和山东、湖北、北京、重庆、宁夏、浙江、深圳等地税局工作力度大，成效较为显著。

（五）“黑名单”制度取得新突破

2014 年 7 月，税务总局出台《重大税收违法案件信息公布办法（试行）》（国家税务总局公告 2014 年第 41 号）。从 2014 年 10 月至今，税务总局分三批公布了 66 起重大税收违法案件，省以下税务机关公布了 536 起重大税收违法案件，“黑名单”制度顺利出台实施。经过反复磋商协调，2014 年底，税务总局与国家发改委、公安部、中国人民银行等 20 个部门联合签署了《关于对重大税收违法案件当事人实施联合惩戒措施的合作备忘录》，明确对税收违法“黑名单”相关当事人采取阻止出境、限制融资授信、禁止部分高消费行为、限制任职资格等 18 项惩戒措施，真正使违法当事人“一处失信，处处受限”，被中央有关部门领导誉为在社会信用体系建设中“具有示范意义”。

（六）现代化建设取得新进展

稽查现代化研究进一步深入。税务总局稽查局以贯彻落实李克强总理关于稽查工作的重要论述为契机，积极借鉴国际经验，充分吸收各地实践成果，完善了税务稽查现代化建设研究报告和实施方案，在税务总局党组中心组集体学习时进行了专题汇报，得到了较高评价。稽查体制机制改革试点进一步深化。继四省一市开展稽查管理方式改革试点后，北京、重庆、深圳等国税局和广西、重庆等地税局也全面推行一级稽查体制改革，力度大、措施实、成效好，值得各地学习借鉴。稽查信息化建设进一步推进。税务总局稽查局借助协查系统全国网络平台，研发了稽查统计报表采集分析软件、打击发票违法犯罪活动成果采集软件和“黑名单”发布软件，提升了稽查信息化管理水平。海南国税局和青岛地税局开发应用稽查信息管理系统，山西太原国税局推行“三大平台 + 两大软件”的信息化管理格局，工作质效显著增强；江苏、上海、广东、陕西等国税局和大连地税局以大数据为支撑，开发稽查选案软件，运用风险分析模型进行选案，有效提升了打击精度；辽宁国税局和山东地税局积极开发应用信息化检查手段，显著提升了执法效能。

（七）基础工作水平取得新提升

积极完善稽查制度体系。税务总局出台了《税务稽查案卷管理暂行办法》和《税务稽查案卷电子文件管理参考规范》，进一步完善稽查四环节运行机制，打造铁案工程、痕迹工程。积极与最高人民法院、最高人民检察院等部门沟通合作，启动虚开增值税专用发票、骗取出口退税、逃税问题司法解释的修订工作，深入研究涉税案件行政处理与刑事处理的衔接以及二者证据标准统一问题，为稽查执法提供坚实法律基础。大力开展规范进户执法工作。按照“便民办税春风行动”总体部署，深入开展规范进户执法工作，对税务机关各部门进户执法行为实施统筹管理，分级次、分批次取消了875项（次）进户执法项目，一定程度上解决了纳税人反映强烈的税务机关“重复检查”“多头执法”问题，社会反响良好。进一步加大宣传曝光力度。各级税务稽查部门大力开展宣传曝光工作，通过报纸、广播、电视台和政府网站、新闻发布会等途径，广泛宣传报道税收专项检查、四个专项行动、规范税务机关进户执法等稽查工作的亮点和重点，明显加大了案件曝光力度，有效扩大了稽查影响力，有力震慑了涉税违法行为。稳步推进稽查队伍建设。市以下税务机关稽查局认真开展了第二批党的群众路线教育实践活动，广大党员干部受到了一次深刻的党性教育。积极推进税务稽查职业道德建设。积极配合教育、人事部门做好两批稽查领军人才的培养锻炼工作。连续举办了“打击骗税行为”“资本交易”“税收专项检查”和“警税协作”等四个专题培训班，着力强化稽查骨干业务素质培训，推动重点工作不断深入。

回顾2014年，对税务稽查工作而言，是极不平凡的一年。各级稽查部门和全体稽查人员，在税务总局党组和各级税务局党组的坚强领导下，在地方党委政府和兄弟部门的关心支持下，在广大纳税人的理解配合下，充分发扬顾全大局、勇挑重担、敢于担当、迎难而上的优良品格，充分发挥“以查促管”“以查促改”“以查促查”“以查促收”的职能作用，以奋发有为的工作态度和勤恳忘我的工作精神，打赢了一场又一场维护税法尊严、斩断犯罪黑手、坚决堵漏增收的主动仗、漂亮仗，取得了前所未有的工作成果。全年共查补收入1856亿元，比上年增长44.6%；入库1806亿元，比上年增长46.3%，查补入库总额占税务部门组织税收收入的1.57%，查补收入总额和入库总额双双创历史新高，超额完成了税务总局党组提出的全年稽查工作任务。上海、江苏、广东、北京、山东国税局和江苏、广东、河北、四川、山东地税局查补入库总额位列全国国税、地税前五名；北京、深圳、西藏、陕西、贵州国税局和内蒙古、青海、大连、山西、贵州地税局查补入库收入增幅位列全国国税、地税前五名；内蒙古、青海、河北、山西、山东国税局和海南、河北、湖南、云南、吉林地税局查补入库收入占税务部门组织税收收入的比例，位列全国国税、地税前五名。以上成绩来之不易，凝聚着同志们的大量心血和汗水，体现着同志们的责任意识和担当意识。在此，我代表国家税务总局向各级税务稽查部门和全体税务稽查人员，并通过你们向身后默默支持税务稽查工作的家属们，向所有关心和支持税务稽查工作的领导和同志们，表示崇高的敬意和衷心的感谢！

在充分肯定成绩的同时，我们也要清醒认识到税务稽查工作中仍然存在着不容忽视的问题。一是骗取出口退税、虚开增值税专用发票和偷逃税等重大税收违法活动尚未得到根本遏制，在个别行业、个别领域和个别地区还表现出猖獗态势；二是依法行政、依法稽查的理念不够牢固，制度不完善、执法不规范、税务处理处罚标准不统一等问题依然突出；三是稽查信息化建设滞后，不能有效运用信息化技术支持稽查工作、提升稽查质效；四是稽查干部队伍素质不能完全适应工作需要，个别稽查人员甚至失职渎职、为税不廉、参与犯罪；五是稽查现代化建设还不适应要求，与征管改革和税制改革的结合还不够紧密。这些问题必须在今后的工作中认真加以解决。

二、把握要求，加快推进税务稽查现代化建设

习近平总书记去年12月在江苏调研时指出，要协调推进全面建成小康社会、全面深化改革、全面依法治国、全面从严治党，推动改革开放和社会主义现代化建设迈上新台阶。在去年底召开的中央经济工作会议上，习近平总书记深刻分析了国内外经济形势，对我国当前经济发展的阶段性、趋势性特征做出了科学精准的研判，提出了我国经济发展新常态的重大论断，并强调指出，认识新常态、适应新常态、引领新常态是当前和今后一个时期我国经济发展的大逻辑。

税务总局局长王军在全国税务工作会议上指出，经济发展新常态下，发挥税收职能作用、组织税收收入、管理税务干部队伍等工作面临许多新机遇新挑战，使税收工作也呈现出新常态。深刻认识、主动适应、积极引领税收新常态，不仅是持续推进税收现代化的重要前提，而且是发挥税收职能作用、更好服务经济发展新常态的重要前提。

习近平总书记对“四个全面”战略布局和经济发展新常态的科学诠释，王军局长对税收新常态的缜密分析，为我们做好新形势下的税务稽查工作指明了前进方向。我们要切实把思想和行动统一到中央精神上来，统一到总局党组的分析判断上来，把握时代发展的新特点新要求，持续推进税务稽查现代化建设，为2020年基本实现税收现代化做出更多更大的贡献。

（一）按照全面深化改革的要求，努力推进税务稽查现代化建设

税务稽查作为税收征管体系的重要组成部分和最后一道征管防线，既承担着加快自身改革发展的任务，也承担着为各项税收改革服务、为税收现代化目标服务的任务。我们要按照全面深化改革的要求，将改革作为税务稽查工作不断前进的动力、不断破解难题的法器，加速推进税务稽查现代化。一是深入推进稽查体制机制改革。要积极借鉴国际经验，

结合我国税收工作实际，认真研究稽查改革融入征管改革的问题。要在税收风险管理导向下，进一步明确稽查工作定位，明晰稽查职责范围。要主动适应跨国、跨地区、跨领域经营的大企业集团不断涌现的新情况，按照机构扁平化要求，持续推进税务稽查体制机制改革，整合优化稽查资源，实施科学的抽查轮查和分类分级稽查，有效提升稽查的税源管控能力。二是大力加强稽查信息化建设。要充分适应企业普遍推行信息化管理以及运用云计算、大数据、移动互联等新技术的新行业、新企业、新业态大量涌现的新形势，大力改进税务稽查方法和手段，积极推进稽查信息化建设，加强信息化技术应用，不断提升稽查质量和效率。三是积极推动税务领域信用体系建设。要认真落实构建诚信社会、加快诚信体系建设的工作部署，进一步完善税收"黑名单"制度，健全协同工作机制，落实联合惩戒措施，有效推动税务领域信用体系建设。四是切实为税制改革保驾护航。根据中央审议通过的《深化财税体制改革总体方案》，未来几年，我国税制将实施重大改革，涉及之广、力度之大、程度之深，为20年来所未有。税务稽查部门要依法履行法律法规赋予的职责，及时发现和坚决打击税制改革和税收政策调整变化后出现的涉税违法犯罪活动，确保税制改革顺利进行和各项税收政策有效落实。

（二）按照全面推进依法治国的要求，着力提升税务稽查依法行政的能力和水平

稽查部门作为税务机关履行税收执法权、确保税法有效实施的重要职能部门，必须视法治为稽查执法的生命线，把依法行政作为稽查执法的基本准则，把维护国家税法尊严和国家税收安全作为稽查执法的重要目标，把维护纳税人合法权益和保证公平公正执法作为稽查执法的重要使命。当前，个别稽查部门、个别稽查人员自由裁量权行使不规范，稽查程序执行不到位，以补代罚、以罚代刑，权责交叉、多头执法等现象表明，依法治税、依法行政还没有完全在税务稽查工作中落实到位。我们要按照全面推进依法治国的要求，大力提升税务稽查依法行政的能力和水平，把税务稽查打造成税务机关依法行政的先导区和示范区，推动税收法治全面实现。一是积极参与税收立法工作，通过修订税收征管法，理顺税收征管各环节的定位和职责，促使税务稽查机构、职能、权限、程序、手段、责任法定化。二是加大稽查制度建设力度，梳理行政处罚权力清单，规范案件定性、处罚和移送标准，统一稽查执法行为，优化稽查各环节工作流程，形成相互衔接、相互制约、相互促进的稽查良性工作机制。三是依法惩处涉税违法行为，对纳税主体一视同仁，做到依法有据、公平公正，既不能为了组织收入"抓大放小"，也不能迫于压力和干扰，对违法纳税人不敢处理或从宽处理。四是规范自由裁量权的行使，通过建立科学的抽查和轮查制度体现选案公平，通过实施集体审理、分级审理和重案审理，避免处理处罚畸轻畸重；在案件查处过程中，要按照政府信息公开办法和程序，依法提高稽查执法透明度，保护纳税人合法权益，规避稽查执法风险。

（三）按照全面从严治党的要求，大力加强稽查干部队伍建设和党风廉政建设

我们要自觉将全面从严治党的要求落实到税务稽查队伍建设工作中，坚持从严治队，加快构建具有鲜明税务稽查特色的预防和惩治腐败体系，深入推进税务稽查部门党风廉政建设。一要筑牢思想防线。加强理想信念教育和职业道德教育，使全体稽查人员树立正确的人生观、价值观、权力观、财富观，对廉洁从政和反腐败要天天讲、时时讲，使其入脑入心，筑牢拒腐防变的思想防线。二要严格规范执法。稽查人员要切实强化素质，提高能力，练好"内功"，提升执法水平，通过严格执法、规范执法，从根本上杜绝执法风险的产生。三要健全风险防范机制。根据稽查各项业务工作、环节和岗位可能存在的执法风险点，以建设完善的稽查执法全过程内控机制为载体，建立预防和惩治稽查执法腐败工作体系。四要严格落实相关制度。不折不扣地落实中央八项规定精神和税务人员“十五不准”等廉洁自律规定。认真落实党风廉政建设责任制，强化主体责任，切实做到“一岗双责”。各级稽查局领导要当好落实制度、转变作风的表率，带头讲党性、守纪律、讲规矩、明法纪、拒腐蚀、反腐败。五要自觉接受各方监督。通过加强各方面监督，形成干净干事的环境和风气。同时，发现问题苗头要及时制止，对违法违纪行为要严肃处理，绝不纵容姑息，确保稽查干部队伍纯洁。

（四）按照服务经济税收新常态的要求，全力发挥税务稽查的职能作用

各级税务稽查部门要深刻认识、主动适应、更好服务经济税收新常态，切实发挥好税务稽查的职能作用。第一，我国经济增长速度放缓，税收增幅可能加速下滑，税务机关组织收入压力加大，要求稽查部门进一步加大执法力度，打击不法，保护守法，引导遵从，切实发挥堵漏增收的作用；第二，经济结构调整力度加大，一些地区调整不合理经济结构、淘汰落后产能，加速一些行业发展，将导致税源重点转移，同时也可能引发某些领域税收违法活动抬头，要求稽查部门依法严肃查处行业性、区域性税收违法行为，切实发挥整顿规范税收秩序、营造公平有序经济环境的作用；第三，为促进经济发展方式转变，税制改革、税收政策调整和征管改革步伐将不断加快，随之必然带来税收违法形式、手段、特点的不断变化，要求稽查部门及时发现、及时打击，切实发挥为税收改革保驾护航的作用；第四，经济发展动力由要素驱动、投资驱动转向创新驱动，将催生出一批新业态、新产品、新商业模式，既需要加强税收政策支持，也需要完善税源监控管理，要求稽查部门不断提升核心业务能力，洞察政策执行问题和征收管理风险，及时反馈相关部门，切实发挥以查促管的作用。

同志们，我们准确把握“四个全面”总体布局，是为了明确前进方向，确保税务稽查系统上下同心同德、凝心聚力地推进税务稽查现代化建设；我们深刻认识经济税收新常态，是为了进一步提升税务稽查站位，增强稽查干部的事业心和使命感，更好发挥税务稽查的职能作用。面对“四个全面”和经济税收新常态带来的新变化、新趋势、新要求，我们要把准方向，坚定信心，主动作为，提早发力，以时不我待的紧迫感，在加快推进税务稽查现代化的过程中，实现稽查工作的新飞跃。

三、真抓实干，全面完成2015年税务稽查工作任务

2015年是全面深化改革的关键之年，是全面推进依法治国的开局之年，也是全面完成“十二五”规划的收官之年。2015年，我国经济税收形势仍将复杂严峻，不确定、不可预测的因素较多，做好税务稽查工作、有效服务经济税收新常态，意义重大。根据全国税务工作会议的部署，总局已经印发了今年稽查工作要点。下面，我就贯彻落实好税务总局党组工作部署、全面完成2015年稽查工作任务，从两个方面再作强调：

（一）坚持四点着力，扎实推进税务稽查现代化建设

2011年，税务稽查部门率先启动了稽查现代化的理论研究和实践探索。4年来，经过反复调研论证，形成并不断完善了税务稽查现代化建设研究报告和工作方案，提出了包括

法治、组织、运行、信息、队伍等五大目标体系的稽查现代化总体框架；在“四省一市”推行稽查管理方式改革试点，鼓励和支持各地因地制宜实施稽查体制机制改革；广泛推行分级分类稽查，不断优化重点税源企业轮查机制；积极探索稽查信息化途径，促进信息技术在稽查工作中的运用；强化稽查队伍建设，注重培养稽查人才。2015 年，我们要在既往探索的基础上，着力在四个“点”上取得突破，进一步有效推进稽查现代化建设。

一是抓紧研究制定相关制度。规范完备的制度体系是稽查现代化的重要基础，必须抓紧抓好。首先，要抓紧研究制定抽查制度。建立“科学的抽查制度”是李克强总理和税务总局党组的要求，我们要将其作为制度建设的“重中之重”加以落实。按照强化顶层设计与鼓励基层实践相结合的原则，总局稽查局要成立专门的工作班子进行专题研究、起草制度文稿，力争第二季度形成草案，第三季度试点推行，年底前正式出台。各地稽查部门要积极探索建立符合本地特色的抽查制度，向税务总局稽查局提供实践经验和智力支持，形成上下合力，确保抽查制度及时推出、顺利施行；其次，要抓紧研究制定稽查工作中亟需的制度。主要是：与最高检、最高法配合做好完善有关司法解释工作，制定骗取出口退税标本兼治方案，建立打击虚开增值税专用发票活动的相关制度，明确涉税案件具体适用法律法规的有关疑难问题，修订完善税务稽查办案专项经费管理办法等。

二是大力推行稽查信息化。税务总局稽查局要在对全系统稽查信息化建设的成果、问题进行梳理的基础上，提出进一步推进的意见，在 2015 年 6 月底前拿出税务稽查信息化建设的总体方案或总体思路，促使稽查信息化建设在今年实现新的突破。各级税务稽查部门要大力推广实施电子查账。税务总局在未拿出总体方案或总体思路之前，对各地使用的查账软件暂不做统一规定，主要还是以管用、好用为标准。各地自行研发使用、取得良好效果的查账软件，要及时向税务总局报告。要积极探索研发稽查管理平台和数据集中应用平台，加强流程监控，打造痕迹工程，充分利用各类税收征管数据和相关政府部门信息等第三方数据，努力破解信息不对称问题，不断提升稽查信息化水平。各地要注重相互交流、学习、借鉴，及时向税务总局反映稽查信息化工作成果和工作建议。

三是继续推进稽查体制机制现代化探索。税务总局稽查局要于 2015 年 6 月底前研究提出优化稽查资源配置、提升稽查管理层级、增强执法刚性和统一性的意见；要积极协调有关部门扩大稽查管理方式改革试点范围，对试点情况进行认真评估总结，提出完善试点的意见建议；要积极配合相关部门做好稽查体制机制改革的可行性调研。各地要主动作为，积极推进税务稽查体制机制改革，大胆实践，善于总结，及时报告。

四是全面加强稽查队伍建设。必须始终坚持“从严治队，善待严管”，既要坚决把稽查执法权力关进制度的“笼子”，也要积极为稽查干部成长创造良好条件。要认真落实绩效管理 3.0 版。今年税务总局将全面推行绩效管理 3.0 版，实现单位和个人绩效管理全覆盖，并将绩效考评结果与单位评先、个人评优、干部晋升、领导职数调配等挂钩，要求更高、标准更细、考核更严。各级税务稽查部门要运用绩效管理的思维、理念和方法推动各项重点工作落实，将税收“黑名单”制度、税务稽查质量等绩效考评指标落实到位，严格考评，以绩效管理 3.0 版的落实为契机，促进形成激发队伍活力、强化过程管理、推动科学发展的良好局面。要积极做好干部平时考核工作。按照税务总局统一部署，2015 年全系统要逐步试行公务员平时考核工作。各地要积极主动配合税务总局稽查局制定稽查人员专业知识和能力标准，将干部平时考核工作作为加强队伍建设的有力抓手，落实好平时考核的要求，利用好平时考核的成果。要继续完善人才培养和稳定机制。人才是保证稽查事业兴旺发达的第一资源，要按照“改进存量、优化增量”的思路，提升稽查干部队伍整体素质和能力。要对现有稽查干部实施分层次的人才培养办法，因材施教，分别培养稽查领军人才、各级税务稽查人才库人才和行业专家型人才，合理分配岗位职责，做到“人尽其才”“好钢用在刀刃上”。要切实把好稽查人员入口关，尝试制定稽查队伍进人条件，凡不符合条件的人员不得进入稽查部门。要切实把好人才出口关，留住能干事、肯干事、不出事的稽查人才，尽可能保持稽查人才队伍的稳定。充分运用公务员绩效考评、平时考核、职务与职级并行等机遇，将个人平时表现和业务能力与职务晋升、职级调整挂钩，更好发挥激励作用。积极采取提供高端培训、通报表扬、授予荣誉称号、立功受奖等方式，提高广大稽查干部的事业心和荣誉感。

（二）突出五个重点，确保各项稽查工作有序推进

面对今年复杂严峻的经济税收形势，税收工作的压力依然很大。我们必须从现在起就早做谋划，制定预案，研究发挥税务稽查职能作用，有效实现堵漏增收的措施，打有充分准备之战。任务确定以后，最关键的是要狠抓落实。王军局长在今年税务总局第1次局长办公会议上讲，抓落实体现的是一种奋斗精神，映照的是一种务实作风，检验的是一种能力素质。这正是全体税务稽查干部在2014年工作中的生动写照。我们要保持这种狠抓落实、真抓实干的工作作风，按照“突出重点、以点带面、整体推进”的工作方法，确保全年各项稽查工作有序推进，为完成税收中心工作和税收改革任务提供坚强保障。

一是狠抓重大税收违法案件查处工作。要严厉打击偷、逃、骗、抗等涉税违法犯罪活动，坚决有力地查处一批大案要案。要严格落实重大案件上报和督办制度，坚决杜绝有案不报、有案不查、查而不透、督导协调不力等问题。要按照税收风险管理的思路和方法，进一步健全选案机制，充分运用税收风险分析成果，对高风险纳税人开展定向稽查，提高稽查打击准确性。要大力改进协查工作，委托方和受托方要加强沟通交流，尽职尽责做好本方工作，切实提高协查质量；上级税务机关要加强对协查工作的组织协调和监督管理，对工作敷衍塞责，甚至出伪证、做假证等问题，严肃追究责任。要不断加大重大案件的宣传曝光力度，提高稽查震慑力。

二是狠狠打击骗取出口退税活动。要联合公安、海关等部门，继续严厉打击骗取出口退税活动，狠抓重大骗税案件查处，精心组织跨地区、大规模的集中打骗专项行动，打出气势，打出威慑，有效遏制出口骗税猖獗的势头。虚开是骗税的源头，要将打骗专项行动与打击虚开增值税专用发票专项行动紧密结合起来，从源头抓起，循线检查，一查到底。各地对税务总局稽查局下发的骗税疑点企业名单，要件件有落实、个个有结果，决不允许“泥牛入海”“无声无息”。要坚持标本兼治，积极协调配合税政等部门，研究制定防范和打击骗取出口退税的长效机制。

三是认真落实税收专项检查和重点税源轮查工作。要将税务总局指令性和指导性检查项目与本地实际相结合，选准检查项目，确保事半功倍。要进一步完善税务总局牵头指导、总部所在地税务机关为主、跨地区联动、国地税联合的重点税源企业检查工作机制，确保工作质效。要重视行业检查指南编写和典型案例分析，做好稽查成果转化利用，充分发挥以查促查、以查促管的职能作用。

四是切实发挥税收“黑名单”制度的作用。今年是落实税收“黑名单”制度的关键之年，必须确保起好步子、打好基础。要按照“深入推、打连发”的方式，依法、依规地有序公布重大税收违法案件信息。公布的重大税收违法案件必须是铁案，要经得起法律的检验、纳税人的检验、社会舆论的检验，坚决避免因案件质量不过硬引起不良反响。要切实落实联合惩戒措施。税务总局和20个部门签署的合作备忘录已经正式印发各地有关部门，各级税务稽查部门要认真落实备忘录的要求，确保按时、依规向相关部门推送案件信息，积极协调和督促相关部门落实联合惩戒措施。要广泛宣传联合惩戒措施落实的情况和典型案例，扩大税收“黑名单”制度的社会影响力和震慑力。

五是深入开展打击发票违法犯罪活动工作。继续落实全国打击发票违法犯罪活动工作协调小组确定的任务，充分发挥协调小组办公室的协调沟通、督促指导作用，分解落实社会综合治理工作考核评比，推进综合整治发票违法犯罪活动长效机制建设。积极会同公安等部门，进一步加大制售假发票犯罪活动打击力度，查办一批发票犯罪大要案件。进一步加强虚假发票“买方市场”整治工作，重点关注金融保险、房地产、商业批发与零售、餐饮娱乐、加工制造、中介机构、医药供销等发票使用问题突出的行业。

同志们，2015年的税务稽查工作任务十分艰巨，我们要继续发扬敢于担当、迎难而上的光荣传统，躬下身子，埋头工作，狠抓落实，奋力开创税务稽查现代化新局面，为服务经济税收新常态，圆满完成全年税收工作任务贡献力量！

在国家税务总局、公安部和海关总署2015年联合打骗工作部署会上的讲话

孙瑞标

（2015年4月22日）

同志们：

近年来，为深入贯彻落实国务院领导关于严厉打击出口骗税违法犯罪活动的重要批示精神，在国家税务总局、公安部、海关总署的统一部署下，各地税务、公安和海关部门联合开展打击骗税工作，取得较好成效。为进一步加大打击出口骗税工作力度，巩固和扩大打击骗税违法犯罪活动工作成果，尽快扭转出口骗税猖獗的局面，经三部局领导批准，国家税务总局稽查局、公安部经侦局、海关总署缉私局决定在2015年继续深入开展打击骗税工作。为确保工作取得实效，三部局前期做了大量周密细致的准备工作，制订了工作方案，确定了重点地区、重点线索，细化了具体任务，明确了工作要求。今天的会议就是2015年开展打骗工作的部署会、动员会，希望借此提高大家对打骗工作的重视程度，明确工作思路、工作方法和工作重点，不断推进打骗工作向纵深开展。

刚才，公安部经侦局副局长邓兆锋、海关总署缉私局副局长朱峰和税务总局稽查局副局长文月寿都对2015年打击出口退税违法犯罪活动工作作出了相关部署和要求，对下一步工作开展具有很强的指导意义，我完全同意。下面，我再谈三点意见：

一、2014年三部门打击骗税的工作成效

2014年，在三部局的领导指挥下，各地税务、公安和海关部门密切配合、多措并举、重拳出击，严厉打击出口骗税违法犯罪活动，一定程度上遏制了我国目前骗税高发态势，挽回了国家税款损失，整顿规范了我国外贸出口和经济秩序，具体成效表现在四个方面：

（一）有力地震慑了不法分子

2014年，在各地公安和海关部门的大力配合下，全国税务稽查部门共立案检查出口企业3012户，结案2169户，各项查补金额共25亿元，暂停退税8亿元；组织1.76万户出口企业自查，自查入库税款3亿元，防止或挽回国家税款损失共计36亿元，移送公安机关立案查处278户企业。各地税务、公安和海关部门协同作战，成功查处一批骗税重大案件，摧毁一批职业骗税犯罪团伙，严厉查处一批与骗税分子相互勾结、参与实施骗税活动的不法企业。江苏苏舜集团有限公司骗税案、厦门张天盛犯罪团伙骗税案、福建“8·22”专案、河北兴弘嘉纺织服装有限公司骗税案、宁波华朗国际贸易有限公司骗税案、深圳市同一工艺品有限公司虚开骗税案、重庆船舶贸易有限公司骗税案等7个案件涉及出口退税金

额高达 15 亿元。在查处骗税案件的同时，三部局组织开展了声势浩大的宣传报道工作，新华社、中央电视台、《中国税务报》等多家媒体采取多种形式对打击骗税工作进行深入的宣传报道，震慑了犯罪分子，教育了广大纳税人，营造了有利舆论氛围，取得良好社会效益。

（二）巩固了联合打骗协作机制

各地税务、公安和海关部门在三部局联合打击骗税工作部际协调机制的框架下，积极探索，通过建立联席会议制度、联合办案制度、信息交换制度等，努力实现部门间优势互补、资源共享、打击联动，做到部门协作紧密化、案件查办一体化，有效改善了以往单个部门打击骗税孤军作战的不利局面。江苏税警和海关部门强化情报交换，发现案件线索，成功破获多起利用“道具机器”骗税案件。浙江税务、公安和海关部门对重要线索和重大案件坚持“共同经营、联合取证、同步办案”的工作模式，使打击骗税的协同作战能力明显增强。厦门税务、公安和海关部门在总结以往办案经验和教训的基础上，创新协作方式，办案前期共同深挖线索，循线追踪，待时机成熟，果断出击，现场查获犯罪分子实施骗税的犯罪事实，一举破获犯罪团伙，有效解决了“事后查”取证难问题。

（三）积累了丰富的办案经验

深圳等地在近年来的打骗工作中，逐步积累办案经验，摸索出“顺查法 + 逆查法”的有效检查方法，通过检查上游供货企业定性虚开和下游海运提单确定真实货主寻求突破，并通过制作详细的检查指引，开展大量的业务培训和案件交流，培养一批敢查、会查骗税案件的骨干力量。同时，为提高检查质效，上海、江苏等地从案源入手，逐步建立和完善骗税案件的选案数据库，确定毛利率低、敏感口岸异地报关、敏感地区异地供货、出口增长异常、供货能力增幅异常等几大骗税风险指标，通过科学的数据分析，有的放矢，增强了骗税打击的针对性和实效性。在查处虚开、骗税案件中，各地责任意识、大局意识不断增强，广东、福建等六省市国税局签订防范和打击骗取出口退税工作协作协议，共同强化出口退税风险管理，有效增强了防范和打击骗税的省际合力，有利于重点案件全国联动。

（四）长效机制取得了一定进展

近年来，三部局在不断加大打击骗税工作力度的同时，以“打防结合”为工作目标，努力探索建立防范和打击骗税的长效机制。2014 年，税务总局稽查局会同货物劳务税司开展广泛深入的调研，在认真研究分析当前相关骗税问题的前提下，提出了防范和打击骗税建设性的工作意见，在骗税标本兼治方面做了大量有益的探索。定性难、取证难问题是阻碍打骗工作深入开展的桎梏，2014 年在全力推进征管法有关骗税条款修订工作的同时，税务总局、公安部积极配合最高法、最高检开展有关骗税司法解释的修订工作，取得初步成效，部分司法解释的条款已在修改完善中，这将为骗税案件的成功查处和骗税分子的依法惩处奠定坚实的司法基础。

回顾 2014 年，税务、公安、海关的各级干部在三部局的坚强领导下，充分发挥勇挑重担、迎难而上的优良品格，以奋发有为的工作态度和勤恳忘我的工作精神，打赢一场又一场维护法律尊严、堵漏增收的主动仗、漂亮仗，取得了前所未有的工作成绩。这些成绩来之不易，凝聚着同志们大量心血和汗水，体现着同志们的责任意识和担当意识。

二、切实提高深入开展打骗工作重要意义的认识

在总结经验、肯定成绩的同时，我们也应当清醒地认识到，打骗工作还存在一些突出问题：个别地区对打骗工作的重要性认识不足，措施不力，工作进度落后，工作成效不明显；个别地区对三部局下发的重点骗税线索，没有投入足够力量深入排查或者因缺少查处骗税的有效方法，找不到案件的突破口，检查工作陷入被动局面；部分地区三部门协作机制有待进一步完善，案件查处中各部门的职责、部门间信息共享和交换等问题仍需明确界定；个别地区骗税案件检查久拖不决，没有及时定性骗税或违规退税，危害国家税款安全。上述问题严重影响了全国打骗工作整体的深入推进，究其根源，在于对打击骗税工作没有正确认识。当前，继续深入开展打击骗税工作具有以下重要意义：

（一）应对当前严峻骗税形势的需要

当前不法分子骗税具有产业化、规模化和专业化的特点，并呈现出一些新的趋势：涉案金额日益增大，动辄上亿元，甚至几十亿元；骗税商品日益多样，除服装、家具、电子产品外，镶银制品、药品、海产品等也被不法分子利用骗税；参与骗税主体日益多元，大型国企、上市公司开始被不法分子作为退税平台，生产企业继外贸企业之后频频成为涉案企业；骗税利润日益丰盈，不法分子由收取所谓的“代理费”获利逐步转向“转口贸易投资”“上市”等所谓的“资本运作”和骗取政府奖励、银行贷款牟利。骗税犯罪危害极大，不仅造成大量国家税收流失，而且往往与虚开、洗钱、走私、骗贷等犯罪交织在一起，极大地扰乱国家经济秩序和社会秩序。2014 年《参考消息》等多家媒体反映的我国外贸出口虚假发票数量猛增的问题，也和骗税不无关系。因此，骗税犯罪作为最严重的一种涉税违法犯罪，必须给予坚决打击。

（二）落实部局领导重要指示的需要

三部局领导对打击骗税工作都高度重视。税务总局局长王军多次指示要加大出口骗税案件的查处和防范力度，并在 2015 年全国税务工作会议中强调，要把严厉打击骗取出口退税作为今年稽查工作的一个重点专项来抓，要打出气势，打出威慑，尽快扭转出口骗税猖獗的局面。海关总署领导多次明确要求将打击骗取出口退税作为全国打私工作的重要内容深入开展。可以说，部局领导对今年打击骗税工作提出了新期望、新要求，各地务必提高认识、高度重视，以实际行动坚决落实部局领导的指示精神。

（三）促进全年税收收入目标完成的需要

2014 年以来，全国组织收入工作面临严峻考验，税务总局党组研究提出了一系列堵漏增收的有针对性措施，圆满完成了全年收入任务。面对 2015 年经济形势中诸多不确定性因素，各地税务稽查部门要进一步增强责任意识、使命意识，舞好手中利剑，不仅直接查补税收收入，更要通过打击、震慑、教育功能的发挥带动税收收入增加。2014 年我国出口退（免）税达 11329 亿元，约占全部税收收入的 1/10，出口退（免）增值税数额占国内征收增值税的 36%。因此，依法严厉查处骗税案件是维护国家每年上万亿元出口退税安全的重要手段，在保收、促收方面具有独特、重要的作用，各地务必严格按照三部局的工作部署狠抓落实、重拳出击、多措并举、取得实效。

三、真抓实干推进2015年联合打骗工作深入开展

目前，我国的骗税形势依然严峻，经过审慎研究，国家税务总局、公安部和海关总署决定2015年在全国范围内继续深入开展打击出口骗税违法犯罪活动工作。今天到会的八个省（市）是2015年联合开展打骗工作的重点地区，2015年八省市的出口退（免）税额占全国总额的72%。今年是三部门联合打击骗税的第四年，各地税务、公安和海关部门务必克服倦怠思想，创新工作方式，以踏石留印、抓铁有痕的精神，把打骗工作落到实处，抓出成效。就具体查处工作，我提以下几点要求：

（一）加强领导、周密组织

为加强对各地打骗工作的统一指挥、督导和协调，公安部经侦局、海关总署缉私局和税务总局稽查局联合成立了打骗工作领导小组，由我担任组长，税务总局稽查局局长王学东任办公室主任，稽查局副局长文月寿、公安部经侦局副局长邓兆锋、海关总署缉私局副局长朱峰任副主任。领导小组办公室设在税务总局稽查局，由专人负责。各地国税稽查、公安经侦和海关缉私部门也要成立相应的领导小组，负责组织开展本地区的打骗工作。各地打骗工作领导小组人员名单要按照三部局文件要求及时上报。各地税务、公安和海关部门要充分认识打击出口骗税工作的重要性和紧迫性，尽快制定打骗具体工作方案，提前谋划，积极行动，迅速掀起打击骗税违法犯罪活动的新高潮。对重点线索、重大案件，各地的主管领导要亲自挂帅、亲自过问，随时掌握进展情况，同时抽调优势力量集中查处，税务部门要加强后勤保障工作。

（二）突出重点、寻求突破

各地税务、公安和海关部门要集中优势兵力，重拳出击，重点查办一批典型骗税案件。2015年三部门将继续下发一批涉嫌骗税的重点企业名单。这些企业普遍具有接受虚开的典型特点，并在出口单价畸高、异地报关、出口退税规模异常变动、敏感商品占比较大等指标方面综合风险较高。除三部门统一下发的重点线索外，各地税务、公安和海关部门要依据监管信息和警务信息，认真分析研判，迅速梳理一批线索，精准选择3~5户重大企业线索作为重点案源，实施精准打击。对三部门统一筛选下发的重点企业名单和各地自选的重点案源，各地税务、公安和海关部门必须作为2015年打击出口骗税工作的中心任务，做到件件有落实、个个有结果、户户要反馈，决不允许“泥牛入海—无声无息”。发现涉嫌骗税的重大案件，各地税务、公安和海关部门应采取“共同经营、联合取证、同步办案”的工作模式，成立专案组直接实施全面检查。对部分涉及地区广、案情复杂、打击难度大的大案要案三部门将进行联合挂牌督办，并根据检查进展情况，在必要时统一组织开展集群战役，集中收网。今天参会的八个重点地区，今年务必在打击骗税方面有所斩获，至少有效查处1~2起骗税案件。

（三）强化责任、协作配合

各地税务、公安和海关部门要实现打击骗税犯罪协作配合的紧密化，充分发挥海关的情报优势、税务机关的专业优势和公安机关的侦查优势。税务部门在对重点出口企业的检查过程中，不能“就单查单”“就票查票”，要积极应用顺查加逆查的工作方法，着重核实购进货物和出口业务的真实性。发现骗税或违规退税企业，要加大行政处理力度，避免案

件久拖不决。即使暂时无法定性骗税，也应严格按照2012年39号文件和2013年12号公告的有关规定，及时追缴税款；构成犯罪的要及时移送公安机关处理。公安机关对重大骗税案件要提前介入，提前经营，依法及时立案，迅速开展侦控工作；海关要将重大影响退税案件信息通报税务机关，将涉嫌犯罪的案件线索及时移送公安机关。对跨地区重大案件，主办地与参战地、协查地之间，要密切沟通、相互支持，发挥地区协作优势，加强打击威力。此外，在重大骗税案件查处过程中，各部门要注意做好保密工作，防止不法分子灭失证据、失踪走逃。

（四）强化宣传，提高震慑

各地税务、公安和海关部门应增强宣传意识，做好查处案件相关书面和影视资料的收集工作，充分利用中央媒体、地方媒体和新媒体平台，适时开展打击骗税工作宣传，特别是对部分典型案件开展深度曝光，营造打击骗税违法犯罪活动的强大声势，震慑犯罪分子，教育广大纳税人，形成全社会协税护税的良好氛围，为防范和打击出口骗税赢得更大主动。

（五）认真总结，标本兼治

各地税务、公安、海关部门要按照三部局的文件要求，认真做好2015年的打骗工作总结，每月月底各地都要上报阶段性检查工作开展情况，2015年11月底前上报总体工作总结。三部门将采取集中督导和日常督导的方式推进各地工作开展，同时建立绩效考评办法，对工作成绩突出的单位进行通报表彰，对上报不及时、查处和配合不力的地区要进行通报批评，并视情况根据有关规定追究单位和个人的责任。各地税务机、公安和海关部门在严厉打击出口骗税的同时，要认真分析专项行动中发现的问题，认真总结经济发展新常态下，出口骗税活动的新特点、新手段，研究改进打击出口骗税的方式方法，坚持打防并举、标本兼治的原则，及时提出进一步加强管理和进行整治防范的建议，并在此基础上，进一步健全打击出口骗税部门协作长效机制。

同志们，2015年三部门联合打骗工作今天就正式在美丽的西湖畔拉开帷幕。税务总局局长王军在今年打骗工作方案上批示了三个字“狠狠打”！希望各地税务、公安和海关的同志们继续发扬不怕吃苦、敢打硬仗的工作作风，集中查处一批骗取出口退税的重大案件，确保今年的打骗工作取得更大成效！

在国家税务总局、公安部和海关总署2015年联合打骗工作部署会议结束时的讲话

王学东

（2015年4月22日）

同志们：

为确保2015年打骗工作取得实效，三部局前期做了大量周密细致的准备工作，制订了工作方案、确定了重点地区、重点线索案件、细化了具体任务、明确了工作要求。刚才公安部经侦局副局长邓兆锋和海关总署缉私局副局长朱峰都对今年打击出口退税违法犯罪活动工作做出了相关部署和要求，对下一步工作开展具有很强的指导意义，我完全同意。我从2015年打骗工作安排上再强调几点：

一、打骗工作总体思路

今年，打骗工作在三部门领导那里都被提升到非常重视的高度，尤其税务总局局长王军，以及分管稽查工作的总会计师孙瑞标，都对今年打骗工作给予深切的期待。

根据前期征求公安部、海关总署，以及有关省市和司局意见，我们起草了2015年打骗工作方案报请税务总局党组批准。这个方案的总体思路是：今年打骗工作拟采取点面结合的方法，即将全年打骗工作分成税务系统内和系统外两个部分进行：一是在税务系统部署打骗专项检查，此项工作的主要目的是做到对骗税违法犯罪活动在覆盖面上的检查；二是税务稽查联合公安经侦和海关缉私部门，通过科学精准选案，对涉嫌骗税企业和个人实施重点打击。

今天我们这个会议，是三部门联合实施重点打击骗税工作的部署动员会。

二、落实各项工作要求

（一）高度重视，加强领导

为了增强打击骗税的综合效力，顺利推进打骗工作，三部门共同成立了打骗工作领导小组，领导小组组长由税务总局总会计师孙瑞标担任。领导小组下设协调工作办公室，办公室主任由税务总局稽查局局长王学东担任，副主任由海关总署缉私局副局长朱峰、公安部经侦局副局长邓兆锋和税务总局稽查局副局长文月寿担任。办公室设在税务总局稽查局，负责统一部署、指挥、协调和督导全国打骗工作。

本次会议召开后，各地税务机关机关、公安机关、海关应迅速动员部署打击出口骗税

工作，及时成立协调领导机构，制订行动方案和考核办法，提出具体工作措施。主要领导要亲自挂帅，分管领导要狠抓落实。各地协调领导机构及工作方案由税务机关牵头汇总后，于2015年5月10日前上报至国家税务总局稽查局。

（二）上下互动，精准选案

这次会上，三部局帮大家选了一部分案源线索，供重点打击选案之用。各地税务机关、公安机关、海关要依据监管信息和警务信息，从本地出口骗税多发领域梳理一批涉嫌骗税的重点企业和疑点企业中选取重点案源线索，并于2015年5月31日前将“重点企业”和“疑点企业”名单上报国家税务总局稽查局。重点地区要筛选3~5户重点企业线索上报，其他省、自治区、直辖市和计划单列市要筛选至少1条重点企业线索上报。

各地对三部门联合筛选下发的重点案件线索和本地自行筛选的重点企业线索，要研究制定具体查处工作措施，根据情况开展税务检查或侦查经营工作；对本地自行筛选的疑点企业线索和其他线索开展全面税务检查。税务检查主要工作要于2015年8月底前完成，公安机关侦查经营的案件线索，要于8月底前摸清团伙架构和犯罪网络基本情况，并做好关键人员、重要证据和账户资金的侦控工作。

（三）统一收网，集中攻坚

2015年9月上旬至11月上旬，各地税务机关要根据前期检查情况，依法对出口骗税相关企业作出处理处罚决定，坚决追缴被骗税款。公安机关要在前期侦查经营工作基础上，集中开展侦查破案工作，具备发起集群战役条件的，要于9月底前提请公安部经济犯罪侦查局发起集群战役。在集群战役没发起之前，三部门要紧密结合，周密部署，确保行动成功。

（四）按时上报，严格考评

为确保打骗工作取得实效，税务总局稽查局将采取日常督导和集中督导相结合的方式加大督办力度。每月月底前，各地税务机关要将税务查处和总体工作进展情况上报至国家税务总局稽查局。打骗办公室将建立绩效考评办法，对工作成绩突出的单位进行通报表彰，对上报不及时、查处和配合不力的地区要进行通报批评，并视情况根据有关规定追究有关单位和个人的责任。

（五）广泛宣传，强化震慑

各地税务机关、公安机关、海关要进一步加强打击出口骗税的新闻宣传工作，定期向社会公布重大骗税案件查处情况。加大典型案件深度曝光力度，营造打击骗税违法犯罪的强大声势，震慑犯罪分子。各地在查处案件的过程中要注意收集留存影像资料，为集中宣传曝光做必要准备。

（六）及时总结，把握动向

各地税务机关、公安机关、海关要及时统计打击出口骗税成果，总结分析打击和防范出口骗税的对策建议。各地总结考核情况由税务机关牵头汇总后，于2015年11月30日前上报至税务总局稽查局。

同志们，希望通过此次部署会和动员会能提高大家对打骗工作的重视程度，进一步明确今年打骗工作的总体思路和工作重点。相信通过我们三部门的协调配合和共同努力，能进一步加大打击出口骗税违法犯罪活动的工作力度，巩固和扩大打击骗税违法犯罪活动工作成果，共同遏制骗税犯罪活动高发的态势，使2015年打击出口骗税违法犯罪活动工作取得更好的成效！

2015 年全国税务稽查工作要点

2015 年，全国税务稽查工作的总体要求是：全面贯彻全国税务工作会议精神，以服务税收工作大局为中心，以维护税法尊严和提高纳税遵从为目标，以坚持依法稽查和深化改革创新为主线，以重大税收违法案件查处和制度机制建设为重点，以提升队伍素质和强化作风建设为保障，努力推进税务稽查现代化建设，充分发挥税务稽查职能作用，为全面完成全年税收工作任务做出新的贡献。

一、依法严厉打击各类税收违法行为

（一）严厉打击骗取出口退（免）税和虚开增值税专用发票行为。联合公安部门深入开展跨区域、大规模的打击骗取出口退（免）税专项行动和打击虚开增值税专用发票专项行动，打出气势，打出威慑，扭转出口骗税猖獗的局面。在全面打击的基础上，突出对骗取出口退税和虚开增值税专用发票猖獗的重点地区、重点行业和重点商品的稽查。为增强打击的针对性和准确性，税务总局稽查局依托数据分析，下发疑点企业名单，由各地税务、公安部门联合查处；会同公安部经侦局选择少数有代表性案件直接组织查处。坚持治标与治本相结合，进一步完善标本兼治工作方案。

（二）严厉打击偷逃抗税重大案件。与公安部门建立联合办案工作机制，集中力量查办一批有影响力、威慑力的偷逃抗税重大案件。加强对下级稽查局案件查办的指挥力度，严格落实重大案件报告制度、重大案件督办管理办法，加大重大案件督办力度，提高督办案件查办质量和效率。

（三）继续开展税收专项检查工作。将出口退税企业、黄金交易企业、资本交易作为指令性检查项目，将房地产及建筑安装业、高收入者个人所得税、营利性教育培训机构作为指导性检查项目。以扩大试点的“营改增”电信业等为重点，开展“营改增”专项稽查工作。组织开展行业检查指南和典型案例评选工作。

（四）继续开展税收区域专项整治。以税收征管数据分析为基础，每省至少选择一个税收秩序相对混乱、税收违法行为比较集中的地区组织开展区域税收专项整治，做到整治一个地区，规范一个地区的税收秩序。

（五）深入开展重点税源企业税收轮查。切实加大对重点税源企业轮查工作力度。按照推行税收风险管理的统一路径，针对高风险纳税人开展定向稽查，提高税务稽查打击的准确性和震慑力。选取部分税收风险高、涉税违法疑点明显的重点税源企业组织开展检查。继续强化税务总局牵头、总部所在地税务机关为主、多省联动、国税局和地税局联合的督导协调机制和省际稽查联动协作机制，采取查前全面约谈辅导、重点抽查方式开展检查。

（六）综合整治发票违法犯罪活动。保持打击发票违法犯罪活动的高压态势，建立完善综合整治发票违法犯罪活动长效机制。充分发挥协调小组办公室的协调沟通、督促指导作用，分解落实社会综合治理工作考核评比。进一步加强虚假发票“买方市场”整治工作，将发票整治工作与税收各类检查工作有机结合，坚持查案必查票、查税必查票，把发票使用情况检查作为税收检查的必经环节和必查项目。重点检查金融保险、房地产、商业批发与零售、餐饮娱乐、加工制造、中介机构等发票使用问题突出的行业。积极配合公安、通信管理等部门严厉打击虚假发票“卖方市场”，开展发票违法信息整治工作，提高工作效能。

二、积极探索和推进税务稽查现代化建设

（七）加快推进稽查管理方式改革。总结部分地区税务稽查模式改革经验，研究提出优化稽查资源配置、提升稽查管理层级、增强执法刚性和统一性的意见。支持和指导各地开展的税务稽查扁平化管理模式改革、一级稽查体制改革。

（八）积极推进稽查分类分级管理。按照分类分级稽查管理模式，加大对重点税源企业检查力度。税务总局稽查局负责全国范围内重大税收违法案件和重点税源企业检查的组织工作；省稽查局负责本区域重大税收违法案件和重点税源企业的检查或检查的组织工作；市稽查局主要负责本区域企业的检查和一般性税收违法案件的查处工作；县稽查局按照上级稽查局的统一安排开展检查工作。

（九）大力推进稽查信息化建设。拓展信息技术在税务稽查工作中应用的深度和广度，大力推动电子查账软件和数字化检查工具的使用。推广应用系统性检查工作底稿模式，做好软件升级后的推广工作。鼓励各地积极实践，总结经验，强化统筹协调，推进稽查管理工作流程化、规范化、信息化。根据总体部署，配合相关部门继续做好金税三期工程的推广应用工作，配合相关地区做好金税三期工程稽查模块试运行工作。根据《行政诉讼法》规定，研究制订电子数据采集与认定规范。

（十）深入进行税务稽查现代化研究。深入调查研究，借鉴国际先进经验，进一步修订完善《税务稽查现代化研究报告》。

三、进一步提升稽查工作质效

（十一）积极完善稽查制度体系。深入贯彻落实李克强总理关于“建立科学的抽查制度”的指示精神，把抽查和轮查相结合，抓紧建立中小型企业抽查和重点税源企业轮查制度。建立完善打击骗取出口退税、虚开增值税专用发票活动相关制度。继续配合做好《税收征管法》及其实施细则与稽查工作相关内容修订工作。会同相关部门修订完善税务稽查办案专项经费管理办法。与最高人民法院配合做好完善有关司法解释工作。继续调研涉税案件具体适用法律法规疑难问题。

（十二）切实改进和加强协查工作。进一步规范已纳入协查信息管理系统应用范围的发票协查工作，加强对案件协查质量的监控管理，对协查不力的地区通报批评，直至追究失职渎职责任。完成部分普通发票协查系统在全国的推广应用工作。协调做好重大税收违法案件公布信息系统、打击发票违法犯罪活动信息管理系统、稽查统计报表采集分析系统

等子系统的运行维护工作。根据推进“营改增”工作的总体部署，研究提出其他类型发票的协查业务需求。继续完善协查信息管理系统业务需求，推进与其他税收业务软件的信息共享。

（十三）着力强化稽查案源管理。进一步拓展案源信息，广泛收集和深度挖掘稽查信息、风险管理推送信息、征管信息、第三方信息、情报信息等案源信息。构建科学的稽查选案指标分析体系，加强和改进选案信息技术手段，逐步建立案源管理系统和预警模型分析系统，加强信息分析工作。充分运用分析结果，科学制定年度检查规划，增强选案的科学性、准确性、有效性，提高稽查精准打击能力。

（十四）改进和加强检举案件的管理。贯彻落实《税收违法行为检举管理办法》和《税收违法行为检举案件管理考核办法》，实施检举案件分类处理，明确分类权限和程序，抽查交办案件检查处理情况，提高检举案件管理和查处质量。严格为检举人保守秘密，依法确认、计算和兑付奖金。做好检举案件的矛盾化解、疏导、说服工作。做好举报管理培训工作。

（十五）全面落实税收“黑名单”制度。严格执行“黑名单”公布办法，按季对外公布重大税收违法案件信息。严格执行联合惩戒合作备忘录的规定，税务总局和省局按季将“黑名单”信息及时推送给相关部门，实施联合惩戒。与相关部门加强沟通协调，落实好联合惩戒措施。将实施联合惩戒作为税收宣传月的重要内容进行宣传。做好“黑名单”公布及联合惩戒的培训工作。

（十六）切实加强稽查宣传和案件曝光工作。通过多种形式、多个层次宣传税务稽查成果，扩大税务稽查影响力、震慑力。严格执行税务总局规定，进一步加大案件曝光力度，定期通过新闻媒体曝光税收违法典型案例，充分发挥震慑作用，引导纳税遵从。

（十七）巩固完善部门协作高效运行机制。巩固完善税警协作办案机制和情报交换制度，加强沟通协调和配合；进一步会同公安、海关等部门完善打击骗取出口退（免）税联合工作机制；研究建立与反洗钱系统联合查询涉案企业和个人账户资金流的协作机制。建立健全与法规、税政、征管、出口退税管理等部门的良性互动机制。建立健全国税局和地税局稽查部门联席会议制度、联合办案管理制度、涉税案件查处信息和情报交换制度，明确联合检查的项目，规范联合执法程序。

（十八）进一步加强稽查数据管理。规范管理稽查数据，明确数据标准，统一数据口径，及时、准确采集数据，真实全面体现稽查工作成果。拓宽稽查数据来源渠道，探索科学分析方法，建立分析体系，提升分析质量，加强分析结果利用，及时反馈税政和征管部门，发挥以查促管作用，提高稽查数据综合分析应用水平。

（十九）提高稽查办案专项经费使用效益。遵循“专款专用、厉行节约”原则，管好、用好稽查办案专项经费。科学合理分配专项经费，坚持工作业绩与专项经费挂钩，确保经费向工作量大、质效高的地区倾斜。继续加大对一线稽查办案和基层稽查办案经费投入，提升稽查装备科技化水平。加强专项经费预算执行进度管理，加大专项经费使用监督力度。

四、大力加强行风建设、队伍建设和廉政建设

（二十）认真落实绩效管理措施。严格执行绩效管理制度，充分运用绩效管理平台，

细化、量化绩效目标，明确标准和责任，把稽查重点工作任务层层分解落实到位，加大绩效考评力度。对绩效考评办法难以覆盖的稽查工作任务，辅之以其他管理考评方法。适时通报考评结果，推动工作落实和稽查质效提升。及时分析考评指标执行情况，适时修订调整相关指标及考评标准。

（二十一）努力提高稽查执法服务水平。落实税收法定原则，将依法稽查作为稽查工作的核心和灵魂，将公平、公正执法贯穿于稽查工作全过程。贯彻税务总局“便民办税春风行动”的精神和要求，树立严格执法、依法稽查就是优化服务的执法服务理念，落实规范进户执法要求，避免多头检查、重复检查。大力推行国税局和地税局联合检查，切实减轻纳税人负担。做好税企沟通工作，注重运用宣传、疏导、教育、说理等方式，提高文明执法水平。尊重纳税人合法权益，切实保障纳税人的知情权、申辩权和监督权。

（二十二）制定和落实稽查人才培养战略规划。落实税务总局人才培养战略，实施分层次的稽查人才培养办法，注重培养和引进具有国际视野、战略思维、德才兼备、精通业务、善于管理的稽查领军人才，充分发挥其引领带动和标杆示范作用。加强全国税务稽查人才库人员的培养使用，采取集中办公、查前培训等形式，对稽查难点、重点问题集中攻关，对重大税收违法案件集中突破，凸显稽查队伍的战斗力和威慑力。加速培养一批在选案分析、重大案件查处及重点行业检查等方面能独当一面的专业人才。优化稽查干部队伍结构，逐步提高稽查人员占税务人员的比例、一线检查人员占全体稽查人员的比例、具备独立查账能力人员和电子查账能力人员占一线检查人员的比例、具有注册会计师、注册税务师、律师以及其他相关专业资格的人员占全体稽查人员的比例。探索在高精尖人才比较稀缺的领域、特定涉税事项和特定业务方面开展稽查工作时，规范引入外部智力支持。

（二十三）加强稽查业务分层次培训。依据岗位分工，加强对调查取证、询问技巧、选案技巧方式、税收法律政策、公文写作等技能的培训。分层次实施稽查业务培训，税务总局主要对处级以上干部、专家型人才的培训和重点任务、重大专项行动的查前培训，组织实施全国省级税务稽查局局长、打击虚开骗税、信息化稽查等培训班；省税务局主要对税收专项检查项目、前沿涉税问题的培训和调查取证、电子查账、执法办案策略等实用型培训。

（二十四）强化稽查职业道德建设。制定《税务稽查人员职业操守》，约束和激励稽查人员职业道德行为，使其成为稽查人员的行为准则和稽查队伍的核心价值，引领稽查人员的价值取向和价值实现方式，增强稽查文化软实力，造就一支政治过硬、业务精熟、作风优良、敢于担当的稽查队伍。

（二十五）加强稽查队伍党风廉政建设。认真落实“一岗双责”，深入开展廉政执法教育，有效防范以权谋私等执法风险。从严治队，严格要求，严格管理。倾情带队，加强思想政治工作，为稽查干部的锻炼成长创造条件。建立和完善以预防、监督、持续改进为核心的稽查执法内控机制，推进稽查内控机制信息化升级版建设。进一步明确岗位职责，通过跟踪管理、内外部监督等手段，加强对稽查运行全过程的监督制约，促进严格依法稽查，增强执法的统一性和规范性，增强稽查执法质量意识，细化办案质量标准，确保稽查执法的公正与效率，以优良的过硬作风保障完成全年稽查工作任务。

2015年国家税务总局稽查局工作总结（摘要）

2015年，在税务总局党组正确领导下，稽查局充分发挥职能作用，严厉打击各类涉税违法行为，切实规范整顿税收秩序，积极推进稽查体制机制改革，加快稽查现代化建设，各项工作取得较好效果，圆满完成了全年稽查工作任务。

一、加大力度组织稽查收入

2015年，全国税务稽查部门共立案检查纳税人12.4万户，查补入库收入1867亿元，圆满完成全年堵漏增收工作任务。

二、严厉打击涉税违法行为

开展打击骗取出口退税专项行动共检查出口企业5054户，挽回国家税款损失共计91.42亿元；打击利用黄金交易虚开增值税专用发票专项行动共立案检查企业11395户，查补收入32.78亿元；打击发票违法犯罪活动工作共查处违法企业8.7万户，查补收入158.5亿元，效果显著。税务总局稽查局共督办案件144起，重点查办了河北“7·15”专案、国务院转办的53户医药企业的检查工作（“7·03”案）、深圳海浪系列案件等一批重大案件。

三、开展随机抽查工作

以堵漏增收和打击不法为主线，以规范重点行业、区域、领域税收秩序为抓手，根据《推进税务稽查随机抽查实施方案》，在2015年布置开展全国税收专项检查，对部分重点税源企业开展随机抽查工作，查处偷逃税违法行为。截至2015年12月底，全国税务稽查部门共查补收入163.08亿元，入库税款143.28亿元。

四、不断完善稽查制度建设

及时制发《推进税务稽查随机抽查实施方案》，建立稽查对象分类名录库、异常企业名录库和稽查执法人员名录库及配套管理制度。组织编写1.0版《全国税务稽查规范》。协同最高人民法院、最高人民检察院、公安部完善涉税刑事司法解释，争取全国人大法工委的立法支持。参与《税收征管法》及其实施细则修订工作，明确虚开和骗税的定义和要件。全力推进国地税联合执法，研究起草《国地税联合稽查工作办法》。建立健全案源管理办法，针对高风险纳税人开展定向稽查。

五、贯彻落实和不断完善“黑名单”制度

各级税务机关共对外公布重大税收违法案件信息1287件，并定期将“黑名单”信息推送相关部门实施联合惩戒。修订和完善“黑名单”制度，建立信用修复机制，发挥“黑名单”制度的正确导向作用，促进纳税遵从。

六、大力推进稽查信息化建设

制定稽查信息化建设工作方案，按照金税三期工程工作总体要求，优化金税三期工程稽查模块业务功能；提出稽查选案分析、检查分析、管理监控、成果应用等应用系统需求；提升协查系统功能，充分利用增值税发票系统升级版数据，逐步建立快速反应机制。

七、做好落实“改革方案”准备工作

大力推进稽查改革、促进稽查现代化，专题研究稽查体制机制改革，起草了《国家税务总局关于深化税务稽查体制改革的工作方案》《国家税务总局关于设置跨区域税务稽查机构的实施方案》《国家税务总局关于进一步完善省以下税务稽查体制的实施方案》《国家税务总局稽查局及内设机构职责》等一系列文件。按照税务总局贯彻落实《深化国税、地税征管体制改革方案》任务分工部署，着手细化、落实好涉及稽查的七项主要任务。

八、加强与相关部门配合合作

与公安部、最高检、最高法、人民银行、海关总署、银监会、外汇管理局、国家医药管理局、国家工商总局，税务总局相关司局密切沟通合作，各司其职，做好打击涉税违法行为工作。配合参与打击侵权假冒工作。

九、进一步加强稽查队伍建设

依托领军人才和专业优秀人才，发挥创新引领、攻坚突破的示范作用。充分运用绩效考核机制，扎实做好绩效指标制定、开展绩效考核、鼓励先进，激发队伍活力和干劲。突出稽查特色、服务工作需要，增加专业培训力度，先后举办6期税务总局培训班。协调满足基层工作诉求，总结推广基层先进经验做法。持续加强党风廉政建设，促进稽查干部队伍廉政建设。

第二篇

全国税务稽查工作

全国税务稽查工作综述

【总体情况】 2015年，全国各级税务稽查部门坚决贯彻落实税务总局党组的部署和要求，依法履职。开展打击虚开增值税专用发票、打击骗取出口退税、打击发票违法犯罪活动等三个“专项行动”，取得丰硕战果。实施税务稽查随机抽查，实现稽查执法理念和执法方式的新跨越。开展重点税源企业抽查，成效明显。落实税收违法“黑名单”制度，初步形成“一处失信、处处受限”的社会氛围。制定稽查信息化建设规划，打好稽查信息化的基础。全面落实《深化国税、地税征管体制改革方案》要求，稽查体制机制改革逐步推进，以改革推动发展，在发展中不断创新，开创稽查工作新局面。全国税务稽查部门稽查查补收入再创新高，稽查工作总体质量和水平进一步提升。全国各级税务稽查部门共检查各类纳税人39.8万户，其中立案查处各类涉税违法案件12.4万件，实现查补收入1916亿元，同比增加59.9亿元，增幅为3.2%，入库查补收入1867亿元，同比增加61.4亿元，增幅为3.4%，占同期税务部门组织税收收入的1.51%，查补收入总额和入库收入总额均创历史最高水平，为完成全年税收收入任务做出了积极贡献。

【重大税收违法案件查处】 2015年，税务总局依托部际协作机制，与公安部、海关总署、人民银行、工信部等部委通力合作，联合开展打击虚开增值税专用发票、打击骗取出口退税、打击发票违法犯罪活动等三个“专项行动”，取得丰硕战果。

打击虚开方面。以虚开黄金票为打击重点，首次利用公安经侦部门的情报分析和导侦平台研判线索，首次由人民银行反洗钱部门提供资金流信息，打击力度和成效明显增强。全系统共立案检查违法企业1.56万户，涉案金额1059.3亿元，税额180亿元，查补收入46亿元，查处案值超亿元大要案件144起，成功查办了徐州“9·22”、深圳“海浪3号”、海南“5·18”、厦门“11·17”等一系列重大案件。

打击骗税方面。会同公安部和海关总署联合部署、统一选案、集中收网，税务总局组建专业团队进驻重点地区开展集中打骗，成效明显。全年共立案检查出口企业0.51万户，挽回税款损失91.4亿元，移送公安机关案件244起，抓捕犯罪嫌疑人310人，成功查办了深圳“海浪”系列、上海斐讯通信公司、重庆“6·06”专案等一批骗税大案。

打击非法发票方面。重点做好对房地产、建筑安装、药品与医疗器械、商业批发与零售、电信、交通运输等行业发票的检查工作，以重点地区为突破口，大力整治发票“买方市场”，将品名为“办公用品”的发票等作为税务稽查的重点内容之一。全国共查处各类发票违法犯罪案件9.53万起，缴获非法发票3129.14万份，抓获犯罪嫌疑人5207人，税务机关查处违法企业9.28万户，涉及非法发票1012.24万份，查补税款146.82亿元，加收滞纳金15.83亿元，罚款17.90亿元。

【重点税源企业检查】 2015年，全国各级税务稽查部门深入贯彻落实李克强总理提出的实行“科学的抽查制度”指示精神，大力加强风险管理导向下的税务稽查，认真组织开展了26户大型企业集团的重点税源企业随机抽查，共查补收入163.08亿元，已入库税款143.28亿元，有效防范了大额税款流失风险，提升了重点税源企业纳税遵从度。

【税收违法“黑名单”公告及联合惩戒制度】 2015年，全国各级税务机关通过其门户网站公布重大税收违法案件1287件。其中：偷税案件691件，逃避追缴欠税案件11件，骗取出口退税案件26件，虚开增值税专用发票或者虚开用于骗取出口退税、抵扣税款的其他发票案件421件，虚开普通发票案件21件，其他类型（复合案件）117件。各地税务机关积极落实“黑名单”制度，及时将案件信息推送至联合惩戒单位，全国总工会已撤换1户“黑名单”企业法人代表的“五一劳动模范”资格；公安部门配合税务机关办理阻止欠税人出境边控443人次，实际阻止出境44人次；人民银行将税收违法“黑名单”当事人信息纳入征信系统，供金融机构在融资授信时参考使用；海关总署对已在海关注册的36家企业进行实地核查，1家被降为一般信用等级，4家被通关锁定。国家发改委、保监会、证监会、文明办等部门均及时采取了相关的惩戒措施，对税收违法行为起到了强有力的震慑作用。各地税务机关积极争取当地党委政府支持，主动与当地发改委、文明办、金融办等牵头单位联系，建立联动机制。截至2015年12月，已建立联席会议制度的有33个省，已签署合作备忘录的有23个省。

【税收违法行为检举】 2015年，全国各级税务机关认真落实税收违法行为检举管理工作，以规范创新管理、查处检举案件为重点，有力地打击各类税收违法行为。2015年共受理税收违法检举案件39742件，查处20084件，查补税款38.89亿元，罚款7.71亿元，加收滞纳金4.67亿元，合计51.27亿元。2015年各级国、地税税务机关共支付检举奖金158.33万元。

【协查工作】 2015年，全国各级税务机关认真贯彻落实《关于进一步改进税收违法案件发票协查工作的若干意见》（税总办发〔2015〕87号）和《关于加强协查信息管理系统监控管理的通知》（税总稽便函〔2015〕55号）文件要求，协查工作成效明显。案件协查数量大幅增长，全国各级国税机关稽查局通过协查系统发起的委托协查发票比2014年增加18.53万份，增长56.92%；涉及企业户数比2014年增加1.5万户，增长56.95%。受托协查回复质效明显改善，全国平均受托协查回复“正常”发票占累计回复发票的比率为16.3%，与2014年相比下降5.88%，降幅为26.49%。协查系统运行质量明显提升，全国平均发票协查选票准确率为75.8%，全国各省选票准确率均超过绩效考核目标值；全国累计按期分捡率为97.64%，协查函按期回复率为100%。通过协查系统发起协查的税务总局督办案件有浙江温州“5·13”专案、云南保山鸿祺公司无货虚开增值税专用发票案、陕西绥德县“8·31”涉嫌团伙虚开增值税专用发票案等。涉案地区税务机关稽查局利用协查系统信息实时传递和监控分析功能，统一行动，集中整治，有效提高了案件查办质效，有力打击了各类涉税违法犯罪行为。

【稽查制度建设】 贯彻落实国务院简政放权要求，制定实施《推进税务稽查随机抽查实施方案》，实现稽查执法理念和执法方式的新跨越。逐步完善和修订税收违法“黑名单”制度。组织编写《税务稽查规范》，研究起草《税务稽查案源管理办法》《税务稽查随机抽查对象名录库》《税务稽查随机抽查执法检查人员名录库管理办法》《国地税联合稽查管理办法》《公安部派驻税务总局联络机制暂行办法》，启动涉税刑事司法解释修订工作，与两高和公安部联合调研，初步形成涉税刑事司法解释征求意见稿，为提高稽查工作法治化、规范化水平发挥了积极的作用。

【稽查工作会议】 2015年3月3日，全国税务稽查工作视频会议在京召开，税务总局总会计师孙瑞标作题为《认识税收新常态　把握发展新要求　持续推进税务稽查现代化》的重要讲话，总结了2014年税务稽查工作，提出了2015年的工作要求：狠抓重大税收违法案件查处工作，狠狠打击骗取出口退税活动，认真落实税收专项检查和重点税源轮查工作，切实发挥税收“黑名单”制度的作用，深入开展打击发票违法犯罪活动。

（姚　鑑）

税务稽查制度管理

【总体情况】 2015年，税务总局稽查局根据《“十二五”时期税收发展规划纲要》，以及推进税收立法和制度建设的总体安排，参与修订《税收征管法》；在深入调研，广泛征求各方面意见的基础上，起草论证税务稽查制度，推进实施随机抽查工作；与税务总局相关司局探讨税收执法相关问题，研究相关规章和规范性文件的出台、落实工作；开展相关法律、法规及政策研究；认真研究各地提出的执法办案适用法律政策疑难问题；加强与全国人大常委会法工委、国务院法制办、公安部、财政部、中国人民银行、审计署、银监会、国家工商总局、国家外汇管理局等其他部门的工作联系和协调配合。

【稽查规章制度】 2015年，税务总局稽查局不断加强税务稽查执法制度建设，起草发布税务稽查随机抽查方案，研究制定税务稽查工作规范，积极参与《税收征管法》修订，积极推动涉税刑事司法解释修订；在深入调研论证、广泛征求意见的基础上，起草税务稽查规章制度，提升了稽查工作依法行政的能力和水平。

调研起草发布《推进税务稽查随机抽查实施方案》（税总发〔2015〕104 号）。深入贯彻落实《国务院办公厅关于推广随机抽查规范事中事后监管的通知》（国办发〔2015〕58 号）要求，建立健全科学的随机抽查机制，增强执法效能，保障市场主体权利平等、机会平等、规则平等，营造公平竞争的发展环境。

组织编写《全国税务稽查规范（征求意见稿）》。该规范稿以“突出改革精神，贯穿质效意识”为主线，以“准”“全”“新”“实”为基本原则，以风险管理为导向，以税收大数据为支撑，以指引税务稽查执法人员正确、规范、高效执法为出发点，规范稽查各环节工作程序，全面梳理 12 大类 89 小类 718 项税务稽查事项，引用各类法律法规及其他规范性文件 122 项，提示各类风险点 293 条，涉及税收执法文书及内部管理文书 211 种，力求做到业务全覆盖、管理全方位、机制全贯通、风险全防范，形成完整的税务稽查执法和业务管理的规范和标准，构建风险闭环式税务稽查管理的新格局。

参与《税收征管法》修订工作。高度重视并积极参与《税收征管法》修订工作，提出具体立法建议，对相关重要条款进行论证并提出表述方案，涉及税务稽查部门职责相关情况、轮查、抽查、税收违法界定、调查取证、强制检查以及完善骗取出口退税、虚开发票法律责任条款等一系列问题。

启动涉税刑事司法解释修订工作。会同最高人民法院、最高人民检察院、公安部多次进行联合调研，了解涉税刑事司法适用法律政策存在的问题及解决意见，起草了《关于办理危害税收征管刑事案件适用法律若干问题的解释（草稿）》，争取解决逃骗抗税和虚开发票等涉税犯罪定性处理疑难问题，力争使涉税刑事案件的移送工作更加合理、规范。

协调解决计划单列市国税局阻止欠税人出境相关问题，制定《国家税务总局关于计划单列市国家税务局阻止欠税人出境边控交控事项的通知》（税总函〔2015〕383 号）。

对需要完善的现行税务稽查基本制度和需要解决的税务稽查执法相关问题进行深入研究，争取解决当前税务稽查执法难题。

【政策法律研究】　对全国人大常委会法工委、国务院法制办公室、公安部、国家发展和改革委员会、国家工商行政管理总局以及国家税务总局相关部门起草的数十份文稿认真研究提出具体意见；会同中央相关部门研究涉税案件政策法律疑难问题，对涉税案件行政执法与刑事司法衔接协调问题提出具体意见；会同相关部门认真研究、统筹考虑将税收犯罪纳入洗钱犯罪的上游犯罪相关问题，积极探索研究在现行法律框架内反洗钱部门与税务稽查部门的合作方式、合作内容等事项。

【部门协调与合作】　加强与公安部、国家发展改革委、工业和信息化部、中国人民银行、国家外汇管理局、审计署、人力资源和社会保障部、国家工商行政管理总局等部门的沟通和协作；召开公安部经济犯罪侦查局、税务总局稽查局联席会议，并印发会议纪要；与公安部出入境管理局磋商阻止欠税人出境等相关问题；多次参加反洗钱工作部际联席会议工作会议，提供税务系统开展反洗钱相关工作情况和税收违法犯罪相关信息；研究异常外汇资金流动监管协调机制涉税事项和问题，多次参加该机制相关会议，并提供相关情况和意见材料，提出防范和打击异常外汇资金流动的政策和相关举措；参与防范和处置非法集资部际联席会议相关工作。

（杨海铮）

稽查系统管理

【总体情况】 2015年，各级税务稽查部门深入贯彻落实全国税务稽查工作会议精神，以规范税收秩序、促进纳税遵从为目标，围绕堵漏增收中心任务，严厉打击涉税违法行为，扎实推进税收专项检查，继续开展高风险重点税源企业随机抽查，稽查查补收入再创新高。同时，严格落实依法治税工作要求，深入推进稽查改革，完善稽查制度机制，大力推进稽查信息化建设，不断提升稽查工作质效。2015年，全国税务稽查部门共组织检查各类纳税人39.8万户，其中立案查处各类涉税违法案件12.4万件，实现查补收入1916亿元，同比增加59.9亿元，增幅为3.2%，入库查补收入1867亿元，同比增加61.4亿元，增幅为3.4%，占同期税务部门组织税收收入的1.51%，为完成全年税收收入任务做出了积极贡献。查补收入总额和入库收入总额均创历史最高水平，超额完成了税务总局党组提出的2015年稽查查补收入入库的工作目标。2015年稽查查补收入主要呈现以下几个特点：

查处重大税收违法案件量质齐升。2015年，全国税务稽查部门精准对焦、协同发力，成功查处一批重大涉税违法案件。其中，查处达到税务总局重大涉税违法案件标准的585起，涉案金额1277亿元；查补收入在亿元以上案件45件，同比增加30件，增长200%，查补收入总额215亿元，同比增长551%；查补收入在千万元以上案件810件，同比增加139件，增长21%，查补收入总额224亿元，同比增长22%。

稽查收入结构更趋优化。2015年，全国税务稽查部门主动出击，直接立案查处力度加大，立案查补入库收入843亿元，同比增加154亿元，增长22%。立案查补入库收入占查补收入总额的比重为45%，同比提升7个百分点，查补入库收入结构更趋优化。其中，国税稽查立案查补入库收入增加132亿元，增长39%；地税稽查查补入库收入增加21亿元，增长6%。

个案查处质效提升明显。2015年，全国税务稽查部门突出精准打击，不仅选得准，而且查得深，在立案检查户数同比减少20%的基础上，个案查处质效显著提升，为堵漏增收任务的完成提供了保障。从户数上看，全国稽查平均选案准确率持续保持97.8%的高位。其中，国税平均选案准确率为98.1%，与同期持平；地税平均选案准确率为97.4%，同比提高0.8个百分点。从金额上看，全国稽查立案查处案件户均查补收入较同期47万元提升至71万元，同比增加24万元，增长51%。其中，国税户均查补收入为68万元，同比增加28万元，增长71%；地税户均查补收入为76万元，同比增加18万元，增长30%。

主体税种和重点行业检查成效突出。2015年，全国税务稽查部门结合管辖税源情况，按照行业专项检查部署要求，积极开展税收检查工作，主体税种和重点行业成效突出。从稽查查补税款分税种情况看，主体税种查补税款占比较高。企业所得税、增值税、营业税、土地增值税查补税款占立案检查查补税款的比例分别为50.8%、13.6%、9.2%、7.5%。从稽查查补收入行业分布情况看，部分行业查补收入数额较大。金融业、批发零售、房地产业和制造业等重点行业的查补收入分别为174.5亿元、104.3亿元、278.4亿元、118亿元，四项合计占全部立案查补收入76.3%，与税务总局部署的税收专项检查指令性、指导性项目要求吻合度较高。

打击涉税违法增收成果显著。2015年，税务总局依托部际协作机制，联合相关部门开展打击虚开增值税专用发票、打击骗取出口退税、打击发票违法犯罪活动等三个“专项行动”，取得丰硕战果。打击虚开方面，全系统共立案检查违法企业1.56万户，涉案金额1059.3亿元，税额180亿元，查补收入46亿元，查处案值超亿元大要案件144起。打击骗税方面，全年共立案检查出口企业0.51万户，挽回税款损失91.4亿元。打击非法发票方面，全年共查处违法企业9.27万户，涉及非法发票1012.1万份，查补收入170.2亿元。

【税收专项检查】 2015年，税务总局稽查局综合考虑税收违法活动特点、社会关注热点、经济结构调整方向等因素，制定下发《国家税务总局关于开展2015年税收专项检查工作的通知》（税总发〔2015〕25号），在全国范围内统一部署，对3个指令性检查项目和3个指导性检查项目开展税收专项检查。其中，指令性检查项目为出口退（免）税企业、黄金交易企业和资本交易企业；指导性检查项目为房地产及建筑安装业、高收入者个人所得税、营利性教育培训机构。同时，部署各地针对虚开、骗税等税收违法行为易发、多发的地区，涉及农产品收购、成品油购销等类型企业较为集中的地区和相关专业市场，“营改增”试点行业较为集中的地区开展区域税收专项整治。此外，各地在认真落实税务总局工作部署的同时，结合本地区实际情况开展了部分自选行业的专项检查。

取得以下四方面成效：

堵漏增收，保障税收收入。全国税务稽查系统紧紧围绕打击涉税违法和堵漏增收工作中心，将税收专项检查作为稽查执法的重点任务和重要举措，周密部署，严格要求，不断强化稽查收入绩效考核力度和督导工作，有序开展重点行业、重点区域、重点企业、重点项目的专项检查。各地税务稽查部门将狠抓重点与全面推进相结合，将稽查检查与组织纳税人自查相结合，将行业检查与区域整治相结合，全力保障了税收收入平稳增长。截至2015年11月底，全国税务稽查部门在税收专项检查工作中共组织自查及检查纳税人32.5万户，查补税收收入889.93亿元；入库收入776.59亿元，占同期全国税务稽查查补入库税收收入（1598亿元）的48.6%，继续保持较高水平；冲减增值税留抵税金5.68亿元，调减亏损企业申报亏损额41.49亿元，堵漏增收效果十分明显。

“打虚打骗”，充分发挥震慑作用。全国税务稽查系统全面落实税务总局打击虚开骗税工作要求，密切关注虚开骗税违法犯罪新趋势，通过部门联动、上下互动、全面发动，充分发挥税务稽查执法利剑作用，集中优势力量查办了一大批虚开骗税大要案，对税收违法犯罪进行了强有力的打击与震慑。一是坚决严厉打击骗取出口退税。依托出口退（免）税企业税收专项检查，各级税务稽查部门重拳出击，大力发挥税务、公安、海关部门协调机制优势，开展了打击骗取出口退税集群战役，不断摧毁犯罪分子骗取出口退税产业链。部门联手破获了河北“7·15”案、海南“5·30”案、甘肃“7·08”案、厦门“7·28”案、青岛“益佳华益”案、上海“彩弈”案、重庆“船舶贸易公司”案等一大批大要案，大批骗税违法犯罪分子被绳之以法。截至11月，各地税务稽查部门共组织出口退（免）税企业及相关企业自查及检查纳税人4.67万户，移送司法机关处理244户，防止和挽回国家损失共计91.42亿元，比2014年增加55.46亿元，增幅为154%。二是持续打击利用黄金交易虚开专用发票。依托黄金交易企业税收专项检查，各级税务稽查部门会同公安部门全线出击，抓住“黄金票”蛛丝马迹，深挖幕后犯罪团伙，破获了江苏“9·22”案、深圳“7·20”案、海南“5·18”案、江西“3·12”案和“6·09”案、湖南“5·18”案、青岛“山锦能源”案等一大批大要案，斩断了虚开“黄金票”的黑手。截至2015年11月，全国税务稽查部门共立案检查1.14万户，已查实虚开增值税专用发票29.41万份，涉案金额1093.84亿元，税额185.95亿元；查补收入32.78亿元；查处案值超亿元大要案件144起，打掉团伙95个，公安机关抓获犯罪嫌疑人1155人。三是查办多起重特大虚开骗税案件。对跨区域、涉案金额巨大、在全国范围有重大影响的虚开骗税案件，税务总局稽查局采取直接指挥督办，以及与公安部联合挂牌督办的形式，将案件查深查透、扩大战果。江苏“9·22”黄金票特大虚开专案，上下游涉案总金额合计高达318.08亿元，涉案21省36市372户企业，受托协查地公安部门立案98起，已抓获犯罪嫌疑人238名。深圳“7·20”特大虚开骗税案件，虚开涉案金额50亿元，骗税涉案金额9亿元，已抓获犯罪嫌疑人29名。通过重拳出击、利剑出鞘，依法查办虚开骗税大要案，极大地震慑了涉税违法犯罪，挽回国家巨额税款损失，保障了国家鼓励出口政策有序实施；通过案件曝光、以案说法，提高了全社会的依法纳税意识。

开展专项整治，税收秩序整顿成效明显。全国税务稽查系统按照税务行政审批制度改革要求，充分发挥稽查整顿规范税收秩序的授权职能，认真研判辖区涉税违法行为动向，及时开展相关行业税收专项整顿，进一步加强事中事后税收监管，扩大了税收专项检查实施成效。一是配合税制改革步伐。税务总局稽查局一方面通过部署对“营改增”行业的调研式稽查，深入挖掘相关税收违法风险点；另一方面集中部署各地对电信业开展专项整治，对各地上报违法疑点问题或政策模糊问题进行汇总，向相关税政部门进行反馈，从税务稽查的角度对防范“营改增”行业税收流失提出意见和建议。二是服务于地方经济税收。各地税务稽查部门根据本地经济形势、税源结构和稽查案件情况，选择一个或多个税收秩序相对混乱、税款流失较为严重的地区组织开展区域税收专项整治，达到规范地方税收秩序、保障税收收入的目的。山东国税突出打击重点，选择部分区域继续深入推进成品油消费税检查，仅山东日照一市就查补税款3.5亿元。天津地税仅房地产与建筑安装业一个项目就查补税款16亿元。三是扩大有效监管范围。各地税务稽查部门积极补充税收专项检查项目，通过开展当地特色专项整治，扩大有关行业税收秩序的整治范围，消除了一些日常税收监管的死角。河南国税重视对“涉农、涉矿、涉油、涉运”企业的专项整治，为今后区域性专项整治上升为全国性检查项目提供了样本、夯实了基础。

执法效能稳步提升，引导遵从态势逐步形成。各级税务稽查部门服务于税收执法工作总体部署，探索推进稽查管理方式改革，不断优化资源配置，持续提高税收风险管理模式下执法效能。一是专项检查工作质量不断提高。在2015年全国性指令性项目标准更高、检查难度更大的情况下，既实现了对税收违法犯罪活动的严厉打击，同时继续保持了稽查查补收入的较高水准，查补税款889.93亿元，超过了2014年同期水平。其中江苏国税、上海税务、广东国税3家单位在扎实开展“打虚打骗”和资本交易项目检查的同时，查补收入超过30亿元。二是进一步实现精准发力和精确打击。2015年总体选案准确率为91%，同比增长1个百分点。特别是在黄金交易企业专项检查中，税警协作集中分析筛选数据，集中部署打击“黄金票”专项行动，选案准确率超过95%。三是违法惩治力度大大加强。2015年通过专项检查共移送司法机关1306户，同比增加420户，增幅47%。“两法”衔接工作持续推进，更好地维护了税法严肃性和税收公平性。四是引导纳税遵从社会效应逐步显现。随着税务稽查震慑作用不断强化，纳税人在专项检查中主动配合税务机关自查自纠，积极化解税收违法风险。纳税人开展自查22.98万户，同比增长1.33万户，增幅6%，占全部检查户数的71%，专项检查促进纳税人依法纳税作用不断增强。

主要采取以下三种措施：

统筹谋划、靠前督导，大力提高专项检查工作质效。一是科学确定检查项目。税务总局稽查局紧紧围绕总局党组给予稽查部门的工作任务和要求，按照服务经济税收新常态的需要，从打击不法、堵漏增收、规范秩序、保驾税改、洞察风险等角度，参照各地区税源分布实际，精准发力，明确专项检查项目、重点内容、年限和要求，以指令性项目牢牢把握检查主要方向，统筹安排检查进度。各地税务稽查部门在全部落实税务总局指令性项目、按需落实指导性项目的基础上，再按照服务于地方经济税收的要求，根据地方税源和案件特点，确定部分地方特色的专项检查和专项整治项目。北京地税局对在京高校整体开展了税收专项检查，山东地税局注重“查大、查乱、查空白、查新”，进一步加强了专项检查的针对性。二是抓紧抓实大要案查处。税务总局稽查局非常重视大要案查处的典型示范作用，督促各地落实重大案件报告制度，进一步加强案件查办指挥力度，加大重大案件督办力度，提高督办案件查办质量和效率，及时调研基层解决大要案查处的疑难问题。完善部门协作机制，多次联合公安、海关部门组织部署、推进、交流打击虚开骗税重大行动。年中专门成立6个打骗专项工作组，分别派往骗税形势较为严峻的6个重点区域，与当地税务、公安、海关联手，进一步开展跨区域、大规模的专项打骗行动，打出了气势，打出了威慑。各地税务稽查部门与公安、海关等部门建立联合办案工作机制，集中力量查办有影响力、威慑力的偷逃抗骗税和虚开发票重大案件，提高涉税违法案件的大要案查处率。三是有效实施联合惩戒。2015年是税收违法“黑名单”制度建成实施的第二年，各项制度机制更加完善，税务总局稽查局督导各地税务稽查部门在税收专项检查中全面落实联合惩戒措施，对达到重大税收违法案件“黑名单”公布标准的，认真及时做好上报、公布、推送等工作。截至2015年11月底，各级税务机关公布专项检查查处的重大涉税违法案件共1251件，并同步移送给相关部门开展联合惩戒。有的单位对部分达不到标准但性质较为恶劣的案件，也通过媒体进行曝光，真正实现“失信者寸步难行”的效果，极大地发挥了税务稽查震慑作用。四是严格落实绩效考核。税务总局稽查局坚持专项检查工作部署到位、责任落实到位、督导考核到位，多次召开重点地区稽查收入调度会，制定科学、具体的考核目标，相关处室分片靠前督导，及时了解各地专项检查工作开展情况，全力确保完成既定目标，着力提升稽查系统管理水平。各地税务稽查部门充分运用绩效管理平台，细化、量化绩效目标，加大专项检查绩效考评力度，适时通报考评结果，推动工作落实和稽查质效提升。山东地税局突出专项检查过程管理和节点管理，细化考评指标，强调“上下一体，责任共担”，以绩效管理推动制度管理。

完善制度，依靠科技，努力构建专项检查现代化体系。一是大力推进信息化建设。税务总局稽查局立足于新形势下稽查信息化实际需要，吸收海南国税、深圳地税等单位的信息化建设成果，结合各地现行稽查信息系统的特色业务功能，对金税三期工程稽查模块业务功能进行优化，提升稽查管理信息系统的标准化、精细化和自动化水平，并加快推进与金税三期工程配套的稽查应用系统的研发工作。各地税务稽查部门加强信息化技术和数字检查工具的应用，普遍推广应用了查账软件，提高了专项检查的电子查账率。上海国（地）税、江苏国税三家单位先行先试，通过网络信息抓取工具获取丰富的互联网涉税信息。新疆国税、重庆国税、广东地税等单位探索应用市场化的稽查管理决策软件、电子取证设备、电子讯问室等新技术新装备，为将来稽查信息化的全方位、规范化开展积累了宝贵经验。二是探索创新检查组织形式。继续推进分级分类管理，合理安排省、市、县三级稽查部门检查任务，统筹调配各级稽查部门检查力量，提升执法层级，灵活运用交叉检查、下查一级等方式方法。多个省份实行专项检查“项目制”检查组织方式，充分发挥税务稽查领军人才优势，集中使用检查力量，组建专业化团队，实行统一调配，参与组织查办、督办或交办的专项检查案件检查，拓展了税收专项检查工作的广度和深度。青岛国税通过制度保障，将“项目制”扩展到各类税收检查项目，推动“一体化”检查管理机制向纵深发展。山西国税狠抓市级稽查一体化，推动形成市级案源、检查、审理、人员“四统一”的新型稽查模式。三是分层次开展教育培训。税务总局稽查局高度重视稽查执法能力建设，加强对处级以上干部、专家型人才的培训和重点任务、重大专项行动的查前培训，2015 年分别举办了稽查局长、稽查人才库、打骗税、税警协作等培训班，帮助各地税务稽查人员提高实战技能，研究专项检查重点、难点问题。各地稽查部门针对税收专项检查项目和稽查实务，举办各种实用型培训，并通过组织案情分析和案例交流、抽调业务骨干以查代训等形式，为专项检查的顺利开展提供了经验保障。四是多形式开展执法宣传。通过多种形式、多个层次宣传税务稽查成果，扩大税务稽查影响力、震慑力。通过广播、电视、报刊、网络等媒体广泛开展税收专项检查的宣传工作，提升纳税人对专项检查的认知度和税收遵从度，营造和谐的专项检查工作环境。各地严格执行税务总局规定，进一步加大案件曝光力度，定期通过新闻媒体曝光税收违法典型案例，形成强大的舆论声势，为全社会营造诚实守信、依法纳税的良好社会氛围。广东国税局借助“税务稽查执法讲堂”品牌效应，坚持以案说法，扩大社会影响。

整合资源，多措并举，着力提高专项检查执法水平。一是坚持风险管理导向。各级税务稽查部门充分运用税收风险分析成果，针对高风险纳税人开展定向稽查，提高税务稽查打击的影响力、准确性、震慑力。部分单位利用数据集中优势，实施省、市集约式选案，依托现代化信息技术手段，整合税收征管数据、企业财务数据、第三方数据和互联网数据，建立稽查大数据分析模型，选取部分税收风险高、涉税违法疑点明显的重点税源企业组织开展检查，成效十分显著。在资本交易项目检查中，江苏国税通过深挖第三方情报线索查补税款 7 亿元，福建地税通过上市公司公开信息筛选出高风险稽查对象，有 6 户企业查补税款超过千万元。二是改进检查实施方法。通过“三段式”服务践行“便民办税春风行动”，即查前告知，查中辅导，查后建议，把服务寓于检查中，做好税企沟通工作，提高专项检查的透明度和公信力。通过对行业中重点企业的调研式检查，归纳分析行业普遍性和典型性税收问题，形成行业模板、检查指南、检查预案，以点带面，指导全面检查工作。通过组织重点检查覆盖下的企业自查，提高全面检查工作效率，降低企业税收风险和税务机关执法风险。甘肃国税调研先行，对电力、烟草等 6 个行业开展“方案式”稽查，避免了“因人而异”的检查方式和结果。浙江地税制定关于稽查责成自查的专门办法，通过稽查威慑保障自查效果，2015 年实现企业自查查补收入 14 亿元。三是推进国地税稽查合作。全国税务稽查部门按照国地税合作规范的要求，适度整合国税、地税执法资源，在税收专项检查中开展执法合作，推进国税、地税联合稽查工作模式，形成执法合力，工作效率显著提高，同时避免了重复、多头检查，缩短了检查周期。陕西、河南、宁夏等省区积极推进国税、地税联合进户稽查工作，大力夯实合作制度基础，充实丰富合作内容，积极拓宽合作领域，取得了良好的执法实效和社会反响。四是注重稽查成果转化。各地稽查部门总结案件查办成功经验和稽查工作自身存在的不足，提炼检查方式和方法，编写成行业检查指南和案例教材，实现以查促查作用；通过总结和分析发案规律，归纳税收征管薄弱环节、相关政策漏洞，实现以查促管作用；深化稽查数据增值利用，归纳行业风险特征，为风险应对指标提供借鉴，为征管改革提供经验，为完善税制提供依据。湖南国税、江西国税积极开展查后剖析，针对行业税收共性问题，各向征管、税政部门提交稽查建议100余份，推动查管良性互动。

【资本交易检查】 2015年，为堵塞资本交易税收管理漏洞，防范大额税款流失风险，税务总局将资本交易作为指令性检查项目，在全国范围内部署开展税收专项检查工作，堵漏增收工作取得明显成效。

取得成效：2015年，全国共36个省级国税局和34个省级地税局开展了资本交易项目税收专项检查。截至11月，各地共检查纳税人4108户，组织开展自查8763户，查补收入57亿元，户均查补收入44万余元；入库税款49亿元，入库率达到87%。这是税务总局连续第五年将资本交易相关项目作为全国税收专项检查的指令性或指导性项目，在全国范围内部署开展检查工作。在认真总结前几年工作经验的基础之上，各地不断拓展思路，创新方法，采取一系列行之有效的措施开展检查，成效显著。

主要措施：一是深入挖掘税收征管数据，全面排查风险涉税信息。充分分析和利用涉税数据信息，提升了资本交易税收专项检查效率。2015年以来，部分单位立足税收征管数据信息系统，深入实施数据挖掘，将风险方向定位在股权投资和土地、房屋等大额资产的处置上，并通过引入税务登记、纳税申报、鉴证报告、财务报表和印花税等多方信息作为主要着力点，建立起各类信息源之间的对应模型和钩稽关系，进一步提升了专项检查的准确性和针对性。二是探索推进“互联网+”战略，切实丰富案源信息渠道。相对于企业日常经营活动而言，资本交易的发生普遍具有偶然性，其与财务报表中的其他项目之间的关联性也比较弱，因此，仅仅从审阅财务报表的角度很难发现个中端倪。为了对资本交易涉税违法行为实施精确打击，2015年以来，各地以稽查现代化理念为引领，以“互联网+”战略为指导，以信息技术为支撑，积极探索实施“大数据”选案新模式。三是充分依托税收保障办法，建立健全综合治税体系。为进一步规范税源管控，维护国家税收权益，近几年来，各地陆续出台了《税收征管保障办法》，以制度的形式明确相关政府职能部门的协税护税责任、信息提供和委托代征义务，构建了一套“政府牵头、单位协作、信息共享、社会参与”的社会综合治税机制。

问题总结：一是在账上不计或少列应税收入。由于资本交易具有偶然性和隐蔽性，为了达到不缴或少缴税款的目的，一些企业在资本交易事项发生后不及时在账面反映，不按规定进行涉税处理的情况时有发生。二是在账上多计成本或多列费用。税法规定，企业的各项资产应以历史成本作为计税基础计提折旧与摊销，进行税前扣除。然而，通过检查发现，一些企业为了达到不缴或少缴税款的目的，人为套用会计核算的相关口径，用资产的公允价值取代历史成本，作为计提折旧与摊销的计税基础。三是不履行代扣代缴义务。在日常税收监管过程中，税务机关往往在股权事项完成变更后，才能从工商部门的定期数据交换中获取相关涉税信息，税收征管行为相对滞后。同时，扣缴义务人代扣代缴税款的意识普遍比较淡薄，因此，如果作为受益方的自然人不主动进行纳税申报，税务机关将很难及时介入并实施有效管控。四是应税收入套用享受免收收入税收优惠待遇。税法规定，居民企业直接投资于其他居民企业取得的投资收益，免征企业所得税。然而，通过检查发现，一些企业为了达到不缴或少缴税款的目的，故意将非直接投资于居民企业取得的投资收益混入免税收入范畴，不进行纳税申报。五是隐瞒真实交易价格。在股权转让业务中，转让价格是计算应纳税款的重要依据，而此价格完全可能因交易双方的“暗箱操作”而失去公允。股权转让各方为了逃避相关税收，往往会达成某种默契，签订一份平价或低于实际交易金额的虚假合同，而税务机关要核实其真实性，在调查取证时往往存在较大难度。六是故意混淆税收政策规定适用范围。税法规定，对于重组业务企业所得税，企业可以区分不同条件分别适用一般性税务处理规定和特殊性税务处理规定。一些企业为了达到不缴、少缴或者延迟纳税的目的，将适用一般性税务处理规定的重组业务按照特殊性税务处理规定执行，严重扰乱了正常的税收征管秩序。七是境外间接转让境内居民企业股权。税法规定，非居民企业在中国境内未设立机构、场所的，或者虽设立机构、场所但取得的所得与其所设机构、场所没有实际联系的，应当就其来源于中国境内的所得缴纳企业所得税。一些非居民企业为了规避中国境内的纳税义务，通过在英属维尔京群岛、开曼群岛等“国际避税地”注册成立的“空壳公司”实施不具有合理商业目的的税收筹划，严重侵蚀了我国企业所得税税基。

工作建议：为防止大额税款流失，在以风险管理为导向的税源专业化管理新模式下，税务机关应当将资本交易项目纳入重点监控范围，不断完善税收技术，通过加强监管实现堵漏增收。

优化纳税辅导，化解涉税风险。资本交易的涉税政策相当复杂，技术操作难点较多，部分企业不缴或少缴税款并非出于主观故意，而是由于资本交易与常规生产经营活动存在显著差异，部分企业对相关税收政策不了解，在交易过程中未能充分考虑税收因素，导致存在较大涉税风险。因此，税务机关应当充分利用互联网等现代媒介和办税服务厅等公开场所，多渠道、多方式地为纳税人提供政策咨询服务，优化纳税辅导，积极回应纳税人关切。同时，税务机关还应当加大税收政策宣传和解读力度，采取专题讲座、上门辅导等多种形式帮助纳税人及时了解和掌握税收政策规定，化解涉税风险，引导纳税遵从。

拓宽信息渠道，强化过程监控。不同于传统意义上的经营活动，资本交易的发生具有偶然性，其涉税信息普遍具有隐蔽性和非对称性，因此，要对资本交易实施有效监管，税务机关就必须强化与各职能部门之间的协作机制，拓宽信息获取渠道，做到资源共享，实现对交易行为的全程跟踪监控。对上市公司，要以“互联网＋”战略为指导，积极探索实施“大数据”税收征管新模式，充分利用其公开披露的各类信息，有效掌握资本交易涉税事项的运作进度，及时发现问题，确保相关税款及时足额入库。对非上市公司，要充分依托地方政府有关税收征管保障办法等协税护税机制，加强与工商、产权交易等资本交易审核部门的信息交流，建立工作联系制度，全面了解本地企业相关资本交易情况，有的放矢地加强税收征管。

加强业务培训，组建专业化团队。资本交易检查技术含量较高、专业性较强，涉及的税收政策非常复杂，部分情况下检查处理难度较大，因而比一般的税收管理更加依赖于高层次、高素质的人才，需要培养建立一支作风过硬、业务精湛的专业化人才队伍。一是要通过人才选拔调配、组织专业知识和业务操作技能培训、开展交流研讨等方式，不断加大专业化人才队伍培养力度。二是要增强业务培训的系统性和针对性，加强资本交易典型案例经验的总结推广。三是要组建专业化管理团队，通过团队集中化管理，打破上下层级、横向部门的界限，集中优势管理资源应对资本交易税源管理中的重要事项和复杂案例，以提升税收征管质效。

【重点税源企业检查】　2015 年，全国各级税务稽查部门以税务总局的决策部署为统领，深入贯彻落实李克强总理提出的实行“科学的抽查制度”指示精神，紧紧围绕服务税收中心工作，大力加强风险管理导向下的税务稽查，认真组织开展了重点税源企业税收抽查工作，有效防范了税款流失，提升了重点税源企业税法遵从度，取得了较好的工作效果。

总体情况：2015 年，全国重点税源企业税收抽查工作主要包括两个方面：一是税务总局统一抽取的中国工艺（集团）公司等 15 户重点税源企业的税收检查；二是各地按照税务总局要求，结合税源实际，自行抽取的高风险重点税源企业的税收检查。

15 户重点税源企业检查情况。截至 2015 年 11 月底，各地税务稽查部门通过辅导纳税人开展自查，查补税收收入 8.59 亿元，入库 6.74 亿元，调减增值税留抵税金 0.098 亿元，调减亏损额 0.54 亿元；通过在纳税人自查基础上开展的重点抽查，查补税收收入 5.63 亿元，入库 2.61 亿元，调减增值税留抵税金 0.13 亿元，调减亏损额 2.05 亿元。

各地自行抽取的高风险重点税源企业检查情况。各地税务稽查部门根据实际，自行抽取当地高风险中重点税源企业开展检查，通过辅导纳税人开展自查，查补税收收入 71.15 亿元，入库 66.91 亿元，调减增值税留抵税金 0.11 亿元，调减亏损额 3.1 亿元；开展重点检查税收收入 77.71 亿元，入库 67.02 亿元，调减增值税留抵税金 1.5 亿元，调减亏损额 7.54 亿元。

主要采取以下三方面做法：

精心部署，把准重点税源企业抽查方向。一是科学确定税收抽查对象。为确保稽查的针对性和目标打击的精准度，按照风险管理导向下的选案要求，兼顾所有制形式、地区分布、行业类别等因素，税务总局稽查局从“中国营业收入 500 强企业”和“国务院国资委管理 117 户大型国有企业”中筛选确定 15 户经营规模较大、多年来未进行税收检查、风险等级较高的企业作为重点检查对象。各地税务稽查部门根据 2015 年重点税源企业抽查工作总体部署，围绕堵漏征收工作中心，积极探索信息化选案方式，选案准确率大幅提升，检查工作更加有的放矢。二是强化税收抽查督导。税务总局稽查局明确检查企业集团名单，税收抽查范围和税收抽查四步骤，提出强化组织领导、科学周密组织、严格依法行政和注重成果转化等 4 点要求，并根据重点税源企业主营业务所属行业，组织编写、下发通用自查参考提纲和分行业自查提纲，明确重点税源企业自查重点，确保全国重点税源企业税收抽查统一有序。同时，通过召开重点税源企业税收抽查座谈会的形式，进一步明确工作要求，统一思想认识。通过成立分片区督导小组，形成管片稽查处长任组长，总部所在地稽查局长任副组长，负责检查人员任专职联络员的上下协调统一的指挥督导体系，确保了税收抽查工作不走样。三是着重提升系统管理水平。在抽查对象的选取和工作任务的布置上，尊重基层实际，发挥基层活力。税务总局稽查局按要求筛选出待查企业后，组织企业总部所在地国、地税稽查部门开展纳税遵从分析，按照风险管理要求进行排序，确定初步被查名单。并在此基础上，召集部分重点省市国、地税稽查部门进行专题调研，充分听取基层稽查部门意见，进一步确定备选名单。通过集中、调研，再集中、再调研的方式，确保了抽查对象的科学合理。在重点税源企业抽查实施过程中，注意加强与税政部门的协调沟通，及时汇总、研究检查中遇到的共性税收政策问题及税企争议事项，推动解决重点税源企业税收抽查与检查工作中遇到的税收业务问题，确保检查工作的成效。同时，完善重点税源企业税收抽查工作总结报送制度，简化规范统计报表，丰富资料报送内容，减轻基层税务机关工作负担，保障检查的顺利进行。

勇于创新，提升重点税源企业抽查质效。一是探索推进国地税联合抽查模式。按照服务深度融合、执法适度整合、信息高度聚合的指导方针，各地国家税务局、地方税务局稽查局积极加强沟通协调，密切协作配合，通过召开工作联席会议，成立税收专项检查协调督导小组等形式，确定重点税源企业税收抽查工作的基本内容以及相关工作职责，制定联合检查工作方案，将部门协作落实到抽查工作各个主要阶段。共同对企业开展自查辅导，了解和掌握企业基本经营情况，最大限度减少对企业正常生产经营的影响；在重点检查阶段，共享信息数据和证据资料，对企业涉税问题进行互相推送，节约稽查成本、提高稽查质效，发挥国地税执法合力。二是着力提升稽查信息化水平。各级税务稽查部门充分适应企业普遍推行信息化管理新形势，主动运用云计算、大数据、移动互联等新技术，大力改进税务稽查方法和手段，加强信息化技术应用，在重点企业对象的选取、风险点的探测、数据的采集、流程的规范等方面，积极探索信息化稽查方式：部分地区以涉税信息获取的便捷化为重点，开发应用网络涉税信息抓取工具，延伸信息采集的广度和深度，信息导航作用不断增强；多地研发、应用、完善电子查账软件，通过对海量繁杂的企业财务数据实施有效采集和梳理，进行税收风险的模块分析，快速研判数据疑点，锁定重点检查方向，检查效率得以大幅提升；多地根据税务稽查流程，开发应用税务稽查管理软件，加强对税务稽查案件全流程的痕迹化管理，实现稽查执法过程的可跟踪、能监控，有效降低了执法风险，保障检查工作质效。三是深入开展“便民办税春风行动”。公正执法就是最好的服务。在检查对象的选取上，税务总局稽查局创新使用随机抽查办法，让所有纳税人一视同仁的处于税收监管之下，机会均等地处于待查范围之内，从机制上探索解决检查任性、选案不公问题，营造公平公正的税收法治环境。在检查实施过程中，税务总局稽查局要求各地国家税务局、地方税务局加强合作，共同做好抽查工作，避免多头重复检查和交叉重叠执法，有效解决检查任性、执法扰民、效率低下、影响形象问题，维护了纳税人合法权益。在检查方式的选择上，各地认真辅导企业开展税收风险自查，及时答复企业有关涉税的咨询，有针对性地提出企业在执行税法中存在的问题，加强涉税政策的讲解，辅导企业全面排查涉税风险点，引导企业加强税收风险分析，主动解决存在的涉税问题，有效节约稽查资源，实现检查成效的最大化。

依法实施，发挥重点税源企业抽查乘数效应。一是认真履行稽查职责。各地根据重点税源企业生产规模大、财务相对规范、税收占比大等特点，在提高纳税服务水平的同时，按照“以企业自查为先导、以税务机关重点检查为保障”的工作模式，强化对重点税源企业的税收风险分析，按照不低于30%的比例组织开展重点检查，着力提高违法行为被检查概率，对重点检查过程中发现的涉税违法行为，依法严厉惩处，维护税务稽查执法刚性，切实履行税务稽查部门打击涉税违法行为的职责，提高重点税源企业税收遵从度，防范重大税收流失风险，整顿和规范税收秩序。二是强化稽查成果运用。各地注重与各业务部门协作，积极开展查后剖析，归纳重点税源企业税收征管薄弱环节，税收政策缺陷和稽查工作自身存在的不足，提出切实有效的整改措施和完善建议，为税制改革积累经验。一些地区深化稽查数据增值利用，将检查发现的问题逐项与系统推送的风险应对指标比对，进行验证分析，归纳重点税源企业税收风险点，修正完善风险应对指标，提升税务部门风险应对水平。三是切实发挥税收“黑名单”制度作用。在重点税源企业税收抽查之初，即注意大力宣传税收违法“黑名单”制度及联合惩戒措施等政策，要求企业严格按照政策规定进行自查，提高自查质量。之后，对达到重大税收违法案件“黑名单”公布标准的，依法、依规地有序公布重大税收违法案件信息，并充分落实联合惩戒措施，实现信息共享，协同惩戒，大大增加税收违法者的违法成本，对税收违法行为产生严厉的警示和震慑作用，使纳税人一处违法，处处受限，提升企业的他律遵从。

【稽查数据统计分析】　2015 年，全国各级税务稽查部门以规范税收秩序、促进纳税遵从为目标，严厉打击涉税违法行为，深入推进稽查改革，稽查工作质效持续提升，稽查查补收入再创新高。

稽查收入基本情况：2015 年，全国税务稽查部门全年共立案查处各类涉税违法案件 12.4 万件，实现查补收入 1916 亿元，同比增加 59.9 亿元，增幅为 3.2%，入库查补收入 1867 亿元，同比增加 61.4 亿元，增幅为 3.4%。2015 年稽查收入主要呈现以下特点：

立足高增起点，稽查入库收入再创历史新高。2015 年，全国税务稽查部门在 2014 年同比增长 46.3% 的基础上，凝聚共识，重拳出击，精准发力，实现稽查查补入库收入 1867 亿元，再创历史新高。其中，国税稽查查补入库收入为 994.4 亿元，同比增加 64.8 亿元，增长 7%；地税稽查查补入库收入为 872.6 亿元，同比减少 3.4 亿元，同比下降 0.4%。稽查查补入库收入排名前 10 位是：北京、上海、广东、江苏、山东、河北、湖北、四川、河南、辽宁国税稽查局和江苏、四川、广东、河北、山东、河南、湖北、湖南、北京、安徽地税稽查局。稽查查补入库收入增幅排名前 10 位是：北京、甘肃、天津、吉林、福建、辽宁、海南、青海、陕西、广东国税稽查局和河南、甘肃、湖北、四川、黑龙江、安徽、重庆、新疆、天津、北京地税稽查局。稽查查补入库收入占税收收入比例排名前 10 位的是：青海、黑龙江、北京、甘肃、河北、辽宁、海南、陕西、内蒙古、江西国税稽查局和湖南、海南、黑龙江、河北、吉林、山西、四川、新疆、河南、湖北地税稽查局。

直查力度加大，稽查收入结构更趋优化。2015 年，全国税务稽查部门主动出击，直接立案查处力度加大，立案查补入库收入为 843 亿元，同比增加 154 亿元，增长 22%。立案查补入库收入占查补收入总额的比重为 45%，同比提升 7 个百分点，查补入库收入结构更趋优化。其中，国税稽查立案查补入库收入增加 132 亿元，增长 39%；地税稽查查补入库收入增加 21 亿元，增长 6%。立案查补入库收入排名前 10 位是：北京、河南、广东、上海、湖南、湖北、江苏、陕西、山东、河北国税稽查局和江苏、湖南、北京、湖北、黑龙江、山东、辽宁、河北、吉林、天津地税稽查局。

突出精准打击，个案查处质效提升明显。2015 年，全国税务稽查部门突出精准打击，不仅选得准，而且查得深，在立案检查户数同比减少 20% 的基础上，个案查处质效显著提升，为堵漏增收任务的完成提供了保障。从户数上看，全国稽查平均选案准确率持续保持 97.8% 的高位。其中，国税平均选案准确率为 98.1%，与同期持平；地税平均选案准确率为 97.4%，同比提高 0.8 个百分点。从金额上看，全国稽查立案查处案件户均查补收入较同期 47 万元提升至 71 万元，同比增加 24 万元，增长 51%。其中，国税户均查补收入为 68 万元，同比增加 28 万元，增长 71%；地税户均查补收入为 76 万元，同比增加 18 万元，增长 30%。

执行手段强化，税款追缴力度加大。全国税务稽查部门在集中力量检查案件的同时，依法运用各类执行措施、全力挽回国家税款损失的意识明显增强。全国稽查查补收入入库率 97.5%，同比提高 0.2 个百分点。通过查办逃避追缴欠税案件追缴税款由同期 330 万元增至 23161 万元，同比增长 69 倍；采取冻结存款、扣缴税收款项、阻止出境、暂停出口退税、收缴停售发票等措施由同期 1124 户次增加至 2980 户次，同比增长 165%。

检查方向明确，主体税种和重点行业成效突出。2015 年，全国税务稽查部门结合管辖税源情况，按照行业专项检查部署要求，积极开展税收检查工作，主体税种和重点行业成效突出。从稽查查补税款分税种情况看，主体税种查补税款占比较高。企业所得税、增值税、营业税、土地增值税查补税款占立案检查查补税款的比例分别为 50.8%、13.6%、9.2%、7.5%。从稽查查补收入行业分布情况看，部分行业查补收入数额较大。金融业、批发零售、房地产业和制造业等重点行业的查补收入分别为 174.5 亿元、104.3 亿元、278.4 亿元、118 亿元，4 项合计占全部立案查补收入 76.3%，与税务总局部署的税收专项检查指令性、指导性项目要求吻合度较高。

区域成效各异，华东华北查补入库收入占比较高。2015 年，全国各区域稽查立案检查数量均有所减少，但整体稽查成效有所不同。从查补入库收入金额看，华东、华北、华南、华中、西南、东北、西北查补入库收入占全部查补入库收入比重分别为 30.1%、22.1%、11.9%、11.5%、10.5%、7.7%、6.3%；从查补入库收入增减情况看，华北、华中、西北、西南、东北、华东、华南查补入库收入分别为同期的 134.4%、114.4%、111.6%、98.8%、97.0%、93.1%、86.4%；从大要案分布情况看，华东、华中、华北、东北、华南、西北、西南查处百万元以上大要案数量分别为 1990 件、1145 件、1095 件、727 件、553 件、548 件、481 件。

增减幅度不一，税警协作力度需进一步增大。2015 年，全国税务稽查部门不断密切与公安等部门的联系，共同打击各类税收违法犯罪。全年移送公安机关处理案件 3359 起，同比增加 314 起，增长 10%，但公安机关不予立案退回案件 604 起，同比增加 307 起，增长 103%；税务与公安机关联合办理案件 1771 起，同比增加 516 起，增长 41%，但公安机关提前介入 969 起，同比减少 286 起，减幅 23%。由此，行政与司法环节沟通、警税协作依然需要加强。

（廖　超）

税收违法案件检举和案源管理

税收违法案件检举

【总体情况】　2015 年，全国各级税务机关共受理税收违法检举案件 39742 件，查处 20084 件，查补税款 38.89 亿元，罚款 7.71 亿元，加收滞纳金 4.67 亿元，合计 51.27 亿元。2015 年各级国、地税税务机关共支付检举奖金 158.33 万元。

【检举受理】　2015 年，全国各级国、地税税务机关共受理税收违法检举案件 39742 件，与 2014 年同期的 34169 件相比增长 16.31%，其中税务总局稽查局举报中心直接受理 840 件，较 2014 年的 1775 件相比减少 52.68%。

【检举案件查处】　2015 年受理的 39742 件涉税违法检举案件中，查处 20084 件，查补税款 38.89 亿元，罚款 7.71 亿元，加收滞纳金 4.67 亿元，合计 51.27 亿元，比 2014 年的 47.63 亿元增加 7.64%。

【检举案件特点分析】　从案发地看，受理的检举案件主要集中在省级税务机关，其次是地（市）级税务机关。2015 年，全国共受理检举案件 39742 件，其中省级机关受理 17204 件，占总数的 43.29%；地（市）级机关受理 13615 件，占总数的 34.26%。

从被检举企业的所有制性质看，以有限责任公司、个体经营和私营企业居多。在全国受理的各种类型企业的检举案件中，有限责任公司检举案件 9969 件，占受理总数的 25.08%；其次为个体经营户 5998 件、私营企业 4152 件，分别占受理总数的 15.09%、10.45%。具体情况如图 1 所示。

从行业上看，受理的案件最多为批发和零售贸易、餐饮业，共有 8995 件，占总数的 22.63%；其次为制造业和社会服务业检举案件，分别有 3650 件和 3190 件，占总数的 9.18% 和 8.03%。具体情况如图 2 所示。

从税种上看，主要以营业税、增值税为主。全国共查处检举案件 20084 件，有问题案件 18929 件，其中以营业税违法问题为主的案件 5018 件，占总查处案件数的 24.99%；其次是以增值税违法问题为主的案件 4696 件，占总查处案件数的 23.38%。

从违法类型看，被检举人涉及发票违法和偷税所占比重最多，分别为 7704 件和 4299 件，占查处案件总数的 38.36%、21.41%。

从检举人类型看，检举人是被检举单位内部人员的仍占有较大比重。2015 年，共受理此类举报案件 3374 件，占举报案件受理总数的 8.49%。

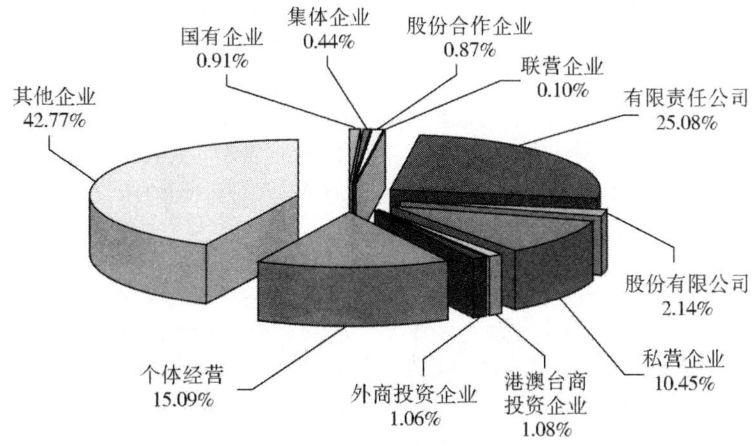

图 1 受理税收违法检举案件企业类型结构（2015 年）

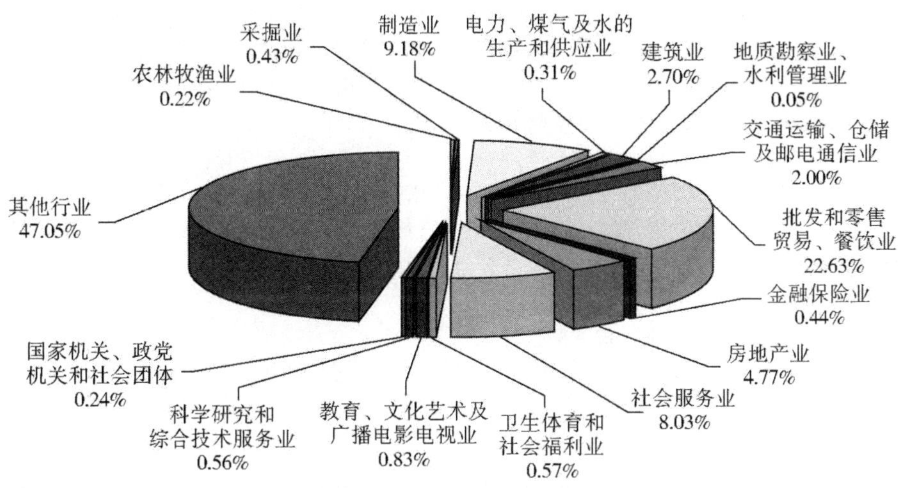

图 2 受理税收违法检举案件企业行业结构（2015 年）

【检举奖励】 2015 年，全国查处的检举案件中，应计奖案件 1291 件，占检举案件查处件数总数的 6.43%；应计奖案件入库税款金额为 4.75 亿元，入库罚款金额为 0.73 亿元，总计 5.48 亿元。全国各级税务机关共支付检举奖金 158.33 万元。

税收违法“黑名单”制度

为贯彻落实《国务院关于印发社会信用体系建设规划纲要（2014—2020 年）的通知》（国发〔2014〕21 号）精神，惩戒严重涉税违法行为，提高纳税人依法纳税意识，推进社会信用体系建设，根据《重大税收违法案件信息公布办法（试行）》（税总发〔2014〕41 号），全国各级税务机关通过其门户网站公布重大税收违法案件 1287 件。其中，通过税务总局网站公布 2015 年前三季度符合税务总局标准案件 297 件。

按照税务总局与国家发改委、中央文明办等 21 部委签署的《关于对重大税收违法案件当事人实施联合惩戒措施的合作备忘录》（发改财金〔2014〕3062 号）要求，税务总局将各级税务机关公布的重大税收违法案件的案件信息推送给参与联合惩戒的单位和部门，由参与联合惩戒的单位和部门根据其法律法规对重大税收违法案件当事人进行惩戒。对税收违法行为起到了强有力的震慑作用，令涉税行为当事人面临“一处失信，处处受限”的局面，推动形成“褒扬诚信，惩戒失信”合力，促进了纳税诚信和社会信用体系建设。

案源管理

【总体情况】 2015年3月，税务总局稽查局选择15户近年来未进行检查的重点税源企业进行税收检查。2015年9月，税务总局稽查局随机抽取26户全国重点税源企业集团开展检查。截至2015年11月30日，15户企业集团自查查补税款8.59亿元，入库6.74亿元，调减增值税留抵税金0.098亿元，调减亏损额0.54亿元；重点检查查补税款5.63亿元，入库2.61亿元，调减增值税留抵税金0.13亿元，调减亏损额2.05亿元。26户重点税源企业集团已完成自查阶段工作，自查查补税款26.49亿元，已入库税款9.63亿元，滞纳金1.17亿元，冲减增值税留抵税金5800万元，调减亏损额3.48亿元。

根据《国家税务总局关于印发〈推进税务稽查随机抽查实施方案〉的通知》（税总发〔2015〕104号）的有关要求，税务总局稽查局积极开展《税务稽查案源管理办法（试行）》《税务稽查随机抽查对象名录库管理办法（试行）》等制度的调研起草工作。

【稽查随机抽查】 为贯彻落实《国务院办公厅关于推广随机抽查规范事中事后监管的通知》（国办发〔2015〕58号）要求，推进税务稽查随机抽查，增强执法效能，根据《国家税务总局关于印发〈推进税务稽查随机抽查实施方案〉的通知》（税总发〔2015〕104号），研究开展“税务稽查随机抽查对象名录库”和“税务稽查执法检查人员分类名录库”建设工作。截至2015年底，完成《税务稽查随机抽查对象名录库管理办法（征求意见稿）》《税务稽查执法检查人员分类名录库管理办法（征求意见稿）》。

《税务稽查随机抽查对象名录库管理（征求意见稿）》确定了税务稽查对象分类名录库和税务稽查对象异常名录库的主体、对象、原则、范围等内容，重点就如何分类建立及管理，分级使用进行了规定。力争通过全力推进随机抽查名录库建设，提高税务稽查信息化水平。《税务稽查执法检查人员分类名录库管理办法（征求意见稿）》明确了税务稽查执法检查人员分类名录库的建设原则、责任部门、检查人员范围和信息内容、执法检查人员的选派、数据库的维护管理等。

“两库”的建设是贯彻党中央、国务院的决策部署，落实税务稽查随机抽查制度的一项重大举措，对于发挥税务稽查的职能作用、规范税收执法行为、提高税收监管的公平性和有效性具有重要作用和意义。

（张一培）

稽查一处工作情况

【总体情况】 2015年，在税务总局和稽查局正确领导下，在各地稽查部门的支持下，稽查一处认真贯彻落实全国税务稽查工作会议精神，积极推动各项稽查工作深入开展，充分发挥税务稽查的职能作用，主要开展了以下工作：组织查处和督办中南区重大税收违法案件，组织、协调和指导中南区税收专项检查和区域税收专项整治工作，牵头组织税务总部在中南区的大型企业集团的重点税源企业税收检查工作，继续做好中南区打击发票违法犯罪活动的督导工作，作为牵头处室做好打击骗取出口退税违法犯罪活动工作的组织部署、案件查办、政策研究工作，完成稽查局领导交办的其他工作。

【案件查办情况】 2015年，稽查一处共督办案件27起（其中以前年度结转16起，2015年新增11起）。截至2015年底，查结案件5起，退出督办2起，以前年度督办案件并入本年度新增督办案件1起，在查案件19起，查补入库总额约1亿元。其中“海浪一号”涉税案、海口“5·30”骗税案、海南“5·18”虚开黄金票案是税务总局与公安部联合督办案件。

【案件特点分析】 案件来源分布情况：27起案件中包括公安部、审计署等其他部委转办7起，占案件总数26%；税务总局领导批办的举报案件4起，占案件总数的15%；税务总局稽查局领导批办的举报案件6起及税务总局稽查局下发的案件1起，占案件总数的26%；各地上报申请督办案件9

起，占案件总数的33%。

案件类型分布情况：25起案件中（27起案件扣除退出督办的2起）偷税、少缴税款案件15起，占案件总数的60%；虚开、接受虚开增值税专用发票案件7起，占案件总数的28%；骗税案件3起，占案件总数的12%。

【重大案件查处和督办】　深圳“海浪一号”专案。2014年8月，深圳国税局稽查局向深圳公安经侦局移交了深圳飞艾利公司等7家公司利用套打海关进口完税凭证抵扣并向广州天保再生资源等公司进行虚开的案件。通过6个月调查取证，基本查明犯罪团伙利用海关进口完税凭证及黄金票虚开专用发票给再生资源公司的违法犯罪事实，摸清了涉案团伙的基本情况。2015年6月17日，在税务总局、公安部联合督办和直接指挥下，深圳市国税局和公安局联合发起“海浪一号”虚开发票专案全国集群战役收网行动。收网行动取得重大成果，一举摧毁了以林某、张某、曹某为首的3个特大虚开发票团伙，抓获犯罪嫌疑人31名（其中有18名是主要犯罪嫌疑人），捣毁犯罪窝点15个，初步统计涉案金额超过100亿元，涉及税款20亿元。“海浪一号”专案是税务总局和公安部联合督办的特大虚开发票案件，各级领导高度重视，税务总局总会计师孙瑞标和稽查局局长王学东、副局长文月寿亲临深圳听取案情报告并作出重要指示。行动当天，税务总局稽查局一处处长徐平和公安部经侦局处长牛文渊亲临现场协调指挥。截至2015年底，该案已经完成调查取证等工作，准备提起公诉。

深圳“海浪二号”专案（深圳“7·20”专案）。2015年7月20日深圳国税局和公安局成立联合专案组，经反复排查，最终成功锁定某犯罪团伙的主要犯罪嫌疑人。2015年10月14日，在税务总局、公安部联合督办和直接指挥下，对“7·20”专案开展集群战役统一收网行动。税务总局稽查局副局长文月寿、公安部经侦局调研员郭世峰等领导到场指挥行动。收网行动取得重大成果，一举摧毁了以卓某为首的特大黄金票虚开发票团伙，以黄某为首的特大骗取出口退税团伙，以刘某、詹某为首的虚开、贩卖假发票团伙，成功抓获犯罪嫌疑人29名，捣毁犯罪窝点22个。经初步统计，涉案金额60亿元、税额10亿元。该案是深圳市国税局迄今为止办理的涉税违法犯罪类型最全、打击发票违法犯罪链条最完整的一起案件，涵盖了取得虚开黄金票、虚开增值税专用发票、虚开普通发票、窝藏售卖假发票、偷税、骗取出口退税等涉税违法行为。截至2015年底，涉案的卓某、詹某、刘某等11名犯罪嫌疑人被深圳市人民检察院批准逮捕。

深圳“海浪三号”专案（深圳“7·28”案）。深圳国税局和公安局自2015年6月起对税务总局下发深圳的2户手机定向检查企业开展摸排经营，发现重大线索后，联合税务总局驻广东打骗工作组、广东省国税局共同查办。2015年12月4日，在税务总局、公安部联合督办和直接指挥下，“海浪三号”专案组以深圳为主战场和发起方，联合广东、深圳、江西公安部门共同开展统一收网行动。公安部经侦局副局长邓兆峰、税务总局稽查局副局长文月寿、人民银行总行处长高婧等亲临深圳指挥部现场督战。收网行动取得重大成果，一举摧毁以黄某、颜某、林某、周某为首的特大虚开及骗税团伙2个，成功抓获犯罪嫌疑人20名，捣毁作案窝点15个，初步统计涉案金额57.54亿元、税额4.96亿元，“免抵退”税额3.39亿元。该案是2015年首例由税务总局派驻打骗工作组参与当地税务公安联合查办的特大虚开和骗取出口退税的典型案件。截至2015年底，进入后续调查取证和固定证据等工作，力求不断巩固扩大行动战果。

“清税风暴”专项打击收网行动（“5·18”专案）。2015年11月7日，在税务总局、公安部的直接指挥下，海南国税局与公安经侦部门紧密配合，精心部署，果断出击，联合开展“清税风暴”专项打击收网行动，一举摧毁了以钟某、赵某为首的特大虚开犯罪团伙，成功抓获犯罪嫌疑人7名、捣毁开票窝点3处、查扣作案打印机20余台等一大批涉案证据。截至2015年底，已查实该团伙开办虚开增值税专用发票公司27家，虚开销项金额158亿元，税额23.7亿元；开办骗取出口退税外贸企业6家，涉嫌骗取出口退税额4814万元。主要犯罪嫌疑人被批捕。

【税收专项检查】　根据《国家税务总局关于开展2015年税收专项检查工作的通知》（税总发〔2015〕25号）的有关要求，稽查一处认真对中南区税收专项检查工作进行督促，并派人实地督导、听取工作汇报，推动各地切实贯彻文件精神，做好税务总局布置的指令性项目——出口退（免）税企业、黄金交易企业、资本交易企业和指导性项目（房地产及建筑安装、高收入者个人所得税和营利性教育机构）的检查，并在此基础上，结合本地区实际积极开展区域税收专项整治和自选项目检查工作。截至2015年11月底，中南区国税局稽查局、地税局稽查局周密组织部署，直接检查1.81

万户企业，查补收入101.09亿元，入库75.90亿元（其中查补金额较大的有企业所得税35.85亿元，增值税24.40亿元，营业税7.93亿元）；共组织企业开展自查6.89万户，自查查补收入106.67亿元，入库99.72亿元。

【区域税收专项整治】 中南区国税局稽查局、地税局稽查局2015年重点对虚开、骗税等税收违法行为易发、多发的地区，涉农、涉矿、涉油、涉运等高风险行业和“营改增”企业集中的地区，开展区域税收专项整治。截至2015年底，中南区区域税收专项整治共立案检查4881户企业，查结2538户，有问题1416户，查补收入总额2.69亿元，入库2.47亿元；共组织开展企业自查5241户，企业自查有问题1884户，企业自查补缴税款2.66亿元，入库2.57亿元。

【重点税源企业检查】 根据《国家税务总局关于开展2015年度重点税源企业税收抽查工作的通知》（税总函〔2015〕217号）的工作安排，稽查一处负责中南区TCL王牌电器（惠州）有限公司、箭牌糖果（中国）有限公司总部及其成员企业，以及税务总局下达的其他重点税源企业在中南区的成员企业、其他自选高风险重点税源企业的督导工作。截至2015年底，TCL王牌电器（惠州）有限公司自查补税2480.51万元（企业所得税1960.5万元、个人所得税12万元、其他各税166万元、滞纳金342.01万元），自查结束后对其开展重点检查，补缴企业所得税3346.9万元；箭牌糖果（中国）有限公司自查补税232.8万元（增值税61.92万元、企业所得税54.38万元、个人所得税108.23万元、滞纳金8.27万元）。

8户重点税源企业自查补税920.44万元；自查工作结束后对部分成员企业开展重点检查，查补税款2021.88万元（增值税1055.71万元、营业税9.71万元、企业所得税607.86万元、个人所得税74.05万元；其他种税200.66万元，滞纳金49.57万元，罚款24.32万元）。此外，中南区国税局稽查局、地税局稽查局还自行选取3500余户高风险重点税源企业辅导其自查，自查阶段累计补税20.5亿元。

2015年9月，税务总局下发《国家税务总局关于近期开展重点税源企业随机抽查工作的通知》（税总函〔2015〕478号）、《国家税务总局关于2015年重点税源企业随机抽查工作具体安排的通知》（税总函〔2015〕521号），要求对5户定点联系的企业集团、5年来未实施风险管理和税务检查的21户企业集团，以及各地自行选择10～15户税收规模大、税收风险高、未列入2015年检查范围的重点税源企业开展检查。重点检查阶段于2015年12月1日开始，于2016年6月15日结束。

【出口退（免）税企业检查】 中南区国税局稽查局、地税局稽查局扎实推进对指令性项目出口退（免）税企业的专项检查，共立案检查1348户，查结669户，有问题677户，移送司法机关27户，查补收入6亿元，入库3.78亿元，冲减增值税留抵税额2536.96万元，调减企业亏损额6073.71万元，不予退税金额6931.57万元；共组织企业自查7229户，有问题2422户，自查补税2.61亿元，入库2.49亿元。

【黄金交易企业检查】 中南区税务稽查部门深入分析案情，对指令性检查项目黄金交易企业共立案检查1900户，查结847户，有问题730户，查补收入9.94亿元，入库8142.80万元；共组织企业自查1120户，有问题482户，补缴税款4397.31万元，已全部入库。

【资本交易检查】 中南区国税局稽查局、地税局稽查局精心组织对指令性检查项目资本交易事项开展检查，共立案检查293户，已查结162户，有问题159户，查补收入5.84亿元，入库4.89亿元，调减企业亏损额1309.22万元；共组织企业自查3959户，有问题1010户，自查补税9.98亿元，入库8.91亿元。

【房地产及建筑安装业检查】 中南区国税局稽查局、地税局稽查局对指导性检查项目房地产及建筑安装业共立案检查2805户，查结1759户，有问题1950户，查补收入41.74亿元，入库36.19亿元。调减企业亏损额1.57亿元；共组织企业自查16286户，自查补税63.77亿元，入库59.25亿元。

【高收入者个人所得税检查】 中南区国税局稽查局、地税局稽查局对指导性检查项目高收入者个人所得税共立案检查91户，查结58户，有问题64户，查补收入5544.73万元，入库5118.31万元。共组织企业自查1644户，有问题367户，自查补税7199.35亿元，入库5850.86万元。

【营利性教育培训机构检查】 中南区国税局稽查局、地税局稽查局对指导性检查项目营利性教育培训机构共立案检查225户，查结141户，有问题141户，查补收入1.38亿元，入库1.34亿元；共组织企业自查1799户，有问题260户，自查补税1456.73万元，入库1245.76万元。

【打击骗取出口退税违法犯罪活动】 按照国务院和税务总局领导关于严厉打击骗取出口退税违法犯罪活动的重要指示精神，稽查一处作为打击骗取出口退税（以下简称打骗）工作牵头处室，切实将打骗工作作为一项重点工作抓紧抓实。2015年，主要开展了以下九方面的工作：

精心制定工作方案。经与公安部经侦局、海关总署缉私局沟通协调，并征求税务总局法规司、货劳司等相关司局及部分打骗重点地区税务稽查、公安和海关部门的意见，研究制定《2015年打击出口骗税工作方案》，报经税务总局领导批准后实施。

科学选案精准打击。按照税收风险管理的统一路径，稽查一处作为打骗工作牵头处室，积极运用税收风险分析成果，精心选择多项指标科学筛选案源，并采取统一选案和各地自主选案相结合的方式最终确定重点案源。2015年6月，稽查一处对向全国筛选下发和各地上报的共220户涉嫌骗税重点疑点企业线索进行研究梳理，选出62户涉嫌骗税定向检查企业作为重点检查对象，并向全国印发《关于下发2015年定向检查涉嫌骗税重点企业名单的通知》，要求各地及时成立三部门联合检查组，开展深度经营，力求做到查深查透、全案全结。

高度重视加强领导。为了增强打骗的综合效力，顺利推进打骗工作，税务总局和公安部、海关总署2015年4月共同成立打骗工作联合领导小组，税务总局总会计师孙瑞标任领导小组组长，打骗工作联合领导小组办公室设在总局稽查局，由稽查一处牵头负责部署、协调和督导全国打骗工作。各地三部门也按照上述组织模式迅速成立协调领导机构，切实加强对打骗工作的组织领导和协调统筹，确保取得实效。

点面结合严厉打击。按照年初制定的工作方案，2015年采取点面结合的方式开展打骗工作。一方面部署各地国税机关对20%的出口退（免）税企业开展专项检查；另一方面会同公安、海关部门继续深入开展打击出口骗税违法犯罪活动，选取15个省市作为打骗重点地区，统一筛选下发骗税风险较高的220户企业，并从中确定62户企业作为定向检查涉嫌骗税重点企业，要求各地国税机关做到户户严检查、户户有结果、户户必反馈。

组建打骗工作小组。按照税务总局局长王军指示，税务总局从税务系统选派6名优秀的处级领导干部担任组长，组建6个打骗工作组，于2015年9月20日进驻部分重点地区开展打骗工作。稽查一处具体负责6个打骗工作组的组织协调，为打骗工作组工作提供强有力的支持。截至2015年底，6个打骗工作组共检查出口企业59户，其中立案检查出口企业30户，移送公安机关21户，挽回国家税款损失共16亿元。

加大案件督办力度。从2015年6月中旬开始，三部门共同派员督导打骗工作。税务总局稽查局内部也组成6个督导组分赴15个重点地区开展督导。在督导过程中，适时邀请公安部经侦局相关人员共赴部分重点地区协调当地公安力量。稽查一处对广西、海南和深圳3个打骗重点地区全部督导到位，通过加大督办力度，海南“5·30”专案、深圳“海浪”系列等督办案件均取得了显著成效。

研究梳理定性标准。为有效解决各地骗税案件定性难、处理难问题，2015年6月，稽查一处召集上海、江苏、厦门、广西等部分地区稽查局局长就如何完善《骗取出口退税行政定性标准》进行研讨。会后对研讨意见逐条进行整理，起草了《国家税务总局关于骗取出口退税行政定性标准的公告》（草稿）。由于《中华人民共和国税收征收管理法》正在修订等客观原因，《国家税务总局关于骗取出口退税行政定性标准的公告》（草稿）短期内不能发布。为有效解决各地骗税案件定性难、处理难问题，2015年8月，稽查一处将江苏国税局稽查局编写的《出口退税案件税务行政处理意见》以便函的形式转发各地稽查局，并要求各地对一些久拖不决的涉嫌骗税案件，务必加快处理处罚进度，全力追缴已退税款。

攻坚克难集中收网。按照2015年联合打骗工作的总体部署，9月到12月是集中攻坚阶段。为进一步加大打骗工作力度，巩固和扩大工作成果，打骗工作联合领导小组办公室于11月对攻坚收尾阶段有关工作做了再部署，要求各地对案件及时收网，并做好深挖扩线工作，不断扩大战果，尽最大努力挽回国家税款损失。通过集中收网行动，成功侦获了深圳“海浪三号”专案等一批重大骗税案件。

加强宣传提高震慑。2015年，稽查一处继续加强对典型骗税案件的宣传力度，配合税务总局办公厅，通过央视、人民网等主流媒体，对深圳“海浪二号”“海浪三号”“上海彩奕”等骗税案件进行了曝光宣传。

在公安和海关部门的协作配合下，各地税务稽查部门重拳出击，有效查处一批典型的骗税或违规退税的案件，严厉打击了一批骗取出口退税的不法分子。截至2015年11月30日，全国共检查出口企业47136户，其中立案检查出口企业5054户，防止或挽回国家税款损失共91.42亿元，入库19.61亿元。移送公安机关案件244起，抓捕犯罪嫌疑人310人。

【打击发票违法犯罪活动】 根据税务总局领导关于深入开展打击发票违法犯罪活动工作的指示精神，按照《国家税务总局关于认真做好2015年打击发票违法犯罪活动工作的通知》（税总发〔2015〕34号）的有关要求，稽查一处对中南区打击发票违法犯罪活动进行了积极有效的督导工作。

截至2015年底，中南区国税局稽查局、地税局稽查局共计查处各类发票违法犯罪案件2.03万起，查处非法发票489.74万份，涉及金额408.7亿元，查补税款20.84亿元，加收滞纳金2.26亿元，罚款4.24亿元，没收违法所得2299.22万元。中南区税务机关积极协同公安机关开展打击制售非法发票犯罪活动，2015年共捣毁制售假发票窝点118个，打掉作案团伙49个，收缴作案机器271台，缴获发票2054万份。同时，中南区税务机关协同公安、检察院、法院等司法部门依法打击发票违法犯罪案件，公安机关共立案590件，抓获犯罪嫌疑人830人，移送起诉338人；检察机关起诉案件169起，起诉人数282人；法院审判案件133起，判决177人。此外，中南区税务机关积极配合各地通信管理部门治理发票类违法短信225.8万条，关停手机号码1.8万个，治理短信群发器30台，关停整顿登载发票违法信息网站35个，这为引导社会公众依法取得、使用发票，夯实防范发票违法犯罪活动的社会基础起到了积极的作用。

（萧　潇）

稽查二处工作情况

【总体情况】 稽查二处认真贯彻全国税务工作会议精神，根据2015年稽查工作要点，围绕国家税务总局中心工作，把握税收事业发展新常态，立足本职、砥砺前行，坚持依法行政，创新稽查工作，加强业务培训，提升稽查案件督办整体效能，深入整顿和规范税务秩序，充分发挥职能作用，积极开展了以下工作：组织协调和指导东北、西北地区税收专项检查工作和区域税收专项整治工作，组织东北、西北地区大型企业集团的重点税源企业税收检查工作，继续做好东北、西北地区打击发票违法犯罪活动的督办工作；继续加强打击重大涉税违法案件的督办工作，着力做好医药行业重点企业检查工作。2015年，稽查二处共督办案件26件，其中新增10件、以前年度结转案件16件、办结6件。会同公安部于2015年10月部署国务院转办的53户医药企业检查工作。

【重点税源企业检查】 2015年，重点税源企业随机抽查工作，是贯彻落实国务院《关于推广随机抽查规范事中事后监管的通知》（国办发〔2015〕58号）要求的一项重大举措。根据《国家税务总局关于近期开展重点税源企业随机抽查工作的通知》（税总函〔2015〕478号）、《国家税务总局关于2015年重点税源企业随机抽查工作具体安排的通知》（税总函〔2015〕521号），对税务总局稽查局组织的26户重点税源企业在东北、西北地区总、分支机构和成员单位开展税收检查，截至年底，大商集团有限公司查补税款925.13万元，其中自查63.57万元，检查861.56万元。实际入库金额787.49万元，其中自查63.57万元，检查723.92万元。陕西有色金属控股集团有限责任公司查补税款35664.39万元，其中自查23745.38万元，检查11919.01万元。实际入库金额30638.68万元，其中自查入库23745.38万元、检查6893.30万元。吉林亚泰集团检查税款825万元。重点税源企业检查仍在进行中，全部工作预计2016年完成。

【税收专项检查】 2015年度专项检查继续采取税收自查与税收检查相结合的方式进行，为确保专项检查取得实效，稽查二处采取多项措施加强过程监控，督导东北和西北稽查局认真做好税收政策宣传辅导、查前告知以及约谈等工作，充分发挥专项检查工作效能，基本达到“检查一个行业，规范一个行业”目标，扩大了税务稽查的正面影响力和作用力。

东北和西北地区检查企业共40651户，查补税款合计 1398468.40 万元，入库金额合计 1259297.95 万元，其中东北地区共检查企业 23744 户，查补税款 845211.06 万元，实际入库金额 797821.58 万元。西北地区共检查企业 16907 户，查补税款 553257.34 万元，实际入库金额 461476.37 万元。

【调查研究及案情分析】　近年来，资本交易连续多次被税务总局列入税收专项检查项目中，2015 年又列入专项检查内容。主要是该项目涉税范围广，存在问题多，隐蔽性强，检查难度高。根据上述情况，进行了相关调研，发现典型涉税违法问题有以下七方面：

在资本交易中以大额房产和土地资产作为股权进行投资的行为，未申报缴纳土地增值税和契税。例如，某企业将土地和不动产转让分解为投资和股权转让两项业务，即该企业先以土地、房屋进行投资，取得被投资企业的股权，然后再将股权转让，该项业务的实质是该企业转让不动产，通过股权转让的形式逃避缴纳营业税、契税和土地增值税。

利益驱使交易双方出具假证据，提供虚假股权转让合同，虚构债务分解股权转让所得。检查发现纳税人转让公司个人股权，同一次股权转让签订真假两份合同，以签订阴阳合同，隐瞒转让收入逃避缴纳个人所得税和印花税。

未按规定履行扣缴义务。一是股权转让所得不像工资薪金所得那样是企业（受让方是法人股东的）的一项经常发生的行为，或者受让方为个人的，由于对税收法律法规不了解，导致未按规定履行扣缴义务。二是尽管有时候股权受让方知道自己的法定扣缴义务，但由于自身的利益考虑，故意不履行扣缴义务。

房地产企业与评估机构故意将存量房低价评估（低于房屋账面价值）后，以评估价投资入股成立新的全资子公司，子公司将存量房用于出租，以逃避缴纳营业税及土地增值税、契税。

资本公积转增实收资本涉及的个人所得税未代扣代缴。有部分企业片面的理解《国家税务总局关于股份制企业转增股本和派发红股征免个人所得税的通知》（国税发〔1997〕198 号）规定：股份制企业用资本公积金转增股本不属于股息，红利性质的分配，对个人取得的转增股本数额，不作为个人所得，不征收个人所得税。却不知此处“资本公积金”是指股份制企业股票溢价发行收入所形成的资本公积金。非股份制企业将与此不相符合的其他资本公积转增股本由个人取得的数额，应作为应税所得征收个人所得税。

企业及个人减持上市公司限售股未申报缴纳营业税及个人所得税。企业对于以卖出价减去买入价后的余额为营业额规定中的“买入价”理解为上市公司的新股发行当天的收盘价，而实际应为依照财务会计制度规定，以股票、债券的购入价减去股票，债券持有期间取得的股票债券红利收入的余额确定。

纳税人在计算股权转让所得时，未按取得股权时的实际支出确认扣除股权原值。检查发现纳税人在申报缴纳股权转让个人所得税时，将企业应付账款在转让环节作为股权原值扣除造成少缴个人所得税。

【资本交易检查主要做法】　充分获取资本交易相关信息，综合分析选好案源。收集整理资本交易相关信息综合分析，建立股权转让信息预警指标模型，以计算机和人工选案相结合。通过加强风险预警指标建立和选案人员分析判断确定检查对象，有的放矢开展检查。一是从税收征管系统中获取涉税信息。采集“投资方信息和税务登记变更信息”“长期股权投资所得（损失）明细表和鉴证报告”“资产负债表、利润表和现金流量表”以及印花税——产权转移数据、土地使用税、房产税和契税等入库信息，分析获取资本交易相关信息。二是探索应用互联网络等公共信息采集平台。通过对新浪财经、东方财富等信息发布比较全面、权威的财经网站进行信息抓取，重点关注其披露的上市公司公告、限售股东或流通股东的变化，对股权转让、获取股息红利、股票减持、债权转让、债务重组，以及大额房产、土地资产转让等资本运作活动有关的信息适时捕捉，从中查找有价值的案源线索。三是工商、国土等部门提供的企业股权变化，以及房屋、土地等资产处置方面的信息。从工商局获取股权变更信息、从国土部门获取土地使用权、探矿权、采矿权等信息、通过房产部门获取大额房产转让信息分析可能的投资行为。按国地税合作规范，国地税部门交换资本交易检查信息。四是联系所得税管理部门根据企业所得税汇算清缴资料中——基础信息表中获取大股东变动情况，掌握自然人股东变动。

充分利用自查手段，通过自查要求企业专项报送对外投资和股东变更情况，以及明细资料，而且要作为自查必报内容。及时在自查中对重点股权转让对象进行自查辅导宣传，或进行约谈，作为重要的第三方从被投资企业可以获取股权转让收入及成本的相关资料。

积极在各类检查（专项、重点税源企业、举报、风险推送、日常检查等）中发现案源线索。明确案件检查必查资本交易项目，也就是说，检查人员对被查企业是否有股权投资及变动情况（是否有长期股权投资、应付股息红利、交易性金融资产、投资收益、股东权益变动）在稽查报告中专项说明，案件审理作为是否项目查全的指标之一，并作为考核及复查的内容。

选定资本交易较频繁，税收征管有一定基础的地区，根据资本交易的征管现状，实施资本交易税收专项整治，分区管理，把控进度，实地督导，及时解决出现的问题，使资本交易检查工作落到实处。

【征管现状及分析】 征管中存在的问题：一是交易行为较为隐蔽，税务机关获取信息渠道少。在会计核算上，资本交易事项较为独立，与财务报表中的其他项目之间的关联性较弱，仅从报表中难以发现问题。从信息来源看，目前税务机关只能从工商、证券等部门取得信息，并且一些部门也没有将资本交易行为是否完税作为审批或办理业务的前置条件，使税务机关难以对资本交易行为进行监管。二是业务较为复杂，涉税判断难度较大。资本交易行为事关企业合并、分立、重组等重大事项，涉及的法律制度较多，税收政策也很复杂，很多企业在进行资本交易时也聘请了很多专业机构和人员进行筹划和研究，制造一些合理避税的假象，使得税收管理难度加大。三是税务人员业务素质参差不齐，征管基础薄弱。四是自然人股权转让价格具有主观性且涉及金额数额较大。目前大部分股权转让协议价格都是平价转让，不易确定是否为虚假的转让协议。对于转让价格略高或者以等值资产交换的情形，主管税务机关可参照企业净资产、评估价或市场价格判断股权转让收入是否明显偏低，如无正当理由及相关证明材料，主管税务机关应按净资产核定法、类比法、其他合理方法等核定股权转让收入，但在实际执行中操作困难。

【工作建议】 一是加强业务培训，提高管理水平。采取多方位、多形式的培训方式，如委派业务骨干到高校参加有针对性的学习培训。同时注重实例培训，让税务人员能够参与具体的资本交易业务的全过程，把握资本交易事项的实际内涵，从而有效的开展征管。二是加强部门协作，建立股权转让税收控管机制。税务机关应加强与工商、发改委、财政、国土资源、房产、法院、证券等部门的联系，尤其是与工商部门的联系。三是加大税务稽查力度，堵塞税收漏洞。稽查局每年应选取符合条件的资本交易的企业进行解剖式检查，形成有价值的典型案例，有针对性地提出征管建议，真正做到“以查促管”。四是及时曝光个人股权转让典型案例，以案普法，提高纳税人的税法遵从度。五是对股权转让价格明显偏低，又无正当理由的股权转让中涉及实物资产等非货币性资产的，建议各地积极通过政府购买服务的方式，引入中介机构参与股权转让过程中相关资产的评估工作。防范税收执法风险。六是加强信息化建设，利用征管平台规范股权转让电子台账。充分利用第三方证券交易信息记录，针对非金融企业金融商品买卖业务开展专项检查。

（郭六武）

稽查三处工作情况

【总体情况】 2015 年，税务总局稽查局稽查三处共督办、组织查处中央有关部门批办的，以及案发地在华北地区的各类涉税案件 43 件，其中 2014 年结转 31 件，新交办 12 件，查补入库税款 20 亿余元。税收专项检查组织自查、检查纳税户共 39530 万户，自查、查补税款 171.75 亿元。同时，组织对华北地区重点税源企业的自查、检查工作，自查、查补税款 100.77 亿元；区域税收专项整治工作，查补税款 7.24 亿元；打击发票违法犯罪工作，查补税款 44.85 亿元。以上共查补税款约 324 亿余元。

【重大案件查处和督办】 2015 年，三处进一步加大对重大案件的督办力度，多次会同公安部到各涉案地对督办案件尤其是央批案件进行现场推进、指导、协调，各省督办案件和清理积案工作都取得了较大进展。2015 年共督办案件 43 件，结案

11 件，查补入库滞补罚 20.24 亿元。43 起案件中，针对中纪委、审计署、公安部等相关部门转交的案件 27 件，占督办案件的 63%。

【案件查办情况】 内蒙古“12·12”专案、天津“7·03”专案等央批案件，具有工作难度大、要求高、时间紧、协调多的特点。稽查部门以大局为重，克服困难，积极主动与相关部门协调工作，进一步加大督办力度，多次到各省市办案地对督办案件进行现场指导、协调，了解案件查处进展情况，指导案件查处方式方法，起到了很好的示范作用。其中，山西某黄金珠宝有限公司涉税案件，列为该省专项行动重点查处案件，检查发现企业存在涉嫌虚开增值税专用发票、虚构委托加工、虚构黄金购入等涉税违法问题，初步查实对外虚开增值税专用发票 128 份，涉及金额 1.19 亿元，税额 2028.89 万元。天津“7·13”案件等黄金票专项行动中逐渐发现并查处的特大案件，体现了稽查干部的高度责任心和敏锐警觉，重创了利用黄金票进行的违法犯罪活动。运用京津冀协作机制启动京津冀国税稽查局联查的“4·28”专案，发挥三地协同作战的优势，经过近 8 个月的内查外调，基本摸清了案件的脉络，为彻查案件奠定了良好基础。

河北国税局承办的“7·15”专案。河北省国家税务局、河北省公安厅根据一条骗税协查线索，以高度的责任意识和担当精神，紧紧抓住疑点不放，经过 9 个多月的缜密侦查，初步查清了以犯罪嫌疑人郭某、施某为首，以河北某纺织服装有限公司为平台的虚开增值税专用发票、骗取出口退税犯罪网络。税务总局、公安部将此案列为联合督办案件（代号“7·15”专案）。在税务总局、公安部统一指挥下，河北省国家税务局与河北省公安厅密切配合，全国相关地区税务、公安机关通力协作，对“7·15”专案进行认真查处，为国家挽回重大经济损失。该案已查结并移送司法机关。此案不仅针对这类案件具有较强欺骗性、犯罪高智商、团伙性犯罪、案情复杂的犯罪特征，而且在查办过程中充分体现了“两快”“两强”“两高”“两严”“两实”的查案亮点，在央视新闻播报、《中国法制报》《中国税务报》等新闻媒体上进行了专题宣传。

北京国税局承办的“10·8”专案，是税务总局、公安部联合督办案件，北京国税局稽查局联合公安部门成立专案组，打掉了这一特大虚开发票团伙，抓获犯罪嫌疑人 26 人，打掉 9 个窝点，其中 7 名涉案犯罪嫌疑人以“虚开增值税专用发票罪”被批捕。

【案件特点分析】 一是案件分布不均衡，仍以北京地区为主，内蒙古地区涉税案件数量明显增加。其中，北京 24 件，共占案件总数 56%；天津 4 件，河北 4 件，山西 3 件，内蒙古 5 件，其他省市 3 件。二是案件来源渠道较多。公民举报 12 件，占案件总数 28%；国务院领导、中纪委等部门批办 7 件，占案件总数 16%；财政部、审计署、公安部等部门交办 14 件，占案件总数 33%；各省上报案件 10 件，占案件总数 23%。其他部门转办案件及举报案件为案件主要来源多数。

【税收专项检查】 华北地区 5 省（区、市）国税、地税稽查局，按照税务总局专项检查的统一安排和部署，结合本省实际，对必查项目和自选项目进行认真研究，运用征管资料和第三方信息对检查重点进行筛选，共组织自查、检查纳税户 33753 万户，自查、查补税款 100.77 亿元。

北京地税局专项检查共立案实施检查 3702 户，组织 186 户企业开展税收自查，立案检查和自查补税两项合计 33.23 亿元（含以往年度结转），入库 23.88 亿元。对税务总局部署的房地产建安企业立案检查共 649 户，营利性教育培训机构 20 户，该局自行开展其他项目、专项整治立案检查共 3031 户。立案查补收入共 31.06 亿元，其中查补税款 24.35 亿元、滞纳金 4.57 亿元、罚款 2.14 亿元，入库 22.28 亿元。自查企业中 186 户，有问题 127 户，自查补税及入库 1.6 亿元。

天津地税局各级稽查部门把开展税收专项检查和专项整治工作作为规范税收秩序的重要着力点，共对房地产及建筑安装业、资本交易、高收入个人所得税、营利性教育培训机构、大型工商业企业、金融保险业、餐饮业、代征单位、出口退（免）税补税企业等 10 个项目开展专项检查，并对外地进津施工企业等涉税违法行为高发频发区域开展税收专项整治。工作中，稽查部门进一步加强与征管、评估等部门的纵深协调，以及与国税、公安、检察院、法院、海关、银行、国土房管等部门的横向联系，大力推行链条式检查和延伸式稽查。针对不同类型的纳税人，灵活运用调研式、审计式检查方法和网络化电子查账手段，大力推进标准化检查模板与行业检查指南的案头应用，稽查成果不断扩大。全年共检查纳税人 656 户，组织企业自查 3489 户，累计查补收入 24.3 亿元。

【税收专项整治】 根据税务总局安排，2015 年继续与公安部、海关总署等相关部门共同开展专项整治工作。主要开展打击骗取出口退税违法犯罪工作专项行动、打击虚开增值税专用发票涉税违法犯罪工作专项行动和打击利用黄金交易虚开增值税专用发票违法犯罪专项行动，以及以电信业为重点开展“营改增”专项稽查工作。华北地区5省各省区市都进行了安排和部署。

河北国税局“营改增”企业调研式检查共确定检查企业13户，涵盖铁路运输服务企业、陆路运输服务企业、管道运输企业、电信业，以及研发和技术服务业、物流辅助服务业、鉴证咨询服务业和文化创意服务业。通过对涉税风险、政策性问题进行梳理和分析，发现电信业铁塔抵扣适用政策、管道运输业因其特殊的经营形式，其核算方式与增值税计算的冲突等问题，查处问题涉及税款共1.5亿元。入库税款4975万元，滞纳金1534万元，共计6509万元。

山西国税局在省、市两级均与公安部门联合成立打击利用黄金交易虚开增值税专用发票违法犯罪专项行动领导小组，在数据分析、线索梳理、前期排查的基础上，税警联动、精准发力对税务总局下发的涉嫌空壳开票企业、筛选的其他疑点较大的企业等开展重点检查。全省在专项行动中共查实虚开发票份数8510份，涉及税额8.70亿元，定性处理1.55亿元，入库1.05亿元，调减留底进项税额2772.39万元；移送公安机关查处企业22户，公安机关立案15户，抓捕犯罪嫌疑人17人。

【重点税源企业检查】 2015年，税务总局先后部署对41户重点税源企业开展专项检查工作，其中12户总部在北京、1户总部在天津、1户总部在河北。按照总体工作部署，及时部署组织开展辅导企业自查工作。重点对其中5户集团企业组织专业团队开展基本情况摸排、相关数据分析、查前培训等工作。督促相关省局稽查部门做好组织协调和业务辅导工作。

天津国税局主要做法是：一是筛选、整理出相关企业名单，依靠“稽查选案系统”进行风险分析、发现涉税疑点；二是积极与地税稽查部门沟通，联合约谈企业相关负责人，布置企业自查工作；三是与企业财务负责人共同赴京参加税务总局关于重点税源企业检查工作的详细部署会议；四是制作企业调研提纲，连同企业自查提纲、企业自查统计报表一并印发，开展查前准备工作；五是按“案源随机、人员随机”原则，建立税务稽查对象分类名录库、税务稽查异常对象名录库和税务稽查执法检查人员分类名录库，开发选案随机抽查摇号软件，随机抽查重点税源企业。全市共检查企业64户，应补收入3245万元，入库2651万元；组织企业自查156户，发现有问题56户，应补收入930万元，全部入库；调减增值税留抵税金1201万元，弥补亏损额224万元。

【打击发票违法犯罪活动】 按照全国打击假发票的总体工作部署，华北区国地税稽查局与公安等部门密切配合，继续深入开展打击假发票等违法犯罪活动，整治“买方”市场，打击“卖方”市场，始终保持打击的高压态势。把医疗卫生行业、饮食食品行业、建筑安装行业金融保险、房地产、商业批发与零售等行业作为稽查重点。

内蒙古国税局进一步加强虚假发票“买方市场”整治工作，将发票整治工作与税收各类检查工作有机结合，坚持查案必查票、查税必查票，把发票使用情况检查作为税收检查的必经环节和必查项目。重点检查金融保险、房地产、商业批发与零售、餐饮娱乐、加工制造、中介机构等发票使用问题突出的行业。加大打击发票违法犯罪活动工作的宣传力度，营造良好的舆论氛围。全区共发送宣传短信80万条，制作公益广告24期，制作宣传展板1块。召开自治区打击发票违法犯罪活动工作协调小组会议，进一步发挥其组织领导作用，形成工作合力。全区各级国税部门共查处涉及发票违法企业811户，查处违法发票7609份，涉及金额3.37亿元，查补税款5008.4万元，加收滞纳金428.75万元，罚款508.84万元。税务机关与公安机关共联合查办发票违法犯罪案件826起，抓获犯罪嫌疑人56人，检察机关共对54人公诉，审判机关共判处52人有期徒刑。

山西地税局坚持“打击与建设相结合、治标与治本相结合”的原则，税警联动查处大案要案，发票违法犯罪活动得到有效遏制。2015年，共检查企业1282户，查处违法企业685户，完成年计划的228.33%，查处非法发票6666份，涉及金额1.72亿元，查补税款825.06万元，加收滞纳金145.67万元，罚款434.08万元；组织企业自查437户，自查有问题户23户，自查补税356.3万元。确定全省打击重点，深入开展发票使用情况检查工作。按总局要求，对发票违法问题高发、频发的金融保险业、房地产业、餐饮娱乐业、中介机构等行业发票使用情况开展重点检查工作，同时结合山西省实际，对采掘、煤炭、建筑、房屋租赁等行业一并开展重点检查。税务总局布置的重点行业检查共查处有问题企业366户，查处非法发票3536份，涉及金额3975.76万元，查补收入348.75万元；自查有问题户6户，自查收入146.56万元。省内自行开展重点行业检查，查处有问题户319户，查处非法发票3130份，涉及金额1.32亿元，查补收入1056.06万元；自查有问题户17户，自查收入209.74万元。

【京津冀税务稽查协作机制】 自2015年4月起，根据国务院审议通过的《京津冀协同发展规划纲要》文件精神，为贯彻落实京津冀地区协同发展国家战略，推动地区间税收协作，在京津冀税务协作的大框架下，进一步加强京津冀税务稽查的全面协作，在前期调查研究的基础上，组织起草了《京津冀税务稽查协作备忘录》（以下简称《备忘录》）。

《备忘录》共六条十八款，对京津冀税务稽查协作的宗旨、目标、原则、内容和机制等主要内容进行了明确。协作内容主要有八项，涵盖了主要稽查工作，如推进执法协作、实现信息共享、联合开展专项检查和专项整治、联合开展重点税源企业税收抽查和轮查、联合开展案件查办、协同开展案件协查、建立案源通报机制、实现行联合惩戒等。同时明确京津冀国税、地税稽查部门成立税务稽查协作工作小组，每半年举行一次联席会议，通过建立协作机制，充分发挥三地六局工作主动性，协同做好工作，服务税收工作大局。

2015年12月23日，京津冀三地国税、地税六局在北京签署《京津冀税务稽查协作备忘录》，正式启动京津冀税务稽查全面协作，税务总局总会计师孙瑞标到会并提出工作要求。孙瑞标指出，《备忘录》的签署对于深化京津冀三地税务稽查协作具有里程碑意义，必将加速三地税务稽查工作的发展，为深化税务税收稽查改革、深化国地税合作、深化区域税收合作将起到很好的示范作用。希望三地六局登高望远，重视协作；统筹协调，精诚协作；着力推进，创新协作；突出重点、有序协作；持续发力，久久为功，推动京津冀税务稽查协作工作的常态化、长效化，开拓京津冀税务税收稽查等协作的新局面。会议还研究部署了相关案件的京津冀三地联查工作，并开始筹划并落实京津冀稽查协作机制。

【稽查体制、机制、优化探索】 北京地税局按照稽查体制机制改革相关方案，进一步推进“市级全覆盖”工作。制定下发《关于进一步推进税务稽查市级全覆盖工作的意见》。从明确组织关系、划分管辖范围、设定职责权限、完善工作机制、优化稽查队伍、调整考核模式等方面，对“市级全覆盖”工作给予指导并提出要求；进一步完善稽查机构。设立专业直属稽查局，为17个区县（分）稽查局加挂直属分局牌子，全市正式形成“6个直属稽查局、17个直属稽查局分局、18个区县（分）稽查局”的稽查组织体系；优化区县（分）稽查局人员，为实现“市级全覆盖”做好人员准备。

（艾 玥）

稽查四处工作情况

【总体情况】 2015年，在税务总局稽查局领导的领导下，稽查四处按照《2015年稽查工作要点》和局领导的指示，经过全处同志的共同努力，组织开展打击利用黄金交易虚开增值税专用发票违法犯罪专项行动，完成“营改增”专项稽查工作，做好重大案件督办工作，狠抓骗取出口退税案件检查，参与虚开犯罪司法解释调研，启动虚开行政定性标准调研，完成华东地区重点税源企业检查，并圆满完成税务总局领导交办的其他工作，工作成效显著。

2015年，四处共督办案件22起，其中2014年转入继续办理案件16起，2015年新增案件6起，新增督办案件数量明显减少。查结案件12起，查补收入14.08亿元。

【打击利用黄金交易虚开增值税专用发票违法犯罪专项行动】 2015年，税务总局、公安部和人民银行共同部署开展打击利用黄金交易虚开增值税专用发票违法犯罪专项行动。专项行动开展以来，全国各地国税稽查、公安经侦部门按照三部委的统一部署，精心组织、密切配合、深耕细作，深度经营案件线索，深挖幕后犯罪团伙，全力挽回税款损失，在各方的共同努力下，专项行动取得巨大成效。

基本情况如下：

2014年，江苏、江西等地陆续查处一些利用黄金交易虚开增值税专用发票的案件。税务总局稽查局和公安部二局对此高度重视，在对重点案件开展督办的同时，进一步对各地情况进行了摸查、验证及研判，证实近两年以来，尤其是2014年6月以来，利用黄金交易虚开增值税专用发票的案件迅速增多，且涉案企业多、地区广、金额大，有蔓延趋势。因此，两部局决定把打击利用黄金交易虚开增值税专用发票违法犯罪活动作为2015年打击涉税犯罪的重点，并将有关情况及时向税务总局总会计师孙瑞标作了汇报。在2014年底召开的总局稽查局、公安部经侦局税警联席会议上，税务总局总会计师孙瑞标与公安部部长助理（兼经侦局局长）孟庆丰商定：2015年联合开展打击利用黄金交易虚开增值税专用发票违法犯罪专项行动。为开展好此项工作，税务总局稽查局和公安部经侦局联合人民银行反洗钱监测分析中心，共同组织开展了打击利用黄金交易虚开增值税专用发票违法犯罪专项行动（以下简称打击“黄金票”专项行动）。2015年4月22日，税务总局稽查局、公安部经侦局、中国人民银行反洗钱中心在杭州召开专项会议，对此次打击“黄金票”专项行动进行全面部署。

据统计，上海黄金交易所于2013年1月—2015年1月期间共开具黄金增值税专用发票16万份，涉及金额8565亿元、税额1456亿元，涉及会员单位及代理客户2118户。在税务总局电子税务中心的帮助下，稽查局调取了上海黄金交易所2013年1月—2015年1月的开票数据。根据对开票数据的分析，选取存在重大虚开嫌疑的172户上海黄金交易所会员单位及代理客户（以下简称“代理客户”）和5095户代理客户的受票企业（疑似空壳虚开企业）作为专项行动的检查对象，涉及发票23万余份，金额1098亿元，税额186亿元。这5095户企业的受票企业（用票单位）多达7万多家。整个专项行动涉及全国所有省市。

截至2015年底，全国税务稽查部门立案检查15598户，查结7137户，查实虚开增值税专用发票40.99万份，涉案金额1059.25亿元、税额180亿元（不含接受虚开数字）；查补收入45.97亿元，入库收入28.3亿元；查处案值超亿元大要案件144起，打掉团伙95个，公安机关抓获犯罪嫌疑人1155人。代理客户涉及205户，其中下发案源172户、各地延伸案源33户。税务部门立案检查178户，定性虚开增值税专用发票15.49万份，涉案金额464.56亿元、税额78.97亿元。空壳虚开企业涉及5259户，其中下发案源5095户、各地延伸案源164户。税务部门立案检查1121户，定性虚开增值税专用发票18.88万份，涉案金额420.18亿元、税额71.43亿元。用票单位涉及74549户，其中下发案源74298户、各地延伸案源251户。税务部门立案检查14299户，查结6956户，定性虚开案件248户，定性虚开增值税专用发票6.62万份，金额174.51亿元、税额29.66亿元。查实用票单位接受虚开17917户，涉案发票7.4万份，金额99.87亿元、税额16.42亿元。查补收入45.97亿元，入库收入28.3亿元。案值超亿元大要案件共计144起，立案检查企业318户，下游涉案企业12941户；定性虚开增值税专用发票142059份，涉案金额820.71亿元、税额139.52亿元；大要案件发起协查追缴收入1.04亿元，移送公安机关179户。非正常企业共计7822户，其中代理客户100户、空壳虚开企业4610户、用票单位3122户，分别占各层次总户数的48.78%、87.66%、4.17%。代理客户与空壳虚开企业非正常走逃企业占比较高。

工作措施：

打击“黄金票”专项行动工作效果好、社会影响大。江苏徐州“9·22”专案、深圳“7·20”案、海南“5·18”案、江西鹰潭市“3·12”案和“6·09”案、湖南“5·18”案等典型案件，以及重庆、四川等地的专项行动，受到税务总局、公安部领导的充分肯定。江西、湖北、海南等地的工作，受到省委、省政府领导的充分肯定。这次专项行动效果好的主要原因有以下几个方面：

领导重视，组织严密。此次专项行动，三部委成立了专项行动领导小组，由总局稽查局、公安部经侦局、人民银行反洗钱中心领导组成，税务总局总会计师孙瑞标担任组长。同时，根据三部委的要求，各地税务、公安部门也成立了本省市专项行动领导小组。税务总局领导对此次专项行动高度重视。2015年7月初，领导小组在福州召开专题会议，听取重点地区相关工作情况汇报，研究解决工作中的困难和问题，指导并推动工作开展。专项行动期间，时任税务总局总会计师孙瑞标亲自带队赴浙江、深圳、福建、海南等地实地督导。

紧密配合，各司其职。此次专项行动，是在近年来打击涉税犯罪的专项行动中，首次尝试税、警、银联合，主动选案、精准打击、联合行动的新模式新方法。部委层面，共同分析选案、梳理线索、部署查处、组织集群、协调取证。税务总局稽查局以上海黄金交易所开出的增值税专用发票为起点，分析发票流，选定疑点企业；人民银行反洗钱中心大规模调取疑点企业与人员的银行交易记录并分析整理出部分资金流闭环信息；公安部经侦局运用公安情报导侦平台对发票流、资金流数据进行综合研判，分析出部分犯罪团伙信息；同时，税务总局稽查局统筹协调，展开跨部门的联动，上下互动，提高工作效率。地方层面，各地税警珠联璧合，充分发挥各自优势和职能，统一目标、统一方案、统一行动，高效协同办案，有力地推动专项行动开展。

科学选案、靶向精准。此次选案，采取链条选案与特征画像选案相结合的方式，税务总局稽查局根据各地上报的案件情况，利用总局电子税务中心提供的数据，依托上海国税局稽查处，设置选案指标，建立分析模型，对上海黄金交易所开具的黄金发票进行循票追踪链条分析，再经过江苏省局根据已办案件特征画像，实证选案准确性。根据此次检查结果来看，选案靶向精准，准确率较高。

集中研判、突出重点。一是多方收集信息。在前期收集并筛选 172 户代理客户和 5095 户空壳虚开企业的纳税登记和发票明细数据信息基础上，通过质检总局机构代码中心调取上述企业组织机构信息，通过工商总局注册局和监管局调取工商登记信息和股东变动信息，通过人民银行反洗钱中心调取上述企业大额资金交易信息。二是开展中央层面的情报研判。由公安部经侦局、税务总局稽查局、人民银行反洗钱中心和抽调的地方业务骨干组成情报研判组，对工商、税务、银行、警务等信息进行集中研判，发挥中央层面大数据的信息优势，从中发现跨地区、团伙性的违法犯罪线索。三是各地集中力量开展情报研判。三部门于 2015 年 6 月初和 7 月初分别将整理的相关企业资金交易明细信息、部分资金环路信息和相关线索下发到各地，各地结合分发信息和本地前期调查情况，进行线索梳理，切实加强核查侦控的情报研判工作。“部门联动、上下互动”的集中情报研判，为统一收网奠定了良好基础。

择机果断，稳步收网。虚开“黄金票”案件中的每一起案件都涉及多个省市，案件的全国关联度高，专项行动的收网时机很重要。为最大限度减少各地交叉侦破、多头协查的不利影响，确保全国专项行动打深、打透、打彻底，两部局协调各地专案组抓重点、抢节点，积极掌握办案主动权，对已经营成熟且掌握幕后犯罪团伙的，协调指挥各涉案地果断统一收网，以点带面实施全链条、全方位打击，在时间服从质量的前提下，注重个案面上的统一性，形成上下协调、横向联动的网络化打击态势。自 2015 年 8 月开始，各地对已侦办成熟的案件分别实施收网。11 月收网行动较为集中，破获超亿元的大要案件 69 起，打掉团伙 67 个，抓获犯罪嫌疑人 932 人。

强化责任，加强督导。针对专项行动任务重、困难多、要求高的实际情况，按照“重点地区、重点案件督办全覆盖”的工作思路，加强工作督导。专项行动领导小组成员多次分赴办案一线，采用现场督办会、案情分析会等多种形式，帮助办案单位厘清思路、明确方向、落实措施、排除阻力，有针对性地对重点地区、重点案源进行督导。税务总局稽查局、公安部经侦局和人民银行反洗钱中心领导多次赴各地督导专项工作、亲临一线指挥收网行动。各省市国税稽查局与公安经侦总队均采用联合督导调度方式，强力推动专项行动进展。

此次专项行动体现了四个“首次”：首次由税务总局、公安部、人民银行三部门联合部署专项行动；首次由中央层面主动选案并分析线索下发各地开展工作，明确各地的工作目标；首次利用公安经侦部门的情报分析平台和导侦平台研判线索；首次由人民银行反洗钱部门提供资金流向信息，极大地提高了工作效率。

【“营改增”专项稽查】　根据《2015 年全国税务稽查工作要点》（税总函〔2015〕88 号）的要求，稽查四处于 2015 年继续组织开展“营改增”专项稽查工作。根据对已经实行“营改增”行业的排查，在考虑“检查期间相对完整”“以前年度是否检查过”的基础上，经税务总局领导批准，确定中国电信股份有限公司及其所属分公司、支公司（以下简称中国电信）为 2015 年专项稽查对象。

企业基本情况：中国电信股份有限公司于 2002 年设立，同年 11 月发行 H 股及美国存托股份，分别在香港、纽约上市，是全球最大的固定电话、CDMA 移动网络及宽带互联网营运商，提供固定通信业务、移动通信业务以及互联网接入服务、信息服务业务等增值电信业务。截至 2014 年 12 月 31 日，公司资产总额 5612.8 亿元，营业收入 3268.3 亿元，利润总额 232.7 亿元，固定电话、有线宽带和移动用户数量分别为 1.44 亿元、1.07 亿元和1.86亿元。公司在境内设有31个分公司、6个直属单位和5个专业子公司。

主要开展以下四项工作：

精心准备，扎实做好前期工作。为确保“营改增”专项稽查工作取得实效，稽查四处工作人员认真学习并梳理电信业增值税相关税收政策，对电信行业的经营方式进行调研，摸清电信收入及构成比例、业务种类及套餐拆分、成本构成及抵扣情况、进项发票管理模式、纳税申报等相关情况，从收入申报、进项抵扣、发票开具3个方面分析涉税风险点，并将上述情况汇总起草《电信业“营改增”专项稽查参考资料》。同时，为保证各地的检查工作达到预期目的，拟制《2015年电信业“营改增”专项稽查工作报告提纲》，并制作《电信业“营改增”专项稽查情况汇总分析表》。2015年5月8日，税务局稽查局下发《国家税务总局稽查局关于开展电信业“营改增”专项稽查工作的通知》（税总稽便函〔2015〕48号），部署开展“营改增”专项稽查工作，并随函下发《2015年电信业“营改增”专项稽查工作报告提纲》《电信业“营改增”专项稽查参考资料》。

落实要求，保证工作组织有序。按照总局稽查局的要求，各省区市认真部署中国电信“营改增”专项检查工作。一是及时汇报，得到领导重视。各省市稽查部门迅速向省市局主要领导汇报总局稽查局的工作要求，并取得了领导的重视和支持。例如，湖北国税局“一把手”及分管领导均在工作方案上批示，特别是分管稽查工作的总经济师陈煜作出详细批示：“请稽查局对上加强与总局联系汇报，争取重视和支持；对下加强督促指导，促平衡协调发展；对内加强与相关业务部门联系，形成工作合力；对外加强与企业宣传沟通，争取理解支持。要加强工作思路和方法的总结，为集团公司税务稽查工作积累经验。”二是成立专项检查领导小组。各省市成立以分管稽查的省市局领导或稽查局主要领导为组长的专项稽查工作领导小组，同时要求各地市也成立领导小组，建立省、市两级稽查局沟通顺畅、联系紧密的组织体系。三是成立工作专班。为保障稽查工作顺利开展，各省市组建本省市分公司检查专班，由省市局案件检查科和抽调人员组成，专门负责对本省市电信业的专项稽查工作。例如，青岛市实行“项目制”工作机制，并组建专门的项目组和检查组。

组织培训，打好专项检查基础。考虑到电信业“营改增”工作开展时间不长，基层稽查干部对电信业“营改增”政策比较生疏，为确保专项稽查工作查有成效，各省市参照税务总局稽查局下发的《电信业“营改增”专项稽查参考资料》，对参与本次专项稽查的检查人员开展电信业“营改增”业务培训。一是对电信业的基本情况和历史沿革、运营管理特点、经营管理模式、业务分类、财务会计核算体系，以及“营改增”后的征收管理现状等事项进行介绍，使稽查人员对电信行业业务有全面深入的认识；二是请货物与劳务税的专家就电信业营业税改征增值税相关文件进行解读；三是对电信业的发票管理、专用发票的开具、进项发票的抵扣、涉税风险的分析、稽查的重点等内容对检查人员进行专项培训。

认真组织，稳步推进工作开展。一是为确保检查工作的顺利进行，落实检查进度、适时掌握检查动态，及时协调解决检查工作中出现的问题，稽查四处和各省市领导小组采取多种方式督导检查各地工作开展情况；二是为深入了解电信业专项稽查工作的进展情况，税务总局稽查局于2015年8月召开“十省市电信业‘营改增’专项稽查工作座谈会”，广泛听取各地工作情况汇报，深入讨论在检查中遇到的问题，并明确下一步检查的要求；三是税务总局稽查局适时约谈中国电信有关领导，说明此次专项检查的目的和意义，并取得了企业方面的理解和支持。同时，各省区市专项工作领导小组也主动约谈了各地分公司的领导，并获得显著成效。

检查发现的问题：

在此次专项检查中，稽查部门依据《财政部　国家税务总局关于将电信业纳入营业税改征增值税试点的通知》（财税〔2014〕43号）、《电信企业增值税征收管理暂行办法》（国家税务总局公告2014年第26号）和《财政部　国家税务总局关于将铁路运输和邮政业纳入营业税改征增值税试点的通知》（财税〔2013〕106号）及其他现行增值税法律法规文件开展具体工作。但在检查中发现，由于电信业务种类繁多，有些业务的征税依据尚不明确，因此部分省市国税局在财政部和税务总局制定电信业税收政策后又制定并执行了适用本地的电信业征管办法，但同时也存在如下问题：一是各地对同一问题的处理不一致，造成同一企业的相同涉税事项因地域不同而执行不同的政策；二是部分地区的地方性规定缺少相关政策法规依据。此次检查发现的主要问题有：

进项税抵扣方面的问题。一是移动通信所用铁塔及其附属设备的进项税额是否可以抵扣；二是

“营改增”试点之前提供电信业服务时，附带赠送用户电信终端等货物或电信业服务的，在“营改增”试点之后仍然存续的业务，其进项税应如何抵扣；三是电信公司与第三方合作提供电信服务，第三方参与业务分成收取款项，电信公司取得第三方开具的进项发票应如何抵扣；四是电信企业向渠道商、合作商支付佣金、代办费、手续费和物业管理费等，所取得的专用发票该如何进行进项抵扣。

应税收入和销项税问题。一是纳税人提供电信业服务时附带赠送的货物、应税服务的价值应如何确定；二是电信公司在为客户提供电信服务时，向客户提供光猫、机顶盒等终端设备应如何确认收入；三是以积分兑换形式赠送的电信业服务，在计提积分准备时是否能冲减当期的应税收入；四是积分兑换商品和应税服务是否应征增值税；五是电信公司向内部人员提供免费通话是否应视同销售征收增值税；六是月租费、保底费、停机保号费、沉淀资金、滞纳金和违约金等收入的适用税率该如何确定；七是将两种或两种以上的通信业务或服务打包提供给客户并收取固定月使用费的套餐业务，如何确定不同税率业务的价值；八是电信公司作为最终用户的代理人，通过签订租赁协议方式从租赁公司租入手机业务，代为支付的租金应如何计税；九是电信服务预收款应如何纳税。

跨境电信服务收支和电信企业间往来问题。一是省级公司向境外单位提供电信服务的收入和接受境外单位提供电信服务的支出应如何缴税问题；二是电信企业内部交易往来应如何纳税问题；三是北方九省市电信股份公司和电信集团省电信分公司的业务划分问题。

（金　鑫）

稽查五处工作情况

案件查办情况

【总体情况】　2015年，西南地区各省市稽查局共查补收入165.50亿元，入库160.17亿元，分别与2014年增加7.18%、5.63%。其中，稽查机构共检查纳税户9780户，发现有问题户8908户，查结8814户，查补收入36.30亿元，入库34.65亿元；组织督促企业开展税收自查31452户，查补129.2亿元，自查入库125.52亿元。

【重大案件查处和督办】　2015年，稽查五处共督办案件27起。其中，2014年结转19起，占全部督办案件的70.37%；本年度新列督办案件8起，占全部督办案件的29.63%。全年获批结案处理7起，在查案件有20件。稽查五处具体督办并已查结的案件共计查补收入23462.1万元。查处较好的案件有重庆船舶贸易有限公司涉税案（“6·06”专案）、重庆海宇置业（集团）有限公司涉税案件、重庆开阳房地产有限公司涉税案件、四川乐山“7·10”专案、云南宜良县汤池镇禾登煤矿涉税案、云南省保山市浩宇公司等企业虚开发票案。

【税收专项检查】　根据2015年度税收专项检查工作部署，西南地区各稽查局加强领导，认真组织，以整顿规范税收秩序和提高纳税遵从为目标，强化措施，创新方法，加强督导，积极抓好各项指令性和指导性税收专项检查工作，保证了税收专项检查工作圆满完成。除按要求开展了出口退（免）税项目、黄金交易项目、资本交易项目、房地产及建筑安装项目、营利性教育培训机构项目检查外，还积极开展了高收入者个人所得税、医药批零行业、医疗服务机构、电力、汽车、农村信用社、民政福利企业、信用担保及小额贷款公司、中介服务机构、科研机构及大专院校、食品饮料制造企业、大型商业零售企业、汽车销售4S店、农副产品收购及生产加工企业等专项检查工作。累计组织企业自查36491户，有问题户15696户，企业自查查补收入73.39亿元，入库68.69亿元；共检查企业9655户，查结7567户，有问题5838户，查补收入29.47亿元，入库25.44亿元。

【区域税收专项整治】　为严厉打击骗取出口退税和虚开发票等重大税收违法行为，进一步提升稽查打击的准确性和威慑力，西南地区各单位结合工作中易出现问题的环节，选取辖区内的重点整治区域进行检查，加大税法宣传力度，开展税收专项检查，极大地震慑了涉税违法犯罪分子，净化了税收环境，取得了明显成效。

【重点税源企业检查】 一是重点税源企业总部自查情况。2015年，税务总局部署的15户重点税源企业检查，总部在西南地区的只有1户企业（成都建筑工程集团总公司）。四川国地税稽查部门联合成立2015年重点税源企业税收专项检查督导协调组，联合召开税企座谈会议，强化稽查资源的统筹配置，加强自查辅导，检查工作取得成效。该集团自查2.23亿元，入库1.13亿元；重点检查阶段，初查税款4314.26万元，入库3428万元。二是重点税源总部不在西南地区企业相关单位自查、抽查及各省自行开展检查情况。按照税务总局稽查局确定的检查名单，西南地区各单位对重点税源企业在本辖区内成员单位进行督促自查和抽查。此外，各单位自行开展了省、市（州）级重点税源检查。截至2015年11月底，企业自查查补收入14.59亿元，入库10.23亿元；重点检查查补收入5.08亿元，入库2.6亿元。三是“21+5”重点税源企业检查工作开展情况。为贯彻落实国务院关于实施“双随机”抽查机制的要求，税务总局部署下发重点税源企业随机抽查工作以后，西南各单位高度重视，成立专门领导小组，迅速确定工作方案，加强组织领导协调配合自查辅导。西南地区共对2593户重点税源企业及其成员单位开展自查辅导工作，合计自查查补收入23160.11万元，入库10754万元；冲减增值税留抵税金1147.71万元，调减亏损额4435.05万元。

【出口退（免）税企业检查】 2015年，西南地区重庆、四川作为列入打骗工作重点督导地区，按照税务总局打骗工作要求，对2015年打骗工作进行了详细部署，集中稽查优势兵力，联合公安经侦部门，集中查处了重庆船舶贸易公司涉嫌骗税案、重庆元泰矿业公司涉嫌骗税案、广安市宏升进出口贸易有限公司骗取出口退税案等大案要案，进一步提升了打骗专项行动的影响力和震慑力。西南地区其他省也始终保持打击骗税违法犯罪活动的高压态势，进一步加大打击骗税违法犯罪活动工作力度，巩固和扩大打击骗税违法犯罪活动工作成果。截至2015年11月底，西南地区打击出口骗税工作共查补收入3.2亿元。

【黄金交易企业检查】 2015年，“黄金票”案作为税务总局稽查局统一组织安排的专项检查工作，西南地区各单位高度重视，根据专项检查工作方案要求，积极主动加强与公安经侦部门的联系沟通，召开联席会议，对专项行动具体任务进行分解落实，并对工作阶段、步骤进行安排，抽调专人配合公安经侦部门梳理摸排相关企业和人员信息，扎实开展打击“黄金票”专项行动。在工作中，国税、公安机关密切配合，各司其职、取长补短、相互协作，确保专项行动取得了较好成效。年内查处了重庆铸铭商茂特大虚开案、四川国税“1·25”专案、四川隧宁誉雄尚贸虚开案、贵州国税“5·19”专案等大案要案。截至2015年11月底，共检查5861户，立案检查670户，查结228户，查补收入52.68亿元，入库25.56亿元，抓捕95人数。

【打击发票违法犯罪活动】 2015年，西南地区各单位将打击发票违法犯罪活动与行业税收专项检查、重点税源检查、专案检查工作一同布置、一同组织、一同进行，做到“查账必查票”“查案必查票”，着力整治虚假发票使用的“买方市场”。2015年，西南地区共检查企业8527户，查处违法企业4739户；涉及非法发票份数194996份，金额80.98亿元，补税4.03亿元，加收滞纳金3527万元，罚款5489万元，移送司法机关120个。自查企业户数5740户，有问题户数369户，自查补税金额11891万元。

【西南地区税务稽查工作特点】 2015年，西南地区各单位都能够结合各自工作实际和当地经济发展、税源情况、征收管理等特点，创新稽查思路，规范稽查行为，培养稽查人才，因地、因时、因势开展工作，呈现许多亮点：

重庆国税局稽查局对打骗工作高度重视，精心实施，集中查处一批有影响力的骗取出口退税大案，尤其是成功查办目前西部地区最大骗税案——重庆船舶贸易公司骗税案，涉案金额1.14亿元，一举捣毁2个骗税团伙，打掉1个国企骗税平台，6名涉案人员全部移送司法处理，获得税务总局领导的表扬性批示，进一步提升了打骗专项行动的影响力和震慑力。

重庆地税局稽查局从2012年开始的市级重点税源企业轮查机制坚持得很好，执行非常到位，累计对4616户重点税源企业开展轮查，为国家挽回税收流失30.8亿元，企业轮查机制作用体现明显。

四川国税局稽查局早动手，早部署，年初确立全年实现查补收入占总收入1.5%以上目标任务，突出重点抓落实，通过抓好专项检查、重点税源检查、应对高风险企业检查等各项工作，截至2015年11月底，稽查系统累计查补收入29.66亿元，较2014年同期增长42.73%，稽查查补收入占税收收入 1.7%，完成了目标任务（1.5%）的 113.71%，稽查收入进度超过了时间进度。

四川地税局稽查局重点税源检查工作扎实有力，在做好对“成都建筑工程集团总公司”检查的同时，各地地税稽查局结合辖区实际，自行开展重点税源企业检查工作。自查阶段，重点税源企业自查收入 6.45 亿元，入库 4.75 亿元；重点检查阶段，对“成都建工”12 户成员单位和自行组织的重点税源企业成员单位实施检查，查补收入 7522.15 万元，入库 2531.91 万元，检查效果明显，成绩突出。

贵州国税局稽查局“黄金票”案件检查成绩较为突出，成功查办六盘水“5·19”专案，对已定性为虚开的涉案企业，也都通过协查系统发出《已确定虚开通知单》，涉及虚开增值税专用发票 6721 份、金额 6.6 亿元、税额 1.12 亿元，得到了税务总局领导的批示肯定。

贵州地税局稽查局税收专项检查工作开展较好，除了对指令性和指导性项目开展检查以外，全省各级地税机关结合本地实际开展营利性医疗机构、服务业等行业检查，并及时将查补的税款足额入库，及时体现检查成果。

云南国税局稽查局通过协查发现重大疑点和线索，对农产品收购、加工行业开展专项整治，先后查办了武定禄劝“12·17”虚开发票案、保山虚开发票案、昭通市盐津县“3·23”虚开发票案、云南普洱“6·25”虚开增值税专用发票案等一系列案件，取得了很好的成绩。此次专项整治也得到了税务总局局长王军的表扬性批示，一个“好”字，不光是对云南工作的肯定，也是对整个西南地区稽查工作的肯定。

云南地税局稽查局在打击发票违法犯罪活动工作中，进行了有益的探索和尝试，形成了票税检查统筹安排的案件查处工作新模式。通过税收政策宣传辅导，积极引导企业配合检查工作，自行查找问题、纠正错误、主动规范用票行为；进一步健全协作配合工作机制，为打击发票违法犯罪活动工作顺利开展创造了良好的条件。

西藏国税局稽查局在维稳任务较重、稽查干部力量相对薄弱的情况下，克服困难，统筹兼顾，以服务税收工作大局为中心，认真开展各项稽查检查工作，落实稽查工作要求，整顿规范税收秩序，严厉打击各类税收违法行为，各项工作都取得了阶段性成果，充分发挥了税务稽查职能作用。

协查情况

【协查系统运行情况】　协查系统运行基本情况。委托发出情况：各级国税机关稽查局通过协查系统发起委托协查发票 51.08 万份，涉及企业 4.15 万户（次），金额 1347.78 亿元，税额 223.71 亿元；移送司法机关案件 665 起。发出委托协查发票量前 6 位的国税局稽查局依次是江苏、天津、广东、海南、黑龙江、浙江，共占全国总量的 59.28%。委托查处情况：通过协查系统体现的查补收入 8.58 亿元，入库收入 2.81 亿元。入库前 6 位的国税局稽查局依次是江苏、山东、宁波、福建、天津、河南，共占全国总量的 55.63%。受托收到情况。各级国税机关稽查局通过协查系统收到受托协查发票 50.91 万份，涉及企业 5.62 万户（次），金额 1346.85 亿元，税额 223.64 亿元；累计回复发票 47.81 万份，移送司法机关案件 229 起。受托协查发票量前 6 位的国税局稽查局依次是北京、深圳、江苏、上海、广东、天津，共占全国总量的 50.79%。受托回复情况：回复结果为“有问题”情况。全国平均受托协查回复“有问题”发票占受托协查发票的比率为 69.13%，有 22 个单位的占比超过全国平均值。其中，在协查问题类型为“有疑问”的受托协查中，全国平均受托协查回复“有问题”发票占受托协查发票的比率为 47.57%，有 17 个单位的占比超过全国平均值，占比前 6 位的国税局稽查局依次是青海、新疆、广西、宁夏、吉林、云南。在协查问题类型为“确定虚开”的受托协查中，全国平均受托协查回复“有问题”发票占受托协查发票的比率为 95.73%，有 19 个单位的占比超过全国平均值，占比前 6 位的国税局稽查局依次是青海、河北、云南、浙江、江苏、大连。回复结果为“正常”情况。全国平均受托协查回复“正常”发票占累计回复发票的比率为 16.30%，有 17 个单位的占比低于全国平均值。其中，在协查问题类型为“有疑问”的受托协查中，全国平均受托协查回复“正常”发票占累计回复发票的比率为 23.14%，有 16 个单位的占比低于全国平均值，前 6 位的国税局稽查局依次是青海、大连、北京、海南、宁夏、新疆。在协查问题类型为“确定虚开”的受托协查中，全国平均受托协查回复“正常”发票占累计回复发票的比率为 2.98%，有 20 个单位的占比低于全国平均值，前 6 位的国税局稽查局依次是青海、河北、云南、大连、浙江、江苏。有3个单位的比率超过10%。回复结果为“无法核实”情况。全国平均受托协查回复“无法核实”发票占累计回复发票的比率为47.18%，有25个单位的占比低于全国平均值。其中，在协查问题类型为“有疑问”的受托协查中，全国平均受托协查回复“无法核实”发票占累计回复发票的比率为55.86%，有25个单位的占比低于全国平均值，前6位的国税局稽查局依次是青海、山西、新疆、云南、吉林、广西。在协查问题类型为“确定虚开”的受托协查中，全国平均受托协查回复“无法核实”发票占累计回复发票的比率为30.25%，有25个单位的占比低于全国平均值，前6位的国税局稽查局依次是青海、云南、贵州、山西、吉林、甘肃。有16个单位的比率超过20%。受托查处情况：通过协查系统体现的受托协查查补收入11.92亿元，入库收入9.4亿元。入库前6位的国税局稽查局依次是上海、广东、宁波、河北、浙江、安徽，共占全国总量的51.33%。

协查系统案件查办情况。通过协查系统发起协查的税务总局督办案件有浙江温州“5·13”专案、云南保山鸿祺公司无货虚开增值税专用发票案、陕西绥德县“8·31”涉嫌团伙虚开增值税专用发票案、大连凯源富贸易有限公司虚开增值税专用发票案、云南普洱市澜沧“1·14”虚开增值税专用发票案；组织协查的案件有云南盐津“3·23”虚开增值税专用发票案、内蒙古鄂尔多斯市鄂托克前旗案、江苏盐城“5·29”虚开发票案等。涉案地区税务机关稽查局利用协查系统信息实时传递和监控分析功能，统一行动，集中整治，有效提高了案件查办质效，有力打击了各类涉税违法犯罪行为。

2015年5月，京津冀税务稽查案件协查协作机制建立，运行半年多来，三地国税稽查部门加强协作、积极探索、密切配合，不仅大大提升了日常协查工作质效，而且在联合办案、动态分析等方面有所突破。

基层协查工作开展情况。委托发出情况：在协查问题类型为“确定虚开”的委托协查中，发出委托协查发票金额前6位的地区依次是江西武宁县、江西永修县、浙江永康市、江苏连云港市、四川遂宁市、云南昆明市西山区。受托收到情况：在协查问题类型为“确定虚开”的受托协查中，收到受托协查发票金额前6位的地区依次是天津汉沽区、西藏拉萨经济技术开发区、甘肃兰州市城关区、江苏连云港市、天津津南区、天津北辰区。专案协查情况。在税务总局督办的打击出口骗税案件中，上游企业协查任务量大的地区有山东滨州市、湖南益阳市、内蒙古赤峰市、江西九江市、河北邯郸市、安徽阜阳市。

【协查系统建设】 2015年，根据工作部署，税务总局先后在浙江、北京、广西组织开展协查系统升级测试工作，在甘肃开展集中办公制定了协查系统升级完善业务需求，使协查系统更加符合当前协查工作要求；于2015年11月在湖北组织了两期全国协查系统操作人员师资培训班，在全国范围内培养了一批能够熟练操作协查系统、了解协查工作要求的培训讲师。

【协查系统运行分析】 协查系统运行质量明显提升。全国平均发票协查选票准确率75.8%，全国各省选票准确率均超过了绩效考核目标值；全年未接到以纸质发起协查代替协查系统发起协查的报告，委托发函得到进一步规范；全国累计按期分拣率97.64%，协查函按期回复率100%，各地国税机关稽查局受托协查均能够按要求进行分拣并按时回复协查结果。

受托协查回复质量明显改善。全国平均受托协查回复“正常”发票占累计回复发票的比率16.3%，与2014年相比下降5.88个百分点，降幅26.49%。其中，协查问题类型为“确定虚开”的受托协查，回复“正常”发票占累计回复发票的比率2.98%，与2014年相比下降3.24个百分点，降幅52.10%；协查问题类型为“有疑问”的受托协查，回复“正常”发票占累计回复发票的比率也较之前有大幅度下降，受托协查回复质量有很大提高。

案件协查执法风险逐步降低。2015年12月，在协查问题类型为“确定虚开”的受托协查中，回复“正常”结果被提示为“执法风险”的单位3个，比4月通报中的11个减少了8个，总量明显减少。主要原因：一是税务总局稽查局加大了对“高执法风险”“较高执法风险”的督导力度；二是北京、内蒙古、吉林、上海、江苏、福建、江西、河南、湖南、广西、重庆、贵州、陕西、甘肃、青海、大连、青岛等国税局稽查局针对风险提示点，认真开展自查，对受托协查回复结果为“正常”的发票进行复审复查，最大限度地避免了执法风险情况的发生。

案件协查数量大幅增长。全国各级国税机关稽查局通过协查系统发起的委托协查发票比2014年增加 18.53 万份，增长 56.92%；涉及企业户数比 2014 年增加 1.5 万户，增长 56.95%。尤其是 2015 年开展的打击“黄金票”虚开专项行动，各级国税机关稽查局都能够严格按照要求，根据案件查办需要积极主动发起协查。全年“黄金票”专项行动发起的委托协查发票共 17293 份，涉及企业 483 户。

协查工作成果得到体现。全国各级国税机关稽查局在注重案件委托发起、受托协查、结果代码选择等工作的同时，加大对案件检查的跟踪管理，对于查结的案子及时录入案件检查结果。全年通过协查系统体现的委托方查补收入比 2014 年增加 6.54 亿元，增长 319.95%；受托方查补收入增加 4.86 亿元，增长 68.87%。

回复“无法核实”占比依旧较高。2015 年，全国各地加大对回复“正常”发票的监控与管理，但对回复“无法核实”发票的管理有所忽略和松懈，造成全国平均受托协查回复“无法核实”发票占累计回复发票的比率增长较大。其中，在协查问题类型为“确定虚开”的受托协查中，回复“无法核实”发票占累计回复发票的比率与 2014 年相比增加 9.23 个百分点，增幅 43.92%。此项指标较高说明协查工作质量存在一定问题，有待进一步改进。

【协查工作管理】　2015 年，在对全国协查工作现状进行充分调研和精细分析的基础上，税务总局稽查局认真查找薄弱环节，结合当前协查工作面临的形势和存在的问题，从以下几个方面入手，着力扭转协查工作质效不高的局面。

健全协查工作管理制度。2015 年 3 月，税务总局稽查局下发《国家税务总局办公厅关于进一步改进税收违法案件发票协查工作的若干意见》（税总办发〔2015〕27 号），以协查系统体系结构和协查业务操作流程为依据，明确各级税务机关稽查局和有关人员的责任，规范有质量问题案件协查处理流程，通过规范委托协查发函行为、细化受托协查回复要求、确定协查工作监控内容、实施协查工作责任追究等措施，确保全国协查工作开展“有的放矢”。

实施协查工作月通报制度。为了提高协查系统运行质效，税务总局稽查局于 2015 年 4 月下发《国家税务总局稽查局关于加强协查信息管理系统监控管理的通知》（税总稽查便函〔2015〕55 号），针对受托协查回复设定 9 个协查质量指标，并将其与 3 个协查绩效考核指标共同纳入月度通报指标里，按月进行通报。从文件下发以来，按月对全国协查系统运行情况进行通报，通报内容“有表扬有批评”“有问题反映有经验介绍”“有风险提示有工作要求”，充分发挥了通报的导向作用。

加大协查系统监控力度。为使各项工作要求落到实处，设立专职专岗，分别从委托方和受托方两方面加大对协查系统运行情况的监控管理力度。一方面对全国各地税务机关稽查局委托协查情况进行汇总、统计、分析和质量监控；另一方面对税务总局督办案件和组织协查案件的受托协查回复质量进行监控管理，尤其是对“确定虚开”受托协查回复结果为“正常”“无法核实”的进行重点监控，对于存在“高执法风险”“较高执法风险”的单位给予提示，并要求被提示单位对风险点进行复审复核，有效降低了全国协查工作执法风险。

完善协查系统功能模块。税务总局稽查局于 2015 年 8 月对协查系统进行了升级，升级后的协查系统增加了地税建筑业统一发票、销售不动产统一发票；对协查结果代码进行调整，使协查系统更切合协查工作实际和协查工作要求。10 月，又结合后期协查工作发展趋势和要求，组织人员对下一步协查系统优化完善业务需求进行讨论和确定，力争使协查系统真正成为打击涉税违法的效能“倍增器”。

开展协查系统操作培训。为进一步提高全国协查岗位人员协查系统操作技能和业务水平，税务总局稽查局于 2015 年 11 月在湖北税校连续组织两期全国协查系统操作人员师资培训班，培训内容主要为税务稽查案件协查（涉及通过协查系统发函部分）业务及相关制度、协查系统的操作流程和协查系统技术支持与维护。通过培训，在全国范围内培养了一批能够熟练操作协查系统、了解协查工作要求的培训讲师，受到基层受训单位的好评和肯定，为下一步各单位组织本系统的协查培训夯实了基础。

（汪永标）

稽查六处工作情况

【打击发票违法犯罪活动总体情况】 按照全国打击发票违法犯罪活动工作协调小组第五次会议工作部署和《国家税务总局关于认真做好2015年打击发票违法犯罪活动工作的通知》（税总发〔2015〕34号）要求，各地税务机关密切协调相关成员单位，积极应对税收新常态下面临的新机遇新挑战，精心组织，开拓创新，扎实推进，较好地完成了2015年打击发票违法犯罪活动工作任务。

据各地协调小组办公室上报情况统计，2015年，全国共查处各类发票违法犯罪案件9.52万起，缴获非法发票3129.14万份，抓获犯罪嫌疑人5207人。其中，税务机关查处违法企业9.27万户，涉及非法发票1012.1万份，查补税款146.57亿元，加收滞纳金15.83亿元，罚款17.81亿元。

【纳税人发票使用情况检查】 各地税务机关全面整治虚假发票"买方市场"，继续加强对纳税人发票使用情况的检查力度。2015年，全国税务机关共查处违法企业9.27万户，涉及非法发票1012.1万份，查补收入180.21亿元。

深入开展重点行业发票使用情况检查。各地税务机关认真开展税务总局统一部署的金融保险、房地产、商业批发与零售、药品与医疗器械、餐饮娱乐、加工制造、中介机构等7个重点行业发票使用情况检查，取得了良好成果。2015年，全国税务机关共查处重点行业违法企业5.73万户，占全部查处违法企业户数的61.81%；涉及非法发票699.2万份，占全部查处非法发票的69.08%；查补收入122.81亿元，占全部查补收入的68.15%。

因地制宜开展区域行业专项整治。各地税务机关结合当地行业经济特点及工作中发现的新问题、新情况，将打击发票违法犯罪活动工作与区域整治、行业整治有机结合，有效地净化了税收经济环境。江苏国税局开展网络版普通发票虚开专项整治，定性虚开企业59户，涉及对外虚开普通发票1.06万份，金额39亿元。湖北国税局开展商贸企业发票开具情况检查，重点检查以行政事业单位、国有企业为抬头，品名为"办公用品""电脑耗材"等的发票，查出疑点发票底联线索13236条。

利用增值税升级版实施风险防控。2015年，各地税务机关积极运用增值税发票系统升级版数据资源，分析排查虚开企业，精准打击虚开发票犯罪。上海、山东、内蒙古、青岛等地国税局利用增值税升级版数据开展风险防控和比对应用，快速甄别、筛选疑点企业，重点打击。安徽国税局对全省商贸企业一般纳税人进行风险扫描，共筛选出高风险企业743户，累计领票3.6万余份，合计开票金额最高达57.38亿元。

多部门密切协作严防重打。各地税务机关开拓工作思路，积极搭建多部门合作平台，联合打击发票违法犯罪。辽宁省国税局充分发挥税警协作办案的优势，联合查处了辽宁"1·06"专案、铁岭"4·17"专案等一批虚开发票案件。

【非纳税单位使用虚假发票整治】 2015年，各地税务机关协助财政、审计、监察等相关部门，全面部署对行政单位、事业单位等非纳税单位开展使用非法发票的整治工作，对于不按照规定取得的发票，或不符合规定的发票，不得作为财务报销凭证。

【发票违法信息治理】 持续治理发票违法信息。2015年，各地通信管理部门治理发票类违法短信1122.24万条，关停手机号码2.52万个，治理短信群发器82台，关停整顿登载发票违法信息网站247个。内蒙古自治区国税局积极协调当地通信管理部门，对移动、电信、联通3家运营商下达指令性工作要求，实施有效措施拦截发票违法短信58万余条，关停手机号码5994个。从上述数据看，随着近几年对发票违法犯罪持续深入的打击，发票违法信息发送数量、缴获非法发票数量以及抓获犯罪嫌疑人数量明显减少，发票违法犯罪猖獗的势头得到初步遏制。

【打击发票违法犯罪活动的制度机制建设】 一是完善打击发票违法犯罪活动基础工作建设。为全面客观反映各地打击发票违法犯罪活动工作情况，推动各项工作落实，稽查局根据工作实际，适时修改整合《打击发票违法犯罪活动工作开展情况统计表》《发票使用情况检查统计表》，及时上报汇总打击发票违法犯罪活动相关数据。二是认真开展2015年税务系统打击发票违法犯罪活动考核工作。根据中央综治办《关于印发〈2015年综治工作（平安建设）考核评价实施细则〉的通知》（中综办〔2015〕15号）要求，为全面客观反映2015年各地税务机关开展打击发票违法犯罪活动工作情况，税务总局印发《国家税务总局稽查局关于印发〈2015年税务系统打击发票违法犯罪活动工作考核方案〉的通知》（税总稽便函〔2015〕168号），全面开展2015年税务系统打击发票违法犯罪活动考核工作，为奖惩提供依据。三是加强打击发票违法犯罪宣传教育工作机制。各地税务机关大力宣传打击发票违法犯罪活动工作成果，曝光发票违法犯罪案件揭露虚假发票行为，震慑不法分子，教育公众；广泛普及发票使用知识，引导社会公众依法取得、规范使用发票，夯实防范发票违法犯罪活动的社会基础。2015年，全国共开展发票宣传教育活动12.46万次，曝光案例2146件。

【税警联合打击整治发票违法犯罪专项行动】 密切相关部门协作，深化税警协作机制。不断强化各职能部门在打击发票违法犯罪活动中职能发挥和协调配合，拓宽部门协作途径，为组织协调、情报沟通、督办指导等各项工作构建流畅沟通的良好平台。2015年，各地税务部门积极协同公安、检察院、法院等部门，研究进一步加大制售非法发票犯罪活动的打击力度，进一步完善发票违法信息治理分工协作机制，共同开展打击虚假发票"卖方市场"的集中整治行动。全国公安机关立案5063件，抓获犯罪嫌疑人5207人，移送起诉2264起；法院审判案件1573起，判决2238人。

【医药药品行业专项整治】 2015年，根据纠正医药购销和医疗服务中不正之风部际联席会议的工作部署，税务总局稽查局将医药行业发票使用情况的查处工作纳入常态化管理，督促各地税务机关持续做好医药购销领域发票使用情况的整治工作。

充分发挥打击发票违法犯罪活动协调小组办公室的指导协调作用。为了维护正常的市场经济秩序，依法严厉打击医药购销领域虚开发票违法犯罪活动，自2015年7月20日起，税务总局稽查局根据上级领导交办的案件线索，梳理出53户药品购销企业，要求被涉及的22个省（自治区、直辖市）稽查局对名单中的企业立案实施全面稽查，检查2012—2014年3个年度的税款缴纳情况，有涉及税收违法行为的，应追溯到以前年度，对涉嫌虚开增值税专用发票情况开展专项整治工作。

加强药品、医疗器械生产经营单位发票使用情况的日常监管。对医药购销企业购销发票信息，尤其是对企业报送的各类数据与纳税申报表、防伪税控系统抄报税等相关数据进行分析比对核实，以问题发票为切入点，对其涉税情况开展全面检查，防止弄虚作假。2015年，全国税务机关共检查药品与医疗器械行业企业3256户，查处违法企业1796户，涉及非法发票30余万份，涉及金额133.82亿元，查补税款19.97亿元，加收滞纳金4.65亿元，罚款1.34亿元。

重点查办一批医药购销领域的大案要案。对日常检查中发现的医药购销领域涉及发票使用问题重大案件线索，及时协调公安、工商等部门，深挖一批大案要案，依法予以惩处，有效打击医药购销领域发票使用中的不法行为。如云南省国税局重拳出击防风险，查处"3·23"中药材企业虚开增值税专用发票案。

强化多部门在医药卫生领域的协调配合。医疗机构、医药经销行业的监督和管理，是一项综合性管理工作，涉及卫生、药监、工商、税务等多个领域，且协调监管难度很大。税务总局稽查局建议，由纠正医药购销和医疗服务中不正之风部际联席会议办公室牵头各相关职能部门，搭建好信息共享平台，完善情报交换制度，做到齐抓共管、综合治理。

（王明科）

第三篇

各地税务稽查工作

北京市

北京市国家税务局稽查局

【概述】　2015 年，北京市国家税务局稽查局在税务总局稽查局和北京市国税局党组的正确领导下，紧扣税务稽查现代化工作主线，以打击涉税违法犯罪、促进堵漏增收为重点，坚持分类分级原则，充分发挥稽查核心职能作用，各项重点工作均取得较好成效。

【稽查现代化建设】　一是推进税务稽查组织体系现代化，推进分类分级稽查模式：构建专业化稽查局或检查团队，应对不同行业类型的纳税人；厘清市区两级检查分工，应对不同规模性质的纳税人。二是推进税务稽查工作格局现代化，加强与税收管理体系各职能环节、稽查系统上下之间和横向之间的互动协调，做好与公安、司法等社会相关职能部门及纳税人的协调配合。三是推进税务稽查随机抽查现代化，突出风险导向，从案源管理、选案、检查、结果应用等环节入手，通过推广随机抽查，规范事中事后监管，建立起了依法监管、公正高效的现代化稽查抽查机制。

【“营改增”专项稽查】　2015 年 5—10 月，对中国电信股份有限公司、中国电信股份有限公司北京分公司及全部下属支公司共 8 户企业进行“营改增”专项稽查。检查发现的主要涉税问题：赠送礼品未按视同销售处理；在“投资收益”科目中按照权益法核算长期股权投资损失，未做纳税调整；支付光缆租赁费未取得合法凭证在所得税前列支等。

【稽查查补收入及分析】　2015 年，全市国税稽查系统查补入库 170.46 亿元，同比增加 112.56 亿元，增幅 194.4%，稽查组收工作主要呈现 3 个特点：一是中央级收入高于地方级收入，稽查入库地方级收入 23.75 亿元，占入库总额 13.93%；中央级收入 146.71 亿元，占入库总额 86.07%；二是主体税种收入普遍增长；三是稽查组收收入集中度高，查补亿元以上案件 9 件，查补入库 140.14 亿元，占年入库总额 82.21%，重点税源企业检查效应凸显。

【案件查办情况】　2015 年，以组织收入为中心，加强案件督导管理，提高案件查办质效。全市国税稽查系统共开展检查案件 1345 户，其中重点税源企业检查 163 户，税收专项检查和区域专项整治 773 户，市属重点税源企业轮查 50 户，税务总局定点联系集团企业税收检查 3 户。

【重大案件查处】　2015 年，接税务总局督办案件 4 件，以前年度转来未结税务总局督办案件 22 件。本年查结 9 件，查补税款 27384.77 万元、滞纳金 17266.42 万元，罚款 1531.66 万元。

【税收专项检查】　根据税务总局工作部署，北京国税局稽查局科学划定检查范围，明确检查重点，做好查前培训，精心组织实施。结合北京税源分布实际情况确定黄金交易企业、出口退（免）税企业等专项检查和区域整治项目，全年共安排检查案源 773 户，查补税款 3.65 亿元。

【区域性税收专项整治】　加强风险导向下的选案工作，确定汽车相关企业、乡镇（街道）重点企业、利用农产品抵扣凭证抵扣税款企业、医药制造企业和文化传媒企业 5 个行业企业作为区域税收专项整治项目。共派发检查 120 户，查补税款 7589.45 万元。

【重点税源企业检查】　根据税务总局工作要求，部署开展中国工艺（集团）公司、中国港中旅集团公司、中国中材集团有限公司 3 户集团企业和外阜重点税源企业的在京单位共 104 户企业的自查工作，补税 1857.86 万元。确定包括集团总部、核心企业在内共 27 户作为重点检查对象，查补税款 1723.6 万元。2015 年 10 月，北京国税局稽查局联合北京地税局稽查处对 8 户重点税源集团企业及其所属四级以上成员单位共 943 户开展随机抽查。自查阶段，发现问题涉及补税约 1.22 亿元。

【出口退（免）税企业检查】　持续保持对出口骗税的高压态势，全年对 853 户出口退税企业进行专项核查，暂停退税 1.26 亿元，不予退税 989

万元；对37户出口退税企业进行立案检查，移送公安1户，按照骗税定性处理1户，追回已退税款574万元，不予退税（含暂停退税）4515万元，查补入库3135万元，同比增长297%，在骗税定性和查补税额两方面都实现了重大突破。

【黄金交易企业检查】 在税务总局的统一部署下，联合北京公安局经侦部门开展打击利用黄金交易虚开增值税专用发票违法犯罪专项工作，选取受票金额最大的前991户企业开展检查，涉及发票6.57万份，金额67.23亿元，税额11.33亿元，占全部金额的60%。补缴税款2.16亿元，滞纳金0.3万元，调减留抵0.24万元。

【资本交易检查】 检查资本交易企业19户，查补税款3465.15万元。检查发现的主要涉税问题：取得的投资收益不符合免税收入条件，应按照税法规定缴纳企业所得税；税前列支与取得收入无关的支出；经营费用超标准扣除；有关成本、费用未取得合法有效凭证等。

【房地产及建筑安装业检查】 检查房地产及建筑安装业企业68户，查补税款14341.72万元。检查发现的主要涉税问题包括：少列营业收入，如预收工程款未结转收入、销售工程材料未结转收入等；取得不符合规定的发票列支成本费用；超范围抵扣进项税等。

【营利性教育培训机构检查】 检查营利性教育培训机构23户，查补税款2735.07万元。主要涉税问题：延期申报收入、少申报收入及取得不符合规定的发票列支成本费用等。

【打击发票违法犯罪活动】 稽查系统共对2162户企业发票使用情况开展检查和自查，查处违法企业1656户，查处违法发票34144份，查补收入6.57亿元。按照北京市政府工作安排，自2015年起承接北京市打击发票违法犯罪活动工作协调小组办公室相关工作职能。4月组织全市14个成员单位召开2015年打击发票违法犯罪活动工作会，并将各成员单位打击发票违法犯罪活动工作成果和动态，以简报形式向各级领导报送，全年报送13期。

【税收“黑名单”制度】 一是联合市地税局，市经信委三部门共同转发《关于对重大税收违法案件当事人实施联合惩戒措施的合作备忘录》；二是推送案件信息，向21个外部联合惩戒成员单位推送48条案件信息，向内部惩戒单位推送52条案件信息；三是做好阻止出境，全年成功阻止3名欠税人出境。

【涉税违法案件检举】 本着便利高效的原则，切实保障检举人合法权益，优化治税环境。北京国税局稽查局检举中心统一受理全市检举信息，共计受理5780件次。其中接收信函544件、局长信箱276件、涉税检举邮箱1376件、接待来访404人次、666－12366检举专线话务量共计3180人次，最终形成有效检举1466件。

【案件协查】 共发起委托协查994起，委托方1030户次，协查发票6792份。委托收到回复发票7205份，其中正常发票772份、有问题发票910份、虚开发票158份、无法核实发票5365份，选票准确率58.04%。查补税款、罚款、滞纳金计846.22万元。共受理受托协查5391起，受托方5866户次，协查发票67933份。累计回复发票64766份，在回复的发票中结果认定为正常发票1727份，有问题发票1404份，无法核实发票44328份，按期回复率100%。查补税款、罚款、滞纳金计811.65万元。

【稽查制度建设】 研究制定《落实税务稽查随机抽查制度实施方案》《对重大税收违法案件当事人实施联合惩戒措施工作方案》《重大税收违法案件信息公布办法》《第一稽查局、第二稽查局工作制度》《稽查案件督导工作实施方案》等工作制度，不断优化稽查工作方式方法。

【稽查队伍建设】 一是加大干部培养力度，通过各种专题培训提升稽查人员业务素质；二是加强党风廉政建设，认真落实党风廉政建设相关制度，坚持逢会必讲廉政，筑牢拒腐防变的思想防线；三是开展“三严三实”专题教育活动，做好整改落实、立规执纪关键动作，加强党性修养，以“严”的规矩铸造“实”的队伍。

【稽查业务培训】 积极配合北京国税局教育处做好中青年稽查业务骨干的培养锻炼工作。组织全市电信业“营改增”专项检查查前培训、打击发票违法犯罪及打击出口骗税查前培训，全市110余人参加培训；举办全市稽查系统审理业务培训，全市100余人参加培训；组织电子查账培训班，重点介绍电子查账技巧与方法，全市49名稽查人员参加培训。

【稽查信息化建设】 积极推行信息化稽查手段，各区国税局稽查局均成立电子查账检查科或电子查账检查组，并先后组织多次专业培训，提升信息化检查水平；在电子查账软件应用过程中，注重分析不同稽查对象行业特点、涉税风险点等因素，按行业完善检查模型，明确必查点、重点关注科目、异常业务分录等，提升一线检查人员工作质效。

【稽查宣传】　充分利用报刊、图书、广播、电视、网络等新闻媒体，主动宣传税务稽查工作开展情况，及时曝光查处的重大税收违法案件，对税收违法行为形成舆论压力，有效扩大税务稽查成果影响力，提高全社会纳税遵从度。一是在公开场合或向社会媒体曝光发票违法案件13件，开展发票宣传教育7次；二是通过北京电视台《税收天地》栏目向社会播放多期重大税收违法案件。

【稽查调研】　一是认真梳理北京市国税局在重点税源企业抽查轮查方面的探索和实践，形成《税务稽查随机抽查制度推广路径与研究》调研报告。二是对信托行业、"营改增"行业、零税率应税服务出口企业、大型综合互联网企业开展调研式检查，形成一批调研精品。三是结合打击发票违法犯罪工作实际情况，形成《商贸公司利用"黄金票"进行虚开发票违法犯罪活动的调研报告》，深度分析商贸企业虚开发票的风险和成因，提出防范建议。

【稽查工作会议】　2015年3月12日—13日，组织召开2015年系统稽查工作会议。北京国税局党组书记、局长李亚民出席会议并讲话，李亚民局长强调：全市各级稽查部门要深刻认识当前的形势任务，充分发挥稽查组织收入和打击震慑的职能作用，为北京国税推进征管改革保驾护航。会上，李亚民局长听取了部分区县稽查局长的工作汇报，充分肯定了2014年稽查工作取得的突出成绩，代表市局党组对全系统稽查干部的辛勤工作表示感谢，并对2015年稽查工作提出要求。北京国税局总经济师郑怀远作题为《服务大局　开拓创新　谱写首都国税稽查现代化建设新篇章》的工作报告。报告总结了2014年的稽查工作，部署了2015年的稽查任务。强调要正确认识形势，坚持问题导向，充分认识当前稽查工作在思想认识、检查深度、审理工作规范等8个方面的短板，通过推进稽查现代化建设、借鉴先进经验等措施破解难题，实现稽查事业新发展。

（李　燕）

北京市地方税务局稽查处

【概述】　2015年，北京市地方税务局稽查处（以下简称稽查处）在市委市政府、国家税务总局、北京市地方税务局党组的正确领导下，进一步推进稽查体制机制改革，优化稽查资源、完善工作机制、促进任务落实、优化信息系统，切实开展各项工作。全市稽查系统共实施检查4341户，查补收入38.4亿元。

【稽查现代化建设】　将选案权提升至市级，由北京市地方税务局（以下简称北京地税局）和直属稽查局履行；检查工作突破区域管辖，直属稽查局可组织所辖分局跨区域开展检查工作；将审理权提升至市级，由直属稽查局统一审理所辖分局实施检查的案件；对执行困难案件集中管理，设置执行工作小组统一负责，进一步采取措施督促执行。

【稽查体制机制改革】　制定《关于进一步推进税务稽查市级全覆盖工作的意见》，从明确组织关系、划分管辖范围、设定职责权限、完善工作机制、优化稽查队伍、调整考核模式等方面提出工作要求。为17个区（分）稽查局加挂直属分局牌子，全市正式形成"6个直属稽查局、17个直属稽查局分局、18个区（分）稽查局"的稽查组织体系。全面实现税务稽查选案、立案、检查、定案、执行的市级全覆盖。

【稽查查补收入及分析】　全市稽查系统完成入库收入38.4亿元，同比增长17.5%。全市共实施检查4341户，有问题4227户，有问题率97%，结案4327户，结案率99.68%。查补收入合计38.4亿元，入库收入合计30.2亿元，取得了近几年来的最好成绩。

【重大案件查处】　共受理各级部门督办（交办）案件32件，涉及73户企业。各稽查局共上报查补收入百万元以上案件241件，同比增长22.34%，查补收入合计32.83亿元，同比增幅60.9%，户均查补1362.24万元。

【税收专项检查】　一是抽调基层人员成立联合选案小组，对房地产开发项目和金融商品转让线索进行人工集中选案；二是结合检查发现问题制定详细的培训提纲，联合相关处室对稽查难点问题进行讲解；三是对私募股权和外资金融开展调研式检查；四是加大对中心城区低端有形市场专项整治，纾解非首都功能；五是引入社会中介专业力量协助稽查办案，提高对土地增值税清算稽查技能。2015年，专项检查共立案实施检查3702户，组织186户企业开展税收自查，立案检查和自查补税两项合计33.2亿元，占总体查补收入的86.5%。

【重点税源企业检查】　统筹协调直属稽查局和分局，梳理重点税源企业涉税疑点，深入推进国地税合作，联合组成检查团队，探索完善合作内容和协作方式。一是按照税务总局部署，对130户集团企业开展自查辅导工作，对其中28户企业开展重点检查；二是按照税务总局随机抽查工作，对8家集团及其下属企业、国地税联合抽取重点税源企业开展随机抽查工作；三是组织对大企业集团专项检查，分两批对税务总局定点联系企业开展税收专项检查。查补收入13亿元。

【资本交易检查】 与第三方公司合作，利用其资讯平台收集上市公司股东股票减持信息，集中力量对82户检查对象；承办单位在北京地税局指导下采取调查核实、自查方式开展工作；汇总问题和税收争议请示税政部门。

【房地产及建筑安装业检查】 共立案检查649件，检查有问题498户，查结488户；查补收入48714.59万元。房地产、建安案件中，查补营业税19258.26万元、企业所得税13495.99万元，分别占全部查补税款的51.78%和36.27%。

【打击发票违法犯罪活动】 共查处非法代开、虚开，以及非法取得发票企业867户，查处非法发票份数42692份，查补税款44659.29万元，加收滞纳金9558.52万元，罚款14863.15万元。

【涉税违法案件检举】 制定《北京市地方税务局关于推进税收违法行为检举工作改革的意见》，并对网上检举信箱进行优化完善，开发新功能，上线后网上受理检举数量环比下降59%。2015年，共受理涉税检举事项4911件，查补金额23753.56万元，入库金额20161.45万元。对15名检举人进行奖励，支付检举奖金9.8万元。

【联合惩戒】 一是切实落实工作要求。制发《北京市地方税务局贯彻落实〈关于对重大税收违法案件当事人实施联合惩戒措施的合作备忘录〉工作方案》（以下简称《〈备忘录〉工作方案》），调整《重大税收违法案件公告办法》。二是多方协调形成合力。向北京市政府上报《关于北京地税局税收违法和犯罪情况的报告》，汇报稽查改革、重案查处、部门协作、联合惩戒等工作取得的成效，就“两法衔接”等方面提出工作建议。上报后得到北京市市长王安顺高度重视并作出重要批示，赢得各部门支持，一举扭转被动局面。并就“两法衔接”工作与北京市检察院进行商讨。2015年3月，与北京高级人民法院召开座谈会，从税收代位权、优先权，强制执行、“禁止部分高消费行为”等方面进行研讨。2015年4月在《〈备忘录〉工作方案》中18项联合惩戒措施的基础上，积极与银行等金融机构联系，建立案件信息推送机制，进一步加大惩戒力度。2015年4月，会同北京国税局与北京公安局正式成立警税联合办公室，5月联合下发《关于建立打击涉税违法犯罪联合工作机制的意见》。2015年5月，形成依托政府信息平台建立案件推送及反馈机制，实现各部门之间的数据共享，形成联合惩戒强大合力。2015年10月，与北京国税局在研讨《〈备忘录〉工作方案》基础上，联合下发《北京市地方税务局　北京市国家税务局关于建立税务稽查工作协作机制的意见》，在多领域内全面加强合作。与边检部门实施联合惩戒措施，率先在全国税务系统采取阻止欠税人出入境措施，制定《北京市地方税务局阻止欠税人出境管理办法》。三是综合运用取得成效。在网站上按季度公布58件重大税收违法案件名单，提供1138件税收违法案件查询信息；在《北京日报》《中国税务报》上发布税务文书送达公告，对采取阻止出境措施的64家企业公告送达“阻止出境决定书”；在《北京日报》上发布通告，对长期不履行纳税义务的315户纳税人进行通告。按季度将符合税务总局公布标准案件信息，以公函的形式推送给相关部门，并要求其反馈办理情况。按照《〈备忘录〉工作方案》要求，有17户企业法定代表人欲出境，被成功拦截；有8户企业结清全部税款、滞纳金。相关企业补缴税款、滞纳金共5905万元。向中国银监会北京监管局推送信息，将有关公司列入“黑名单”通报给各银行，暂停与其信贷合作并将公司账户内的所有资金冻结强制收回贷款。将有关当事人纳税信用级别直接判为D级，对其发票限量供应，并将其列入重点监控对象。对移交印花税和二手房交易过程中涉嫌违法犯罪案件均取得实质性进展，部分案件查找到极为有价值的线索。对公安部二局和北京公安局第九总队、经侦总队交办的3个案件进行检查，其中1个案件查办完毕。

税务总局局长王军对北京地税局阻止欠税人出境工作给予充分肯定，批示并要求予以重点报道，中央电视台《朝闻天下》、北京电视台《北京新闻》等栏目，均对其进行了报道，《北京日报》《中国税务报》《千龙网》等媒体也多次对有关情况进行了报道。

【案件协查】 按照税务总局统一部署，全市共收到受托协查426户次，涉及发票1144张，完成426户次，平均回复率100%。顺义稽查局定期分析、总结协查工作，及时反馈协查结果。

【稽查制度建设】 发布《北京市地方税务局关于推进税收违法行为检举工作改革的意见》（京

地税稽〔2015〕194号）、《北京市地方税务局关于公布重大税收违法案件信息有关工作的通知》（京地税稽〔2015〕95号）、《北京市地方税务局关于印发〈北京市地方税务局2015年打击发票违法犯罪活动工作实施方案〉的通知》（京地税稽〔2015〕64号）、《北京市地方税务局关于印发〈北京市地方税务局关于开展2015年税收专项检查工作〉的通知》（京地税稽〔2015〕68号）、《北京市地方税务局关于印发〈北京市地方税务局清理2011—2013年稽查未结案件工作方案〉的通知》（京地税稽〔2015〕193号）、《北京市地方税务局关于进一步推进税务稽查市级全覆盖工作的意见》（京地税稽〔2015〕188号）。

【稽查队伍建设】　加强一线稽查干部工作作风建设，提升依法履职能力、案件查办能力和工作落实能力。积极与纪检监察等部门配合，推广廉政回访制度，落实“一案双查”，全面提升稽查干部廉洁自律意识。通过开展“岗位大练兵”，加大业务培训力度。创造挂职锻炼条件，建立三级调训机制，努力高素质稽查干部队伍。

【稽查业务培训】　2015年10月20日，由北京国税局、北京地税局联合委托国家会计学院举办的2015年稽查业务骨干培训班开班。此次培训为期50天，20名一线稽查业务骨干参训。

【稽查信息化建设】　结合市级全覆盖改造案管系统，简化审批程序、减少案卷流转环节、缩短办案时限、切实提高稽查信息化手段：创建全流程无纸化电子审批，对系统中操作实行痕迹化管理，从数据库调取被查单位的有关信息供稽查人员查询，利用电子设备将纸质证据转化成电子数据存储，建立检查环节预警机制。

【稽查宣传】　召开税务稽查工作新闻发布会，通报2014年北京地税稽查工作情况，以及2015年稽查工作重点，对58户涉税违法企业进行曝光。在北京电视台《税收天地》栏目中，将具有违法代表性案件制作3期《税案追踪》专题节目，对案件进行深入报道，增强执法威慑力。

【稽查调研】　形成《关于市级全覆盖模式下优化区县局、分局稽查局的思考》《关于税务检查权管理问题的探讨》调研报告。

【稽查工作会议】　召开2015年全系统稽查工作会议。会议总结了2014年全市稽查工作，部署2015年重点工作，通报了2014年度重大案件、精品案例，公布了查账能手名单，并举行了“以案论税”稽查先进经验交流会，同时就2015年稽查重点工作组织分组讨论。

【工作建议】　税务稽查购买第三方服务尚无机制和规定，建议予以考虑。

（葛　玮）

天津市

天津市国家税务局稽查局

【概述】　2015年，天津市国税系统各级稽查部门紧紧围绕税收中心工作，以深入整顿和规范税收秩序为目标，以打击各类涉税违法活动为重点，充分发挥税务稽查职能作用，为维护社会经济秩序发挥了积极作用。

【稽查现代化建设】　逐步开发运用“税务稽查管理系统”，逐步构建“三系统、二平台、一仓库”，探索稽查现代化管理新模式。“三系统”即稽查选案管理子系统、稽查任务执行管理子系统、稽查网络查账子系统；“二平台”即稽查与征管互动平台和稽查业务交流平台；“一仓库”即稽查数据仓库。探索形成以信息化选案为龙头、以稽查痕迹化管理为核心、以稽查工作部署为主线、以电子档案为归集点、以稽查相关数据为基础、以协查系统为辅助的现代化稽查管理模式。

【“营改增”专项稽查】　对交通运输业、铁路运输业、电信业、部分现代服务业4个“营改增”行业的15户企业开展调研式检查，查结12户，检查应补税2782万元，入库2346万元，调减弥补亏损286万元。

【稽查查补收入及分析】　共立案检查、督导自查4079户，稽查补税22.85亿元。其中，立案检查应补税9.51亿元，督导自查应补税13.34亿元。入库22.09亿元。平均选案准确率93%，案件结案率97%，查补收入入库率97%，协查函按期回复率100%。

【案件查办情况】 2015年，天津市国税系统各级稽查部门立案检查虚开发票企业788户次，查处虚开增值税专用发票13955份，涉案金额49.24亿元，税额7.98亿元，移送公安机关案件52户次，经过公安机关抓捕犯罪嫌疑人21名，检查应补税4.21亿元，入库1.38亿元。查办案件中，亿元以上案件2户，涉及国有企业4户。

【案件特点分析】 天津市虚开发票案件主要集中在废旧物资、货物运输、农产品收购、铁粉、钢材等行业，企业类型以商贸企业居多，其抵扣的进项税额以外地企业开具的“黄金票”、成品油、钢材炼化副产品增值税专用发票为主，且多有二次虚开行为。虚开案件团伙化、职业化，跨地域作案特点明显。犯罪手段由多层企业“洗票”方式逐渐取代“克隆”发票模式，利用同一犯罪团伙同时控制多户经营范围行业跨度较大的企业，针对不同用票群体开具对应行业发票，直接变换品名，危害极大。

【税收专项检查】 开展对出口退（免）税、资本交易、黄金交易、房地产及建筑安装业的行业性专项检查和税务总局重点税源企业的自查及检查，“营改增”专项稽查及税收区域专项整治等工作。组织自查及重点检查1931户，查补税款12.33亿元，滞纳金及罚款2.32亿元，冲减增值税留抵税金5503万元，调减亏损1.29亿元。

【区域性税收专项整治】 开展打击棉花行业、纺织品行业涉税违法犯罪活动，对棉花加工企业较为集中的宁河区开展区域专项整治，对全市纺织品行业开展行业专项整治。两项专项整治共查处虚开发票企业35户，查实虚开发票3182份，金额3.15亿元，税额4870万元，选案准确率分别达到97%和43%。

2015年2月，针对征管部门推送疑点线索，集中开展对小规模纳税人虚开发票行为专项整治，成立专案组分驻宝坻区、蓟县等案发地，与当地稽查部门共同开展检查工作。截至2015年10月底，检查开票企业96户，检查受票企业95户，涉及发票575份，金额2.8亿元。定性非法代开发票68户，罚款340万元，已全部入库。

【重点税源企业检查】 按照《国家税务总局关于开展2015年度重点税源企业税收抽查工作的通知》要求，开展税务总局重点税源企业专项检查工作。检查企业64户，检查应补税3245万元，入库2651万元；组织企业自查156户，查有问题56户，自查应补税930万元，已全部入库；调减增值税留抵税金1201万元，弥补亏损额224万元。

【出口退（免）税企业检查】 开展打击出口骗税专项整治及出口退（免）税企业专项检查。打击出口骗税专项整治活动中，抽调16名稽查骨干成立专案组，建立国税、公安、海关三部门协调工作机制，通过自主选案与税务总局推送案源相结合筛选出7户疑点企业。经查，有2户企业存在“备案单证不符”“真代理、假自营”的不规范出口业务，涉及退税额1078万元。出口退税企业专项检查活动中，开展自查105户，自查有问题41户，自查应补税5430万元全部入库；开展检查252户，查有问题133户，检查应补税1.3亿元，冲减增值税留抵税金3806万元，调减亏损8109万元，入库1.17亿元。

【黄金交易企业检查】 2015年，税务总局、公安部联合部署在全国开展打击利用黄金交易虚开增值税专用发票违法犯罪行为专项行动。涉及天津市企业4971户，涉及发票371087份，涉及金额954亿元、税额162亿元。天津市国税局稽查局联合公安部门成立工作组，共同制定工作方案，梳理案件线索，开展重点检查。截至2015年12月底，立案查处151户，查结15户，其中亿元以上案件8户，涉及发票14655份，涉及金额53.9亿元、税额9.2亿元。

【资本交易检查】 开展资本交易专项检查。自查企业26户，自查有问题16户，自查应补税4151万元，已全部入库；开展检查14户，查有问题7户，检查应补税817万元，滞纳金及罚款104万元，已全部入库，冲减增值税留抵税金1240万元。

【房地产及建筑安装业检查】 开展房地产及建筑安装业检查。组织自查40户，自查有问题20户，自查应补税6173万元，已全部入库；开展检查43户，查有问题26户，检查应补税2.55亿元，滞纳金及罚款151万元，调减亏损3836万元，入库2.27亿元。

【打击发票违法犯罪活动】 开展虚假发票“买方市场”和“卖方市场”整治工作。查处违法使用发票企业1345户，查处违法发票38903份，涉及金额46.3亿元，检查应补税9.17亿元，向公安机关移送案件33件。

【税收“黑名单”制度】　借助“天津市市场主体信用信息公示系统”平台，助推联合惩戒工作信息化。互联网信息办公室将天津国税局稽查局门户网站的“重大税收违法案件信息公告栏”钩稽到其门户网站上，拓宽了公布渠道。天津市人民银行征信中心将“黑名单”当事人案件信息纳入其征信系统，对涉案人员贷款等行为进行限制。天津市出入境管理机构对5户重大税收违法案件涉及的纳税人采取了边控措施。天津市国土和房管部门对涉税违法当事人取得土地使用权予以限制，在土地交易审批环节预警提示。全年公开31户重大税收违法信息，其中税务总局以上级别案件16户，省级以上案件6户，区县级以下案件9户，涉嫌虚开发票企业11户，偷税企业20户。

【涉税违法案件检举】　受理来信、来电、传真、网络等各类检举案件360件，查结336件，检查应补税2.57亿元，其中通过检举线索发现并查处大要案件6起，检查应补税2.47万元。重复检举和越级上访案件同比减少30%。

【案件协查】　通过协查系统受托收到协查发票28492份，涉及企业3878户，金额77.46亿元，税额12.52亿元；累计回复发票28709份，按期回复率100%。通过协查系统发起委托协查发票66176份，涉及企业3126户，金额104.26亿元，税额17.08亿元，发票协查选票准确率81.92%。通过协查系统反映的检查应补税1870.6万元，已全部入库。接到税务总局协查案件8起，接待各省市来人协查83批，接待人数超过300人次。收到来函协查86件，涉及企业142户，协查函按期回复率100%。

【稽查队伍建设】　加强稽查队伍建设。一是党团共建，落实党风廉政建设责任制，做到“三严三实”抓作风、严守纪律不放松、廉洁自律反“四风”。二是加强管理，增进团队凝聚力。加强学习型党组织建设，发挥党支部纽带作用，坚持正确用人导向，积极培育优秀稽查干部。

【稽查业务培训】　组织干部参加税务总局各类培训8期，参训11人次；参加税务总局党校在扬州举办的2015年专业化培训9期，参训36人次；参加天津市国税局各类培训30期，参训694人次；组织天津市国税局稽查局综合业务培训61人次。

【稽查宣传】　2015年税收宣传月期间，联合天津市地税稽查处、天津公安部门共同开展打击发票违法犯罪集中整治、宣传行动。设立宣传点位15余处，出动人员260人次，向群众发放宣传资料2.6万余份。销毁各类假发票9万余份，查办倒卖、虚开发票案件12件，涉及金额3.2亿元，税额5480万元，涉案人员16人。通过多种形式在省级以上媒体曝光稽查案例8件，新华社、《天津日报》、天津人民广播电台、新华网、人民网等多家媒体围绕发票犯罪形势、打击发票犯罪成果等问题进行了报道。

【稽查调研】　组织相关人员赴重庆、武汉学习调研一级稽查运行情况，形成《关于完善一级稽查模式的调研报告》，为全市国税系统一级稽查模式的全面推广作了有益探索。

【稽查工作会议】　2015年3月12日，召开2015年天津国税稽查工作会议，天津国税局党组成员、总会计师窦伟出席会议并发表讲话，高度评价2014年国税稽查工作，全面分析了新常态下稽查工作思路，要求全市国税稽查干部发扬成绩、埋头苦干、攻坚克难，不断提高执行力和战斗力，为组织收入尽力，为服务促进经济社会持续健康发展做出新的更大贡献。

2015年7月29日，税务总局稽查局在天津市税务干部学校召开华北地区税务稽查工作会议。税务总局稽查局副局长于海春出席会议，在听取华北地区各省、市、自治区国税稽查工作开展情况并对重点工作作出具体指示。会上还就《京津冀国地税稽查工作协作机制（草稿）》征求了意见，对打击虚开发票案件和骗税案件的典型案例进行了交流。

2015年10月12日，召开2015年天津国税稽查组织收入工作推动会。会议总结了稽查工作的进展情况，安排部署了下一步稽查任务，为进一步推动全市各级稽查部门和稽查干部统一思想、提升站位，加强和改进稽查工作，完成全年税收任务奠定了坚实基础。

（刘　珏）

天津市地方税务局税务稽查处

【概述】　2015年，天津地税局各级稽查部门认真贯彻落实全国税务稽查工作会议和市财政工作会议精神，围绕全年税务稽查工作要点，主动适应稽查现代化改革要求，大力整顿和规范税收秩序，严厉查处重大税收违法案件，各项工作取得了新进展，充分发挥了税务稽查以查促收、以查促管、以查促改、以查促廉的职能作用，为完成全年税收工作做出了新贡献。

【稽查现代化建设】 以推进稽查现代化建设为目标，不断创新稽查选案方式，拓宽信息来源渠道，努力提高稽查精准打击能力。广泛收集和深度挖掘稽查信息、风险推送信息、征管信息、第三方信息、情报信息等案源信息，切实提高选案的科学性、准确性、有效性。实行案源集中管控，抽调计算机、会计、法律方面的业务骨干组成选案小组，将稽查人员的经验与数据分析相结合，提高案源质量。推行检查预案制度，科学制定行业专项检查和分级分类抽查计划，最大限度利用稽查资源，提高稽查效能。

【稽查体制机制改革】 强化以一级稽查为主导，各区县稽查局为补充的稽查管理体制，合理配置稽查资源，使稽查资源与检查对象相匹配，稽查效能得到有效发挥。2015 年，第一、第二稽查局和滨海新区稽查局 3 个市级稽查局共查结各类案件 307 起，查补收入 12.3 亿元，户均查补收入 401.3 万元。查结百万元以上大要案件 112 起，查补收入 9.6 亿元，占全市大要案件查补总额的 94.1%。滨海新区稽查机构调整后，市级稽查局由原先 2 个局增至 3 个局，稽查资源配置更为合理。2015 年，新区范围内共检查纳税人 826 户，查补收入 3.3 亿元，同比增长 74.6%，稽查效能明显提升。

【稽查查补收入及分析】 检查各类纳税人 4930 户，查补收入 28.7 亿元，同比增长 8.3%。入库 28.4 亿元，同比增长 11.4%。其中，立案检查 905 户，查补收入 13.3 亿元；督导纳税人自查 4025 户，查补收入 15.4 亿元。全市平均选案准确率 97%，入库率 99%，结案率 100%，全面完成税务总局绩效考核指标，稽查的职能作用得到了进一步发挥。

【案件查办情况】 查结税收违法案件 1021 起。其中，百万元以上大要案件 98 起，查补税款 3.7 亿元，千万元以上大要案件 25 起，查补税款 6.5 亿元。办案中，稽查部门与市国税局、公安局等有关单位紧密联系，信息共享，协调一致，提高了税务稽查的整体合力，达到了打击涉税违法行为、净化税收秩序的目的。

【税收专项检查】 按照税务总局稽查局税收专项检查的工作要求，结合区域实际研究制定《关于开展 2015 年税收专项检查工作的安排》，开展对房地产及建筑安装业、资本交易、高收入个人所得税、营利性教育培训机构、大型工商业企业、金融保险业、餐饮业、代征单位、出口退（免）税补税企业 10 个项目的专项检查。在对不同类型、不同行业纳税人的检查中，灵活运用调研式、审计式检查方法和网络化电子查账手段，按照稽查模板与行业检查指南的标准，推行纳税人自查和重点检查相结合的模式。2015 年检查纳税人 4145 户，累计查补收入 24.3 亿元。其中，立案检查 656 户，查补收入 11.4 亿元；组织企业自查 3489 户，查补收入 12.9 亿元。

【区域税收专项整治】 为解决涉税违法行为高发频发问题，规范地区和行业的税收秩序，解决外地进津施工企业普遍存在的延迟纳税、“甲供材”等问题，在天津市北辰区集中开展外地施工企业专项整治。共核查区内建安项目 110 个，涉及建设单位 49 个、施工单位 76 个，查补收入共 3445.82 万元，对涉及违法的企业依法进行了处理，区域内的税收秩序得到规范。

【重点税源企业检查】 按照税务总局的工作部署，天津市地税局与国税局联合印发《关于 2015 年重点税源企业随机抽查工作具体安排的通知》，对天津市物资集团总公司、中国中材集团有限公司、山东省高速公路集团有限公司、浙江恒逸集团有限公司和箭牌糖果（中国）有限公司等企业集团及成员单位进行了检查。检查中，天津国税、地税稽查部门统一工作步调，多次召开协调会，及时沟通信息情况，强化检查工作专业化和集约化，确保检查工作顺利开展。共组织纳税人自查 152 户，查补收入 9734.9 万元，并对有的问题企业实施重点检查。

【打击发票违法犯罪活动】 按照税务总局工作部署，针对近年来发票犯罪特点，对金融保险、房地产、商业批发与零售、药品与医疗器械、餐饮娱乐、加工制造、中介机构等社会关注、违法问题高发的行业，开展发票使用情况重点检查。检查非法受票企业 1044 户，涉及使用虚假发票 5015 份，查补入库收入 8062.7 万元。加大打击发票违法犯罪活动工作力度，配合公安机关共破获发票违法犯罪案件 52 起，捣毁发票犯罪窝点 51 处，打掉作案团伙 54 个，抓获涉案人员 42 名，依法缴获各类虚假发票 8.6 万份。与市公安局、市国税局以“打击违法发票刻不容缓，拒绝违法发票人人有责”为主题，在全市开展打击发票违法犯罪集中整治宣传行动，震慑了违法犯罪分子的嚣张气焰。

【税收“黑名单”制度】 落实税务总局工作要求，将符合重大税收违法行为的 3 户纳税人列入

“黑名单”，并将纳税信用级别直接判为D级，纳入重点监控对象。与市发改委、国税局等20家单位共同签署《联合惩戒合作备忘录》，建立信息交换机制，对纳入“黑名单”的企业实施阻止出境、刑事审查等惩戒措施。定期将“黑名单”信息推送至市场监管部门，将税收“黑名单”纳入市场主体信用信息评价体系，推动了社会信用体系的建立。

【涉税违法案件检举】 在涉税举报管理工作中，坚持“统一受理、集中审批、分级处理、实时监控”的工作原则，完善涉税违法检举案件管理，加大对逾期未办结和上级交办案件的督办力度。针对举报案件日益增多的趋势，强化日常督导、定期汇报等制度，认真分析举报线索，找准案件突破口，确保案件查处质量。全年共受理税收违法检举案件1468件，查结1410件，结案率96.05%。在案件受理过程中，不断强化服务意识，提高举报受理技巧，及时化解矛盾纠纷，保障了举报人的合法权益，维护了税务机关的良好形象。

【案件协查】 坚持“协查地就是案发地”的工作理念，加强对协查线索的分析，对受托协查案件，及时交办、及时反馈，对有重大嫌疑的及时立案检查，确保协查信息回复质量。全年共收到协查函件285件，回复285件，回复率100%。为加强京津冀税务稽查之间的协作，三地六局于2015年12月在北京签订《京津冀税务稽查协作框架协议》，标志着京津冀税务稽查协作机制建立，央视新闻联播对此进行了报道。

【稽查队伍建设】 将稽查队伍建设作为提高稽查执法水平的抓手，以全面提升稽查人员整体素质为重点，开展一系列卓有成效的工作。按照“重点培训、培训重点、以点带面”的原则，开展多层次、广范围、全方位的稽查干部培训，促进了稽查人员知识结构更加合理，专业素质进一步提高。组织税务稽查人员业务考试，稽查系统勤学精业风气进一步浓厚。加强对各级稽查部门的权力监督和执法风险的防范，稽查干部队伍勤政廉政意识进一步提升，稽查执法风险得到有效控制，为做好工作奠定了更坚实的基础。

【稽查信息化建设】 按照“信息管税”的工作要求，各级稽查部门在查前分析、电子稽查、数据统计、稽查管理、成果转化等各环节，突出信息化技术的支撑作用。充分依托“津税系统”管理员平台，通过对会计指标、申报入库等信息数据的分析比对，增强稽查工作的针对性。借助“税务稽查管理信息系统”和网络化电子查账软件等稽查信息化平台，强化对基础数据的分析和利用。同时，积极探索“互联网+稽查”的稽查工作新模式，加强对大数据的搜集整理，不断提升稽查工作的信息化、规范化水平。

【稽查工作会议】 2015年3月，召开天津地税稽查工作会议，传达全国税务稽查工作会议精神，天津地税局副局长高秋丰参加会议并讲话，各单位主管稽查工作的局长及各稽查局有关人员参加会议。会议总结回顾了2014年全市地税稽查工作，分析了工作中存在的问题，对全年稽查重点工作进行部署。会议提出要按照分级分类稽查的工作原则，强化一级稽查力量，扩大市局直接授权的跨区域检查实施范围，针对不同规模的企业分别制定科学的抽查、轮查制度。会议要求重视和加强稽查队伍建设，以提高税收专业素养和岗位胜任能力为重点，组织不同岗位的稽查干部培训，注重培养敬业精神强、有本领、重品行的稽查干部队伍，通过奖勤罚懒、奖能罚劣等措施，激发干部的工作热情，把税务稽查队伍建设成一支能打硬仗的铁军。会议要求各级稽查部门积极建立与国税、工商、公安、法院等单位的协作制度，积极开拓与银行、保险、证券、产权交易等经济部门的信息互通机制，积极拓宽与电力、供水、供热等基础民生部门的数据获取途径，为案件来源和检查进度提供更坚实的保障。会议的召开，进一步统一了思想，明确了目标，为做好全年地税稽查工作打下基础。

（曹映君）

河北省

河北省国家税务局稽查局

【概述】 2015年，按照税务总局工作部署，以扎实推进稽查现代化建设为工作主线，以打击虚开发票和骗取出口退税违法活动为重点，严厉查处各类重大税收违法案件，构建“大稽查”互动体系，突出发挥稽查职能作用，实现了稽查工作出成绩、出形象、出人才的既定目标。全省国税稽查机构共检查纳税人1.1万户，查补总额合计36.7亿元，入库总额合计36.3亿元，顺利完成全年稽查工作目标。

【稽查现代化建设】 围绕稽查机构扁平化、方式集约化、手段信息化、作业标准化、队伍专业化、管理规范化、装备多元化的稽查现代化目标不断深入探索，进一步强化稽查职能，深化稽查方式改革，细化稽查分级分类管理，优化稽查资源配置，创新稽查手段方法，稳步提升稽查工作质效。

【稽查体制机制改革】 按照税务总局“做实省局、做强市局、做好县局”的思路深入探索，推进全省稽查整体效能的发挥。密切省、市、县稽查部门之间的联系，把省、市、县稽查局力量打造成一个整体，形成全省“一盘棋”的工作格局。加强省局稽查局对全省稽查资源的管理权重，统筹全省稽查力量；省局第一稽查局实体化，提升站位承办大案要案；充分调动市级稽查力量，理顺工作流程，通过优化稽查资源配置，最大限度地挖掘潜力，使一级稽查体制和分类分级稽查管理得以稳步推行。

【稽查查补收入及分析】 全省国税稽查机构共检查纳税人1.1万户，同比增加443户，增长4.2%；实现查补收入36.68亿元，同比减少2.38亿元，下降6.1%；入库查补收入36.29亿元，同比增加1.11亿元，增长3.2%。

【案件查办情况】 不断加大案件查办力度，依法履行稽查职能，共检查纳税人1.1万户，在重点税源企业检查、税收专项检查等各类检查工作中效果明显，依法查办一批大案要案，对涉税违法犯罪行为起到较强的震慑作用，进一步维护了税法尊严。

【案件特点分析】 重点税源企业违法特点以政策理解不到位、内部交易不规范为主要特征；重大案件查处以虚开、骗税为主，呈现出金额大、手法翻新、犯罪智能化、网络化、查办难度大等特点；专项检查违法特点则呈现明显的行业共性特征。

【税收专项检查】 税收专项检查工作包括两类：一是税务总局确定的3项指令性检查项目，包括出口退（免）税企业、黄金交易企业、资本交易；二是2项指导性检查项目，包括房地产及建筑安装业和营利性教育培训机构。省局将房地产及建筑安装业由指导性专项检查项目调整到指令性检查项目，并自行确定2项指导性检查项目（非银行、非保险的金融机构和汽车经销行业）。全省直接检查1138户，问题户数810户，移送司法机关22户，实现查补收入3.02亿元，查补收入入库2.57亿元，冲减增值税留抵税金1939.99万元，调减亏损企业申报亏损额1.09亿元，不予退税7913万元；开展自查8923户，问题户数5018户，自查补税9.35亿元，自查入库8.94亿元。

【区域性税收专项整治】 区域税收专项整治项包括煤炭制品及批发业、金属及金属矿批发业、黑色金属铸造业、纺织服装行业、批发零售业。直接开展检查194户，查结户数148户，问题户数146户，移送司法机关17户，实现查补收入3628.59万元，查补收入入库3225.32万元，冲减增值税留抵税金368.88万元，调减亏损企业申报亏损额491.23万元；开展自查2943户，问题户数1168户，自查补税1.17亿元，自查入库1.16亿元，对273户风险较大企业采取暂时停供发票，对165户企业核减发票。

【重点税源企业检查】 税务总局部署的中国港中旅集团、中国银行股份有限公司等41户重点税源企业抽查工作，涉及14户成员单位，合计查补收入3175万元，冲减增值税留抵3.84万元，调减亏损额3274万元。自行组织安排113户省、市级重点税源企业，结案50户，查补税款6.26亿元，入库税款3.27亿元。

【出口退（免）税企业检查】 按照税务总局、公安部、海关总署要求，联合省公安厅、石家庄海关组织部署打击骗税专项行动。共组织检查出口企业1520户（其中立案检查226户），查补税款6350万元（其中追回退税款602万元）。

【房地产及建筑安装业企业检查】 全省共检查房地产和建筑安装企业84户，问题户数55户，实现查补收入5823.31万元，查补收入入库5732.74万元，调减亏损企业申报亏损额1380.86万元；开展自查77户，问题户数55户，自查入库1.1亿元。

【“营改增”企业调研式检查】 共确定13户企业作为检查对象，其中11户为“营改增”企业，2户为受票企业。“营改增”企业涵盖电信企业1户、管道运输企业1户、铁路运输企业2户、陆路运输企业3户、部分现代服务业4户。重点对这些企业的抵扣数据、税负变化、涉税风险、政策性问题等情况进行梳理和分析，最终共查补税款2.34亿元，入库税款5190.07万元，加征滞纳金1592.54万元，共计入库6782.61万元。

【股权转让交易的企业及个人检查】 直接开展检查92户，查结户数83户，问题户数19户，实现查补收入829.58万元，查补收入入库827.63万元，调减亏损企业申报亏损额4127.92万元；开展自查224户，问题户数18户，自查应补税5086.55万元，自查入库5086.55万元。

【打击利用黄金交易虚开增值税专用发票违法犯罪专项行动】 通过对公安部、税务总局下发的疑点企业进行检查，发现涉嫌虚开企业32户，涉及发票1966份，金额7.8亿元，税额1.3亿元。稽查部门配合公安机关立案查处46户，抓捕14人，网上追逃10人，摧毁犯罪团伙2个。各级稽查部门通过对用票企业开展核查挽损，共查补4.35亿元，入库税款、滞纳金、罚款2.53亿元，调减留底5287万元。

【黄金交易企业检查】 直接开展检查24户，查结10户，有问题7户，移送司法机关1户，实现查补收入175.09万元，查补收入入库109.71万元，冲减增值税留抵税金165.50万元；开展自查2588户，问题户数1690户，自查入库1.5亿元。

【打击发票违法犯罪活动】 查处违法企业4645户，查处非法发票10.9万份，涉及金额163.9亿元，查补税款15.38亿元，加收滞纳金3.35亿元，罚款1759.45万元；向公安机关移送案件85件，曝光案例62件，开展发票宣传教育7481次；组织486户企业开展自查，自查有问题443户，自查补税5496.53万元。

【税收“黑名单”制度】 共向社会公布重大税收违法案件25起，并向22个省级厅局推送联合惩戒信息40起，共同实施联合惩戒。8月28日，在石家庄召开省发改委等23个部门参加的联合惩戒联席会，共同对做好联合惩戒工作进行商讨、部署。

【涉税违法案件检举】 共受理涉税检举案件368件，查处涉税检举案件331件，结案274件，结案率82.8%；查补税款、滞纳金、罚款总计2773万元，入库2258.4万元；移交公安案件4起。

【案件协查】 共发起委托协查发票1万份，涉及企业565户（次），金额19.4亿元，税额3.3亿元。选票准确率95.28%，超过税务总局考核指标15%。通过协查系统受托收到协查发票2.45万份，涉及企业2189户（次），金额43.8亿元，税额7.3亿元。受托协查累计按期回复率为100%；移送司法机关案件7起。协查查补税款7752.8万元，入库税款7528.6万元。

【稽查制度建设】 作为倡议方，联合北京国税局、天津国税局制定《京津冀税务稽查案件协查协作机制》，就三地案件协查工作从组织架构、工作方法、沟通联系、信息共享等方面进行制度建立，以推动京津冀三地案件协查协作。联合河北省地税局印发《河北省国家税务局　河北省地方税务局税务稽查工作合作实施方案》，就联合开展专项检查和区域税收专项整治、联合开展重点税源企业税收抽查和轮查、联合开展共同管辖纳税人的案件检查、协同开展案件协查等4项工作的具体实施予以明确。

【稽查系统建设】 充分发挥绩效管理“指挥棒”作用，对税务总局考核的系统指标（推行“黑名单”、推行联合惩戒、选案准确率和查补入库率、协查质量）明确专人负责，建立与税务总局的定期报告制度和信息专报制度。不断强化稽查干部廉政教育，结合稽查工作特点，以“三严三实”专题教育活动为契机，深入学习，不断增强稽查干部的廉洁自律意识。同时，谋求内控机制建设创新，进一步落实上级领导要求，加强在稽查机构中配备纪检监察机构和专职人员的呼吁力度，为完善稽查部门内控机制、加强反腐倡廉建设提供组织保障。

【稽查队伍建设】 以建设一支执法严格、纪律严明、业务精湛、清正廉洁的干部队伍为目标，注重在稽查的实践中锻炼队伍。同时，结合信息化的工作，逐步探索建立一支计算机管理的专业队伍，谋划增设技术科，从省局层面统一应对纳税人信息技术变化的查处需要。

【稽查人才库建设】 重点组织搭建全省稽查人才库，通过全省税务干部积极报名、选拔考试等程序，确定114名政治素质好、业务能力强的优秀稽查业务骨干入库。通过稽查人才库选拔，把全省最优秀的人才选进人才库，为查办重大涉税违法案件储备了坚实的力量。同时，各地市结合实际选拔调整充实了本级的稽查人才库，以人才库建设为先导，构建高素质的稽查队伍，逐步形成全省税务稽查骨干人才的梯次结构。

【稽查业务培训】 在培训方面提出“牢固根基”的思路，全年共组织督办案件、综合业务、审理业务、“营改增”、报表数据分析、“黑名单”及联合惩戒等7次大型培训，累计培训300人次。邀请税务总局稽查局各业务处室的处长前来授课，既加强了上下级沟通又使大家学到了实在的业务知识，效果良好。

【稽查信息化建设】 积极探索“互联网+”在稽查信息化方面的应用，用大数据思维分析和实践信息化路径，提升数据的抓取和增值应用水平，集结精干力量着手研发河北国税稽查综合软件。经过不断研讨、论证、开发、测试，软件主体模块稽查综合选案系统研发成功并取得预期效果，实现稽查选案“人无我有，人有我优”和“全省选，选全省”的创新工作目标。

【稽查宣传】 主动拓展信息宣传渠道，建立编制《稽查动态》《稽查要情专报》等机制，进一步宣传稽查干部事迹和稽查成果。全年共向税务总局上报《稽查动态》、专项信息和各类工作报告共95篇，其中《“7·15”惊天大案》《构建六个体系 优化“一级稽查”》两篇文章在《中国税务稽查—厉风》发表。“积极筹建京津冀税务协查协作机制”被中央电视台《新闻联播》报道。同时，积极开展稽查现代化调研、机制体制调研等，并提出具体工作建议，供领导参考等。

【稽查工作会议】 2015年3月26日—27日，河北国税稽查工作会议在石家庄召开，会议的主要任务是贯彻落实全国税务稽查工作会议和全省国税工作会议精神，总结2014年稽查工作，部署2015年稽查任务。省局党组书记、局长王满平作重要讲话，党组成员、纪检组长耿金跃作题为《激发活力 积极进取 全力推进税务稽查现代化》的会议主题报告。税务总局稽查局稽查三处调研员佟国涛应邀出席会议。

【工作建议】 建议明确省级稽查部门应组建技术科，负责对企业经济信息和财务数据的跟踪分析，特别是进入企业突击调账检查时，应用先进技术，快速提取企业管理系统、财务信息等相关数据，有效获取不法纳税人偷骗税证据信息。

（高　剑）

河北省地方税务局稽查局

【概述】 2015年，河北地税稽查系统积极适应经济发展和稽查工作新常态，围绕税收中心工作，科学谋划全年稽查工作，充分发挥稽查职能作用，创新工作思路，加强队伍建设，积极推进稽查现代化建设，圆满完成了各项稽查工作任务。全年全省共检查纳税人2806户，实现稽查收入52.17亿元，同比增长1.14%。其中，四环节稽查收入14.15亿元，同比增长0.82%；查处百万元以上大要案257件，查处率同比增长11.62%；人均查补额43.34万元，同比增长2.99%；户均查补额50.44万元，同比增长75.38%。主要工作指标完成情况均好于2014年。

【稽查现代化建设】 积极探索创新稽查检查方法，鼓励各市结合本地实际，不断自我完善，互相学习借鉴，探索实行痕迹化管理，加强检查过程控管，进一步增强案件检查的透明性、一致性和规范性。加强稽查基础信息管理，改进完善稽查软件功能，加大信息技术在稽查工作中的应用范围，提高稽查信息化水平。继续大力推广使用电子查账软件和数字化检查工具，提高对信息化管理企业的稽查办案能力，提升稽查执法质效。

【稽查体制机制改革】 继续推行各市稽查计划省局备案管理，加强落实上收县级局选案权和重大案件市局审核把关制度。认真总结改革创新经验，进一步优化稽查资源配置，强化省市两级直查工作，试行“县级稽查局检查人员由市稽查局统一调度使用，以市局名义进户检查”的组织管理模式，提升稽查执法层级，增强稽查执法刚性和统一性。

【稽查查补收入及分析】 全省地税稽查系统

实现收入（大口径）52.17亿元，增收5895万元，同比增长1.14%。其中，组织企业自查收入38.02亿元。全省四环节收入14.15亿元，增收1156万元，同比增长0.82%。其中，查补税款101001万元、滞纳金13891万元、没收非法所得19万元、罚款26626万元。案件分布情况：查补金额集中分布于百万元以上案件，全省查处百万元以上案件总额9.67亿元，占四环节查补总额的比重为68.34%，比2014年提高11.62个百分点。百万元案件查处件数257件，同比增长23.56%。分税种分布情况为营业税1.78亿元、企业所得税1.70亿元、个人所得税1.19亿元、土地增值税1.15亿元、其他税费4.28亿元。企业所得税、营业税、个人所得税和土地增值税为主要查补收入来源；分行业分布情况为，房地产业查补金额4.85亿元，占查补总额的9.3%；金融业查补金额3.95亿元，占查补总额的7.58%；制造业查补金额1.30亿元，占查补总额的2.49%；建筑业查补金额8041万元，占查补总额的1.54%。

【案件查办情况】　立足查处大案要案，与税源监控部门互动，通过重点税源企业税收风险分析，选取高风险纳税人开展定向稽查，全年集中各市稽查骨干对37户房地产企业开展了直接检查工作。通过制定直查工作实施方案，采取查前培训、层层签订党风廉政建设承诺书、集中统一办案、定期汇报督导、量化考核指标等行之有效的措施，确保直查工作取得实效，全年实现查补收入5.4亿元。

【案件特点分析】　建筑房地产行业一直是检查的重点行业，连续多年纳入稽查案源。全年检查中，由于各地房地产建筑企业多为核定应税所得率征收，检查人员主要采取的方法是核对其年应税收入，并与所查年度开票收入进行核对，发现部分建筑企业未按形象进度申报纳税，部分地产企业预收账款未全部申报纳税，调节收入和纳税期限的情况比较普遍。案件查补额集中分布于100万~1000万元，契税、企业所得税和土地增值税为主要查补收入来源，营业税、个人所得税也呈上升趋势。

【重大案件查处】　把大案要案查处列入绩效考核，作为衡量稽查工作成效的重要指标，把大案要案查处工作与税收专项检查、区域税收专项整治、重点税源企业检查等工作紧密结合，进一步强化稽查执法刚性，加大对税收违法行为的打击力度，严厉查处各类大案要案，大案要案查处工作取得实效。2015年全系统共查处百万元以上大要案257起，同比增长23.56%，其中税款金额上千万元案件14起。

【税收专项检查】　按照税务总局要求并结合各地实际，在全省范围内组织开展了对房地产、建安、金融保险（农村信用联社）、资本交易等行业的税收专项检查，制发了《河北省地方税务局关于开展2015年税收专项检查工作的通知》（冀地税发〔2015〕28号），对全省税收专项检查工作进行了具体安排部署。通过加强组织领导，制定检查实施方案，定期检查督导，及时研究解决各种问题等多种有效措施，圆满完成了检查工作，全年共检查纳税人1689户，实现查补收入9.99亿元；组织企业自查补税入库13.76亿元，有力地整顿和规范了检查行业税收秩序。

【区域性税收专项整治】　按照税务总局及省局要求，全省各市积极选择辖区内有地域特色、税收秩序较为混乱的行业和地区开展区域税收专项整治工作，成效十分显著。全年进行区域税收专项整治101户，查补收入5528.77万元，入库4922.02万元。承德市局积极开展“一县一区一特色”区域整治活动，充分调动了基层县区局开展税收区域整治工作的积极性；邢台市局依据近几年小额贷、典当行、担保行业的迅猛发展的现状，确定将小额贷、典当行、担保行业列为专项整治重点；廊坊市局对区域行业规模较大的霸州胜芳家具市场、大成保温材料市场进行专项整治；沧州市局确定的专项整治重点为对渤海新区的外来施工企业和东光的塑料制品彩印业。

【重点税源企业检查】　按照税务总局工作要求，及时进行动员部署，与省国税稽查局联合起草工作通知，对抽查企业范围、抽查工作阶段安排、具体工作要求等方面进行明确。自查阶段，积极辅导7户企业纳税人开展自查，确认自查结果，并督促纳及时入库税款、滞纳金，自查收入共14.66万元。重点检查阶段，按不低于30%的比例进行重点检查，经分析、筛选，确定对其中2户企业进行重点检查，共查补1827.35万元，其中税款889.17万元、滞纳金165.16万元、罚款773.02万元。

【房地产及建筑安装业检查】　检查房地产及建筑安装企业704户，发现有问题户702户，查结682户，查补收入40725.14万元。其中，查补税款31723.79万元，加收滞纳金3218.54万元，罚款5782.81万元；入库税款31715.99万元，滞纳金3218.54万元，罚款5780.91万元；企业自查收入

88305.35万元，入库77302.55万元。

【高收入者个人所得税检查】 检查高收入者个人所得税企业15户，有问题15户，查结15户，查补收入609.64万元。其中，查补税款356.44万元，加收滞纳金42.26万元，罚款210.94万元；入库税款356.44万元，滞纳金42.26万元，罚款210.94万元；企业自查收入2.45万元，入库2.45万元。

【营利性教育培训机构检查】 检查营利性教育培训机构企业5户，有问题5户，查结5户，查补收入110.64万元。其中，查补税款67.16万元，加收滞纳金9.96万元，罚款33.52万元；入库税款67.16万元，加收滞纳金9.96万元，罚款33.52万元；企业自查补税59万元，入库59万元。

【打击发票违法犯罪活动】 根据税务总局工作部署，结合本地实际，精心组织开展2015年打击发票违法犯罪活动工作，并将发票整治工作与各类税收检查工作有机结合，推动工作有效开展。全年重点对金融保险、房地产、商品批发与零售、药品与医疗器械、餐饮娱乐、加工制造、中介机构等社会关注、违法问题高发的行业开展发票使用情况检查。各地采取专项检查，集中整治等多种形式，坚持查案必查票、查税必查票，持续保持打击发票违法犯罪活动的高压态势。全省共查处发票违法企业1637户，完成税务总局下达全年指令性任务600户的177.83%，查处非法发票16315份，涉及票面金额7.4亿元，查补税款2215.18万元，滞纳金258.51万元，罚款1225.55万元。同时，与公安、国税等部门联合开展发票违法专项整治行动，全省共查办案件3081起，出动税务执法人员2276人，缴获发票16098份。

【税收“黑名单”制度】 一是按照税务总局工作要求，省、市两级对达到标准的案件，积极审核、推送及公布。全年全省公布重大税收违法案件信息33件，其中报税务总局案件5起，并在省局门户网站公布。二是省、市两级与国税局联合，组织23家成员单位召开联合惩戒联席会议，联合转发《关于对重大税收违法案件当事人实施联合惩戒措施的合作备忘录》，并向公安厅等16个相关部门及时推送“黑名单”相关信息，实施部门联合惩戒。三是全省各地在各类媒体广泛宣传“黑名单”工作，全年共计20余次，有效提升了这一措施对涉税违法行为的打击震慑力，推动全社会形成依法诚信纳税的良好氛围。

【涉税违法案件检举】 严格执行《税收违法行为检举管理办法》《重大税收违法案件督办管理办法》，加强检举案件管理，规范工作流程，认真负责，文明服务，提高了检举案件管理工作质效，为营造公平公正的税收环境、建立公平有序的税收秩序起到了积极的作用。2015年，全省各级税务违法案件举报中心共受理税收违法举报案件523件，立案查处案件365件。查补税款7685.14万元，加收滞纳金226.93万元，罚款1088.84万元，合计9000.91万元，入库税款、滞纳金及罚款9000.91万元。

【案件协查】 深入分析协查数据信息，不放过任何可疑线索，把协查信息作为新的案件来源，做到立案必深查、一查必到底，全方位提高协查工作质效。在日常工作中，加强协查管理，指定专人负责受理协查工作，建立协查台账，及时登记协查信息，扎实开展调查取证和资料对比工作，确保调查资料的准确性和完整性。注重加强税务机关之间的合作，牢固树立“协查地就是案发地”思想，严格按照委托单位的要求和时限回复协查结果，保证协查效率。2015年，全省共受托协查案件50件，涉及发票137份，金额1.83亿元；发起委托协查15件。

【稽查制度建设】 倡导和激励全系统大力推进制度和方法创新，针对关键部位和薄弱环节，开拓思路，推陈出新，及时拿出解决问题的对策和办法，在稽查执法服务、稽查成果转化、提高稽查选案准确率、规范税务稽查工作标准等领域进行积极有益的尝试。同时，突出抓重点工作的力度，根据税务总局工作要求，制发《国地税稽查合作事项实施方案》《关于进一步加强税收违法“黑名单”联合惩戒工作有关事项的通知》等文件，提升了全系统稽查工作整体质效、稽查执法能力和工作管理水平。

【稽查队伍建设】 一是加强稽查文化建设，大力倡导和培育社会主义核心价值观，增强稽查队伍向心力和凝聚力，发挥税务稽查正能量，构建和谐优秀团队。二是大力提升稽查干部业务水平及综合素质。全年全省共组织各种稽查干部培训班80期，参训人数5955人次。省局举办地税系统稽查审理培训班，进一步规范税务稽查工作程序、文书制作、检查取证、案卷归档等相关工作，各市也采取多种形式开展内容丰富各异的业务培训，取得了良好效果。三是认真贯彻落实党风廉政建设主体责任的工作要求，全面加强党风廉政建设，努力提升全体人员的思想政治水平和廉洁执法意识，不断加大稽查内部风险防控制度建设和落实力度；在强化内部监督的同时，引入外部监督，及时排查廉政风险，确保稽查廉政执法有效监督落到实处。

【稽查业务培训】 以提升稽查干部业务水平及综合素质为着力点，全年全省共组织稽查干部培训80期，参训人数5955人次。省局举办地税系统稽查审理培训班，采取"以案说法""模拟复查"等培训形式，进一步规范税务稽查工作程序、文书制作、检查取证、案卷归档等相关工作。各市、县稽查局也采取多种形式，组织开展电子查账、会计准则、典型案例、金税三期工程、绩效管理等业务培训，取得了良好效果，有效提升了干部队伍整体素质。

【稽查信息化建设】 升级完善稽查工作软件，加强对选案、检查、审理、执行四环节工作流程的监督制约，实现稽查四环节的工作标准化，强化上级稽查部门对一线稽查工作的业务指导。把电子查账软件作为稽查信息化建设的重点项目，把实施电子查账作为提升稽查执法质量的重要突破口，支持鼓励各地使用查账软件等现代化手段，提高对信息化管理企业的稽查办案能力。

【稽查宣传】 利用各种媒体和途径，及时曝光查处的税收违法案件，定期宣传税务稽查工作开展情况，全年在《河北日报》等省级报刊曝光税收违法案件4起，上报重大税收违法案件信息5起，并同时在省局门户网站进行公布。在推行税收"黑名单"制度过程中，注重媒体宣传，全省上下积极开展各具特色的宣传活动，省局在河北省电视台和河北省电台做广泛宣传、在河北日报刊载宣传文章，以及在新浪网、腾讯网、河北新闻网、河北经济网等网站上做了宣传；联合惩戒联席会议召开后，在网易、新华网、长城网等网站上做了宣传。通过媒体对重大税收违法案件公布以及对当事人实施联合惩戒情况的宣传，有力地发挥了"黑名单"的打击震慑作用。

【稽查工作会议】 2015年3月10日，河北地税稽查工作会议在邯郸市召开。会议传达贯彻全国税务稽查工作会议和全省地税工作会议精神，通报了2014年全省地税稽查工作的总体情况，部署2015年全年工作任务。河北地税局稽查局局长谢江宜作题为《依法行政　彰显职能　以现代化建设促进稽查工作实现新突破》工作报告，5个单位作典型发言，介绍各自的先进工作经验。

2015年7月23日，稽查工作推进会在沧州市召开，会议总结上半年稽查主要工作开展情况，指出工作中存在的问题，安排部署下半年重点工作，河北地税局稽查局局长谢江宜就下半年乃至今后一段时间的工作提出几点意见。会议统一了思想，提高了认识，为进一步推进今后工作开展，提高工作质效指明了方向。

【工作建议】 建议税务总局加大培训力度，多组织稽查高端人才培训、师资培训、热点业务培训等，这样既能提升稽查人员业务能力，又有利于加强稽查省际工作经验交流。

（宇文峰　李　博　彭保东　赵翠芳）

山西省

山西省国家税务局稽查局

【概述】 2015年，山西国税局面对税收收入依然严峻的形势，不等不靠，主动适应新形势新任务，围绕堵漏增收、体制机制改革、绩效管理、基础建设等重点工作，多措并举，充分发挥稽查职能作用，各项工作取得了显著成效。全省各级国税稽查部门共检查企业2855户，查补收入149512万元，查补入库144842万元。

【稽查体制机制改革】 一是在税务总局批复同意山西省全面开展一级稽查体制改革的方案后，多次深入各地市及县区进行改革可行性调研，在全省范围内召集市县基层代表和省税务局人事、稽查、征管等部门负责人召开座谈会，征求大量具体、可行的改革意见和建议。二是学习和借鉴改革先进省市的工作经验，组成体制改革考察组赴广东省珠海市、东莞市国税局稽查局实地考察。三是制定下发《山西省国家税务局关于进一步完善稽查管理体制的实施意见（1.0版）》。四是按照有利于优化资源配置，有利于提高稽查效率的原则，在全省11个市实行“市级一级稽查”“全市稽查一体化”，共撤销29个区（县）局稽查局，在各市局设15个正科级直属稽查机构。同时，对在职人员60人以下或税收收入2亿元以下的53个县局稽查局保留建制，进行了职能转换。改革后全省稽查机构64个，其中市局稽查局占全省稽查机构的40.62%，县（区）局稽查局占全省稽查机构的57.81%。基本形成“案源统一管理，检查统一实施，审理统一组织，人员统一调配，文书统一使用”的新型稽查模式。稽查体制改革工作得到税务总局的充分肯定，税务总局总会计师孙瑞标对省体制改革工作作了重要批示。

【“营改增”专项稽查】 一是成立2015“营改增”企业调研式检查工作领导小组，负责全省“营改增”企业调研式检查的组织领导工作。同时，要求相关市局切实加强组织领导，围绕重点开展检查工作。组织相关地市30余名检查人员进行了系统的查前培训，为检查工作有序开展打好基础。二是对交通运输企业、铁路运输企业、电信企业、现代服务业4个行业企业进行分析，选定主营业务是涉及“营改增”的8户重点企业开展重点调研式检查，并要求各市局在全面检查的同时，在每个行业自行选择2~3户企业开展重点调研。三是确定各行业的检查目的及检查重点，有针对性地对增值税发票换开、收入划分等关键环节进行重点核实。全年全省共计查补1978万元，调减增值税留抵税额1741万元，调增应纳税企业所得额358万元。

【稽查查补收入及分析】 2015年全年共检查企业2855户，查补收入149512万元，查补入库144842万元。其中，开展税收专项检查共检查企业2280户，实现查补收入53935.64万元；开展打击利用黄金交易虚开增值税专用发票违法犯罪专项行动共查实虚开发票份数8510份，涉及税额86977.57万元，定性处理15508.98万元，组织入库10486.83万元，调减留底进项税额2772.39万元；对税务总局重点税源企业和自行选取的191户省内重点税源企业开展税收抽查工作，共实现查补收入22513.25万元，调减亏损企业申报亏损额4047.46万元；深入推进打击发票违法犯罪活动工作，共检查企业2009户，查处涉票违法企业1774户，查处非法发票23776份，查补总额43790.52万元。

【税收专项检查】 全年共检查企业2280户，实现查补收入53935.64万元。其中，检查黄金交易企业165户，查补总额7259.01万；检查办理出口退（免）税企业139户，查补总额603.35万元；检查资本交易企业8户，查补总额323.99万元；检查房地产及建筑安装企业101户，查补总额3178.22万元；检查电力企业228户，查补总额8004.13万元。

【重点税源企业检查】 对税务总局重点税源企业和自行选取的191户省内重点税源企业开展税收抽查工作。共实现查补收入22513.25万元，调减亏损企业申报亏损额4047.46万元。在完成税务总局部署的重点税源企业检查任务的同时，根据全省重点税源企业情况，省市两级统一选取经营规模大、税收规模大、税收风险高、涉税疑点明显的107户重点税源企业开展检查。共实现查补收入8554.99万元。省局稽查局重点检查晋煤集团、晋城银行股份有限公司下属企业84户，共查补税款11968.85万元。

【出口退（免）税企业检查】 通过开展办理出口退（免）税企业专项检查工作。共检查企业46户，组织企业自查93户，查补收入603.35万元，调减增值税留抵税额167.32万元，调减企业所得税亏损额78.23万元。

【黄金交易企业检查】 省、市两级均与公安部门联合成立专项行动领导小组，在数据分析、线索梳理、前期排查的基础上，税警联动、精准发力，对税务总局下发的涉嫌空壳开票企业、筛选的其他疑点较大的企业等开展重点检查。全省“黄金票”专项行动共检查黄金交易企业56户，组织企业自查109户，查实虚开发票份数8510份，涉及税额86977.57万元，组织入库7876.13万元；移送公安机关查处企业22户，公安机关立案15户，抓捕犯罪嫌疑人17人。特别是查办2起不法分子利用国企平台虚开增值税专用发票案件，得到税务总局的充分肯定。

【资本交易检查】 一是做好查前信息筛选。根据资本交易的特点，通过上市公司、工商行政管理部门、国有资产管理委员会和产权交易中心4种渠道，多方面多角度获取与资本交易有关的信息资料。二是进行数据分析。通过金税三期工程系统进行查询，筛选出有资本交易行为的企业，逐一查询所筛企业税务登记信息、历年企业所得税申报信息、企业财务报表信息获取企业股权转让信息。三是下文要求各地稽查部门积极与征管部门加强协作，密切配合，认真开展实地检查。全省共检查资本交易企业3户，组织企业自查5户，查补总额323.99万元。

【打击发票违法犯罪活动】　全省各级国税部门充分发挥打击发票违法犯罪活动协调小组作用，一手抓“买方市场”，一手抓“卖方市场”，开展打击发票违法犯罪活动整治工作。全省全年各级国税部门共检查企业2009户，查处涉票违法企业1774户，查处非法发票23776份，查补总额43790.52万元。移送公安机关案件60起，公安机关立案56起，抓获犯罪嫌疑人74名，移送检察机关起诉1起；联合通信管理局治理发票违法短信息182066条、网站登载信息3条。

【税收“黑名单”制度】　一是将联合惩戒工作列为全年稽查重点工作和绩效考核的重点指标，从严从紧部署工作，从细从实推进实施，要求省、市、县三级国税部门把税收违法“黑名单”工作列为年度重点工作，纳入绩效管理考核。严格做好“黑名单”信息的上报、接受、审核、公布、推送等工作。全年省市两级稽查部门共对外公布“黑名单”案件信息28件。二是2015年3月税务总局和国家发改委等中央21个部门联合签署《关于对重大税收违法案件当事人实施联合惩戒措施的合作备忘录》下发后，积极协调省发改委、公安厅、铁路局、人民银行等23个部门，于4月7日联合下发《关于转发〈关于对重大税收违法案件当事人实施联合惩戒措施的合作备忘录〉的通知》（晋发改财金发〔2015〕184号），随后多次召开部门联席会议，进一步明确省、市两级国税部门联合惩戒工作的内容、标准、流程和职责，研究建立信息互通机制、案件信息的专线传递方式和机制。向相关单位推送案件70件次，相关单位已经将联合惩戒的结果给予反馈。三是充分宣传报道。利用报纸、广播、电视、网络媒体等途径，在税务总局网站、山西省国税局网站、《中国税务报》《山西经济日报》等媒体，对推进重大税收违法案件公布与联合惩戒工作进行全方面、多渠道的宣传60余次。并要求各市通过办税大厅公告栏、门户网站、“e税客”、12366短信平台、税企QQ群、微信群等高效的手段，积极向纳税人广泛宣传“黑名单”及联合惩戒相关政策，提升公众知晓度与影响力。

【涉税违法案件检举】　强化对税务违法举报案件的管理工作，疏通举报渠道，拓宽案源线索，不断加大对举报案件的查处力度。全局共受理各类举报案件58件，其中税务总局交办13件，省局举报中心受理40件，市县级举报中心受理5件，共查补税款1173.14万元。

【案件协查】　全面加强协查工作管理，以保证绩效考核指标达到税务总局考核要求为基础，以有力打击各种涉票违法行为为目标，积极有效开展协查工作。全年委托协查选票准确率45.59%，受托协查累计按期回复率100%，未发现以纸质发起协查代替协查系统发起协查的情况。通过协查系统实现查补收入7052.12万元。

【稽查系统建设】　“三严三实”专题教育开展以来，省局稽查局定期组织支部党员开展专题学习、支部书记讲党课、座谈会等一系列活动。在“严以律己”专题的分组学习讨论中，稽查局支部作为牵头支部，组织5个党支部全体党员干部召开学习讨论会。同时，将“三严三实”专题教育与稽查工作紧密结合，一方面切实转变作风，严格执行中央八项规定，筑牢反腐倡廉的思想防线，秉公执法，廉洁自律，增强执法的统一性和规范性，确保稽查执法的公正与效率，有效防控执法风险；另一方面将“三严三实”贯穿到各项税收检查和体制改革等重点工作中，用各项工作成果检验“三严三实”专题教育开展成效。

【稽查工作会议】　2015年3月19日，山西国税稽查工作会议在太原市召开。会议传达学习了全国税务稽查工作会议精神，总结回顾了2014年全省国税稽查工作情况，安排部署了2015年稽查工作任务。省局党组成员、副局长范扎根作题为《把握新常态　实现新突破　深入推进全省国税稽查现代化》的工作报告。会议提出新常态下持续推进稽查现代化建设要着力突破三个方面：一要在稽查思想观念上有所突破，不断提升稽查工作站位。二要在稽查管理质效上有新突破，不断推进稽查现代化建设。三要在稽查队伍建设上有新突破，不断夯实稽查工作基础。

【工作建议】　继续深化稽查体制机制改革，优化全省稽查资源配置，改变属地稽查方式，全面提升稽查管理层级，增强执法刚性和统一性，加快构建全省稽查一体化进程。

（范　瑞）

山西省地方税务局稽查局

【概述】　2015年，山西省地方税务局稽查局认真贯彻落实国家税务总局稽查局一系列工作部署，紧紧围绕山西省地方税务局“三位一体促发展，富民强省作贡献”工作思路，面对税收收入大幅滑坡的严峻形势，坚持以服务税收工作大局为中心，严厉打击各类税收违法行为，大力整顿和规范税收秩序，发挥了以查促收、以查促管的稽查职能作用，圆满地完成了各项稽查工作任务。

【稽查现代化建设】 一是积极学习先进经验。为了持续推进山西省地税系统稽查现代化建设，2015 年 5 月，省局稽查局专门组织相关人员赴太原市国税稽查局就稽查现代化建设先进经验进行考察学习，并就如何稳步推进稽查现代化建设进行了交流讨论。二是加快现代化装备建设。现代化建设离不开先进的现代化装备，经过仔细筹划，决定根据各级实际情况进一步深化金税三期工程系统和查账软件应用，购置 96 套查账软件在全省各市县推广使用。截至 2015 年底，全省配置查账软件 323 套，基本实现了查账软件的全省覆盖，加快税务稽查的信息化建设，为全省一线稽查人员购置 62 台执法记录仪、62 台便携式扫描仪等现代化装备，以适应稽查现代化建设工作的需要。三是加大现代化建设培训力度。于 2015 年 7 月 13 日和 20 日举办为期 5 天的两期全省地税系统电子税务稽查业务强化培训班，共组织 150 余名稽查骨干（师资）参加，从电子税务稽查理论及常用技术、电子证据取证、EXCEL 数据分析及稽查查账软件实战应用等方面进行了深入研讨学习，精心组织了模拟检查考试并将成绩进行通报，大大提升了参训人员的责任意识和实战能力，取得了非常好的培训效果。

【稽查体制机制改革】 在税收风险管理导向下进一步明确稽查工作定位，明晰稽查职责范围，整合优化稽查资源，不断完善一级稽查和分类分级稽查，健全改进稽查工作联动机制，进一步强化省、市稽查局办案能力。推行“上选下查”机制，逐步形成市级选案、县级检查的集约化稽查模式，市级稽查局切实强化对县级稽查局的业务指导，推进市、县稽查工作同步发展。

【稽查查补收入及分析】 2015 年，山西省地税各级稽查部门严格执法、扎实工作，认真完成稽查工作目标任务，有效发挥稽查职能作用。全省共检查企业 3798 户，其中组织 2640 户纳税人开展自查、直接检查纳税人 1158 户，稽查选案准确率 99.36%。全年共实现各项查补收入 24.86 亿元，较 2014 年增长 10.07%，其中自查收入 21.90 亿元，直接查补入库收入 2.96 亿元，稽查查补收入入库率 99.76%。

【重大案件查处】 紧紧抓住大要案查处这个重点，依托金税三期工程系统强化案件查办进度要求，在检查跨区域集团性企业或重大案件时实行联动检查机制，充分整合优势稽查资源，形成强大合力迅速突破，有效促进了收入的完成。2015 年，全省地税稽查部门共立案查处涉税案件 1158 件，其中百万元以上案件 33 件，实现查补收入 1.72 亿元，占全部稽查直接查补收入的 57.67%，其中立案查处税款在 1000 万元以上 1 亿元以下的重大违法案件 3 起，查补收入 5946 万元。立案查处税款在 100 万元以上 1000 万元以下的重大违法案件 30 起，查补收入 1.12 亿元。

【税收专项检查】 组织开展税收专项检查共涉及 5 个行业，分别为资本交易、煤炭企业、房地产开发企业、工程建设单位、金融保险业。全省各级稽查部门精心部署，统筹安排，认真开展专项检查，较好地完成了各项任务。2015 年，共检查纳税户 505 户，其中有问题户 490 户，查补收入 1.44 亿元；组织 1901 户企业开展税收自查，其中自查有问题户 1226 户，自查补税金额 10.03 亿元，专项检查共实现查补收入 11.47 亿元，税收专项检查工作成效明显。

【重点税源企业检查】 一是按照税务总局要求，对涉及山西省的 5 户重点税源企业的 8 户分支机构开展重点检查，查补收入 14.87 万元。二是从 2015 年 9 月 1 日起至 11 月 30 日止，集中力量开展为期 3 个月的全省地方税收重点稽查工作。检查采取重点检查与督导自查相结合的方式，以查办案件为抓手，全面开展检查工作。各级稽查局上下一心、协同作战，通过查办典型大要案件，有效促进组织收入进度，在 3 个月时间内，实现重点稽查收入 9.11 亿元，为完成全年收入任务起到重要作用。三是在开展重点稽查工作的同时，又加大力度，将会计部门筛选出的高风险企业下发各省直属局及各市局，要求对高风险企业开展全面自查及重点检查，并要求明确分户责任单位和责任人，实行严格问责，以增强检查人员的责任意识。通过对 2538 户高风险企业的检查，共查补收入 2.36 亿元。

【房地产及建筑安装业检查】 在 2015 年房地产及建筑安装业专项检查中，共检查房地产及建筑安装业纳税户 84 户，有问题户 77 户，查补收入 1372.23 万元，其中查补税款 822.87 万元，加收滞纳金 214.14 万元，罚款 335.22 万元。开展自查的企业 943 户，自查有问题 466 户，企业自查补税金额 2.76 亿元。

【打击发票违法犯罪活动】　坚持“打击与建设相结合、治标与治本相结合”的原则，税警联动查处大案要案，发票违法犯罪活动得到有效遏制。2015年，共检查企业1282户，查处违法企业685户，完成年计划的228.33%，查处非法发票6666份，涉及金额1.72亿元，查补税款825.06万元，加收滞纳金145.67万元，罚款434.08万元；组织企业自查437户，有问题户23户，补税356.3万元。

【税收“黑名单”制度】　严格贯彻落实税务总局关于《重大税收违法案件信息公布办法（试行）》的公告和《山西省地方税务局关于贯彻落实税务总局〈重大税收违法案件信息公布办法（试行）〉有关事项的通知》，要求各级地税局严格筛选各类税收违法案件信息，准确定性、严格把关，对符合标准的案件，按季对外公布。至2015年底，山西省已结案件无符合公布标准的案件。

【涉税违法案件检举】　进一步加大对税收违法举报案件的查处力度，2015年，山西省各级地税举报中心共受理举报案件412起，其中省局直接受理113起（税务总局稽查局交办5起、督办1起），各市局直接受理265起，县级受理34起。结案369起，共查补税款1481.95万元，加收滞纳金339.53万元，处以罚款789.38万元。

【稽查系统建设】　继税务总局绩效管理系统2014年上线运行后，2015年山西省绩效管理系统也正式上线运行。山西省地税稽查局结合绩效管理系统指标与省政府目标责任制考核办法，重新修订稽查工作考核办法，将二者有机结合，并在工作中严格落实。特别是将稽查现代化建设工作列为重点考核内容（分值占比15%），有力地推动了工作落实。考核机制的落实离不开激励措施的保障，在2015年全省稽查工作会上，省局认真考核检查2014年度各市稽查工作完成情况，对稽查工作考核优秀以及先进单位进行通报表彰，并以省局名义将2014年稽查入库查补收入占当地税收收入的比例超过2.5%的5家市局单位评比为查补收入明星单位，将2014年稽查工作中表现突出的32位稽查一线干部评为稽查办案能手进行表彰，有效激发了稽查干部的工作积极性。

【稽查队伍建设】　一是强化干部业务素质。举办全省地税系统电子税务稽查业务强化培训班，采取专家授课、实战演练等方式，不断提升稽查干部业务素质。二是认真贯彻落实系统党风廉政建设工作。开展以“深入学习贯彻习近平总书记系列重要讲话精神，净化政治生态，实现弊革风清，重塑山西形象，促进富民强省”为主题的集中学习讨论落实活动和“三严三实”专题教育活动。

【稽查宣传】　为震慑涉税违法活动，2015年，山西省地税局稽查局选择20起社会关注度高、违法行为较为典型的案件通过《山西日报》公开曝光，有力地震慑了税收违法犯罪行为，扩大了社会影响。

【稽查工作会议】　2015年3月，召开山西地税稽查工作座谈会，省局党组成员、副局长刘建光作题为《努力适应新常态　改革创新谋发展　全面推动我省地税稽查工作再上新台阶》的重要讲话，总结了2014年全省地税稽查工作，对2015年全省的经济形势和组织收入难度进行了深刻分析，并针对性地提出了2015年的稽查工作思路，明确要以服务税收工作大局为中心，坚持依法稽查和改革创新主线，从体制机制、科技支撑、队伍建设3个方面发力，扎实推进税务稽查现代化建设。

（张　惠）

内蒙古自治区

内蒙古自治区国家税务局稽查局

【概述】　2015年，内蒙古自治区国税局稽查局认真贯彻落实全国税务稽查工作会议和全区国税工作会议精神，围绕税收中心工作，以深化改革创新，打击涉税违法犯罪为重点，以查处大要案为工作抓手，进一步明晰工作思路，创新工作机制，及早部署落实各项重点工作，对内抓好规范执法，对外重点打击违法，较好地完成了全年工作任务。

【稽查现代化建设】 一是进一步充实稽查力量。选拔一批年富力强、勇于开拓、德才兼备的优秀人员充实到稽查队伍中。二是提升稽查队伍的整体素质。积极构建专业化人才培养的长效机制，提高一线检查人员占全体稽查人员的比例，提高具备独立查账能力人员和电子查账能力人员占一线检查人员的比例。加强对稽查人才库人员的管理使用，在实战中锻炼和增长才干。建立科学的稽查培训长效机制，有针对性地培养复合型和专业型的税务稽查人才。广泛开展岗位练兵和争创稽查能手活动，使稽查队伍的整体素质不断提高。加强稽查人才库建设，建立人才库更新机制。三是通过建立学习型稽查团队，努力打造一支政治坚定、业务熟练、公正廉明、作风优良、敢打硬仗、能打胜仗的专业化稽查队伍。四是提高稽查装备现代化的水平。加大对稽查现代化建设的投入，稽查经费进一步向基层倾斜，积极推广应用稽查电子查账软件，更新和配备一批笔记本电脑、录音、录像、数据采集等硬件设备，实现稽查装配的现代化。

【稽查体制机制改革】 转变方式，创新发展，提高稽查检查质量。一是深入推进稽查管理模式改革。根据全区地域广阔，稽查人员相对较少，税源分布不均衡，税源结构差异明显等特点，为了充分发挥旗县区级稽查局的职能作用，继续在市级稽查局全面推行“统筹人员、统一选案、区域稽查、集中审理、属地执行”的新型稽查工作模式。其目的主要是整合稽查力量，分行业进行专项稽查，实现专业化稽查检查。二是创新稽查检查方法。不断探索和转变稽查检查思路和手段，在全系统全面推行“延伸稽查”“关联稽查”“阳光稽查”“调研式检查”“审计型检查工作底稿模式”等多种稽查检查方式方法，还建立了税务稽查案例分析制度，形成行业、税种税收检查指南，不断改进和创新稽查手段，为稽查工作提供了新的动力。三是大力推进分级分类检查。进一步完善分级分类稽查管理制度，对各级稽查部门的检查权限进行明确，打破各地各自为战的检查格局，进一步调动各级稽查部门工作的积极性和主动性，创新性地开展稽查工作。

【“营改增”专项稽查】 根据税务总局工作要求，自治区国税局稽查局重点对中国电信集团公司内蒙古自治区电信分公司及其所属分公司、中国电信股份有限公司内蒙古分公司及其所属分公司进行“营改增”专项检查，经检查，共涉及各类税款172.6万元。根据内蒙古自治区地域特点、企业规模等实际情况选取交通运输、铁路运输、电信业、现代服务业等4个行业的12户企业及2户受票企业开展“营改增”调研式检查，并将所选企业名单及时上报税务总局稽查局。经检查，涉及各类税款5764.95万元。

【稽查查补收入及分析】 全区各级国税局稽查部门检查纳税户704户，其中有问题703户，选案准确率99.86%。结案700户，查处案件结案率99.43%。稽查收入合计15.14亿元，入库14.74亿元，入库率97.36%。其中，稽查查补收入2.17亿元，查补税款1.45亿元，加收滞纳金3700万元，罚款3474万元，没收违法所得56万元；稽查机构组织企业自查收入12.96亿元。

【案件查办情况】 加大案件的查处和督办力度，继续保持对税收违法犯罪活动的高压态势。2015年，全区国税稽查部门与海关、公安等部门联合开展打击虚开增值税专用发票和骗取出口退（免）等涉税违法犯罪行为的专项行动。重点查处成品油、煤炭、商贸、运输和现代服务业等行业存在的虚开发票问题和利用电子、家具、服装类产品等骗取出口退（免）税违法行为，探索建立防范和打击虚开增值税专用发票、骗取出口退（免）税违法犯罪行为的长效机制。

【案件特点分析】 新形势下，涉税违法犯罪活动对税务稽查部门受理案件的快速性、打击违法犯罪案件的精准性、查处案件的规范性等都提出了极高的要求。这也促使税务稽查部门不断提升工作能力。

【重大案件查处】 在税务总局部署“黄金票”案件查处行动后，自治区各级国税局稽查局积极行动，首先摸清3个层次1242户企业的基本情况，并多次召集各盟市税务、公安联合工作组沟通案情。对10户代理客户企业和10户空壳企业进行了全面检查，同时对部分用票单位开展检查，入库税款304万元，入库滞纳金罚款55.2万元，冲减留抵48.77万元。代理客户企业全部核实。对于空壳企业，税务部门立案检查7户，其中3户企业公安机关已经正式立案侦查，抓捕犯罪嫌疑人2名，批捕1名，查实虚开税额384.91万元。受票企业，税务机关立案582户，查结415户，移送公安机关立案12户，抓捕犯罪嫌疑人13名。能确定恶意取得虚开发票的企业有9户41份发票，涉及金额2810.65万元，涉及税额477.79万元。

【税收专项检查】 自治区国税局稽查局根据税务总局要求，结合本地区实际情况，选取出口退

（免）税企业、黄金交易企业和资本交易 3 个指令性检查项目。同时，选取房地产及建筑安装业和营利性教育培训机构 2 个指导性检查项目。做到查深、查透，进一步规范行业秩序。2015 年共对 322 户企业进行了检查，查结 256 户，有问题 237 户，共查补收入 14317.51 万元。其中，查补税款 10977.47 万元，加收滞纳金 2053.22 万元，罚款 1286.82 万元；检查企业调减增值税留抵税金 144.31 万元，调减亏损企业申报亏损额 4091.94 万元。同时，组织 298 户企业开展自查，企业自查有问题户 242 户，企业自查补税金额 26496.82 万元，入库 25421.59 万元。

【区域性税收专项整治】　进一步加大打击虚开、骗税、制售以及购买假发票等涉税违法活动的工作力度，配合税制改革顺利推行，结合自治区国税工作实际，在通辽市、呼和浩特市、包头市、乌兰察布市、赤峰市等 5 个地区开展区域性税收专项整治，对上述区域涉及以煤炭、铁精粉、稀土等矿产品类的商贸企业，以绒毛、裘皮及针织品为原料的服装生产加工企业，以农产品收购和成品油购销的企业，进行重点检查，进一步打击各类涉税违法犯罪活动，规范税收秩序。

【重点税源企业检查】　按照“以企业自查为先导、以税务机关重点检查为保障、以组织稽查税收收入及时足额入库为抓手”的工作模式，在全区范围内组织开展重点税源企业检查工作。2015 年，按照税务总局下发的重点税源企业抽查名单，结合本地区税源实际情况，共对全区 107 户重点税源企业开展了税收抽查。组织上述企业对其 2013—2014 年度税收申报缴纳情况进行认真自查，涉及各类税款 3293.59 万元。根据企业自查情况及结合工作实际情况，对其中 60 户企业开展重点检查，共查补各类税款 6042.65 万元。

【打击发票违法犯罪活动】　进一步加强虚假发票“买方市场”整治工作，将发票整治工作与税收各类检查工作有机结合，坚持查案必查票、查税必查票，把发票使用情况检查作为税收检查的必经环节和必查项目。重点检查金融保险、房地产、商业批发与零售、餐饮娱乐、加工制造、中介机构等发票使用问题突出的行业。加大打击发票违法犯罪活动工作的宣传力度，营造良好的舆论氛围。全年共发送宣传短信 80 万条，制作公益广告 24 期，制作宣传展板 1 块。召开自治区打击发票违法犯罪活动工作协调小组会议，进一步发挥其组织领导作用，形成工作合力。2015 年，全区各级国税局稽查部门共查处涉及发票违法企业 853 户，查处违法发票 7910 份，涉及金额 3.46 亿元，查补税款 5041.6 万元，加收滞纳金 428.83 万元，罚款 525.81 万元。全区税务机关与公安机关共联合查办发票违法犯罪案件 826 起，抓获犯罪嫌疑人 56 人，全区检察机关共对 54 人公诉，全区审判机关共判处 52 人有期徒刑。

【税收“黑名单”制度】　根据税务总局的工作要求，按照“谁检查，谁录入，谁负责”的原则，扎实推行税收“黑名单”制度。全年共将 8 户企业列入税收“黑名单”，并与相关部门加强沟通协调，落实联合惩戒措施。将税收“黑名单”制度、实施联合惩戒作为税收宣传月的重要内容进行宣传。

【涉税违法案件检举】　全区各级国税局稽查局共受理举报案件 85 件；全年共检查检举案件 64 件；结案 56 件。查补税款、罚款、加收滞纳金共计 298.68 万元；入库 294.16 万元；入库率 96.50%。共接受税务总局稽查局举报中心交办案件 9 件，结案 4 件、移送地税部门查办案件 2 件、正在实施检查案件 3 件。

认真落实税收违法案件举报的各项管理制度，严格执行案件受理程序，提高案件受理水平，依法查处举报案件，优化举报案件管理工作，制定并实施《单纯索要发票举报事项快捷处理办法》。全区各级国税局稽查局举报工作人员努力做到受理一件，解决一件，矛盾不上交，问题不下推，把问题解决在基层、解决在当地。

【案件协查】　加强对协查系统运行数据信息的监控和分析，全区协查系统运行平稳。共发出委托协查函 449 起，涉及企业 524 户次，发票 15378 份，金额 24 亿元，税额 4.07 亿元；经受托方检查证实有问题发票 2530 份，选票准确率 70.63%。共收到全国各地协查国税稽查部门受托协查函 433 起，涉及企业 485 户次，发票 5564 份数，金额 9.11 亿元，税额 1.49 亿元；经检查证实有问题发票 1003 份。累计回复率 100%。由协查系统提供案源，全区查补税款 2182.1 万元，滞纳金 91.12 万元，罚款 69.84 万元。查补税款、滞纳金、罚款合计 2343.06 万元。

【稽查制度建设】　加强与地税、公安等部门的协作配合，以定期召开联席会议、联合调研、联合宣传、研讨等形式，进一步健全办案协作机制；强化督查督办制度。自治区国税局联合地税局制定并印发《内蒙古自治区国地税稽查工作合作方案》

（内国税发〔2015〕191 号），建立了全区国税局、地税局联合稽查检查工作制度，规范了双方税收稽查活动。

【稽查系统建设】 修订《国税稽查文书规范指引》，编写《典型案例汇编》，并统一印制下发至全区各级国税局稽查局，做到稽查人员人手一册，指引各地在执法程序、证据运用、文书规范，处理处罚、法律引用等方面进一步规范。在全区继续进行国税系统稽查工作管理考评，并与国税系统绩效管理考核衔接，加强考评，强化监督，增强自治区国税局稽查局对盟市级国税局稽查局的案件指挥作用。2015 年，自治区国税局稽查局组织人员，对近年来查结的各类税务稽查案件 140 个案件进行复查。复查从执法程序、证据审核、文书规范、案件处罚、数据计算、案卷装订管理等六方面进行了全面复查。对复查中发现的案件证据不充分、数字计算不准确、法律依据引用不足、文书制作不够规范等问题，各盟市进行了及时纠正和整改，并全面落实执法责任制和执法过错责任追究制。

【稽查队伍建设】 全区国税稽查部门按照全区国税系统党风廉政建设工作会议的要求，围绕保证权力正确行使，促进廉政建设目标的实现，突出加强了对税务稽查内部工作环节的监督制约和提高稽查干部廉洁自律意识，完善案件查办中的制约措施，实现科学分权、相互制约、强化流程监督。深入开展廉政教育，提高稽查干部的政治敏锐性，警示稽查干部筑牢反腐倡廉的思想防线。引导稽查人员爱岗敬业，转变作风，增强了执法风险意识和廉洁自律自觉性。

【稽查人才库建设】 进一步完善《稽查人才库管理办法》，对政治素质过硬、廉洁律己、业务精湛、专长突出的稽查干部，重点培养，及时入库，大胆使用。实行人才库的动态管理，优化人才专业、年龄结构，逐步形成多行业、多门类、多元化的专家型稽查人才库格局。

【稽查业务培训】 坚持提高综合素质与岗位练兵相结合，积极开展全员岗位练兵活动，狠抓办案业务建设。自治区国税局稽查局组织全区国税系统稽查骨干业务培训班；各盟市级国税局稽查局通过汇编稽查案例、开展优秀案例评选和案例讲评、组织稽查人员脱产培训、举办查账技能专题培训班等方式，开展形式多样、内容丰富的业务培训和岗位练兵活动。

【稽查信息化建设】 结合推行增值税发票系统升级版的契机，利用税收数据平台，整合现有的稽查信息系统，真正实现人机结合，提高选案的准确率、相关数据统计质量和分析水平，提高运用信息化手段的检查能力。积极推进稽查电子数据采集与“查账系统”的应用，加强对信息化管理企业的检查工作，有效应对企业利用电子账簿虚假记账、转移、隐匿或销毁电子账簿，提高运用信息化手段进行涉税违法行为检查的能力。建立稽查信息共享机制。对内与征管、大企业管理、税政等部门建立信息共享平台；对外与地税、工商、银行、财政、海关、审计、外贸、外汇、国土、房管等部门建立信息共享机制、搭建信息共享平台。

【稽查工作会议】 2015 年 3 月 27 日，内蒙古国税系统稽查工作会议在呼和浩特市召开。自治区国税局党组成员、总审计师高永清参加会议并作题为《加强管理 强化落实 扎实推进全区国税稽查现代化建设》的重要讲话。自治区国税局稽查局局长郭树安作会议总结。各盟市、计划单列市国税局分管稽查工作的局领导和稽查局局长、自治区国税局稽查局各位局领导和各科室负责人参加了会议。会议贯彻落实了全区国税工作会议及全国税务稽查工作会议精神，总结了 2014 年国税稽查工作，部署了 2015 年稽查重点工作。会议要求各地要提高对打击涉税违法犯罪活动工作的认识，采取有效措施，坚持依法稽查，切实加强组织和检查督导，合理安排各类检查项目。会议还要求各级国税机关要高度重视税务稽查工作，进一步加强对稽查工作的领导，大力支持稽查工作，为稽查执法提供必要的人力物力保证。各盟市国税局分管稽查工作的局领导和稽查局局长还就进一步探索稽查管理体制创新和稽查人才队伍建设工作中存在的问题以及如何做好国税稽查工作进行了分组座谈、交流和讨论。

【工作建议】 加强内控机制建设，注重稽查执法风险防范。按照税务系统内控机制总体工作部署，继续完善稽查内控机制，特别要加强对稽查检查环节的监督和管理，统一规范检查流程，强化检查环节痕迹管理。规范税务稽查行政裁量权，尽量统一执法尺度，避免处罚不公或越权执法带来负面影响。继续巩固与公安部门的警税协作机制。进一步健全公安提前介入制度，建立移送案件信息反馈制度，稳定同公安机关之间的执法合作关系，不断完善协税护税制度体系，共同打击各类税收违法犯罪活动。

（康健全）

内蒙古自治区地方税务局稽查局

【概述】　2015年，全区各级地税稽查部门坚决贯彻落实国家税务总局稽查局和自治区地税局党组的工作部署和要求，以持续推进税务稽查检查为主线，以打击违法犯罪、促进堵漏增收为重点，积极创新稽查体制机制，组织开展各类稽查检查，取得较好成效，为全面完成全区税收任务做出积极贡献。

【稽查体制机制改革】　全区地税稽查系统从整合稽查机构、调整稽查职能、规范稽查执法主体、优化稽查工作机制等方面入手，积极探索和推进税务稽查体制机制改革。审议通过并印发了《内蒙古自治区地方税务局稽查体制改革实施方案》，在全区范围内实行自治区级和盟市级稽查体制，取消旗县级稽查局，进一步充实自治区级和盟市级稽查人员，优化稽查资源配置。将原区局直属东、中、西部税务稽查分局更名为区局直属第一、第二、第三稽查局，将执法管辖范围从原有的分地区扩大到全区范围。制定《税务稽查分类分级管理办法》《规范进户执法工作管理办法》《税务稽查信息利用管理办法》《税务稽查案件复审复查暂行办法》《税务稽查案件执行管理办法》等5个办法，进一步建立健全稽查工作制度，为各项稽查工作的开展提供了制度保障。

【稽查查补收入及分析】　共组织纳税人自查和开展检查1544户，组织自查和稽查查补收入17.1亿元，入库收入14.8亿元。稽查部门直接检查143户，查补收入4.52亿元，入库收入2.68亿元。查补收入中查补税款2.74亿元，加收滞纳金7762万元，罚款9923万元，处罚率36.1%。组织纳税人开展自查1401户，自查查补收入12.57亿元，自查入库收入12.07亿元。

【案件查办情况】　一是坚持把查办案件作为推进稽查工作的着力点，不断加大对各类税收违法案件的查处力度。二是突出做好税收专项检查、税收专项整治和重点税源企业检查工作，集中力量查办涉税举报案件、协查案件和督办案件，严厉打击各类税收违法行为。共组织纳税人自查和开展检查1544户，其中稽查部门直接检查各类纳税人143户，组织纳税人开展自查1401户。组织自查和稽查查补收入17.1亿元，入库14.8亿元，其中稽查查补收入4.52亿元，入库收入2.68亿元；自查查补收入12.57亿元，入库收入12.07亿元。全年共受理税收违法检举案件63件，查结52件，查补收入4347.92万元，入库收入3195.20万元。2015年没有税务总局督办的税收违法检举案件，税务总局交办税收违法检举案件4件，全部查结。

【案件特点分析】　一是财务核算不健全、不规范，不能如实反映企业运作、销售的过程，无从核实业务真实性。资金结算上以现金结算较多，难以判定其资金流和货物流是否一致。二是部分企业因其企业所得税采取核定征收的方式，不重视成本核算工作，会计凭证不规范，成本核算不实、白条入账的现象时有发生。三是依然存在设置“两套账”，利用账外经营的手段隐匿经营收入，逃避缴纳税款。四是房地产企业的成本核算混乱，收入与费用支出的比例不匹配，没有按相应的核算项目归集成本费用。五是配合纪检等有关部门检查的涉税案件，涉税金额较大。

【重大案件查处】　针对全区稽查大要案件查处重点、难点问题，由区局统筹调配稽查力量集中统一组织查处，在查办大要案件中发挥积极的引领示范作用，取得了较好的效果，在全区产生较大的震慑，有力打击了涉税违法犯罪活动，彰显了稽查威慑力。针对重大案件，抽调全区28名稽查业务骨干，组成6个检查组，采取三级联动，以老带新，以点带面，重点突破的新方法，开展异地交叉互查检查工作，取得较好效果和震动效应。一是对12户保险企业查补税款3.6亿元；二是对全区银行业检查查补税款5亿元，入库1亿元；三是对18户机场集团企业查补税款4.3亿元，入库1亿元。四是对区局风险评估推送的3户高风险企业进行检查，查补收入1.05亿元，入库5300万元。五是配合自治区纪检委、检察院、公安厅和审计等部门，对5起涉税案件开展查处工作，查补收入5.2亿元，入库2.8亿元。

【税收专项检查】　2015年，根据税务总局税收专项检查的要求，结合实际，将资本交易、保险业、外埠建安企业、担保公司、资产（信托）管理公司、财务公司、机场集团公司作为指令性检查项目，将房地产及建筑安装业、高收入者个人所得税、营利性教育培训机构作为指导性检查项目。全区各级地税机关共检查及组织企业自查5787户，查补收入合计17.17亿元。其中，税务机关直接检查企业701户，查结585户，有问题企业193户，查补收入4.77亿元，查补入库1.49亿元；组织企业开展税收自查5086户，自查有问题企业1675户，自查查补各项税款12.4亿元，自查税款入库

9.48亿元。通过税收专项检查，严厉查处重点行业和地区存在的税收违法行为，提高了纳税人的税法遵从度，整顿和规范了税收秩序，促进了自治区经济的持续稳步增长。

【区域性税收专项整治】 二连浩特市结合本地区税源实际情况，利用税收信息化平台，结合行业宏观税负分析和纳税评估，认真筛选检查对象，确定占用土地面积较大、厂房规模较大的企业，进行土地、房产区域整治。共组织自查企业8户，入库各项税款、滞纳金1151万元。

【重点税源企业抽查】 一是组织重点税源企业开展税收自查工作，要求重点税源成员企业的分支机构上报自查方案，并在自查结束后上报自查报告。二是要求各涉及检查工作的稽查部门在企业自查结束后，详细分析企业自查结果，有针对性地开展税收抽查检查工作，以检验自查效果。对内蒙古地区18家独立核算的成员单位实施重点检查。全区重点税源企业税收抽查工作共督导纳税人自查查补税款8174万元、滞纳金17万元，督导自查入库6326万元。重点检查查补收入180万元，入库177万元。

【房地产及建筑安装企业检查】 房地产及建筑安装业营业税在地方税结构中一直占据很大的份额。随着“营改增”的深入推进，房地产、建筑业“营改增”也渐渐来临。为推进房地产、建筑业“营改增”顺利扩围，在布置2015年的专项检查中将其列为重点检查项目。2015年，共直接检查企业218户，查结182户，查补收入3665万元，查补入库2662万元。组织企业开展自查1840户，自查查补税款3.28亿元，自查税款入库3.02亿元。

【金融保险业检查】 为进一步规范税收征管，落实税收政策，营造良好的税收秩序，采取企业自查和稽查机关核查、重点抽查相结合的方式，在全区范围内部署开展保险业地方税收专项检查工作。督导纳税人自查199户，自查查补税款523万元全部入库。对太平洋人寿保险公司内蒙古分公司等12家保险公司开展重点核查，查补税款3.6亿元，因查补税款征税政策明确但全国大部分地区均未征收，自治区暂缓征收。

【机场集团公司检查】 从全区抽调业务骨干组成6个检查组，开展对内蒙古机场集团和18家盟市机场的稽查检查工作，共查补税款3.81亿元，督导入库税款7164万元。

【营利性教育培训机构检查】 针对社会反映的热点“驾驶员培训学校不开票偷税问题”，开展对驾驶员培训学校等营利性教育培训机构税收专项检查，共检查及组织企业自查查补收入553万元，全部入库。

【高收入者个人所得税检查】 按照税务总局专项检查工作要求，结合地区经济总体水平、产业发展趋势和居民收入来源特点，确定高收入者相对集中的行业和高收入者相对集中的人群，积极收集高收入行业、群体税收征管信息，摸清收入分配规律，有针对性地组织开展高收入者个人所得税自查，共检查及组织自查查补收入426万元，入库288万元。

【打击发票违法犯罪活动】 遵循“打击与建设相结合、治标与治本相结合”的原则，在全区范围内部署和开展打击发票违法犯罪活动工作，有效遏制了发票违法犯罪活动，使自治区发票使用环境得到进一步的改善，维护了国家的税收经济秩序，捍卫了税法的尊严。全区共对4315户纳税人开展发票检查，查处发票违法企业478户，涉及违法发票计1712份，涉及发票违法金额4369.69万元，共计查补税额74.12万元，加收滞纳金22.33万元，罚款125.14万元，移送案件22个，布置企业发票自查2374户，企业自查后进行检查户数820户。

【税收“黑名单”制度】 通过税务机关公告栏、报纸、广播、电视、网络媒体等途径，以及新闻发布会等形式，对外公布重大税收违法案件信息，进一步增强了公布工作的社会影响力和威慑力。一是在公布重大税收违法案件信息的基础上，重视税收违法案件的曝光工作，推进曝光工作的制度化和规范化。全年累计在《北方新报》《内蒙古法制报》等媒体上累计曝光各类税收违法案件30余起。二是注重提升案件曝光层次和质量，通过中央和自治区级的报刊、电台、电视台等传统媒体，以及网站、微博、微信等新型网络媒体曝光税收违法案件。三是各级地税机关努力克服和排除各种阻力，有担当、敢作为，曝光税收违法案件，不受其他因素的干扰而隐瞒案件信息。公布重大税收违法案件信息3起。

【涉税违法案件检举】 坚持“有报必接、有案必查、有查必复、违法必究”的原则，着力完善办案机制，严格规范案件的受理、登记、转办、督办、查处、反馈、奖励等各环节工作，进一步提高了税收违法检举案件工作质量和效率。全年共受理税收违法检举案件63件，查结52件，查补收入

4347.92 万元，入库收入 3195.20 万元。2015 年没有税务总局督办的税收违法检举案件，税务总局交办税收违法检举案件 4 件全部查结。

【案件协查】 共收到北京、上海、海南、江苏等地寄来的委托协查函 4 份，均按要求进行检查核实并及时进行了反馈。

【稽查制度建设】 制定《税务稽查分类分级管理办法》《规范进户执法工作管理办法》《税务稽查信息利用管理办法》《税务稽查案件复审复查暂行办法》《税务稽查案件执行管理办法》等 5 个办法，进一步建立健全稽查工作制度，为税务稽查工作的开展提供有力的制度保障。

【稽查系统建设】 一是积极探索和推进稽查系统体制建设工作。印发《内蒙古自治区地方税务局稽查体制改革实施方案》，在全区范围内实行自治区级和盟市级稽查体制，取消旗县级稽查局，进一步充实自治区级和盟市级稽查人员，优化稽查资源配置。二是重视发挥稽查系统整体合力的作用，根据稽查工作需要科学合理调配稽查资源，充分发挥自治区级稽查的作用，由区局统筹调配稽查力量集中统一组织查处，采取三级联动，上下合力，以老带新，以点带面，重点突破，取得较好的效果和震动效应。三是开展工作通报制度，区局稽查局定期对各项工作，如稽查查补入库、稽查选案、案件查处、打击制售假发票、稽查案件审理管理、稽查案件执行及涉税案件检举、协查等工作的开展情况进行通报，提出工作要求，促进质量提高。四是加强稽查工作督导，通过实地督导、会议培训、案件督办等形式，及时了解掌握稽查工作及案件查办进展情况。五是加大对稽查系统的绩效考核力度，下达绩效考核指标，明确考核要求，严格绩效管理考核。

【稽查队伍建设】 一是通过“三严三实”专题教育活动，认真开展职业道德教育，树立爱岗敬业、奉献、服务的宗旨意识，在干部思想上贯彻稽查执法与服务并重的理念，尝试查前约谈方法，把“纳税人的满意、地税人的追求”的理念落实到稽查工作中。二是鼓励干部以自学为主、自觉深造，通过在职学历教育、考“三师”资格、进行集体研讨、以案说法、案例剖析等形式，锻炼和提高业务水平和办案能力。三是加大稽查人才培养力度和深度，通过举办各类稽查实用型业务培训、鼓励稽查人员上挂锻炼或深入工作一线进行岗位锻炼等方式，提升稽查骨干专业技能。四是采取有效措施，加强廉政建设。采取措施加强内外监督，把廉政建设的有关规定落实到稽查各个环节，在布置、检查、考核稽查工作的同时，把廉政建设和纠风工作作为一项重要内容长期来抓。

【稽查业务培训】 举办全区地税系统化稽查业务培训班，对 129 名稽查业务骨干进行税务稽查及会计理论知识培训，进一步提升了全区地税稽查干部的业务素质。此外各盟市局通过查前培训、以查代训、稽查骨干“传帮带”等多种形式开展业务学习和交流，努力提高稽查干部的业务技能，并充分利用网络资源优势和网上税校功能，发挥年轻干部自学能力强的优势，鼓励稽查干部积极参加税务师、注册会计师等考试，引导干部自学提高。

【稽查信息化建设】 一是积极参与编写全国税务稽查信息化总体规划方案和业务需求，受到税务总局肯定。二是制定《税务稽查随机抽查实施方案》，建立税务稽查对象等 3 个分类名录库，编写业务需求，着手开发“税务稽查税基抽查系统”。三是做好内控机制防御和管理评价系统推广应用工作，编写税务稽查案例，提交 19 个稽查风险指标，制作风险需求配置表，组织实施风险指标测试，配合内审处做好试点单位上线业务指导。四是以金税三期工程系统全面运行为契机，进一步加强了全区稽查系统信息化应用水平。

【稽查宣传】 一是坚持日常宣传。进一步强化宣传意识，针对稽查工作特点，捕捉、挖掘日常工作中的宣传亮点，充分利用现代媒体、报纸等宣传工具，多角度、多方位地宣传稽查各项工作。二是突出特色宣传。结合工作特点，深入挖掘宣传素材，在做好专项检查、重点检查、查处涉税检举等工作的同时，开展税收宣传，进一步丰富宣传内容，增强税收宣传的吸引力和针对性。三是主抓重点宣传。突出新法规、新政策、新举措；突出税务总局和自治区地税局的重点工作；突出纳税人最关心、最现实、最直接的涉税问题。坚持把工作重点融入每一次宣传活动中去，贯穿于全年的各项宣传工作，使宣传工作的主旋律更加鲜明，税收宣传的服务保障作用得以充分发挥。

【稽查调研】 一是撰写完成对房地产业、银行业、机场集团和电力集团等重点行业税务稽查征管建议报告 4 篇，陆续刊登在《内蒙古地税》杂志上，促进全区地税征管水平不断提升。二是在银行业检查工作经验及开展相关调研情况的基础上，组织编印《银行业税务检查指南》，供全区地税系统干部职工学习借鉴。

【稽查工作会议】 2015 年 3 月，在全国税务稽查工作视频会议召开后，区局在3月底前将此次会议精神向自治区地税局主要领导和分管领导进行了专题汇报，分别召开了盟市及旗县地税局座谈会传达会议精神，并形成具体贯彻落实意见上报税务总局。2015年9月9日及9月14日分东部、西部两个会场，召开内蒙古地税稽查工作座谈会，传达税务总局稽查工作会议精神，通报前8个月全区地税稽查工作完成情况，部署下一阶段稽查工作任务，并深入研讨了稽查体制改革的机构及人员配备等工作的落实情况，进一步推动全区地税稽查工作的深入开展。

【工作建议】 一是加强稽查工作顶层设计，统一部署全国稽查体制改革工作，科学合理地划分稽查检查与征收管理及与大企业税收管理检查、风险管理与税务审计的职责。二是各项工作进行统筹协调部署，如各项税收专项检查。三是加强稽查工作制度建设，强化稽查执法刚性。四是加强稽查工作信息化建设，提高查处工作质量。

（呼　和）

辽宁省

辽宁省国家税务局稽查局

【概述】 2015年，辽宁省国税局稽查局紧紧围绕税收中心工作，以稽查绩效管理为抓手，盯住重点工作任务，积极开展重大涉税涉票违法案件查处、重点税源企业检查、税收专项检查，认真落实"黑名单"制度及联合惩戒要求，大力推进数字稽查，强化稽查绩效管理，发挥稽查职能作用，各项工作迈上新台阶。

【稽查现代化建设】 围绕稽查法治化、队伍专业化、手段信息化、管理扁平化的基本思路，推进稽查现代化建设。依照联合进户基本要求，以军工产品专项检查为切入点，开展国地税联合进户检查。完善税警协作机制，细化行政执法与刑事司法衔接的具体途径和工作流程，依法行使税务行政执法权、公安治安处罚权、刑事司法权，形成打击涉税违法犯罪分子合力，规避税收执法风险。开展稽查队伍优化和稽查业务能级管理试点。完善稽查查账软件，单机版升级为网络版，全面推进数字稽查。对全省国税稽查系统77个各级稽查机构分市局稽查局、直属稽查局、县区稽查局3个层面，分别开展绩效考评，强化稽查扁平化管理，提高管理质效。

【稽查体制机制改革】 推进税务稽查对象分类名录库、税务稽查异常对象名录库和税务稽查执法检查人员分类名录库的建设工作，开展随机抽查。以风险管理为导向，建立健全选案指标体系，完善定量、定性分析方法，推行省市两级集中选案模式，开展定向稽查。召开国地税定期联席会议、税警定期联席会议，推进联合进户检查和税警联合查办大要案工作。定期向纳税服务部门推送列入"黑名单"企业名单，实施联合惩戒。

【"营改增"专项稽查】 按照税务总局要求，结合辽宁省实际，分别开展了交通运输业、铁路运输企业、电信企业和现代服务业"营改增"专项检查工作，查补收入309万元，其中，增值税172万元，企业所得税57万元，滞纳金13万元，罚款67万元。

【稽查查补收入及分析】 全省共计检查纳税人4581户次，审结4416户次，审理有问题4395户次，选案准确率99.5%；稽查查补总额28.3亿元，入库总额26.6亿元，同比增长19%。

【案件查办情况】 通过税警协作，借助公安机关刑事侦查权和治安管理权，强化有限的税务检查权，对重大涉税涉票违法行为实施打击型检查。2015年，全省共组织查处重大税收违法案件386宗，查补总额11.7亿元。通过税警协作查处案件208宗，打掉犯罪团伙6个，移送司法机关案件19宗，抓获犯罪嫌疑人42人，查处非法发票1.8万份。

【案件特点分析】 税警协作对查处大案要案起到关键作用；通过及时新闻发布和"黑名单"推送，有效震慑了不法分子，对维护税收秩序发挥了重要作用。

【重大案件查处】 组织查办"1·06"案件，案值70亿元，抓获犯罪嫌疑人9人，案件查办工作得到公安部和税务总局的肯定；查办"4·14"案件，查补合计5171万元，主办案件稽查局从受票企业入手通过反向推导，最终证实涉案企业虚开事实；查办"4·17"案件，案值14.5亿元，抓获犯罪嫌疑人6人；查办阜新王某团伙系列案件，案值28.6亿元；查办铁岭"11·12"案件，案值47亿元，抓获犯罪嫌疑人4人；查办"7·06"案件，案值3.6亿元；完成"7·03"案件阶段性检查工作。

【税收专项检查】 按照税务总局部署，对出口退（免）税、黄金交易、资本交易、房地产及建筑安装业、营利性教育培训机构等项目开展税收专项检查。共检查纳税人3120户，发现有问题2977户，查补收入8.1亿元。以落实税务总局加强国地税稽查合作要求为契机，联合省地税部门，对军品生产经营企业2012—2014年度纳税情况开展税收专项检查。2015年11月10日—12月10日为企业自查阶段。

【区域性税收专项整治】 以虚开、骗税等税收违法行为易发、多发的地区为集中整治重点，检查141户，发现有问题134户；查补收入692万元，其中税款526万元、滞纳金32万元、罚款134万元。

【重点税源企业检查】 税务总局下达的15户集团企业在辽宁省国税系统管辖内的成员单位共44个，经过筛选，确定以大商集团成员单位为主的共24户成员单位为检查对象开展检查，查补收入700万元。按照"双随机"方式与省地税部门联合抽取12户税收规模大、税收风险高的重点税源企业作为检查对象，开展联合检查，同时自行安排66户重点税源企业开展检查，查补收入合计2亿元。

【出口退（免）税企业检查】 检查158户，发现有问题133户；查补总额1822万元。

【黄金交易企业检查】 检查24户，发现有问题10户；查补总额130万元。

【资本交易检查】 检查48户，发现有问题43户；查补收入637万元。

【房地产及建筑安装业检查】 检查201户，发现有问题178户；查补收入7421万元。

【营利性教育培训机构检查】 检查16户，发现有问题15户；查补收入61万元。

【打击发票违法犯罪活动】 全省共查处违法企业2659户，查处非法发票1.8万份，涉及金额11.5亿元，移送案件19件，查补入库税款1.4亿元。

【税收"黑名单"制度】 建立"黑名单"及联合惩戒实施工作内部运行机制，通过重大税收违法案件信息系统、省局外部网站等途径公布重大税收违法案件信息20件；10月29日，会同省地税局、省发改委，在省政府新闻发布厅召开联合新闻发布会，对税收违法"黑名单"公布情况及联合惩戒情况向社会发布，政府网、人民网、新华网、总局舆情、辽宁电视台等20家媒体及网站报道了新闻发布会情况。

【涉税违法案件检举】 受理税收违法检举案件258件。其中，税务总局交办24件，省局直接受理60件，市、县级受理174件。查补涉案金额3252万元。税收违法检举案件的动态变化特点：一是从纳税人性质分析，检举案件的查补额中，有限责任公司占85%；二是检举虚开发票案件仍呈上升趋势；三是反映企业不开发票的检举仍有增无减。

【案件协查】 委托发出协查发票6336份，选票准确率94%，查补入库税款1169万元；收到受托协查发票10858份，按期回复率100%，查补入库税款1863万元。移送司法机关案件3起。

【稽查制度建设】 以全面推进稽查现代化建设为目标，建立健全相关规章制度，印发《辽宁省国家税务局关于建立"黑名单"及联合惩戒实施工作内部运行机制的通知》（辽国税发〔2015〕113号）、《2015年全省国税系统稽查系列同业务竞赛方案》（辽国税发〔2015〕72号）等制度办法，为联合惩戒及绩效考评工作提供制度保障。

【稽查队伍建设】 围绕稽查队伍建设，开展3项工作：一是从各地级市国税局遴选15名人员到省局稽查局工作，充实省局稽查力量。二是开展廉政教育工作，针对稽查岗位的特殊性，进行经常性的廉政警示教育。三是在2个地级市分别开展稽查队伍优化和稽查业务能级管理试点工作，探索创新稽查队伍建设途径。

【稽查人才库建设】 制定印发《辽宁省国家税务局税务稽查人才库2015年入库人员选拔方案》（辽国税函〔2015〕344号），建立包括管理、综合、选案、检查、审理、执行等6个子库共60人的稽查人才库。管理子库自各市级稽查机构领导班子成员中选拔，共4人；综合子库自各级稽查机构办公室、综合科人员中选拔，共6人；其他4个子库分别从各自稽查环节选拔，选案子库6人、检查子库30人、审理子库10人、执行子库4人。

【稽查业务培训】 在全省国税稽查系统开展稽查统计报表采集分析系统、审理业务、收专项检查、稽查查账软件、打击骗税及虚开发票、随机抽查、协查等专项培训，全面提升稽查干部的综合业务素质，为推进税务稽查现代化建设打下了坚实基础。

【稽查信息化建设】 对数字稽查专用机房网络安全产品、布线及部分设备进行合理化升级，提升机房的安全性与稳定性，基本达到国家C类机房标准；根据数字化稽查项目整体规划目标，协调举报系统、协查系统、报表系统等方面数据源，搭建稽查数据仓库；对原稽查信息管理系统进行全面升级改造。结合金税三期工程稽查子系统，开发双随机、“黑名单”、稽查报表等模块。

【稽查宣传】 加大案件曝光力度，2015年曝光达到总局公布标准的案件20件。会同省地税局、省发改委，在省政府新闻发布厅召开联合新闻发布会，扩大了稽查宣传面。

【稽查调研】 围绕集中选案、数字稽查、查管互动、稽查业务能级管理、稽查人才库建设、加强审理等，在全省范围各级稽查机构开展广泛调研，为建立或修改完善相关制度办法提供依据。

【稽查工作会议】 2015年4月29日，辽宁国税稽查工作会议在沈阳召开。省局分管稽查工作领导、省局稽查局领导班子及中层干部、各市局分管稽查工作的局领导、各市局稽查局局长参加了会议。

会议传达贯彻全国税务稽查工作会议和全省国税工作会议精神，总结2014年全省国税稽查工作，研究部署2015年工作任务。部分单位作工作经验介绍。会上表彰了全省国税系统“稽查能力提高年”主题活动先进单位、2014年度全省国税系统稽查同业务竞赛优胜单位，通报了2013—2014年精品稽查案例评选结果、2014年审计型检查底稿评比结果、数字稽查示范运行工作绩效考评结果。

省局党组成员、总审计师杨荣学作题为《凝心聚力　攻坚克难　加快推进税务稽查现代化》发言，对2014年辽宁省国税稽查系统取得的成效及“十二五”期间工作成果进行了总结回顾，对2015年作为“十二五”收官之年要做好的重点工作进行了安排部署。

【工作建议】 建议税务总局稽查局进一步加强税务稽查现代化建设和稽查改革顶层设计，以便更好地指导各省稽查现代化建设和稽查改革。同时，加大对稽查干部信息化知识和能力的培训力度，不断提高广大稽查干部应对信息化挑战的能力。

（丁占伟）

辽宁省地方税务局稽查管理处

【概述】 2015年，辽宁省各级地税机关稽查机构，全面落实辽宁地税局党组决策部署，以服务税收工作大局为中心，坚持依法行政，突出工作重点，强化整顿和规范税收秩序，深入开展税收专项检查，严厉打击各类税收违法行为，辽宁地税稽查工作的整体水平稳步提高。

【“营改增”专项稽查】 鉴于房地产、建筑安装业“营改增”划转工作迫近，2015年1月印发《关于对房地产和建筑安装业开展税收专项检查工作的通知》（辽地税稽便函〔2015〕3号），要求各市对近两年以上没有进行税收检查的企业全面开展重点检查，共查补收入4.2亿元。

【稽查查补收入及分析】 共实现稽查税费收入（含滞纳金、罚款，下同）20.2亿元，组织入库19.8亿元，占全口径收入的1.88%，高于全国水平0.37个百分点。其中，查补收入14.5亿元，组织入库14.1亿元；组织企业自查查补收入5.7亿元，组织入库5.7亿元。

【案件查办情况】 全省检查7098户，其中稽查检查2421户、审结2147户、有问题2091户、结案1911户；企业自查4677户。

【重大案件查处】 查处亿元案件1件，千万元案件7件，百万元案件80件。查处偷税案件32户次，查实收入1577万元。

【税收专项检查】 服从大局：一是服从当前宏观政治、经济发展对整治税收秩序的客观需要，对制造业、军工企业进行检查，突出了检查工作的公平性、规范性。二是服从深化税制改革对稽查工作的总体要求，特别是“营改增”的总体要求，对“营改增”行业开展检查，突出了检查工作的针对性。三是服从东北三省经济下行，深化国企改革迫在眉睫的客观形势要求，对国资委企业开展检查，突出了检查工作的实效性。四是服从2015年税务总局的总体安排，对大商集团等5个重点集团企业和银行、电信等15个集团下属的307户随机抽查企业开展税收专项检查。

突出重点：根据全省税源和收入的结构分布特点、规律和税收违法犯罪的重点及预警特征，结合全省稽查力量实际对重点行业、重点地区、重点企业、重点项目实施有针对性的重点检查，实现了稽查资源的优化配置。一是对宏观调控的重点行业及建筑业、房地产等“营改增”行业，开展专项检查工作。二是对县及开发区等重点区域开展区域专项整治，提高纳税人的税法遵从度。三是对财务实施扁平化集中管理的集团和涉税风险较高、违法问题较多的重点企业，实施集约化检查。四是对高收入个人所得税检查项目和资本交易股权转让等重点项目实施检查。

【区域性税收专项整治】　辽宁地税采取督办的工作方式，安排沈阳市局对其所属2个县开展整顿规范税收秩序的大排查工作，并对部分地市要求开展连续3年申报亏损和“营改增”企业的区域税收专项检查工作。普遍采取抽调稽查骨干、异地交叉稽查的形式进行，查补收入1.4亿元。

【重点税源企业检查】　一是对税务总局部署的大商集团等5家集团在辽44家成员单位及分支机构2013—2014年度地方税费款申报缴纳情况进行了检查。二是对省国资委下属辽宁能源投资（集团）有限责任公司等4户集团的47户企业开展检查工作。

【资本交易检查】　辽宁地税将资本交易作为必查内容纳入行业性专项检查。经营特点：业务复杂，基本交易往往事关企业并购、重组、分立等重大事项，涉及的企业所得税非常复杂，涉税判断艰难；涉税金额大，资本交易事项涉税少则百十万元，多则上千万元，甚至过亿元。存在的涉税问题是大多数企业的股权转让合同反映的都是平价转让股权，即当初投资多少，合同转让价就是多少，存在股权转让人故意隐瞒真实成交价格，逃避个人所得税的情况。

【打击发票违法犯罪活动】　一是根据工作需要，并经请示主管省长同意，辽宁地税局将协调小组办公室调整至辽宁省国税局。二是按照“打击与建设相结合、治标与治本相结合”的原则，有力地推进了打击发票违法犯罪活动工作。辽宁地税共检查企业2853户，查处违法企业764户，违法发票5655组，查补收入合计1232万元，完成了税务总局查处违法受票企业不少于600户的指令性任务。

【税收“黑名单”制度】　一是主动与相关单位沟通、协调，在纳税服务部门的大力支持下，辽宁省直24个部门联合下发关于联合惩戒相关工作文件；召开3次省级部门间联席会议，专题研究“黑名单”和联合惩戒工作。二是制定联合惩戒工作操作规程和联合惩戒工作考核办法。三是从违法手段和社会影响等方面进行评估，挖掘公布范围，深入基层，对“黑名单”企业逐户进行落实，防止出现漏洞，取得较好效果。四是召开省市20余家媒体参加的新闻发布会。辽宁地税共对外公布4件“黑名单”案件信息，其中省级3件、市级1件。

【涉税违法案件检举】　辽宁地税各级举报中心始终坚持“涉税检举无小事”原则，认真做好举报案件的受理工作，特别是对重复举报、多头举报的案件，及时与举报人沟通，耐心讲解相关的税务知识和处理流程，得到举报人的理解。对涉及的重大案件及时督办，特别是对上级交办的案件，协调相关处室多次实地调研并向上级及时报告工作进展情况。将其他单位移送的涉税线索及时进行交办，查结后及时进行反馈。辽宁地税局共受理举报案件269件，查补收入1490万元。

【案件协查】　辽宁地税通过协查信息管理系统收到协查函1件，按要求及时给予回复。通过协查信息管理系统未发出协查函。

【稽查队伍建设】　树立以人为本的方针，大力加强队伍建设和廉政建设。一是结合人员素质和本地实际，开展形式多样的培训工作。沈阳市局开展土地增值税清算业务培训，营口市局开展规范调查取证工作培训，朝阳市局开展房地产业和建安业专项检查培训，盘锦市局举办稽查业务骨干培训班，葫芦岛市局开展增强执法能力和规范执法行为的培训。二是各级稽查机构领导班子严格落实“一岗双责”，注重党风廉政建设，开展稽查干部党风廉政建设相关的集体“党课”，对稽查干部进行廉政和整治教育。

【稽查人才库建设】　辽宁地税从2015年开始，在全省范围内开展稽查人才的培训工作。一是开展高等级人才培养工作。法律和稽查专业共30人，其中各单位特别推荐10人，通过考试确定20人。二是开展稽查专业系统内讲师的培养工作，特别推荐1人，通过笔试、面试确定10人。

【稽查业务培训】　2015年2月9日—11日，在辽宁地税培训中心办2期全省稽查统计报表采集分析系统培训班，全省各级稽查机构负责报表编制和审核的同志共160人参加培训。通过培训，稽查人员对报表内容、统计口径、报表格式有了全新的认识和掌握，基本可以熟练应用和操作新的报表系统，达到了预期的培训目的。

【稽查信息化建设】 辽宁地税在工作中采用多学科并用的方式展开电子稽查，提升电子查账技能。一是通过引入计算机数据恢复技术、统计学、证据学、法学等多种学科内容，综合运用。二是积极与公安、银行等相关部门配合，与软件公司合作，扎实开展电子稽查工作。沈阳、本溪和丹东市局邀请软件公司人员进行培训，提高了电子稽查软件的操作水平，推进了稽查信息化建设。

【稽查宣传】 一是在2015年《中国税务稽查年鉴》彩色封面上宣传了辽宁地税2014年稽查工作。二是在税法宣传月期间，利用各种新闻媒体，采用多种宣传方式对稽查工作进行宣传。三是通过媒体对税收违法案件进行曝光，提高震慑力，促进纳税遵从，全年曝光11批次、28户涉税违法案件。

【规范进户执法】 一是继续履行协调小组办公室职责，定期组织召开会议，按照各单位进户执法工作项目清单，统一安排、部署进户执法工作。二是按照税务总局要求，对辽宁地税2014年以来规范进户执法检查，减轻纳税人办税负担情况开展全面自查。三是与辽宁国税局稽查部门配合，对辽宁省军品生产经营企业民品部分和税务总局稽查局、辽宁地税局随机抽查的重点税源企业开展联合检查、共同布置、规范进户，取得阶段性成果。

【稽查工作会议】 一是于2015年4月21日召开辽宁地税稽查工作会议，总结2014年稽查工作，部署2015年稽查重点工作。二是于2015年8月7日召开辽宁省地方税务稽查业务工作会议，通报7月全省稽查收入情况，分析形势，部署2015年下半年稽查工作。

（安　宁）

吉林省

吉林省国家税务局稽查局

【概述】 2015年，吉林国税各级稽查部门全面贯彻落实全国税务稽查工作会议和吉林省国税工作会议精神，以整顿和规范税收秩序为目标，以打击发票违法犯罪和查处税收违法案件、开展“双随机”抽查为重点，发挥税务稽查职能作用，出色完成全年各项稽查工作任务。

【稽查现代化建设】 依托信息化建设，与海关、公安、银行等多部门探索深度合作，共享、公用信息，利用各方信息痕迹，提高稽查工作质效，适应大数据时代变革。

【稽查体制机制改革】 吉林国税局稽查局管理方式改革不断深化。各地按照省国税局工作方案进行了两权上收，全面调配稽查资源，稽查管理方式改革成效显著。

【“营改增”专项稽查】 对13户企业开展“营改增”检查，共查补税款5942.56万元，罚款160.02万元，课征滞纳金753.39万元，查补收入6856.24万元。

【稽查查补收入及分析】 直接检查和组织企业自查合计查补收入15.7亿元，入库15.7亿元。其中，直接检查企业1264户，查补收入3.5亿元，入库3.5亿元；组织企业自查343户，查补收入12.2亿元，入库12.2亿元。

【案件查办情况】 开展打击虚开增值税专用发票和偷、逃、骗税违法犯罪工作。自2015年9月起，吉林省国税局稽查局从吉林省各个地区抽调稽查人员，按照“双随机”原则全面开展跨区域稽查任务。

【案件特点分析】 在利用增值税专用发票进行违法犯罪活动方面：一是违法犯罪分子利用经济欠发达地区招商引资政策，以第三方名义注册公司，犯罪团伙呈同乡化、家族化趋势，区域内集体作案。吉林省发现的多以河北籍人员为主，虚开业务遍及东三省及内蒙古、山东等地。二是注册时间短，短则一两个月，长的也不到半年，在获取一般纳税人资格后，立即开展“业务”，虚开后迅速注销走逃，作案周期短，隐蔽性更强。三是利用中间人进行虚开交易，证据链条容易因关键人失踪而中断，给案件查处及取证工作带来不确定性；通过现金方式支付，很难采集证据。

在利用普通发票进行违法犯罪活动方面：一是普通发票虚开较多，取票方以非增值税一般纳税人企业居多，以偷漏税款为主要目的。二是社会对普通发票的使用管理重视程度不够，未按规定开具、使用、保管情况经常发生。三是餐饮娱乐等服务业的发票数量多、金额少，核对方面存在很大困难。

【重大案件查处】　吉林国税局稽查局加大大案要案督办力度，各地集中力量查处大案要案，注重提高稽查质量，全力查透大案要案。全年共查处百万元以上案件47件。

【税收专项检查】　明确办理出口退（免）税企业、黄金交易企业、资本交易企业，以及房地产及建筑安装企业为指令性检查企业。吉林省各地认真筛选检查对象，详细制定检查方案，全年共检查纳税人661户，查补收入合计1.5亿元。共组织65户企业开展自查，查补收入合计2.1亿元。

【区域性税收专项整治】　吉林省通过对税收征管数据进行集中分析，选择长春、吉林、四平地区作为整治虚开交通运输专用发票的重点专项整治地区开展重点检查工作，检查企业45户，其中发现有问题37户，查补收入合计883万元。

【重点税源企业检查】　对重点税源企业、大案要案进行直接查办，组织力量对重点税源企业开展了自查、检查工作，自查补缴收入合计2.3亿元，检查查补收入合计1.2亿元，调减企业亏损额1498万元。

【出口退（免）税企业检查】　吉林省共计检查办理出口退（免）税企业50户，检查查补收入合计742万元，自查补税427万元。

【黄金交易企业检查】　吉林国税局各级稽查部门共计检查黄金交易企业535户，移送公安1户，查补收入合计675万元。

【房地产及建筑安装业检查】　组织检查房地产及建筑安装企业74户，查补收入6707万元；组织企业自查5户，均存在不同程度的问题，自查补税799万元。

【打击发票违法犯罪活动】　查处发票违法企业769户，查补税款4594万元，滞纳金1075万元，罚款899万元，移送案件6件，捣毁制售假发票窝点1个，缴获作案机器3台，曝光发票违法企业和违法犯罪典型案件45件，发票教育宣传372次。

【税收“黑名单”制度】　一是吉林国税局稽查局积极与地税、工商等部门讨论、交流。确定通过工商部门赋权的用户名和密码，由吉林国税局、吉林地税局分别将吉林省各级税务机关对外公布的重大税收违法案件信息通过“企业信用信息公示系统”的其他部门公示信息模块，向社会公示。吉林国税局、吉林地税局陆续将124户“黑名单”信息录入“企业信用信息公示系统”，向大众公示重大税收违法案件当事人的因偷、逃、骗、抗，以及虚开发票等重大涉税违法行为被予以行政处罚的信息，同时联合惩戒相关单位也可通过查询该系统就可获得市场主体在纳税上有无“黑名单”记录。二是吉林省国税局主动作为，与22家合作备忘录成员单位联合发出《吉林省关于对重大税收违法案件当事人实施联合惩戒措施的实施细则》（吉金办联字〔2015〕6号）。明确吉林省税务部门与参与联合惩戒的单位开展税收违法案件当事人的信息交换、反馈及对当事人实施有效惩戒等工作内容。对33个涉案关系人报请边检机关，办理了边控手续限制其出境。

【涉税违法案件检举】　加强对检举案件的管理，全面细化检举台账，建立健全案件检举制度，按照《税收违法案件检举管理办法》的规定处理检举案件。

【稽查制度建设】　全面落实稽查工作相关规章制度，充分运用稽查工作规程、重点税源企业选案管理等有关规定开展稽查工作，使吉林省稽查工作逐步做到了规范化、制度化。

【稽查系统建设】　一是稽查绩效管理考核不断细化。按照税务总局的考核指标，吉林国税局稽查局结合工作重点和目标任务，重新调整了对系统的考核指标，合理设置分值，不断细化考核内容，强化监督，各地稽查工作质效明显提高。二是稽查依法行政意识不断强化。积极协调配合巡视、监察、督查内审等部门，与吉林省国税局各级稽查部门仔细查找各环节的风险点，认真进行整改，稽查干部的依法行政意识不断增强。

【稽查队伍建设】　认真落实中央八项规定和党风廉政建设规定。在税务总局和吉林省国税局的全面部署下，吉林省国税局各级稽查部门严格贯彻落实中央八项规定和吉林省国税局的相关要求，并将其作为提升队伍素质和增强执法能力的重要抓手。

【稽查人才库建设】　为进一步推进人才库建设，采取“检查中历练人、培训中选对人”的人才培养方式，对吉林省范围内的稽查骨干进行摸底和细致筛选以确定人才库范围，制定统一科学的考核标准，实施动态化的进出库管理机制。

【稽查业务培训】 切实加大培训力度，共举办各类培训班200期，累计培训学员3047人次。通过查前培训、以查代训等形式，开展学查互促，不断提高稽查人员的业务能力。

【稽查信息化建设】 在吉林省范围内大力推广电子查账软件的应用，同时安排专项经费为各地区购置笔记本电脑、办案摄像器材等专用设备，使吉林省稽查信息化建设迈出了一大步。

【稽查宣传】 加大稽查宣传力度。通过在报纸、杂志上刊发稿件，在广播、电视上做宣传节目等宣传方式，大力宣传税收法律知识。吉林省国税局各级稽查部门共在省级媒体上发稿2篇文章、市级媒体上发稿128篇文章。通过互联网和新闻媒体上曝光涉税违法案件57件。

【稽查调研】 强化调查研究，结合“预防和打击虚开增值税专用发票违法行为”“稽查现代化建设”等课题进行专题调研，形成调研文章5篇。

【稽查工作会议】 2015年3月11日，吉林国税局稽查工作会议在长春召开。会议的主要任务是，认真贯彻落实全国税务稽查工作会议和吉林省国税局工作会议精神，总结回顾2014年稽查工作，交流稽查工作经验，安排部署2015年稽查工作任务。会上，吉林国税局稽查局副局长宫伟宣读吉林省国税局党组书记、局长张德志对稽查工作的重要批示。省国税局巡视员王华君作题为《主动适应 落实到位 努力做好新常态下的稽查工作》的重要讲话，对吉林省国税局稽查部门提出3点要求：一是思想认识要到位，实现稽查理念的新转变。要牢固树立主动适应新常态的稽查理念；要牢固树立守住底线的稽查理念；要牢固树立现代化管理的稽查理念；要牢固树立集约化作战的稽查理念。二是工作措施要到位，实现稽查重点新突破。重点抓好案件查办工作；重点落实好抽查制度；重点抓好稽查绩效管理；重点落实好“黑名单”制度；重点加强稽查内控机制建设。三是作风建设要到位，树立稽查队伍新风貌。要强化责任意识；要强化法治意识；要强化廉洁意识。

会上，6个地区稽查局分别从开展“4·08”案件查处、行业专项检查、专案突破等方面进行了经验交流发言。稽查局局长王书剑回顾总结了2014年吉林省国税局稽查工作，客观地分析了当前稽查工作中存在的问题和不足，全面部署了2015年吉林省国税局稽查工作任务。稽查局副局长张铭主持会议并做会议总结。

【工作建议】 一是全面强化打击虚开发票力度，形成全国打击工作一盘棋。二是进一步完善协查工作机制，落实协查工作责任。三是修改稽查经费使用管理办法，并设立独立稽查经费账户，强化稽查经费对稽查工作的保障作用。四是加快稽查体制机制改革步伐，逐步理顺关系，增强稽查独立性，提高稽查工作质效。

（石金泽）

吉林省地方税务局稽查局

【概述】 吉林省地方税务局各级稽查部门认真贯彻落实税务总局、省局工作部署，服务中心，顾全大局，主动作为，圆满地完成了各项工作任务，“十二五”期间全省稽查收入翻一番。一是稽查职能有效发挥。2015年全省共组织纳税人自查3475户，立案查处企业1791户，查补收入22.73亿元，入库22.64亿元，同比增长9%，稽查收入贡献率3.2%。二是稽查执法更为规范。严格落实进户执法规定，深入整治检查不规范问题，减轻纳税人负担，避免了交叉重复检查。三是系统管理不断强化。系统稽查现代化建设稳步推进，“一级稽查”活力进一步显现，执法刚性明显增强，整体质效提升。四是稽查服务持续优化。改进检查方法，由实地检查向调账检查、案头检查、数字化稽查转变；查中辅导、查后建议、送达稽查服务手册制度有效落实；规范自由裁量权行使，统一执法标准尺度；注重稽查成果分析利用，提交稽查建议和专题报告；依法严厉打击和查处税收违法行为，整顿规范了税收秩序；曝光典型案件，落实“黑名单”制度和联合惩戒措施，推进了社会信用体系建设。五是队伍建设全面加强。“双提高”主题实践活动不断深化，大课堂学习、集中业务培训、查前练兵形成常态。高素质人才培养成果显著，系统各级稽查部门大力开展思想政治教育、职业道德教育、专题教育和党风廉政建设，促进了作风转变，树立了良好的地税形象。

【稽查现代化建设】 吉林地税局按照税务总局部署，通过调整稽查职能定位、优化资源配置、整合执法要素，持续做实做强省市两级稽查，推进了稽查治理体系和治理能力向现代化转变。主要做法：一是着眼吉林实际，明确改革思路：以全面深化税收改革为目标，以稽查体制机制改革为核心，以稽查信息化建设为手段，以稽查制度建设为支撑，以稽查干部队伍建设为保障，调整职能定位，优化资源配置，重构业务流程，整合稽查要素，做实做强省市稽查，完善稽查治理体系，提升稽查治理能力，推动稽查现代化。二是理顺机构设置，构建稽查体制。做实做强省级稽查，提升执法和管理能力。大力推进省局稽查局“实体化”进程，强化系统管理类职责，全省稽查业务以省稽查局管理为主，实施管理指导、考核监督，统一指挥协调。推行“市一级稽查”，提升机构层级和执法刚性。三是优化资源配置，提升治理能力。通过改革稽查管理方式，实行分类分级运行；进一步整合稽查执法要素，优化条件环境；持续培养造就稽查人才，增强执法能力。四是提高稽查效能，实现“八个转变”。即稽查执法向“提质增效”转变，省稽查局向“实体化”转变，市县两级稽查向“一级稽查”“扁平化”转变，稽查队伍向“专业化”转变，稽查管理和执法向“信息化”转变，稽查内控机制向“规范化”“法治化”转变，稽查管理向分类分级转变，由属地管理转向级别管辖。

【稽查机制体制改革】　吉林省地税稽查系统进一步深化稽查机制体制改革，全面推行市一级稽查体制和分类分级稽查管理方式，推进稽查现代化进程。

做实做强省级稽查，提升执法和管理能力。一是在机构编制管理上做实做强。省局稽查局现有编制92人，内设科室15个，其中检查科室8个。省稽查局党组具有相对独立的人、财、物管理支配权。二是在职责权限配置上做实做强。强化执法类职责，将省稽查局打造成执法主体，负责全省重点税源企业检查和重大税收违法案件的直接查处和组织查处工作。强化系统管理类职责，全省稽查业务以省稽查局管理为主，实施管理指导、考核监督，统一指挥协调。

推行“市一级稽查”，提升机构层级和执法刚性。将市级稽查机构级别提升为副处级、县级稽查机构提升为副科级；市、县稽查局长任所属地税局党组成员。在试点的基础上，全面推行“市一级稽查”体制和分类分级管理方式改革，变市、县两级稽查为“一级稽查”。根据地市差异，实行3种不同模式：在经济税源规模较大的长春地区，经省编办批准，市局稽查局下设5个直属稽查局，按经济区划承担检查类职责；在民族自治地区延边州，经省编办同意，全部撤销县级稽查机构，上收稽查权到州局稽查局，全面实行“市一级稽查”体制；在其他地市，保留县稽查局人员编制，将县稽查局列为市稽查局的派出机构，加挂市稽查局第某稽查局的牌子，实行以市级稽查局为主、条块结合的管理体制。

优化资源配置，提升治理能力。改革稽查管理方式，分类分级运行。一是上收重点税源企业、重大案件管理权、执法权；明确划分三级稽查管辖范围，实行分类分级管理。省、市稽查局分别负责省级、市级重点税源企业检查和税收违法案件的直接查处或组织查处，县级稽查局根据市级稽查局的统一安排开展工作。二是重构流程机制。省级重点税源企业检查由省局统一计划、统一管理、统一选案。市级稽查局在全市范围内统一选案、统一安排检查任务、统一调度市县检查人员、统一或集中审理，稽查收入按属地管理原则分别执行入库。

【“营改增”专项稽查】　扎实组织开展“营改增”专项稽查工作，全面推动税制改革。采取“省局牵头、上下联动、集中时间、统一实施、定期调度、适时督导”的工作方式，重点检查了金融保险等行业。通过对8家保险集团75户企业检查，查补收入593.32万元，其中查补税款558.59万元，加收滞纳金34.73万元。

【稽查查补收入及分析】　在经济增速放缓、税收压力增大的新常态下，全省稽查部门主动担当，有效作为，实现稽查收入22.73亿元，同比增长9%，稽查收入入库22.64亿元。全省共立案检查企业1791户，有问题户数1768户，查补收入13.73亿元（不含组织企业自查收入），户均查补额77.66万元，其中查补百万元以上案件120件，查补128796万元，户均查补1073.30万元。全省稽查选案准确率98.7%、结案率99.9%、入库率99.6%、查补贡献率3.2%，在全国保持上游水平。

【案件查办情况】　有效发挥税务稽查职能，依法开展案件查处工作。一是全省共受理涉税检举案件118件，查处114件，挽回经济损失2.45亿元，化解了社会矛盾，打击了税收违法犯罪。二是专项检查有序实施。对建安、房地产等重点行业和部分地区开展税收专项检查或整治，共检查企业1360户，查补收入15.72亿元，规范了行业税收管理，整顿了税收秩序。三是有效监控重点税源。分级分类抽查税务总局重点税源企业172户、省级重点税源企业145户，查补收入3.34亿元，强化了税收监管，防止了税收流失。四是大力惩治发票违法犯罪。牵头组织协调全省16部门查处违法案件1200起，缴获发票24658份，曝光案例57件，治理违法短信254229条。结合税收检查查处发票违法企业1430户，完成税务总局任务的477%，查处非法发票8268份，查补收入1.22亿元，遏制了发票违法犯罪势头，净化了经济发展环境。

【案件特点分析】 全省税收违法案件主要呈现以下特点：一是受多重因素影响，涉税检举案件受理和查处数量连续3年递减。二是检举案件的案发地主要集中在地市级城市，涉案企业经济类型主要为有限责任公司和个体经营，检举人多为同业或被检举企业内部。三是部分行业涉税违法问题严重，查补税额较大。房地产建安行业查补收入占检举案件查补收入总额的70.69%，错漏环节较多，税收风险仍然较大，检举人相对集中。资本交易案件具有非经常发生、涉及法律主体众多、金额较大等特点，主要体现在股权转让、获取股息红利、股票减持、债权转让、债务重组，以及大额房产、土地资产转让等资本性活动的企业和自然人。四是部分税种查补收入占比较大。契税、营业税、企业所得税、土地增值税4个税种达到查补收入的84%。

【重大案件查处】 查处重大检举案件4件，其中长春泽涛房地产开发有限公司查补收入4826.13万元；长春鹿鸣谷生态旅游建设有限公司，查补收入3877.18万元；长春新城悦盛房地产发展有限公司，查补收入2543.84万元；绿地集团长春绿洋置业有限公司，查补收入1521.77万元。在重大案件查处上，吉林省地方税务局各级领导高度重视、亲临督导、精心组织、周密安排，办案人员齐心协力、共同拼搏。严格按照《中华人民共和国税收征收管理法》《税务稽查工作规程》要求，处理和处罚都通过案件审理委员会集体审议，力争将每一件涉税违法案件都办成“铁案”。重大检举案件的查处，打出了地税稽查的声威，提高了地税稽查的知名度，在社会上震动很大，收到较好效果。此外，还重点检查了出口退（免）税、黄金交易、资本交易、房地产建安、营利性教育培训机构等行业发生的一批重大税收违法案件，其中查处千万元以上的案件30件，查补税款97734万元，入库97037万元。通过加强对重点行业、重点税源企业的税收监管，以双随机形式对重点税源进行抽查，有力促进纳税人的税法遵从。

【税收专项检查】 围绕“组织收入，统筹求效”的工作思路，将税务总局指令性和指导性项目全部列为税收专项检查项目，并将打击发票违法犯罪涉及的重点行业列为自选项目，查补收入逆势上扬，实现历史新高，收到可喜成效。重点对建安、房地产等行业和部分地区开展税收专项检查或整治。组织企业自查3475户，检查企业1360户，查补收入15.72亿元，规范了行业税收管理，整顿了税收秩序。

【区域性税收专项治理】 以税收征管数据分析为基础，决定在延边州珲春市、通化柳河县等地区开展税收区域整治工作，以“骗购虚开虚受发票”“长期未实施系统检查”等重点项目为抓手，着力整治区域税收环境。累计检查169户，查结169户，有问题168户，查补收入26432.8万元，其中重点检查查补22592.69万元，组织企业自查查补3839.90万元。

【重点税源企业检查】 分期分批开展重点税源企业抽查。一是按照税务总局关于开展2015年度重点税源企业税收抽查工作的通知要求，协同国税，组织涉及吉林省的6家集团12户分支企业进行自查。其中，地税管辖企业3户，有2户年纳税在10万元左右，自查查补12.71万元。按照税务总局不低于30%的比例进行抽查的要求，抽选对4户企业进行检查，查补收入393.25万元。二是贯彻落实国务院“双随机”抽查机制，对税务总局部署的随机抽查重点税源工作，采取“省局牵头、上下联动、国地税合作、随机抽选检查人员”的集约检查方式开展自查、抽查。对税务总局26户重点税源企业涉及吉林省的8个集团、全资子公司、控股子公司和分支机构240户企业和省级10户（有集团性质的2户）重点税源企业共计299户全面组织自查，自查收入4亿元，重点抽查全面启动。

【黄金交易企业检查】 落实税务总局指令性检查项目计划，积极组织开展黄金交易企业检查，整顿和规范行业税收秩序。全省共检查黄金交易企业4户，有问题2户，查补收入3.94万元，其中重点检查查补2.69万元，滞纳金0.32万元，罚款0.92万元。

【资本交易检查】 注重资本交易企业的查前调研、数据采集和选案分析工作。就股权转让交易企业组织开展了专项调研，选择省内部分上市公司和非上市的股份公司进行实地座谈，到产权交易中心采集相关数据，科学准确选案，力求实现精准打击。在资本交易项目检查中，组织自查173户，查补收入20101.20万元；重点检查28户，查补税款1033.54万元，滞纳金236.40万元，罚款251.49万元。

【房地产及建筑安装业检查】 房地产及建筑安装业是涉税违法问题高发的行业，是地税收入占比较大的重点管理行业，也是面临“营改增”的主要行业。吉林地税局将该行业列为专项检查项目，重点进行税收规范。全年检查企业775户，有问题758户，查补收入174069.31万元，其中重点检查查补112568.16万元，自查查补61501.15万元。查补收入占全省检查收入的70.69%，主要涉税问题体现在契税、土地增值税等方面。

【高收入者个人所得税检查】 重点对高收入企业中的个人所得税项目进行了检查，查补收入3914.98万元。其中，重点检查185户，有问题180户，查补税款1108.28万元，滞纳金219.25万元，罚款125.50万元，组织自查218户，查补收入2461.95万元。

【营利性教育培训机构检查】 在营利性教育培训机构检查中，查补收入188万元。其中，重点检查43户，有问题户数39户，查补税款100.44万元，滞纳金30.23万元，罚款11.31万元，组织自查85户，查补收入46.02万元。

【打击发票违法犯罪活动】 履行省打击发票违法犯罪活动工作协调小组办公室职能，健全完善国税、公安、通信、财政、审计等16部门协作长效机制，形成情报、信息互动局面，联合打击发票违法犯罪活动。全省16部门累计查处发票违法案件1200起。税务、公安联合办案4起，税务出动执法人员2316人次，捣毁窝点3个，打掉团伙2个，缴获作案机器13台，缴获发票24658份。立案28起，查获犯罪嫌疑人43人，移送起诉9起。检察机关起诉案件5起，起诉6人。审判案件18起，判处有期徒刑以下32人。治理违法短信254229条。发票教育宣传曝光案例57件，发票教育宣传469次。地税稽查部门对2702户企业的发票使用情况进行了重点检查，查处违法企业1430户，完成全年查处300户任务的477%；查处非法发票8268份，涉及金额5864.87万元，查补收入共计1.22亿元，其中税款10721.80万元，罚款699.17万元，滞纳金745.34万元。

【税收“黑名单”制度】 省地税局、国税局、金融办公室等相关厅局委联合签署《吉林省关于对重大税收违法案件当事人进行联合惩戒措施的实施细则》（吉金办联字〔2015〕6号）。省地税局稽查局与纳税服务、征管等部门共同落实税务机关内部惩戒措施，将100余户“黑名单”企业按照《纳税信用管理办法（试行）》的有关规定，直接判为D级纳税信用级别，并对应实施限量供应增值税专用发票、加强出口退税审核、加强纳税评估、提高监督检查频次等税务机关内部惩戒措施。与省工商局积极协调，为税务机关提供“企业信息公示系统”相关操作权限，通过该系统“部门信息交换”接口直接录入，向社会公示重大税收违法案件当事人的相关信息。在《新华网》《网易》《搜狐》《中国网》《今日头条》等主流媒体网站上报道刊登稿件8篇，在当地主要报纸、网站、电视台上新闻宣传15篇（次），在报纸的对应网站上同步宣传12篇（次）。

【涉税违法案件检举】 认真贯彻落实《税收违法行为检举管理办法》《检举纳税人税收违法行为奖励暂行办法》相关规定，坚持“规范税收秩序、保证公平税赋、服务于纳税人、促进经济发展”的工作方针，按照分类处理检举案件的原则，依法受理、督办、交办、查办各类涉税检举案件。全年受理各类检举案件118件，立案查处114件，为国家挽回经济损失2.45万元。

【案件协查】 受理上海、海南等协查案件2起，受理纪委协查案件9起。按照税务总局要求，对涉及吉林省的涉案企业，进行立案检查，制定《协查工作方案》，组织抽调人员，召开案件分析会议，对涉案企业依法进行处理处罚，并及时回复。

【稽查制度建设】 强化制度建设，规范执法行为，促进依法行政。制订、完善《吉林省地方税务局、吉林省国家税务局关于明确重大税务行政处罚案件审理实施办法案件标准的通知》《涉税违法案件查办工作暂行办法》《稽查预案制度》等，制作5个“说理式”税务行政处罚决定书指引，用制度规范稽查执法和服务。深入整治检查不规范问题。明晰各级稽查局执法范围，厘清稽查与纳税评估、督察内审的职责边界，各司其职，避免了职责交叉。落实计划管理、征管部门统筹协调、法治部门备案审批制度，防止了重复进户检查。建立健全选案、检查、审理、执行环节工作制度，细化流程标准和操作规范，依托综合管理系统，实现了执法有痕迹、流程可控制、责任可追溯、过错可追究。公布税收执法权力清单和流程，规范权力运行，促进了公开公正执法、文明廉洁办案，强化了内外监督。实施“三段式执法”，采取先教育规范、再限期整改，对拒不改正者依法给予处罚的方式。建立《稽查回访制度》，实行“一户一建议”。

【稽查系统建设】 系统稽查现代化建设稳步

推进，全面应用“吉林地税稽查综合管理系统”，稽查业务管理、系统管理、政务管理实现信息化。“一级稽查”活力进一步显现，执法刚性明显增强，整体质效提升。分类分级稽查管理有效落实，重点税源企业、重大税收违法案件的统一选案、统一检查机制普遍推行，业务管理、执法范围更为清晰，省市两级直接查处或组织查处税收违法案件能力不断提升。稽查综合管理系统广泛应用，信息技术在稽查业务管理、系统管理、办公管理中支撑作用增强。管理指导、考核监督逐步强化，执法质量检查、稽查案例评比、卷宗评查规范了系统稽查执法。

【稽查队伍建设】 “双提高”主题实践活动不断深化，大课堂学习、集中业务培训、查前练兵形成常态。科学制定培训规划，采取重学重考重奖等激励政策，激发干部学习热情，举办系统培训班6期，对稽查局长、业务骨干、综合岗位人员实施了分级分类培训。高素质人才培养成果显著，系统稽查系列博士、硕士研究生、“三师”人才占比达到16.5%。各级稽查部门结合工作实际，大力开展思想政治教育、职业道德教育、专题教育和党风廉政建设，促进了作风转变，树立了良好的地税形象。

【稽查人才库建设】 高度注重人才培养，致力打造高素质人才、领军人才。通过初赛、复赛、决赛，重新选出“全省稽查人才库”人员50名。注重发挥入库人才作用：一是抽取人才库人员参加重点开展的集约化检查、区域专项整治和重点税源集团企业检查工作，实现省局稽查局对全省稽查资源的整合，也锻炼和检验稽查人才队伍；二是担任兼职教师，在全省“大课堂”与局内“小课堂”中系统传授会计基础知识、稽查实务等课程，以及查前辅导等检查业务知识，引导新入局年轻干部迅速成长。通过人才建设，提升系统管理水平和稽查工作质效。

【稽查业务培训】 坚持以“两个建设”为目标，以“双提高”为主线，大力开展稽查干部业务培训。根据人员结构、业务技能、岗位分工等差异，制定分级分类培训计划。具体分为三级、三类培训。三级为：一级基层领导干部培训，二级业务骨干、稽查精英培训，三级稽查一线执法人员培训；三类为管理类、业务类、综合类。以干部业务需求为导向，在广泛征求意见和调研的基础上，科学设计培训内容，增强了业务培训的针对性、实用性。以全封闭培训形式先后举办全省地税系统稽查局长培训班、吉林省地方税务局省级稽查人才库培训班、全省稽查一线执法人员培训班、全省稽查系统综合岗位人员培训班、全省首届警税协作培训班、模拟检查账套实战培训等6期培训班，培训1000余人次。通过培训，提高各级、各类稽查干部的业务素质和综合能力。此外，坚持与吉林大学联合办学，开设软件工程专业课程，重点培训运用现代信息技术，提高电子税务稽查能力，又有11人取得硕士毕业证。

【稽查信息化建设】 坚持以稽查信息化助推稽查现代化。一是增加投入，改善稽查执法办案信息化条件。二是突出信息技术在稽查管理、办公管理、执法办案中的广泛应用。涵盖稽查业务管理、系统管理、办公管理3个子系统、22个一级功能模块、提供7个外部数据接口的《吉林地税稽查综合管理系统》在全省全面应用，为全省各级稽查构建了“一体化”工作平台。三是对系统全体稽查干部进行综合管理系统应用培训，提高了干部应用技能。四是大力培养信息化稽查人才。建立和完善促学激励机制，创新探索灵活有效的培训方式方法，加快信息化稽查人才培养。通过狠抓信息化建设，系统稽查工作发生了新变化：工作流程和文书制作进一步规范，形成真正意义上的稽查“选案、检查、审理、执行”4个环节相互监督、相互制约的机制；“一体化”的监控管理更为有效，防范和降低了执法风险；增强了工作运行的透明度，保证了各项数据能够准确、及时、有效地加以利用；减轻了稽查人员的劳动强度，提高了工作质效；在同一标准、同一尺度、同一操作运行程序下，稽查系统间的联系更加紧密，信息更加顺畅、指挥更加有力、工作运行更加有序。全省稽查综合管理系统的上线，彻底改变了原有的稽查管理模式，标志着稽查信息化建设水平攀上了一个新的高度，实现了全省稽查数据大集中。

【稽查宣传】 全省各级稽查部门积极开展稽查宣传活动，普及税法知识，宣传稽查成果，曝光典型案件，努力营造良好的舆论氛围，不断扩大稽查工作的社会影响。利用广播、电视、报纸、网络等新闻媒体和发放宣传单、宣传册等形式，大力宣传、报道税收专项检查、案件查处、打击发票违法犯罪工作情况。通过短信、微信、QQ等灵活便捷的方式，向纳税人宣传税收政策、传播税收知识，解答税收难题。省稽查局利用信息简报、机关网站等载体宣传稽查成果、反映工作动态。各地稽查局采取多种形式积极开展宣传活动，普及税收知识。

【稽查调研】　省局稽查局按照省局部署组成调研组，深入到市、县稽查局，围绕“税务稽查执法存在的问题及对策研究”这一课题进行全面调研。调研组对全省稽查执法工作取得的成绩、存在的深层次问题及地区间的不均衡性进行深入研究，形成调研报告，为今后全省地税稽查工作执法能力和水平的整体提高提出建设性意见。此外，还重点组织稽查现代化建设调研、工作情况调研等专题调研活动，形成专题调研报告6篇。发挥稽查局研究分会和理论研究骨干作用，组织撰写调研文章和稿件，并注重研究成果转化。3个课题的4篇研究论文提交上级部门。

【稽查工作会议】　2015年3月10日，召开吉林地税稽查工作会议，贯彻落实全省地税工作会议精神和全国稽查工作要点，总结2014年全省地税稽查工作，部署2015年工作任务。省局副局长傅圣方出席会议并作讲话。会议对2015年全省地税稽查工作提出四点要求：一是深化稽查改革，持续推进现代化建设。要加强稽查现代化建设的实践总结和理论研究；要完善“市一级稽查体制”和分级分类稽查管理方式；要大力推进稽查信息化建设，抓实抓好“稽查综合管理系统”应用、升级工作，立项开发网络化查账系统，逐步建立稽查案源管理系统和预警模型分析系统，构建规范化、流程化、信息化的选案分析体系、稽查业务管理体系；要实现应用普通发票协查系统、重大违法案件公布信息系统、打击发票违法犯罪活动信息管理系统、稽查统计报表采集分析系统信息的互联互通、共享利用。二是发挥职能作用，依法查处税收违法行为。切实发挥税务稽查根本性、职能性作用，集中查办一批有影响力、威慑力的重大案件，有序开展税收专项检查，整顿规范行业税收秩序，开展重点税源企业、大型集团企业的抽查、轮查，综合整治发票违法犯罪活动。三是坚持依法稽查，提高稽查规范化水平。要坚持依法稽查，规范稽查管理，提升执法质效。四是坚持以人为本，大力加强队伍和廉政建设。要加强稽查队伍建设，把好稽查人员入口关和出口关，落实人才培养规划，加强业务技能培训和实战演练，夯实队伍建设固本强基工程。要加强党风廉政建设，从严治队，健全制度，加强廉政教育，开展作风建设和职业道德教育，使“政治坚定、依法稽查、技能精湛、恪尽职守、廉洁自律”成为税务稽查人员的行为准则和稽查队伍的核心价值，维护和树立为民务实清廉的地税形象。会议由省局稽查局局长李茹宝主持，各市（州）局，梅河口、公主岭局稽查局局长及省局稽查局副科长以上干部参加会议。

（张立君）

黑龙江省

黑龙江省国家税务局稽查局

【概述】　2015年，黑龙江省国税局稽查局全面贯彻落实全国稽查工作会议和全省国税工作会议精神，紧紧围绕税收工作大局，努力适应经济税收新常态，以实现税务稽查现代化为目标，以整顿和规范税收秩序为主线，以重大税收违法案件查处和稽查管理方式改革为重点，坚持依法行政，强化执行力度，提升队伍素质，严明廉政纪律，为全面完成好各项稽查工作任务而努力奋斗。

【稽查现代化建设】　不断加大稽查办案科技装备的投入力度，在2014年已购的100余套电子查账软件基础上，又投入经费260余万元用于购置稽查查账软件和选案管理软件，目前全省稽查部门已应用查账软件200余套，检查范围基本涵盖各种行业领域，逐步实现全省范围内电子查账全覆盖。此外积极尝试运用网络版查账软件进行查账，专门购置多套选案等管理软件，进一步提升了信息化应用水平。

【“营改增”专项稽查】　按照税务总局工作部署，黑龙江国税局稽查局认真学习，迅速反应。一方面成立专项行动领导小组，结合每项行动的侧重点和我省实际，分别制定行动方案和考核办法，细化工作措施。另一方面全面加强与省公安厅、海关等部门的协调沟通力度，形成合力联合开展行动。全年发现有问题6户，涉及增值税264.7万元、所得税涉及应纳税调整额103万元，其他企业检查工作正在进行中，可能存在的问题现正加紧与企业进行核实情况。

【稽查查补收入及分析】 2015年，黑龙江省国税稽查机构共检查纳税人户数9088户，查补总额22.02亿元（比2014年同期增加5477万元，增长2.55%），实际入库21.87亿元（比2014年同期增加14845万元，增长7.29%），占全省国税部门组织税收收入的2.1%，连续两年突破20亿元大关，入库税额再创同期历史新高。

【重大案件查处】 继续严厉打击偷、逃、骗、抗等涉税违法犯罪活动，坚决有力地查处一批大案要案。工作中坚决做到落实重大案件上报和督办制度，坚决杜绝有案不报、有案不查、查而不透、督导协调不力等问题。2015年直接检查户数共计1010户，有问题989户，直接检查查补收入3.4亿元，直接检查查补入库3亿元。

【税收专项检查】 按照“及早部署，统筹安排，精准选案，查深查透，务求实效”的工作原则。结合全省税源实际在税务总局确定指令性、指导性检查项目基础上，增加地方性股份制银行、信用社，白酒、啤酒制造业等4个行业为指令性检查项目，增加农垦系统企业，中储粮系统企业，粮食储备库等3个行业为指导性检查项目，为进一步提高工作灵活主动性，工作中允许各市地自主增加检查项目（行业）。2015年全省行业性专项检查已检查企业1713户，查结1588户，有问题1434户，有问题率90.3%，直接查补金额1.8亿元，入库1.74亿元。

【区域性税收专项整治】 结合打击发票违法犯罪活动在全省范围内全面开展以“招商引资”企业、商贸企业、“营改增”企业、协查受票企业、服装生产加工企业为检查重点的区域税收专项整治活动。全年全省区域税收专项整治工作共检查1034户，发现有问题892户，查补金额5428.17万元，均已入库。

【重点税源企业检查】 按照税务总局工作部署，确定将税务总局部署的5个企业集团34户企业、黑龙江省自行部署的39户企业集团以及3年以上未检查重点企业、长亏不倒企业等共计8009户纳入2015年重点税源企业检查范围。自查结束后，由省局稽查局直接组织了对招商银行股份有限公司哈尔滨分行、华电能源股份有限公司、国电黑龙江分公司等3户企业集团共计27个分支机构的专项检查，同时对各市地检查工作进行全程督导，有效带动全省重点税源企业检查的整体推进。2015年共组织自查与检查合计入库19.78亿元。

【出口退（免）税企业检查】 集中优势兵力共对246户电子产品、纺织服装等出口骗税多发行业进行重点检查，检查面约占2014年度申报出口退税企业的20%，发现有问题8户，涉及税款657万元。查明勃利县建龙皮革有限责任公司涉嫌为自己虚开皮毛收购发票或接受虚开发票770余份，涉及金额7072万元，抵扣进项税金1175万元；涉嫌为他人虚开发票1000余份，涉及金额合计2172万元，税金316万元。同时勃利县建龙皮革有限责任公司还涉嫌骗取出口退税651万元，已收到出口退税463万元。现公安机关已抓获本案犯罪嫌疑人11名，扣押了相关涉税资料。

【黄金交易企业检查】 此项行动共涉及黑龙江省代理客户企业2户，空壳开票企业11户，用票单位企业610户。其中：黑龙江省2户代理客户企业共取得进项发票229份，合计金额8.6亿元，税额1.46亿元；共向外开具发票1013份，合计金额8.7亿元，税额1.48亿元，流向北京、广东等9省56户企业。截至12月，已确认2户涉案企业为虚开发票，所涉及的11户空壳企业中仅1户为开业状态，2户已注销走逃企业。涉及销项发票1333份，金额10.1亿元，税额1.74亿元。全国范围内已查补税款9961万元、罚款1727万元，入库8654万元。

【打击发票违法犯罪活动】 结合省情确定了计划查处900户（比税务总局下达计划多300户）违法受票企业的总体目标，重点对发票违法问题高发、频发的金融保险、房地产等行业的发票使用情况开展检查。要求各地对自行开具收购业发票的农产品等企业以及物流行业开展发票使用情况进行检查。2015年，全省打击发票违法犯罪活动共检查企业1133户，查处违法企业户数992户，查处非法发票份数1.77万份，涉及金额21.49亿元，查补金额合计8402.72万元，比2014年同期增收3511.98万元，增长71.8%。其中查补税款4967.22万元，加收滞纳金475.9万元，罚款1800.08万元，自查补税1159.52万元。

【税收“黑名单”制度】 按照税务总局工作要求共筛选出2013年以来达到地市级以上公布标准的税收违法案件50件上报税务总局，并在省局内部网站、门户网站设置重大税收违法案件信息公布专栏进行公布。同时成立由省局办公室、纳税服务处等多部门组成的联合惩戒工作领导小组专门负责此项工作的组织落实，确定哈尔滨、齐齐哈尔为市地级联合惩戒工作试点单位。目前，全省重大税收违法案件联合惩戒工作初见成效。已将50户重大税收违法案件涉案企业纳税信用直接判为D级，其主管国税机关、民航、铁路、银行等部门对其做出相应惩戒，切实达到了“一处失信，处处受限”的目的。

【涉税违法案件检举】　严格按照《举报案件管理办法》及《检举纳税人税收违法行为奖励暂行办法》的工作要求，严格相关工作流程，加大督办反馈力度，强化举报服务意识，提高检举服务质量。2015年共受理检举案件78件。其中税务总局交办案件17件，省局举报中心受理转办61件。同时认真做好典型案例评析及上报案件公告工作，共向税务总局报送优秀案例12件，公告12份。

【案件协查】　一是对税务总局部署的珠海“3·20”、辽宁“1·06”协查进行了专门布置，组织各地迅速开展检查。截至2015年12月底已查补税款5095万元，挽损率达99%，有力打击了发票违法犯罪分子的嚣张气焰。二是保证协查系统平稳运行。截至12月底全省通过协查系统共发起委托协查1229起，委托方户次1240户，发票1.99万份，金额72.1亿元，税额10.2亿元。受托收到协查313起，受托方户次356户，发票4213份，金额11.2亿元，税额1.7亿元，累计回复发票3268份，协查选票准确率90.14%，协查函按期回复率100%，全部达到或超过税务总局考核指标要求。

【稽查制度建设】　严格执行税务总局和省局绩效考核管理制度，充分运用绩效管理平台，细化、量化绩效目标，明确标准和责任，把稽查重点工作任务层层分解落实到位。同时全面加大以重大案件查处和重点税源企业检查工作为重点的绩效考评力度，在充分结合全省稽查工作实际基础上，及时于2015年4月将查补入库率考核指标由按年考评调整为按月考评，同时新增重点考核指标一项：税务稽查收入完成情况20分，为全面完成稽查收入任务提供保障。

【稽查系统建设】　一是按照税务总局工作部署在全省范围内开展“双随机”抽查工作。分别筹建《税务稽查对象分类名录库》《税务稽查异常对象名录库》《税务稽查执法检查人员分类名录库》，进一步提升稽查质效。二是严格落实省局稽查局党风廉政建设责任制，层层签订工作目标责任书。继续执行党风廉政建设监督提示卡制度，提高稽查人员的执法风险意识和防范能力。共向纳税人发放廉政监督提示卡2000余份，回复115份，切实提高了稽查人员的执法风险意识和防范能力。

【稽查业务培训】　2015年3月组织全省稽查局业务局长以及稽查骨干等60余人进行“信息化”稽查软件应用培训。4月组织全省国税稽查部门重点税源检查查前培训，对2015年重点税源企业检查中所涉及的银行、电厂等行业进行深入掌握和了解，为全省重点税源企业检查的顺利开展奠定扎实的理论基础。8月在辽宁税专组织全省60余位稽查局长参加的全省国税稽查局长培训班。通过组织开展多层次、多种类的业务技能培训，大大提升了全省稽查干部的综合业务水平，为全省稽查工作向前发展提升了有力的人才保障。

【稽查宣传】　全面强化税务稽查宣传打击震慑力度，将重大税收违法案件公布与联合惩戒工作全方面、多渠道在《中国税务报》《黑龙江经济报》《黑龙江日报》以及新华网、《齐齐哈尔日报》等媒体进行刊登和报道，纳税人税法遵从度得到进一步提高。此项工作得到了税务总局的充分肯定，在税务总局“黑名单”和联合惩戒工作分档绩效考评中，黑龙江国税局被评为两次“好”和一次“较好”，成绩位居全国前列。

【稽查工作会议】　2015年3月17日，黑龙江国税稽查工作会议在哈尔滨召开。总结了2014年全省国税稽查工作的开展情况，对一年来全省国税系统稽查工作所取得的成效给予了充分肯定，同时结合实际对2015年全省国税稽查工作进行了部署。为进一步做好全省国税稽查工作，又于2015年11月3日召开全省稽查重点工作推进会议。听取年初以来全省国税稽查工作开展情况汇报，并对后两个月稽查工作进行再部署和再落实，有效推动全年各项稽查工作任务圆满完成。

（高　楠）

黑龙江省地方税务局稽查局

【概述】　2015年，黑龙江省地税局稽查部门认真贯彻落实税务总局和黑龙江省地税局的工作部署，以组织收入为中心，以整顿和规范税收秩序为目标，以税收专项检查和查处大要案为重点，进一步加大稽查力度，不断规范执法行为，严厉打击涉税违法行为和发票违法犯罪，较好地发挥了稽查部门以查促查、以查促管、以查促收的职能作用。

【稽查查补收入及分析】　累计查补入库收入

25.5亿元。其中，查补入库税款22.5亿元，同比增长23.4%，占2014年同期税收收入比重2.6%；入库滞纳金、罚款3亿元，同比增长3.1%，占入库稽查税款比值13.3%。

【案件查办情况】 共检查企业2319户，有问题2206户，平均选案准确率95.13%。

【重大案件查处】 为进一步规范房地产业税收秩序，对大庆市俵金房地产开发有限公司进行检查，发现该企业存在隐瞒收入、未足额预缴土地增值税、未足额代扣代缴个人所得税等问题。共计查补税款4324万元，加收滞纳金485万元，处罚款443万元。同时，将检查中发现的问题向全省通报，要求各市（地）局在对房地产开发企业检查时，加大对相关问题的检查力度。

【税收专项检查】 全省统一组织行业税收专项检查，将黄金交易企业、资本交易、房地产业、建筑安装业作为指令性检查项目，将高收入者个人所得税、营利性教育培训机构，以及根据本地实际选择的其他项目作为指导性检查项目。共组织企业自查和税务机关检查企业1971户，有问题1374户，应补收入10.3亿元，入库收入8.6亿元。

【区域性税收专项整治】 针对部分征管基础薄弱、完成收入任务困难的地区，组织开展税收专项整治工作。工作中，将区域税收专项整治与税收专项检查、打击发票违法犯罪、土地增值税清算和基本养老保险费检查相结合。通过专项整治，抓住了地区的突出问题，促进了税收秩序规范，推动了地方税收增长。

【重点税源企业检查】 按照税务总局部署，组织开展大商集团、中材集团等5个企业集团27户企业和自选的355户高风险重点税源企业的自查和重点检查工作，共计查补收入1.5亿元，入库收入1.3亿元。组织开展中国银行、中国移动等12个企业集团410户成员企业随机抽自查工作，查补收入2108万元。对中国交通银行黑龙江省分行和哈尔滨锅炉厂进行重点检查，查补收入5806万元，入库收入3320万元。

【黄金交易企业检查】 共检查企业1户，有问题1户，查补收入3万元，入库收入3万元。

【资本交易检查】 共检查企业2户，有问题2户，查补收入3万元，入库收入3万元。

【房地产及建筑安装业检查】 共检查房地产企业704户，有问题476户，查补收入5.59亿元，入库收入4.32亿元。检查建筑安装企业485户，有问题312户，查补收入1.82亿元；入库收入1.57亿元。

【高收入者个人所得税检查】 共检查企业15户，有问题4户，查补收入85万元，入库收入85万元。

【营利性教育培训机构检查】 共检查企业14户，有问题12户，查补收入17万元，入库收入17万元。

【打击发票违法犯罪活动】 按照税务总局部署，将金融保险、房地产、商业批发与零售、药品与医疗器械、餐饮娱乐、加工制造、中介机构等社会关注、违法问题高发的行业列为检查重点。将发票检查作为税务检查的必查步骤和必查项目，与税收专项检查、重点税源企业检查和日常稽查等工作有机结合，注意加强部门协作，有效地提高了工作质效。2015年，共检查企业1542户，查处违法受票企业581户，完成税务总局指令性任务的193%，查处非法发票份数6329份，涉及金额2.78亿元，查补税款584万元，罚款140万元，加收滞纳金17万元。

【税收“黑名单”制度】 为切实做好重大税收违法案件信息公告和实施联合惩戒工作，下发《黑龙江省地方税务局关于重大税收违法案件信息公告和实施联合惩戒的通知》（黑地税发〔2015〕62号），对实施的工作程序、审批流程、公布式样等提出了具体要求。与省国税局、人民法院、人民银行、公安、工商等部门建立联席会议制度，联合签署《关于对重大税收违法案件当事人实施联合惩戒措施的合作备忘录》（黑诚信办字〔2015〕3号）。通过省局门户网站公布6起重大税收违法案件，并将案件信息传递给参与联合惩戒的部门。

【涉税违法案件检举】 认真贯彻落实税务总局《税收违法行为检举管理办法》《重大税收违法案件督办管理暂行办法》，进一步加大举报案件查处力度，对重大税收违法检举案件列为督办案件，限期查办。工作中注意化解矛盾，加强疏导，及时兑付举报奖励，避免越级举报和缠诉案件的发生。2015年，共受理举报案件735件，查处581件，查补收入2051万元，入库收入1077万元。

【案件协查】 认真落实《税收违法案件发票协查管理办法》，加强对协查案件的管理，积极应用协查信息管理系统开展工作，有效地提高了工作效率，将发票协查与发票检查工作有机结合，对协查发票涉及的案件线索及时立案查处。2015年，共发出协查函96件，涉及企业261户，涉及发票2028份；收到协查函78件，涉及企业136户，涉及发票1433份，全部按照规定程序进行了处理。

【稽查制度建设】　为充分发挥稽查部门的职能作用，严厉打击涉税违法行为，堵塞征管漏洞，年初确定了稽查工作目标：稽查查补入库税款占2014年实际税收收入比重达到2%；入库滞纳金、罚款占查补入库税款比重达到25%；稽查选案准确率达到90%；稽查查补收入入库率达到90%；协查按期回复率达到100%，进一步增强工作主动性。

【稽查系统建设】　为确保各项工作任务落到实处，取得好的成效，从完善机制、提高工作水平上下功夫。一是严格工作考评。根据年度工作目标设定科学的考评办法，按期对各项稽查重点工作进行考核和通报，提升稽查工作质效。二是加强部门协作。巩固完善与公安部门的协作办案机制和情报交换制度，增强执法手段，减轻执法阻力；建立健全与征管、法规、税政和信息中心等部门的良性互动机制；加强与国税部门合作，交换案件信息，统筹安排税收检查工作，发挥打击涉税违法犯罪的合力。三是创新稽查工作方法。在全省稽查系统推行“组合式稽查”工作模式，通过实行3个集中、突出稽查重点、建立责任机制、强化税款入库等措施，充分发挥了税务稽查在税收工作中的突出作用。

【稽查队伍建设】　一是强化廉洁自律意识。通过加强党风廉政教育和执法风险教育，增强稽查人员廉洁查税、为税清廉的意识，使稽查干部筑牢反腐倡廉的思想防线。二是提高稽查队伍整体素质。通过充实优化稽查干部队伍，保证了稽查队伍的工作能力与工作任务相匹配。有针对性、分层次地开展各类实用型培训，提高了全省地税稽查干部整体素质，为规范执法、依法稽查提供有力的保证。三加强监督制约。通过跟踪管理、内外部监督等手段，及时排查廉政风险点，制定防控措施，加强对稽查运行全过程的监督制约。

【稽查业务培训】　为进一步提高稽查人员素质，举办黑龙江省地税稽查业务视频培训，由2名稽查业务骨干结合具体案例，讲解税务稽查案件管理和行业检查方法，提高了全省稽查干部的业务水平及办案能力。

【稽查宣传】　利用多种渠道和形式宣传税务稽查成果，扩大税务稽查影响力、震慑力。严格执行税务总局规定，加大案件曝光力度，通过新闻媒体曝光税收违法典型案例，充分发挥震慑作用，引导纳税遵从。

【稽查调研】　按照工作安排，黑龙江地税局稽查局与税政部门联合组成调研工作组，对部分市（地）局及所属县（区）局进行税收征管质量。通过查询税收征管信息系统、两业管理软件，审阅“一户式”档案、土地增值税清算资料、欠税核查和纳税检查资料等方式，分析查找疑点，并深入重点企业进行实地核查，发现了征管质量和纳税检查质效方面存在的问题，为进一步提高税收征管质量和领导决策提供了依据。

【稽查工作会议】　2015年4月，召开黑龙江地方税务稽查工作会议，传达了全国税务稽查工作会议精神，总结回顾了2014年黑龙江地税稽查工作，通报了各市（地）稽查重点工作完成情况，安排部署2015年稽查工作任务，讨论研究稽查重点工作及推进措施，为做好全年稽查工作奠定基础。

（康　勇）

上海市

上海市国家（地方）税务局稽查处

【概述】　2015年，上海市税务稽查工作以维护税法尊严和提高纳税遵从为目标，以坚持依法稽查和深化改革创新为主线，以重大税收违法案件查处和堵漏增收为重点，以提升队伍素质和强化作风建设为保障，努力推进税务稽查现代化建设，充分发挥税务稽查职能作用。

【稽查查补收入及分析】　全年各级税务稽查部门共检查纳税人近4400户，组织企业自查1.3万户，共实现稽查查补收入148.1亿元，同比增长

5.6%。其中，检查查补收入21.9亿元，实际入库21.9亿元；组织自查收入126.2亿元，实际入库122.5亿元。

【税收专项检查】 按照税务总局部署，确定本市行业性税收专项检查项目，具体包括出口退（免）税企业、黄金交易企业、资本交易等3个指令性项目，以及房地产及建筑安装业、高收入者个人所得税、营利性教育培训机构等6个指导性项目。一是精准选案。重视税收数据分析，依托稽查案源管理系统，整合采集税收征管数据、企业财务数据及第三方数据，建立健全数据分析模型，准确识别行业内税收风险高的企业及其税收风险点，科学合理确定检查名单，切实提高选案准确率。二是精心组织。合理配置稽查资源，制订科学的检查计划，着力抓好指令性项目的检查，灵活运用团队检查、电子查账、审计型工作底稿等方法，不断探索和创新专项检查组织形式。同时加强与公安、海关、工商等部门协作，有效形成执法合力。三是精确执法。充分履行税收法律法规赋予的税收检查职责和权限，依法定程序开展检查工作，进一步规范执行税务行政裁量权。健全行政执法与刑事司法衔接机制，发现涉嫌犯罪行为的，及时移送司法机关处理。全市税务稽查部门税收专项检查共完成查补收入38.4亿元。

【区域性税收专项整治】 围绕铁路上海站地区这一兜售假发票重点区域，以抓幕后、端窝点为重点，抽调工作能力强、作风过硬的人员，成立打击叫卖假发票小分队，设立对付“两怀”（怀孕或怀抱婴儿）妇女的专业队伍，通过坚持日常监控和集中打击相结合的工作方法，连续开展打击重点区域发票违法犯罪活动的专项整治行动，有效净化了税收经济环境。以发票使用情况为切入点，配合商务委、经信委、交通委、公安局、工商局等部门开展打击侵犯知识产权和假冒伪劣商品工作、稀土企业专项整治、车用燃油（加油站）专项整治、大型零售商供应商交易监管专项整治、整顿交通市场秩序规范交通行政执法工作、生态环境综合整治、加强毒品类似物动态排摸和管控查处工作。

【重点税源企业检查】 依托案源管理系统，选取部分市级以上重点税源企业运用调研式、审计型与信息化稽查相结合的方法进行检查。组织200余户重点税源企业及其分支机构开展税收自查，自查补税3.3亿元。在自查的基础上，抽取100多户企业实施重点检查，查补各类税款、滞纳金、罚款1.5亿元。根据《国家税务总局关于近期开展重点税源企业随机抽查工作的通知》（税总函〔2015〕478号）的要求，组织对税务总局下达的700余户重点税源企业在沪成员企业开展税收自查，自查补税7700万元。

【出口退（免）税企业检查】 税务稽查部门、公安经侦部门、海关缉私部门在三方协作机制的基础上，制定《上海市2015年打击出口骗税违法犯罪工作方案》，成立联合领导小组，组织市税务局稽查处、市公安局经侦总队专业人员，开展数据分析和线索排摸工作，经多次会商确定2015年三方联合打击的5条重点线索，涉及疑点外贸企业7户，退税款近1.5亿元。全市共检查出口企业100多户，查实应追回已退税款2.2亿元。破获4起涉嫌骗取出口退税案件，抓获犯罪嫌疑人41名。上海彩奕实业有限公司骗税案件于2015年3月26日在上海电视台新闻综合频道进行了曝光，在10月21日税务总局第三季度税收新闻通报会上也进行了通报曝光。

【黄金交易企业检查】 上海警税双方深度合作，充分发挥各自优势，以发票流向、资金交易、人员轨迹为侦查主线，一方面建立发票和资金的分析比对模型，另一方面派员赴各地调取涉案银行账户和资金交易明细，逐步锁定犯罪团伙成员的主要架构，掌握主要犯罪嫌疑人的犯罪事实，梳理黄金回收的资金脉络。通过专案组历经数月的艰苦努力和辛勤付出，最终查证了犯罪分子通过幕后控制一定数量的代理客户和空壳企业，采取票货分离手法虚开增值税专用发票，同时将黄金层层贩卖转手，回流至黄金冶炼企业的事实，实现了对虚开环节的全链打击。2015年12月4日，上海市公安局经侦总队与市税务稽查部门会同技侦总队、网安总队、当地警方，出动180余名人员，在上海、深圳、广州、北京、台州、舟山、温州、兰州、烟台等地的35处地点展开集中收网行动，成功摧毁了以林某、王某等人为首的多个利用黄金交易虚开增值税专用发票的犯罪团伙，共抓获犯罪嫌疑人32名，查获用于作案的公章600余枚、银行U盾100余个，冻结涉案账户50余个。该系列虚开案件涉及开票企业15户，涉嫌虚开增值税专用发票4万余份，金额250亿余元、税额42亿余元，涉及全国27个地区的440余户受票企业。

【资本交易检查】 加强第三方信息的收集与分析力度，从中国证券交易登记结算公司上海分公司获得上市公司大小非减持数据，从工商管理部门获得股权交易变更信息，从产权交易所取得国有产权变更情况，对全市上市公司近年的公开披露信息进行排查，重点分析企业在兼并收购、上市重组等过程中的涉税问题，详细记录涉税疑点，全面掌握股权转让行为运作过程和转让价格等信息，提高资本交易项目专项检查的针对性和有效性。共检查纳税人87户，发现有问题75户；查补各项税收收入7100余万元。

【打击发票违法犯罪活动】 公安、税务部门不断完善紧密型警税协作工作机制，形成“联合取证、同步办案”的紧密型办案模式，有效利用公安部门的侦查优势和税务部门的专业优势，充分发挥警税合作效能，共查处发票违法案件2600多件，捣毁发票犯罪窝点23个，打掉发票犯罪团伙3个，缴获作案机器41台，抓获犯罪嫌疑人近1200名，查获各类非法发票37.1万份。全市各级税务机关对发票使用情况进行检查，共查处违法企业2600多户，查补各类税收收入逾5亿元，有力地遏制了发票违法犯罪在集中行动后的反弹和蔓延扩散。市通信管理、税务、公安等部门积极探索建立协作机制，利用技术平台对发票违法短信息样本进行监测，强化网上相关违法信息的发现处置和举报受理。市通信管理局利用技术平台在本市范围内共计8批次对48组关键词采取不间断地实时监控，并且合理调整配置，对98.2万条违法短信息实施封堵。2015年6月17日，全国打击发票违法犯罪活动工作协调小组督导组一行7人，由税务总局稽查局巡视员李国成带队，在沪开展专题督导调研活动。市政府副秘书长金兴明、市国家（地方）税务局党组书记庄晓玖、市国家（地方）税务局总经济师曹晖陪同调研。

【税收“黑名单”制度】 深入开展重大税收违法案件的公布和税收“黑名单”联合惩戒工作，在“上海税务”网站上公告市局级重大税收违法案件1起，区县级税务机关公告10起。将已对外公布的32户“黑名单”企业纳税信用等级全部降为D级，并列入重点监控对象，严格限量供应申领发票，加强出口环节退税审核。主动与“上海市公共信用信息服务平台”的建设管理部门——市经济信息化委合作，积极参与本市信用信息平台的建设工作，提供了包括“纳税信用等级”“税务登记”“偷税行政处罚”“不开发票名单”“欠税公告”“重大税收违法案件信息”等涉税信息，加快本市法人相关信用信息的交换共享，推进信用信息共享平台的跨领域、跨部门应用，并将32户税收“黑名单”信息通过“上海市公共信用信息服务平台”推送给各成员单位。启动对上海某精细化工有限公司等4户欠缴查补税款企业法人的阻止出境程序。

【涉税违法案件检举】 进一步理顺检举工作流程，规范相关文书的使用，对于线索提供清晰、案值较大的线索安排专人负责跟踪督导，并随时听取案件查处情况汇报。不断提高服务意识，在坚持原则、严格执法的基础上，因人而异、因势利导地做好政策宣传工作，使税务机关与检举人之间的矛盾逐步化解。共受理税收违法检举案件计764件，查处775件，结案728件，查补收入1.7亿元；核发检举奖励5.1万元。

【案件协查】 针对部分行业涉税案件手法新、隐蔽性强等特点，积极拓展发挥协查系统快捷、高效的特性，健全操作机制，规范协查流程，捕捉重要案源，查处了一批具有代表性的案件。全市税务稽查部门委托发出协查涉及发票共计7961份，增值税税额1.5亿元，收到回复结果7739份（含2014年度未查结票），有问题发票1774份；受托收到协查发票共计3.6万份，增值税税额11.8亿元，受托累计回复共3.2万份，其中回复结果有问题的发票1.5万份。审核13份海关代征进口增值税专用缴款书，向外省市税务机关回复并出具13份证明材料，发现4份可以确认属于伪造，涉及海关代征增值税26.2万元。

【稽查信息化建设】 积极推进信息化选案，广泛收集和深度挖掘企业各类涉税资料、第三方数据等案源信息，探索科学分析方法，提高稽查数据综合分析应用水平，增强选案的科学性、准确性、有效性。完成信息化选案质量跟踪反馈体系、涉税案件疑点特征库、12个新增选案模型的程序开发工作。建立11类222个指标30个选案模型，构建较为有效的稽查选案指标分析体系。全面推进信息化管理企业税务稽查。大力推动电子查账软件和数字化检查工具的使用，推广应用信息化检查工作底稿，不断增强数据挖掘、数据钻取、数据分析、数据应用的能力，重点拓展信息化稽查在查处虚开增值税发票、骗取出口退税、偷逃税等重大案件中的实战能力。共对1000余户企业开展信息化稽查，占检查总户数28%；共查补收入11.7亿元，占稽查查补收入53%以上，户均查补110万元，成效显著。不断提升稽查信息化管理水平，完成“稽查全流程痕迹化管理系统”1.0版开发、培训及全市推广工作。依靠信息系统数据管理的高效性，对全市稽查案件、所有业务环节进行全方位监控，为各稽查局岗责考核体系提供科学、量化的参考数据，为税务稽查绩效考核工作提供有效支撑。配合监察部门做好税务内控平台建设，深入查找稽查流程风险点、认真梳理、全面排查、科学评估可能引发税收执法和廉政问题的风险点，纳入信息化防控，实现内控信息平台覆盖税务稽查全流程。健全完善税务稽查内部控制建设，梳理选案、检查、审理、执行等主要环节内控风险点13项，全部纳入内控机制平台加强风险监控，系统对787户次稽查风险点实施阻断，对1713户次稽查风险点实施提醒。

【稽查宣传】 借助各类媒体和网络信息平台以及“税收宣传月”活动，广泛宣传“黑名单”公布及联合惩戒工作，曝光报道各类涉税违法典型案例。制作联合惩戒动漫宣传片，在办税服务大厅及上海税务网站、微博、微信公众号等新媒体上进行展播。在“上海税务”网站上曝光37件典型案件。在《中国税务报》等媒体曝光大要案件15件，发票教育宣传31次，积极营造共同打击防范发票违法犯罪的良好氛围，促进社会信用体系建设。

【稽查调研】 组织各稽查局开展课题调研，先后完成《适应经济发展新常态，推进税务稽查信息化建设》市局级重点课题调研报告和《关于税务稽查执行若干问题的研究》市局政策研究储备课题调研报告，草拟《税务稽查案件执行工作流程操作指南》。开展税务稽查标准化、规范化工作调研，撰写相关调研报告，拟订《上海市税务稽查标准化指导意见》。组织指导各稽查局、区县税务局稽查局根据加强税务稽查工作理论研究和制度建设的需要，结合各自税务稽查工作的实际和特点，自定课题项目开展调研工作，形成30余篇分局级税务稽查调研报告。继续完善稽查制度体系建设，根据税务总局关于推进税务稽查随机抽查工作安排，拟订《上海市贯彻落实总局随机抽查实施方案的工作安排》《上海市税务稽查执法检查人员分类名录库管理规定》等材料，并积极参加税务总局随机抽查相关制度的征求意见和专题调研工作。

【稽查工作会议】 2015年3月24日，召开2015年上海税务稽查工作会议。市局党组书记庄晓玖出席会议并作重要讲话，市局总经济师曹晖主持会议。会议总结回顾了2014年全市税务稽查工作情况，具体布置了2015年稽查工作任务。在全市税务系统2014年度纳税人满意度调查中，税务稽查工作在15项一级指标中综合满意度得分最高，税务稽查程序规范和执法公正在48项二级指标中排名第一和第二。曹晖总经济师代表市局在全国税务稽查工作会议上就稽查信息化建设作了交流发言。庄晓玖充分肯定了全市税务稽查工作的成绩，要求各级稽查部门全面把握上海税收事业发展的新特点新要求，牢牢坚持“法治稽查、科技稽查、创新稽查”的理念，持续推进税务稽查现代化建设，为实现税收现代化目标做出更大的贡献。会上，稽查四局、虹口、宝山、松江区税务局等单位进行了交流发言。市局部分处室负责人，各区县税务局、各直属分局负责人和有关人员，以及稽查处全体人员参加会议。

（梁　丁）

江苏省

江苏省国家税务局稽查局

【概述】 2015年，江苏省国税总收入7279.2亿元，同比增长5.53%。全省共有稽查机构87个，其中省级1个、地级15个、县级71个。共有稽查人员2104人，其中省级15人、地级722人、县级1367人，占税务机关人员总人数的11.36%。江苏国税局稽查局以党的十八届三中、四中全会精神为指引，全面贯彻全省国税工作会议和全国税务稽查工作会议精神，坚持依法稽查，服务税收工作大局，继续全面推进稽查现代化建设，以“两个打击”为重点，充分发挥税务稽查职能作用。

【稽查现代化建设】 充分发挥省级选案部门

信息聚合和分析优势，由省局专业化选案团队按照各个项目的自身特点，利用“互联网＋情报信息”开展集中选案。如黄金票检查的资金分析中，采取链条选案与特征画像选案相结合的方式，靶向精准，选案准确率较高。出口退（免）税企业选案，是通过设置9个风险指标排查出风险疑点企业名单。资本交易项目则利用网络“爬虫”等现代信息化技术手段及第三方数据，获取有价值的资本交易情报。对重点税源企业检查，开发数据分析系统，利用苏州市国税局稽查局构建的“智慧税务稽查”体系，通过数据情报平台、互联网数据、第三方情报及企业的账套数据，开展深层次的分析，生成深度分析报告，以此开展实地检查，大大地缩短实地检查时间。

【稽查体制机制改革】　结合江苏省税收征管改革要求，江苏省国税局稽查局继续推进分类分级稽查，上收省局定点联系企业的检查权至省级稽查局，在部分地市将区县级稽查的审理及选案权上收至地市级，实现税源和稽查资源的匹配。

【稽查查补收入及分析】　共立案检查各类纳税人5576户，查补收入16.42亿元，入库15.58亿元，其中查补税款11.92亿元，滞纳金1.81亿元，罚款2.67亿元，没收非法所得103万元，平均入库率94.90%。

【案件查办情况】　根据案件各自特点，参照既往检查经验、典型案例做法，对不同的项目，采取不同的检查策略。如黄金交易企业检查中，采取分层实施，梳理犯罪脉络和挽回税款损失同步进行的方法，效果明显。资本交易检查中，采取以点带面、案例解剖方式进行检查。在虚开网络版普通发票专项整治中，利用开票IP地址追踪，实现案件突破。2015年共查处千万元以上税款的大要案18件，查补收入3.11亿元；百万元以上税款的大要案166件，查补收入5.56亿元。

【重大案件查处】　围绕“两个打击”，累计查处案值超亿元虚开案件14起，查实出口退税案件43户，亿元虚开案件数与出口退税案件数均比以往年度大幅增加。其中，徐州“9·22”专案确定虚开金额127.88亿元，因该案引发的全国公安立案案件98起，案值近千亿元。

【税收专项检查】　根据税务总局税收专项检查工作部署，江苏省国税局稽查局认真研究措施，强化组织领导，按照项目化管理、专业化分工的总体思路，采用“团队运作”“精细选案”“创新策略”“督导跟踪”的方法扎实开展专项检查。截至2015年11月底，全省共查补收入22.59亿元（检查15.49亿元、自查7.1亿元），定性虚开发票（含普票）9.56万份、金额332.14亿元，移送司法机关458户，查处案值超亿元案件14起，公安机关抓获犯罪嫌疑人132人。

【区域性税收专项整治】　一是开展小规模纳税人虚开网络版普通发票专项整治，集中下发一批检查名单，查实虚开普通发票10600份，金额39.03亿元，进一步规范了小规模纳税人网开发票行为。二是根据税务总局统一部署，与货劳处等部门密切配合，全面开展应用升级版数据打击虚开增值税专用发票违法犯罪专项整治。集中筛选出169户汉字比对明显不符的企业，布置全省开展检查，确认其中129户企业存在重大虚开嫌疑，涉嫌虚开发票共10.06万份，金额200.06亿元，移送公安28户，确认失控发票2.08万份。三是继续开展商贸企业虚开专项整治。在2014年开展的商贸企业专项整治基础上，组织开展“进13%销17%”商贸企业虚开专项整治，查处12起虚开案件，涉案金额27.98亿元，个案最高案值17.69亿元，抓获犯罪嫌疑人11名。

【重点税源企业检查】　根据《国家税务总局关于2015年重点税源企业随机抽查工作具体安排的通知》（税总函〔2015〕521号），立足防范重点税源企业税收风险，着力引导重点税源企业税收遵从，积极稳妥地开展重点税源企业自查工作。截至2015年11月底，查补收入共2609.96万元，入库1170.90万元，冲减增值税留抵税金71.20万元，调减亏损额85.42万元，其中税务总局下发企业集团成员单位自查查补合计2027.15万元、江苏自选企业集团成员单位自查查补合计582.81万元。

【出口退（免）税企业检查】　统一组织全省稽查力量，与公安、海关密切配合，积极开展打击出口骗税工作，查补的出口退税款为全国最多，成效明显：共开展各类检查1891户，查补收入合计7.81亿元，入库1.6亿元。其中，立案检查66户，查补收入4.89亿元，入库6568万元；开展其他出口退税专项检查1825户，查补收入2.92亿元，入库9395万元；公安机关立案9户，抓捕6人。

【黄金交易企业检查】　按照《国家税务总局公安部关于开展打击利用黄金交易虚开增值税专用发票违法犯罪专项行动的通知》（税总发〔2015〕56号）要求，组织全省稽查力量，联合各级公安经侦部门，密切配合、扎实有序地推进专项行动开展，查处企业户数、确定虚开金额、抓捕犯罪嫌疑人数均位列全国前茅。全省稽查部门共立案查处"黄金票"涉案企业1520户，定性虚开和接受虚开增值税专用发票10.1万份，金额308.95亿元，税额52.52亿元，查补收入2.27亿元，查处案值超亿元案件14起；全省公安机关共立案查处"黄金票"涉案企业292户，摧毁犯罪团伙11个，抓捕犯罪嫌疑人142人。

【资本交易检查】 根据税务总局工作要求，江苏国税局稽查局直接组织协调各地市落实资本交易项目检查任务，利用网络"爬虫"等现代信息化技术手段及第三方情报渠道强化资本交易信息获取能力，共选取全省285户企业作为检查对象。在检查过程中，改变以往以布置为主的粗放式管理模式，调整为以省级稽查局检查科为主导的专业化团队对检查进行精细化管理，收到了良好效果，共计查补税款6.6亿元（增值税156.5万元、企业所得税6.59亿元），加收滞纳金3306.42万元，罚款3081.58万元，共计7.24亿元，冲抵增值税留抵税金444.65万元，调减亏损企业申报亏损额1.24亿元；企业自查补税金额共2.94亿元。

【打击发票违法犯罪活动】 根据税务总局要求，重点对金融保险、房地产、商业批发与零售、药品与医疗器械、餐饮娱乐、加工制造、中介机构等行业的发票使用情况开展检查。至2015年11月底，共查处违法企业3937户（含自查）。其中，定性虚开发票（含普票）9.56万份，金额332.14亿元；查补税款4.34亿元，加收滞纳金0.4亿元，罚款0.9亿元，滞补罚合计5.64亿元；移送公安案件393件。非法虚开、代开发票的违法犯罪势头得到有效的控制。

【税收"黑名单"制度】 构建"四重一防""黑名单"工作制度。一是重考核，将"黑名单"及联合惩戒工作纳入地市绩效管理考核的关键指标体系，确保该项工作质效。二是重审核，从录入方至终审方层层逐项核实案件信息，规避案件信息上报错误。三是重督查，由省级层面监控管理，按期逐户对违法案件信息的外网公布情况进行督察。四是重宣传，多层级多方式，将"黑名单"查处公布与案件宣传曝光紧密结合。五是防瞒报，利用江苏国税数据情报管理平台和稽查案件管理系统进行全省查结案件的全面梳理，避免地市案件瞒报。截至2015年三季度，共上报税务总局公布"黑名单"35户，省级公布60户，市级及以下公布167户。全省国税各地税务机关录入、审核、上报、公布、宣传等工作开展有序，运行状况良好。

【涉税违法案件检举】 高度重视举报工作，切实做到热情服务，耐心解释，及时化解矛盾，不留隐患，严抓各项举报管理制度的落实，较好地完成了各项税收违法案件举报工作任务。2015年，全省共受理税务违法举报案件2544件，查处1767件，查处率69.5%，查结1509件，结案率85.4%，查补税款2.15亿元，滞纳金3069.62万元，罚款4950.04万元，滞补罚合计2.95亿元，实际入库税款1.41亿元，滞纳金2853.96万元，罚款4133.30万元，滞补罚合计2.11亿元，移送公安14件。

【案件协查】 按照税务总局要求，江苏国税稽查部门各层级协查岗积极落实，协查质量不断提升。2015年度，机外违规协查0起，按期回复率100%；选票准确率68.92%；委托协查信息完整率99.79%，受托协查信息完整率99.96%；累计按期分捡率100%；受托协查"有问题"发票占受托协查发票的比率75.67%，"有疑问"类受托协查回"正常"发票占累计回复发票的比率20.85%，"确定虚开"类受托协查回复"正常"发票占累计回复发票的比率0.11%；无法核实比率39.5%（"有疑问"的受托协查回复"无法核实"发票占累计回复发票的比率51.59%，"确定虚开"的受托协查回复"无法核实"发票占累计回复发票的比率10.94%）。受托协查查补入库税款4230.33万元，委托协查5594起、受托协查按协查起数5595起。

【稽查制度建设】 对各类重大检查项目，采取项目化管理，团队化运作的模式，收到了较好的效果。如黄金票检查、出口退（免）税检查、资本交易检查、"营改增"调研式检查、网络虚开普通发票等均由省稽查局分管领导分工负责，各检查科牵头具体落实，统筹调配全省稽查力量，抽调省内专家组建专业化选案团队、检查团队，负责各项目的集中选案、统一培训、检查实施、跟踪督导等具体事项。各团队制订下发包括检查预案、检查方案及应对流程在内的固定模板，为地市有针对性地开展项目化检查提供方便。

【稽查队伍建设】 继续着力于稽查队伍党风廉政建设：严格按照《税务稽查人员职业操守》要求，约束和激励全省稽查人员职业道德行为。认真落实"一案双查"制度，深入开展廉政执法教育，有效防范以权谋私等执法风险。进一步明确岗位职责，通过跟踪管理、内外部监督等手段，加强对稽查运行全过程的监督制约，促进严格依法稽查，增强执法的统一性和规范性。

【稽查业务培训】　为强化稽查人员的业务素质和岗位技能，提高稽查风险应对水平和绩效，于2015年上半年组织举办3期共450人参加的全省国税系统稽查人员风险应对全员培训，重点培训了征管改革整体框架及数据情报平台的应用、检查任务管理办法及税收职责清单、近年来企业所得税与流转税策的主要变化、查账软件的运用和虚开发票企业、骗取出口退税企业、高风险重点税源企业的风险分析及稽查应对等内容。

【稽查信息化建设】　拓展稽查手段信息化建设，实现全省查账软件由单机版向网络版的转化，推进查账软件开发及升级，提高电子工具分析功能，增强打击精准度，多个地市举办查账软件应用竞赛；进一步加大现代化办案设备和科技装备投入力度，有效应对高科技犯罪，部分地市参照司法办案模式，投资兴建现代化办案中心。

【稽查宣传】　注重加强税收违法“黑名单”及联合惩戒工作成果的宣传，先后在国家级媒体宣传5起，省级媒体宣传8起，地市级及其他媒体宣传13起。在宣传渠道方面，加强了网络媒体宣传报道的力度，将“黑名单”及联合惩戒工作融入网络宣传：江苏国税外网主页以醒目红色标注标题，创建独立栏目，对达到标准的“黑名单”进行公布；2015年10月6日“中国政府网”新闻版地方报道发布了《江苏20省部门联合惩戒重大税收违法》；联合省信用办，在“诚信江苏网”设置重大税收违法案件当事人联合惩戒专栏，开展“黑名单”企业信用信息公示；在“中国江苏网”以《张家港保税区国税局侦破重大虚开发票案涉税800多万》为标题，就某国际贸易有限公司（“黑名单”企业）虚开查处及惩戒情况进行报道；在“中国江苏网”报道《吴中国税推进纳税信用评级，违者进“黑名单”》。

【稽查调研】　深入部分地市局多次开展调研，汇总基层在“黑名单”及联合惩戒制度推行中遇到的18个难点、2条政策请示，形成《江苏国税关于重大税收违法案件信息公告的调研报告》，向税务总局上报。税务总局下发《重大税收违法案件（黑名单）公布及联合惩戒工作分档考核办法》（讨论稿）后，组织精干人员召开座谈会讨论学习，并向税务总局上报两次修改建议。

【工作建议】　总结2015年打击利用黄金交易虚开增值税专用发票违法犯罪专项行动的经验，特提出以下建议：第一，加强黄金票源头管理，敦促上海黄金交易所加强对会员单位尤其是代理客户的监管力度，严格其入场标准，以及实物交割、资料备案等管理要求，防止其成为组织、参与虚开违法犯罪的载体。第二，推行税务登记、发票领购实名制制度，同时加强会计从业者管理，建立会计从业者“黑名单”制度，对于知法犯法、故意违规的会计从业者采取相应的惩罚措施。第三，税务总局与人民银行协调，开放人民银行反洗钱中心对税务机关的查询权限，同时加强大额现金交易监管，以促进税务机关查处虚开案件的效率提高。

（季晓丽）

江苏省地方税务局稽查局

【概述】　2015年，江苏省地税稽查部门以服务税收工作大局为中心，以维护税法尊严和提高纳税遵从为目标，加大重大涉税案件查处力度，进一步推进稽查管理创新，加强稽查队伍建设和能力建设，确保法治上水平、办案增威慑、改革有突破、履职更安全，提高稽查的贡献度和结案率，促进了全省地税稽查工作再上新台阶。

【稽查体制机制改革】　江苏省地税系统自2013年6月实施稽查管理机制改革以来，“机构虚拟，运作实体”的省局稽查局区域稽查分局，以及省辖市一级稽查模式得到不断完善和推进。近3年来，区域稽查分局共查补税款22.5亿元。2015年，省局进一步以完善制度建设为抓手，制定《区域稽查分局案件管理暂行办法》《区域稽查分局工作考核暂行办法》，着力提质增效，运行有章可循。进一步推进省辖市一级稽查，逐步实现人员调配、案源、检查、审理、政策、执行，以及绩效评价在更高层次的统一。

【稽查查补收入及分析】　2015年全省地税稽查部门共组织检查16275户，查补收入86.25亿元，增长23.81%，查处百万元以上案件280件、千万元以上案件115件、亿万元以上案件3件，大要案查补收入占检查收入总额的69.81%，稽查查补收入占地税税收收入的1.5%，为组织收入工作做出了积极的贡献。

【案件查办情况】　加大税务稽查执法力度，强化稽查执法刚性，震慑不法纳税人，营造良好税收环境。全省地税稽查部门直接立案查处各类税收违法案件5122件，实现查补收入52.05亿元，同比增长42.48%。全年选案准确率97.69%、入库率86.86%。

【税收专项检查】 根据税务总局要求，结合全省实际，在全省范围内组织开展2015年税收专项检查工作，主要包括：资本交易、高等院校、各类信托公司、房地产业、建筑安装企业以及实施"营改增"的行业、高收入者个人所得税、营利性教育培训机构等。省局及早部署，加强指导和督促，各地强化自查辅导，提升抽查质效。全省累计对4549户纳税人进行了专项检查，查补税款入库42.22亿元，其中自查补税26.64亿元、检查收入15.58亿元。

【重点税源企业检查】 根据税务总局统一部署，把筛选出的104家企业列入重点税源检查范围，督促辅导企业进行自查补缴，并对其中28家企业进行重点检查，共入库税款4783.29万元。认真开展税务总局随机抽取的26户集团企业的税收检查，自查补税11669.45万元。

【出口退（免）税企业检查】 组织640户出口退（免）税企业进行自查，重点检查204户，共查补收入3136.37万元。

【资本交易检查】 积极与工商、国资、国土部门联系，掌握近年来进行股权变更和土地交易的信息。经过与风险评估部门的数据对比，结合企业历年的纳税信息，确定相关企业进行检查，共计查补收入12214.72万元。

【房地产及建筑安装企业检查】 采取纳税人自我评查与税务机关深入检查相结合的方式，全面检查房地产开发与建筑企业税款申报缴纳情况。全省安排7336户企业自查。其中发现问题企业2682户，自查补税金额16.77亿元。安排检查企业1719户，检查补税9.84亿元。合计补缴税款为26.61亿元。

【高收入者个人所得税检查】 自查345户、入户检查99户，共计查补税收入4509.6万元。

【营利性教育培训机构检查】 自查179户、重点检查54户，共计查补收入210.12万元。

【打击发票违法犯罪活动】 各级稽查部门强化部门协作，积极开展假发票"卖方市场""买方市场"整治，严厉打击发票违法犯罪活动。全年共检查纳税户4570户，发现违法使用发票纳税户1885户，查获非法使用发票15245份，涉及金额112911.6万元，查补收入9939.81万元。有关人员被税务总局评为打击发票违法犯罪活动工作成绩突出个人。

【税收"黑名单"制度】 落实案件曝光及信息公告制度。自2014年第三季度至2015年底，共公布重大税收违法案件26起。积极推进联合惩戒工作，及时转发相关文件，联合省国税局、省信用办牵头，召开联合惩戒工作协调会，提请省政府下发《江苏省联合惩戒工作的实施意见》。地税部门按照联合惩戒工作要求，依托政府信息平台及时准确向各单位推送案件信息，推动全社会信用体系建设。

【案件协查】 牢固树立全国一盘棋思想，把协查工作作为日常检查的重要内容，不折不扣做好发票协查等案件协查工作。共收到外省（市）协查函30余份，涉及北京、天津、上海、重庆等直辖市和浙江、安徽、广东、江苏（国税）等10余个省级税务稽查部门，共转发至各省辖市地税稽查系统协查函100余份。

【稽查队伍建设】 试行稽查干部能级管理制度。深入调研，草拟《关于在稽查序列开展能级管理的试点意见》，在连云港、扬州、镇江3市稽查序列开展能级管理试点工作，为江苏地税全面推行能级管理积累经验。开展"一案双查"，加强稽查干部廉政建设，锻造清正廉洁的干部队伍。

【稽查人才库建设】 建立省、市两级分类稽查人才库，分为专家型、稽查型、制度型等专业人才。实施多层次全方位业务培训。针对一线稽查人员流动较大的现状，专门开展了区域检查和专项检查的查前培训，通过实例讲解，增强培训效果。

【稽查业务培训】 实施多层次全方位的业务培训。省局专门开展区域检查分局业务培训班，以及专项检查查前培训班，重点开展针对提高稽查干部的税收政策水平、法律素质、查账技能等实用型培训，发挥专业人才的综合效应。

【稽查信息化建设】 树立"互联网+稽查"的工作思路，以信息化为支撑开展稽查工作。完成电子印章的需求、测试和推广工作。积极应用查账软件，提高检查效率；在查案过程中，运用互联网搜寻相关信息，如通过百度地图查询地块信息进行案件取证；研发在线审理、远程审理系统，突破时间、地域的限制，实时进行案件审理。

【稽查宣传】 加大稽查宣传工作力度，全年编发《稽查动态》7期。联合惩戒相关工作的宣传稿件在江苏省委党报《新华日报》头版刊出。

【稽查调研】 全省地税稽查部门从防范执法风险，提高稽查效能等方面入手，积极探索和推进稽查现代化建设。省局稽查局在执法风险方面进行有益的调研探索，形成《关于当前我省税务稽查积案现状、成因及应对思路》的调研报告，为进一步优化稽查工作机制、推进稽查现代化建设奠定一定的理论基础。

【税务稽查工作会议】　2015 年 3 月 20 日，召开江苏地税系统稽查工作会议。会议传达了全国税务稽查工作会议精神，总结了 2014 年全省地税稽查工作，部署了 2015 年稽查工作任务。江苏国税局副局长陈筠在会上作题为《把握新常态　推动新发展　努力开创江苏地税稽查工作新局面》的工作报告，充分肯定了 2014 年全省地税稽查工作取得的成绩，指出要认清形势，敬业履职，准确把握江苏地税稽查工作新常态。2015 年稽查工作思路是：贯彻落实全省地税工作会议和全国稽查工作会议精神，以服务税收工作大局为中心，以维护税法尊严和提高纳税遵从为目标，加大重大涉税案件查处力度，进一步推进稽查管理创新，加强稽查队伍建设和能力建设，力争法治上水平，办案增威慑，改革有突破，履职更安全，提高稽查的贡献度和结案率，促进全省地税稽查工作再上新台阶。同时，对做好 2015 年稽查工作强调了四点意见：一是加大查办大要案力度，增强高风险应对能力；二是深化稽查管理体制改革，提升稽查法治化水平；三是强化基础建设，为稽查工作提供有力支撑；四是试行能级制管理，锻造高素质稽查队伍。

（娄开峻）

浙江省

浙江省国家税务局稽查局

【概述】　2015 年，浙江省国税稽查部门认真贯彻落实税务总局稽查局和省局各项工作部署，以维护税法尊严、提高纳税遵从为目标，围绕行业性税收专项检查、重点税源企业检查、和打击虚开、骗税等重点工作，依法行政，锐意进取，充分发挥了税务稽查职能作用。

【稽查现代化建设】　深入稽查现代化建设工作。一是继续加大对全省稽查系统信息化装备的配置，提升现代化装备水平。二是联合公安部门共同打造数据分析研判平台，利用数据的高度集中查前分析，提高了稽查的针对性。三是在省局组织的针对重点税源企业的“下查一级”检查中，明确检查组必须使用查账软件辅助开展检查工作。四是金华市局完成电子化稽查实战室的建设工作，并出台《电子税务稽查操作规范 1.0（试行版）》，为稽查人员实施电子稽查提供了具体可行的操作规程。

【稽查体制机制改革】　按照税务总局“做实省局、做强市局、优化县局”的指导思想，2015 年浙江国税稽查部门继续以省、市两级“下查一级”为抓手，推动稽查资源的集约化。全年省、市两级稽查部门共实施“下查一级”案件 322 件，组织查补收入 2.08 亿元，其中省局稽查局实施“下查一级”检查较往年力度加大，共检查案件 20 件，组织查补收入 8684 万元。舟山、丽水等市地稽查局试点将县局稽查局的选案权上收到市局稽查局，进一步优化国税稽查资源配置。

【“营改增”专项稽查】　按照税务总局部署，2015 年浙江国税稽查部门开展针对电信业的“营改增”专项稽查和涉及交通运输业、铁路运输业、通信业、部分现代服务业和邮政业共 19 户企业的调研式检查工作，共涉及浙江分支机构及相关企业 173 家，2015 年度实现查补收入 3595 万元。

【稽查查补收入及分析】　共检查企业 12184 户，累计查补收入 24.41 亿元，实际入库 23.71 亿元。累计查补收入中，自查收入 13.66 亿元，占收入总额的 55.96%；立案检查收入 10.75 亿元，占收入总额的 44.06%；立案检查收入中，税款 7.27 亿元，占检查收入的 67.63%；滞纳金 1.37 亿元，占检查收入的 12.74%；罚款 2.08 亿元，占检查收入的 19.35%。

【案件查办情况】　按照税务总局和省委、省政府关于整顿和规范市场经济秩序的总体部署和要求，浙江国税稽查部门积极开展整顿和规范税收秩序工作，大力查办涉税违法案件，实施检查企业 2992 户，审结 2776 户，有问题 2696 户，选案准确率 97.12%；结案 2712 户，结案率 90.64%。为加快案件查办进程，确保案件查办质效，浙江国税局稽查局于2015年切实加强案件督办工作：一是制定科室定点联系税务总局、省局督办案件工作制度，明确责任；二是每月开展一次局务会议专题研究各地督办案件查办情况，研究推进案件进程办法；三是对各地督办案件查办情况进行季度通报，增加压力，提高案件查办效率。

【重大案件查处】 以查处虚开发票、骗取出口退税案件为重点，继续加大涉税违法打击力度，进一步提高稽查威慑力。全省全年共查处税款在千万元以上案件5件，查补收入1.29亿元；查补税款在百万元以上大要案115件，查补收入3.37亿元，与2014年同期查处百万元以上大要案105件，查补收入2.33亿元相比，大要案的个均查补收入大幅增长。查处杭州钢材市场虚开发票案、义乌“2·26”企业走逃案、桐乡“5·04”虚开普通发票案和金华“11·03”虚开增值税专用发票案等多起重大案件。

【税收专项检查】 按照税务总局的统一工作部署，结合浙江省实际，2015年浙江省各级国税稽查部门组织开展了针对出口退（免）税、黄金交易、资本交易等3个项指令性项目的专项检查工作；将房地产及建筑安装、营利性教育培训机构等项目列为指导性项目。各地市结合本地区域经济特点，有针对性地选择了银行金融业、房地产业、证券行业、汽贸行业、砖瓦行业、塑料制品和金属制品等行业开展税收专项检查。在检查实施过程中，全省各级国税部门加强领导，开展查前培训，实施过程管理，创新方式方法，保证了专项检查工作的总体要求得到落实。全年共实施检查企业19591户，查补收入13.76亿元，入库收入9.78亿元。

【区域性税收专项整治】 杭州、丽水国税稽查部门开展对使用农产品收购发票和取得农产品扣税凭证、敏感地区开具的货运发票企业开展区域专项整治。共检查企业10户，有问题6户，查补收入1239.37万元，已全部入库；组织企业开展自查384户，有问题企业150户，自查查补税额1316.68万元，已全部入库。

【重点税源企业检查】 浙江省的重点税源检查工作主要包含两大部分内容，分别是税务总局部署的重点税源企业专项检查和省局开展重点税源企业风险应对。其中，税务总局部署的第一批重点税源企业检查涉及在浙江的共2户集团企业，以及其37家成员单位，查补收入465万元；税务总局布置的第二批26户重点税源企业随机抽查任务，涉及在浙江的集团企业及成员单位共865户，自查补税1.9亿元。完成浙江省国税局下达的两批共266户高风险重点税源企业应对任务，累计查补收入2.54亿元。

【出口退（免）税企业检查】 2015年，浙江各级国税稽查部门在打骗行动中兼顾面上检查和定项稽查同时推进，点面结合，重点经营；深化与当地公安、海关等部门的合作，信息互通，协同作战；重视系统管理，加强工作督导和重点案件督办，加快行动进程。全年共布置出口退税企业自查16086户，开展重点检查且查实有问题3612户，挽回损失8.06亿元（立案查补收入2.02亿元、追回已退税款3.63亿元、不予退税1.78亿元、其他7214万元），成功查办了温州滕旭服饰有限公司等一批骗税大要案。

【黄金交易企业检查】 共检查黄金交易企业197户，有问题39户，查补收入4494.75万元；组织企业开展自查165户，有问题92户，自查补税额1451.85万元。

【资本交易检查】 共检查涉及资本交易企业45户，有问题3户，查补收入1544.95万元；组织企业开展自查410户，有问题107户，自查补税额6179.67万元。

【指导性检查项目检查】 指导性检查项目共检查企业137户，有问题22户，查补收入4123.78万元；组织企业开展自查549户，有问题335户，自查补税额2.5亿元。

【自选项目检查】 2015年，浙江国税系统根据本地区经济税源特征，开展了对银行金融业、房地产业、证券业、汽贸行业等自选项目的检查，共检查企业306户，查补收入1.53亿元；组织企业自查1033户，自查补税2.15亿元。

【打击发票违法犯罪活动】 继续加强与公安、通信管理等部门合作，以查办大要案、打击团伙犯罪为突破口，全年共查处发票违法企业1248户，查处非法发票3万余份，查补收入3.16亿元；配合公安机关捣毁制售假发票窝点、团伙35个，抓获犯罪嫌疑人177人。查处杭州钢材市场虚开发票案、义乌“2·26”企业走逃案、桐乡“5·04”虚开普通发票案和金华“11·03”虚开增值税专用发票案等系列重大案件。

【税收“黑名单”制度】 2015年，浙江省、市两级国税稽查部门通过门户网站向社会公布重大税收违法案件及当事人信息35件，并向相关部门推送相关信息，中国人民银行杭州支行、省出入境检疫局、省国土资源厅、省互联网信息办公室以及省局纳税服务处、进出口管理处、货劳处等都对稽查部门推送信息当事人开展了不同形式的惩戒，充分发挥了税收“黑名单”的惩戒和震慑作用。

【涉税违法案件检举】　认真贯彻执行税务总局《税收违法行为检举管理办法》《浙江省国家税务局税收违法行为检举管理制度》，实施检举案件分类处理，明确分类权限和程序，提高检举案件管理水平，努力化解检举工作中易产生的矛盾，减少缠诉案件，维护和谐稽查。全年全省共受理税收违法举报案件1721起，立案查处1045件，查补收入4.18亿元。

【案件协查】　牢固树立全局意识、责任意识和协作意识，积极做好案件协查工作。2015年全省委托发起协查1712起，涉及各类发票19594份，选票准确率61.86%；受托协查1658起，涉及各类发票13840份，涉及金额25.53亿元。

【稽查系统建设】　继续加强对稽查工作的领导，统筹安排好稽查工作必需的各类保障，主要领导经常听取稽查工作及重大案件查处情况的汇报，协调解决出现的问题和矛盾，为稽查工作提供坚强后盾。上级稽查局继续加强对下级稽查局的业务指导和工作考核，完善稽查体制机制建设，提升稽查系统各项工作质量。省局稽查局于2015年初建立督办案件科室定点联系工作制度，进一步理顺和强化省局稽查局对重大税收违法案件督办的工作管理；同时，也向各地下发了陈案、积案的管控和清理指导意见，并针对其中涉及的省局“下查一级”未执行完毕案件，建立月度工作报告制度，督促各地加快案件进程。认真开展案件复查和优秀案例评选工作，以查促查、以查促评，推进案件查处质量提升。

【稽查队伍建设】　以开展“三严三实”专题教育活动为契机，通过上党课、读原著、听讲座、参观廉政教育基地、集中交流发言等形式多样的活动，进一步加强稽查队伍作风建设和党风廉政建设。

【稽查业务培训】　浙江国税对稽查人才的培养高度重视，大力推动稽查队伍的素质提升。省局先后组织开展2期稽查骨干专业培训和6期稽查一般干部系统培训项目，参训人员700余人，促进了干部的知识体系的完善和业务能力的提升。市地级层面，有的组织稽查干部到知名高等院校开展专业培训，借力优秀平台和资源，更好地拓展了干部视野；有的专注开展电子查账技术培训、案件审理业务培训等工作，着力提升干部专项技能。

【稽查信息化建设】　继续大胆实践，不断提升信息化稽查水平。在加大对全省信息化装备配置投入的基础上，在选案和查前分析环节积极运用各信息系统数据和互联网信息开展分析研判，探索“大数据”稽查。在18户重点税源企业“下查一级”检查实施中强制要求运用电子查账软件进行调账和数据分析并报告反馈运用情况，提高稽查效率。年初挑选人员到税务总局参与打骗、打虚行动信息化选案工作，学习全国领先经验，培养储蓄更多信息化专业人才。各市地相比省局有更多专业人才，在信息化稽查建设上也做了很多尝试，取得了不错的成效。金华、嘉兴市国税局稽查局于2015年建成自己的电子查账实验室，为稽查干部培训、模拟训练、稽查实战提供了集中平台。其中，金华还组建了24人的电子查账专业团队，制定《电子税务稽查操作规范》，在工作中试行电子查账疑点线索推送。绍兴市国税局稽查局继续发挥“三合一”稽查集群实战竞技平台品牌优势，开展竞赛检查，应用查账软件，提高检查的规范化和标准化。丽水市国税局稽查局充分收集第三方信息，加强数据分析运用，在货运发票整治和驾校行业整治中事半功倍，取得了稽查成果的同时也积累了良好经验。

【稽查调研】　为进一步提升浙江国税稽查系统工作质效，浙江国税局稽查局到广州、深圳、上海等地开展实地调研，从稽查队伍、稽查信息化建设、案件检查、稽查职能定位、绩效考核等多方学习先进经验，并形成调研报告报送省局领导。同时，重视落实调研成果，结合浙江实际，对省局稽查局职能进行调整以促进其发挥管理职能，建立查前联合研判分析平台，开展案头分析、线索经营，提高稽查针对性。

【稽查工作会议】　2015年3月，浙江国税稽查工作会议在台州召开，参加会议的有各市国家税务局及义乌市国家税务局分管稽查的局领导和稽查局局长。会议传达贯彻了全国税务稽查工作会议精神，在全面总结和回顾2014年全省国税稽查工作开展情况的基础上，交流稽查工作经验和做法，全面落实2015年稽查工作重点和各项任务。省国税局总会计师王平到会并作重要讲话。会后各地也及时召开会议，将上级精神贯彻落实到位。8月组织召开稽查重点工作部署会议，会议传达税务总局年中工作会议精神，部署2015年下半年重点工作。此外，浙江国税局稽查局还多次组织召开稽查工作例会及座谈会，及时了解各地稽查工作情况，不断分析、研究存在问题，改进和完善稽查工作。

【工作建议】 针对稽查队伍，考虑基层稽查部门培养一个熟练的稽查干部不容易，特别是培养一个稽查骨干更不容易，稽查骨干的流失对当地稽查工作的影响比较大，希望从税务总局层面考虑制定相关规范，明确什么情况下让什么人出去，把好出口关，稳定稽查业务骨干队伍。针对稽查办案专项经费使用，税务稽查办案专项经费管理办法采用正列举的方式规定稽查办案专项经费支出范围共9个项目，其中，第二章“支出范围和标准”中关于“协查办案费”的支出范围是“办案单位在办案过程中支付给案件协查单位的有关费用，复制、翻拍、传递情况材料的费用以及组织、委托有关方面人员进行专题情报研究的费用等”，支出标准为“根据协查办案业务量，从严控制协查办案费支出”。以往经费使用中，协查办案费仅仅用于和公安、海关等部门的联席会议费用的支付，使用效率较低。建议税务总局针对现在稽查同公安经侦部门需要联合侦破的案件越来越多的现状，在《税务稽查办案专项经费管理暂行办法》和现行财务制度的框架下，研究制定联合查办案件经费使用办法，制定相关支付标准，解决联合办公、联合外调等过程中产生的费用支出问题，以合规合理的费用保障联合查办案件的顺利进行。另稽查部门购买中介服务如从税务师事务所购买查前数据分析服务产生的费用是否可作为“委托有关方面人员进行专题情报研究的费用”编入预算，据实列支，还值得研究和商榷。

（江永珍）

浙江省地方税务局稽查局

【概述】 2015年，浙江省地方税务局稽查局认真贯彻全省地税工作会议和全国税务稽查工作会议的精神和要求，组织指导全省各级稽查部门开展税务稽查组织实施方式的探索与实践，全力促进稽查查账能力和稽查信息化应用水平提升，积极发挥税务稽查职能作用，引导和促进纳税遵从，圆满完成各项检查任务。

【稽查体制机制改革】 进一步优化稽查人力资源配置：杭州市局成立市局稽查局，并对市本级稽查机构进行了整合调整；台州市局在市本级一级稽查体制上实现重大突破；温州市局根据行政区划调整按市本级一级稽查的要求撤销了洞头县局稽查局。针对重点税源企业难以查深查透问题，2015年首次采取省市联合检查的形式，开展了各市间的交叉检查。为了提高稽查的效率和针对性，研究建立定向稽查制度，对非金融企业转让股票的营业税缴纳情况尝试开展定向稽查取得良好成效。对行业性集团企业的检查，尝试选择部分成员单位先行开展检查，然后再全面推开的方式，积累检查经验，提高检查效率，将稽查给企业带来的影响降至最小。

【稽查查补收入及分析】 浙江地税稽查部门（不含宁波，下同）共对9752户纳税人组织实施了检查，占企业正常纳税总户数的0.99%，共查补各项收入28.3亿元（其中税收收入27.6亿元），占地税组织税收收入的比重为0.7%。其中，由各级稽查局直接实施稽查的有4086户纳税人，查补各项收入合计10.5亿元。全省稽查案件查结率95.7%、稽查选案准确率94.4%，查补收入入库率96.3%，人均检查户数6.1户/年。

【案件查办情况】 坚持采用责成自查和重点检查相结合的检查模式，深化应用随机抽查，探索实施定向稽查，尝试开展省市联合检查，“以点带面”推进行业集团检查。2015年共查处大要案284件，比2014年增加10件；查补总金额7.6亿元，占稽查局检查查补收入总额的72.4%。移送公安机关涉嫌税收违法案件38件，曝光案件210件，听证案件4件，复议和诉讼案件3件。组织查办税务总局督办案件1件，审计厅、巡视办等单位移交案件3件。

【税收专项检查】 围绕“营改增”工作，将营业税行业作为专项检查重点，对资本交易、房地产及建筑安装业、非学历教育培训等营业税为主税种行业确定为全省地税系统税收专项检查指令性检查项目，部分地区还组织开展了中介服务、旅店等行业专项检查。全省地税稽查部门在各项税收专项检查中共检查纳税户7587户，发现有问题5523户，共查补收入合计19.01亿元。省局稽查局将非金融企业股票转让营业税缴纳情况作为资本交易检查项目的重点，牵头组织人员查找证券市场公开信息，直接为市县局提供865条股票股权转让线索，指导各地组织开展定向稽查，相关线索共查补税费及滞纳金4.27亿元。根据省局进一步加强印花税征管工作的要求，组织开展了针对未按规定进行印花税结算企业的定向稽查，查补1.12亿元。

【重点税源企业检查】 组织开展税务总局布置的两批重点税源企业抽查任务。上半年，对浙江恒逸集团、德力西集团等6家集团公司在浙37户成员单位开展检查，共查补收入5261.88万元。2015年10月，税务总局下达对中国移动等12家集团涉及浙江省的753户企业开展随机抽查任务，查补收入1.87亿元。在2014年首次尝试实施由省局直接从省级以上重点税源企业中随机抽选检查对象的基础上，2015年再次通过“税友龙版”随机抽选163户10年以上未实施过税务稽查的重点税源企业，布置各市县局稽查局组织开展检查，查结案件共查补收入1.7亿元。

【打击发票违法犯罪活动】　联合省国税稽查局对发票违法问题高发、频发的金融保险、房地产、商业批发和零售、药品与医疗器械、加工制造、中介机构等行业的发票使用情况组织开展检查，分解落实查处发票违法企业量化指标任务。重点查处虚开劳务发票、企业使用虚假发票等违法行为，查处了衢州久天人力资源开发有限公司、衢州市远盛人力资源公司虚开劳务发票案、开化县旭升人力资源公司虚开劳务发票案、义乌市“2·26案件”等一系列重大发票违法案件。2015年，全省地税稽查部门共对3911户企业发票使用情况进行检查，查处违法企业户数842户，查处非法发票26918份，涉及开票金额5.5亿元，查补收入1.36亿元。16件案件移送公安部门。

【税收违法“黑名单”制度】　各级地税部门修改和调整门户网站版面，做好重大税收违法案件信息发布工作。全省共上报符合税务总局公布标准的偷税案件3件，违法案件信息在税务总局、省税务局及相关市税务局门户网站向社会公布，并将相关企业的纳税信用级别全部判为D级，对欠缴查补税款的2户企业的法人代表通知出入境管理机关阻止其出境。省级25个单位联合签署《关于对重大税收违法案件当事人实施联合惩戒措施的合作备忘录》，并召开联席会议，建立联合惩戒工作联络员制度。相关单位对“黑名单”当事人采取相应惩戒性措施。还在《今日早报》上开设了地税违法案件曝光专栏，在《浙江税务》杂志设立“税案纪实”专栏，开展违法案件曝光。全年在省级媒体曝光案件33起。

【涉税违法案件检举】　各级税务违法案件举报中心共受理举报案件960件，由稽查部门直接查处347件，查处举报案件查补税费、滞纳金、罚款共计2.08亿元，移送司法机关案件8件。共对42件举报案件的举报人发放举报奖励，奖励金额5.73万元。其中，省局稽查局举报中心受理检举事项130件、交办82件、转办25件、督办1件。根据税务总局规范税务系统对外公开电话管理的要求，组织对全省税收违法行为举报电话进行抽查，测评公开电话接通率，确保检举渠道畅通。

【稽查制度建设】　继续做好现有稽查工作制度充实完善工作：为防止对纳税人的“多头执法”“重复检查”，印发《浙江省地税系统避免重复进户执法管理办法》，建立进户执法协调机制，将地税机关规范进户执法管理行为制度化；为提升涉税检举案件的查办质量和效率，组织编发《税务稽查业务指引—涉税举报管理》，对检举事项的受理、处理、查办、管理等进行统一和规范；结合检查重点和检查中遇到的问题，编写《税务稽查业务指引—股票转让营业税检查》《税务稽查业务指引—非税收入追缴》，明确检查业务口径，有效防范稽查执法风险；组织编印《稽查综合管理制度》《稽查业务工作制度》《税务行政处罚及常用法律法规》等稽查业务手册。

【稽查队伍建设】　积极配合人教部门做好基层大要案查处重大贡献的单位与个人记功嘉奖的申报评审工作。对衢州久天人力资源开发有限公司、衢州市远盛人力资源公司虚开劳务发票案件查处中做出突出贡献的稽查人员分别给予个人三等功和嘉奖，鼓励案件查办有功人员，激励全省广大稽查干部积极开展案件查处工作，发挥稽查职能作用。

【稽查信息化建设】　一是“税友龙版”管理应用进一步深化：稽查业务报表数据实现自动采集，减轻市县局报表报送工作量，实现对市、县（市）检查任务的跟踪管理、即时查询；应用管查互动模块传递管查互动信息，共传递稽查建议533条；利用网税系统开展企业财务软件信息报备，共有304901户企业报备了基础信息，占正常企业纳税户的27%。二是推进查账软件全面应用：进一步完善查账软件相关功能，积极组织开展实战应用，67个市、县（市）局应用查账软件，共采集企业电子财务数据649套，占立案检查户数的16%；组织各地利用查账软件积极探索开展团队式检查，形成“查账软件数据采集方法”，编写“查账软件比率分析功能应用实例”，总结应用信息化手段查账的案例经验并在全省推广。

【稽查系统建设】　按省地税局“四位一体”工作要求，将税务总局绩效管理考核、省政府目标责任制考核、全省地税系统绩效考核和稽查综合考核4项工作进行整合，形成以绩效指标为核心的稽查工作考核体系，将稽查工作指标合理分解落实，用考核“指挥棒”推动各项检查主业建设。依托

“税友龙版”地税信息系统对可量化的指标直接取数考核，减轻基层报送材料的负担，提高考核效率。

【稽查业务培训】 组织开展多渠道、多形式业务培训，提高稽查人员的业务素质和查账能力：组织全省“查账软件”应用小组成员开展查账软件的应用培训；组织系统执行业务骨干在长沙税务干部学院举办执行环节业务专题培训；继续集中全省稽查部门新进人员组织开展了基础性入门稽查业务培训；根据检查工作需要，多次开展集中疑点分析和政策学习。组织稽查程序、行业检查、举报管理、电子查账、稽查信息化等稽查业务骨干开展省局重点工作，发挥稽查人才的业务引领作用。

【稽查工作会议】 2015年3月13日，浙江地税稽查工作视频会议在杭州召开。会议总结回顾了2014年全省地税稽查工作，深入分析今后一段时期稽查工作面临的新形势、新任务与新挑战，对2015年稽查重点工作作了具体部署。省地方税务局副局长王平作题为《务实创新 精准发力 持续推进浙江地税稽查现代化》的讲话。讲话指出，在新的历史阶段下，税务稽查工作要积极应对经济增速放缓、新经济业态涌现和税制改革带来的新挑战，坚持从四个方向加快推进浙江地税稽查现代化：一要坚持依法稽查、公正执法，努力解决税收法律法规适用层面的公正问题，对税收违法行为必须依法予以处罚。二要坚持法定职责，不断强化稽查的查账“主业”，将工作重心回归到对税收违法行为的主动查处上来。三要坚持改革创新，进一步探索地税稽查工作新的方式方法，积极研究团队化检查、联动协作检查、延伸检查、定向稽查等检查方式，发挥团队协作合力。四要坚持信息化发展方向，实现浙江省地税稽查信息化建设的跨越式发展。

（翁旭东）

安徽省

安徽省国家税务局稽查局

【概述】 2015年，安徽国税稽查部门认真贯彻落实税务总局、安徽省国税局工作部署，切实履行稽查职责，积极发挥职能作用，统筹推进专项检查、重大税收违法案件查处、打击发票违法犯罪活动等各项重点工作，各项指标均达到或超过税务总局要求，较好地完成了工作任务。

【稽查体制机制改革】 继续完善稽查分类分级管理。进一步规范省、市、县稽查机构职责范围，继续完善和推进分类分级稽查工作方式，使稽查人力、物力、财力等稽查资源与稽查执法对象的分布更加匹配。强化全省重点税源检查和重大税收案件查处工作，突出省市稽查局主体职责。继续推行检举案件下查一级制度，市级举报案源不得下转县局稽查局。

【“营改增”专项稽查】 继续对安徽省范围内的408户交通运输企业开展专项稽查行动，对于发现涉嫌虚开（代开）增值税专用发票的，移送或建议移送公安机关的36户，涉案发票3260份，涉嫌虚开金额2.16亿元、税额2364万元，一定程度上遏制了该行业虚开增值税专用发票的势头，工作成果受到税务总局局长王军批示肯定。

【稽查查补收入及分析】 立案检查各类纳税人2150户，其中有问题1972户，选案准确率97.96%；查补收入14.67亿元，入库收入14.63亿元，查补入库率99.74%。

【重大案件查处】 继续加大对偷税、骗税、虚开增值税专用发票等涉税违法行为打击力度，狠抓案件查处质量和效率。强化案件督办力度，组织跨地区大要案件的统一查处。2015年，安徽国税局稽查局共督办重大税收违法案件6件，组织查处了池州恒信、黄山新耀祥、铜陵伟豪等一批大案要案。

【税收专项检查】 统筹做好各指令性项目和指导性项目检查，注重与地税部门协调合作，实施“四个联合”，即两部门联合下文、联合约谈、联合进驻、联合督查。对9个行业1523户企业实施检查，查补收入4.54亿元。

【区域性税收专项整治】 以税收征管数据分析为依托，以各类检查发现的案件线索和各地举报反映的问题为导向，在实地调研或解剖式检查基础上，选择确定阜阳、亳州两个税收秩序相对混乱、税收违法行为比较集中的市作为重点整治地区，严厉打击骗取出口退税和虚开发票等重大税收违法行为。

【重点税源企业检查】 首次直接对安徽国元控股（集团）有限责任公司、安徽皖通高速公路股份有限公司、安徽省华鑫铅业集团有限公司、安徽淮南平圩发电有限责任公司、中国电信安徽有限公司5户省局监控的重点税源企业集团开展检查，查补税款约2亿元，实现省局直接实施检查查补收入的历史新高。

【出口退（免）税企业检查】 通过与公安、海关“共同进驻、联合取证、同步办案”，利用信息化系统精准选案，创新工作方法，使部门、上下协调专业化、常态化、具体化。共检查191户企业，有问题49户，查结32户，移送公安25户。查补税款2341.58万元，其中增值税1981.33万元、企业所得税282.65万元、加收滞纳金47.05万元、罚款29.55万元、查出不予退税金额380万元。

【黄金交易企业检查】 安徽国税稽查部门联合公安部门，自2015年4月起开展打击利用黄金交易虚开增值税专用发票违法犯罪专项行动。截至2015年11月底，共立案检查代理客户2户、空壳开票企业21户、受票企业218户，22户被定性接受虚开增值税专用发票219份，金额2355.49万元，税额404.46万元，累计入库税款345.3万元，滞纳金及罚款29.6万元，移送公安机关7户、查处涉案金额在1亿元以上的重大案件2起。

【资本交易检查】 将资本交易项目检查作为所有案件（包括举报案件）的前置环节，积极组建资本交易检查专业团队，加强与地税、工商部门沟通协作。对6户企业的资本交易进行专项检查，查结6户，有问题6户，查补收入合计2855.91万元，入库税款1710.42万元。

【房地产及建筑安装业检查】 检查房地产及建筑安装企业125户，有问题74户，查结54户，共查补税款24895.51万元，入库税款21553.06万元，滞纳金3800.32万元，罚款195.67万元。主要问题是房屋交房后未按规定申报销售收入，向关联方企业转让会所，不符合独立交易原则，应调增营业收入等。

【营利性教育培训机构检查】 由于该行业仅有少数机构企业所得税属国税征管，安徽国税稽查部门共检查营利性教育培训机构8户，有问题7户，查结8户。查补企业税款353.27万元，其中税款304.21万元、滞纳金46.06万元。发现的主要问题为：未按规定申报销售收入、多计成本、未按规定列支费用等。

【打击发票违法犯罪活动】 积极构建多方面协作机制，实行国税、地税、公安、财政4部门联动，创新改进检查方式方法，将信息管税与发票治理相结合，启动快速反应机制，防控税收风险。查办了“7·15”虚开发票案、阜阳市和恒医药企业虚开发票案等一大批重大涉票违法犯罪案件。共组织查处各类发票违法犯罪企业2023户，查获各类虚假发票11.87万份，查补收入2.87亿元，工作成绩受到税务总局通报表扬。

【税收“黑名单”制度】 细化联合惩戒工作实施方案，提出落实联合惩戒的具体措施。对重大税收违法案件当事人对内严格实施税收管理，对外按季度向省发改委推送重大税收违法案件信息。2015年，安徽国税稽查部门累计公布并推送重大税收违法案件53起，其中上报符合税务总局公布级别案件5起。

【涉税违法案件检举】 强化举报案件管理，对线索清楚、案情重大的举报案件进行挂牌督办，跟踪管理，动态监控，定期通报查处结果。2015年，安徽省国税局稽查局检举中心受理税务违法检举案件19起，查处16起。安徽国税稽查部门共计查补收入1714.08万元，其中税款1499.54万元、滞纳金84.76万元、罚款129.78万元。

【案件协查】 强化案件协查力度，指导案件协查工作以“票”为中心，向以“涉案企业”为中心转变，受托协查查补收入位于全国前列，受到税务总局通报表扬。

【稽查制度建设】 进一步会同公安、海关等部门完善打击骗取出口退（免）税联合工作机制。建立健全与地税稽查部门联席会议制度、联合办案管理制度、涉税案件查处信息和情报交换制度。

【稽查系统建设】 配合督查内审、巡视等部门开展稽查执法督察、巡视问题整改活动，累计整改稽查执法问题160余条。抓好系统建设，加强系统日常管理，确保政令畅通、上行下效。注重工作调研，总结经验规律，及时发现、解决问题。

【稽查队伍建设】 优化稽查干部队伍结构，逐步提高一线检查人员占全体稽查人员的比例；具备独立查账能力人员和电子查账能力人员占一线检查人员的比例；具有注册会计师、注册税务师、律师，以及其他相关专业资格的人员占全体稽查人员的比例。

【稽查人才库建设】 着重培养一批工作作风优良、业务水平娴熟、敬业精神强烈的高素质稽查领军人才和骨干人才，调整、充实、优化省级稽查人才库，以适应项目化、团队式、解剖式检查的需要。2015 年，培养稽查骨干人才 101 人，在重点税源企业检查、重大涉税违法案件查处、专项整治等工作中发挥了突出作用。

【稽查业务培训】 抓好稽查队伍建设，举办 2 期业务骨干递进式培训班和 1 期新转入稽查岗位人员培训班，做好税务总局协查系统升级运行的前期培训，累计完成 200 余人次培训任务。

【稽查信息化建设】 大力推动电子查账软件和数字化检查工具的使用，提高检举软件和协查软件应用水平，提高对信息化管理企业的稽查办案能力。

【稽查宣传】 继续开展形式多样的宣传教育活动，认真做好系统内稽查要情、报表、工作信息、宣传报道、典型案例等材料的报送工作，畅通业务和信息交流渠道。2015 年，安徽国税局稽查局共上报《稽查要情》3 期，《“黑名单”工作动态》12 篇，《安徽国税稽查信息简报》10 篇。

【稽查调研】 深入基层，围绕稽查业务需求进行多次调研，对工作中存在的问题逐项整改。鼓励广大稽查干部结合工作实际进行调研，促进了稽查工作的有效开展，也形成了一批有较高质量的调研文章。

【稽查工作会议】 2015 年 3 月 30 日，安徽国税稽查工作会议在合肥召开。安徽省国税局党组副书记、副局长洪治社作了题为《服务税收新常态　突出重点抓落实　奋力开创安徽国税稽查工作新局面》的工作报告，要求全省国税稽查部门围绕稽查现代化建设，努力服务税收新常态，转变发展观念，强化基础管理，规范稽查执法，提升队伍素质，突出做好专项检查、专项稽查、重点企业轮查、打击发票违法犯罪活动、绩效考评、系统管理和党风廉政建设等重点工作，全面完成税务总局、省局的各项工作部署和任务目标。

【工作建议】 安徽国税稽查部门积极建言献策，共提出工作建议 23 条，内容涵盖重大案件查处、税收专项检查、涉税案件举报等方面。包括建议继续严厉打击制售、非法兜售假发票犯罪活动、继续加大部门协作配合力度、继续深入整治虚假发票“买方市场”、继续阻截发票违法信息的传播等。

（夏　莉）

安徽省地方税务局稽查局

【概述】 2015 年，全省各级地税稽查部门认真落实省局党组的部署和要求，以税务稽查现代化建设为主线，以打击违法犯罪、促进堵漏增收为重点，团结拼搏，勇于担当，各项工作取得了新进展。共部署和督导 5402 户企业开展自查；对 1789 户企业进行立案检查，查补收入总额 29.51 亿元，增长 22.84%，入库收入 28.60 亿元，增长 20.54%，占税收收入比例 1.74%，为完成全年税收任务做出了积极贡献。

【稽查现代化建设】 各级地税稽查部门将现代化管理理念与稽查工作相结合，整合稽查资源，探索稽查管理机制改革，建立稽查分类分级管理体制，在更大范围内统一调配稽查人力资源，统一执法尺度、提高执法效率，稳步推进稽查管理现代化；大力推广查账软件，对全省稽查人员进行软件应用培训，实现电子查账的高覆盖率和高使用率，稽查办案方式上取得新突破；建立和应用稽查案例库，通过对重大案件、复杂案件和有争议案件的分析，稽查人员技能得到提升。

【稽查体制机制改革】 总结稽查模式改革经验，优化稽查资源配置，提高稽查管理层级，增强执法刚性和统一性；稳步推行稽查分类分级管理，按照风险管理和专业化管理要求，合理划分重点税源、一般税源，将其作为划分各层级稽查机构实施检查范围和内容的依据，明确职责，细化分工。

【重大案件查处】 全省各级稽查部门继续将大要案查处作为工作重点，通过规范案源筛选、抓好举报案件管理、严格执法程序、加强工作督导、加大惩戒力度等措施，有力推动了重大税收违法案件查处工作。全省共查处千万元以上案件 13 件，比 2014 年增加 10 件，查补税款 4.1 亿元；百万元以上案件 104 件，比 2014 年增加 52 件，每市平均 6.5 户，查补税款 3.33 亿元。

【税收专项检查】 对房地产及建筑安装、勘察设计、政府投资、股权交易等行业和项目开展检查，取得了显著效果，查补收入 22.83 亿元。其中，辅导企业自查收入 13.76 亿元，增长 27.90%；立案检查查补收入 9.07 亿元，增长 132.50%。对税务总局布置的中材集团等3户全国重点税源企业在皖10家成员单位，查补收入合计36.57万元。

【大企业集团定向检查】 以案头分析评估为先导，省局稽查局直接选取某集团公司核心企业及其子公司共11家企业作为大企业集团定向检查对象，按照统一部署，统一选案，统一检查，统一处理的原则，在全省范围内组织开展税收检查，全年共查补税款8320万元，进一步规范了大型企业集团的纳税行为，减少了重大税收流失风险。

【重点税源企业检查】 一是利用AHTAX2013征管数据，结合企业经营收入、纳税规模和历年检查情况，在全省选取50户3年以上未检查企业作为省级重点税源企业检查对象，从全省抽调96人组成18个检查组，对其中34户企业以异地交叉稽查的形式进行；其他16户企业，由各市按照省局部署，同步进行检查，共查补收入3.81亿元，其中自查收入8437.34万元，检查收入2.96亿元，户均查补收入761.62万元。二是按照税务总局要求以“双随机”的方式，联合省国税局对税务总局抽取的26家企业集团、国地税联合选户抽取的26户重点税源企业及其成员单位开展税收检查工作。税务总局部署26家企业集团，自查收入5831万元，国地税联合选户抽取的26户重点税源企业，自查收入1176万元。

【打击发票违法犯罪活动】 省局发挥沟通协调、督办指导作用，与国税、公安组织召开工作协调会议，制定工作方案，量化检查指标，及时考核监督。各地将发票检查与税收检查有机结合，与国税、公安等相关部门紧密配合，开展发票使用情况专项整治活动。全省共对8468户企业的受票情况进行检查，查处违法受票企业1885户，查处非法发票3.3万份，涉及金额37.3亿元，查补税款2.13亿元，加收滞纳金1179万元，罚款651万元。查处违法企业户数比2014年增长17.15%，查补税款比2014年增长150.84%，加收滞纳金比2014年增长215.67%。公安机关接到税务部门的移交案件后立案3起，抓获犯罪嫌疑人4人，移送检察机关起诉案件1起，起诉3人，经法院审理、判处有期徒刑及以下3人。

【税收违法“黑名单”制度】 将落实税收违法“黑名单”制度和联合惩戒工作列入绩效管理考评项目，实时通报工作进展情况。加强税收违法案件的信息管理，推动信息平台建设，按季公布重大税收违法案件信息，积极配合有关部门实施联合惩戒措施。全省共有28户税收违法当事人被列入“黑名单”，在省、市局门户网站进行公布，推送其他部门采取惩戒措施40项次。

【涉税违法案件检举】 将检举管理工作作为地税部门对外窗口，予以高度重视。一是进一步抓好举报案件的受理、转办和督办工作，实施举报案件分类管理，分级检查，提高举报案件查办效率。二是不断拓宽举报案件的受理渠道，借助网络等现代通讯手段搭建新型高效、快捷、方便的举报案件受理平台。三是强化过程监控，高度重视举报案件回复工作，做好举报案件的风险化解、“缠诉”疏导。省局稽查局接听检举电话200余次，接待来访20人次。共收到检举案件109件，由省局稽查局查处2件，转各市44件。

【稽查系统建设】 一是强化工作措施。省局稽查局印发《进一步做好当前检查工作的通知》，提出五项具体措施，进一步加强全省稽查工作力度。年中分片召开座谈会，对下半年的工作提出明确的目标要求。二是严格绩效管理。修改完善指标体系，分解落实考评任务，严格按考核时点、节点和要求进行各项绩效管理工作，做到任务不漏项、责任无盲点、工作不滞后。三是配合省局法规处与省政府法制办联合开展全省地税行政执法案卷评查工作。

【稽查队伍建设】 全系统认真开展“树立法治精神，守纪律讲规矩，加强制度建设，规范内部管理”主题学习讨论活动，深入践行“三严三实”，不断强化稽查干部业务素质培训，稽查基础工作水平不断提高。

【稽查人才库建设】 努力打造现代化、信息化和专业化稽查队伍。一是调整充实稽查人才库，结合各地机构改革、轮岗换岗等实际情况，加强对稽查人才库选拔考核调整，突出专业化管理，培养了一批在某一行业、某一税种有专业特长的稽查精兵；二是组建稽查专业化专家团队，选拔60名优秀稽查干部组建案源管理、税收检查、案件审理和稽查信息化四类专家团队，发挥示范带动作用，有效提升了稽查办案水平和稽查工作质效。

【稽查业务培训】 落实省局人才培养战略，实施分层次的稽查人才培养办法，全年共组织5次全省性培训、2次小范围培训，累计培训1300多人次。同时，各市也根据自身需要，开展了形式多样、卓有成效的培训，通过培训，努力提升全省稽查人员核心业务能力。

【稽查信息化建设】 按照税务总局、省税务局金税三期工程上线方案，圆满完成各项工作任务。深化查账软件应用，提高信息化企业检查能力。强化软硬件支撑，继续加大对一线稽查办案和基层稽查办案投入，提升稽查装备科技化水平。

【稽查宣传】 省局稽查局在《安徽地税》上开辟稽查专栏，从最初的《稽查之窗》到如今的《以案说法》，共发表100余篇有深度、有质量、有创新的稽查业务稿件和案例，从稽查角度分析经济形势及税收流失成因，为稽查提供交流平台，为地税工作提供参考。

【稽查调研】 一是结合涉税行政诉讼案件逐渐增多，暴露出税务稽查执法的一些缺陷与不足等问题，撰写调研报告《从行政诉讼案件看税务稽查依法行政》，就如何进一步规范执法行为，避免行政败诉案件的发生提出意见及建议。二是撰写《2015年全省重点税源企业检查情况报告》，总结分析全省重点税源企业轮查工作总体情况、主要做法，分析检查发现的主要问题及原因，提出完善税收征管等对策建议。三是撰写《上下联动 协作共进 大力推动“黑名单”联合惩戒工作》，全面总结2015年全省落实税收违法“黑名单”制度联合惩戒工作取得的成效，分析了工作中的具体措施。

【稽查工作会议】 2015年初召开2015年度安徽地税稽查工作会议，贯彻落实全省地税工作会议和全国税务稽查工作会议精神和要求，安排部署2015年度全省稽查工作，会上分组对全年重点工作进行讨论，并在会后以文件的形式向各市进行反馈；年中召开南北片区稽查工作座谈会，从上半年工作开展情况入手，分析全省地税稽查工作存在的问题，采取措施补缺补差，谋划下半年全省地税稽查工作。

【工作建议】 一是检查质效要进一步提高。虽然“十二五”期间全省各级地税稽查部门查补收入有了大幅提高，执法行为得到进一步规范，但执法质效还应进一步提升，稽查的拳头作用应进一步发挥，稽查的威慑力要充分发挥。二是队伍建设要进一步强化。要着力解决新生力量不足、稽查队伍老化、稽查人才流失，以及高素质、专家型、复合型人才较为匮乏等抑制稽查事业发展的瓶颈问题。三是作风建设要进一步加强。要着力解决系统内还存在“不为”问题，如能力不足“不能为”、动力不足“不想为”、担当不足“不敢为”问题。

（石卫斌）

福建省

福建省国家税务局稽查局

【概述】 2015年，福建省国家税务局稽查局以服务税收工作大局为中心，以维护税法尊严和提高纳税遵从为目标，认真开展打击出口骗税、打击虚开增值税专用发票、打击发票违法犯罪3个“专项行动”，全面铺开行业性税收专项检查、重点税源企业检查和随机抽查3项“轮查工作”，加强绩效管理、“黑名单”制度、国地税稽查协作和队伍建设4个“稽查现代化工程”，各项工作稳步推进，取得较好成效。

【“营改增”专项稽查】 选14户企业开展“营改增”调研式检查。其中，选取主营业务涉及“营改增”且销售收入或进项税额排名靠前的企业7户（电信业1户、铁路运输业2户、交通运输业2户、现代服务业—物流辅助服务2户），选取上述被查“营改增”企业对应的受票企业7户，共计查补1432.35万元。

【稽查查补收入及分析】 立案检查企业906户，结案1038户，累计查补收入19.79亿元，入库收入18.72亿元，同比增长3.01亿元，增长19.16%。其中，稽查部门直接查补13.41亿元，直接查补入库收入12.36亿元，占入库总额的66.03%；督导企业自查补税6.37亿元，自查入库收入6.36亿元，占入库总额的33.97%。

【案件查办情况】 积极开展和整顿规范税收秩序工作，大力查办涉税违法案件，全年立案检查企业906户，发现有问题企业1017户（含以前年度），结案1038户（含以前年度），其中查补亿元以上案件2户、查补亿元至千万元案件21户、百万元至千万元案件93户。

【案件特点分析】 虚开假发票案案件特点分析：一是虚开发票已经形成“一条龙”利益链。虚开发票方编造或伪造与之相配套的账证资料，制造手续齐全、合法合规的假象。二是虚开发票的开票方向生产性企业蔓延。这类企业既有正常的销售业务，能按规定开具发票，也有虚开行为，直接为他人虚开发票或者通过其他中间企业或中间人虚开发票。三是作案团伙化、职业化趋势明显。不少虚开案件是近亲属、家族成员或同乡、朋友拉帮结伙，组织性、网络性强；同时，有明确的内部分工，甚至具备一定的反侦查能力，有极强的隐蔽性。四是案件流动性强。虚开发票方经常租用简陋的经营场所，申请办理工商营业执照和税务登记证，大肆虚开一段时间后，就迅速注销或走逃；有的在走逃后，又在异地以惯用手法注册开办新公司作案。五是虚开普通发票的案件不断上升。虚开方大量开具假发票和“大头小尾”发票，从中非法收取手续费谋利。

国地税联合检查案件特点分析：一是建立联合稽查领导制度，健全国地税合作机制。二是建立稽查联席会议制度，协调案件稳步推进。三是建立联合案件检查制度，增强稽查打击力度。四是建立联合情报交换制度，畅通信息交流渠道。

【重大案件查处】 以查处虚开发票、骗取出口退税案件为重点，特别是“1·20”特大虚开假发票案全案查结，以及“3·09”专案取得重要突破，凸显了福建国税稽查部门坚持加大涉税违法行为打击力度的决心。全年承办税务总局、公安部联合督办案件1件；承办税务总局督办案件1件；福建省国税局督办案件6件，自行组织查办案件2件。全省查处百万元以上案件114件，查补入库收入11.37亿元。

【税收专项检查】 将出口退税企业、黄金交易企业、资本交易项目作为2015年度税收专项检查指令性检查项目；将房地产及建筑安装业、营利性教育培训机构作为指导性检查项目；将电信业和建安、房地产行业套开发票等税收违法行为高发行业作为区域税收专项整治重点。全年累计检查企业511户，发现有问题企业391户，查结企业372户，查补收入7.09亿元，入库收入6.29亿元。

【重点税源企业检查】 对税务总局抽查的重点税源企业集团成员企业隶属福建省国税部门管征的7户企业开展检查。同时，通过风险分析识别，选取8户重点税源企业开展交叉检查。全年检查查补税款4387.51万元，核减亏损1875.90万元。

【出口退（免）税企业检查】 福建省继续被税务总局、公安部、海关总署列为全国打骗重点地区。为此，福建省国税部门与省公安厅、福州海关联合开展对重点行业、重点企业、重点线索打骗专项行动。全年完成917户出口企业税收专项检查工作，占2014年度申报出口退税企业4349户的21.08%，查补收入3.32亿元，入库1.48亿元。

【黄金交易企业检查】 以打击虚开“黄金票”专项行动为龙头，带动全省深入开展打击虚开增值税专用发票专项行动。全省立案查处涉案企业58户，移送公安12户；定性虚开4户，涉及发票1264份，金额12517.87万元，税额2127.88万元；定性接受虚开32户，涉及发票336份，金额4156.90万元，税额706.68万元。

【房地产及建筑安装业检查】 选择福州、泉州各2户，其余设区市各1户（莆田、平潭除外）开展交叉检查，累计查补收入2.82亿元。

【打击发票违法犯罪活动】 充分发挥打击发票违法犯罪活动协调小组办公室职能作用，重点整治金融保险、房地产、商业批发与零售、餐饮娱乐、加工制造、中介机构、医药供销等发票使用问题突出的行业。全年累计检查企业955户，查处发票违法企业886户，查处非法发票1.98万份，涉及金额15.96亿元，查补收入3.04亿元；移送公安立案侦查19户。

【税收“黑名单”制度】 坚持加强税务信用体系建设，推进税收“黑名单”制度，按季发布符合公布标准的重大税收违法案件。2015年共通过门户网站、“信用福建”平台向社会公布“黑名单”信息68条。联合福建省24个部门签署《联合惩戒合作备忘录》，召开2次福建省贯彻落实“联合惩戒重大税收违法案件当事人”联席会议，建立联席联络机制，明确各成员单位职责，完善信息反馈机制，搭建“福建省公共信用信息平台联合惩戒专栏”，实现相关数据的实时传递和更新。

【涉税违法案件检举】 全省各级税务违法案件举报中心共受理税收违法检举案件444件，立案查处案件305件，查结案件258件，查补收入0.32亿元；全年应发放检举奖金案件3件，发放检举奖金0.6万元。

【案件协查】 不断加强协查信息管理系统管理与运用，全年委托发出协查1112起，涉及发票8158万份、金额11.2亿元、税额1.87亿元，收到回复发票8202万份，选票准确率58.9%；受托收到协查736起，发票7292万份，金额10.61亿元，税额1.79亿元，累计回复发票6954万份，回复率100%。

【稽查制度建设】 根据福建省国家税务局与福建省地方税务局联合出台的《关于进一步加强稽查工作协作意见的通知》（闽国税发〔2015〕19号），在联席会议、联合检查、联合办案、联合专项整治、信息共享、情报传递、业务交流、案件移送、统一执法尺度等方面展开密切合作。为了推进税务稽查随机抽查机制，制定并下发《福建省国家税务局推进税务稽查随机抽查实施方案》（闽国税发〔2015〕105号），对随机抽查的主体、对象、内容、方式、频次、检查人员等进行规定。

【稽查系统建设】 在加强系统日常管理的基础上，持续加强绩效考评工作，将稽查重点工作事项列入绩效考核范围，对各地工作开展情况实行实时监控。同时，强化督办案件指导。福建国税局稽查局领导多次深入各督办案件专案组，了解案件进展情况，及时为办案人员化解压力，明确政策，理清思路，对督办案件的突破和完成产生积极作用。

【稽查队伍建设】 福建国税系统共有稽查机构69个，稽查人员833人。其中，35岁以下67人，占总人数8.04%；35～45岁196人，占总人数的23.53%；45岁以上570人，占总人数的68.43%。研究生以上学历32人，占总人数的3.84%；大学本科学历534人，占总人数的64.11%；专科及以下学历267人，占总人数的32.05%。

【稽查人才库建设】 福建国税稽查部门共有6位干部入选税务总局人才库，51位干部入选福建省国家税务局专业人才库。全省国税系统稽查干部中，具有注册税务师执业资格31人、具有法律执业资格9人、具有注册会计师执业资格4人。同时，福建国税局稽查局注重完善稽查队伍奖励机制，2015年有2个集体、1037人次获得各类奖励。

【稽查业务培训】 紧贴稽查业务特点，扎实推进培训工作发展。2015年共组织各类培训67次，1037人次接受培训。其中，省级培训1次，参训87人次；地（市）级培训35次，参训786人次；县（市、区）培训31次，参训164人次。

【稽查信息化建设】 现有电子计算机1239台，占全部设备的68.08%。共有业务软件84套，其中省级稽查部门1套、各地（市）稽查部门67套、各县（市、区）16套。

【稽查宣传】 在平潭召开税收新闻通报会，通报税收“黑名单”和联合惩戒工作开展情况。新华社、《经济日报》《福建日报》、人民网、新浪网、腾讯网、东南网等20多家新闻媒体出席通报会。新华社以《列入福建税收“黑名单”将面临18项处罚》，《福建日报》以《“信用福建”发布税收违法“黑名单”》为题进行报道。这两篇报道被新浪网等100多家媒体转载，税务总局总会计师孙瑞标对此给予了高度评价和充分肯定。

【稽查工作会议】 2015年3月24日，福建省国家税务局在莆田召开福建国税稽查工作会议，总结2014年全省国税稽查工作，部署2015年全省国税稽查工作任务。福建省国家税务局副局长雷致青、总经济师林茂椿参加会议并作讲话。福建国税局稽查局局长张梦桂布置“3·09”等案件的查处工作。会议上，林茂椿首先肯定了2014年稽查工作的成绩。认为全省国税稽查部门发挥了稽查的重要职能，各项重点工作取得显著成绩，主要体现在重大违法案件查处有力、税收专项检查成效显著、发票违法犯罪打击有力、“黑名单”制度落实有力、稽查基础工作积极推进等五个方面。在肯定成绩的同时，指出了当前稽查工作中存在的个别地区稽查利剑作用发挥不够，依法行政、依法稽查的理念不够牢固等方面的突出问题，要求全省国税稽查干部必须高度重视，采取有效措施认真加以解决；并从3个方面对2016年的稽查工作进行了布置：一是3个专项行动：抓好打击骗取出口退（免）税、打击虚开增值税专用发票、打击发票违法犯罪“专项行动”。二是3项轮查工作：抓好税收专项检查、区域专项整治和重点企业轮查“轮查工作”。三是“稽查现代化工程”：抓好绩效管理、“黑名单”制度和队伍建设等。

（倪适雨）

福建省地方税务局稽查局

【概述】 2015年，福建省地方税务局稽查部门认真落实全省地税工作和全国税务稽查工作部署，以“强化职能、提速增效”为目标，更新稽查理念，突出工作重点，完善体制机制，创新工作方法，规范执法行为，提高队伍素质，在税收改革发展新常态下实现稽查工作提速增效，统筹推进全省稽查现代化建设。

【稽查现代化建设】 为破解办案时间长、效率低、打击力度弱化等长期困扰稽查工作的难题，提升稽查执法效率和质量，实现“强化职能、提速增效”的目标，召开税务稽查工作“提速增效”专题研讨会，制定《福建省地方税务局关于稽查工作提速增效的指导意见》，通过推进稽查预案、建立案情分析会、执行提前介入等优化工作流程，通过建立风险管理导向稽查模式、试行“集约稽查”、规范案件争议审议机制等改进稽查方法，通过开展岗位标兵能手选拔、组织技能培训、优化队伍结构等方面提升队伍战斗力。

各级地税稽查部门结合本辖区征管实际和稽查资源配置，推动稽查工作“提速增效”初见成效。稽查收入质量显著提升，全省地税稽查查补收入占稽查组织收入的比重大幅提升，达到65.65%；大要案查办数量回升，共查处百万元以上案件98件，查补收入5.52亿元，其中千万元以上案件10件；积案清理深入推进，共计清理积案359件，入库1741.4万元。

【稽查体制机制改革】　选取南平市地税局为试点，推行“跨区联动稽查”，针对区域经济发展不均衡、税源分布不均和，区县稽查人员紧缺，执法易受干扰的困难，适度整合稽查资源，实施片区稽查，通过在设区市局“统一选案、统一调度、统一口径、统一考核”，实现市、区、县稽查资源的优化配置，增强执法公平，提高稽查效率。

【稽查查补收入及分析】　检查纳税户1020户，查出有问题1167户，结案1311户。组织稽查收入12.81亿元。其中，稽查查补税款7.18亿元，罚款0.65亿元，加收滞纳金0.58亿元，合计查补收入8.41亿元；组织企业自查补缴收入4.4亿元。累计入库12.29亿元。全省稽查选案率92.11%，结案率128.53%，同比增长29.58%，入库率95.92%。

【案件查办情况】　立案检查1020件，2014年移案1136件，本期查结1311件，本级存案845件。结案件查补总额8.41亿元，入库7.26亿元。

【案件特点分析】　在查结的1311件案件中，涉及采矿业18户，占已结案件总数的1.37%；制造业244户，占已结案件总数的18.61%；电力、热力、燃气及水生产和供应业63户，占已结案件总数的4.81%；建筑业186户，占已结案件总数的14.19%；批发和零售业85户，占已结案件总数的6.48%；交通运输、仓储和邮政业35户，占已结案件总数的2.67%；住宿和餐饮业76户，占已结案件总数的5.8%；信息传输、软件和信息技术服务业10户，占已结案件总数的0.76%；金融业44户，占已结案件总数的3.36%；房地产业218户，占已结案件总数的16.63%；租赁和商务服务业96户，占已结案件总数的7.32%；文化、体育和娱乐业5户，占已结案件总数的0.38%；其他231户，占已结案件总数的17.62%。

在已结案件中，存在偷税行为的81户次，查补收入4269万元；存在编制虚假计税依据行为的8户次，查补收入5万元；存在不进行纳税申报行为的191户次，查补收入3135万元；存在发票违法行为的309户次，查补收入541万元；存在其他违法行为的1119户次，查补收入7.62亿元。

【重大案件查处】　以大要案查处为突破，严格执行重大税收违法案件报告制度及督办管理规定，注重提高受理案件的反应力、查处案件的打击力、督办案件的结案率和案件曝光的影响力，有力打击了税收违法行为。查结100万元以上的涉税案件98起，实现查补收入5.52亿元，其中1000万元以上10起，实现查补收入2.41亿元，占查补收入总额的28.66%。税务总局督办的福建“1·20”特大虚开假发票案圆满收官，该案件涉及全国27省，涉案线索1105条，涉案受票企业727家，涉案金额49.22亿元，共实现查补收入3.26亿元，其中由福建地税部门查补税款、滞纳金、罚款合计1.57亿元，入库1.38亿元。

【税收专项检查】　结合税务总局2015年税收专项检查要求，将资本交易项目、土地使用权项目、建筑安装业、高收入者个人所得税、营利性教育培训机构，以及前期自查成效不明显的重点企业，列为2015年度福建省地方税收专项检查重点，同时鼓励各地市结合辖区经济发展特征、税收征管情况和稽查力量配置情况实施开展辖区特色的税收专项检查。2015年福建省地税稽查开展专项检查组织收入5.96亿元，入库5.58亿元。其中，稽查立案检查928户，查补地方收入1.04亿元，入库1.29亿元；组织企业自查570户，企业自查补缴4.92亿元，入库4.29亿元。

【重点税源企业检查】　认真开展2015年税务总局部署的15户全国重点税源企业税收专项抽查工作，组织督导其中涉及福建的5户共计8家成员单位开展自查，因自查未发现重大涉税违法风险，且相关企业或未实际开展生产经营，或流转税所得税均由国税部门征管，报税务总局稽查局审定后暂不对上述企业进行抽查。认真开展2015年税务总局部署的26户总局重点税源企业随机抽查工作，组织督导涉及在闽的12户企业共300家成员单位开展自查，共计补缴1007.34万元，同时与国税稽查部门联合对其中的125家成员单位实施重点检查。

【资本交易检查】 将非金融企业转让金融商品（股票减持或买卖）作为资本交易项目专项检查的重点检查项目，省局稽查局集中开展案头分析，通过收集公开市场信息，匡算企业股票减持收益，比对企业纳税申报记录，筛选出24户存在重大涉税违法风险的企业作为重点检查对象开展专项检查。根据检查情况，案头分析结果与企业存在的涉税问题基本一致，共计立案检查40户，查结13户，有问题11户，查补税费收入142.50万元，入库346.62万元。

【房地产及建筑安装业检查】 组织开展房地产、建筑安装行业税收专项检查，实现稽查收入3.59亿元，入库2.92亿元。其中，立案检查277户，查结146户，有问题145户，查补地方收入0.28亿元，入库0.43亿元；开展企业自查295户，企业自查补缴3.31亿元，入库2.49亿元。

【高收入者个人所得税检查】 结合反映某金融机构普遍存在个人所得税申报不足的举报线索，选取经营规模较大的成员单位开展解剖式检查，以个人所得税申报及代扣代缴情况为检查重点，共计立案检查6户，查结2户，有问题2户，查补税费收入25.84万元全部入库；开展自查5户，有问题5户，自查补税600万元。

【营利性教育培训机构检查】 立案检查24户，查结15户，有问题14户，查补税费收入37.37万元，入库24.11万元。

【打击发票违法犯罪活动】 全省地税稽查部门共查处发票违法企业1020户，圆满完成全年任务，查处假发票8156份，涉及金额4.80亿元，查补税款、滞纳金、罚款共2718.46万元。深入追踪，成功破获福建“1·20”、莆田“5·14”等重大发票违法案件。加强税警协作，“点面结合”开展发票违法重点整治。福州市作为打击路面兜售、贩卖假发票的重点整治区域，共捣毁制假窝点5个，抓获犯罪嫌疑人14人。创新宣传方式，全系统共组织发票宣传教育83次，曝光发票违法案件15件，与省国税局、省公安厅联合出品“5·15”打击和防范经济犯罪宣传日微电影，于“5·15”打击和防范经济犯罪宣传日首映。

【税收“黑名单”制度】 全省共通过重大税收违法信息公布栏发布税收“黑名单”信息2条。省级“联合惩戒”成员单位召开联席会议2次，确定并实现省国税局、省地税局于每季度结束后的60日将本季度全省税收“黑名单”信息，通过“福建省公共信用信息平台”传递相关部门，各相关部门于收到信息后对“黑名单”当事人，在办理融资授信、海关认证、限制出境、政府采购等方面实施限制性政策，并在30日内将联合惩戒结果反馈省国税局、省地税局。同时，各部门约定在健全工作机制、信息实时传递、推动地方立法、探索特色惩戒措施、建立诚信企业激励制度等方面加强合作，进一步完善税收“黑名单”联合惩戒工作。

【涉税违法案件检举】 依法实施涉税检举案件管理，积极协助所属税务局开展涉及税收违法案件的接访工作，根据检举人员和信访人员的不同动机和诉求，有针对性地实施分类管理、分别应对，细分审查检举内容和相关证据，加强检举案件的跟踪督办。同时，尊重检举、信访人员的法定权利和合理述求，严格遵循保密规定，切实保护检举人隐私。2015年福建省地税各级税收违法案件举报中心共受理各类涉税检举案件722件，查处81件，查补总额1540.04万元，入库总额866.98万元。

【案件协查】 建立协查台账登记制度，严格协查期限，加强对受托案件发票协查的督办力度。2015年全省地税稽查部门累计发出委托协查82件，委托协查发票398份，涉及发票金额1.06亿元；收到委托协查回复70件，回复涉及发票255份；累计收到受托协查76件，受托协查发票318份，涉及发票金额3867.26万元；办理协查回复73件，回复协查发票347份，协查回复涉及发票金额4236.35万元，受托协查累计按期回复率100%。

【稽查制度建设】 积极推进国地税稽查协作，主动与省国税局稽查局沟通联系，共同制定下发《关于进一步加强稽查工作协作意见的通知》，构建国地税稽查合作框架，涉及的合作范围不仅涵盖了税务总局《国家税务局 地方税务局合作工作规范（1.0版）》中的稽查合作内容，还包含了“联合开展打击发票违法犯罪行动”“国地税稽查信息共享和情报交换”等领域。落实税务总局《推进税务稽查随机抽查实施方案》，建立“双随机”抽查机制，建立辖区稽查对象分类名录库和稽查执法人员分类名录库，为实现“随机抽取检查对象，随机选派检查人员”的“双随机”抽查奠定基础。

【稽查队伍建设】 扎实推进“三严三实”专题教育活动，通过自学和集中研讨相结合的方式，促进全体稽查干部职工深刻领会“三严三实”专题教育活动精神，切实提高党性修养，把思想统一到党中央的部署和要求上来。毫不放松党风廉政建设，组织稽查干部深入学习《中国共产党廉洁自律准则》《中国共产党纪律处分条例》，严格遵守中央八项规定，不违规不逾矩，确保一言一行均符合党中央对共产党员的要求。

【稽查业务培训】　组织“二十佳稽查岗位标兵”“百名稽查能手”选拔，考核稽查岗位所需的税收、财务、法律等相关知识，以及电子计算机、查账软件等现代化信息手段运用能力和稽查实战技能，发掘培养稽查优秀人才，促使各级稽查部门积极组织业务培训，促进广大稽查干部更新知识提高技能，实现“以考促学”。根据两轮选拔情况，分析梳理稽查队伍知识技能结构上的主要不足，为今后有针对性地开展组织人员培训奠定基础。首次开展全省优秀稽查案例评选和奖励，通过评选、奖励优秀案例，激发干部案例编写热情，提高案例质量，积累稽查经验，为案件查办提供参考，同时促进全省不同区域检查、审理人员相互交流学习，共同提高。

【稽查信息化建设】　做好金税三期工程系统上线前期工作，提交业务需求，比对功能模块差异，提出优化建议，测试系统运行情况，制作应对预案，努力保障金税三期工程系统的平稳过渡。按照税务总局要求更新、维护协查信息管理系统和检查证管理系统，按计划安排协查信息管理系统的操作学习培训。

【稽查宣传】　坚持从稽查工作实际出发，不断夯实税收违法案件曝光工作机制，切实加强税收违法案件宣传和曝光工作力度，有效提高纳税人依法诚信纳税意识和税法遵从度，推动形成全社会自觉遵守税法和维护税法权威的良好氛围。在省级以上媒体曝光12起税收违法案件，11月3日，《中国税务报》刊发专题报道《27亿：福建破获虚开发票惊天大案》，11月6日被税务总局微信平台转载。

【稽查调研】　围绕税务总局提出的推进税务稽查现代化建设的“十二五”战略目标，立足当前稽查管理机制现状，研究各国稽查管理运行模式，进行比对、分析，探讨实现稽查现代化建设和发展的有效途径，撰写的《国内外稽查管理模式对比分析》论文，在2015年度福建省地税系统税收科研优秀成果评选中获三等奖。

【稽查工作会议】　2015年3月25日—26日，福建地税稽查工作“提速增效”研讨会议在厦门召开，各设区市局分管领导、稽查局长，省局稽查局领导及科室人员参加会议。会议传达了全省地税工作会议和全国税务稽查工作会议精神，认真总结了2014年以来全省地税稽查工作，研究部署了2015年稽查工作任务，同时提出在全省地税稽查开展“提速增效”活动，从转变稽查理念、统筹稽查资源、理顺工作机制、创新工作方法、合理优化流程、疏通滞堵环节等方面入手，主动破解办案时间长、效率低、打击力度弱化等长期困扰稽查的难题，努力提升稽查执法效率和质量，切实体现稽查工作成效。

（曹　蓉）

江西省

江西省国家税务局稽查局

【概述】　2015年，江西国税局稽查局勇于担当、锐意创新、真抓实干，圆满完成各项工作任务。江西省实施联合惩戒、打击黄金票专项行动、打击出口骗税专项协查等重点工作先后得到税务总局及江西省政府领导先后4次批示肯定。

【稽查现代化建设】　加大直查力度，省局直接检查8户、专项协查167户，查补收入2.7亿元。推行团队交叉检查，以市局稽查为基点，实施“团队化、项目化、绩效化”。实施市局集中选案，上收审理权，推行大分离、大制衡。

【稽查体制机制改革】　一是推进稽查改革，南昌市国税局稽查局试点集约化稽查改革。二是深化国地稽查合作，下发实施意见，对10户重点税源企业开展联合检查。三是实施联合惩戒，出台实施意见，拓展惩戒措施，推送46户“黑名单”，对65户企业及个人采取惩戒措施。四是开展税警协作，与江西省公安厅联合签署税警协作备忘录。五是创新管查衔接，建立以查促管制度，全省发起稽查建议189份。

【“营改增”专项稽查】 对中国电信江西分公司及其分支机构开展“营改增”专项检查工作，查补收入1348.46万元。筛选涉及交通运输业等5个“营改增”行业的8户企业作为调研式检查对象，查补税款85.74万元，其中增值税54.48万元、企业所得税31.26万元。

【稽查查补收入及分析】 查补收入再攀新高，检查纳税人3906户，入库收入18.1亿元，增长5.9%，11个设区市查补收入六增五减。稽查质量高位运行，选案准确率97.6%、查补入库率100%。稽查立案1433户，占稽查户数36.9%，同比提高3个百分点，增长6.7%。处罚入库4337万元，处罚率15.2%，同比提高5.7个百分点。

【案件查办情况】 立案查处虚开发票案件638起，涉及虚开发票47018份、金额171.98亿元、税额29.04亿元。其中，亿元以上案件58起，涉及虚开发票23824份、金额119.92亿元、税额20.39亿元。查补收入4.86亿元，入库1.49亿元。移送公安机关案件253起，公安机关抓捕犯罪嫌疑人220人。

【案件特点分析】 从犯罪主体看，呈现产业化趋势。团伙作案，形成“产业化”分工，多地区布点，各环节分离，江西省涉案企业都属于“过票走款”中间空壳企业。从犯罪手法看，呈现复杂化特点。化整为零，不同地区注册或者控制多家企业，逃避重点筛查。瞒天过海，伪造、冒用、借用他人身份注册法人，或雇用“马仔”经营，主谋幕后指挥。移花接木，“设立”车间，购置设备，以支付水电费等佣金形式购买中小实体生产业务或将自身代加工业务做成自营业务，虚构业务和生产能力。远走高飞，利用当前走逃企业打击不力缺陷，快速注册企业，短期内注销或走逃。指鹿为马，大量使用“克隆票”“富余票”“农产品票”虚构进项。从犯罪指向看，呈现聚集化特点。虚开发票聚集在两端，用票终端主要是出口退税企业和煤炭、矿产品等大宗商品用户，票源端主要来自农产品、再生资源等税收优惠行业和黄金、成品油、电子终端产品等直接面对消费者的批发零售行业。涉税犯罪企业聚集在乡镇，江西涉案企业70%以上在乡镇。

【重大案件查处】 办理税务总局督办大要案1起，省税务局督办大要案42起，查结14起案件，其中13起案件做出税务处理处罚决定（移送公安案件6起）。

【税收专项检查】 在税务总局指令性检查项目基础上，将房地产及建筑安装、石化产品经销、大型商贸连锁、汽车销售4S店列为指导性检查项目。税收专项检查企业2111户，组织企业自查1430户，查补收入10.47亿元，入库10.23亿元。

【区域性税收专项整治】 继续对纺织服装、竹木制品、电子产品出口供货和出口退（免）税企业较为集中的区域进行专项整治，重点查处虚开增值税专用发票、骗取出口退税违法行为；继续开展打击发票违法犯罪专项整治，检查企业68户，入库查补收入316.5万元。

【重点税源企业检查】 江西省国地税稽查部门联合对中国工艺（集团）公司、中国移动等江西省内17户分支机构（成员单位）开展检查，查补入库收入1292.8万元，重点抽查9户，入库收入309.65万元。结合江西省实际，检查房地产、石油化工、金融、证券、电信等重点税源企业139户，组织自查158户，自查入库收入1.91亿元，检查入库收入1.4亿元。

【出口退（免）税企业检查】 与进出口处协作，按该省2014年出口退税申报户数20%选择423户，组织专项检查。查补收入2551.1万元，入库2365万元。

【黄金交易企业检查】 江西省涉案企业1122户，其中代理户19户、空壳96户、受票1007户。涉案金额344.51亿元，税额58.56亿元。稽查立案856户，结案547户，移交公安243户，定性虚开发票11182份金额65.77亿元，查补入库收入1.34亿元，不予退税1191万元。公安立案226起，破案113起，抓获犯罪嫌疑人216名，挽回损失约4.94亿元。

【资本交易检查】 江西省国税局稽查局与征科处协作，取得企业股权变更信息2640条，对142户疑点企业开展检查，其中问题135户，入库查补收入5994.2万元。

【房地产及建筑安装业检查】 对江西省内32户房地产企业实施检查，查补收入9328.59万元，入库收入8348.44万元。此外，自行安排房地产及建筑安装业检查109户，查补收入1.65亿元，入库9328.59万元。

【打击发票违法犯罪活动】 检查企业3263户，查处违法受票企业2746户，查处非法发票

257534份，涉及金额79.73亿元，查补收入1.66亿元，没收违法所得6万元，移送公安案件117件。

【税收“黑名单”制度】 对外公布查结案件46件，其中达到税务总局、省局、地市局公布标准案件分别为20件、10件和16件。依据案件性质对涉案当事人采取停止发票供应、纳税信誉等级降为D级等惩戒措施，将46户“黑名单”信息推送给22个联合惩戒部门。

【涉税违法案件检举】 受理检举案件195件，查处146件，结案143件，查补收入3533.53万元，入库收入2868.16万元。发放举报奖金1万元，移送司法机关4件。

【案件协查】 办理“黄金票”案、打骗专项协查案件、珠海“3·20”、徐州“9·22”、重庆“6·06”等大要案件8批。涉案企业1258户，协查发票129852份，发票金额401.51亿元，税额68.26亿元。

【稽查制度建设】 一是立规范，对接行政执法和刑事司法，制定稽查案卷管理和稽查案件调查取证管理办法。二是立标杆，开展优秀案例评选。三是严内控，建立稽查资料管理、个人工作周报、案情分析等制度，推进工作底稿、痕迹管理和责任追究。

【稽查系统建设】 一是严考核，坚持绩效统领，将稽查重点工作体现为3个三级、13个四级绩效指标，一级抓一级，一级保一级。二是严落实，省局稽查局领导挂点联系，划片包干，制定“重点工作分工责任表”。三是严经费，精简办事、节约使用，提高稽查装备保障。

【稽查队伍建设】 一是加强作风建设，坚持支部学习制度，“拉拉袖子”教育干部；开展红包问题治理三级约谈，“敲敲警钟”保护干部。二是激励干事创业，选先进、评能人，57名干部分获记功嘉奖。

【稽查人才库建设】 优化稽查人员结构，积极准备开展岗位大练兵活动，实施素质工程，提升干部队伍能力。

【稽查业务培训】 举办稽查专业人才培训3期、税警联合培训1期，共培训310人次；江西省各级稽查部门建立专业检查团队55个。

【稽查信息化建设】 借助江西省综合治税平台，开展数据分析，解决信息不畅、应用不够问题。推行检查预案制度，查前开展相关信息收集、分析和评估，确定检查方向、提示检查重点、预测存在风险和设计应对策略。重点采购查账取证、现场执法先进装备。

【稽查宣传】 一是突出正面典型宣传，编发《稽查动态》14期、上报《国税专报》6期，央广网、新闻网、《经济日报》和新华社内参清样先后报道了江西省稽查亮点工作。二是坚持反面警示宣传，公告“黑名单”46起，省级媒体曝光典型涉税案件22起。

【稽查调研】 一是调研完善稽查建议制度，建立建议发起、结果反馈机制。二是调研联合惩戒措施和成果跟踪，增强威慑。三是调研稽查内部管理，内容涉及建立省局稽查资料规范化、稽查重大事项报告制度、开展案情分析和税收新政及典型案例解读交流。

【稽查工作会议】 2015年3月13日，江西国税局2015年稽查工作视频会议在南昌召开，省局党组成员、总审计师胥敏锋出席会议作重要讲话，各级国税机关分管局领导、全体稽查干部参加会议。

【工作建议】 一是规范取证执法。制定下发“全国稽查证据管理办法”，统一取证标准、涉税案件分级响应规范。二是强化检查制衡。推进交叉稽查、随机稽查，建立案件复查机制。三是加快稽查体制改革，集中调配力量，统一检查口径，减少办案阻力。四是推进协作机制。深化税警协作，延伸拓展与海关、检法、工商等部门协作，拓宽案件线索和取证渠道。对接人民银行、部分商业银行，建立税银银行账号、资金信息查询常态协作机制。五是精准选案，提升选案层级，建立税务总局和省局打击虚开专家团队，利用大数据开展全链条、穿透式分析，一并将异常票源企业、中间企业、虚开企业和用票企业作为案源。六是加强查处统筹。对虚开案件、涉案金额大、涉及地区广、虚开链条长的重点案件上升层级、统一指挥，落实主办、协办和协查责任，多方联动。七是强化监督管理。加大违规注销登记、代开发票、出口退税、农产品抵扣税收风险监控。加大对农产品企业、再生资源企业、大宗商品批发企业、成品油、电子产品批发企业的风险评估。

（张晓斌）

江西省地方税务局稽查局

【概述】 围绕税务总局稽查局和省地税局的部署和要求，以依法稽查、改革创新为主线，以系统绩效考核为抓手，突出“五项重点”（重大税收违法案件查处、税收专项检查、重点税源企业检查、打击发票违法犯罪活动、落实税收“黑名单”制度)，强化“两项建设”（业务建设和干部素质建设)，稽查查补收入再创新高，稽查工作质效显著提升，干部队伍作风持续改进。

【稽查查补收入及分析】 以整顿和规范税收秩序为目标，紧紧抓住案件查处重点，充分发挥稽查职能作用，积极维护社会公平正义。全省地税稽查系统共检查和组织企业自查3839户，查补和组织企业自查补缴收入共计21.34亿元，同比增长8.32%，其中组织企业自查2359户，自查收入12.42亿元，同比增长34.8%。

【案件查办情况】 检查和组织企业自查3839户，查补和组织企业自查补缴收入共计21.34亿元，同比增长8.32%。查补和组织企业自查补缴收入占地方税收的比例为1.57%。

【重大案件查处】 全省地税稽查部门集中优势兵力，成功查处百万元以上重大税收违法案件127起（含千万元案件11起），查补金额共计6亿元。各级稽查部门出色完成了省纪委交办其他专案的查处工作，得到上级有关部门的充分肯定和高度评价。

【税收专项检查】 根据税务总局统一部署，将房地产及建筑安装业、资本交易和电信业列为指令性检查项目；将地方性商业银行、高收入者个人所得税及营利性教育培训机构列为指导性检查项目。在组织企业自查的基础上，通过分析比对，选取这些行业中涉税风险高的企业作为重点检查对象开展检查。共检查纳税户812户，组织自查1195户，稽查机构查补和组织自查补缴收入共计11.85亿元，同比增长13.8%。

【区域税收专项整治】 根据税务总局统一部署，选取经营性房屋租赁行业、资源类矿产品行业、铁路公路工程建设、医疗卫生、高等院校等行业作为区域税收专项整治重点，认真组织开展专项整治。共检查及组织企业自查纳税户552户，稽查机构查补和组织自查补缴收入共计7067.49万元。

【重点税源企业检查】 按照税务总局的工作部署，认真组织对总局抽查名单中位于江西省的16户重点税源企业成员单位开展自查。自查结束后，按照不少于30%的比例选定涉税风险较高的成员单位作为重点检查对象开展检查。组织自查补缴收入共计39.54万元，组织检查查补收入123.57万元。自行选取121户重点税源企业开展抽查，组织企业自查查补2.95亿元（其中税款2.93亿元、滞纳金146.58万元）。在企业自查的基础上，选取40户企业开展重点检查，共查补收入7913.98万元（其中税款6560.95万元、滞纳金307.71万元、罚款1045.32万元）。

【打击发票违法犯罪活动】 精心组织共计检查和自查企业2183户，查处有问题企业1317户，自查和查补收入合计1.22亿元。其中，督导企业自查579户，查出有问题企业337户，自查补税金额6124.8万元；检查企业1604户，查处发票违法企业980户，完成税务总局指令性检查任务数的3.3倍，查处非法发票6.2万份，查补税款、滞纳金、罚款合计6047万元。对达到移送条件的3起发票违法案件，及时移送公安机关处理。配合通信管理部门、公安机关治理发票违法手机短信189条、网站登载信息52条，关停手机号码42个。开展一系列税收宣传教育活动，全年开展发票教育宣传436次，曝光发票典型案件32起。

【税收“黑名单”制度】 将落实税收“黑名单”制度和联合惩戒作为年度工作重点，精心组织，积极协调，依法惩戒，广泛宣传；联合省发改委等22个部门下发《关于印发〈对重大税收违法案件当事人实施联合惩戒措施合作备忘录的实施意见〉的通知》（赣发改财经〔2015〕346号），构建了重大税收违法联合惩戒工作机制；全年共计公布重大税收违法案件9起，对已公布的重大税收违法案件相关企业纳税信用级别直接判为D级，将案件当事人信息推送至省文明办人民银行、公安等部门实施联合惩戒。

【涉税违法案件检举】 全省各级地税举报中心持续完善税收违法举报案件管理制度，积极引导公民和法人合理检举涉税违法行为，注重加强协调配合，狠抓涉税举报案件查处，充分发挥了举报中心的职能作用，成效显著。全省地税系统各级举报中心共受理检举事项148起，立案检查106起，全部查结，查补收入2738.95万元，检查率、查结率、执行入库率均达到100%；向公安部门移送查处的检举案件1起。

【稽查制度建设】 全年共制定下发《稽查执行工作制度》《税务稽查预案工作制度（试行)》《税务稽查取证管理办法（试行)》《税务稽查检查工作制度（试行)》《税务稽查工作限时办结制度（试行)》5项业务制度。

【稽查队伍建设】 以建设稽查“铁军”为目标，不断加强稽查干部队伍建设，努力提升干部队伍整体素质。认真开展“扬清风正气、树地税形象”主题教育实践活动和“三严三实”专题教育，不断提高干部的政治素养和道德品质。举办“三严三实”专题党课、读书荐书、演讲比赛、“学雷锋”志愿服务等活动，利用业务时间组织了瑜伽、登山等一系列文体活动，营造“三讲三比”（讲敬业、比奉献，讲学习、比素质，讲正气、比作风）浓厚氛围。

【稽查业务培训】 强化专业人才培养，组织全省地税系统稽查业务培训班，召集全省地税稽查业务骨干和县局稽查局长对稽查工作形势和热点、重点问题进行集中学习，有效地提升了广大稽查干部的综合素质。各设区市局稽查局均分别组织开展业务专题实训班、实战实训竞赛、“以查代训”跟班学习活动，有效提升稽查队伍的业务素质和实战本领。

【稽查调研】 建立局领导分片挂点联系基层制度，每季度深入基层开展工作调研，为基层解决实际困难。全体干部深入挂钩点蹲点，体验基层工作生活，指导基层工作，巩固和深化党的群众路线教育实践活动成果。

【稽查案件复查】 组成6个复查组赴全省11个设区市局、6个省直管县（市）以及10个县（市）局，抽查各地2015年度已查结的355户稽查案件，复查面20%。复查组着重对稽查执法程序、实体、档案三方面的合法性、规范性进行了审查，对存在重大疑点和误差的案件，针对性地开展了实地调查。通过复查，发现并纠正了各地在执法规范和案卷管理方面存在的15个方面的问题，并限期整改到位。

【稽查工作会议】 2015年3月20日，江西地税稽查工作会议在南昌召开，省局副局长刘理达出席会议并讲话。会议传达了全省地税工作会议和全国税务稽查工作会议精神，总结回顾了2014年全省地税稽查工作，部署了2015年地税稽查重点工作。各设区市也于4月中旬召开了会议，结合当地实际，明确了工作目标和重点，研究部署2015年稽查工作任务。

（潘海涛）

山东省

山东省国家税务局稽查局

【概述】 2015年，山东国税局稽查局紧紧围绕税收中心工作，严厉打击各类税收违法行为，强化以查促收，推进部门协作，形成工作合力，各项工作受到了上级部门和领导的肯定与表扬。其中，受到国务院督导组表扬1次；受到税务总局局长王军、副局长王秦丰批示性表扬各1次，总会计师孙瑞标批示性表扬2次，山东省委常委、省政府常务副省长孙伟批示性表扬1次；在全省社会信用体系建设联席会议第一次会议作典型发言1次；另有多个部门和个人被税务总局、公安部和山东省政府评为工作先进集体和个人。

【稽查现代化建设】 结合山东实际，积极探索推进稽查专业化改革。认真落实随机抽查制度，制定科学的抽查方式。深化案源管理，普遍推行定向稽查，依法加大税收违法行为查处力度，增强稽查的精准性、震慑力。积极推动检查组织方式方法创新，加强重点领域、行业、企业检查的跟踪问效，提升检查质效。

【稽查体制机制改革】 积极配合稽查体制机制改革，紧跟税务总局改革思路和试点单位具体做法，充分调研论证，大胆探索，选择适合本地实际的改革方向，完成改革的前期工作任务。采用多种形式解决稽查人员不足问题，充实市级稽查力量，做大市级稽查队伍，为稽查改革打下基础。

【“营改增”专项稽查】 直接组织对山东电信公司的税收检查，针对电信行业的经营、核算和税收政策特点，运用信息化检查手段，实施精细化税收检查，取得较好成效。各市积极开展“营改增”专项检查，共检查企业112户，查补合计1895.3万元。

【稽查查补收入及分析】 共检查纳税人8980户，实现查补收入46.72亿元，入库收入46.71亿元，占同期山东国税部门组织税收收入的1.66%。

从稽查项目对稽查查补收入的贡献看，专项检查对查补收入贡献最大。从分地域情况看，山东东部沿海较为发达的地区对全省稽查查补收入的贡献较大。

【案件查办情况】 确定“警税协作、打虚扶实、重在挽损”工作原则，精心组织，紧密配合，强力推进，连续破获烟台“7·22”“7·23”、济南“6·19”、济宁“蒋岳友案”等利用黄金票特大虚开案，查处移送公安部门涉案企业167户，摧毁犯罪团伙7个，抓获犯罪嫌疑人94人，涉案金额170亿元。

【案件特点分析】 一是涉税犯罪案件发案数量激增，涉案金额越来越大。二是虚开发票及制售虚假发票等涉票案件大幅上升，涉票案件成为当前涉税犯罪的主要类型。三是偷、骗税犯罪案件减少，暴力抗税犯罪案件得到杜绝。

【重大案件查处】 全年共查处重大税收违法案件159起，涉案金额111.17亿元，涉案税额19.29亿元，移送公安机关立案59起，抓捕82人。省及滨州市税警部门通力协作，查处了税务总局、公安部联合部署的“7·06”山东海康医药有限公司虚开农产品收购发票案，查明该公司应补交税款5.83亿元，并将4名涉案犯罪嫌疑人依法移送检察机关审查起诉。

【税收专项检查】 科学制订工作实施方案，部署开展出口退（免）税、黄金交易和资本交易等6个项目的专项检查，全年共检查企业5220户，查结4830户，有问题3855户；查补收入合计26.21亿元；冲减增值税留抵税额1.77亿元，调减税收口径亏损额2.22亿元。

【区域性税收专项整治】 组织开展对农产品收购、矿产品和成品油购销企业较为集中的地区及相关专业市场的专项整治，共检查企业840户，查结826户，有问题572户；查补收入合计1.60亿元，入库合计8129.71万元。组织426户企业自查，发现问题的有286户，自查税款7315.74万元。

【重点税源企业检查】 开展对山东高速集团及其他5户企业的26个成员单位的自查和重点抽查工作。山东省国税局稽查局直接组织了对恒丰银行、兖矿集团等重点税源企业的检查。各地按照5年轮查计划，积极开展重点税源企业检查。全年共查补收入12.29亿元。

【出口退（免）税企业检查】 检查企业1328户，查结1128户，有问题926户；查补收入合计7067.11万元，冲减增值税留抵税额443.02万元，调减税收口径亏损额6037.76万元，不予退税272万元，入库6861.91万元。组织1691户企业自查，自查发现问题1056户，自查税款7270.02万元，入库7240.59万元。

【黄金交易企业检查】 检查部分规模较大的黄金制品销售企业48户，查结35户，有问题26户；查补收入合计658.08万元，入库合计416.58万元；组织22户企业开展了自查，发现问题19户，自查税款282.38万元全部入库。

【资本交易检查】 检查企业39户，查结23户，发现有问题3户，查补税款410.20万元，入库410.20万元。组织12户企业自查，有问题8户，自查税款6472.85万元，入库税额6472.85万元。

【房地产及建筑安装业检查】 检查企业94户，查结85户，有问题80户；查补收入合计1.57亿元，调减税收口径亏损额1395.44万元，入库合计1.54亿元。企业自查132户，有问题101户，自查税款1.77亿元。

【打击发票违法犯罪活动】 会同山东省公安厅、山东省地税局于2015年1月13日召开山东省打击发票违法犯罪活动工作新闻发布会，代表山东省政府及山东省协调小组就下步工作进行再动员。及时转发《国家税务总局关于认真做好2015年打击发票违法犯罪活动工作的通知》（税总发〔2015〕34号），对工作进行具体部署。全年会同地税、公安部门查办各类涉税违法案件11560起，抓获犯罪嫌疑人407人，端掉制售窝点47个，打掉团伙60个，缴获作案机器148台，缴获非法发票310万份，抓获犯罪嫌疑人407人，移送起诉案件175起，55人被判处有期徒刑。积极迎接国务院督导调研，相关工作受到国家调研督导组高度评价。税务总局对2014年山东打击发票成绩突出的5个国税稽查局和5名人员予以通报表扬；联合地税、公安对打击发票成绩突出的35个国税稽查局和40名稽查人员予以通报表彰。

【税收“黑名单”制度】 将税收“黑名单”和联合惩戒工作列为全年重点工作任务之一纳入绩效考核，组建工作领导小组，实行工作联络制度。建立地市轮流值班制度，集中培训、广泛开展宣传工作。严格执行税收“黑名单”工作制度，强化案件信息公布工作，全年通过国税机关门户网站对外公布108起案件。会同山东省发改委等23个部门，及时转发21部委《关于对重大税收违法案件当事人实施联合惩戒措施的合作备忘录》（发改财金〔2014〕3062号），迅速完成联合惩戒信息推送工作。依托省社会信用体系建设联席会议共同开展联合惩戒工作，在全省社会信用体系建设联席会议第一次会议上，作了典型发言和经验介绍，受到肯定和好评。

【涉税违法案件检举】 规范涉税检举管理工作，不断加大检举案件查处力度，广泛宣传检举相关政策。全省三级举报管理机构共受理税务总局交办案件36件，自行受理检举事项502件，共查结检举案件449件，查补合计8187.58元，移送司法机关3件。

【案件协查】 全省共委托发出协查发票14209份，涉及金额24.58亿元，税额3.25亿元，选票准确率85.48%；收到受托协查发票17767份，涉及金额39.54亿元，税额6.49亿元，受托协查按期回复率、涉案发票协查合规率持续保持100%。及时查办税务总局统一部署的重庆“6·06”、徐州“9·22”等案件涉案企业，其中徐州“9·22”案件中协助公安机关抓捕主要犯罪嫌疑人9名。

【稽查制度建设】 建立健全税警联合机制，牵头召开税警协作联席会议。按照与公安厅签订的“信息共享协议”，明确信息交换的数据库格式内容。加强税银协调配合，根据与人民银行济南分行之间的协议，继续归集各地查询银行账户的请求，定期前往进行查询。

【稽查系统建设】 强化绩效考核工作，修订完善稽查类绩效管理考评指标，分解落实年度重点工作，落实到岗到人，按月监督考评，确保指标任务落实到位。持续规范进户执法管理，积极参与督导、迎接检查、开展自查，常抓不懈，防止反弹。

【稽查队伍建设】 采取多种方式充实省、市级稽查力量，积极探索稽查队伍激励机制。不断加大培训力度，提高培训层次，开展分层分级分类培训。加强稽查队伍的勤政廉政建设，强化风险控制，确保稽查工作的廉政责任落实到岗到人。

【稽查人才库建设】 持续推进省级稽查人才库建设，强化人才配置和管理，按照“择优入选，定期考核，统筹调配，规范管理”的原则，选拔骨干人才进入省局稽查人才库。鼓励稽查干部在职在岗参加各种非学历教育和注册会计师、注册税务师等资格考试，培养一支精通稽查信息化技术、多专业协作配合的稽查专家型队伍。

【稽查业务培训】 深化教育培训工作，举办全系统稽查培训班4期，分别对稽查局长、查账能手、业务骨干和信息技术人才进行专题培训，培训不同类别人员约300人；各地也组织不同类别的相关培训，提高了稽查人员的工作能力。

【稽查信息化建设】 开发并试运行“山东省国税稽查综合管理信息系统”，初步搭建起一个覆盖省、市、县三级稽查部门执法所有环节、各岗位和全部事项的稽查信息化网络框架，并选取4个市开展测试运行。深化应用数字查账软件，全省共对2141户信息化管理企业开展了税务稽查，采集财务账套数据1.7亿条，查补入库合计11.48亿元。调研开发“稽查组织自查”模块，解决稽查部门统计数据与收规部门统计数据存在差异等问题。

【稽查宣传】 策划并开展税收“黑名单”工作专题宣传活动，在山东省国税局外部网站首页以专栏形式进行重点推介。全年共在《中国税务报》、山东电视台、大众网等多家国、省、市级媒体上专题宣传12次。

【稽查调研】 积极开展工作调研，开展“大要案查处、查管互动、协查取证、工作考核”等稽查工作制度机制方面的专项调研。深入发掘先进典型、总结先进经验并加以深化推广。组织开展第五届税务稽查优秀案例评选活动，精选出16个优秀稽查案例供检查人员交流学习。

【稽查工作会议】 2015年3月16日，山东国税稽查工作会议在济南召开。会议传达了全国税务稽查工作会议精神和山东省国税局局长刘景溪对稽查工作的批示，总结了2014年稽查工作，研究分析了稽查工作形势，部署了2015年工作任务。会议强调要深刻认识并主动适应新常态，不断强化税务稽查执法刚性，努力服务经济税收工作大局，全面健全稽查风险防控机制，不断推进税务稽查现代化建设。

【工作建议】 一是进一步提高稽查信息化应用水平，针对电子商务等新经济模式，充分利用“互联网+”概念，实现税务稽查方式的新突破。二是研究和探寻新形式实现“以查促管”新突破，加强规范化和约束力，切实发挥其促管作用。

（刘心宁）

山东省地方税务局稽查局

【概述】 2015年，山东地税局稽查局认真组织落实税务总局、省局部署的各项任务和重点工作，以绩效考评为总抓手，以抓好各项检查为着力点，以提高检查质量和效率为目标，以增强执法刚性为保障，以促进稽查成果增值利用为落脚点，坚持法治原则，创新稽查手段，强化追踪问效，有效发挥了稽查的职能作用，推动稽查工作水平迈上了新台阶，打击涉税违法、重点企业检查、打击涉税违法和落实税收违法“黑名单”制度等各项工作在全国名列前茅。全省实现稽查收入总额49.1亿元，比2014年增加3.71亿元，增长8.17%，创下历史新高。

【稽查体制机制改革】 突破山东地税现有管理体制的制约，在编制、人员不变的情况下，选择滨州、威海、枣庄等市局进行试点，推行城区一级稽查，深化稽查体制改革。实施“选案、检查、审理、执行”四统一，统一使用市局的执法文书，有效整合了稽查资源，提高了稽查执法刚性和效率。

【“营改增”专项稽查】 重点强化与营业税管理部门的协作，集中开展“营改增”试点行业的税收专项检查、“营改增”企业的地方税收专项整治活动，以及“营改增”重点行业的发票专项整治工作。在2015年税收违法案件查处中，共查补营业税11.95亿元，占全部查补税款的24.34%，达到了防止因为营业税税制改革引起的税收收入的“跑冒滴漏”和进一步规范“营改增”行业税收管理秩序的目的。

【稽查查补收入及分析】 全省共检查各类纳税人10635户，同比减少18.7%；查补收入49.1亿元，同比增长8.17%；追缴入库49.1亿元，同比增长1.75%。其中，组织企业自查7128户，自查查补收入28.04亿元，同比增长82.55%；重点检查企业3507户，重点检查查补收入20.56亿元，同比增长18.5%。从稽查查补收入结构比例看，重点检查查补收入占全部查补收入41.87%，同比增加3.65个百分点。从重点检查工作效率来看，全省重点检查人均检查户数为1.68户，人均查补收入98.48万元，户均查补收入58.64万元。全省实现选案准确率100%、结案率99.91%、入库率100%、重点检查查补税款平均处罚率31.68%。从重点检查查补收入的行业构成来看，占重点检查查补收入比例最高的是房地产行业，查补收入额为10.41亿元，占重点检查查补收入的50.63%，其次是金融业，查补收入额为2.61亿元，占重点检查查补收入的12.7%。

【案件查办情况】 全省共查处各类税收违法案件3507起，其中偷税案件237起、逃避追款欠款案件52起、编造虚假计税依据案件5起、不进行纳税申报案件863起、发票违法案件455起、其他案件1895起，查补各项税收收入20.56亿元，其中税款14.84亿元、滞纳金1.02亿元、罚款4.7亿元。

【重大案件查处】 查办百万元以上案件66起，查补各项收入11.44亿元，同比增长31.95%，检查力度、深度和执法刚性进一步提升。其中，全省各级稽查部门共查办百万元案件51起，查补收入2.46亿元，比2014年增加0.37亿元，增幅17.7%；查办千万元案件12起，查补收入5.07亿元，比2014年减少1.51亿元，降幅22.95%。查办亿元以上案件3起，查补收入3.9亿元，打击涉税违法成效显著。

【税收专项检查】 根据税务总局的统一部署，结合工作实际，全省地方税收专项检查自3月下旬正式启动，截至2015年底，全省地方税收专项检查共实现查补收入49.1亿元，同比增长48.52%。其中，企业自查补缴28.53亿元、重点检查20.56亿元；追缴入库各项税收入49.1亿元，入库率100.00%。行业税收检查方面，全省共安排指令性检查项目5项，包括：房地产及建筑安装企业、资本交易、电信业、出口退（免）税企业、黄金交易企业。安排指导性检查项目3项，包括：金融保险业、高收入者个人所得税、营利性教育培训机构。

【区域性税收专项整治】 以税收征管数据分析为基础，重点进行了“营改增”行业的税收专项整治。全省区域专项整治组织查补各项收入1.93亿元。其中，企业自查563户，自查补缴税款1.63亿元；重点检查160户，查补各项收入3013.66万元。

【重点税源企业检查】 一是会同省国税稽查局组成联合督导组，对税务总局确定的山东高速集团有限公司等15户重点税源企业及所属成员单位共230户开展的税收专项检查。二是自2015年10月下旬开始，会同省国税稽查局组成联合督导组，对税务总局确定的山东科达集团有限公司等26户重点税源企业及所属成员单位开展随机抽查工作。本次随机抽查工作采取查前约谈辅导与重点抽查相结合的组织形式，总体时间安排自10月上旬开始，2016年6月底结束，分动员部署、企业自查、重点检查和总结整改4个阶段进行。三是在严格遵循税务总局部署和要求的基础上，结合工作实际科学选案，自行组织开展的对辖区内重点税源企业的检查工作。重点税源企业检查实现各项查补收入21.68亿元。其中，组织企业自查2870户，自查补缴税款12.26亿元；重点检查929户，查补收入9.42亿元。追缴入库税款21.68亿元，入库率100%。

【出口退（免）税企业检查】 办理出口退（免）企业主要涉及国税业务，通过主动协调省国税稽查部门，及时获取相关选案信息，筛选企业所得税归地税管理的企业纳入检查计划，并组织部分市局与国税稽查局部门实施联合检查。全省出口退（免）企业检查共查补各项收入1115.91万元。其中，企业自查15户，自查补缴税款271万元；重点检查41户，查补各项收入844.91万元。

【黄金交易企业检查】 本项目主要涉及国税业务，通过主动协调省国税稽查部门，筛选企业所得税归地税管理的企业纳入检查计划，并按照发票专项整治工作要求，积极参与国税、公安部门开展的黄金票案处置工作。全省黄金交易企业检查共查补各项收入574.91万元。其中，企业自查11户，自查补缴税款157.82万元；重点检查14户，查补各项收入417.09万元。

【资本交易检查】 精心筛选从事非货币资产投资、股权转让、定向增发、限售股减持等业务的单位和个人列入检查对象，重点关注非金融企业减持限售股等"金融商品买卖"、股权转让收益的行为。全省资本交易检查共查补各项收入3.83亿元。其中，企业自查384户，自查补缴税款1.55亿元；重点检查258户，查补各项收入2.28亿元。

【房地产及建筑安装业检查】 结合全国"营改增"试点工作进展情况及税源分布状况，按照分级分类检查和"双随机"抽查工作要求，继续对该行业开展"链条式"检查。在检查内容方面，重点是配合财税体制改革，加大对营业税涉税问题的清理规范，同时突出对土地增值税清算、企业所得税成本收入成本结转，以及划转地税管理的耕契两税清理。全省房地产及建筑安装业检查共查补各项收入18.41亿元。其中：企业自查2721户，自查补缴税款10.24亿元；重点检查1093户，查补各项收入8.17亿元。

【高收入者个人所得税检查】 针对高收入者个人具有多元性、分散性和隐蔽性的特点，通过多种信息渠道进行摸底调查，重点突出对电力、烟草、保险等高收入行业及外籍人员个人所得税的检查。全省高收入者个人所得税检查共查补各项收入4661.6万元。其中，企业自查222户，自查补缴税款2911.4万元；重点检查117户，查补各项收入1750.2万元。

【营利性教育培训机构检查】 营利性教育培训机构主要从事非学历教育培训，具有教育培训实施时间周期短、办学方式灵活、师资不稳定，以及服务客户大多为非企业客户，流动性强的特征。检查发现的涉税问题主要包括：一是会计核算基础较为薄弱，涉税资料保存不完整，涉税证据取证困难。二是未按规定取得和使用发票，发票管理不规范，常以"退学退费"为借口延滞开具发票或拒不开发票。三是混淆收入性质，少申报缴纳营业税。四是支付个人所得零散，未全员全额代扣个人所得税等。全省营利性教育培训机构检查共查补各项收入1003.61万元。其中：企业自查71户，自查补缴税款177万元；重点检查34户，查补各项收入826.61万元。

【打击发票违法犯罪活动】 建立综合整治发票违法犯罪长效机制，针对税务总局部署的重点行业发票使用情况检查任务，结合各项税收检查，合理调配省、市、县各级稽查力量，选择发票问题较为突出的金融保险、餐饮娱乐、药品与医疗器械等重点行业，与公安、国税、通信等部门联合全面组织检查，全省各级地税机关共查处发票违法企业1729户，查处非法发票21.12万份，涉及金额80.57亿元，查补各项收入共计6.58亿元。配合公安部门共查办案件309个，捣毁发票制假售假窝点47个，打掉发票犯罪团伙60个，缴获非法发票309.90万份。

【税收"黑名单"制度】 研究制定《山东省地方税务局重大税收违法案件信息公布管理办法（试行）》，与省国税联合，共同起草联合惩戒行动实施方案，由省发改委组织牵头，由参与联合惩戒的成员单位正式实施。向相关部门推送重大税收违法案件9起，对重大税收违法案件实施联合惩戒。税务总局《税收违法"黑名单"工作动态》（第5期）刊发了山东地税在联合惩戒方面的经验做法。

【涉税违法案件检举】 进一步建立良好的涉税检举管理工作秩序，有效解决了多头检举、重复检举问题，无群体性上访事件发生。全省共受理涉税违法检举案件471件，结案273件，查补金额3849.96万元，其中，税款2166.32万元，入库率99.47%。全省共支付举报奖励3.82万元，其中，市级支付1.3万元、县级支付2.52万元。

【案件协查】 全省地税共办理网络协查6件，发票15份，涉及金额149.4万元，有问题发票份数10份，有问题发票比率66.67%，按期回复率100%；办理纸质协查件数390件，发票1690份，涉及金额2.83亿元，查补收入1221.9万元，有问题发票份数809份，有问题发票比率47.87%，按期回复率100%；派人协查件数16件，发票967份，涉及金额1.66亿元，查补收入51.3万元，有问题发票份数5份，有问题发票比率0.52%，按期回复率100%。

【稽查制度建设】 山东地税稽查制度建设进一步完善，印发《山东省地方税务局稽查系统绩效管理考评办法》《山东省地方税务局重大税收违法案件信息公布管理办法（试行）》《山东省地方税务局关于进一步深化查管互动工作的意见》等制度文件，从绩效管理、“黑名单”、稽查成果增值利用等方面进一步加强了稽查基础，规范了稽查执法。同时，编制稽查责任清单于2015年6月向社会公布，全面接受社会监督。

【稽查系统建设】 一是加强考核督导，推进全省稽查工作高效开展。以绩效考评为抓手，设置多项检查指标，作为年度系统绩效考评重点参考依据。二是认真抓好稽查执法文书检查和收入督导工作。7月，省局4个检查组对全省稽查执法文书进行检查和并对稽查收入进行督导，以增加各级抓好稽查查补收入工作的紧迫感。并根据稽查收入完成情况，进一步筛选部分收入任务重、稽查力量相对薄弱的重点区域进行重点督导，促进全省稽查重点工作的均衡、高效开展。三是在全省推广各级稽查局的先进典型、经典案例、创新做法，促进稽查工作质效的提升。

【稽查人才库建设】 为进一步加强优秀稽查人才的长效培养和使用机制，配合省局人事处组织第五管理周期稽查业务骨干人才（业务能手）的选拔工作，选拔考试采用笔试和上机操作两种方式，从稽查业务基础知识和综合业务技能以及电子查账操作实务等全方面进行考核，共有121名稽查业务骨干脱颖而出，入选省局骨干人才库，为山东地税稽查事业的长远发展奠定了人才基础。

【稽查业务培训】 2015年1月29日，全省地税“稽查统计报表采集分析系统”软件培训班在青岛举办；2月3日，全省打击发票违法犯罪活动管理系统试运行准备培训班在济南举办；4月8日—11日，全省稽查骨干人才培训班在山东科技大学泰安校区举办；6月2日—3日，涉税违法检举培训班在山东省税务干部学校举办；12月24日—25日，全省地税协查信息管理系统操作人员培训班在济南举办。以上培训，进一步提升了参训人员的稽查核心业务能力和稽查实战水平，并为各市培训了稽查师资力量。

【聘用中介机构参与稽查工作】 在严格确保“稽查部门是税务稽查的唯一执法主体”的前提下，继续采取购买服务的方式，采用公开招标方式依法聘用中介机构参与税务稽查，弥补核心业务人员匮乏瓶颈。为了更好地开展该项工作，通过对招标标书、聘用协议、监控管理等工作的改进完善，严格流程、严定职责、强化监管，全面确保政府购买服务在“阳光”下运行。2015年6月19日，新华社《国内动态清样》（2015年第2674期）以《山东地税稽查“借兵打仗”破解人少力单困境》为题，报道了山东省地税局聘用中介机构助力税务检查的创新突破，引起国内很多行政执法机构的高度关注，并得到山东省省长郭树清的肯定。

【稽查信息化建设】 对电子查账软件进行强有力的优化升级，并依托查账软件，历经“可行性论证→需求对接→软件研发→测试修订”等阶段，2015年11月，集电子选案、电子查账、案件监控、成果增值利用功能为一体的“山东地税稽查信息化工作平台”开发完成，并在威海全市范围内进行了试运行。2015年1月13日，税务总局稽查局下发《关于山东省地方税务局推行信息化检查提升稽查工作质效情况的通报》（税总稽便函〔2015〕1号），对山东地税稽查信息化建设给予充分肯定。全省使用电子查账软件检查纳税人2072户，实现查补收入17.2亿元，比2014年增长39.84%。

【查管互动机制】 为进一步做好查管互动工作，促进稽查成果的增值利用，稽查局牵头制定《关于进一步深化查管互动工作的意见》。全省各级稽查部门共向各管理局传递涉及房地产、建筑业等5行业共28份“征管建议书”，监控入库税款4.07亿元，各管理局充分利用稽查部门分析报告和管理建议，拟定具体管理办法，推进了行业和税种管理质量提升。

【涉税违法案件曝光】 按照税务总局的工作部署，以典型案例匿名形式及时主动在省级以上新闻媒体曝光12起典型涉税违法案件，在全社会起到较好的警示、威慑效应，营造了依法诚信纳税的良好氛围。

【稽查调研】 认真开展稽查工作调研，并通过召开部分市局稽查局调研座谈会的形式进一步听取意见建议，在此基础上，形成《关于增强执法刚性充分发挥税收职能作用的调研报告》，报告从全省稽查基本情况入手，通过对全省地税稽查查处力度、检查深度和质量，以及查管部门的互动效果等3个主要方面存在的问题进行分析论述，对其深层次成因进行研究，最终提出与省地税稽查具体实际情况相适应、立足于增强执法刚性、促进省稽查职能作用充分发挥的对策建议。

【信息资源共享与合作】　2015年11月25日，省局党组成员、副局长李功代表山东省地税局与山东省公安厅签订"关于加强信息资源共享与合作协议书"，双方将通过部门间信息共享平台接入的方式，实行省级集中交换，实时进行数据共享。根据协议，公安厅将无偿向山东省地税局提供全省常住人口居民身份和流动人口居住简项信息查询比对服务、全省宾馆旅店入住和办理驾驶证信息查询对比服务，以及全省车辆登记简项信息查询服务等五类信息资源。协议书的签订，进一步畅通了税警信息共享与交换渠道，将为税收征管、税源监控和税务检查提供更有力的信息支撑，将进一步夯实全社会综合治税工作基础，税警协作走在全国前列。

【稽查工作会议】　2015年3月19日—20日，山东地税稽查工作会议在济南召开。会议的主要内容是：全面落实全国稽查工作会议、全省地税工作会议精神，认真总结2014年全省地税稽查工作，深入分析当前经济税收新常态下稽查工作面临的新形势，研究部署2015年稽查各项工作任务。会议传达学习了省局党组书记、局长张洪军对全省稽查工作的重要批示。省局党组成员、副局长李功作了重要讲话。会议对全省专项检查先进单位和个人、全省打击发票违法犯罪活动先进单位和个人和全省电子查账先进单位进行了表彰，省局稽查局局长王发升对2014年全省稽查工作任务完成情况暨2015年稽查工作安排进行了说明，济南、青岛、烟台、泰安、临沂和聊城市地税局稽查局进行了稽查精品案例演示汇报。

（吴姝虹）

河南省

河南省国家税务局稽查局

【概述】　2015年，河南国税局各级稽查部门坚持打击与增收并重的原则，突出抓好税收专项检查、重点税源企业轮查、深化稽查体制改革和国地税稽查合作等重点工作，不断提高稽查工作质效，取得了较好的工作成效。全年共检查纳税人4909户，查补税收28.17亿元，入库税收27.49亿元，查补率达1.57%，圆满完成了各项工作任务，为全省国税事业发展做出了积极贡献。

【稽查现代化建设】　以信息技术为依托，加强对稽查各项工作的信息化管理，强化稽查信息化手段运用和信息化人才的培养，提高稽查工作的规范性，改进稽查手段和方法。信息化选案上，依托金税三期工程的后台数据，搭建了双随机稽查工作平台，进一步对相关数据进行挖掘、分析和利用，精心构建稽查案源信息体系；信息化查案上，加大对稽查查账软件的投入和应用，提高信息化查账水平，做到所有市局稽查局都使用电子查账软件，对所有电子核算的企业使用电子查账软件进行检查。

【稽查体制机制改革】　河南省国税稽查部门不断创新稽查思路、稽查理念、稽查体制、稽查手段和稽查方法。积极推动稽查队伍专业化建设，结合本地税源状况、重点行业分类以及稽查人员素质特长，确定一个科室专门针对固定行业进行学习研究、主导检查或领办指挥，实施精准打击。

【"营改增"专项稽查】　为防范和打击"营改增"试点企业虚开增值税专用发票等税收违法行为、深入了解相关行业实施"营改增"后对增值税进项抵扣等方面的影响，按照税务总局要求，河南省国家税务局稽查局自2015年8月起开展了对交通运输业、铁路运输业、部分现代服务业以及电信业共计8户企业的调研式检查工作，共计查补税收收入1970万元，其中税款1863万元，罚款13万元，滞纳金94万元。

【稽查查补收入及分析】 2015年，全省各级稽查部门加强对大案要案的查处力度，加大省局直接查办案件的力度，围绕税务总局部署的专项检查和重点税源企业检查，全年共检查纳税人4909户，有问题3995户，入库税收27.49亿元，同比增长4.8%，整体查补率1.57%，入库率97.5%，选案准确率99.7%，结案率98.3%，各项指标全部达到或超过税务总局的目标要求。

【案件查办情况】 2015年，河南省国税局以打击虚开骗税为重点，全面开展各类涉税违法案件查处工作，共立案查处虚开增值税专用发票案件86起，涉及虚开增值税专用发票16680份，涉案金额207445万元，涉案税额35237万元，查补收入20887万元，入库收入8943万元，已移交公安机关45起，抓捕犯罪嫌疑人7人。其中亿元以上案件3起，涉及虚开增值税专用发票4150份，涉案金额41205万元，涉案税额7005万元，查补收入8843万元，已入库收入2600万元。

【案件特点分析】 虚开和骗税犯罪主要特点：一是骗税和虚开案件主要集中在纺织、服装、木制家具、皮毛等涉农行业和煤炭、铁精粉等涉矿行业；二是利用黄金票虚开成为犯罪分子作案的重要领域；三是犯罪团伙以地区化、老乡化、家族化，内部组织严密，分工细致；四是虚开是骗税的前置环节，骗税和虚开活动已形成完整的犯罪网络链条。偷税案件主要表现在不列、少列收入、多列或虚列支出、账外隐蔽经营、开具大头小尾发票、恶意虚抵增值税进项发票等，犯罪手段呈现多样性、隐蔽性、复杂性等特点。

【重大案件查处】 2015年，按照税务总局稽查局及省局党组的工作要求，将打击虚开和骗税等大要案件作为重点工作，以打击黄金票为突破，加大案件查办力度，查处一批大案要案，曝光了一批"黑名单"企业，震慑了虚开犯罪。2015年，全省共查处大案要案86起，已查补入库税收90268万元。按案件类型分：其中少缴税款案件37起，虚开、虚抵增值税专用发票案件31起，偷税案件17起，出口骗税案件1起。重点查处了河南亚都医疗器械有限公司偷税案、河南省宇安医疗科技开发有限公司偷税案、许昌尚华纺织品有限公司虚开增值税专用发票案、许昌保利纺织品有限公司虚开增值税专用发票案等大要案件。

【税收专项检查】 河南国税局稽查局严格按照税务总局指令性检查计划的要求，2015年度部署了出口退（免）税企业、黄金交易企业、资本交易项目的税收专项检查；按照税务总局指导性检查项目，部署了房地产及建筑安装企业检查；同时结合河南本地实际，自选了卫生材料、医疗器械、纺织、建材（商砼、水泥制品）等项目开展专项检查；开展了高风险企业整治和"营改增"调研式检查等税收专项整治工作。共检查纳税人1928户，有问题1527户，查补税收122736万元，入库111730万元。

【区域性税收专项整治】 为严厉打击重大税收违法行为，进一步提升稽查打击的准确性和震慑力，配合税制改革任务的顺利推行，2015年重点开展了高风险企业整治，同时结合当地实际，自选了卫生材料、医疗器械、纺织、建材（商砼、水泥制品）等项目开展税收专项检查。共检查各类纳税人1546户，有问题1322户，查补收入90917万元，入库83418万元。

【重点税源企业检查】 2015年，河南国税局稽查局先后开展了税务总局指定的重点税源企业自查和重点检查以及本省筛选重点税源企业轮查工作。一是对税务总局部署的中国工艺（集团）公司等8户集团企业在河南设立的28户成员企业开展了自查和重点检查，其中重点检查企业6户（国地税联合检查企业4户）；二是结合本地区税源实际，自选了478户高风险重点税源企业开展税收检查；三是按照《国家税务总局关于近期开展重点税源企业随机抽查工作的通知》（税总函〔2015〕478号）要求，组织税务总局部署的26户集团企业涉及河南的472户成员企业开展自查和重点企业检查工作。共检查各类纳税人523户，有问题427户，查补收入94930万元，入库91480万元，冲减增值税留抵税金6542万元，调减亏损额4741万元。

【出口退（免）税企业检查】 联合河南省公安厅、郑州海关下发了《河南省国家税务局河南省公安厅郑州海关关于2015年继续深入开展打击出口骗税违法犯罪活动的通知》（豫国税发〔2015〕104号），在全省范围内安排部署了出口退税企业专项检查和重点检查工作。2015年度自查和检查企业783户（检查企业117户），有问题108户，结案133户，检查查补收入3439万元，自查查补收入2336万元，追回已退税款和不予退税额3677万元；入库税收3860万元，移送公安机关6户。

【黄金交易企业检查】 与省公安厅成立联合领导小组，共同研究制定打击"黄金票"专项行动专项工作方案，抽调税务稽查、公安经侦骨干，先后三次集中组织对两部委联合领导小组下发数据进行精心梳理，深入分析。通过前期对疑点企业基础信息及疑点信息、资金回流线索的外围调查、梳理分析，在全省范围内开展打击“黄金票”专项行动。2015 年度查实虚抵增值税专用发票 2068 份，涉及金额 53074.23 万元，税额 9021.57 万元；虚开增值税专用发票 1862 份，涉及金额 18768.94 万元，税额 3190.72 万元。移交公安机关 43 户，公安立案 30 户，抓捕犯罪嫌疑人 19 人。

【资本交易检查】　通过多种途径收集纳税人的股权转让、获取股息红利、债权转让及大额房产、土地转让等资本性活动信息，确定重点检查对象。2015 年检查 1 户，查补税收 1150 万元。

【房地产及建筑安装业检查】　注重实地检查取证，结合企业的各种平面图、结构图，查清各企业建造的各种房地产项目，包括商品房、商铺、车库及用于出租的商场、商铺等，准确计算可售项目、已售项目、未售项目等内容。2015 年共检查各类纳税人 134 户，查结 99 户，有问题 95 户，查补收入 25260 万元，入库 21332 万元。检查发现的主要问题有预收售房款少申报收入，少缴企业所得税；对已达到汇算条件而未进行汇算的造成延迟结转收入；应计未计租金收入造成少缴企业所得税；超容积率罚款税前列支等。

【打击发票违法犯罪活动】　2015 年，河南国税局稽查局按照税务总局部署，认真履行协调小组办公室职责，部门配合，多措并举，严厉查处发票违法犯罪行为，全省共查处发票违法企业 4365 户，捣毁制售假发票窝点 57 个，缴获各类非法发票 115 万份，查补税收 53162 万元，治理发票违法短信息 65.9 万条。公安机关立案 61 起，抓获犯罪嫌疑人 80 人。各地曝光发票违法案例 430 件，开展发票宣传 6310 次。河南省国税局上报的《揭“小规模”面纱　露“偷逃税”真容》被评为全国打击发票违法犯罪活动十大精品案例。

【税收“黑名单”制度】　2015 年，河南省国税部门围绕税务总局工作部署，以制度和机制建设为基础，以严查大案要案为抓手，以建立信息推送网络专线为平台，以全方位大力宣传为手段，实现了对税收违法“黑名单”准确公布、快捷推送和及时惩戒。共公布达到税收违法“黑名单”标准的案件 34 起，涉及企业法定代表人或负责人 43 人。其中，偷税案件 12 起，虚开增值税专用发票案件 17 起，非法制售发票案件 4 起，骗取出口退税案件 1 起，并按季度向内外部门推送重大税收违法案件信息，确保联合惩戒落到实处。“黑名单”企业纳税信用直接降为 D 级，适用 D 级纳税人的管理措施；12 户企业分别受到海关降级、出入境检验检疫信用降级、禁止受让收费公路权益等惩戒；3 名当事人被禁止部分高消费行为。

【涉税违法案件检举】　2015 年，河南省各级国税稽查部门在税务总局、省局党组的正确领导下，认真落实税务总局各项检举管理工作制度，坚持“依法行政、统一领导、分级负责、属地管理、严格保密”的原则，按照“迅速受理、认真查办、按期回复、重点疏导”的要求，依托信息化管理手段，对检举案件的分类处理、检查、结案、答复、兑奖、疏导等各环节工作进行严格管理，取得了较大成效。全省各级举报中心共受理各类税收违法检举案件 365 件，已结案件 305 件，查补税收 6424 万元，入库税收 6517 万元。因举报对纺织行业、物流运输行业、柳编行业、医药卫生行业等行业开展的涉案地区行业专项整治工作，已入库税收 2413 万元。严格执行检举奖励基金管理和领取制度，各级稽查部门共兑付检举奖金 1.23 万元。

【案件协查】　2015 年，河南国税局稽查局通过严格执行《税收违法案件发票协查管理办法》，加强绩效考核和系统监控，强化对税务总局督办大案、要案协查的监督管理，确保协查系统平稳运行和案件协查的有序开展。全年通过协查系统委托发出协查信息 713 起，涉及发票 8919 份，金额 10.18 亿元，税额 1.59 亿元。收到协查结果 6274 份，选票准确率 97.28%，委托协查信息完整率 99.99%；收到受托协查 1218 起，涉及发票 15251 份，金额 28.77 亿元，税额 4.68 亿元。回复发票 13776 份，协查有问题发票占受托协查发票的比率 72.19%，受托协查信息完整率 99.27%，累计按期回复率 100%。全省通过纸质和派人发起委托协查 933 起，涉及省内企业 445 户，协查相关凭证 53285 份。受托收到纸质协查 606 起，涉及省内企业 1249 户，涉及相关凭证 32667 份。完成了辽宁“1·06”专案、济南“6·19”专案、珠海“6·26”专案等税务总局督办重大虚开发票案件的协查工作。2015 年通过协查共计查补税收 16216 万元，入库税收 13094 万元。

【稽查制度建设】　为进一步加大案件查处力度，制定了《关于进一步加强税收违法案件查办工作的意见》《虚开骗税案件查办指南》；为加强与地税稽查部门的合作，构建了以纳税服务、税收征管、税收合作3个"规范"为合作业务基石，以《河南省国家税务局稽查局　地方税务局稽查局进一步深化稽查工作合作的意见》和《河南省国家税务局　地方税务局联合开展重点税源企业检查办法（试行）》2个文件为合作实务支撑，以统一的河南省税务系统行政处罚裁量标准为1个合作执法标准，以系统督查体系为1个合作质效保障的"3211"河南税务稽查合作框架。

【稽查系统建设】　河南国税局稽查局按照"总局指标全覆盖，针对问题立项目"的原则设置考核指标体系。既保证全面覆盖总局考核要求，又着力解决当前稽查工作中存在问题，坚持以"查补率"评价整体成果，以"处罚率"评价执法力度，以"入库率"评价工作效率等，着重发挥绩效考核指挥棒作用。在全省各级稽查部门共同努力下，各项工作指标均达到了总局绩效考评要求。

【稽查队伍建设】　2015年，河南省各级国税稽查人员总数3079人，占全体税务人员的比例为14%，其中，省局稽查局54人，地市级稽查局1784人，县级稽查局1241人。按照职务分层、内容分类、激励分项的模式，持续推动领导干部、骨干人才和基层一线干部的队伍建设。以提高综合素质为核心，解决问题为重点，提升实战稽查技能为目的，加大对稽查高精尖人才的培养力度，发挥骨干引领作用。持续加强稽查廉政建设和作风建设，提高整个稽查干部队伍的向心力和战斗力。

【稽查人才库建设】　2015年，河南国税局根据《河南省国家税务局专业人才库管理办法》有关规定，加强对税务稽查人才库人员的日常管理和服务工作。对稽查人才库人员进行分级分类脱产培训，进一步提高稽查人员业务能力；在开展大案要案查办、专项检查、重点税源企业检查等工作时，抽调业务骨干领办指挥，充分发挥人才集聚优势；锻炼出一支适应新形势、新任务要求的高素质税务稽查骨干队伍，形成查处税收违法行为的拳头力量，为税务稽查工作提供有力人才支持。

【稽查业务培训】　针对稽查业务知识更新快，税收违法犯罪活动变化多端的特点，河南省国税稽查局先后组织了两期稽查业务骨干培训班，参训人员共计140多人。针对信息化手段薄弱的问题，与软件公司人员一起，组织安排了送培训到基层的活动，整体活动历实近半年，培训人员500多人，收到了良好成效。

【稽查宣传】　2015年，河南国税稽查部门通过在省级12366门户网站设置"重大税收违法案件公布栏"，持续进行"黑名单"公告工作，共公布达到税收违法"黑名单"标准的案件34起，同时注重借助网络、报刊、展板等形式对打击税收违法行为的案件、成果进行宣传曝光，扩大稽查打击震慑作用。

【稽查调研】　为防范和打击"营改增"试点企业虚开增值税专用发票等税收违法行为、深入了解相关行业实施"营改增"后对增值税进项抵扣等方面的影响，按照总局要求，开展对电信业、交通运输业、铁路运输业、部分现代服务业企业的"营改增"调研，深入了解"营改增"企业增值税纳税申报情况、进项税额抵扣情况，以及接受"营改增"企业增值税专用发票的企业（"营改增"受票企业）相关发票抵扣情况，研究分析"营改增"后"营改增"企业及受票企业抵扣情况和总体税负的变化。

【稽查工作会议】　2015年3月12日，河南国税系统稽查工作会议在郑州召开。省局党组成员、副局长席七万作了题为《把握新常态　改革促发展　务实推进我省稽查现代化建设》的重要讲话，总结回顾了2014年全省稽查工作，深入分析了中国特色社会主义新常态下稽查工作的新趋势、新要求，系统概括出稽查工作新常态下的工作任务和要求，并对2015年稽查重点工作和任务进行部署安排。会议还对2014年度打击虚开骗税工作中成效明显、表现突出的单位和个人予以通报表彰。会议期间，各市局围绕进一步加强税收违法案件查办力度、深化稽查改革、优化资源配置、落实"黑名单"制度、加强监督制约、提升稽查效能等方面，进行了深入的讨论，提出做好2015年稽查工作的意见和建议。各省辖市局、郑州新区局稽查局局长、稽查局综合科长、省局部分相关处室人员参加了会议。

【工作建议】　强化法制观念，坚持依法治税，增强稽查执法刚性，建议明确税务稽查职能定位，处理好稽查与征管的关系，建立税务稽查与税务管理的信息传递制度，合理界定税务稽查、纳税评估、日常税收检查的的职责范围，并使其有机联系起来，形成相互配合、相互协调、相互衔接、相互制约的格局，实现资源共享。

（孔晓飞）

河南省地方税务局稽查局

【概述】　2015年，河南省各级地税稽查部门全面贯彻"坚持以'三个服务'（服务税户、服务基层、服务大局）为引领，奋力建设'六个地税'（责任地税、法治地税、服务地税、科技地税、人才地税、清廉地税）、加快推进税收现代化"的总体思路，围绕中心工作，服务全省大局，加大办案力度，巩固规范成果，各项工作取得了新成效。

【稽查现代化建设】 进一步加强省、市、县三级案件举报中心规范化建设，实现举报中心由单一案件受理转办向综合管理服务转型，提升举报案件办理质效。郑州市地税局稽查局在全国税务稽查系统案源管理经验交流会议上作了典型发言。其经验由《中国税务稽查—厉风》进行了全面报道。加强与省局金税三期工程项目组沟通，解决金税三期工程税收管理系统稽查模块运行操作问题。推广应用电子查账，为全省各地市稽查局等20个单位各配备了安装有专门电子查账软件的惠普移动工作站。

【稽查体制机制改革】 总结郑州专业化稽查试点管理方式改革经验，选择地市先行先试，突出对稽查资源的整合及新征管模式下的稽查应对。认真贯彻税务总局工作部署，积极与省国税局稽查局在沟通协调、健全机制、信息共享、联合办案等方面开展深入合作，探索建立河南税务稽查合作框架。2015年国地税稽查部门共确定联合检查对象187户、联合检查重点税源企业77户，分别查结92户、36户，查补税收2.78亿元、1.46亿元，相互移交疑点问题信息192户次，成效显著。协助税务总局起草全国《国地税联合稽查办法》。《中国税务》刊文对河南国地税稽查合作进行了专题报道，税务总局在《关于督查5省市税务机关发现的典型经验做法给予表扬的通知》（税总督查〔2015〕103号）中对河南国地税稽查合作给予表扬。2015年9月15日税务总局局长王军在纳税人王宏斌《联合稽查好处多　便民措施暖心窝》的感谢信上，作出专门批示给予充分肯定。

【稽查查补收入及分析】 检查纳税人16561户，较2014年增加15.14%，查补入库收入48.65亿元，同比增长36.62%，全省稽查收入年度目标（追加后45亿元）完成比为108.07%。查补入库收入有较大幅度增长，查补的各税种税款与同期相比均呈增长态势，其中营业税、土地增值税和个人所得税查补税款整体增幅38%。主要原因是层层分解，实地、包片督导，加强责任落实，专项检查项目成效显著，税款及时足额入库。

【案件查办情况】 累计立案检查案件945户，组织企业自查15616户。审结立案检查案件985户（含以前年度244户），其中有问题968户，结案970户。查处涉税案件中千万元以上案件3户、百万元以上案件34户。

【案件特点分析】 偷税案件是2015年所查涉税案件的主要类型。涉案特点：涉案单位财务人员对现行税收政策理解有偏差，工作疏漏，部分纳税人心存侥幸等。涉税违法行为主要是未按照规定将取得的收入全额申报缴纳营业税；设置"两套账"，利用账外手段隐匿经营收入；以虚假发票入账，虚增成本等。

【重大案件查处】 始终把查办大要案件作为稽查工作的重中之重，查处涉税案件中千万元以上案件3户、百万元以上案件34户，其中专项检查确定指令性检查项目为资本交易项目、地方商业银行及地方股份制银行和土地交易涉及税收。全年入库26.53亿元，占全年稽查收入的45.22%。

【税收专项检查】 认真落实税务总局稽查局和省局党组的决策部署，领导小组制定方案，加强调研督导和绩效管理。各地稽查部门统筹安排，明确重点，全年累计检查纳税人12830户，共查补收入27.49亿元。

【区域性税收专项整治】 按照税务总局要求，结合实际，选取洛阳市餐饮娱乐业开展区域税收专项整治工作。共检查纳税人2326户，查补收入357.9万元。除选取的洛阳市餐饮娱乐业外，部分地市结合本地实际分别开展了矿产资源、房地产业和耕地占用税等区域税收专项整治工作。

【重点税源企业检查】 在税务总局部署的涉及8个集团公司在河南省设立的28户分支企业的重点税源企业中，经过组织企业自查后对其中3个集团下面的6户分支企业进行立案检查，自查、立案检查查补税款533万元。同时，开展省定重点税源企业检查，组织208户省定重点税源企业开展自查，自查税款1.3亿元，并对其中141户企业立案检查，查补税款5847万元。

【资本交易检查】 资本交易共查补收入1.12亿元。其中，立案检查145户，查补收入0.18亿元；自查810户，查补收入0.94亿元。

【房地产及建筑安装业检查】 房地产及建筑安装行业共查补收入20.48亿元。其中，立案检查402户，查补收入2.11亿元；自查6922户，查补收入18.37亿元。

【高收入者个人所得税检查】 高收入者个人所得共查补收入0.29亿元。其中，立案检查7户，查补收入0.01亿元；自查207户，查补收入0.28亿元。

【营利性教育培训机构检查】 自行开展的其他项目检查，共查补收入2.36亿元。其中，立案检查175户，查补收入0.32亿元；自查1688户，查补收入2.04亿元。

【打击发票违法犯罪活动】 落实税务总局相关工作部署，重点对发票违法问题高发、频发的金融保险、房地产、商业批发与零售等8个行业的发票使用情况开展检查，加强与国税、公安、财政等部门的协作配合。共检查使用发票企业3201户，查处使用假发票企业1024户，超额完成税务总局下达的查处违法受票企业不少于600户的目标，查补税款、滞纳金、罚款共计4982.63万元，查获各类涉案发票7993份。联合相关部门治理发票违法信息2822条，关停违法发送发票信息手机号码107个、短信群发器11台，检查非纳税单位81个，查出非法发票份数84份，涉及票面金额619.1万元。

【税收“黑名单”制度】 落实“黑名单”制度，建立联合惩戒机制，全省地税各级稽查部门通过各级媒体向社会曝光税收违法案件85件。省国地税、发改委联合发出《关于对重大税收违法案件当事人实施联合惩戒措施的合作备忘录》，建立由省发改委牵头、国地税主导、23个省直部门协作联动的河南省重大税收违法案件信息推送系统。通过信息推送系统共公布并推送重大税收违法案件7起。

【涉税违法案件检举】 各级稽查部门以案件举报中心规范化建设为依托，促进涉税举报案件精细化管理。全省地税稽查部门各级举报中心共受理税收违法举报案件491件，组织查处451件，查补税款、罚款、滞纳金共计8300万元。

【案件协查】 受理涉及上海等4个省市协查案件8起，及时办理或转办协查案件，有效配合了外省市对涉税案件的查处。

【稽查案卷管理】 着力规范提高税务稽查案卷质量，两次召开全省地税稽查系统案卷及审理工作座谈会，开展全省地税稽查案件集中复查工作和全省地税“十大规范典型案例”“优秀案例”评选活动，扩容全省地税稽查案例库，上报税务总局案例库5个，入选省局案例库9个。

【稽查制度建设】 以依法行政为目标，着眼稽查工作各项管理制度和业务操作规程的精细化，制定《河南省地方税务局2015年度稽查工作绩效考核办法》《河南省地方税务局稽查局工作人员违反作风建设和行政效能建设责任追究办法》等规章制度，用制度保障各项工作有章可循。

【稽查系统建设】 出台相关办法，规范系统工作目标绩效管理。采取会议部署、定期通报、专题研讨等形式，加强系统督查督办工作。加强省、市、县三级案件举报中心规范化建设，开展稽查评查分析，更好发挥稽查职能。

【稽查队伍建设】 以活动为载体，转作风，强素质，积极组织开展“三严三实”“懒政怠政为官不为”、基层干部作风专项教育整顿等专题教育实践活动，积极开展道德讲坛活动，认真落实该省地税局“八条禁令”“九项要求”。《河南经济报》刊文报道了省地税局稽查局践行“三严三实”，推动税收工作的经验做法。严格落实党风廉政建设责任制，落实“一岗双责”“两个责任”，开展“三项专项治理”工作，加强警示教育，进行效能监察，加强监督，积极防范稽查执法和廉政风险。

【稽查人才库建设】 按照省地税局统一部署，从全省稽查人员中优选出54名业务骨干，纳入全省地税稽查人才库，促进稽查专业人才队伍建设。

【稽查业务培训】 根据稽查人才培养培训需求，举办8期业务专题培训班，承办1期稽查高端人才培训，共培训稽查人员500余人次。

【稽查宣传】 全省地税稽查部门以践行“六个地税”为主题，统一思想，加强宣传。对内，通过内网全年编发稽查动态信息1820余篇，编发调研文章、理论探讨、典型案例等78篇，被该省地税局工作动态采编10篇。对外，加强宣传报道，分别在《中国税务》《中国税务稽查—厉风》等媒体上刊文宣传经验，展示成果。

【稽查调研】 着眼提升稽查整体工作，开展全省稽查工作专项调研、稽查体制改革专题调研、全省地税稽查部门党风廉政建设形势任务与对策研究专题研讨会等，针对发挥稽查职能作用、稽查体制机制改革、风险防控、信息化建设等课题进行调研，促进各地交流，为领导决策提供资料。

【稽查工作会议】 2015年3月13日，河南地税稽查工作会议在开封召开，省地税局党组成员、副局长李建华和省地税局党组成员、纪检组长刘长青出席会议。各省辖市地税局部分分管局长、稽查局局长、综合科科长，省直管试点县（市）地税局稽查局局长，省局直属各单位分管副局长、科长参加了会议。会议主要任务是：贯彻落实全国税务稽查工作会议和全省地税工作会议精神，总结2014年全省地税稽查工作，安排部署2015年工作任务。会上，李建华作题为《真抓实干　改革创新　围绕“六个地税”建设　持续推进地税稽查现代化》的工作报告，刘长青作了重要讲话。会上，对2014年度稽查工作优秀单位、先进单位等进行了表彰。

【工作建议】　一是税源发展的新常态和稽查体制改革亟需熟悉行业性经营、财务特点、税收政策过硬并懂得税务稽查现代化方法、技术的复合型人才，建议加强对复合型人才尤其是信息技术方面的培训。二是针对资本交易偶发性，监管困难等特点，建议在开展资本交易专项检查时，推广相关省市先进经验做法。三是税务稽查工作在国地税合作基础上，需要社会相关部门尤其是政府部门的积极、有效配合，建议加快推动相关法律、法规立法进程。

（班　烨）

湖北省

湖北省国家税务局稽查局

【概述】　2015年，湖北省国税稽查部门围绕中心、服务大局，开拓创新、主动作为，各项工作扎实开展，取得了明显成效。一是稽查收入在服务大局中保持了稳增长。全年稽查查补收入32.52亿元，同比增长3.4%。二是依法稽查在强化职能中发挥了威慑力。全年共查处案值在千万元以上的案件14起、百万元以上的案件126起，查补税款7.46亿元，移送公安机关处理案件85起，移送司法机关处理案件32起。三是稽查质效在规范管理中实现大提升。编印《协查业务手册》及一系列规范性制度和办法，既规范了内部管理、防范了执法风险，又有效地促进了工作质效。四是干部队伍在优化服务中激发新活力。认真贯彻中央八项规定和税务总局“36字”要求，深入开展“三严三实”专题教育活动、党的群众路线教育实践活动和“三抓一促”主题实践活动，加强党风廉政建设和作风建设，发挥党员先锋模范作用，保证稽查队伍的纯洁性和战斗力。全省国税系统稽查信息化建设、打击虚开“黄金票”、税警协作等方面的工作，得到税务总局总会计师孙瑞标，省委副书记、省委政法委书记张昌尔以及省政府副省长、公安厅厅长曾欣等领导的表扬性批示。

【稽查现代化建设】　狠抓稽查信息化应用水平提高，着力打造“税务稽查1108信息管理系统”。推广应用电子查账工具，有效提升稽查办案工作质效。探索稽查工作方式方法创新，大力推行“嵌入式”稽查管理和查前预案制度，主动参与构建“四位一体”税务大监督格局，积极推行“同案同办”、说理式执法、调研式稽查、质证式审理等创新型工作方法。加强稽查队伍素质能力建设，制定并实施分类分层的人才培养计划，有效提升了稽查队伍的整体战斗力。同时，抽调部分业务骨干参与重点税源企业的检查和审理工作，积累查办重大案件经验，提升查案能力。积极配合省局打造内控机制信息化升级版，研究提出稽查工作风险监控指标30项，主动加强稽查执法风险和廉政风险防控。

【“营改增”专项稽查】　将中国电信股份有限公司湖北分公司及其下属支公司合计111户企业作为检查对象实施“营改增”专项稽查。全年“营改增”专项稽查共检查纳税人421户，督导纳税人自查309户，实现稽查收入2.96亿元。

【稽查查补收入情况】　全年实现稽查查补收入32.52亿元（含自查收入16.52亿元），同比增长3.4%，实际入库32.60亿元，同比增长5.7%，占同期国税收入的1.6%，加收滞纳金1.04亿元，罚款0.58亿元，查补入库率100%，选案准确率99%，结案率98%，稽查主要质量指标均位列全国前茅。

【重大案件查处】　全年共查处案值在千万元以上的案件14起、百万元以上的案件126起，查补税款7.46亿元，移送公安机关处理案件85起，移送司法机关处理案件32起。查处武汉“12·16”、湖北千喜珠宝有限公司偷税案等一批有社会影响的大要案，特别是武汉市成功破获河南尉氏团伙虚开增值税专用发票案，查实19户企业利用购买克隆的通用机打增值税普通发票（开具产农产品项目）抵扣，虚开增值税专用发票3755份，票面金额37174.76万元，税额6319.71万元，涉嫌参与骗取出口退税的犯罪事实，得到税务总局、省局领导的高度肯定和新闻媒体的广泛关注。中央电视台、人民网、湖北经视等多家主流媒体对案件查处情况进行了专题报道。

【税收专项检查】 将出口退（免）税企业、黄金交易企业、资本交易作为指令性检查项目，将房地产及建筑安装业、营利性教育培训机构作为指导性检查项目开展税收专项检查，共检查纳税人2617户，查结1476户，有问题的1470户；开展自查的企业1931户，自查有问题的1422户。专项检查收入合计10.55亿元，其中查补收入6.86亿元、自查收入3.69亿元；入库收入合计9.83亿元，其中查补入库收入6.18亿元，自查入库收入3.66亿元。

【区域性税收专项整治】 对食品饮料经销行业开展区域专项整治，共检查纳税人184户，查结122户，有问题户数143户；开展自查的企业973户，自查有问题966户；稽查收入合计1.17亿元，其中查补收入1155.3万元，自查收入1.05亿元，入库收入1.14亿元。

【重点税源企业检查】 按照“以企业自查为先导、以重点检查为保障”的工作思路，对中艺集团等5户全国重点税源企业在鄂成员单位及316户省内高风险重点税源企业开展税收检查，实现稽查收入2.96亿元。

【出口退（免）税企业检查】 检查纳税人102户，查结77户，有问题户数80户；开展自查的企业户数409户，自查有问题户数144户；稽查收入合计1426.81万元，其中查补收入550.17万元，自查收入876.64万元，入库收入1426.32万元。

【黄金交易企业检查】 检查纳税人1035户，查结423户，有问题321户；开展自查的企业40户，自查有问题24户；稽查收入合计6953.25万元，其中查补收入6771.63万元，自查收入181.62万元，入库收入2769.76万元。查处虚开“黄金票”企业1427户，涉及发票6.24万份，累计挽回国家损失4.57亿元。

【资本交易检查】 检查纳税人20户，查结8户，有问题12户；开展自查的企业13户，自查有问题6户；稽查收入合计2406.02万元，其中查补收入1409.47万元，自查收入996.55万元，入库收入2257.79万元。

【房地产及建筑安装业检查】 检查纳税人157户，查结82户，有问题89户；开展自查的企业42户，自查有问题39户；稽查收入合计2.24亿元，其中查补收入1.83亿元，自查收入0.41亿元，入库收入2.19亿元。

【营利性教育培训机构检查】 检查纳税人42户，查结28户，有问题27户；开展自查的企业28户，自查有问题2户；稽查收入合计9213.27万元，其中查补收入9207.84万元，自查收入5.43万元，入库收入9208.67万元。

【打击发票违法犯罪活动】 联合公安、电信等部门深入推进打击发票违法犯罪活动工作，开展虚假发票“买方市场”专项整治。全年共查处发票违法企业1978户，涉及非法发票3.02万份金额21.2亿元，组织企业自查304户，实现稽查收入1.26亿元。武汉、荆州、恩施、孝感、随州等地发票打假工作力度大，社会反响好。

【税收“黑名单”制度】 全省各级国税稽查部门共将169件重大税收违法案件信息录入“黑名单”信息系统，并向社会公布。严格落实“联合惩戒合作备忘录”，协调湖北省发改委、文明办等有关部门召开推进对重大税收违法案件当事人实施联合惩戒工作会议，联合印发《关于〈失信企业协同监管和联合惩戒合作备忘录〉的通知》，构建成员单位组织保障、信息推送、落实反馈的长效合作机制。全年共向实施联合惩戒的成员单位推送重大税收违法案件信息2批次，涉及违法企业7户、违法当事人14人。同时，广泛宣传联合惩戒措施落实的情况和典型案例，进一步提高了“黑名单”制度的社会影响力和震慑力，推动了纳税信用和社会信用体系建设。税务总局稽查局《工作动态》专期刊登了该省“黑名单”和联合惩戒工作做法。

【涉税违法案件检举】 严格落实税务总局《税收违法行为检举管理办法》《重大税收违法案件督办暂行办法》，加大检举案件和督办案件查处力度。全年共受理举报案件304件，查处257件，结案186件，查补收入合计4343.45万元。此外，办理税务总局督办案件1件，为武汉京东世纪贸易有限公司案。武汉、宜昌、孝感等地检举案件查办及时，效果较好。

【案件协查】 进一步规范纳入“协查信息管

理系统”应用范围的发票协查工作，加强对案件协查质量的监控管理。全省通过协查信息系统共发起协查668起，涉及发票4875份，涉及金额6.15亿元，选票准确率60.34%；收到受托协查753起，涉及发票8969份，涉及金额17.91亿元，累计按期回复率100%。

【稽查制度建设】　深入推进稽查业务管理标准化建设，制定和实施一系列稽查业务管理制度和工作规范。如编印《协查业务手册》《执法内控管理操作规范（试行）》《规范国税人员进户执法操作办法》等，促进了稽查业务管理的精细化、规范化、制度化。

【稽查系统建设】　大力应用税收违法检举案件管理信息系统、协查信息管理系统、重大税收违法案件公布信息系统和CTAIS稽查模块等管理信息系统，加强稽查重点业务管理。依托省局稽查局网页平台和办公FTP，加强全省稽查系统的工作部署、信息沟通和经验交流。

【稽查队伍建设】　制定并实施了分类分层的人才培养计划，选派29名青年稽查业务骨干参加全省国税系统ERP高端人才培训班，同时分批抽调业务骨干参与集中办案，使一批基层稽查人员在实践中积累了查办重大案件的经验和能力。据不完全统计，2015年全省国税稽查部门共举办各类稽查业务培训240余期，受训5248人次，其中有52名选拔为全省国税系统业务骨干、有100名入选全省国税系统稽查人才库、有1015人经过实战训练已具备独立查账能力。

【稽查业务培训】　制订并实施了分类分层的人才培养计划，派员参加全省国税系统ERP高端人才培训班，抽调部分业务骨干参与集中办案，使一批基层稽查人员加快积累了查办重大案件的经验和能力。通过在线教育、网络课堂、网上答题、专门培训、以会代训、专题讲座、稽查骨干“传帮带”等多种形式加强业务学习和交流，努力提高全省稽查队伍整体业务水平。2015年全省国税稽查部门共举办各类稽查业务培训240期，受训5248人次；有1015人可以单独进行查账检查，占全体稽查人员的44%。

【稽查信息化建设】　着力打造以全面提升稽查工作信息化水平为目标的“税务稽查1108信息管理系统”，初步构建了以省局为核心的省、市、县三级全覆盖，包含稽查四环节的综合稽查工作平台，实现全省稽查部门的信息共享、上下联动和实时监控，发挥了科学选案、深度查案防控风险、强管堵漏的良好效应，有力地促进了稽查工作的信息化、规范化。税务总局总会计师孙瑞标在该省报送的《深入推进税务稽查信息化工作情况的汇报》上作出肯定性批示，并要求将湖北省国税局相关成功经验作为税务总局稽查信息化工作的参考。

【稽查宣传】　先后在《中国税务报》《湖北日报》等主流媒体上，对湖北省国税局组织开展的打击利用黄金交易虚开增值税专用发票违法犯罪专项行动、深入推进税务稽查信息化、税收违法“黑名单”联合惩戒等工作进行了专题报道，得到广大纳税人的一致好评和社会各界的广泛关注。全年在省级以上报刊杂志上发表各类宣传报道32篇、工作调研文章7篇，有效提升了稽查工作的威慑力和影响力。

【稽查工作会议】　2015年6月16日，全省国税系统稽查工作会议在孝感召开。会议总结了2014年湖北国税稽查工作，分析并研究了新常态下税务稽查现代化发展思路，部署了2015年湖北国税稽查工作任务。省局党组成员、总经济师陈煜出席会议并作《把握税收新常态　明确发展新要求　加快推进湖北国税稽查现代化建设新征程》的主题报告。

（王伟域）

湖北省地方税务局稽查局

【概述】　2015年，湖北地税稽查部门在税务总局稽查局和湖北省地税局党组的正确领导下，紧扣全面从严治党新形势和“正风肃纪　重塑形象”教育活动新要求，主动适应税收发展新常态，坚持以创新驱动、用实干支撑、靠作风保障，着力提升依法治税水平，深入推进稽查现代化建设，重拳打击涉税违法犯罪行为，有力彰显了稽查权威。2015年，全省共检查纳税人3413户，查补地方收入44.86亿元，实际入库44.9亿元，加收滞纳金5298万元，处以罚款5739万元。

【稽查现代化建设】　加大稽查现代化建设调研力度，研究制定《湖北省地方税务稽查体制调整实施方案》，以推进稽查体制改革为着力点，加快推进地税稽查现代化建设。充分总结稽查现代化建设4个试点单位经验做法，召开全省地税稽查现代化建设现场会，统一稽查现代化建设思路和方向，全面部署稽查现代化建设；在现场推进会上对当阳市地税局稽查现代化建设试点工作经验进行了全面总结和推广。全省地税稽查现代化建设进程明显加快。

【稽查查补收入及分析】 查补地方收入44.86亿元，比2014年增加7.47亿元，增幅19.98%，实际入库44.9亿元，比2014年增加7.94亿元，增幅21.50%，加收滞纳金5298万元，处以罚款5739万元。选案准确率95.57%，追缴税款入库率100%，结案率100%。立案检查各类税收违法案件1400户，比2014年减少479户，减幅25.49%；组织开展自查2013户，比2014年增加605户，增幅42.96%。

【案件查办情况】 采取多种形式，加大涉税案件查处力度，严厉打击各类税务违法行为。全年共立案查处涉税违法案件1400户，有问题户数1388户，查结1428户（含以前年度结案240户），组织企业自查2013户。其中，查处案值百万元以上的重大税收违法案件166户，查补税款74906万元；千万元以上重大税收违法案件29户，查补税款125498万元。

【税收专项检查】 制定《湖北省地方税务局关于开展2015年税收专项检查工作的通知》，确定指令性检查项目为出口退（免）税企业、黄金交易企业、资本交易、房地产及建筑安装业；指导性检查项目为地方金融企业、高收入者个人所得税，以及营利性教育培训机构。全省税收专项检查组织企业自查和开展税务检查2450户，查补税款总额255902.32万元，加收滞纳金3132.64万元，处以罚款3875.31万元，入库总额259197.81万元，有力地打击了各类涉税违法行为，理顺了重点行业、重点区域税收征管秩序。

【区域性税收专项整治】 对辖区内税收秩序相对混乱、税收违法行为比较集中的地区，组织开展区域税收专项整治，明确各市、州至少选择1个开发区（工业园区）开展税收专项整治活动。共组织企业自查和开展税务检查251户，查补税款总额8290.93万元，加收滞纳金33.34万元，处以罚款19.85万元，入库总额7773.65万元。

【重点税源企业检查】 以分类分级为切入，打破区域限制，整合省市县三级优质稽查资源，从全省稽查系统抽调90余人于2015年5月组织对16户企业开展第一批重点税源企业税收专项检查。2015年10月，省局组成4个检查组对4户高速公路管理企业开展第二批重点税源企业检查。全年共查补地方税费192528万元，加收滞纳金117.42万元，处以罚款375.31万元。在重点税源专项检查中，检查组分别集中在指定“查账点”开展封闭式调账检查，省局稽查局纪检监察员全程参与执法监督，确保稽查工作效率与执法规范。对税务总局稽查局部署的中国工艺（集团）公司等15家重点税源企业集团13户分支机构进行摸底调查，自查入库42.32万元；选取6户企业进行重点检查，共查补收入314.16万元，处以罚款12.55万元。

【出口退（免）税企业检查】 全省组织出口退（免）税企业自查和开展税务检查126户，查补税款总额1.13亿元，加收滞纳金72.77万元，处以罚款94.18万元，入库总额1.05亿元。

【黄金交易企业检查】 全省组织黄金交易企业自查和开展税务检查5户，查补税款总额162万元，加收滞纳金12.06万元，处以罚款0.63万元，入库总额174.69万元。

【资本交易检查】 全省组织资本交易企业自查和开展税务检查40户，查补税款总额2449.31万元，加收滞纳金79.65万元，处以罚款6.08万元，入库总额2537.04万元。

【房地产及建筑安装业企业检查】 全省组织房地产及建筑安装业企业自查和开展税务检查1508户，查补税款总额18.12亿元，加收滞纳金2055.86万元，处以罚款3767.44万元，入库总额16.71亿元。

【高收入者个人所得税检查】 全省组织对高收入者个人开展自查和税务检查35户，查补税款总额3547.88万元，加收滞纳金21.79万元，处以罚款23.61万元，入库总额3502.48万元。

【营利性教育培训机构检查】 全省组织营利性教育培训机构自查和开展税务检查47户，查补税款总额653.73万元，加收滞纳金19万元，处以罚款52万元，入库总额582.73万元。

【打击发票违法犯罪活动】 充分发挥打击发票违法犯罪活动工作协调小组办公室协调作用，联合公安、国税、地税等部门，开展一系列富有成效的发票打假专项活动。全省开展发票教育宣传1398次，查处违法企业户数1292户，超额115.33%完成税务总局指令性查处违法企业户数任务，查获非法发票份数88809份，挽回税收损失8500万元。税务部门出动执法人员1550人次，联合公安、国税等部门捣毁制售假发票窝点6个，打掉团伙4个，缴获作案机器77台，查获犯罪嫌疑人67人，缴获发票268万份，有力维护了经济社会发展秩序。

【税收“黑名单”制度】 全省依法、依规、有序公布重大税收违法案件信息，加大案件曝光力度，积极协调和督促相关部门落实联合惩戒措施。全省公布重大税收违法案件信息13起，其中符合总局公布标准案件1起、符合省局公布标准案件1起。向省工商局等部门推送15起重大税收违法案件信息，并通过省、市两级社会媒体曝光税收违法案件曝光12起，发挥出了税务稽查强大威慑力和影响力。

【涉税违法案件检举】 严格落实《税收违法行为检举管理办法》，加强实名检举案件查处，全省受理涉税举报违法案件308起，查补地方税费1.15亿元，其中省局稽查局共收到涉税举报违法案件39起，交办29起，暂存10起，直接查处2起，查补地方税费3812万元。

【案件协查】 认真开展案件协查工作，做到数据准确，事实清楚，回复及时。接收、承办并回复新疆、上海2起案件协查需求。2次抽调专人分别协助江西省和海南省稽查人员到孝感市和武汉市江夏区开展检查工作。与此同时，积极向外发出协查需求，委托北京市地方税务局对某知名歌唱演员武汉演唱会涉及税收问题进行协查；2015年5月组织武汉市地税局3名稽查人员到福建省福州市进行关联企业税收检查。

【稽查制度建设】 为规范税务稽查执法行为，保护纳税人、扣缴义务人的合法权益，制定《纳税人权利义务事项告知书》《稽查人员工作纪律事项告知书》和《稽查人员执法与廉政情况反馈表》，在全省推行“两书一表”，并适时对“两书一表”的执行情况进行检查，对其效果进行分析评估，进一步加强了对全省税务稽查执法行为的监督，促进依法稽查、廉洁从税。

【稽查队伍建设】 在省局大力支持下，继续抓好稽查队伍，特别是市州级稽查队伍的调整充实工作，将一批近年来新招录公务员择优充实到稽查部门，优化了稽查队伍的年龄和知识结构。按照上级工作部署，组织开展“正风肃纪 重塑形象”“三严三实”专题教育活动，着力解决稽查干部存在的“飘、懒、散、庸”等不严不实的现象和作风不正、履职不力、行为不廉等突出问题。2015年8月，省局稽查局以“从严治队、严格执法、规范管理”为主题，召开全省地税稽查工作会议，通报全省地税稽查系统违规违纪典型案例，筑牢了稽查干部落实“两个责任”的使命感和“知底线、明红线、讲纪律、守规矩”的责任心，得到省局党组书记、局长杨天然的充分肯定和褒奖。

【稽查业务培训】 2015年3月和4月，分别在扬州税务学院和中南财经政法大学举办全省地税稽查业务骨干培训和稽查实务培训2个专项业务培训班，共100多名稽查业务骨干参加培训，接受调查取证、电子税务稽查和执法办案策略等方面的专门培训，收到预期效果。2015年10月在湖北财税职业学院组织举办全省地税稽查查账系统（网络版）操作培训班，对省、市两级地税稽查骨干和部分青年稽查干部共110余人进行稽查查账系统（网络版）系统培训，现场解决了稽查查账系统（网络版）运行中的问题，提升了稽查人员电子信息处理能力和查账技能。

【稽查信息化建设】 采取统一组织采购、统一组织升级维护、分市州开展系统培训的方式，实现税务稽查电子查账网络系统全省覆盖。2015年，全省开展电子查账300余户，查补税费22亿元，占全部查补税费合计的73%，释放出了信息化税务稽查的强大威慑力。优化风险监控平台，将内控理念融入核心征管软件（升级版）稽查模块设计工作中，全省地税稽查系统稽查案件严格在征管核心软件（升级版）稽查模块上线运行，搭建了廉政风险和执法风险的信息化监控平台，实现对稽查选案、检查、审理、执行、评查等环节的全方位监督控制。

【稽查宣传】 以《税务稽查》内刊为平台，将稽查理论与实践有机结合，对基层稽查工作成绩、经验进行深度挖掘利用，形成常态化稽查成果运用机制。全年共编发《税务稽查》6期，刊发有指导性的业务文章、行业分析30余篇，有借鉴和启发性的经典案例12篇，各地工作经验交流6篇，调研类文章10余篇，反映各地工作动态70余条，宣传总结了稽查成果，有效服务了稽查工作。全年撰写省局稽查局工作信息动态60余篇，其中8篇被《湖北地税简报》采用、9篇被《湖北地税》杂志采用、6篇被省局内网采用。

【稽查工作会议】 2015年3月31日，湖北地税稽查工作会议暨全省地税稽查现代化建设现场会议在当阳召开。会议全面总结2014年稽查工作，安排部署2015年稽查工作，总结推广了当阳市地税局稽查现代化建设试点经验。省局党组成员、副局长肖厚雄作主题报告，强调全省地税稽查部门要把握新形势，驾驭新常态，稳步推进地税稽查现代化建设。省局稽查局长吴鸿对2015年全省地税稽查10项具体工作进行了安排部署。

2015年8月25日，湖北地税稽查工作会议在武汉地税局稽查局召开。省地税局新任党组书记、局长杨天然到会看望参会代表并作重要讲话，对全省地税稽查工作给予了充分肯定。会议以“严格执法规范管理”为主题，观摩了武汉市地税局稽查局稽查成果统计分析系统和有关管理制度，通报了全省地税稽查系统7起违规违纪典型案例，武汉、襄阳、荆州市地税局交流了稽查部门“严格执法、规范管理”的做法，总结分析了2015年1—7月稽查工作和存在的主要问题，部署了下半年稽查工作。

（罗　文）

湖南省

湖南省国家税务局稽查局

【概述】 2015年，湖南省国税稽查系统在税务总局稽查局和省局党组的正确领导下，认真落实全国税务稽查工作会议和全省国税工作会议精神，以稽查“八化”（选案精准化、办案高效化、审理法制化、执行严格化、制度规范化、管理扁平化、人才专业化、考核常态化）建设为总揽，转作风，激活力，促成效，稽查工作的整体思路更加清晰，稽查的威慑力不断增强。打击发票虚开、打击非法发票、强化办案质效等工作得到了税务总局的肯定和表扬。

【稽查现代化建设】 以稽查现代化为目标，以“选案精准化、办案高效化、审理法制化、执行严格化、制度规范化、管理扁平化、人才专业化、考核常态化”为支点，大力推进稽查现代化建设。抽调业务骨干集中选案，严格落实双随机方案，购买一批查账软件、执法记录仪，以风险管理为导向，定向实施突击检查。创新检查组织方式，通过集中办案、异地检查、下查一级等方式，提高检查质效。

【稽查体制机制改革】 全面推行分类分级稽查，合理配置稽查资源，充实一线检查力量。强化省局稽查局在工作指导和大要案督导方面的职能。邵阳市局、岳阳市局等单位对市局稽查局与跨区稽查局的职能进行调整优化，检查力量进一步得到强化，省市局对大要案的指挥控制能力得到进一步提升。

【“营改增”专项稽查】 交通运输业方面：立案8户，查补增值税145.49万元，有问题进项发票查补增值税17.87万元，查补增值税163.36万元，罚款0.7万元，加收滞纳金8.44万元。现代服务业方面：立案1户，查补增值税12.18万元。电信业立案15户，查补增值税额2467.14万元、所得税106.50万元、加收滞纳金155.63万元。

【稽查查补收入及分析】 共查补各类税收收入17.2亿元，同比增收0.26亿元，增长1.5%，其中查补税款15.85亿元，加收滞纳金1.00亿元，处以罚款0.35亿元，圆满完成了各项工作任务。其中查补增值税6.20亿元，查补企业所得税9.51亿元；调减留抵税额0.88亿元。

【案件查办情况】 共立案3172起，查结3044起。其中偷税案件962起，入库收入17811万元；逃避追缴欠税案件25起，入库收入2023万元；骗取出口退税案件1起，入库收入113万元；编造虚假计税依据34户，入库收入21万元；不进行纳税申报13户，入库收入527万元；发票违法470户，入库收入5462万元；其他1667户，入库收入145368万元。

【案件特点分析】 虚开增值税专用发票案件、黄金票案呈多发态势，涉税违法犯罪明显增多，数额不断增大，涉及企业更多。源头多为农副产品发票、虚假的海关完税凭证，链条末端多为出口退税。整个链条完整，公司分散在各地，集团化、专业化、信息化、电子化作案明显。

【重大案件查处】 查处税务总局督办、交办案件2件，查结1件；2015年共查处千万元以上案件32起，入库税款5.89亿元，百万元至千万元案件196起，入库税款5.69亿元。在省局指挥协调下，湘西州局查处“5·18”黄金虚开案，涉税金额200余亿元，得到税务总局领导批示肯定，并受到公安部表彰。郴州市局查结总局督办的

"7·10"案，刑事判决 10 名犯罪嫌疑人，追缴税款 2227 万元。

【税收专项检查】 2015 年，根据税务总局稽查局统一安排，湖南省国税局成立以局长丁永安为组长、总经济师孙险峰为副组长，相关部门负责人参加的专项检查领导小组。指令性税收专项检查项目：出口退（免）税企业；黄金交易企业；资本交易；纺织、服装生产、经销及出口企业。指导性检查项目：房地产及建筑安装业；营利性教育培训机构；品牌代理。组织专门力量编制 4 个行业检查报告和行业检查指南，共检查 1872 户，其中有问题 1742 户，结案 1824 户，查补入库收入 9.47 亿元，移送司法机关 2 户。查补收入 10.23 亿元，其中税款 9.44 亿元，滞纳金 5128 万元，罚款 2724 万元，冲减增值税留抵税金 2569 万元，调减亏损 5445 万元。

【区域性税收专项整治】 按照年初工作计划和税收风险提示，确定益阳、郴州为虚开虚抵和骗取出口退税专项整治区域。省局与省公安厅联合行动，派出 40 余人的专项检查组，对益阳地区虚开虚抵违法情况进行专项整治。检查组共对 43 户存在涉嫌虚开疑点的企业进行了突击检查（移送公安机关 33 户），涉及金额 16.25 亿元，其中涉及销项发票 8270 份，金额 8.16 亿元，进项发票 3886 份，金额 8.09 亿元，农副产品收购发票 11530 份，税额 2.57 亿元。公安机关立案 16 起，并案 19 起，刑事拘留犯罪嫌疑人 14 人。郴州市局共检查企业 60 户，查处虚抵增值税发票 3088 份，涉及金额 6.36 亿元，税额 8877 万元，将 16 户企业移送司法机关处理。

【重点税源企业检查】 采取自查自纠和全面检查相结合的方式，对税务总局规定的 19 户在湘企业进行核查，查补增值税 362.2 万元，企业所得税 343.48 万元，调整亏损额 3426.72 万元。对电力等行业的重点税源企业开展检查。全年检查重点税源企业 667 户，共查补各项税收收入 8.05 亿元，其中千万元以上案件 7 起、百万元以上案件 28 起。

【出口退（免）税企业检查】 开展打击专项行动，立案检查 218 户，发现有涉税问题的企业 84 户，查补入库税款 1436.59 万元。

【黄金交易企业检查】 检查企业 275 户，其中有问题 263 户，查结 198 户，查补各项收入 7404 万元，其中税款 7257 万元、滞纳金 97 万元、罚款 50 万元。

【资本交易检查】 检查企业 19 户，其中有问题 15 户，查结 14 户，查补各项收入 941 万元，其中税款 691 万元、滞纳金 30 万元、罚款 220 万元。

【房地产及建筑安装业检查】 检查 250 户，发现有问题 241 户，查结 234 户，查补各项收入 4.18 亿元，其中税款 4.01 亿元、滞纳金 1564 万元、罚款 206 万元。

【打击发票违法犯罪活动】 2015 年，共检查发票使用户数 6394 户，查处违法企业户数 3964 户，查处非法发票 296887 份，涉及金额 199.13 亿元，查补税款 4.2 亿元，加收滞纳金 3543.09 万元，处以罚款 6377.89 万元；移送案件 180 个，曝光案件 124 起，开展各种形式的发票宣传 734 次，配合公安机关捣毁窝点 49 个，打掉团伙 31 个，缴获假发票 68 万份。查办湖南"5·18"钢贸行业虚开发票案，发现涉嫌虚开增值税专用发票企业 123 户，涉嫌虚开增值税专用发票 150496 份，金额 110 亿元，税额 18.8 亿元；立案 65 起，涉及当事人 72 人，归案 64 人，网上追逃 8 人，暂扣或冻结的款项合计 1539.1 万元。

【税收"黑名单"制度】 将重大税收违法案件信息及联合惩戒措施公布在《湖南日报》、湖南卫视、省局网站等平台。印刷 3000 份《重大税收违法案件信息公布实施办法（试行）》张贴在全省城市中心街道，印发折叠式宣传资料《税收"黑名单"》36 万份。联合省发改委等部门对 2 户"黑名单"企业实施限制企业债券发行等惩戒，相关经验在《中国税务报》头版报道。税务总局局长王军两次批示表示肯定。

【涉税违法案件检举】 严格落实相关制度，畅通案件举报渠道，热情接待群众来访，对交办各市州局的案件实行全程跟踪督办。

【案件协查】 全省协查发票准确率 84.25%，一直居于全国前列，受到税务总局通报表扬。全省通过协查系统发起委托协查 523 起，涉及企业 532 户（次），发出发票 5746 份，金额 11.88 亿元，税额 2.01 亿元。收到发票回复结果 5671 份，确定协查结果发票 4097 份，其中有问题发票 3452 份。全省委托协查信息完整率 97.68%。全省协查系统受托协查 655 起，涉及企业 729 户（次），收到发票 9197 份，金额 25.03 亿元，税额 4.17 亿元，累计回复结果 8297 份，其中有问题发票 2510 份。移送司法机关案件 4 起。全省受托协查信息完整率为 98.38%。受托税务总局督办案件 3 起（辽宁"4·14"案、重庆"6·06"案、珠海"3·20"

案）、税务总局和公安部联合查办案件1起（辽宁“1·06”案），以及税务总局打骗行动青岛、广东、厦门、北京组案件，全部按期回复。

【稽查制度建设】 在全省国税稽查工作会上提出稽查“八化”工作思路，制定并下发《关于进一步加强稽查工作的意见》，从九个方面入手，以规范化为指导，以前瞻性为依托，对全省国税稽查工作进行顶层设计，推动稽查工作的现代化建设。抽调业务骨干认真做好稽查工作规程制订，经过近半年的筹备、组稿、核稿，《稽查工作规范（1.0版）》印发至每个基层局，分为7章72节约9万字，基本覆盖了全省国税稽查的日常操作业务，内容翔实，易学易懂易上手，做到了顶层设计与基层实践相结合，理论与实践相结合。

【稽查系统建设】 开展稽查办案费使用情况绩效评估。根据全省实际情况，对接税务总局稽查绩效考核指标，多次征求市州局意见，精心确定稽查绩效考核指标，制定相应的考核细则。

【稽查队伍建设】 按照稽查人员占全体在职人员12%的比例配备稽查人员，并将其纳入年终考核指标，作为一项硬约束。至2015年底，全省稽查部门现有人员2293人，同比增长22.49%。其中男性1648人，女性645人；研究生以上学历75人，大学本科学历1551人；党员1802人；具有注册会计师资格的20人，具有注册税务师资格的105人，具有法律职业资格的14人，具有资产评估师资格的1人；35岁以下的246人，35～45岁的733人，45岁以上的1314人。

【稽查人才库建设】 共有税务总局稽查人才库人员6人，省局稽查人才库人员51人。突出稽查人才库人员的培养，在税务总局和省局稽查人才库人员中开展了岗位练兵活动，为他们提供更为宽广的平台，在实战中成长。

【稽查业务培训】 突出培训班的基础作用，全省共组织协查案件、行业专项检查、电子查账、稽查文书等261期培训班，培训稽查人员5225人次。

【稽查信息化建设】 省局通过集中采购程序，为市县一线稽查办案部门共配置查账软件45套、执法记录仪80个。

【稽查宣传】 围绕“服务科学发展、共建和谐税收”的工作主题，统一思想认识，加强组织领导，不断加强稽查宣传工作。全省共上报各类稽查信息369篇、稽查调研29篇、案例公告217个、综合材料96篇，向社会公告案件117起、信息报道156篇，为省局工作部署决策提供了重要参考。

【稽查调研】 围绕稽查管理方式改革、“互联网+”、稽查精准选案、稽查执法文书、稽查人才库建设等方面，开展了多方位、多层次的调研。

【稽查工作会议】 2015年3月17日，湖南稽查工作会议在长沙召开。会议总结回顾了2014年全省国税系统稽查工作情况，安排部署了2015年的稽查工作任务。省局党组成员、总经济师孙险峰出席会议并做重要讲话。省局相关处室负责人、省局稽查局、第一稽查局科室负责人以上人员，各市州分管稽查工作的局领导、市州稽查局局长共50余人参加了会议。

【工作建议】 建议税务总局进一步明确督办案件的具体查处要求，组织跨省重大案件的查办，尽快出台具有可操作性的稽查工作规范，根据实际情况修改稽查办案费使用办法。

（何勇飞）

湖南省地方税务局稽查局

【概述】 2015年，湖南省地税系统紧紧围绕“三个地税”（责任地税、阳光地税、幸福地税）目标愿景，始终坚持“一调两转”（调预期，转观念、转作风）工作基调，着力打造“两强一优”（强征管、强能力、优服务）升级版，全年入库各项收入1506.74亿元，同比增收126.27亿元、增长9.15%。省局机关被评为“全国文明单位”。

【稽查查补收入及分析】 检查1850户，查补收入32亿元，剔除2014年自查因素增收12.08亿元，同比增长60.64%。全年共入库查补收入39.69亿元（含以前年度案件），剔除2014年自查因素增收21亿元，增长112.36%。稽查入库查补收入占全省地税收入的2.63%，与2014年相比增长94.81%。分行业来看：房地产业、租赁和商务服务业、建筑业位列查补收入前三，查补收入分别占全年查补总额的62.82%、3.76%、2.24%；分税种来看：土地增值税、企业所得税、营业税位列查补收入前三，查补收入分别占全年查补总额的13.72%、12.05%、11.24%。

【重大案件查处】 始终把查办大要案件作为稽查工作的重中之重，坚持“重点抓、抓重点”的思路，充分发挥税务稽查“拳头”“尖刀”作用。全系统查办补税500万元以上大案要案42起，查补收入20.09亿元。其中查补收入1000万～1亿元的案件25起，查补收入6.40亿元；查补收入1

亿元以上的案件6起，查补收入13.21亿元。

【税收专项检查】　在部署出口退（免）税企业、黄金交易企业、资本交易的企业和个人等税务总局指令性检查任务外，增选电力生产、销售企业及其下属企业作为全省指令性行业，并组织历史建筑、公园等公共资源中私人会所税收专项整治工作。2015年全省共检查1282户，查补税费13.20亿元，加收滞纳金1076.24万元，处以罚款1997.73万元。同时，按税务总局要求，由征管部门组织开展自查241户，补报税款3.23亿元。

【重点税源企业检查】　全面落实税务总局部署12户重点税源企业在湘成员单位21户企业的税收检查工作，并根据湖南实际增选中建五局、水电八局、顺天建设集团、永通集团、南方水泥湖南公司等5户大型集团企业，在湘单位184户为湖南省2015年重点税源企业检查对象，共计查补收入1.31亿元。

【打击发票违法犯罪活动】　及时下达打击发票违法犯罪工作任务，重点检查金融保险、房地产、商业批发与零售、药品与医疗器械、餐饮娱乐、加工制造、中介机构等社会关注度高的行业，要求各市州结合本地区行业经济特点和发票违法实际状况，确定问题多发的行业一并开展重点检查。2015年共检查用票企业1695户，查处违法企业949户，占税务总局下达的全年工作任务的158.1%，查处非法发票18645份，查补收入3876.50万元，移送公安机关发票违法案件2起。

【税收“黑名单”制度】　积极落实税务总局联合惩戒（黑名单）工作要求，及时上报符合税务总局公布条件的重大税收违法案件3起，向税务总局《“黑名单”动态》投稿8篇，全省地税稽查系统在地市级以上新闻媒体发布联合惩戒动态81条（次）。及时将需要实施联合惩戒的5户企业信息实时推送至省局纳税服务处，做好涉案纳税人的信用等级调整工作，并通过公示栏公示、邮寄光盘、传真等方式将重大税收违法案件信息及时推送给具体执行惩戒措施的单位，促进工作开展，确保惩戒措施落到实处。为规范湖南省重大税收违法案件信息公布工作，省局向社会公布《湖南省地方税务局关于重大税收违法案件信息公布实施办法（试行）》（湖南省地方税务局公告2015年第6号），对该项工作的时间安排、总体要求、工作程序以及公布方式进行安排，并通过省局门户网站专门向全省纳税人进行政策解读。省局联合省发改委、省国税局等20多个部门签订《关于对重大税收违法案件当事人实施联合惩戒措施的合作备忘录》（湘发改财金〔2015〕629号），对联合惩戒措施的对象、操作流程、实施方式和日常管理进行明确，有效促进了全省信用体系建设。协助长沙市局依法对欠税企业湖南湘通物业发展有限公司的法定代表人孙某采取阻止出境措施，这是湖南省地税系统首次采取此类强制措施，有力地震慑了税收违法行为，维护了税法权威。

【税收违法案件检举】　依法受理涉税举报，认真受理每一起检举案件，完善税务违法检举管理工作制度，明确工作部门、岗位和职责，细化处理税务违法检举案件的流程、时限和手续，做到“有报必应、有应必查、有查必果”。全省共受理各类税务违法举报线索216起，其中省局受理16起；查处146起，共查补地方各税3683.15万元，加收滞纳金24.5万元，处以罚款158.64万元；入库税款3505.15万元、滞纳金24.5万元、罚款91.64万元，入库率均达90%以上。

【稽查制度建设】　为进一步防范执法风险，提升稽查质效，与法规处、办公室等部门充分沟通、协调，在多方征求意见、讨论的基础上，起草《湖南省地方税务局关于停止执行〈湖南省地方税务稽查部门组织税收自查管理办法〉的公告》（湖南省地方税务局公告2015年1号）及政策解读，并及时下发各市州局遵照执行，有效规范了全省税收自查工作的开展。

【稽查宣传】　公开曝光重大税案，全年在《湖南日报》、搜狐网、光明网、红网等多家媒体上公开曝光4起重大税案，在省局门户网站上曝光税收违法案件13起。这些案件均是全系统2014年度查结的涉税案件，具有案情重大、涉案金额高、代表性强等特点，较好地反映出当前涉税违法犯罪的趋势走向，对打击涉税违法犯罪起到了很好的震慑作用。注重日常宣传，根据机构调整和人员变动情况，及时对省局门户网站“稽查之窗”的有关信息进行了更新和维护，并发布工作动态、理论调研等84篇文章。在《湖南地税》杂志上创办“两查促两管纵横谈”的稽查专栏，全面介绍一案双查和异地稽查工作。搜集整理全系统的理论研究成果、稽查业务探讨、实践工作经验、典型案例剖析等方面的文章，编辑印发《湖南地税稽查通讯》4期。

（贵飞翔　金进红）

广东省

广东省国家税务局稽查局

【概述】 2015年，在税务总局稽查局和广东省国家税务局党组的正确领导下，全省国税稽查部门落实全国税务稽查工作会议和全省国税工作会议要求，以推进稽查现代化建设为主要目标，全力抓好“六个一”重点项目：突出一个打击，强化稽查执法刚性；优化一个体制，推进稽查集约化进程；创建一个品牌，打造税务稽查规范；开发一个平台，提速信息化建设；依托一个抓手，提高稽查工作绩效；打造一个窗口，扩大稽查执法影响力。在“六个一”重点项目的基础上，加强制度创新、管理创新和技术创新，完善稽查工作体系，充分发挥稽查职能作用，整顿和规范税收秩序，服务税收中心工作，为税收征管改革保驾护航，各项工作成效显著。

【稽查现代化建设】 制定并在全省范围内实施《税务稽查规范》，并搭建与其配套的信息化平台，全面规范稽查执法行为。整合全省稽查人力资源，抽调各地稽查精英组建专业化团队。积极开展国地税联合稽查、税警协作，提升执法效能。继续深化信息技术在稽查工作中的应用。

【稽查查补收入及分析】 全年实现查补收入95.72亿元，同比增长9%；查补入库91.50亿元，同比增长8%，均在2014年基础上实现了新的突破。其中，稽查直接查补30.13亿元，同比增长65%；入库26.01亿元，同比增长63%。企业自查补缴65.58亿元、入库65.49亿元，同比均增长2%。

【案件查办情况】 共组织检查各类纳税人20250户，其中稽查部门直接检查2680户，有问题户数2727户（含以前年度结转706户），选案准确率98%、结案率96%、查补入库率96%，3项稽查质量指标均超过税务总局提出的要求。

【重大案件查处】 保持对税收违法犯罪活动的高压态势，进一步提高稽查执法的震慑力和影响力。全省共计查处税款超千万元案件40宗，查补税款14.08亿元；查补税款超百万元案件198宗，查补税款7.14亿元。多宗大要案的查处得到税务总局的充分肯定。“海浪1号”特大虚开增值税专用发票案、“海浪3号”特大虚开增值税专用发票和骗取出口退税案的有力查处，得到税务总局领导表扬性批示、税务总局稽查局致贺电；税警联合查办“珠海6·26”特大虚开发票案作为广东税警协作办案的成功案例，被税务总局、公安部、中国人民银行3部门联合转发供全国学习参考。

【税收专项检查】 全省组织开展四大类税收专项检查工作：一是出口退（免）税企业、黄金交易企业、资本交易3个税务总局指令性检查项目；二是房地产及建筑安装业、营利性教育培训机构2个指导性检查项目；三是各地市的汽车销售、混凝土等30多个自选检查项目；四是结合打击骗取出口退税和虚开发票等重大税收违法案件组织区域税收专项整治。全省共计检查企业15215户，其中自查13761户，有问题6164户；立案检查1454户，查结1009户，有问题960户；查补32.11亿元，同比增长38%，其中直接查补14.94亿元、自查补税17.17亿元；入库29.32亿元，其中直接查补入库13.15亿元、自查入库16.17亿元；移送司法机关案件26宗。

【区域性税收专项整治】 在广州、佛山、中山、江门、惠州、梅州和茂名7个地级市开展区域税收专项整治工作。经过各地税务、公安和海关部门的协同作战，查处涉案企业骗取出口退税近亿元，刑事拘留、逮捕主要犯罪嫌疑人超40人。开展虚开发票税收违法行为专项整治，共组织1010户企业进行检查，其中自查799户、立案检查211户。查结180户，有问题181户，共计查补1.03亿元，入库0.86亿元。

【重点税源企业检查】 全省组织开展4个方面的重点税源企业检查，共计查补14.43亿元，比2014年增长112%；调整亏损额1.97亿元，同比增长342%。一是对税务总局部署的在广东省成员企业共39户开展检查，重点检查集团总部在广东省的箭牌糖果（中国）有限公司、TCL王牌电器有限公司，查补9500万元。二是对省国税局部署10户重点税源企业开展检查，查补1.08亿元。三是组织各市自行开展重点税源企业检查，查补9.3亿元。四是组织开展对南方电网、南方电网超高压有限公司、白云机场、中国移动广东有限公司等大型重点税源企业的重点检查，查补3.1亿元。

【出口退（免）税企业检查】　全省共组织对6192户出口企业进行检查，检查覆盖面达到2014年申报出口退税企业的20%，查补3.73亿元，入库3.39亿元。其中，直接检查415户，查结333户，发现有问题企业288户，移送公安户数6户，查补1.79亿元，入库1.57亿元；组织开展自查的企业户数5777户，发现有问题户数2084户，自查补税1.94亿元，入库1.82亿元。

【黄金交易企业检查】　全省共查办了“海浪1号”“汕头6·12”“东莞厚德”“佛山中粤华瑞”“珠海6·26”等5个特大虚开专案，打掉专业犯罪团伙7个，抓获犯罪嫌疑人50名，立案摧毁职业虚开企业150多户，涉案金额逾180亿元。定性虚开发票3855份，涉及金额12.51亿元、税额2.13亿元，价税合计14.64亿元。

【资本交易检查】　全省共组织对278户资本交易企业开展专项检查，其中自查219户、立案检查59户，查结48户，发现有问题25户。共计查补6.6亿元，其中直接查补1.12亿元、自查补税5.48亿元。共计入库5.71亿元，其中直接查补入库1.09亿元、自查入库4.62亿元。

【房地产及建筑安装业检查】　全省共组织对379户房地产及建筑安装业开展专项检查，其中自查253户、立案检查126户，查结79户，发现有问题81户。共计查补15.74亿元，入库14.73亿元。

【营利性教育培训机构检查】　全省共组织对137户营利性教育培训机构开展专项检查，其中自查98户、立案检查39户，查结24户，发现有问题25户。共计查补3423万元，入库2955万元。

【打击发票违法犯罪活动】　全省共检查企业8927户，查处违法企业3910户，查处非法发票5.34万份，查补税款、罚款、滞纳金合计5.28亿元。联合公安机关打掉犯罪团伙40个、捣毁制售假发票窝点65个、缴获各类假发票1551.15万份。配合公安机关抓捕犯罪嫌疑人341名，移送起诉167人。

【税收“黑名单”制度】　制定广东省税收“黑名单”实施细则，并对公布标准及时进行调整。全年在省国税局门户网站公布28宗重大税收违法案件，与全省23个部门签订《联合惩戒措施合作备忘录》，联合加大失信惩戒力度，配合出入境管理部门对多起欠税企业的法定代表人依法实施限制出境。

【涉税违法案件检举】　加强举报案件的案前分析、案中督办跟踪，把关案件质量，提升查处效率。全年共受理检举案件860件，共查结检举案件404件，查补税款、滞纳金、罚款共计10419.71万元。

【案件协查】　狠抓协查回函质量，提升协查效率，重点抓实专案协查工作。共发出委托协查6182起，涉及发票63572份、金额138.03亿元、税额23.34亿元，收到回复发票56101份，其中有问题发票18708份，选票准确率64.58%；受托收到协查4241起，涉及发票34691份、金额64.82亿元、税额10.65亿元，受托回复发票32300份，累计按期回复率100%。在全省组织开展一系列重大骗取出口退税案件和涉嫌虚开增值税专用发票案件的协查，包括珠海“3·20”案、梅州“梅花一号”专案、黑龙江大庆“9·15”虚开增值税专用发票案、辽宁省“4·14”涉税案、“黄金票”专项行动协查和税务总局各个打骗工作组发起的协查等。

【稽查制度建设】　在全国首创《税务稽查规范》，并在全省稽查部门全面实施，获得税务总局局长王军批示，打出了广东国税的品牌。该规范统一了稽查执法程序和标准，提供案件取证指引，建立起执法全过程记录制度，细化稽查案件裁量标准，真正将执法权力关进“制度的笼子”。制定并推行《广东省国家税务局重大税务稽查案件会商会审办法》，帮助基层稽查部门处理重大、疑难、复杂案件，有效防范税收执法风险。制定《广东省国家税务局查管互动工作制度》，统一全省查管互动工作机制，规定查管互动争议解决方式，进一步提高稽查建议针对性，有效促进以查促管、以管助查税收工作新格局的形成。

【稽查队伍建设】　一是以落实《税务稽查规范》为契机，通过组织培训、召开座谈会、开展案件复查等形式，强化稽查队伍的风险意识。二是发挥绩效考核指挥棒作用，分解细化稽查工作，将组织绩效与个人绩效挂钩，提升稽查干部干事创业的积极性。三是深入开展“三严三实”专题教育活动，认真查摆工作中“不严不实”等问题，立行立改，不断改进工作作风。

【稽查业务培训】 在贵州税校举办全省国税稽查系统干部培训班，对各地市国税局稽查局局长及县区稽查局局长重点围绕稽查工作热点问题和打击虚开及骗取出口退税工作的法律实务进行学习研讨。围绕出口退税业务、房地产及建筑安装业务、资本交易、营利性教育培训机构等项目，举办多场业务培训，提升稽查人员业务水平。

【稽查信息化建设】 不断加大科技投入与研发力度，实现稽查工作质的飞跃。一是全面完成选案分析支持系统二期开发，加入单户查询及案例分析、发票流查询等功能，同时对整体程序流程进行优化，提升选案精准性，选案准确率98%。二是积极推进《税务稽查规范》配套的信息化平台建设，对稽查执法进行全程控制，用科技手段把稽查执法权力关进“技术的笼子”。三是配合税务总局稽查局开展金税三期工程稽查模块优化版的补充完善工作。

【稽查宣传】 利用广东区域影响力大的主流媒体《南方日报》，打造“以案说法”栏目，每月选取典型案件深度曝光，并聘请知名法律学者进行法理点评，拓展稽查宣传的深度和影响力。全年共在省级媒体曝光24宗典型案例。

【稽查工作会议】 2015年3月13日，广东国税稽查工作会议在广州召开。省国税局党组成员、副局长朱江涛，省局稽查局领导、省局机关部分处室领导、广州及部分地级市分管稽查工作的局领导、各市局稽查局局长参加了会议。省国税局党组书记、局长胡金木对全省国税稽查工作作出重要批示。会上，副局长朱江涛作重要报告，强调要全面落实依法治国方略的新要求，深入推进依法稽查、打造高素质执法队伍、铸造稽查核心价值，并提出全省稽查工作要实现“六个一”（突出一个打击、优化一个体制、创建一个品牌、开发一个平台、依托一个抓手、打造一个窗口）的工作目标，积极推进稽查现代化建设。

（梁俊杰）

广东省地方税务局稽查局

【概述】 2015年广东省地方税务局稽查局在税务总局稽查局和广东省地税局的正确领导下，团结和带领全省各级地税稽查部门，服务于税收工作大局，坚持依法行政，认真履行职责，深化改革创新，全面推进稽查现代化建设，在稽查体制改革、地方税收专项检查、重点税源企业检查、打击发票违法犯罪活动、落实税收“黑名单”制度、稽查信息化建设、征管与稽查联动等方面取得了新的成效。

【稽查体制机制改革】 稳步推进以集约化、扁平化、专业化为导向的稽查管理体制改革，研究在全省地税实行市一级稽查，探索在市级稽查局设立跨区域稽查机构。经过深入研究形成《关于推进我省地税稽查管理体制改革的意见》《广东省地税稽查管理体制改革工作方案》，鼓励全省有条件的市局先行先试。全省选取河源、清远、汕头等市局作为广东省地税稽查体制改革试点单位，构建市一级稽查体制，调整优化县级稽查局职能。

【稽查查补收入及分析】 全省各级地税稽查部门（按税务总局统计口径不含深圳，下同）共立案检查纳税户1019户，查结834户；查补收入56.73亿元，入库52.63亿元，入库率92.76%，超出税务总局绩效指标2.76个百分点；稽查查补收入占全省地税收入的1.31%。

【重大案件查处】 查补税款100万元以上的案件90宗，查补税款共67882万元，同比增长37.27%，查补金额110260万元，占立案查补总额的87.17%。其中，查补税款100万~1000万元以下案件78宗；查补税款1000万~5000万元以下案件10宗；查补税款1亿元以上有2宗，查补金款4.17亿元，占立案查补金额32.93%。

【税收专项检查】 根据税务总局稽查局和广东省地税局统一部署，2015年全省各级地税稽查部门结合工作实际，以资本交易为指令性项目，房地产及建筑安装业、高收入者个人所得税、营利性教育培训机构、劳务派遣为指导性项目，开展地方税收专项检查。各地严肃查处一批涉税违法行为，专项检查工作取得明显成效，各方面数据与2014年相比，均呈现大幅增长：2015年全省组织企业自查查补收入21.53亿元，同比增长85.42%；立案检查与自查合计收入24.79亿元，同比增长89.77%。

【重点税源企业检查】 根据税务总局稽查局部署，2015年全省各级地税稽查部门结合工作实际，组织开展对TCL王牌电器（惠州）有限公司、箭牌糖果（中国）有限公司等重点税源企业的税收抽查工作，全省查补税款9941.54万元，罚款368.24万元，加收滞纳金713.35万元，查补收入合计1.1亿元，入库9987.75万元；组织企业自查查补收入4.39亿元，入库4.16亿元；检查与自查合计收入5.49亿元，入库5.16亿元。

【资本交易检查】 积极开展资本交易专项检查，截至2015年11月25日，全省各级地税稽查部门共检查纳税户77户，查结28户；发现有问题35户，查补税款11475.84万元，罚款83.19万元，加收滞纳金5267.77万元，查补收入合计16826.8万元，入库11921.9万元；组织3201户企业开展自查，有问题807户，自查查补收入5657.15万元，入库5412.14万元。

【房地产及建筑安装业检查】 认真开展房地产及建筑安装业检查，截至2015年11月25日，全省各级地税稽查部门共检查纳税户239户，查结75户；发现有问题80户，查补税款4214.85万元，罚款698.48万元，加收滞纳金262.63万元，查补收入合计5175.96万元，入库4771.76万元；组织3564户企业开展自查，有问题1510户，自查查补收入160686.2万元，入库153589.19万元。

【高收入者个人所得税检查】 抓好高收入者个人所得税检查，截至2015年11月25日，全省各级地税稽查部门共检查纳税户19户，查结5户；发现有问题7户，查补税款95.34万元，罚款42.53万元，加收滞纳金8.21万元，查补收入合计146.08万元，入库143.68万元；组织1310户企业开展自查，有问题203户，自查查补收入3577.24万元，入库2254.53万元。

【营利性教育培训机构检查】 认真开展营利性教育培训机构检查，截至2015年11月25日，全省各级地税稽查部门共检查纳税户3户，查结1户；发现有问题1户，查补税款0.16万元，罚款0.08万元，加收滞纳金0.07万元，查补收入合计0.31万元，入库0.31万元；组织1247户纳税户开展自查，有问题85户，自查查补收入232.97万元，入库232.71万元。

【打击发票违法犯罪活动】 为从根本上整治发票管理，规范社会税收经济秩序，堵塞税收征管漏洞，有效保障税收收入，震慑发票违法犯罪行为，根据税务总局工作部署，结合工作实际，全省统一组织，周密部署，有目标、有重点、有计划、规范有序地开展2015年打击发票违法犯罪活动。全省各级地税稽查部门共检查企业5923户，查处发票违法企业815户，超额完成税务总局下达600户的检查任务，完成任务率达136%。查处非法发票401670份，涉及金额25425万元，查补税款5582万元，加收滞纳金859万元，处以罚款2274万元，查补税费、罚款收入合计8715万元。

此外，与公安部门密切联合，长期保持对制售假发票犯罪活动打击的高压态势，力争遏制住假发票源头。2015年共同捣毁涉嫌发票违法犯罪团伙窝点6个，查获犯罪嫌疑人25名，缴获作案设备5台、假发票99万份，有力遏制了发票违法犯罪的高发频发态势。

【税收“黑名单”制度】 认真落实税务总局重大税收违法案件“黑名单”公布办法，按季对外公布重大税收违法案件信息，借助新闻媒体定期曝光税收违法典型案例，同时根据国家发改委和税务总局等21个部门联合签署的《关于对重大税收违法案件当事人实施联合惩戒措施的合作备忘录》精神，加强与广东省发改委、广东省国税局、广东省公安厅等部门的沟通协调，紧紧依托广东省公安与地税联合执法办公室，加强行政执法与刑事司法衔接，推进社会信用体系平台的互联互通和交换互换、信息记录动态更新和实时查询，对重大税收违法案件当事人实施18项惩戒措施，扩大税收“黑名单”制度的社会影响力和震慑力。将4宗偷税数额达到500万元以上的案件重大税收违法案件信息在省局门户网站公告，将5宗重大涉税违法案件在省级电台和省局门户网站公开曝光。各市局也在当地主要媒体和门户网站公开曝光20多宗大要案，较好地发挥了税务稽查震慑作用。

【涉税违法案件检举】 共受理检举案件1056件（不含深圳市，下同），其中省级直接受理71件、地市级受理865件、县级受理120件；共查处案件694件，查补金额8756.65万元，其中税款6780.80万元、滞纳金700.66万元、罚款1275.19万元；执行入库金额7378.07万元。公安机关移送案件2件。

【案件协查】 2015年，广东省地方税务局稽查局共办理协查事项17件。

【稽查业务培训】 加强稽查人才培养和业务水平提升，创新教育培训模式，丰富授课方式，突出培训实用性，针对不同业务岗位不同业务需求，分类开展专业化培训。举办全省稽查局长电子取证工具专题培训班、全省稽查专业队员电子取证工具专题培训班等专题培训班。以提高稽查队伍整体素质为目的，从全省范围内选派百余名业务骨干参加税务总局举办的各类业务培训班和专题研修班。

【稽查信息化建设】 积极研究和探索大数据时代税务稽查信息化工作的新思路。以广东省大集中系统、金税三期工程、发票在线系统等核心业务系统为依托，全面推进查账软件、数据分析平台、电子取证工具相互融合、功能衔接的“三位一体”信息化建设整体工程。继续扩大税务稽查电子取证系统项目试点范围，进一步发挥电子取证工具的作用，全力推进取证工具本地化改造工作。同时，为充分发挥稽查“以查促管”，堵塞税款流失的职能作用，继续深入推进征管稽查联动工作，有效促进部门成果转化。参照“广东省行政执法与刑事司法衔接工作信息共享平台”，着手开发征管稽查联动工作电子平台，尝试对全省征稽联动工作实施信息化、标准化管理，通过电子化技术和手段，全面规范和监督全省征管与稽查之间的涉税信息传递与反馈流程。

【稽查工作会议】 2015 年 3 月 26 日，广东地税稽查工作会议在肇庆召开。省局党组成员、总会计师苏振钿，省局稽查局局长余振荣出席会议并做重要讲话，省局稽查局和相关处室领导，各市局分管稽查工作的局领导、各市局稽查局长等 80 多人参加了会议。会议传达税务总局稽查工作会议精神，全面总结了 2014 年全省地税稽查工作，并对 2015 年稽查工作进行了安排部署。

【征稽联动工作】 继续深入推进征管稽查联动工作，有效促进部门成果转化。2015 年广东省地税局将征稽联动工作列入全省绩效考核项目，并列入省局重点督办任务事项，加强监督考核。同时，参照“两法衔接”工作平台，着手开发征管稽查联动工作电子平台，对全省征稽联动工作实施信息化、标准化管理，通过电子化技术和手段，全面规范和监督全省征管与稽查之间的涉税信息传递与反馈流程。全省地税局各级征管部门共向稽查部门移交案件信息 252 件，稽查部门根据移交的线索共立案 94 件，查补金额 4.92 亿元；稽查部门向征管部门提出“个案建议书”“综合类建议报告”245 份，征管部门依据稽查建议组织检查纳税人 5777 户（含自查），查补金额 7.49 亿元，共挽回税收损失 12.41 亿元。

（张雯莹）

广西壮族自治区

广西壮族自治区国家税务局稽查局

【概述】 2015 年，广西国税稽查部门按照税务总局稽查局的统一部署和自治区国税局党组的总体要求，充分发挥稽查职能作用，加大堵漏增收力度，狠抓稽查案件查处，全面推进绩效管理，深化稽查管理体制机制改革和队伍建设，稽查工作有序推进，达到预期目标。

【稽查现代化建设】 稳步推进全区稽查装备达标建设。全年投入 217.71 万元，为基层单位配置稽查业务书籍 22 套 6417 本、税务稽查查账软件 65 套、加密移动硬盘 300 个、保密文件箱 100 个、智能通信终端设备 120 台。经过近几年持续不断的投入，稽查办案的硬件建设得到了显著改善。

【稽查体制机制改革】 稳步推进稽查扁平化管理改革。按照“统一选案、交叉检查、集中审理、分级执行”的思路，经历了先行试点、总结提升和深化试点、完善提高几个阶段，机制改革的“扩充一线检查力量，实现专业化稽查”目标逐步实现。稳妥调整各级稽查局机构人员和职责分工，上收选案、审理两项职能到市稽查局，减少了业务管理层级，充实了一线稽查力量，逐步形成了市一级大稽查格局。

【“营改增”专项稽查】 按照税务总局稽查局关于开展电信业“营改增”专项稽查工作的部署，抽调 10 名精干人员成立专项检查工作组，于 2015 年 6—9 月，对中国电信股份有限公司广西分公司 2014 年 6 月 1 日—2015 年 6 月 30 日“营改增”后的税收执行情况，进行立案检查。查补增值税总额 435.37 万元；查补企业所得税总额 463.82 万元。两项合计 899.19 万元。

【稽查查补收入及分析】 全年共立案检查企业 1150 户，审结 1138 户，有问题 1138 户，结案 1135 户，查补收入 32993 万元，入库 32014 万元；组织企业自查 2852 户，有问题 1867 户，自查补缴税款114607万元，入库114607万元。查补总额147600万元，比2014年增加3563万元，同比增长2%；入库总额146621万元，比2014年增加3686万元，同比增长3%，占全区国税收入的1.52%。

【案件查办情况】　全年查处税收违法案件1138件，查补税款19727万元。其中，1000万～5000万元的案件1件，查补税款2429万元；500万～1000万元的案件2件，查补税款1242万元；100万～500万元的案件18件，查补税款3397万元；100万元以下的案件1117件，查补税款12659万元。偷税案件449件，占查处案件的40%，查补偷税税款9247万元，占查补税款的46.87%。

【案件特点分析】　虚开发票案以新办商贸企业（团伙）虚开增值税专用发票谋取暴利和利用虚开增值税专用发票抵扣税款进行偷税或骗取出口退税款等为主。虚开企业（团伙）风险特征：一是团伙人员地域特征明显，分工明确；二是一址多企，证、实不符；三是冒用他人身份证件登记注册企业；四是共用网络，集中开票；五是开办时间短，开票量大；六是财务记账、领取发票等外联业务多为中介代理，核心人员之间多为单线联系；七是虚开企业为了营造资金流转的假象，一般使用网银在对公账户、个人账户间进行资金"即进即出"操作，并通过"其他应付（收）款"过渡账户进行资金衔接走账；八是票面所列商品多集中在易发生"票货分离"的终端消费品行业。

【重大案件查处】　全年共查处大要案件204件，查补税款、滞纳金和罚款3.93亿元，入库1.18亿元，移送公安机关案件63起，抓捕犯罪嫌疑人60人。

【税收专项检查】　按照税务总局的统一部署，对出口退（免）税企业、黄金交易企业、资本交易企业3个指令性项目，房地产及建筑安装业、营利性教育培训机构2个指导性项目开展税收专项检查；同时，自选商品混凝土生产企业开展税收专项检查。全年共立案检查企业630户，查结451户，有问题450户，移送司法机关24户，立案查补税款总额1.06亿元；组织企业自查2630户，有问题1207户，自查补缴入库税款7.12亿元。2项查补合计8.18亿元。

【区域性税收专项整治】　结合本地区税收管理状况，对税收遵从度低且涉税违法行为多发的石材加工较为集中的地区及中药材加工收购企业，开展区域税收专项整治工作。全年共立案检查64户，查结52户，有问题52户，查补收入总额490.87万元；组织企业自查180户，企业自查有问题130户，自查补缴税款2978.19万元。2项查补合计3469.06万元。

【重点税源企业检查】　全年共组织检查93户重点税源企业，其中组织企业自查82户，有问题42户，自查补缴税款、滞纳金合计8109.73万元；立案检查20户，查结11户，有问题10户，查补税款、滞纳金、罚款合计7046.13万元，自查和重点检查查补收入合计1.51亿元。

【出口退（免）税企业检查】　全年立案检查出口企业77户，查结34户，有问题34户，组织企业自查309户，有问题42户，移送司法机关8户，查补收入合计2.2亿元，抓获犯罪嫌疑人13人。主要涉税问题为：擅自修改海运单提供给退税部门申报退税，虚开农产品收购发票，企业提供的出口退税单证所载明的数量与实际出口数量不一致，企业将代理出口业务当自营出口业务申报退税，企业取得不符合规定的增值税专用发票申报抵扣税款。

【黄金交易企业检查】　全年立案检查72户，查结15户，有问题15户，移送司法机关2117户；组织企业自查1012户，有问题423户；查补税款总额4852.45万元，其中立案查补收入860.21万元，自查补缴税款3992.24万元。主要涉税问题：接受虚开的增值税专用发票抵扣税款；非法购买增值税专用发票抵扣税款；无真实货物交易的情况下向外虚开增值税专用发票；伪造银行转账或汇款凭证，形成虚假银行流水，企业资金空转，制造虚假资金流向。

【资本交易企业检查】　立案检查1户，应调增应税所得额33952.84万元，弥补以前年度亏损后，应补缴企业所得税3358.20万元；组织企业自查3户，有问题2户，自查补缴企业所得税及滞纳金合计342.7万元。主要涉税问题：一是虚开发票虚增固定资产；二是将不符合条件的坏账损失在税前扣除。

【房地产及建筑安装业企业检查】　立案检查企业50户，查结37户，有问题38户；组织企业自查172户，有问题103户；查补税款总额25475.92万元，其中立案查补收入4159.85万元，企业自查补缴税款21316.06万元。主要涉税问题：一是未按规定结转销售收入；二是取得预售收入未按规定申报预缴企业所得税；三是多列生产经营成本费用，未作纳税调整造成少缴税款；四是取得不符合规定票据列支成本费用。

【营利性教育培训机构检查】 立案检查10户，查结4户，有问题1户；组织企业自查3户，无问题；查补企业所得税60万元。主要涉税问题：经营期间少报营业收入，少缴企业所得税。

【打击发票违法犯罪活动】 会同公安机关等部门对金融保险、房地产、商业批发与零售、药品与医疗器械等行业的发票使用情况开展重点检查；围绕制假售假、非法代开虚开、买卖使用虚假发票，以及传播发票违法信息等环节实施综合治理。全区国税系统共查处发票违法企业1071户，涉及非法发票10.79万份，涉及金额12.59亿元，查补税款5964.48万元、加收滞纳金2159.17万元、罚款2683.69万元，合计查补收入1.08亿元；配合公安机关破获发票违法犯罪案件42起，抓获犯罪嫌疑人36人；司法机关起诉犯罪嫌疑人41人，判决13人；缴获各类违法发票170.34万份；配合通信管理部门治理发票违法短信息115.18万条，关停手机号码17685个；曝光案例50件，发动发票教育宣传290次。

【税收“黑名单”制度】 2015年5月22日，召开由自治区国税局、地税局、发改委等23个单位参与的对重大税收违法案件当事人实施联合惩戒的联席会议，拟定广西壮族自治区联合惩戒实施意见。全年向有关单位推送了31户“黑名单”信息。在《人民日报》《广西日报》等多家媒体刊登宣传广西国税推行税收“黑名单”的具体做法。

【涉税违法案件检举】 全年共受理各类检举案件111件，其中收到税务总局交办案件4件。经清分，转地税部门处理6件、暂存9件，检查96件，检查率86.49%；查结84件，结案率87.5%。查补收入3357万元，入库2443万元，入库率73%。向公安机关移送案件3件。

【案件协查】 全年共收到受托协查发票5487份，涉及企业602户（次），涉及金额19.68亿元，涉及税额3.31亿元，按期回复率100%；发起委托协查发票4228份，涉及区内外企业432户（次），涉及金额11.2亿元，涉及税额1.89亿元，选票准确率87.95%，协查查补入库税款、滞纳金、罚款合计1098万元。

【稽查制度建设】 一是建立健全稽查绩效考核机制。制定《2015年稽查系列绩效考评重点指标评分细则》《广西国税稽查系统2015年绩效管理考核办法》《自治区国家税务局稽查局机关2015年绩效管理考评办法》《自治区国家税务局稽查局个人绩效管理实施细则》等考核制度，做到绩效指标“横向到边、纵向到底”的全面推进，组织绩效和个人绩效的同步推进。二是完善国地税合作机制。自治区国税局、地税局稽查局举行3次联席会议，协商制订联合开展税收专项检查和区域税收专项整治、联合开展重点税源企业税收抽查和轮查、联合开展案件协查等4个合作框架，为国地税在稽查领域的合作奠定了制度保障。三是建立健全进户执法制度。加强对进户执法事项的审批管理，按照“年度统筹计划、按季集中审批、上级计划优先、个案从严审批、执法信息共享”的原则审批进户执法活动；强化进户执法联动，建立进户执法联席会议制度，及时协调进户执法事项。

【稽查系统建设】 全区国税系统共有稽查人员1207人，占国税人员总数的10.81%，比2014年度减少48人；35岁以下68人、35～45岁422人、45岁以上717人，分别占稽查人员总数的5.63%、34.96%、59.4%；有“三师”资格人员40人，占稽查人员总数的3.31%。

【稽查队伍建设】 一是加强稽查干部思想政治建设。先后在全区稽查部门开展“不敢腐、不能腐、不想腐”专题学习讨论和“三严三实”专题教育活动，强化理论学习和理想信念教育，加强对干部的纪律约束，切实转变工作作风，培养了风清气正的稽查工作氛围。二是加强稽查执法监督机制建设。坚持重大事项集体研究制度，积极发挥稽查内设监察部门和人员的作用，做到了稽查任务和廉政纪律同布置、同检查、同落实，切实将稽查执法权力关进制度的“笼子”。

【稽查人才库建设】 完善稽查人才库，加强稽查专业化团队建设，发挥专家型人才的引领作用，在原有的4个稽查专家组和11个行业稽查专业化团队的基础上，调整充实了相关人员，截至2015年12月31日，广西国税稽查人才库人员共有93人。

【稽查业务培训】 结合稽查工作重点和实际需要，深入开展税收专项检查、信息化稽查、办案能力等业务知识培训，着力提升干部的业务能力和水平。全年广西国税稽查部门共举办各类稽查业务培训班54期，参训稽查人员3319人次。其中，自治区国税局稽查局办班5期，425人参加培训；各地市办班49期，2894人参加培训。

【稽查信息化建设】 一是提高信息化资源配置标准，为全区稽查部门增配税务稽查查账软件65套，加快从手工查账向智能化查账的转变。二是广泛推广信息化技术的应用，利用稽查选案软件的大数据平台提升选案的精准度，案件检查提质增效作用凸显。

【稽查宣传】　一是每月均在省级以上新闻媒体披露1~2件涉税违法案件，全年共通过《中国税务报》《广西日报》《广西法制日报》《广西电视台》等新闻媒体曝光涉税违法案件40件（次）。二是通过税务机关公告栏、报纸、广播、网络媒体、办税服务厅电子滚动屏等方式，向社会公告已查结的涉税违法案件351件。三是2015年4月，由广西壮族自治区人民政府主导，自治区国税局、地税局和公安厅、检察院、法院等5部门，联合召开打击发票违法犯罪活动新闻发布会，公开曝光了10起2014年度查处的发票违法犯罪典型案件。

【稽查调研】　针对稽查工作重点、热点和难点问题，开展专题调研。全年共组织122人（次）深入基层，对税收专项检查、打击骗税、打假发票、案件查办、稽查绩效考核等工作，开展调查、分析和研究，并形成书面调研报告，为领导决策提供依据，为解决基层疑难、困难问题提供帮助。自治区国税局稽查局唐颖昭、覃木荣、刘小冬等领导撰写的《流程逆查：打蛇打“七寸”》《从查找出口货主入手揭开骗税盖子》《铁路运输业“营改增”换开增值税专用发票税收风险分析及应对措施探讨》等调研文章，在《中国税务报》《广西国税调研》等刊登发表。

【稽查工作会议】　2015年3月24日，召开广西国税稽查工作会议。自治区国税局党组成员、副局长杨辉作题为《深化改革创新　提升法治水平　加快推进税务稽查现代化建设步伐》的主题工作报告；自治区国税局稽查局局长唐颖昭就如何贯彻落实税务总局和自治区国税局领导讲话精神提出了具体的实施意见。

【工作建议】　第一，稽查人员不足和人员老化较为严重。广西国税稽查人员数量在逐年减少，从最高峰的1999年2803人逐年减少到2015年的1207人，减幅达到57%，少数县级稽查局只有3~4人（最少的只有2人）。年龄偏大也是突出问题，全区稽查人员平均年龄为46岁。建议尽快通过科学的遴选方式吸引高素质人才，建强稽查队伍，以及有计划补充一些新招录公务员到稽查部门。第二，稽查力量分布和案源分配不相匹配。普遍存在检查力量不足的问题，检查部门普遍处于高负荷工作状态。建议以贯彻落实《深化国税、地税征管体制改革方案》为契机，大力推行分级分类稽查模式，改革属地稽查方式，优化稽查人力资源配置，探索建立跨区域税务稽查机构。

（李　鸿）

广西壮族自治区地方税务局稽查局

【概述】　2015年，广西地税稽查部门深入贯彻落实全国税务稽查工作会议和全区地方税务工作会议精神，充分发挥一级稽查体制优势，围绕税收中心工作，集中精力查办涉税案件，严厉打击税收违法行为，防偷堵漏促收，有效强化稽查执法权威。同时，继续深化完善稽查管理体制改革，全面规范稽查执法行为，加强稽查人才培养和建设，大力推进稽查现代化进程，稽查工作成效明显。

【稽查现代化建设】　一是完善稽查体制改革。做好改革的收尾工作，进一步细化、深化改革措施，建立健全稽查内部管理体制和权力运行机制，逐步实现稽查资源配置优化、统筹有力；加强稽查系统绩效管理，提高稽查工作效能；加强稽查执法标准化建设，全面规范稽查执法行为；加强稽查党建工作和党风廉政建设，提高稽查工作执行力。二是加强稽查制度建设。着力推进包括稽查从传统属地管理分离出来引起征管规范和稽查规范的调整和改革等一系列的机制制度建设，建立科学、严密、规范的稽查工作体系。三是推进稽查信息化建设。提高稽查辅助查账软件使用率，促进稽查查账手段现代化，提高稽查办案效能。加强稽查与征管等部门的合作，完善涉税信息共享机制；加强稽查数据平台建设，提高稽查信息处理及应用水平，为稽查选案、办案、风险应对等提供有力的信息化支撑。

【稽查查补收入及分析】　组织检查企业2772户，稽查查补收入总额累计14.95亿元，入库14.91亿元。其中，稽查部门共立案检查企业337户，发现有问题242户，结案227户，稽查立案查补收入（含税款、滞纳金及罚款）5.18亿元，入库5.14亿元；组织企业自查2435户，自查收入9.77亿元并全部入库。稽查选案准确率97.98%，稽查查补入库率99.74%，稽查入库收入完成2015年稽查收入奋斗目标的102.85%，入库率比2014年提高0.42个百分点，人均查补入库收入超过250万元，达到地税成立以来最高点。

【案件查办情况】　组织查处各类税收违法案件337起，立案查补收入合计5.18亿元，入库5.14亿元；其中查处百万元以上案件30起，百万元以上案件查补收入合计1.06亿元，入库1.06亿元。共组织查处税务总局、广西地税局督办案件16起（其中2起案件为税务总局和广西地税局共同督办案件），查结13户，查补收入合计7700.4万元，入库6805.15万元。共化解历年稽查积案90件，入库收入合计1.18亿元。

【税收专项检查】 根据税务总局统一部署，及时下发工作方案，成立税收专项检查工作领导小组，加强对税收专项检查工作的督导和检查。2015年广西地方税收专项检查的指令性检查项目为资本交易及房地产、建筑安装业；指导性检查项目为高收入者个人所得税、营利性教育培训机构及地方商业银行。2015年广西地税稽查部门通过专项检查累计查补收入5.91亿元，入库5.59亿元。

【区域性税收专项整治】 为严厉打击虚开发票等重大税收违法行为，进一步提升稽查打击的准确性和震慑力，配合税制改革任务的顺利推行，2015年广西地税局重点对南宁市、柳州市和桂林市组织开展区域税收专项整治，并要求各片区稽查局至少选择1个税收秩序相对混乱、税收违法行为比较集中的地区，组织开展区域税收专项整治，达到整治一个区域，规范一个地区税收秩序的目的。

【重点税源企业检查】 制定并下发《2015年重点税源企业税收专项检查工作方案》，分阶段、分环节细化工作职责和各项工作要求，选择部分重点税源企业开展税收自查，提示告知纳税潜在风险，实行查前辅导、查中约谈、自查与重点抽查相结合的方式，提升稽查效率，收到良好成效。组织对税务总局统一部署的15户重点税源企业检查在广西的分支机构共10户，以及选取区内的1031户重点税源企业开展自查，自查应补税款1.77亿元；根据自查情况，共选取81户重点税源企业开展重点检查（其中税务总局统一布置的5户），查补税款606.38万元。通过开展重点税源检查，合计查补收入1.83亿元，入库1.46亿元。

【资本交易检查】 制定2015年全区资本交易检查方案，下发资本交易检查指南，明确检查对象、检查年度、检查方法等，提高资本交易检查工作实效。共组织134户企业进行自查，自查有问题42户；立案检查4户，有问题3户，查结2户；累计查补收入125.04万元，入库43.51万元。

【房地产及建筑安装业检查】 将房地产及建筑安装业检查，列为2015年全区地方税收专项检查指令性检查项目，共组织1173户企业开展自查，自查有问题618户；立案检查146户，有问题83户，查结83户；累计查补收入3.24亿元，入库2.85亿元。

【打击发票违法犯罪活动】 一是重拳出击，加强虚假发票“买方市场”整治。2015年广西地税发票整治的重点行业为金融保险、房地产、建筑安装、商业批发与零售、药品与医疗器械、餐饮娱乐、加工制造、中介机构，并根据全区地方税收专项检查工作的布置，将南宁、柳州、桂林稽查局作为区域税收发票专项整治重点开展单位，针对其所辖区域开展涉发票违法行为的专项整治，重点对销售不动产发票、建筑业发票、餐饮业发票等开展检查。共组织检查发票受票企业7855户，查处发票违法企业964户，比2014年增长10.68%，完成2015年税务总局查处任务300户的321.33%；查处非法发票7.29万份，涉及金额1.03亿元，查补税款980.35万元，加收滞纳金50.7万元，处以罚款530.81万元，合计1561.86万元。共处理发票协查5起，向广西区国税局稽查局移交线索1起，涉及发票15份。二是健全税警协作机制，严厉打击虚假发票“卖方市场”。配合公安部门共查办案件308个，出动税务执法人员601人次，捣毁发票制假售假窝点16个，打掉发票犯罪团伙8个，缴获非法发票170.35万份。

【税收“黑名单”制度】 全面落实税收“黑名单”制度，建立税收信用管理机制。一是与广西国税局、广西发改委联合发起23个部门参加的联席会议，出台《广西贯彻落实对重大税收违法案件当事人实施联合惩戒措施的实施意见》，明确对重大税收违法案件当事人采取阻止出境、金融授信参考等18项联合惩戒措施。二是向联合惩戒单位推送地税首批4户重大税收违法案件信息，涉及企业负责人和负有直接责任的财务负责人5人。三是形成与“黑名单”制度有效衔接的常态化案件曝光制度，全年通过省级以上新闻媒体实名公开曝光23起税收违法典型案件，曝光数量和力度均为历年之最，有效提高稽查工作影响力和威慑力。

【涉税违法案件检举】 出台《广西壮族自治区地方税务局税收违法行为检举管理办法（试行）》，制定税收违法行为检举工作流程，确保体制改革后各地税收违法案件举报中心的及时设立和举报工作的稳步衔接，进一步规范全区地税系统税收违法行为检举管理工作。下发《自治区地税局关于加强发票违法检举管理工作的通知》（桂地税发〔2015〕126号），按照归口受理、分级负责、快速有效的原则，制定发票检举案件的快捷办理工作流程，大幅度提高广西地税发票检举案件办理效率。2015年广西地税系统共受理税收违法检举案件423件，查结353件，查补税款、滞纳金、罚款共计4279.99万元，入库3913.49万元，兑现举报奖励金额7.8万元。

【稽查制度建设】　以一级体制改革为契机，全面规范稽查执法行为，推进广西地税稽查执法标准化建设。一是出台《广西壮族自治区地方税务局税务稽查四个环节管理若干规定》，进一步规范税务稽查四环节工作流程。二是科学统筹稽查选案工作。全面梳理机构改革后稽查选案工作流程，规范选案报批手续。同时，科学筹划2016年全区稽查选案工作，出台《广西壮族自治区地方税务局税务稽查随机抽查暂行办法》，规范稽查案源管理、轮查抽查标准、筛选方式，建立税务稽查对象分类名录库、税务稽查异常对象名录库和税务稽查执法检查人员分类名录库，促进抽查轮查相互结合，提高选案科学性、公正性和有效性。三是规范稽查案件调查取证标准。制定《税收违法案件证据问题暂行规定》，建立一整套稽查案件取证规范，明确不同税种、不同违法性质的案件证据的种类、收集、获取等，增强稽查办案证据的合法性、真实性和关联性。四是规范重大税务案件审理工作。结合广西地税实际制定重大税务案件审理具体实施办法，明确全区重大税务案件审理标准，成立各稽查局税务案件集体审理委员会，并指导各片区稽查局会同相关市地税局设立税务案件集体审理委员会，建立健全税务案件集体审理制度。五是规范税务稽查文书标准。根据税务总局《税务稽查工作规程》《税务稽查文书式样》等要求，结合工作实际，明确86种税务稽查文书的制作和使用，做到格式规范、标准统一、书写工整、内容完整、表述准确、管理有序。六是规范稽查与征管业务的衔接协作，制定《税收征管与稽查业务衔接协作办法（试行）》，进一步明确市、县（区）地税局与片区稽查局的职责划分，促进征管查良性互动，逐步实现各稽查局与各级地税局在案源管理、检查实施、案件执行和检举管理等方面的“无缝对接”。七是规范税收违法行为检举管理工作。下发《税收违法行为检举管理办法（试行）》《自治区地方税务局关于加强发票违法检举管理工作的通知》（桂地税发〔2015〕126号）等文件，有效地促进体制改革后税收违法案件检举工作的规范运行。

【稽查队伍建设】　一是加快配齐配强稽查干部队伍。优化稽查队伍配备，严把稽查人员准入关口，通过双向选择、内部选调、公开招录等方式广纳英才，充实稽查力量。下发《自治区地方税务局直属机构人事管理办法（试行）》，明确稽查干部的任免管理、人才招录、考核奖惩、工资福利等内容，加强稽查干部的人事管理。截至2015年底，广西地税共配备到位稽查干部677人，达到全区地税稽查行政编制总数的71.4%；稽查队伍结构持续优化，拥有“三师”资格人员占稽查总人数的7.05%，比2014年提高4.19个百分点；45岁以下人员占比62.21%，比2014年提高12.42个百分点；一线检查人员占比70%，比2014年提高30个百分点。二是开展稽查全员业务考试。根据《国家税务总局关于在全国税务系统开展“岗位大练兵　业务大比武”活动的意见》（税总发〔2015〕85号）精神，下发《全区地方税务稽查系统全员业务考试工作方案》，2015年9月1日，组织对在编在岗的稽查人员进行业务测评，考试平均分63.14分（总分100分），及格（60分以上）率66.2%。通过以考促学，以考代训，在广西地税稽查系统营造“学、赶、比、超”的学习氛围，提高了稽查人员岗位履职能力。三是创新稽查人才激励机制。逐步实现稽查个人绩效考评全覆盖，将个人绩效考评结果与个人评优评先、提级晋职等相挂钩。联合人事部门研究制定地税稽查人员立功受奖的实施细则，起草《关于明确稽查人员、集体立功受奖有关事项的通知》，逐步建立健全稽查人才培养激励机制。四是加强稽查队伍党风廉政建设。认真落实“一岗双责”，深入开展廉政执法教育，将党风廉政课程纳入稽查业务培训，有效防范以权谋私等执法风险。深入开展“三严三实”专题教育，从严治队，从严管理。倾情带队，关心干部成长，为稽查干部的锻炼成长创造条件。完善稽查执法内控机制，将金税三期工程和稽查工作有机结合，打造稽查工作“痕迹”工程，加强稽查运行全过程的动态管理和监控，增强稽查执法的统一性和规范性，有效降低稽查执法风险。

【稽查业务培训】　对现有稽查人员进行分类，根据业务熟悉程度有针对性、有计划性地开展稽查业务培训，组织开展稽查查账软件师资培训班、稽查业务培训班、稽查领导干部素质提升培训班等，重点培养稽查干部的信息化查账技能、会计电算化应用能力，同时加强了对稽查工作四环节、检举管理等涉及稽查业务基础知识的培训，并通过训考结合、逢训必考的方式检验培训成果，确保培训取得实效，提高稽查干部业务水平。

【稽查信息化建设】　一是积极推广应用稽查

辅助查账软件，推进稽查查账手段现代化。截至2015年底，稽查部门共配备该软件500套/个（含单机版和网络版端口），一线检查人员查账软件配备率达到100%。全年应用网络版查账软件进行查账的企业237户，占2015年立案检查企业总户数的70.33%。《税务稽查辅助查账系统开发应用》论文获得广西地税系统2015年度工作创新优秀项目评选一等奖。二是积极参与金税三期工程工作，推进稽查工作信息化。完成涉及稽查业务办理47个流程环节的初始化，通过应用金税三期工程推进稽查业务流程的规范化和本地化。自2015年9月1日金税三期工程系统正式上线以来，广西地税稽查部门通过该系统共立案71户，有效加强了稽查过程的规范运行。三是积极开发“广西地方税务稽查随机抽查系统”，推进稽查选案科学化。加强了涉税信息的采集和利用，实现对全区所有纳税户、重点税源管理户、执法检查人员的基本信息查询，并可通过设定区域、纳税规模、行业、监控级别等条件进行随机抽选，建立健全随机抽查机制。2015年12月23日，广西地税局稽查局举行2016年重点税源企业随机抽查活动，特别邀请2名社会监督观察员和广西地税局重点税源处、纳税服务处等5个业务部门的相关负责人参加，抽查过程严格按照相关法律、法规进行，通过应用随机抽查系统，现场抽选出413户重点税源企业，列入广西地税2016年首批稽查待查对象，有效促进税法遵从和公平竞争，提高稽查打击力和精准度。

【稽查宣传】 通过省级以上新闻媒体实名公开曝光23起税收违法典型案件。其中，在第24个税收宣传月活动期间，联合广西区国税局开展涉税违法案件曝光工作，集中曝光了2014年全区国、地税系统查结的20个涉税违法典型案件；2015年5月7日，联合广西国税、公安、检察、法院等5部门在广西区人民政府新闻中心，召开2015年打击发票违法犯罪活动新闻发布会，对2014年广西查处的10起发票违法典型案件进行公开曝光，集中宣传，以案说法，有力地震慑和教育不法分子，提高纳税人的税法遵从度。

【稽查调研】 加强稽查现代化办案手段理论研究。组织业务骨干撰写2015年度广西地税局课题《广西地税稽查手段现代化研究》《广西地税稽查积案现状分析》，重点研究稽查现代化办案手段、工作方法，对构建适应现代企业管理的稽查方式方法体系具有重要的理论指导意义。

【稽查工作会议】 2015年2月10日，广西地税稽查工作会议在南宁召开，会议全面总结了2014年稽查工作，部署了2015年稽查工作。广西地税局局长关礼、副局长赵汉臣出席会议并作重要讲话。各片区稽查局的领导班子、广西区地税局稽查局全体人员参加了会议。关礼从3个方面肯定了2014年全区地税稽查工作取得的成绩，并对2015年稽查工作提出4点要求：一是深化稽查管理体制改革，推进稽查现代化进程；二是强化稽查促收促管的职能，服务税收工作大局；三是刚化稽查执法规范标准，提升稽查依法行政水平；四是优化稽查干部队伍形象，促进稽查工作新发展。赵汉臣提出要围绕“一个中心、两个加强、三个提高、四个健全、五个目标”的工作思路开展2015年稽查工作，即坚持以查办案件为核心，服务税收中心工作；着力加强稽查人才建设和稽查文化建设，提高稽查队伍整体素质；努力提高稽查案件查办水平、稽查工作管理水平、稽查信息化建设水平，提升稽查工作执法效能；健全稽查体制改革相关配套制度、抽查和轮查制度、税收“黑名单”制度、稽查系统绩效考评制度，提高稽查工作质量；在稽查体制机制、工作质量、涉税案件检举管理、信息化建设、人才队伍建设等5个方面实现新的提高和突破，全面完成2015年稽查各项工作任务。

（谭　红）

海南省

海南省国家税务局稽查局

【概述】　2015 年，海南国税局稽查局按照“提升四种思维、打造三个品牌、实现五个转变”的工作思路，以查处重大税收违法案件为重点，坚持依法行政、健全稽查机制，强化队伍建设，深入整顿和规范税收秩序，为服务税收中心任务，服务税收工作大局做出了积极贡献。全年共检查纳税人 629 户，发现有涉税问题 607 户，选案准确率 96.5%，查补各项税收收入 6.42 亿元，追缴入库 6.34 亿元，完成年度收入计划的 123.6%，同比增长 17%，增收 0.93 亿元。

【稽查现代化建设】　在把握稽查现代化时代脉搏的基础上，探索以风险为导向的现代税务稽查体系建设，以稽查现代化建设为主线提升管理创新思维、以依法行政为重点提升推进依法治国思维、以绩效考评为基础提升质量管理思维、以预防监督为手段提升为税清廉的思维全力推进税务稽查现代化建设；从建设“数字稽查、集约稽查、阳光稽查”品牌入手，致力于实现稽查工作由“单纯执法向执法与服务并举、收入型稽查向质量型稽查、全能型稽查向专业型稽查、粗放型管理向精细化管理、单打独斗式稽查向协调配合式稽查”的转变。

【稽查体制机制改革】　通过打造“集约稽查”品牌，实现税务稽查组织结构、管理理念、用人机制、执法程序、执法标准、案件处理定性规范以及稽查制度等要素的优化，发挥一级稽查的集约化、专业化、跨区域等优势，积极探索实施省局稽查局与直属稽查局“上下联合”办案模式，集中对一些典型大要案进行查处，并实施稽查部门人员统一调配、案源统一管理、检查统一实施、审理统一标准的工作机制。

【稽查查补收入及分析】　全年共检查 629 户纳税人，发现有涉税问题 607 户，选案准确率 96.5%；查补各项税收收入 6.42 亿元，追缴入库 6.34 亿元，入库率 98.8%，完成年度计划的 120.6%，同比增长 17%，增收 0.93 亿元，稽查查补收入首次突破 6 亿元，人均查补税款 439.73 万元，稽查查补收入占税收收入比重持续提升，税收贡献率 1.72%，超额完成查补收入对税收收入贡献率 1.5 个百分点的稽查组织收入工作任务。

【税收专项检查】　将黄金交易、办理出口退（免税）、资本交易以及房地产及建筑安装企业作为年度专项检查项目，税收专项检查工作取得较好成果，有效打击了各类涉税违法行为、为保障税收收入、营造和谐诚信公平公正的税收环境发挥了重要作用，其中黄金交易专项检查获得税务总局局长王军、海南省委书记罗保铭的批示勉励。全年共检查企业 325 户，查补收入 47635 万元，入库收入 45186 万元，入库率 95%。

【区域性税收专项整治】　专项整治主要对海口市大型市场内企业发票的使用情况进行了检查，对于问题轻微的，协助企业予以纠正，并进行税收法规教育；对于需要立案检查的立即专案查处；对于使用虚假发票的企业、单位名单在新闻媒体上曝光，由征管部门降低涉案企业的纳税信用等级。加强区域税收专项整治行动的宣传教育工作，共对海口地区 194 户纳税人开展日常检查，发现有问题 189 户，查补入库总额 1993 万元，其中税款入库 1465 万元，加收滞纳金 271 万元，罚款 257 万元，较好地实现了整治一个区域，规范一个地区税收秩序的目的。

【重点税源企业检查】　根据税务总局重点税源税收抽查工作的总体要求，对指定的 4 个重点税源企业集团在海南分设的 4 个分支机构进行了检查。同时，根据本地区产业重点、税源状况和企业分布的情况，通过风险分析筛选出 41 户高风险重点税源企业，共组织 45 户企业开展自查，有问题户数 21 户，立案检查 17 户企业，查补税款 4774.9 万元，加收滞纳金 314 万元，罚款 577 万元。

【出口退（免）税企业检查】　共对 16 户出口退（免）税企业进行了检查。在检查过程中，通过运用计算机信息系统与实地调查相结合等方式，从海量数据中筛选出部分出口报关单，逆向追查报关单退税联上集装箱的真实货主、货物，以及每一笔业务的真实流程，取得部分案件骗取出口退税的有效证据。出口退（免）税共检查涉及出口骗税额7653万元。其中，1户企业涉及出口骗税金额563万元，依法移交司法部门；1户企业涉嫌高报出口，相关犯罪嫌疑人被批捕，涉及出口骗税款485万元。

【黄金交易企业检查】 与公安部门联合成立专案组，对税务总局下达的51户黄金交易涉案企业进行检查。经过周密部署，专案组于11月初进行收网，一举摧毁了以钟某、赵某为首的“5·18”专案涉案犯罪团伙，破获了海南省建省以来涉案金额最高、涉及省市最广的虚开增值税专用发票案，成功抓获犯罪嫌疑人7名、捣毁开票窝点3处，涉嫌虚开销项金额158亿元、税额23亿元，涉嫌骗取出口退税额4814万元，有力打击了犯罪分子的嚣张气焰，挽回了国家税收损失。

【资本交易检查】 在全面收集具有实业投资、上市融资、企业内部业务重组、收购兼并、持股联盟，以及企业对外的风险投资和金融投资等涉及资本交易事项，如股权交易、资本溢价、金融信托产品交易等企业信息基础上，通过初步调查摸底和数据筛选，将发生上述资本交易事项、涉嫌少缴未缴税款的企业列入待查对象，共对9户资本交易企业进行了检查，查补金额27364万元，入库25478万元。

【房地产及建筑安装业企业检查】 利用自主研发的风险分析系统，结合全省各市、县局提供的房地产行业纳税人信息，以及新闻媒体等外部案源线索，建立房地产企业案源信息库，通过风险识别、量化、排序等步骤，筛选出省内规模较大、税负率较低、风险分值高的60户房地产及建筑安装企业作为检查对象，累计查补入库总额17715万元。

【打击发票违法犯罪活动】 以海口、三亚为打击发票违法犯罪活动的重点整治地区，以发票违法问题高发、频发的金融保险，以及房地产、商业批发与零售、药品与医疗器械、餐饮娱乐、加工制造、中介机构、黄金交易等行业和单位为重点检查对象，开展打击发票违法犯罪活动。共检查企业233户，查处违法企业224户，查处违法发票份数12656份，涉及金额45659.62万元，查补税额5948.46万元，滞纳金554.37万元，罚款1037.02万元。

【税收“黑名单”制度】 全面落实税收“黑名单”制度，借助门户网站、报纸、电视广播等多种途径，曝光海南华科达等12起涉税违法案件，将7户“黑名单”企业的纳税信用等级判定为D级，提高税务稽查频率和从严把关出口退税的审核审批；同时，积极协调省发改委、省公安厅、人民法院等21个部门，构建起“惩戒失信”“违法失信者寸步难行”的长效合作机制，对意图偷、逃、骗、抗的企业形成强大威慑。

【涉税违法案件检举】 海南国税举报中心共受理税收违法举报案件123件，其中暂存待查11件，转交地税处理7件，立案查处15件，转交所属地市县国税局检查90件，查结103件，共查补税款40572.37万元，加收滞纳金123.10万元，加处罚款20149.14万元，入库税款1410.85万元、滞纳金123.10万元、罚款184.59万元，无移送司法机关检举案件。

【案件协查】 通过协查系统委托发出协查4329起，涉及发票55331份，金额3865382.70万元，税额657688.65万元。收到回复结果55363份，正常发票625份，有问题发票6434份，无法核实发票48304份。金税协查系统累计收到受托协查178起，涉及发票2965份，金额177949.97万元，增值税税额30166.7万元。共回复2859份，其中回复结果为正常的135份，有问题的331份，无法核实的2393份。

【稽查队伍建设】 在抓好廉政、勤政及作风建设的同时，积极开展各类稽查业务培训，以“专业型、行业型”稽查业务培训为主，大力培养专家型、复合型的稽查领军人才；同时，在不断提高“主选员、主查员、主审员”比例的基础上，加强稽查人员梯队建设，有计划地开展新进稽查人员和业务基础薄弱稽查人员的培训工作，以适应稽查工作发展形势的需要；完善稽查内控机制、“一岗双责”“一案双查双报告”，以及稽查廉政回访卡等制度，加强了对稽查执法权运行中易于滋生腐败的重点领域和关键环节的监控。

【稽查人才库建设】 积极落实税务总局人才培养战略，制定人才培养3年规划，逐步提高稽查人员占税务人员的比例、提高具备独立查账能力和电子查账能力的稽查人员的比例、提高具有注册会计师、注册税务师、律师，以及其他相关专业资格的人员的比例。不断完善稽查人才库建设，加强主选员、主查员和主审员“三员”管理使用，把责任心强、能力突出的“三员”干部放在重大案件的查处上。同时，加强稽查人员个人绩效考核，把人才使用与工作能力、工作业绩挂钩，激发稽查干部干事创业的激情。

【稽查业务培训】　加大稽查干部业务培训工作力度：实施分岗位、按层级进行培训的方案：加强对调查取证、询问技巧、选案分析、税收法律政策、公文写作及“稽查管理信息系统”操作等技能的培训；强化对税收专项检查项目、前沿涉税问题的培训和电子查账、执法办案策略等实用型培训；对新进稽查人员和业务基础薄弱的稽查人员开展有针对性的培训工作，有效提升海南国税稽查“专业化”水平。

【稽查信息化建设】　适应金税三期工程推广工作需求，在稽查信息化建设上不断取得突破，历时4个月完成金税三期工程中特色稽查软件的56个业务域稽查岗位权限、文书流转的系统初始化、上百个业务点系统测试，编写242页的系统操作手册，实现特色稽查软件与金税三期工程稽查模块的无缝链接。2015年10月8日，海南国税金税三期工程正式上线。

【稽查工作会议】　2015年3月20日，海南国税稽查工作会议在海口召开，省局党组成员、总审计师刘琼作题为《围绕主线　突出重点　全面落实新常态下稽查工作新任务》报告，对2014年全省稽查工作进行了回顾，并对2015年全省稽查工作进行了全面部署；省局党组书记、林明鹊局长出席了会议，并作了重要讲话，他提出了海南国税稽查今后5～10年的整体规划目标：一是建立起以风险为导向的税务稽查体系；二是建立起现代化的稽查组织体系；三是造就一支“能查账、不出事”的稽查干部队伍。

（温　博）

海南省地方税务局稽查局

【概述】　2015年，海南省地税系统锐意进取，攻坚克难，全面推进税收现代化建设，各项工作都取得了新的成绩和突破，全省稽查部门以推进税务稽查现代化为主线，以打击违法犯罪、促进堵漏增收为重点，依法严厉查处各类税收违法行为，高质量完成了各项工作任务，为完成全年税收任务做出了积极贡献。

【稽查体制机制改革】　2009年底，全省地税改革稽查体制，实行省级一级稽查体制，省编办下文设立省局稽查局和5个片区直属稽查局。海南省地方税务局稽查局和第一至第五稽查局均为省地税局直属正处级机构。省局稽查局的主要职责：一是贯彻执行税务稽查法律法规规章及规范性文件，制订具体实施办法。二是组织实施全省地方税收专项检查和专项整治工作，组织开展整顿和规范税收秩序工作。三是受理税收违法案件的举报。四是负责全省地税稽查的选案和复查工作。五是负责查处全省范围内重大、重要税收违法案件，协调公安、检察、审判机关处理税务稽查有关工作。六是承办省地方税务局和上级部门交办的其他工作，指导省地方税务局第一至第五稽查局的业务工作。第一至第五稽查局分别驻点海口、三亚、儋州、琼海、东方，按行政区划负责片区内的地方税务稽查工作。

【案件查办情况】　共查处税收违法案件224件，查补收入15.04亿元（不含清算审核的土地增值税），查补入库14.78亿元，占全省地税部门组织收入的3.27%。其中，查办1000万元以上案件8件，查补收入3.40亿元；查办亿元以上案件3件，查补收入3.47亿元，第二稽查局实现查办亿元案件“0”的突破。一是严抓案源选准案。根据省局党组工作部署，确定房地产、建筑安装和资本交易项目为重点检查行业，企业所得税和土地增值税为主要税种，选取一批行业重点税源企业作为检查对象，选案准确率100%。另外，根据税务总局要求，国地税联合随机抽取重点税源企业10户，并组织36户企业集团及其所属162个分支机构开展自查，自查税款入库3.58亿元。二是组织力量办大案。按照“快查、快结、快入库”的工作要求，整合稽查力量，实行团队式封闭限时办案，严格实行查案周期制，一期一结，确保办案团队按期保质完成案件查办任务。2015年省局稽查局以团队办案的方式组织开展对5个大型房地产企业的检查，查补包括土地增值税清算在内的税款、滞纳金、罚款合计30.56亿元。三是加强执行保成果。大胆实践各种执行手段，效果明显。全省稽查系统阻止欠税人出境16户，强制划扣银行存款8户12次合计7484万元。省稽查局依法对南田农场、鹿回头公司、农垦集团等3家企业强制执行7次，扣缴税款7163万元。申请公安机关协助执行27户，移交公安机关立案追究刑事责任5户，申请法院强制执行2户。第一稽查局持续跟踪、协调、推进法院对美源、国托的拍卖工作（成功拍卖），有望将查补税款3亿余元征收入库。2015年全省执行部门共清理欠税1.31亿元。

【重大案件查处】　重点检查的企业有海南榆

亚盐场涉税案，查补税款、滞纳金约900万元；海南三林旅业开发有限公司涉税案，预计查补税款合计500多万元；海南省公路勘察设计院涉税案，查补税款、滞纳金及罚款907万元。核查三亚太华有限公司举报案件，补缴税款、滞纳金500万元，同时完成税务总局交办的海南长江旅业公司和海南凯立中部开发建设公司举报案件的调查和省局复查案件琼海川茂装饰工程有限公司审核工作。

【税收专项检查】 扎实开展地方税收专项检查工作。各稽查局与市县地税局密切配合组织开展地方税收专项检查工作，采取全面自查与重点检查相结合的方法落实工作，取得显著成效。在自查阶段采取政策辅导、约谈等方式推动企业自查自纠，自查发现有问题676户，自查应补缴税款55203.86万元；在重点检查阶段，检查重点企业103户，查补税费总额53328.08万元。

【重点税源企业检查】 根据《国家税务总局关于开展2015年度重点税源企业税收抽查工作的通知》的要求，开展全省2015年度重点税源企业税收抽查工作。对15家重点税源企业开展了自查自纠，4户自查查补税款106.19万元，入库92.47万元。

【房地产及建筑安装业检查】 深入开展建安企业税收风险防治工作。重点做好外来建安企业在涉税方面主要做法和手段的剖析及对策，为以查促管工作提供充分的方法和工作经验；按照省局分管领导的批示，完成农垦系统棚户区改造项目、全省百日大会战新增投资项目数据的收集及涉及建安项目税款预测，提高征管部门应对涉税风险能力。对7家建安企业来琼施工企业的分公司或项目部近3年涉税情况进行全面检查清理，补缴营业税及附加、企业所得税、个人所得税共1500多万元。

【打击发票违法犯罪活动】 严厉打击发票违法活动。省局稽查局协调各部门，组织深入开展打击发票违法犯罪活动工作，要求将发票整治工作与税收各类检查工作有机结合，将发票检查作为各类检查的必查项目，并形成制度规范。全省地税系统查处发票违法企业269户，查处违法发票1295份，涉及金额5721万元，查补税款及罚款635万元。国地税稽查联合对2个制售假发票窝点进行收网行动，收缴发票1980份，涉案金额252万元，涉及受票单位58家。

【旅游市场税收秩序整顿】 规范旅游市场税收秩序。按照省政府办公厅和省旅游委的部署，积极开展旅游市场地方税收综合整治工作，对旅游业地方税收进行专项整治，进一步规范旅游市场地方税收秩序。立案查处2家旅游企业，查补税款3032万元。同时接收180多起饮食业消费不按规定开具票的纳税人，核实存在违规的查处有36家，对每家进行300～500元的处罚。

【统筹规范进户执法】 规范进户执法工作。一是公开发布《海南省地方税务局关于进户执法政策的公告》。对地税系统筹进户的工作开展情况在门户网站和相关媒体上发布。二是对全省地税各执法单位调整新增的进户执法事项进行统筹，共对文昌、陵水、澄迈、乐东和三亚等8个调整增加的1200个进户执法计划进行了统筹。三是在做好省局规范进户协调小组统筹的土地增值税清算、企业所得税汇算清缴、大企业税务审计、纳税评估和税务稽查5个进户执法事项的基础上，各市县区协调进户执法工作协调小组上报其工作开展情况。全年统筹进户执法协调小组统筹的进户执法事项共约2200项。

【税收“黑名单”制度】 落实税务总局“黑名单”制度和联合惩戒。一是按照税务总局公布重大税收违法案件信息文件的要求，省国地税共同确定省内“黑名单”标准为查补金额在300万元以上且占应纳税额10%以上的偷税案件报送省局，由省局向社会公布。二是税务总局下发对重大税收违法案件当事人实施联合惩戒措施的合作备忘录，稽查局会同省国税稽查局和省直20余家单位，发布海南省《关于对重大税收违法案件当事人实施联合惩戒措施的合作备忘录工作方案》；会同省发改委、省国税局召开23个单位参加的联席会议，从惩戒措施、工作步骤、实施方式等方面，进一步明确各成员单位间的工作职责，推进联合惩戒工作扎实开展。三是依法对欠税户进行出入境布控。省局稽查局将稽查系统不提供担保又不履行纳税义务的26户欠税人移交公安机关，依法由公安边检部门，并对欠税人的法定代表人采取阻止出境措施。同时，依据警税协作制度由公安部门协助追缴税款。

【涉税违法案件检举】 海南省地方税务局税收违法案件举报中心共受理检举事项91件，收到省纪委信访室、检察院、公安厅等部门转来检举线索5件；转交调查处理74件（其中省局党风室、省稽查局联合调查2件，省稽查局调查处理2件，省局第一至第五稽查局调查处理14件，转办给各市县地方税务局调查处理56件），转给国税部门1件，重复举报12件，无调查价值暂存待查4件。

2015年度检举受理查处74件，检查率100%，查补税款、滞纳金和罚款合计4097.04万元。

【稽查制度建设】 巩固完善稽查工作制度。组织业务骨干以小组为单位撰写并细化《关于房地产业检查操作指南》《关于酒店业检查操作指南》《关于建筑安装业检查操作指南》《重组业务操作指南》4个税务稽查工作指南。选案科制定《稽查选案指导意见》《征管与稽查协作制度》《稽查系统案件管理制度》3个制度。

【稽查队伍建设】 认真贯彻落实“两个责任”。认真履行“一岗双责”，支持纪检领导落实监督责任，由局长与各科室主要负责人签订《部门党风廉政建设责任书》。积极探索党建工作与稽查主业相结合的工作思路和方法，认真落实好党风廉政建设和反腐败斗争，在税收专项检查、重点税源检查。

落实践行“三严三实”要求。组织稽查干部深入学习贯彻落实党的十八大精神、习近平总书记系列重要讲话精神和践行“三严三实”社会主义核心价值观。组织学习《党章》《廉政自律准则》《税收违法违纪处分规定》等有关规定。通过听党课、召开“三严三实”各专题学习交流研讨会、专题组织生活会、知识测试等形式，引导稽查干部深刻领会党的十八大精神实质，引导稽查干部牢固树立守纪律、讲规矩意识，增强廉洁从政意识，强化反腐倡廉教育，加强稽查干部岗位责任，规范岗位廉政行为。

【稽查业务培训】 一是积极参与局里组织的各项政治、业务学习，系统学习“三严三实”精神，巩固思想政治基础。二是学习稽查信息化，由奇星软件公司和中普软件公司的技术人员进行稽查信息化展示，各稽查局交流稽查典型案例。三是进行稽查业务培训，学习《BEPS内容简介》《国际反避税》《非居民税收征管》《“走出去”企业税收服务》。四是组织全省稽查系统业务骨干到中国海洋大学会计学院举办稽查业务培训班，重点对房地产业、建筑安装业、财务会计准则进行专门的培训，该培训班被海洋大学评为优秀班级。

【稽查信息化建设】 推进稽查信息化建设。一是开展税费征管系统稽查模块运维及优化工作。在做好稽查模块运维的基础上，根据实际工作需求及各局反馈意见，分次对现行稽查模块进行优化开发，先后共提报74项需求并完成上线运行。二是圆满完成金税三期工程系统差异化分析工作。省局稽查局组织稽查骨干7人参与金税三期工程差异化分析工作，总结归纳业务及应用差异分析结果16条并提交总局确认，确保了金税三期工程系统满足全省稽查实际业务需要，保障了金税三期工程系统与稽查在用系统的平稳衔接。三是较好完成了金税三期工程系统的数据迁移工作。组织了全省稽查系统做好稽查旧案案件补录工作，保证了稽查查补税款能够顺利入库和新案件按时下达。四是做好协查信息管理系统的运维工作。跟踪稽查系统发票协查进度，适时敦促第一至第五稽查局按期按质回复，及时跟进更新重大税收违法案件公布信息系统和稽查统计报表采集分析系统。

【稽查宣传】 为了维护税法的尊严，进一步提高税法的震慑力和扩大依法治税的影响力，全省各地充分利用报刊、电视、广播等新闻媒体，宣传报道税收违法案件。一是举办形式多样的发票知识宣传活动，加大对偷税、虚开发票和代开假发票、土地置换、转让金融商品、转让无形资产、农场整理土地开发销售等涉税违法行为的曝光力度。提高群众辨别真假发票的能力，自觉抵制假发票。二是2014年起与海南省电视台新闻频道共同打造宣传税法的节目《说税》，2015年共播出4期。“十一”期间播出一期特别节目《法影观影——税务所的故事》，取得积极的社会反响。

（陈　妍）

重庆市

重庆市国家税务局稽查局

【概述】 2015年，重庆市国税稽查工作在各级党组的坚强领导下，紧紧围绕税务稽查现代化建设这条主线，以“三严三实”专题教育为契机，以抓好“两基”为立足点，以绩效管理为抓手，以“双随机”重点税源企业轮查和各项专项检查为基础，以查处大要案件为重点，坚持依法稽查，勇于担当，克难奋进，稽查质效进一步提升，各项稽查工作取得较好成效，为税收秩序不断规范做出了积极贡献。

【稽查查补收入及分析】 查补税收收入177820万元，入库175600万元，入库率达99%，占同期国税组织税收收入的1.61%。其中，督导企业自查5370户，督导企业自查查补税收收入139488万元，入库139273万元。

【案件查办情况】 立案检查案件875件，已结案866件，稽查案件查补税收收入38332万元，入库36327万元。

【重大案件查处】 立案检查查补税款100万元以上大要案件36件，查补税收收入22880万元。

【区域性税收专项整治】 对民政福利企业开展税收专项检查，克服了检查时间紧、任务重、外部环境困难的不利局面，在督导企业全面自查整改的基础上，对全市291户民政福利企业开展重点检查，查补税款1.5亿余元。

【重点税源企业检查】 2015年，通过“双随机”抽查的方式，重庆市各级国税稽查部门对中材集团等5家集团的6户在渝企业开展检查，并对市局监控的279户重点税源企业开展了轮查，共计查补税收收入41008万元。其中，督导自查补税收入19979万元，重点抽查补税收入21029万元。

【出口退（免）税企业检查】 对打击出口骗税工作高度重视，精心实施，共立案查处出口退税企业16户，涉及税额2亿余元。

【黄金交易企业检查】 在以虚开黄金票为重点的税收检查中，共查获并定性虚开增值税专用发票企业15户，涉及虚开增值税专用发票5339份，涉案金额33亿余元，移送公安机关并被采取强制措施31人。

【打击发票违法犯罪活动】 协调各“打票”成员单位，共查处违法企业1664户，查获涉案票据4.69万份，查补税收收入18925万元，破获制造贩卖假发票团伙案件5起，捣毁窝点11个，查获作案设备50台。抓获犯罪嫌疑人51名，审判机关审结案件28件判处33人，宣传曝光发票违法案件44件，有力遏制了发票违法犯罪猖獗势头。

【税收“黑名单”制度】 按照税务总局《重大税收违法案件信息公布办法的公告》的要求，积极推进社会信用体系建设，严格按照税收“黑名单”有关要求，将重庆某毛发制品有限公司等67户重大税收违法企业纳入“黑名单”管理，通过市政府公众信息网、华龙网、《重庆日报》、市国税局门户网站和主流媒体向社会进行公告。

【涉税违法案件检举】 受理检举案件76件，查处72件，结案74件，入库税款2457万元，滞纳金540万元，罚款762万元，共计3759万元。

【案件协查】 通过协查系统委托发出协查557起，涉及发票7526份，委托收到回复结果7212份，其中正常286份、有问题312份、无法核实1700份、已确定虚开4914份，发票选票准确率为94.81%。

收到受托协查333户次，涉及发票2774份，受托回复发票2760份，受托协查查实有问题发票量占全部协查发票量比率60.89%，其中经调查核实正常票857份、有问题1334份，无法核实569份，协查函按期回复率100%。

【稽查制度建设】 2015年，重庆国税局制定了《税务稽查随机抽查实施办法（试行）》和《重庆市国家税务局税务稽查办案专项经费管理暂行办法》。

【稽查队伍建设】 以开展“三严三实”专题教育为契机，大力加强思想政治建设和作风建设，注重提高稽查干部队伍素质，发挥骨干引领作用，取得显著成效。在参加重庆国税局举办的第一届“税收业务能手”竞赛过程中，各级稽查部门积极开展各种形式的岗位练兵，掀起“学业务、练技能、当能手、比奉献”的热潮。在选拔出的20名稽查业务能手中，有12名能手来自各级稽查部门，展现了良好业务素质和精神面貌。

【稽查业务培训】　2015年，重庆市国税稽查局精心组织全市稽查干部业务培训工作，分五期培训干部340余人次。

【稽查宣传】　2015年5月5日，《重庆日报》以“行政执法体制改革的国税经验”为题；5月20日，《中国税务报》以“省级一级稽查体制改革的重庆实践”为题，对“重庆国税的一级稽查改革经验”进行整版跟踪报道；10月8日，《重庆日报》以“终结任性检查，市国税局推行双随机抽查机制”为题，对重庆国税稽查工作的成绩进行专题报道。

【稽查工作会议】　2015年3月17日，召开重庆国税稽查工作会议。会议学习传达了市局局长李杰关于稽查工作的重要批示。市局副局长卢自强代表市局党组作了题为《站在新起点　抢抓新机遇　携手推进稽查现代化建设“两个先行”》的工作报告，总结了2014年全市国税稽查工作，明确了新常态下稽查工作思路，部署了2015年的全市国税稽查工作任务。

会议要求全市国税稽查部门以党的十八大，十八届三中、四中全会精神为指引，认真贯彻全市国税工作会议和全国税务稽查工作会议精神，以绩效管理为抓手，坚持依法行政，围绕“两个先行”深化改革创新，更新稽查理念，充分发挥稽查职能作用，做大乘数效应，不断开创重庆国税稽查工作新局面。

（杨小红）

重庆市地方税务局稽查处

【概述】　2015年，重庆地税局稽查部门坚持以党的十八大和十八届三中、四中全会精神为指导，全面贯彻落实全国税务稽查工作会议和全市地方税务工作会议精神，以服务、服从税收工作大局为中心，以重大税收违法案件查处和重点税源企业轮查抽查为重点，以分类分级稽查为着力点，坚持依法治税、创新工作思路，努力推进税务稽查现代化建设，充分发挥税务稽查职能作用，为全面完成各项工作任务，促进全市财政收入稳定增长做出新的贡献。

【稽查工作目标】　明确“两通过、两实现、七个不低于”的总体工作目标：通过完善和健全稽查工作体制机制，实现稽查工作质量和效能进一步提高，稽查部门以查促收、以查促管、以查促廉、以查促改综合效应进一步显现；通过有力打击和有效遏制税收不法行为，实现税收流失和执法风险进一步降低，纳税人税法遵从度进一步提升。全系统主要稽查执法指标力争实现：稽查收入占税收收入的比重原则上不低于1.6%，立案查补收入在上一年基础上增长不低于9%，人均立案检查数不低于2.5件，稽查案件处罚率不低于8%，处罚面不低于50%，稽查案件结案率和入库率不低于94%，查处一批有影响力的重大税收违法案件。

【稽查体制机制改革】　重庆市地税局省级一级稽查体制执法优势进一步显现。5个跨区稽查局共直接检查和督促企业自查3638户，占稽查总户数的63%，同比增长1.2倍，查补收入16.96亿元，占全系统稽查收入的比例68%，同比增长22%。5个跨区稽查局人均查补764万元，是全系统平均水平的1.8倍。

【稽查查补收入及分析】　直接检查和督促企业自查5790户，共计查补收入24.99亿元，同比增长21%，创历史新高，占同期税收比重2%。主要特点：一是重点行业和重点税种查补收入占比突出。房地产行业查补收入11亿元，建筑安装业查补收入3亿元，租赁和商业服务业查补收入3.2亿元。查补营业税4.6亿元，土地增值税4.4亿元，企业所得税4.2亿元，契税3.2亿元，土地使用税2.3亿元。二是稽查执法总体质量和水平进一步提升。稽查选案准确率94.6%、入库率98.1%。查处偷税案件数量93件，同比增长1倍，查补偷税金额4164万元，同比增长6倍。累计加收滞纳金2.46亿元，同比增长1倍。处罚款金额6583万元，同比增长70%，处罚率10.7%，同比增长近3个百分点。

【案件查处情况】　立案查处各类税收违法案件1205件，查补收入7.43亿元，同比增长37%。累计查处100万元以上的案件94件，同比增长27%，查处千万元以上的案件10件，同比增长25%。集中查处了以重庆南丁医院偷税案（偷税金额4637万元、罚款金额2319万元）、重庆中康物业发展有限公司偷税案（偷税金额433万元、罚款金额216万元）等为代表的一批有影响力的大要案件。

【重点税源企业轮查】 锁定建筑、房地产和金融等重点行业，纳税规模排名靠前的重点企业，两个“100”重点开发和建设项目以及非银行金融机构、科研机构、大专院校、医疗机构等征管薄弱环节，筛选出4205户重点企业，按照“自查+重点抽查”的工作模式，全面开展重点轮查。通过集中动员、上门辅导、提纲指引、疑点提醒等方式扩大稽查工作覆盖面，最大限度地发挥稽查执法抓收入的“乘数效应”。企业自查查补收入近8亿元。在此基础上，对570户高风险企业开展重点抽查，抽查查补收入1.2亿元。通过重点税源轮查，既提升了大企业税法遵从度，挽回了巨额的税收流失，确保了执法公平，又较好地提升了稽查站位，降低了执法风险。

【重点税源企业检查】 根据税务总局要求，联合市国税局稽查部门共同部署开展了26户重点税源企业集团在渝机构税收检查工作。2015年10月联合市国税局稽查部门召开由在渝二级企业分管领导和财务负责人参加的动员部署会，统一发布自查提纲，集中开展政策宣讲。各稽查局积极采取有效措施，在明确责任的基础上，通过稽查人员上门辅导、电话讲解、微信、QQ等形式，帮助企业开展税收自查，企业自查查补收入550余万元。

【打击发票违法犯罪活动】 以发票买方市场整治为切入点，联合市国税局稽查部门，部署对建筑安装、石油石化、商业批发与零售、餐饮娱乐、营利性教育培训和中介服务等重点行业发票使用情况的检查工作。共检查和协查企业3341户，查处违法受票企业946户，涉及非法发票30373份，涉及金额4.83亿元，查补收入1.42亿元（其中罚款699.66万元）。没收违法所得7.39万元，协助公安机关捣毁窝点5个，打掉团伙9个，缴获作案机器199台，抓获犯罪嫌疑人92人，治理发票违法短信0.5万余条，进行各类发票宣传1570次，遏制了发票违法犯罪活动势头。

【打击发票违法犯罪活动】 根据市公安部门“1·09”案有关线索，循线追击，在全市范围内部署开展“6·15”打击发票违法犯罪税收专项行动。历时近5个月，对20个区县98户企业开展延伸检查，涉及问题发票982份，涉及金额1.17亿元。成功阻止2500余万元问题发票入账，调增应纳税所得额4200万元，查补税款726.79万元，加收滞纳金49.9万元，罚款67.03万元，遏制了辖区内发票违法活动势头。

【税收“黑名单”制度】 继续采取“‘黑名单’+以案说法”形式，营造氛围，扩大影响。通过市局网站、市政府公众信息网，以及重庆晚报、大渝网等主流媒体广泛宣传稽查工作，曝光税收违法典型案件近30件，其中曝光税收“黑名单”案件23件、曝光相关责任人24人次。按照“横向到边、纵向到底”的工作方针，于7月联合市国税局、市发改委等部门，在全市范围建立起联合惩戒网络体系，形成日常联络机制，全市22个市级部门800余个区县级部门参与到了税收“黑名单”联合惩戒工作中。各部门在日常监管、信用评定、融资授信、招标采购、资格限定等方面积极实施惩戒措施。通过联合惩戒采取司法强制措施，成功追缴两户“黑名单”企业税款9700余万元；通过联合惩戒协作平台，对欠缴税款的企业法定代表人阻止出境50余人次，成功追缴税款4000余万元。税收“黑名单”责任人“一处违法、处处受限”的格局初步形成，有效扩大了税收执法的震慑效应。

【涉税违法案件检举】 重庆市地税局各级举报中心牢固树立窗口服务意识，努力克服人少事多的压力，优化12366纳税服务热线举报案件受理流程，提升举报案件受理质量和效率。全年累计转办举报案件124件，查结举报案件107件，查补收入1951万元，其中市局举报中心受理各类举报线索900余件，接待来信来访举报人600余人次，经过分析甄别，转办举报案件74件，查补收入1609万元。各稽查局以增强应急处理、矛盾调处和快速反应能力为重点，切实加大对上级交办、部门转办、群众举报案件的查处力度。其中，针对某公司网络举报舆情突发事件，迅速开展相关调查核实工作，有效避免了事态扩大。

【稽查制度建设】 以规范进户执法为契机，制定《关于进一步规范税收执法和风险管理有关工作的通知》，从任务管理、业务边界、部门协作、监督考核四个方面，进一步理清税务稽查与纳税评估关系，取消了稽查部门查补收入考核，进一步明确了稽查案件查处职责。市局从案源管理上发挥集中选案机制优势，加强任务扎口管理，积极推进稽查与风控、征管、税政、收规部门的良性互动，进一步提高了稽查工作针对性和规范性。为强化外部协作，会同市审计局、市公安局、市国税局制定《加强查办涉税违法线索协作配合工作的意见》《重庆市打击涉税犯罪协作机制》，进一步增强执法合力。

【稽查业务培训】 全面搭建培训平台，大力开展业务培训。一是创新开展直属稽查局与区县税务局间业务骨干上派下挂交流锻炼，全年累计上派干部20名。二是有效利用系统内外师资力量，分级分类、大规模集中开展稽查业务培训，先后举办了稽查局长研修班、稽查综合业务培训班、稽查业务骨干培训班和2期电子查账培训班，培训各类稽查人员220余人次，超过系统稽查人员1/3。三是大力强化实操培训，各级稽查部门立足工作实际，广泛采取案例讲评会、师徒结对、查账竞赛等的培训方式，提升查账技能。其中，市局第一稽查局连续三年举办的“讲税案·话稽查”案例讲评会，采用“拍案说法”的形式，办案人员现场讲演与专家点评互动结合，紧扣实际，生动具体。

【稽查调研】 重新启动《稽查信息》编辑工作，组织编撰《稽查信息》6期，编辑各类稿件近100余篇，为各级稽查部门互通信息、共享成果和经验交流提供了平台。为了进一步促进稽查成果转换，增强分析调研能力，提升稽查工作质效，开展了《重庆地税稽查现代化建设》《税务稽查职能定位优化》《大数据时代稽查选案》等重点课题研究。配合中央编办工作调研，对稽查体制建设建言献策，进一步增强了工作的前瞻性和主动性。

【稽查工作会议】 2015年3月9日，召开2015年重庆市地税稽查工作会议，市局党组书记、局长黄玉林，市局党组成员、副局长徐德忠，市局党组成员、纪检组长涂放姑出席会议。会上，局长黄玉林作题为《适应新常态　开创新局面　确保完成2015年稽查工作任务》的工作报告。黄玉林强调，要充分认识稽查工作新常态，迎接新挑战，体现新担当，实现新突破，努力开创稽查工作新局面。2015年要认真做好九项工作：一是统筹安排、突出重点，全力打好“以查促收”攻坚战；二是加大稽查力度，充分发挥稽查震慑作用；三是创新工作方式，盘活稽查资源，提升稽查效能；四是加强稽查基础工作，促进稽查规范执法；五是全力打造电子稽查，推进稽查信息化建设；六是加强协作互动，增强执法合力；七是加强稽查队伍建设，提高办案水平；八是强化监督制约，建设稽查铁军；九是加强绩效管理，提升稽查质效。2015年7月28日，召开2015年半年稽查工作会议，认真总结上半年稽查工作，客观分析存在问题，研究部署下半年工作任务。

（蒋　攀）

四川省

四川省国家税务局稽查局

【概述】 2015年，四川省国税系统认真贯彻落实税务总局稽查局各项工作部署，积极适应新常态，围绕组织收入中心，服务工作大局，坚持创新驱动，突出重点抓落实，实现了稽查质效有力提升。

【稽查现代化建设】 不断完善稽查情报信息系统等软件功能，优化选案指标体系，运用网络版查账软件，强化电子稽查。全省使用查账软件324套，运用信息技术手段查办案件的比例达到90%以上。宜宾、自贡、绵阳、内江等地建立数据分析中心和电子查账室。

【稽查体制机制改革】 全省一级稽查和分级分类稽查全面推行，建立稽查上下联动、内外互动、跨部门合作常态工作机制，实现资源共享，形成执法合力。

【“营改增”专项稽查】 全省开展电信业“营改增”专项稽查工作，查补收入5823.15万元。其中：企业自查补缴增值税5485.37万元、企业所得税55.99万元；专项稽查查补增值税总额为93.80万元、企业所得税187.99万元。

【稽查查补收入及分析】 全省稽查查补收入共计32亿元，占全省国税收入的1.68%，入库31.35亿元，入库率98%。

【案件查办情况】 全省查处涉税案件2476件。其中：查补总额千万元以上案件9件，查补收入2.62亿元，百万元以上案件81件，查补收入2.35亿元；受理举报案件209件，查处170件，查结168件，查补收入2674.45万元。

【案件特点分析】 从行业看，涉税案件协查有问题发票的行业主要集中在批发零售业，占比75%；制造业有问题企业主要包括医药制造业、设备仪器制造、金属制品业、皮革毛皮羽毛及其制品和制鞋业等。有问题增值税专用发票案件的源头多出现在涉农行业和涉及有色金属、羽毛、皮革、纺织品等商品，发票的流向多为高税负行业和骗取出口退税等行业。

【重大案件查处】 通过建立协作机制，成立警税联合专案组，采取提前介入、联合办案的方式，成功查办一批虚开发票和出口骗税大要案件。其中，遂宁"1·25"黄金票案，成功摧毁开票金额近2亿元的虚开团伙，受到税务总局领导批示肯定；南充"4·16"案、内江"9·10"、广安"宏升"、德阳"瑞麟"等一批重大出口骗税案件，抓获多名违法犯罪嫌疑人，追回税款损失1亿多元。

【税收专项检查】 各地结合实际，科学选案、强化培训，上下联动、横向互动，大力推进各项指令性、指导性专项检查，全省专项检查查补收入17.8亿元，比2014年增长123%，冲减增值税留抵税金1428万元，调减企业申报亏损额1.92亿元。

【区域性税收专项整治】 以风险管理为导向，将药品批零行业作为全省统一开展的指令性检查项目，并将广安、遂宁两市作为区域税收专项整治的重点地区。全省共对10888户药品批零纳税人开展风险分析，共分析出疑点7885个，查补收入总额1.61亿元，实现"税负明显提升、行业纳税遵从度明显提升"目标。

【重点税源企业检查】 在税务总局、省局布置的重点税源企业检查中，全省国地税加强协作，强化自查辅导，全省国税稽查部门共组织215户重点税源企业及分支机构开展自查；并在自查基础上对114户企业开展重点检查，查补收入共计5.12亿元。

【出口退（免）税企业检查】 全省共有1103户企业开展自查，有问题160户，自查补缴税款3125.18万元；立案检查企业101户，查结68户，有问题66户，移送司法机关4户，查补收入5050.08万元，调减亏损企业申报亏损额1992.72万元。

【黄金交易企业检查】 全省国税部门立案检查企业47户，查结28户，有问题企业32户，查补总额370.94万元，移送司法机关3户；公安部门立案侦查5户，批准逮捕6人，刑事拘留3人，上网追逃1人。国税、公安部门联合成功查处了"1·25""9·10"等虚开增值税专用发票案件。

【资本交易检查】 全省共组织42户企业开展自查，有问题6户，自查补缴税款1019.12万元；立案检查企业14户，查结10户，有问题10户，查补收入6245.18万元。

【房地产及建筑安装业企业检查】 全省共组织688户企业开展自查，自查有问题75户，自查补缴税款3.02亿元；立案检查企业155户，查结企业93户，有问题95户，查补收入5.08亿元，调减亏损额8322.83万元。

【营利性教育培训机构检查】 全省共组织33户企业开展自查，自查有问题企业2户，自查补缴税款18.39万元；立案检查企业11户，查结企业6户，有问题企业5户，查补收入16.12万元。

【打击发票违法犯罪活动】 全省共检查企业1271户，查处违法企业769户，查处非法发票24432份，共涉及金额13.06亿元，查补收入1.83亿元。配合公安机关捣毁窝点6个，打掉犯罪团伙4个，缴获作案设备22台，缴获发票16955份。公安机关立案30件，抓获犯罪嫌疑人24人，检察机关起诉4件，判决3件，7人被处以有期徒刑。

【税收"黑名单"制度】 全省各级国税部门对外公布重大税收违法案件43件，其中省级及省以上公布案件9件、市州级次公布案件34件。在公告的案件中，骗取出口退税案件3件、偷税案件20件、虚开增值税专用发票案件19件、逃避追缴欠税案件1件。向税务总局报送税收"黑名单"各类信息、报告9次。建立与23个联合惩戒成员单位的信息互通机制，加强部门配合，对"黑名单"当事人实现跨部门联合惩戒。

【涉税违法案件检举】 强化举报案件管理，加大举报案件查处力度。全省共受理举报案件209件，查处170件，结案168件，查补税款2181.57万元，加收滞纳金198.69万元，罚款294.19万元。

【案件协查】 全省共发出委托协查696起，涉及企业784户次，发票8476份，协查选票准确率70.71%；受托协查843起，涉及企业1053户，发票13878份，受托协查按期回复率100%，协查发票信息完整率100%。圆满完成"珠海3·20""辽宁4·14""重庆6·06""甘肃8·14""黑龙江9·15"等税务总局督办案件的协查工作。

【稽查制度建设】 持续加强党风廉政建设，

筑牢反腐防线，四川省国税局稽查局、资阳市国税局稽查局建立廉政承诺、执法记录仪使用制度及廉政跟踪回访制度，遂宁市国税局稽查局探索构建“4+2”廉政风险防控闭环管理体系，攀枝花市局推行“三书两报告”制度，狠抓责任分解、责任考核和责任追究。

【稽查系统建设】　全省一级稽查和分级分类稽查全面推行，按照“六个统一”的要求，较好地解决了稽查资源分散、一线检查力量不足、同一市（州）范围内执法尺度不统一等问题。建立稽查上下联动、内外互动、跨部门合作常态工作机制，实现资源共享，形成执法合力。绩效管理工作深入推进，充分发挥了激活力、强管理、重执行、抓落实的积极作用。

【稽查队伍建设】　四川省国税局稽查局和凉山州国税局在省局机关联合举办“发扬红军长征精神，奏响民族团结乐章”党建讲堂，庆祝党的生日，缅怀红军长征历史，进一步提升稽查干部党性修养。优选充实稽查力量，重点强化市局稽查局的主力军作用，成都、宜宾、南充、达州、遂宁、泸州、德阳等地积极选调业务骨干充实到检查一线，有力地增强了稽查战斗力。

【稽查人才库建设】　四川省国税局建立稽查骨干人才统选、统训、统用、统管“四统”机制，通过递进式培训、赛比争等方式优选79人进入省局稽查人才库。省局稽查局张红梅等4人荣获四川省“三八红旗手”称号。南充市局周卫东获2015年四川法治人物提名奖。135人获得注册会计师、注册税务师、律师“三师”资格。

【稽查业务培训】　举办专项检查培训和查账办案技能技巧培训，帮助受训人员拓展稽查思维，提升办案能力。5月8日—22日，在中央财经大学成功举办全省稽查业务骨干3年递进式培训（第三期）班，利用3年时间完成了夯实基础、提升能力、突破提高3个阶段的培训任务，着力打造一支政治坚定、作风过硬、业务精良的稽查铁军，助推税务稽查职能作用的有效发挥。

【稽查信息化建设】　充分利用现有涉税信息交换共享平台，积极组建涉税数据分析团队，进一步探索信息化选案方式方法。各市州局进一步加大软硬件投入，通过建立数据分析中心和电子查账室，推广网络查账软件，培养了一批懂计算机、懂电算化、懂查账办案的稽查专业人才。全省使用查账软件324套，其中网络版查账软件3套共318个节点；建成8个电子查账中心，运用信息技术手段查办案件的比例达到90%以上。

【稽查宣传】　以“全国税收宣传月”为契机，以“便民办税春风行动”为有效载体，联合地税、公安经侦等部门，广泛开展整治虚假发票“买方市场”宣传工作，在媒体曝光案例近200件。分发《税收违法行为检举管理办法》《如何识别真假发票》《购买发票流程》等宣传资料1万余份。动态反映各地区、各部门的工作成果及工作开展中存在的问题，形成《国税稽查情况通报》27期，编发《打击虚假发票专项整治工作简报》6期。

【稽查调研】　针对稽查体制和机制建设、行业和区域税收检查、打击涉税违法犯罪、工作绩效考核等工作，全省各级稽查部门积极开展调查研究，持续改进和完善工作方式方法，形成20余篇经验交流材料和调研报告，其中《我省骗取出口退税案件的调查与思考》《关于四川国税稽查现代化建设的调查与思考》《“大数据”助力精准选案》《开展集中交叉稽查　提升稽查工作质效》《逆查海运提单破大案　税警密切协作办铁案》等材料，具有较强的可操作性和借鉴价值。

【稽查工作会议】　2015年3月11日，四川省国税稽查工作会议在成都召开，贯彻落实全国税务稽查工作会议和全省国税工作会议精神。省局副局长张兵作题为《适应新常态　开创新局面　持续推进税务稽查现代化建设》工作报告，明确全省国税稽查部门按照“稳定税收收入增长，提升主观努力水平”总体要求。会议要求全系统发挥好稽查职能作用，力争在稽查思维观念、稽查资源配置、稽查核心业务能力和稽查工作质效四个方面要有新突破，努力完成全年稽查工作任务书。

【工作建议】　一是对重点税源企业的检查，建议适当延长对大型重点税源企业的检查时间，加强对集团性企业检查所需数据的收集工作和政策解释工作。二是结合检查项目，有针对性地培训检查骨干。三是减少对税收“黑名单”制度考核次数并取消分档考核办法，强化对稽查现代化目标任务完成、重点税源检查、税收专项检查及重大涉税违法案件查处等工作的督导力度。

（刁学权）

四川省地方税务局稽查局

【概述】　2015年，四川地税局稽查局把握机遇，迎接挑战，在省局党组和税务总局稽查局的坚强领导下，认真贯彻全国税务稽查工作会议和全省地税工作会议精神，继续夯实稽查管理基础，突出抓好重大税收违法案件查处和重点税源随机抽查工作，大力推进税务稽查现代化建设，充分发挥税务稽查职能作用，圆满完成各项工作任务，为全省地税事业持续健康发展做出积极贡献。全年共检查纳税户9772户（其中立案检查2241户、组织督导自查7511户），查补收入62.17亿元，入库59.08亿元，查补收入比2014年增加12.23亿元，增长24.49%，占同期地税收入（2157.19亿元）的比例为2.88%。全年稽查系统检查户数、查补收入、入库收入均创下历史最好水平，各项指标创历史新高。

【稽查现代化建设】 按照省局部署，坚定目标，勇毅笃行，举全局之力，聚全局之智，力保金税三期工程顺利上线。一是主要领导挂帅，牵头组建稽查模块开发团队、师资团队和测试团队，成立综合统筹、后勤保障工作组支撑上线工作，制定双轨运行方案，为全力推进金税三期工程提供有力组织保障。二是积极适应“5+2”“白加黑”工作模式，扎实开展全省地税稽查系统基础数据采集、清理和岗责配备工作。三是组织参加师资培训和稽查系统个性化培训，开展测试演练。通过在预生产环境、生产环境进行测试演练，稽查部分近200项系统功能及750多条岗位功能对应项、82个稽查业务涉及工作流，得到全面验证，工作流程成功打通。四是紧密联系各地，牵头做好技术指导，先后组织完成两批指标测试，以及人海压力测试任务，推进实现系统双轨运行平稳有序。

【稽查体制机制改革】 一是开展职能整合试点。乐山、南充、达州、雅安4个试点单位，继续按照“机构保留、整合资源、优化职能”思路开展试点工作。二是加强国、地税稽查协作。制定《四川省国地税稽查工作合作实施办法（试行）》，切实贯彻落实税务总局《国家税务局 地方税务局合作工作规范》要求，联合组织开展对中国工艺（集团）公司等15户重点税源企业和26户企业集团682户成员企业的重点税源随机抽查工作，累计自查收入9.35亿元，重点检查阶段查补税款7522.12万元。三是积极贯彻税务总局《推进税务稽查随机抽查实施方案》，为着手建立税务稽查对象分类名录库、税务稽查异常对象名录库和税务稽查执法检查人员分类名录库做好充分调研和前期准备。四是推行先开展案头风险分析评估查找高风险纳税人，再开展定向稽查工作。五是加强与公安部门的沟通协调，推进省以下公安派驻税务联络机制工作。

【稽查查补收入及分析】 共检查纳税人2241户，组织企业自查7511户，实现查补收入总额62.17亿元，同比增长24.49%（其中稽查部门直接查补收入10.67亿元、组织企业自查收入51.5亿元）；同期入库收入59.08亿元，同比增长20.77%。全省选案准确率98.35%，入库率95.03%，全面完成了2015年税务总局稽查局下达的各项工作指标，稽查查补收入位居历史最高水平。

【案件查办情况】 以深入整顿和规范税收秩序为目标，创新稽查思路，规范稽查行为，提高稽查质量，精心组织，集中力量查处各类案件。全年共检查纳税人2241户，有问题户2204户，查结2266户，查补收入10.67亿元。其中，千万元以上案件8户，查补收入2.64亿元，入库2.28亿元；百万元以上千万元以下案件74户，查补收入2.33亿元，入库2.16亿元；偷税案件3户，查补收入929万元。全年移送公安机关处理案件13件。

【重大案件查处】 高度重视重大税收违法案件的查办工作。承办了省纪委交办“元瑞专案”“2·14专案”“南充专案”等专案，直接组织对涉案8户企业开展检查，查补税收1459万元，出色完成了税收检查任务，有力地配合了纪委专案查办，得到了省纪委的充分肯定。

【税收专项检查】 统一部署，开展对房地产业、建筑安装业、高收入者个人所得税、资本交易、营利性教育培训机构等行业和对象开展专项检查。全年共组织专项检查1445户，查结1146户，查补各项收入累计24.7亿元。其中，税款2.86亿元、罚款5703万元、滞纳金2864万元，稽查过程中自查补税20.98亿元；入库收入22.12亿元，其中，税款2.36亿元、滞纳金2191万元、罚款4202万元，稽查过程中自查补税19.12亿元。

【重点税源企业检查】 按照税务总局2015年重点税源企业检查工作要求，认真部署，扎实开展重点税源企业税收抽查和随机抽查两项工作，取得较好成效。重点税源企业税收抽查工作，中国工艺（集团）公司等15户重点税源企业在川的成员单位自查阶段自查收入6.45亿元，入库4.75亿元；重点检查阶段，查补收入7522.15万元，入库2531.91万元。

重点税源企业随机抽查工作涉及省内26户企业集团，682户成员企业。自查阶段自查收入2.9

亿元，入库1.07亿元。自查结束后，国、地税联合启动了重点检查阶段工作，预计于2016年6月完成。

【税收“黑名单”制度】 积极宣传税收“黑名单”制度和联合惩戒措施，主动赢得公众支持，形成和完善“一处失信、处处受限”的局面，提升打击涉税违法犯罪行为震慑力。2015年，四川省发改委等21个部门联合转发《关于对重大税收违法案件当事人实施联合惩戒措施的合作备忘录》（川发改财金〔2015〕385号），对重大税收违法行为的标准、联合惩戒的对象、惩戒措施及实施部门、联合惩戒方式等作出具体规定。全省加强“黑名单”制度建设，积极向各相关部门传递“黑名单”案件及当事人信息，建立专线传递制度。定期召开联席会议，联合其他部门从限制涉案当事人行为、提高违法成本、降低信用评级等方面实施“组合拳”，形成惩戒失信行为的强大合力。

【涉税违法案件检举】 加强涉税举报案件管理工作，充分发挥举报中心职能作用。实施检举案件分类处理，明确分类权限和程序，执行举报线索专人管理并加强前期外调力度。注重强化服务意识，通过对涉税检举人的接访、政策解答和工作解释，引导检举人正确检举税收违法行为，并严格为检举人保守秘密。妥善应对和处置涉税舆情，做好缠诉、缠访案件的矛盾化解、疏导及说服工作。2015年，全省共受理检举案件1868件，立案查结361件，查补收入6438.03万元，入库6417.07万元，兑付举报奖励1.12万元。

【案件协查】 落实《税务稽查案件协查管理办法》，提高发函回函质量和效率，积极做好协查案件调查、回复工作。一是加强受理登记，对协查来函去函逐户、逐份登记，明确承办单位和时限，确保协查不漏户、不漏项；二是规范程序操作，确保协查案件在规定时限内查实查透。

【稽查制度建设】 一是推进执法规范体系建设。科学选案，准确查处，规范执法。坚持案件集体审理制度，实施疑难案件会商制度，推行重大案件审理提前介入模式，引入法律顾问机制，有效防范稽查执法及行政风险。四川地税局稽查局被评为全省依法行政示范单位。二是开展案件复查工作。抽调8名市（州）审理科科长，对四川地税局稽查局查结的8件案件进行复查。三是切实贯彻执行《国家税务局　地方税务局合作工作规范（1.0版）》，制定《四川省国地税稽查工作合作实施办法（试行）》，按照“工作合作、坦诚互信、沟通理解、信息共享”原则，明确国地税稽查合作事宜和要求，确保联合稽查工作机制长效化、制度化。

【稽查系统建设】 四川地税局稽查局升级管理理念，以开展绩效管理为契机，完善管理体制，形成上下联动、齐抓共管的管理新格局。全年由局领导带队，深入全省21个市（州）稽查局，对各地税收专项检查、重点税源、督办案件等工作实地实施督导。召开5次片区稽查工作会，就稽查工作开展交流并对部分疑难案件会商，促进全省稽查工作水平整体推进。

【稽查队伍建设】 坚持以人为本，狠抓队伍建设。一是深化党风廉政建设。全面落实“一岗双责”，明确主体责任和监督责任；建立完善执法责任制度、过错责任追究制度；贯彻落实中央八项规定，加强警示教育。二是扎实开展“三严三实”专题教育活动。树立务实的工作作风，推进机关作风建设。

【稽查人才库建设】 用精兵的理念、强兵的举措，建立省级稽查人才库，储备稽查人才69人。全系统12人入选四川地税系统兼职教师库。

【稽查业务培训】 坚持提高综合素质与岗位练兵相结合，狠抓稽查业务建设。一是积极开展岗位练兵。发挥稽查骨干“传帮带”作用，以查代训和日常工作相结合，提高稽查干部业务能力。二是实施稽查分级分类培训。发挥集中培训优势，重点解决稽查工作疑难问题。全年累计组织开展稽查业务、金税三期工程等内容的培训班次585次，参与培训人次4456次。三是继续开展实战练兵。抽调8名市（州）业务骨干参与四川地税局稽查局的大、要案查处工作，提升实战能力。四是充分利用税务总局网络教育平台，激发干部学习积极性。

【稽查信息化建设】 贯彻“科技管税”“稽查信息化”要求，深入推进信息管税。大力提升稽查工作信息化程度，继续扩大计算机辅助选案范围，加大电子软件查账普及运用力度，提高对信息化管理企业的稽查办案能力，适应“互联网+”时代要求。

【稽查调研】 四川地税局稽查局领导分别率队赴全省21个市（州）开展调研，对系统稽查工作加强指导和督导力度的同时，在总结稽查实践经验的基础上进行理论研究。先后发表了题为《税务检查权规范行使研究》《绩效分析与建议》等多篇调研课题。

【稽查工作会议】 2015年3月25日，四川地税稽查工作会在宜宾召开。各市（州）地税局分管稽查工作的局领导、稽查局局长（负责人）、省局相关处室、直属税务分局及四川法济律师事务所相关人员参加会议。省局党组成员、副局长车伟出席会议并作重要讲话。

会议传达了全国税务稽查工作会议和全省地税工作会议精神，回顾了2014年全省地税稽查工作取得的成绩，分析了税务稽查在规范执法、风险管理等方面存在的问题。会议对2015年度全省地税稽查工作进行了安排部署，要求各地稽查部门：认识新常态、适应新常态，发挥好税务稽查的职能作用；扎实有序开展各项稽查工作；积极探索推进稽查管理现代化建设；进一步提升稽查工作质效；不断大力加强队伍建设和廉政建设。宜宾、达州、南充、自贡、广安等地代表作了经验交流发言。

（李佳懋）

贵州省

贵州省国家税务局稽查局

【概述】 2015年，贵州省国税稽查部门以“三严三实”活动为引领，以绩效管理为抓手，全面贯彻落实税务总局，贵州省国税局工作部署，开展行业性税收专项检查、重点税源企业检查、打击发票违法犯罪活动、重大涉税违法案件查处等重点工作，充分发挥税务稽查“以查促收、以查促管、以查促查、以查促改、以查促廉”职能作用，卓有成效完成各项工作任务，稽查依法行政水平得到新提升，稽查现代化建设得到新进展，稽查工作质效取得新突破。2015年，全省稽查部门共检查和组织纳税人自查2035户，查补收入8.62亿元，入库收入8.6亿元。

【税收现代化建设】 管理方式集约化。在试行市级统一选案、集中审理的基础上，对当前贵州国税稽查工作进行调研，包括制度体系、机构设置、人员配备、技术手段、管理行为、装备情况等，进而认真分析稽查工作面临的形势和任务，找准定位，明确方向，研究贵州国税稽查工作改革的方向、内容和措施，超前思考，做好深化税收征管改革的准备。执法行为“法治化”。在制定实施《重大税收违法案件信息公布办法（试行）》（以下简称“黑名单”制度）的基础上，认真落实多部委局共同签署的联合惩戒合作备忘录，与贵州省发展改革委等23个部门联合下发《贵州省对重大税收违法案件当事人实施联合惩戒办法（试行）》，对贵州省重大税收违法行为的标准、联合惩戒的对象、惩戒措施及实施部门、联合惩戒方式等作了具体规定，对联合惩戒的动态管理、保障机制及其他事项作了明确。省局通过门户网站公布5件案件信息，同时将案件信息向上级和相关部门推送，实施联合惩戒措施。工作方法“信息化”。一是在“黄金票”案件查办中，开展生产经营两头在外企业关联分析，及时高效锁定嫌疑对象，通过侦查，在不到1个月时间内成功破获六盘水“5·19”专案，共抓获犯罪嫌疑人8人、捣毁“开票窝点”4个，涉及虚开增值税专用发票6721份、金额6.6亿元、税额1.12亿元；二是开展购销情况不符合行业常规经营模式分析，发现某水泥销售企业销售对象注册地址均在同一写字楼内，违背了水泥行业的正常经营模式，存在虚开发票的重大嫌疑；三是开展购销货物品名背离分析，发现某家电销售企业进销项品名不一致，深入检查后发现该企业存在虚开发票的嫌疑；四是开展失踪走逃企业关联分析，发现遵义市5户走逃企业法人不同但手机号码相同，并且开票方、受票方多户重合，延伸分析发现省内使用相同手机号码办理税务登记纳税人有17户，且均为商贸企业（经查发现，该案系犯罪团伙操纵多户企业虚开增值税专用发票并作废，从中牟取开票手续费）。另外，在推进工作方法“信息化”方面，还结合金税三期工程上线，对选案分析平台进行改造；购买2台取证设备，提高取证效率；举办一期电子稽查高级培训班，对各地稽查骨干进行提取数据、深化数据分析运用的培训。人才队伍“专业化”。一是按照“全员参与、分类培养、技能达标、争当能手”的总要求，在全省国税稽查系统开展“稽查岗位技能达标与争当能手标兵活动”，共组织各岗位培训40余次、实战练兵10余次，培训和实战锻炼2000余人次，601人参加技能达标考试，占应考人数的94.1%，各岗位达标人数共155人，评出选案、检查、审理、综合业务岗位能手22名；对按专业岗位分类考核、培养稽查专业化人才进行了积极探索，省局人事处作为省国税系统岗位练兵活动的经验推荐上报税务总局。二是组织两次案例分析培训，邀请法规、征管、所得税、货劳等部门负责人，与各地稽查人员共同研究当前所查办案件涉及的法律法规、执法程序、检查方法等，从中查找政策缺陷和征管漏洞，提高执法水平；三是组织编辑《行业检查指南》《稽查案例选编》，共收录了11个行业的检查指南和42个近年来查办的成功案例，印发给全省稽查人员，供稽查人员学习借鉴；四是组织“送教上门”活动，精心选择8个成功案例，组织人员在全省巡回讲解办案方法、政策适用、执法程序等，培训800余人次，受到基层同志的欢迎。

【“营改增”专项稽查】　省局稽查局直接组织对贵州省广播电视信息网络股份有限公司等企业进行检查，各地自选16户企业开展检查，入库收入164万元。

【稽查查补收入及分析】　检查和组织纳税人自查2035户，查补收入8.62亿元，入库收入8.6亿元。其中，稽查部门直接检查企业643户，查补收入3.52亿元，入库收入3.5亿元；组织企业自查1392户，督导自查收入5.1亿元，入库收入5.1亿元。全省国税稽查选案准确率98.8%，入库率99.8%，结案率88%。

【重大案件查处】　查补入库税款千万元以上案件3件、百万元以上案件33件；组织查办税收重大违法案件19件，包括虚开案件13件、偷税案件5件、涉嫌伪报品名骗税案件1件。查办税务总局交办案件“7·03”专案1件、督办案件2件。

【税收专项检查】　开展税收专项检查，共组织出口退（免）税企业等9个行业的检查工作，检查纳税人779户，发现有问题户数488户，查补收入3.83亿元，入库收入3.22亿元，发现所查行业存在的一些普遍性问题，有针对性地提出了“稽查建议书”，促进了所查行业税收秩序的进一步规范。

【粮油企业税收专项整治】　发现部分享受税收优惠政策的粮油企业存在虚构委托加工业务、隐匿销售收入等涉税问题，共检查、组织自查企业43户，发现有问题42户，查补税款8152万元，入库税款1348万元，其中遵义“长城油脂”案以逃避缴纳税款罪向公安机关，经过行政诉讼、刑事诉讼等程序，法院作出税务机关胜诉的终审判决。

【重点税源企业检查】　组织81户税务总局和省局的重点税源企业开展纳税自查，并对73户重点税源企业实施重点检查，查补收入1.69亿元，入库收入1.64亿元，对所查企业的涉税事项进一步规范。

【出口退（免）税企业检查】　全省对36户企业立案检查，发现有问题企业7户，查结4户，移送公安机关1户，查补入库税款96万元，其中贵州尚野进出口贸易有限公司涉嫌骗取出口退税案被税务总局列为督办案件。

【黄金交易企业检查】　共立案检查82户，捣毁“开票窝点”8个，确定虚开增值税专用发票份数6959份，涉及金额6.92亿元，税额1.17亿元，入库收入600余万元，移送公安机关22户，抓捕犯罪嫌疑人11人，其中六盘水“5·19”案件被列为税务总局督办案件。

【打击发票违法犯罪活动】　2015年，全省国税系统稽查部门共牵头组织打击发票违法犯罪活动，共查办发票违法案件173件，公安机关立案154件，抓获犯罪嫌疑人133人，检察机关起诉案件27件涉及39人，人民法院审判案件12件，17人获有期徒刑，治理发票违法短信息45万余条；国税部门组织检查419户企业的发票使用情况，涉及金融保险、房地产建筑安装、商品批发与零售、药品与医疗器械等多个行业，共查处违法企业264户，完成税务总局下达任务的132%，查处非法发票19614份，查补收入2401万元。

【税收“黑名单”制度】　2015年，全省国税稽查系统在门户网站对外发布13户重大税收违法企业信息。其中，省级以上重大税收违法企业5户，涉案自然人7人；市、州级公布重大税收违法企业8户，涉案自然人11人。

【涉税违法案件检举】　共受理涉税违法检举案件153件，查补收入3490万元，其中税款3073万元、滞纳金84万元、罚款333万元。发生的税收违法检举案件中符合大案、要案标准的3件。

【案件协查】　通过金税协查系统共发出委托协查256起，涉及委托方274户次，协查发票9274份，涉及金额11.7亿元，涉及税额1.99亿元，收到回复发票8978份。其中，协查问题类型为有疑问的、有问题发票150份，无法核实发票1331份，协查问题类型为已确定虚开的发票7169份，选票准确率95.71%。受托协查130起，涉及全省140户企业，协查发票1048份，发票涉及金额2.25亿元，涉及税额3787万元，累计回复率100%。

【稽查党风廉政建设】 一是加强日常管理监督、落实中央八项规定。二是强化权力制约，落实查办案件协调机制。围绕权力运行的关键点、执法过程的薄弱点和突出问题的易发点，全面排查和评估风险概率和危害程度，梳理排查出14个稽查风险点。三是加强廉政教育，坚持善待严管。加强廉政教育，岗位廉政风险教育，结合稽查特点开展有针对性的廉政文化建设，突出警示教育。四是落实党风廉政建设责任制严格执行责任清单。将8项党风廉政建设责任逐一细化、实化，明确相关责任，齐抓共管。

【稽查工作会议】 2015年3月31日，召开贵州省国税稽查工作会议，传达全国税务稽查工作会议的精神，总结回顾2014年贵州国税稽查工作，安排部署2015年工作。省局巡视员付巧晨作题为《认识新常态　把握新要求　不断推进我省国税稽查工作现代化》的主题报告，对今后的稽查工作提出了“坚持四个着力，夯实税务稽查现代化建设基础；突出四个重点，高质量完成稽查工作任务；抓好三个落实，努力提升稽查工作质效”的要求。

（雷顺玉）

贵州省地方税务局稽查局

【概述】 2015年，贵州省地方税务局稽查局以服务税收工作大局为中心，以维护税法尊严、提高纳税遵从为目标，以重大税收违法案件查处和重点税源企业轮查为重点，坚持依法行政，深化改革创新，强化稽查管理，增强执法能力，稳步推进税务稽查现代化建设。全年稽查工作以税收专项检查为中心，以查处税收大要案件为重点，开展重点税源企业检查，推进打击发票违法犯罪活动，共组织全省地税稽查部门检查纳税户246户，组织督促企业开展税收自查户1396户，共查补收入16.5亿元，圆满完成全年目标任务。

【稽查现代化建设】 加强稽查信息化建设。积极配合做好金税三期工程上线准备工作，抽出专人参与金税三期工程上线准备工作并加大上线后的培训力度；强化稽查案源管理，加快贵州地税系统稽查选案软件的开发进度，确保按期上线运行；开展对各市、州稽查人员的电子查账软件操作应用培训工作；组织全省各市、州249名在编在岗地税稽查干部进行电子查账软件操作实务培训及摸底考试，全面掌握稽查干部电子查账水平。

【稽查体制机制改革】 在贵州地税系统实施市州级一级稽查体制改革的基础上，继续巩固完善市（州）“一级稽查”体制改革，调整、充实省、市（州）两级稽查力量，做强省级稽查局，做实市级稽查局。提高大要案件办案质效，实现执法权的适当集中。逐步探索建立省局稽查局直接管理试点县（市）稽查工作的体制机制。

【“营改增”专项稽查】 以“营改增”试点已完成的行业（交通运输业、部分现代服务业、邮电通信业）为重点，开展“营改增”专项稽查。

【稽查查补收入及分析】 共检查和组织纳税人自查1642户，其中立案检查纳税户246户，有问题227户，查结218户，选案准确率92.28%；共查补收入16.5亿元，共入库收入16.14亿元，入库率97.82%。重点税源企业检查推行税收自查工作机制，将税收自查与重点检查有机结合起来，用企业自查作为税务机关扩大检查面的基础，而把税务机关实施重点检查作为确保企业自查质量的保障。督促企业开展税收自查户1396户，查补收入13.01亿元，占总查补收入的78.85%。

【案件查办情况】 立案查处税收违法案件227件，结案218件，其中1000万元以上5000万元以下案件3件、500万元以上1000万元以下案件7件、100万元以上500万元以下案件52件、100万元以下案件165件。税收违法案件的及时查处，对各种涉税违法行为起到有效震慑作用。

【案件特点分析】 立案查处有问题案件227件，查补收入3.49亿元。其中，房地产行业、建筑安装行业共查处100件，占总查处案件44%；查补收入2.45亿元，占稽查查补收入70.2%。偷税案4件、不进行纳税申报9件、发票违法29件、其他涉税违法案件105件。

【重大案件查处】 针对税收违法犯罪活动的新特点和新趋势，全省各级地税机关集中力量查处影响突出、金额较大的偷税案件和重大税收违法举报案件，以及税务总局督办和省局领导交办的重大涉税案件。2015年，配合公安部门破获1起重大发票违法案件，查处4份假建筑安装业发票，涉及金额6000万元，涉税税额330余万元。

【税收专项检查】 对全省地税系统的税收专项检查工作进行督导。主要抓好资本交易、房地产及建筑安装业、高收入行业和高收入者个人所得税、营利性教育培训机构、地方商业银行（含农村信用金融机构）等行业的检查，以“营改增”试点已完成的行业（交通运输业、部分现代服务业、邮电通信业）为重点，开展“营改增”专项稽查。各级地税稽查部门共检查纳税户699户，查结471户，有问题322户，督导企业自查1063户，自查有问题434户。查补收入共计7.33亿元，入库收入共计5.17亿元。

【区域性税收专项整治】　2015年专项整治的重点地区是贵阳市、遵义市。贵阳市地税局稽查二局将观山湖区作为重点整治区域，对观山湖区内的9户房地产、建筑安装企业，以及涉及资本交易的企业进行清理检查；遵义市地税稽查一局将汇川区、红花岗区、新蒲新区作为重点整治区域，整治的重点行业是营利性教育培训机构及房地产开发企业。全省区域性税收专项整治共督促企业自查户数56户，自查有问题46户；合计入库税收收入1.02亿元。

【重点税源企业检查】　检查工作主要以“企业自查为先导、税务机关抽查和重点检查为保障”的方式开展，涉及四大企业集团（中艺集团、中材集团、箭牌糖果、成都建工）10户成员企业。结合本省实际自选了贵州开磷控股（集团）有限责任公司、贵州百灵企业集团制药股份有限公司、贵州乌江水电开发有限责任公司、农村信用合作联社、中国太平洋保险股份有限公司、贵州美益投资（集团）有限公司六大集团公司涉及的56户企业，纳入省局确定抽查企业名单。组织企业自查地方各税费1740.81万元；稽查部门直接查补地方各税费、滞纳金和罚款共计1864.64万元。

【资本交易检查】　检查资本交易53户，发现有问题户数24户。督促资本交易开展税收自查23户，自查发现有问题9户。共查补收入0.39亿元。其中，稽查部门查补收入0.36亿元，企业自查补税收入0.03亿元；共入库收入0.09亿元。

【房地产及建筑安装业企业检查】　开展房地产及建筑安装企业项目检查237户，有问题119户。督促企业自查户数684户，自查有问题291户；共查补收入5.48亿元。其中，稽查部门检查查补收入1.13亿元，组织企业自查补税收入4.35亿元；合计入库税收收入3.89亿元。

【高收入者个人所得税检查】　开展高收入者个人所得税检查41户，有问题9户。督促自查户数111户，自查有问题38户；共查补收入0.13亿元。其中，稽查部门检查查补收入0.1亿元，组织自查补税收入0.03亿元；合计入库税收收入0.11亿元。

【营利性教育培训机构检查】　开展高收入者个人所得税检查7户，有问题4户。督促自查户数95户，自查有问题52户；共查补收入0.07亿元。其中，稽查部门检查查补收入0.05亿元，组织自查补税收入0.02亿元；合计入库税收收入0.6亿元。

【打击发票违法犯罪活动】　重点对发票违法问题高发、频发的金融保险、房地产、商品批发与零售、药品与医疗器械、餐饮娱乐、加工制造、中介机构、建筑安装等行业的发票使用情况开展检查。发票使用情况方面共检查企业280户、查处违法企业213户、查处非法发票2085份、涉及金额14274.97万元、查补税款746.75万元、加收滞纳金77.60万元、罚款301.61万元；配合公安部门破获1起发票违法案件，查处4份假建筑安装业发票，涉及金额6000万元，涉税税额330余万元。

【税收“黑名单”制度】　一是认真抓好重大税收违法案件信息公布工作。要求全省地税稽查系统严格按照税务总局的统一安排，做好重大税收违法案件信息公布工作。根据税务总局在门户网站设置“重大税收违法案件公布栏目”有关要求，组织网站维护公司在门户网站上设置“重大税收违法案件信息公布栏”。在全省地税系统开展2次重大税收违法案件清理工作。二是继续做好违法案件媒体曝光工作。全省地税系统共通过主流媒体曝光31起税收违法案件。省局在《贵州日报》曝光9起税收违法案件。三是积极推进对重大税收违法案件当事人实施联合惩戒工作。在省发改委的牵头组织下，印发《贵州省对重大税收违法案件当事人实施联合惩戒办法（试行）》（黔发改财金〔2015〕1344号）。召开由省国税局、地税局、工商局、精神文明办等23个部门参与的联席会议，正式启动全省对重大税收违法案件当事人实施联合惩戒工作。四是抓好查处涉税案件的宣传报道。省局分管领导带队上线贵州广播电视台综合广播“阳光946党风政风行风热线”栏目，就重大税收违法案件信息公告、以案说法，以及税收违法案件媒体曝光等有关内容，与广大听众热线交流，零距离地向纳税人进行案例宣讲及政策解读。

【涉税违法案件检举】　采取公布举报电话、设立电子举报信箱等方式，明确专人受理群众来信来访，扩大群众举报途径，对群众举报的各种税收违法案件，严格执行保密制度，充分保障举报人的切身利益。共受理电话、信函、来访、网上举报税收案件84件。其中，省局受理各类检举30件，占总件数的35.71%；市、州局受理各类检举54件，占总件数的64.29%；检举案件查补收入合计1113.26万元，其中税款889.75万元，滞纳金69.32万元，罚款154.19万元。实际入库收入2473.83万元（含2014年未入库数据），其中税款1879.12万元，占查补额的211%；入库滞纳金83.07万元，占应缴滞纳金的119.84%；入库罚款511.64万元，占应缴罚款的332%。兑付举报奖励0.31万元。

【案件协查】 案件协查工作方面，强化对委托发起及受托检查质量的跟踪和监控力度，努力提高协查委托发函质量和受托检查、受托回函质量和效率。按照税务总局要求，开展对协查系统应用培训，按规定时间将发票协查全部通过协查系统来开展。2015年贵州省地税稽查局共收到税务总局及相关省、市地方协查案件总共6件，协查发票、凭证22份。

【稽查制度建设】 落实制度管人思路，抓紧完善相关制度。进一步梳理完善《稽查局岗位职责》，结合实际，补充完善全省稽查经费管理办法。

【稽查系统建设】 规范全省地税稽查系统依法行政、文明执法。积极探索稽查管理方式改革，深入推进市（州）一级稽查管理模式，积极探讨一级稽查模式下分类分级稽查工作。

【稽查队伍建设】 一是加强思想政治建设。按照“三严三实”专题教育活动要求，全省地税稽查干部，尤其是处级以上干部认真领会开展“三严三实”专题教育活动的意义，认真学习，对照整改。二是深入推进专业素质建设，着力提高地税稽查干部的执法水平。省局举办了2期稽查业务骨干培训班，全省地税系统101名稽查业务骨干参加培训，针对业务短板，开展了针对性培训；12月上旬组织的全省稽查业务培训班，对涉及稽查工作的法律法规进行培训，使参加培训的稽查干部受到一次全面的、系统的依法行政、依法稽查的专题教育。三是大力弘扬反腐倡廉意识，树立地税稽查部门的执法形象。通过定期开展纪检监察教育活动、党课党纪教育活动树立廉政意识，构筑反腐倡廉防线。

【稽查人才库建设】 为深入实施“人才强税”战略，加强全省地税系统骨干人才队伍建设，省局从全省地税系统选拔177名骨干人才培养对象，其中专门组建了稽查骨干人才培训班。省局加强与培训方沟通对稽查骨干人才的培训提出了建议，挑选全省查办优秀案例作为教材，加大对学员培训力度。按照计划还要对稽查骨干人才进行实战培训，参与案件的查办，提高稽查人员的办案水平，为下一步全省稽查人才库的完善提供了后备力量。

【稽查业务培训】 省局举办2期稽查业务骨干培训班，全省地税系统101名稽查业务骨干参加培训，针对业务短板，开展了针对性培训；12月上旬组织的全省稽查业务培训班，对涉及稽查工作的法律法规进行了培训，使参加培训的稽查干部受到一次全面的、系统的依法行政、依法稽查的专题教育。其次，加强实战训练，通过各地稽查人才库人员业务技能的挖潜提高，使干部职工的个人潜能得到最大限度的释放和使用，做到人尽其才、人尽其用。

【稽查信息化建设】 加强稽查信息化建设。积极配合做好金税三期工程上线准备工作，抽出专人参与金税三期工程上线准备工作并加大上线后的培训力度；强化稽查案源管理，加快贵州地税系统稽查选案软件的开发进度，确保按期上线运行；开展对各市、州稽查人员的电子查账软件操作应用培训工作；组织全省各市、州249名在编在岗地税稽查干部进行电子查账软件操作实务培训及摸底考试，全面掌握稽查干部电子查账水平。

【稽查宣传】 一是向省局办公室及时报送信息简报，定期向国家税务总局稽查局报送信息，及时全面反映稽查工作动态，展示稽查工作成果。二是通过12366纳税服务热线、税收宣传月等方式，向纳税人宣传涉税举报、打击发票违法犯罪活动等稽查工作。

【稽查调研】 着重对全省实施一级稽查体制后，稽查机制、体制的建设，以及人员的配备、经费的管理、案件的查办、存在的问题等基层稽查部门面临的焦点问题进行了调研，学习了省外部分兄弟单位的先进经验，逐步探索贵州省地税稽查管理体制的改革路子。

【稽查工作会议】 2015年3月27日，贵州地税稽查工作会议在贵阳召开。省局稽查局局长岳克健主持会议，省局相关业务处室负责人、各市州地税局、贵安新区地税局分管局长、各市州地税局稽查局局长、综合科科长，以及省局稽查局全体人员参加了会议。

会议总结回顾了2014年度全省地税稽查工作，安排部署了2015年全省地税稽查重点工作任务。省局党组书记、局长季可作出了重要批示，省局党组成员、副局长杨军代表省局作题为《深化认识　把握要求　努力推进经济税收新常态下的地税稽查工作》的主题报告。

季可充分肯定了2014年全省地税稽查工作取得的突出成绩，对2015年的全省稽查工作指明了新方向，并提出了更高的要求。杨军副局长的主题报告从七个方面对2014年全省地税稽查工作成果进行了总结，肯定了2014年度稽查工作的成绩，同时也指出了五个方面的突出问题，安排部署了2015年我省地税稽查的几项重点工作，并在着力加快推进税务稽查现代化建设方面提出了新的要求。

各参会单位交流了2014年度的先进工作经验。分组讨论会上，各位代表对省局副局长杨军的主题报告进行了讨论，深入研究了税务总局对于2015年稽查工作几个新提法的重要意义，并就各地在工作中遇到的实际困难和问题提出了较好的意见和建议。

【工作建议】　一是税务总局加大培训力度，尤其是对热点行业和热点问题稽查进行及时培训；二是加大对省地税系统经费支持力度。

（李　铭）

云南省

云南省国家税务局稽查局

【概述】　2015年，云南省国税局稽查局在税务总局稽查局和省局党组的领导下，认真贯彻落实全国税务稽查工作会议和全省国税工作会议精神，以维护税法尊严和提高纳税遵从为目标，自觉服务税收工作大局，坚持依法稽查，深化改革创新，重拳查处重大税收违法案件，优化制度机制建设，提升队伍素质，加强作风建设，推进税务稽查现代化建设，充分发挥了税务稽查职能作用，为全面完成云南国税工作任务和服务地方经济发展做出了新的贡献。

【“营改增”专项稽查】　对中国电信股份有限公司云南分公司进行了重点检查，查补税款79.13万元。

【稽查查补收入及分析】　实现查补收入129470万元，比2014年减少33281万元，减幅20.45%，实际入库129432万元，比2014年减少31828万元，减幅19.74%，其中，督导纳税人自查户数4224户，查补收入77872万元，比2014年减少2671万元，减幅3.32%；立案检查户数2247户，有问题2167户，查补收入51598万元，比2014年增长30610万元，增幅37.23%，实际入库51560万元，比2014年增长29157万元，增幅36.12%。

【重大案件查处】　以打击骗取出口退（免）税、打击虚开“黄金票”、打击农产品收购和加工行业虚开增值税专用发票违法犯罪活动为重点，不断加强大要案件查处力度，遏制虚开、骗税违法犯罪猖獗势头。全省共查处大案要案54件（含总局督办交办案件9件），结案23件，移送公安机关立案侦查20件，累计查补入库7835万元，其中税款6420万元、罚款265万元、滞纳金1148万元。税务总局督办交办案件分别是保山“浩宇纺织、鸿祺纺织”案、武定禄劝“12·17”案、昭通盐津“3·23”案、丽江“5·26”案、普洱“6·25”案、文山“9·02”案、陆良县源丰矿业开发有限公司案、宜良县汤池镇禾登煤矿案、“5·06”骗取出口退税案。

【税收专项检查】　2015年，云南国税结合工作实际，认真制定工作计划，组织开展全省税收专项检查。一是认真完成指令性项目检查。专项检查指令性项目为办理出口退免税企业、黄金交易企业和资本交易企业。全省共组织企业自查928户，自查补税2128.99万元，全额入库；重点检查企业265户，查结140户，有问题90户，查补收入总额1246.22万元，实际入库192.55万元。二是积极抓好指导性项目检查。专项检查指导性检查项目为房地产及建筑安装业、营利性教育培训机构，全省共组织房地产及建筑安装企业自查330户，有问题26户，自查补税金额664.94万元，全额入库；重点检查45户，查结41户，有问题38户，查补收入总额1698.82万元，全额入库；组织营利性教育培训机构自查82户，自查有问题8户，自查补税金额5.58万元，全额入库，重点检查5户，查结4户，有问题1户，查补收入总额5.71万元，全额入库。

【区域性税收专项整治】 为严厉打击出口骗税和虚开增值税专用发票等重大税收违法行为，进一步提升税务稽查打击的精准性和威慑力，云南国税局稽查局将德宏州列为区域税收专项整治重点地区，要求德宏州国税稽查局以不低于2014年出口企业的20%的比例确定重点稽查对象，开展专项整治。其他州（市）也结合本地实际确定了各自的专项整治重点，除出口退税企业外，列入专项整治企业自查206户，有问题108户，自查补税金额791.57万元，全额入库；重点检查68户，查结45户，有问题45户，查补收入总额535.97万元，全额入库。

【重点税源企业检查】 云南国税局稽查局结合税源实际，选取云南鸿翔一心堂药业（集团）股份有限公司和滇虹药业集团股份有限公司2户重点税源企业，开展重点税源企业税收抽查工作，经查，2户企业拟补缴税款1894.15万元。此外，云南国税局稽查局继续开展分级分类稽查工作，全省分级分类稽查安排企业自查1417户，自查补税金额8442.28万元，税款全额入库；重点检查513户，查结505户，有问题489户，查补收入总额4755.05万元，冲减留抵税金2579.75万元，调减亏损2531.32万元，入库查补收入4392.85万元。

【出口退（免）税企业检查】 按照税务总局统一部署，将德宏、昆明、红河、版纳、普洱、临沧和保山7个州（市）列为重点地区；将电子产品、纺织服装、毛皮制品、家具等列为重点行业；对向出口退税企业虚开增值税专用发票、提供虚假报关单等骗税单证的供货企业、报关行、货运代理公司开展重点查处；对虚开增值税专用发票、骗取出口退税职业犯罪团伙开展重点打击。2015年，全省重点检查企业7户，查结6户，有问题4户，查补收入总额161.74万元，查处税务总局筛选下发企业5户，查结2户，有问题2户，查补收入总额31.73万元。

【黄金交易企业检查】 按照税务总局统一部署，与省公安厅成立省级联合领导小组，全面协调统筹案件查办。在对税务总局下发的数据资料进行统计分析的基础上，及时制定工作方案，抽调检查人员成立专案组，对云南省6户上海黄金交易所代理客户企业开展税务检查。经查，5户涉案企业向下游受票方开具的增值税专用发票存根联与抵扣联汉字信息不一致，涉嫌虚开增值税专用发票310份、金额28943万元、税额4920万元。

【打击发票违法犯罪活动】 继续保持打击发票违法犯罪活动的高压态势，加大对纳税人发票使用情况的检查和宣传力度，同时积极会同公安、地税等部门着力阻截虚假发票流通渠道。全年全省税务、公安部门共查办案件737件，捣毁窝点31个，打掉团伙43个，缴获作案机器76台，缴获涉案发票783343份；税务机关检查企业1268户，查处违法企业851户，查处非法发票119236份，涉及金额525833.53万元，查补收入11421.59万元。

【税收“黑名单”制度】 一是做好重大税收违法案件信息公布。根据云南省国家税务局重大税收违法案件公布标准，2015年累计对外公布重大税收违法案件11件，并向省内22个联合惩戒成员单位推送相关信息。二是召开税收违法“黑名单”联合惩戒部门联席会议，云南省22家成员单位联合签发《关于转发对重大税收违法案件当事人实施联合惩戒措施的合作备忘录文件的通知》（云发改财金〔2015〕582号）。三是完善内部惩戒措施。对税收违法“黑名单”当事人采取一系列内部惩戒，包括：直接判为D级纳税信用级别，实施增值税专用发票领用按辅导期一般纳税人政策办理，普通发票的领用实行交（验）旧供新、严格限量供应；加强出口退税审核；加强纳税评估，严格审核其报送的各种资料；列入重点监控对象，提高监督检查频次，发现税收违法违规行为的，不得适用规定处罚幅度内的最低标准等措施。

【涉税违法案件检举】 云南国税各级案件举报管理中心认真组织开展涉税违法检举的受理、分类、登记、检查、反馈工作，做到文明受理、依法稽查、严格管理，同时加强对云南省税收违法检举案件在发案地、违法性质、行业特点及检举人员结构和举报动机等方面的情况分析，提高案件检查的准确率。全年全省共受理涉税违法检举案件624件，至年末查处534件，实现查补总额1508.80万元，移送公安部门4件，支付举报奖励2.96万元。

【案件协查】 为进一步提高协查工作的准确

性、及时性，实现“全国一盘棋”的打击方式，云南国税局稽查局高度重视协查工作。全省共发起委托协查274起，委托协查增值税专用发票15817份，涉及金额458909.77万元，涉及税额74961.67万元，选票准确率为96.30%。全省共收到受托协查的增值税专用发票151起，受托方户次175次，涉及1973份增值税专用发票，涉及金额30489.04万元，涉及税额5008.27万元，有问题发票占受托协查发票的比率88.21%，累计按期回复率100%，实现查补收入1258.56万元，移送司法机关15起。

【稽查队伍建设】　以提升能力为中心，加强稽查干部队伍建设。一是加强政治理论学习，践行“三严三实”。二是加强作风建设和党风廉政建设，从严管理干部。三是加强业务培训，提升干部依法稽查工作能力。至2015年末，云南省国税系统设立稽查机构137个，其中省级1个、州（市）级16个、县（区）级120个，共有稽查人员1150人，占税务干部总人数10888人的10.56%，其中省级14人、州（市）级283人、县（区）级853人。

【稽查业务培训】　以全面提升稽查干部业务能力为目标，以分级分类培养为策略，开展多层次多类别业务培训工作，努力提升干部队伍业务素质。省局稽查局举办稽查统计报表编报业务培训、稽查业务基础培训、打击骗取出口退税稽查业务培训3期培训班，培训学员143人。各州市、县区稽查局结合各地实际，举办各类稽查业务培训114期，累计培训学员1298人次。

【稽查信息化建设】　在云南省国税局金税三期工程工作组的领导下，全省国税稽查全力配合，顺利完成金税三期工程上线运行前核心征管系统代码、参数、岗责、工作流等准确性、合理性和可操作性测试，确保金税三期工程稽查模块顺利上线。并通过持续检验，及时发现稽查业务模块薄弱环节暴露出的问题，为适应稽查业务系统整合、数据提取应用等奠定基础。

【稽查宣传】　多措并举全面抓好稽查宣传工作。一是及时撰写报送信息、要情，宣传本省稽查工作重点、经验，展示稽查工作成果。二是通过《云南国税》征纳视野栏目，宣传全省稽查工作亮点，搭建稽查业务宣传交流平台。三是曝光税收违法案件，在《云南日报》上曝光各类税收违法案件18起。四是积极参与税收宣传月及打击和防范经济犯罪主题宣传日活动。

【稽查工作会议】　2015年3月24日，召开云南国税稽查工作会议。省局局长张树学、总经济师张炳华、省局稽查局全体人员以及各州（市）国税局分管稽查工作的局领导、稽查局长参加了会议。会上，张树学强调了经济税收新常态下做好税务稽查工作的重要意义，并要求各级国税稽查部门提升站位，努力推进全省国税稽查现代化建设，严厉打击涉税违法犯罪，严格落实规范进户执法工作要求，切实加强绩效管理工作和稽查队伍廉政建设。张炳华动员部署了2015年稽查重点工作任务，对全省国税稽查工作提出了坚持依法行政、全力发挥稽查职能作用、稳步推进稽查现代化建设的工作要求。

（陈　霞）

云南省地方税务局稽查局

【概述】　2015年，云南地税局稽查局紧紧围绕工作总目标与总要求，积极开展税收专项检查和专项整治、重点税源企业检查，狠抓涉税违法案件查处，大力开展打击发票违法犯罪活动，扎实推进税务稽查现代化建设，不断夯实税务稽查执法基层管理，继续提高干部职工政治业务素质，锐意进取，真抓实干，推进各项工作取得成效。

【稽查现代化建设】　牢固树立法治、效率、集约、专业、创新的现代化税务稽查理念，通过增强稽查干部的法治意识，提升稽查部门依法行政能力；加强对稽查信息系统的应用和管理，不断提高税务稽查工作质效；以优化稽查资源配置为目标，完善稽查管理方式；加强行业性涉税问题研究，开展专业化检查；以创新的思维和科学方法破解制约稽查发展的难题，进一步加强对稽查机制、方式方法的拓展和创新。

【稽查体制机制改革】　云南地税局稽查局与云南国税局稽查局通过建立工作机制、召开联席会议、强化规范联合执法、广泛开展专项协作，逐步形成工作合力和达成七点共识：一是协同制定稽查计划；二是统筹部署企业自查；三是联合入户执法检查；四是共享稽查案件线索；五是协作开展强制执行；六是进一步加强联合惩戒；七是制定联席会议制度。2015年云南省国、地税联合进户对457户企业开展税务稽查，共查补税费9792.67万元。

【稽查查补收入及分析】　查补收入24.56亿元，入库24.44亿元，稽查选案准确率97.93%，综合入库率99.49%，稽查查补收入占云南省地方税收收入的2.19%。

【案件查办情况】 立案检查1260户，审结1255户，入库税款3.81亿元、滞纳金1970万元、罚款2861万元，合计4.30亿元。云南省地税稽查机构督导自查3629户，入库20.14亿元。

【案件特点分析】 稽查案件类型以少缴税款案为主，造成纳税人少缴税款的原因主要有四类：一是新的税收政策出台，和原政策变化较大，企业财务人员掌握现行政策规定不全面；二是企业财务人员对税收政策理解有偏差；三是企业财务人员工作有疏漏；四是部分纳税人存有侥幸心理。

【重大案件查处】 立案查处百万元以上案件42起，查补入库税款1.09亿元；查处千万元以上案件5起，查补入库税款1.43亿元。

【税收专项检查】 根据税务总局相关文件要求，明确将资本交易作为指令性项目，将房地产及建筑安装业、高收入者个人所得税、营利性教育培训机构作为指导性检查项目；在全省范围内按照分级分类原则，细化并合理安排州（市）、县（区）各级稽查部门检查任务，统筹调配各级稽查部门检查力量，灵活运用团队检查、交叉检查、下查一级等方法，不断创新专项检查组织形式，切实提高检查的质量和效益。2015年云南省税收专项检查累计查补入库金额13.08亿元，其中检查入库收入4.34亿元，自查补税入库金额8.74亿元。

【区域性税收专项整治】 将昆明地区列为开展虚开发票专项整治的重点区域，重点加强对普通发票印制、领购、开具、缴销、保管各个环节进行检查，对发票列支项目为“会议费”“餐费”“佣金”“酬金”和各类手续费的，通过资金流向和发票信息的审核分析，检查其业务的真实性，对未按规定开具的发票、开具虚假发票或虚开发票的行为，一律不得用于财务报销和核算，并予以严厉查处。2015年区域性税收专项整治累计查补入库金额为588.94万元，其中检查入库收入8.45万元、自查入库收入580.49万元。

【重点税源企业检查】 按照税务总局关于国地税实行联合进户执法检查的工作要求，云南省国、地税稽查局积极加强协作配合，共同研究商讨重点税源抽查工作步骤、方法，相互配合、协调一致。联合抽取上报了重点税源企业随机抽取名单；对税务总局随机抽取的重点税源企业中涉及云南的部分二级分支机构统一进行自查布置，联合做好查前辅导；组织召开国地税稽查联席会议，研究商讨税收稽查工作中的问题和难点，相互交流工作经验，共同联合开展好重点税源企业随机抽查工作。2015年云南省重点税源累计查补入库金额8228.43万元，其中检查入库收入合计2020.34万元，自查补税入库金额6208.09万元。

【资本交易检查】 累计查补入库金额1.45亿元，其中检查入库收入1.30亿元、自查入库收入1477.05万元。

【房地产及建筑安装业检查】 累计查补入库金额5.97亿元，其中检查入库收入2.54亿元、自查入库收入3.43亿元。

【高收入者个人所得税检查】 累计查补入库金额1526.57万元，其中检查入库收入230.68万元、自查入库收入1295.89万元。

【营利性教育培训机构检查】 累计查补入库金额1102.07万元，其中检查入库收入99.78万元、自查入库收入1002.29万元。

【打击发票违法犯罪活动】 加强与当地相关部门的配合协作，建立综合整治发票违法犯罪活动长效机制。将发票检查工作与税收各类检查工作有机结合，坚持查案必查票、查税必查票，把发票使用情况检查作为税收检查的必经环节和必查项目。2015年，云南省地税稽查机构共对1532户纳税人进行了发票使用情况检查，查处违法企业286户，查处非法发票7900份，涉及金额1.70亿元，查补收入共计1641.47万元，其中税款1548.61万元，滞纳金17.65万元，罚款75.21万元。发票自查企业224户，企业自查后又被税务机关检查62户，自查有问题8户，自查补缴税款336万元，同时进行责任追究。

【税收“黑名单”制度】 2015年11月9日，由云南省发改委牵头，云南地税局稽查局、云南国税局稽查局联合承办，召开税收违法“黑名单”联合惩戒部门联席会议，各单位分别确定负责联合惩戒工作的单位领导、具体实施部门负责人和联络员，畅通工作协调机制，并明确信息交换与情况反馈以公函的方式进行，确保工作有效落实。全省向联合惩戒部门推送案件11起，其中偷税案件6起、虚开增值税专用发票案件5起。

【涉税违法案件检举】 依法受理群众检举案件，积极发挥社会监督作用，维护公平、公正、和谐的治税环境。一是通过畅通税务检举渠道，便于群众进行及时监督和反映税收违法信息。采取公开检举电话、检举信箱，在地税门户网站设检举专栏并实施动态监控等多种方式，使群众能够顺畅、及时地提供和反映线索，并及时地反馈到云南省各级地税部门税收违法案件举报中心。二是认真抓好各项工作制度的考核落实，保证检举案件及时受理、限时查办、及时回复。加强对工作检查及各项硬性指标的严格考核，保证和督促工作制度得到落实，不延误、影响检举案件的及时、依法查办。三是做好对重点检举人的疏导工作，严格遵守保密制度和实名回复制度，认真执行检举奖励制度，与检举人做到诚信互动地沟通和交流。2015 年，云南省地税稽查机构共受理纳税人举报案件 418 起，查处 398 起，查补税款合计 1176.2 万元。

【案件协查】 发起 19 件委托协查案件，其中省外 4 件、省内 15 件。至 2015 年底，未查结无回复 3 件，查实假票 40 份，查无此票 2 份；受理受托协查案件 24 件，其中省外 12 件，省内 12 件。至年底，未查结未回复 1 件，查实假票 29 份，真票 72 份。

【稽查制度建设】 一是对稽查四个环节工作实行严格分离和相互监督、相互制约的内部工作机制；二是案件检查要求依法、依程序办案，确保案件的合法性和有效性，做好痕迹管理，强化证据意识，防范稽查工作风险，不断提升案件工作质量；三是对稽查执法文书进行规范。

【稽查系统建设】 将依法行政、严格执法作为工作的生命线，切实做到“法无授权不可为，法定职责必须为”。同时，注重把说理式执法理念融入日常工作，耐心解答纳税人提出的陈述、申辩意见，严把审理环节文书质量关口，促进提高纳税人税法遵从度，提升稽查执法效率。

【稽查队伍建设】 深入开展“三严三实”“忠诚干净担当”专题教育，把“三严三实”“忠诚干净担当”作为修身做人用权律己的基本遵循、干事创业的行为准则。不断完善党组织建设，其中学习型党支部建设经验得到了云南省直属机关工作委员会的肯定。

【稽查人才库建设】 进一步完善全省地税系统稽查人才库建设，加快专业化队伍的建立。积极组织选拔、审核、报送税务总局税务稽查人才库备选人员。截至 2015 年底，经税务总局批准云南省地税系统入选 4 人。

【稽查业务培训】 通过进一步探索创新，坚持查训结合，注重实效，以多种形式抓稽查干部业务水平，鼓励全省稽查机构根据自身实际，组织开展形式多样的查前培训。如：自筹师资组织税务稽查文书规范化制作、稽查报表数据的科学归集与运用、部分税收政策的强化和查账软件运用等方面的专项培训。

【稽查信息化建设】 一是努力加大对稽查查账软件的推广运用工作，加强对电子信息技术人才的培养，切实提高云南省稽查部门科技信息运用水平。二是做好金税三期工程推广工作，制定《云南省地方税务局稽查局金税三期工程推广应用工作实施方案》，完成岗位梳理、代码表审核确认、工作流研究分析等工作，并组织干部职工进行金税三期工程的相关业务培训。三是按照税务总局要求，配合云南省地税局科技处完成协查系统升级工作，加强对全省协查工作的规范及管理。四是认真做好税务总局稽查报表软件的部署和技术支持，开展稽查报表软件的培训，在云南省地税局科信处的大力支持下，完成了报表软件的更新部署，系统初始化等工作。

【稽查宣传】 为提高纳税人对打击发票违法犯罪活动工作的认知度和依法使用发票的自觉性，把税收专项检查与行政执法宣传有机结合进来，突出抓好税收专项检查和打击发票违法犯罪的宣传。一是结合地税网站、征收大厅电子屏幕、手机短信、“12366”纳税服务热线、税法宣传车等播放税收专项检查公告。二是利用户外彩色电子显示大屏，滚动播放税收专项检查有关内容及税法宣传片，介绍税收常识。三是依托税收宣传月活动、各种民族节日开展宣传活动发放税收宣传资料。

（刘建东）

西藏自治区

西藏自治区国家税务局稽查局

【概述】 2015年，西藏自治区国家税务局稽查局（以下简称西藏国税局稽查局）认真贯彻落实全国税务稽查工作会议及全区税务工作会议精神，以服务税收工作大局为中心，大力整顿规范税收秩序，严厉打击各类税收违法行为，提升队伍素质和强化作风建设，努力推进税务稽查现代化建设，充分发挥税务稽查职能作用，为全区税收事业发展做出新的贡献。

【稽查现代化建设】 不断探索和研究稽查现代化建设，逐渐推进稽查体制机制改革，有效整合稽查资源。对税务总局部署的专案，以及省级大案要案采取集中检查，从各地市稽查局抽取稽查专业骨干人员实施联动检查。按照“互联网+”的理念，提升稽查工作效能，规范稽查执法。以信息技术为支撑，积极丰富稽查工作方式方法。开展定期或不定期培训，提高稽查人员的计算机应用水平，完善稽查人才培养机制，构建适应全区稽查工作的高素质稽查队伍。

【“营改增”专项稽查】 根据《国家税务总局稽查局关于开展电信业“营改增”专项稽查工作的通知》要求，结合工作实际，立即着手开展电信业“营改增”专项稽查工作。一是全区各级税务稽查部门成立由稽查局长任组长，检查、审理等部门共同参与的专项稽查工作领导小组，并制定检查工作方案，明确工作重点，将检查任务层层落实下去。二是针对所检查行业项目的特点，结合税务总局下发的工作提纲，对进行查前培训。三是为保证检查工作顺利进行，约谈企业负责人，商谈开放电子财务系统、业务系统、数据导出和提供财务会计核算代码表等事宜，取得企业负责人的支持。四是根据税务总局“回头看”“再确认”相关工作要求，重点对税务总局下发的涉税问题进行重点检查，通过对电信计费系统和财务系统的分析和比对，对电信业应税收入进行了全面完整的检查，并对进项发票及销项发票逐一审核，分类整理，达到预期目的。全区共检查纳税户16户，查结16户，共计查补收入193.38万元。

【稽查查补收入及分析】 共实施检查纳税户63户，审结59户，查出有问题59户，选案准确率100%，结案63件，结案率100%；组织企业自查75户。全区稽查查补收入总额7778万元，其中查补税款6235万元，加收滞纳金704万元，罚款839万元，实现入库率100%。查处偷税案20户次，查补总额1503万元；查处不进行纳税申报21户次，查补总额464万元；查处违法发票案20户次，查补总额405万元；查处其他违法案26户次，查补总额1751万元；督导企业自查75户，督导自查收入3655万元。

【案件查办情况】 继续以查处重大税收违法案件作为工作重点，严厉查处各类涉税违法行为。全区共查处百万元以上的案件5起，查补税款1352万元；查处千万元的案件1起，查补税款1087万元。有效地打击了涉税犯罪分子的嚣张气焰，有力地维护了西藏的税收秩序。

【税收专项检查】 全区组织开展对资本交易项目、出口退（免）税企业、黄金交易企业、房地产业和建筑安装业、采矿选矿、高收入者个人所得税、金融业、烟草，服务业等行业的税收专项检查工作。全区各地税务部门共检查和自查纳税户376户，查补税款、罚款及加收滞纳金共计8696.87万元。组织企业自查170户，自查有问题63户，自查补税金额3315.32万元。

【区域性税收专项整治】 确定拉萨市作为区域税收专项整治地区。区局稽查局及拉萨市局专派4人，于11月初赴拉萨市开展为期半月多的区域税收专项整治工作。主要对拉萨市稽查局大要案检查情况进行了复查；选择房地产行业、医药行业等进行专项整治，共检查企业2户，查补税款133万元。并对人员配备及近两年工作开展情况、办案经费使用情况、档案管理情况进行了检查，对发现的问题及时提出了整改意见。

【重点税源企业检查】 由区局稽查局负责统筹督导全区重点税源税收抽查工作，强化过程监控和效果评价。全区稽查部门充分发挥稽查工作职能作用，防范重点税源企业税收风险，引导重点税源企业税收遵从，促进堵漏增收。结合工作实际抽取72户高风险重点税源企业安排自查，共计查补收入1686万元。

【出口退（免）税企业检查】 根据2015年打击出口骗税违法犯罪活动的有关工作部署，区局稽查局派出3人赴东莞、顺德、江西、重庆、成都等地，对5家出口退税企业在内地的生产场地、货物来源等进行了协查，未发现出口骗税线索。对某工贸公司因善意接受专用发票，未给予办理出口退税问题，根据有关规定，对该笔业务不予退税金额54万元，入账成本调增企业所得税额，补缴企业所得税47万元，加收滞纳金6万元，处以罚款24万元。

【黄金交易企业检查】 根据全国首次利用公安经侦部门的情报分析和导侦平台研判线索，组织部署并制定全区税务及公安打击利用黄金交易虚开增值税专用发票违法犯罪专项行动方案，严厉查处对利用黄金交易虚开增值税专用发票违法犯罪案件，坚决遏制此类违法犯罪活动多发势头，最大限度地挽回国家税收损失，切实维护国家税收管理秩序。共对27户涉嫌单位基本情况进行摸底调查，并对24户企业开展了重点检查及协查工作。对已证实接受虚开的3户企业移交公安部门处理，共接受虚开发票754份，涉及金额1.9亿元，涉及税额2876万元。

【资本交易检查】 全区共对62户资本交易项目企业实施检查，查结62户，有问题12户，查补收入总额71.58万元；自查15户，有问题1户，自查查补金额71.25万元。

【房地产及建筑安装企业检查】 全区共对83户房地产及建筑安装企业实施检查，查结83户，有问题34户，查补收入总额5523.65万元；组织企业自查11户，有问题11户，自查补税1912.88万元。

【高收入者个人所得税检查】 根据税务总局指导性检查项目，结合自治区税源结构实情，全区税务部门共对20户企业开展了高收入者个人所得税检查，查结19户，有问题5户，查补总额97.2万元；组织开展自查5户，有问题5户，自查补税29.2万元。

【打击发票违法犯罪活动】 一是各级税务部门共对2285户企业进行了发票使用情况的检查，查处违法企业606户，查处非法发票3947份，涉及金额3060.81万元，查补税款470.45万元，加收滞纳金90.3万元，罚款298.41万元。二是税务单独查办虚开发票案件5起，缴获发票4份；查办非法取得发票12起，缴获发票134份。

【税收“黑名单”制度】 各级税务稽查部门认真学习并贯彻落实“黑名单”公布办法，及时收集重大税收违法案件信息，严格执行联合惩戒合作备忘录的规定，按规定将“黑名单”信息及时推送给相关部门，实施联合惩戒。与相关部门加强沟通协调，落实好联合惩戒措施，并将实施联合惩戒作为税收宣传月的重要内容进行宣传。

【涉税违法案件检举】 受理查结各类涉税违法举报案件10件，查处举报案件金额336.75万元，其中查补税款218.49万元，滞纳金23.89万元，罚款94.37万元。入库率100%。

【案件协查】 通过系统委托发出协查32起，涉及企业38户，涉及发票数量5367份，税额26916.92万元。收到回复发票5297份，其中属于正常发票412份、有问题的发票1460份、无法核实3425份。全区共收到受托协查26起，涉及发票1225份，税额8039.04万元，回复发票1212份，其中属于回复正常发票40份、有问题发票726份、无法核实2份、虚开无法核实发票305份，按期回复率100%。

【稽查制度建设】 按照税务总局及区局绩效考核管理工作要求，稽查高度重视，完成相关信息报送的同时，积极制定和细化全区稽查部门绩效考核相关指标和实施方案。同时，以全区推进绩效考核工作为契机，加强稽查系统内部管理，查找管理间隙与漏洞，明确岗位职责，督促严格履职，并密切上下级稽查机构之间的信息沟通、工作支持及监控，做到令行禁止、执行有力、沟通及时、协作顺畅。

【稽查队伍建设】 全区各级稽查部门不断提高稽查队伍综合素质，提升稽查人员执法能力。一是认真深刻学习党中央、自治区及区局重要讲话精神及文件精髓，深化对党的重要理论知识内涵的理解，增强自身的党性修养；同时认真查摆自身不足，脚踏实地地进行整改、提升自我素质；二是在稽查执法过程中，全区稽查干部始终保持廉洁自律的心态秉公执法，把廉政建设与稽查检查工作紧密结合起来，坚决抵御吃、拿、卡、要等不良风气的侵蚀。规范执法行为，提高执法能力，增强综合素质，树立以廉为荣、以贪为耻的廉洁从税优良风尚。

【稽查业务培训】 为全面提高稽查干部业务水平，加强稽查人才建设，加强业务培训，提高业务水平。全区各级稽查干部除参加税务总局及区局统一安排的各类培训外，区局稽查局于2015年5月，邀请区内外教师，组织全区稽查骨干人员进行了资本交易、出口退税等内容的集中培训。各地结合稽查工作实际，举办了形式多样的各类培训。

【稽查宣传】 一是将税法宣传与日常税收检查相结合，在日常检查中进行税法知识宣讲、辅导教育；二是利用税收宣传月及各类法制宣传活动，散发宣传资料，现场解答群众咨询问题；三是采取每月发送手机短信、在《西藏商报》《拉萨晚报》等主流媒体曝光案例、在公众场所LED屏滚动播放税法宣传片等多种形式开展宣传工作。

【稽查工作会议】 2015年3月26日，西藏税务稽查工作视频会议在拉萨召开，自治区国税局分管稽查工作的局领导、区国税局相关处室的负责人、各地市分管稽查工作的领导及全体稽查干部共100多人参加会议。自治区国税局分管稽查工作的副局长杨承碧作重要讲话，总结2015年全区稽查工作取得的成绩，分析稽查工作面临的形势，对2015年稽查工作提出了具体要求。自治区稽查局局长达娃云丹对加紧贯彻落实，提高稽查工作质效，合理安排全区稽查工作进行了周密部署。各地稽查部门认真学习，深刻领会会议精神实质，以更加昂扬自信的姿态，勇于创新，攻坚克难，积极完成稽查各项工作任务。

（德　吉）

陕西省

陕西省国家税务局稽查局

【概述】 2015年，陕西省各级国税稽查部门认真贯彻全国税务稽查工作会议和陕西省国税工作会议精神，按照陕西省国家税务局“依法治税抓收入、优化服务促发展、从严从实带队伍、强化管理防风险”的工作部署，落实稽查部门“提升素质，强化作风，规范秩序，服务大局”工作要求，以创新稽查方式为动力，以规范税收秩序为目标，以加强绩效管理为抓手，以坚持依法行政为根本，努力规范税收秩序，不断增强业务能力，全面提升综合素质，圆满完成各项任务。

【稽查现代化建设】 开展稽查案件复查复审，通过采取审查案卷、查阅资料、实地走访、交流座谈等形式，对36户稽查案件进行复查复审，延伸4户企业进行实地核查，发现和纠正检查程序不到位、执法不规范、取证不完整、定性不严谨等6大类29个问题；开展优秀稽查案件评选活动，将集中评审分为参评案例介绍、现场提问和综合评比3个阶段，总结办案经验，规范执法行为，提高了办案质量。

【稽查体制机制改革】 陕西省国地税建立联合办案组织机制，成立联合稽查工作领导小组，制定《联合执法实施方案》等制度；建立联席会议工作机制，相互通报年度稽查工作计划，协调解决重大问题；明确联合稽查的原则和具体流程，相互告知违法问题线索，共同研究分析税收风险，会商确定检查办法；建立以查促管合作机制，共同分析联合稽查中发现的涉税问题，查找管理薄弱环节，梳理税收风险点，相互提醒预警，共同提出管理建议。此项工作在《中国税务报》进行了宣传报道，得到税务总局局长王军表扬性批示。

【“营改增”专项稽查】 采取由省局稽查局牵头负责、各市局稽查局抽调检查组主查、各管理局配合参与等方式，先后开展了“营改增”调研式检查及电信业“营改增”专项稽查工作。在检查中，成立协调机构，查前认真培训，明确检查重点，周密部署实施，及时归纳总结，实现查管互动，共计查补796.15万元，电信业“营改增”专项稽查共计查补1523.7万元。

【稽查查补收入及分析】 实现稽查查补总额259383万元，较2014年239085万元增加20298万元，增幅8%（其中查补税款115807万元，较

2014 年 89380 万元增加 26427 万元，增幅 30%；滞纳金 18287 万元，较 2014 年 12206 万元增加 6081 万元，增幅 50%；罚款 21632 万元，较 2014 年 20982 万元增加 647 万元，增幅 3%；督导自查收入 103657 万元，较 2014 年 116517 万元减少 12860 万元，减幅 11%），入库总额 259325 万元，全省平均入库率 99.98%。

【案件查办情况】 共计检查纳税人 4554 户，较 2014 年 5043 户减少 489 户，减幅 10%；审结 4557 户（含以前年度案件数 3 户），较 2014 年 5041 户减少 484 户，减幅 10%；督导纳税人开展自查 3514 户，较 2014 年 757 户增加 2757 户，增幅 364%；千万元案件 9 户，较 2014 年增加 5 户，增幅 125%；百万元案件 79 户，较 2014 年增加 16 户，增幅 25%；偷税案件 2118 户，较 2014 年增加 874 户，增幅 70%；选案准确率 99.98%，结案率 100%。

【案件特点分析】 当前陕西国税涉税案件的主要形式是少列不列或分解收入、多列或虚列支出、利用虚假合同、利用发票违章进行、利用税收政策差异和税收优惠政策及利用高科技手段，其主要特点是范围的普遍性、手段的隐蔽性、地域的流动性、查处的复杂性。

【重大案件查处】 完成对陕西中烟工业有限责任公司等 25 起案件的检查工作，查补总额 1.62 亿元。安排部署税务总局稽查局交办、督办的广东珠海“3·20”、黑龙江“1·16”虚开增值税专用发票案件协查工作，查补税款 74.93 万元，罚款 45.80 万元，3 户涉案企业移送公安机关作进一步处理。督办延安市国税稽查局查处的涉嫌虚开增值税专用发票案，移送延安市公安局经侦支队，涉案金额 3.4 亿元，税款 5947 万元，刑拘 4 人，取保候审 11 人。督办榆林市国税局和榆林市公安局联合查处的榆林“8·31”“9·22”虚开增值税专用发票案件，共涉及全国 22 个省 369 户企业，涉案金额 21.47 亿元。通过税警联合的收网行动，收缴了部分作案工具，冻结涉案企业银行账户，公安部门立案侦查并逮捕犯罪嫌疑人 5 人，刑拘 2 人。

【税收专项检查】 从 2015 年 3 月起在全省范围内全面开展出口退（免）税企业、黄金交易企业、资本交易、汽车 4S 店的专项检查工作，并将房地产及建筑安装业、营利性教育培训机构列为指导性检查项目。同时，对骗取出口退税和虚开发票等重大税收违法行为易发、多发的地区开展区域税收专项整治。共组织专项检查 2811 户，查结 2266 户，检查有问题 2266 户；查补总额 52885.76 万元；入库总额 52885.76 万元，入库率 100%；自查有问题 953 户，自查补税 37355.08 万元。

【区域性税收专项整治】 确定西安市为虚开、骗税等税收违法行为专项整治重点区域，对区域税收专项整治开展情况进行督办，并直接组织实施部分区域专项整治项目的检查，通过以上措施的落实，取得了较好成效。检查 309 户，查结 303 户，有问题 303 户；查补收入 5370.98 万元。

【重点税源企业检查】 陕西省在组织企业自查方面，成立重点税源企业检查工作领导小组，调取企业的税务登记情况、企业基本资料、纳税情况等基础数据，制定《关于开展 2015 年总局重点税源企业税收自查工作的安排意见》，组织召开“陕西省重点税源企业自查布置会”。同时，将此项工作与稽查标兵人才第二次实践锻炼相结合，共自查补税 2468.34 万元，重点检查查补收入 3147 万元。在全面部署落实税务总局安排的重点税源企业检查工作的同时，以省局风控部门监控的省级重点税源企业为基础，深入开展省、市两级重点税源企业检查工作，对 271 户企业开展了检查，查补总额 3.77 亿元。此外，初步建立随机抽查“双随机”名录库，与地税稽查部门联合召开重点税源企业随机抽查工作布置会，对 313 户企业安排了自查，自查补税 1931.02 万元。

【出口退（免）税企业检查】 不断强化与地税、公安、海关的联系协作，将出口退（免）税企业专项检查同打击出口骗税违法犯罪活动紧密结合，查补收入较 2014 年增长 1585 万元，增幅 510%。共计检查 95 户，查结 95 户，有问题 95 户，移送司法机关 1 户；查补收入 1895.55 万元。

【黄金交易企业检查】 不断加强与地税、公安联系协作，紧密配合，突出重点，重拳出击，保持对涉税违法犯罪保持高压态势，不断加大打击涉税违法犯罪活动工作力度，共计检查 865 户，查结 359 户，检查有问题 359 户，移送司法机关 30 户；查补收入 9377.07 万元。自查有问题 897 户，查补收入 3146.85 万元。

【资本交易检查】 通过加大同地税、商务、工商等部门联系协作力度，重点利用政府综合信息平台，发现和挖掘案源信息，并在行业税收专项检查、重点税源企业检查中将资本交易业务列为专项检查必查项目，在检查中寻找挖掘案源线索，共检查 12 户，查结 11 户，检查有问题 11 户；查补收入 221.57 万元。

【房地产及建筑安装业检查】 及时总结和推广以前年度该行业专项检查经验，对重点地区开展集中整治和重点检查，取得了显著成效。检查188户，查结183户，有问题183户，查补收入17823.96万元。

【打击发票违法犯罪活动】 重点对金融保险、房地产、商业批发与零售、药品与医疗器械、餐饮娱乐、加工制造、中介机构等行业的发票使用情况开展检查。保质保量完成国家税务总局指令性查处任务，会同公安机关完善打击发票违法犯罪活动工作协调机制，会同通信管理等部门不断改进治理发票违法信息的部门协作机制，做好对行政、事业单位和军队有关单位发票使用情况的监督检查工作。积极配合检察院、法院做好对犯罪嫌疑人的公诉工作，2015年共计检查3143户，查处非法发票15164份，涉及金额24.55亿元，查补总额1.45亿元。尤其是协作配合开展的打击利用黄金交易虚开增值税专用发票违法犯罪专项行动取得显著成效，共计检查2176户，立案1279户，入库税款1.8亿元；移送公安机关30起，发起6个集群战役，摧毁4个犯罪集团，抓获犯罪嫌疑人39名，批捕40人，追逃2人，涉案金额5.97亿元，查补税额1亿元。

【税收“黑名单”制度】 落实税收“黑名单”制度。从2015年开始按季对符合标准的重大税收违法案件逐级进行公布，共计公布回写符合省级公布标准1户案件、市级公布标准4户案件。对17户重大税收违法案件信息中所列当事人作为联合惩戒对象，通过部门间信用信息资料的共享交换，达到了联合惩戒的目的。

【涉税违法案件检举】 不断强化举报案件管理。积极修订举报中心各项制度，建立“局长接待室”；做好举报案件的管理工作，热情接待税收违法行为举报咨询的相关人员，翔实记录案件线索，注重保护举报人身份，对举报案件做好及时登记、及时下达稽查任务、及时实施稽查、及时向上级和举报人反馈查处结果、及时整理归档案卷，充分利用CTAIS综合征管软件和“举报案件管理系统”，加强对举报案件线索的分析梳理，寻找突破口，提高办案质效；落实催办督办、集体会审机制，积极组织骨干力量查深查透举报案件。2015年共受理税收违法举报案件190件，查补总额2650万元。

【案件协查】 增强协查工作的主动性，加强对委托发起及受托检查案件质量的跟踪和监控力度，努力提高协查委托发函质量和受托检查、受托回函质效。2015年协查信息管理系统累计委托协查212起，委托协查发票928份，委托协查选票准确率75.09%，委托协查信息完整率100%。受托协查1087起，涉及发票13058份，受托协查累计按期回复率100%，受托协查回复信息完整率100%，累计入库总额1645.22万元。

【稽查制度建设】 制定《全国税收征管规范(1.0版)》实施方案及任务分解表，做好业务培训、系统维护、梳理制度、规范表证单书等各项试行前的准备工作。贯彻落实税务总局《关于进一步改进税收违法案件发票协查工作的若干意见》，制定下发《全省加强协查信息管理系统监控管理的通知》，为进一步规范全省税收违法案件发票协查工作。

【稽查系统建设】 深化绩效考评体系，成立绩效管理工作领导小组，设立绩效管理工作办公室，先后召开绩效管理工作动员会、绩效管理工作研讨会、绩效管理工作启动会，建立每月例会制度，建立“3+1”的绩效管理责任模式。在初拟指标分解过程中，相关单位充分讨论沟通，广泛征求基层单位的意见建议，将税务总局指标一一对应分解，对指标所涉及的分值及工作要求等做了明确的规定。在指标设计中，积极开拓思路，对部分考评指标进行了升级。此外，参照税务总局指标设计试行了分档考核指标。

【稽查队伍建设】 从塑造坚强有力的稽查队伍着手，抓好专业人才的培养选拔，加大分类人才培养力度。狠抓党风廉政建设，为稽查工作保驾护航，通过完善内控促廉机制建设、加强作风纪律整顿、建设节约型国税机关、坚守“三个底线”，警示广大稽查干部筑牢反腐倡廉的思想防线，秉公执法、廉洁自律。

【稽查人才库建设】 加强对陕西省稽查人才库入库人员的教育培训和培养使用。在2015年稽查工作中，抽调人才库成员参与电信业“营改增”等重点税源企业检查和税收专项检查，以查促学，通过参与大型企业集团检查使人才库成员不断积累查处涉税大要案的经验，提高稽查人才对大型企业独立带组检查的实战水平，增强综合实力，为陕西稽查事业储备力量。

【稽查业务培训】 举办稽查统计报表分析和稽查信息化培训班，加大分类人才的培养力度。组织首批稽查专业标兵人才第三次及第四次集中培训，开展首批稽查专业标兵人才培养对象实践锻炼工作，努力造就一批德才兼备、精通业务、善于管理的现代化稽查人才。

【稽查信息化建设】 运用互联网大数据、云计算的优势，以“税收征管信息系统”“协查信息管理系统”等为平台，完善各类涉税信息收集，运用“选案管理信息系统”和查账软件，实现精准选案和高效检查。通过运用各类信息平台，成功锁定一批涉嫌虚开虚抵企业，向公安机关移送涉嫌税收违法案件20余起，为整顿和规范税收秩序，发挥了积极作用。

【稽查宣传】 不断加大对外宣传力度，新华社国内动态清样、《内部参考》《中国税务报》，以及总局税务简报等报刊媒体，先后5次对陕西国税稽查工作进行了正面的宣传报道。各市局稽查局也积极与中国税务出版社、陕西电视台、中国税务报社、法制日报社、陕西日报社，以及省、市电视台、广播电台、地方日报社等联系，踊跃投稿，加强宣传推介力度和对违法案件宣传曝光力度，通过《陕西日报》等省级以上新闻媒体，对13宗典型案例予以曝光发布。

【稽查调研】 根据2015年年初陕西省国家税务局科研所和税务学会下发的税务稽查调研课题，及时下发调研工作实施方案，积极开展稽查调研文章评选活动。经过评选向陕西省国家税务局报送了《企业所得税优惠政策中技术研究开发费加计扣除问题的研究》《陕西国税稽查干部压力问题调查与思考》《浅议如何规范税务行政自由裁量权》等稽查调研论文，其中7篇文章在学术研究优秀成果评比中获奖。

【稽查工作会议】 2015年3月17日，召开陕西国税稽查工作会议。会议传达了全国税务稽查工作会议精神，认真回顾了2014年陕西省国税系统各项稽查工作的开展情况，总结了工作经验和存在的不足，明确了2015年陕西省国税稽查工作的总体要求，部署了全年各项稽查工作任务。陕西省国家税务局党组成员、副局长寇伟斌到会并作题为《把握风险导向　敢于亮剑出鞘　奋力推进陕西国税稽查现代化建设》的重要讲话，陕西省国家税务局稽查局局长李杰作题为《服务新常态　实现新作为　不断提升陕西国税稽查工作新水平》工作报告，提出了2015年陕西国税稽查工作的总体要求。

【工作建议】 建议税务总局多发布案件查处的范例供各地学习，以提高各省市稽查部门查办案件及处理案件的水平和能力；建议进一步加大对会计电算化和电子查账技能的培训力度以及政策支持力度，适当扩大一线检查人员培训面，通过文件规范各地稽查信息化发展路线；建议税务总局统一部署的汇缴企业检查，及时下发检查指南，明确相关疑难问题的政策适用及处理意见，提高查处效率。

（杨　洋）

陕西省地方税务局稽查局

【概述】 2015年，在省局党组和税务总局稽查局的正确领导下，全省各级地税稽查机关以服务税收工作大局为中心，以建立推进“数字稽查、法治稽查、现代化稽查”为目标，以查处税收违法案件、税收专项检查工作、重大税收违法案件、打击发票违法犯罪活动工作为重点，认真贯彻落实税收“黑名单”制度，规范税务稽查工作管理，提升稽查信息化水平，全面加强稽查队伍建设，维护了税法尊严，提高了纳税遵从。

【稽查查补收入及分析】 共检查各类纳税人3231户，查补入库22.71亿元，贡献率为2.09%，超额完成年初既定目标。若加上已查补待政策明确的收入，全省查补总量将达到31.31亿元，贡献率达3.1%。

【重大案件查处】 贯彻税务总局关于加强重大税收违法案件的系列要求，严厉惩戒重大涉税违法行为，始终坚持把打击涉税违法行为作为发挥稽查职能作用、促进社会诚信体系建设的重要任务。省局和各市局共同搭建重大税收违法案件信息公布平台，统一规范信息公布的标准和样式。联合省国税局、省信用管理办公室召开重大税收违法案件联合惩戒工作协调会，通过省政府信用信息平台衔接联合惩戒工作的其他20个省级厅局，初步实现了各部门之间的数据交互，共同形成了联合惩戒的工作网络，进一步推动了社会信用体系建设。为了震慑涉税违法行为，宣传税务稽查成果，省局稽查局在《陕西日报》开辟“涉税违法案件曝光台”专栏。各级局按照涉税违法案件曝光的考核要求，加大涉税违法案件曝光力度，在《陕西日报》、陕西电视台和其他省级媒体共曝光16起税收违法案件。西安市局按照税收“黑名单”制度的要求，做好重大税收违法案件信息，在市局网站公开曝光1起偷税案件。各级地税稽查部门加大对大案要案的打击力度，全年共查办大要案件66件，查补各项税收5.37亿元。

【税收专项检查】 根据税务总局稽查局关于

2015年税收专项检查工作的安排，2015年初确定将资本交易、城市公共服务业（主要供水和燃气等企业）、房地产及建筑安装业等3个项目作为全省指令性检查项目，将高收入者个人所得税、营利性教育培训机构和卫生医疗保健机构等3个项目作为全省指导性检查项目，将西安市辖区内教育培训机构继续作为全省税收专项整治重点区域，重点关注各类非学历教育培训机构取得的各类应税收入、学历教育培训机构应代扣代缴的各项税收及其应纳税的其他经营收入。全省共检查各类纳税人2504户，发现有问题1965户，查结2255户，共计完成查补收入10.56亿元，入库8.49亿元。其中，税务机关直接检查纳税人1133户，已查结884户，发现有问题828户，查补收入4.11亿元；组织纳税人开展税收自查1371户，有问题1137户，自查补税6.45亿元。

【重点税源企业检查】 按照税务总局稽查局的统一部署，省局稽查局直接组织了对陕西有色金属控股集团有限责任公司陕西煤业化工集团有限责任公司和国网陕西省电力公司及其下属公司共668户企业的全面性税收检查。同时，还选定了省级监控的285户重点税源企业，由全省统一组织开展重点税源企业轮查，选定省级监控的36户重点税源企业由省局稽查局直接负责检查。截至2015年11月底，“色煤电”三大企业集团共全部完成税收自查，共自查地方各税3.45亿元；重点检查工作基本结束，查补地方各税3.69亿元。

为保障重点税源企业顺利开展，2015年，在“以企业自查为先导、以分析约谈为促手、以全面检查为保障”的基础上，在组织管理上突出做好三项工作。一是“选户点对点”。省局直接选定“色、煤、电”企业集团作为企业集团税收专项检查对象，同时改进省级监控重点税源检查选户方式为“下选上发”（即由各市上报建议，省局审核下发），共选定285户重点税源企业交由各市县稽查部门实施检查。二是“自查一对一”。对321户省级监控重点税源企业检查依然采取企业税收自查为先导、抽查和重点检查逐步跟进的方式，要求各市县局确保每户企业都有专门的稽查人员进行税收辅导，并实行辅导负责制。三是“检查实打实”。对所有经过税收自查的企业100%全部检查，对查补收入200万元以上案件列入省局督办案件。重点检查实行全省统一处理、处罚口径，对经过税收自查后检查仍发现的税收违法问题，应当给予税务行政处罚的，处罚比例原则上不低于1倍。

在检查实施方面，重点突出五项工作。一是服务先行。认真落实税务总局“便民办税春风行动”的各项要求，贯穿优质服务于税收自查工作之中，抽调业务骨干送税法上门，解答税收疑问，提供专业税收咨询服务，很好地把稽查执法与纳税服务结合起来，赢得纳税人理解和支持。二是问题前置。为减少税收执法风险，提前介入税收自查，帮助企业查找问题，尽可能辅导企业在税收自查阶段解决重大涉税问题。先后约谈40余户企业，督促企业自查税款上亿元，极大地降低了税务机关的执法风险和企业的税收风险。三是上下联动。先后4次召开重点税源企业检查工作部署会、重点工作推进会，安排部署企业集团税收专项检查工作，充分调动省、市、县三级稽查机构的工作积极性，全面入户辅导自查，省局检查组及时向市县局反馈集团公司整体情况，市县局及时向省局检查组汇总个案疑点。四是指南引路。检查组在审核各集团及分支机构自查资料时，逐项逐条逐户列出问题疑点、检查方法和政策依据，编制针对性、实用性、操作性极强的税收检查指南，印发给各市县局指导检查工作，促使企业集团专项检查工作事半功倍。五是稳妥处理。在重点检查中，涉及资金统借统还业务、电建配套费和个人所得税方面的数据巨大，存在一定的税收争议。为确保税务检查和税务处理准确恰当，省局稽查局多次联合省局法规处、基金处和流转税处等业务处提前会诊检查情况，取得共识。积极向省局主要领导汇报情况，并多次主动和企业座谈，听取陈述申辩，讲明税收政策依据，做到有理有据，力争让企业心服口服，极大地促进了案件处理进程。

【打击发票违法犯罪活动】 始终坚持以严厉打击虚假发票卖方市场、大力整顿买方市场为重点，精心组织，夯实责任，强化协作，先后破获了延安“9·08”特大制售假发票案等典型案件，打击了涉税违法行为，巩固了全省打击发票违法犯罪活动工作的良好氛围。检查企业1332户，查办案件1049起，缴获非法发票20.22万份，打掉团伙1个，缴获作案机器5台，抓获犯罪嫌疑7人，查补税款533万元，共治理发票违法短信息55.97万条。根据新常态下打击发票违法犯罪活动的目标任务，省局稽查局主动转变思想观念，积极创新方式方法，把打击发票违法犯罪活动工作推向深入。完成了发票违法问题高发、频发的金融保险、房地产、餐饮娱乐等行业355户的违法受票指令性检查工作任务。各级稽查部门坚持“查税必查票、查账必查票、查案必查票”的工作原则，主动加强了与国税、公安机关的情报交换和协作办案工作，虚假发票“买方市场”需求得到遏制。延安市局稽查局成功破获“9·08”特大制售假发票案，宝鸡市局稽查局查办1起长期虚开假发票案。为了震慑涉税违法活动，宣传打击涉税违法行为成果，提高纳税人依法诚信纳税意识和税法遵从，在《陕西日报》开辟“涉税违法案件曝光台”专栏，对全省各地、市的发票违法案件进行集中曝光。

【稽查制度建设】　落实稽查绩效考核和“一月一考、每季通报”的工作要求，将推行税收“黑名单”制度、打击发票违法犯罪活动、税收专项检查、重点税源企业检查、稽查“六率”、标准化稽查底稿等12项指标，作为规范管理抓手和重点考核内容，逐级逐人夯实责任，推动了稽查重点工作有序落实。稽查工作质量效率不断提升，几项考核指标均有提高。其中，选案准确率100%，同比提高了1.05个百分点，高于考核指标10个百分点；查补收入入库率100%，同比提高了0.18个百分点，高于考核指标10个百分点；结案率99.29%，同比提高了1.01个百分点；处罚率为41.05%，同比提高了1.91个百分点；滞纳金加收率平均为16.96%，保持了较高的比例。

【稽查队伍建设】　宝鸡、榆林、安康3市局主动承担市县稽查机构改革试点工作，结合实际，采取了“四统一”的做法，初步达到了解决任务与人力矛盾、减少执法干扰、规范执法管理、提高工作效率的预期目的，为适应深化税收征管改革下的稽查体制建设，特别是“加强市级、调整县级”的市县稽查体制改革积累了经验，探索了新路。全省各级地税稽查部门本着解决稽查干部队伍“本领恐慌、责任缺失、有位不为”的问题，继续保持2014年稽查能手竞赛的良好势头，组织干部积极参与“稽查业务全员达标测试”活动，开展以岗位技能为主的考前培训，75%的稽查干部参加了考试，通过学习、竞赛、测试，进一步提升了全体稽查干部的业务技能。各级地税稽查部门高度重视干部教育培训工作，省局稽查局先后举办了全省地税系统新任稽查局长暨预防执法风险培训班、全省稽查业务骨干培训班、稽查选案管理系统应用培训班、电子查账软件应用师资培训班等，组织稽查人员进行相关内容的培训。各局普遍认识到提高人员素质的重要性，把学习培训常态化，西安局制定“以岗领学、以网促学、以考备学、以案教学、以训代学”的“五学”机制，宝鸡、延安等地以科室为单位开展税收基础知识培训，按月组织，按季测试，营造了主动学、全员学的良好氛围。

【数字稽查】　成立数据管理暨数字稽查领导小组，全力推动数据管理在稽查部门的开发应用。为保障税务总局金税三期工程稽查项目按期实施应用，省局稽查局组织力量参与省局金税三期工程项目组，认真研讨金税三期工程和现有稽查管理应用软件的差异分析，为确保2016年如期上线做好准备。各局积极拓展案源基础信息，与征管、信息部门联系，走访工商、国土资源、房地产等第三方相关部门，上下互动，保证了选案工作有据可依、有底可查，提高选案准确率。西安市局专门设计制定按照案件类型、税种、违法性质定性等从选案到执行全流程、全覆盖的明细表，要求报表填制“数据在业务流程的环节产生、数据在规范动作的时点取数”，保证数据采集的准确性、真实性。

【创建法治稽查格局】　落实“依法治税”工作方略，强化法治稽查的思想认识，坚持把公平公正公开原则贯穿于税收稽查案件的全过程，做到科学选案、严格查案、依法审案。坚持法定原则，特别是在面对方方面面的工作阻力时，能够严格按照执法程序办事，做到“法无授权不可为”。重视加强稽查制度建设，咸阳局针对县（市）稽查四环节内部监督机制不健全，检查取证不统一、不规范，案卷资料不全、顺序紊乱等问题，及时修订完善了《县（市）稽查“四分离”规程》《税务稽查取证规范》等规章，为法治稽查提供机制支撑。

【稽查信息化建设】　在稽查信息管理系统中增加耕地占用税和契税应用模块，进一步完善稽查系统，与征管部门联合在全省推行风险评估与稽查系统对接平台，加大电子查账在检查环节的应用，稽查智能选案系统进入开发试行阶段，着手规划稽查移动办案系统。另外，认真落实金税三期工程项目上线的准备工作，开展稽查项目差异分析及先期测试等工作，并就稽查选案与金税三期工程数据交互、稽查相关数据的储存及交互应用、稽查数据仓库的建立以及稽查成果分析利用模型建立、稽查系统查询、移动办案平台建立等方面的需求进行反复研讨，确保金税三期工程稽查项目如期顺利上线。

【国地税联合稽查】　为落实好税务总局局长王军、省局局长姚炬对陕西国地税联合稽查工作的批示精神，进一步加强国地税合作工作，省局稽查局多次召开联席会议，专门就总结联合稽查事项制定原则、确定总结思路、分工协作具体事项和后期进一步深化国地税合作的办法，将国地税联合稽查工作任务落到实处；省国地税稽查部门的管理、检查、选案、举报、政务等部门的负责人进行深入座谈，专门就落实联席会议确定的工作任务进行分工，并将近年来国地税联合稽查事项进行逐项梳理，避免遗漏合作事项；为更好地总结近年来国地税联合稽查工作的经验、做法、成效，还组织收集各地市近年来国地税联合稽查的相关制度、文件、图片、具体措施、取得的成效、案例等材料，编写成《陕西省国地税联合稽查工作制度及办法》《陕西省国地税联合稽查工作动态》《陕西省国地税联合稽查工作开展情况》《陕西省国地税联合稽查案例选编》《陕西省国地税联合稽查工作交流材料》《陕西省国地税联合稽查工作照片》等手册。

【稽查工作会议】 2015 年 3 月 27 日，陕西地税稽查工作会在西安召开。会议总结回顾了 2014 年全省地税稽查工作，安排部署了 2015 年全省地税稽查主要任务，并对加强稽查管理，完成稽查工作目标提出了工作要求。省局副局长薛庚武出席会议并做重要讲话，省局稽查局局长艾礼贵作题为《把握新常态　实现新突破　为实现数字稽查、法治稽查、现代化稽查而奋斗》的工作报告，省局稽查局副局长唐陇利主持会议。

会议要求：2015 年全省地税稽查工作要以服务税收工作大局为中心，深入推进全省地税稽查迈向数字稽查、法治稽查和现代化建设三大目标，着力强化干部队伍建设、规范管理、党风廉政三项建设，大力抓好重大税收违法案件查处、税收专项检查、重点税源检查、打击发票违法犯罪活动、贯彻落实“黑名单”制度和稽查系统绩效管理等六项重点工作，为促进陕西省地税事业又好又快发展做出新的贡献。

（史晓泳）

甘肃省

甘肃省国家税务局稽查局

【概述】 2015 年，甘肃省国税系统按照“126”思路（服务税收中心工作，发挥税务稽查整顿规范税收秩序和以查促管两项职能，做好提升稽查收入质量、打击涉税违法犯罪、建立查管互动机制、规范稽查执法行为、推进稽查机制建设、加强队伍建设6个重点工作）开展稽查工作，研究经济新常态特点，适应税收新常态要求，较好地完成了工作任务。

【稽查体制机制改革】 按照“做实省局、做强市局”的思路，省局稽查局积极探索稽查管理方式改革和优化机制工作，制定稽查管理方式改革实施方案，分层征求意见建议。白银、武威等地积极探索市一级稽查。至 2015 年底，全系统共有甘南、酒泉、张掖、白银等 4 个市（州）局探索建立了适合当地实际的市一级稽查管理机制。

【“营改增”专项稽查】 根据税务总局稽查局有关开展“营改增”相关企业调研式检查的部署安排，选择交通运输、铁路运输、电信、部分现代服务业等 5 种类型的 43 户企业，开展针对性检查，入库税收 3968.72 万元，调减增值税留抵税额 932.96 万元。

【稽查查补收入及分析】 2015 年共组织入库稽查收入 13.64 亿元，调减增值税留抵税金 1467 万元，调增应纳税所得额 6.68 亿元（其中弥补企业申报亏损额 2.36 亿元）。入库稽查收入占同期全省国税入库税收的 2.02%，在检查户数同比减少的情形下，增收 6.87 亿元，增长 1.02 倍。其中，通过对 1361 户纳税人实施检查，审结 1355 户，发现有问题 1342 户，查补入库税收收入 1.61 亿元；组织 811 户纳税人开展自查，自查有问题 607 户，入库税收收入 12.03 亿元。税务总局纳入绩效管理的 2 项相关考评指标选案准确率和查补入库率分别达到 99.04% 和 99.96%。

【重大案件查处】 联合公安、海关两部门成功告破省内第一起骗取出口退税大案（甘肃“7·08”骗税专案），涉案金额 14.5 亿元、税额 1.4 亿元（其中骗退税额 8215 万元），涉及省内企业 5 户，涉及虚开的增值税专用发票 3455 份、伪造的海运提单 464 份，涉嫌骗取进出口财政补贴资金800余万元。抓获犯罪嫌疑人2名，网上追逃3人，主要犯罪嫌疑人林某被检察机关批捕。由林某控制的其他2户新办外贸企业税收业务被叫停。涉案企业骗取银行贷款和财政补贴的违法行为也被停止。发现了查处骗税案件应采集的关键证据及采集方法，打破了全省出口退税企业税务稽查的“瓶颈”，在全省出口退税企业税务稽查工作进程中具有里程碑意义。

【税收专项检查】　开展包括行业专项检查、区域税收专项整治、重点税源企业检查和税务总局临时布置的“营改增”调研式检查四方面内容的专项检查工作。共组织667户纳税人开展自查，对1182户纳税人实施检查，合计入库税收收入10.94亿元，调减增值税留抵税额242万元，调减企业申报亏损额8964万元，向公安机关移送涉嫌犯罪案件42起。

【区域性税收专项整治】　省局选择中药材收购企业较为集中的定西市，作为2015年区域税收专项整治重点地区。与公安部门联手，深入查办甘肃“8·14”“2·04”及税务总局稽查局和公安部经济犯罪侦查局联合督办的“7·03”等大要案。各市（州）局也结合实际，确定了当地的重点整治区域。全省区域税收专项整治共检查纳税人114户，入库税收1115万元。

【重点税源企业检查】　分3个层次开展。一是落实税务总局统一部署对中国工艺（集团）公司等15户重点税源企业的抽查工作，在甘设分支机构的有3个集团，有分支机构41户，对其中的20户实施检查，入库税收1012万元。二是对省、市局自行选择确定的180户重点税源企业组织自查和检查，入库税收2.12亿元。三是按照税务总局对26户重点税源企业集团“双随机”抽查工作部署，对中国铁路总公司等11户企业集团在甘的213户下属机构，以及省国税局和地税局联合确定的15户企业，采取“双随机”模式开展检查，至2015年底，自查税收587万元。

【出口退（免）税企业检查】　与公安、海关联手打击骗取出口退税违法行为。筛选检查纳税人56户，查补入库税收80.07万元，其中省局直接组织查处的甘肃“7·08”骗税专案成效显著。

【黄金交易企业检查】　按照税务总局统一部署，开展打击利用黄金交易虚开增值税专用发票违法犯罪专项行动工作。税务、公安联手，对省内涉案有疑点的5户黄金交易代理客户、16户空壳开票企业和517户受票企业的涉税情况进行了核实检查。至2015年底，完成对5户黄金交易代理客户、16户空壳开票企业和370户受票企业的检查工作，入库收入4146万元，向公安部门移送案件16起。公安机关立案3起，抓获犯罪嫌疑人1人。

【资本交易检查】　指定资本交易稽查经验较为成熟的兰州市国税局为资本交易检查的项目负责单位，确定4户企业为资本交易专项检查对象，组织自查，对其中的1户实施重点检查，共计入库税收2.81亿元。

【房地产及建筑安装业检查】　对2010—2014年全省未实施过税务检查的房地产企业的完工项目进行调查摸排，筛选出有完工项目的45户房地产企业组织自查，对其中的36户实施检查，入库税收569万元。

【打击发票违法犯罪活动】　继续承担省、市、县三级打击发票违法犯罪活动工作协调小组办公室工作职责，与公安、地税等成员单位联合打击发票“卖方市场”，重点整治“买方市场”。全省全年共查处发票违法案件640起，查处违法发票12万份，捣毁假发票窝点2个，打掉犯罪团伙2个，缴获作案机器18台，其中公安机关立案7起，抓获犯罪嫌疑人10人，移送起诉2起。曝光发票典型案例11起，开展发票教育宣传393次。国税部门对1017户纳税人发票使用情况实施检查，发现违法企业598户，查处违法发票31829份，入库税收收入4631万元。

【税收“黑名单”制度】　建立重大税收违法案件公布、涉税联合惩戒和“红黑榜”公布3项工作同步推进的税收“黑名单”制度工作机制。内部制定省、市两级“重大税收违法案件公布标准”和《对重大税收违法案件当事人实施联合惩戒实施意见》，外部主动与省发改委、省工商局等其他20个成员单位沟通联系，联合部署推进工作。借助“德润陇原·诚信红黑榜”新闻发布会曝光“黑榜企业”。全省国税系统全年借助省、市两级诚信“红黑榜”新闻发布会，公布红榜企业161户、黑榜企业12户。涉税联合惩戒工作走在全国前列，被税务总局肯定表扬。《人民日报》和央视焦点访谈等主流媒体先后对甘肃省开展联合惩戒工作进行了专题宣传。

【涉税违法案件检举】　通过提高重要举报案件查处层级、对举报案件查处结果跟踪问效、将举报工作纳入绩效管理考核等方式，提升举报案件查处质量。全年共受理税收违法检举案件33起，查结31起，入库税收1434.40万元，发放举报奖金

0.25万元。

【案件协查】 自2015年5月起，凡是能通过协查系统发起协查的，不再发起纸质协查。发起协查前加强分析核查，受托协查实行分级负责制，确保协查需求明确合理，回复协查认真负责。通过严格要求，全省国税系统的协查选票准确率达到83.2%，比税务总局15%考核达标值高68个百分点，受托协查按期回复率保持100%，全年共对208起案件的4014份发票发出委托协查，收到213起案件的受托协查发票3371份，合计查补入库税收1628.84万元。

【稽查制度建设】 制定印发《案件检查廉政承诺暂行规定》《案件查后回访暂行规定》，配合监察部门制定印发《税收违法案件一案双查实施办法（试行）》，从制度层面事前防范、事后监督，规范执法。

【稽查系统建设】 建立包括归口管理、审核批准、简并进户、信息沟通、跟踪问责等内容的三级联动规范进户执法工作机制。除特殊调查事项外，国税部门所有进户执法事项均实行审核批准制，同一年度内，对同一纳税人不得重复进户开展纳税评估、税务稽查、税务审计。全系统全年共审核批准进户执法5393户，主要包括财政性专项资金核查、税务稽查、纳税评估等执法事项，不含税源管理部门日常入户管理。

【稽查队伍建设】 以“三严三实”专题教育活动为契机，加强思想、作风和廉政教育。注重干部工作实战技能培养，采取“请进来，走出去”模式学习查账技巧经验，鼓励稽查干部参加注册会计师等资格类考试和省局、总局领军人才选拔培养工作，总结完善“老带新”“师带徒”等传统方法。加强纪律教育，严肃责任追究。6名稽查干部因廉洁自律问题，受到党纪政纪处分，其中个别干部被追究刑事责任。

【稽查业务培训】 省局举办信息化稽查实战培训班，对稽查业务骨干开展针对性培训，并选取一起举报案件作为实训案源，检验培训效果。优化培训机制提升培训质量。将有关资本交易检查等专业性较强的业务培训，选择在系统内师资力量最强的扬州税务学院举办，全年共办理稽查业务培训班8期，培训干部299人，其中在扬州税务学院办理5期，培训干部90人。

【稽查信息化建设】 探索省局集中选案模式。将稽查电子数据实验室从兰州市国税局迁移到省局机关，完善相关硬件及软件设备配置，发挥技术支持等项职能作用。注重从出口退税管理系统等内部税收管理软件、互联网公布的股权交易等信息发现线索，丰富信息化稽查内涵。

【稽查宣传】 将稽查宣传与重大税收违法案件公布、涉税联合惩戒、“红黑榜”公布等工作紧密结合，借税法宣传月、“5·15”打击和防范经济犯罪宣传日等时机，通过定点集中宣传、编发专题简报等形式，加大税收违法案件曝光力度，促进社会信用体系建设。

【稽查工作会议】 2015年3月31日，甘肃国税稽查工作会议在兰州召开，总结2014年国税稽查工作，部署2015年稽查任务。各市（州、区）国税局分管稽查工作的局领导、稽查局长，矿区税务局稽查科负责人，省局办公室、政策法规处等16个处（室）的负责人，省局稽查局全体干部参加会议。省局副局长刘虎作《适应新形势 注重抓落实 加快推进全省国税稽查现代化建设》主题报告，省局局长韩月朝出席会议作讲话。

2015年3月30日，召开以“税案惊奇—2014季”为主题的全省国税系统稽查案件现场评查会，对各市上报、经省局初评筛选的13个案件现场评查，按一、二、三等奖评选出6个案例。在全省国税系统首次开启场内、场外互动投票模式，按照1部手机只能投1票的规则，评选出“最具借鉴价值的案例”1个。现场评查会通过视频方式扩大到各市（州、区）和县（区）国税局，全省国税系统820名国税干部参加会议，有3797名国税干部参加了场外互动投票，以评代培、规范执法。

2015年9月23日，召开全省国税系统打击利用黄金交易虚开增值税专用发票违法犯罪专项行动工作（简称“黄金票”专项行动）推进会。各市（州、区）国税局稽查局长、“黄金票”专项行动项目负责人，省局稽查局全体干部参加会议。省局党组成员、副局长刘虎出席会议，对做好“黄金票”专项行动和稽查工作提出要求。

（李昭婕）

甘肃省地方税务局稽查局

【概述】 2015年，甘肃地税局稽查工作以维护税法尊严和提高纳税遵从为目标，以坚持依法稽查和深化改革创新为主线，以重大税收违法案件查处和制度机制建设为重点，以提升队伍素质和强化作风建设为保障，努力推进税务稽查现代化建设，充分发挥税务稽查职能作用，较好地完成了各项工作任务。

【稽查查补收入及分析】　立案检查1984户，有问题1839户，查结1906户，查补税款、滞纳金和罚款共4.38亿元，实际入库4.36亿元，查补收入比2014年增加1.03亿元，增长23.52%。其中，单位查补税额在100万元以上1000万元以下的37户，共查补税款9021万元；单位查补税额在1000万元以上的3户，共查补税款7540万元。安排企业自查1286户，自查收入4.53亿元，实际入库4.53亿元，自查收入比2014年增加1.28亿元，增长28.26%；督导自查和立案检查合计查补收入8.91亿元，实际入库8.89亿元，比2014年增加2.31亿元，增长25.93%，占全省地税系统地方税收收入508.16亿元的1.75%。选案准确率93.21%，结案率96.07%，入库率99.78%，完成了税务总局稽查各项工作考核指标。甘肃地税局稽查局查补收入能够保持平稳增长，主要原因：一是继续抓好重点行业及重点税源企业的稽查工作。二是积极推行“查前辅导、查中约谈，以自查为先导、抽查与重点检查相结合”的检查模式。三是各级稽查局不断加大执法力度，提高执法水平，稽查各项工作能够落实到位。

【税收专项检查】　按照税务总局2015年税收专项检查工作安排，甘肃省地税局结合实际及时下发《甘肃省地方税务局关于开展2015年税收专项检查工作的通知》（甘地税发〔2015〕119号）。通过认真筛选确定指令性检查项目为黄金交易企业和资本交易，指导性检查项目为房地产及建筑安装业、高收入者个人所得税及营利性教育培训机构。各地稽查局根据实际情况，选择行业内有代表性的企业作为稽查对象，科学部署，合理安排，开展解剖式检查。全省各级稽查局实施税收专项检查973户，查补收入1.35亿元，其中查补税款9710.2万元、加收滞纳金1327.01万元、罚款2458.82万元；安排企业自查619户，自查收入1.9亿元；自查及检查合计查补收入3.25亿元。

【区域性税收专项整治】　确定嘉峪关市的小额贷款、担保、典当公司，庆阳市的能源化工行业，天水市的物业管理公司为2015年区域税收专项整治重点。在工作中，以“整治一个区域，规范一个地区税收秩序”为目标，根据不同行业、不同企业的特点，分别采取不同的检查方案，较好地完成了工作任务。区域税收专项整治工作实施检查91户，查结89户，查补收入244.54万元，其中查补税款150.31万元、加收滞纳金15.5万元、罚款78.73万元；安排企业自查22户，自查税款42.52万元；自查及检查合计查补收入287.06万元。其他市州以税收征管数据分析为基础，至少选择1个税收秩序相对混乱、税收违法行为比较集中的地区组织开展区域税收专项整治。全省各级稽查局自行开展项目实施检查191户，查补收入2632.02万元，其中税款2063.24万元、加收滞纳金205.71万元、罚款363.07万元；安排83户企业进行自查，自查税款1732.12万元。

【重点税源企业检查】　继续推行“查前辅导、查中约谈，以自查为先导、抽查与重点检查相结合”检查模式，精心安排组织全省重点税源企业检查工作。一是对税务总局安排的重点税源企业名单中涉及甘肃省的42家分支机构进行了抽查，共完成自查42户，自查收入528.81万元；实施重点检查23户，重点检查比例55%，查补收入224.74万元，其中查补税款199.29万元、加收滞纳金0.99万元、罚款24.46万元；自查及重点检查合计查补收入753.55万元。二是按照“两下一上”（省局下发省级重点税源企业名录库至各地，各地抽取稽查对象上报省局，经省局研究对各地初选的重点税源企业予以备案确认并下发各地执行）的选案要求，对抽取的1600户省级重点税源企业在4年内有计划地开展税收检查。2015年安排企业自查469户，自查收入1.79亿元；实施重点检查445户，查补收入1.54亿元，其中查补税款1.15亿元、加收滞纳金1409.34万元、罚款2492.74万元；自查及重点检查合计查补收入3.32亿元。三是联合甘肃国税局召开2015年重点税源企业随机抽查工作安排部署会，对税务总局抽取的26户企业集团涉及甘肃的269户企业，及甘肃国税局、地税局联合确定的15户企业安排开展自查，并要求联合入户开展税务稽查。

【打击发票违法犯罪活动】　一是继续开展发票使用情况整治工作，重点对发票违法问题高发、频发的金融保险、房地产、商业批发与零售、药品与医疗器械、餐饮娱乐、加工制造、中介机构等行业的发票使用情况开展检查。二是认真开展违法受票企业的检查工作，依法对违法受票企业进行处罚，完成了指令性查处违法企业户数任务。三是制定科学有效的发票治理实施方案，合理调配检查力量，统筹组织、精心谋划发票检查工作。结合行业特点、纳税人经营情况、各行业发票管理使用现状等认真进行查前分析，根据不同纳税人、不同行业的管理情况确定检查重点，采取灵活多样的检查手段，有的放矢地开展检查，提高了专项检查的质量和效率。四是积极配合公安机关加大制售假发票违法犯罪活动的打击力度，有效遏制制售假发票违法犯罪活动，对涉嫌犯罪的2起发票违法案件，及时移送公安机关。五是配合通信管理部门、公安机关、国税部门不断完善治理发票违法信息的分工协作机制，落实各自责任，密切信息沟通，强化情报交换，治理发票违法短消息75条，向甘肃国税局推送国税假发票总计18份，涉及金额120余万元。六是积极协助有关部门做好发票真伪的鉴定工作，提供技术支持和必要帮助，为发票信息查询提供及时可靠的便利条件。七是进一步加大宣传教育力度，加大制售假发票犯罪活动的打击力度和虚假发票典型案例曝光力度，与甘肃省公安厅合作举办了甘肃省暨兰州市2015年打击和防范经济犯罪“5·15”宣传日活动，在《甘肃地税报》开辟“曝光台”栏目，曝光一批发票违法犯罪案件，起到了良好的宣传、警示、教育作用。2015年甘肃地税各级稽查部门进行发票检查867户，查处违法企业251户，超出税务总局下达的200户指令性任务的25%，查处非法发票851份，涉及金额1.21亿元，查补税款613.81万元，加收滞纳金196.86万元，罚款310.22万元；企业自查161户，自查有问题26户，自查补税1142万元。

【税收“黑名单”制度】 一是根据税务总局有关公布重大税收违法案件信息的要求，对符合税务总局公布标准的1起案件按规定上报总局批准后进行了违法信息的公告。二是联合省发改委与全省20个相关部门召开联席会议，签署合作备忘录，明确联合惩戒的有关事项。三是全面落实惩戒措施，由纳税服务部门将甘肃地税局公布的1件和甘肃国税局公布的6件重大税收违法案件“黑名单”企业的纳税信用等级直接降为D级，并将其信息推送至公安、工商、检疫、金融等各相关部门，实施联合惩戒。四是大力开展宣传工作，将“黑名单”信息纳入甘肃省公共信息共享交换平台，通过“信用甘肃”网站向社会进行公示，同时在《甘肃地税报》曝光10起税收违法案件，起到了良好的震慑警示、宣传教育作用。

【涉税违法案件检举】 贯彻落实《税收违法行为检举管理办法》《税收违法行为检举案件管理考核办法》，始终坚持“统一领导、分级负责、属地管理、量化考核、严格保密、依法查处”的原则，遵循“有案必接、接案必查、查案必结、结案必清”的工作机制，积极推进涉税违法案件检举工作。结合甘肃省税收工作实际，进一步强化检举案件受理、查处、反馈等环节的基础管理工作，不断完善工作措施，加大检举案件查处力度和督办力度，使违法案件检举查处工作更趋规范化，有力地提高了案件转办和督办工作的质量和效率。依法确认、计算和兑现检举奖金，严格为检举人保守秘密，做好检举案件的矛盾化解、疏导、说服工作。2015年共受理举报案件18件（其中税务总局交办2件）。

【稽查队伍建设】 一是按照“做实县局、做强市局、加强省局”的稽查工作要求和选案、检查、审理、执行四个环节的工作流程，明确了市县两级稽查职责和基础范围，将部分“懂政策、会查账、业务精”的业骨骨干调整充实到稽查队伍中。二是通过优秀稽查案卷评审、稽查案例分析讲评、组织办案经验交流等形式，进一步提高了税务稽查人员的实务操作能力，提升了稽查队伍的整体素质和税收执法水平。三是按照“一岗双责、一案双查”要求，靠实主体责任、委员责任和个人责任，强化风险意识，实施案件复查、回访制度，有效防范执法风险，不断加强廉政建设。

【稽查业务培训】 甘肃地税局稽查局结合当前稽查工作的实际需求及人员素质情况，认真分析研究，制定详细合理的培训计划。一是举办全省地税系统稽查统计报表采集分析系统及重大税收违法案件信息公布系统培训班，省、市、县三级稽查干部共48人接受了学习培训。二是组织各市州、县区稽查局全体干部参加稽查电子查账软件培训，全面提升了稽查电子查账软件的运用水平。三是安排各级稽查部门开展金税三期工程稽查模块的应用培训，为金税三期工程稽查模块的全面上线运行奠定了坚实基础。四是组织全省地税系统稽查业务能手考试，选拔出一批稽查业务骨干。通过各类培训和考试，全体稽查干部丰富了知识、交流了经验、得到了启发，进一步提升了干部的综合素质和工作能力，为今后更好地履行工作职责打下了良好的专业基础。

【稽查信息化建设】 继续加强稽查信息化建设，不断提高稽查人员信息化稽查的能力，稽查信息化水平大幅提高。一是积极开展金税三期工程稽查模块试运行工作，熟悉金税三期工程稽查模块的统一标准和流程，为全面上线办理稽查案件奠定基础。二是顺利完成“双随机”抽查软件的采购招标工作，积极谋划建立稽查对象分类名录库、稽查异常对象名录库、稽查执法检查人员分类名录库，为“双随机”抽查选案做好充分准备。三是大力推广电子查账软件，向省、市、县各级稽查部门统一配发电子查账软件，提高稽查工作效能，有效应对企业利用电子账簿虚假记账、隐匿或者销毁电子账簿等违法情况。

（李碧晓）

青海省

青海省国家税务局稽查局

【概述】 2015 年，青海省国税稽查工作在省局党组的正确领导和税务总局稽查局的指导、支持下，围绕税收中心工作任务，把握税收事业发展新常态，立足本职、砥砺前行，坚持依法行政，创新稽查工作，加强队伍建设，着力提升稽查执法整体效能，深入整顿和规范税收秩序，充分发挥稽查职能作用，助力青海国税事业现代化发展。

【稽查现代化建设】 成立专题调研组组织开展专题调研活动，在认真总结“十二五”工作的基础上，研究制定《青海省国家税务局“十三五”稽查工作规划》，确立了着力提高新常态下的税务稽查整体执法能力，有效发挥税务稽查职能作用，为青海国税工作现代化发展保驾护航的工作思路，确定了工作基本目标、主要任务和具体措施，科学谋划、探索实践符合青海实际的深化税务稽查现代化发展道路。

【“营改增”专项稽查】 根据税务总局工作部署，成立专门工作组，对交通运输业和现代服务业 6 户企业，组织开展“营改增”专项检查工作，以电信业为主对 2 户企业组织开展调研式专项检查，查补税收 320 万元，积极发挥稽查监控职能作用，坚决防止苗头性问题发展成趋势性问题，坚决防止大面积虚开骗税问题的出现。同时，深度分析相关“营改增”受票企业增值税抵扣情况，对比分析“营改增”前后企业税负变化等情况，针对电信业适用税率、终端设备计税定价、业务宣传费划分，以及应税收入属性划分等问题，提出意见和建议，为确保“营改增”工作顺利推进提供有力支持。

【稽查查补收入及分析】 密切关注和把握新常态下经济税源发展变化特征和税收工作发展要求，充分估计对税收收入可能发生的不利局面，妥善处理执法与收入的关系，服从、服务税收中心工作，严厉查处各类税收违法行为，深入整顿和规范税收秩序，充分发挥稽查收入职能作用。全省国税稽查查补总额 3. 93 亿元，查补率 2. 66%，同比增长 9%，增加 3171 万元，增值税 2. 37 亿元，企业所得税 1. 55 亿元，消费税 24 万元，车辆购置税 11 万元，查补税收和查补率再创历史新高，为促进税收水平和质量提升做出积极贡献。

【税收专项检查】 根据税务总局指令性和指导性项目，结合征管工作实际，创新稽查执法组织方式，以实际查补税收为业绩考核标准，以省局集中选案、各地组织自查、交叉实施检查为主要方式，抽调 187 名业务骨干组成 83 个检查组，对包括金融、电力、商贸、房地产等行业 245 户企业组织开展税收专项检查，合理调配稽查资源，有效提升了执法层级，着力增强执法效能。2015 年税收专项检查查补税收 2. 73 亿元（另：弥补亏损 4266 万元，抵减增值税留抵税款 6100 万元），同比增长 55%，增收 1 亿元，执法成效明显提高，得到税务总局领导批示件表扬。

【区域性税收专项整治】 加大行业税收风险分析力度，依据经营规模、纳税申报、违法记录等情况，进行行业重点税收风险排序，确定对全省房地产行业实施专项检查，深入整顿和规范行业税收秩序，全面增强行业征管工作力度。全省国税房地产税收 1. 31 亿元，同比增长 75%，增收 5661 万元，其中稽查查补税收 4298 万元，同比增长 2. 5 倍，增收 2630 万元，税收增长贡献率 46%，促进了行业税法遵从度提升。

【重点税源企业检查】 根据税务总局统一部署，与地税部门积极沟通协调，建立税务稽查联合随机抽查机制，共同制订并实施联合抽查计划，采取以自查为先导、抽查与重点检查相结合的检查方式，对12户全国重点税源企业在青成员单位实施税收检查工作，做到协同配合、上下联动、政策统一、查深查透，及时互通查获情况，商讨解决疑难问题，准确定性处理，查补税收4911万元。同时，积极推行查前辅导、查中约谈，现场进行纳税辅导，有效税法遵从度进一步提升。

【稽查协作】 加强与征管、税政、法规等部门的沟通协调，加大内部协作力度，查补内部移送线索案件税收7400万元。会同海关、公安等部门制定工作方案，围绕“破获大案、打击团伙、规范行业”的总体方针，开展打击骗取出口退税违法犯罪活动专项行动，查处有问题企业4户，查补税收424万元、抵减增值税留抵税金8.5万元。与地税部门修订完善稽查协作规定，配合省发改委研究制定青海省《关于对重大税收违法案件当事人实施联合惩戒措施的合作备忘录》，扎实推进各项稽查协作工作稳步推进，有效发挥执法合力优势。

【房地产及建筑安装业检查】 加大行业税收风险分析力度，依据经营规模、纳税申报、违法记录等情况，进行行业重点税收风险排序，确定对全省房地产行业实施专项检查，深入整顿和规范行业税收秩序，全面增强行业征管工作力度。2015年全省国税房地产税收1.31亿元，同比增长75%，增收5661万元，其中稽查查补税收4298万元，同比增长2.5倍，增收2630万元，税收增长贡献率为46%，促进了行业税法遵从度提升。

【打击发票违法犯罪活动】 贯彻落实打击发票违法犯罪活动各项工作部署，会同公安、地税等部门，以金融保险、房地产、加工制造等行业为重点，深入整治虚假发票“买方市场”和制售假发票“卖方市场”。查处各类发票违法案件498件，涉及非法发票2014份，查补税收1608万元，缴获假发票6万余份、假印章160余枚，移送公安37起，抓获犯罪嫌疑人35人。同时，联合公安机关严厉打击虚开“黄金票”行为，查处26户企业，移送司法机关10户，查补收入841万元，保持打击发票违法活动高压态势，有效防止利用发票偷、逃、骗税违法行为的滋生和蔓延。

【稽查税源管理】 围绕重点税源企业、征管薄弱行业，加强与大企业管理、征管、计统等部门的沟通协调，进一步拓展案源信息，广泛收集和深度挖掘稽查信息、风险管理推送信息等，进行省局集中选案，着力提升稽查案源管理水平，确保稽查执法工作有的放矢。2015年选定的54户重点税源企业和房地产企业，均发现有问题，选案准确率100%，其中100万元以上案件43起，同比增长34%，查补税收2.66亿元，同比增长3倍，增加1.88亿元，实现了税务稽查执法精准打击。

【涉税违法案件检举】 坚持依法行政工作要求，夯实管理基础、规范执法行为，严格落实《税收违法行为检举管理办法》，加强税收违法检举案件管理，提升涉税违法行为查处质效，有效整顿和规范税收秩序。全省各级国税举报中心共受理检举案件17起，查处13起，查结12起，查补税收575万元，其中税款456万元，罚款32万元，滞纳金87万元，入库率100%。在受理查处的检举案件中，符合大要案标准的案件1起，查补税收261万元全部入库。

【案件协查】 积极发挥稽查协查实时监控作用，发布税收风险预警，为税收征管和案件查处服务。累计委托、受托协查发票4394份，按期回复率100%，证实虚开发票945份，涉及金额8499万元，查补税收1285万元。委托、受托协查信息完整率分别为99.92%和100%，选票准确率91.87%，协查回复有问题比率91.96%，各项指标均高于税务总局绩效考核指标要求。

【稽查系统建设】 认真贯彻落实税务绩效考核管理要求，采取日常考核和系统考核相结合的方式，加大稽查重点工作绩效考评和个人绩效考核力度，确保工作报告、案情分析、督查督办、大要案报告、案件公告、稽查报表等工作制度落实到位，选案准确率100%，案件结案率99%，查补税款入库率100%，均达到和超过税务总局的目标要求，稽查协查工作、打击发票违法犯罪工作得到税务总局的通报表彰。加大稽查办案痕迹管理，坚持重大税收违法案件集体审议制度，实施重大案件审理提前介入工作制度，强化办案质量跟踪问效工作，对2014年已查结案件实施调卷复核和实地复核，案件复审率100%，有效促进了案件质量水平整体提升。

【稽查队伍建设】 坚持分级分类培训制度，积极利用各种渠道，扩宽培训范围、提高培训层次，积极派员参加和举办省内外专题业务培训班13期，培训人员186人次，促进稽查执法能力整体水平提升。针对不同经济税源分布和特点，由省局统一调配稽查业务骨干92名，组成21个专业团队实施稽查工作，并进行全程跟踪问效管理，有效提升稽查执法层级，降低稽查执法干扰，杜绝“人情税”等现象的发生，保障稽查执法效应的最大发挥，税法威慑力不断增强。

【稽查内部监督制约】　严格落实“一案双查”“两权监督”工作制度，深入开展党的群众路线教育活动和“三严三实”专题教育活动，引导稽查干部加强党性修养，增强责任意识、大局意识，坚持实事求是，改进工作作风，着力解决“不严不实”问题，教育和警示广大干部筑牢反腐倡廉的思想防线，提高廉洁自律意识，严于执法、廉洁奉公。进一步增强稽查执法监督制约机制，坚持“四环节”分离，实现案件查处道道把关、层层负责、相互制约、相互促进的良性互动局面，着力增强了稽查执法管理，降低执法风险，全年未发生稽查执法违纪行为。

【稽查信息化建设】　以协查信息系统为依托，维护和推广应用稽查案例库、重大税收违法案件公布信息系统、稽查统计报表采集分析系统等系统，搭建查办案件经验交流平台，2015 年上半年省国税局发布稽查案例 6 件，进一步增强了税收案件和稽查统计分析工作信息化管理。根据工作部署，积极参与金税三期工程推行工作，做好业务差异分析，提出优化、改造建议 45 条，并配合做好数据初始化和迁移工作，夯实金税三期工程税务稽查子系统运行基础。

【稽查调研】　成立专题调研组开展专题调研活动，在认真总结“十二五”工作的基础上，科学筹划“十三五”工作规划，确立了着力提高新常态下的税务稽查整体执法能力，有效发挥税务稽查职能作用，为青海国税工作现代化发展保驾护航的工作思路，拟定了工作基本目标、主要任务和具体措施。同时，针对稽查体制机制改革、稽查审理工作、行业税收检查等方面进行调研，完成 3 篇专题调研报告，积极探索稽查现代化发展道路。

【工作建议】　深化稽查扁平化管理模式，紧密结合税源结构及分布情况，以合理调配管理与稽查之间的资源配置，增强对重点税源企业和重大税收违法案件的检查力度，进一步改进稽查管理体制，做强省级稽查局，做实市（州）级稽查局，逐步构建以税收风险管控为导向的适应税源日益集中和企业跨地区、跨行业经营的稽查资源配置模式和管理机制。优化稽查资源配置，建立和完善激励机制，形成权责利统一、激励有效的稽查资源管理制度，遵循公平、公正、公开的原则，使稽查资源优势与稽查对象所需要的稽查工作能力相适应，确保稽查质量。

（李辰钰）

青海省地方税务局稽查局

【概述】　2015 年，青海省地方税务局稽查局认真贯彻落实全国税务稽查工作会议精神，根据税务总局稽查局的工作部署，及时召开全省地税稽查工作会议，统一安排和布置了 2015 年税收专项检查、区域税收专项整治、打击发票违法犯罪、整顿和规范税收秩序以及开展重点税源企业检查等稽查重点工作任务，制定各项切实可行的工作实施方案，加大对全省稽查工作的监督、指导和协调力度；充分发挥税务稽查打击与维序、震慑与服务的职能作用，为全系统组织收入任务的完成做出了积极贡献。

【稽查体制机制改革】　针对青海省地方税务系统现行稽查体制机制运行中出现的一些问题（如税收征、管、查衔接不畅、稽查人员老化、工作效率不高等）进行专项调研。研究草拟《关于进一步加强全省地税稽查工作的意见》，统一规范并理顺了税收征管查之间的职责、地税稽查业务管理、稽查机构人员及经费和装备的管理。

【稽查查补收入及分析】　共检查涉税案件 143 户，审结 128 户，有问题的 127 户，选案准确率 99.22%。其中百万以上案件 21 户，结案 113 户；另外，全年督导 161 户企业开展税收自查。累计查补各项收入 28177 万元，执行入库 26322 万元，入库率 93.42%。

【税收专项检查】　根据《国家税务总局关于开展 2015 年税收专项检查工作的通知》（税总发〔2015〕25 号文）要求，结合青海省实际，安排部署 2015 年度税收专项检查工作，明确全省地税税收专项检查的实施计划、实施步骤、检查目的、检查内容、检查重点及检查要求。将房地产及建筑安装业、资本交易作为指令性检查项目；将高收入者个人所得税、营利性教育培训机构作为指导性检查项目。成立由省局主要领导任组长、稽查局和各相关处室负责人为成员的税收专项检查工作领导小组，强化过程监控和效果评价，加大案件督办力度，对工作完成情况加强监督和指导，确保了各类检查按计划有序开展。截至 2015 年 12 月底，全省地税稽查部门对 67 户企业开展专项检查，共查补收入 7067 万元，执行入库 5280 万元；同时，组织 95 户企业开展自查，自查补税 16546 万元全部入库。

【区域性税收专项整治】　根据税务总局和青

海地税局的工作部署，认真落实区域税收专项整治任务。由各市、州地税局结合实际自行确定整治对象或地区。其中，第一、二稽查分局分别选定西宁市城中区和1个县辖区开展专项整治；第三、四稽查分局以矿产品采选经销企业为整治对象；第五分局确定小额贷款公司开展税收专项整治。整治行动中，各地坚持“打击与建设相结合、治标与治本相结合”，立足实际、着眼长远、抓住要害、重点推进。截至2015年12月31日，区域整治安排49户企业自查，有问题19户，自查补税512万元；进户检查企业23户，查补收入1144万元。另外，青海地税局稽查局多次就玉树州灾后重建项目进行查前的预案准备工作，并派专人辅导第四稽查分局开展检查。同时，深入各地就“营业税”税源企业重点稽查工作的组织、实施和完成情况进行全面检查和督导，确保稽查工作扎实稳步推进。

【重点税源企业检查】 根据税务总局稽查局的工作部署，青海地税局稽查局与青海国税局稽查局加强合作，并借助税收征管信息系统，调查核实了税务总局安排抽查的重点税源企业在青成员单位分布情况，确定关联单位15户，并安排了上述单位开展税收自查，自查补税291万元。按照税务总局要求，自行安排重点税源企业检查3户，自查补税494万元。

【打击发票违法犯罪活动】 2015年，根据税务总局的工作要求，年初制定并下发《青海省地方税务局2015年打击发票违法犯罪活动实施方案》，安排布置具体工作任务。全省各级地税部门积极行动，采取有效措施，集中力量对各类发票违法犯罪活动进行了有力打击。一是各级地税部门将纳税人发票使用情况作为对企业开展税务检查的必查项目，采取企业自查与税务部门重点检查相结合，专项检查与日常检查相结合的多种形式开展检查工作。二是利用各种形式广泛开展打击发票违法犯罪活动的宣传教育工作，提高公民的打假、识假能力。三是通过受理举报、案件推送、发票协查等渠道发现案件线索和疑点，顺藤摸瓜，精准打击，并开展对历史建筑、公园公共资源中设立私人会所情况调查和餐饮企业发票使用情况开展专项整治行动。四是联合公安部门查处发票违法案件3起，查缴尚未出售的假发票及税收票证107723份，假印章377枚，制售假发票用手提电脑2台、打印机2台及其他用于制作假发票的工具，当场抓获制售假发票犯罪嫌疑人4名。截至2015年12月底，全省地税系统累计出动执法人员1037人次，共对1392户企事业单位的发票取得及使用情况进行了检查，共查处违法受票企业270户，查处非法发票2844份，涉及金额10414.36万元，查补税款426.66万元，加收滞纳金13万元，罚款158.44万元。根据省局年初下达的查处违法受票企业不少于200户的要求，已查处270户，完成任务的135%。另对公安部门截获短信假发票线索信息1896条、涉及金额4.92亿元的线索进行调查核实，其中向地税机关移交发票信息253条，涉及金额1251万元。

【涉税违法案件检举】 按照税务总局《税务违法案件举报管理办法》及相关规定要求，不断加大涉税违法检举案件查处力度，严厉打击涉税违法行为，全年共受理举报案件17件。其中，青海地税局受理6件，各州、市地税局受理11件；移交国税局2件，查结10件（上年1件），查补税款445.45万元，加收滞纳金15.6万元，罚款14.52万元，合计：475.57万元，执行入库459.79万元，入库率96.68%。

【案件协查】 进一步抓好协查案件的受理、转办和督办工作，分级检查，提高协查案件查办效率。落实考核制度，在系统内定期督办各单位协查案件办理进度，高度重视协查案件回复工作。2015年共受理协查案件3起，回复3起，协查信息完整率100%。

【案件曝光】 根据税务总局及国家发改委等21个部门联合签署的《关于对重大税收违法案件当事人实施联合惩戒措施的合作备忘录》要求，推行“黑名单”制度，明确专人负责，积极联络并配合相关单位，召开联席会议，加强协作，强化涉税违法案件的曝光。年内通过门户网站、《青海日报》《青海法制报》等媒体，向社会公开曝光24件典型案件，达到了预期效果。

【稽查系统建设】 为做好税务稽查工作落实的监控督办，青海地税局稽查局领导班子分片联点督导各稽查分局各项工作完成进度及绩效考评关键指标进度，促进了稽查质效的提升。拓宽服务，采取疑难个案现场指导、集中难点面上辅导，主动到各市、州局指导查处疑难案件。结合全国税务绩效考核系统的正式运行，将绩效考评作为促进稽查工作的一项有力措施，尽全力去落实和完成好。重点做好了两个方面的工作。一是做好税务总局稽查局对省局的考核工作。细化税务总局考核内容，将各项考核指标分解落实到人，一级向一级负责。二是做好对各稽查分局的考核。根据税务总局考核指标的要求，结合青海省地税稽查工作实际，确定科学合理的考核指标，本着减轻基层负担，全面反映工作状况的原则确定了考核内容，并进行实时监督考评。

【稽查队伍建设】　在全系统开展历时5个月的稽查人员“岗位大练兵、大比武”活动，掀起学业务、强技能、促提高的热潮。练兵期间，结合查账软件的运行，重点组织开展了稽查查账软件的培训；结合税收稽查质量管理，开展了以税务稽查工作规程、稽查业务管理办法、稽查取证和财务会计为主要内容的培训；结合税种和行业税收管理，分别举办了所得税、房地产税收、资本交易等专项业务培训等。各稽查分局从提高实战能力、服务实战需要出发，围绕中心工作，扎实开展练兵活动。通过全方位、多渠道、深层次地学习练兵，有效提高了全省稽查干部的岗位技能和业务素质。同时，“大比武”活动中评选出了青海省地方税务系统“十佳税务稽查能手”“十佳税务查账能手”。

【稽查业务培训】　强化稽查干部队伍素质建设，组织全省稽查干部41人赴江苏税务干部培训学校进行稽查业务培训，培训内容涉及资本运作的税务稽查、稽查预案、询问笔录分析、账外账的检查重点、信息化查账软件的运作、会计与税法常见差异及税务调整等。

【稽查信息化建设】　增加稽查查账软件的配置数量和技术含量，积极开展查账软件的务实操作培训，依据省局安排适时组织培训和研究查账软件网络版应用，深度培养既精通计算机又精通稽查业务的复合型人才，提升稽查信息化应用水平。重视税务稽查查账软件应用，组织电子模拟查账竞赛，挖掘软件的数据提取、数据分析、疑点查找等功能，为稽查工作高效开展提供有力手段。建立信息化稽查案例库，对经典成功案例建立电子档案，总结信息化检查的工作亮点，梳理违法企业涉税作案手段和特点，以便稽查人员查询、学习和借鉴。

【稽查工作会议】　为贯彻落实好全国税务稽查工作会议精神，及时召开系统税务稽查工作会议，制定下发《2015年税务稽查工作要点》，部署全年稽查重点工作任务，并就做好全年全省地税稽查工作提出具体要求。听取各地稽查局就按照省局总体工作部署全面抓好稽查工作，组织开展好专项检查，提高打击发票违法犯罪工作成效等方面的专题汇报，同时对稽查工作落实中遇到的问题和困难进行共同研究和讨论，统筹工作部署，为顺利完成全年各项预定目标奠定了基础。

（刘　琪）

宁夏回族自治区

宁夏回族自治区国家税务局稽查局

【概述】　2015年，宁夏回族自治区各级国税稽查部门认真贯彻落实全国税务稽查和全区国税工作会议精神，以服务税收工作大局为中心，以提高纳税遵从和稽查质效为目标，以精准选案、系统管理、信息化稽查为抓手，以绩效考核、能力建设、改进作风、风险防范为保障，充分发挥税务稽查职能作用，推进税务稽查现代化建设，各项工作取得较好成效。

【稽查现代化建设】　以理论探索、机制改革和方法创新推进全区国税稽查现代化建设。根据当前稽查改革的方向和要求，形成《全区国税税务稽查体制改革的意见建议报告》《银川地区税务稽查效能分析》等有关调研成果，拓展了优化稽查资源配置的思路。采取授权检查、交叉检查、抽调稽查人才库人员组织集中检查等方式优化人力资源配置，对跨区域的大型企业集团探索区局稽查局牵头组织、各地联动检查方法，提升检查的整体成效。

【稽查体制机制改革】　在保持机构不变、业务运转基础上，积极稳妥完善和推进“一级稽查”改革，已经改革到位的石嘴山、固原、中卫市国税局稽查局不断总结完善，提高运行效能；银川、吴忠积极开展试点；区局稽查局与银川经济技术开发区国税局、宁东能源化工基地国税局稽查部门实行“统一选案、共同实施、集中审理、分级执行”稽查模式，选择4户企业编组检查，优化稽查资源配置。

【“营改增”专项稽查】 根据税务总局开展“营改增”稽查工作要求，结合自治区行业特点，组织对交通运输企业、铁路运输企业、电信企业和部分现代服务业等4个行业下的铁路运输、公路货物运输、公路旅客运输、电信业、物流收派服务、广告业和鉴证咨询业等7个子税目行业，进行“营改增”调研式检查，共检查企业56户，延伸检查相关企业下游企业66户，查补增值税1075万元，查补企业所得税1500万元。

【稽查查补收入及分析】 查补收入4.21亿元，入库4.20亿元，其中税款2.34亿元、罚款4582万元、滞纳金9316万元、督导自查收入4653万元，查补收入平均入库率99.71%。查补收入实现高位运行的主要原因：一是税收专项检查成效明显，组织了指令性项目和因地制宜对建筑安装、交通运输等行业的检查，查补收入1.23亿元，与2014年持平。二是大要案件查处质效提升。坚持税收法治的理念，突出严惩重罚、以儆效尤，实施案件分级分类管理和随机抽查制度，确保选案准、查的深、惩处严，全年查处大要案件查补收入同比增长6540万元。三是存量案件快审快结。推行案件督办、限时查结审结机制，结案率99.6%。特别是审结以前年度案件78起，入库查补收入9979万元。

【案件查办情况】 检查纳税人761户（次），有问题739户（次），其中偷税案件471起、逃避追缴欠税1起、虚开增值税专用发票14起。检查户数比2014年减少182户，查补收入同比口径（剔除自查查补收入）持平，个案户均查补收入55.32万元，户均查补收入同比提高18%，案件查处呈现量减质增的趋势。

【案件特点分析】 一是虚开虚抵案件高发势头明显。全年查处虚开增值税专用发票案件14户次，接受委托协查和发现虚开走逃户数大幅增加，犯罪分子利用简政放权后税收后续管理跟进不及时等空子，虚假信息注册、井喷式虚开、闪电式逃离特点鲜明。二是重大涉税违法案件频发。查处百万元案件持续在高位运行，个别案件案值超过千万元，金额巨大，反映出日常税收管理监管存在较大漏洞。三是发票违法依然猖獗。受执法手段制约，街面发票违法信息难以根治，发票违法活动屡查不绝，发票违法行为依然普遍存在。

【重大案件查处】 全区各级国税部门将涉税大要案件查处作为稽查工作的重中之重，从强化查前分析、运用信息手段、联合公安办案、加强管查互动等方面入手，拓展案源渠道，查处一批典型的重大涉税违法案件，案件查办效率明显提高。全年全区国税系统稽查部门共查处百万元以上案件39起，入库查补收入1.46亿元，其中千万元以上案件3起、入库查补收入6918万元。百万元以上案件查补入库税额比2014年增长39%，有力打击了各类重大涉税违法活动。

【税收专项检查】 根据税务总局安排和各地实际，确定了资本交易、黄金交易、出口退（免）税等行业作为指令性检查项目，区局稽查局统一筛选确定78户应查企业；各地因地制宜选择管理相对薄弱、反映问题较多的建筑安装、交通运输、农产品收购、酒类、电梯销售公司、小额贷款等行业作为当地检查项目实施检查，增强了针对性和实效性。充分发挥区局稽查局统筹协调职能，组织开展统一选案、统一培训，对指令性检查项目分别归口到区局稽查局相关检查科负责，查前选定典型企业开展剖析检查，查中通报情况、交流方法，对疑难问题归口负责指导，统一处理标准尺度。全区专项检查检查企业410户、查补收入1.23亿元。

【重点税源企业检查】 一是根据税务总局关于重点税源企业税收抽查工作安排，全区国税、地税稽查部门联合对箭牌糖果、中建材等2户企业涉及本区的25户成员单位安排了自查，并及时开展查前辅导和查中督导工作，联合地税稽查部门选取10户成员单位进行重点检查，查补收入102.8万元。二是为开展好本区重点税源企业检查工作，对全区3年未实施稽查的年缴纳货物劳务税500万元以上企业开展重点税源企业抽查工作。重点检查内容为企业在货物和劳务税、企业所得税及其他各税缴纳方面，有无申报不实、少缴税款的情况；在经营购销过程中，有无违法取得、开具、使用增值税专用发票、普通发票和不按规定抵扣税款的情况。抽查区内重点税源企业46户，查结26户，抽查面56.5%，发现有问题的26户，查补各项收入1391万元。

【出口退（免）税企业检查】 全区共安排检查出口退（免）税企业26户，检查户数占全区2014年申报出口退税业务企业的23%。查结24户，有问题23户，涉及出口案值3.47亿元，查补收入740.65万元，其中税款716.39万元、滞纳金和罚款23.96万元，冲减增值税留抵税金14.04万元，调减亏损1633.14万元，暂停退税1300余万元；入库查补收入55.13万元。

【黄金交易企业检查】　对全区151户空壳企业及499户用票单位在前期数据分析、摸排线索、确定重点对象立案侦控的基础上，全区统一开展收网行动。公安机关提请检察机关批准逮捕2人、取保候审7人、正在追逃3人，捣毁犯罪窝点6个、收缴各类私刻公章50余枚、身份证件18个，空白假增值税专用发票500份、虚假发票代开宣传单2000余份、“克隆票”1600余份，初步查明涉及虚开企业9户，金额2.5亿元、税款4250万元，确认许开3户，没收虚开发票1248份、金额11809万元、税款2007万元，其余正在协查取证。同时，选取部分用票量大、线索明显的用票单位，进行“解剖式”检查，积极总结检查方法，立案检查用票单位15户、查结4户，应补税款56.05万元、入库29万元。

【资本交易检查】　按照税务总局稽查局要求，将从事实业投资、上市融资、企业内部业务重组，从事收购兼并、持股联盟以及企业对外的风险投资和金融投资等事项，均列入专项检查范围。共选取37户涉及资本交易项目企业作为检查对象，共检查41户，检查面100%，其中有问题14户，查补入库各项收入合计221.6万元。有问题的31户企业中，因资本交易项目少缴税款的涉及2户企业，查补税款3万元，因其他问题少缴税款的企业29户。

【房地产及建筑安装企业检查】　按照税务总局稽查局要求，将房地产及建筑安装企业检查列入税收专项检查指导性项目，共组织检查13户，查补收入1909.35万元，其中税款（企业所得税）570.26万元、滞纳金253.64万元、罚款164.45万元、企业自查收入921万元。

【打击发票违法犯罪活动】　认真履行全区打击发票违法犯罪活动小组牵头职能，印发《全区2015年打击发票违法犯罪活动工作方案》。为地方有关部门组织发票知识专题讲座，与公安部门密切协作加大街面发票的整治力度，纳入派出所日常治安巡查的重要内容，根据发现兜售各类虚假发票和散发发票名片信息做出处罚类别的轻重，给予不同标准的奖励，查团伙、端窝点。认真落实“查账必查票，查案必查票，查税必查票，查票必查税”要求，着力查处重点行业和重点发票，对“营改增”、房地产和建筑安装、金融电信、商业批发与零售、餐饮娱乐等行业的发票使用情况开展重点检查，进行逐票比对、逐票核查，严厉查处各类违规发票。全区共立案查处各类发票违法案件445件，查处非法发票16991份，涉及金额3亿多元，查补各项收入2352万元；公安机关立案查处发票违法案件17起、犯罪嫌疑人7人、移送起诉2起，审判机关判处有期徒刑2人。

【税收“黑名单”制度】　落实全区社会诚信体系建设职责，立足税情在全区各级国税部门门户网站设置“重大税收违法案件信息”专栏，累计公布税收违法案件信息6起，向税务总局报送4起。在《宁夏日报》设立案件曝光台，建立税收违法案件曝光的常态机制，累计曝光典型案件59起。注重部门联动，向自治区发改委等15个部门推送4起重大税收违法案件当事人信息，建立《重大税收违法案件当事人信息提供台账》，自治区发改委和工商部门分别将以上信息录入全区征信信息公告系统和不良经营记录公示，有力惩戒和震慑了涉税违法当事人。

【涉税违法案件检举】　严格执行《税收违法行为检举管理办法》及相关规定，积极做好检举人的疏导和税法宣传工作，将举报中心打造成一个既受理群众检举又为纳税人提供税法咨询服务的窗口。全年共受理检举案件53起、查处42起，结案36起、结案率85.7%，查补税款、罚款、滞纳金合计830万元，入库689万元。

【案件协查】　认真落实《税收违法案件协查管理办法》，狠抓协查基础工作，不断规范、优化协查工作流程，协查工作质量得到明显提高。全区共发出委托协查91起，协查发票1822份，涉及金额2.17亿元；共接受协查委托401起，协查发票4895份，涉及金额16.89亿元，累计按期回复率连续7年保持100%。全年共收到纸质协查82起，涉及发票1738份，协查结果全部回复。

【稽查制度建设】　制定《推进税务稽查随机抽查实施方案》，对随机抽查工作的目标要求和方式方法进行了明确和细化，推动建立有利于促进税法遵从和公平竞争的稽查工作机制。印发《税收业务共同管辖户稽查工作协作办法》，签订“稽查工作合作协议书”，建立定期联席会议机制，通报工作部署和进展情况，在打击发票违法犯罪活动、重点税源稽查、联合惩戒、人员培训等方面强化协作，形成了办案合力。

【稽查系统建设】　发挥建立基层领导联系点工作制度优势，通过电话沟通、实地督导、基层走访、案件指导、联合检查等形式，强化对基层业务指导。以绩效考核为有效抓手提升系统管理工作水平，严格落实各项考核指标，做好日常监控、季度分析、半年自查等各环节工作，促进了各项重点工作任务的落实。

【稽查队伍建设】 各地对稽查人员队伍采取交流、提拔、调整等方式进行充实，优化了稽查队伍知识和年龄结构。联合监察部门对稽查案件采取发放调查问卷、电话询访问答、实地走访座谈和现场督导检查方式对稽查执法服务进行走访监督。设立专人专职，对全区已经查结的100户案卷开展案头复查，选定6户进行实地复查，对存在的管理不规范、多次入户等问题进行了督导整改。

【稽查人才库建设】 加强税务稽查人才库建设，确立建立分行业稽查人才库的思路；重视稽查骨干人才的能力建设，在西南财经大学举办全区税务稽查骨干人才培训班；注重发挥稽查骨干人才的引领作用，统一抽调开展重点税源企业检查。

【稽查业务培训】 开展基层稽查人员“送培训、强能力”轮训项目，组织全区国税系统稽查基础知识培训班，在西南财经大学举办稽查业务骨干培训，通过加强班级管理、组织考试等方式提升了培训成效。按照分级负责的原则，指导各地把握新税收政策法规、查账软件运用等重点，通过小教员教学、典型案例剖析等方式，大力开展冬春季培训10余期、培训人员1000多人次，有效提升了稽查核心业务能力。

【稽查信息化建设】 扩大信息数据共享和深度利用，加强与货劳等部门的横向联系和管理局的纵向联系，积极获取工商部门及互联网等外部信息，收集资本交易、出口退税等各类有价值的信息线索开展选案。依托稽查辅助平台系统、税收综合管理软件、管查联席会议等平台，参考行业预警值、纳税评估参数等指标，提升信息化系统运用成效。作为税务总局金税三期工程上线第二批试点单位，组织认真开展稽查模块各个环节的业务运行测试，对全体稽查人员组织了操作培训和实战演练，规范业务流程和工作节点设置，实现金税三期工程稽查业务模块的顺利上线。

【稽查宣传】 强化对外宣传，编发各类工作信息64条，向税务总局稽查局报送稽查工作要情12期，协调依托宁夏国税信息《稽查专刊》编发7期38条信息，《信息专报》8期。打击偷逃骗税开展情况，2次被税务总局和自治区党委、政府领导批示，执法服务走访等工作3次被区局领导批示，联合稽查等工作被《中国税务报》刊载。

【稽查调研】 对贯彻落实全国税务稽查和全区国税稽查工作会议精神、“黑名单”制度、案件查办、“一级稽查”改革、系统稽查业务管理、打击发票违法犯罪等工作进行实地督导调研；对抓好查补收入、精准选案、联合惩戒、绩效考核等工作进行了督导。

【稽查工作会议】 2015年3月9日，2015年宁夏国税稽查工作会议在银川召开，传达学习税务总局稽查工作会议精神和自治区国税局局长刘金良对全区国税稽查工作的重要批示，自治区国税局副局长杨勇代表区局党组作《凝聚共识　奋发有为　努力提升全区国税稽查工作现代化水平》工作报告，对2014年全区国税稽查工作进行了总结，研究了新常态下推进税务稽查现代化建设工作，部署了2015年稽查工作任务。

【工作建议】 一是专项检查工作尽早安排，便于各地有充分时间做好案源摸底、查前培训等准备工作。二是多牵头举办专项检查经验交流，及时发布指令性检查行业企业税收违法行为的新动向、新特点，以及各省对该行业税收检查的经验做法。三是建立分行业案例库，供各地学习借鉴。

（肖　立）

宁夏回族自治区地方税务局稽查局

【概述】 2015年，宁夏地税稽查部门在自治区地税局党组和税务总局稽查局的正确领导下，深入学习贯彻党的十八大和十八届三中、四中、五中全会精神，认真落实全区地税工作会议和全国税务稽查工作会议精神，紧扣税务稽查主业，严厉打击各类涉税违法犯罪，着力推进税务稽查现代化进程，加强全区地税稽查系统管理，稽查执法行为进一步规范，稽查工作基础进一步夯实，队伍建设呈现新活力，稽查工作取得新业绩。

【稽查现代化建设】 一是金税三期工程稽查模块成功上线。宁夏地税金税三期工程属于全国第二批“3+2”上线单位，宁夏地税局稽查局独立承担了全区地税稽查部门金税三期工程稽查模块的上线工作。向全区地税稽查系统印发《自治区地税局稽查局关于印发金税三期工程稽查模块上线实施方案的通知》，确保开展稳步有序。从各市局稽查局抽调4名稽查干部成立金税三期工程稽查模块上线业务组，通过半年辛勤努力，完成了全区162名稽查干部的基本岗责配置，成功测试用例143条，在原有程序上增加工作流节点49个，走通了日常使用功能模块，为金税三期工程稽查模块在全区全面上线打下了坚实的基础。2015年7月1日，金税三期工程稽查模块在全区地税稽查部门上线后，系统运行平稳。二是电子查账软件应用。引进并推广江苏税软公司开发的网络版稽查查账软件，按照全区地税稽查人员的工作需求，共购买121个用户端口、服务器3台，由自治区地税局信息中心统一管理；于2015年4月完成全区稽查干部的岗责划分、工作流程等配置工作，为网络版稽查查账软件上线提供了坚实的硬软件基础。2015年完成了网络版稽查查账软件的上线准备工作，实现该软件在宁夏地税稽查系统顺利应用。

【稽查查补收入及分析】　查补各项收入33378万元，入库33767万元。其中查补税款、罚款、滞纳金总额32959万元，实际入库税款、罚款、滞纳金总额33352万元。

【案件查办情况】　检查查处税收违法案件269户，其中有问题267户，结案267户。选案准确率99.26%，比税务总局要求的90%高9.26个百分点。入库率101.19%。比税务总局要求的90%高10.19个百分点。

【重大案件查处】　查处税收违法案件百万元以上29户，查补收入3672万元，入库收入7103万元（含以前年度案件数据）。

【税收专项检查】　按照税务总局检查计划，经充分调研，在征求基层单位和宁夏地税局职能部门意见的基础上，制定下发《2015年全区地税稽查工作要点》《宁夏地税局关于开展2015年税收专项检查工作的通知》，圆满完成资本交易、房地产和建筑安装业以及高收入行业的税收专项检查任务。共检查各类企业186户，有问题户数181户，查结176户。查补各项收入13571.23万元，其中税款10991.79万元，滞纳金431.08万元，罚款2148.36万元；入库各项收入17228.04万元（含以前年度案件数据），其中税款14048.48万元，罚款2176.06万元、滞纳金1003.50万元。

【区域性税收专项整治】　将区域性税收专项整治重点放在异地建筑安装企业和物业管理企业。共检查企业4户，有问题户数4户，查补各项收入51万元。

【重点税源企业检查】　税务总局安排的重点税源检查情况：宁夏地税局稽查局与宁夏国税局稽查局共同安排组织税务总局稽查局部署的15户全国重点税源集团在宁2户集团公司的25户企业进行税收自查工作。自查工作结束后，按照税务总局重点检查不低于30%的要求，重点抽查了8户企业。共查补各项收入29.16万元，入库收入26.52万元。

自行安排的重点税源检查情况：2015年宁夏地税局稽查局自行安排了39户重点税源企业检查，在全区地税管理范围内统一部署开展专项检查工作。查补各项收入692万元，入库收入803万元（含以前年度案件数据）。

【资本交易检查】　对资本交易的企业检查14户，有问题10户，查结7户。查补各项收入455.82万元，其中税款237.24万元、滞纳金101.69万元、罚款116.89万元。入库各项收入320.35万元，其中税款146万元、滞纳金101.26万元、罚款72.99万元。

【房地产及建筑安装业企业检查】　共安排检查100户，有问题100户，查结100户。查补各项收入10157.26万元，税款9153.95万元，滞纳金201.94万元，罚款801.37万元。入库各项收入14052.69万元（含以前年度案件数据），税款12271.40万元，滞纳金709.92万元，罚款1071.37万元。

【高收入者个人所得税检查】　对高收入者个人所得税企业检查9户，有问题9户，查结9户。查补各项收入468.94万元，其中税款301.47万元、滞纳金13.51万元、罚款120万元。

【打击发票违法犯罪活动】　税务总局分配宁夏地税局查处违法受票企业不少于200户任务。全区地税部门共检查各类受票企业1656户，查处发票违法企业234户，涉及非法发票份数739份，涉税金额7177.99万元，查补税款590.25万元，罚款213.93万元，滞纳金96.27万元。曝光案件12起。完成税务总局下达的查处违法受票企业应不少于200户目标任务的117%。

【税收“黑名单”制度】　一是切实做好对重大税收违法案件当事人的联合惩戒工作，制定宁夏地税局稽查局落实《关于对重大税收违法案件当事人实施联合惩戒措施的合作备忘录》工作制度。二是将绩效考核与对重大税收违法案件当事人实施联合惩戒措施工作相结合，使联合惩戒工作任务责任到人，落实到位。三是协调有关部门，在宁夏回族自治区地方税务局门户网站设置重大税收违法案件信息公布栏，对外公布重大税收违法案件信息。四是严格执行税务总局“黑名单”纳税人信息公告办法及联合惩戒合作备忘录的规定，在全区范围内对税收违法行为产生严厉的警示和震慑作用，营造守信激励、失信惩戒的良好社会效果。五是加强国、地税合作。成立宁夏回族自治区对重大税收违法案件当事人实施联合惩戒办公室，确定工作职责、不定期组织召集联席会议，进行重大税收违法案件信息的公布、推送和惩戒，同时开展对相关部门的协调、信息反馈、统计等工作。

【涉税违法案件检举】 共受理各类税务违法举报案件36件，查处36件。共查补各项收入363.64万元，其中查补税款181.74万元，滞纳金75.29万元，罚款106.61万元。查补的各项收入入库354.08万元，其中税款173.47万元，滞纳金75.29万元，罚款105.32万元。查补收入的入库率97.37%。

【案件协查】 稽查协查信息管理系统未收到税务总局发来的大案、要案的交办、督办案件。宁夏地税局稽查局收到江苏省南京市地方税务局稽查局等发来的纸质协查案件2起；宁夏银川市地税局稽查局接收省外发来纸质协查发票案件1个，均查结回复发起单位，案件回复率100%。

【稽查制度建设】 制定《自治区地税局稽查局绩效管理实施细则（试行）》《自治区地税局稽查局个人绩效管理实施细则（试行）》。为绩效管理工作提供依据。

【稽查系统建设】 坚持上下"一盘棋"思想，加强对系统工作的统筹部署和业务指导，对稽查查补收入等指标继续进行量化考核，对各地案件查办和工作开展进行实地督导，稽查查补收入等考核指标圆满完成。

【稽查队伍建设】 紧紧围绕稽查队伍建设这一根本，着力激发干部队伍活力，稽查队伍呈现出大干有为的良好态势。作风建设得到巩固深化。一是认真开展"守纪律、讲规矩"活动，进一步深化作风建设。二是扎实开展"三严三实"专题教育，通过边学、边改，进一步坚定了广大党员干部的理想信念，提高党员领导干部党性修养。三是抓好群众评议机关和干部作风活动，针对测评反映出的问题，有针对性地进行了整改。班子、队伍建设呈现新貌。宁夏地税局稽查局班子调整后，将抓作风建设作为推动各项工作的抓手，通过严规肃纪、不断整改，队伍建设呈现新的面貌。一是民主集中制得到良好贯彻，坚持重大事项、干部推荐、大额资金支出集体讨论决定，保证决策的民主化、科学化。二是班子成员分工不断优化，根据每位班子成员的特长和以往工作经历，合理分配班子成员分工，确保集体合力得到有效发挥。三是队伍凝聚力不断增强，提高集体凝聚力，营造快乐工作、工作快乐的良好氛围

【稽查人才库建设】 加大对宁夏地税系统稽查人才培养力度，对确定的宁夏地税稽查人才库25名人员开展了培训。

【稽查业务培训】 一是丰富培训内容。培训涵盖稽查干部的实际工作需要，全年累计举办培训班14期，全区地税稽查部门累计受训人员504人次。二是优化培训形式。既聘请专家面授，也组成培训组开展全区巡回培训，抽调精英赴辽宁税务高等专科学校集中培训，多种培训方式的结合运用确保了培训的效果。三是培养师资队伍。在做好全面培训的基础上，注重做好师资队伍的培养，形成一支在系统内能够从事查账软件操作、金税三期工程应用的兼职教师队伍。

【稽查信息化建设】 完成金税三期工程稽查模块在宁夏地税稽查部门的上线应用工作，提升单机版软件的应用率，做好网络版稽查查账软件上线准备工作，推进了宁夏地税稽查部门信息化建设水平。

【稽查宣传】 一是开展税收法制宣传教育。以当前重点、热点政策问题为突破口，经常性地开展税收法制宣传教育。二是曝光税收违法案件。全年共在《宁夏法制报》曝光各类税收违法案件36起。三是加大联合惩戒工作推进力度。由自治区发改委牵头，宁夏国税局、地税局等21家单位联合签发了《对重大税收违法案件当事人实施联合惩戒合作备忘录》，加大了对违法失信者的处罚力度。四是加大信息宣传报道的力度。全局全年共发表各类文章104篇，其中《中国税务报》3篇、《宁夏日报》1篇、《共产党人》1篇，宁夏新闻网发表12篇，其他87篇，为推动稽查工作、推进地税文化建设、构建和谐地税发挥了良好的舆论导向作用。

【稽查工作会议】 2015年3月13日，召开宁夏地税稽查工作会议，贯彻落实全国税务稽查工作视频会议和全区地税工作会议精神，总结2014年稽查工作，交流工作经验，安排部署2015年稽查工作。宁夏地税局党组成员、副局长沈甫明作重要讲话。

2015年8月20日，召开宁夏地税稽查工作座谈会，通报年初重点工作完成情况、1—7月稽查查补收入完成情况、金税三期工程稽查模块上线情况、效能考核情况、国地税稽查合作情况、稽查执法督查反馈情况等。总结稽查工作经验，安排部署下一步稽查工作。

2015年11月10日—11日，承办税务总局东北、西北片区2015年稽查工作调研会。

（张迎春）

新疆维吾尔自治区

新疆维吾尔自治区国家税务局稽查局

【概述】 2015年，新疆国税稽查部门认真贯彻全国税务稽查工作会议和全区国税工作会议精神，围绕中心，服务大局，积极开展“依法治税年”主题活动，有效发挥税务稽查职能作用，严厉打击税收违法行为，稽查查补收入实现历史新高，为新疆国税事业发展做出了积极贡献。

【稽查体制机制改革】 在全面完成省、市一级稽查体制建设、一级稽查成效开始显现的基础上，进一步探索、深化符合新疆区情的稽查管理模式。面对新疆生产建设兵团新兴城市快速发展、重点税源企业集中度高、石油税收权重大等特殊区情，结合税务总局加强稽查专业化管理的要求，在深入调研并参照外省市改革经验的基础上，区局稽查局会同人事部门提出深化新疆国税稽查管理方式改革的意见建议上报税务总局，并在税务总局领导赴新疆调研时进行汇报。

【稽查查补收入及分析】 面对组织收入形势严峻，稽查任务十分繁重的情况，稽查部门牢固树立大局意识、责任意识，强化稽查任务观念，积极采取有效措施，全力以赴抓稽查收入。全年累计查补收入11.16亿元，同比增长2%；实际入库10.73亿元，同比增长3%；共对1911户纳税人开展立案检查和督导企业自查；选案准确率99.6%，入库率96.1%，各项收入指标创历史新高。

【案件查办情况】 稽查机构全年立案检查纳税人1110户，其中有问题1067户，结案1066户；组织801户企业开展税收自查。全年查处千万元案件7起，百万元案件98起、偷税案件182起。努力提升个案检查成效，查准、查深、查透、查实，个案平均查补、入库收入大幅增长，其中百万元案件查处数量增长96%，有效发挥了税务稽查打击涉税违法、规范税收秩序的职能作用。

【税收专项检查】 按照税务总局工作部署，结合新疆实际，将出口退（免）税企业、黄金交易企业、资本交易及房地产及建筑安装业作为指令性检查项目，将营利性教育培训机构及资源类产品生产销售企业作为指导性检查项目，全面开展税收专项检查工作。继续实行因地制宜分级分类管理，检查项目负责制，组织企业开展自查等行之有效的措施，确保专项检查取得实效。共检查企业1299户，初查收入9.49亿元，入库5.24亿元。

【重点税源企业检查】 组织税务总局下达的15户全国重点税源企业在疆成员单位开展税收自查，按照不低于30%的比例确定45户重点检查对象，查补收入423万元，入库238万元。在重点税源企业检查中，认真落实国、地税工作合作规范要求，主动加强与地税部门协调合作，实行联合进户执法，避免多头重复检查。

【出口退（免）税企业检查】 继续保持高压态势，加大打击力度。成立国税、公安、海关三部门打击出口骗税联合领导小组，统一部署全区打骗工作。共检查出口退税企业98户，查实应追回退税款1.02亿元，追回446万元，不予退税923万元。其中，税务总局下发的6户疑点企业，查明涉嫌违规退税3807万元，认定骗税365万元，4户移交公安机关。昌吉州骗税大案“6·5案”一审判决，主要涉案人尤某判无期徒刑、汪某判有期徒刑13年、李某判15年。通过连年持续高压严打，全区出口骗税势头得到遏制。

【黄金交易企业检查】 按照税务总局工作部署，周密开展各阶段检查工作。自治区国税、公安紧紧围绕两部局工作部署，精心组织、密切配合、精准发力，取得显著成效。共检查企业622户，组织企业自查53户，查补收入1.79亿元，入库1亿元。

【资本交易检查】 稽查部门共检查资本交易企业3户，查补收入302万元，入库160万元；组织企业自查10户，自查收入1423万元，入库878万元；调减企业亏损额2.38亿元。

【房地产及建筑安装业检查】 共检查房地产企业62户，查补收入1.78亿元，入库5992万元；

组织企业自查104户，查补收入4309万元，入库4042万元。

【营利性教育培训机构检查】 共检查教育培训机构10户，查补收入212万元，入库140万元；组织企业自查5户，查补收入1万元，无入库税款。

【打击发票违法犯罪活动】 积极牵头相关部门，认真履行打击发票违法犯罪活动协调小组办公室职能作用。按照“查账必查票、查案必查票、查税必查票、查票必查税”的工作思路，重点对金融保险、房地产、商业批发与零售、药品与医疗器械、餐饮娱乐、加工制造、中介机构等7个行业开展发票检查。全年检查纳税人1217户，查处发票违法案件667起，超额完成税务总局布置600起的检查任务，查处非法发票3.3万份，查补收入1.49亿元；向公安机关移送发票案件37起，联合办案11起，抓获犯罪嫌疑人15人。

【税收“黑名单”制度】 充分认识税收“黑名单”制度的重要意义。一是认真开展重大税收违法案件信息公布工作。明确公告标准，统一公告内容、格式，在国税门户网站设置“重大税收违法案件信息”专栏，发布违法案件信息15起，其中达到税务总局公布标准的5起、达到区局公布标准的10起。二是积极开展联合惩戒工作。成立区局联合惩戒领导协调小组；主动促请新疆发改委牵头转发“22部委联合惩戒合作备忘录”；积极参与社会诚信体系建设。

【涉税违法案件检举】 认真落实检举工作管理要求，不断提高举报案件查处质量，注重做好举报案件矛盾化解、疏导、说服工作。全年通过举报案件管理系统受理检举案件97件，结案101件；查补收入7198万元，同比增长44%；入库7358万元；发放举报奖金案件10件，兑付奖金金额6.5万元。各级举报中心处理电话、信函、来访、网上举报、上级交办、外部门转办等检举事项200余次。

【案件协查】 一是保障协查系统顺畅运行，较好地发挥了为案件查办服务的优势作用。全年通过协查系统发起委托协查案件797起，发出委托协查发票12055份，查补收入760万元，选票准确率94.86%。收到受托协查案件822起，受托协查发票10177份，按期回复率100%。部分协查指标完成质量较高，受到税务总局稽查局通报表扬。二是协查工作深入扎实。高质量完成税务总局发起的辽宁“4·14”案、重庆“6·06”案、珠海“3·20”“黄金票”等案协查工作，协查结果受到委托地区肯定。

【案件复查】 根据稽查案件复查办法要求，抽取石河子和乌鲁木齐经济技术开发区国税局稽查局2013—2015年查办的25个税务稽查案件开展复查，及时反馈发现的不足并提出改进建议，督促整改。通过开展案件复查，深入了解基层案件查处情况，有效促进被复查地区案件查办质量的提升。

【稽查系统建设】 一是加大区局稽查局对各地稽查工作督导、指导力度。采取集中听取汇报或深入基层调研的方式指导各地案件查办工作，积极协调解决各地工作中面临的问题和困难。二是加强案件交流工作。在南、北疆分片开展案件交流活动。选取各地查办成效好、有代表性的案件，集中交流，总结稽查经验，剖析违法特点，归纳征管建议，有效促进稽查办案质量的提高。三是加强稽查绩效管理。积极承接税务总局绩效考核指标，层层分解落实考核任务，修订完善考核办法，细化、量化考核指标，达到以考核促工作的目的。

【稽查队伍建设】 更加注重提高稽查干部队伍素质，发挥骨干引领作用。一是加大稽查培训力度，着力培养行业检查骨干。通过有针对性的培训学习与实战锻炼，初步形成打击骗税、检查房地产、金融等行业专家团队。二是认真落实“一岗双责”和税收违法案件“一案双查”办法，深入开展廉政执法教育，有效防范以权谋私等执法风险。三是注重党风廉政建设，深入开展“三严三实”专题教育活动，切实转变工作作风。

【稽查业务培训】 注重培训的实用性、针对性。结合税收专项检查内容，自主举办打击出口骗税和资本交易、房地产专项检查查前培训班，培训稽查骨干85人，确保专项检查取得实效。全年共举办和参加各类培训班20个，其中疆内5个、疆外培训机构15个。培训人数271人次，培训时间211天，为做好稽查工作提供人才保障。

【稽查信息化建设】 继续完善稽查选案系统、电子案卷管理系统应用功能。各地、州、市国税局稽查局电子询问室全部配备到位。切实加强信息化手段在稽查工作中应用的深度和广度，对有条件实施电子稽查的企业全部使用查账软件，提高检查效率；将稽查各环节资料及时扫描导入电子案卷管理系统，加强信息化管理。用足、用好现有稽查选案系统、电子案卷管理系统、电子询问室、查账软件等信息化软件、设备，提升稽查工作效率。

【稽查宣传】 加强案件宣传曝光工作。利用报纸、网络媒体等途径加强重大税收违法案件宣传力度，发布案件信息40次（个）。其中，在国家级媒体发布19次（含《中国税务报》发布6次）；在省级媒体新疆新闻综合网站发布典型案例11个；地市级媒体发布典型案例10个，有力扩大了稽查的影响力、威慑力。

【稽查调研】　深入基层开展稽查工作调研，实地指导各地工作，全面收集意见建议，认真分析研究对策，协调解决问题困难，进一步提高把握和指导全区稽查工作的能力和水平。为抓好稽查收入，区局稽查局领导分别带组赴各地督导稽查任务落实情况。加大大要案督办指导力度，对税务总局督办案件开展实地督导，加快结案工作。

【稽查工作会议】　2015年3月18日，新疆国税稽查工作视频会议在区局机关召开。会议全面总结2014年稽查工作成果，部署2015年稽查工作任务。新疆国税局党组书记、局长佟伟在会前对稽查工作做重要批示。区局副局长李桓作题为《服务大局　依法治税　持续推进稽查工作现代化》主题报告。

（李　伟）

新疆维吾尔自治区地方税务局稽查局

【概述】　2015年，新疆地税局稽查局在新疆地税局和税务总局稽查局的正确领导下，全面学习贯彻党的十八届三中、四中、五中全会精神，自治区党委八届九次、十次全委（扩大）会议精神，深入开展“三严三实”专题教育，进一步改进工作作风，深化干部队伍建设；加强民族团结，维护社会稳定，积极参加自治区“访惠聚”活动；坚持依法稽查，优质服务，积极认识和主动适应“新常态”，谋划新举措，力促稽查质效提升，大力推进稽查现代化建设，各项工作取得了新成效。

【稽查查补收入及分析】　新疆地税两级稽查部门共检查纳税户1314户，其中有问题1185户，结案1200户（含上期移案），其中检查百万元以上案件134件，偷税案件45件，稽查机构组织企业自查户数2395户，查补收入22.6亿元，入库收入20.9亿元，查补入库占全区地税系统同期实际完成地方级税收收入6557586万元的3.19%。入库收入比2014年增加2.6亿元，增长14%；选案准确率95.6%、入库率92.3%。全年稽查工作呈现出以下工作特点：一是稽查收入逆境中创新高。二是组织企业自查出实效。三是稽查工作质效有提高。四是稽查收入职能在强化。五是大要案查处有突破。

【案件查办情况】　2015年，新疆地税由于全区经济下行压力持续，组织收入形势严峻，稽查职能作用的有效发挥也遇到了巨大挑战。面对不利形势，新疆地税局稽查局党组一班人提早谋划，积极采取应对措施，提出“迎难而上，提高质效”工作思路，统筹施策、精准发力，全区地税稽查干部围绕中心任务，敢担当、勇拼搏，以实际行动践行“三严三实”专题教育成果。

【案件特点分析】　查处的房地产、建安业企业集中表现出以下特点：一是通过做假账、收入不入账等手段隐瞒销售收入，逃避纳税义务；二是利用虚假凭证、发票，列支与收入无关的支出等编造虚假计税依据，达到逃避税款的目的；三是资金结算多样化、复杂化，大量现金交易的存在，使得涉税案件取证难度大；四是部分企业采取避重就轻，提供部分账簿凭证，隐瞒一些重要涉税资料的手段，致使检查人员取证不全，拖延检查。

【重大案件查处】　新疆各地、州、市地税局稽查局高度重视，加强与征管、税政等部门的协作，投入精兵强将，充分发挥稽查“拳头”“尖刀”作用。全区地税稽查系统共检查百万元案件116件，千万元案18件，查补总额9.7亿元，实际入库3.5亿元。查处千万元以上案件的单位分别是：伊犁州、乌鲁木齐市、阿克苏地区、阿勒泰地区、石河子、克州、克拉玛依地税局稽查局。

【税收专项检查】　精心组织税收专项检查，周密部署区域性税收专项整治。采取行业检查与区域整治相结合的方法，在综合评估企业税收风险和自查效果基础上，确定重点检查企业，上下联动统筹实施重点检查。专项检查自查及立案检查纳税人1447户（移送司法机关1户）；查补收入6.7亿元，入库4.4亿元。

【区域性税收专项整治】　按照税收风险管理的思路和方法，以税收征管数据分析为基础，借助第三方信息平台，结合各地稽查工作力度、税源情况，进行综合分析，确定在我区的昌吉州、吐鲁番地区组织开展资本交易税收专项整治，共组织安排两地州151户高风险企业进行自查，自查有问题22户，自查税款1147万元，入库自查税款647万元。

【重点税源企业检查】　落实税务总局重点税源企业随机抽查新机制，重点税源企业检查成绩突出。根据税务总局要求，结合全区税源分布状况落实随机抽查机制，科学选案，合理部署，跟踪督导各地进度，协调解决问题。共组织辅导892户企业自查，查补收入3.6亿元，入库2.5亿元；在自查基础上选取169户重点检查，查补收入1.5亿元。

【资本交易检查】 根据税务总局安排的指令性检查项目，结合地税实际，将资本交易确定为指令性检查项目。全年共组织纳税人自查14户，有问题13户，自查查补税款2331万元，入库自查税款2279万元。检查58户，查结49户，有问题46户，查补收入8389万元，入库查补收入1190万元。此项目查补入库收入与2014年相比增长8倍。

【房地产及建筑安装业企业检查】 共组织企业自查674户，有问题424户，自查查补税款1.9亿元，入库自查税款1.5亿元。检查184户，查结160户，有问题156户，查补收入9537万元，入库查补收入5471万元。移送司法机关1户。

【高收入者个人所得税检查】 共组织企业自查65户，有问题64户，自查查补税款876万元，入库自查税款876万元。检查32户，查结26户，有问题23户，查补收入984万元，入库查补收入843万元。

【营利性教育培训机构】 共组织企业自查14户，有问题13户，自查查补税款15万元，入库自查税款15万元。检查10户，查结9户，有问题8户，查补收入32万元，入库查补收入18万元。

【打击发票违法犯罪活动】 严厉打击发票违法犯罪，震慑效应彰显。坚持"打击与建设相结合，治标与治本相结合"，警税合作，统筹兼顾，周密部署，管查联动、协作配合，重点打击。全年共检查纳税人1687户，查处443户，完成税务总局指令性检查任务（300户）的148%；查处非法发票1874份，涉及金额5.1亿元，查补收入2665万元；联合公安、国税机关破获发票违法案件4起，捣毁印制窝点2个，抓获犯罪嫌疑人4人，缴获假发票158份，缴获作案工具（印章、电脑、打印机等）1批；移送案件3件，曝光案件25件，有效遏制了发票违法犯罪活动猖獗势头，进一步规范了经济税收秩序。

【税收"黑名单"制度】 落实税收"黑名单"制度，有力推动社会诚信建设。与新疆国税稽查局共同推动新疆23家单位联合进行重大税收违法案件联合惩戒，召开联席会议2次，研究推动工作实施程序，建立信息交换工作平台，通过《新疆日报》等主流媒体曝光税收违法案件108起，向税务总局稽查局推送重大税收违法案件1起，报送税收"黑名单"制度落实工作动态信息3期；向自治区联合惩戒成员单位推送重大税收违法案件信息3起，有力地打击了涉税违法活动，带动了全区社会信用体系建设。

【涉税违法案件检举】 做好对涉税举报人的接访、电话、互联网等检举案件受理及政策咨询解答，落实检举案件分类处理办法，提高检举案件查办质效。全区地税共受理检举案件110起，其中书信40起、来访12起、电话20起、互联网18起、上级交办9起、部门转办11起；查补收入3722万元，入库1812万元。

【案件协查】 落实税务总局进一步改进税收违法案件发票协查工作要求，督导绩效指标考核，保障协查质效。共处理协查案件6起，涉案发票327份，协查办结率100%。

【稽查制度建设】 依托制度建设，先行先试国地税稽查合作。与新疆国税讨论议定《新疆国、地税稽查合作工作规范（1.0版）》，《新疆国、地税稽查局稽查工作联席会议制度（试行）》和《新疆国、地税稽查局稽查工作合作信息沟通制度（试行）》，为进一步深化合作奠定了坚实的基础。成立合作领导机构，建立长效合作机制，统一行动，步调一致，积极探索和拓展合作项目。

【稽查系统建设】 继续开展案件复查，严把案件审理质量关，进一步规范执法。在总结以往年度复查工作基础上，完善复查实施方案，抽调稽查骨干，完成对伊犁、乌鲁木齐、石河子、喀什、图木舒克等5个地（州、市）地税稽查局49户已结案件复查，查补收入3465万元，有效发挥"以查促查"作用，强化稽查内部监督。进一步加强对地州稽查局的绩效考核力度，对日常绩效管理详细安排、评估研判、督导落实，收到了较好成效。

【稽查队伍建设】 践行"三严三实"要求，加强廉政教育，严防执法风险，队伍建设得到加强。重在防范为税不廉，从源头上控制和化解稽查执法风险，确保稽查干部队伍干净干事，不出问题。认真落实《党风廉政建设责任制》《廉政承诺书》，以及稽查人员进户告知制度、稽查廉政回访制度，接受纳税人及社会对税务稽查规范性和廉洁性监督。不断加强选案、检查、审理、执行四环节执法监督管理。

【稽查业务培训】 着力提升稽查队伍整体素质，开展综合性、多渠道、多层次的日常教育培训，举办稽查业务培训4次，受训人员800余人次；外派人员学习16人次；开展思想政治教育暨业务交流2次，受训人员120余人次；合计培训天数228天。稽查干部政治操守、道德修养、法制思维和稽查技能得以提高。

【稽查信息化建设】　为了适应形势发展，积极配合好金税三期工程在自治区的顺利上线，积极参加区局组织的学习培训，认真研究和熟悉金税三期工程稽查模块，为将来的正常高效工作做好技术准备。新疆地税稽查局积极与税软公司合作，对全区所辖各地州市地税局稽查局进行查账软件的巡回培训，取得良好效果。

【稽查宣传】　新疆地税局稽查局刊物《新疆地税稽查工作信息》共刊发12期，《新疆地税稽查简报》共刊发9期。各级地税稽查部门通过在相关媒体上对涉税典型违法案件进行曝光，参加“税务稽查热点问题”在线访谈，解答社会关注的税务稽查热点问题，充分发挥税务稽查的教育和警示效应。

【稽查调研】　深入基层，组织开展以服务基层解难题、督办案件执行促收入为目的的稽查业务调研，实地督导各地工作，及时研究、答复基层请示和反映的实际问题。特别是在区局局务会和全区地税加强组织收入视频会后，局领导分别带领督导组赴各地州市实地督导调研，听汇报了解情况，开座谈会研究问题，翻案卷查找不足，开纳税人约谈会讲明税收政策，为组织促收，清理陈欠起到了积极作用。

【稽查工作会议】　2015年3月，召开新疆地税系统稽查视频工作会议。自治区地税局总会计师方章荣作题为《依法稽查　创新提高　持续推进税务稽查现代化》工作报告。报告中总结了2014年全区地税稽查工作，并对工作成绩突出的单位进行了表扬，同时，也指出了当前工作中存在的突出问题，会议要求2015年的稽查工作要深入学习贯彻党的十八届三中、四中全会和自治区党委八届八次全委（扩大）会议精神，认真落实全区地方税务工作会议和全国税务稽查工作会议部署；主动适应经济发展新常态，稳中求进，改革创新；围绕中心，服务大局，加强依法稽查，继续抓好大要案件查处、税收专项检查、重点税源企业检查、打击发票违法犯罪活动、案件复查、区域性专项整治六项重点工作；在案件质效提高上要有新突破，在案件信息化跟踪管理上要有新发展，在深化作风转变上要有新作为，持续推进新疆地税稽查法治化、现代化建设。

（陈艳荣）

大连市

大连市国家税务局稽查局

【概述】　2015年，大连国税局稽查局以全国税务稽查工作会议和市局税收工作会议精神为指引，以把握经济发展新常态，推进科学治税为重点，继续探索稽查新机制，创新稽查新模式，严格依法稽查，稽查质效整体再提升。2015年共检查纳税人2790户，有问题企业2455户，查补总额40516万元。

【稽查现代化建设】　2015年，大连国税局提出大数据及“互联网+”的新型稽查工作信息化思路，转变传统查账手段，应用查账软件稽查作为重点特色工作进行大力推广。制定《大连市国税局稽查局数字化稽查实施操作办法（暂行）》，保障了查账软件顺利推广使用。2015年使用查账软件检查150余户，查补税款4000余万元，达到了良好的效果。

【稽查体制机制改革】　积极探索稽查新机制，明确以优化资源为基础、以信息技术为依托、以创新体制机制为推手的工作思路，稽查工作取得实效。根据已发案企业特点，分析总结归纳虚开企业的特征，建立风险指标识别模型，筛选近500户商贸批发企业列为风险防控对象，并提出具体防控措施。

【“营改增”专项稽查】　结合大连市实际情况，筛选抽取部分企业开展“营改增”企业调研式检查。制定下发《大连市国税局关于开展“营改增”企业及对应受票企业调研式检查的通知》，对大连市“营改增”企业调研式检查工作进行具体安排。联合货物和劳务税处成立专项工作小组，对“营改增”后符合文件要求的典型企业的纳税数据进行筛选。

【稽查查补收入及分析】 查补税款40516万元，增值税14023万元，占查补税额的35%；企业所得税26455万元，占查补税额的65%；消费税38万元，占查补税额的0.01%。增值税和企业所得税的检查仍是目前税务稽查工作的重点。

【案件查办情况】 在全市审结有问题2455户纳税人中，日常检查1888户，占77%；专项检查457户，占19%；专案检查106户，占4%；其他检查4户，占0.1%。日常检查选案准确率97%，专项检查94%，专案检查89%，其他检查21%。

【案件特点分析】 大连市查处的涉税违法问题集中表现为以下几大类：

增值税：一是发出货物或提供应税劳务，未按规定及时计提销项税额案件的查处仍最普遍。这表明，增值税方面的稽查质量还有待提升。二是利用虚开的增值税专用发票抵扣进项税额案件比重较大。三是购进货物、应税劳务用于非应税项目、免税项目、简易办法征税项目等未转出进项税额案件比重较大。

企业所得税：一是未按规定列支或超标准列支成本、费用案件的比重最大。二是未取得发票或者取得不符合规定的发票列支成本、费用案件也很普遍。三是未依规定及时结转收入，少缴企业所得税案件的比重较大。

【重大案件查处】 查处重大案件（查补税额大于百万元案件）67起，查补总额22996万元。其中，千万元案件3起，查补总额6862万元；百万元案件64起，查补总额16134万元。查处并移送公安机关案件17起。

【税收专项检查】 成立税收专项检查领导小组，召开全市税收专项检查工作会议，下发《大连市国家税务局关于开展2015年税收专项检查工作的通知》，截至2015年11月底，全市共实施专项检查466户，查结146户，有问题145户，选案准确率99%，企业自查516户，有问题80户。查补总额8389万元。

【区域性税收专项整治】 结合大连市近年来接受虚开增值税发票案件多发地集中、多发行业突出的特点，加之大连市运输业面临“营改增”税收工作的实际情况，积极开展对庄河市运输业“营改增”区域税收专项整治工作，组织召开有公安经侦部门参加的会议进行部署。共实施检查10户，查结6户，有问题6户。查补收入55.45万元。

【重点税源企业检查】 制定《大连市重点税源企业税收自查工作方案》。经自查各企业均未发现存在涉税违法问题。自查阶段结束后，对各企业上报的自查报告进行梳理，与大连市地税局稽查处共同选取共17户企业进行联合入户执法检查。共实施检查17户，查结13户，有问题3户，查补增值税15万元。

【出口退（免）税企业检查】 协同大连市公安局经侦支队、大连海关等部门，成立联合领导小组，对出口打骗工作进行部署。由国税部门提供疑点信息，与公安部门共同制定工作方案，有针对性地确定打击出口骗税工作对象，起到整顿税收秩序、震慑违法行为的作用。2015年共实施打击出口骗税专项检查461户，查补税款7317万元，追缴退税款1032万元。

【黄金交易企业检查】 大连国税局联合市公安局、相关基层局召开专项行动工作会议，按时完成税务总局布置的阶段性报告和总结任务。“黄金票”专项行动立案检查用票企业289户，结案82户，查补入库增值税税款1426万元，滞纳金144万元，罚款69万元。

【资本交易检查】 大连国税局布置各基层局将所得税处已布置核查的疑点企业作为第一批资本交易专项检查名单。汇算期结束后，由市局所得税处再提出名单，布置第二批检查名单。2015年实施检查10户，有问题3户，查补企业所得税税款781.05万元，加收滞纳金96.86万元，调减亏损企业申报亏损额11000.78万元。

【房地产及建筑安装业检查】 结合往年检查情况，对房地产及建筑安装业检查本年度采取的是不指定具体名单作为指令性检查项目，由基层局在年度自编检查计划内进行检查，明确各基层稽查局年度检查不得低于25户。全市房地产建筑安装业共实施检查106户，查结92户，有问题91户，有问题户率98%。查补收入合计5349.73万元。

【营利性教育培训机构检查】 由大连国税局稽查局确定检查户数，在各基层局年度检查计划内有针对性的筛选5户企业进行检查。2015年结案2户，有问题2户，查补收入合计5.07万元，全部入库。

【打击发票违法犯罪活动】　将打击发票违法犯罪活动与日常检查结合起来，做到“查账必查票”“查案必查票”。2015年全市查处违法企业1049户，超额完成税务总局布置的任务，比2014年增长25%。涉及非法发票11039份，同比增长28%。涉及金额47016万元，查补税款5296万元，同比增长8%。

【税收“黑名单”制度】　大连国税局结合税务总局绩效考评指标，制定局内考评标准，并根据考评标准，层层落实工作责任，确保“黑名单”制度的扎实落实。确定局内惩戒措施的分工和程序，为重大税收违法案件信息公布和联合惩戒工作的顺利开展做好制度和技术保障。

【涉税违法案件检举】　大连市举报中心发布《关于加强税收违法行为检举管理工作的补充规定》，为全年举报工作的顺利开展夯实了基础。受理税务总局交办检举案件6起，大连国税局举报中心共接到举报案件145起，涉及企业160户，受理151起，下达案源检查60户，滞补罚合计204万元。

【案件协查】　发起委托协查481起，协查发票5130份，涉及企业482户，金额328667万元，税额55806万元，收到协查回复发票4976份，选票准确率95.1%。通过协查系统收到受托协查560起，协查发票15278份，涉及企业622户（次），金额783205万元，税额132315万元，受托查补合计367万元。

【稽查制度建设】　在稽查工作中重点推行《稽查后续管理建议书》，获得税企双方的点赞。形成《〈税务稽查后续管理建议书〉执行情况反馈报告》，不断充实和完善稽查后续管理工作，以便更周到、规范化地服务于纳税人。同时，将此项工作提升为对基层局进行绩效考核的一项重要的量化指标进行考核。从制度上对规范进行约束。

【稽查系统建设】　紧密配合大连国税局征管和科技发展处，执行《国地税合作规范》。联合大连地税局稽查处起草《大连市国家税务局、大连市地方税务局稽查合作方案（讨论稿）》。国地税协调共同召开重点税源企业、随机抽查企业、军工企业自查工作部署会议，共同制定企业自查提纲，联合确定重点检查阶段稽查企业名单，共同进户实施检查工作。

【稽查队伍建设】　在稽查干部队伍的建设上，始终坚持“从严治队”，强化人才培养，促进稽查干部整体素质的优化。通过廉政教育，提高稽查干部对权力的正确认识，依法守规，知红线，明底线。通过评选“查账能手”“最美师徒”“优秀案例”，营造“比优争先”积极向上的氛围，树立典型培树的长效机制。充分发挥不同年龄、层次人员的作用，不断提高稽查干部队伍的总体素质。

【稽查人才库建设】　推进教育培训创新，造就一支引领稽查工作现代化的专业骨干人才库队伍。强化党建载体作用，促进组织保障能力的增强；强化惩防体系建设，促进反腐倡廉工作责任的落实；强化责任担当意识，促进作风建设完善。培养一批稽查队伍的领军人才和信息化专业人才，充分发挥老中青稽查干部的优势，使稽查工作走上持续健康、稳步发展的轨道。

【稽查业务培训】　为确保稽查成效，大连国税局对稽查业务培训工作长抓不懈。通过举办查账软件、举报、协查“黑名单”等内容的培训，及参加税务总局的资本交易、股权转让、打击出口骗税、税警协作等各类培训，提升稽查队伍素质和能力。

【稽查信息化建设】　编写《大连市国家税务局2014年税务稽查数据分析报告》，从大连市税务稽查总体情况、查补情况统计分析（查补税款、检查户数、入库级次、检查对象结构、稽查类型结构）、税种问题类型结构分析等方面，对全年工作进行分析、总结，为今后工作改进指明了方向。

【稽查宣传】　高度重视舆论宣传工作，不断加大宣传教育的力度。利用各种新闻媒体和宣传形式，将集中宣传与日常引导结合起来、正面教育与案例警示结合起来。曝光违法犯罪案件，揭露虚假发票的社会危害性，达到教育广大公众、震慑不法分子的目的。借助税法宣传阵地，开展了大范围、全方位、新形式的宣传教育活动。

【稽查调研】　为全面掌握大连市稽查工作情况，大连国税局稽查局深入到各基层局进行调研。行业稽查具有整合资源、集中打击、工作效率高、震慑力强等优势，代表今后稽查工作的一个方向，但在具体实施和操作上还有很多的细节问题需要解决。就这些问题，调研组进行了广泛而深入的探讨，就行业如何划分、是否需要跨区域稽查、行业稽查与当前的专项稽查和区域性专项整治有何不同等问题，进行了深入的调研。

【稽查工作会议】　为贯彻落实全国税务稽查工作会议精神，2015年3月，召开大连国税稽查工作会议，要求广大稽查干部要紧紧按照“十大体系”的整体布局和要求，推进税收风险管控体系建设，积极探索建设税务稽查现代化。

（张云峰）

大连市地方税务局稽查局

【概述】 2015年，大连地税局认真贯彻落实税务总局和市局税务工作会议精神，依法行政，科学管理，从加强基础性工作入手，研发稽查案卷电子档案管理系统，创新案卷管理方式，提升稽查案卷质量；从提高稽查人员业务水平入手，以稽查经验视频交流和“案例探讨”期刊栏目结合，有的放矢，动静结合；从激励基层稽查机关工作能动性入手，更新优化绩效管理考评指标，以评促管，科学统筹；强化稽查数据的增值作用，通过对稽查数据的有效评析，为堵塞征管漏洞提供有价值的稽查信息反馈和建议；以贯彻落实税收“黑名单”制度为切入点，通过曝光违法案件、阻止出境、强制执行等措施，发挥稽查打击震慑作用。2015年，大连地税局累计实现稽查收入6.48亿元，入库稽查收入6.57亿元。

【稽查现代化建设】 大连地税局历来重视稽查现代化建设工作，2015年，研发稽查案卷电子档案管理系统，创新稽查案卷管理利用方式，将所有稽查案卷制作电子版本并存储，实现税务稽查卷宗在线查阅功能，加强执法过程监控，达到税务稽查案卷管理的标准化、规范化和信息化要求，全力打造数字化稽查管理模式。

【稽查体制机制改革】 在总结分析以往稽查管理经验的基础上，进一步更新、完善绩效考评项目指标设置，增加税务总局考评指标权重分值，根据实际完成情况增设加减档，增强对选案准确率和查补入库率的把控。加强对稽查陈案的管理，实行分阶段考核，督促遗留案件的查结。关注稽查案卷质量，将稽查案件的执法程序和执法文书检查作为考核重点，突出绩效管理的导向作用。在完善稽查反馈机制上，重新修订《稽查反馈管理办法》，增加即时反馈内容，稽查部门将检查中发现的行业、税种、发票、税收政策执行等管理方面的问题，以及影响纳税人税款征收的重要事项，即时反馈给征管局和市局有关部门，由责任部门落实，并实行监督跟踪机制，实现稽查与征管两项工作有效对接，2015年，稽查局共向征管局年度反馈工作建议76条，做出即时反馈事项47件，调整计税依据28户次，调减企业应纳税所得额820余万元，涉及补税额7700余万元，进一步堵塞税款征收漏洞，提高整体税收工作效能。

【稽查查补收入及分析】 向1284户纳税人实施税务检查，有问题1208户，累计实现稽查收入6.48亿元，入库稽查收入6.57亿元，其中入库税款5.62亿元、滞纳金0.83亿元、罚款0.12亿元，选案准确率94%，查补入库率101%。从查补税款的税种构成分析，土地增值税查补额2.78亿元，占查补收入总额的43%，排名第一；企业所得税查补额0.81亿元，占查补收入总额的12%，位列第二；营业税查补额0.76亿元，占查补收入总额的12%，位列第三。从查补税款的行业构成统计，采矿业查补额2.67亿元，占查补收入总额的41%，排名第一；房地产业查补额1.17亿元，占查补收入总额的18%，位列第二；租赁和商务服务业查补1.16亿元，占查补收入总额的18%，位列第三。

【案件查办情况】 共立案检查1331户，审结1284户，有问题1208户，查处偷税案件29件，发票违法案件335件，调整应纳税额所得额133户，采取强制执行措施14户，对4户欠税企业的法定代表人实施阻止出境措施。

【重大案件查处】 共查处偷税案件29件，查补收入1119万元；查处查补税款超过200万元的重大税收违法案件26件，查补收入1.82亿元；查补税款超过500万元案件7件，查补收入0.93亿元，移送司法机关案件3件。

【税收专项检查】 对房地产、建筑安装、金融保险行业，以及资本交易等项目组织开展税收专项检查工作，坚持风险管理导向下的选案工作，利用征管信息、互联网信息及地方税收保障平台获取信息，从评估、企业所得税管理部门取得高风险信息有针对性地开展检查，对纳税人实行分类分级稽查，统一调配稽查资源，统筹协调检查进度。2015年，共对1120户纳税人开展专项检查，查补收入2.89亿元。

【区域性税收专项整治】 根据全市辖区内行业征管和纳税状况，整合稽查力量成立专案检查组，对部分辖区内医疗机构涉税情况开展电子稽查，发现该类型企业普遍存在不缴或少缴所得税等问题；针对个别区域内海水养殖与旅游企业少缴房产税、土地税等涉税问题开展专项整治，取得一定的阶段性成果。

【重点税源企业检查】 按照税务总局统一部署，对中国移动、中国银行、大商集团等140家重点税源企业及其分支机构开展自查和纳税检查工作。工作中，加强与国税局沟通协调与合作，统一召开国、地税自查动员会，联合部署自查工作，共同对纳税人组织业务辅导工作。在重点检查阶段，大连国地税联合进户实施税务检查，双方互通检查情况，交流案件信息，协同做好重点税源企业检查工作。

【资本交易检查】　共对18户纳税人开展资本交易项目检查工作，实现查补收入839万元。在资本交易检查中，税务机关获取信息有限，从工商部门定期数据交换取得非上市公司股权转让信息时间过于滞后，难以及时有效的介入管理；由于资本交易定价常与实际不符，股权转让双方往往会签订平价或低价股权转让的虚假合同，稽查机构取证困难。

【房地产及建筑安装业检查】　共对450户房地产及建筑业纳税人开展纳税检查，累计查补收入1.34亿元，企业自查补报收入461万元，移送司法机关案件1件。

【打击发票违法犯罪活动】　加大对纳税人发票使用情况的检查力度，全面检查被查纳税人的发票领购、开具、使用等情况，对开具金额较大、涉嫌虚假业务的发票，通过各种渠道彻查业务真实性，制作并下发《发票检查工作指引》，累计查处发票违法企业335户，涉及发票946组，开具金额5616万元，累计查补收入1796万元，向公安机关移送案件3件。

【税收“黑名单”制度】　为贯彻落实税收“黑名单”制度和联合惩戒工作，按照大连市重大税务违法案件信息发布标准，综合考虑违法案件的社会影响程度，对天天保洁服务公司案件在大连地方税务局门户网站和主流媒体公告其重大税收违法案件信息，并将相关信息推送大连市信用办开展联合惩戒。

【涉税违法案件检举】　将检举案件纳入特殊案源管理，在全系统内建立涉税检举案件台账，有效理清、规范检举案件查办情况，依法做好涉税检举源头受理与案件查办、反馈工作，防范涉税舆情，构筑和谐、公平的维权检举通道，市、区两级举报中心累计受理涉税检举案件97件，查结91件，累计查补收入996万元。其中，税务总局交办检举案件3件，税务总局督办案件1件，应计发奖金案件6件，全年累计支付检举奖金0.87万元。

【稽查制度建设】　修订完善《稽查信息反馈管理办法》，实现稽查与征管两项工作有效衔接，进一步发挥税务稽查“以查促管”作用；参照税务总局制度规定，重新修订《稽查案卷管理办法》，规范稽查案卷的立卷排列和利用管理，增设案卷数字化管理要求，为助推税务现代化建设夯实基础；汇集编纂稽查业务制度札记，收集法律法规等规范性文件111个，进一步提升稽查业务水平。

【稽查系统建设】　为保证金税三期工程系统数据顺利迁移，全面梳理统计稽查逾期未结案件和稽查欠税情况，制定工作方案，明确清理要求，限定案件检查期限，督促案件查办工作，依法采取阻止出境、银行扣款等强制措施加大欠税清理工作力度，严格审核处理争议类稽查欠税，共清理稽查数据86件，审结以前年度案件124户，清理入库以前年度欠税6215万元。

【稽查人才库建设】　根据因材施教、分层次培养稽查人才的培训方略，外请IT专家对市局电子稽查骨干进行TD3硬盘复制机和X-Ways Forensics司法分析软件操作培训，使其掌握在非正常执法环境中成功采集并恢复电子数据的方法与流程。选送稽查人才库成员，以及近年查办典型案件有突出贡献人员到长沙税院进行高端培训。通过学习研讨交流，提升业务理论与稽查办案技巧。

【稽查业务培训】　在稽查业务培训上，采取动静结合的方式，通过共同分享办案经验的培训方式提高基层稽查人员业务水平。连续第三年组织典型案件交流视频培训，总结违法手段，传递办案经验，提升案件查办质量。强化查办案件示范效应，与资料中心联合在《税务视线》开辟“案例探讨”专栏，精心筛选典型案例，剖析违法行为，揭示违法手段，汲取稽查经验。

【稽查信息化建设】　推行使用电子取证设备和司法分析软件，实现非常规环境下的数据成功采集、恢复与分析，破解案件取证难题；为实现稽查过程监控，以第一稽查局为首批试点单位，研发、搭建稽查管理平台，实现对稽查过程、检查结果以及考核指标的时时动态监控，规范稽查工作；论证税务总局金税三期工程稽查业务系统，为将来系统建设和应用打好基础。

【稽查宣传】　为扩大宣传力度，让税收“黑名单”制度和联合惩戒措施在全社会，尤其是在广大纳税人中持续发酵，产生较强的警示和震慑作用，由大连地税局牵头与国税局、信用办联合在大连市主流平面媒体集中开展宣传攻势，宣传“黑名单”制度和联合惩戒措施，公告大连市重大税收违法案件信息，形成浓厚的舆论氛围，强化社会影响力。加大典型案件曝光力度，提高税务稽查透明度，营造依法诚信纳税氛围的正面效应。在大连地税局门户网站上公告9起涉税税收违法案件，在《中国税务报》及市级主要新闻媒体上公开曝光17起典型涉税违法案件，发挥稽查的惩治、警示作用。

【稽查调研】 深入基层调研稽查信息化情况，就征管信息化改革，以及稽查系统应用情况，深入稽查局听取一线稽查人员和其他业务人员的意见和建议，分门别类梳理存在的问题，并就基层亟待解决的难题与相关部门沟通协调予以解决。

【稽查工作会议】 为贯彻落实全国税务稽查工作会议精神，2015年3月24日，召开2015年大连地税稽查工作会议。会议全面总结2014年稽查工作情况，通报2014年度稽查复查、“最强检查组”评选情况，明确2015年稽查工作任务。会上，市局总经济师梁兵作题为《夯实基础　依法治税　全面提高税务稽查工作效能》的工作报告，提出要重点围绕五个方面工作提升稽查工作效能：即把稽查基础建设作为提高稽查效能的稳固支撑、把深化工作创新作为提高稽查效能的重要动力、把防范执法风险作为提高稽查效能的首要前提、把业务能力建设作为提高稽查效能的有效手段、把廉政勤政作为提高稽查效能的根本保障。

（金　岩　刘元元）

宁波市

宁波市国家税务局稽查局

【概述】 2015年，宁波市国税稽查部门以提升稽查执法能力为主线，扎实推进稽查现代化建设，突出打击骗取出口退税专项行动和打击发票违法犯罪活动等重点工作部署，圆满完成了全年各项工作任务，在协查及打击发票违法犯罪活动等多项工作上获税务总局通报表扬。

【稽查现代化建设】 大力推进“互联网+税务”，在筹建税务稽查随机抽查管理系统的基础上，着手建立“双随机”工作三类名录库（市、县两级税务稽查对象分类名录库、异常对象名录库等名录库、执法检查人员分类名录库），助推税务稽查随机抽查工作信息化建设。积极探索并推进ERP检查模式，全市多名稽查骨干参加了两期ERP封闭式培训，将税务稽查与企业信息化管理有效结合，同时配合搭建全国税务系统第一个SAP系统实训平台，提升实战演练水准。

【稽查体制机制改革】 根据《国家税务总局关于印发宁波市国家税务局主要职责机构设置和人员编制规定的通知》（国税发〔2012〕113号）文件精神，经宁波市国税局党组研究，自2015年8月1日起，宁波国税局第一稽查局、宁波国税局第二稽查局独立办公，不再与宁波国税局稽查局合署办公。至此宁波跨区稽查模式全面覆盖主城区，这也标志着宁波国税稽查体制机制改革迈出重要一步。

【“营改增”专项稽查】 高度重视“营改增”专项稽查工作，成立“营改增”调研检查工作领导小组，分管局长任组长，综合选案科科长为副组长，并指定相关检查科副科长任检查小组组长，同时配备政治、业务素质较强的骨干分子为检查小组成员。在税务总局指定2户电信行业检查名单的基础上，通过数据分析，按行业确定10户企业作为稽查对象（交通运输企业4户、现代服务业3户、受票企业3户），共查补税款1447.06万元（增值税1241.76万元、所得税80.64万元、其他税费5.03万元、加收滞纳金119.39万元、罚款0.24万元）。

【稽查查补收入及分析】 共实现稽查收入总额11.29万元，入库8.64亿元，其中税务稽查机构实现立案查补收入8.66亿元（不含调减留抵税额2037万元），比2014年增加5.67亿元，同比增长189.4%；实际入库总额6.02亿元（不含调减留抵税额2037万元），比2014年增加3.33亿元，同比增长123.5%；督导企业自查补税并加收滞纳金2.62亿元。有效发挥了稽查维护税法尊严、规范税收秩序、增加税收收入、服务经济社会发展大局的积极作用。

【案件查办情况】 共检查企业1352户，审结1185户，执结1166户，其中查有问题1102户，选案准确率94.7%。

【重大案件查处】 共查处100万元以上大要案25件，查补总额3.37亿元，其中1000万元以上税款案件3件，查补总额2.59亿元。全年阻止出境67人，向司法机关移送涉税案件71起，判处罚金198万元，8人被判处有期徒刑。查处的大要案中比较典型的有宁波观复贸易有限公司骗取出口退税案、慈溪绿城投资置业有限公司税案和浙江三国精密机电有限公司税案等。

【税收专项检查】 根据《国家税务总局关于开展2015年税收专项检查工作的通知》（税总发〔2015〕25号）文件精神，结合宁波实际，在全市范围内对黄金交易企业、办理出口退（免）税的企业、资本交易企业、金融保险证券业等行业开展税收专项检查。全市立案检查纳税户847户，审结698户，其中有问题668户，移送公安机关处理25户，查补收入合计3.75亿元（增值税1.84亿元、所得税1.55亿元、加收滞纳金729万元、罚款2896万元）；调减亏损企业申报亏损额3552万元，冲减增值税留抵税金422万元，不予退税金额（含暂停应退出口退税款）1.9亿元。稽查部门还督导3955户企业开展自查（调查）工作，查有问题1256户，督导自查补税收入4290万元。

【区域性税收专项整治】 以打击虚开“黄金票”专项行动为龙头，深入开展打击虚开增值税专用发票工作，对虚开、骗税等税收违法行为易发、多发的地区部分企业收受虚开增值税专用发票违法行为开展重点专项整治，做到“查税必查票、查账必查票”“查案必查票”，着力整治虚假发票使用的“买方市场”。共对92家企业进行全面检查，查结86户，查有问题84户，移送公安机关1户。查补收入合计2214.01万元（增值税1669.9万元、所得税95.24万元、滞纳金45.37万元、罚款403.5万元），冲减增值税留抵税金236.45万元，调减亏损企业申报亏损额91.3万元。

【重点税源企业检查】 按照税务总局《关于开展2015年度重点税源企业税收抽查工作的通知》要求，宁波市国税局稽查局于2015年初成立重点税源企业税收检查工作领导小组，全面部署各项工作落实。截至2015年12月底，税务总局下发名单涉及宁波国税管辖的7户成员单位全部完成自查，合计自查补税322.7万元（增值税261.16万元、所得税59.41万元、加收滞纳金2.13万元），调减亏损额6.7万元，冲减增值税留抵税金246.64万元，税款全部缴纳入库。经与市地税稽查局共同商议后确定其中2户企业为重点检查对象，同时结合宁波实际，通过制造业重点税源和商贸企业重点税源两个分析模型，选取11户高风险重点税源企业直接安排进行重点检查。重点检查发现问题企业10户，共查补收入66.61万元（增值税33.36万元、所得税14.14万元、罚款16.66万元、加收滞纳金2.45万元）。

【出口退（免）税企业检查】 根据《国家税务总局、公安部、海关总署关于2015年继续深入开展打击骗税违法犯罪活动的通知》（税总发〔2015〕55号）的精神，宁波国税局与宁波市公安局、宁波海关、宁波市外汇管理局共同签署《预防和打击骗取出口退税犯罪合作机制》及《合作备忘录》，统一协调开展全市打骗工作，税务总局副局长孙瑞标给予了高度肯定：“期望宁波市国税局利用签署这两个文件的契机，通过加强部门合作，进一步加大打击出口骗税力度，不断取得打骗新成效。”宁波市国税局稽查局采取自查与重点检查相结合的方式，组织2400户出口退税企业参加自查工作，查有问题652户，企业自查补税1554.71万元。重点检查出口退税企业56户（税务总局下发的定向检查、重点疑点企业4户），查结35户企业，查有问题32户，移送公安机关11户，查补收入2.87亿元（增值税1.43亿元、所得税1.41亿元、滞纳金175.14万元、罚款127.78万元），不予退税金额（含暂停应退出口退税款）1.9亿元，调减亏损企业申报亏损额1769.94万元，冲减增值税留抵税金171.2万元。

【黄金交易企业检查】 根据《国家税务总局、公安部关于开展打击利用黄金交易虚开增值税专用发票违法犯罪专项行动的通知》（税总发〔2015〕56号）要求，宁波税、警部门及时成立打击黄金交易违法犯罪专项行动联合领导小组及办公室，全面负责专项行动查处工作。全市国税稽查部门对1054家黄金票涉案进行全面调查，并对发现有问题的企业实施全面检查。共计检查企业177户，查结95户，查有问题91户，移送公安机关17户，查补税款453.7万元，滞纳金13.38万元，罚款357.15万元。

【资本交易检查】 确定2013—2014年度股权交易金额超过1000万元的、企业所得税国税管辖的34户企业作为资本交易检查对象。共检查股权转让交易企业34户，查结30户，查有问题15户，查补收入497.83万元（增值税2.48万元、所得税254.35万元、滞纳金78.96万元、罚款162.04万元），调减亏损企业申报亏损额38.4万元。

【打击发票违法犯罪活动】 共查处发票违法企业846户，查处各类违法发票共计5017份，涉及金额3.45亿元，查补税款6341.02万元，罚款3373.74万元，加收滞纳金945.06万元，移送案件54起，曝光案件91件。查处宁波虬龙进出口有限公司税案、宁波佰泰进出口有限公司税案、宁波经济技术开发区宏煌服饰有限公司税案等一大批大要案件，形成对虚开发票买方卖方市场的双重打击，有效地净化了税收管理秩序。

【税收“黑名单”制度】 纳入“黑名单”的重大税收违法案件为10件，其中符合税务总局级别案件4件，省级及以下级别案件6件。年度内共有21件（含接转上年）重大税收违法案件通过市局门户网站等媒体途径向社会公布。市局稽查局协同市局纳税服务处落实了税务机关内部惩戒措施，相关涉案企业的纳税信用等级降为D级，出口退税管理类别调整为四类，并列入税务稽查异常对象名录库。与此同时，由市局稽查局发起、市发改委牵头、全市20个单位签署《关于印发〈关于对重大税收违法案件当事人实施联合惩戒措施的合作备忘录〉的通知》，有效助推了宁波社会信用体系建设。

【涉税违法案件检举】 贯彻执行《税务违法行为检举管理办法》，做好检举案件中矛盾的化解、疏导和说服工作。全市共受理涉税违法检举444件/次（含重复检举），落实查处（含调查）368件，查结（含上年）348件，查补金额合计3855万元。其中，查补金额在10万元以上案件38件，查补金额3198万元，大要案查处金额大且个案案值高，在所有检举案件中占据重要地位。

【案件协查】 共委托发出协查308起，涉及发票1282份，委托收到回复结果1257份，发票选票准确率52.71%，查补入库总额2366.36万元，移送司法机关6起；受托协查416户次，涉及发票3607份，受托回复发票3725份，受托协查查实有问题发票量占全部协查发票量比率65.47%，协查函按期回复率100%。查补入库总额8127.84万元，移送司法机关10起。

【稽查制度建设】 印发《宁波市国家税务局关于印发〈规范稽查职能配置和机构设置方案〉的通知》《宁波市国家税务局关于明确跨区稽查业务有关管理事项的通知》《宁波市国家税务局关于印发〈税务稽查随机抽查管理办法（试行）〉的通知》《宁波市国家税务局稽查局关于印发〈跨区稽查税务案件集体审理委员会议事规则〉的通知》《宁波市国家税务局稽查局关于印发〈税务案件集体审理委员会议事规则〉的通知》等文件，陆续出台跨区稽查案源管理办法、违法行为检举管理办法、税收违法案件审理办法等一系列跨区稽查业务有关管理事项，明确了市局稽查局和3个跨区稽查局之间的职责划分、职能定位、权限设置、协同配合等工作协调机制。

【稽查系统建设】 一是理顺各市局直属稽查局之间的关系，市局第一、第二、第三稽查局分管所辖地案件查处，市局稽查局集中力量查处税务总局交办案件和其他大要案件，各单位分工清晰、职责明确。二是加大对各地稽查工作的指导力度，通过深入走访调研、定期召开座谈、每月工作报告等形式，掌握各地稽查工作动态，及时调整工作思路。三是加强案件交流，每年4月组织召开全市案评工作，评选出优秀案例供全市学习借鉴，有效促进稽查办案质量的提升。四是完善绩效考核办法，将绩效考核和实际工作紧密结合，确保税务稽查各项工作的顺利开展。

【稽查队伍建设】 注重提高稽查干部队伍素质，发挥骨干引领作用，加强内控机制建设。全系统在保持原有成绩基础上新增了多项荣誉：市局稽查局荣获2014年度打击发票违法犯罪活动成绩突出单位；市局稽查局胡晓玉多次抽调参加稽查报表重点项目，受税务总局稽查局点名表扬；2015年全市协查查补收入名列全国前三，两次受税务总局点名表扬，协查岗位的贾海丽荣获宁波市直机关“身边的感动”年度人物提名奖。

【稽查人才库建设】 高度重视稽查人才库建设，以人才库建设为依托，充分发挥人才激励的示范作用，激发干部队伍活力。截至2015年底，全市国税稽查系统6人入选税务总局稽查人才库，1人入选税务总局税收政策法规人才库，39人入选市级各类人才库。

【稽查业务培训】 在各地开展稽查业务知识和岗位技能培训的基础上，市局稽查局组织全市300余名稽查干部，分批举办全市国税稽查系统全员业务培训，培训内容涉及税制改革动态研究、避税与反避税、税务稽查实务、企业稽查实务、企业重组涉税和稽查执法风险等，有效提升了稽查干部岗位应知应会能力，为更好地执行稽查任务奠定扎实基础。

【稽查信息化建设】　将稽查信息化建设作为工作重点之一，以完善网络与信息安全管理为重点，做好CTAIS日常维护、系统升级等工作。全力推进信息化技术和大数据稽查领域的深度应用，在2015年重点税源企业检查工作中，整合利用征管信息、企业财务信息和第三方数据搭建分行业分析模型，有效提高选案准确率。同时，启动全市稽查系统信息化建设规划，结合宁波工作实际打造现代稽查电子平台，并在部分单位开展稽查信息化试点工作。

【稽查宣传】　通过《中国税务报》《宁波日报》等各级新闻媒体曝光典型税收违法案件。市局稽查局在《宁波日报》以《重拳出击　亮剑出鞘　市国税局正式试行“黑名单”制度》为题，专版报道宁波大力推进税收“黑名单”制度的情况。此外，2015年5月15日，市局稽查局干部参与由宁波市公安局主办的“经济犯罪防范宣传日”活动，向现场群众介绍税收基础知识和发票热点问题，宣传税收政策方针。

【稽查工作会议】　2015年3月31日，召开宁波国税稽查工作会议。市局党组成员、副局长蒋荣富，市局稽查局局领导及副科长以上干部、市局第三稽查局局领导、各区、县（市）国税局分管局领导和稽查局局长参加了会议。市局副局长蒋荣富作题为《适应稽查新常态　明确工作新思路持续推进宁波国税稽查现代化》的报告，对加快推进宁波国税稽查现代化建设提出3点要求：一是全面发挥税务稽查职能作用。充分发挥稽查在以查促收、以查促管、以查促查、以查促改方面的作用。二是重点深化税务稽查改革。深入推进稽查体制机制改革，大力加强稽查信息化建设，积极推动税务领域信用体系建设。三是着力提升依法稽查的能力和水平。加大稽查制度建设力度，依法惩处涉税违法行为，规范自由裁量权的行使。四是从严加强稽查干部队伍建设。筑牢思想防线，严格落实中央相关规定，严格规范执法，自觉接受各方监督。

（邹敏敏）

宁波市地方税务局稽查局

【概述】　2015年，宁波地税局稽查工作根据税务总局《2015年全国税务稽查工作要点》和宁波市财税工作会议精神，围绕市税收工作中心任务，以风险管理为导向，坚持依法行政，实施有效稽查，较好完成了全年各项工作任务。全市共组织纳税人自查和实施重点检查共计1468户，累计查补收入21560万元，入库21511万元，入库率99.77%。其中，组织纳税人自查1177户，查补收入18339万元，入库18339万元；实施重点检查291户，有问题279户。查补各项收入3221万元（其中，税款1658万元、滞纳金327万元、罚款1122万元），入库3172万元。

【稽查现代化建设】　一是开展分级分类检查。按照税源分布结构，合理确定各级稽查部门组织检查的分类标准，优化稽查资源配置，使稽查力量与查处重大税收违法案件相匹配。二是加大信息技术在税务稽查工作中应用。对会计电算化核算的企业，力求全面运用电子查账软件和数字化检查工具。三是完善税务稽查信息化业务流程。按照宁波市地方税务局税收业务流程再造信息化工作的要求，梳理稽查业务环节，完成稽查信息化业务流程，在系统内全面上线。

【稽查体制机制改革】　一是按照宁波市税收征管改革的目标，继续完善以风险管理为导向的稽查案源管理体系。二是构建科学的稽查选案指标分析体系。加强信息分析工作，充分运用分析结果，提高税务稽查的精准打击能力。三是完善稽查岗责体系。结合稽查业务流程优化与岗位职责体系调整，将“流程制约、质量监控、绩效考核”的理念贯穿于税务稽查的四个环节，强化职责分离、权力制衡、过程控制，保障稽查工作质量和效率。

【稽查查补收入及分析】　全市组织纳税人自查和实施重点检查1468户，累计查补各项收入21560万元。其中，组织纳税人自查1177户，查补收入18339万元，实际入库18339万元；实施重点检查291户，有问题279户，结案279户，查补收入3221万元。查补收入的特点：一是检查户数总体减少。全年共组织纳税人自查和实施重点检查1468户，与2014年相比减少467户。全年累计查补各项收入入库21560万元，比2014年21897万元相近。说明稽查的力度和深度在加强。二是自查收入比例提高。近年来，全市稽查机构广泛推行以自查为先导的检查方法，不断拓宽自查运用的广度，给予企业自我纠错的机会。全年自查入库18339万元，占全部查补入库总额的85.1%，较2014年上升。

【案件查办情况】　一是根据“以自查为先导”的指导思想，组织对资本交易、地方商业银行、房地产及建筑安装业及高收入者个人所得税等企业行业进行检查。二是按照税务总局稽查局

《关于下发中国工艺（集团）公司等15户全国重点税源企业所属部分成员单位名单的通知》要求，宁波地税稽查局自行组织或联合宁波市国税稽查局，开展了税务总局部分定点联系企业在宁波市成员企业或分支机构税收风险分析和检查工作。三是全力做好税务总局下达的300户违法用票企业指令性指标及宁波市公安局经侦支队移交假发票线索中涉及的相关企业组织自查。

【税收专项检查】 成立税收专项检查工作领导小组，统一组织领导全市的税收专项检查工作。确定指令性检查的行业：资本交易、地方商业银行；指导性项目：房地产及建筑安装业、高收入者个人所得税、营利性教育培训机构。税收专项检查中制定符合本地实际的规范化检查预案：《宁波市地方税务局稽查局地方商业银行涉税风险分析应对实施方案》《宁波市地方税务局稽查局地方商业银行税收风险分析方案》等。对10户总部在外地的商业银行及其分支机构开展税收风险分析。全市各级税务机关在税收专项检查工作中，共检查纳税人418户，应查补收入5618.06万元，入库收入5258.77万元。其中：组织纳税人自查252户，应查补收入3731.34万元，入库收入3731.34万元；实施重点检查186户，应查补收入1886.72万元，入库收入1527.43万元。

【区域性税收专项整治】 区域税收专项整治结合打击发票违法犯罪工作开展，重点区域是江北区。根据辖区实际情况，选取发票违法问题高发、频发的服务业为突破口，选取其中的重点行业开展专项检查。共检查企业32户，有违法问题的企业30户；查处非法发票519份，其中通过稽查立案查处2户，涉及金额775万元，涉及税款58.72万元，罚款25.4万元。

【重点税源检查】 一是税务总局布置的重点税源企业检查。根据《国家税务总局关于开展2015年度重点税源企业税收抽查工作的通知》《国家税务总局稽查局关于下发中国工艺（集团）公司等15户全国重点税源企业所属部分成员单位名单的通知》要求，对税务总局下达的涉宁波的9户重点税源企业（集团）及分支机构进行检查，按照“以企业自查为前置、稽查预案为辅助、重点检查为保障”的检查方式进行。共检查纳税人113户，查补收入2003.38万元，入库收入2003.38万元。其中，组织纳税人自查95户，查补收入1840.30万元；实施重点检查38户，查补收入163.08万元。二是重点税源企业随机抽查工作。按照《国家税务总局关于近期开展重点税源企业随机抽查工作的通知》《国家税务总局关于2015年重点税源企业随机抽查工作具体安排的通知》的要求，及时组织开展重点税源企业随机抽查工作。此次重点税源企业随机抽查工作由市地税稽查局统一组织实施，县（市）、区稽查局配合检查。以企业集团为单位将检查任务分配到市局稽查局各检查科。税务总局部署随机抽取26户重点税源企业涉及宁波市11户重点税源企业，其中总部在宁波的1户。宁波市11户重点税源企业中有分支机构及其他成员企业共计159户。与宁波国税稽查局联合随机抽取9户企业作为省级重点税源企业检查对象。2015年11月，税务总局补充下发了中国华润总公司下属成员企业的检查。涉及宁波市39户企业，经核对其中3户已经注销，其余36户企业于11月24日联合市国税局稽查局布置企业自查。自查补缴税款等共计9391.68万元。

【资本交易检查】 从征管部门获取2013—2014年股权交易信息，经核实和风险分析，确定3户列入检查对象。其中，2户自查，补缴税款7.98万元；1户进行重点检查，补税款18万元。共计25.98万元。

【房地产及建筑安装企业检查】 采取先自查后重点检查的方式，组织全市29户房地产及建筑安装业的企业进行检查。其中，重点检查8户，查结8户，有问题8户，重点检查查补74.44万元；自查21户，自查有问题21户，自查查补438.17万元，二项合计收入512.61万元。

【高收入者个人所得税检查】 组织对全市16户高收入者个人所得税检查，重点是对外资企业个人所得税进行专项检查。合计查补收入131.61万元。高收入者个人所得税项目的检查中，主要发现存在以下问题：企业账面支付工资、薪金所得，未按规定足额扣缴“工资、薪金所得”个人所得税；企业支付个人佣金所得、工资薪金所得、利息、股息、红利所得，不按规定扣缴“劳务报酬所得”“工资、薪金所得”“利息、股息、红利所得”个人所得税。

【打击发票违法犯罪活动】 加强与公安机关的协作，健全防范和打击假发票犯罪工作的税警合作机制。把打击发票违法犯罪活动工作与行业税收专项检查、区域税收专项整治、重点税源企业检查、专案检查工作一同布置组织进行。对于发票“买方市场”整治过程中，发现的犯罪线索及时进行移送，配合公安机关做好发票“卖方市场”的整治工作，合力打击发票违法犯罪活动。加强与国税部门的协作，联合开展打击发票违法犯罪活动，及时交换有关数据和信息，确保查处发票违法案件国地税同步、有序进行。将税务总局下达的300户违法用票企业指标任务量化分解到各级税务机关。税务检查中突出核查发票及其对应业务真实性的重点，对开具金额较大、涉嫌虚假的发票，逐笔查验比对，发现的虚假发票，在税前扣除、抵扣税款等方面予以严格处理。查处发票违法企业331户。涉及各类违法发票共计5992份，涉及金额14780.79万元，查补税款155.27万元，罚款68.19万元，加收滞纳金14.43万元，没收违法所得114.15万元。

【税收“黑名单”制度】　一是在《宁波晚报》“纳税人学堂”“市级网络纳税人课堂”等媒介对“黑名单”制度加强政策宣传与解读。二是与宁波市发改委、市国税局共同牵头，联合宁波市文明办、中级人民法院等21家单位，签署《关于对重大税收违法案件当事人实施联合惩戒措施的合作备忘录》，明确税务部门与参与联合惩戒单位在信息交换方式、情况反馈途径及惩戒落实方法等具体工作中操作方法及途径。三是以“五证合一”为契机，定期向社会公示重大税收违法案件信息，让这些信息在资格认定、股权转让等方面依法予以发挥作用。

【涉税违法案件检举】　全市各地涉税举报中心认真履行职责，加强涉税检举管理，按照“严谨、规范、及时”的原则，强化对举报中心的管理，严把检举信息处理关。对事实清楚、证据确凿的税收举报案件，做到“立案快、实施快、结案快”，提高举报案件的办案效率。宁波市地方税务局涉税举报中心共受理各类举报40件，市局稽查局及各县（市）、区地方税务局稽查局举报中心共立案查处检举案件40件，查结检举案件40件，查补金额527.97万元，其中税款289.2万元，滞纳金69.36万元，罚款169.41万元。

【案件协查】　累计收到异地税务机关纸质委托协查函24件。回复协查函24件，协查发票343份。县（市、区）稽查局受托协查7件，协查发票158份。按期回复7件及发票158份，回复率100%。配合湖北、沈阳等国税、地税部门来人协查。根据税务总局“协查信息管理系统”操作要求，重新建立全市协查联络人员，对全市协查操作系统人员进行了业务培训。

【稽查制度建设】　按税务总局稽查局《关于征求〈全国税务稽查规范（征求意见稿）〉意见的函》的要求，组织研究讨论《税务稽查案源管理办法》《税务稽查案件审理办法》等制度的完善工作，并提出修改意见。加强对各地税务案件审理的指导，用制度保障税收执法公正、公平。

【稽查系统建设】　一是税务稽查流程信息化再造。梳理稽查各环节的业务诉求，对接市局征管业务流程再造工作，进一步完善税务稽查信息化工作。二是统一执法程序。该程序包括：选案经过风险识别，查前开展预案分析，查中留下执法痕迹，查后实行审理分级等。三是制定宁波地税稽查局稽查岗位的职责指引。四是按照税务总局《全国税务稽查规范意见稿》的要求，完善国地税协作，国地税间的联合检查的制度。

【稽查业务培训】　下发《宁波市财税系统关于开展“学业务、比技能、强素质”岗位练兵活动的指导意见》，市局稽查局制定《关于进一步推进岗位练兵活动实施方案》，要求通过集中学习、在岗自学、专题辅导、业务交流、考试比武等形式，让广大干部做到在工作中学习、在学习中工作。2015年5月，借助税务总局组织的各种业务培训班，选送全市稽查业务骨干到税务总局税务进修学院进行培训。2015年7月，市局稽查局邀请浙江国税干部培训学校老师对全体稽查干部进行稽查业务和法律知识辅导。

【稽查宣传】　一是积极与税收宣传月工作对接。在《宁波晚报》刊发“税收红黑榜”专版，刊发《宁波地税扎实助力诚信宁波建设》专题报道。通过“纳税人学堂”“市级网络纳税人课堂”宣讲“税收‘黑名单’制度解读”。二是借助“新常态　新税风”宣传主题，对“黑名单”制度加强政策宣传与解读。三是加大对涉税违法案件的曝光力度。全年在《现代金报》曝光涉税违法案件12件，加大了对涉税违法行为的威慑力。

【稽查工作会议】　2015年3月，召开宁波地税稽查工作会议，收看税务总局召开的稽查工作视频会议，确定全市稽查工作任务。4月，召开全市稽查局长会议，传达宁波市财税工作会议精神，布置2015年度税收专项检查工作及重点税源企业的稽查工作任务。2015年10月，召开全市稽查局长会议，主要内容是开展重点税源企业随机抽查检查布置，及做好绩效考核有关工作。

（王雪松）

厦门市

厦门市国家税务局稽查局

【概述】 2015 年，厦门市国家税务局把准方向、坚定信心，落实中央“四个全面”战略布局，围绕税收中心工作，以打击违法犯罪、促进堵漏增收为重点，发挥“以查促管”“以查促改”“以查促查”“以查促收”的职能作用，促进税收征管、维护公平正义。共立案检查 225 户，组织查补收入 7.34 亿元，追缴历年欠税 3677 万元。

【稽查现代化建设】 厦门国税局与厦门地税局认真落实联席工作会制度，联合出台 3 个指引性文件:《厦门市国家税务局　厦门市地方税务局关于成立国地税稽查合作工作领导小组的通知》（厦国税发〔2015〕124 号)、《厦门市国家税务局　厦门市地方税务局关于印发厦门市国地税稽查合作工作暂行办法的通知》（厦国税发〔2015〕125 号)、《厦门市国家税务局　厦门市地方税务局关于印发厦门市国地税协同开展案件协查管理办法（试行）的通知》（厦国税发〔2015〕126 号)，明确合作工作主要内容，从组织架构、制度规范方面为厦门国税局稽查局与厦门市地税局稽查局的合作提供保障。

厦门国税局稽查局在总结以往大要案查办经验的基础上，改进检查办案方式，试行分组检查，每组 3~4 人，分工负责数据分析、资金调查、询问、外调取证等工作，集中力量应对较大案件或紧急的案件。同时，按照干部专业特长和纳税人特点，实施分类稽查，打造专业化稽查团队。

【稽查体制机制改革】 为加强征收、管理、稽查工作的衔接，强化税收稽查威慑力，恢复了厦门市思明区及湖里区两区国税局的稽查机构职能，充实两区稽查局力量，制定《厦门市国家税务局关于明确市区两级稽查局职责及案件移交衔接相关问题的通知》（厦国税函〔2015〕111 号)，进一步明确稽查部门与税源管理部门、两级稽查局的职责，理顺分工。

【“营改增”专项稽查】 根据《国家税务总局稽查局关于“营改增”企业调研检查的补充通知》（税总稽便函〔2015〕80 号）要求，厦门国税局稽查局会同厦门国税局风险控制中心和货物劳务处，根据实际情况联合筛选 8 户企业（其中“营改增”企业 6 户、“营改增”受票企业 2 户)，连同税务总局稽查局确定 1 户，总共 9 户企业开展了“营改增”调研式检查。

【稽查查补收入及分析】 围绕税收中心工作，依法查处重大税收违法案件，统筹部署税收专项检查，分级开展重点税源企业税收检查，保持打击发票违法犯罪活动的高压态势。组织查补收入 7.34 亿元（含自查 816 万元)，选案准确率 97.06%。选案准确率和协查查补收入在全国兄弟单位中名列前茅。

【案件查办情况】 立案 225 件，审结案件 204 件，结案 160 件，督导自查户数 38 户。其中，有问题 198 件，亿元以上案件 2 件，千万元案件 9 件，百万元案件 32 件。共组织查补收入 7.34 亿元，其中查补税款 5.79 亿元，滞纳金 5623 万元，没收非法所得 294 万元，罚款 8741 万元，督导自查收入 816 万元。

【重大案件查处】 印发《厦门市国家税务局关于稽查系列重大税收违法案件剖析情况的通报》（厦国税函〔2015〕207 号)，提出进一步加强税收管征的措施和建议。查处百万元以上重大案件 43 件，查补收入 6.49 亿元，重大案件查补收入占稽查总收入 88.42%。查办“7·28”“8·12”“得龙”等重大案件，得到税务总局的肯定。

【税收专项检查】 以整顿规范行业和地区税收秩序为主要目标，以指令性检查项目与指导性检查项目相结合为主要原则，根据税务总局税收专项检查的统一部署和要求，结合出口退（免）税企业检查及打击发票违法犯罪活动工作，开展对服装生产行业的专项检查，制定专项检查工作方案，确定专项检查各项案源。共检查企业户数 110 户，移送司法机关户数 19 户，查补税收收入 2.38 亿元。

【区域性税收专项整治】 为进一步净化外贸环境，规范市场秩序，根据实际情况，及时开展区域专项整治，组织开展出口退（免）税企业专项检查，检查面22%以上，查补税款300万元，不予办理出口退税1.04亿元。

【重点税源企业检查】 联合地税部门共同开展重点税源企业税收检查，分自查、重点检查两个阶段进行，进行税收风险分析，科学确定检查对象，采用随机抽查工作机制，联合入户执法，共享企业信息资料，互通最新检查成果，加强经验交流和业务探讨，有针对性地实施检查。组织139户重点税源企业开展税收自查，自查有问题31户，补缴税款及滞纳金87.31万元，调减留抵税额162.31万元；结合自查情况筛选34户企业进行重点检查，调减亏损额2546.55万元，冲减增值税留抵税金114.65万元，查补22.13万元。

【出口退（免）税企业检查】 争取市委市政府支持，营造利于打击出口骗税的工作环境，动真碰硬，推进跨部门协调机制，改进精准有效的工作方法，查处了"8·12""7·28""3·13"及得龙、德壕、恒瑞等系列重大涉嫌骗税案件。共检查出口退税企业45户，移送公安机关10户，共计查补税收收入3.71亿元，不予退税1.36亿元。

【黄金交易企业检查】 与厦门市公安部门配合，对税务总局下发的黄金交易企业发票数据进行梳理汇总，对涉案开票企业进行实地摸排，实施检查，查结9户，将其中3户案件移送公安机关。

【资本交易检查】 厦门国税局各区局共完成非居民股权转让评估103户，征收税款、滞纳金合计5855万元。并未在纳税评估工作中发现需要移送稽查部门的重大涉税违法问题。

【房地产及建筑安装业检查】 对房地产及建筑安装企业的年度汇算申报数据等数据信息进行分析，并根据风险指标，筛选项目完工多年未进行项目结算、3年及以上未稽查的规模较大的房地产企业作为稽查案源。厦门市国税局进一步调取案源企业相关资料，走访市房地产企业行业协会、市建设局等部门，进行案头审计分析，查结6户房地产企业，查补税收收入9344.19万元。

【打击发票违法犯罪活动】 保持打击发票违法犯罪活动的高压态势，制定全市国税系统打击发票违法犯罪活动工作方案，按照有关要求完成税务总局下达的任务。共查处发票违法企业670户，涉及发票14254份，涉及发票金额14.08亿元，移送公安机关27户。厦门国税局稽查局被税务总局评为打击发票违法犯罪活动工作成绩突出的单位，系统中2名同志被评为成绩突出个人。

【税收"黑名单"制度】 2015年4月17日，下发《厦门市国家税务局关于进一步做好重大税收违法案件信息公布有关工作的通知》（厦国税函〔2015〕55号），对有关案件公布层级及案件公布标准进行修改，并将公布层级明确为厦门市级（即省局）。按照税务总局规定的模板，在厦门国税局的门户网站首页设置了统一式样的"重大税收违法案件信息公布栏"。在联合惩戒工作中，厦门市发展改革委、厦门国税局牵头，地税局等18部门联合建立对重大税收违法案件当事人失信行为联合惩戒的长效机制，共同对失信行为当事人采取18项联合惩戒措施。2015年，符合税务总局及以下公布条件，且已录入审批上报重大税收违法案件信息系统的案件3户、符合省局及以下公布标准的案件1户。制定对主管税务机关落实联合惩戒有关规定的绩效考核指标，从纳税信用评级、出口退税管理、发票管理等方面多管齐下采取惩戒措施，跨部门研究部署，形成覆盖市场准入、融资授信、政府采购、进出口监管等全方位立体式的联合惩戒机制。

【涉税违法案件检举】 将原与综合选案科合署办公的涉税违法举报中心独立设立举报中心，配备3名专职受理举报人员，创新了以"服务"为核心的举报中心服务体系。在"厦门国税稽查"微信公众号专设"税收违法网络举报"通道，公布厦门市所有举报受理电话，新上线的厦门国税手机APP也设置了涉税举报通道。2015年，受理税收违法检举案件1017件，查结914件，查补合计2042万元。

【案件协查】 认真履行协查质量的监督和考核工作，狠抓时间性（案件登记、协查回复、案件分捡等）、监控指标（委托协查信息完整率、受托协查信息完整率、选票准确率、受托协查累计按期回复率等），以及文书案卷资料管理、监控和督导，深入开展检查工作，提高协查质量。委托协查656起，协查发票4509份，涉及税额1.21亿元；受托协查764起，协查发票8971份，涉及税额3.31亿元。

【稽查队伍建设】 优化配置，增强队伍活力，坚持公平、竞争、择优的原则和以业绩为导向的选人用人机制，做好选人用人工作，营造干事创业的良好氛围，推动干部交流轮岗，根据各稽查岗位工作需求和干部个人专业特长，合埋配置人力资源；强化考核，加强队伍战斗力，落实绩效管理工作，完善制度保障，改进科室考评指标，建立个人考评体系，以绩效考核为抓手，促进组织目标的完成；严管善待，提升队伍面貌，加强考勤管理，加强效能检查，关心干部的思想动态。

【稽查业务培训】 为加强干部队伍培训力度，提高干部队伍素质，积极开展年度培训工作，努力塑造一支专业化的税务稽查队伍。共选派17批21人次干部参加扬州税务进修学院培训，选派4批7人次稽查业务骨干参加税务总局举办的培训班，从打击出口骗税、交通运输业税务稽查、制造业税务稽查等一系列稽查实务培训班，到税收宣传、党建、干部渎职犯罪预防培训等，从专业化的角度加强综合素质，提升干部业务能力，为市局重点税源检查、税收专项检查等工作奠定坚实基础。通过与美亚百科公司等合作，加强现场突击和证据收集技巧培训，完善电子数据取证渠道和方法，提高稽查人员查办案件的专业性。组织“稽查论坛”4期，鼓励干部分享稽查办案经验、创新稽查思路。

【稽查宣传】 为提高纳税人税法遵从度，扩大稽查工作社会宣传效果，厦门国税局稽查局通过微信公众号、外部网站等，向受众发布案例解读、稽查要闻、新规速递、税务动态等内容。2015年，在报纸媒体专栏上定期曝光典型案件14起，发表宣传稿件20篇，公告重大税收违法案件4起，制作发放涉税违法活动相关问答宣传册，提醒广大市民自觉抵制税收违法行为，依法诚信履行纳税义务。

【稽查调研】 为了更好地开展重点税源企业、跨国公司和上市公司的税务稽查工作，促进稽查队伍专业化建设，厦门国税局稽查局对“聘用中介机构参与税务检查服务”事项进行调研，走访此项工作开展较好的财政部驻厦专员办及山东省地方税务局稽查局等单位。《政府购买服务　建立与专业机构的委托代理制》课题调研，获厦门国税局2015年度税收科研重点课题评审三等奖，探索解决在法律层面如何妥善处理委托代理和行政执法的界限问题。

【稽查工作会议】 2015年3月9日，召开厦门国税局稽查工作会议。会议传达了全国税务工作会议、全市国税工作会议和税务总局稽查工作会议精神，总结2014年全市国税稽查工作，部署2015年稽查工作任务。厦门国税局副局长陈健作题为《主动适应税收新常态　持续推进现代化建设　奋发有为做好2015年全市国税稽查工作》主题报告，从6个方面总结了2014年全市稽查工作取得的成绩：税收违法案件查处有力，重大案件查处取得新成效；全力查处虚开大案，税收专项检查取得新战果；整治发票违法行为有力，“打票”活动取得新成绩；联合执法出重磅，部门协作取得新成果；规范执法出实招，依法治税能力取得新突破；制度建设显成效，基础工作水平取得新提升。陈健对2015年稽查工作提出“主动适应税收新常态，推进稽查现代化建设”的工作要求，以服务税收工作大局为中心，以维护税法尊严、提高纳税遵从为目标，以重大税收违法案件查处和重点税源企业轮查为重点，坚持依法行政，深化改革创新，努力推进税务稽查现代化建设，充分发挥稽查职能作用，从依法严厉查处各类税收违法行为，提高企业纳税遵从度；积极推进稽查现代化建设，提升稽查工作质效；大力加强税务稽查队伍建设，提供坚强的组织保障。

（郭　鑫）

厦门市地方税务局稽查局

【概述】 2015年，厦门市地方税务局稽查局认真贯彻2015年全国税务稽查工作会议精神，以稽查现代化建设为中心，以案件“提质增效”为重点，更新工作理念，加大技能培训，健全工作制度，大力查处大要案，着力清理往年积案，加快结案进度。全年共检查纳税人145户，审结131户，其中有问题126户，累计组织稽查收入3.49亿元，累计入库3.12亿元。

【重大案件查处】 查补100万元以上案件16件（其中1000万元以上3件），补滞罚总额2.58亿元。百万元以上案件数占同期查实案件数的12.21%，其查补金额占总查补金额82.35%。

【清理积案】 共审结1年以上积案26户，查补收入7641万元。对疑难和重大案件采取邀请市局业务处室“集体会诊”模式，团队攻坚，推进疑难和重大案件的办理速度，全年共办理、审结疑难和重大案件48件（其中审结2014年以前立案的疑难案件12件），涉税案件总金额1.73亿元，70%的积案得到清理、结案，移送公安部门案件3件，涉税总金额851.52万元。

【税收专项检查】 认真开展税收专项检查及区域税收专项整治工作，组织资本交易、土地使用权项目、房地产及建筑安装业、高收入者个人所得税、营利性教育培训机构等专项检查。通过查找资本交易信息、承接省局指定企业检查、加强与市局处室协调、自行分析选案等方式拓展案源渠道，推进税收专项检查的有效开展。全年共组织开展专项检查立案102户，查结87户，有问题83户，查补地方收入2.09亿元，入库1.92亿元。

【区域性税收专项整治】 结合打击发票违法犯罪工作，开展区域税收专项整治，将着力点放在“买方市场”“受票企业”的检查上。确定思明区、湖里区为重点地区，组织开展区域税收专项整治，共立案检查13户，查结12户，有问题12户。检查查补收入270.22万元，入库270.22万元。

【重点税源企业检查】 加强国税、地税合作，与国税部门共同开展重点税源企业抽查。一是共同做好税务总局下发的135户重点税源企业自查工作，通过联合召开税收自查工作布置会，宣讲自查政策，确保了国税、地税部门对企业自查工作要求一致、报送口径一致、步调一致，自查查补入库税款38.23万元。二是共同进行税收风险分析，筛选2户重点税源企业确定为联合稽查对象，查补入库15.74万元。检查工作开展过程中，国税、地税稽查部门联合入户执法，共享企业信息资料，互通最新检查成果，加强经验交流和业务探讨。

【资本交易检查】 对4户企业进行了排查，对其中1户资本交易项目纳税异常的企业进行立案，检查查补收入361.4万元，入库361.4万元。检查发现的主要问题为减持上市公司原始股票未缴纳营业税。

【房地产及建筑安装业检查】 共立案检查43户，查结35户，有问题33户。检查查补收入1.96亿元，入库1.79亿元。检查发现的主要问题：借出资金应收利息未纳税；自有房产出租少缴纳房产税；多列土地费用和开发间接费用，少缴土地增值税；赠送相关个人支出未代扣代缴个人所得税；绩效奖金未足额扣缴个人所得税；未按规定取得发票；预收款未开具发票部分未申报缴纳营业税及附加；建安工程未按同期收入配比计算结转主营业务成本少缴企业所得税等。

【高收入者个人所得税检查】 共立案检查9户，查结8户，有问题7户。查补收入298万元，入库298万元。检查发现的主要问题：股权转让少扣缴个人所得税，未缴纳相关印花税等。

【营利性教育培训机构检查】 共立案检查5户，查结4户，有问题3户，检查查补收入6.8万元，入库4.28万元。检查发现的主要问题：收入未开票未入账；以自制的收款收据代替发票使用收取营业收入；申报收入与实际收入不符等。

【打击发票违法犯罪活动】 贯彻落实上级部门打击发票违法犯罪工作部署，将各项指标分解细化，并纳入年度绩效考评范围，确保工作落实到位。加强与国税、公安等相关部门的联系协作，加大对假发票的打击力度。共查处发票违法企业318户，涉及非法发票12443份，涉及金额2.81亿元，查补税款4481.69万元，加收滞纳金1681.27万元，罚款1912.26万元，移送公安机关3件，曝光10件。

【税收“黑名单”制度】 在厦门地税网站发布一期税收违法“黑名单”，同时将“黑名单”信息传送到厦门市社会信用信息共享平台及企业信用信息公示系统，联手全市10余个部门出台联合惩戒措施，对“黑名单”当事人在办理融资授信、海关认证、政府采购、高管任职、工商审查及其他相关业务时实施限制性政策。

【涉税违法案件检举】 厦门市地税涉税举报中心受理各类举报739件，查补收入4897.40万元。一是切实提高举报案件查办效率。缩短案件平均交办时间；开辟简单发票检举处理绿色通道，对简单的发票检举采用快捷处理方式。二是加强转办案件跟踪管理，明确办理时限，促进办理进度。三是做好检举案件的反馈工作，拓宽反馈渠道，根据检举人需求实现书面反馈、语音反馈、短信反馈、电子邮件反馈等多样、便捷的反馈形式。

【案件协查】 受托协查涉及异地国税地税单位6个，企业19户次，发票23份，涉及金额累计613.2万元；回复19户次，回复涉及发票23份，金额613.2万元，其中发现有问题发票15份，涉及金额313.1万元。

【稽查制度建设】 建立健全各项工作制度，创新工作方法，以推动稽查工作“提质增效”。一是稽查预案制作水平不断提升。对案件检查实施“过程控制”，要求所有立案检查的案件必须制定稽查预案，并对预案制作的节点和标准进行规范。二是案情分析逐步实现制度化。定期召开重大案件的案情分析会，有针对性地调动检查、审理力量集中攻坚，邀请市局相关业务处室到会听取、研讨案情，促进案件进展。三是稽查办案过程实现实时监控。开发稽查监控分析系统，发挥该系统数据监控实时性、数据钻取完整性、数据展现直观性、重点案件针对性的特点，实现稽查案件的全流程可控，提高稽查各节点的管理决策效率。四是多个工作制度的出台有效推动稽查工作规范化。2015 年出台了《工作规则》《稽查案件突击检查工作指南》《规范稽查案源分类管理的意见》《重点税源企业随机抽查工作实施方案》等制度，修订了《重大税收违法案件管理办法》，制定了《说理式执法文书工作规范（试行）》的补充规定，出台了《国税地税稽查合作方案》等系列制度。

【稽查系统建设】 强化稽查四环节的统筹配合，合理配置稽查资源，以促进稽查工作“提质增效”。一是案源管理规范化程度不断提高。制定案源管理办法，首次开展稽查案源的分类管理，为不同类型的案源指明后续工作路径；为重点税源企业“双随机”抽查工作制定工作方案，为全面推开此项工作奠定基础。二是案件检查专业化水平得到提升。通过完善下户检查流程规定，规范稽查预案制作内容，拓展稽查查账软件应用面，不断提高检查环节的专业化水平。三是案件审理集中攻坚成效凸显。在审理环节试行团队化审理，充分利用审理力量集中攻坚，共审理案件 101 户，累计审结金额 1.75 亿元，其中二审以上审结案件 48 件，案件总金额 1.73 亿元；报市局重大案件审理 6 户，审结 4 户，案件总金额 1958.56 万元。四是稽查案例制作水平显著提高。在福建省地税系统稽查案例分析会上，厦门市地方税务局稽查局选送的 4 个案例全部获奖，其中一等奖 1 个、三等奖 3 个。五是案件执行方式方法不断创新。累计清理欠税 21 户 1219 万元，其中清欠 100 万元以上的欠税户 2 户。不断创新案件执行思路，取得全市行政执法机关第一本“土地房屋他项权证书”，首次对外币存款进行强制扣缴，首次对省外总公司协查追缴欠税，对一长年失踪户成功追欠上百万元。

【稽查队伍建设】 一是组织稽查干部参加福建省地税系统稽查岗位标兵选拔考试获得全省设区市局级单位总平均分第一名，5 名干部获得“全省二十佳稽查岗位标兵”荣誉称号。二是市局获得第十二届“福建省省级文明单位”荣誉称号，审理科获得厦门市“工人先锋号”荣誉称号，2 人分别获得“厦门市五一劳动奖章”“全国打击发票违法犯罪活动工作先进个人”荣誉。三是在全系统首次组建法律事务工作团队。该团队由 9 名法律专业、会计专业等业务骨干组成。团队成立以来，召开多次专题会议及重大疑难案件案情分析会，用专业的法律意见为稽查案件办理筑起“防护网”。

【稽查业务培训】 根据福建省地税局 2014 年 6 月下发的《全省地税系统“稽查岗位标兵”选拔实施方案》要求，于 2015 年 3 月、5 月、8 月、9 月分别安排 4 期考前培训，从培训地点、培训课程、培训师资、后勤保障等方面全面保障考前复习进度，营造出学业务、比技能、拼能力的考前备战氛围，为厦门地税稽查干部在全省稽查岗位标兵选拔考试取得好成绩做好了组织保障。

【稽查宣传】 先后曝光 12 起典型案件，其中补滞罚总额千万以上案件 2 件，百万元以上案件 9 件（不含千万元案件），累计在各类纸质媒体上刊登 31 篇次，一些有影响力的稿件被人民网、新华网、中国日报网、新浪网、厦门网、闽南网等新媒体全文转载，其中厦门某顺房地产开发有限公司偷税一案被《中国税务报》专版刊登，同时被税务总局微博全文转载。

【稽查工作会议】 2015 年 4 月 24 日，召开 2015 年厦门地税稽查工作会议，会议传达全国税务稽查工作会议、全省地税稽查工作提速增效研讨会和全市地税工作会议精神，总结 2014 年系统稽查工作情况，并部署 2015 年稽查工作安排。会上市局副局长王增加对全市 2014 年税务稽查工作取得的成效给予充分肯定，并对 2015 年工作提出 3 点要求：一是开拓思路，继续深入贯彻落实“六项”制度；二是突出重点，实现稽查工作提速增效；三是提高认识，强化稽查干部队伍建设。

（陈小丹）

青岛市

青岛市国家税务局稽查局

【概述】　2015年，青岛市国家税务局稽查局认真贯彻落实税务总局的工作部署，坚持依法治税主线，认真履行工作职能，推进稽查信息化、专业化两者协同发展，加强工作作风、一体化运行、内控机制三项建设。全年共检查1865户，查补收入总额5.84亿元，查处达到税务总局标准的大要案件6起。

【稽查现代化建设】　在体制机制上，按照"项目团队化、技能专业化、组织集约化"的运作理念，成立8个专题检查项目组，共查补入库税款2亿多元，占全局收入的比例达到55%。在信息化建设上，初步建立涉税信息搜集、稽查查账辅助、案件动态管理"三位一体"稽查信息化建设新格局。在人才培养上，加强在信息化应用、重大案件查办、资本交易项目等特殊领域专业类人才的培养、锻炼、使用，着力打造专业化的团队。

【稽查体制机制改革】　总结以往施行项目制成功经验，将"项目制"施行范围扩展到各类税收检查项目，全面推动全系统稽查"一体化"管理体制向纵深发展。一是实施制度保障。制定《青岛市国税局稽查局税收检查项目制管理办法（试行稿）》。二是优化组织形式。围绕税务总局和市局确定的年度各项专项检查工作项目，组建包括资本交易在内的8个项目组。三是统筹协调调度。召开项目组工作推进会20余次。

【"营改增"专项稽查】　在交通运输、铁路运输、电信服务、现代服务等4个行业，选取9户企业，开展"营改增"调研式检查，查补税款、滞纳金合计975.34万元。

【稽查查补收入及分析】　查补总额58439万元，其中税款43219万元，罚款1454万元，滞纳金4310万元，自查9419万元。入库总额58425万元，其中税款43130万元，罚款1529万元，滞纳金4310万元，自查9419万元，入库率99.97%（不含自查），偷税处罚率55.28%。

【案件查办情况】　共检查纳税人1865户，审结户数1819，有问题1797户，结案1750户，选案准确率98.79%，结案率93.83%。

【案件特点分析】　从2015年稽查案件所涉及被查纳税人行业看，制造业和批发、零售业是涉税违法行为主体。

【重大案件查处】　共查办大要案6起，其中达到税务总局级别3起。加大对虚开增值税专用发票、骗取出口退税等案件的查处力度。重点查处了青岛亚航化工有限公司虚开增值税专用发票案、青岛蓝宇化工有限公司虚开增值税专用发票案、青岛伊诗曼纺织有限公司虚开增值税专用发票案等全国有影响力的重大案件。

【税收专项检查】　部署开展了出口退（免）税企业、黄金交易企业、资本交易、房地产及建筑安装业等专项检查。全年税收专项检查共检查企业6297户，查结5130户，查处有问题3256户，查补总额合计8.33亿元，其中税款7.85亿元、滞纳金3550.55万元、罚款1258.55万元，入库收入总额6.68亿元，冲减留抵税额2052.54万元，调减亏损2.57亿元，不予退税金额8215.22万元。

【区域性税收专项整治】　选定胶州"营改增"后交通运输业和胶南工业气体销售行业作为青岛市区域整治重点项目。同时结合打击发票违法犯罪活动工作，重点关注农产品加工企业较为集中、走逃、注销企业等虚开发票易发、多发行业，以及利用成品油增值税专用发票虚抵进项税款行为多发的行业，组织实施区域专项整治。共检查企业113户，结案113户，查处有问题111户，查补总额470.36万元，其中税款378.9万元，罚款、滞纳金合计91.46万元；入库总额347.26万元。

【重点税源企业检查】　重点税源专项检查分两个层面实施：一是市级重点税源企业税收专项检查。有124户企业自查发现涉税问题，入库税款及滞纳金收入1.25亿元。二是税务总局重点税源企业的税收专项检查。对税务总局下发的14户企业，按比例确定5户重点检查企业。

【出口退（免）税企业检查】 青岛国税局联合青岛市公安局、青岛海关缉私局在全市集中开展打击骗取出口退税工作，确定涉及骗税及违规退税的税款合计1.69亿元。公安部门对5家企业以“骗取出口退税罪”立案查处，抓获犯罪嫌疑人15人，其中5人以“骗取出口退税罪”被批捕，上网追逃嫌疑人6名。冻结房产4套，扣押车辆3辆、现金200余万元，停退税款7645万元。

【黄金交易企业检查】 开展“打击利用黄金交易虚开增值税专用发票违法犯罪专项行动”，查获虚开企业11户，查获虚开增值税专用发票1122份，票面总金额1.14亿元，票面总税额1931万元，抓捕嫌疑人8名，追逃嫌疑人3名。延伸发现青岛以外涉案企业近100家，涉及虚开增值税专用发票近8000份，票面总金额近20亿元，票面总税额3.4亿元。

【资本交易检查】 将资本交易专项检查拓展为实业资本运作、金融资本运作、产权资本运作和无形资本运作等具体项目，同时结合跨境资本交易的特点，将国际税收领域的涉税项目检查融入其中。该项目入库税款6861.61万元、滞纳金582.76万元。查处非居民企业享受税收协定“受益所有人”身份核查案件10起，6户境外非居民企业接受了相关处理，查补税款4067.25万元。首次成功查办税收抵免（饶让）案件，查补入库税款842.85万元、滞纳金699.98万元。

【房地产及建筑安装业检查】 安排检查8户企业，调增应纳税所得额1.04亿元，弥补亏损后，查补企业所得税2209万元，查补增值税188万元。

【打击发票违法犯罪活动】 共检查涉及发票企业3185户，查处发票违法企业2519户，查处非法发票24097份，涉及金额12.63亿元，查补税款1.25亿元，加收滞纳金1232万元，罚款3275万元，没收非法所得37万元，移送司法机关案件20起。

【税收“黑名单”制度】 青岛国税局联合青岛市发改委、青岛市中级人民法院等22个部门，共同签署《青岛市对重大税收违法案件当事人实施联合惩戒措施的合作备忘录》（青发改社会〔2015〕164号）。将2015年符合公布标准的4起重大税收违法案件相关信息，在门户网站上向社会公众进行公布。同时，通过金宏网等政府信息平台，向参与联合惩戒的各成员单位推送案件相关信息。通过采取强化税务管理、限制高消费、严格融资授信等一系列措施，对重大税收违法案件当事人实施惩戒。

【涉税违法案件检举】 共受理各类税务违法举报案件184件，查办91件，转地税部门查处2件，暂存91件。结案100件，查出有问题80户，查补金额557.04万元（其中税款364.33万元、滞纳金75.85万元、罚款116.86万元），入库金额556.30万元，入库率99.87%。

【案件协查】 共发出委托协查47起，涉及企业51户、发票661份，税额1170.09万元。委托收到协查结果发票662份，其中正常票35份、有问题14份、无法核实15份，确定虚开发票598份，选票准确率94.59%，查补入库税款15.09万元，滞纳金0.82万元。共收到受托协查370起，受托户数484户，收到发票2788份，涉及税额9647.31万元。累计按期回复率100%。入库税款241.71万元、罚款101.88万元、滞纳金64.43万元。

【稽查制度建设】 青岛国税局联合青岛市发改委等22个部门，制定下发《青岛市对重大税收违法案件当事人实施联合惩戒措施的合作备忘录》（青发改社会〔2015〕164号），对重大税收违法当事人规定了实施强化税务管理、限制高消费、融资授信限制等18项具体的惩戒措施，开展对重大税收违法案件当事人的联合惩戒工作。

【稽查系统建设】 编发《2015年全市国税稽查工作要点》文件，确定年度系统重点工作项目，监督落实工作进展，按季总结。在全市国税系统推广稽查查账辅助工具，提高稽查工作效率，推进全市稽查系统稽查现代化建设。

【稽查队伍建设】 一是以党建工作为统领，深入开展“三严三实”专题教育活动。二是以改进工作作风为目标，加强稽查党风廉政建设。一方面细化稽查党风廉政工作责任，另一方面积极参与青岛市国税局廉政教育月活动。

【稽查人才库建设】 不断加强稽查专业化人才的培养和锻炼，有2人入选市局企业所得税人才库。

【稽查业务培训】 坚持以专业化培训为主线，以稽查人才培养为重点，提高稽查队伍专业化技能。结合青岛市国税局开展的中青年干部比武，积极开展会计知识、税收法律知识培训，先后组织150余人次的教育培训，促进了稽查人员知识结构更加合理。

【稽查信息化建设】 一是在选案环节以风险

等级管理为重点，以涉税信息获取的便捷化为抓手，借助互联网“爬虫软件”技术，开发应用“选案信息收集分析工具”。二是在检查环节以检查工具的智能化为着力点，开发应用“稽查查账辅助软件”。三是在稽查工作管理方面以管理决策的科学化为目的，开发应用“稽查案件管理系统”。

【稽查宣传】　一是积极宣传税收违法联合惩戒工作。工作成效刊登在《青岛日报》《中国税务报》要闻版，后又在《中国税务报》作了专题报道。二是做好国、地税稽查合作的宣传。邀请青岛市电视台对工作联席会议暨合作签约仪式进行全程拍摄，并予以播出。三是对典型案例、重点工作的曝光宣传。先后有青岛百顺药业有限公司虚开增值税专用发票案等30余起案件，先后在《青岛日报》、青岛网络电视台等媒体曝光。

【稽查调研】　青岛国税局稽查局撰写的《税务稽查柔性执法研究》，获青岛国税局科研课题一等奖。

【稽查工作会议】　2015年3月17日，青岛国税稽查工作会议在青岛国税局培训中心召开，市局稽查局局长于波主持会议，市局副局长赵福增作题为《适应税收新常态　实现稽查新作为　全面完成2015年稽查各项工作任务》的主题报告。全市各基层局分管稽查（检查）工作的副局长、各基层稽查局局长和检查科科长、市局稽查局局长、副局长及相关人员参加了会议。

【工作建议】　一是在一级稽查体制模式下，为适应稽查专业化的要求，不断完善稽查项目制的组织形式，建立能够胜任查处骗取出口退税、资本交易项目等重点领域的专业稽查团队，培养一批能够胜任检查大型企业集团的骨干力量，塑造专业化的税务稽查干部队伍。二是继续推进稽查信息化建设。完善“涉税信息获取工具”软件，查账软件、案件管理软件。

（李　未）

青岛市地方税务局稽查局

【概述】　2015年，青岛市地方税务局稽查局认真贯彻全国税务稽查工作会议精神，围绕中心，服务大局，依法稽查，规范执法，开拓创新，攻坚克难，积极发挥稽查职能作用，全面完成了税务总局下达的各项任务目标。年内，获得全国打击发票违法犯罪活动成绩突出单位、全省地税专项检查和电子查账工作先进集体荣誉称号。创新实践“链条式工作模式”在全国稽查工作会议上作了典型发言。

【稽查查补收入及分析】　全市地税累计检查纳税人1003户，稽查入库9.31亿元，各项稽查指标均达到税务总局考核目标要求。

【案件查办情况】　坚持税收法定、风险导向和质量为本，完善内控管理，规范执法行为。严格审理监督，建立“审理底稿”，审增税款4000万元，规范了审理过程；实行“审前介入”，提前审核8户复杂案件，促进了谨慎执法；坚持“开放审理”，让6户纳税人列席集体审理，审结税款3465万元，化解了执法争议；强化集体审理，组织两级集体审理14次，审议疑难、大要案件177件次，保证了准确定案。

【重大案件查处】　进一步把稽查着力点转向查处大要案件、增强执法刚性、发挥震慑作用上。依托审计式查账手段，利用各类第三方信息，组建专业化团队，实施“组团式”稽查，深度挖掘重要涉税违法线索，破获虚开发票专案2起；查处百万元以上大要案件66件（千万元以上6件），增长30%；针对欠缴大户及往年积案，定期查询账户账号，严格实施财产调查，分类梳理，逐户分析，严密跟踪，全面监控。对已达到可执行条件的20户欠缴单位，银行扣缴入库5039万元。

【税收专项检查】　以行业检查为主线、重点税源为“靶心”、发票整治为重点，牵头开展6个重点行业专项检查。其中，检查房地产企业136户，查补入库5.2亿元；完成税务总局下达的7个集团50家分支机构的重点税源企业检查任务；检查涉及10个行业2650家单位的问题发票1.6万份，查补入库9572万元，超额完成税务总局、省局下达任务。同时，围绕虚开发票专案，深入开展受票单位专项整治，检查涉案单位1670户，违法发票8227份，查补入库1174万元。以风险核查为己任、重大项目为切入、征管难点为突破，向税源管理部门反馈税收风险点700余户；检查董家口进港航道工程等5个重点工程项目，查补入库6000万元；针对上市公司2015年“大小非”解禁、国有土地转让及减免配套费、金融机构贴现利息和表外利息收入等，扎实开展税收自查和专项整治。其中，整治全市减免配套费一项，入库契税1.6亿元，同比增长63.7%。

【重点税源企业检查】　按照税务总局、省局要求，继续开展对重点税源企业或集团的检查，建立健全重点税源企业名录库，对重点税源企业抽查比例不低于20%。继续强化税务总局牵头、总部所在地税务机关为主、多省联动、国税局和地税局联合的督导协调机制和省际稽查联动协作机制，协同作战，确保按规定时间、要求完成税务总局部署的重点税源企业检查任务。

【打击发票违法犯罪活动】 对税务总局部署的金融保险、房地产业等7个重点行业企业逐一进行部署，确保行业检查无疏漏，共检查企业户数578户，查处违法企业379户，查处非法发票2490份，查处税款、滞纳金、罚款3729万元；同时结合青岛市地税实际，着重对货运代理、建安行业企业进行重点检查，检查企业2336户，查处违法企业2264户，查处非法发票13699份，查补税款、滞纳金、罚款5825万元，圆满完成各项检查任务。

【查管互动】 积极探索新形势下的稽查合作模式，与市国税局稽查局共同签署《稽查合作协议》等4个备忘录；建立稽查联席会议等3项机制；确立案源共享等6方面合作重点；探索“一地办公、一账通查、一案共审”的联合检查方式，双方深度合作初见成效：联合组织4次重点税源检查任务；联手开展发票整治，查补收入1100万元；联查企业5户，查补收入4000万元；联审案件1户，审结税款1998万元；共同发送发票警示短信20万条，全方位形成稽查合力，得到税务总局充分肯定。同时，根据稽查反映问题，及时总结提炼，加以增值利用，固化形成9类稽查成果。向管理局传递《征管建议书》32份，《稽查与征管联系单》12份，监控税款2.1亿元；完成《案件查处问题分析报告》4期；《审理简报》12期；《稽查案例》60多篇；《稽查专报》2期（市局主要领导均作出批示），深化了以查促管。

【税收“黑名单”制度】 落实“黑名单”制度。向社会公布了12个重大税收违法案件，被税务总局考核列为一档，突出警示效应。同时，促成青岛市颁布由23个部门实施联合惩戒措施的合作备忘录。市公安局将7户“黑名单”移送法院审判，市工商、海关、网络文管办、出入境检验等部门，分别采取限制性管理措施，加大了惩戒力度。

【稽查队伍建设】 坚持从严带队，队伍建设毫不松懈。做到从严带队与倾情管理相融；思想素质与业务能力并举；作风培养与文化引领结合，坚持队伍建设不放松、作风建设不懈怠、廉政建设不动摇。增强政治自觉，突出领导干部这个关键少数，以落实“两个责任”为抓手，动员中层以上干部，积极践行“三严三实”，严守各项行为准则，努力增强政治觉悟。

【稽查业务培训】 为使税收知识与工作实际相结合，组织为期1个月的春训工作，将春训内容重点确定为政策类、运用类、廉政类3个大类；共组织集中培训14次，培训人员1500余人次；由市稽查局牵头，组织全市地税稽查系统业务骨干外出培训，培训人员49人次；围绕重点事项，开展绩效管理、财务会计、行政管理等岗位培训，不断提高稽查工作人员的业务水平；全年共组织外出培训20期，培训人员1729人次。

【稽查信息化建设】 立足“互联网+税务”和大数据应用，依托财源建设平台，完善第三方信息数据库，强化核心征管、公安和银行等第三方涉税信息的关联分析，拓宽选案信息来源渠道，为精准选案提供保障，提高重大涉税案件信息分析准确度，提高稽查工作质效。提升现有信息系统应用水平，推动电子痕迹化管理。一是全面梳理稽查各项工作，找准风险点和工作节点，综合文书管理、工作流程管理等多种工作措施，加强过程留痕控制；二是结合金税三期工程系统，充分运用稽查智能平台、审计式查账软件等信息系统，实现对工作过程的“底稿式”记录，实现执法的全过程监控。

【稽查宣传】 认真开展形式多样的青年志愿者活动，扩大地税青年志愿者的社会影响力。开展“义务献血”“清理街头小广告”“打击违法犯罪形式宣传”，以及慈善一日捐、参观青岛市廉政教育基地、“包粽子送爱心”“九九重阳心系老人”等志愿服务活动；围绕两个“紧贴”，大力推进网络文明传播工作。组建青年网络文明志愿者活动小组，积极参与“阳光跟帖”行动，用文明语言和理性态度发表网络评论，营造理性、平和、有序的网络舆论氛围。参与网上跟帖、转帖等网络发声活动1800余条，为本地本单位营造了和谐有序的网络舆论环境；积极组织干部职工参加自己创作的书画摄影作品征集活动；组织参加了征文、廉政青岛、廉政中国书画摄影比赛等21项活动，上报征文7篇，获得二等奖1篇、三等奖1篇，优秀奖2篇，同时获评优秀组织奖。多角度宣传推介，增加稽查工作公开度，全方位展示地税工作的动态与风貌。

【绩效管理】 制定下发《稽查局绩效管理办法》《绩效工作规则》《绩效管理加减分项目考评细则》《工作人员绩效考核管理办法》等制度办

法；以税务总局“改革发展、依法行政、税务形象、满意服务”4项内容为基础，结合市局和稽查局实际，建立绩效管理指标3.0版考评体系；紧密结合稽查工作，建立绩效管理的85个具体考评指标，并明确指标的考评标准、数据来源、考核时限、具体分值及责任部门等，为绩效管理工作顺利开展提供了依据，保证了绩效管理工作的常抓不懈。

（鲁晓琳）

深圳市

深圳市国家税务局稽查局

【概述】 2015年，深圳国税局稽查局在税务总局稽查局和深圳国税局党组的正确领导下，围绕税收中心工作，紧抓查处税收违法案件和开展税收专项检查为工作重点，严厉打击税收违法行为、实施稽查机构改革、健全和完善制度建设、打造现代化稽查电子平台，积极促进“全市稽查一盘棋”的大稽查格局，为推动深圳国税事业全面发展做出了积极贡献。2015年深圳国税局稽查局联合深圳公安、海关查办了“海浪一号”“海浪二号”“海浪三号”等6起重大案件，其中，“海浪一号”被广东省公安厅评为“2015年全省十大经济犯罪案件”，“海浪二号”被税务总局评为“2015年十大精品案例”。2015年全市稽查部门共检查企业803户，组织企业自查117户，合计实现查补收入11.02亿元，入库11.78亿元，平均选案准确率为98.96%。

【稽查现代化建设】 积极打造现代稽查电子平台，制定稽查电子平台建设3年规划，努力建成包括1个平台（现代稽查工作平台）、3个中心（案件中心、情报中心、管理中心）的全覆盖、全互联、全智能的稽查信息化系统；积极探索和购买第三方技术和服务，根据工作实际购买网络交易平台的电商数据、采购4家中介机构第三方服务，扩大了稽查辅助手段和技术支持；积极探索利用增值税发票系统升级版提供的全新功能。建立风险指标分析模型，重点筛选购销货物和劳务品名不匹配的信息，锁定风险企业，确定虚开发票嫌疑对象；积极参与金税三期工程上线项目。完成新旧系统差异化比对分析，积极研究解决与金税三期工程对接的问题，积极探索金税三期工程对稽查工作的推动作用，打造信息化条件下的稽查管理信息系统。

【稽查体制机制改革】 配合深圳国税局做好稽查机构改革相关工作，以及改革前后业务的衔接，完成稽查相关岗责业务体系的构建；组织开展在查案件的清理工作，确保平稳过渡、有序移交；做好信息系统改造和切换工作。于2015年7月1日起实施稽查机构改革，组建4个直属稽查局，实施一级稽查机制，进一步提升执法层级，提高稽查整体效能。

【“营改增”专项稽查】 根据《国家税务总局稽查局关于开展电信业“营改增”专项稽查工作的通知》（税总稽便函〔2015〕48号）有关要求，深圳国税局稽查局在全市范围内大力开展“营改增”相关企业检查工作。一是强化组织领导，成立由选案、检查、审理等部门组成的电信业“营改增”专项稽查工作领导小组。二是优化选案方式，借助信息化工具，对系统征管数据、检举线索等日常已掌握线索数据进行集中、归类、分析，并结合深圳国税稽查局管辖“营改增”企业实际特点，选取中国电信股份有限公司深圳分公司等14户企业纳入检查名单。三是细化查前准备。开展查前分析，制定检查方案；活用培训成果，完善工作部署；开展约谈工作，落实配合事宜。四是深入推进检查。截至2015年底，共计查补税款240.91万元、罚款6.09万元、滞纳金57.49万元，合计查补金额304.49万元，其中电信业查补金额268.94万元，占比88%。

【稽查查补收入及分析】 共下派检查任务803户，处理、处罚有问题企业759户，组织企业自查117户，合计实现查补总额110181万元，入库总额117798万元。稽查工作具有以下特点：一是查补入库主要来自五大行业，分别是批发和零售业、房地产业、制造业、信息传输、软件和信息技术服务业以及建筑业。其中，批发和零售业查补入库比2014年增长2000万元，占全行业查补入库比例40%，比2014年增长19%，此外建筑业也有较大增长。二是立案查补收入占比提高。立案查补收入占全年稽查机构查补总额的30%，立案入库收入占全年稽查机构入库总额的35%，分别较2014年提高了4个和15个百分点。三是两项指标均达到国家税务总局考核要求。2015年平均选案准确率98.96%，查补入库率106.91%，分别超过税务总局考核任务8.96个和16.91个百分点。

【案件查办情况】 按照税务总局的统一部署，保持对税收违法活动的高压态势，重点查处虚开增值税专用发票、骗取出口退（免）税和偷逃税案件，加强营业税改征增值税试点行业涉税风险防控和案件查处工作。一是立案检查户数和审结有问题户数大幅增加。全市国税稽查系统共检查企业803户，共查处有问题759户，同比增加44%和40%。二是及时挽回大金额税收损失。全市稽查部门共查处查补税款5000万元以上案件2例，合计查补税款14746万元；查补税款1000万元以上5000万元以下案件3例，合计查补税款4538万元；查补税款500万元以上1000万元以下案件1例，查补税款507万元。三是打击骗取出口退税成绩显著。追缴出口退税29973万元，不予出口退税19552万元，暂停出口退税92000万元。四是耐心辅导企业开展自查。共组织117户企业自查，税款、滞纳金查补共计76659万元。

【案件特点分析】 骗取出口退税案件特点：一是虚开骗税攻守同盟，从事虚开、骗税违法犯罪活动主体汇集成庞大的从业群体，并逐步形成分工明细的犯罪链条。二是违法手段隐蔽多变，犯罪分子骗税手段不断变化。三是案发区域遍地开花，骗税团伙分工明确，形成了跨地区、跨行业的犯罪网络。以“海浪二号”为例，涉及深圳、东莞、江西、湖南等省市。四是骗税手法更加“专业”，团伙成员趋向年轻化，受教育程度高，运用信息化管理，熟悉退税政策，精通退税流程，巧妙躲避税务监管，同时还具备一定的反侦查能力。

骗购虚开普通发票案件：一是不法分子利用管理上的便利服务大肆注册虚开企业。分析2015年度的2起骗购虚开普通发票案，发现这些纳税人具有纳税人性质相同、纳税人名称相近、开业日期集中、发票领购人集中、税务登记证领证人集中等共同特征。注册上的便利，使不法分子大肆注册企业进行虚开。二是通过收取“开票费”谋取不法收入。获得大量小规模纳税人主体之后，作案团伙通过“卖票”等方式，从税务机关购买发票，开具给“客户”并收取一定的开票费用。三是不法分子反侦查反监管手段较强。涉案企业逐步扩大开票金额，当申报额和开票额较大时，利用申报与领购发票的时间差，在申报期限前开具所有领购的大额发票并走逃，从而逃避最后一次开票所需缴纳的税款，完成其虚假注册、骗购发票、虚开发票、逃避缴纳税款的一连串违法行为，并从此不再使用旧身份从事涉税活动，彻底从税务机关的监管中消失。

【重大案件查处】 “4·29”打击发票违法犯罪统一收网行动：深圳国税、地税、公安联合开展“4·29”全市打击发票违法犯罪统一收网行动，捣毁滥发发票信息窝点4个、销售假发票窝点8个，抓获犯罪嫌疑人13名，共缴获各类假发票100多万份。

“海浪一号”收网行动：该案一举摧毁3个特大虚开增值税专用发票团伙，抓获犯罪嫌疑人31名，主要犯罪嫌疑人18人悉数归案，捣毁犯罪窝点15个，收网行动取得重大成果。涉案金额超过100亿元，涉及税款20亿元。公安部、税务总局、广东省厅领导先后批示表扬。“海浪一号”被广东省公安厅选入“2015年全省十大经济犯罪案件”。

“海浪二号”收网行动：该案一举摧毁以卓某为首的特大黄金票虚开发票团伙，以黄某为首的特大骗取出口退税团伙，以詹某、刘某为首的虚开普通发票和贩卖假发票团伙。行动当天，成功抓获犯罪嫌疑人29名，捣毁犯罪窝点22个。涉案金额60亿元、税额10亿元，其中涉嫌虚开发票金额50多亿元、税额8.7亿元，涉嫌骗取出口退税涉案金额9亿多元、退税额1.5亿元。该案是截至2015年底深圳打击涉税违法犯罪类型最全的一次行动。近20家省市级媒体对行动进行了跟踪报道，省厅、公安部、税务总局领导给予高度评价。“海浪二号”被税务总局选入“2015年全国打击发票违法犯罪活动十大精品案例”。

“10·15”伪报出口货物骗取出口退税又涉及走私逃避出口关税案件：该案一举摧毁1个以伪报品名走私出口非合金锡并骗取出口退税的犯罪网络，抓获涉案目标14名，查获锡锭346吨。该案涉及金额约2亿元、应征税款2100万元、出口退税1380万元。该案是全国首起既涉及骗取出口退税又涉及走私逃避出口关税的案件。

“海浪三号”收网行动：该案一举摧毁特大虚

开及骗税团伙2个，涉及广东、江西、湖南53户企业，成功抓获犯罪嫌疑人20名，捣毁作案窝点15个，查获作案税控机7套，收缴增值税专用发票1000多份，冻结银行账号70多个，扣押税务登记证、公章、银行存折（卡）一大批。涉案金额57.54亿元、税额4.96亿元，"免抵退"税额3.39亿元。该案件是2015年首例由税务总局派驻打骗工作组参与当地税务公安联合查办的特大虚开和骗取出口退税的典型案件。

这些大案要案的查处，得到了税务总局领导，市政府，市局领导的重要表扬，大大提高了深圳国税稽查的震慑力，对净化深圳税收环境，维护经济秩序起到重要的积极作用。

【税收专项检查】　在全市范围内开展行业性税收专项检查、重点税源税收专项检查和区域税收专项整治，全局各检查部门查补税款、罚款、滞纳金合计20.1亿元，入库收入10.24亿元。其中，行业性税收专项检查选取出口退（免）税企业、黄金交易企业、资本交易项目作为指令性检查项目，房地产行业作为指导性检查项目，高科技企业作为自选检查项目，共选取713户企业，下派全市各检查单位。重点税源税收专项检查共计查补税款和滞纳金合计7.6亿元，入库税款7.6亿元。

【区域性税收专项整治】　为进一步提升稽查打击的准确性和震慑性，印发《深圳市国家税务局关于印发深圳市国家税务局深入打击出口骗税违法犯罪活动方案的通知》《深圳市国家税务局关于印发2015年打击发票违法犯罪活动工作方案的通知》，对打击出口骗税工作和打击发票违法犯罪活动工作进行周密部署。打击出口骗税方面：检查企业421户，立案检查186户，对疑似问题企业暂停暂缓退税额11.12亿元，查补税款2.62亿元，入库金额0.97亿元。打击发票违法犯罪活动方面：共检查企业1128户，查处违法受票企业858户，超额完成了税务总局下达的查处600户违法受票企业指令性检查工作任务，涉及非法发票41735份，涉及金额49.43亿元，查补税款7237.64万元，滞纳金1211.52万元，罚款1811.63万元，移送公安11户企业。

【重点税源企业检查】　对税务总局要求的15户全国重点税源企业所属的由深圳市国税局管辖的13户成员开展税收检查。经过风险分析抽取其中2户企业开展重点检查。在2015年上半年对深圳市重点税源企业进行了专项检查工作部署，有针对性地开展全市重点税源企业专项检查，共选取117户高风险重点税源企业开展税收抽查，自查查补税款和滞纳金合计7.6亿元，入库税款7.6亿元。

【出口退（免）税企业检查】　落实税务总局文件精神及市局要求，将打击骗取出口骗税违法犯罪活动作为工作重点，全年打击出口骗税工作共检查企业421户，其中立案检查186户，专项检查235户，公安立案6户，合计抓捕45人。对疑似问题企业不予退税（含暂缓退税）11.1亿元，查补税款2.62亿元，入库金额0.97亿元。

【黄金交易企业检查】　根据税务总局要求，开展黄金交易企业专项检查，将深圳市8户用票企业定性为虚开公司，对该8户企业开出的增值税专用发票定性虚开，其涉及发票8949份，税额合计2.79亿元，价税合计19.22亿元。

【资本交易检查】　根据税务总局文件精神及深圳地区资本交易行业的特点，科学选取案源，合理分配案源，将专项检查与稽查专业化有机结合起来，从而提高选案准确率，依法查处各类税收违法行为。实际操作中：一是通过中登公司深圳分公司取得"大小非"数据和股权转让企业的数据，比对减持信息和申报信息。二是联系深圳国税征管和科技发展处取得20户企业"大小非"线索，深挖排查。三是将深圳联合产权交易所提供的部分股权变更见证数据（主要包括转让的标的企业、转让的比例、转让价格以及转让时间）与数据库中的数据进行匹配后，分析申报信息，筛选出7户企业交由检查科进行约谈。四是对持有限售股的企业进行强制监控，企业注销、迁移前须到深圳国税稽查局申请解除强制监控并提供资料供核实。经过核查预计可调增应纳税所得额超过12000万元。

【房地产及建筑安装业检查】　利用住房建设局、规划国土委等单位提供的相关信息，结合征管系统数据，开展细致选案分析工作，并从中选取12户涉嫌存在较大税收问题的房地产业企业，分配至市局稽查局和直属稽查局进行立案检查。共查补税款8935.49万元，查补罚款84.15万元，加收滞纳金58.12万元，合计查补收入9077.76万元，入库9077.76万元。

【打击发票违法犯罪活动】　一是严厉打击虚假发票"卖方市场""买方市场"。其中，开展打击虚假发票"卖方市场"专项行动5次，捣毁窝点共计65个，成功破获10个犯罪团伙，缴获作案机器42台，抓获犯罪嫌疑人67人，缴获国地税虚假发票合计约120多万份。在打击虚假发票"买方市场"发票行动中，共检查企业1128户，查处违法受票企业858户，超额完成了税务总局下达的查处600户违法受票企业指令性检查工作任务，涉及非法发票41735份，涉及金额49.43亿元，查补税款7237.64万元，滞纳金1211.52万元，罚款1811.63万元，移送公安11户企业。二是开展专项行动。开展了“4·29”全市打击发票违法犯罪统一收网行动，“海浪一号”收网行动，“海浪二号”收网行动，“海浪三号”收网行动等一系列专项行动，挽回国家重要税源，净化深圳税收环境，维护了市场秩序。

【税收“黑名单”制度】 按照税务总局统一部署，联合深圳地税部门，提请市政府主持召开深圳市税收“黑名单”联合惩戒联席工作会议，由深圳市发改委牵头，17部门联合签署《深圳市关于对重大税收违法案件当事人实施联合惩戒措施的合作备忘录》（深发改〔2015〕1618号），共计报送重大税收违法案件4起。组织全市国税稽查系统在《中国税务报》《证券时报》《深圳商报》等媒体上曝光打击骗税、打击虚开、打击偷逃税成果。

【涉税违法案件检举】 深圳市国税局税收违法案件举报中心，认真开展各项工作。一是认真受理检举案件，累计接待来访群众180余人次，接听检举咨询电话8000余人次，处理检举信件1700余份、网上检举邮件2030余条，登记率100%，并做到件件有登记、件件有落实，树立了良好的国税窗口形象。二是加强对重点检举案件的跟踪督办。三是依法及时发放检举奖励金。自2015年7月机构改革以来，各级举报中心受理处理能力显著提升，应对突发事件及处理敏感检举件方面的能力大幅提高，各项工作流程明显优化，改革成效显著。下一步，举报中心将努力推进信息化建设，探索优化工作模式，进一步推动与市12366工作对接。

【案件协查】 全市共发起委托协查952起，涉及企业992户，发票14888份，金额238586.66万元，税额36889.54万元，移交司法机关1起；收到受托协查5633起，涉及企业6712户次，发票45908份，金额1056028.55万元，税额177739.01万元；累计接待来人253批次1072人次，涉及涉税企业1518户，海关、地税、各区分局778次，银行取证127次。全年办理纸质来函协查260份，涉及企业586户，发票1062份；海关票来函协查53份，涉及发票156份。

【稽查制度建设】 机构改革后，认真开展工作调研。重新梳理和修订14项稽查业务制度，广泛征求各相关单位的意见建议，下发执行11项。经过半年的运转，改革成效初步显现，全市稽查工作向“五个统一”的改革目标逐步推进，即：统一选案、统一下达全市稽查任务、统一稽查经费支出标准和提出调拨分配建议、由集中审理和分级审理相结合逐步实现统一审理、统一抽调全市稽查力量查处大要案。

【稽查系统建设】 加强与国地税合作，主动与地税稽查部门召开3次联席会议，初步形成联合选案、联合稽查的工作办法，联合开展对全市307户重点税源企业和集团的自查工作，合计补税款8945万元，并从中选取30户企业开展国地税联合检查。双方联合落实税收“黑名单”制度和联合惩戒工作，共同研究制定《深圳市重大税收违法案件公布办法》，每季度定期交换税收“黑名单”企业信息，并推送至相关单位实施联合惩戒。

联合公安、海关、地方税务局等部门共同开展打击出口骗税和打击发票违法犯罪工作，建立良好的部门协作，定期商议开展涉税工作事宜。在查处案件、抓获人员、端掉制售窝点、缴获假发票、挽回损失等方面成果显著，有效遏制了虚开、骗取出口退税和制售假发票犯罪蔓延势头。

【稽查队伍建设】 按照“倾情带队，严管善待”要求，优化组织体系、强化人才培养、激发队伍活力，努力提升稽查干部队伍综合素质。一是做好干部晋升工作，全年共晋升10名主任科员、1名副主任科员；二是进行干部轮岗交流，交流人员56人，调整幅度57%；三是加强教育培训，共组织业务类培训班8期，派人参加税务总局、市局培训班45期，累计参训493人次，累计培训1577人天数。

【稽查人才库建设】 开展深圳市国税系统稽查人才库筹建工作。拟定《深圳市国家税务局稽查人才库选拔方案（征求意见稿）》，逐步开展稽查人才库组建工作，人才库分为综合业务类及稽查专业类2个子库。

【稽查业务培训】 共组织业务类培训班8期，针对专项检查、举报业务、稽查岗位素质、查账软件等稽查业务，聘请师资进行专题培训。派人参加税务总局、市局培训班45期，累计参训493人次。组织人员报名参加税务总局税务干部进修学院（扬州）专业化培训项目9期，全年参与人数12人。

【稽查信息化建设】 2015年2月，与征管及科技发展处、信息中心联合成立“现代稽查电子平台”项目组。该项目计划在2015—2017年完成

一、二、三期建设，建成包括1个平台（现代稽查工作平台）、3个中心（案件中心、情报中心、管理中心）的全覆盖、全互联、全智能的稽查信息化系统。项目首期在2016年实施，将首先完成硬件配置、基础软件配置及“1个平台、3个中心”的初步建设。通过建立“现代稽查电子平台”，深圳国税稽查局不断改进稽查方法、强化执法手段，结合以省市级一级稽查、分类分级管理为特点的稽查管理方式改革，不断开创稽查工作新局面。

【稽查宣传】 在中央电视台、《中国税务报》《经济日报》《深圳特区报》《国税信息》等发表信息宣传稿件20余篇。其中“海浪二号”典型案例宣传于2015年12月14日、15日由中央一套《新闻30分》《朝闻天下》栏目报道，有10多家省市电视台和3000多个网络视频转播，被税务总局微信公众号作典型案例推广，取得良好的宣传效果。

【稽查调研】 组织相关人员成立稽查局打击出口骗税调研小组，撰写《加强防范和打击出口骗税工作的建议——以深圳国税局工作完成为例》调研报告，报告针对深圳外贸出口总体情况、当前骗取出口退税活动的趋势与特点、防范和打击骗取出口退税的主要做法、打击骗取出口退税的难点、加强防范和打击骗取出口退税工作的建议等方面作了详细的调研，为更好地打击出口骗税工作提出建议。

【稽查工作会议】 2015年3月24日，全市国税稽查工作会议召开，认真贯彻落实全国税务稽查工作会议和全市国税工作会议精神，总结2014年稽查工作，部署2015年工作任务：一是推行稽查机构改革；二是强化稽查信息化建设；三是打击出口骗税、虚开增值税专用发票行为；四是部署重点税源企业轮查和税收行业性专项检查；五是规避稽查执法风险；六是落实税收“黑名单”制度；七是落实绩效考评工作；八是打造专业化队伍；九是加强党风廉政建设。

（戴　蓉）

深圳市地方税务局稽查局

【概述】 2015年，深圳地税稽查系统认真贯彻落实市局党组各项工作部署，积极开展构建稽查可数据化管事模式改革实践，严厉打击涉税违法犯罪行为，健全稽查工作机制，全面发挥税务稽查的职能作用，各项工作取得了新的成绩。

【稽查现代化建设】 一是以信息化手段规范进户执法，进户执法信息管理平台正式上线，有效地解决了进户执法信息不能共享、“多头执法”“重复检查”问题。二是加强稽查信息系统一期的运维和优化，共有218宗稽查案件进入稽查信息系统。组织骨干积极参与税务总局金税三期工程稽查模块优化研究，并对金税三期工程稽查模块开展差异化分析，为金税三期工程上线奠定了基础。三是加强稽查查账软件应用，各稽查局组织采购网络版查账软件服务，推进查账软件从单机版向网络版拓展，强化信息共享，进一步提升了稽查工作手段。

【稽查体制机制改革】 稽查构建可数据化管事模式取得突破性进展。一是制订《关于管查联动纳入风险传导反馈机制的实施方案》，明确区局与稽查局管查联动纳入风险传导反馈机制工作的总体方向和基本框架，稳步推进管查联动纳入风险传导反馈工作机制，实现税收征管和税务稽查的良性互动，使管查联动工作由传统模式向可数据化模式转变、由纸质传递向信息化传递转变。通过流程管理平台，各稽查局向区局推送风险任务45户，各区局应对补税2028万元；各区局向各稽查局推送风险任务28户，立案稽查10宗，全面完成了年初工作任务，实现“推墙而出”“破门而入”两个突破，可数据化管查联动机制初步建立。二是按照“风险查、查风险”理念，积极探索建立可数据化选案机制，依托核心系统大数据，运用规土部门第三方数据，以及稽查案件积累的历史数据，形成稽查案源，以自定义风险任务推送的形式，开展重点税源企业轮查，破解稽查部门长期以来凭经验选案存在的问题，提高了选案的针对性和准确性，精准发力。将房地产企业作为首批重点税源企业轮查对象，设定企业所得税、土地增值税、印花税3个税种的综合性风险指标，确定风险点241个，按风险值高低确定67户企业，推送各稽查局开展风险任务应对，查补收入4.3亿元，成效显著。

【稽查查补收入及分析】 共组织检查企业1044户，查补收入14.92亿元，其中立案检查304户，查补收入2.72亿元，组织企业自查740户，查补收入12.2亿元。

【案件查办情况】 深圳地税局第一稽查局查结历时5年的美国新桥投资公司重大税务案件，查补金额5.8亿元。第三稽查局风险管理工作成效显著，将房地产企业综合风险指标从3个税种9个风险点拓展为9个税种43个风险指标，共组织12户重点企业自查税款及滞纳金1.81亿元，户均补税超过1500万元。

【税收专项检查】 根据税务总局的统一部署，结合深圳产业发展实际，将资本交易、房地产及建筑安装业、高收入者个人所得税、营利性教育培训机构作为重点检查行业（项目），对386户企业开展税收专项检查，查补收入合计6.68亿元，其中立案检查138户，查补收入2.03亿元，户均查补294万元，进一步规范了行业税收秩序。

【重点税源企业检查】 深圳地税稽查系统与国税稽查部门联合开展重点税源企业检查，累计组织3批重点税源企业自查，共计186户，立案检查6户，合计查补收入9098万元。

【打击发票违法犯罪活动】 严厉打击发票违法犯罪活动。一是加强“买方市场”检查力度，开展对金融保险、房地产等重点行业的发票使用专项检查，检查994户，查处违法企业535户，行政事业单位24户，查处违法发票1.18万份，涉及金额4.34亿元，查补收入4468万元。二是加大“卖方市场”打击力度，特别是2015年5月18日，配合市公安经侦局开展联合整治行动，查获涉及全国各地的国地税假发票100多万份，捣毁4个窝点，抓获3名犯罪嫌疑人，发挥了震慑作用。

【税收“黑名单”制度】 严格按照税务总局关于重大税收违法案件信息公布的相关要求，组织各稽查局严格筛选、上报符合标准的重大税收违法案件，共上报重大偷税案件9户，累计涉及税款超过1.3亿元。通过门户网站对外公布“黑名单”企业信息8户，通过门户网站及各类新闻媒体曝光典型案例88篇（次），做到“以案说法”，引导纳税遵从。

【涉税违法案件检举】 共受理各级检举部门检举案件843宗，查处678宗，查补收入合计6.67亿元。执行案件213宗，入库13.72亿元，对达到移送标准的5宗案件移送公安部门。

【案件协查】 共受理外地单位来函协查案件33宗，涉及73户企业，受理办结财政部专员办移送的11宗协查案件，全部在限期内保质保量完成。

【稽查制度建设】 深圳地税稽查工作在风险管理实践中，围绕税收质量提升，以全面构建稽查可数据化管事模式为目标，以建立稽查质量标准为抓手，以深化稽查信息化建设为依托，以作风建设为保障，深入开展稽查改革，推动稽查工作质量提升。制订《关于管查联动纳入风险传导反馈机制的实施方案》，积极推进稽查可数据化管事模式改革。

【稽查系统建设】 稽查第三方工作机制进一步完善。一是出台“黑名单”制度合作备忘录，2015年11月9日，在深圳市政府的主持下，召集市国税、地税等17个部门的相关负责人，召开全市税收“黑名单”联合惩戒工作联席会议，签署深圳市《关于对重大税收违法案件当事人实施联合惩戒措施的合作备忘录》。深圳市地税局主动向17个联合惩戒部门发函通报税收“黑名单”企业相关信息，建立起“黑名单”信息推送与共享渠道。共上报税务总局公示9户重大偷税案件，通过门户网站对外公示8户。二是与法院合作追缴欠税，通过市中院“查控网”对52户欠税企业进行了资产清查，建立起欠税人资产信息档案，丰富了案件执行工作手段。

【稽查队伍建设】 深圳地税稽查队伍建设全面加强。一是全面开展“三严三实”专题教育活动，按照市局党组统一部署，各稽查局领导班子认真组织开展“三严三实”专题教育活动，提高了党性修养；各稽查局处级干部积极参加市局组织的“最后一段行”活动，深化了对管事模式改革实践的认识，坚定了推进改革的信心和决心。二是基层党建和党风廉政建设进一步加强，各稽查局完成党支部改选工作，认真落实基层党支部分类定级管理办法，加强组织建设，深入推进党风廉政建设，落实“两个责任”，严格遵守中央八项规定。

【稽查人才库建设】 为了加强优秀稽查人才的长效培养和使用机制，把人才建设贯穿稽查工作始终，着力培育具备风险管理理念，具备信息化工作能力，具备法治思维与担当精神，业务精湛、清正廉洁的稽查工作新的主体力量，为全面提升稽查工作质量提供有力的组织保障。

【稽查业务培训】 教育培训工作持续开展，选派87名干部参加税务稽查、税收征管、综合业务等培训班，提高干部业务素质。

【稽查信息化建设】 稽查信息系统（一期）自上线以来运作平稳，包含案源管理、稽查实施、案件审理、案件执行、查询统计及报表、初始化六大部分，对选案、稽查、审理、执行四环节全覆盖，实现了数据采集、金额计算、法律条款、报告文书的自动生成与匹配。共有218宗稽查案件进入稽查信息系统。一方面，稽查信息系统一期的运维和优化在进一步加强。根据各稽查局一线稽查干部对系统运行提出的意见和建议，与有关技术部门加强工作沟通和协调，切实解决实际操作中遇到的问题，提高系统的应用效率。稽查信息系统运维共收集各类问题214例，解决199例。组织骨干积极参与税务总局金税三期工程稽查模块优化研究，充分反映深圳地税信息化建设成果，并对金税三期工程稽查模块开展差异化分析，为金税三期工程上线打下基础。另一方面，为进一步提高稽查办案质效，充分发挥各单位一线稽查干部的智慧和比较优势，加强稽查查账软件应用。各稽查局组织采购网络版查账软件服务，并开展业务培训，推进查账软件从单机版向网络版拓展，强化信息共享，以互联网思维集中众智，整合智力资源。

【稽查宣传】　编发《稽查专刊》4期，推广交流稽查工作经验。通过深圳地税门户网站及各类新闻媒体曝光涉税典型案例88篇（次），做到以案说法，引导纳税遵从。税收宣传月期间，结合稽查成果，通过曝光典型涉税案件、税收宣传进企业、税收宣传进校园等形式，加大税收宣传力度，彰显稽查震慑力。

【稽查工作会议】　2015年3月20日，为了全面贯彻落实全国税务稽查工作会议和地方税收工作会议精神，召开深圳地税稽查工作会议，总结2014年工作，部署2015年任务。会议提出了2015年深圳地税稽查工作的指导思想：坚持改革创新，坚持依法行政，坚持从严治队，全面发挥稽查职能作用，以构建可数据化管查互动工作机制为突破口，推动稽查工作全面融入风险传导反馈工作机制，努力推进稽查现代化建设。

【工作建议】　一是建立风险管理导向下的随机抽查机制，推动与国税稽查部门联合选案和联合检查，对税务总局稽查局部署的行业专项检查和重点税源企业检查，共同制定检查方案、共同开展信用惩戒、定期交流通报稽查情况机制建设，建立举报线索交换渠道，实现信息共享。二是探索建立稽查工作质量标准。在管事模式的基础上，统一稽查各环节事项涉及的执法文书格式、法律适用标准，按照“四化”的要求，制定稽查可数据化管事模式流程标准，一方面要加强程序性标准指引，另一方面要强化实体性标准规范，明确每个工作环节的工作内容、要求、时限，使流程标准化，并依托信息化，进一步探索形成可数据化的稽查质量标准。三是进一步加强稽查信息化建设。做好系统一期的运维和优化，积极做好税务总局金税三期工程有关稽查信息化上线准备和应用工作，并全面推进电子查账软件网络版应用，更好地发挥稽查人员的集体智慧，提升办案效率和质量。四是强化部门合作工作机制。认真落实“黑名单”备忘录，推动联合惩戒措施落地。加强与公安、法院、出入境等各部门合作，建立公安提前介入、边防布控、限制欠税人出境、公安传唤等措施的制度安排，扩大稽查震慑力，提高办案质效，着力构建与司法部门的信息化制度化法制化合作机制。五是进一步加强稽查队伍建设。巩固“三严三实”专题教育成果，严格整改落实和立规执纪，抓好《廉政行为准则》和《纪律处分条例》的学习和贯彻，严格遵守中央八项规定，把纪律和规矩挺在前面，增强看齐意识。加大教育培训工作力度，组织金税三期工程稽查模块上线使用前的学习和业务培训，扎实开展调查取证、风险任务应对、电子查账、资本交易、重点税源检查等领域的培训；开展稽查能手遴选，吸收新的主体力量进入稽查专业人才库。

（舒　娜　沈伊纯）

北京市地方税务局稽查处

2015年，在国家税务总局和北京市委、市政府的正确领导下，按照深入贯彻落实《深化国税、地税征管体制改革方案》的工作要求，根据北京地税局整体工作部署，北京地税局稽查处积极推进稽查机制体制改革。切实开展重大涉税案件查处、税收专项检查整治、重点税源企业检查和打击发票违法犯罪活动等工作，全年共实施检查4341户，查补收入38.4亿元。

稳步推进机制体制改革。按照稽查体制机制改革方案，结合首都功能核心区特点，结合2014年试点工作情况，以解决制约稽查效能发挥及划分执法权限的关键问题为切入点，按“稽查机构扁平化、稽查手段现代化、稽查队伍专业化”工作要求，立足实际、精心筹划，通过增设直属稽查局、为17个区（分）区稽查局加挂直属分局牌子、简并综合科室、优化稽查队伍等措施，形成了“1个稽查处、6个直属稽查局、18个区（分）稽查局”的稽查组织体系。一线稽查人员占比的大幅提升，初步实现了“职能强化、配置优化、管辖明确、机制健全、技能突出”的改革总体目标。2015年，全市立案稽查户数较2013年改革前增加了31%，但实现的查补收入同比增长了近120%；人均查补收入同比翻了一番，达到了361万元；查办百万元以上重大税收违法案件241件，查办数量在全国地税系统名列前茅，部分直属稽查局人均查补收入达到了千万元以上。

充分发挥稽查职能作用。一是科学开展专项检查整治工作。对房地产开发项目和金融商品转让线索进行人工集中选案，结合检查发现问题，制定详细的培训提纲，会同相关处室对稽查常见难点问题进行讲解；对新生业态（私募股权）和较少触及领域（外资金融）主动开展调研式检查；加大对中心城区低端有形市场专项整治，疏解非首都功能；引入社会中介专业力量协助稽查办案，提高对土地增值税清算稽查技能。“以查促征、以查促管”的职能得以初步体现。二是积极推进重点税源企业检查。统筹协调直属稽查局和片区内稽查力量，在梳理重点税源企业集团组织构架、经营项目、核算形式基础上，统一归集涉税疑点，全面规范和纠正重点税源集团性涉税问题。三是严厉打击发票违法犯罪活动。积极研究新常态下发票违法犯罪的新趋势、新特点，创新方式方法，有效开展了虚假发票“卖方市场”和“买方市场”整治工作。全年共查处非法代开、虚开及非法取得发票企业867户，查处非法发票42692份，查补收入5.57亿元。

北京地税局局长杨志强（右）、副局长朱元广（左）为北京地税局第五稽查局、第六稽查局揭牌，为17个直属稽查局分局授牌

推进部门合作深度融合。一是国地税合作

北京地税局与北京公安局召开税警联席会议

机制初步建立。建立与国税局的稽查部门联席会议制度，逐步开展重大案件、专项检查的联合查办工作，全年国地税联合实施企业自查 963 户，实施检查 180 户，实现查补收入 4.2 亿元。同时与市国税局共同召开税收违法“黑名单”新闻发布会，加大对涉税违法事项的信息披露与曝光力度。二是启动京津冀稽查协作。共同签署备忘录，构建三地六局在“推进执法协作、实现信息共享、联合开展检查、实施联合惩戒”等方面的稽查协作机制。三是联合惩戒初见成效。与市公安局、市国税局联合下发《关于建立打击涉税违法犯罪联合工作机制的意见》，设立税警联合办公室，加强与公安局、交管局等部门的信息共享。联合公安、边检部门对 68 户欠税企业法定代表人实施阻止出境，实际拦截 17 人，入库金额合计 1.15 亿元。对 5 户企业涉税违法信息进行推送，已被各大银行暂停信贷合作。与北京电视台合作开创《税案追踪》专题节目，以及通过《北京日报》《北京晚报》《法制日报》等新闻媒体，对 59 户偷逃税的典型案件进行曝光。

全面加快干部队伍建设。近年来，北京地税局切实加强稽查队伍建设，努力打造一支与新形势相适应的稽查干部队伍。一是注重提升队伍素质。以需求为导向，积极探索稽查培训新思路，研究制定中长期稽查人才培养战略规划，分层次实施全员培训，加强对新兴产业、较复杂税种的培训力度，加大对稽查查账软件培训，增强稽查干部的业务素质和工作能力。二是建立挂职锻炼机制。为符合条件的直属稽查局干部到基层挂职锻炼创造条件，建立郊区到城区、分局到直属局、直属局到稽查处调训机制。三是落实工作奖励激励。充分调动稽查人员办案的积极性，实行稽查能力与绩效考核挂钩，每年评选稽查能手及对成功查办大案要案的稽查人员，对在工作中有突出贡献的干部，予以表彰奖励。四是注重廉政建设根本。不断改进工作作风，把纪律挺在前面。从源头和机制上防控廉政风险，依据稽查业务工作的办理流程，逐一排查税收执法及廉政风险点。积极配合纪检监察部门做好“一案双查”工作。

北京地税局稽查处举行“以案论税”稽查先进经验交流会

河北省国家税务局稽查局

2015年，河北省国家税务局稽查局紧紧围绕税务总局稽查局和河北国税局的工作部署，以扎实推进稽查现代化建设为工作主线，以打击虚开发票和骗取出口退税违法活动为工作重点，严厉查处各类重大税收违法案件，坚持“大稽查”管理理念，突出发挥稽查的职能作用，基本实现稽查工作出成绩、出形象、出人才的既定目标。检查纳税人11095户，同比增长4.2%；入库税收36.3亿元，同比增长3.2%。稽查局荣获“2015年度河北省国税局绩效考核先进单位”荣誉称号；稽查局党支部被河北省直工委、河北省国税局党组分别评为“基层先进党组织”和“省局机关先进党支部”。

河北国税局局长王满平（主席台中）出席2015年全省稽查工作会议并讲话

紧密结合实际，创新稽查现代化管理工作。一是以稽查信息化选案为抓手，集结精干力量研发河北国税稽查综合软件。积极探索“互联网+”在稽查信息化方面的应用，提升数据的提取和增值应用水平，实现稽查选案“人无我有，人有我优”和“全省选，选全省”的创新工作目标。二是以稽查精准打击为重点，着力防范重大恶性案件发生。充分利用河北省增值税进销项数据分析监控系统、河北国税税源管理平台、金税三期业务管理系统、税收征收管理信息系统等现有系统数据，结合虚开案件的特点及稽查工作经验，采用人机结合、工作督导等方式，实现对涉税案件精准打击。三是以征管链条为重点，稳步推动“大稽查”管理理念的部门协作。逐步实现稽查工作的上下互动，左右互通，多方互联，使稽查工作在整个征管链条中发挥关键作用。在京津冀协作上，联合北京、天津两市的国税局、地税局制定《京津冀税务稽查案件协查协作机制》；在国地税配合上，联合河北省地税局印发《河北省国家税务局 河北省地方税务局税务稽查工作合作实施方案》，形成执法合力，防止税款流失，减少多头执法、重复检查、重复进户的发生，节约稽查成本；在外部横向联系上，组织召开河北省公安、银行、工商、发改委、海关等23个省级部门参加的联合惩戒协调会，着力推进联合工作机制，主动向其他22个省级部门推送“黑名单”和联合惩戒信息40起，促进社会诚信和公平正义。

河北国税局稽查局党支部召开民主生活会

扎实履行职责，全省各项检查工作成效明显。一是开展专项检查。针对税务总局确定的3项指令性检查项目［出口退（免）税企业、黄金交易企业、资本交易］和2项指导性检查项目（房地产及建筑安装业、营利性教育培训机构），将房地产及建筑安装业由指导性专项检查项目调整到指令性检查项目，并确定2项指导性检查项目（非银行、非保险的金融机构和汽车经销行业）。检查企业1135户，查补税收2.8亿元，入库2.4亿元；督导9099户纳税人自查，自查入库税款8.3亿元。二是抓好区域税收专项整治。确定煤炭制品及批发业、金属及金属矿批发业、黑色金属铸造业、纺织服装行业、批发零售业为重点整治行业，涉及9个设区市、1个省直管县，35个县区。检查企业202户，查结户数149户，查补税收3361.5万元，入库2982.4万元；组织2846户纳税人开展自查，入库税款1.6亿元，推进部分风险企业有效落实各项征管措施。三是做好重点税源企业检查。组织开展4户全国重点税源企业——中国港中旅集团、中国中材集团有限公司、天津市物资集团总公司、箭牌糖果（中国）有限公司集团所属部分成员单位14户企业的自查和4户企业的重点检查工作。确定41户省级重点税源企业、93户市级重点税源企业开展轮查。查补税收6.7亿元，当年入库税款、滞纳金、罚款3亿元，调减留抵107万元，弥补亏损9.5亿元。四是开展重点税源企业随机抽查工作，涉及11个设区市163个县（区）的617户企业（含成员单位）。辅导企业开展自我评价，根据企业自查效果进行排序，提出重点检查企业建议名单，为重点检查工作打好基础。五是组织开展打击发票违法犯罪活动工作，检查企业5137户，查处违法企业4645户，查处非法发票11万份，涉及金额163.9亿元，查补税款15.4亿元，加收滞纳金3.4亿元，罚款1759.5万元；向公安机关移送案件85件，曝光案例62件，开展发票宣传教育7481次。

全省国税稽查业务培训现场

税务总局稽查局在河北召开收入分析方法研讨会

规范工作程序，提升稽查系统管理水平。一是做好案件协查管理。发起委托协查发票1.01份，涉及企业565户（次），金额19.4亿元，税额3.3亿元。选票准确率95.28%。通过协查系统受托收到协查发票2.45份，涉及企业2189户（次），金额43.8亿元，税额7.3亿元。受托协查累计按期回复率为100%；移送司法机关案件7起。协查查补税款7752.8万元，入库税款7528.6万元。二是做好税收违法检举案件工作。受理涉税检举案件368件，查处331件，已结案274件，结案率82.8%；查补税款、滞纳金、罚款2773万元，入库2258.4万元，入库率81.4%；移交公安案件4起。三是抓好督办案件。承办督办案件17件，涉及企业42户。已结案件查补税款4.2亿元，加收滞纳金905万元，罚款2.1亿元。四是做好“黑名单”及联合惩戒工作。与22个部门共同实施联合惩戒措施，向社会公布重大税收违法案件25起，推动河北省信用体系建设向更加规范发展。在《中国税务报》《河北日报》、新华网河北频道等国家级和省级媒体曝光12起偷税、虚开增值税专用发票等手段隐蔽、性质恶劣的案件，惩戒严重涉税违法行为，进一步提高纳税人的依法纳税意识和税法遵从度。

山西省地方税务局稽查局

2015年，山西省地方税务局稽查局认真贯彻落实税务总局稽查局一系列工作部署，紧紧围绕省地税局“三位一体促发展，富民强省作贡献”工作思路，坚持以服务税收工作大局为中心，严厉打击各类税收违法行为，大力整顿和规范税收秩序，积极发挥了以查促收、以查促管的稽查职能作用，有力地促进了各项稽查工作任务的完成。

稽查查补收入。2015年，山西省各级地税稽查部门严格执法、扎实工作，认真完成稽查工作目标任务，有效发挥稽查职能作用。全年共检查企业3798户，实现各项查补收入248651万元，较2014年增长10.07%，占同期税收收入的2.79%。稽查选案准确率为99.36%，稽查查补收入入库率为99.76%。

税收专项检查。2015年组织开展的税收专项检查共涉及5个行业，除税务总局指令性检查行业资本交易外，根据实际情况，将煤炭业、房地产开发业、工程建设、金融保险业确定为税收专项检查行业。工作期间，共检查纳税户505户，其中有问题490户，查补收入14427.51万元；组织1901户企业开展了税收自查，其中自查有问题1226户，自查补税金额100340.04万元。专项检查共实现查补收入114767.55万元，税收专项检查工作成效明显。

重点税源企业抽查。除对税务总局安排的5户重点税源企业的8户分支机构开展重点检查外，全省还集中力量开展了为期3个月的地方税收重点稽查工作，实现重点稽查收入9.11亿元。另外，将计会部门筛选出的2538户高风险企业下发各市局开展检查，共查补各项收入2.36亿元。

大要案查处。紧紧抓住大要案查处这个重点，把大要案查处作为工作突破点，2015年，共立案查处百万元以上案件33件，实现查补收入1.72亿元，占全部稽查直接查补收入的57.67%。

山西地税系统稽查工作座谈会

打击发票违法犯罪活动。坚持“打击与建设相结合、治标与治本相结合”的原则，税警联动查处大案要案，发票违法犯罪活动得到有效遏制。2015年，全省共查处违法企业685户，完成全年计划的228.33%，查处非法发票6666份，涉及金额17207.61万元，查补收入1761.11万元，向公安机关移送发票违法案件3起，查获犯罪嫌疑人11人。

稽查信息化建设。一是加快稽查信息化装备建设。新购置96套查账软件配备至市、县两级稽查局，至2015年底，全省已配备查账软件323套，基本实现了查账软件的全省覆盖；为全省一线稽查人员购置62台执法记录仪、62台便携式扫描仪等现代化装备，并逐步建立先进的查账室、询问室、档案室、案卷制作室等，稽查现代化建设软、硬件水平显著提升。二是加大信息化建设培训力度。于2015年7月13日—17日和20日—24日举办了两期全省地税系统电子税务稽查业务强化培训班，共组织150余名稽查骨干（师资）参加，从电子税务稽查理论及常用技术、电子证据取证、Excel数据分析及稽查查账软件实战应用等方面进行了深入研讨学习，并精心组织了模拟检查考试，将成绩进行通报，大大提升了参训人员的责任意识和实战能力，取得了较好的培训效果。在全国税务稽查工作会议上，山西地税稽查信息化建设工作得到了税务总局点名表扬。

山西国税局、地税局合作开展联合惩戒工作

依法组织案件听证会，切实保障纳税人合法权益

辽宁省地方税务局稽查管理处

2015年，辽宁省各级地税稽查机构，全面落实税务总局和省地税局党组决策部署，以服务税收工作大局为中心，坚持依法行政，突出工作重点，强化整顿和规范税收秩序，深入开展税收专项检查，严厉打击各类税收违法行为，共实现稽查收入20.2亿元，组织入库19.8亿元，占全口径收入的1.88%，高于全国平均水平0.37个百分点。

服从大局。一是服从当前宏观政治、经济发展对整治税收秩序的客观需要，对制造业、军工企业进行了检查，突出检查工作的公平性、规范性；二是服从深化税制改革对稽查工作的总体要求，特别是"营改增"的总体要求，对"营改增"行业开展检查，突出检查工作的针对性；三是服从东北三省经济下行，深化国企改革迫在眉睫的客观形势要求，对国资委企业开展检查，突出检查工作的实效性；四是服从2015年税务总局的总体安排，对大商集团等5个重点集团企业和银行、电信等15个集团下属的307户随机抽查企业开展税收专项检查。

辽宁地税局稽查研讨会

突出重点。根据全省税源和收入的结构分布特点、规律和税收违法犯罪的重点及预警特征，结合全省稽查力量实际，对重点行业、重点地区、重点企业、重点项目实施有针对性的重点检查，实现稽查资源的优化配置。一是对宏观调控的重点行业及建筑业、房地产等"营改增"行业，开展专项检查工作；二是对县及开发区等重点区域开展区域专项整治，提高纳税人的税法遵从度；三是对财务实施扁平化集中管理的集团和涉税风险较高、违法问题较多的重点企业，实施集约化检查；四是对高收入个人所得税检查项目和资本交易股权转让等重点项目实施检查。

辽宁地税稽查工作会议

措施得力。一是落实税收"黑名单"制度，和省直24个部门联合下发联合惩戒相关工作文件，召开3次省级部门间联席会议，制定联合惩戒工作操作规程和联合惩戒工作考核办法，召开省、市20余家媒体参加的新闻发布会，对外公布4件"黑名单"案件。二是加强队伍建设，树立以人为本的方针，大力加强队伍建设和廉政建设，举办稽查业务骨干培训班，开展集体党课活动，对稽查干部进行廉政教育。三是完善人才库建设，开展全省第一批稽查高等级人才和稽查专业系统内讲师的培养工作。四是落实规范进户执法工作要求，履行协调小组办公室职责，定期组织召开会议，按照各单位进户执法工作项目清单，统一安排、部署进户执法工作，对2014年以来规范进户执法检查、减轻纳税人办税负担情况开展全面自查，取得较好效果。五是通过媒体对税收违法案件进行曝光，提高震慑力，促进纳税遵从，2015年曝光了11批次、28户涉税违法案件。

辽宁地税系统主管稽查局领导培训

安徽省地方税务局稽查局

2015年，安徽各级地税稽查部门认真落实安徽地税局党组的部署和要求，以税务稽查现代化建设为主线，以打击税收违法犯罪、促进堵漏增收为重点，团结拼搏，勇于担当，各项工作取得了新进展。共部署和督导5402户企业开展自查；对1789户企业进行立案检查，查补收入总额29.51亿元，同比增长22.84%，入库收入28.60亿元，增长20.54%，占税收收入比例1.74%，为完成全年税收任务做出积极贡献。

2015年6月6日—10日，举办安徽省地税系统依法稽查专题培训班

大力整顿和规范税收秩序。一是大要案查处取得新进展。全省各级地税稽查部门将大要案查处作为2015年重点工作，通过规范案源筛选、抓好举报案件管理、严格执法程序、加强工作督导、加大案件惩戒力度等措施，有力推动了重大税收违法案件查处工作。二是税收专项检查成效显著。在全省开展对房地产及建筑安装、勘察设计、政府投资、股权交易等行业和项目检查，取得显著效果，共实现专项检查收入22.83亿元。三是重点税源企业检查深入推进。按照税务总局要求，以“双随机”的方式，联合安徽省国税局对税务总局抽取的26家企业集团、国地税联合选户抽取的26户重点税源企业及其成员单位开展税收检查工作。四是发票违法犯罪打击有力。查处非法发票33068份，涉及金额373081.37万元，查补税款21273.58万元，加收滞纳金1179.95万元，罚款651.25万元。公安机关接到税务部门的移交案件后立案3起，抓获犯罪嫌疑人4人，移送检察机关起诉案件1起，起诉3人，经法院审理，判处有期徒刑及以下3人。五是税收违法“黑名单”制度有效落实。将落实税收违法“黑名单”制度工作列入年度重点考评项目。有28户税收违法当事人被列入“黑名单”，并在省、市局门户网站公布，由各级主管地税机关向其他相关部门推送，共采取惩戒措施40项次。

2015年3月19日，安徽地税稽查工作会议在汤池召开

积极推动稽查现代化建设。一是稳步推进稽查管理体制机制改革。总结稽查模式改革经验，优化稽查资源配置，进一步调整充实市级稽查力量，调整优化县局稽查局职能，提高稽查管理层级，增强执法刚性和统一性。二是继续推进稽查分类分级管理。按照风险管理和专业化管理要求，合理划分重点税源、一般税源，将其作为划分各层级稽查机构实施检查范围和内容的依据，明确职责，细化分工。三是大力提升稽查信息化水平。按照税务总局、省局金税三期上线方案，圆满完成差异分析、数据清理、数据迁移和AHTAX2013双轨运行、全流程验证等各项工作任务，上线工作有序开展。四是提升稽查案卷质量。对2014年已查结的税务稽查处罚案卷进行评查，针对案卷存在的问题，提出整改要求，规范稽查案件管理。

深入推进稽查干部队伍建设。一是强化干部培训，提高履职能力。落实省局人才培养战略，实施分层次的稽查人才培养办法。二是实施绩效管理，激发干部活力。修定完善稽查局岗位职责及个人岗位职责，优化业务流程，明确岗位责任，将组织任务和个人责任紧密融合，促进组织绩效预期目标的实现。三是加强廉政监督，筑牢思想防线。认真落实“一岗双责”“一案双查”制度。深入开展廉政执法教育，引导稽查干部筑牢反腐倡廉的思想防线，有效防范以权谋私等执法风险。四是践行“三严三实”，改进工作作风。要求全体党员深刻认识开展“三严三实”专题教育的重大意义和科学内涵。开展学习和讨论，通过撰写心得体会，思考如何通过践行“三严三实”，提高稽查工作效能。

广东地税局局长吴紫骊（中）就全省地税稽查工作开展专题调研

广东地税局总会计师苏振钿（右一）、稽查局局长余振荣（右二）在基层分局体验观摩

广东省地方税务局稽查局

2015年，广东地税稽查系统深入贯彻落实全国稽查工作会议精神，以全面提升办案工作水平，狠抓办案质量，严厉打击涉税违法行为为主线，扎实推进稽查信息化、征稽联动两项建设，认真推进稽查管理体制改革，不断探索实践，稳步前行，努力构建新常态下稽查工作新格局。全年查补税收收入56.73亿元，其中立案查补收入12.65亿元，同比增长40.29%。

以优化稽查资源配置为契机，稳步推进稽查管理体制改革。为落实税务总局关于“积极开展省级一级稽查探索”的部署，建立符合广东省实际的现代稽查管理体制，广东地税局稽查局稳步推进以集约化、扁平化、专业化为导向的稽查管理体制改革，研究在全省地税实行市一级稽查，探索在市级稽查局设立跨区域稽查机构。通过召开座谈研讨、实地调查、数据分析等方式，全面了解各级稽查部门的人员配备、机构设置、经费管理、职能发挥、征稽联动等管理现状及存在问题，经过深入研究，达成广泛共识，形成《关于推进我省地税稽查管理体制改革的意见》和《广东省地税稽查管理体制改革工作方案》，鼓励有条件的市局先行先试。目前已选取部分市局作为广东地税稽查体制改革试点单位，通过构建市一级稽查体制，提升管理层级，强化市级稽查局办案能力，提高执法刚性，打造“集约管理型”稽查。

以严格执法为主线，强化稽查执法力度。2015年全省各级地税稽查部门查补税款100万元以上的案件90宗，查补税款共计67882万元，同比增长37.27%，查补金额110260万元，占立案查补总额的87.17%。全省各级地税稽查部门结合工作实际，以资本交易为指令性项目，房地产及建筑安装业、高收入者个人所得税、营利性教育培训机构、劳务派遣为指导性项目，开展了地方税收专项检查，严肃查处一批涉税违法行为，取得明显成效。2015年全省组织企业自查查补收入21.53亿元，同比增长85.42%；立案检查与自查合计收入24.79亿元，同比增长89.77%。

2015年广东省地方税务稽查工作会议

严格按照国务院关于推广随机抽查规范事中事后监管的工作要求，全面推进重点税源企业随机抽查工作。2015年下半年，在税务总局统一部署下，

首次采取“双随机”抽查方式和团队化检查、项目化检查、交叉检查等多种组织形式，共成立 240 多个检查小组，对税务总局随机抽取的 26 个集团在粤的 1100 多个下属单位开展全省重点税源企业随机抽查工作。在检查过程中，广东地税稽查系统注重加强与各地国税局的沟通协调和密切配合，实行联合进户执法，共享检查信息、证据资料和检查结果，避免多头重复检查，最大限度减少对纳税人生产经营活动的影响。由于动员深入，发动到位，2015 年检查工作取得阶段性成效，共自查补税 1.4 亿元。

以建立“三位一体”稽查信息化平台为依托，扎实推进稽查信息化建设。积极研究和探索大数据时代税务稽查信息化工作的新思路。从 2012 年起率先提出实施电子稽查“两个 100%”工程，要求稽查人员 100% 掌握电子稽查技术、对会计电算化企业 100% 实施电子稽查，提高对信息化管理企业的稽查办案能力。2015 年，以大集中、金税三期、发票在线系统等核心业务系统为依托，全面推进查账软件、数据分析平台、电子取证工具相互融合、功能衔接的“三位一体”信息化建设整体工程，通过组建电子化稽查精英团队，积极引进和推广运用电子稽查取证工具新技术，扩大税务稽查电子取证系统项目试点范围，全力推进取证工具本地化改造等工作，着力破解税务稽查取证工作“机难开，密难解，数难取”的难题，信息技术在全省稽查应用中取得明显成效。据统计，2015 年广东地税稽查部门运用电子技术立案查处税收违法案件 683 宗，查补金额超过 8.7 亿元。

以强化部门协作为中心，积极推动征管与稽查联动工作。为充分发挥税务稽查“以查促管”职能作用，深入推进征管与稽查联动工作，有效促进部门成果转化。将征稽联动工作列入全省地税绩效考核项目，大力加强监督考核，同时参照“两法衔接”工作平台，着手开发征管稽查联动工作电子平台，对全省征稽联动工作实施信息化、标准化管理，通过电子化技术和手段，全面规范和监督全省征管与稽查之间的涉税信息传递与反馈流程。据统计，2015 年全省地税各级征管部门共向稽查部门移交案件信息 252 件，稽查部门根据移交的线索共立案 94 件，查补金额 4.92 亿元；稽查部门向征管部门提出个案建议书

重点税源企业随机抽查查前动员培训

180 份，征管部门依据稽查建议组织检查纳税人 5777 户（含自查），查补金额达 7.49 亿元，共挽回税收损失 12.41 亿元。

以整顿和规范税收秩序为目标，认真落实“黑名单”和联合惩戒制度。认真落实税务总局重大税收违法案件“黑名单”公布办法，按季对外公布重大税收违法案件信息，借助新闻媒体定期曝光税收违法典型案例。同时根据国家发改委和税务总局等 21 个部门联合签署的《关于对重大税收违法案件当事人实施联合惩戒措施的合作备忘录》的精神，加强与广东省发改委、省国税局、省公安厅等部门的沟通协调，紧紧依托广东省公安与地税联合执法办公室，加强行政执法与刑事司法衔接，推进社会信用体系平台的互联互通和交换互换、信息记录动态更新和实时查询，对重大税收违法案件当事人实施 18 项惩戒措施，扩大税收“黑名单”制度的社会影响力和震慑力。

重点税源企业“双随机”抽查

广东地税局稽查局召开听证会

广西壮族自治区国家税务局稽查局

2015年3月24日，广西国税局稽查局在广西钦州市召开2015年全区国税稽查工作会议。广西国税局副局长杨辉出席会议并作题为《深化改革创新 提升法治水平 加快推进税务稽查现代化建设步伐》的工作报告

2015 年，广西国税稽查部门按照税务总局稽查局的统一部署和自治区国税局党组的总体要求，充分发挥稽查职能作用，加大堵漏增收力度，狠抓稽查案件查处，全面推进绩效管理，深化稽查管理体制机制改革和队伍建设，稽查工作有序推进，达到预期目标。

稽查核心业务成效凸显。突出“三打两查一整治”的工作主线，即“打击虚开专用发票、打击出口骗税和打击发票违法犯罪活动”“开展税收专项检查和重点税源企业轮查”“开展区域税收专项整治”，严厉查处重大涉税违法案件，稽查的打击、堵漏、震慑作用得到充分发挥。全年共立案检查 1150 户，有问题 1138 户，查补收入 32993 万元，入库 32014 万元；组织企业自查 2852 户，有问题 1867 户，自查补缴税款 114607 万元，入库 114607 万元。查补总额 147600 万元，比 2014 年增加 3563 万元，增长 2%；入库总额 146621 万元，比 2014 年增加 3686 万元，增长 3%，占全区国税收入的 1.52%。

2015年2月23日，在广西南宁市召开23个部门实施重大税收违法案件联合惩戒措施工作联席会议

绩效考核机制质效提升。做到绩效指标“横向到边、纵向到底”的全面推进，组织绩效和个人绩效的同步推进。稽查工作各项考核指标达到或超过税务总局的工作要求，其中稽查选案准确率 100%，结案率 99%，查补入库率 99%，受托协查按期回复率 100%，涉案发票协查合规率 100%，委托协查选票准确率 94.78%。

广西国税局稽查局局长唐颖昭（右二）在广西打击发票违法犯罪活动新闻发布会现场接受记者采访

国地税合作成效初显。一是完善合作机制，国地税稽查局举行了 3 次联席会议，协商制定了联合开展税收专项检查和区域税收专项整治、联合开展重点税源企业税收抽查和轮查、联合开展案件协查等 4 个合作框架，为国地税在稽查领域的合作奠定了制度保障。二是联合开展检查，共对 184 户企业联合开展税务稽查，国地税合计查补税款 6914.12 万元，联合检查平均为每户纳税人节约 20 天的检查时间。三是提升联合惩戒力度，加强在举报案件和案件宣传曝光方面的合作，2015 年，国地税稽查局相互移送举报案件 3 件，通过《广西日报》对 2014 年度各自查处的 10 起重大涉税违法典型案件进行了联合集中曝光，增强了震慑力。

广西壮族自治区地方税务局稽查局

2015年，广西壮族自治区地方税务局稽查局紧密围绕全区地税中心工作，持续完善稽查体制机制，集中精力组织查办案件，防偷堵漏促收促管，圆满完成稽查体制改革开局之年各项工作任务，省一级地税稽查体制优势得到充分发挥。

五个新举措，确保稽查工作高效开展。一是制定标准，全面规范稽查执法行为。出台《税务稽查四个环节管理若干规定》《税务稽查随机抽查暂行办法》《税收违法案件证据问题暂行规定》等文件，同时明确86种税务稽查文书的制作和使用，建立全区地税统一的稽查执法标准，保障税收执法的严肃性和权威性。二是完善制度，全面提高稽查执法水平。出台《税收征管与稽查业务衔接协作办法（试行）》，进一步明确部门职责，实现各级地税局与各稽查局的“无缝对接”。出台《税收违法行为检举管理办法（试行）》，制定税收违法行为检举工作流程，确保改革后各地税收违法案件举报中心的及时设立和举报工作的稳步衔接。三是信息强税，全面建设地税稽查现代化。积极推广应用稽查辅助查账软件，采购查账软件500套／个（含单机版和网络版端口），一线检查人员配备率达100%，完成查账软件全员应用轮训，推进稽查信息化建设。四是严管善待，全面提升稽查队伍素质。下发《自治区地方税务局直属机构人事管理办法（试行）》，加强对全区地税稽查干部的管理；严把稽查人员准入关口，充实配强稽查力量。组织对全区在编在岗的稽查人员进行业务测评，切实提高稽查人员岗位履职能力。制定《关于明确稽查人员、集体立功受奖有关事项的通知》，充分发挥正面激励效应，建立健全稽查干部培养激励机制。五是科学选案，全面谋划2016年稽查工作。开发应用《广西地方税务稽查随机抽查系统》，实现对全区所有纳税户、重点税源管理户、执法检查人员的动态管理。2015年底通过应用该系统抽选出413户重点税源企业，列入广西地税2016年首批稽查待查对象，逐步建立科学的税务稽查抽查制度。

五个新突破，全面彰显稽查体制新优势。一是稽查工作质量取得新突破。全年共组织检查企业2772户，稽查查补入库总额14.91亿元，完成2015年稽查收入奋斗目标的102.85%；稽查查补入库率达99.74%，比体制改革前提高0.42个百分点；人均查补入库收入超过250万元，达到地税成立以来最高点。二是发票打假工作取得新突破。全年共组织检查发票受票企业7855户，查处发票违法企业964户，比稽查体制改革前增长10.68%，完成全年税务总局查处任务300户的321.33%。三是信息化建设取得新突破。全年应用网络版查账软件进行查账的企业达237户，占立案检查企业总户数的70.33%。《税务稽查辅助查账系统开发应用》获得广西地税系统2015年度工作创新优秀项目评选一等奖。四是“黑名单”工作取得新突破。推动出台《广西贯彻落实对重大税收违法案件当事人实施联合惩戒措施的实施意见》，将地税4户重大税收违法案件企业的纳税信用等级判为D级，并推送至各联合惩戒单位开展联合惩戒。同时，建立与“黑名单”相衔接的常态化案件曝光制度，全年通过省级以上新闻媒体共实名公开曝光23起税收违法典型案件，曝光数量和力度均为历年之最。五是人才队伍建设取得新突破。稽查队伍结构持续优化，拥有大学本科以上学历、“三师”资格等人员比例大大提高，一线检查人员占比达70%，比体制改革前提高30个百分点。

2015年6月25日，广西地税局领导到龙滩水电站调研

广西地税局稽查局“三严三实”专题教育党课

广西地税局稽查局女干部风采

海南省国家税务局稽查局

海南国税局总经济师林电在稽查工作会议上讲话

2015年，海南省国家税务局稽查局认真贯彻落实全省国税工作会议精神，积极应对经济税收下行压力，主动服务税收工作新常态，以查处重大税收违法案件为重点，以信息化建设和绩效管理为推手，坚持依法行政，健全稽查机制，强化队伍建设，有力提升了稽查工作质效，为服务税收中心任务、服务税收工作大局做出了积极贡献。

堵漏增收再创佳绩。全年共组织检查纳税人629户，检查有涉税问题607户，查补各项税收收入6.42亿元，追缴入库6.34亿元，同比增收0.93亿元，增长17%，完成年度收入任务的123.6%，首次突破6亿元大关，人均查补税款452万元，位居全国前列。

专项打击频出亮点。重点对黄金交易、办理出口退（免）税、资本交易以及房地产及建筑安装等行业的325户企业开展专项检查，查补收入4.76亿元，破获了建省以来涉案金额最高、涉及省市最广的“5·18”虚开增值税专用发票案，有力打击了犯罪分子的嚣张气焰，挽回了国家税收损失。

信息化建设再建新功。服务于金税三期业务需求，攻坚克难，历时4个月对自主研发的稽查软件完成了56个业务域稽查岗位权限、文书流转的系统初始化、上百个业务点系统测试，高效地完成了操作手册编写和外挂系统测试等各项工作，实现了海南国税特色稽查软件与金税三期稽查模块的无缝链接，为完善和确保金税三期稽查模块顺利上线运行发挥突出作用。

联合协作不断完善。以税务总局推广国地税合作规范1.0版为契机，全力推进海南国地税稽查合作。通过构建组织领导体系、完善信息交换工作机制、联合开展区域和专项税收整治、联合查办重大要案件、联合推进落实税收“黑名单”等工作，对企业实施联合进户检查，协调省发改委、省公安厅、人民法院等21个部门对“黑名单”企业进行联合惩戒，有效深化了国地税稽查合作。

队伍建设不断加强。在抓好廉政、勤政及作风建设的同时，以“专业型、行业型”稽查业务培训为主，大力培养专家型、复合型的稽查领军人才；在不断提高“主选员、主查员、主审员”比例的基础上，加强稽查人员梯队建设，有计划地开展新进稽查人员和业务基础薄弱稽查人员的培训工作，适应了稽查工作发展形势的需要，有力推动了海南国税稽查事业大踏步地向前发展。

海南国税局稽查局所在党支部积极开展支部活动

重庆市国家税务局稽查局

2015 年，重庆市国税稽查系统在市国税局党组的坚强领导下，扎实践行“三严三实”，牢牢把握新时期税务稽查战略机遇，以绩效管理为抓手，坚持法治思维，运用法治方式，勇于担当、克难奋进，围绕重大涉税案件查处、重点税源企业检查和高风险行业专项整治“三个重点”，稽查工作质效进一步提升，全年得到市委、市政府及税务总局领导表扬性批示 15 次。在 2015 年全国税务稽查绩效考评中，重庆国税稽查取得优异成绩。

2015年3月3日，重庆国税局参加全国税务稽查工作视频会议

攻坚克难，堵漏增收效果显著。2015 年，全市各级国税稽查部门共计查补入库总额 175600 万元，同比增长 14.6%，入库率 98.75%，占同期国税组织收入 1094 亿元的 1.61%，占同期全市国税部门风险应对成果 20.4 亿元的 86%，人均查补入库 313.6 万元，堵漏增收成效显著。

精准发力，大要案件增长迅猛。积极探索涉税案源集中管理机制，统一选案的标准和程序，进一步细化案源登记、处理、审批和任务下达等工作流程。2015 年，全市国税稽查部门共立案检查 875 件，结案 866 户，其中有问题企业 853 户，选案准确率为 98.49%，案件查补入库 38332 万元，税务稽查震慑效应进一步显现。

重庆国税局副局长廖忠贤（左二）在基层调研稽查工作

敢于亮剑，重点检查收入首次超过督导自查。明确督导自查和重点检查的界限，对保密要求较高的打击“黄金票”专项行动不再采用督导自查方式，全部立案检查。通过精选检查对象、提高重点检查比例、优化检查方法、加强跟踪督导等方式，进一步提高重点检查的覆盖面和检查深度，重点检查查补收入首次超过督导自查查补收入，占比分别达到 94%、51% 和 76%。

创新机制，立体“打票”体系再显成效。围绕印制、兜售、虚开、代开、购买、使用发票这条主线，出重拳、亮利剑、打连发，不断把“打票”工作向纵深推进。立足于打，打好买方、卖方两个市场的正面遭遇战。2015 年全市共检查企业 2337 户，涉案票据共计 4.69 万份，查补税收收入 18925 万元。税警联合破获制造贩卖假发票团伙案件 5 起，捣毁窝点 11 个，查获作案设备 50 台。落实于惩，全面形成对发票违法犯罪的合围之势。通过门户网站、报纸等公共媒体，定期公布重大税收违法案件信息，及时向其他部门推送税收“黑名单”，实施多部门联合惩戒 67 起。致力于宣，打好舆论宣传攻坚战。投入专项经费 58 万元，对发票知识、典型案例、“打票”成果开展全方位、多渠道立体宣传，形成了全社会共同防范虚假发票的良好氛围。

主动作为，稽查影响力不断提升。一是稽查体制改革引来八方关注。继 2015 年《重庆日报》《中国税务报》对重庆国税一级稽查改革的经验及成效整版报道后，华龙网、人民网等多家权威媒体相继转载，重庆市委深改办对重庆国税稽查执法体制改革高度关注，对重庆国税局进行了专题约稿呈报中央深改办。二是建言献策获上级好评。结合国税稽查实际，积极参与区域治理，踊跃建言献策，其中《应高度重视招商引资中的税收风险》获得重庆市委书记孙政才、市长黄奇帆重要批示。

贵州省国家税务局稽查局

2015年，贵州省国家税务局稽查局围绕中心，服务大局，严厉打击震慑涉税违法，进一步整顿规范税收秩序、维护税收公平，充分发挥稽查职能作用。共检查和组织自查纳税人2035户，查补收入8.62亿元，入库收入 8.61亿元，入库收入占同期全省税收收入的1.03%。

四项重点工作全面完成取得新成果。一是重大涉税案件查办工作，共查补入库税款千万元以上案件3件，百万元以上案件33件，组织查办税收重大违法案件19件，查办税务总局交办“7·03”专案1件，督办案件2件。二是税收专项检查工作，共组织了9个行业的检查工作，查补入库收入3.22亿元。三是重点税源企业检查工作，共组织了81户税务总局和省局的重点税源企业开展纳税自查，查补入库收入1.64亿元。四是牵头组织打击发票违法犯罪活动，共组织检查419户企业的发票使用情况，查处违法企业264户，完成税务总局下达任务的132%。

四项专项整治打击防范取得新突破。一是打击利用黄金交易虚开增值税专用发票专项检查工作，共立案检查82户，捣毁“开票窝点”8个，已查实虚开增值税专用发票6959份，涉及金额6.92亿元，税额1.17亿元，移送公安机关22户，其中，六盘水“5·19”案件被列为税务总局督办案件并得到税务总局总会计师孙瑞标的批示肯定。二是打击出口骗税专项工作，共对36户企业立案检查，发现有问题企业7户，查结4户，移送公安机关1户，其中贵州尚野进出口贸易有限公司涉嫌骗取出口退税案被税务总局列为督办案件。三是粮油企业税收专项整治工作，共检查、组织自查企业43户，发现有问题42户，查补税款8152万元，已入库税款1348万元，其中，遵义“长城油脂”案以逃避缴纳税款罪移交公安机关，经过行政诉讼、刑事诉讼等程序，法院作出税务机关胜诉的终审判决。四是“营改增”专项检查工作，省局稽查局直接组织对贵州省广播电视信息网络股份有限公司等企业的检查工作，各地自选了16户企业

贵州国税局稽查局、地税局稽查局领导联席会议

贵州国税局2015年稽查工作会议

开展检查，目前已入库收入164万元。

税务稽查现代化建设持续推进取得新进展。持续推进管理方式“集约化”。对当前稽查工作进行调研，研究贵州稽查工作改革方向、内容和措施，超前思考，做好深化税收征管改革的准备。

持续推进执法行为“法治化”。认真落实多部委共同签署的联合惩戒合作备忘录，与23个部门联合下发《贵州省对重大税收违法案件当事人实施联合惩戒办法（试行）》，已通过门户网站公布5件案件信息，同时将案件信息向上级和相关部门推送，实施联合惩戒措施。

持续推进人才队伍“专业化”。一是在全省国税稽查系统开展“稽查岗位技能达标与争当能手标兵活动”，共组织各岗位培训40余次、实战练兵10余次，培训和实战锻炼2000余人次，601人参加技能达标考试，占应考人数的94.1%，各岗位达标人数共155人，评出选案、检查、审理、综合业务岗位能手22名，省局人事处作为贵州国税系统岗位练兵活动的经验推荐上报税务总局。二是组织两次案例分析培训，查找政策缺陷和征管漏洞，提高执法水平。三是组织编辑《行业检查指南》和《稽查案例选编》，收录了11个行业的检查指南和42个近年来查办的成功案例，供稽查人员学习借鉴。四是组织“送教上门”活动，精心选择了8个成功案例，组织人员在全省巡回讲解办案方法、政策适用、执法程序等，累计培训800余人次，受到基层税务稽查干部的欢迎。

持续推进工作方法“信息化”。一是开展生产经营两头在外企业关联分析，及时高效锁定嫌疑对象，成功查办六盘水“5·19”专案。二是开展购销情况不符合行业常规经营模式分析，发现某水泥销售企业存在虚开发票的重大嫌疑。三是开展购销货物品名背离分析，发现某家电销售企业存在虚开发票的嫌疑。四是开展失踪走逃企业关联分析，发现遵义市一犯罪团伙操纵17户企业虚开增值税专用发票后作废并走逃，从中牟取开票手续费。

宁夏回族自治区国家税务局稽查局

2015年，宁夏国税稽查部门认真贯彻落实全国税务稽查和全区国税工作会议精神，紧紧围绕服务税收工作大局的中心，以查处涉税违法案件为重点，勇于担当、履职尽责，敢于亮剑、砥砺奋进，整体工作实现“一优化、两深入、三提升”发展新跨越。

“一优化”：稽查队伍素质不断优化。深化地市“一级稽查”改革，全区国税7个地市全面推行地市“一级稽查”和联合稽查模式，促进了人力资源的优化配置，检查人员比例提高到70%。组织稽查工作规范等15个专题和资本交易等20多个项目的培训，开展“小教员”授课、“小班额”培训、实地示范检查等多种形式的练兵，依托高校优势师资举办5期骨干培训班，建立50名区级、200名地市级稽查骨干人才库。推行领导带队查账制度，推行案件限期查结，设立查账室推行调账检查，户均查补收入同比提高95%。

“两深入”：一是稽查规范化建设深入推进。按照“管理科学化、工作标准化、信息一体化、执法规范化”的工作目标，形成涵盖税务稽查所有工作和内容40多万字的《税务稽查工作规范》，组织“稽查规范落实年”“十个一”载体活动促落实，制定随机抽查、规范进户执法、信息化稽查等管理办法，建立税警联合打击涉税违法犯罪、国地税稽查协作等办法，完善稽查查补收入、选案准确率等绩效考核指标体系，推进了稽查规范化和专业化建设。二是稽查信息化建设深入推进。依托稽查信息化推进稽查现代化建设，下发加强稽查信息化建设规划，开发《宁夏国税稽查辅助平台》，推广单机版和网络版稽查查账软件并进行本土化升级，编印《信息化管理企业税务稽查手册》，邀请软件公司技术人员组织巡回培训，应用查账辅助软件检查面达到16%。试点审计型检查工作底稿方法，实现金税三期稽查业务模块顺利上线，稽查信息化应用能力不断提升。

“三提升”：一是稽查查补收入大幅提升。“十二五”期间，全区各级国税稽查部门共检查纳税人5636户，查补收入18.1亿元、入库17.8亿元，为“十一五”期间的179%，同比增长7.87亿元，尤其是2015年入库查补收入跨上4亿元的新台阶，实现了跨越式增长，为全区国税税收任务的圆满完成做出了重要贡献。二是专项检查成效显著提升。先后开展了对房地产及建筑安装、资本交易、黄金交易等23个行业的专项检查，检查纳税人3233户次，查补收入7.4亿元，为“十一五”期间的181%，规范了行业税收秩序。成功侦破“鑫盛源”“东骏”案件等3000多起发票违法案件，抓获犯罪嫌疑人175人，收缴假发票78万份。三是打击治理成效不断提升。严厉打击涉税违法犯罪活动，查处个案案值百万元以上案件217起、千万元以上案件9起，查结德海、银川“1·21”、黄金票等案件得到税务总局肯定。税收“黑名单”累计曝光典型案件72起，与多部门建立联合惩戒机制推送4起案件信息，并录入全区征信公告系统和不良经营记录公示，有力震慑了涉税违法当事人。

2015年宁夏国税稽查工作会议

新疆维吾尔自治区国家税务局稽查局

2015 年，新疆维吾尔自治区国家税务局稽查局围绕中心，服务大局，积极开展“依法治税年”主题活动，充分发挥税务稽查职能作用，严厉打击税收违法行为，各项工作取得较好成绩。

查补收入再超 10 亿元。牢固树立大局意识，强化稽查任务观念，积极采取有效措施，全力以赴抓稽查收入。共对 1911 户纳税人开展检查和督导自查，全年查补收入 11.16 亿元，实际入库 10.73 亿元，创历史新高。

打击出口骗税成效显著。加大打击力度，巩固和扩大工作成果。共检查出口退税企业 98 户，查实应追回退税款 1.02 亿元，已追回 446 万元，不予退税 923 万元。其中，税务总局下发的 6 户疑点企业，查明涉嫌违规退税 3807 万元，认定骗税 365 万元，4 户移交公安机关。通过连年持续高压严打，出口骗税势头得到有效遏制。

打击发票违法犯罪工作取得新成绩。重点对金融保险、房地产、商业批发与零售、药品与医疗器械、餐饮娱乐、加工制造、中介机构等行业开展发票检查。查处发票违法案件 667 起，超额完成税务总局布置的检查任务。查处非法发票 3.3 万份，查补收入 1.49 亿元，向公安机关移送发票案件 37 起，联合办案 11 起，抓获犯罪嫌疑人 15 人。

打击虚开“黄金票”专项行动扎实有效。与公安部门紧密配合，认真落实两部局（税务总局、公安部）工作部署， 周密部署、精准发力。共检查企业 622 户，组织企业自查 53 户，查补收入 1.79 亿元，已入库 1 亿元。

一级稽查成效明显。全面实现省、市一级稽查，有效发挥集中力量查大案的优势。区局稽查局积极发挥系统管理和案件查办双重职能，全年检查省级重点税源企业 22 户，查补税款 1.07 亿元，已入库 1.02 元。各地、州、市国税局稽查局执法权限相对集中，执法刚性有效增强，稽查工作整体质效进一步提升。

探索深化稽查管理方式改革。面对新疆兵团新兴城市快速发展、重点税源企业集中度高、石油税收权重大等特殊区情，结合税务总局加强稽查专业化管理的要求，在深入调研的基础上，提出进一步深化稽查管理方式改革的意见、建议上报税务总局。

新疆国税局局长佟伟（右三）、副局长李桓（右二）、纪检组长孙争欢（右四）听取稽查工作汇报

推进稽查信息化建设。切实加强信息化手段在稽查工作中应用的深度和广度，用足、用好现有的稽查选案系统、电子案卷管理系统、电子询问室、查账软件等信息化软件、设备，有效提升稽查工作效率。同时，注重信息化人才培养，进一步加大软硬件投入。

认真落实税收“黑名单”制度。一是做好重大税收违法案件信息公布工作。在新疆国税门户网站开设“重大税收违法案件信息”专栏，统一公告标准、内容、格式，发布重大税收违法案件信息 15 起。二是积极开展联合惩戒工作。主动作为，促请自治区发改委牵头落实 22 部委联合惩戒合作备忘录，及时向有关部门推送联合惩戒案件信息。

加强稽查成果宣传应用。一是召开南、北疆稽查案件交流会。选取各地查办成效好、有代表性的案件，集中交流，促进稽查办案质量提升。二是加强案件宣传曝光。利用报纸、网络媒体等途径加大宣传力度，发布案件信息 40 次（个），其中，国家级媒体发布案件信息 19 次，省级媒体发布典型案例 11 个；地市级媒体发布典型案例 10 个，有效扩大了影响力、威慑力。

新疆国税局稽查局召开全区国税稽查工作会议

新疆国税局稽查局与基层稽查局共同开展主题党日活动

厦门市国家税务局稽查局

2015年，厦门市国家税务局稽查局把准方向、坚定信心，落实中央“四个全面”战略布局，围绕税收中心工作，以打击违法犯罪、促进堵漏增收为重点，在促进税收征管、维护公平正义等方面取得成效，共查处税收违法案件88件，组织查补收入6.07亿元。先后4次得到税务总局、厦门市政府领导的表扬性批示。

统筹部署税收专项检查。以整顿规范行业和地区税收秩序为主要目标，以指令性检查项目与指导性检查项目相结合为主要原则，除税务总局直接下达的案源外，主动结合厦门市出口退（免）税企业检查及打击发票违法犯罪活动工作实际，开展对服装生产行业的专项检查。

及时开展区域税收专项整治。开展出口退（免）税企业专项检查，自查企业户数达1000户，检查面达到22%，自查有问题104户，查补税款300余万元，不予办理出口退税1.04亿元。

严厉打击发票违法犯罪活动。保持打击发票违法犯罪活动的高压态势，共查处发票违法企业670户。厦门国税局稽查局被税务总局评为“打击发票违法犯罪活动工作成绩突出单位”，系统中2名稽查干部被评为“成绩突出个人”。

有力打击骗税违法犯罪行为。积极争取市委、市政府的支持，营造利于打骗的工作环境，主动推进打骗工作的跨部门协调机制，改进精准有效的工作方法，查处了“8·12”“7·28”“3·13”等多个系列重大涉嫌骗税案件。共计查补收入3.67亿元，不予退税1.36亿元。

加强培训，提高队伍素质。坚持组织培养与个人努力并重、严管与善待并举、思想教育与文化引领并行，注重骨干人才的培养，鼓励干部参加领军人才选拔，推选优秀人才参加税务总局和市局的各类培训，加强现场突击和证据收集技巧培训，完善电子数据取证渠道和方法，提高稽查人员查办案件的专业性。

厦门国税局副局长陈健（中）在研讨会上讲话

优化配置，增强队伍活力。坚持公平、竞争、择优的原则和以业绩为导向的选人用人机制，做好选人用人工作。推动干部交流轮岗，合理配置人力资源。

强化考核，加强队伍战斗力。改进了科室考评指标，建立了个人考评体系，将绩效考核结果应用到年度考核中，实现了以绩效考核为抓手，促进组织目标的完成，按照中央提出的全面推进依法治国的要求，从职责、权限、程序等各方面规范执法行为，提升依法行政的能力和水平，在各个环节提高执法服务水平。

联合惩戒制度落实。牵头召集厦门22家职能部门共筑联合惩戒法网，以18条创新举措形成覆盖市场准入、融资授信、政府采购、进出口监管等全方位立体式的联合惩戒机制，成为全国最早落实联合惩戒制度的地区之一。在《经济日报》、税务总局《“黑名单”动态》等进行宣传18篇（次），扩大社会宣传影响力和惩戒威慑力。

税法宣传更加深入。发布案例解读、稽查要闻、新规速递、税务动态等内容。曝光典型案件14起，发表宣传稿件20篇，公告重大税收违法案件4起，提醒广大市民自觉抵制税收违法行为，依法诚信履行纳税义务。

厦门国税局稽查局绩效管理推进会

厦门国税局稽查局党支部组织党员重温入党誓词

青岛市国家税务局稽查局

2015年，青岛市国家税务局稽查局认真贯彻落实税务总局工作部署，坚持依法治税这条主线，认真履行工作职能。全年共检查企业1865户，查补收入总额5.84亿元，查处达到税务总局标准的大要案件6起，有效维护了青岛市税收经济秩序。一年来，青岛国税局稽查局开展的各项工作得到了市局党组，特别是青岛国税局局长冯光泽和总经济师任洪礼的大力支持和亲切关怀，在打击发票违法犯罪活动，国地税稽查领域合作等方面，获得市政府主要领导的充分肯定。开展的税收违法“黑名单”、打击发票违法犯罪、加强国地税稽查合作工作，累计受到税务总局通报表扬5次。

青岛国税局总经济师任洪礼（左二）到市国税局稽查局指导工作

打虚、打骗工作成效显著。在查处税务总局部署的“黄金票”虚开案件专项行动中，共查获虚开企业11户，查获虚开增值税专用发票1122份，开票金额1.13亿元，税额1931万元；捣毁虚开团伙3个，抓捕嫌疑人24人，网上追逃9人。该次专项行动的成效做法被税务总局、公安部、人民银行联合领导小组办公室，以工作简报的形式予以专题介绍。在税务总局、公安部、海关总署三部委联合部署开展的打击骗取出口退税行动中，有5家企业以“骗取出口退税罪”被公安立案查处，打掉赵某、栾某等2个犯罪团伙，抓获犯罪嫌疑人15人，其中9人以“骗取出口退税罪”被批捕，6人被取保候审，网上追逃6人。与海关、公安联合查办的“兔毛女式披肩”涉案企业“YJ公司骗取出口退税案”，被公安部列为督办案件，并在全国发起集群战役。

2015年8月26日，青岛国税局稽查局与青岛市公安局经侦支队联合召开打击虚开增值税专用发票违法犯罪活动工作联席会议

资本交易专项检查亮点纷呈。在资本交易专项检查中实现了三项新突破：一是实现对非居民企业“受益所有人”身份核查案件的成功突破。相继查处案件7起，入库税款4000余万元。二是个案查补税额突破亿元大关。某境外非居民企业股权转让案件，涉及补缴税款1.97亿元，是青岛国税局稽查局建局以来个案查补税额的最高值。三是实现税务稽查对企业境外所得税收抵免检查的重大突破。首次成功查办税收抵免（饶让）案件，查补入库1540万元。

国地税稽查领域合作不断深化。2015年7月，青岛国税局、地税局双方召开联席会议共同签署《税务稽查合作协议》等4份合作备忘录，并为“国地税联合查账室”举行了揭牌仪式，市电视台进行了全程拍摄并予以播出，由此拉开青岛市国地税稽查合作的新序幕。该项工作成效也被税务总局财产与行为税司以工作动态的形式予以通报。2015年9月，双方联合制定下发《稽查案件定性处理若干问题工作指引》，为进一步规范全市国地税稽查案件定性标准，奠定了良好的基础。青岛市委书记李群、市长张新起分别对该项工作给予了充分肯定。

深圳市地方税务局稽查局

2015年，深圳市地方税务局稽查局认真贯彻全国税务稽查工作会议和全市地税工作会议精神，认真履行工作职能，加强工作统筹，积极推进稽查探索可数据化管事模式改革创新实践，加强案件查处，加强队伍建设，各项工作都取得了新的成绩。

案件查处工作成效突出。2015年，共检查户数202户，查补收入2.46亿元，其中：自查187户，查补收入2.42亿元；立案检查15户，查实收入4亿多元。全年分三批开展全国重点税源企业检查，合计自查补税9090.65万元。

稽查构建可数据化管事模式全面推进。一是牵头制定《关于管查联动纳入风险传导反馈机制的实施方案》，明确区局与稽查局管查联动纳入风险传导反馈机制工作的总体方向和基本框架，初步建立可数据化管查联动机制。二是制定《2015年重点税源企业轮查自定义风险任务工作方案》，开展重点税源企业轮查自定义风险任务推送和应对工作，首批重点税源企业轮查自定义风险任务选定67户房地产企业，已查补入库收入约4.3亿元。

2015年3月20日，深圳地税局召开2015年稽查工作会议

稽查信息化建设实现新突破。一是加强稽查信息系统一期的运维和优化，根据各稽查局一线稽查干部对系统运行提出的意见和建议，与有关技术部门加强工作沟通和协调，切实解决实际操作中遇到的问题，提高系统的应用效率。2015年共收集各类问题219例，解决212例。组织骨干积极参与税务总局金税三期稽查模块优化研究，并对稽查模块开展差异化分析，为金税三期上线奠定基础。二是加强稽查查账软件应用，牵头组织采购网络版查账软件服务，推进查账软件从单机版向网络版拓展，强化信息共享，进一步提升了稽查工作手段。

2015年5月26日，税务总局总会计师孙瑞标（右排右一）到深圳地税局开展稽查调研工作

稽查队伍建设再上新台阶。一是全面开展“三严三实”专题教育活动。按照市局党组要求，研究制定了“三严三实”专题教育实施方案；认真开展三次专题学习研讨以及正反典型教育活动，促使广大干部树立廉政意识，筑牢防腐拒变的防线，全面提升稽查干部职工的思想认识。二是加强基层党建工作。按照市局机关党委的部署，以公推直选方式完成了党支部改选工作。认真落实基层党支部分类定级管理办法，加强组织建设。组织开展了党务工作培训。三是持续开展教育培训活动。选派干部参加市局及其他上级组织的税务稽查、税收征管、师资培训等培训班；与第五稽查局联合举办了一期提升税务干部综合业务能力专题异地培训班，提高干部业务素质。四是深入推进党风廉政建设。制定了《落实党风廉政建设主体责任和监督责任的实施方案（试行）》《班子成员落实党风廉政建设责任制职责分工》《科室领导党风廉政建设责任清单》，对“两个责任”进行细化、分解，加强作风纪律教育和开展检查，确保落实到位。

2015年11月12日，深圳地税局“法治税务示范基地”授牌仪式在深圳地税局稽查局举行

上海市闵行区国家税务局稽查局

2015年，上海市闵行区国家税务局稽查局以绩效管理为抓手,围绕年初制定的“七个提高”的目标，抓细落实跟进，规范稽查执法，强化内部管理，圆满完成上级布置的稽查工作任务。

谋划全局，争“稽查成果”之优。在市局和区局的正确领导下，闵行区国税局稽查局围绕目标，力求突破，2015年稽查工作成效显著。

查补收入争优。2015年共完成检查460户，结案率为99.14%；查有问题456户，选案准确率为99.14%。查补收入2.1亿元，同比增长81.76%；入库2.1亿元，入库率为100%。另外，通过企业自查补税共入库税款12.08亿元。各项指标在全市各稽查局中名列前茅。

稽查质量争优。2015年，共查处重大税收案件49件，同比增长250%，其中有4件呈报市局重大案件审理。全年大要案查补金额共计1.66亿元，同比增长213%；平均查补金额339万元/户次。全年向公安机关移送涉税违法案件16件，线索移送28件。

在市局2015年稽查优秀案例评选活动中，闵行区国税局稽查局选送的2篇案例均获奖，成为唯一有2篇案例获奖的区县稽查局，其中一篇获特等奖，一篇获鼓励奖。

聚焦前沿，领“绩效考核”之先。稽查条线绩效管理工作是2015年度闵行区国税局稽查局的重点工作之一，也是一项特色工作，特别是稽查条线个人绩效考核管理办法在全市率先制定、率先试行，成效明显。

率先制定。根据年初稽查工作现状调研，针对目前稽查工作中仍存在的问题，结合市局2015年重点推进的绩效管理工作，充分听取基层意见，结合稽查工作实际，出台稽查条线部门及个人绩效管理办法，以公平合理为原则，分岗设置不同分值，构建稽查内部绩效考核指标体系，其中，部门绩效考核指标体系共分为三大类十二项指标，个人绩效考核指标体系涉及九类岗位，总计指标二十七项。《中国税务报》刊登文章《绩效“三部曲”唱响序曲》对此项工作进行报道，《稽查条线个人绩效考核体系的构建研究》课题论文分别在《中国税务稽查——厉风》2015年第4辑、《上海税务》2015年第6期上刊登。

稳步试行。稽查条线绩效管理办法制定后，稽查局前期构建计算模型，后期搭建考核平台，按季度对部门及个人进行绩效考核测算，根据考核结果分析部门及个人工作中存在的问题，如结案不够快等，同时将各部门及个人成绩进行通报，引导各部门及个人及时查找自身问题、及时改进，达到考核促发展的目标。

逐步完善。按季度形成稽查条线绩效管理运行报告，对绩效考核实施情况、实施效果、存在不足进行一一分析，组织检查所对计算结果开展大讨论。根据计算及分析结果，结合讨论意见，分阶段对个别考核指标和权重进行调整。根据稽查工作实际情况，修改了执行入库率、结案率等多项指标口径，完善后的指标数据更为准确，真正起到

上海市闵行区国税局局长杨朝彰（左二）参加稽查工作会议

上海市闵行区国税局稽查局税警联动查案分析现场

如实反映工作业绩的作用。同时，做好稽查条线绩效考核与区局绩效考核结果的衔接，及时将部门及个人考核成绩上报区局绩效办。

把握时机，寻“工作方式”之变。在稽查工作中坚持依法行政，更新稽查理念，创新工作方法，寻求突破与提升。

探索“双随机”，选案方法更多样。贯彻上级决策部署，结合稽查工作实际，制定“双随机”抽查方案，针对商业批发与零售行业试行“双随机”抽查制度，抽取52户商贸型企业开展检查工作，并及时跟踪试行过程中遇到的问题，逐步优化“双随机”抽查方案，真正发挥好“双随机”抽查制度的作用。

狠抓积案清理，工作进度更迅速。加快历年积案及欠税的清理。及时制订清理计划，明确解决方案和工作进度。开展2009年至今未入库案件情况调查，分析未入库原因，形成分析报告。分管局长牵头召开疑难案件分析会议，明确根据案件不同情况进行分类处理。2015年度，共计清理历年积案近80%，查补收入共计9965万元，欠税清理19件，共计入库9331万元。

制发意见办法，执法工作更规范。制定《针对纳税人阻挠税务检查的处理方法》《稽查查补收入执行入库工作意见（试行）》等工作办法，统一执法程序，规范检查工作。制定《税务稽查案卷管理暂行办法》，规范税务稽查案卷管理。针对涉税检举工作，查找检举回复工作中存在的问题，分析原因，提出相关建议，形成方案供区局局长室决策。

严管善待，聚“队伍建设”之力。稽查工作要顺利开展，干部队伍建设是根本。闵行区国税局稽查局坚持严管善待齐下，凝心聚力，提升稽查干部队伍整体素质和士气。

开展调研，解决切实问题。开展区局稽查干部队伍现状调研，通过召开科所座谈会、对稽查干部个别谈话等多种方式了解掌握实际情况，查找目前干部队伍中存在的问题，形成报告上报区局局长室。就调研情况，及时出台相关制度，解决切实问题。

培训交流，提升整体实力。进一步加强培训交流，年初组织全员到扬州税校开展了为期一周的稽查业务知识脱产培训，培训内容包括稽查证据、稽查技巧、稽查文书的讲解，以及企业所得税年报最新变化和企业重组税收政策的解析，培训让稽查干部开拓了思路、丰富了知识面、提升了岗位技能；由分管局长率队赴其他区税务局，围绕稽查工作开展业务学习交流；针对专项检查工作分别举办房产开发、建筑安装、律师等行业的查前培训；开展了全员的信息化稽查培训。通过针对性培训，提高了稽查干部专业技能和综合执法素质。

通力协作，探索项目化团队式检查。为了攻克疑难案件及重大案件，提高稽查工作效率，试行项目化团队式检查方法。项目化团队式检查的开展分为“四步走”：一是锁定疑难案件，二是成立项目化检查组，三是检查成果会审，四是总结应用推广。通过项目化团队式检查方法，集合力攻克稽查工作难点和重点，在有效提升稽查工作效率和质量的同时，推动稽查人才专业化发展，提高稽查干部专业技能和业务水平。

渭南市地方税务局稽查局

陕西省渭南市地方税务局稽查局成立于2002年9月，是渭南市地税局直属行政执法机构，对辖区纳税人执行税收法规情况的检查、监督机构，独立行使《中华人民共和国税收征收管理法》（以下简称《税收征管法》）赋予税务机关的检查权和处罚权。建局以来，紧紧围绕中心工作，充分发挥职能作用，不断加大执法力度，严厉打击了各类税收违法行为，促进了地方税收的增长，净化了渭南市地方税收环境，整顿和规范了税收秩序，为地方经济建设和发展做出了应有的贡献。先后被陕西地税局、渭南市地税局评为先进单位。2011年荣获税务总局“2010年度税务系统打击发票违法犯罪活动工作突出单位”称号。

2015年，在省局稽查局和市地税局的正确领导下，在有关单位的积极配合和大力支持下，渭南市地税局稽查局紧紧围绕省地税稽查工作要点和市地税工作的总体思路，加大稽查、处罚力度，有力打击了各种偷、逃税等违法活动，各项工作均取得较好的成绩。

组织收入再上新台阶。2015年，全市稽查机构累计检查和组织自查257户，查补收入总额9504万元。其中：立案检查111户，结案111户，检查税款1431万元，罚款680万元，滞纳金336万元；组织自查146户，自查税款7067万元，入库7067万元。稽查贡献率为2.09%。圆满完成省局稽查局和市局的考核指标，为全市组织收入工作做出了贡献。

税收专项检查工作稳步推进。2015年，通过接收风险推送案件、行业税收检查、重点税源检查、三大企业集团检查、区域专项整治等五个方面实施税收专项检查工作。一年来，共对37户企事业单位进行了检查。查补税款1196万元，加收滞纳金206万元，处罚款254万元；组织企业自查86户，其中，重点税源企业自查32户，国网、煤化、有色三大集团自查有问题62户，自查入库税费、滞纳金合计3582万元。

重点税源企业检查收效良好。为了督促企业认真自查，结合历年的检查情况，针对容易出现问题的方面，编制了企业税收自查提纲，同时对检查的年限、检查的内容和自查过程中容易出错的问题等，由专人进行认真仔细讲解和辅导；对自查上报的资料进行认真审核，并及时组织好自查税款的入库工作。32户重点税源企业的自查工作已经全面完成，共计自查税费入库合计1308万元。安排检查4户，共计入库收入合计82万元。

区域税收专项整治工作有序开展。按照“查案必查票”的原则，在查办案件过程中加强发票信息的比对分析，联合公安、国税开展打击整治发票犯罪的专项行动，积极探索打击发票违法违规的新措施。对133户企业实施发票检查，检查发现发票使用违法企业28户，查处非法发票41份，涉及金额1.72万元，查补税款850元，罚款1800元。

赴照金革命老区重温入党誓词

稽查管理科学规范。一是规范执法程序。严格依照《税收征管法》、稽查工作规程实施稽查，从选案、检查、审理到执行，要求统一规范，严格把关，保证案件查处程序合法，事实清楚，证据充分，定性准确，处理得当。二是规范执法文书。案件100%通过稽查业务系统运行，执法文书也全部通过系统打印，无论从流程还是制式上都进行了规范。三是规范稽查工作底稿。底稿要求分年度、分税种全面详细记录检查过程、发现问题及证据取得情况，从而规范检查行为，提高检查质量，对不符合要求的新提交案件不予审理。四是规范稽查案卷。对归卷目录、资料移交、归卷时间进行规范，在完整性保障的基础上体现举证材料的充分性和必要性，力求案卷材料全面、严谨，再现专业化稽查过程的脉络。五是试行电子查账。组织业务骨干，运用稽查查账软件，对有色、煤、电等账务规范的纳税人进行电子查账，积累了经验，提高了工作效率。六是充实完善考评办法。对各项目标绩效考核指标进行了优化，设置了“推行税收‘黑名单’制度、打击发票违法犯罪活

稽查岗位能手选拔

动、税收专项检查、重点税源企业检查、“一案双查”双报告、稽查六率”等12个指标，涵盖稽查工作的各项重点工作。同时，加强对各县（市）局的考核，促进了稽查质量的提升。

干部管理教育严格正规。结合自身实际，有重点、有目的地抓好干部管理教育工作。一是着重提高政治理论素质。按时组织参加“领导干部大学堂”，认真组织“三严三实”专题教育，组织理论研讨和学习交流，结合“党支部规范化建设年”活动，坚持服务地税中心工作、激发工作活力、提升党员素质、夯实党建基础，不断完善机制抓长效。二是利用行政例会时间，由专人进行辅导讲解和领学，着重学习最新的业务知识、时事政治和廉政方面的知识。三是认真组织业务培训。结合省局全员业务培训，在组织市局和本局的业务骨干专题学习研讨的基础上，利用一周

开展税收宣传

时间，在西北税校组织全员脱产学习，参加税务稽查全员达标考试，取得较好成绩，进一步提高了全员的业务技能。四是积极参加省、市局组织的稽查查账软件、信息化管理知识培训学习，发挥骨干培训优势，积极延伸拓展。继续鼓励干部参加“三师”考试和文化知识提升学习，有效促进了理论学习的深入开展和业务技能的不断提高。2015年，1人通过全国计算机软件技术资格与水平考试，被省局通报表彰为“全省地税系统税收征管能手”；4人被省局评为“稽查能手”。

党风廉政建设不断增强。2015年初，与各科室签订党风廉政建设目标责任书。在日常工作中，坚持不懈地抓好党风廉政建设，落实稽查回访、主查负责制、重大案件集体审理等制度，积极参加上级党风廉政风险防控软件的学习使用，有效防范了稽查风险，加强了“两权”监督。切实转变会风，提高会议实效。着力压缩规模和会议次数。厉行节约，严格控制“三公”经费预算规模，压缩公务支出，更换办公计算机，改善办公条件。严格公务用车，严格控制接待开支标准，确保中央八项规定的有效落实。

稽查干部业务学习

天津市滨海新区地方税务局稽查局

团结进取的领导班子

2015 年，天津市滨海新区地方税务局稽查局紧紧围绕税收中心，以队伍建设为基础，以案件查处为重点，以整顿和规范税收秩序为目标，继续创新稽查方法，规范稽查执法，努力实现地税稽查工作新突破。

加大稽查力度。组织开展对房地产业、建筑安装业、金融保险业等行业的自查和税收专项检查。全年立案检查 64 户，组织 85 户企业自查；查补税款、滞纳金、罚款合计 5491.45 万元。将打击发票违法犯罪工作与行业税收专项检查和企业自查有机结合，严格执行“查账必查票”“查案必查票”“查税必查票”的工作原则。

健全协作机制。完善稽查与征管互动机制，加强信息交换及协调配合，做到稽查结果“一户一反馈”。联合公安、金融、国税等部门建立会商协作工作机制，促进信息沟通和案件、线索协调联动。

加强稽查队伍建设。2015 年先后组织开展一系列“多视角、宽范围、重实践”的稽查业务培训，对不同业务水平的稽查人员安排由浅到深的多层次辅导。完善廉政监督内控机制，全面梳理稽查执法过程中易滋生腐败的关键环节和风险点，有效防范了执法风险。

廉洁高效的税务稽查队伍

舟山市国家税务局稽查局

2015 年，浙江省舟山市国家税务局稽查局围绕税收中心工作，以打击涉税违法犯罪为重点、以努力堵漏增收为目标，认真落实各项任务，充分发挥稽查职能作用。

电子查账软件培训现场会

舟山市国税局成立党员先锋队

突出重点，职能作用有效发挥。2015 年共检查、协查各类纳税人 132 户，累计查补收入 10233 万元。组织实施对房地产、黄金交易等七大行业 32 户企业的税收专项检查，查补税款 2600 万元。严厉打击发票违法犯罪活动，全年查处发票违法案件 26 起，涉案违规发票 1212 份，查补入库 397.37 万元。集中力量实施 54 家“黄金票”企业的查处工作，查补税款 300 余万元。

夯实基础，工作质效逐步提升。落实稽查全流程质量管理，在稽查全流程试行稽查说理性文书，开展稽查案件自查自纠，不断提高案件质量，着力加快案件查处，提升稽查工作质效。认真落实“黑名单”制度，落实联合惩戒各项举措，降低了 22 家涉税违法企业纳税信用等级，向市级有关部门推送 117 家企业涉税信息，取消涉税违法企业参与政府采购竞标资格或“守合同重信用”AAA 级企业认定资格等。

多措并举，队伍建设不断加强。围绕“三严三实”专题教育活动，推动稽查干部队伍党风廉政建设，持续改进干部工作作风；组织开展各类稽查教育培训，深入推广应用电子查账软件，不断提升稽查干部综合素质；认真落实“一书”“一卡”和稽查回访等工作制度，征集稽查工作意见建议，提升稽查工作纳税人满意度。

第四篇

重大案件辑要

偷税案例

某典当有限责任公司偷税案

【案件类别】 偷税案例

【案件所属行业】 其他金融业

【案件特点】 近年来，典当业作为中小型企业融资、个人投资的补充平台，以其方式灵活、手续简便等特点作为短期借款的优选，有着广泛的市场需求。随着典当业经营模式的不断变化与发展，其收入结构已发生了很大的转变，本案对典当行业进行了前沿探索式检查，摸清了其经营特点与税收风险，为典当行业检查与税收管理提供依据。

【案件来源】 人工选案

【基本案情】 该公司的注册类型为其他有限责任公司，2003 年 3 月开业，注册资本为 3000 万元人民币，主营业务为：质押典当业务、房地产抵押典当业务、限额内绝当物品的变卖、鉴定评估咨询业务等，未在国税部门购买过发票，其 2012—2014 年营业收入分别为 247.12 万元、441.48 万元、334.90 万元，缴纳增值税分别为 0.01 万元、0 万元、0 万元，缴纳企业所得税分别为 11.24 万元、33.66 万元、17.09 万元。

【违法事实】 落实账外资金情况，揭开典当业“暗箱操作”面纱。通过该公司记账凭证后附的银行业务回单，检查人员发现银行回单上的收（付）款人与当票上的当户不一致，大量典当业务的当金均围绕夏某、杨某、资某、张某四人的个人储蓄账户进行交易，其中张某是该公司财务人员。检查人员到银行调取了上述四人储蓄账户的资金明细，进一步梳理个人与典当公司的资金关系，并对涉及的企业进行了协查。与此同时，分别对该典当公司的负责人及财务人员进行了约谈，最终揭开了典当企业“暗箱操作”的面纱：该公司在开展部分典当业务时，为了规避风险，典当公司与公司内部关联人员签订典当合同，将当金放款给内部关联人员，其取得当金后进行个人放贷，收取高额利息，同时承担典当风险；当期结束后，再由个人账户按与典当公司签订的当票利率赎当，获取利率差收益，同时了结典当风险。在此过程中，典当公司既规避了风险又降低了典当收入，且典当的赎回时间可以人为操作，存在较大的随意性。通过到部分真实当户取证，当户签订的合同放贷方为个人，并非典当企业，企业关联人员实际起到了转贷或代理人的作用，而个人放贷部分涉嫌偷逃个人所得税，至此，企业与个人账户资金往来情况浮出水面。

成本费用混乱，问题发票呈多样性。在企业财务报表和所得税申报表中，成本、费用栏目填写较为随意，在对企业成本费用检查中，共发现 106 份问题发票，问题类型有：一是伪造发票，二是流向不符发票，三是机器编号不符发票，四是开具数据异常、无开票数据、金额不符发票，五是验旧日期早于开票日期发票。

费用列支虚假。因该公司涉及的问题发票数量较多，检查人员抽取了 6 户企业，分别联合其他区县国税局进行了协查，进一步确定业务真实性，对协查结果不相符的虚开行为定性为偷税。

【查办过程】 目标明确，调取资料。按照事前制定的检查方案，以查前分析出的涉税风险点为着手点，检查人员调取了该公司的会计账簿、记账凭证、银行对账单等涉税资料，并结合典当业的特殊规定，要求企业提供典当合同、当票、账簿资料等。

严密排查，核实疑点。根据掌握的资料，检查人员从“典”“银”“账”“票”四方面入手，严密排查疑点：一是“典”。检查人员将当票及续当票与典当合同进行了比对，并通过对其财务人员的询问了解到典当企业日常管理当票（收当、续当、赎当、绝当）均须录入到“全国典当行业监督管理信息系统”，故调取了该系统中典当数据，并与该企业当票、续当票存根联进行了逐一比对，发现当票与续当票的开具并不是按票号顺序，存在跳号开具，但典当监管系统对此并无监控。二是“银”。检查组对其近三年内典当业务的放款及回款的资金流向进行了梳理，发现大量典当业务涉及企业内部人员通过个人账户进行当金的放款及回款。三是“账”。将当票、银行对账单与会计账簿进行三方核对，发现其当金银行划款对象与当票及账簿中记录的当户不符。另外，还存在税前列支与取得收入无关的支出问题。四是“票”。按照查前分析的疑点，检查人员对其成本费用进行了重点关注，通过检查，发现该公司存在使用违规发票和伪造发票虚列支出的问题。

全面出击，固定证据。围绕以上疑点问题，检查人员从四个方面全面开展取证工作，一是对所涉国税业务和发票在北京市和北京国税局征管部门获取证据；二是对所涉地税业务和发票取得地税部门的配合；三是对所涉相关企业调查取得相关证据；四是对所涉企业资金到开户银行取得资金记录。

【处理处罚结果】 通过检查，该公司补缴企业所得税税款41.19万元，对部分隐瞒收入行为定性为偷税，并处罚款6.23万元。同时还对该公司未按照规定将其全部银行账号向税务机关报告的行为和取得不符合规定的发票行为进行了处罚。

【问题分析及工作启示】 典当企业问题分析。一是典当企业与个人之间转贷行为手法隐蔽，或偷逃企业所得税，或偷逃个人所得税。典当公司为了规避风险，利用公司内部人员签订典当合同，放款内部人员进行个人放贷，收取高额利息，赚取利率差收益。在此过程中，典当公司既规避了风险又降低了典当收入，且典当的赎回时间可以人为操作，存在较大的随意性。而个人放贷部分虽涉嫌偷逃个人所得税，但手法隐蔽不易发现，且容易以对方尚未归还当金等缘由逃避缴税。二是典当行业成本费用单一，列支违规发票乱象突出。以上述典当企业的检查发票问题为例，问题发票金额占全部费用的40.4%，补税后其企业所得税税负提升了4.02%。因此，在今后风险控制、纳税评估和税务检查中，须尤为关注成本费用较大，税负较低的典当企业。三是税收监管有盲点。典当业的当金收入完全凭典当票据记载收入，虽然典当企业日常管理当票，即收当、续当、赎当、绝当业务均须录入到“全国典当行业监督管理信息系统”，典当票由商务部授权购买，但对购买数量并没有限制，当票与续当票开具的票号顺序并无监控，当票也未经税务机关监制，容易造成收入申报不实，属征管盲点。四是利息收入确认时间政策不明确。典当行业收入由两部分组成，一部分是综合费收入，为发生典当业务开具当票及续当时，按照月费率计算收取；另一部分是利息收入，利息收入是在赎当时按月利率计算收取。其中，利息收入是否应按照权责发生制原则确认收入，此部分暂无相关政策规定，值得探讨。五是典当行内部管理制度不完善，操作随意性大。对于该公司出现的上述问题，由于内控制度不完善，导致企业与个人之间转贷无制约。另外由于提前赎当，可退回部分预收的综合费用，一笔典当业务的当期长短、综合费用收入等情况没有相佐证的有效资料，容易存在账外运转，相应的财务管理制度和会计处理也不够健全。

典当企业风险防控及征管建议。一是扫除征管盲点。对典当行业不能等同于一般企业管理，虽然当票不属于税务机关监管，但仍可以采用风险控制后续管理模式进行管理，对掌握的数据进行分析，必要时要求企业提供数据，还可利用第三方信息资源，发现问题进行纳税评估，涉嫌偷税转税务稽查处理。二是与地税部门加强合作。对于个人所得税的检查，从地税部门检查角度也是一件不容易的工作，对于典当行业存在的个人转贷现象，一旦查实，不是偷逃企业所得税就是偷逃个人所得税，对于个人所得税应与配合地税部门一起严厉打击，不给偷税分子任何空隙。

（北京市国家税务局稽查局供稿）

某高尔夫有限公司偷税案

【案件类别】 偷税案例

【案件所属行业】 娱乐业

【案件特点】 采取偷税手段，少申报缴纳城镇土地使用税，3年累计1800万元，数额较大。

【案件来源】 举报案件

【基本案情】 经检查核实，该公司2011—2013年度通过虚假纳税申报，每年少申报缴纳城镇土地使用税600万元。

【违法事实】 根据《中华人民共和国城镇土地使用税暂行条例》第二条第一款、第二条、第三条第一款、第四条第二款及《财政部国家税务总局关于集体土地城镇土地使用税有关政策的通知》（财税〔2006〕56号）及《河北省城镇土地使用税实施办法》（河北省人民政府令〔2007〕第9号）第二条、第六条第一款第一项、第七条、第八条第一款及《廊坊市地方税务局廊坊市财政局关于调整廊坊市城镇土地使用税适用税额标准的通知》（廊地税发〔2007〕61号）规定，该公司2011—2013年度每年应补缴城镇土地使用税600万元，三年合计1800万元。

【查办过程】 检查组于2014年7月7日—10日对某高尔夫有限公司的2011—2013年期间履行纳税义务情况进行了检查，检查中采取了全查法、询问调查法，该公司有关人员在检查过程中能够积极配合检查工作，如实反映情况，未存在拒绝阻挠检查情况。

【处理处罚结果】 根据《中华人民共和国税收征收管理法》第六十三条第一款规定，对该单位进行虚假纳税申报，少缴2011—2013年城镇土地使用税1800万元的行为定性为偷税，处所偷税款50%罚款。

根据《中华人民共和国税收征收管理法》第三十二条规定，责令该公司将2011—2013年度少缴税款合计1800万元限期缴纳入库，并从滞纳税款之日起至缴纳税款之日止按日加收万分之五的滞纳金。

【问题分析及工作启示】 一是建议管理部门要加强对企业的纳税辅导，在日常管理过程中，除了对各项税收政策进行辅导以外，还要对纳税人进行必要的日常检查，便于及时发现问题及时纠正。二是建议管理部门加强税收政策宣传，提高纳税人依法纳税意识，降低违规涉税事项的发生几率，更好地提高税收征管质量。三是督促企业健全管理制度，对企业管理人员及财务人员进行涉税知识的培训，使企业严格遵守税法的相关规定，认真按照财务会计制度要求正确执行账务处理，进一步提高企业财务核算准确性，健全账务管理。

（河北省地方税务局稽查局供稿）

某环保建材有限公司偷税案

【案件类别】 偷税案例

【案件所属行业】 非金属矿物制品业

【案件特点】 本案中，新设公司整体收购其他企业资产，未及时按规定入账，造成认定计税依据有难度，但检查人员克服重重困难，采取账簿检查与实地核查结合的方法，最终查实了该公司少缴税款的违法行为。

【案件来源】 专案检查

【基本案情】 山西某环保建材有限公司成立于2012年8月，注册类型为其他有限责任公司，经增资后注册资金达到4000万元，主要从事水泥生产、销售。企业所得税由国税机关管辖。根据临汾市检察院反贪污贿赂局函告转办的山西某环保建材有限责任公司涉嫌偷逃税款的线索，抽调精干税务检查人员，决定对该公司自2012—2014年度的地税管辖范围的涉税情况进行全面检查。经查，山西某环保建材有限责任公司于2012—2014年间，存在通过虚假申报手段不缴少缴税款行为。

【违法事实】 经检查发现该公司存在以下违法行为：

2013年6月，以2230万元的完全重置成本收购3家企业的房屋建筑物及附属设施并计入企业的固定资产进行管理，其中应缴纳契税的房屋建筑物价值602.66万元，未缴契税24.11万元。

2012年11月1日，租赁农村集体土地145亩作为经营用地，2012年11—12月应缴的城镇土地使用税额为4.83万元，少缴4.83万元；2013年应缴的城镇土地使用税额为29万元，已缴4.02万元，少缴24.98万元；2014年应缴的城镇土地使用税额为29万元，已缴8万元，少缴21万元。三年合计少缴城镇土地使用税50.81万元。

固定资产账面记载的房产均于2013年6月入账，来源为两部分：一是2012年11月2日与3家企业签订协议，以2230万元的完全重置成本收购3家企业的房屋建筑物及设施，其中应税房产价值为602.66万元；二是2013年6月进行采暖设施安装、锅炉房建设、办公楼维修、自建地下化验室、熟料棚、彩钢房等房产，其入账价值为208.19万元。该公司在2013年12月31日对其所有的固定资产进行了分类规范调整，调整后上述房产原值为638.11万元。以上两部分计税房产价值合计为1240.77万元。经查，该公司2012年少缴房产税4821.28元；2013年少缴房产税8.85万元；2014少缴房产税5.10万元。3年合计少缴房产税14.43万元。

2013年通过股东个人账户向公司以外多名个人支付借款利息、合计为30.30万元，未代扣代缴所支付利息的个人所得税为6.06万元；股东以个人名义向其他单位借款，公司通过股东个人向其他单位支付借款利息10.35万元，未代扣代缴股东个人所得税2.07万元。该公司对员工发放伙食补助、加班夜班补助、满勤奖等，未代扣代缴工资薪金所得个人所得税。其中，2013年应代扣2.40万元，少代扣2.40万元；2014年应代扣5682.6元，实际代扣为3876.95元，少代扣1805.65元，合计少代扣工资薪金所得个人所得税2.58万元。上述两年合计少扣缴个人所得税10.71万元。

2012年与3家企业签订协议，以2230万元的完全重置成本收购3家企业的房屋建筑物及设施，少缴产权转移书据印花税1.12万元；该公司2012年与多人签订建安合同，金额计971.63万元，少缴印花税2914.89元；该公司2013年与其他单位签订专用高压供电线路转让购销合同，金额745万元，少缴印花税2235元。该公司2013年12月31日增加资本公积2884.93万元，少缴增加2013年资本账簿印花税1.44万元；该公司2013年与多方签订建安合同933.78万元，少缴印花税2801.35元。该公司2014年签订建安合同340000元，少缴印花税102元。以上合计3.36万元。

2013年以2230万元收购3家企业厂房建筑物均以收据入账未取得销售不动产发票。

【查办过程】 认真制定检查预案，做好查前准备。检查组查阅了该公司的基本资料、检查期间的纳税明细；并到主管税务所了解该公司的主要业务、经营状况，紧接着检查组对该公司被查期间的会计凭证、账目、报表和该公司的各种相关涉税资料进行了全面系统的分析。由于该公司生产厂址是2012年11月在其他3家停产企业的旧址上收购其房屋建筑物及其附属设施的基础上建成的，因此将契税、城镇土地使用税、房产税列为此次检查的重点。

账面检查与实地检查相结合，抽丝剥茧发现问题。一是该公司在账面记载了以2230万元的价格收购了3家停产企业的房屋建筑物及其附属设施，但该公司缴纳税款汇总表没有缴纳契税的记录。检查人员详细核对了转让合同及明细表，了解到土地为租赁性质。针对上述疑点情况，检查人员到企业进行实地核实，将输电线路等一些不属于房屋建筑物的固定资产进行调整，最后确定602.66万元为契税计税依据。二是该公司城镇土地使用税申报面积为40亩，检查人员到该公司的经营场所进行实地核查时，感觉到实际占地远远大于40亩，该公司财务人员坚持说土地面积没问题。检查人员带着疑虑，走访了尧都区贾得乡土地管理所、贾得乡桃园村委，取得了桃园村与该公司签订145亩土地租赁合同，确认了实际占用的土地面积。在证据面前，财务负责人无言以对，为准确计算土地使用税打好了基础。三是该公司2012年11月2日与3家企业签订协议，以2230万元的完全重置成本收购3家企业的房屋建筑物及附属设施，合同均约定于10日内实施财产交接手续，其中的应税房产原值602.66万元在2012—2013年度没有计提也未缴纳房产税，鉴于这种情况，检查人员决定对该公司从成立到2014年底的所有应税房产进行整体核实，发现该公司在2013年6月对原房产设施进行了加装改造，自建地下化验室、熟料棚、彩钢房等房产，在2013年12月31日对其所有的固定资产进行了分类规范调整，调整后房产原值为638.11万元，合计1240.77万元，房产税计税依据确定。四是在检查过程中发现，该公司股东个人账户资金往来频繁，借款还款均通过个人账户完成，经查实，该公司利用股东刘某、张某向公某等4人支付利息30.3万元，支付其他单位利息10.35万元，未代扣个人所得税8.13万元；同时对该公司工资薪金收入较高的人员，按照税法的有关规定做了详细的计算，把未扣缴及未扣缴到位的个人所得税进行了补扣。五是核实了有关合同凭证、票据，通过罗列汇总，对关联的未缴印花税及发票违规行为进行了表格化整理。

【处理处罚结果】 上述涉税违法事实经与企业沟通，纳税人无异议。经临汾市地税局稽查局案件审理委员会集体审理，认为该案事实清楚、证据充分、定性准确，作出追缴全部税款、滞纳金及罚款的处理处罚决定：追缴2013年度契税24.11万元；追缴2012—2014年度城镇土地使用税50.81万元；追缴2012—2014年度少缴房产税14.43万元；追缴2012—2014年度3.36万元；责成该公司限期补扣2013年利息所得个人所得税8.13万元，

2013年工资薪金所得个人所得税2.40万元，2014年工资薪金所得个人所得税1805.65元。对其少缴的契税、城镇土地使用税、房产税、印花税从税款滞纳之日起按日加收万分之五的滞纳金。对该公司采取虚假纳税申报手段少缴的契税24.11万元、城镇土地使用税50.81万元、房产税14.43元、印花税3.36万元的违法行为处以少缴税款的0.5倍的罚款，共计46.36万元。对其未依法少扣缴的个人所得税10.71万元的行为处以0.5倍的罚款计5.36万元。对该公司以其他凭证代替发票使用的行为，要求该公司限期改正，并处3000元罚款。

以上税款103.43万元，加收滞纳金29.35万元，罚款59.52万元，合计192.29万元，已于2015年8月31日全部追缴入库。

【问题分析及工作启示】 重视查前准备工作。制定详细的检查方案，明确好工作步骤，否则在实施检查时就难以抓住重点，把握不住关键点。同时，深化稽查人员对相关业务的学习，并熟练掌握该行业的经营规律和特点，提高检查工作的针对性。

重视检查中沟通辅导。财务人员对部分税收政策和税务人员理解存在偏差，这就需要税务机关在平时的检查工作中，注意宣传税收政策，多和财务人员交流，以取得他们对税收工作的理解，利于更好地开展工作。

重视税源管控力度。管理单位加强对管户的日常管理和纳税辅导，做到对纳税人发生的业务给予正确指导，提高税源管理质量，有效地为纳税人规避涉税风险。

（山西省地方税务局稽查局供稿）

某房地产开发公司举报案

【案件类别】 偷税案例

【案件所属行业】 房地产开发经营业

【案件特点】 正常税款产生罚款和滞纳金

【案件来源】 举报案件

【基本案情】 某税务局稽查局于2013年1月16日接到《反映某房地产开发有限责任公司偷税有关问题》的举报材料。举报人匿名举报：某房地产开发有限责任公司2009—2012年在某市某区甲村进行房地产开发，现已开发销售18栋住宅楼，户数约1050户，售给村民价格每平方米1780元约100户，其余住宅均按市场价每平方米2800～4800元销售，现已售完，营业额已超过3亿元人民币。

被举报的房地产开发公司成立于2007年5月22日，2007年5月30日办理地税税务登记，注册地址：某市某县双河镇新建中路57号，注册资金5000万元人民币，公司类型：有限责任公司，房地产开发资质：四级，法定代表人张某，另有股东张某某、李某共同持股。生产经营范围：房地产开发。企业地方税由某县地方税务局管理征收。

【违法事实】 该房地产公司预收售房款3555万，未申报缴纳销售不动产营业税178万元，城市维护建设税12.5万元，教育费附加5.3万元，地方教育费附加3.56万元。

【查办过程】 稽查局经过对举报材料认真分析后，认为举报人对该公司经营情况较为熟悉，举报材料较为具体，决定立即成立专案组进行检查。专案组根据举报材料及企业管户资料首先进行案头分析并制定了详细的检查方案。

在检查中经过实地调查，翻阅相关账簿、凭证，调阅相关合同、协议、证照，对相关当事人进行询问发现，该房地产开发有限责任公司在该市某县地税局办理地税税务登记，在该市某区甲村进行房地产开发，属于跨县（区）外出经营。开发的项目是2009年6月经该市某区人民政府批准对甲村进行的城中村改造项目。该项目于2010年7月经该市发改委批准，同意该公司按照要求在该市某区甲村开展建设项目土地预审、征地等前期工作。检查前该市发改委的项目立项仍未下达（实际上该项目仍处于前期立项阶段）。项目于2011年5月经该市人民政府同意签署了三方土地整理协议（“三方”指：该市土地收储中心、某区政府、该房地产开发公司），2011年10月由某区人民政府正式组织成立项目拆迁指挥部，由该市收储中心、某区人民政府改造办、该房地产开发公司三方开始共同拆迁整理。

在此期间该房地产开发公司为加快项目进度，一边拆迁一边开工建设了18栋住宅楼，进行了部分预售，取得预收售房款3555万元。该公司在预售房款产生的当期即向项目所在地税务机关该市某区地税局申报缴纳相应税款，但因为该公司属于外出经营企业，某区地税局要求其回注册地开具外出经营税收管理证明，在某区地税局进行报验登记后才能申报缴纳。该公司于是要求其公司注册地某县地税局为其开具外出经营税收管理证明，以便于向项目经营所在地税务机关进行税收申报缴纳。但由于该项目正处于前期规划审批阶段，房地产开发的五证皆无，按规定某县地税局无法为其开具外出经营税收管理证明，由此导致项目所在地某区地税局虽然知道企业已发生应纳税行为，却无法征收入库。根据营业税属地征收的原则，也无法向公司注册地某县地税局缴纳。由于上述原因，造成截至检查组进入检查之日，该房地产开发公司未申报缴纳的销售不动产营业税金及附加 199.36 万元。

【处理处罚结果】 该案经该市地方税务局重大案件审理委员会审理，定性为偷税。根据《中华人民共和国税收征收管理法》第六十三条第一款规定，决定追缴该公司 2011 年 3 月—2013 年 5 月间少缴的各项税费，其中，追缴营业税 18.58 万元、城市维护建设税 1.3 万元、教育费附加 0.56 万元、地方教育费附加 0.37 万元、印花税 0.19 万元、水利建设基金 0.37 万元、土地增值税 3.72 万元、企业所得税 79.92 万元。对该公司少缴的税款处以 0.5 倍罚款，即 51.85 万元。根据《中华人民共和国税收征收管理法》第三十二条的规定，对该公司少缴的税款加收滞纳金 24.07 万元。

以上各项税费合计：180.93 万元。经计算该公司偷税金额占应纳税额比例为 6.66%，偷税行为未达到《中华人民共和国刑法》第二百零一条所列逃税罪的标准。

【问题分析及工作启示】 一是关于纳税人的问题。该公司在房地产开发的五证皆无的情况下，边拆迁边建设，并且进行了期房预售工作，该行为不符合我国目前对房地产开发企业的相关管理规定。取得预售房收入后，虽然主动要求注册地某县税务局给其开具外出经营税收管理证明，也主动去项目所在地税务局某区地税局要求申报纳税，但由于外出经营相关报验手续没法办理，造成未申报缴纳税款的事实，被稽查局查处后产生了不必要的税收罚款和滞纳金。由此可见，该公司对于有关法律、法规的理解还存在欠缺，对于税法的严肃性更缺乏足够的认识。

二是关于地方政府的问题。现行国有土地均实行招、拍、挂的交易程序，土地的拆迁和整理应由政府和国有土地收储部门负责进行，只有地块达到熟地程度后，才进入招、拍、挂的交易程序，此时摘牌企业相关证照的办理均能进入合理合法渠道。但现实中，由于政府缺乏资金投入，同时又为了加快地方经济发展，只能由土地收储单位出政策开发商出资金，共同对要开发的地块进行拆迁整理，加上目前城中村改造中由于拆迁补偿费的问题拆迁难度极大，地块拆迁整理时间无限期延长，开发商为缓解资金压力，只能在任何手续都没有的情况下边拆边建边售，造成上述税务机关相关税收政策与实践相脱节的情形。

三是关于主管税务局的问题。该案中，基层征收局对房地产企业的外出经营管理偏于僵化，不能将发现的新问题新情况及时向上级税务机关反馈，导致制定税收政策滞后，形成企业想交税交不了，税务局想收税没法收的尴尬局面。建议基层征收局在程序法和实体法上均应加强对税务干部的培训和学习。

（内蒙古自治区地方税务局稽查局供稿）

某医药公司偷税案

【案件类别】 偷税案例

【案件所属行业】 零售业

【案件特点】 依法行使代位权，强化税收违法案件执行工作，挽回税收流失，对稽查办案有积极借鉴意义。

【案件来源】 人工选案

【基本案情】 某医药公司存在偷逃税款的违法行为。在税务机关依法责令限期缴纳期限届满后，该医药公司未按规定缴纳税款、滞纳金及罚款，也未在法定期限内提起行政复议和行政诉讼，且怠于行使在儿童医院的到期债权。2014 年 10 月 22 日，稽查局依法向区法院提起税收代位权诉讼，依法行使代位权。2014 年 11 月，区法院判决儿童医院将医药公司在其单位销售药品的到期货款

99.9 万元给付稽查局。

【违法事实】 经查发现，某医药公司 2010 年 1 月 1 日—2013 年 7 月 3 日期间，通过取得虚开增值税专用发票手段，偷逃税款增值税 1840 万元，偷逃企业所得税 2707 万元，偷逃税款合计 4547 万元。

【查办过程】 2012 年 6 月 4 日—2013 年 7 月 30 日，某市国税局稽查局依法对某医药公司纳税情况及发票使用情况实施检查。经查发现，该公司存在偷逃税款的违法事实。2013 年 12 月 9 日，稽查局对该医药公司下达《税务处理决定书》，决定追缴增值税 1840 万元，追缴企业所得税 2707 万元，并从税款滞纳之日起至实际缴纳之日止，按日加收万分之五的滞纳金，同时下达《税务行政处罚决定书》，处少缴税款一倍罚款 4547 万元。以上应缴款项限医药公司自决定书送达之日起 15 日内缴纳入库。

限缴期限届满后，医药公司未按规定缴纳税款、滞纳金及罚款，也未在法定期限内提起行政复议和行政诉讼。为保证国家税收收入不受损失，切实维护税法的严肃性，稽查局经过调查走访，了解到该医药公司对某儿童医院存在到期债权，同时该公司对到期债权的行使又持消极态度。2014 年 10 月 22 日，稽查局依照《中华人民共和国税收征收管理法》第五十条及《中华人民共和国合同法》第七十三条之规定，向区法院提起行使税收代位权诉讼。区法院判决债务人儿童医院将该医药公司在其单位销售药品的到期货款 99.9 万元给付稽查局。

宣判后，医药公司不服原审判决，于 2014 年 12 月向市法院提起上诉，请求市法院依法撤销原判。市法院认为，上诉人医药公司与儿童医院买卖合同债权已至履行期限，故原审法院依法判定被上诉人稽查局享有债权代位权，适用法律正确，予以支持，驳回医药公司的上诉请求，维持原判。

【处理处罚结果】 2013 年 12 月 9 日，稽查局对该医药公司做出追缴增值税 1840 万元、企业所得税 2707 万元，依法加收滞纳金，并处少缴税款一倍罚款 4547 万元的决定。以上应缴款项限医药公司自决定书送达之日起 15 日内缴纳入库。

【问题分析及工作启示】 代位权，是指当债务人怠于行使其对第三人享有的权利而害及债权人的债权时，债权人为保全自己的债权，可以以自己的名义代位行使债务人对第三人的权利之权。《中华人民共和国合同法》第七十三条规定，“因债务人怠于行使其到期债权，对债权人造成损害的，债权人可以向人民法院请求以自己的名义代位行使债务人的债权，但该债权专属于债务人自身的除外。”该案中稽查局行使的税收代位权，是《中华人民共和国合同法》中的代位权在税收征管领域的适用，当欠缴税款的纳税人怠于行使到期债权，对国家税收造成损害时，由税务机关以自己的名义行使其债权的权利。《中华人民共和国税收征收管理法》第五十条规定：“欠缴税款的纳税人因怠于行使到期债权，或者放弃到期债权，或者无偿转让财产，或者以明显不合理的低价转让财产而受让人知道该情形，对国家税收造成损害的，税务机关可以依照合同法第七十三条、第七十四条的规定行使代位权、撤销权。”税收代位权的行使须满足法定的条件：一是纳税人必须存在欠缴税款的事实，二是纳税人必须享有合法债权，三是纳税人的债权已经到期，四是纳税人怠于行使到期债权，五是纳税人除债权外，没有其他可供执行的财产，包括各种能够合法采取有效手段变现缴纳税款的财产，六是对国家税收造成损害。

该案带给我们最大的启示，就是税务机关要充分运用法律思维研究问题和解决问题，要有效运用法律手段维护税法权威，实现依法治税。当前无论在税收征管环节还是在税务稽查环节，欠税现象仍时有发生，一些纳税人以故意隐瞒资产、放弃到期债权、以明显不合理的价格转让财产或是怠于行使到期债权等方式达到逃避纳税的目的，严重损害国家利益，破坏税收秩序。该案中稽查局成功行使税收代位权，丰富了现有的税收执行手段，给故意逃避纳税义务的纳税人有力的打击和震慑，更为各级国税部门的依法行政积累了经验，具有重要的引领和示范作用。

（辽宁省国家税务局稽查局供稿）

某房地产开发公司分公司偷税案

【案件类别】 偷税案

【案件所属行业】 房地产开发经营业

【案件特点】 本案是一起典型的在账簿上不列收入，不缴或少缴应纳税款的偷税案件。从案件的立案、调查、取证、追缴税款、加收滞纳金、行政处罚，所有涉税程序贯穿于整个查处的全过程。税务稽查人员通过实地检查、外围调查、询问取证等多种方式、方法，掌握了纳税人偷税的违法行为。案件的查处维护了税法的严肃性，及时堵塞了税收征管漏洞，对今后房地产开发企业的征收管理起到积极有效的指导作用。

【案件来源】 举报案件

【基本案情】 吉林地税局稽查局收到举报，桦甸市某房地产开发公司分公司开发某小区项目过程中，对取得的收入不入账，不缴或少缴应纳税款，涉嫌偷税。吉林地税局稽查局于2013年6月5日将此案转交桦甸地税局稽查局，桦甸地税局稽查局立即立案，并派出检查组开展检查。经过一个多月的调查取证，获取了该公司涉嫌偷税的违法事实证据，根据其违法事实及情节，依据相关法律法规之规定，对该公司追缴税款、依法加收滞纳金，并对其偷税违法行为依法进行处罚。

【违法事实】 经查，被举报人通过以房抵贷、预收款项以往来款形式挂账，不及时结转收入，已售房产不申报纳税等不同手段隐瞒应税收入，造成少计收入1223.10万元，少缴相关的营业税及附加。同时，该企业还存在少缴纳印花税、少申报缴纳城镇土地使用税、契税等税收违法事实。

【查办过程】 接案后，桦甸地税局稽查局成立专案组，召开案情分析会，研究制定查处方案，对案件查办工作进行了周密部署。

1. 制定查前预案确定检查思路。核查纳税人账簿凭证，对其账载数据与纳税申报数据进行比对分析；核查所属开发企业开发相关信息，延伸取证范围，与涉税信息进行比对；对开发项目逐户实地调查，核实账实状况；针对该开发项目绝大部分已建成的实际情况，考虑到案件当事人有可能不在本地，会给查处案件带来一定困难，适时启动与住建局、国土局、公安局等部门协调沟通配合机制，形成办案合力。

2. 检查的具体方法和过程。在整个办案过程中，主要采取了外围调查、实地检查、询问取证、联合办案等多种方式，力求证据全面翔实确凿，定性准确。主要方法有以下三个方面：

外围调查夯实开发项目基础信息。对有关部门相关信息进行全方位调查取证，在桦甸市发改局取得该小区项目开发立项有关资料，在国土局取得该项目开发取得土地的审批手续，在住建局取得该项目房屋规划设计图纸等诸多环节的基础信息，夯实基础证据。

实地调查核实应税收入。进入实质性的查账阶段后，结合实地调查了解到项目情况。该项目占地1.8万平方米，建筑面积2.68万平方米，于2010年6月开始建设，2011年6月竣工决算，共计开发6栋住宅楼，其中包括245户住宅、89个车库和20个商铺。该公司账簿收入与检查人员测算收入差异较大，根据这一疑点，专案组怀疑企业在账外还隐藏着大额的销售收入。经过研究，立即将检查转入实地调查，绘出6栋住宅楼、临街商铺和小区内所有车库的平面图，逐户调查登记业主购房情况，及时启动了税警联合办案工作机制，在公安经侦部门的协助下，实地调查得以顺利展开。利用早上上班前和晚间下班后时段，税警人员混合编组，分头行动，逐户进行核实，经过了十几天的连续奋战，检查组准确掌握了该小区详细的销售情况，隐藏在账簿背后的收入也随之浮出了水面。

询问调查锁定违法事实。一是联系该公司的财会人员。由于开发项目已基本结束，该公司已无办公场所，会计人员已将各项财务资料移至家中，专案组依法调取该公司账簿并询问会计人员。在询问过程中，会计人员刻意回避专案组询问的相关问题，反复强调自己就是个打工的，至于要缴什么税、缴多少税都是老板的授意和安排，与己无关。当专案组将少缴税款的初步测算结果告知会计人员后，其默不作声，经过检查人员对其做了细致的思想工作，会计人员终于积极配合检查人员的调查。二是对桦甸市某房地产开发有限公司的法定代表人尹某进行调查询问。开始尹某极其不配合，各种推脱不肯露面，检查人员一大早赶到其居住的小区大门口，终于等到了尹某，在向他耐心宣传税收法律法规后，他才表示愿意配合。然而，在调查询问开始阶段，尹某却一再推卸责任，称该公司的一切业务与己无关，有协议为凭。当专案组再次将相关的法律法规摆在他面前，进行细致的解读后，尹某终于无言以对，配合了检查。最后，专案组对这起案件所涉及的该公司中主要涉案人员马某、苏某和王某分别进行了调查询问。

最终，在专案组多方努力下，通过询问涉案当事人、调查知情人、取得相应资料复印件等形式，形成了完整、客观、有信服力的案件证据链，从而为案件定性及最终处理提供了根本的保障。

【处理处罚结果】　根据《中华人民共和国营业税暂行条例》第一条、第二条、第四条，《中华人民共和国营业税暂行条例实施细则》第二十五条第一款、《中华人民共和国城市维护建设税暂行条例》第二条、第三条、第四条，《征收教育费附加的暂行规定》第二条、第三条，补缴营业税61.16万元，城市维护建设税4.28万元，教育费附加1.83万元。

根据《中华人民共和国城镇土地使用税暂行条例》第二条、第三条、第四条、第五条，《吉林省人民政府办公厅关于印发各市县城镇土地使用税土地等级及征税标准的通知》（吉政办发〔2003〕18号）等规定，应补缴城镇土地使用税3.45万元。

根据《中华人民共和国契税暂行条例》第一条、第二条、第三条、第四条、第五条及《吉林省契税实施办法》等规定，应补缴契税5.83万元。

根据《中华人民共和国印花税暂行条例》第一条、第二条、第三条、第七条规定，应补缴印花税1.56万元。

根据《中华人民共和国税收征收管理法》第三十二条规定，对少缴的营业税、城市维护建设税、城镇土地使用税、印花税加收滞纳金。

根据《中华人民共和国税收征收管理法》第六十三条规定，对其处少缴或不缴的营业税、城市维护建设税、城镇土地使用税和契税，定性为偷税处所偷税款百分之五十的罚款，根据《中华人民共和国税收征收管理法》第六十四条第二款规定，对其处未缴纳的印花税款百分之五十的罚款。两项罚款合计38.14万元。

【问题分析及工作启示】　案件启示。一是准备充分、部署周密。接案后，及时组织部署对该公司的检查工作，从组织领导、人员分工、工作重点等方面都进行周密的部署，以确保在工作中有的放矢，取得实效。二是方法得当、思路正确。在调查取证过程中，适时调整工作思路，把工作重点及时转向外围的调查，通过实地调查取证，获取从账面上不能反映的涉税信息，为案件查处提供强有力的证据。三是多管齐下、收集证据。证据是案件查处的关键，本案在查处过程中，检查组首先向征管部门采集了纳税人申报、缴纳税款的有关证据；其次从土地、住建等职能部门入手，取得项目摘牌、开发直至销售等各个环节的关键证据，为案件的成功查办奠定坚实基础。四是部门协作、各个击破。密切与公安、国土等部门的协调配合，发挥各自优势，破解了税务稽查找人难和取证难的问题。

征管建议。一是密切部门协作，形成监管合力。与国土、房管、建设、金融机构等部门加强情况通报和信息传递，及时全面掌握税源信息，实施有效的动态监控。完善协税、护税网络，利用计算机信息网络技术，争取将房地产开发企业涉及建委、规划、国土资源等信息内容融合成一套健全的房地产项目管理平台。完善税务机关内部信息反馈机制，做到资源共享，切实将房地产行业管理到位。二是加强项目管理，及时跟踪问效。做好房地产行业的纳税辅导，向纳税人明确纳税义务发生时间，不能因未办理结算或未开发票等原因而延迟缴纳税款。在日常评估时，注意核对房地产开发企业的销售合同，并对未销售楼盘进行实地查看，及时掌握商品房的销售情况。实地查看、了解房地产开发项目土地取得情况，房地产开发、销售情况，是否存在以房换地、以房抵债等行为。调查部分买受人，核实开具发票的金额与收取的价款是否一致，查看企业是否存在隐瞒收入的行为。进行资料核对，将企业所报资料与实地核查情况进行核对，将纳税申报情况与账簿数据进行比对，对存在延迟缴税行为及时予以纠正。

本案例总结提出的稽查建议，对吉林地区加强房地产和建筑安装行业的征管方面，起到了阶段性的推动和促进作用，目前已对同一项目两个行业同步实施项目管理，一项一档，完整记载从项目立项、土地平整、工程建设、预售、交房、销售、移交物业、确权等涉及开发项目的全部信息，跟踪预测分析税源、定期实施实地核查，全面堵塞两个行业可能存在的征管漏洞。

（吉林省地方税务局稽查局供稿）

某房地产开发有限公司偷税案

【案件类别】 偷税案例

【案件所属行业】 房地产开发经营业

【案件特点】 取得销售收入却虚假申报导致少缴税款

【案件来源】 人工选案

【基本案情】 大庆市某房地产开发有限公司成立于2012年3月，经营范围为房地产开发，房地产中介服务，房屋租赁等业务。根据人工选案涉税疑点，大庆地税局稽查局对绿地集团大庆置业有限公司地方税收缴纳情况进行了立案检查。

【违法事实】 该公司签订国有土地出让合同，占地面积为10.1万平方米，少缴契税、土地使用税；签订的产权转移书据、购销合同等各类涉税合同少缴印花税；取得售房预收账款少缴营业税、城市维护建设税、教育费附加、地方教育附加、企业所得税和土地增值税。

【查办过程】 大庆市地税局稽查局根据人工选案涉税疑点，制定了检查预案，对该公司2012—2013年度地方税费缴纳情况进行了专项检查。稽查人员内查外调，从税务征管部门、房产部门、土地管理部门、银行等多方渠道获取企业各类涉税信息，并经过多方位、多角度信息比对，对该公司2012—2013年度地方税费申报缴纳情况进行了查实认定，最终查实了企业的违法事实。

【处理处罚结果】 根据《中华人民共和国营业税条例》第一条、第二条和第四条规定，补缴营业税2436万元；根据《中华人民共和国城市维护建设税暂行条例》第二条、第三条和第四条规定，补缴城市维护建设税170.6万元；根据《国务院征收教育费附加的暂行规定》第三条第一款规定，补缴教育费附加73.1万元；根据《中华人民共和国印花税暂行条例》第一条、第二条、第三条和第七条规定，补缴印花税86.7万元；根据《中华人民共和国土地增值税暂行条例》第二条、《中华人民共和国土地增值税暂行条例实施细则》第十六条规定，补缴土地增值税1618万元；根据《中华人民共和国企业所得税法》第一条、第三条、第四条规定，补缴企业所得税2091万元；根据《中华人民共和国城镇土地使用税暂行条例》第一条、第二条、第三条及第九条规定，补缴土地使用税301万元；根据《中华人民共和国契税暂行条例》第一条、第八条规定，补缴契税1618元。根据《中华人民共和国税收征收管理法》第三十二条规定，对应补缴的营业税、城市维护建设税、印花税、土地增值税、土地使用税、契税从滞纳税款之日起，按日加收滞纳税款万分之五的滞纳金；根据《中华人民共和国税收征收管理法》第六十三条第一款和第六十四条第二款规定，对应补缴的营业税、城市维护建设税、印花税、土地使用税和契税各处以所偷税款0.5倍的罚款，合计2307万元。

鉴于该公司2013年度偷税数额巨大，且占当年应纳税总额的比例达23%，已涉嫌触犯《中华人民共和国刑法》第二百零一条规定的逃税罪，经大庆市地税局审理委员会审理通过，于2015年10月将该案件移交大庆市公安局经侦支队处理。

【问题分析及工作启示】 从该公司涉税违法手段看，其采取虚假申报手段，故意偷逃巨额税款，其行为在房地产开发行业企业中具有典型性。由于房地产开发企业的开发周期长、业务核算复杂，涉及管理部门众多，因此对其监管存在较大难度。该案给予我们的启示是，税务主管部门除了要加强对房地产开发企业开发项目的日常巡查外，还要进一步加大对房地产开发企业预收款票据、不动产发票等情况的监管，更重要的是要协调房管、国土、银行等其他部门建立协税护税网络，多方位、多角度加强对房地产开发企业的监管，保证国家税款及时入库。

（黑龙江省地方税务局稽查局供稿）

某房地产开发公司虚列成本费用偷税案

【案件类别】 偷税案例

【案件所属行业】 房地产开发经营业

【案件特点】 该案违法手段较为隐蔽，房地产公司通过事先策划虚拟业务，伙同第三方签订虚假合同、协议，取得正规票据，辅之以银行账户资金流的手段，虚列费用，并多转开发成本，偷逃税款。检查人员运用查账软件，采取比较分析方法，跟踪资金流向，结合外围调查取证，最终在公安部门介入下锁定证据、完成指控涉税违法行为的证据链。

【案件来源】 专项检查

【基本案情】 根据任务安排，检查组2015年7月1日起对江苏省某房地产开发有限公司（以下简称房地产公司）2013—2014年涉税情况进行了检查。发现房地产公司通过事先策划虚拟业务，伙同他人签订虚假合同、协议，取得正规票据，做好银行账户资金流的手段，虚列费用，并多结转开发成本，偷逃税款。检查人员运用查账软件，采取比较分析方法，跟踪资金流向，结合外部调查取证，最终在公安部门介入帮助下，成功查处该公司的偷税行为。

【违法事实】 该房地产公司通过虚列委托管理费、销售佣金、营销策划费、隐匿物业管理费收入，偷逃企业所得税195万元，并通过虚增销售面积多转开发成本少缴企业所得税290.80万元。该案共查补企业所得税485.80万元，其他税款10万元，加收滞纳金13.10万元，处202.20万元罚款，税款、滞纳金及罚款合计711.10万元。

【查办过程】 一是案头分析，制定方案确定重点。检查人员搜集江苏省税收征管大集中系统内该房地产公司项目登记、发票开具等涉税资料，搜集了涉税平台上发改委、规划局、国土局、招标办、房产局等部门提供的关于该公司开发项目立项审批、规划红线、土地招拍挂、工程招投标、预售许可证发放和开发产品销售网上备案登记等方面涉税情况，获取第一手数据资料开展案头分析。在案头分析的基础上，检查组召开了案情分析会，就检查的程序、步骤、方式、方法、分工等方面进行讨论，确立了“充分利用稽查软件，以账内检查为主，账外实地检查和必要时外围调查为辅”的检查思路，由点及面，逐个突破，将检查重点瞄准案头分析疑点较为集中的企业所得税方面。二是内查外调，分项逐步厘清事实。检查组在履行了法定的检查程序后，借助电子查账软件，合理调配人力，采取表账逐月核对，以账簿追溯凭证，以账簿核对会计报表，以凭证印证账簿和报表数字，环环相扣，结合到楼盘项目地实地检查有关情况，进行比对验证。对需要核实的问题，派出人员外调取证，最终查清整个违法事实。

【处理处罚结果】 对纳税人有主观故意并造成少缴企业所得税结果的行为，如虚列委托管理费、销售佣金支出、营销策划费支出、隐匿物业管理费收入，认定为偷税，处所偷税款一倍罚款，因其他时间性差异造成少缴税款的依法追征税款、加收滞纳金。该案查补税款、加收滞纳金及处罚款共计711.10万元。

【问题分析及工作启示】 本案中，检查人员综合运用了查前指标分析、电子软件查账、税务约谈、实地调查、外部调查、公安协查等多种方式和手段。通过该案，可以看到以下情况：

一是偷逃税手法已经越来越隐蔽复杂。少数企业追求利益的最大化，主观存有偷逃税的意图，事先“筹划”布局，并从“单兵作战”改为“联合行动”，致使税务稽查调查取证难度越来越大。该案中，房地产公司采用了不记或少记收入、虚列成本和费用，收入挂“往来账”等常见的手段少缴税款，特别是该公司为弄假成真，在中介机构指点下，联合关联企业、第三方等他人，事先“筹划”虚拟业务，签订虚假合同、协议，取得正规票据，甚至做好银行账户资金流，将虚拟的业务真实化，企图瞒天过海，达到少缴税款之目的。

二是查前分析仍是检查的一大法宝。该案中，检查人员运用各项数据指标，结合行业特点，分析查找不合理之处，然后追本溯源，从而快速找到症结所在，经各方取证形成证据链，使检查结果具备排他性。从近几年稽查实践看，认真细致、周密充分的查前分析，对几乎所有案件都能起到事半功倍的作用，提高了稽查效率。

三是部门协同已成为检查的常规方式。获取政府管理部门的相关信息，验证纳税人的相关数据，成为检查一些行业的重要环节。该案中，检查人员不仅调阅了房地产开发过程中涉及的各政府部门的信息，还在房管部门直接调取了销售合同的明细数据。在检查中，第三方黄某起初并没有配合检查，更是在公安部门的介入协助下，查证虚拟的业务才取得关键性突破，最终得以揭穿“真实的谎言”，还原事实真相。

四是房地产开发成本费用需要加强核实。费用率偏高应引起注意，而房地产开发成本核算内容庞杂，工程造价更是超出一般税务人员的业务能力，难以查清查透，但开发成本已经成为房地产开发企业的“蓄水池”，因此，开发成本应作为税务稽查的重中之重。对于开发成本分类指标超过“预警”的企业，必要时应引入工程造价机构等第三方进行协助，用第三方出具的鉴定结论，丰富稽查证据，防范稽查风险。

（江苏省地方税务局稽查局供稿）

某建设集团有限公司偷税案

【案件类别】 偷税案例

【案件所属行业】 房屋建筑业

【案件来源】 税务总局督办

【基本案情】 浙江省某建设集团有限公司（以下简称浙江某建设集团）承包徐州某置业有限公司“徐州××四季”一期、二期项目，经实地协查和业务流程分析比对，查实浙江某建设2006—2011年取得69份假发票，涉及票面金额3008.56万元，上述发票实际支付金额为2975.01万元，并在实际支付时按支付金额计入相应项目工程施工成本，当年度企业所得税汇算清缴时未做纳税调整，少申报缴纳当年企业所得税。

【违法事实】 浙江某建设集团2006—2011年取得69份发票，合计票面金额3008.56万元，分别经徐州地税局稽查局、徐州国税局稽查局、郑州国税局、苏州国税局、滕州国税局稽查局鉴定均为假发票。上述发票实际支付金额为2975.01万元，并在实际支付时按支付金额计入相应项目工程施工成本。2006年计入相应项目工程施工成本474.62万元，2007年计入相应项目工程施工成本552.65万元，2008年计入相应项目工程施工成本460.07万元，2009年计入相应项目工程施工成本1252.67万元，2010年计入相应项目工程施工成本165万元，2011年计入相应项目工程施工成本70万元。其每年结转营业成本金额为2006年429.58万元、2007年532.66万元、2008年514.02万元、2009年1250.73万元、2010年158.20万元、2011年70.91万元、2012年18.91万元，在各年度企业所得税清缴时均未做纳税调整，少申报缴纳各年企业所得税。

【查办过程】 检查组对某建设集团与徐州某置业有限公司开发的“徐州××四季”一期、二期项目的收入、成本、资金及预决算资料进行详细检查。按照税务总局督办要求，检查组重点从徐州开元项目的劳务派遣情况、人工费支付情况两个方面入手，分别对浙江某建设及其具体负责徐州项目施工的浙江某建设集团有限公司第三分公司（以下简称第三分公司）、杭州某建筑劳务有限公司（以下简称杭州某公司）进行立案检查。重点检查浙江某建设集团与徐州某置业公司、杭州某公司与徐州某置业公司、浙江某建设集团与杭州某公司之间有关徐州开元项目劳务结算业务。

经查，徐州开元项目劳务业务运作情况如下：浙江省某建设集团有限公司通过招投标程序承包了徐州某置业公司在徐州泉山区开发的××新城房产项目中的一期、二期工程，并委派其下属第三分公司对工程进行管理和施工，第三分公司出面又与杭州某公司签订了劳务分包合同，合同金额按总包合同相应的人工量签订合同暂定价（控制定价在总合同金额的30%左右），两期分别于2006年5月—2007年10月签订劳务分包合同7份。当时合同暂定价为8985万元，两期最终按双方决算定价合计为9055万元（其中合同暂定价金额与决算金额差异70万元，企业解释为通过决算调整增加）。

徐州开元项目的劳务费支付情况如下：1. 第三分公司因将徐州开元两期项目劳务分包给杭州某公司，而分别于2006年6月—2013年2月通过银行转账和现金支付形式支付给杭州某公司劳务款

9047.39万元，其中7094.31万元通过银行转账支付给杭州某公司，1953.07万元以现金形式直接发放给劳务人员，以人工费结算清单和项目民工工资领款单为记账原始凭证。浙江某建设集团直接支付劳务人员工资的主要原因是，因为施工期间建设单位未按合同约定支付工程款，造成杭州某公司未能及时支付农民工工资，浙江某建设集团为不影响工期及安抚农民工情绪而直接进行现金发放；第三分公司已取得杭州某公司通过徐州地税局代开的发票16份（两期），合计金额9050.34万元，未发现杭州某公司有资金异常回流长城公司的现象；2.杭州某公司与浙江某建设集团因徐州××新城项目的结算款项共计为9047.39万元，实际收到款项为7094.31万元。未发现两公司间有资金回流异常情况；3.未发现浙江某建设集团与徐州某置业之间因该劳务项目而发生的结算业务。

经杭州国税局稽查局对杭州某公司检查，同样证实杭州某公司分包了徐州××新城项目的建筑劳务，与浙江某建设集团劳务费结算金额为9047.39万元，其中7094.31万元为杭州某公司实际收到款项，1953.07万元由浙江某建设集团以现金形式直接发放给劳务人员。杭州某公司“徐州××新城”项目账面反映2006—2014年期间实际支出成本为7896.01万元，此成本包括由浙江某建设集团以现金形式直接发放给劳务人员的1953.07万元。经杭州国税局稽查局检查，查明杭州某公司存在多列支成本636.19万元，但未发现三公司之间有异常资金往来。

根据上述检查结果，做出如下结论：浙江某建设集团与杭州某公司关于徐州××新城房产项目的一期、二期工程劳务承包及费用结算，符合建筑劳务分包相关业务规定，浙江某建设集团劳务承包款支出符合企业所得税相关规定，杭州某公司承包收入的确认符合营业税有关规定，未发现存在虚假问题。徐州××项目二期工程决算中人工费虽然明显低于浙江某建设集团劳务费支出金额，但不能因此得出浙江某建设集团存在虚构劳务支出问题。杭州某公司多列成本也与浙江某建设集团劳务费支出的真实性无关。

通过业务流程分析比对，并分别经徐州市地税局稽查局、徐州市国税局稽查局、郑州市国税局、苏州市国税局、滕州市国税局稽查局等协查鉴定确定，协查的189份发票中有假发票69份，涉及金额3008.56万元。69份假发票分为两类：有真实业务的假发票2份，涉及金额86.95万元；无法核实业务真实的假发票67份，涉及金额2921.61万元。在以上假发票中浙江某建设集团实际支付金额为2975.01万元，在实际支付时按支付金额计入相应项目成本，其中通过银行支付金额1973.27万元、通过现金支付金额1001.74万元。各年度企业所得税清缴时均未做纳税调整，少申报缴纳各年企业所得税。

【处理处罚结果】　根据《中华人民共和国企业所得税暂行条例》第一条、第二条、第三条、第四条、第六条和《国家税务总局关于印发〈企业所得税税前扣除办法〉的通知》（国税发〔2000〕84号）第三条规定，追缴2006—2007年企业所得税317.54万元。根据《中华人民共和国企业所得税法》第一条、第二条、第三条、第四条、第五条、第二十条及《国家税务总局关于印发〈进一步加强税收征管若干具体措施〉的通知》（国税发〔2009〕114号）第六条规定，追缴2008—2012年企业所得税503.19万元。根据《中华人民共和国税收征收管理法》第三十二条规定，对所滞纳的税款，从滞纳之日起至2014年9月26日止，按日加收0.5‰的滞纳金796.98万元。根据《行政强制法》第四十五条第二款规定“加处罚款或者滞纳金的数额不得超出金钱给付义务的数额”。因此，对2006、2007年应补滞纳金等于查补税额，其超出查补税额部分的滞纳金75万元不予加收滞纳金，实际加收滞纳金721.98万元。根据《中华人民共和国发票管理法》第三十九条第二款规定，对该公司取得假发票行为处以罚款4.45万元。合计追缴入库1547.16万元。

【问题分析及工作启示】　因建筑企业组织形式复杂、施工环节多、生产周期长、作业流动性大、市场运行机制不健全的行业特点，以及建筑工程项目分散、部门配合机制缺位、税收管理手段不足、纳税人依法纳税意识淡薄等管理难点，造成建筑业成为税收违法行为高发领域。为了加强对建筑企业的税收管理和监督，堵住偷税漏洞，一要加强部门之间的联动，形成齐抓共管合力；二要建立税源监控前置机制，实行专业化项目管理；三要实行双向监督，完善异地施工管理；四要强化纳税评估，启动行业税收预警；五要加强税法宣传和税务稽查，提高纳税人税法遵从度。

（浙江省地方税务局稽查局供稿）

某房地产公司偷税案

【案件类别】 偷税案例

【案件所属行业】 房地产开发经营业

【案件特点】 该案以一封检察院移交某房地产公司涉及违建项目的函件为线索，专案组通过认真分析、内查外调、层层深入，查出该公司利用违建项目收取销售不动产收入不入账，利用关联企业编造虚假工程合同和决算书，虚开建安发票等形式重复列支工程项目，扩大工程结算金额及虚列成本等手段，偷税金额、滞纳金、罚款达307.97万元。该案偷税金额和比例达到移送立案标准，已依法以偷税罪移送公安机关处理。

【案件来源】 举报案件

【基本案情】 该案根据长汀县检察院移交的违建线索立案。2014年1月6日，专案组对福建某房地产开发有限公司“某嘉园”项目2007—2013年涉税情况进行了检查。

该公司是于2005年1月成立的集房地产开发、销售、出租；建筑材料销售，物业管理为一体的有限责任公司。该公司2006年通过政府招、拍、挂形式取得“某嘉园”项目的土地开发权，项目用地面积为1.97万平方米，支付土地价款5822.3万元，2007年2月取得土地使用证。

该项目规划总建筑面积2.95万平方米。2007年12月取得1、2、3、5、6、7号楼的《预售许可证》，可售面积2.1万平方米，其中，商铺55间0.25万平方米，住宅192套1.86万平方米。2008年10月取得“某嘉园”8号楼的《预售许可证》，可售面积0.84万平方米，其中，住宅66套0.84万平方米。

2009年5月工程竣工验收办理结算手续，相关部门出具《房屋实际测绘面积报告》，总可售面积2.93万平方米（不含物业用户2套，面积227.92平方米），其中，商铺55间0.25万平方米，住宅192套2.68万平方米。

【查办过程】 1. 案前分析，确定重点制定预案。专案组查阅征管资料和外围取证资料，经初步分析，既然“某嘉园”项目存在违规超高、超层、超面积、超容积率建设楼层情况，其目的自然是多获取开发利润，在这种利益驱使下，这部分违建项目收入是否入账？如有入账，相对应的成本又是如何出账？通过讨论制订预案，确定检查方向：一是确定违建项目有多少，这部分可通过协查，现场实地盘点取证。二是销售收入有多少，成本项目如何列支，重点需突破项目负责人。

2. 内查外调，比对分析，掌握第一手资料。专案组分兵数路，按检查制定的预案进行内查外调。

调取案件征管资料。专案组到专业化管理分局了解企业的经营情况，咨询管理员对该单位的具体管理情况，调取了该公司相关纳税资料。

外围核实查找证据。针对案头发现疑点和检察院提供8号楼有违建项目线索，专案组前往设计、监理、质监、住建局、房管等相关部门进行外围调查取证。

比对分析找疑点。资料与实地查勘分析：带着设计、监理、质监、住建局、房管部门等单位取得的资料和8号楼有违建项目情况前往该项目所在地实地勘察，实地清点，发现该公司不但在8号楼有违建项目，而且在5、6、7号楼顶层也存在违规建设情况，总计违建12套住宅，在1、2号楼违规建设2间骑楼店，属于公共配套设施的部分架空层也被分隔当作车位。违规建设项目与纳税申报情况分析：按规划图中“某嘉园”项目分楼盘、楼盘内分不同项目5、6、7、8号楼顶层违规建设12套住宅，在1、2号楼违规建设2间骑楼店。与房地产开发项目按年申报情况进行比对，发现8号楼违建销售收入在长汀县检察院调查期间已入账并作纳税申报入库，但5、6、7号楼顶层及架空层车位销售收入历年申报中没有收入申报记录。

3. 重点明确，政策攻心，突破账外账。细致审核找突破。检查人员带着“收入去哪儿”的问号，走访了销售部门人员和财务人员，并未得到明确的答案。针对这种情况，检查人员从买方入手，走访并取得买售人签订的《商品房销售合同》和支付款项的《收款收据》复印件，同时制作了询问笔录，“收入去哪儿”有了新的发现。

部门联合提效率。在基本事实确凿情况下，长汀地税局积极和长汀国税局联系，同时函请长汀公安经侦大队于2014年2月提前介入。并于2014年2月召开了三个部门的联合会议，制订了详细的检查方案，会议作出决定，具体涉税事项由国地税检查部门联合办案，公安部门负责控制相关当事人。会后第二天，公安经侦大队就远赴厦门控制了项目负责人俞某，同时在长汀控制了公司项目财务人员童某及相关销售当事人，为案件查处创造了有利条件。

政策攻心，突破账外账。在检查人员政策宣传攻心下以及出示的大量证据面前，突破了项目负责人俞某心理防线，承认有内部核算的账外账，并主动交出账外账，同时表示积极配合检查会主动补缴税款，寻求税务机关对其宽大处理。

实施调账检查，理顺内外账的检查思路。检查人员认真分析后认为该公司有重大涉嫌偷税。按程序实施调账检查，调取2007—2013年的财务核算账簿及报表资料，销售不动产的台账及相关资料；结合项目经理俞某主动提供的2007—2013年的内部核算账簿（含工地收入明细账）、实际销售台账、内部核算单据、工程预结算资料、收取款的《收款收据》、项目负责人俞某私人的银行账户。采取全查法核实内外账资料，对内账做细稽查工作底稿，对外账逐一逐笔归类整理，同时要求逐一比对内外账核算资料发现疑点。

夯实检查基础工作，强化账外账的证据锁定。账外收入652.94万元。通过核查账外账，发现开具《收款收据》收取现金，钱存入俞某的私人银行账户652.94万元，其中：销售5、6、7号楼顶层违规建设6套住宅收入132.44万元、违规建设的2间骑楼店销售收入86.58万元、属于公共配套设施的部分架空层分隔了119个车位销售收入343.05万元，店租、管理费及部分价外收费90.87万元。经比对内外账开发成本，发现该企业利用三种手段虚列成本1249.02万元。重复开票，虚增开发成本239.17万元，检查“开发成本——前期工程费”，2009年10月记7号凭证列支付零星附属工程款189.45万元和2009年12月记7号凭证列支付零星工程款49.72万元，比对内外账结算，发现重复列支。门市开票，虚增开发成本263.79万元，检查“开发成本——前期工程费”，发现外账2009年11月记21号凭证列支付小区道路水沟等零星工程款286.26万元，内账结算金额43.75万元，虚开金额242.51万元；发现外账2009年11月记21号列支付项目绿化工程款49.80万元，内账结算金额28.52万元，虚开金额21.28万元。利用关联施工企业开票，虚增开发成本746.06万元，检查“开发成本——建筑安装工程费”，发现账外2009年12月38号账面列支建筑安装工程款3760万元，内账结算金额3013.9万元，虚开建安成本746.06万元。

【处理处罚结果】　该公司2008—2013年度采取内外两套账簿的方法隐匿收入和账簿上多列成本，根据《中华人民共和国税收征收管理法》第六十三条第一款规定，定性偷税，补缴税款146.81万元，其中营业税32.73万元、城市维护建设税1.64万元、房产税3.13万元、印花税1.80万元、土地增值税（清算补缴）106.19万元；加收滞纳金85.25万元、罚款75.91万元，合计307.97万元。

【问题分析及工作启示】　该案检查人员思路清晰，在检查中根据预案指明的方向，层层递进固定证据，成功查结此案。

注重延伸案件检查线索。该案线索仅有一楼层违规建设项目，检查人员从中得到启示，扩大全部楼盘项目的检查并结合实地清点，发现多项违规建设项目，成功获取线索。

注重采取适当的检查方法。获取线索后，专案组在不惊动当事人的情况下展开缜密的外围调查，走访买方当事人，初步获取证据；同时对房地产公司相关人员攻心为上，取得账外账，为突破此案获取有力证据。

注重部门协调配合。该案的查处，函请长汀公安经侦大队提前介入起了非常关键的作用，在行动上控制了当事人，从心理上震慑了当事人，为案件查处创造了极为有利的条件。同时，案件获得住建局有关科室的配合，使该项目相关数据一览无余，成功固定了证据。在事实确凿情况下，国税部门与地税部门开展联合稽查，挽回了大量国家税收。

（福建省地方税务局稽查局供稿）

某房地产公司偷税案

【案件类别】 偷税案例

【案件所属行业】 房地产开发经营业

【案件特点】 本案是纪委交办，由市纪委、公安经侦、地税稽查部门共同合作、成功查办的一起涉税违法典型案例，检查人员利用公安机关的调查手段和专业技术人员的技术手段取得关键证据的做法，具有一定的借鉴意义。

【案件来源】 纪委交办

【基本案情】 某县金三角园区王某公司注册资本6000万元人民币，从2009年3月起，在某县金三角园区从事房地产开发。开发的项目为某酒店项目（项目尚未完工）、某商住小区项目，总建筑面积14.2万平方米。截至2012年底，某酒店项目未实现销售，某商住小区销售6.95万平方米，取得销售不动产收入2.11亿元，已申报入库税款1353.14万元。经检查发现，该公司部分销售收入未按期入账，设立“小金库”，大量虚开发票套取现金，存在重大偷税嫌疑。

【违法事实】 该公司开发的某酒店和某商住小区项目2009—2012年取得销售不动产收入2.11亿元，其中：“预收账款”1.72亿元，“其他应付款”中购房款2734万元，检查发现未按期入账的收入1172.05万元，少缴营业税、城市维护建设税、土地增值税、印花税、企业所得税，共计842.85万元。

该公司账内核算融资利息支出1396万元，支付利息费用后，余下125.96万元通过法定代表人个人往来转入小金库使用，虚增财务费用。

该公司设立两套账，在发票上做文章，虚列成本、费用。该公司以建筑公司或设计公司的名义在当地税务部门开具大量的建筑安装及服务业发票，套取现金1.44亿元，以所开具发票与实际支付建筑（设计）方金额的差额套取的现金做“小金库”收入，除用于支付工程款、费用开支外，其余均用于股东分红。该公司“小金库”在2009—2012年期间共发放股东分红2600万元，由王某一人签字统一领走，再通过其个人账户转到其余股东名下；另外，该公司账面“其他应付款”反映股东分红2458.87万元。通过以上手段，该公司偷逃企业所得税1127.65万元，少扣缴股东分红个人所得税1011.78万元。

【查办过程】 审慎做好查前预案，打赢“揭幕战”。该公司分别于2011年1月、5月、6月及2012年1月取得《预售许可证》。截至2012年12月31日，某商住小区的住宅基本销售完毕，已申报营业税677万元、城市维护建税33.85元、印花税21.18万元、土地增值税107.2万元、企业所得税355.25万元、教育费附加20.31万元、地方教育附加13.54万元、个人所得税0.8万元、城镇土地使用税124万元。经案头测算比对，专案组初步认为王某公司可能存在少缴企业所得税和个人所得税的问题，及时作出稽查工作预案，决定分两步走，首先就账查账，然后根据发现的疑点和证据到该公司实地检查和盘点。

精心组织账面取证，发现迷雾重重。疑点一：销售收入迷雾。经与房产局已办证户、确权明细及销售明细表认真比对，发现该公司在已实现销售的情况下，售房收入长期挂在“预收账款”科目，还有部分房款挂“其他应付款”科目，不结转至营业收入科目。疑点二：建安合同迷雾。该公司与所有建筑方签订的建安合同均无具体的工程造价，只是含糊地描述为“参照某年度工程造价标准”，专案组怀疑该公司在施工成本中做文章。经过对开发成本科目的进一步检查，发现该公司已列支某酒店建筑成本1.01亿元，根据建筑面积4.5万平方米计算，建筑单位成本为2248元，而项目所在地当时的十五层以上综合楼建安单位成本为1730元；某商住小区建筑成本1.43亿元，根据建筑面积9.7万平方米计算，建筑单位成本为1470元，而项目所在地当时的七层以下商住楼建安单位成本为910元。以上建筑单位成本均明显偏高。疑点三：不合理支付迷雾。该公司与某财务公司签订无约定价格的融资合同，先后支付1396万元融资利息给某财务公司，利息金额明显偏高。针对以上疑点，专案组首先向该公司财务人员进行询问，但是对方一味搪塞、拒不合作，案件查办遇到了“拦路石”。

借东风联合出击，“淘金者”现原形。针对案件查办遇阻，专案组立即将案件的疑团和症结逐一向市稽查局领导报告，并与市纪委专案组进行沟通，向市纪委提出联合办案的建议。市纪委当天就联合公安经侦部门配合专案组前往该公司财务办公室进行突击检查，当场查获了其保险柜中“没用的”电脑和加密狗。在市局专业技术人员的帮助下解密电脑后，发现了该公司近两年的“小金库”明细账。专案组当即将此情况向市纪委反馈，市纪委随即会同市公安经侦干警前往该公司搜取“小金库”的会计凭证和账簿资料，及时锁定涉税关键证据。

经检查发现，该公司大量虚开建筑安装业发票和设计费发票，在该公司的内账套取现金，用于股东分红、支付工程款、费用开支等，并以此作为“小金库”账面收入来源，故意逃避缴纳企业所得税及未依法扣缴个人所得税。据此，专案组查实该公司存在虚开发票偷逃税款的违法犯罪事实。

【处理处罚结果】　该公司账上反映 2009—2012 年取得销售不动产收入 2.11 亿元，根据《中华人民共和国税收征收管理法》及其他相关法律法规的规定，追缴该公司少缴的税金及附加合计 842.85 万元，加收滞纳金 40.82 万元，并处以罚款 177.82 万元。

该公司账外账（小金库）开具建筑安装业发票提取现金 1.44 亿元，除实际支付建筑安装费用 4302.94 万元，多套取资金 1.01 亿元，虚增建筑安装成本应调增应纳税所得额；与某融资财务公司往来款 1396 万元，转出还款 1200 万元，支付利息 70.04 万元，多套取资金 125.96 万元，虚增财务费用应调增应纳税所得额。通过以上手段，该公司当期少缴企业所得税 1127.65 万元。根据《中华人民共和国税收征收管理法》第三十二条、第六十三条第一款规定，定性为偷税，追缴该公司少缴的企业所得税 1127.65 万元，加收滞纳金 8.46 万元，并处罚款 563.82 万元。

该公司“小金库”账及内账“其他应付款”科目股东分红共计 5058.87 万元，责令其补扣补缴个人所得税 1011.78 万元。根据《中华人民共和国税收征收管理法》第六十九条规定，对该公司应扣未扣个人所得税的行为处 1 倍的罚款，计 1011.78 万元。

综上所述，合计追缴该公司少缴的税款及附加 1970.50 万元，加收滞纳金 49.28 万元，罚款 741.64 万元；对该公司应扣未扣的个人所得税，除责令其补扣补缴个人所得税 1011.78 万元外，并处罚款 1011.78 万元。查补总额合计 4784.98 万元。由于该公司偷税金额占应纳税额的比例在 30% 以上，已涉嫌构成犯罪，达到涉税违法犯罪案件移送标准，稽查局依法将该案件移送公安经侦部门立案查处。

【问题分析及工作启示】　王某公司违法偷税行为之所以发生，从根源上说是利益驱使，但更重要的是税收违法成本偏低，加之有监管职责的部门和人员收受“好处”，为企业违法行为背书。时任该县地税局局长刘某违规向该公司高息放贷，获利 239.2 万元，并收受贿赂 37 万元，直接干扰到税收正常执法活动，造成了该案纳税人在纳税问题上肆无忌惮，设置账外账、对抗税务管理和检查，至今拖欠税款高达 3000 多万元。税务部门应从中汲取教训，加强监管，依法治税，严厉打击税收违法犯罪行为。

（江西省地方税务局稽查局供稿）

某石油化工公司偷税案

【案件类别】　偷税案例

【案件所属行业】　石油加工、炼焦和核燃料加工业

【案件特点】　一是作案手段隐蔽化，该公司通过内设的加油站以供给企业内部运输车辆油料的名义私自对外运营，逃避监管。二是资金流转隐蔽化，该公司账面资金变动频繁，大量使用银行卡进行结算，资金流难以跟踪。

【案件来源】　计算机选案

【基本案情】　2015 年 6 月 1 日，德州市国税局稽查局通过计算机选案，将山东某石油化工股份有限公司确定为检查对象，检查组对该公司 2014 年生产经营及纳税情况进行了检查，通过两个月的艰苦奋战，最终查实该公司采用在账簿上少列收入、变换品名等手段，少缴增值税 526.15 万元，消费税 502.84 万元的违法事实。该公司对查处行

为无异议，未提出陈述申辩意见，并按规定时间缴纳了税款、罚款、滞纳金。

【违法事实】 该公司将燃料油更换品目为混合芳烃152.25吨，偷逃消费税。该公司非独立核算的加油站2014年共销售93号汽油1261.81吨，销售额1242.12万元；销售97号汽油131.55吨，销售额140.58万元；销售柴油5330.98吨，销售额2238.46万元，少计提增值税、消费税。该公司职工宿舍楼使用的电费，未按规定做进项税额转出16.33万元。设备变卖出售，取得价款62.15万元，未计提增值税。

【查办过程】 1. 案头分析，理清工作思路。针对该公司税负偏低的情况，检查人员通过调阅有关资料并查询金税三期工程税收管理系统，获得了该公司涉税资料，经分析：该公司2014年的应税收入比2013年同比下降13.61%，但其增值税额下降比例达到了89.97%，增值税税负率下降50%；并且成品油消费税抵扣税款变动率与应纳消费税额变动率配比达到1.48，而正常预警值1.20，超过预警值23.33%。据此初步判断，该公司隐匿收入的可能性较大。

为保证检查工作的顺利开展，县局决定由稽查局和信息中心业务骨干9人组织成立检查组，经认真分析，研究制定了同步实施、分头调账的工作方案：检查人员分为三组，第一组到财务部门调取会计资料，并且使用“税收查询分析系统”调取该公司的电子账套，第二组深入车间和仓库查看生产记录和库存情况，第三组到销售部调取销售资料。

面对着取回的大量账簿、凭证、生产记录、销售资料和大量的电子资料，如何开展检查工作，从什么地方入手，是摆在检查人员面前的第一道难题。检查组组织了县局货劳科、管理分局人员参加的“集思会”，其中有经验丰富的同志提出：对大型企业检查应特别注意辅业方面，辅业核算是企业相对薄弱的方面，也是涉税问题较多的地方；县局货劳科则提出消费税方面是否存在变换品名少缴消费税的意见。经过“集思会”，检查组认为该公司存在以下疑点：疑点一，该公司账面资金变动频繁，大量使用银行卡进行结算，很难跟踪其资金流；疑点二，该公司应税消费品有93号汽油、国四汽油、92京五汽油、柴油、燃料油五种，可能存在更换品名偷逃消费税的情形；疑点三，该公司由于近两年大量更新设备，可能存在设备变卖未计提增值税的情形；疑点四：其辅业会计核算可能存在偷逃增值税的情形。

于是检查人员决定分两组同时进行，一组对生产记录、销售资料与账簿、凭证进行核对，特别是要利用“税收查询分析系统”的相关功能进行检查，另一组对该公司的辅业方面重点检查。

2. 实地核查，确定涉税疑点。通过对生产记录、销售资料与账簿、凭证进行核对，特别是利用“税收查询分析系统”查询、汇总和查账功能，发现该公司2014年度综合收率88.94%，其中应税消费品的收率为54.78%，非应税消费品的收率为34.16%，低于同行业的综合收率。而辅业方面，该公司对下属的梅花玉分厂、塑编分厂、运输车队的核算也相当细致，没有发现涉税问题。难道检查组的出发点有误吗？正当检查进入困境的时候，司机的一句话，惊醒了检查人员。他说，他上周到该公司的加油站加油比中石化加油便宜近八毛钱呢。检查人员立即赶回县局查账室，果然没有该内部加油站相关记录。这样就可以解释该公司为什么综合收率偏低的原因了。当天下午，检查人员到达该加油站，发现有十几辆轿车在等待加油。财务人员立即解释道，这是内部加油站，由于公司有运输车队，该加油站是仅给运输车辆加油的。检查人员没有采信财务人员的一面之词，继续向企业财务人员询问企业流程之类问题的同时，检查人员也同来加油的消费者进行了交谈，了解到该非独立核算的加油站还给外部车辆加油，比如运输公司、大公司的车队、县内外及偏远乡镇个体卖油大户、私家车等等。

3. 铁证如山，案情水落石出。检查组立即组织案件讨论会，让检查人员“扮成消费者”到该加油站实地了解运营情况后，组织4名人员突袭检查加油站，获取相关账簿资料。至此，该公司终于在铁证面前承认其非独立核算加油站销售成品油未计提增值税和消费税的事实，同时提供了该加油站2014年度的《加油站销售日报表》。检查人员通过逐月逐笔核对，发现该公司2014年内部的非独立核算加油站销售的各类油品均没有计提增值税和消费税的违法事实。

【处理处罚结果】 根据《中华人民共和国税收征收管理法》第六十三条的规定，该公司上述行为已构成了偷税。除追缴2014年增值税526.15万元，消费税502.84万元，并处所偷税款0.5倍的罚款。根据《中华人民共和国税收征收管理法》第三十二条的规定，自税款滞纳之日起，按日加收万分之五的滞纳金。该公司于2015年7月8日缴纳税款1028.99万元，滞纳金169.48万元，罚款

514.5 万元，并已进行了纳税调整。

【问题分析及工作启示】 此案是一起发生在大型企业中的偷税案件，其作案手段具有很强的隐蔽性，通过对该案的查处，得到以下启示：（1）查前细致分析，制定可行预案。只有细致的查前、查中分析，熟悉、了解案件的基本情况，才能寻找出解决问题的切入点，达到事半功倍效果，特别是召开“案件集思会”“案件讨论会”，进一步指明了案件的检查思路。（2）对账外经营的检查，必须有的放矢。一要准确收集相关证据，突击检查仓库明细账、出入库单、车间统计资料等，从中发现线索和证据，深挖细查，形成完整证据链；二是在取证过程中要注意做耐心细致的说服工作，特别是关键证据，一定要据理力争，否则案件的查处就会半途而废。（3）税收管理人员要经常深入企业实地调查。税收管理人员不仅要从企业报送的财务报表中了解企业生产经营情况，还应时刻关注企业的投入产出比，关注企业的各项经营指标，尤其不能放松对企业辅业方面的管理。对大型企业不能片面的相信，认为他们在申报和纳税方面是比较规范的。从该案看，大型企业的偷税问题更具隐蔽性，管理难度更大，这就要求税务稽查部门做更多深入细致的工作，真正发挥稽查“以查促管”的职能作用，最大限度地减少国家税收的流失。

（山东省国家税务局稽查局供稿）

某房地产置业有限公司偷税案

【案件类别】 偷税案例

【案件所属行业】 房地产开发经营业

【案件特点】 本案对同一税种中的不同性质问题分别进行定性处理，准确计算房地产企业开发成本，对少缴的企业所得税是否定性偷税不因循守旧，紧抠条文，又不拘泥于条文，具有创新性。

【案件来源】 专项检查

【基本案情】 该案通过预案分析、发现疑点，统筹安排、确定重点，周密部署、精准筛选，多种检查方法的综合运用等，最终发现某房地产置业有限公司隐瞒自用房产少缴房产税、未按规定计税面积申报少缴土地使用税以及未将实际毛利额与对应的预计毛利额之间的差额计入当年度企业应纳税所得额缴纳税款，造成少缴企业所得税等违法事实。

【违法事实】 该公司采用签订正式售房合同次月即扣减应税土地面积的办法，少申报缴纳土地使用税 97.81 万元。该公司认为签订了正式售房合同，房屋产权已实质发生转移，应以签订商品房销售合同次月作为调减应税土地面积的时间，这一做法违反了《财政部　国家税务总局关于房产税、城镇土地使用税有关政策的通知》（财税〔2006〕186 号）的规定，造成少缴税款。

该公司采取虚假申报方法，少申报缴纳某花园售房部、未申报缴纳公司自用的某 3 号别墅、某华府作为职工宿舍使用的两套商品房等房产税，共计少缴房产税 8.02 万元。

该公司 2009—2011 年在“管理费用”“应付福利费”等科目列支购买礼品、非本单位人员服装购置费等 126.18 万元，应扣未扣“其他所得”个人所得税共计 25.24 万元。

该公司采取未按规定及时结转实际经营成本，重复列支税金，列支与生产经营无关的支出等手段少缴企业所得税共计 5109.09 万元。2010—2011 年该公司在会计处理上按照营业收入的 85% 结转营业成本，与每年实际应结转成本差异较大，虽然自行纳税调整，但未调整到位，造成多列成本 2.25 亿元。该公司在已将实际列支数税前列支的情况下，又按账面计提税金数再次进行列支，造成重复列支营业税金及附加 638.40 万元。该公司通过在“管理费用”“财务费用”等科目列支非本单位人员差旅费、非本单位利息费用等与其生产经营无关的支出共计 70.58 万元。

【查办过程】 案头分析，明确重点。稽查人员通过查前审阅报表，进行案头分析，发现该公司销售数据庞大，业务种类繁杂，除房地产销售收入外，还取得房屋租赁、停车场收费等收入，3 年合计取得收入达 11.7 亿元。土地增值税按项目分别认定为核定征收和查账征收。在审阅报表过程中，一个特殊的数字被细心的检查人员发现，该公司在被查年度开发产品大量完工交付使用的情况下，“存货”科目 3 年净增 5.8 亿元，这有悖于常理；

而且在随后对该公司企业所得税申报表初审中，发现该公司项目销售毛利率仅为25%，明显低于同行业正常利润水平，可以肯定该公司成本结转方面一定存在问题。于是检查人员制定了以企业所得税为主，其他地方税种为辅的检查方案，分步骤有序开展检查工作。

海量数据，去芜存菁。面对海量财务信息，如何筛选出有用的数据，对某项目取得土地8年来的成本进行核实汇总？如何科学制定检查所属期3年的成本计算方法？跨年取得按揭房款的收入成本如何确认等一系列问题都涌现出来，检查人员通过大量的探讨和反复的实践，逐步理清思路。首先，绘制出“开发总成本—可售面积—单位成本—已售面积—应结转成本”的工作流程图，按流程采集企业账簿相关数据，制作电子表格80余张，成本计算环环相扣，前后对应，清晰有序，层次分明；其次，本着效率优先原则，采取检查年度3年通算的方法，在遵从税法的前提下，尽量考虑企业核算收入的实际情况，以收入为依据配比确认成本，在开发完工年度，对各项目应结转的开发成本进行纳税调整。不但遵循了历史成本原则，避免发生相同开发项目在检查所属期前后年度单位成本不一致现象，还有效提高了工作效率。检查组通过大量繁琐的工作，核清12个成本对象应结转的成本数，最终查实由于成本未调整到位而少缴2010—2012年度企业所得税4825.14万元。

内查外调，细致入微。在对地方税种检查中，检查人员从账面发现该公司某3号别墅从2006年建成至查案之日仍未售出，也未转入“固定资产”账，2006年无论是地价还是建安成本都处于低位，因此该批别墅定价较低，其他别墅都在短时间内销售完毕，而某3号别墅未售出的可能性不大，检查人员决定对该别墅进行突击检查。检查人员假装购房客户对该别墅实地查看，发现确有使用的迹象，在事实和证据面前，财务人员不得不承认该别墅作为公司办公用房未缴纳房产税的违法事实，检查人员根据其房产原值准确计算出了少缴的房产税6.30万元。

严把政策，依法定性。检查中，检查人员实事求是、把握政策，对有争议的问题逐级向上级机关请示，确保政策执行不走样。该案争议焦点主要集中在以下两点：一是企业收取的认筹金、诚意金是否应征收营业税、土地增值税、企业所得税。该公司认为，认筹金、诚意金收取时并未签订合同，有可能还会退还，因此不应作为计征营业税、土地增值税、企业所得税的依据。检查人员认为，虽未签订正式的售房合同或预售合同，根据《中华人民共和国营业税暂行条例》及其实施细则规定，房地产开发企业销售不动产，采取预售款方式的，不论合同如何规定，以收到预售款的时间为营业税纳税义务发生时间。因此，该款项符合征收营业税、土地增值税条件，应予缴纳。而企业所得税应按照《国家税务总局关于印发〈房地产开发经营业务企业所得税处理办法〉的通知》（国税发〔2009〕31号）第六条规定，以是否通过正式签订《房地产销售合同》或《房地产预售合同》取得收入，确认销售收入的实现。二是企业在开发产品完工年度，未将实际毛利额与对应的预计毛利额之间的差额计入当年度企业应纳税所得额，造成少缴企业所得税如何定性处罚。最初，检查人员根据企业违法性质、情节，拟将其少缴的企业所得税全额定性为偷税并按规定进行处罚。而企业认为其并未采用偷税的手段及方法，不具有主观故意性，其行为不能构成《中华人民共和国税收征收管理法》第六十三条所述情形，不应定性偷税。原因如下：一是开发产品竣工结算前成本一直处于不断变动的状态，是一个“变量”，即便严格按照税法规定的方法计算的应结转成本也不是真实发生数，而是一个计算出来的“阶段性”数值，对于不确定的“变量”不应适用《中华人民共和国税收征收管理法》第六十三条进行处罚；二是即便开发产品全部完工，成本依然可能继续发生。如工程决算、小区道路、绿化等后期成本项目，此时结转成本没有收入相对应，会造成成本延迟结转的后果，对早转成本部分进行处罚显失公平；三是企业并未虚增成本，只是按预计成本结转，未按实际成本结转只是时间的差异，而不影响成本总量。该类问题的定性对该市稽查局来说也是新生事物，为准确执行政策，不跑偏不走样，该市稽查局及时请示市局相关业务科室，并针对该案情况，召开专题政策研讨会，通过讨论大家形成一致意见，认为该公司并未发生《中华人民共和国税收征收管理法》第六十三条列举的偷税手段，由于不同时具备偷税的两个要件，做出责令该公司补缴该部分企业所得税税款，不予处罚。

【处理处罚结果】 补缴税款及附加合计5162.45万元。根据《中华人民共和国税收征收管理法》及各税种相关规定，责令限期补缴土地使用税60.45万元、房产税13.36万元、企业所得税5109.09万元。根据《中华人民共和国个人所得税法》及《国家税务总局关于贯彻〈中华人民共和国税收征收管理法〉及其实施细则若干具体问题的通知》（国税发〔2003〕47号）第二条第三款规定，责令补扣补缴个人所得税25.24万元。

加收滞纳金合计498.33万元。根据《中华人民共和国税收征收管理法》第三十二条规定，对该公司未按规定申报缴纳的房产税、城镇土地使用税、企业所得税以及未按规定时限缴纳的营业税、城市维护建设税，从滞纳税款之日起，按日加收滞纳税款万分之五的滞纳金共计498.33万元。

处罚款合计207.51万元。依据《中华人民共和国税收征收管理法》第六十三条第一款的有关规定，少缴的企业所得税5109.09万元，其中由于少记收入、多列费用、多列税金造成少缴税款283.96万元，应定性为偷税；少缴的房产税8.02万元，土地使用税97.81万元，定性为偷税，偷税金额合计389.79万元，处少缴税额0.5倍的罚款194.90万元。根据《中华人民共和国税收征收管理法》第六十九条规定，该公司少扣缴的个人所得税25.24万元，处应扣税额0.5倍的罚款12.62万元。

【问题分析及工作启示】　建立有效分析机制，加强税收风险日常化管理。该案中如对财务报表“毛利率”指标和申报表进行认真审核，很容易就能发现该公司开发产品部分完工，但未及时将实际毛利额与对应的预计毛利额之间的差额计入当年企业应纳税所得额缴纳税款，导致毛利率偏低；通过企业所得税申报表与征收数据比对，就能发现税前重复列支营业税金及附加的问题；该公司少缴土地使用税也是由于对税收政策理解偏差造成的，通过加强日常税收管理和政策辅导，发现疑点，及时落实，将违法行为处置在萌芽状态，确保应收尽收，尽到税务机关的职责。

检查方法的综合使用，提升案件查处质量。该案中检查人员通过预案分析，发现疑点，紧追不放；坚持查账和实地检查相结合，深入开发项目现场，掌握真实第一手资料，将企业的涉税违法行为查深查透；通过充分利用询问技巧，旁敲侧击，迂回前进，固定证据，最终抓住要害，查清事实，确保国家税款足额入库。

提升依法行政意识，营造公平公正纳税环境。该案中，检查人员摒弃只要少缴税款就参照《中华人民共和国税收征收管理法》第六十三条或第六十四条进行定性处罚的惯有做法，而是转变观念，对该案是否具备偷税的两个要件进行认真分析，最终依据不同情节，将少缴的企业所得税分别认定为偷税和少缴税款，切实做到依法行政，有效发挥稽查职能。

（河南省地方税务局稽查局供稿）

某科技有限公司偷税案

【案件类别】　偷税案例

【案件所属行业】　信息传输、软件和信息技术服务业

【案件特点】　该案件揭示了“营改增”企业利用经营模式网络化、收入隐匿性强等特点，专设机构收取营业款项，瞒报收入进行偷税的违法事实。案件的成功查处对规范“营改增”企业税收秩序、堵塞征管漏洞和加强稽查打击力度有积极的借鉴意义。

【案件来源】　其他部门转办

【基本案情】　检查组实地核查发现：某公司采取设置内部收款部门，利用部分客户不需要发票的特点，以内部个人银行卡交易进行账外经营，大量隐瞒销售收入。同时，以“营改增”转型期对政策不熟为由，将增值税应税收入分别向国税部门与地税部门进行纳税申报，而取得的进项发票又在国税部门进行认证抵扣。据此认定其存在重大偷税嫌疑。

【违法事实】　经查，该公司存在将不需开具发票的营业收入款项存入个人银行卡，进行账外循环，以期达到偷税目的违法行为。

【查办过程】　查前分析，制定预案。通过CTAIS系统提取相关信息数据，了解企业税务登记类型、经营范围、主营业务、鉴定税种，进行分析确定检查重点。精心制定检查预案，实地勘察企业经营场所，了解部门架构及人员情况，与举报内容相印证。重点检查收入核算流程及纳税义务发生时点，是否符合增值税、“营改增”相关政策，调取

成本总账、明细账，检查成本项目的合理性。

实施检查，立竿见影。通过账簿检查，检查组发现该公司2013年度财务报表中反映“主营业务收入”与增值税申报表收入差异很大。针对这一疑点，遂询问该公司会计吴某，吴某辩称，该公司2013年上半年业务收入因属营业税征税范畴，其记账模式仍沿用营业税差额征税记账模式。

剥丝抽茧，层层追击。稽查人员采取约谈方式，向综合部负责人询问有关部门职责和详细工作流程时，该负责人始终不予以配合，也拒绝提供资料。面对困境，检查组积极转变思路，运用数字化稽查手段，仔细审阅企业财务核算信息寻找蛛丝马迹。在查阅“其他应付款”科目时，突然发现有4笔该公司法定代表人陈某与公司的借款记录，而陈某正是举报函中提及的账外经营的个人银行卡持有人。在银行部门的积极配合下，检查组顺利调取陈某的个人账户银行流水和交易方信息。至此，湖北百捷在线科技公司利用个人账户隐匿巨额收入进行偷税的事实浮出水面。

锁定证据，依法定案。稽查人员约谈了企业法定代表人陈某，出示其通过个人账户隐瞒公司收入的证据资料，通过摆事实、讲道理、谈危害、论后果，以法律和政策攻破陈某心理防线。最终，在铁的事实面前，陈某承认了公司将部分客户不需开具增值税发票的经营款项汇入其个人银行卡，隐瞒销售收入的违法事实。经查，2013年7月—2014年12月，该公司将部分不需要开具增值税发票的“百度推广”服务费收入转入法定代表人陈某个人银行卡，未记入该公司营业收入，未申报缴纳增值税。

【处理处罚结果】 对湖北百捷在线科技公司利用客户不需开具增值税发票，采用个人银行卡隐匿收入的手法进行账外经营，2013年少缴增值税239.92万元，2014年少缴增值税426.75万元的行为，定性为偷税，应补增值税666.67万元；2013年因“营改增”过渡期不熟悉税收政策，将部分增值税应税收入申报缴纳营业税，此部分补缴增值税206.93万元。

限期追缴增值税873.60万元，其中：2013年446.85万元，2014年426.75万元。同时依据《中华人民共和国税收征收管理法》第三十二条及《中华人民共和国税收征收管理法实施细则》第七十五条的规定，加收相应滞纳金。

根据《中华人民共和国税收征收管理法》第六十三条第一款，以及《湖北省税务行政处罚裁量权实施办法（试行）》第十一条规定，对其2013年少缴的增值税239.92万元处0.5倍的罚款，罚款金额为119.96万元；2014年少缴的增值税426.75万元处0.5倍的罚款，罚款金额为213.38万元，合计罚款333.33万元。

【问题分析及工作启示】 本案是从事现代服务业的纳税人运用传统偷税手法进行账外经营的典型案例。由于纳税人以提供信息服务为主，加上网络化操作，监管难度很大。主要表现在五个方面：纳税人发生纳税义务时间和地点规定尚不明晰；纳税人销售对象庞杂，部分为新创企业和个人，由于存在不索取发票情形，使得纳税人不按规定开具发票，核算收入有了操作空间；纳税人的销售项目是信息服务，无实物形态，具体操作智能化网络化，难以核查；纳税人将对应不开票收入部分取得的增值税进项发票不予认证抵扣，完全体外循环，逃避监管；销售模式全程采取数字化、网络化处理方式，隐藏性极强。

针对以上情况，针对现代服务业税收管理建议从以下三个方面进行着手：一是狠抓源头管理。加大对部分现代服务业纳税人税收宣传力度，提高税法遵从度，实现税收公平。逐步推动部分现代服务业电子终端服务器备案制度，加强税收源头管理，强化增值税进项滞留票的核查力度。二是加强数据监控。针对该业态的特殊运行方式，加强对该行业日常税收数据监控，定期对终端服务器进行数据采集，并与企业销售收入、申报数进行日常核对，减少偷逃税现象。三是强化后续监管。建立行业终端服务信息的共享机制，加强对该行业日常税负的分析，根据税负的异常变动，判断其经营是否正常；加强对现代服务业的评估与稽查，除了关注终端服务器，更应该对该行业的账簿记载、银行账号、个人银行卡进行对比分析和检查，防范征管漏洞，打击偷逃税行为。

（湖北省国家税务局稽查局供稿）

某实业公司偷税案

【案件类别】 偷税案例

【案件所属行业】 租赁业

【案件特点】 该案是一起商业租赁公司利用虚假合同等手段隐瞒真实租赁金额，造成少缴地方税费的典型案例。检查人员不仅核实了租赁公司的真实交易价格，而且合理调整了租金和物业管理费的比例。该案的成功查处为规范商业租赁行业管理秩序具有较强的参考作用。

【案件来源】 举报案件

【基本案情】 2015 年 4 月 16 日，襄阳市地税局接到举报，检举襄阳某实业有限公司隐瞒租赁收入涉嫌偷税。被举报公司于 2003 年 9 月 15 日由原襄阳市木材公司改制成立，公司股东为 2 名自然人（2 人为父子关系），其中：张某出资 2400 万元，占注册资本总额的 80%；其子张某某出资 600 万元，占注册资本总额的 20%。法定代表人张某。该公司登记注册类型为私营有限责任公司，经营范围为各类建筑、装饰材料的加工、批发零售，房地产开发，室内外装饰装修，农林牧开发，房屋租赁，物业管理等。

【违法事实】 对举报线索进行分析后，襄阳市地税局稽查局对该公司 2012—2014 年度申报缴纳地方税费的情况进行了检查。依法追缴该公司少缴税款 249.08 万元，加收滞纳金 6.95 万元，处以罚款 13.07 万元。不仅查实该公司存在收取房屋租金仅部分开具发票，少缴税款的行为，而且查明该公司在收取租金及物业管理费时存在明显的划分不合理，造成少缴房产税的行为。

【查办过程】 襄阳市地税局稽查局结合租赁行业的市场情况及经营规律，对举报线索和举报证据进行了分析，判断举报情况基本属实，决定进行立案查处。从举报线索来看，案件涉及房屋的租赁双方，即中南板材市场的所有者该公司和一百余位商户。但出租方该公司作为双方权益的掌控方，明显处于强势地位。而且查实房租真实情况可能会引起租金上涨，商户被报复清退等情况，从承租商户取证存在一定困难和风险。而且前期调查还发现，被举报人和举报人的恩怨已久，举报人已向多个机关反映被举报人存在的问题，因此被举报人很可能已与商户有所串通，取证和固定证据的难度较大。

充分考虑上述情况后，检查组确定了以下检查方法和步骤：一是与举报人沟通交流，争取获得更多线索；二是根据举报人提供的线索，进入市场内进行暗访调查，虽然取证难度较大，但是一旦获得真实的租金合同，检查工作便能取得主动权；三是针对被举报人的经营状况，决定对被举报人的经营场所采取现场突击检查的方式获取证据；四是通过外围调查取证与询问当事人相结合的方法，对案件当事人及相关人员进行检查询问，核实商铺的真实租赁价格。

1. 暗查走访，摸清市场情况。为了放松商户和市场管理人员的警惕，检查人员选在人气较旺的上午 9 点左右前往，作为襄阳主干道的老牌市场，市场内 90% 以上的商铺均已出租。检查人员随即选择 3 户商铺进入攀谈，但是无论前期做多少铺垫，每当检查人员表示也希望租个铺子做生意时，商家立刻表情严肃，神情闪烁，均称不知晓情况，不愿多说。为了不给商户困扰，检查人员并没有亮明身份，而是前往市场管理部了解情况。市场管理部明显早有准备，不仅坚持称该市场合同仅保留 1 年，仅提供了数十份崭新的合同，检查突破遇到了难题，虽然没有取得收获，但检查人员更坚信了该公司存在问题。

2. 突击检查，现场获取证据。2015 年 5 月 5 日，检查人员联合公安经侦支队对该公司采取了现场突击检查，在纳税人的财务场所对电子资料进行了提取。提取过程中检查人员发现该公司电脑上几乎没有任何资料，取得该公司财务人员许可后，检查人员立即对硬盘进行恢复，并对恢复的相关资料进行了提取。通过对提取的资料和该公司提供的收入资料比对，提取资料中的商铺租金明显大于该公司提供的数据，但提取的数据仅有 2014 年上半年的商铺租赁情况。发现这一问题后，检查人员立即当机立断，一方面称已从电脑删除数据中恢复提取到 2011—2014 年的租赁收入资料，另一面采取攻心政策，宣传税收相关法律，该公司负责人在多重攻势下最终提供了真实的租金资料，经比对，检查组发现该公司少申报租金和物业管理收入 836.47

万元。

3. 账面检查，发现账务疑点。核实该公司租赁收入后，检查人员立刻对该公司账务进行全面检查，在对该公司记账凭证进行检查时，发现该公司每年都存在大额的利息支出。追踪利息支出来源发现，该公司2011年从银行贷款2700万元，取得贷款后又迅速转出。检查人员立刻询问财务人员，在证据面前财务人员不得不承认该笔支出是用于房地产开发，与该市场经营并无关联。最终核增该公司利息支出440余万元。

4. 外围调查，核实划分依据。通过该公司的申报情况，发现该公司一直按照40%和60%的比例申报收入，即按照收入的40%申报租赁收入，按60%申报物业管理收入。作为以租赁为主的家居市场，物业管理收入明显过高。但是，如何重新划分收入比例并没有明确办法，因为襄阳本地还没有出台商业地产的物业管理收费标准，检查人员无法认定物业管理收入不合理。而该公司也抓住这一点，声称该市场属于老旧市场，道路维修、市场灯光亮化、管理人员薪酬等费用要高于新市场。一时收入划分问题陷入困境，检查人员立即前往周边百丽家居、南方家居等市场，发现家居市场普遍划分比例为60%和40%，即按收入60%申报房租租赁收入，按收入40%申报物业管理费收入，检查人员结合市场经营成本，认为此划分较为合理。根据提取的资料，检查人员再次与该公司沟通，最终该公司认可了该划分比例。

【处理处罚结果】 根据《中华人民共和国税收征收管理法》《中华人民共和国行政处罚法》和《湖北省税务行政处罚裁量权实施办法》相关规定，追缴该公司地方各税（费）共计249.08万元，其中，营业税41.82万元，城市维护建设税2.93万元，教育费附加1.25万元，地方教育附加0.84万元，堤防费1.81万元，印花税0.86万元，土地使用税3.71万元，房产税81.34万元，企业所得税114.01万元，少代扣代缴个人所得税0.51万元，并按规定加收滞纳金6.95万元，对偷税行为处以罚款13.07万元。

【问题分析及工作启示】 该案在检查过程中主要遇到两个方面的问题：一是该公司收入核实问题，面对从租赁方商户处取证困难，检查人员通过提取电子资料和政策宣传相结合，最终锁定了隐瞒收入的事实。二是对租赁和物业管理收入划分的问题，面对没有政策支撑的困境，检查人员通过多方走访，大力宣传，最终使企业认可了检查人员的收入划分比例。

针对商业租赁市场广泛采用这种利用虚假合同来少申报收入的情形，税务稽查人员建议加强征管与稽查的联动，加强打击力度。办税服务机构应加强对商业房产租赁等资料的审查稽核，发现问题的，应移交当地稽查部门检查惩处。同时，税务机关应联合公安、工商等部门，形成整治合力，对制造、伪造租赁合同的违法行为联合进行查处打击，共同维护正常的商场房屋租赁税收管理秩序。

（湖北省地方税务局稽查局供稿）

某电缆集团有限公司偷税案

【案件类别】 偷税案例

【案件所属行业】 电气机械和器材制造业

【案件特点】 该案是账外设账进行偷税的典型，企业不仅利用私人储蓄账户收取货款，还利用关联公司账户收取货款。该案从立案检查到完成调查取证仅用时3个月，查补收入近6000万元。案件成功查处得益于案前的详细分析基本锁定企业涉税违法问题，并针对各问题列示调取账簿资料的关键点，有效组成了证据链条，为案件成功查处奠定重要基础。

【案件来源】 举报案件

【基本案情】 2014年5月，东莞市国税局稽查局接到举报，反映广东某电缆集团有限公司利用5个不同银行账户收取货款瞒报销售收入和做假账、开假票等涉税违法行为。广东国税局稽查局和东莞国税局稽查局组建专项检查组对该公司进行检查。经检查证实该公司账外设账，通过关联公司账户、私人储蓄账户结算货款，少报销售收入，少缴税款的违法事实。

【违法事实】 广东某电缆集团有限公司于2010—2013年期间，账外设账，利用关联公司账户、个人储蓄账户结算货款，对未开具发票的销售收入进行账外核算，未进行纳税申报，涉及应税销售收入 2.06 亿元，造成少缴增值税税款 3496.17 万元；2009—2013 年未按规定期限申报销售收入合计 5321.02 万元，造成滞纳增值税税款 904.57 万元；检查现场查获该公司保管和开具虚假增值税专用发票和增值税普通发票合计 2151 份；该公司 2011 年 12 月虚开 1 份增值税专用发票给东莞市某电子有限公司，发票金额 5.04 万元，税额 0.86 万元。

【查办过程】　组建省、市联合专项检查组，做好查前分析。检查前，做详尽细致的调查分析：一是从征管信息系统中查询企业资料、纳税申报情况、发票开具情况，并与举报材料进行比对，确立涉税疑点；二是根据举报材料反映的涉嫌人员，利用征管信息系统查询所有关联企业，并查询其纳税申报、发票开具情况，整理关联企业基本信息和纳税申报情况表，整理涉嫌银行账户信息；三是组织人员到涉案企业现场摸查，观察企业经营规模，评估企业经营情况，与纳税申报资料进行比对，评估企业是否存在偷税嫌疑；摸清企业布局，了解企业财务室、经理室、董事长办公室、销售部门等关键部门的分布。

制定有针对性的调账方案，根据检查人员特长进行分工。针对涉税疑点、需要取得证据资料和资料可能存放位置制定详细的调账方案，将专案组划分为综合、财务、销售、采购、仓库和计算机 6 个检查小组，并按人员特长分配工作；针对该公司可能采用信息化生产经营管理系统，安排具备计算机特长的检查人员重点查找企业信息化管理系统和服务器，为每名检查人员配备计算机文件搜索软件。

突击调账显成效，及时固定证据锁定企业偷税事实。在周密的安排下，检查组巧妙辨识资料，在众多闲置办公室内和零乱资料堆中查获企业藏匿的内账；计算机组检查人员在该公司没有防备情况下及时找到服务器，取得企业销售经营数据。为提高证据证明效力，检查组现场汇总打印该公司销售经营数据，交由其确认；现场对该公司多名财务人员询问，通过不同人员的询问笔录共同印证该公司账外设账行为和内账资料的真实性，该公司账外设账瞒报销售事实初步显露。

逐一突破，有序推进检查工作。检查组将工作分为核查内账、分析销售数据、对企业财务负责人和法定代表人进行询问、核查资金流、协查五项具体工作，限时完成，每周总结汇报。该公司开设多个关联公司，内账资料和销售数据一起核算，较难清分。检查组一方面抽取几个月数据仔细分析，查找区分的标志点；另一方面多次与该公司法定代表人和财务负责人谈话，先从财务负责人处突破，取得其配合，证实区分公司数据的标志点，并掌握用于收取货款的具体账户信息；再多次约谈企业法定代表人，摆事实、讲道理，反复讲解税收政策，促使其划分各公司的经营并提供收取货款账户资金明细。

为核查该公司虚开发票问题，检查组联合信息中心技术人员到企业获取税控设备开票信息，因该公司曾重装税控设备，导致 2010 年开票信息缺失，检查组从金税工程稽核系统导出发票抄报税信息，经分类整理结合账簿资料手工录入信息，再将发票信息与销售信息比对，找出差异业务，对差异业务进行协查。

【处理处罚结果】　根据《中华人民共和国税收征收管理法》第六十三条第一款、第三十二条，以及《中华人民共和国增值税暂行条例》第一条、第二条第一款第一项、第四条、第五条、第六条和第十九条规定，追缴该公司少缴税款 3496.18 万元，对少缴税款从滞纳之日起按日加收滞纳金，并处以少缴税款 0.5 倍的罚款，罚款金额 1748.09 万元。

根据《中华人民共和国税收征收管理法》第三十二条规定，对该公司未按期申报销售收入造成的滞纳税款按日加收万分之五的滞纳金，合计 125.84 万元。

根据《中华人民共和国税收征收管理法》第六十三条第一款规定，该公司在税务机关开始税务检查后自行申报检查所属年度销售收入合计 3684.96 万元属于偷税，对该公司处以上述收入对应的增值税税款 0.5 倍的罚款，罚款金额合计 313.22 万元。

根据《中华人民共和国发票管理办法》第三十九条第二款和第三十七条第一款规定，对该公司保管、开具虚假增值税发票行为处以 50 万元罚款，对该公司虚开增值税专用发票的行为处 5 万元罚款。

【问题分析及工作启示】　该案是典型偷税案，企业主要违法手段就是账外设账，瞒报销售收入，通过现金、私人储蓄账户或者关联企业银行账户收取货款。以账外经营形式偷税严重损害了国家税收利益，扰乱了税收秩序，必须严厉打击。除稽查部门加大对偷税行为的查处力度外，更重要是加强监管，及时发现涉税风险，将偷税行为扼杀在萌芽阶段。

一是进一步规范结算方式，强化涉税监管。金融机构应依法履行职责，落实《人民币银行结算账户管理办法》，对单位银行账户与个人账户之间的资金结算进行严格审核。税务机关应加强与金融机构的沟通合作，强化部门协同，加大对账户运行情况的检查力度，充分获取涉案纳税人私人账户信息；加强涉税信息交换，构建金融机构、纳税人与税务机关三方联网体系，对纳税人和有关人员账户之间的单笔交易（或年交易总额）超过一定金额的，及时发出预警提示；税务机关可以通过较为便捷的通道对纳税人及有关人员账户开展涉税信息的查询、分析；联合公安部门加大对不法分子利用私人账户从事涉税违法犯罪活动的打击力度，涉嫌构成犯罪的及时移交司法机关处理。

二是加强指标体系和评估模型建立，强化风险管理和纳税评估。税务机关应建立完善的指标评价体系和模型，并按行业制定指标预警值；强化信息化管理平台建设，企业数据、评价指标、模型、指标预警值能在平台实现即时运算、查询和共享，随时预警监控和发出涉税风险提示；接到风险提示后，及时采用纳税评估等方法核实涉税问题或者排除风险。

三是改变管理模式思维，从单个企业向企业集团管理转变。企业发展壮大后可能增设企业以满足发展需求，通过利用关联企业转移收入，以偷逃税款或逃避税务监控，因此税务部门要转变思维，建立集团式管理模式。在现有的税收征管体系下，税务机关开展集团式管理较为困难，尤其是难以获取异地关联企业情况，税务机关可以利用金税三期工程，搭建电子化信息交换和共享平台，实现数据的实时查询和传输以及基本的计算分析，满足对征管数据的需求。

四是加强税收宣传，构建良好治税环境。一方面采用多元化税收宣传方式，利用传统媒体和互联网等新媒体进行纳税宣传，除一般政策、办税指南等宣传外，应提示涉税风险，加强税务违法案件曝光，强化纳税人风险意识，警示纳税人，促进纳税遵从。另一方面重点对民营企业主进行税收宣传，税务机关要常为民营企业主“把把脉”“讲讲法”，提高民营企业主法制观念，促进其知法守法、诚信纳税。

（广东省国家税务局稽查局供稿）

某集团有限公司偷税案

【案件类别】 偷税案例

【案件所属行业】 房地产开发经营业

【案件特点】 该案中，涉案公司使用虚假支票及编造部分凭证涉嫌逃避缴纳企业所得税及土地增值税。在查办过程中，发现该公司在开发土地过程中确实发生了部分补偿及前期工程支出，但相关凭证残缺不全，无法核实具体支出金额。专案组根据实际情况，经请示政策部门后采取核定征收的方式，顺利查办案件。本案共计查补收入共 7533.18 万元。

【案件来源】 上级交办

【基本案情】 企业基本情况。广州市某集团有限公司（以下简称某集团）于 2003 年成立，注册地址位于广州市海珠区，主要从事房地产开发、场地租赁等业务。企业所得税由地税部门查账征收。

地块基本情况。该地块最初属于华南航运公司的船舶修理厂，房管局资料显示原地上有产权的厂房和办公楼 14 栋，面积为 4394 平方米。2007 年 11 月 1 日华南航运公司将该地块以 1200 万元转让给莲成公司。莲成公司于 2009 年 12 月 18 日将该地块以 2000 万元的价格转让给某集团。某集团取得该地块后向政府申请进行三旧改造，将地块性质从工业用地改变为商业用地，2012 年某集团和国土局签订土地出让合同，并支付土地出让金 3434 万元取得土地使用证。2012 年 11 月 19 日某集团以 3 亿元价格将该地块转让给富某公司，2012 年 12 月 27 日双方办理完场地交接手续。

【违法事实】 根据审计部门移送线索，税务机关进行查证：2012 年 12 月，某集团向富力公司转让 7271 平方米宗地，成交价格 3 亿元。其在计算缴纳土地增值税时，将支付租户的补偿费用 1.31 亿元和基础设施成本支出 4989.15 万元列入土地开发成本，并缴纳土地增值税 965.69 万元。

经核实，其租户补偿支出所使用的为虚假银行支票；支付给广东集盛建设有限公司的基础设施成本支出，无法提供工程核算资料，且有关资金支出后又转回某集团及关联公司。该土地转让项目某集团涉嫌逃避缴纳土地增值税。

【查办过程】　整理交办材料，制定检查计划。由于该案的线索相对清晰，系审计部门移送，专案组将取证计划分为三个部分：一是核实支票真伪；二是查清土地权属转移及土地移交时的状况；三是核实前期工程资料及资金流情况。

追查银行账户资金流水信息，确认支票虚假。专案组就银行支票的真实性，向工商银行、平安银行等4家相关开户支行发出协查函进行调查。4家银行均证明了涉案支票全部是该公司关联企业购买的，这些支票已作废或没有使用。同时，在企业账户上也没有发生相关资金流水。

坚持层层求索，认定凭证虚造。据某集团账上记载，该公司在土地成本列支租户补偿支出1.31亿元，虽然相关支票已被证实虚假，但是单凭资金证据并不足以完全排除该拆迁补偿支出。据对华南某公司、莲某公司、富某公司的外调证据材料显示，某集团在1999年12月买入该项目时地上为厂房、仓库，经三旧改造后，该公司2012年12月移交给富某公司时已是熟地。某集团提供了拆迁补偿协议书、拆迁款签收花名册等资料。但其中记载的房产结构和面积与从房管局取证资料的房产结构和面积不相符，补偿面积大于原房产面积。拆迁户的个人信息不清晰，专案组发出税务事项通知书责令提供，某集团无法提供拆迁户的联系方式。

结合外围调查，查找前期工程疑点。《审计移送处理书》指出，某集团支付给广东某建设有限公司的基础设施成本支出4989万元，涉嫌虚增土地开发成本。当专案组到广东某公司进行调查时，广东某公司提供了该工程的工程施工合同、预算书及发票等一整套资料。工程手续看似无懈可击，然而，检查组前往广州市规划勘测设计院、广东省地质物探工程勘察院等单位进行外围调查，取得该地块的《规划设计报告》《岩土工程详细勘察报告》等资料，却未发现该地块进行软基处理工程的相关描述。另一方面，根据银行账户查询的资料显示，该公司2013年3月将工程款转入施工单位账户，当天经过劲某等3家公司的账户中转后又转回某公司及其股东佳成公司账户。某公司对此解释：由于某公司资金周转困难，在相互协商之下，广东某公司愿意将工程款项暂借予某公司，因此将资金转回，并出示了相关凭证。

真实支出呈现，突陷两难困境。经过对上述过程的抽丝剥茧，专案组认为基本可以断定某集团存在编造凭证现象。当专案组发出责令限期提供资料的税务通知书后，该公司自知无法通过伪造的凭证账册欺骗稽查人员，终于向专案组坦诚了该案件的原委。一方面，除前述提到的2000万元转让款外，某集团及其关联公司还另外向莲成公司支付了4100万补偿款。另一方面，某公司与莲某公司签订的买卖协议是带租转让，莲某公司原应负担的拆迁补偿费用约7000万由该公司负担，所以该公司通过吴某（某集团关联公司法定代表人）支付了拆迁补偿款7000多万元，并且提供了部分转账的银行流水凭证，但无法进一步提供相关明细资料。该公司解释由于负责项目拆迁和财务的人员相继离职，导致相关原始资料缺失，不能完整的提供相关资料。专案组立即对莲某公司和吴某进行调查核实和制作询问笔录。两者都承认事实存在，但无法进一步提供资料。某集团坚持认为，支出确有发生，应当计入成本扣减土地增值税。根据现有证据，虽然证明了该项目原来呈现的相关凭证存在编造行为，但是该公司提供了真实支出的银行流水。原以为接近结案阶段的案件，由于突然的转折，陷入了僵局。

坚持实事求是，核定方式消除争端。该公司拆迁补偿支出，基础设施成本支出方面的资料确实存在编造相关凭证，原始凭证资料不实或不齐全的情况。但从调查的相关资料显示，该项目从原来船舶修理厂的厂房和仓库通过三旧改造，将地块性质从工业用地改变为商业用地，到移交富某公司时是商业用地的熟地，也确实需要发生相关的拆迁补偿及“七通一平”工程的相关支出。该公司虽然无法提供齐全的原始凭证，然而，根据实际重于形式的原则，若该公司支出属实，显然不能粗暴地否定该部分支出。若要进一步核算应征税款，却缺乏完整有效的原始凭证。面对此种情况，专案组根据相关法律法规，建议采取核定征收的方式，并向政策部门请示。政策部门经过充分的研究，最终同意了核定征收的方案。

【处理处罚结果】　根据《中华人民共和国税收征收管理法》第三十五条、《国家税务总局关于印发〈土地增值税清算规程〉的通知》（国税发〔2009〕91号）第三十四条、《广东省地方税务局土地增值税清算管理规程》第三十六条、第三十八条规定，拟核定征收该项目的土地增值税，根据

《关于公布广州市国有土地使用权基准地价的通告》（穗国房字〔2011〕1318号）的规定及房管局复函，该地块2012年广州市基准地价6293元/平方米，临江宗地线内50米部分基准地价基础上加收30%，土地增值税参照该地块2012年广州市基准地价加收30%核定该土地项目的扣除金额，应补缴土地增值税3369.33万元。

根据《中华人民共和国税收征收管理法》第三十五条，《国家税务总局关于印发〈企业所得税核定征收办法〉（试行）的通知》（国税发〔2008〕30号）第三条、第四条、第五条的规定，拟按照30%的应税所得率核定该土地项目企业所得税的应纳所得税额。应调增应纳税所得额4345.38亿元，应补缴企业所得税1086.34亿元。

最终，该公司应补土地增值税、企业所得税、滞纳金及罚款共计7533.18万元。

【问题分析及工作启示】 踏实取证，环环相扣。稽查取证要求逻辑严密，证据必须环环相扣，实现无缝衔接。该案中，专案组面对繁杂的外调工作，制定了详细的取证计划，严格按照三条取证主线步步为营，层层递进，取得完整的证据链条，证实企业捏造凭证的事实。

实事求是，注重实质。“实质重于形式”是会计准则中的重要原则之一，也是企业所得税中遵循的基本原则。面对复杂的涉税问题，不能武断地照搬法律规定，应当注重案情的实际情况，以实质进行判定。

（广东省地方税务局稽查局供稿）

某铝业有限公司偷税案

【案件类别】 偷税案例

【案件所属行业】 有色金属冶炼和压延加工业

【案件特点】 某铝业有限公司利用财务软件设置8个账套分别应对与公司有业务往来的国税局、地税局、银行等部门，并聘请软件开发商自行开发利用数据调节软件系统，对实际生产经营数据经调整后，根据自身利益的需要进行申报纳税，造成不如实申报纳税，逃避缴纳国家税款。

【案件来源】 日常检查

【基本案情】 百色市国税局稽查局根据稽查工作计划，于2011年3月9日起对某铝业有限公司2009—2010年期间办理出口退税业务涉税情况进行检查。检查过程发现该公司存在隐瞒销售收入进行虚假纳税申报的情况，因该公司不配合检查，该局于2015年1月9日将该案件移送百色市公安局，百色市公安局指定平果县公安局受理此案，并于2015年1月10日立案侦查。

【违法事实】 该公司在2009—2014年期间，采取隐瞒销售收入进行虚假纳税申报的手段，实际取得销售收入（含出口非退税收入）共68.51亿元，仅向税务机关申报销售收入（含出口非退税收入）65.97亿元，少申报销售收入2.54亿元，造成少缴增值税4176.7万元。

【查办过程】 工作思路的选择及把握。针对该案隐匿财务资料，仅获取电子账套数据的状况，检查组确定工作思路：以电子账套为核心，以产能为基础，以调查银行账户、经销商及购货客户为辅助，以询问笔录还原事实为佐证。并按工作思路组织证据资料，构建证据链。目的是确认获取的电子账套是记录公司实际经营业务的套账记录，并以该账套为基础计算应查补的税款。

采取的对策及具体稽查方法。第一，以调查经销商及购货客户为突破口。经对掌握的涉税情况认真分析，选择5户经销商作为突破口，着重采集以下方面的证据资料，一是对5户经销商购货时支付的货款，收集汇款凭证，弄清被查对象的收款账户；二是收集客户收到货物时，从被查对象取得的发货单据，如发货单、磅码单等；三是通过询问方式，了解被查对象的开票情况、购货流程等；第二，根据调查取得的证据资料，询问被查对象相关的财务人员、销售人员、网络管理人员及仓库保管人员等，从中掌握电子账套的形成过程及资料传递，确认该电子账套是记录被查对象实际经营账套；第三，从确认的电子账套导出、打印成纸质资料，并由相关人员确认，制作现场确认笔录；第四，根据笔录，采集被查对象发出货物时开具的发货单、磅码单、放行条等货物销售凭证；第五，根据调查客户取得的被查对象银行账户，查询被查对象银行交易记录，取得货物销售时收回货款的资料，确定货物已销售，并收回相应的货款；第六，通过计算被查对象产能，确定被查对象实际销售的货物是客观存在的，也证明该电子账套是记录被查对象实际经营业务数据的账套。

调查取证及查处突破技巧。一是声东击西找准方向。办案人员假装以正面检查迎合被查对象，使被查对象认为办案人员正在检查他们制作的假账，从而放松警惕，而暗地通过外围调查取得实际交易数据及资料；二是讲究办案速度及效率。在被查对象还没有弄清楚办案人员主攻方向的时候，以最快速度取得所需的证据资料，并及时固定、确认证据，不给被查对象留有反检查的空间。

检查遇到的困难及阻力。企业法定代表人对办案人员态度粗鲁、蛮横，并通过谩骂、摔瓶子等方式，不配合办案人员开展调查。在检查过程中，当要查看企业实际生产管理系统时，该公司采取断电、相关技术人员联系不上为由以及拆除计算硬盘、隐匿财务资料等方式，拒绝检查及提供检查资料。

【处理处罚结果】　2015 年 12 月 31 日，百色市国税局稽查局对该公司作出税务处理、处罚决定，对该公司追缴增值税 4176.7 万元，加收滞纳金 2086.35 万元，并处罚款 4176.7 万元。

【问题分析及工作启示】　深入分析查找突破口是成功破案的基础。办案人员根据涉案企业的多账套进行综合分析，以外调经销商、银行查询取得的证据资料证实，其中一个账套是记录涉案企业实际经营情况的数据。对电脑服务器硬盘存储的数据进行了详细而准确的核实，依法固定了电子证据，作为定案的证据资料。

掌握现代信息技术是成功破案的保障。现实工作中，纳税人普遍应用计算机软件进行财务管理，电子数据加密、修改、删除都非常简单、快捷。利用电子技术逃避税务检查的现象经常出现，要有力地遏制、打击这种行为，稽查部门就必须建立一支掌握高科技技能、应用高科技技术的队伍，能够破解密码、恢复数据，还涉案企业经营情况的本来面目，使其无法达到偷逃税款的目的。该案中，办案人员依法对企业的硬盘数据进行恢复、导出、打印、确认，保证电子证据合法性、客观性，从而将提取的电子资料固定成合法有效的证据。

强化警税协作是实现打击涉税违法行为的利器。该案中，涉案企业通过设置多账套偷税，税务稽查部门因受到取证手段的限制，难以取得证实涉税违法行为的关键证据。解决这一问题，就要适时提请公安机关介入，借助公安机关的力量完成取证工作。但这种配合并不仅仅是简单的移送，稽查部门应当做好前期工作，利用自身的业务优势，对涉案企业是否存在违法问题作出准确判断，为公安机关的介入提供有效信息、渠道以及时机和方式，警税协作才能取得事半功倍的效果。同时，应做好保密工作，否则一个环节的失误就可能导致整个案件的失败。

（广西壮族自治区国家税务局稽查局供稿）

某食品有限公司偷税案

【案件类别】　偷税案例

【案件所属行业】　农副食品加工业

【案件特点】　该公司在检查所属期间，采取在账簿上不列、少列收入，以及进行虚假的纳税申报的手段，不缴或少缴应纳税款，构成偷税违法行为。

【案件来源】　举报案件

【基本案情】　广西壮族自治区某食品有限公司前身为广西壮族自治区某食品总公司，成立于 1989 年 11 月 16 日，原系一家国有企业，于 2002 年 6 月改制为内部职工持股的民营企业，注册资本 200 万元。企业类型为有限责任（自然人投资或控股），法定代表人何某，财务负责人宾某。主要经营范围包括：人工饲养动物；肉及制品、水产品、农副产品；屠宰业、牛皮收购等。经营方式：加工业。

【违法事实】　偷税。该公司在 2003 年 1 月—2010 年 12 月期间，采取在账簿上不列、少列收入，以及采取虚假的纳税申报手段，不缴或少缴营业税 14.77 万元、城市维护建设税 0.62 万元、教育费附加 0.45 万元、城镇土地使用税 139.92 万元、房产税 38.94 万元、印花税 1.53 万元、车船税 0.64 万元和企业所得税 615.86 万元，合计 812.74 万元。上述行为违反了《中华人民共和国税收征收管理法》第二十五条第一款的规定，根据《中华人民共和国税收征收管理法》第六十三条第一款规定，属于偷税行为。

少缴土地增值税。该公司2008年5月—2010年12月期间取得销售不动产收入1651.90万元，未足额申报缴纳土地增值税，少缴土地增值税354.24万元。

未按规定代扣代缴个人所得税。该公司2003年1月—2010年12月期间向职工支付工资薪金、分红、集资利息未按规定足额代扣代缴个人所得税，少代扣代缴个人所得税69.69万元。

【查办过程】 2011年4月19日，贵港市地税局稽查局根据群众举报情况，对该公司依法立案检查。检查采取调账方式进行，采用详查法审查了该公司提供的会计报表、账簿、凭证及有关资料，对法定代表人、财务人员等相关人员依法制作了询问笔录，并按稽查工作程序于2013年1月6日向该公司送达了《税务行政处罚事项告知书》（贵地税稽罚告〔2013〕1号）。该公司对拟作出的行政处罚有异议，提出听证申请。贵港市地税局稽查局于2013年1月25日依法举行了听证会，并于2013年3月4日制作《税务处理决定书》（贵地税稽处〔2013〕5号）和《税务行政处罚决定书》（贵地税稽罚〔2013〕2号），于次日送达该公司。该公司认为《税务行政处罚决定书》（贵地税稽罚〔2013〕2号）对该公司少缴税款认定存在事实不清，证据不足，对少缴税款全部以“偷税”定性处罚似有不当，于2013年4月26日向贵港地税局提出行政复议申请。贵港市地税局复议审查认为，被申请人作出的税务行政处罚决定依据的部分事实证据不足，根据相关规定撤销贵港市地税局稽查局作出的《税务行政处罚决定》（贵地税稽罚〔2013〕2号），责令贵港市地税局稽查局重新作出税务行政处罚决定。贵港市地税局稽查局重新调查取证，并于2013年9月2日重新制作《税务稽查报告》。按照稽查工作程序，贵港市地税局重大税务案件审理委员会再次对该案件审理，同意稽查部门的处理意见。贵港市地税局稽查局于2013年9月18日向该公司送达《税务行政处罚事项告知书》（贵地税稽罚告〔2013〕20号）。该公司于2013年9月23日，再次提出听证要求，贵港市地税局稽查局依法于2013年10月15日举行听证会，2013年11月4日召开税收违法案件集体审理会议后作出处理、处罚决定，并于2013年11月5日向该公司送达《税务处理决定书》（贵地税稽处〔2013〕22号）及《税务行政处罚决定书》（贵地税稽罚〔2013〕20号）。该公司认为《税务行政处罚决定书》（贵地税稽罚〔2013〕20号）认定事实不清，证据不足，定性处罚不当，于2014年1月3日再次申请行政复议。2014年1月17日贵港市地税局举行行政复议案件审理会议。经审理认为，该公司在检查所属期间，在账簿上不列、少列收入，以及进行虚假的纳税申报，不缴或少缴应纳税款，根据《中华人民共和国税收征收管理法》第六十三条第一款规定，属偷税行为，维持贵港市地税局稽查局的决定。

贵港市地税局稽查局于2014年2月7日接到贵港市港北区人民法院关于该公司不服税务行政处罚纠纷一案的应诉通知书和举证通知书，并认真积极准备应诉工作。2014年5月13日贵港市港北区人民法院作出《行政裁定书》（〔2014〕港北行初字第2号），认为作为原告的该公司于2014年5月13日以本案没有必要继续诉讼为由，自愿提出撤诉申请，依法准许原告撤回起诉。

贵港市地税局稽查局根据《中华人民共和国税收征收管理法》第七十七条和《行政执法机关移送涉嫌犯罪案件的规定》（中华人民共和国国务院令第310号）第三条有关规定，制作《涉嫌犯罪案件移送书》（贵地税稽移〔2014〕1号），于2014年3月24日和5月29日依法分别向贵港市公安局经济犯罪侦查支队和贵港市人民检察院移送广西壮族自治区贵港市食品有限公司一案。

【处理处罚结果】 处理决定。对偷税行为的处理：对该公司2003年1月—2010年12月期间进行虚假的纳税申报，少缴营业税14.77万元、城市维护建设税0.62万元、教育费附加0.45万元、城镇土地使用税139.92万元、房产税38.94万元、印花税1.53万元、车船税0.64万元和企业所得税615.86万元，合计812.75万元的行为，根据《中华人民共和国税收征收管理法》第六十三条第一款规定，追缴该公司上述少缴的税款，依法加收滞纳金。对少缴土地增值税的处理：根据《国家税务总局关于土地增值税清算有关问题的通知》（国税函〔2010〕220号）的规定，责令该公司限期缴纳少缴的土地增值税354.24万元。

处罚决定。根据《中华人民共和国行政处罚法》第四条第二款和《中华人民共和国税收征收管理法》第六十三条第一款规定，对该公司处以少缴营业税14.77万元、城市维护建设税0.62万元、教育费附加0.45万元、城镇土地使用税

139.92 万元、房产税 38.94 万元、印花税 1.53 万元、车船税 0.64 万元和企业所得税 615.86 万元，合计 812.74 万元 0.5 倍的罚款，罚款金额 406.37 万元。根据《中华人民共和国行政处罚法》第四条第二款和《中华人民共和国税收征收管理法》第六十九条规定，对该公司处以应扣未扣个人所得税款 69.69 万元一倍的罚款，罚款金额 69.69 万元。

【问题分析及工作启示】 该案税企争议的焦点是偷税的定性。贵港市地税局稽查局经过认真调查核实，不采纳被查对象以对税收法律法规、财务会计制度了解不够为理由为其故意逃避缴纳税款所作的辩解。征纳纠纷产生时，纳税人运用税收法律救济途径保护自己的合法权益，固然是积极推进依法治税的要求，同时也可能成为一些有意逃避缴纳税款的纳税人，拖延履行纳税义务和免除惩戒的工具。每一位税务稽查干部应该铭记依法治税是税收工作的灵魂，依法行政是税收工作的生命线和基本准则。税务稽查部门只有正确理解税收法律的规定并严格依法履行职责，才能有效地打击税收违法行为，保障税收收入，维护税收秩序，促进依法纳税。

（广西壮族自治区地方税务局稽查局供稿）

某水泥有限公司偷税案

【案件类别】 偷税案例

【案件所属行业】 其他制造业

【案件特点】 该案是检查人员牢牢掌握“周”“密”“快”“准”四字诀，通过制定周密的稽查实施方案，采取突击检查方式获取账外资料、周密部署外围取证、物流资金流环环相扣，从而一举查清企业隐瞒销售收入偷税的违法事实，案件具有较强的典型性。

【案件来源】 专项检查

【基本案情】 根据贵州国税局 2014 年建材行业税收专项检查计划，黔东南州国税局稽查局通过稽查选案平台分析及人工筛选，发现麻江明达水泥有限公司 2010 年增值税税负率为 0%，2013 年增值税税负率 3.83%，低于行业平均值（行业平均值 4.39%）；2010—2013 年所得税税负率为 0，经黔东南州国税局稽查局局长批准，决定于 2014 年 2 月 26 日起对某水泥有限公司 2010—2013 年涉税情况进行立案检查，发现该公司涉嫌存在账簿上不列、少列收入及多列支出等问题。

【违法事实】 企业采取账外销售水泥未计收入未申报纳税。

【查办过程】 1.“周”——细致分析，周密制定检查预案。首先是熟悉水泥行业涉税政策，系统研究了该行业财务核算特点和核算方法；其次是了解行业工艺流程和企业经营特点；三是调阅纳税人征管资料，了解其财务基本信息和纳税情况。经过认真分析，结合该公司成立以来的产销情况和实际生产能力，对比近几年来黔东南水泥市场环境，检查人员初步判断，该公司利用两套账截留销货款、隐瞒销售收入进而偷税的可能性比较大。因此，检查组根据案件分析情况进行周密部署，制定详细的检查预案。

2.“密”——密切配合，成功获取账外资料。各项工作准备就绪后，检查组对该公司进行了突击检查，面对稽查人员的突来“造访”，企业负责人佯装镇定，表示积极配合检查，但暗地里却指使财务人员相继离开办公室。检查组根据预案迅速展开工作，不给企业留下丝毫空隙。在下达文书履行稽查程序之后，三个小组迅速分头出击。在财务室，检查人员发现企业报账的人员进出频繁，财务室内靠墙存放有几个铁皮柜和木柜。财务人员主动将木柜打开，拿出存放的近几年企业的生产经营账簿、凭证资料。当检查人员要求将铁皮柜打开接受检查时，企业负责人急忙解释说由于几个铁皮柜没有存放东西，平时都不打开，里面是空的。检查人员通过仔细观察发现，几个铁皮柜都很干净，而且钥匙孔也都很光滑，应该是经常使用。种种迹象表明，铁皮柜里肯定存放着企业的重要资料。于是责令其打开铁皮柜接受检查。不料，企业负责人却称铁皮柜的钥匙由财务总监保管，而其外出办事并带走了钥匙，无法打开铁皮柜。就在检查工作受阻的时候，细心的检查人员发现，该财务室的电脑当时全部都正常打开，显示处于工作状态。检查人员推断，企业的财务人员都应该在岗工作，可能是企业负责人利用检查人员不熟悉企业财务人员而谎称其财务总监外出。企业负责人的欲盖弥彰，更是引起了检查人员的重视。

就在工作陷入僵局的时候，第三小组在门卫室抽屉内发现了数量众多“车辆过磅记录单”的原始单据，通过抽查，该单据逐车逐笔登记，时间脉络清晰，数据完整，数据量巨大，应该有较大的检查价值。

3. “快”——从速从快，隐匿收入浮出水面。获取了“车辆过磅记录单”，检查工作取得了实质性的突破。但为了巩固战果，检查人员决定还要拿下“铁皮柜”。最后，面对检查高压态势，迫于压力，企业负责人最终打开了铁皮柜。检查人员在柜内搜获了大量的2010—2013年未装订的“水泥销售提货单”的原始单据。检查人员现场清点后，及时填制了《调取账簿资料清单》。为避免其他意外，将查获的资料迅速装车后，检查组撤离企业。

成功获取企业相关资料后，检查组各成员分工协作，对该公司各检查年度涉税情况的检查全面展开。首先将搜获的“水泥销售提货单”和“车辆过磅记录单”两种票据进行了抽样对比，接着再根据从供电部门提取的电力使用情况进行推算。鉴于“水泥销售提货单”还涉及第三方（下游企业），数据提取之后与第三方记录之间能够很好地相互印证，形成完整的证据链，因此，检查人员将“水泥销售提货单”作为取证工作的切入点。为早日确定企业的账外涉税数据，检查人员加班加点，迅速进行统计，面对13000多份的原始单据700余万条数据的录入统计，检查人员历时58天，终于全部完成，通过与其账内申报数据进行比对，该公司隐匿收入的事实终于浮出水面。

4. “准”——多方取证，精准固定相关证据。由于检查人员拿到的销售单据仅仅是一个孤证，为将案件办成铁案，必须进一步对购买方和发货环节进行取证。在人手紧张的情况下，检查人员六次往返麻江、都匀等地，行程2000多公里，对周边地区200公里范围内的30余户经销商进行调查取证。首先根据检查组人员配置，分为证据收集与文书记录两个组，着重针对该案物流和资金流等证据固定的可操作性进行分析。其次是对经销商范围按地区进行划分，由大及小罗列。最后，以一名证据收集人员和一名文书记录人员进行搭配，分组行动。证据收集人员主要负责对购、销、存的原始凭据、银行资金记录进行收集和对相关涉税人员展开询问，文书记录人员负责完善证据提取的程序和做好询问笔录。最终，以物流资金流的环环相扣，形成了该公司账外销售进行偷税的证据链条，证实了该公司将“水泥销售提货单”人为分成两部分，一部分传给企业财务部门作为外账核算原始凭证，另一部分则由主办会计另行保管作为内账记账依据进而截留销货款，隐瞒销售收入偷税的事实。

【处理处罚结果】 依法追缴少缴的增值税928.03万元、企业所得税117.84万元，并处0.6倍的罚款624.43万元，加收滞纳金249.34万元，合计1919.63万元。上述税款、滞纳金及罚款已全部解缴入库。

【问题分析及工作启示】 制定科学预案是偷税案件成功查处的前提。该案中，检查组针对企业的具体情况制定了两套检查预案，并按照可操作性、可控制性等原则选取最佳检查预案。极为重要的是，在制定预案之前，检查组首先系统熟悉了行业政策、研究其财务核算特点、了解生产工艺流程，其次才是调阅征管档案，并辅之以研究近年该行业检查的其他案卷，拓展检查思路。通过有的放矢的综合性分析，有效避免了思维上的先入为主，为制定翔实可靠的检查预案奠定了坚实基础。实践证明，该案中科学周密的检查预案为成功调取企业“账外账”及顺利实施检查起到了关键的作用。

严格保密是偷税案件成功查处的关键。查处该类偷税案件事先一定要做好保密工作，不能给涉嫌偷税的纳税人销毁、转移、隐匿证据的机会，才能确保案件可以顺利实施、成功查处。

科学取证是偷税案件成功查处的保障。就该案来看，检查组在对该公司检查过程中，多次深入企业及第三方调查取证，在面对涉及面广、涉及人员多、数据庞大的情况下，检查组高效运转，不仅提取了相关经销商产、供、销物流及资金流证据，还对上下游32名相关人员逐一询问并做好笔录，形成了完整的证据链，有力证明了企业隐瞒销售收入偷税的违法事实。

从近年查处的建材企业大要案中可以看出，隐匿销售收入设立“账外账”已成为私营企业偷税的主要手段。税务机关在“周”“密”“快”“准”四字上下功夫，为“账外账”偷税案件的查处提供了有益的借鉴。

（贵州省国家税务局稽查局供稿）

某建材有限公司偷税案

【案件类别】　偷税案例

【案件所属行业】　批发和零售业

【案件特点】　检查人员通过对同行业投入产出率的分析比对发现疑点，采取技术手段从核查其“发货单”及搅拌站商砼生产量等最基础数据资料入手，找出问题并取得突破，多头出击，全环节核查，同时对发现的疑点充分运用书证、人证、物证等形式予以确认，最终查实纳税人隐匿销售收入的违法事实，其办案思路和方法对该行业检查有一定的借鉴意义。在当地产生了较大社会影响，对该行业税收征管起到了积极作用。

【案件来源】　举报案件

【基本案情】　2014 年 9 月，商洛市洛南县国税局稽查局接到来人举报信息，反映某建材有限公司（以下简称建材公司）2011—2013 年共销售商砼 20 余万吨，以每吨均价 370 元计算与其纳税申报情况极不相符，存在虚假作账、隐瞒销售收入的重大偷税嫌疑。

【违法事实】　增值税方面。2011 年 7 月—2013 年 12 月销售商砼实现主营业务收入 9465.60 万元（含税），共计少缴增值税 297.11 万元。企业自查补缴增值税 98.52 万元、滞纳金 28.40 万元，实际应补缴 198.59 万元。违反《中华人民共和国增值税暂行条例》（国务院令第 538 号）第一条、第十九条第一项。

企业所得税方面。2011—2013 年未进行汇算清缴未作纳税调整，存在不得税前扣除项目，企业账面利润调整后分年应计企业所得税 74.73 万元。违反了《中华人民共和国企业所得税法》第一条、第五条、第八条、第十条。

账务设置方面。企业设置两套账，多个账户，资金主要通过个人银行卡结算，大部分收入不开票不申报，只就开票部分申报纳税。违反《中华人民共和国税收征收管理法》第十九条、第二十四条。

发票方面，企业存在用其他凭证代替发票使用，取得不合格凭证入账现象，违反《中华人民共和国发票管理办法》（国务院令第 587 号）第十九条、第二十一条。

上述违法事实证据资料为该公司 2011 年 11 月—2013 年 12 月账簿、记账凭证、财务报表、申报表、销货对账单、银行交易记录、生产电子数据等资料，共计 1200 余页。

【查办过程】　常规检查，未能取得突破。稽查人员首先对建材公司主要原材料——水泥的供应商情况进行了核实，了解到该公司水泥供应商共有 5 家，大部分开具发票入账。检查人员又对该公司的商砼生产量进行核实，想以其商砼生产量与销售量的产出比例关系，以确定该公司是否存在账外经营的情况，但公司借口搅拌站为租用，人员变化快，提供不出具体数量，导致稽查人员无法测算商砼的真实产量。稽查人员又转而对公司资金流向进行检查，发现该公司银行账号使用率极低，与建筑商之间的资金结算大部分采取现金交易方式，或以个人银行卡支付货款，货款汇往公司业务员个人银行卡，并且涉及多家银行，上述业务员及其个人银行账号无法查找齐全。因此，从资金流方面也难于获得该公司账外经营的证据。

转变思路，发现重要线索。检查组依法调取该公司有关资料进行检查分析，对相关人员进行询问，发现该公司以下情况：管理部门多次实地日常检查，没有发现重大问题，说明其反检查能力比较强；商砼销售业务以现金交易为主，资金流难于检查落实；人员变动频繁，关键岗位人证难以取得；采购、仓库、生产、销售、财务等部门管理混乱，各部门间生产数据均连接不上；财务核算资料在不同时期核算口径不尽一致，数据间钩稽关系前后矛盾；提供的资料不能完整、系统地反映其生产经营全貌。鉴于上述情况，为拓宽检查思路，检查组对当地其他建材生产企业进行调查，获悉在生产条件相当的情况下，水泥投入产出比例一般在 1∶6，即投放 1 吨水泥可生产 6 吨商砼。而该公司账上反映 2011—2013 年生产投入产出比为 1∶5.3，投入产出低于行业正常水平。调查得知搅拌站为该公司通过融资租赁获得的关键生产设备，检查人员网上获取该设备生产性能指标等情况，了解该设备实际生产数据会定期上传融资租赁方这一重要信息。于是检查人员在初步掌握被查企业的生产、经营、管理信息的基础上，进一步整合检查方案，确定重点检查企业生产车间，以便掌握企业真实生产经营情况。

突击检查，利用技术手段，查获重要证据。检查组通过对部分建筑商的调查，了解到该公司向建筑商正常发货时会使用“商砼发货单”（以下简称“送货单”）。双方确认后签字盖章作为结算单据，开具发票部分已经入账，未开部分为应收账款。但仍难于获取全部销售情况。检查组分兵多路，同时突击检查了该公司的财务部、生产部、仓储部、保安部和运输部，抽调信息中心人员用技术手段，终于在生产部—搅拌站获得了该公司2011年7月—2013年12月商砼准确生产量，以及部分“发货单”“对账单”存根等单据。同时多头并进，加大外围取证力度。对外小组到主要原料供应商核实水泥供应量，到几家银行核实以该公司负责人及股东个人名义开设银行卡情况及资金往来情况，到电力局核实企业生产用电情况，到石油公司核实企业油料消耗情况。

正面交锋，偷税案水落石出。在掌握了上述大量重要证据后，检查人员与建材公司主要负责人进行了正面交锋，告知其主要涉税问题的严重性和已经取得了其偷税的直接证据，要求其主动配合检查，并对上述业务的具体经办人，告知其只有把真实情况说明清楚，把责任分清楚，才能排除或减少相关法律责任。通过对财务人员、搅拌站管理人员、销售人员及法律顾问的耐心教育和开导，上述人员消除了顾虑，积极配合检查并提供了其他涉税证据。在大量证据和政策攻心情况下，建材公司负责人终于承认了上述违法事实，提供了原始生产资料，配合检查，并对检查人员取得的相关资料一一签字、盖章确认。对一些违法事实多次座谈，逐项核实确认。至此调查取证工作圆满完成。

【处理处罚结果】 依据《中华人民共和国税收征收管理法》第六十三条，决定对该公司因隐匿账簿、进行虚假申报少缴税款定性为偷税。依据《中华人民共和国行政处罚法》第二十七条规定，纳税人主动缴纳税款依法可从轻处罚，对少缴增值税198.59万元，少缴的企业所得税74.73万元予以追缴，并从税款滞纳之日起按日加收万分之五滞纳金，并处少缴税款0.5倍罚款，分别为99.30万元、37.36万元。以上合计税款273.33万元，罚款136.66万元。

依据《中华人民共和国税收征收管理法》第六十条第（二）项，决定对该公司未按规定设置账簿行为责令从2014年1月起自行改正，审理认为此项作为偷税手段不再处罚。依据《中华人民共和国发票管理办法》（国务院令第587号）第三十五条第（一）项，决定对该公司未使用合法凭证的发票违章行为责令从2014年度1月起自行改正，并处3000元罚款。

该公司上述违法行为已涉嫌触犯《中华人民共和国刑法》第二百零一条的规定，根据《中华人民共和国税收征收管理法》第七十七条以及《行政执法机关移送涉嫌犯罪案件的规定》第三条的规定，依法将该案移送当地公安机关处理。

【问题分析及工作启示】 找准疑点是成功查办案件的关键。检查人员在检查过程中，一方面要善于使用企业的内部资料，利用其较真实的内部核算基础资料全面掌握其真实的情况，同时要深入了解其具体生产工艺流程，从其经营常规中最能真实反映经营状况的环节寻找突破口，一些表面正常情况仔细分析仍有疑点，再围绕疑点问题提取证据资料，用证据资料把涉税违法问题确定下来。

采用技术手段获取关键数据成为该案的一个突破口。检查组面对查获的大量需要分类、统计、分析的杂乱、零散原始单据信息，通过输入电子表格，利用电子表格的多项功能辅助统计汇总资料，极大地提高了办案效率和办案质量。深入了解企业设备产能，采用技术手段获取关键数据成为该案的一个突破口。

适时调整检查思路才能事半功倍。对较复杂的案件，要有检查预案还要有随机应变的能力。借鉴一些涉税案例作案手段，多换位思考，从千头万绪中发现关键环节。要根据具体检查情况，边检查、边分析、边整合，并适当调整检查思路，才能少走弯路，不断明晰检查重点，逐步接近事实真相。

（陕西省国家税务局稽查局供稿）

某广告装饰有限公司偷税案

【案件类别】 偷税案例

【案件所属行业】 商务服务业

【案件来源】 举报案件

【基本案情】 根据举报材料，检查组对陕西省宝鸡市某广告装饰有限公司（以下简称某公司）调查初期发现，该公司是从事广告设计、制作、代理国内各类广告、发布户外广告，室内装饰工程，装饰、广告材料销售，霓虹灯、广告牌制作。2003年11月在宝鸡市渭滨地税局注册，2006年8月在宝鸡市地税局高新分局注册，该公司先后在宝鸡市经二路、新建路建造3座过街天桥，换取过街天桥的广告经营权。2012年底由于经营纠纷，将广告经营权转让给了其他公司。广告经营权转让后，该公司无广告经营项目。公司人员仅能找到法定代表人魏某。

【违法事实】 1. 该企业未按规定保管账簿，造成账簿销毁，未向税务机关报告。

2. 某公司开具假发票35份、收款收据4份、借用宝鸡市鑫龙广告装饰工程有限公司发票32份，未申报缴纳税款。

2005—2013年未申报缴纳税费78.25万元，其中营业税39.97万元，城市维护建设税2.8万元，教育费附加1.2万元，地方教育附加0.52万元，水利建设基金0.64万元，文化事业建设费32.85万元，印花税0.28万元。

【查办过程】 2014年12月17日，宝鸡市公安局经侦支队牵头成立了公安局、地税局和国税局联合检查组侦办此案。经过公安部门前期调查，认为某公司有偷税嫌疑。2015年2月5日，宝鸡地税局稽查局对某公司立案进行检查，检查期限2002年1月—2015年1月。

魏某称某公司2002年1月—2015年1月的账簿、凭证等资料放在煤棚里，下雨淋湿，他把涉及的会计资料全部丢弃了。没有了会计资料，检查工作陷入了停滞。针对没有账务资料的情况，专案组制定了外围调查取证的检查思路。专案组首先调取了该公司的银行账户记录，根据银行账户的转账记录，向发生转账业务的对方单位展开调查。虽然这种办法费时费工，但是工作指向性强，能取得案件的直接证据。经过200多天的辛勤努力，专案组完成对40余家企业调查取证，往返路程1万多公里，共调取各类票据117张，其中手工发票32张，机打真发票46张，机打假发票35张，收款收据4张，合同18份。

【处理处罚结果】 某公司于2015年1月26日自行缴纳2011—2014年营业税（广告业）19.75万元，城市维护建设税0.83万元，教育费附加0.36万元，地方教育附加0.24万元，水利建设基金0.32万元，印花税0.12万元。经确认上述税款从该次检查应补缴的税款中减除。

该次检查应补各税（费、基金）56.64万元。其中营业税20.22万元，城市维护建设税1.97万元，教育费附加0.84万元，地方教育附加0.28万元，水利建设基金0.32万元，印花税0.16万元，文化事业建设费32.85万元。

根据《中华人民共和国税收征收管理法》第六十三条规定对少缴的营业税、城市维护建设税、印花税各处以3倍罚款，罚款金额67.05万元。

依法将案件线索向公安机关移交，追究其偷逃税款的法律责任。

【问题分析及工作启示】 加强征管工作，某公司从成立之日起，就未依法申报纳税，时间跨度达11年，企业法定代表人在被举报查处过程中自行向主管税务机关纳税申报。一方面反映出企业纳税意识的淡薄；另一方面反映出在税收征管中存在征管漏洞，检查期间，举报人在网络媒体上散布消息，引起了宝鸡市纪检委和宝鸡市检察院的重视，市纪检委和市检察院多次对此案进行督办，了解案件调查进度和检查情况，明显增大了执法风险。

完善法律法规，进一步明确规定违法使用发票数额、次数的惩处规定，加大对违法使用发票行为的处罚力度。税务机关在处理某公司案件时，该公司连续多年购买假发票、借用假发票偷逃税款，但对这一行为处罚法律依据不足，对偷逃税款处以3倍罚款，对其行为处罚是否违反一事不二罚的处罚原则，未查到相关法律依据，所以该行为尽管违法，却未涉及行为处罚。

继续加强对企业取得发票的审核，落实“查

案必查票、查账必查票、查税必查票、查票必查税”，督促受票企业或事业单位财务严格把关，拒收违法发票。某公告公司违法使用发票，受票企业达40余家，造成的税款流失与受票企业的把关不严有一定的关系。

（陕西省地方税务局稽查局供稿）

某物流园区有限公司偷税案

【案件类别】 偷税案例

【案件所属行业】 交通运输业

【案件特点】 该公司通过虚假申报进行偷税

【案件来源】 专案检查

【基本案情】 某公司将经营过程中发生的装卸机械服务费用，通过违规变更服务项目，以代开方式取得公路运输发票列支费用并抵扣增值税进项税额。

【违法事实】 1. 该公司在经营过程中将发生的非增值税应税项目的劳务支出装卸机械服务费，开具了公路运输发票用于抵扣增值税进项税额，造成2011年多抵扣增值税进项税额108.87万元，2012年多抵扣增值税进项税额187.13万元。合计少缴增值税296万元。

2. 将取得的不符合规定的运费发票，列支到当期的成本，造成2011年不得税前扣除成本1122.78万元，少缴企业所得税280.70万元；造成2012年不得税前扣除成本1883.41万元，少缴企业所得税470.85万元。合计少缴所得税751.55万元。

【查办过程】 制定检查预案。接到检查任务后，海西国税局稽查局立即成立了专案组，研究制定检查预案。由于该公司的业务单一、移交案件内容具体，专案组决定一是积极与公安机关联系沟通，全面了解涉税事实；二是采用详查法核查公司取得的进项抵扣发票；三是内查外调通过相关联的第三方核实经营业务的真实性等相关事宜。

通过防伪税控系统和“一窗式”票表比对进行案头稽核，对该公司生产经营、取得和开具发票、缴纳税款等情况进行分析。

积极和公安机关联系，取得第一手线索和证据材料。2013年2月公安机关接到举报，称某公司法定代表人林某非法侵占股东资金，决定对该公司立案调查。公安机关通过调查取证证实该公司主营仓储服务、装卸机械服务，兼营煤炭批发、零售业务，而且没有从煤炭生产企业按坑口价采购原煤，无从发生货物运输业务。检查人员在与公安机关积极联系和沟通后，掌握了部分证据材料及第一手线索。

内查外调采用详查法逐项核实该公司发生的经济业务。检查人员在掌握线索证据的基础上，有针对性地对该公司从事煤炭商贸业务量进行取证核实，从公司购、销、存入手，检查公司账务资金流、物流及票流。首先从购买方调查核实购进量，其次向销售方取证，最后是盘点库存。由于该公司主营仓储服务及装卸机械服务，从货场无法盘点其库存。因而检查人员从“三流”重点查证购销业务的真实性。通过对相关煤炭开采企业调查，核实该公司并未从煤炭生产企业大量购进煤炭，也无从发生众多的运费支出。随即检查人员取证了所有运费发票，重点检查该公司的成本核算，检查发现公司账务上主要业务所占的成本却很小，而大量的成本反映在原煤成本中，虽然该公司核算时把原煤成本和仓储装卸业务都反映在主营业务成本中，但检查人员还是从附在核算成本结转时的凭证附件中找到了疑点，在一张名为《成本核算表》的表格中发现了最后一项标注的是货场成本。这个“货场成本”核算的内容又是什么呢？带着这些疑问对这项内容进一步查证核实，发现这些成本费用全部是从海南州共和县联运代开点和海北州门源县联运代开点代开的公路运输发票。询问公司财务人员，财务人员解释这是在做煤炭贸易是产生的运费。发票上标明是原煤运费，货物起运地是木里，目的地是天峻县货场和天棚货场，承运人是青海恒祥物流服务中心和门源县恒祥物流服务中心，往来明细账挂在刚察县海星装卸队等一些企业和个人的名下。这与公司的经营特点不符，该公司有着铁路发运原煤的优势，为什么放着优势不用，而改为相对昂贵的汽运，而且该公司有大量的货场装卸、储运收入，但是这项业务的成本却很小，这些现象都表明该公司的核算很不正常。检查人员要求提供和这些运输单位的合同和协议时，公司财务人员称没有签订合同，只是和老总口头协议。针对这些情况，检查人员对该公司参与煤炭贸易的人员，以及货场的管理人员进行了询问，结果证实该公司从没发生过从木里到天峻县货场或天棚货场的运输业务。检查人员对结算运费单位的付款情况进行了仔细的甄别，发现付款凭证后面的附件银行结算单中项目标明是装卸费、打堆费、仓储费等货场费用。在这些证据面前财务人员承认这些运费实际是支付给装卸机械服务的工程队的装卸机械服务费，开具运费发票是因为运费发票在联运代开点好取得，交钱就可以开票，税费也相对较低，还可以抵扣增值税进项税额，该公司在未发生真实运输业务而违规取得运费发票冲销仓储和装卸机械服务费用成本，并进行进项税认证抵扣，造成虚抵增值税进项税金、违规列支成本的事实。

【处理处罚结果】　该公司违规开具发票的行为存在故意性，目的是多抵扣增值税进项税，并且在记账时有意隐瞒事实，达到少缴税款的目的。根据《中华人民共和国税收征收管理法》第六十三条规定，对2011—2012年少缴的增值税296万元处以1倍的罚款并从税款滞纳之日起加收滞纳金。

该公司利用以上不符合规定的票据列支到当期的成本，造成少缴的企业所得税，根据《中华人民共和国发票管理办法》第二十一条“不符合规定的发票，不得作为财务报销凭证，任何单位和个人有权拒收”和《国家税务总局关于加强企业所得税管理的意见》（国税发〔2008〕88号）“不符合规定的发票不得作为税前扣除凭据”的规定，补缴2011年企业所得税280.70万元，补缴2012年企业所得税470.85万元，共计751.55万元。

【问题分析及工作启示】　在“营改增”政策执行前，由于运费发票的开具在地税部门，抵扣又在国税部门，造成监管真空，国税征管部门见票抵扣，地税部门在征得税款后，也无力去核实业务的真实性，由于征收力量有限又委托了许多联运代开点，这些代开点为了多争取手续费收入，只要缴费就开票，甚至互相抢税源。有些联运代开点利用返点等形式大肆开票，以至于一些增值税的纳税人在财务核算中，将一些本不是运输业务的项目都开具成运费发票，甚至虚开发票用于抵扣增值税进项税。税务稽查人员以及主管税务机关在日常管理中应注重实质，严格核实经济业务的真实性，杜绝类似现象的发生。

主管税务机关日常管理中，应多深入企业了解企业的生产经营过程和生产流程，多关注纳税人的实际业务和财务核算是否真实一致，及时发现问题，堵塞漏洞。

主管税务局机关对一些企业缺乏有效的监管措施。就以该案为例，对企业的主营业务与其取得的相关单据的合理合法性稍加注意不难发现其违规行为。

（青海省国家税务局稽查局供稿）

某国际贸易有限公司偷税案

【案件类别】　偷税案例

【案件所属行业】　批发和零售业

【案件特点】　该案是一起典型的虚开增值税专用发票系列案，稽查人员在最短的时间里抓住切入点不放松，对涉税犯罪行为提请公安提前介入，为案件的顺利侦破奠定了基础，办案人员穷追不舍，步步紧逼，随案件的深入及时提取固定证据，最终查实某公司以收取手续费方式虚开增值税专用发票的违法事实，没收违法所得158余万元，处罚款50万元，拓展稽查了7家涉案企业，涉及税款818余万元。

【案件来源】　人工选案

【基本案情】　2015年6月1日，检查人员对宁波某金属工贸有限公司（以下简称宁波金属公司）进行检查时，发现该公司账面上部分暂估加工费近两年一直未取得相应发票但已税前扣除，且该公司实际经营者陈某与公司往来款数额较大且频繁。根据废铜行业的特征，检查人员初步怀疑该公司可能存在收受虚开增值税专用发票情况。在调查过程中，宁波某国际贸易有限公司（以下简称宁波国际公司）进入了检查人员的视线，经查初步判断宁波国际公司开具给宁波金属公司的增值税专用发票为虚开发票，共涉及金额480.81万元，增值税额69.86万元。

【违法事实】　宁波国际公司业务员吴某通过收取开票手续费的方式（按票面含税价6.6%～

7.2%收取）虚开增值税专用发票给7家公司共计36份，金额共计1965.04万元，税额334.06万元，价税合计2299.10万元，共收取开票手续费158.76万元。

【查办过程】 2015年7月22日，宁波国税局第三稽查局将宁波金属公司涉嫌虚开增值税专用发票线索移送宁波市北仑公安局。

1. 声东击西、秘密经营。一方面，公安机关根据银行账号开始调取相关人员的户籍资料及开户信息；另一方面，检查人员以正常排户检查为由，于2015年7月14日赴奉化调查宁波金属公司的加工方奉化市某铜业有限公司，表面上是为了落实加工费发票的情况，实质上是为了不打草惊蛇，使陈某放松警惕。2015年8月3日，陈某第一次被叫到宁波国税局第三稽查局进行询问，在谈到宁波国际公司业务员吴某名字时，陈某已有所察觉，检查人员担心询问下去可能露出破绽，故意让其回去，临走前再三交代他统计未取得的加工费发票情况，以消除其戒心。根据公安调取的相关人员信息以及从陈某处了解到的情况，基本确定王某以及毛某为宁波国际公司员工，吴某则为业务员，主要负责废铜的销售。同时根据毛某个人农业银行账户信息，发现存在大量资金往来，年资金往来高达3000万元，户籍信息显示，毛某及其家人并无经营公司，一个普通员工有如此巨额款项往来，肯定有蹊跷。顺着这个线索，检查人员通过防伪税控系统调取了宁波国际公司2013—2014年所有的销售发票，并与毛某的个人银行账户汇款信息进行逐笔比对。果然不出所料，毛某个人银行账户资金汇出到某个人银行账户后，宁波国际公司就在当日或者隔日开具了增值税专用发票，并且两者之间差额基本为票面含税价的6.6%~7.2%，手法与宁波金属公司一模一样，基本可以确定为虚开发票回流资金。经过税务人员和公安人员共同努力，最终，资金流向及对应的涉嫌收受虚开发票的公司全部得到确认，共涉及北仑地区受票企业7家，涉案增值税专用发票共计36份。

2. 雷厉风行，各个击破。2015年8月8日，税警双方再一次进行了案情梳理，决定以涉案金额较小的慈溪两家企业为突破口，第一步，先证实宁波国际公司虚开增值税专用发票事实；第二步，直接接触王某、毛某及吴某等人，利用言词证据正面巩固虚开发票事实；第三步，继续赴慈溪确认剩余受票单位，只要有一家承认，便再去接触王某等人；第四步，等到王某等人承认全部违法事实，再去接触陈某。

根据以上计划，检查人员3次奔赴慈溪逐户查实了各受票企业，同时以日常调查宁波国际公司废铜业务为由联系王某、吴某及毛某等人，确认了3人的真实身份：王某为宁波国际公司九部业务经理，主要负责进口废铜的销售，吴某为其业务员，主要负责废铜进出，毛某为该公司出纳，也基本佐证了检查人员最初的案情假设。税务人员同公安人员分成3组，分别对3人进行同时询问。询问过程中检查人员发现，吴某和王某明显事先已商量好，询问将近4小时，吴某只字不提，王某则含糊不清，虽承认确实有虚开发票行为，但是金额不大。最后，在证据面前，王某承认通过吴某及毛某个人银行卡向三家公司虚开增值税专用发票，其他则拒不承认。

2015年8月31日，陈某主动来到宁波国税局第三稽查局交代了收受虚开发票的违法事实。2015年9月23日，眼见受票企业一家家查实，王某、吴某也主动来到稽查局，对虚开增值税专用发票的全部违法事实进行了交代，希望宽大处理，同时吴某承认虚开发票行为是自己所为，先前王某由于个人感情替其顶罪，后因涉案金额较大，自己过意不去，因此来主动交代。检查人员三次赴慈溪调查取证，在16份询问笔录以及大量银行账户明细等证据印证下，宁波国际公司虚开增值税专用发票系列案圆满结案，案件前期所统计的所有涉案企业以及发票均得到查实。

【处理处罚结果】 2015年10月8日，宁波国税局第三稽查局以虚开增值税专用发票罪没收宁波国际公司违法所得158.76万元，处50万元罚款。对于上述7家收受虚开增值税专用发票企业，追缴增值税合计321.74万元，补缴企业所得税合计496.55万元。同时根据《关于加强行政执法与刑事司法衔接工作的意见》（中办发〔2011〕8号）第一条第三款规定，鉴于涉案受票企业均已由公安机关刑事立案，不再作出行政罚款。

【问题分析及工作启示】 稽查部门所查处的重大案件中，一般以移送及举报案件较多，日常排户检查很难发现重大案情。因此，更应加大对日常排户企业的检查力度。对于发现重大涉税违法线索时，要根据行业特征以及作案手法，判断企业是否可能存在更多的违法行为，深入分析挖掘，由点扩展到面，尤其是本地区企业，更应严密分析。

对于虚开发票案件的查处，往往涉及多个企业，此类案件查处保密工作尤其重要，一旦泄露风声，对于后期整个案件的破获肯定是事倍功半。因此，前期数据分析等工作必须迅速、准确，同时，检查过程一定要快、准、稳，不给犯罪分子留有喘息时间。

虚开发票犯罪行为往往涉及大量的银行账户等数据分析，此类案件首要的突破点便是确定资金流。在当前“大数据”及“互联网+”时代背景下，税务部门可考虑设立数据情报分析中心，将此类案件重心转至前期数据分析上，对于资金流等海量数据利用网络信息平台进行运算分析，快速确定走向及重要节点，一旦资金流能够确定，那么整个案情也就明朗，保证下一步工作的顺利开展。

虚开增值税专用发票犯罪，几乎全都是跨部门跨区域作案，要有效查处，就必须协调配合，整体作战。税务部门要加强与公安、工商、法院、检察院等职能部门的密切协作，尤其是要建立完善警税协作机制。税案侦办既需要税务部门的征管稽查手段为基础，又需要公安部门适时启动特有的刑事侦查等强力办案手段，只有警税联手，才能有效打击。公安、税务部门可以通过召开联席会议、建立警税协作室、联合开展专项治理行动、共同侦办大要案件、畅通线索移交渠道、搭建情报互通平台等多种形式加强合作，建立长效机制，强化职能手段，形成工作合力。

（宁波市国家税务局稽查局供稿）

骗取出口退（免）税案例

某进出口有限公司出口骗税案

【案件类别】 骗取出口退（免）税案例

【案件所属行业】 纺织业

【案件特点】 出口骗税案件的检查是稽查工作的难点，该案中企业未发生真实业务，通过取得虚开的增值税专用发票，达到骗取出口退税的目的。检查过程中，检查组根据案情深挖线索，及时固定相关证据，成功突破了案件。

【案件来源】 专项检查

【基本案情】 海南某进出口有限公司（以下简称海南某公司）于2011年6月22日注册成立，2011年7月29日被认定为增值税一般纳税人，2012年2月9日取得出口企业退税资格。海南某公司作为出口企业以自营名义出口，但其出口业务实质上是由第三方假借该公司名义操作完成，第三方（谢某）利用了海南某公司的出口退税企业资质来获取出口退税款。

【违法事实】 根据海南国税局进出口税收管理处提供的海南某公司从广西容县某针织厂、容县某针织厂取得增值税专用发票退税明细表，海南某进公司利用上述企业开具的增值税专用发票取得出口退税款共计562.96万元，这些用于退税的增值税专用发票全部属于虚开的增值税专用发票，没有发生真实的业务。海南某公司利用虚开增值税专用发票违规骗取出口退税款，合计金额562.96万元。

【查办过程】 经查，检查组发现海南某公司2011年1月—2013年9月与广西容县某针织厂签订3份采购合同，广西容县某针织厂共开具了18份增值税专用发票给海南某公司，合计金额163.48万元，税额27.79万元；与广西容县某针织厂签订56份采购合同，广西容县某针织厂共开具365份增值税专用发票给海南某公司，合计金额3355.03万元，税额570.35万元。为全面直观了解海南某公司与广西容县某针织厂、容县某针织厂业务交易情况，检查组决定直接约谈公司的法定代表人刘某，但刘某电话中表示出差外地暂时不方便回来，回来再联系检查组，再次联系时手机关机，检查陷入僵局。

为打开突破口，检查组决定到海南某公司经营地址进行实地突击检查，在查看该公司在税务机关留存的租赁合同得知：该公司办公地点在某国家行政机关宿舍区内，房产业主（私宅）免费提供给海南某公司使用。检查组到现场时却发现房子正在进行重新装修，现业主强调通过正当手续转让得到该套房产，原业主信息及其他相关信息不愿提供，后经询问小区保安得知该房产原业主为某国家行政机关单位领导；通过向房产部门调取的原业主联系方式顺利联系到房产原业主，通过对其心理施加压力顺利找到海南某公司实际负责人董某（其与刘某为母女关系）。为使询问取得良好效果，检查组决定与公安机关联合共同对董某进行询问，经多次艰苦询问，董某在难以自圆其说的情况下终于承认：海南某公司与广西容县某针织厂、广西容县某针织厂的所有业务洽谈及合同签订都是虚假的，相关的货物的出口经营活动公司也没有实际参与，也不知道是不是有真实的货物采购和真实的货物出口，以上业务都是由网络上认识的一位中间人（谢某）操作完成的。海南某公司实际负责人董某承认收到的退税款已返还汇给广西的两家针织厂。该公司只是按照出口报关单金额1美元收取0.1元人民币手续费。

【处理处罚结果】 根据《中华人民共和国税收征收管理法》第六十六条规定，《国家税务总局　商务部关于进一步规范外贸出口经营秩序　切实加强出口货物退（免）税管理的通知》（国税发〔2006〕24号）第二条第二项、第六项规定和第三条规定，以及《国家税务总局关于停止为骗取出口退税企业办理出口退税有关问题的通知》（国税发〔2008〕32号）第一条第（四）项规定，对海南某公司骗取的出口退税款562.96万元进行追缴，并处以1倍罚款即562.96万元。同时，对海南某公司处以停止为其办理出口退税3年的处罚。根据《中华人民共和国刑法》第二百零四条规定，以及根据《最高人民法院关于审理骗取出口退税刑事案件具体应用法律若干问题的解释》（法释〔2002〕30号）第三条规定，将该案移送公安机关立案查处。

【问题分析及工作启示】　淡薄的税法意识和贪图小利的心态最终酿成了骗取出口退税罪的苦果。与以往查处的出口骗税案相比，检查人员惊讶地发现，该案的犯罪嫌疑人董某一直就没有意识到自己实施的是出口骗税犯罪行为，她以为自己仅仅是替骗税的实质操作者谢某提供代理服务，收取了一些劳务手续费而已。当检查人员完成案件的检查，明确告诉她要追缴其骗取的国家税款以及进行罚款，同时她还可能要面临牢狱之灾时，董某当场情绪崩溃，号啕大哭。

仔细分析案件的整个过程，除了淡薄的税法意识之外，董某贪图小利的心态也是造成她犯下大错，走上犯罪道路的原因。从犯罪实施的过程来看，董某并不具备骗取国家出口退税的能力，她本人也没有去联系虚开发票的厂家和相关虚假采购出口货物的外商及进行套汇行为。其所实施的只是一个代理办理出口退税的行为。作为一个出口贸易商，这种假自营，真代理的行为是违规行为董某本人还是知道的，否则也不会百般躲避检查组的检查了。那是什么原因让她在明知道违规的情况下，还去进行这一操作呢？说到底，还是财帛动人心。仅仅是通过网上认识了一个谢某的中间人，业务实际上全部是谢某操作的，董某根本就不知道有没有真实的业务，收到的退税款也要全额返还给开票企业的，为了1美元出口额就可以收取0.1元人民币的手续费，她就盲目地参与了骗税犯罪行为。只需要简单开设一户外贸企业，每一笔业务跑一次税务局申报退税就可以轻轻松松地挣到为数不菲的金钱，这种“天上掉的馅饼”使董某掉进了出口骗税犯罪的深渊。

因此，该案例提醒纳税人一定要树立牢固的税法意识，在进行一些经济业务时，对于一些存在法律风险的行为要及时向税务部门进行咨询，避免自己无意识地就走上了犯罪道路。同时，经营时一定要依法合规地开展业务，特别是经营出口业务的纳税人千万不要盲目地相信一些网上中间人介绍的所谓出口业务，允许他人挂靠自己的企业办理退税来收取手续费，不要为了一些蝇头小利就让自己掉进犯罪的深渊。

（海南省国家税务局稽查局供稿）

甘肃“7·08”骗取出口退税案

【案件类别】　骗取出口退（免）税案例

【案件所属行业】　零售业

【案件特点】　涉案金额大，查处成效好，在经济落后省份具有典型性。通过查处甘肃“7·08”骗税案，办案人员发现骗取出口退税案件在经济落后省份呈现出以下四个特点：一是实际控制人与名义经营人不一致，实际控制人为东部沿海经济发达地区人员，法定代表人多为空壳企业所在地的当地人。二是一般都会成立1户生产企业，与出口外贸企业发生“经济往来”，为虚开增值税专用发票和应对相关部门管理作掩护。三是违法生产企业和外贸企业取得的增值税专用发票开具时间都晚于报关单生成日期，具有货物还没生产出来就已经出口的反常现象。四是出口货物的集装箱号是违法犯罪分子无法伪造或编造的关键备案信息。该案检查发现，虽然犯罪嫌疑人伪造了用于备案的海运提单464份，海运提单的格式、签署单位等信息都可以伪造或与真实信息不一致，但不管犯罪嫌疑人采取何种方式克隆或伪造备案海运提单，备案假海运提单上记载的集装箱号是真实存在的，且具有唯一性和不可复制的特点，通过船公司核发的集装箱号，可以找到并核对出口货物真实情况。该案是甘肃国税局自设立以来成功查处的第一起骗税大案，打破了全省出口退税企业税务稽查的“瓶颈”，在推进全省出口退税企业税务稽查工作进程中具有里程碑意义，对防止西部地区成为“骗税洼地”也有借鉴意义，被税务总局选为“2015年全国十大打击骗税优秀案例”，办案方法和经验在全国税务稽查工作会议上交流。

【案件来源】　税务总局交办

【基本案情】 2015年下半年，甘肃国税局联合公安、海关两部门成功查处省内第一起骗取出口退税大案（简称甘肃“7·08”骗税专案），涉案金额14.5亿元、税额1.4亿元（其中已骗退税额8215万元），涉及省内企业5户，涉及虚开的增值税专用发票3455份、伪造的海运提单464份，涉嫌骗取进出口财政补贴资金800余万元。抓获犯罪嫌疑人2名，网上追逃3人，主要犯罪嫌疑人林某被检察机关批捕。由林某控制的其他2户新办外贸企业退税业务被叫停。涉案企业骗取银行贷款和财政补贴的违法行为也被停止。

【违法事实】 该案主要通过以下四个环节实现骗取出口退税的目的。一是注册公司。主要犯罪嫌疑人林某（浙江桐庐人），先后以自己和他人身份注册成立1家生产企业和4家出口外贸企业，搭建骗取出口退税的平台架构。二是建立关联购买报关单。2008年9月—2015年6月，林某伙同他人，通过向上海人陈某、浙江金华人麻某等“买单卖单”中间人支付手续费方式，获取浙江义乌、绍兴柯桥等地个体经销商出口货物相关信息，并将真实出口业务信息与涉案外贸企业身份信息建立关联，通过货代平台以甘肃某公司等4户涉案外贸企业名义报关“出口”，获取出口货物报关单，编造“物流链”。三是买票伪造证明。根据前期骗取的报关单信息，生产企业制造生产假象，在无真实货物交易的情况下，通过犯罪团伙从浙江、山东等地取得虚开的增值税专用发票，然后向4户涉案外贸企业虚开专用发票；4户涉案外贸企业依据报关单信息和取得的虚开专用发票信息，伪造包括海运提单在内证明出口业务的备案资料，编造“票流链”。四是虚构资金流。办案人员通过对与案件有关的66户企业和122名个人银行账户资金流向梳理汇总，发现大部分资金经过多次流转后，最终流转到了刘某、詹某等个人账户，也发现了“买单卖单”人与地下钱庄从事非法交易的重要线索；通过整理分析外币结汇信息，发现4家涉案外贸企业虽“出口”货物至59个国家（地区），但结汇资金均从香港地区流入的规律，采取资金回流方式，通过地下钱庄，实现了编造“资金链”的目的。犯罪嫌疑人利用西部内陆省份远离口岸、出口产品种类和退税业务少、税务人员对出口业务实际操作流程较为生疏的特点，通过以上四个环节，编造物流、票流、资金流，以假乱真，蒙混过关，实现了骗取出口退税款的目的。

【查办过程】 1. 提高检查层级，打破常规思路。由甘肃国税局稽查局直接组织检查，并打破“就出口查出口”的常规思路，先从检查生产企业着手，核实出口单位上游企业的生产业务真实性。通过走访外调、核实产品出入库信息、询问相关人员、恢复企业已删除的电子数据等方式，核实生产企业的真实生产能力和涉税数据。从恢复的电子数据中，发现了另3户以他人名义注册、但由主要犯罪嫌疑人林某实际控制的涉案外贸企业，决定对其与原2户企业并案检查，布控了生产企业和出口企业一起查的网状查处格局。

2. 分析海量数据，锁定关键证据。树立大数据思维，按照物流、票流、资金流数据分项梳理的思路，从强化基础数据分析入手，找出各项数据之间的钩稽关系，资金流向规律和告破案件的重要线索“买单卖单”人。通过翻译、统计海运提单信息，并到海运提单签发单位实地求证，最终发现海运提单系伪造的结果，及集装箱号具有唯一性和不可复制性，是查处出口骗税案件关键证据的结论。

【处理处罚结果】 该案属税务、公安联合办案，公安部门侦查终结后，直接向检察机关移送起诉。

【问题分析及工作启示】 1. 净化出口退税管理秩序需要相关部门各司其职。建议工商、税务、质检三部门在办理经营证照时，加强对企业法定代表人经营管理能力和真实身份信息的审核，采用现场采集头像、指纹识别等方式，提醒公民树立防范自身身份信息被不法分子利用要承担法律责任的风险意识。建议商务部门加强对出口退税企业市场准入和出口经营资格审批的审核把关工作，防止不法分子钻国家招商引资的空子，借投资之名，行骗税之实。建议外汇管理部门加强出口企业收汇管理，严厉打击地下钱庄伙同出口骗税企业从事违法活动。建议金融机构及管理部门加大对涉税案件资金信息查询支持力度，建立便捷高效的快速查询和自主查询渠道，提高执法部门办案效率，同时通过比对出口退税企业提供给工商、税务、银行三个部门的财务报表信息，核对其实际盈亏情况，加强贷款审批管理，防止出口退税企业骗贷和财政补贴行为。

2. 税务部门应从具体细节着手加强出口退税管理工作。一是建议从税务总局层面解决集装箱号信息不对称问题。海关报关单已与税务系统共享，但作为出口退税关键凭证的海运提单和集装箱号没有实现数据共享。要核实海运提单的真伪，必须开展实地核查，而这又会增加办案税务机关、船运公司及其主管税务机关的工作量，且受检查权限、环境陌生等因素的影响，在寻找船运公司、制作询问笔录等具体工作中存在障碍和困难。建议从税务总局层面加强与各大船运公司的沟通协作，比照与海关共享出口退税报关单信息的模式，建立税务部门与船运公司对海运提单（尤其是集装箱号）的信息共享机制，最终实现税务机关、海关、船运公司等承运人三者之间的真实出口信息同步共享，作为审核出口退税的依据，从源头上防范出口骗税违法行为的发生。二是建议税源管理部门在日常管理环节引入核对身份信息机制。对前来办理发票领购、负责出口退税企业财务核算的出纳和会计人员，通过核对身份信息、签订工作责任书等方式，加强对参与出口退税企业业务经营相关人员的税法宣传教育，增强其防范身份信息风险意识。三是建议突出出口退税企业稽查成效。通过提升出口退税企业税务稽查层级、开展跨区域税务稽查等方式，提升对出口退税企业的稽查成效。

3. 将违法出口退税企业及相关当事人列为联合惩戒重点对象。结合国家发改委、税务总局等21个部委开展的联合惩戒活动，借助工商部门的企业信用网、税务部门的重大案件涉案人信息库、地方政府信用网等平台，将违法出口退税企业及相关当事人列为联合惩戒重点，加大惩戒力度。

（甘肃省国家税务局稽查局供稿）

某商贸有限公司骗取出口退税案

【案件类别】　骗取出口退（免）税案例

【案件所属行业】　零售业

【案件特点】　该案是一起精心设计，个人独立操作，有电子技术支持、有资金平台支撑、有团队协作的外贸出口企业骗取出口退税案件。

【案件来源】　协查案件

【基本案情】　经查，该公司从全国22个省、直辖市、自治区的612家供货单位取得的6061份专票，金额90433.17万元，获取退税8071.35万元，出口货物有棉布、围巾、人造革和游戏产品。该案现批准逮捕3人，网上追逃2人，取保候审6人。目前此案已移至检察院提起公诉。

【违法事实】　该公司实际经营人洪某亲自操作资金走向，通过多个中间人操作开票事项，以类似“支付宝”的资金平台为依托，扣除返点后取得虚开增值税专用发票；同时报关出口骗取出口退税8071.35万元。

【查办过程】　认真整理基础资料，不放过蛛丝马迹。从公安机关用专业技术恢复的相关数据中，翻阅大量的WORD文档、EXECL表、QQ聊天记录中，检查人员找到了其买票、返点的相关信息；发现了其买票的联系人，有效地印证了买票行为。同时，检查人员也发现了税务机关函调的信息，在买卖双方传递，以共同编撰合同、合伙欺骗双方税务机关的证据。

多方位多角度思考，不遗漏一个环节。充分汲取各地查处骗取出口退税案件的经验，深入分析骗取出口退税案件的特点和作案手段，梳理出口退税环节，确定调查方向。一是翻译与外商签订的合同，发现疑点，提请启动国际情报交换机制，核实出口贸易的真实性。二是协调海关协助核实该公司出口货物的备案资料与实际报关出口资料的一致性，确定该公司货物出口的真实情况。三是调查代理该公司报关的报关行和货代公司，以核实该公司货物报送出口及运输情况。四是从中国银行了解该公司结汇状况。五是充分利用综合软件数据，调查核实该公司关联企业，发现问题及时介入调查。六是开展大量外调工作。根据发票数据的分析，挑选了浙江、黑龙江、江苏作为重点地区，开展外调工作，找寻资金闭合环，确定货物流。

积极协调各方力量，充分发挥各方优势。骗取出口退税案件的专业性强，涉及环节多，需要各方力量的支持，在上级部门的协调下，税务、海关、公安、检察院共同研讨案情，从不同角度推进案件进程。一是公安机关即时控制相关人员，印证相关线索。通过控制该公司实际经营人洪某、历任会计及中间人，从其供述中了解了该公司的资金走向，基本理出三条线索，作为案件查处的主要方向。二是海关积极配合，协助核实出口单据。三是在证据的确定上，检察院提前介入把关，确定证据的有效性、印证性，协助案件顺利进行。

及时采取保全措施，减少税款流失。协助公安机关暂扣其个人财产2辆车、4套房产，冻结中间人银行存款150余万元。追缴已确定虚开专票用于出口退税的退税款79.02万元。通知出口退税部门停止办理退税，未退税额4053.45万元。

【处理处罚结果】 该案涉嫌犯罪，已移交公安机关。

【问题分析及工作启示】 一是加强出口监管和税务管理部门之间的协调和衔接。以法规或规范性文件的形式明确各部门管理和监管骗税的职责，明确分工，强化监管手段，保持对骗取出口退税犯罪的高压严打态势。二是明确骗取出口退税行刑连接的立法工作。通过立法来明确纳税人因涉嫌骗取出口退税罪被移交公安机关后，税务机关对该纳税人已申报未退税、未申报在以后将要申报的退税处理方法。三是做好事前、事中、事后的监管。充分利用各类软件系统，对物流方式不合理、资金运转异常等情况的企业开展重点检查。对企业的场地、设备、生产能力、生产规模等进行实地核查。四是建立信息化监管系统。以信息网络为支撑，根据出口退税所涉及的各环节，从商品采购、报关出口、结汇、退税实现全覆盖，最后税务部门将这些信息进行整合分析，完善退税机制，有效防范出口骗税。五是建立打击骗取出口退税的专业队伍。在骗取出口退税呈现专业化和组织化的情况下，尤其需要建立一支专业的打击骗取出口退税队伍去应对日渐猖獗的骗取出口退税活动。

（新疆维吾尔自治区国家税务局稽查局供稿）

厦门“8·12”外贸出口企业骗税案

【案件类别】 骗取出口退（免）税案例

【案件所属行业】 批发业

【案件特点】 税警联合办案组经过大量数据分析，不动声色开展外围摸底和排查侦控，时机成熟果断出击，一举破获犯罪团伙。办案人员从开票企业、购买报关单、购买外汇、资金回流、实际出口货主等出口退税各环节，包括民间提供外汇的人员进行多方调查取证，成功取得案件突破，查实骗税事实。

【案件来源】 税务总局交办

【基本案情】 2012年1月—2014年10月，犯罪嫌疑人周某德等人为骗取出口退税牟利，先后以3家外贸公司名义，操作“买单配票”的非法出口业务。该犯罪团伙操作虚假出口业务报关出口货物539票，报关总金额6223.11万美元，为出口货物虚开进项增值税专用发票4068份，申请出口退税6033.59万元，已退税5431.34万元，未退税602.26万元。

【违法事实】 犯罪嫌疑人周某德等人在3家外贸公司没有实际采购、出口货物的情况下，采取“买单出口”并配以虚开的增值税专用发票等非法手段骗取出口退税。期间，犯罪嫌疑人周某德、萧某钰、周某珍将盖有上述3家外贸公司印章的空白外汇核销单、委托报关协议书、A4便笺纸等出口单据交给犯罪嫌疑人黄某文等社会不法分子，由黄某文等人假借该3家外贸公司自营出口货物的名义将他人委托的未缴纳过增值税的服装等货物办理出口报关手续。货物通关后，犯罪嫌疑人周某德等人向不法分子支付“买单”费用，获取海关签发的出口货物报关单退税联等通关单证，并与犯罪嫌疑人周某德（在逃，另案处理）、周某笔（在逃，另案处理）、周某进（在逃，另案处理）等不法分子联系，指使在江西省宜春市虚设服装加工制造企业，编制虚假购销合同为这些货物虚开进项增值税专用发票，造成该3家外贸公司自营采购、出口已税货物的假象。随后，犯罪嫌疑人周某德等人向税务机关申请出口退税，大肆骗取国家出口退税款。

现已查明，2012年1月—2014年10月，犯罪嫌疑人周某德以上述3家外贸公司名义操作虚假出口业务报关出口货物539票，报关总金额6223.11万美元，为出口货物虚开进项增值税专用发票4068份，申请出口退税6033.59万元，已退税5431.34万元，未退税602.26万元。

【查办过程】 该案采取税警联合办案的方式开展检查。通过突击检查，查获手机、优盘、笔记本电脑等物品；经过对3家外贸出口企业对公账户及周某德等人个人账户资金往来的分析、派人到江西外调、对有关人员制作询问笔录；对报关行、货代、提供外汇的单位进行调查取证等方式进行。

【处理处罚结果】 3家外贸企业在没有真实

购进和出口货物的情况下，采取支付买单费用购买通关单证；伪造虚假的购销合同；虚开增值税专用发票；非法购买外汇等手段，将他人出口的货物以外贸公司的名义报关出口，并用欺诈手段以自营业务向税务机关申报出口退税，骗取国家出口退税款，事实清楚，证据确凿。

根据《中华人民共和国税收征收管理法》第六十六条第一款、《中华人民共和国增值税暂行条例》第九条、《中华人民共和国增值税暂行条例实施细则》第十九条规定，追缴骗取的出口退税款5431.34万元；已申报未退税款602.26万元不予退税。

根据《中华人民共和国税收征收管理法》第六十六条第一款规定，对已骗税款处1倍罚款计5431.34万元。

根据《中华人民共和国税收征收管理法》第六十六条第二款、《国家税务总局关于对停止为骗取出口退税企业办理出口退税有关问题的通知》（国税发〔2008〕32号）第一条第（四）项、第二条规定，停止为3家外贸企业办理出口退税。

【问题分析及工作启示】 1. 查处本案的认识与体会。该案件呈现出近年来出口骗税的典型特征。一是货物敏感，涉及的主要是服装类商品；二是跨区域，外贸企业、“供货方”及报关地不一，“供货方”多在虚开发票高发、多发地区；三是增长异常，新办企业短期内销售剧增，但盈利率低，外贸公司在骗税团伙的实际控制下，在没有实际采购、出口货物的情况下，采取“买单出口”和“买单配票”并配以虚开的增值税专用发票等非法手段骗取出口退税。犯罪团伙为了追求利益最大化，编织了跨地区、多环节、多链条的复杂犯罪网络。一方面在江西设立所谓的开票企业，从事虚开发票行为；另一方面在厦门设立外贸企业，操作出口业务，并且在香港地区设立所谓的国外客户公司进行外汇支付，从虚开发票、退税、外汇等环节全部自行操纵，最大限度地降低了骗税犯罪成本，体现出口骗税案件的集团化、专业化。公安部门参加办案是打击出口骗税工作的有力保障。当前不法分子手段隐蔽，多环节跨地区专业分工。该案中，公安干警提前介入经营，不动声色开展外围摸底和排查侦控，待时机成熟果断出击，定点收网一举破获犯罪团伙，充分体现出税警联合打击骗税的威慑力。审讯工作利用税务人员及时整理出的违法证据和记录材料开展，在骗税团伙头目周某德零口供的不利情况下取得重要突破和进展。

2. 工作启示。只有各职能部门各司其职，共同打击防范，才能更好地优化服务、严防骗税，促进对外贸易健康持续发展。例如，出口骗税案件的检查中，资金回流是指证外贸公司让他人为自己虚开发票行为的主要证据。但由于部分银行不提供电子数据，纸质数据往往字迹不清楚，栏目较少，缺乏交易明细，增加了查处资金回流的难度。

出口骗税和虚开、偷税行为密切相连，建议打击出口骗税工作整治对象除退税企业，还应该包括“开票企业”和“供货企业”。因为骗税与偷税是违法目的，虚开发票是违法手段。建议出口企业所在地的税务稽查部门为主查单位，负责查清出口货物虚假出口、虚假收汇等问题；上游开票企业所在地的税务稽查部门为协查单位，负责查清开票企业虚假供货、虚开发票问题；真正“供货企业”所在地的税务稽查部门，要重点检查此类企业是否存在隐瞒销售收入偷逃税问题。

（厦门市国家税务局稽查局供稿）

少缴税款案例

某房地产公司少缴企业所得税案

【案件类别】 少缴税款案例

【案件所属行业】 房地产开发经营业

【案件特点】 北京某房地产公司在完工年度未按照《国家税务总局关于印发〈房地产开发经营业务企业所得税处理办法〉的通知》（国税发〔2009〕31号）文的规定进行完工开发产品的成本清算，未对已销完工产品实际毛利额和预计毛利额进行纳税调整。检查组以此为突破口，深入调查、细致计算，企业最终补缴税款1.4亿元。该案件查补税款巨大，违法事实较为典型，对房地产行业企业所得税的检查具有一定的借鉴意义。

【案件来源】 专项检查

【基本案情】 某房地产公司成立于2000年，注册资本1.68亿元人民币，经营范围为房地产开发、销售自行开发的商品房，房地产信息咨询等。检查人员对该公司2012—2013年间开发位于某区的商品房住宅项目进行检查。

该房地产项目占地面积为24万平方米，规划建筑面积为108万平方米，其中可售面积为94万平方米，规划主体为商品房住宅。由于是在2007年开工建设，企业开工前未在税务机关做相关项目备案。整个开发项目于2009年底开始取得预售许可证，2010年开始取得竣工备案，截至2013年底共取得41个竣工备案，竣工面积为60万平方米。企业未对检查年度完工开发产品按照《国家税务总局关于印发〈房地产开发经营业务企业所得税处理办法〉的通知》（国税发〔2009〕31号）第三十五条的规定，在完工年度企业所得税汇算清缴期结算计税成本，未对已销完工开发产品预计毛利额和实际毛利额进行纳税调整。

【违法事实】 通过检查，该公司在检查年度未按规定确定完工开发产品计税成本，未对已销完工开发产品进行实际毛利额与预计毛利额的纳税调整，导致发生少缴企业所得税的税收违法事实。检查组按照规定，对项目开发资料、账簿、记账凭证、销售台账、建筑合同等资料数据进行分析、归集和分配，最终确定了检查年度已完工开发产品的计税成本，并计算出检查年度已销完工产品实际毛利额和预计毛利额的差额，对检查年度的企业所得税应纳税所得额进行了纳税调整。经过计算，该公司应补缴企业所得税1.36亿元。

【查办过程】 了解基础情况，确定检查重点。检查人员利用税收征管系统查询了该企业的基本情况、检查年度的历年各税种纳税情况，重点对营业税和土地增值税的缴纳情况以及企业所得税历年纳税申报情况进行细项比对分析，初步判断该企业有房地产开发项目预售但没有进行企业所得税实际毛利额和预计毛利额的调整。另外，检查人员登录北京市住建委网站对该公司名下房地产开发项目情况进行了详细查询，对该开发项目工程施工、预售以及竣工备案等情况做了明细统计。通过查询发现，该开发项目在检查年度历年都有工程竣工备案信息。根据税务总局相关规定，结合案情，检查人员初步明确检查思路，将检查重点放在完工开发产品计税成本的确定以及已销完工开发产品实际毛利额和预计毛利额的纳税调整上。随后，检查人员通过实地勘察，通过向企业财税人员了解情况，初步确定检查重点为企业所得税完工清算。

收集外围数据，了解行业特点。为清楚了解该项目的开发成本，也为详细了解房地产开发行业的开发成本、行业利润等情况，检查组利用网络等渠道查阅了大量的房地产行业数据和资料。首先，通过查询近十家房地产企业上市公告，了解房地产企业的近几年营业利润率情况，对房地产行业利润率区间分布有准确把握；其次，经过查询统计部门网站，了解A股房地产行业平均毛利率分布区间；此外，通过网络查询、向征管一线和中介服务机构询问情况，了解相同地块相同规模房屋的建筑安装成本情况，做到心中有数。通过数据收集和分析，结合该公司的房地产项目实际开发销售情况，对该公司完工开发产品成本确定区间和实际毛利额与预计毛利额的调整区间有了比较清晰的把握。

对照文件规定，逐条甄别判定。检查组在检查中采取全面检查与重点检查、账面检查与实地检查相结合的方法，以企业所得税为重点检查税种，采用调账检查、抽查法、逆查法、分析法等方法展开检查。检查组对照《房地产开发经营业务企业所得税处理办法》（国税发〔2009〕31 号），对企业的纳税行为是否违反税法相关规定进行仔细甄别，确认企业存在未对完工开发产品进行成本核算，未调整已销完工开发产品企业所得税实际毛利额与预计毛利额的税收违法行为。该公司开发的房地产项目于检查年度均有竣工备案，但在企业所得税汇算清缴时未按照相关税法规定，未确认计税成本，未将已销完工开发产品实际毛利额与预计毛利额做纳税调整并计入当年度应纳税所得额。

【处理处罚结果】　企业所得税。根据《中华人民共和国企业所得税法》第一条第一款、第三条第一款、第四条第一款、第五条、第八条、第二十二条、第五十四条第三款以及《国家税务总局关于印发〈房地产开发经营业务企业所得税处理办法〉的通知》（国税发〔2009〕31 号）第三条第一项、第六条第一项、第二项和第三项、第十一条、第十二条、第十四条、第十七条第一项、第二十七条、第三十二条第一项和第二项的规定，该公司应补缴企业所得税 1.36 亿元。

滞纳金。根据《中华人民共和国税收征收管理法》第三十二条的规定，对该公司加收企业所得税滞纳金 421 万元。

以上款项合计 1.4 亿元。

【问题分析及工作启示】　用大数据说话，企业心服口服。在检查初期，检查组利用网络等渠道查阅了大量行业数据和资料，对被查企业的行业情况有了准确把握。首先，通过查询近 10 家房地产企业上市公告，了解房地产企业的近几年营业利润率情况。其中国内某著名房地产上市公司 2013 年公告显示其当年营业利润率为 22%；其次，经过查询统计部门网站了解近几年 A 股房地产行业平均毛利率情况；此外，通过网络查询、向征管一线和中介服务机构询问情况，了解相同地块相同规模房屋的建筑安装成本情况，做到心中有数。

准确吃透税收政策，破解清算难题。检查过程中，检查组面临开发初期资料保存不完整、人员交替导致财税人员对开发情况不清楚、既有已完工开发产品又有已开工未完工开发产品、分地块开发但滚动式记账等实际困难。在整个清算过程中，为克服这些实际困难，检查组通过实地核查、检查五证、抽查账簿、凭证、合同、销售台账等相关资料，摸清项目情况，注重实际，吃透相关税收政策，准确适用房地产税收相关文件，逐个破解清算难题，具体包括确定计税成本核算终止日、成本对象和成本分配方法等。

打破工作常规，审理同时跟进。在检查过程中，考虑到该案被查对象是上市公司、案件影响大、政策难点多、取证过程复杂等实际情况，北京地税局第三稽查局抽调专门审理人员跟进整个检查过程，为检查人员提供政策支持，对检查过程中的取证和数据计算进行指导，避免了“拉抽屉”，提高了检查效率和质量，减轻了审理环节压力，使检查环节和审理环节有效衔接。

同时，针对北京地税局第三稽查局刚刚组建成立时间短，不少税务干部缺乏稽查工作经验的实际情况，主动创新“引入外脑”的工作机制，利用业务培训等机会和中介服务机构开展业务合作。在该案的检查过程中，适时邀请中介服务机构有清算经验的专业人士就房地产清算事项进行查前辅导，帮助检查人员进一步梳理清算工作思路和步骤，明确清算难点、重点和疑点，有力地推动了检查工作的顺利开展。

（北京市地方税务局稽查处供稿）

某石化分公司少缴税款案

【案件类别】　少缴税款案例

【案件所属行业】　石油加工、炼焦和核燃料加工业

【案件特点】　企业为了规避消费税纳税义务，将自己的生产流程进行了“精心”的设计，然而，稽查部门经过深入的内查外调，还原了企业

生产销售应税产品的真实过程，依法追征了消费税款。

【案件来源】 日常检查

【基本案情】 河北国税局稽查局于2014年3月4日—11月15日对中国石油天然气集团公司华北石化分公司2009年1月1日—2013年12月31日增值税、消费税、企业所得税申报缴纳情况进行了检查，共发现企业存在17项违反税收法律法规问题，追缴消费税7060.24万元、增值税248.17万元、企业所得税7251.32万元。

【违法事实】 消费税问题。将自产应税消费品用于生产非应税消费品，未缴消费税7060.24万元。

增值税问题。销售自产产品—液化石油气价格明显偏低且无正当理由，少缴增值税241.17万元。将自产液化石油气供厂区职工食堂使用，未作视同销售处理，未计提增值税销项税额，少缴增值税1.63万元。对食堂空调进行维修，抵扣增值税进项税额4.21万元。购买用于奖励职工个人的消费品，抵扣增值税进项税额1.16万元。合计少缴增值税248.17万元。

企业所得税问题。该公司将属于职工福利费的费用等支出直接在税前扣除，已超过当年允许税前扣除的额度；支付与企业取得收入无关的支出在税前扣除；将停工设备计提折旧在税前扣除；将购买无形资产（土地使用权）发生的费用一次性在税前扣除；多申报扣除报废固定资产的损失；对外提供劳务取得收入未计入收入总额；将应在工会经费列支的费用直接计入管理费用在税前扣除；将招待费计入会议费直接全额税前扣除，共计少缴企业所得税7251.32万元。

【查办过程】 检查中发现，该公司2013年5—11月发出自产应税产品沥青原料8.69万吨（其中油浆1.32万吨、减粘重油7.37万吨），同期入库“10#沥青”8.62万吨。对此，该公司称这些沥青原料用于供本企业在河间租赁的沥青生产设备加工沥青，并提供了与河间中德化工科技有限公司（以下称中德化工）签订的沥青生产设备租赁合同。经查，2013年5—11月，该公司虽向中德化工支付租赁费，但未曾使用所签订租赁合同中的生产设备进行生产。进一步调查该公司涉及中德化工沥青原料的货物运输流向，以及询问中德化工有关人员，证实上述发出原料也并未运到中德化工，而是运到河间4个沥青生产厂家用于生产非应税产品“10#沥青”。经调查，这些厂家负责人承认，未曾与该公司签订任何设备租赁协议，也未收到租赁费，虽然中德化工的负责人承诺每吨沥青支付97元的加工费，但至今未支付任何费用。通过细致的内查外调，检查人员终于查明以下事实：该公司将应税消费品沥青原料用于生产非应税消费品沥青，而在沥青原料的移送环节未申报缴纳消费税。

【处理处罚结果】 税务机关共追缴该公司少缴的消费税7060.24万元、增值税248.17万元、企业所得税7251.32万元，并从上述税款滞纳之日起，按日加收滞纳税款万分之五的滞纳金。

【问题分析及工作启示】 对石油化工企业的消费税征管一直是税收征管中的一项难题，由于各种石化产品种类繁多，生产工艺复杂，不具备一定的专业知识，很难区分具体的石化产品种类并准确界定应税消费品和非应税消费品。本案中，企业为了降低税负，对生产过程和经营模式进行了“精心”的设计，使得生产业务看起来不应缴纳消费税，若非检查人员锲而不舍的细致取证和税务机关的严格执法，是难以追征到这笔消费税的。本案再一次提醒我们，艰苦细致的调查取证工作是做好稽查工作，维护税收秩序的基本前提和根本保证。

（天津市地方税务局稽查局供稿）

某电力财务有限公司东北分公司少缴税款案

【案件类别】 少缴税款案例

【案件所属行业】 其他金融业

【案件特点】 个人所得税的检查中，检查人员通常重视工资薪金的检查，忽视了其他方面。本案中，纳税人通过购买商业保险方式逃避扣缴个人所得税义务。该案的成功查处值得借鉴。

【案件来源】 日常检查

【基本案情】 该公司在“管理费用”科目下设立“应付职工薪酬——职工福利费——医疗费用”科目及“应付职工薪酬——社会保险费——

补充医疗保险”科目，“应付职工薪酬——社会保险费——补充医疗保险”科目中提取的资金并不为职工缴纳补充医疗保险，而是由公司内部劳资部门设立的社会保险管理办公室管理该笔资金的使用。在职工已参加基本医疗保险，每年已组织职工按照规定正常体检的情况下，在上述“应付职工薪酬——职工福利费——医疗费用”及“应付职工薪酬——社会保险费——补充医疗保险”科目下，按照级别为职工本人定额报销医药费，为职工子女定额报销医药费，按照级别办理可在辽宁电力中心医院购药、就医的医疗卡，为职工办理商业保险等等，未合并计入当月工资所得代扣代缴个人所得税。

【违法事实】　该公司2014年10月1437号凭证记载在“应付职工薪酬——职工福利费——医疗费用”科目下，为职工于某的女儿定额报销医药费7958元；2013年12月在“企业补充医疗保险账套”11号记账凭证下，按照级别为60名职工办理医疗补助卡共36.33万元；2014年11月“企业补充医疗保险账套”1号记账凭证下为61名职工办理“英大人寿泰和健康保障委托管理产品险”83.04万元，以上业务均未代扣代缴个人所得税。

【查办过程】　在接到案件查办指令后，检查人员在系统中认真查询企业的申报、入库等相关信息，做好查前的各项准备工作。具体检查过程和方法如下：

1. 认真核查账务资料，寻找案件疑点。检查人员对该公司2012—2014年的报表、账簿、合同等涉税资料进行了仔细查阅，最初决定把检查重点放在个人所得税方面，根据检查情况，该公司发放的工资、奖金均按税法规定代扣代缴了个人所得税。检查人员决定调整思路，着重对费用进行检查。在对“管理费用”科目检查时，发现该公司在“管理费用”科目下设立“应付职工薪酬——职工福利费——医疗费用”科目及“应付职工薪酬——社会保险费——补充医疗保险”科目，这两个科目个别月份数额较大。检查人员翻阅了原始凭证，发现上述两个二级科目并无原始票据，而是给由公司内部劳资部门设立的社会保险管理办公室负责拨付资金。如此大额的资金往来，具体有何用途，检查人员找到该公司财务负责人进行询问，财务负责人以不知道、不清楚为理由推脱。为此，检查人员找到该公司“社会保险管理办公室”寻求突破口。

2. 调查询问搜集证据，查清问题实质。该公司社会保险管理办公室的负责人以该部门人员正在调整，负责这块资金往来的人员正在休产假等各种理由拖延提供证据。检查人员给该公司下达了《责令限期改正通知书》，要求其在3天内提供资料，并且反复讲解政策。终于该负责人联系了正在休产假的具体业务人员向检查人员介绍当时的情况，并提供了证据资料。该笔资金是在职工已参加基本医疗保险，每年已组织职工按照规定正常体检的情况下，在上述“应付职工薪酬”的两个二级科目下按照级别为职工本人及子女定额报销医药费，按照级别可在辽宁电力中心医院购药、办理就医的医疗卡及参加商业保险等。虽然该部门提供了2013年12月在“企业补充医疗保险账套”记账凭证下为60名职工办理医疗补助卡共36.33万元；2014年11月“企业补充医疗保险账套”记账凭证下为61名职工办理“英大人寿泰和健康保障委托管理产品险”83.04万元，但是并未提供具体明细，检查人员无法将医疗补助卡和商业保险分摊到个人名下计算个人所得税。

3. 不辞辛苦外围取证，揭开案件真相。为了突破案件难点，检查人员又分别到辽宁电力中心医院以及英大人寿保险公司进行调查取证。在对辽宁电力中心医院调查中，该医院以涉及个人资料为由，拒绝配合，经过与财务主管和主管院长多个回合的交涉，最终取得了发放给职工个人的明细表等重要证据。检查人员在英大人寿保险公司得知，该公司在保险公司为公司员工购买了补充商业保险，实质上是该公司通过保险公司，以为职工购买商业保险的形式，发放给职工个人的医疗补助金。在取得上述明细证据后，检查人员又对该公司的相关负责人进行税法宣传、政策讲解。企业看到的事实证据清晰，检查人员耐心细心，终于打消了抵触情绪，积极配合检查工作，最终计算出了应补缴的个人所得税。

【处理处罚结果】　该公司为职工提供商业保险等医疗保障未合并计入当月工资所得代扣代缴个人所得税。责成该公司将以上工资薪金所得补扣补缴个人所得税93.32万元。鉴于该公司在限期内未补扣补缴个人所得税，对该公司处以应补扣补缴税款一倍的罚款，罚款金额93.32万元。

【问题分析及工作启示】　该公司少代扣代缴个人所得税，系财务人员对相关税收法律法规了解不够造成的，责任在该公司。建议该公司财务人员一要加强学习税收相关政策，二要依法树立诚信纳税的意识。

该案的成功查处，带来的启示有：

内查外调，突破检查难点。该案件采取内部检查与外部调查相结合的方法，对个人所得税的检查并不局限于工资奖金的发放上，而在福利费和保险费中发现异常，发现企业在代扣代缴个人所得税方面存在问题。在检查过程中，通过外部调查取证，多方走访，突破检查难点，最终核实出企业少缴个人所得税的数额。

注重税法宣传，做到以查促管。随着行业竞争的日益激烈，企业采取各种手段刺激员工积极性，尤其是经济效益较好的企业，利用各种名目发放实物或者其他形式的奖励、补贴，特别是逢年过节发放的实物或奖金，以及本案中新出现的为职工定额报销医药费和为职工缴纳商业保险等。企业将此项支出认为是免税福利，从而没有代扣代缴个人所得税，说明个人所得税的宣传辅导还有待加强。案件查处后，要及时将稽查中发现的问题反馈到管理环节，真正做到以查促管。

（辽宁省地方税务局稽查处供稿）

某境外基金公司少缴税款案

【案件类别】 少缴税款案例

【案件所属行业】 其他金融业

【案件特点】 本案的亮点在于借助互联网公开信息开展税务稽查工作。检查人员围绕间接转让股权的认定，与时俱进，积极探索和实践了“互联网+税务稽查”的工作方法，为今后税务稽查的现代化提供了宝贵经验。

【案件来源】 日常检查

【基本案情】 苏州工业园区国税局稽查局运用“互联网+”思维，收集线索、固定证据，查实某境外公司与苏州某置业公司境外股东香港置地公司之间通过间接转让股权逃避缴纳税款，共计追缴企业所得税748.52万元，并补缴利息222.91万元。

【违法事实】 某境外基金公司与苏州某置业公司境外股东香港置地公司之间通过间接转让股权，规避缴纳企业所得税义务。

【查办过程】 网络寻踪，发现线索。在对苏州某置业公司的检查过程中，检查人员依照惯例多渠道收集数据情报，运用“互联网+”思维，搜索苏州环球项目的相关资料时，发现了一篇题为《境外基金公司苏州环球项目开盘反映良好》的文章，引起了检查人员的注意，境外基金公司与苏州环球项目有什么联系，为什么会有这样的宣传，其中是否会有涉税事项呢？检查人员继续从互联网和税务系统两方面入手查找境外基金公司的资料，发现该公司是一家主要从事国内房地产投资的公司；查询税务登记和税务变更信息，苏州置业公司的投资方从来没有出现过这家境外基金公司。综合掌握的情况，检查人员判断境外基金公司很有可能间接投资了苏州置业公司。

查询公告，初露端倪。带着上述判断，检查人员约谈了苏州置业公司的高管和财务人员，但他们却并不了解境外基金公司的投资情况，只知道苏州置业公司是在香港置地公司旗下的子公司。根据这条信息，检查人员顺藤摸瓜，功夫不负有心人，在网上查询到了香港置地公司的上市公司公告，发现香港置地公司于2008年6月2日披露将旗下的SPG XIII公司40%的股权以28350万元的价格转让给境外某基金公司。一年后，香港置地公司于2009年10月21日再次披露：以35830万元的价格从境外基金公司回购了SPG XIII公司的上述股份。综合两份公告披露的交易情况看，交易双方通过两层架构间接转让了苏州置业公司的股权。

研读政策，网络取证。检查人员主动研读相关的税收政策，分析交易情况，香港置地公司通过SPG XIII公司和SPG XIV公司控制苏州置业公司，两家中间公司都注册在英属维尔京群岛，而英属维尔京群岛是典型的避税地。案件逐渐清晰，问题浮出水面，交易双方是否通过税收筹划，利用避税地公司间接转让中国居民企业股权，是否应当缴纳企业所得税？在互联网上检查人员又查询到境外基金公司的公告，介绍了其收购苏州环球项目40%股权的情况，其中完全没有提及SPG XIII公司，间接证明了SPG XIII公司是空壳公司的事实。检查人员还发现了香港置地公司关于签订售股协议的公告：股权交易价格按照双方公平协商达成，按照可销售建筑面积厘定。检查人员判断境外基金公司交易 SPG XIII 公司股权的行为，同时符合以下 4 种情形：第一，SPG XIII 公司股权 100% 的价值是来源于境内的苏州置业公司；第二，2008 年 6 月前的一年内任一时点，SPG XIII 公司资产总额 100% 直接由在中国境内的投资构成；第三，SPG XIII 公司虽在英属维尔京群岛注册，以满足法律所要求的组织形式，但实际履行的功能及承担的风险有限，不足以证实其具有经济实质；第四，间接转让中国应税财产交易在境外应缴所得税税负低于直接转让中国应税财产交易在中国的可能税负。根据《国家税务总局关于非居民企业间接转让财产企业所得税若干问题的公告》（国家税务总局公告 2015 年第 7 号）第四条规定，应直接认定为该项交易不具有合理商业目的，应当缴纳企业所得税。

多次交锋，以理服人。经过前期的充分准备，检查人员与企业展开约谈，将该笔交易的调查情况通报了境外基金公司，而境外基金公司却辩称，该笔交易不是股权转让，交易实质上是“明股实债”，是香港置地公司向境外基金公司借了一笔资金，只是由于土地抵押、外汇管制等原因没有签订借款协议，而是通过股权的形式来保障境外基金公司的利益，中间的差价实质上就是借款的利息；同时境外基金公司买卖 SPG XIII 公司股份的交易已在 2009 年 11 月 3 日全部完成，当时《国家税务总局关于加强非居民企业股权转让所得企业所得税管理的通知》（国税函〔2009〕698 号）尚未公布，因此不需要向中国税务机关进行申报工作。检查人员指出从法律角度上看，该笔交易就是单纯的股权转让行为，有 3 点原因：一是借款应签订借款合同，规定借款利息和还款期限；二是香港置地公司的公告上披露的是股权转让交易，上市公司公告是需要负法律责任的；三是境外基金公司的公开信息也披露收购了一项位于苏州的多用途房地产项目。另外，《国家税务总局关于加强非居民企业股权转让所得企业所得税管理的通知》（国税函〔2009〕698 号）第十条规定，该通知自 2008 年 1 月 1 日起执行。经过数次艰难的交锋后，最终境外基金公司认可了检查人员的观点，同意补税并加收利息。

趁热打铁，再接再厉。在约谈境外基金公司取得成果后，检查人员再接再厉又展开与交易的另一方香港置地公司的约谈。检查人员从香港置地公司获取了投资苏州置业公司时的资料，进行了整理、计算，得到结果：股权转让价 < 股权成本价，股权转让所得为 0。检查人员对此结果进行分析，2008 年金融危机，国内房产市场低迷，而且交易双方为非关联企业，转让价格略低符合独立交易原则。

【处理处罚结果】 根据调查取证情况和相关法律法规，确定境外基金公司间接转让居民企业股权，规避企业所得税纳税义务。1. 根据《中华人民共和国企业所得税法》第八条、第四十七条规定，补缴企业所得税 748.52 万元。2. 根据《中华人民共和国企业所得税法实施条例》第一百二十一、一百二十二条规定，补缴利息 222.91 万元。

【问题分析及工作启示】 1. 树立“互联网 +”思维，拓宽税收情报收集范围。非居民企业间接转让股权的交易双方和交易对象均在境外，税务机关很难及时发现涉税事项的发生，常常处于被动地位。该案中检查人员通过互联网才发现线索，收集情报，最后确认了违法事实。

2. 加强“互联网 + 税务稽查”的立法和制度建设。一是完善税收立法，在法律上明确“互联网 + 税务稽查”调查取证的权限。二是针对“互联网 + 税务稽查”取证的方式和程序、证据的处理与固定等，制定详细严密、操作性强的制度办法。三是制定和完善相关内部控制制度，明确稽查执法人员的责任，约束稽查执法人员的行为。

3. 加强互联网大数据平台建设，在资源共享的基础上实现“互联网 + 税务稽查”。一是建立大数据平台，不仅包括政府部门，而且要涵盖其他相关的非政府部门的涉税信息平台。二是将税务数据平台向电子商务平台、网络支付平台等更多的第三方平台扩展和运用。三是紧密结合稽查工作实际，研究开发适合互联网的稽查应用软件。

（江苏省国家税务局稽查局供稿）

某房地产公司少缴税款案

【案件类别】 少缴税款案例

【案件所属行业】 房地产开发经营业

【案件特点】 检查人员采取实地检查方式，运用详查法，重点对公司各项销售明细及地方税申报缴纳情况进行检查。特别是对公司与政府以建设安置房换取地块的土地成本和土地增值税预缴、清算进行重点检查。成功查处该公司利用股权转让筹划规避缴纳土地增值税的违法事实。

【案件来源】 重点税源户检查

【基本案情】 池州市某房地产公司成立于2007年7月9日，注册资本6000万元；经营范围：房地产开发与经营，财务独立核算，账证齐全，实行网上申报。2008年拍得36.12万平方米国有土地使用权，其中：自己开发用地24.44万平方米，安置房用地11.67万平方米。

该房地产公司于2011年9月立项，在面积15.26万平方米的土地上进行房地产开发。总建筑面积30.53平方米，分A、B、C、D、E、F、G组团进行开发销售，截至2013年底已竣工验收并销售的项目有A、B、G组团。

【违法事实】 检查组在土地出让合同等资料中发现该公司共取得3块土地：一块11.67万平方米地用于替政府建造安置房，有与政府签订的协议和政府会议纪要为证；一块15.26万平方米土地用于自己开发项目并对外销售，有国有土地使用证、规划证、预售证等为证；剩下的最后一块9.18万平方米土地却没有说明相关用途。经多次政策宣讲，财务经理接受了询问，证实最后一块地已于2010年划拨给了该公司的全资子公司，该子公司也是房地产开发企业。而该子公司已转让给了他人。检查组要求提供子公司股权转让合同和价款，财务经理只提供了投资收益200余万元的账务处理凭证，其他则推托不知，且一再认为是股权转让，不应涉及营业税和土地增值税等税收事宜。

【查办过程】 为查清该房地产公司9.18万平方米土地交易情况，检查组做了精心安排：一方面查阅复制公司土地划转协议，固定证据；另一方面到子公司（公司已呈瘫痪状态，法定代表人已跑路）曾经委托代理记账的会计师事务所，了解取得土地情形、账面成本、公司运营情况等。在基本情况掌握后，赴池州市国土局、工商局了解土地划转和股权变更情况，进行佐证。经了解得知，该公司2010年将未开发的9.18万平方米的裸地划转到子公司情况属实，并办理了土地权属变更，且在土地划转时间不长就转让了91%股权，仅保留9%股权，但到工商部门调查仍未发现实际转让价款。

企业将裸地转让给子公司，是否是仅仅为了规避国土部门严禁裸地转让的规定？企业通过子公司将股权转让给自然人，仅仅是股权转让，是否涉及相关税收？转让协议在哪里？转让价格到底是多少？土地增值额如何确定？带着重重疑问，检查组查找相关税收政策，召开案情分析会，认为根据现行税收政策，企业投资或转让如果涉及土地等不动产，只要有一方从事房地产开发，都要征收土地增值税，该公司土地交易情况符合税收政策规定，应该征收土地增值税。经过分析讨论，检查组与企业法定代表人联系，向其宣传税收政策、阐明法律责任，最终法定代表人授权总公司财务总监来池州接受税务调查。为取得有效证据，检查组提前做好了询问准备，列出询问提纲、准备好法律文书、制作多种应对方案，尽可能地将情况考虑周全。经询问，财务总监说出了当时转让剩下的最后一块土地时，专门请会计师事务所进行了税收筹划，决定以先裸地投资，后转让股权的方式，达到少交税目的。其提供的子公司股权转让协议显示，2010年7月子公司将91%股份转让，账面反映转让价款为1000万元（其中股本728万元、股权溢价272万元）。经查，该公司当时以账面成本7209.23万元划转给子公司的9.18万平方米土地，实际应分摊成本为6816.38万元。子公司将91%的股份转让给3个自然人时产生投资收益272万元。因此向子公司投资转让的该宗土地实际作价应为账面成本加投资收益合计7481.23万元。根据《中华人民共和国土地增值税暂行条例》第二条、第三条和《国家税务总局关于印发〈土地增值税宣传提纲〉》的通知（国税函发（1995）110号）规定，扣减成本后，该地块增值额为664.85万元，增值率为9.75%，适用30%税率，该公司应申报缴纳土地增值税 199.46 万元。

【处理处罚结果】　检查结果向该公司反馈后，公司财务人员情绪激动，不予接受，认为公司投资成立全资子公司，将土地划拨给全资子公司属非投资行为，应作为公司债务反映；引进投资合伙人，转让子公司股权产生的投资收益，也不应进行土地增值税清算。经过多方征询和向上级请示，检查组认为该公司将裸地划拨给全资子公司、再将绝大部分股权转让给自然人的行为，实质上是以土地作价投资再转让股权的行为，应该按照《财政部　国家税务总局关于土地增值税若干问题的通知》（财税〔2006〕21 号）规定对该地块的投资行为进行土地增值税清算。经过反复政策宣传，陈明利害，慑于法律威严，该公司终于承认错误，按规定补缴土地增值税 199.46 万元。

【问题分析及工作启示】　对于涉及纳税人生产经营的相关合同协议，检查人员不仅要从形式上审查其是否规范、手续是否完备、合同内容是否真实，还要结合合同的实际执行情况，对合同条款所规定的内容进行实质性审查，这样才能防止纳税人有意避税。

许多私营企业财务不规范，企业大多数聘请代理记账会计，其记账以业主提供的资料为基础，往往和实际情况有很大出入，税务部门仅就账查账，很多时候检查不出问题。这就给税务机关提出了更高的要求，要求查账外账、关联账，通过对其业务单位的调查来核对其业务真实性，以防止其偷逃国家税款，堵塞税收漏洞。

经过税务机关多年以来的宣传辅导，纳税人的法律意识有了较大的提高，只要税务干部在工作中耐心细致，实事求是，态度端正，宣传到位，就能够得到纳税人的理解和支持，工作就能取得较好的效果。该公司财务人员对应补缴土地增值税一度也有过思想情绪上的波动，经检查人员指出如不进行清算补缴，所将面临的进一步的法律责任，该公司还是按规定补缴了税款和滞纳金。

税源管理局不仅要注意掌握纳税人生产经营的各项资料、合同，还要对企业签订合同的具体执行情况，进行逐年的跟踪了解，进行实地察看，才能准确掌握企业的实际情况，对企业的税收管理作出及时的指导，引导企业按照税收法律法规的规定，准确及时地申报缴纳税款。

（安徽省地方税务局稽查局供稿）

某房地产开发建筑有限公司少缴税款案

【案件类别】　少缴税款案例

【案件所属行业】　房地产开发经营业

【案件特点】　该公司未在土地使用权所在地税务机关烟台地税局牟平分局进行过税务登记，也未申报缴纳过税款。其在机构所在地在烟台市开发区，其也未申报过转让土地使用权的相关税收。根据该房地产开发建筑有限公司的行业特点和企业状况，在制定检查预案的基础上，检查人员对该单位实施了突击检查，查明违法事实证据，并准确适用法律对相关的涉税违法问题作出正确的税务处理决定。

【案件来源】　人工选案

【基本案情】　经查证，该公司于 2006 年 10 月从烟台某置业有限公司以 3100 万元的价格受让了一宗土地，于 2013 年 2 月以 5600 万元的价格将土地转让给某置业发展有限公司，合同约定先期付款 4500 万元，余款 1100 万元用开盘的房屋进行抵顶。经计算，该公司少申报缴纳营业税、城市维护建设税、城镇土地使用税、印花税、土地增值税等各项税款及附加共计 724.07 万元。

【违法事实】　营业税金及附加。该公司于 2013 年 2 月 28 日与某置业发展有限公司签订土地使用权转让协议，合同金额 5600 万元，根据合同约定的付款日期，该公司 2013 年 2 月应确认收入 914.1 万元，2013 年 5 月应确认收入 3585.59 万元，未申报缴纳营业税金及附加。该公司应补缴营业税 225 万元、城市维护建设税 15.75 万元、教育费附加 6.75 万元、地方教育附加 4.5 万元。城镇土地使用税。该公司于 2006 年 10 月从烟台某置业有限公司取得位于烟台市牟平区的二类土地面积 2.06 万平方米，未申报缴纳城镇土地使用税。该公司应补缴 2006 年 11 月—2013 年 2 月城镇土地使用税 77.27 万元。印花税。该公司于 2013 年 2 月 28 日与某置业发展有限公司签订土地使用权转让协议价款5600万元，未申报缴纳印花税。该公司应补缴印花税2.8万元。土地增值税。该公司于2013年2月28日与某置业发展有限公司签订土地使用权转让协议，取得土地使用权转让收入5600万元，未申报缴纳土地增值税。由于该公司无法提供取得土地使用权的发票，土地增值税实行核定征收，该公司应补缴土地增值税392万元。

以上共计少申报缴纳营业税、城市维护建设税、城镇土地使用税、印花税、土地增值税等各项税款及附加共计724.07万元。

【查办过程】 例行检查，收据引出案中案。2015年4月底，烟台地税局牟平分局稽查局根据年初检查计划，对辖区内某置业发展有限公司2013—2014年度地方税收申报缴纳情况进行检查。检查人员在检查开发成本明细账时，发现其2013年支付4500万元购买了牟平区的一块土地使用权。检查人员遂调取了原始凭证进行核实，该原始凭证只附了一张烟台某房地产开发建筑有限公司开具的自制收据及银行付款凭证。检查人员当即对会计人员进行了询问，得知某置业发展有限公司从烟台某房地产开发建筑有限公司取得了土地，价款5600万元，款项未付完，所以未开具发票。敏感的检查人员觉得事情没有那么简单，绝不能放过任何蛛丝马迹。

外围调查，搜集相关证据。检查人员履行相关手续，到烟台市国土局牟平分局进行了调查取证。调取了该宗土地的土地出让合同、四至平面图、宗地面积等土地资料。发现这宗土地的使用者竟是土地所在村的村委会，看来这块土地转了好几手。随后，检查人员实地察看了涉案的这块土地，该块土地杂草丛生，四周铁皮围挡，看不出该块土地竟易手多次，这土地也确实未开始开发，只是纯粹的土地转让行为。检查人员又通过金税三期工程数据管理系统进行查询，了解到该公司未在土地使用权所在地税务机关进行过税务登记，也未申报缴纳过税款。查询到其机构所在地在烟台市开发区，其也未申报过转让土地使用权的相关税收。检查人员心中对案件有了大致的了解。

突击检查，案件水落石出。检查人员对烟台某房地产开发建筑有限公司进行了突击检查。对财务人员进行了仔细的询问，并出具了相关的证据。迫于检查人员的询问压力，财务人员不得已同公司领导通了电话，提供了该公司从他人手中受让土地，又将土地进行转让的相关合同。从该公司提供的相关合同中发现，该公司于2006年10月从烟台某置业有限公司以3100万元的价格受让了该宗土地。又于2013年2月以5600万元的价格转让给某置业发展有限公司。合同约定先期付款4500万元，余款1100万元用开盘的房屋进行抵顶。

【处理处罚结果】 根据《中华人民共和国税收征收管理法》等相关法律条文的规定，烟台地税局牟平分局稽查局责令该房地产开发建筑有限公司，限期补缴上述应缴未缴的各项税款及附加，对该公司应缴未缴的营业税、城市维护建设税、印花税和城镇土地使用税处0.5倍的罚款160.41万元，并加收了相应的滞纳金。

【问题分析及工作启示】 问题分析。对企业进行检查时，不要只就被查企业的纳税情况进行检查，而要对企业的所有业务进行检查，对其列支的各项凭证资料进行检查，是否有以收据代替发票列支相关成本费用的，从而发现其他单位的税收违法行为。

工作启示。一是形成查税必查票的检查制度。通过对该案的查处，发现一些跨地区、跨主管税务机关的经营项目，利用税务机关对其临时性的经营活动难以掌握，在发票上做文章，达到不缴税款的目的。这就要求税务人员在检查时，要注重审查核对原始凭证，将其发票检查列为重点，善于发现案中案，并对违规使用发票问题，实行一案双查，从严处理，从制度上保证以票控税链条的完整性。二是重视第三方信息的取得，进一步搞好社会综合治税工作。寻找突破口，提高稽查工作效率，第三方信息的取得至关重要。该案中涉及的土地使用权转让业务，须到国土资源部门办理相关的转让手续，因此税务机关要加强与相关单位的工作协调及配合，实现信息共享，从而达到事半功倍的效果。

（山东省地方税务局稽查局供稿）

某物业发展有限公司涉税案

【案件类别】 少缴税款案例

【案件所属行业】 房地产业

【案件来源】 举报案件

【基本案情】 湖南某物业发展有限公司成立于1994年12月，法定代表人孙昌文，经营地址：芙蓉区韭菜园商住楼108号，登记注册类型：有限责任公司，主要从事房地产开发及销售。该公司的地税主管税务机关是长沙市芙蓉区地税局。

【违法事实】 经长沙市地税局稽查局检查核实，该单位2009年1月1日—2011年12月31日应补缴营业税2276.62万元，城市维护建设税311.26万元，教育费附加及地方教育附加200.74万元，土地增值税2414.30万元，城镇土地使用税23.80万元，房产税244.88万元，印花税39.03万元，企业所得税2233.31万元；对违反发票管理法规的行为处以罚款1万元，印花税罚款19.51万元；以上应补税款合计7743.94万元，罚款合计20.51万元。

【查办过程】 检查人员以账内蛛丝马迹为线索，结合开发项目的实际使用情况，对其与10余家单位的往来业务深度调查取证，证实其开发成本的混乱无序。同时核对销售合同和在房管局过户登记情况，清晰地核实其房屋的真实销售收入，从而发现大量少缴税款的事实。

【处理处罚结果】 依照《中华人民共和国税收征收管理法》等相关法律法规的有关规定，对其处以追缴税款7743.94万元的行政处理、处以罚款20.51万元的行政处罚。

【执行情况】 该企业在长沙地税局稽查局下达《税务处理决定书》《税务行政处罚决定书》后，办公场所已人去楼空，财务人员已辞职，法定代表人无法找到，长沙市地税局稽查局于2014年8月6日在《长沙晚报》公告送达《税务处理决定书》《税务行政处罚决定书》。

因该单位一直未补缴税款，长沙市地税局稽查局分别于2014年11月14日、2016年1月25日在《长沙晚报》对该单位公告送达了《限期缴纳通知书》，但至今仍未缴纳欠税。该单位也未提供纳税担保。根据《重大税收违法案件信息公布办法（试行）》的规定，长沙市地税局稽查局2015年4月已将该单位报省局稽查局进行违法案件公告，并于2015年7月在长沙信用网将该单位纳入“黑名单”进行联合惩戒。根据《中华人民共和国税收征收管理法》第四十四条的规定，长沙市地税局稽查局已于2015年4月23日阻止该单位的法定代表人孙昌文出境。

目前，长沙市地税局稽查局正在进行相关逃避追缴欠税证据的收集工作，待证据完整后再将此单位移送长沙市公安局经侦支队立案查处。

【问题分析及工作启示】 该案涉及金额大，在执行过程中又极不配合，性质十分恶劣。在对其财产进行详细调查摸底后，及时组织强制执行，避免国家税款流失。

（湖南省地方税务局稽查局供稿）

某实业有限公司少缴税款案

【案件类别】 少缴税款案例

【案件所属行业】 房地产开发经营业

【案件特点】 该案系税务总局曝光案件。

【案件来源】 举报案件

【基本案情】 重庆某实业有限公司成立于1995年2月，系有限责任公司，法定代表人卫某，注册地址位于重庆市渝中区中山四路，主要从事房地产开发。2007年，重庆地税局第一稽查局接市局举报中心转来匿名举报信，称重庆某实业有限公司转让土地未缴纳营业税及土地增值税，在检查过程中，发现该公司2004—2006年期间存在少缴纳房产税、印花税和企业所得税的问题。

【违法事实】 重庆某实业有限公司2004—2006年间增加的营业用房少申报房产税6.72万元，2005年获取的债权人东方资产公司的债务豁免3797万元记入“实收资本”会计科目未申报印花税1.90万元，2004—2005年将已提未付的资金利息、直接向受赠人的捐款以及豁免的债务等未作纳税调整，未申报缴纳企业所得税261.12万元。

【查办过程】 2007年，重庆地税局第一稽查局接到市局举报中心转来的重庆某实业有限公司公司转让土地未缴纳营业税及土地增值税后，即开始对该公司开展税务检查。然而在检查过程中，该公司因涉嫌刑事犯罪被公安机关立案侦查，相关财务人员及法定代表人均被公安机关控制，财务资料也被公安机关调取，所有案件信息检查人员都无从了解，导致检查无法进行，只得将该案暂时搁置。直到2011年，才明确该案系刑事专案，重庆地税局第一稽查局正式办理了案件中止检查审批程序。2014年，该公司所涉刑事案件终结，相关财务资料返还给了公司，案件中止理由消失，于2014年4月18日办理了案件解除中止程序，恢复对该公司的税务检查。检查人员依法对上述情况进行了调查取证，检查发现所举报内容与该公司无关，检查人员随即将视线转移到地税部门管辖的其他税种。经过查阅该公司的会计凭证、账簿及相关报表、经济合同，同时询问相关人员，检查发现以下几个方面存在问题：一是房产税，该公司2004—2005年，房产原值720.31万元，应缴12.10万元，已缴7.55万元，少缴4.55万元；2006年1—2月，房产原值720.31万元，应缴1.01万元，2016年3—12月，房产原值为255.38万元，应缴1.79万元，合计应缴2.8万元，已缴0.63万元，少缴2.17万元。3年合计少缴房产税6.72万元。二是印花税，2005年该公司将东方资产公司债务豁免3797万元，计入“资本公积”科目，应缴未缴印花税1.9万元。三是企业所得税，该公司2004年预提利息1540万元，计入“财务费用”，应调增2004年应纳税所得额；2004年向开江金山寺捐款10万元，列支“营业外支出”科目，应调增2004年应纳税所得额；2004年应补缴房产税2.28万元，应调减2004年应纳税所得额；应弥补亏损4179.34万元；弥亏后2004年应纳税所得额为-2631.62万元。该公司2005年东方资产管理公司豁免债务本金3797万元，应作为债务重组所得纳入当期应纳税所得，应调增2005年应纳税所得额；2005年应补缴房产税2.28万元、印花税1.9万元，应调减2005年应纳税所得额；应弥补以前年度亏损2631.62万元，2005年亏损369.93万元；弥亏后2005年应纳税所得额为791.28万元。应补缴2005年企业所得税261.12万元。

【处理处罚结果】 一是根据《中华人民共和国房产税暂行条例》第一条、第二条、第三条、第四条，《中华人民共和国税收征收管理法》第三十二条、第六十四条规定，对该公司追缴2004—2006年3年房产税合计6.72万元，对少缴税款的行为处以0.5倍罚款3.36万元，并从税款滞纳之日起按日加收万分之五的滞纳金。二是根据《中华人民共和国印花税暂行条例》第一条、第二条、第三条、第五条、第六条、第七条，《国家税务总局关于印花税违章处罚有关问题的通知》（国税发〔2004〕15号），以及《中华人民共和国税收征收管理法》第三十二条、第六十四条规定，对该公司追缴2005年印花税1.9万元，对少缴税款的行为处以0.5倍罚款0.95万元；并从税款滞纳之日起按日加收万分之五的滞纳金。三是根据《中华人民共和国企业所得税暂行条例》第一条、第二条、第三条、第五条，《中华人民共和国税收征收管理法》第三十二条、第六十四条规定，对该公司追缴2005年企业所得税261.12万元，对少缴税款的行为处以0.5倍罚款130.56万元，并从税款滞纳之日起按日加收万分之五的滞纳金。

【问题分析及工作启示】 该案进入执行环节后，执行人员依法向该公司送达了税务处理决定书和税务行政处罚决定书，该公司签收了执法文书，但法定代表人因合同诈骗被判刑入狱，所有资产已经被法院拍卖并准备分配给债权人，公司也没有收入来源，无力缴纳应缴的税款及罚款。执行人员随即与主办该公司冻结财产执行的重庆市高级人民法院执行局（以下简称高院执行局）取得联系，得知该局已冻结该公司近亿元的现金资产，正与债权人协商分配事宜，重庆地税局第一稽查局立即发函请求其协助执行该公司所欠税款及罚款，通过与债权人协商，高院执行局将税款纳入了财产分配计划，后因为该公司债权人之一农业银行渝中区支行向渝中区法院提出要求该公司破产，且到目前为止渝中区人民法院受理该诉讼请求后尚未指定破产管理人，执行工作陷入中止的状态。

从该案的检查情况来看，该公司本身的涉税问题并不复杂，但由于该公司牵扯的各种外界因素较多，期间检查人员也曾多次与企业相关人员、司法机关沟通，由于衔接未果，导致案件检查中止。而在最后虽然完成了检查，送达了税务执法文书，但由于该公司已处于破产状态，使得执行工作难以推行。在该案的执行工作中，执行人员遇到的以下问题也值得思考。一是涉税滞纳金和罚款的破产财产分配排序处于法条真空地带。虽然该公司被冻结的现金资产完全能够缴纳欠缴的税款和罚款，然而从现行法律条文来看，尽管对税款分配地位不存在法理障碍（《中华人民共和国税收征收管理法》第四十五条规定：税务机关征收税款，税收优先于无担保债权，纳税人欠缴的税款发生在纳税人以其财产设定抵押、质押或者纳税人的财产被留置之前的，税收应当先于抵押权、质权、留置权执行；《中华人民共和国企业破产法》第一百一十三条规定欠缴的税款优于普通破产债权），但对于逾期解缴税款所产生的滞纳金和违反税法被处以的罚款应如何分配，在各个法条中却难觅踪影。二是司法实践中税款的优先权难以得到保障。尽管在相关法律中已明确规定了税款的优先级，但在当前司法实践中，公司被宣告破产之前，税款往往与其他债权人的所有债权处于同一分配序列，并无优先权可言。而公司被宣告破产后，税款的优先权能否得到保障，很大程度上取决于破产管理人的主观态度。由于破产企业已经资不抵债，债权人数量多，涉及面广，税款仅仅是破产债权之一，破产管理人提出的破产财产分配方案往往会优先考虑到社会影响、维护社会稳定等因素，而此类分配方案一旦在债权人会议上半数通过，税款就很难得到足额有效的分配，导致税款流失。三是涉税案件部门协作任重而道远。该案检查和执行环节，均与司法部门有交集，影响案件查结最大的因素也来自于外界司法部门。检查期间，检查人员多次与公安部门沟通，仍然无法取得公司账簿资料；执行期间，执行人员从非官方渠道得知该公司资产已被冻结，才及时与法院取得联系。而此类工作多数只能由税务机关主动沟通协调，很少有来自于司法机关的相关有效信息。

纵观近年来税务稽查部门查处的涉税违法案件中，该案涉及的问题虽然并不普遍，但其对稽查案件的质效以及查补收入的征缴有着直接的影响，一定程度上也影响了税务稽查执法的刚性。以下为化解这一被动局面的几点思考：一是涉税滞纳金及罚款在民事法律关系中的地位应予以明确。在民法相关条文中对税款多次提及，但因欠缴税款行为派生出来的涉税滞纳金及罚款是与税款同等地位还是归类于普通债权，目前争议较大。建议司法解释明确涉税滞纳金及罚款在破产债权中的优先级，以解决法律层面上的问题。二是税务机关应完善对外涉税文书。该案中，税务机关在将欠税作为债权申报时，对应制作何种文书产生了较大的分歧。最后在法律顾问的建议下，只能以公函的形式向破产管理人申报。由于没有对社会公告的规范性的文书，在破产管理人拟定分配方案时难以形成有效的约束力。建议对此类文书，应联合司法部门制定相应的要式文书，并对社会公告，以解决形式上的问题。三是完善信息沟通机制和渠道。为了防止稽查人员在办理类似案件中陷入被动的局面，建议完善与第三方部门的机制，建立行政与司法案件信息共享的渠道，对税务机关立案检查的案件，相应的涉税信息第一手资料能够及时地取得，由被动协调变为相互沟通，避免因信息不对称导致税务机关丧失案件查处的最佳时机。

（重庆市地方税务局稽查处供稿）

某天然气公司少缴税款案

【案件类别】　少缴税款案例

【案件所属行业】　燃气生产和供应业

【案件特点】　分解隐匿债务造成少缴债务重组利得企业所得税。

【案件来源】　人工选案

【基本案情】　四川某天然气有限公司成立于1998年7月7日，法定代表人曾某，注册资本2500万元人民币，公司类型为有限责任公司（非自然人投资或控股的法人独资），经营范围包括许可经营项目：销售管道天然气，液化石油气；一般经营项目：销售燃气设备，厨房用具，五金、交电产品，建筑材料（不含木材），化工产品（不含危险化学品）；燃气设备维修、安装；液化石油气仓储服务。企业所得税由地税局征收管理。检查发现该公司主要存在少缴债务重组利得企业所得税等问题。

【违法事实】　经检查核实，该公司不按实际占用的应税地段土地面积申报缴纳城镇土地使用税

10.34万元；该公司未将房屋装潢款及土地价值计入房产原值造成少缴房产税0.64万元；该公司分解隐匿债务造成少缴债务重组利得企业所得税44.25万元。

【查办过程】 1. 认真细致做好查前预案工作。接到检查任务后，检查人员首先对选案部门提供的《税务稽查项目书》所列示的相关涉税信息进行分析，该公司应涉及的地方税收都有申报缴纳，企业所得税每年也都进行了汇算清缴，财务核算较规范。但细心的检查人员发现，每年该公司申报缴纳的房产税、城镇土地使用税、企业所得税的金额与其近几年发展速度和规模极不相称，因此，检查组决定到征管部门了解情况，并调取该公司的征管档案以便作进一步综合分析。根据了解的情况发现：该公司由于历史包袱沉重，经几次改制重组走到现在，随着城镇化进程的加快，公司经营规模和经营业绩得到了较大发展，企业所得税享受西部大开发15%的优惠税率。检查小组确定将检查重点放在核实历史债务处理、固定资产和无形资产的增减上。

2. 检查具体方法。稽查人员根据案头分析，结合该公司生产经营管理较规范，财务制度健全，财务人员对会计和税收业务知识比较熟悉的情况，决定采取实地检查与外围调查相结合的方式。

立足账务检查，发现疑点。为了不影响被查对象正常工作，减轻纳税人负担，检查组采取了调账检查方式。经对账务全面细致的检查，发现被查对象在营业税及附加、个人所得扣缴方面都履行得较好，未发现问题。于是检查人员将重点放在往来账和资产账户上，首先，在核查资产账户时，发现公司所属的脱硫站、加气站、配气站、收费大厅、苗圃、办公楼、职工住宅楼的房产证、土地使用权证不能全部提供，同时有装潢款从在建工程结转到固定资产，土地价款单独计价列账等情形；其次，在核查往来账时，发现该公司2013年经过债务重组，核销了一笔本金为1300万元的建设银行长期借款，该笔借款于2011年底就停止计息，并且该笔债务重组利得980万元已计入营业外收入，进一步查看原始凭证发现，该笔债务重组方式为：债务人支付320万元现金，其余980万元债权人予以豁免，账务处理没有任何问题，按常理对该笔业务的检查应该到此结束，但检查人员的职业判断告诉自己，该笔债务重组仍可能有猫腻，既然一笔长期银行借款予以部分豁免，说明企业以前年度有计提相应贷款利息未支付的情形。核实“应付利息——长期借款利息”明细账，发现该账户2013年末贷方余额为702万元，2012年和2013年均未发生，进一步核实其构成明细，并没有建设银行这笔贷款所计提的利息，而反观2013年对该笔债务重组时长期借款总账贷方余额为1480万元（其中：建设银行1300万元、农业银行180万元），2012—2013年重组时没有发生额，显然“应付利息——长期借款利息——农行”702万元有问题。带着以上疑问，检查人员对财务负责人进行了询问，问及房产税和城镇土地使用税存在的疑问，财务负责人承认由于有部分土地闲置，就没有按实际占用的证载面积申报缴纳城镇土地使用税；同时未将土地价值和装潢款按规定计入房产原值申报缴纳房产税。而被问及1300万元建设银行贷款是否有计提未付的利息时，财务人员矢口否认，当被问到“长期借款”构成与“应付利息——长期借款利息”构成为何不匹配时，财务负责人低下了头，承认当时想把702万元长期借款利息，在今后处理农业银行贷款时一并处理。经进一步核实，已计提未付的建设银行长期借款利息306万元。

外围调查，固定证据。尽管被查对象财务负责人对以上违法事实供认不讳，但证据的收集固定仍显不足，针对以上违法事实，检查组分别到建行、房管局、建设局、国土局，调取相关证据，锁定违法事实。

【处理处罚结果】 根据《中华人民共和国税收征收管理法》第六十三条第一款规定，追缴该公司进行虚假的纳税申报造成少缴的城镇土地使用税10.34万元、房产税0.64万元、企业所得税44.25万元。

根据《中华人民共和国税收征收管理法》第三十二条规定，对该公司进行虚假的纳税申报造成少缴的城镇土地使用税10.34万元、房产税0.64万元、企业所得税44.25万元。从滞纳税款之日起，按日加收滞纳税款万分之五的滞纳金。

根据《中华人民共和国税收征收管理法》第六十三条第一款的规定，对该公司进行虚假的纳税申报造成少缴的城镇土地使用税10.34万元、房产税0.64万元、企业所得税44.25万元，处以少缴税款0.5倍的罚款，即27.61万元。

由于该公司能积极配合检查，主动承认错误，并积极补缴了税款，加之偷税比例未达到移送标准，因此不予移送公安处理。

【问题分析及工作启示】 查处本案的认识及体会。一是做实做细查前预案是查处本案的关键。

查前获取第三方信息结合征管资料进行比对分析，发现疑点，确定检查方向和重点。二是账务检查力求精细是查处本案的保障。账务检查力求精益求精，对一笔有疑点的业务，检查人员思维要缜密，思路要开阔，举一反三，深入探究业务的本来面目。三是外围调查是查处本案必备手段，为使所查处的案件经得起历史的检验，稽查人员必须牢固树立依法行政的法制思想，以事实为依据、以法律为准绳应成为每位执法人员必须遵循的准则。一个案件单从被查对象获取的书证或言词证据往往是不能完全锁定违法事实的，为此外围调查成为获取案件违法事实证据的必备手段。

工作建议。第一，加强申报环节的监督核查。征管部门应督促纳税人按期进行纳税申报，按期足额缴纳税款。一是征管部门要对纳税人按期申报的数据与财务报表数据进行审核，及时发现表与表之间的逻辑错误；二是要做好纳税申报提醒服务，切实提高纳税服务水平；三是要密切关注纳税人申报异常现象，对纳税申报异常及零申报等情况及时进行核查，防止出现人为零申报等异常行为发生。第二，加强税务稽查与纳税评估工作的互动，强化税源联动管理。一方面要有重点地开展纳税评估，纳税评估是税务部门对纳税人纳税申报的真实性、准确性做出定性和定量判断，并采取进一步征管措施的管理行为。另一方面，纳税评估一旦发现纳税人有重大涉税问题，应及时将案源移送给稽查部门立案查处，稽查部门应充分利用纳税评估成果，拓展检查思路，全面核实企业的经营情况，并及时将检查结果反馈给征管部门，完善该行业的纳税评估工作。第三，做好纳税宣传辅导。税收管理员应全面掌握企业的账务核算体系，准确把握税收政策，了解行业经营特点及经营流程，对企业进行全面辅导，防患于未然。

（四川省地方税务局稽查局供稿）

杨某借贷业务少缴税款案

【案件类别】　少缴税款案例

【案件所属行业】　货币金融服务

【案件特点】　该纳税人为自然人，涉税金额大。杨某收取借款利息，通过巧立名目，分解利息收入的手段进行偷税。

【案件来源】　税务总局交办

【基本案情】　2012年12月17日，杨某与北京光耀东方商业管理有限公司（以下简称光耀公司）签订了借款合同，合同约定光耀公司向杨某借款4亿元，该笔业务中，杨某本人直接收取利息（滞纳金）为7114.11万元，委托其朋友委托彭某以财务顾问费名义收取了利息5306.93万元，以居间费用名义收取利息收入2560万元，杨某该笔业务共计取得利息（滞纳金）1.5亿元。

【违法事实】　杨某巧立名目收取借款业务的利息收入，取得利息收入1.5亿元不申报缴税。应缴未缴个人所得税2996.21万元，应缴未缴营业税749.05万元，应缴未缴城市维护建设税52.43万元，应缴未缴教育费附加22.47万元，应缴未缴地方教育费附加14.98万元，应缴未缴价调基金14.98万元。

【查办过程】　该案主要采取询问相关当事人及实地调查取证的方式展开检查工作。检查中，检查人员对到该纳税人及涉案人员彭某进行了重点询问，对纳税人杨某的个人银行账户进行了查询。在事实面前，该纳税人对少缴税款的违法事实供认不讳。在检查过程中，杨某先后于2014年6月16日、6月25日、9月19日主管税务机关申报缴纳营业税749.05万元，城市维护建设税52.43万元，教育费附加22.47万元，地方教育费附加14.98万元，价格调节基金14.98万元，个人所得税2998.77万元（多缴个人所得税2.56万元）。杨某还将营业税滞纳金123.04万元、城市维护建设税滞纳金8.61万元，共计131.65万元缴纳入库。

【处理处罚结果】　根据《中华人民共和国税收征收管理法》第六十九条规定，杨某此笔个人所得税税款的扣缴义务人是光耀公司，杨某已自行补缴了个人所得税，对其应缴未缴个人所得税的行为不予行政处罚。

根据《国家税务总局关于行政机关应扣未扣个人所得税问题的批复》（国税函〔2004〕1199号）第三条规定，对杨某已自行补缴的个人所得税不再加收滞纳金。

根据《中华人民共和国税收征收管理法》第

六十四条第二款规定，对杨某应缴未缴营业税749.05万元处以0.5倍的罚款374.53万元；对杨某应缴未缴城市维护建设税52.43万元处以0.5倍的罚款26.22万元。以上罚款共计400.74万元。

【问题分析及工作启示】 该案中，检查人员得到了银行和纳税人及涉案人员彭某的大力支持，此案才得以顺利查处。民间借贷业务的利息收入，一直是税收工作中的薄弱点，税务机关在工作中，要加大税法宣传力度，使纳税人纳税意识得到强化和提高，要积极争取纳税人和人民群众的大力支持，才能有效防范和打击税收违法行为。

（贵州省地方税务局稽查局供稿）

某房地产开发有限公司少缴税款案

【案件类别】 少缴税款案例

【案件所属行业】 房地产开发经营业

【案件特点】 该案是根据企业自查情况，结合征管实际选案立案检查的案件。

【案件来源】 人工选案

【基本案情】 某房地产开发有限公司成立于2004年10月25日，注册资金1018万元，经营范围是房地产开发经营及销售，所使用的财务软件是利信会计软件专业版V6.2，开发的项目为市某医院拆迁安置项目和某名园两个项目，其中拆迁安置项目已完工。企业所得税属国税局管理。在检查中发现资金流与销售房款处理存在不合常理之处，经核实存在未按规定申报、少缴税款情况。

【违法事实】 医院自行销售房屋收取房款挂本单位账上有违财务制度，所售6套房房款585.42万元及“拆一还一”按2500元/平方米结算，金额为597.75万元直接冲抵总房款，未及时反映到该房地产公司账上，致使该公司未按时申报缴纳营业税59.13万元、城市维护建设税4.14万元、教育费附加1.77万元、地方教育附加1.24万元、土地增值税16.84万元。拆迁安置费932.04万元，未按规定申报缴纳契税27.96万元。

【查办过程】 检查前，检查组到征管部门调取公司的征管资料并结合税收征管系统查阅其缴税记录。之后，检查组依法向该公司下达了《税务检查通知书》并出示了税务检查证进行实地检查，提取了公司的电子账套，并请财务人员一同到开发的楼盘实地查看了解情况。然后分工协作对该公司的有关账簿和凭证进行检查。该公司的账簿设置比较清晰，尚未结转收入，账面所反映应税金额都全额申报缴纳了税金。但有一个疑点是预收账款对应科目是“其他应收款——市某医院”，而且2011年和2012年每年都发生，其附件是房地产公司开具给购房户的发票，“其他应收款——市某医院”科目有少量结转到开发成本——拆迁成本，结余金额很大。查看公司银行账和现金日记账，发现记载的销售房款主要是某学士名园预售房款，而市某医院拆迁安置项目销售房款既有公司开单收取的房款（较少）又有医院转账过来的款项。这种资金流与销售房款处理的不合常理之处引起了检查人员极大关注。检查人员及时要求财务人员提供拆迁协议、规划设计资料、销售合同、销售控制台账，并结合发票进行盘点，该拆迁项目共计156套房屋，盘点后，所签订销售合同只有150套，销售控制台账记载销售150套，一楼6套未销售，销售合同金额与发票金额不一致，发票金额小于合同金额。此盘点结论与此前实地查看的情况又有不同情况，此前实地查看的情况是一楼6套房屋已改造为商铺作为商店、茶室和餐馆。检查人员再次要求财务及负责人一同到该楼盘进行实地调查，经营业主都一致表示他们所经营的场所是购买或租赁过来的。

根据汇集的问题，检查人员向公司负责人下发了询问通知进行询问。面对事实，公司负责人说出了实情：该拆迁项目当时公司与医院签订过代建协议，该公司只负责办理相关手续，收取代建费，房屋销售盈亏医院自负。由于医院自行采购材料，但又无法垫出大额采购资金，所以销售房屋的事基本是医院主导，自行定价销售，将销售款另行开户存款。医院用售房款采购材料，直接支付医院所涉拆迁补偿款，因此大部分拆迁补偿款未反映到房地产公司开发成本。现行150套房的售房款所缴税款还是该公司多方协调，加之买房户要办产权证，必须要由该公司开具发票才能办理，医院这才与该公司做了结算，公司进行挂账处理，资金由仍是医院控制。至于销售合同金额与发票金额不一致是医院所涉36户搬迁户按合同总金额扣除“拆一还一”补偿（按 2500 元/平方米）后按差额开具发票所致。另外一楼 6 套房的销售情况如何，该公司并不了解，需要问医院才清楚。

检查人员根据从该公司掌握的情况，向市某医院下发了税务检查通知对此事进行调查。医院承认房地产公司的说法，收取房款是挂在医院账上。一楼 6 套房医院已销售，因种种原因尚未与购房户签订销售合同。

经核实一楼 6 套房收取房款为 585.42 万元。"拆一还一"补偿方式按 2500 元/平方米结算收取拆迁安置户购房差价款，金额为 597.75 万元直接冲抵拆迁户总房款。拆迁安置费实际应为 932.04 万元。

【处理处罚结果】　该案纳税主体是某房地产开发有限公司，导致未申报缴纳税款主要原因不是该公司主观故意不申报缴纳造成的，而是因医院的原因导致未申报缴纳，对少申报缴纳的税款根据《中华人民共和国税收征收管理法》第六十四条第二款规定，定性为"未缴或少缴税款"，责令限期缴纳。

对少申报缴纳的营业税 59.13 万元、城市维护建设税 4.14 万元，根据《中华人民共和国税收征收管理法》第三十二条规定，除责令限期缴纳外，从滞纳税款之日起，按日加收滞纳税款万分之五的滞纳金 7.77 万元。

对"拆一还一"部分因其成本尚未结算出来，是暂按 2500 元/平方米结算，对此所涉营业税 29.86 万元、城市维护建设税 2.09 万元，不予处罚；对少预缴的土地增值税 16.84 万元，不予处罚；对收取售房款未申报缴纳的营业税 29.27 万元、城市维护建设税 2.05 万元，根据《中华人民共和国税收征收管理法》第六十四条第二款及《云南省地方税务机关行政处罚裁量标准》第二十四项第一档规定，处以未缴或少缴税款 0.5 倍的罚款，罚款计 15.66 万元。

对少申报缴纳的教育费附加 1.77 万元，根据《国务院关于修改征收教育费附加的暂行规定的决定》（国务院令第 448 号）规定，责令限期缴纳。

对少缴纳的地方教育附加 1.24 万元，根据《云南省人民政府关于印发〈云南省地方教育附加征收管理办法〉的通知》（云政发〔2005〕137 号）和《云南省财政厅　云南省地方税务局关于调整地方教育附加征收政策的通知》（云财综〔2011〕46 号）规定，责令限期缴纳。

对少申报缴的契税 30.54 万元，根据《云南省契税实施办法》第十一条规定，责令限期缴纳。

【问题分析及工作启示】　该公司的主要问题是被拆迁单位自行销售房屋收取房款挂本单位账上，拆迁安置费未按规定申报缴纳契税，查处此类案件对房地产企业的检查有一定的借鉴作用。

（云南省地方税务局稽查局供稿）

某装备制造集团有限公司少缴税款案

【案件类别】　少缴税款案例

【案件所属行业】　通用设备制造业

【案件特点】　该公司利用会计账务核算不规范，少申报缴纳税款等手段少缴纳税款。

【案件来源】　日常选案

【基本案情】　青海某装备制造集团有限公司成立于 1996 年 10 月 30 日。注册资金 13900 万元。法定代表人：宋某。经营范围：制造加工。主要包括：内燃机曲轴、汽车零部件、拖拉机零部件、石油机械、环卫设备制造销售等，现有职工 210 余人。公司下设人力资源部、办公室、财务部、投融资办公室、采购部、生产计划部、销售中心、质量管理部、备料车间、装备车间等。

【违法事实】　房产税：2013—2014 年，该公司的房屋通过"在建工程"核算，未转入固定资产，经检查人员核实，房屋已经使用，房屋原值 958.76 万元，且金额中不含土地的价格，根据《财政部　国家税务总局关于安置残疾人就业单位城镇土地使用税政策的通知》（财税〔2010〕121 号）规定，对该公司根据房屋原值计征的房产税进行了调整。另外，2013—2014 年度取得厂房租赁业务收入 576 万元，未从租计征房产税。2013—2014 年度应补缴房产税 85.23 万元，其中少缴纳从价计征房产税 16.11 万元；少缴纳从租计征房产税 69.12 万元。

城镇土地使用税及契税：2013 年取得青海生物科技产业园装备园土地 9.3 万平方米，出让价款为 1394.80 万元，未缴纳城镇土地使用税和契税。

2013—2014 年度少申报缴纳城镇土地使用税 75.23 万元，2013 年少缴纳契税 41.84 万元。

印花税：签订和书立的购销合同、财产保险合同、建筑安装施工合同、加工承揽合同、借款合同涉及印花税计提，未分会计期间进行核算，致使 2013—2014 年度少缴印花税 12.37 万元。

【查办过程】 检查预案。检查前，检查人员根据该公司的行业特点进行了预案分析，鉴于该企业是增值税一般纳税人，主营业务收入和流转税及税金附加出现问题的可能性小，在地方税种方面可能存在问题，但对主营业务收入和流转税及税金附加也不能放松检查。检查组制定了检查方案，对 2013—2014 年的应税收入、增值税与营业税的附加进行全面检查，同时把检查重点放在地方税种如房产税、城镇土地使用税、印花税的检查上。

检查方法。检查组进入企业，首先，询问了该公司财会人员及有关人员，对企业的生产流程和经营状况进行了解。其次，要求公司财务部门提供该公司经营的相关资料、财务核算账簿和会计凭证。最后，检查小组到该公司的生产场地、车间，对企业的生产、销售情况进行了细致的实地了解。经过了解、询问和调查，发现该公司的厂房车间有出租情况，投入使用的房屋还在“在建工程”核算尚未结转入“固定资产”。房产税的从租计征、从价计征，城镇土地使用税都可能存在少缴税款的问题。依据掌握的初步情况检查小组决定从该公司的主营业务收入、其他业务收入及房产税、城镇土地使用税的核算和税款申报缴纳上查起，采用逆查法展开检查工作。同时要求企业提供房屋租赁合同及土地受让情况的资料。通过对该公司 2013 年、2014 年的会计核算账簿凭证、有关资料、合同和各地方税种的检查核实，对实际检查取得的纳税申报数据与企业申报纳税数两项数据比对发现，该公司房产税、城镇土地使用税、印花税、契税存在少缴税款的行为。

【处理处罚结果】 根据《中华人民共和国税收征收管理法》第六十四条规定，做出以下税务处理决定：对少缴的房产税、印花税、城镇土地使用税和契税全部追缴入库。对少缴税款按日加收滞纳税款万分之五的滞纳金。

【问题分析和启示】 该公司在西宁市城北区登记注册，地方税收征管由西宁市城北区地方税务局一分局管理。实际生产经营地点在青海生物科技产业园区装备园。税收管理上存在税收征管部门和被管理企业管理的属地不一致，容易出现日常管理不能及时到位的问题。这就要求税务征管部门要对此类纳税户加强日常管理，及时了解并落实纳税人的经营及纳税申报情况是否存在异常，对一些涉税关键信息要及时进行实地调查，并联系相关部门核实，取得准确的第一手资料，及时予以检查落实，提高日常税收管理的针对性和实效性。

加强与相关部门的合作、信息共享。税务征管部门和征管人员要加强与工商、国土等相关部门的联系和合作，及时掌握纳税人的经营业务和机构变化，了解纳税人的纳税信息和税源动态，做到心中有数，信息畅通、管理到位。

稽查部门在查办案件过程中，要积极探索有效的检查方式、方法，并随时根据检查对象的具体情况改进检查思路，完善稽查方法，针对不同行业不同企业以及具体情形，灵活采取相应的稽查方法，突破账簿检查的固有方法，对典型偷税案件，要强化稽查措施，加大查办、处罚力度，充分体现税务稽查的职能作用，对涉税违法行为形成有力震慑，维护税收秩序，保障国家财政收入。

（青海省地方税务局稽查局供稿）

某旅游开发公司少缴税款案

【案件类别】 少缴税款案例

【案件所属行业】 商务服务业

【案件特点】 该公司发生股权转让，未按规定确认股权原值，将企业债权作为股权转让的成本扣除。该案件在股权转让中较为典型，案件数额较大，涉及的政策也具有很强的代表性。

检查组采取账外调查法、实地检查法。进入企业了解到公司股权转让情况，到相关单位调取了公司股权转让有关的各类协议及文件、账簿资料、股权价款承诺支付凭证复印件等资料，税务人员对转让协议进行了仔细分析，通过税务稽查软件、综合征管软件对企业涉税信息和企业财务报表、账簿进行审阅。查找相关税收政策，在对已掌握信息进行综合分析的基础上确定工作方案，核实证据资料、投资成本。查实股权原值，相互印证发现了交易存在的疑点，交易中在股权转让环节作为成本扣除的项目与事实不符。

【案件来源】　专项检查

【基本案情】　根据工作安排，检查组对该公司2012—2014年的纳税情况进行了检查。新疆某旅游开发股份有限公司成立于1996年5月，注册资金1500万元，注册类型：股份有限公司；注册地址：新疆阜康市乌奇西路，法定代表人：张某，经营范围：天池索道客运服务；旅游车客运服务，工艺美术品、服装的销售。公司已于2015年1月注销，阜康地税局对其进行了注销清算，清算结果企业所得税应纳税所得额为负数。

【违法事实】　对公司2011—2014年账簿凭证进行了检查，查实股权转让未代扣代缴个人所得税170.56万元，印花税0.53万元，合计补缴税款171.09万元。

【查办过程】　检查组了解到该公司2013年1月发生购买股权行为，通过调取了该公司购买股权有关的各类协议及文件、账簿资料、股权价款承诺支付凭证复印件等资料，检查人员对转让协议进行了仔细分析，借助税务稽查软件、综合征管软件对企业涉税信息、财务报表和账簿进行审阅时发现，在计算股权转让个人所得税时将企业应付账款1051.84万元在转让环节作为股权原值扣除。由此检查人员判断该公司存在未严格按照《股权转让所得个人所得税管理办法》（国家税务总局公告2014年第67号）关于股权转让个人所得税计税依据、纳税申报的有关规定确认股权原值及转让所得收入，未按规定申报纳税的涉税疑点。

检查人员采取了账外调查法和实地检查法。在对已掌握信息进行综合分析的基础上确定工作方案，查阅企业所有业务往来并根据合同逐一核对账簿的款项往来，了解业务项目内容、金额、地点和时间，制作明细登记表，核实证据资料，对该公司所有应付账款分类明细逐一核对，查实企业股权原值，在相互印证时发现了交易存在的疑点，交易中在股权转让环节作为成本扣除的项目与事实不符。检查时该公司以分期付款的形式支付的股权价款已基本上履行完毕，检查人员对股权转让双方进行了政策的讲解宣传，多轮约谈追征税款，在税务人员为其宣讲税收政策和税款的计算方法后，该公司依法缴纳了少代扣代缴股权转让个人所得税和印花税合计171.09万元。

【处理处罚结果】　该案由新疆昌吉州地税局稽查局案件审理委员会审理完毕，报昌吉州地税局重大案件审理委员会审理通过追征该公司补扣补缴个人所得税170.57万元。股权转让环节相关的印花税0.53万元，由于股权支付方没有代扣代缴义务，补缴情况由阜康市地税局跟踪管理。

【问题分析及工作启示】　1. 问题分析：近年来，股权投资行为十分活跃，既促进了资源优化配置和经济发展，也催生了一部分高收入者个人，为进一步加强和规范高收入者的股权转让个人所得税问题，既是社会各界关注的热点，也是税务机关做好个人所得税征管工作的重要方面，税务机关应加强对股权转让的监管，建立、健全股权转让征收个人所得税的内部控管机制。

检查过程中虽然遇到政策法规依据不足的问题，但是检查人员没有气馁，在查阅了大量相关资料，通过互联网平台、税务总局网站等多个途径查找相关案例以及相关税收政策法规依据。通过对股权转让双方进行政策的讲解宣传，多次耐心、细致地约谈纳税人追征税款，确保股权转让个人所得税和印花税足额入库。

新形势下股权转让形式多样，方法也日益复杂化，点多面广，税源多，一直是税务部门管理的难点和重点。该案反映的情况来看，《国家税务总局关于股权转让收入征收个人所得税问题的批复》（国税函〔2007〕244号）的规定不适用该公司部分股东转让企业部分股权的行为，即该文件所指的股权转让环节可扣除债权债务损益的规定不具有普遍性，转让全部资产的方式转让公司股权和公司部分股东转让股权不同。

2. 工作启示：加强与工商局、国税局等部门的沟通，深化信息交换协作工作制度，建立链条式动态管理机制。加强培训指导力度，加大宣传力度，积极推进股权转让各税种协同管理。

税务机关应加强股权转让所得个人所得税的日常管理和税务检查，在税收征管工作中，要牢固树立使命感和责任感，提高税务咨询服务水平，使纳税人明白如何履行纳税义务。管理部门在实际工作中，不能停留在受理分析企业申报资料工作上，应适时做好企业风险评估，促使企业及时足额申报税款，明确管理思路，把握管理重点，不断提升股权转让的税收管理水平。

（新疆维吾尔自治区地方税务局稽查局供稿）

某麦芽有限公司少缴税款案

【案件类别】 少缴税款案例

【案件所属行业】 农副食品加工业

【案件特点】 被查企业将不应计入农产品初加工项目核算的所得，享受了农产品初加工的优惠政策。检查人员紧紧围绕相关疑点核查，以免税项目所得额的计算为主线，以财务费用异常数据这一细节为突破口、精确计算、坚持不懈，最终让千万的税款顺利入缴国库。

【案件来源】 人工选案

【基本案情】 某麦芽（大连）有限公司成立于1995年12月6日，外资企业，主营啤酒麦芽加工业务。2010—2012年享受大麦芽农产品初加工项目所得免税的税收优惠政策。检查人员面对2010—2012年应纳所得税额均为0元、财务费用大额红字、营业外收入3年合计过百万元的异常情况，主动出击核实财务费用、营业外收入核算是否符合相关税法规定，准确计算年度应纳税所得额。

【违法事实】 该公司2010—2012年享受大麦芽初加工项目所得免征企业所得税的税收优惠政策，但该公司2010—2012年取得的利息收入、汇兑收益、营业外收入及其他业务收入未按应税所得进行纳税申报，而是按免税所得进行纳税申报，造成少缴企业所得税。

重新计算该企业免税项目取得的收入后，扣除免税项目收入对应的成本，扣除按照收入比例法划分的免税项目对应的费用。经计算，造成少缴2010—2012年企业所得税合计1016.52万元。

【查办过程】 2013年10月8日检查组第一次来到企业，在详细了解了企业的生产流程及财务核算情况后。首先针对财务费用呈现大额红字的问题，检查人员调看企业财务费用明细账，在账面中发现财务费用之所以呈现红字，是因为存在着大量的利息收入和汇兑收益。对于一个生产性的企业，到底是什么样的利息收入会如此大额呢？经核查发现，利息收入主要是委托贷款利息收入，还有在银行等机构的存款产生的利息收入。委托贷款利息收入经询问得知是该企业在2011—2012年将自有资金委托银行贷给集团内其他公司使用，取得的利息收入，3年共计取得收入2308万元。

该公司汇兑收益包括往来汇兑收益、美元存贷款汇兑收益、远期结售汇汇兑收益。其中远期结售汇业务比较特殊，实质上是该公司为规避利率风险在银行操作的一种保值业务，约定在未来的某一天无论利率如何变动均以事先约定的利率与银行进行结售汇业务。3年的汇兑损益均为收益，共计3609万元。

另外，经核查发现，该公司营业外收入主要包括资产处置、罚款、销售废品等取得的收入。其他业务收入主要核算销售炉渣收入、销售铁屑收入和销售废编织袋收入。

上述所列业务取得的收入所得与农产品初加工项目无关，不应享受免征企业所得税的优惠政策。经重新核算后该公司2010—2012年少缴企业所得税合计1016.52万元。

2014年7月14日，税务机关向该公司下达了《税务处理决定书》，但企业相关人员均拒绝签收《税务处理决定书》。

税务机关于是根据税法相关规定，决定采取公证方式留置送达税务文书。2014年7月22日，在大连市中山区公证处的相关公证人员的见证下，检查人员将《税务处理决定书》成功留置送达企业。

【处理处罚结果】 根据《中华人民共和国企业所得税法》第六条第（九）项、第八条、第二十七条第（一）项及《中华人民共和国企业所得税法实施条例》第二十二条、第八十六条第一款第（一）项第7目、第一百零二条，《国务院关于实施企业所得税过渡优惠政策的通知》（国发〔2007〕39号）第一条第二款、第三款，《财政部 国家税务总局关于财政性资金、行政事业性收费、政府性基金有关企业所得税政策问题的通知》（财税〔2008〕151号）第一条第（一）项、《国家税务总局关于进一步明确企业所得税过渡期优惠政策执行口径问题的通知》（国税函〔2010〕157号）第一条第（三）项，《财政部 国家税务总局关于享受企业所得税优惠的农产品初加工有关范围的补充通知》（财税〔2011〕26号）第一条第（一）项第6目和《国家税务总局关于实施农林牧渔业项目企业所得税优惠问题的公告》（国家税务总局公告2011年第48号）第八条规定，对上述问题补征2010年企业所得税195.52万元，2011年企业所得税428.66万元，2012年企业所得税392.34万元。合计补征企业所得税1016.52万元。

【问题分析及工作启示】 从该案中其实可以看出，免税收入也有“大文章”。针对享受税收优惠政策企业的纳税检查绝不能疏忽大意，更应夯实理论基础，从政策学习入手。同时，一个案件的成功查处，仅仅依靠检查人员是远远不够的，往往需要多部门、多手段的配合。

（大连市国家税务局稽查局供稿）

张某提供劳务少缴税款案

【案件类别】 少缴税款案例

【案件所属行业】 商务服务业

【案件特点】 检查人员在相关企业已注销、涉税资料无法取得的情况下，创新稽查思路，内查外调，从银行资金流向入手，首先收集并固定纳税人收到劳务款的证据，在此基础上与相关涉案人员交涉，相关人员在证据面前承认了涉税违法事实，既做到了不打草惊蛇，又提高了稽查效率。

【案件来源】 税务总局督办

【基本案情】 2015年4月，大连地税局接到税务总局交办的督办案件后，立即指定稽查骨干成立专案组，对自然人张某2010—2014年纳税情况进行检查。检查人员认真分析税务总局提供的涉税资料，该自然人家庭住址为吉林省长春市，在大连未办理过税务登记，未申报过地方税款，在受让劳务的企业已经注销税务登记、账务资料缺失的情况下，从银行资金流水信息为突破口，内查外调，还原真实业务情况，查清了该自然人提供应税劳务未缴纳个人所得税、营业税金及附加的违法事实。最终查补该自然人营业税、个人所得税等税款合计4014万元，加收滞纳金476万元。

【违法事实】 自然人张某向大连A公司和大连B公司提供劳务，分别于2010年、2011年收到劳务报酬款1375万元和9850万元，未缴纳个人所得税和营业税及附加。

【查办过程】 认真收集相关信息资料。鉴于税务总局转来的资料信息相对有限，资料仅显示张某向大连的两家公司提供过劳务，并且两家公司向张某支付过劳务报酬款，至于劳务合同签订及履行情况、劳务款支付情况及劳务的具体内容等信息缺失。鉴于上述情况，检查人员登录征管查询系统，试图搜索A、B两家公司以及张某的涉税信息，查询到的信息比较有限，查询结果显示：自然人张某在大连未办理过税务登记，未申报缴纳过地方税款；两家公司均为房地产顾问有限公司，法人代表分别为刘某和何某，2011年上半年已经办理了注销税务登记。

明确案件稽查思路。检查人员综合手中的资料，经过认真分析后，达成了以下共识：一是从税务总局转来的两家公司与张某之间的几张资金往来单分析，张某于2010—2011年应该向两家公司提供过劳务；二是两家公司在2011年已经注销了税务登记，而且距今已有四年，所以现在已经不可能从两家企业入手还原该涉税事项的真实原貌；三是如果没有确凿的证据，张某不可能承认其向两家公司提供过劳务；四是如果检查人员工作方法不当，张某有可能与两家公司的原法定代表人或相关负责人订立攻守同盟，否认其与两家公司的业务关系；五是检查人员必须另辟蹊径，在取得张某向两家公司提供过劳务的有力证据后，为防止相关人员订立攻守同盟，必须采取突然袭击的办法，立即同时约谈张某及原两家公司负责人，摆事实讲道理，确保承认他们之间发生过的劳务关系。鉴于以上分析，检查人员决定，先从银行入手，查清他们之间资金往来情况，以资金往来情况为突破口，还原案件原貌。

以银行外调为突破口，锁定关键证据。按照既定稽查思路，检查人员首先到两家公司开户银行，查询其交易流水。检查发现，两家公司的账户在2010年发生过大额的收付款业务。检查人员立即又查询上述支付款项的收款方，不出所料，在两家公司的付款明细中合计有8笔、金额为1375万元是支付到张某银行卡上的。检查人员得到张某银行卡信息后，立即赶到该卡的开户行查询，从开户日到2011年4月合计收款1.12亿元，其中包含两家公司支付的1375万元，其余款项来源不明。通过银行查询进账款项的存款凭证，显示除了1375万元外，另有7670万元的付款方为刘某，2180万元的付款方为朱某，刘某为两家公司中的一家公司原法定代表人，朱某的身份不明，但是根据付款时间段、付款地点分析，检查人员怀疑朱某支付的款项也与张某提供劳务有关。

围绕相关证据，约谈相关当事人。取得上述证据后，2015年5月15日检查人员兵分两路，一路到张某的住所送达《税务检查通知书》，另外一路约谈两家公司中的一家公司原法定代表人刘某。在出发前，检查人员认真拟定了需要询问的问题，包括张某与两家公司是否发生过业务往来？如果提供过劳务，具体劳务的内容是什么，是否签订过劳务合同？以何种形式支付的报酬款？具体金额是多少？是否缴纳了地方相关税费？如果双方之间不存在劳务往来，其账户中1亿多元款项来源？力求通过《询问调查笔录》还原该涉税业务的真实面貌。面对检查人员的询问，张某和刘某开始都是含糊其词，以时间太久为由，回答记不清是否发生过该劳务了，试图搪塞检查人员。检查人员心平气和的向他们宣讲了税收政策，并分别向他们出示了从银行取得的账户资金流失、个人收（付）款凭证等资料，面对这些有力证据，终于承认两家企业与张某存在劳务关系的事实。

还原涉税业务原貌，查清涉税违法事实。经过与张某及刘某的几次交流，检查人员终于查清了整个涉税业务的原貌。两家公司均为注册在大连的房地产顾问有限公司，法定代表人分别为刘某和何某，但实际控制人均为刘某。2010年初，两公司共同承揽了一项大型房地产项目的咨询业务，并将该业务全权委托给张某，约定劳务报酬1亿余元，2010年底该劳务履行完毕，两家公司陆续通过公司账户、个人账户向张某支付劳务款，到2011年4月支付完毕，总金额为1.12亿元。两家公司在向张某支付劳务款的过程中，没有履行个人所得税代扣代缴义务，张某收到该劳务款后也未缴纳个人所得税、营业税金及附加。

【处理处罚结果】 依据《中华人民共和国营业税暂行条例》等规定，追缴张某营业税561.25万元、城市维护建设税39.29万元、教育费附加16.84万元、地方教育附加6.61万元、个人所得税3390.22万元，税款合计4014.21万元。

依据《中华人民共和国税收征收管理法》第三十二条，加收滞纳金合计475.52万元。

【问题分析及工作启示】 高度重视企业注销税务登记管理工作。注销税务登记管理的相关规定虽然简单明了，但内在要求较高，操作难度大，容易被各级税务机关忽视，甚至有个别税务人员对注销税务登记管理的具体规定理解不一，法条执行尺度参差不齐，容易形成征管漏洞。建议高度重视企业注销税务登记管理工作，由专门人员负责注销税务登记，特别是关注注销税务登记前的企业账务检查工作，加大相关税务人员的岗位能力培训工作。加强税源动态监控。充分发挥社会综合治税的网络功能，加强与银行的信息交流和沟通，从源头上及时了解、掌握企业的业务往来、资金流水等信息，并建立健全企业基础信息台账，及时了解企业的开业登记、主营业务、承包分包等第一手资料，进一步加强税源动态监控。税收管理员要切实负起税源管理职责，加强与有关部门的信息共享，严密监控企业经营业务情况，促使纳税人按期足额申报税款，实现税源的精细化、科学化管理。

（大连市地方税务局稽查处供稿）

某地产投资有限公司少缴税款案

【案件类别】 少缴税款案

【案件所属行业】 房地产开发经营业

【案件特点】 别墅，作为房地产市场的高端产品，具有单套价值大、利润空间高、税收效益明显等特点。同时在银行资金额度紧张的大环境下，也是购房者银行按揭付款方式下不按合同约定申报纳税的高发区。本案在对企业收入的核查中，引入第三方信息与企业财务资料相互印证，最终以房产交易中心获取的网签合同为突破口，发现未按规定及时结转收入问题，对利用三方信息推进房地产高端项目的税收管理，实现堵漏增收具有很好的借鉴作用。

【案件来源】 专项检查

【基本案情】 该房地产开发企业预售开发产

品，未按合同约定日期收款，不申报缴纳营业税、土地增值税、企业所得税等，共查补税费合计285万元。

【违法事实】　2013年12月少申报售房预售收入24144847元，少缴营业税1207242.35元、城市维护建设税84506.96元、教育费附加36217.27元、地方教育附加24144.85元、土地增值税724345.41元、企业所得税688128.14元。

在业务往来中向外单位个人赠送礼品支出未按规定扣缴个人所得税91539.20元，其中2011年度14041.20元、2012年度的个人所得税47474元、2013年度30024元。

【查办过程】　根据税收专项检查安排，青岛地税局稽查局选取部分重点税源企业，在全市范围内开展覆盖式检查。在对青啤集团进行检查时，发现其二级子公司城市发展中心存在涉税问题，于是将城市发展中心的下属企业青岛城发投资有限公司（以下简称城发公司）推送给崂山分局稽查局，对其2011—2012年度的纳税情况进行关联检查。因该公司人事变动、年终审计等原因，未能按预定时间开展检查，根据企业实际情况，经审批，将检查年度延伸至2013年度。

城发公司成立于2010年1月，注册资本为2000万元，是国有企业城市发展中心的全资子公司，也是青啤集团的三级子公司。2011年9月取得了位于青大三路的开发用地9万平方米，用于开发高端住宅“颐山源墅”，规划建筑面积13万平方米（最终调整至15万平方米），可售建筑面积9万余平方米，分三期开发。2012年11月取得一期预售许可证。检查年度无其他开发项目。

1. 以网签合同为抓手，详细比对预售收入。被查企业按照检查组要求，及时提供了电子账套、开发产品台账等资料。经初步查阅，发现该企业记账凭证摘要过于简单、销售台账只笼统记载了已收房款，缺乏收款时间等必要信息，无法直接确认其预售收入的准确数。

首先，责令企业完善销售台账。检查组向城发公司指出销售台账的缺项，责令其提供信息全面的销售台账，至少包含合同总价、付款方式、合同约定付款时间、已收款金额等内容，并提供预售合同进行比对。该公司以相关人员出差为由，仅补充了合同签订日期、合同总价等信息，并提供了2012年11月和12月销售合同，以证明申报数据无误。从企业补充的资料来看，截至2013年底，共网签预售合同67份，合同总额78394万元，比对2012年两个月的合同，数据确实正确。但房产信息网因上传数据滞后，仅显示40套网签信息，销售高峰集中在2013年度三季度末，其他数据也正确吗？企业为什么没提供2013年的合同？巧合还是故意回避问题？鉴于故意拖延提供资料是被查企业的惯用手段，检查组决定绕开企业，另辟蹊径，通过外围调查收集资料。

其次，实地调查多方收集信息。为收取第一手资料，检查组先到项目现场实地查看。经与施工人员、现场管理人员聊天，了解到该项目共43栋楼，共283户。整个项目于2014年6月完工，三期的开盘时间分别为2012年12月、2013年12月和2014年5月。平墅建筑面积在190～420平方米，预期均价为4.3万元/平方米；独栋别墅面积在1100平方米左右，预期售价在6000万～8000万元/套。因受大环境影响，平墅销售没有预期好，实际销售均价在3.8万元左右，单栋别墅还处于“只有看没有买”的阶段。约三成的购房者采取了银行按揭的付款方式，按揭款由银行一次性付清；其他购房者则采取分两次付款，签合同时首付，余款在2013年底前付清。掌握了详细信息，检查组转战房产交易中心，查询到该公司实际网签合同66份，比销售台账少1份。

最后，综合分析推算预售收入。根据从项目现场和销售中心收集到的信息，结合房产信息网上的网签合同数量、企业提供的预售合同，检查组综合分析，推算出截至2013年底，应收取预售款76000万元左右，已申报74342万元，按最保守的估算，有1500万元的差额未申报。

2. 以翔实数据为依据，确定预售收入金额。掌握了充分信息后，检查组底气十足，立刻约谈企业财务负责人。一开始，该财务负责人以不办理具体业务为由搪塞，当检查组摆明分析依据后，他无话可说，表示会积极配合检查，想办法提供检查所需资料。检查组乘胜追击，次日取得了全部预售合同，根据合同条款，制作了销售明细表，将每份合同的签订时间、合同总额、付款方式、首付金额和时间、合同约定分期付款时间和金额、合同约定银行按揭时间和金额等内容详细列出，从而计算出每一纳税期应计预售收入、已申报收入、少申报收入。经明细核对，发现企业实际签订预售合同66份，因一套房产更改了购房者姓名，财务人员未及时收到销售部门的反馈，重复统计所致。从计算结果来看，66份合同总额77504万元，截至2013年12月已申报收入74342万元，其中2013年11月之前申报收入总额正确，但其间个别月份有延期申报的现象，少申报预售收入问题集中出现在2013年12月。财务负责人道出其中原委：因银行资金额度紧张，不能按合同约定及时放款，造成部分银行按揭贷款不能及时到位，少则两三个月，多则半年，因此银行按揭部分按实际到账日期申报纳税，截至查账日，2013年度延期的按揭款已全部到位，分别计入收到月份的预售账款并申报纳税。采取分期付款的5位客户未按合同约定及时付款，未收到的预收款没申报纳税，因销售部门传递信息不及时，造成印花税和营业税申报数据不准确。虽然检查组与企业财务人员计算的少申报收入最终结果一致，但也发现了财务数据因接收不及时导致了记账期间错误的问题，这部分数据集中于延期支付的银行按揭款。

3. 深入探讨税企争议问题，依法防范风险。检查组初步认为，该公司存在三个问题：一是未按合同约定收取的价款应按规定补缴税款；二是银行按揭延期付款部分应按合同约定日期确定税款所属期，对延期申报的税款应按规定加上滞纳金；三是赠送个人礼品未按规定履行扣缴义务。企业方表示：认可第三个问题，但第一和第二个问题不符合法律规定。检查组认为，根据《中华人民共和国营业税暂行条例》及其实施细则的规定，营业税纳税义务发生时间为纳税人提供应税劳务、转让无形资产或者销售不动产并收讫营业收入款项或者取得索取营业收入款项凭据的当天。取得索取营业收入款项凭据的当天，为书面合同确定的付款日期的当天。企业所得税和营业税对销售不动产行为计税收入确认原则并不完全一致，不能相互借用政策。在购销双方签订预售合同后，房地产企业已按约定收取了首付款，且并未因购房者延期付款而解除合同，销售合同继续有效，购房者未按约定分期付款，系客户违约，银行未按合同约定支付按揭款，系银行违约，但并不能免除售房者的纳税义务。经多次探讨政策规定，企业方认可了第一个问题，但对于第二个问题依然强烈反对。为保护纳税人合法权益，检查组及时将问题反馈至政策部门，经请示市局，同意企业方意见。政策争议问题圆满解决，企业方对税务机关的积极作为和勇于担当给予肯定。

【处理处罚结果】 根据集体审议结果，责令城发公司限期补缴营业税及附加税费、土地增值税和企业所得税，并对滞纳税款按规定加收滞纳金；限期补扣补缴个人所得税，并对不按规定履行扣缴义务的行为处以罚款91539.20元。

（青岛市地方税务局稽查局供稿）

发票违法案例

某矿产品贸易有限公司虚开增值税专用发票案

【案件类别】　发票违法案例

【案件所属行业】　批发业

【案件特点】　公司人员逃逸，资料全部隐匿，调查取证十分困难。检查组通过向开票地发出大量协查信息并多次外调取证，在各地稽查局大力配合下，取得了该公司涉税犯罪的证据。

【案件来源】　上级交办

【基本案情】　该案件为天津国税局稽查局布置的专项检查案件。经查，天津某矿产品贸易有限公司（以下简称矿产品贸易公司）以支付开票费方式，让他人为自己虚开增值税专用发票 1630 份，实际用于抵扣 1558 份，抵扣税款 1 亿元。税务机关依法对该公司做出追缴税款 1 亿元、处罚款 1 亿元、按日加征滞纳金并移送公安机关的决定。最终，经法院审理，该公司法定代表人犯虚开增值税专用发票罪，被判处有期徒刑十五年。

【违法事实】　矿产品贸易公司法定代表人贾某，通过支付开票费的方式让他人为自己虚开增值税专用发票方式，虚开发票 1630 份，非法抵扣进项税额 1 亿元。

【查办过程】　1. 领导重视，周密部署。检查组接到任务后，通过 CTAIS 系统调取分析矿产品贸易公司信息，挖掘涉税疑点。矿产品贸易公司主营业务为煤炭，而取得的进项发票却是由山东数家炼油厂开具的成品油发票，存在接受虚开增值税发票的重大嫌疑。检查组随即向主管局领导进行了汇报。

局领导听取检查组专项汇报后，高度重视，指示综合选案科提请公安机关介入，组成专案组协同作战，并予以人力、物力支持，保证检查工作有力进行。同时，要求专案组做好工作预案，应对可能出现的各种情况。

按照部署，专案组对矿产品贸易公司进行突击检查，经实地核实，该公司办公地已人去楼空，未发现任何有价值资料。在无法与该公司工作人员取得联系、无法取得财务资料的情况下，专案组决定采取协查取证、调取征管信息、调取资金流水及抓捕犯罪嫌疑人等措施对涉案纳税人开展检查工作。

2. 外调取证，固定证据。矿产品贸易公司涉案的进项增值税专用发票主要集中于山东省东营市，并涉及周边 15 个县市。针对该情况，专案组通过协查系统发出信息，提请山东国税局予以配合取证，同时，第一时间赶赴该案主要涉票地山东省东营市。在东营国税局稽查局配合下，对部分开票单位实地调查取证，了解了当地涉案企业的运作模式，取得了开票企业的发票存根联。经核实，开具发票上记载货物品名为“成品油”。

根据初步调取的证据，矿产品贸易公司经营项目为煤炭，却取得大量成品油进项票，有通过非法途径虚开发票的重大嫌疑。专案组立即将检查情况电话汇报局领导，听取专案组汇报后，局领导亲赴东营市，督导专案组工作，同时与山东多地稽查局相关负责人沟通协调，请其加快进度，争取尽早固定证据。在相关单位的大力配合下，专案组很快取得了涉案发票的全部资料。经核实，1630 份发票开具的品名均为“成品油”。

3. 铁证如山，水落石出。专案组根据山东开票方收款情况，分析出矿产品贸易公司付款账号，再赴各银行查询账户资金往来情况并提取、复印银行凭证。经过细致的筛查、比对，最终确定了该公司存在资金回流。

通过协查工作取得的证据资料，银行流水中发现的资金回流，以及管理局出具的矿产品贸易公司抵扣信息，专案组确认了该公司取得虚开增值税专用发票1630份，并抵扣了其中1558份，涉及非法抵扣增值税进项税金1亿元的违法事实。

4. 实施抓捕，嫌犯落网。与此同时，公安机关雷霆出击，迅速抓捕了矿产品贸易公司法定代表人贾某，并予以刑事拘留。经讯问，贾某对取得虚开增值税专用发票行为供认不讳，承认上述1630份发票是按开票金额2%～4%的开票费购买的，并供出开票人胡某。胡某被抓捕归案后，对虚开增值税专用发票行为供认不讳，承认其利用山东炼油企业管理漏洞，为矿产品贸易公司虚开增值税进项发票，同时收取开票费。

至此，在检查初期未掌握企业任何资料的不利局面下，检查人员克服重重困难，查实矿产品贸易公司自2010年1月—2012年3月，非法购买增值税专用发票1630张，实际用于抵扣1558份，价税合计6.91亿元，抵扣税款1亿元，全部证据链条齐全。

【处理处罚结果】 依据《中华人民共和国增值税暂行条例》第九条规定及《国家税务总局关于纳税人取得虚开增值税专用发票处理问题的通知》（国税发〔1997〕第134号）第一款规定，追缴增值税款1亿元。

依据《中华人民共和国税收征收管理法》第六十三条规定，处一倍罚款，计1亿元。

依据《中华人民共和国税收征收管理法》第三十二条规定，按日加征万分之五的滞纳金。

依据《中华人民共和国税收征收管理法》第七十七条和《行政执法机关移送涉嫌犯罪案件的规定》（中华人民共和国国务院令第310号）第三条的规定，将案件移送司法机关。

天津市高级人民法院终审判决，认定贾某犯虚开增值税专用发票罪，判处有期徒刑十五年。

【问题分析及工作启示】 查前计划，是保证稽查效果的前提。实施检查前，应对涉案公司的基本情况、经营模式和行业特点，进行全面的分析。针对可能存在的问题，制定工作计划，确定突破口和着力点。做到有的放矢，不仅保证稽查深度，也可提高稽查效率。

开拓思路，求实创新。本案中，企业将所有财务资料隐匿，致使稽查工作没有落脚点。检查人员没有以常规的就账查账方式检查，而是采取外围协查取证等方式，取得了全部涉案资料，固定了证据。在工作中不能凭老经验办事，要勇于创新、不等不靠、想办法解决各种实际问题，处置突发事项。

强化对高风险纳税人的日常管理。对新办企业和存在税负低、纳税信用度较低等情况的企业加强日常监管，防患于未然。本案中，矿产品贸易公司长期销售额巨大，税负极低，且销项发票开具项目为煤炭，大量进项发票开具项目为成品油，虚开行为一目了然。若加强日常监管，尽早发现涉税问题，予以查处，不仅可以减少国家财政损失，更可以有力震慑不法分子，净化税收环境。

（天津市国家税务局稽查局供稿）

某药材虚开增值税专用发票案件

【案件类别】 发票违法案例

【案件所属行业】 批发业

【案件来源】 征管移送

【基本案情】 2011年初，王某和陶某商定：王某负责办理中药材公司，虚开农副产品收购发票抵扣增值税进项税款，向外虚开增值税专用发票谋取利益，陶某负责联系受票公司。王某随即于2011年5月注册成立了万荣县广博药材有限公司，取得一般纳税人资格，在领购增值税专用发票和农产品收购发票后；王某联系多名亲戚朋友，用他们身份证件办理银行卡开通网银，并以他们的身份作为中药材收购人，虚构农产品（中药材）收购业务，进行虚假的资金支付；同时利用这些银行卡向陶某提供的账户回流资金，采取瞒天过海手段，建立虚假往来账目，应付税务机关检查。

经查明该公司的虚开模式为，陶某负责对外联系增值税专用发票的受票企业，向王某提供开票信息及资金回流账户，并按增值税专用发票开票价税合计金额4%向王某支付开票手续费。王某把虚开的增值税专用发票提供给陶某，陶某则按5%～7.5%向受票企业收取费用。

【违法事实】 2011年5月—2012年1月，该公司利用虚假的农户信息，虚构中药材收购、加工业务，在无真实货物交易的情况下，向国税机关申报抵扣增值税进项税额共计 986.43 万元；同时，按照陶某提供的购销合同和开票信息，向江西、北京、安徽、湖北、江苏和贵州等 6 个省市的 9 家医药公司虚开增值税专用发票 658 份，虚开金额 6565.89 万元，涉及增值税销项税额 1116.20 万元，价税合计 7682.09 万元。

【查办过程】 2013 年 9 月，应税源管理部门要求，运城市万荣县国家税务局稽查局对万荣县广博药材有限公司进行税务检查。在检查中发现该企业存在多处异常。这些异常现象引起了万荣县国税局稽查局的高度重视，立即对该企业开具的部分增值税专用发票发函协查，发现其存在虚开发票嫌疑。遂即于 2013 年 9 月 27 日提请万荣县公安局提前介入。

迅速成立专案领导组部署案件查办工作。运城市国税局领导获悉案情后，迅速成立了专案领导组，确定主管领导、承办单位和查处方案。由万荣县公安局侦查主办，两县国税局稽查局密切配合，全面协助做好案件的查处工作。

全面开展调查取证工作。一是全面核查企业的税务管理资料。二是通过对该公司的法定代表人、财务会计人员、中药材收购中间人和部分农产品收购发票涉及农户进行调查走访，查明了该公司虚构中药材收购加工业务，虚开农副产品收购发票抵扣进项税额等情况。三是对两公司实际经营人王某进行询（讯）问，查证其伙同安徽人陶某虚构中药材收购业务、虚假支付收购资金、虚开增值税专用发票并收取开票费用等事实。四是通过有关银行，查询涉案网银卡资金流水明细，查证了企业资金回流及收取手续费等情况。

充分发挥协查系统作用，努力挽回国家税款损失。自 2014 年 11 月起，根据联合专案组已认定的虚开增值税专用发票情况，对该公司及涉及的相关企业所开具的 858 份增值税专用发票，全部通过金税协查系统向受票地税务机关发出《已确定虚开增值税发票通知单》，由受票地税务机关追缴相应的税款。

通过跨区域协作开展案件外调工作。联合专案组将该公司及相关公司对外虚开的增值税专用发票进行了比对分析，发现涉案的 15 户受票企业中有 4 户企业重合。联合专案组抽调骨干力量分赴安徽、北京、江西、江苏、陕西等地，对 11 户涉案受票企业全部进行外调取证，得到了当地稽查部门的大力支持和积极配合。通过检查受票企业账证等资料、查询相关银行和网银账户的资金流水，对受票企业法定代表人（负责人）、财务等人员进行调查询问，证实了各受票企业与万荣县广博药材有限公司及其相关的一户企业之间没有真实业务交易，是通过中间人接受虚开增值税专用发票并支付手续费的违法事实。

依法准确对案件进行审理定性。通过充分调查取证，涉案地税务机关及时对案件进行了审理定性，定性为虚开发票企业。

【处理处罚结果】 根据国税、公安机关组成的联合专案组的调查取证情况，经万荣县国税局大要案件审理委员会审理，认定万荣县广博药材有限公司在没有真实货物交易的情况下，虚构农产品收购业务，虚开农产品收购发票和其他普通发票抵扣增值税进项税额的行为，违反《中华人民共和国发票管理办法》第二十二条第二款和《中华人民共和国增值税暂行条例》第九条的规定。根据《中华人民共和国税收征收管理法》第六十三条的规定，已构成偷税，决定追缴该公司实际虚抵的增值税进项税额 971.43 万元，并处所偷税款一倍的罚款，罚款金额 971.43 万元；同时，根据《中华人民共和国税收征收管理法》第三十二条的规定，对该公司从滞纳税款之日起，按日加收滞纳税款万分之五的滞纳金。根据《国家税务总局关于纳税人虚开增值税专用发票征补税款问题的公告》（国家税务总局公告 2012 年第 33 号）的规定，该公司已就其虚开的增值税专用发票金额进行了纳税申报并缴纳税款，不再按其虚开金额补征增值税。根据《中华人民共和国发票管理办法》第三十七条、《中华人民共和国税收征收管理法》第七十七条的规定，决定对该公司虚开增值税专用发票的行为处以罚款 50 万元，并依法移送司法机关追究刑事责任。

【问题分析及工作启示】 农副产品收购是虚开增值税专用发票的高发行业，税源管理部门要提高警惕，加强日常管理，重点核实其进、销业务的真实性，要实地抽查，不能就账查账，必须核实企业提供资料的真实性，发现虚开疑点的要及时移送稽查部门立案查处，有证据表明存在虚开发票行为的，应移送公安机关立案侦查。

（山西省国家税务局稽查局供稿）

某纺织制品有限公司等8户企业虚开增值税专用发票案

【案件类别】 发票违法案例

【案件所属行业】 纺织服装、服饰业

【案件特点】 此案虚开金额大、涉及地域广、涉案犯罪嫌疑人员多、案件查办难度大。税警双方联合行动，内外围同时调查取证，成功将该案办结。

【案件来源】 专案检查

【基本案情】 犯罪嫌疑人师某，利用其控制的内蒙古某纺织制品有限公司（以下简称某纺织公司）等8户企业，对外开具增值税专用发票，收取开票费。

【违法事实】 经查证，某纺织公司等8户企业在无真实货物交易的情况下，向深圳4户贸易公司虚开增值税专用发票2734份，金额2.72亿元。4户受票企业已申报认证抵扣税款4626.36万元。其中，部分有外贸经营权的企业还办理出口退税额2583.91万元，已骗取到手出口退税2555.29万元。

【查办过程】 内蒙古通辽国税局稽查局与通辽公安局经侦支队联合对某纺织公司等8户企业的生产销售情况进行了调查取证。联合专案组从以下方面进行调查，一是调查供货企业成立时间，企业开办业务、人员招聘、组织生产销售等情况；二是调查企业注册资本数额，有无设立后即抽走资本情况；三是调查企业生产经营场所，是否具备生产所售商品的能力，有无原材料、产成品的堆放场地；四是调查企业职工人数，是否具备生产所必需的人员，通过询问职工，查明工资表所列员工人数有无虚列；五是调查企业生产设备，是否能够生产所售商品，有无正常运转等。此外，专案组重点对生产、经营有关费用的进行检查，到当地供电、供水部门了解发生的水电费是否真实；对大额的办公费用、差旅费核实原始凭证是否合法，费用发生是否真实；对企业取得进项货物是否有棉花等免税农产品进行抵扣。核查企业进项税金对应的货物是否是所售货物生产所需的原材料，是否存在虚开增值税发票抵扣的情况。针对服装生产企业，检查其是否存在取得皮棉、籽棉、棉纱等离服装产业链较远的原料的进项抵扣。最后，对工人、仓库管理人员进行询问，核实企业是否进行过相关服装的生产。通过上述方法，联合专案组最终查证了某纺织公司等8户企业虚开增值税发票的违法事实。

【处理处罚结果】 根据《中华人民共和国发票管理办法》第二十二条、第三十七条规定，没收上述8户企业违法所得，并对上述8户企业分别处50万元罚款。8户企业已涉嫌构成虚开增值税专用发票罪，依法移送司法机关处理。

【问题分析及工作启示】 税务机关查处虚开增值税专用发票案件，没有公安机关的支持配合，要做到人赃俱获是很困难的。本案中，公安机关通过技侦手段，及时将犯罪嫌疑人控制，并经过审讯，取得了犯罪嫌疑人的供词，掌握了案件的主要违法事实和作案手段，给整个案件进一步突破、行政司法证据的固定及违法事实的认定等创造了条件。在查办类似案件时，应进一步加强税警协作，充分运用法律赋予各自的各项权力，共同做好打击虚开发票等涉税违法犯罪活动工作，维护好经济秩序和正常的税收征管秩序。同时要加强与银行、检察院及法院等其他部门的配合，拓展信息渠道，为虚开发票案件的查处和执行提供强有力的支撑。

（内蒙古自治区国家税务局稽查局供稿）

某矿产品有限公司虚开增值税专用发票案

【案件类别】 发票违法案例

【案件所属行业】 批发业

【案件特点】 不法分子精心设计，幕后操纵，并制造假象掩盖罪行；税警联合办案，从进项源头切入，顺藤摸瓜、抽丝剥茧，涉案货流、票流、资金流、运输流等多点突破，还原了清晰完整的虚开脉络图。

【案件来源】 评估移送

【基本案情】 公主岭市某矿产品有限公司（以下简称某公司）2011 年 4 月 13 日登记注册，同月被认定为增值税一般纳税人，法定代表人庞某。同年 11 月，管理局在纳税评估中发现，该公司 7 月向某煤炭销售有限公司（以下简称某煤炭公司）开具 12 张增值税专用发票（以下简称专用发票），货物名称为煤炭，计 3.8 万吨；当月从山东京博、寿光、潍坊、清源 4 家炼油厂（以下简称山东 4 家炼油厂）取得 14 张专用发票，货物名称为柴油，计 1600 吨。购进与销售货物不符，存在虚开嫌疑；公司相关人员在评估期间走逃。

【违法事实】 某公司在无真实货物交易情况下，向某煤炭公司开具 12 张专用发票，涉及虚开税额 199.93 万元，构成虚开增值税专用发票违法行为。

【查办过程】 四平国税局稽查局受理案件后，经案头梳理分析，认定该案存在涉嫌虚开嫌疑；针对涉案人员全部走逃的情况，协调公安机关提前介入，组建税警联合检查组（以下简称检查组）实施联合办案；结合案情制定预案，从进项发票源头入手，紧抓线索，先扫外围，深挖疑点，顺藤摸瓜。

1. 实地核查、协查并举，嫌疑加重。在对中泽公司实地核查中，检查组发现其货物存放场地系租赁而来，存有少量煤炭；货场管理方证实，该公司除租赁时存放上述煤炭外，再无货物进出，由此存在无真实货物交易的嫌疑。对受票方的协查回函反馈，鑫发公司已走逃，虽有税务登记信息、法定代表人和办税人员身份信息，但无法联系，涉案 12 张专用发票已在当期进行进项税抵扣，至此该公司虚开嫌疑进一步加重。

2. 进项切入联合外调，线索中断。检查组从进项发票源头入手，奔赴山东，在当地税警配合下，对售油方进行调查。经查，山东 4 家炼油厂管理核算均很正规，虚开发票可能性不大。通过调查得知，用油方购油时，必须提供税务登记、银行账号、法人资格证、提货委托书、运输车辆信息等资料；提货时所用运输车辆信息必须登记在《运油车辆车籍、牌照号码登记簿》（以下简称《登记簿》）中。检查组调取《登记簿》，取得了运输涉案 14 张专用发票载明的 1600 吨“柴油”所用全部车辆的信息，经警方调取车管所信息证实，上述登记车辆为小轿车、摩托车或货车，无一为成品油运输车辆，登记信息均为运油人员伪造，付油人员未予核对，线索中断。

3. 深挖查证，初步证实进项系虚开发票。检查组分析嫌疑人再狡猾也会留下蛛丝马迹，于是深挖细抠，发现售油场地均装有摄像头，于是对摄像历史记录进行调取和整理，锁定了 7 辆油罐车及驾驶人，随即展开排查，查明了 7 人身份。经传讯得知，当地一绰号“老岭”的人在市场上临时雇用上述 7 人运输柴油，并指示不得在《登记簿》中登记真实车辆信息，所运柴油均按“老岭”指令卸到周边乡镇加油站；检查组查找“老岭”无果后到前述加油站核实，情况属实。至此检查组断定，中泽公司取得山东 4 家炼油厂开具的 14 张专用发票，并未实际购进货物柴油，进项发票为虚开发票成立，对外虚开发票虽暂无证据，但嫌疑巨大。

4. 主攻涉案人员，获取关键疑点线索。检查组适时将主攻方向转向主要涉案人员，在管理局无法确认庞某是否为实际经营人情况下，决定赶赴庞某居住地调查。在河北省保定市曲阳县灵山镇灵山村，检查组找到庞某，确认其为中泽公司登记的法定代表人，并对其进行了询问。庞某称其只负责买煤，其他均为办税人员于先道联系；当被问及煤炭购进地、存放地、销售地以及购进煤炭、柴油发票取得等问题时，始终伴其左右名叫张某的人，或抢代其回答，或阻挠其回答；经检查组再三追问，庞某答称煤是在山西和内蒙古一带小煤窑购进，具体记不清了，当时没要发票，均销往河北，购进柴油部分自家油罐车用了，其他被所雇运输油和煤的车用了，并提供了自家运油车辆信息。检查组分析认为庞某撒谎，并初步发现张某身上的疑点。随后检查组联系并询问了办税人员于某，于某称对公司购进和销售过程均不清楚，只是跑腿办税，一切事情均是张某同其联系。至此，检查组将目光转移到张某身上。

5. 查证资金流，迂回交锋，锁定幕后主谋。为避免打草惊蛇，检查组采取迂回战术，首先对庞某、张某银行卡和某公司银行账户进行查核。在对往来款项的逐笔核对中发现，某公司12张专用发票开出后，某煤炭公司将全部款项转到某公司账户，随后又从某公司账户分次转回某煤炭公司账户和一个名为李某的银行卡。掌握资金流向后，检查组决定从反侦讯能力相对较弱的庞某入手突破。在上述证据面前，庞某交代了所知情况，某公司事务均系张某一手操作，自己只是幌子，张某每月付其薪酬；除公司成立初购进十几吨煤外，购进柴油和售出煤炭均非事实，其他情况均不清楚。最终，检查组锁定某公司实际控制者、幕后主谋——张某。

6. 直接交锋对决，案件水落石出。检查组依法传讯张某。在铁证面前，张某最终交代了全部违法事实。张某以庞某为幌子开办中泽公司，张某系幕后控制，成立公司专为虚开发票；先联系到“老岭”，并将税务登记、法人资格证、提货委托书等交给“老岭”，由其在山东4家炼油厂以某公司名义购油，以取得炼油厂开具的专用发票，而柴油则由“老岭”提走转销，张某以4.8%的发票价税比例支付“老岭”开票费；鑫发公司业务员李某让张某为其公司虚开，并以6.9%的发票价税比例支付张某开票费；张某将公司账户的网银U盾寄给李某，由李某先将购货款转到某公司账户后，再陆续转回本公司账户或本人银行卡，以伪造资金流。

【处理处罚结果】 依据《中华人民共和国发票管理办法》第二十二条第二款第（一）项规定，没收中泽公司违法所得，并处10万元罚款；依据《行政执法机关移送涉嫌犯罪案件的规定》（国发〔2001〕310号）第三条规定，将该案移送司法机关追究相关人员刑事责任。

【问题分析及工作启示】 做强征管环节，有效防范虚开。遏制虚开，稽查打击是最后关口，力量有限，必须在征管的防范上下功夫。本案如能根据虚开的易发行业、销售额激增等虚开发票案件特点及时加强控管，或依靠申报、抵扣等监控发现疑点，均可及时发现并遏制。为此，应探索健全风险防控的预警机制，强化日常控管，提升征管环节遏制虚开发票行为的发生。

税警联合办案，提升稽查效能。虚开发票案件多数呈现经营周期短、案发前后即走逃等特点，受制于执法权限，稽查取证力有不逮，部分案件稽查取证无法达到移送公安机关立案侦查标准，导致或不了了之，或查办周期超长、成本超高。而本案警方提前介入，其侦查职权弥补了稽查职权短板，双方优势互补、相互配合，有力推进了案件查办。

（吉林省国家税务局稽查局供稿）

哈尔滨市木兰“1·16”虚开增值税专用发票案

【案件类别】 发票违法案例

【案件所属行业】 零售业

【案件特点】 涉案企业主要采取多开发票少申报、重复抵扣进项税等手段作案；建国兴民矿业经销有限公司主要运用发票张冠李戴等手段作案。同时三户企业均存在制造虚假资金流情况。

【案件来源】 专案检查

【基本案情】 涉案3户企业均为木兰县招商引资企业，先后于2013年办理工商营业执照，同年办理税务登记，注册地址为木兰县建国乡，经营范围主要包括：铁矿石、铁矿粉、铁精粉、金、银、珠宝首饰零售等。3户企业经营期均为3～4个月，并于2013年7—11月先后注销。

经查，3户企业取得进项发票税额4810万元，实际抵扣4840万元（含重复抵扣30万元）。领取发票2083份，剪角作废270份。防伪税控系统体现其填开作废了 76 份，金额 6489.50 万元，税额 1103.22 万元，价税合计 7592.72 万元；实际开出发票 1737 份，开票金额 16.59 亿元，税额 2.82 亿元，价税合计 19.41 亿元。申报收入 34061 万元，销项税额 5790 万元，缴纳增值税 950 万元，企业所得税 5 万元。少申报收入 13.2 亿元（少申报收入的是金山合众和金海天成 2 户企业），少报税额 2.24 亿元。进项发票涉及国内 8 省 9 个地市 10 户企业，销项发票涉及黑龙江、吉林、辽宁等 17 个省（市）46 个市（地）84 户企业，两项合计 94 户。

【违法事实】 对于全部 672 份进项发票，专案组已经查明企业没有购得与销售实际相符的货物，没有真实贸易往来痕迹等情况，可以确认均为虚假取得。对于全部 1737 份销项发票，专案组已经查明全部确认虚开，证据链闭合，涉及金额 16.59 亿元，税额 2.83 亿元，价税合计 19.42 亿元。

【查办过程】 哈尔滨市国税局稽查局与联合哈尔滨市公安局经侦支队，形成税警合力，积极从外部寻找线索。专案组经过发协查函、派出调查组到受票企业所在地税务机关、银行、企业实地调查等方式取得证据，并先后 3 次组织召开了税警联席会议，经联席会议研究决定，对 84 户企业收到的 1737 份销项发票全部定性虚开，占全部收到销项发票企业的 100%。涉及金额 16.59 亿元，税额 2.83 亿元，价税合计 19.42 亿元。

【处理处罚结果】 鉴于案发时 3 户涉案企业均已注销，木兰县国税局已于 2014 年 1 月将该案移送公安机关，截至 2015 年 9 月 15 日，哈尔滨木兰县国税局发出的 84 户企业协查函已全部回复，现已查补税款 9961 万元、罚款 1727 万元，入库 8654 万元。

【问题分析及工作启示】 一是多开发票少申报。企业通过远程抄报税，在《增值税纳税申报表》的附表一中的“未开具发票销售额”一栏填负数，“销项税额”一栏填负数，冲减其开具税控增值税专用发票销售额数和销项税额，使得 CTAIS 一窗式比对成功，申报通过。经查，此类情况涉及金额合计 132042 万元，税额 22447 万元。二是进项税重复抵扣。企业重复认证进项税。由于 2013 年 8 月 1 日“营改增”上线，许多企业当时在增值税申报时 CTAIS 系统出现了比对不通过的情况，办税大厅操作人员通过清卡处理，强行通过。涉案企业借此时机，使得申报通过。经查，涉案企业重复抵扣发票合计 18 份，金额 180 万元，税额 30 万元。三是发票抵扣张冠李戴。发票购货单位栏内名称是哈尔滨建兴卓越经贸有限公司，但纳税识别号是哈尔滨建国兴民矿产品经销有限公司，用于抵扣的是建国兴民。四是制造虚假资金流。三户企业通过以少量资金在银行账户内循环，伪造虚假货物交易。

（黑龙江省国家税务局稽查局供稿）

某虚开增值税专用发票案

【案件类别】 发票违法案例

【案件所属行业】 批发业

【案件特点】 利用黄金交易虚开发票案件案值大，查处难度高，该案在跨省协作的基础上，以查处代理客户票货分离为核心，实现了对虚开环节的全链条打击，查证了实物黄金的最终去向，取得了较好的打击成效。

【案件来源】 税务总局督办

【基本案情】 2014 年 11 月—2015 年 11 月，犯罪嫌疑人陈某、林某、郭某、曹某、高某等人为非法牟利，分工合作，形成多个分散型团伙，采取票货分离、黄金亏本销售的方式从上海黄金交易所取得增值税专用发票做进项抵扣，其后在无真实货物交易的情况下，收取开票费，为他人虚开增值税专用发票价税合计 290 亿余元。

为营造票、货、款一致的假象，并形成“防火墙”，由林某等职业虚开犯罪嫌疑人控制臣翔公司等 3 家空壳开票公司，按上海黄金交易所当日金价每克加价 0.4～0.7 元向千石公司、华圆公司购买黄金并取得增值税专用发票，其后由林某等人安排陈某将黄金低于当日金价 0.6～1 元，亏本、不开票销售给文某等深圳黄金个体户，实现资金回笼，再由文某等人通过马某，将黄金低于当日金价 0.3 元左右，销售给黄金冶炼企业。

同时，林某等人为弥补亏损实现盈利，在董某、张某等职业虚开中间人介绍下，按每克黄金约2.8元收取开票费，在无真实货物交易的情况下，为马鞍山星之福有限公司等全国各地的150余家空壳公司大肆虚开增值税专用发票。同时为伪造资金流，陈某、文某将购金资金转至上述150余家空壳公司的账户内，再直接操作这些空壳公司的网银U盾将资金支付到臣翔公司等3家公司，伪造资金形式上的匹配。

【违法事实】 该系列虚开案件涉及上海华圆黄金制品销售有限公司、上海千石黄金股份有限公司等15户企业，涉嫌虚开增值税专用发票4万余份，涉及金额250亿余元、税额42亿余元，涉及全国27个地区的440余户受票企业。

【查办过程】 2015年12月4日，在全国专项行动联合领导小组指挥下，上海国税局稽查局配合上海公安局经侦总队、技侦总队、网安总队及当地警方，出动警力和税务稽查干部180余名，在上海、深圳、广州、北京、台州、舟山、温州、兰州、烟台等地的35处地点展开集中收网行动，成功摧毁了以林某、王某、文某、朱某等人为首的多个利用黄金交易虚开增值税专用发票的犯罪团伙，共抓获犯罪嫌疑人32名，查获用于作案的公章600余枚、银行U盾100余个。

【处理处罚结果】 公安部门冻结涉案账户50余个，冻结资金2000余万元。已将案件移送检察机关，检察机关逮捕了包括会员单位及代理客户陈某、曹某、高某，空壳公司林某、郭某、陈某，职业虚开中间人董某、张某、收购黄金个体户文某及受票企业实际控制人聂某等13名犯罪嫌疑人。

【问题分析及工作启示】 大数据分析是黄金票案选案的基础。该次在全国范围内的专项打击行动，主要依托于税务总局电算中心、人民银行反洗钱中心的数据支撑，通过对票流、资金流的大量数据分析、梳理、循线追踪，为案件深入检查提供了坚实的基础。税、警、银三方协作是案件成功突破的保障。充分发挥警、税、银三方的各自优势，密切配合，以发票流向、资金交易、人员轨迹为侦查主线，结合公安技侦部门不间断的侦控，一方面建立发票和资金的分析比对模型，另一方面派员赴各地调取涉案银行账户和资金交易明细，逐步锁定犯罪团伙成员的主要架构，掌握主要犯罪嫌疑人的犯罪事实，梳理出黄金回收的资金脉络，为案件的最终突破提供了强有力的保障。

（上海市国家税务局、上海市地方税务局稽查处供稿）

多家企业发票违法案

【案件类别】 发票违法案例

【案件所属行业】 零售业

【案件特点】 此案为系列虚开案，5家涉案企业均注册登记情况异常，取得用于抵扣的增值税进项专用发票情况异常，增值税专用发票领用数量和开具情况异常，申报纳税情况异常，且开票数量、金额巨大。在案件查办过程中，税警双方密切协作，对于查清违法事实起到了事半功倍的效果。

【案件来源】 征管移送

【基本案情】 2015年10月28日，金华市国税局货劳处在增值税发票升级系统数据挖掘分析和失控发票清理过程中，通过自行开发的“增值税专用发票异常情况预警系统”和“电子底账辅助管理系统”进行数据分析，再通过CTAIS系统查询纳税人登记、申报信息进行研判，发现市区有5家商业零售一般纳税人企业在短期内大量领用增值税专用发票，开具发票6956份，金额6.88亿元，税额1.17亿元，价税合计8.05亿元，均为4月发票系统升级后才成立的商贸流通企业，且注册地址均设在市区某些住宅小区单元房内，涉嫌虚开的嫌疑很大。2015年11月2日，金华市国税局紧急召开案件分析研判会议，会议综合异常情况及重大疑点信息，认为这可能是一起发票系统升级后不法分子利用发票领用审批条件放宽，通过打时间差流窜作案的新型虚开发票作案模式，5家公司存在诸多虚开增值税专用发票的重大嫌疑，且具有明显的职业犯罪和团伙作案特征。会议决定由稽查局接手，迅速从外围摸清案件轮廓，并立即将案件线索移送公安。金华市公安局确定为“11·03”专案，成立了税警联合专案组开展了整理清分涉案企业进销项明细、提取涉案人员领票监控视频、清理核对票款流向和银行流水、外调取证等系列工作。

【违法事实】 在专案组的共同努力下，初步查明：2015 年 5—9 月，以犯罪嫌疑人张某杰、张某国、张某龙等人为首的多个职业虚开增值税专用发票犯罪团伙，冒用他人名义在金华市区注册成立金华昌复商贸有限公司等 9 家商业零售公司（其中 2 家未领购发票），利用行政审批手续简化后增值税发票即办领取，零售企业没有辅导期的可乘之机，采取快速登记、快速取得一般纳税人资格、快速领票开具、快速走逃的手法，在全国各地相继成立若干个链条式上下游企业，在无真实货物交易的情况下，接受先期成立的上游企业开出的真假增值税发票，然后又迅速连环开往关联下家，层层洗白后再寻找需要抵扣发票的买家，达到非法获利的目的。该案涉及的 9 家新商贸企业就是从安徽、湖南、四川等 8 省（市）99 户上游企业取得的增值税进项发票，同时向北京、天津、上海、黑龙江等 15 省（市）的 90 家下游企业开具增值税专用发票 7297 份，开票金额 7.12 亿元，税额 1.21 亿元，都是跨省开具且进销项基本上是平的。该团伙犯罪涉案区域广、蔓延速度快、社会危害大。从该案件的侦听记录看，犯罪团伙在某些省市的开票金额和获利非常惊人。

【查办过程】 金华市公安局经侦支队作为案件主侦部门，围绕在金华注册的 5 家公司，搜集基础资料，以资金流、物流为主要方向进行分析研判，开展外围侦查工作，查清涉案“票、货、款”的流向，整个犯罪网络的人员组织架构，收集和固定犯罪证据，做好内部工作协调。技侦支队运用多种手段，同步上案，对犯罪团伙开展全方位、无缝隙的侦控，查明人员组织架构，搜集、固定犯罪证据。网警支队通过网络侦查，发现重点人员的微信、QQ 等虚拟身份并进行查控，搜集和固定犯罪证据。金华市国税局稽查局发挥稽查专业优势，快速全面搜集涉案税票，重点围绕票、货等开展梳理、分析和研判，从中发现并固定犯罪证据。专案组平时集中办公，实行重要情况随时传递，每日一汇总，每周一会商的工作机制，各部门分工实施，密切配合，全力快速推进案件侦办。首批 5 户企业移送后，金华市国税局又陆续向专案组提供了 2 户新登记并申请领票的疑似开票企业线索，专案组顺藤摸瓜发现为同一犯罪团伙在金华市区所设 2 家关联企业，涉案企业增加到 9 家。税警通过联合行动，成功打掉操控上述企业虚开发票的犯罪团伙。

【处理处罚结果】 2015 年 12 月 29 日，金华市国税局对其中 7 家虚开企业下达了处理决定，对其取得的虚开的增值税专用发票进项税额按规定不予抵扣，追缴少缴的增值税。鉴于案件由公安部门立案侦查，对上述 7 家虚开企业做出不予行政处罚决定。该案收网后，共打掉犯罪团伙 6 个，抓获犯罪团伙成员 29 人，捣毁犯罪窝点 8 个，冻结银行账户 126 个，冻结涉案资金 3600 余万元，并扣押了一批涉案车辆、电脑、打印机、真假增值税专用发票、金税盘、移票宝、财务账册、网银 U 盾等涉案财物。打断了该批犯罪团伙的作案链条，遏制了虚开增值税发票的蔓延态势，达到了维护社会主义经济秩序的政治效果、法律效果和社会效果。

【问题分析及工作启示】 近年来，虚开增值税专用发票违法犯罪活动猖獗，犯罪分子在全国各地物色代理人员寻找时机实施犯罪活动，时间短、虚开数额巨大，打一枪换一个地方，给税务部门管理带来很大难度。金华国税局与公安部门密切协作，精心安排、周密部署，从立案侦查到成功收网，只用了短短的 23 天时间，案件侦破非常高效。主要原因有以下几点：一是增值税发票税控系统升级版实现了对增值税发票全部票面信息（特别是货物品名）的采集，并实现了发票数据的实时传递，为税务机关实现对所辖企业进、销货物情况的实施比对、监控，提供了数据基础，发挥了基础性作用。二是税务管理部门对增值税发票税控系统升级版数据的深入挖掘利用，对涉票违法犯罪行为的高度敏感性，对案件性质的准确分析研判和案源发现环节的快速反应，起到了关键作用。三是税务管理和税务稽查人员勇于担当的敬业精神和无缝对接的专业素养，为“11·03”专案的成功告破提供了人力保障和专业支撑。四是税务稽查和公安经侦发挥各自专业优势，不分彼此协同办案的方式，极大提高了案件侦办的效率，为成功收网赢得了宝贵时间。五是案件侦办过程严格执行保密纪律，是圆满完成收网工作的前提条件。

（浙江省国家税务局稽查局供稿）

某石油化工销售有限公司发票违法案

【案件类别】 发票违法案例

【案件所属行业】 石油加工、炼焦和核燃料加工业

【案件特点】 涉案企业安庆市某石油化工销售有限公司（以下简称某公司）非法取得假海关进口增值税专用缴款书10份，金额3.48亿元，税额5908万元；在无真实货物交易的情况下，虚开增值税专用发票364份，金额3.51亿元，税额5970万元。这是安庆市有史以来查处的最大一起利用假海关进口增值税专用缴款书虚开增值税专用发票案。

【案件来源】 人工选案

【基本案情】 某公司于2012年3月19日办理税务登记，2012年5月3日认定为增值税一般纳税人。注册资金1795.2万元，主营润滑油、渣油销售。法定代表人孙某，枞阳县人。某公司2012年5—12月，申报应税销售收入35166.88万元，销项税额5978.37万元，进项税额5916.28万元，应纳税额62.09万元，已实缴入库，企业所得税为0元。2013年1—6月一直零申报。该公司销售对象只有5家，其中，河北沧州有4家，开具增值税专用发票364份，金额3.51亿元，销项税额5970.69万元。增值税进项抵扣凭证主要是海关进口增值税专用缴款书，共10份，金额3.48亿元，税额5908.59万元。

【违法事实】 一是取得10份伪造的海关进口增值税专用缴款书虚抵税款，涉及金额3.47亿元，税额5908.59万元。经上海海关、浦东海关和上海国税局第一稽查局核查，是伪造的票据。缴款书票面反映2户企业，1户企业出具证明与某公司从未发生业务往来和资金往来，另1户企业于2009年6月被主管税务机关认定为证件失效户。二是取得伪造的发票列支仓储费。某公司账簿上列支仓储费233.35万元，其中，取得124.35万元的仓储发票，经核查是假票，另支付的109万元仓储费，未见原始凭证及附件。三是虚开增值税专用发票给河北沧州4家公司抵扣。某公司在无真实货物交易的情况下，虚开364份增值税专用发票给河北4家企业抵扣税款5970.69万元。

【查办过程】 在安徽国税局稽查局的督办下，安庆市国税局稽查局立即抽调6名检查人员，同时请公安机关提前介入案件调查工作，税警组成联合检查组深入开展核查。

1. 查前精心准备。一是及时向各级领导汇报获取支持。安庆市国税局领导要求及时向安徽国税局稽查局、枞阳县政府汇报，及时与枞阳县公安局联系，立即成立专案组专案查处。安徽国税局稽查局领导要求明确检查思路、方向，拿出预案，派出检查组查清上下游企业，挽回国家损失，打击涉税违法犯罪。二是精心制定专项检查方案。成立了以安庆市国税局分管领导为组长的专案领导小组，加强专案的领导、指导和督查；下设办公室，负责落实专案领导小组的部署及案件的组织、协调等工作；成立专案检查组，明确检查人员职责、分工和工作要求。三是建立工作保障机制。实行案件检查负责制、重大事项及时报告制和案件检查汇报制；启动税警协作机制，建立安徽省国税局、安庆市国税局、枞阳县国税局三级联动机制和后勤保障机制。

2. 查中攻坚克难。一是认真开展分析研判。检查组受领任务后，立即进行人员分工，制定检查预案，明确检查思路、方向和检查方法。检查前枞阳县国税局已取得了上海海关等单位关于海关进口增值税专用缴款书是伪造的证明材料，但当事人拒不交代并到公安局报案，称自己也是受骗者。因此，外调核查资金流、货物流成为此案关键。二是兵分三路内查外调。由于某公司是商贸企业，账证较为简单，购货、销售对象也较为单一，为防止打草惊蛇，犯罪嫌疑人串供对抗检查，联合检查组决定兵分三路，一路到上海清查某公司取得的海关进口增值税专用缴款书真伪，确认企业是否存在真实的货物购进行为；一路远赴沧州，核查购货企业与某公司的资金往来信息、企业实际生产能力和货物运输、入库、生产、销售账面记录，确认某公司货物销售真实性；一路赴企业在枞阳县的经营场所，全面检查账簿、凭证和本地银行资金往来记录等基础资料，同时汇总、比对和分析外调获取的信息。调查组连续奋战11天，取得了抵扣信息、银行交

易信息、证明材料等重要证据。三是资金核查取得突破。由于部署合理，措施得当，案件查办首先在上海取得重大突破。在上海市海关、浦东新区海关和上海国税局第一稽查局的有力配合下，检查人员最终确认某公司入账的10份海关进口增值税专用缴款书全部是伪造票证。缴款书票面上反映的两家企业，1家企业出具了与某公司从未发生业务和资金往来的书面证明，另1家企业已于2009年6月被主管税务机关认定为证件失效户。随后，沧州市也传来捷报，经审核比对某公司银行账户信息、企业法定代表人孙某与企业相关人员银行卡信息，以及沧州组外调取得的购货方银行资金往来信息，检查人员确认了某公司与河北4家受票企业采取资金空转的方式虚构交易，无货虚开增值税专用发票的违法事实。面对专案组检查人员提供的翔实证据，某公司负责人孙某等人最终承认了违法事实。

3. 查后及时追缴。案件成功告破，检查人员及时向受票地税务机关发出了包含364份发票信息的确认虚开函。根据安庆市国税局稽查局发出的虚开增值税专用发票函件，受票地沧州市国税局调查核实4家受票企业涉税问题，已追缴入库税款560万元。

【处理处罚结果】　某公司虚开增值税专用发票364份，金额3.51亿元，税额5970.69万元，根据《中华人民共和国刑法》第二百零五条以及《行政执法机关移送涉嫌犯罪案件的规定》第三条规定，移送公安机关查处。根据《税收违法案件发票协查管理办法（试行）》的要求向河北4家公司所在税务机关发出已确定虚开发票案件的协查函。2014年9月，安庆市中级人民院作出判决：被告单位某公司犯虚开增值税专用发票罪，判处罚金人民币200万元，被告人孙某犯虚开增值税专用发票罪，判处有期徒刑15年，继续追缴被告单位某公司和被告人孙某违法所得及造成的国家税款损失并上缴国库。

【问题分析及工作启示】　该专案从启动到结束，历时2个月，内查外调过程中，遇到许多困难和问题，在上级税务部门全程督办及组织协调下，通过公安部门的大力配合，检查组克服困难，排除干扰，成功查处该案，有力地维护了税法的尊严。该案也有值得反思的地方，税源管理部门应如何强化监控，怎样及时发现、堵截虚开案件，减少虚开案件的发生；稽查部门应如何发挥有效打击职能，更加稳、准、狠地查办虚开发票案件。

（安徽省国家税务局稽查局供稿）

福建“1·20”虚开假发票案

【案件类别】　发票违法案例

【案件所属行业】　房屋建筑业

【案件特点】　此案开票企业涉及若干团伙，团伙化、职业化趋势明显。多是近亲属、家族成员或同乡、朋友拉帮结伙，组织性、网络性强；同时，具有明确的内部分工，分布在虚开发票上中下游不同的环节。有的作案团伙，甚至具有一定的反侦查能力，成员之间单线联系，不以实名相称，具有极强的隐蔽性。案件流动性强。为了降低成本，经常租用简陋的经营场所，投入少量的资金，申请办理工商营业执照和税务登记证，大肆虚开一段时间后，就迅速注销或走逃；有的在走逃后，又在异地以惯用手法注册开办新公司作案。开票企业不再只是局限于虚开增值税专用发票，而是大量开具假的普通发票或是虚开增值税普通发票，从中收取手续费谋利。

【案件来源】　税务总局督办

【基本案情】　2013年，国家审计署驻深圳特派员办事处对福建开展地方审计时发现，福州32家企业在3年间涉嫌向全国近千家企业提供虚假增值税普通发票，并从中收取手续费。此案涉案金额巨大、影响面广、案情重大，为此，办事处分两批向国家税务总局稽查局移送1105条案件线索，引起公安部和税务总局的高度重视，将此案件命名为“1·20”虚开假发票案，并列入公安部和税务总局联合督办案件。

【违法事实】　违法企业通过购买假的普通发票或向税务机关申领增值税普通发票，大量开具假发票和“大头小尾”发票，从中非法收取手续费谋利。

【查办过程】　2014年2月10日，福建国税局、地税局和公安厅召开联席会议，成立以3部门分管领导为组长的联合办案领导小组，联合制定查处预案，统一部署工作任务。

1. 抽丝剥茧、清分数据、明确责任。2014 年 2 月，专案组对 32 家开票企业展开突击检查，但由于企业经营场所已关闭，且联系不上法定代表人和相关人员，无法取得有效账簿凭证及其他证据资料，案件陷入困境。为此，福建国税局稽查局、福建地税局稽查局连夜召集业务骨干对资金线索进行深入研究，最终锁定与开票企业资金往来频繁，且金额巨大的重点嫌疑人名单。公安机关据此果断出击，迅速对犯罪嫌疑人进行重点布控，共控制犯罪嫌疑人 12 名，均对其买卖或虚开发票行为供认不讳。与此同时，双方稽查部门组织人员加班加点对 1105 条的涉案线索进行清分，并迅速对省内 555 户受票企业展开地毯式检查，向省外 172 户受票企业发出协查函，为案件的迅速推进打下坚实基础。

2. 把握重点、点上突破、全面展开。根据该案案情点多面广的特点，检查人员采取了“把握重点、点上突破、全面展开”的思路，开展检查。“把握重点”——对涉案金额 400 万元以上的企业，开展重点检查。从企业基本情况、财务情况、发票情况、资金流情况等几个方面入手，进行核查。“点上突破”——对有资金疑点的企业，特别是有资金回流的企业，进行“解剖式”检查。以福建某建筑工程有限公司为例。检查人员在检查中发现该公司在 3 年期间，向福州某商贸公司等 3 家单位汇款 4043 万元。根据这一疑点，检查人员调取了相关业务的合同、发票等进行核查、鉴定，并最终发现该建筑工程公司涉嫌从上述 3 家公司取得 148 份虚假发票，同时还从其他 7 户企业取得假发票，涉案发票金额 1.23 亿元，全部用于套取现金、虚增成本等。“全面展开”——针对“1·20”专案中涉案金额 400 万元以下的企业户数多、时间紧、任务重的特点，专案组依据“依法查处，宽严结合，区别对待，统一口径，兼顾效率”的原则，组织召开动员部署大会，要求相关企业根据开票企业名单进行全面核实，确认是否有取得涉案企业的发票，资金流向等情况；提供陈述报告，详细说明取票经过、资金流向情况、业务过程，具体发票份数、种类、号码、金额以及涉及的有关人员情况；并限期将造成国家税款流失的税款先行预缴入库。

3. 预案导向、从小到大、从易到难。为了加快审理进程，统一政策口径，审理人员在集中审理前认真制定审理预案。首先对案件进行分门别类：从涉案金额上，分为 400 万元以上和 400 万元以下；从违法手段上，分为：违反账户管理规定、虚构真实业务交易、取得假发票、取得“大头小尾”发票等；然后，对于不同类型的案件，选取具有代表性的案件进行初审；接着，对初审中遇到的各类问题进行归纳、总结，统一政策口径，为之后开展的集中审理奠定了坚实的基础。

4. 税收保全、强制执行、确保入库。福建国税局稽查局持续加大并深化“1·20”案件税款的追缴力度，在采取税收保全、强制划缴等措施的同时，还加大与法院的沟通协调力度，争取司法协助，确保税款足额及时入库。同时，执行人员同涉案企业耐心沟通，宣讲税收法律法规，教育并鼓励其主动缴纳。执行人员对涉案重大数额的企业，采取了税收保全措施，如福建某建筑工程有限公司以及福建某建材有限公司，分别被冻结银行账户，冻结金额累计达到近千万元。

【处理处罚结果】 该案件历时 1 年多，福建省国税、地税机关共查处假发票 5996 份，涉嫌虚开发票 5623 份，涉案金额累计 27.29 亿元，查补税款、罚款及滞纳金 3.26 亿元。其中，福建国税局管辖的 255 家受票企业已全部结案，发现 66 家受票企业涉嫌接受假发票 1724 份，金额累计 3.44 亿元；101 家企业涉嫌虚开发票 1437 份，金额累计 2.26 亿元，共查补税款、罚款及滞纳金 1.45 亿元。福建地税局完成对 300 家涉嫌受票企业的检查工作，检查发现受票企业接受假发票 3928 份，金额累计 7.24 亿元；接受涉嫌大头小尾真发票 3712 份，金额累计 13.1 亿元，查补税款、罚款及滞纳金 1.57 亿元。同时，福建省外 172 家涉嫌受票企业目前已查实有 59 家受票企业共接受假发票 344 份，金额 6860.56 万元；接受涉嫌虚开发票 474 份，涉案金额为 5676.71 万元，共查补税款、罚款及滞纳金 2312.28 万元。

【问题分析及工作启示】 深化国地税协作，形成打击合力，是“1·20”虚开假发票案件成功查处的关键。专案组采取联合办案的方式进行协调处理，极大提高了办案效率。如福建地税稽查部门发现某建筑企业所得税征管单位无法明确，经专案组协调，仅用一天时间就将案件线索移交福建国税稽查部门查处，避免案件出现“两不管”的真空地带。为确保案件处理公平公正，福建国税局、福建地税局的稽查、法规等部门多次对此案政策处理问题进行研究，提出明确的政策界限，确定统一的处理方案，确保政策执法尺度的一致。“1·20”

专案的顺利完成，为福建国税部门与地税部门联合稽查工作的开展提供了宝贵经验。双方稽查部门应继续拓宽合作领域，完善联合稽查各项工作机制，实现优势互补，形成工作合力，为福建经济的持续健康发展保驾护航。

（福建省国家税务局稽查局供稿）

某贸易有限公司虚开增值税专用发票案

【案件类别】 发票违法案例

【案件所属行业】 批发业

【案件特点】 从作案手段看，犯罪团伙利用江西某贸易有限公司等多家公司获取上海黄金交易所交易资格，购得黄金，取得进项发票。以每克低于市场价格1.5元将黄金销售给不需要发票的购金人。在没有真实黄金交易的情况下，犯罪团伙向周某（在逃）犯罪团伙控制的空壳公司开具品名为“黄金”的增值税专用发票，并按票面金额的1.7%~2.3%收取手续费。周某犯罪团伙将取得的增值税专用发票品名修改为“钢铁、电池等”，并利用其控制的空壳公司，大肆向下游用票企业虚开增值税专用发票，非法牟利。从作案特点看，一是涉及地区广（13个省市），涉案企业众多（300多户），涉案金额巨大（进销项合计100.5亿元）；二是盗用他人身份注册公司，实际控制人幕后操纵，遥控指挥；三是团伙犯罪，组织严密，上下线之间均是单线联系，手法专业，熟知税收政策和税警的办案方式，具有较强的反侦察能力。

【案件来源】 上级交办

【基本案情】 2014年12月，江西国税局稽查局要求各地稽查部门加强对黄金贸易企业的风险排查力度。按照上级部门要求，鹰潭国税局稽查局迅速部署，于2014年12月29日展开了对江西某贸易有限公司的检查工作。经查，2014年8月—2015年1月，江西某贸易有限公司共开具增值税专用发票1669份、金额6.28亿元、税额1.07亿元，已查实全部为虚开。鹰潭国税局稽查局向受票企业所在地税务机关发出57份《已证实虚开通知单》，涉及所有已查实虚开发票，最大限度地挽回了国家税款损失。2015年8月4日，鹰潭公安经侦支队以涉嫌虚开增值税专用发票罪对周某利、周革龙、周某杰、马某标提请检察院批准逮捕，2015年8月11日，对该四名犯罪嫌疑人执行逮捕。

【违法事实】 以犯罪嫌疑人周某利、周某龙、周某杰为核心的犯罪团伙在江西鹰潭注册成立了江西某贸易有限公司，在江西南昌注册成立江西宝某贸易有限公司、江西某隆贸易有限公司、江西某金贸易有限公司，在江西吉安注册成立了江西盛璟贸易有限公司。该犯罪团伙利用上述企业以票货分离的方式向北京、天津、广东、福建、陕西、湖北、贵州、新疆、宁夏等地虚开增值税专用发票，涉案进销项金额高达100.5亿元。

【查办过程】 一是严格资金核查，检查组依法调取该公司有关账户流水，发现资金流异常：资金即进即出，账上不留钱；资金进出量与实际业务量不匹配，2014年9—12月资金进出多达11亿余元，而该公司同期销售额只有5.2亿余元。二是严密内查外调，检查组依法调取该公司账簿、凭证等有关资料进行检查，同时兵分多路赶赴深圳、东莞等地进行调查取证，外调发现：受票企业均为“非正常户”；资金存在回流；受票企业涉嫌接受虚开发票。结合账面检查及外调情况，检查组认为该公司涉嫌虚开发票。三是实施税收保全。为避免税款损失，检查组依法冻结该公司银行存款250余万元，并收缴了其已领购尚未开具的增值税专用发票。四是开展协查取证。向49户受票企业的主管税务机关发出协查函。从回函情况看，多数受票企业为非正常户，无法查找；深圳国税局稽查局回函证实：深圳某贸易有限公司从江西某公司取得的21份用于抵扣的增值税专用发票属于“克隆票”，发票品名由“黄金”改为“电池、摄像机、监控器”等。五是强化税警协作。2015年2月16日，鹰潭市国税局稽查局将此案移送鹰潭公安经侦部门，公安经侦部门则于2015年3月12日立案侦查，同时成立“3·12”税警联合专案组。税务、公安经侦、网侦、技侦、情报等部门多次召开碰头会，分析探讨案情，及时调整案件查办思路。经过3个多月的精心侦办，专案组发现除江西某贸易有限公司外，犯罪嫌疑人周某龙还伙同他人在江西多个地市成立了多家虚开公司，并摸清了该犯罪团伙的架构、人员分工情况。专案组通过公安技侦部门得到线索，于2015年7月利用该团伙在广州分赃的时机实施集中抓捕，成功抓获周某龙、周某利、周某杰、蔡某、李某、马某标、马某鹏等7人，查获大量涉案账本、银行卡、U盾等物证。在大量证据面前，该犯罪团伙对虚开增值税专用发票的犯罪事实供认不讳。

【处理处罚结果】 2015年10月23日，鹰潭国税局稽查局向江西某贸易有限公司下达《税务处理决定书》及《税务行政处罚决定书》。根据《中华人民共和国税收征收管理办法》第七十七条和《行政执法机关移送涉嫌犯罪案件的规定》第三条有关规定，将江西某贸易有限公司的相关证据材料以案件形式移送公安机关。根据《中华人民共和国发票管理办法》第三十七条规定，对江西佳金贸易有限公司虚开（代开）发票行为处50万元的罚款。

【问题分析及工作启示】 一是加强组织领导，是查办大案要案的有力保障。由于大案要案涉及面广、案值巨大、案情复杂，需要领导重视，部门配合，上下协调。在该案查办过程中，上级领导对此案十分重视，对案件查办工作给予了指导，拨出专款作为办案经费。二是健全联合办案机制，是查办大案要案的坚实基础。税警联合办案机制对案情的突破起到了决定性的作用。在案件的查办过程中，公安、税务部门定期召开案情通报协调会，统一思想认识，互通案件信息，协调工作步骤。通过定期协调沟通，使案情按预定方向发展，极大提高了案件查处的质量。税警联合办案的工作形式，增强了税收执法的刚性，形成了依法治税的合力。三是采取保密措施排除干扰，是查办大案要案的根本保证。由于案件涉及面广，联合专案组执行了周密的保密纪律。前期检查人员的调查和摸排，一直是秘密进行，严格按照商定的方案实施，严格控制了解案情的人数；在开展全面检查前，对所有参加检查人员严格保密纪律，并将这些规定印发至每个检查人员手中；查处过程中，各检查人员各负其责，禁止向非专案组人员透露与案件有关信息，不允许在非工作场所讨论案情，这些保密制度的制定和落实，有效减少了各种外部因素对案件查办工作的干扰。

（江西省国家税务局稽查局供稿）

某纺织有限公司发票违法案

【案件类别】 发票违法案例

【案件所属行业】 零售业

【案件特点】 涉案企业以获取非法利益为目的，成立虚假公司，虚抵、虚开增值税专用发票。该公司法人身份虚假，借用他人身份办理工商、税务登记手续，进行违法犯罪活动；无购进货物业务，从不法分子手中购买增值税进项发票进行虚假抵扣；无销售业务，按开票金额收取手续费对外虚开增值税销项发票。最终将该公司定性为“开票公司”。

【案件来源】 专项检查

【基本案情】 该公司存在以获取非法利益为目的，成立虚假公司，虚抵、虚开增值税专用发票的违法事实。该公司2011年3—9月为他人虚开增值税专用发票470份，涉税金额4310.92万元，税额732.86万元。2011年1—9月取得增值税专用发票513份，涉案份数510份，虚抵涉税金额5195.66万元，税款674.27万元，均已认证抵扣。

【查办过程】 1. 从以下方面确认该公司以获取非法利益为目的，成立虚假公司，虚抵、虚开增值税专用发票。

法定代表人身份虚假。该公司实际合伙人三人，分别是张某、魏某、孙某，孙某利用上海人朱某丢失的身份证注册营业执照及税务登记证等，经公安机关询问，朱某没有到过河南，身份证曾丢失过。

委托加工环节虚假。该公司注册类型商业，购进的是皮棉、棉短绒、棉花，销售的是棉布、涤纶棉布、布，在该公司取证资料中发现一份与“沁阳市纺织厂”的委托加工合同和禹州市国税局代开的“禹州市某纺织加工厂”的加工费增值税抵扣发票两份，经到两地实地调查证实委托加工环节加工合同、租赁合同虚假。

购进货物虚假。该企业注册生产销售的产品为棉布（实白色坯布，因没有印染设备），购进的是皮棉、棉短绒、棉花，销售的是棉布、涤纶棉布、布。实地调查该公司没有独立的生产经营场所，租用位于巩义市竹林镇竹林大道的“巩义市某包装厂”的五间房屋作为经营地点，现场未见到任何机器设备，委托加工环节已被证实为虚假。经公安部门对该企业在案人员魏某问询，称“购进皮棉业务虚假，属按票面金额的2%付手续费购买的增值税进项发票”因而确定购进货物为虚假。

销售环节虚假。经到厦门市实地调查证实：该公司开具给“厦门市某服装有限公司”和“厦门某服装公司”的增值税专用发票均构成虚开，涉票份数10份，涉税金额99.83万元，税额16.97万元。公安机关到杞县某纺织有限公司查证，证实该公司法人聂某以18.51万元从本案纺织公司购买25份增值税专用发票。

出租人从未见到该企业进行过生产、销售。据对出租人问询，出租人称从未见过本案纺织公司生产过，也未见该公司任何货物流通。

到案人员认可虚开、虚抵增值税专用发票的事实。巩义国税局于2011年11月7日将该案件移交巩义市公安局。巩义市公安局于2012年4月6日立案，该案件被郑州市公安机关命名为“4·6”虚开增值税专用发票专案。两名犯罪嫌疑人魏某、张某到案现羁押于巩义市看守所，犯罪嫌疑人张某、孙某在逃。

公安机关对犯罪嫌疑人魏某进行了询问，魏某供认公司主要是卖布。刚开始确实是合法经营，后来慢慢走向虚开发票的不归路，按照票面金额6%左右销售增值税专用发票。为了抵扣税，就向棉花供货商要求只购买票，不要货，有时候也向棉花厂买票，按票面金额的2%付手续费。

账面资金往来情况：一是注册资金100万元已经抽逃；二是所有往来款项都是在本案纺织公司账户过渡一下，即被转走，资金回流迹象显著。

2. 增值税部分。该企业2011年3—9月共为他人虚开增值税专用发票470份，涉税金额4310.92万元，税额732.86万元。从税收分析监控系统获悉，该企业均已申报纳税。2011年1—9月取得增值税专用发票513份涉案份数510份，虚抵涉税金额5195.68万元，税款674.27万元，从税收分析监控系统获悉，该企业均已认证抵扣。

3. 所得税部分。该企业主要合伙人魏某携带账簿逃逸，归案后仍未提供，仅获取了核算现场保存的部分资料。根据规定，核定其应纳税所得额为12.01万元，应纳企业所得税43.67万元，已纳企业所得税9.34万元，应补缴企业所得税34.33万元。

【处理处罚结果】　根据《全国人民代表大会常务委员会关于惩治虚开、伪造和非法出售增值税专用发票犯罪的决定》第一条第四款、《全国人民代表大会常务委员会关于惩治虚开、伪造和非法出售增值税专用发票犯罪的补充决定》第一条第三款规定，将该公司移送司法机关追究刑事责任。

【问题分析及工作启示】　问题分析。从查处已发现的情况分析，虚抵相对集中的有“找票”需求的行业，如：矿产品经销、非金属矿制品业、纺织、服装、强制认定一般纳税人企业（成品油）；虚开较为集中的有“富余票”的行业，如：化工、建筑材料、家电、文化用品、电子产品等。表象为：钢材经销企业购销不一致；手机行业套取散户信息虚开；利用信息采集比对的周期打时间差，开具的专票被套开后，销方当月作废，抵扣方当月认证抵扣；家电行业机外套开发票清单虚抵等。部分行业已经成为不法分子虚开发票、虚抵进项税额、骗取出口退税的温床，税收秩序受到严重干扰。

工作启示。第一，提高对打虚防骗工作的思想认识。要对虚开骗税行为“零容忍”，坚持露头就打、有案必查、查案必深。要“守土有责、守土尽责”，充分认识到查办案件是税务工作的重要组成部分和维护税法的必然要求。第二，加大对增值税链条中薄弱环节的监管。结合实际工作，依然需要重点关注涉农、涉矿、涉油行业，重点关注手机经营者利用“富裕票”对外虚开的新动向，重点关注“营改增”后涉运行业、建筑业、房地产等行业的虚开问题。第三，加大对征管流程中重点关口的监管。关注法定代表人信息，是否为外地虚开高发地区人员，是否为居民楼或宾馆写字楼，经营地点是否与其经营范围相匹配，是否拥有一定的货物存放场所，关注企业变更信息，是否存在买卖一般纳税人资格情况等。第四，明确对走逃企业的检查方法。由于虚开骗税案件一般为链条式作案，涉及区域广，一旦发案上下游犯罪分子就会走逃，检查往往陷入无账可查、无人可问的“双无”状态，工作量大却难见成效。而走逃企业证据链条完整性等问题直接关系到违法事实的认定，全省各地对非正常、走逃户的取证要求掌握不够一致。建议省局能够出台对注销、走逃企业检查的程序规范，加快此类案件的查办进度。

（河南省国家税务局稽查局供稿）

郴州“7·10”虚开增值税专用发票案

【案件类别】 发票违法案例

【案件所属行业】 采矿业

【案件特点】 纯粹的开票公司，没有生产经营活动。作案时间集中，金额巨大。产业化、专业化程度高。

【案件来源】 协查案件

【基本案情】 郴州国税局稽查局协查发现：2013年1月26日，郴州市某矿业有限公司（以下简称某公司）从江西靖安某公司取得增值税专用发票56份，金额559.51万元，税额95.12万元。2013年1月28日，某公司向江西靖安某公司转账支付654.63万元，江西靖安某公司当日即将该笔资金转到深圳某公司，再从深圳市斯曼尔公司转到邓某、谢某的个人账户。犯罪嫌疑人涉嫌虚开增值税专用发票犯罪，该案定为“7·10”案。经公安机关侦查发现，“7·10”案主要有两个团伙，一个是以邓某、谢某、崔某等人为首的“邓某团伙”，控制5户企业，另一个是以蒋某、王某等人为首的“蒋某团伙”，控制4户企业。

【违法事实】 1. 郴州市某矿业投资有限公司虚开增值税专用发票。2012年4月，邓某、王某和崔某（在逃）为谋取非法利益，商量注册一家公司，专门虚开增值税专用发票。2012年4月23日，邓某、王某和崔某以王某为法定代表人注册成立了郴州市某矿业投资有限公司。

某公司成立至案发，未进行实际经营活动。2012年7月—2013年6月，邓某、王某等人在没有真实货物交易的情况下，按票面金额的6.3%～12.5%支付费用，从合肥某材料销售公司、江西靖安某贸易有限公司等9家公司取得增值税专用发票793份，票面金额共1.03亿元，税额共1492.37万元。此间，邓某、王某等人还在没有真实货物交易的情况下，按票面金额的9.3%～11%收取开票费，以某公司的名义，为郴州市某矿业有限公司等2家公司开具增值税专用发票77份，票面金额共8547.55万元，税额共1241.95万元。被告人邓某、王某等人虚开的增值税专用发票已向税务部门抵扣税款2734.32万元，并从中获得开票费796.89万元。

2. 郴州市某矿业有限公司虚开增值税专用发票。蒋某、王某共同商议注册一家公司，为谋取非法利益他们实施了虚开增值税专用发票的行为。2012年6月28日，蒋某、王某在嘉禾县注册成立了郴州市某矿业有限公司。公司成立后，蒋某、王某在没有真实货物交易的情况下，按票面金额3.5%～9.3%的比例支付费用，从某公司等10家公司取得增值税专用发票共629份，票面金额共计2.58亿元，税额共计3752.73万元。被告人蒋某、王某在没有真实货物交易的情况下，分别按票面金额10.6%～11.2%的比例收取开票费，为郴州市某宇矿业有限公司等2家公司开具增值税专用发票13份，票面金额共计1415.54万元，税额共计205.68万元。蒋某、王某虚开的增值税专用发票已向税务部门抵扣税款3958.41万元，并从中获得开票费152.63万元。

3. 郴州市某润矿业有限公司虚开增值税专用发票。2013年4月7日，在邓某的安排下，黄某（另案处理）等人到桂阳县工商局注册成立了郴州市某润矿业有限公司。公司成立至案发，邓某在公司没有进行任何实际经营活动的情况下，从天津某商贸有限公司取得进项增值税专用发票9份，票面金额共计998.48万元，税额共计145.08万元。又为郴州市某矿业有限公司、湘西某矿产品经营部开具销项增值税专用发票9份，票面金额共计1020.32万元，税额共计148.25万元。邓某虚开的增值税专用发票已向税务部门抵扣税款293.33万元，并从中获得开票费92.82万元。

4. 其他虚开增值税专用发票事实。2013年5—6月，张某经刘某介绍到谢某处开具增值税专用发票，谢某将信息转告给邓某。2013年6月8日，邓某指使彭某以郴州市某金属材料有限公司的名义开票12份到张某需开票的湘西某矿产品经营部，该12份增值税专用发票的票面金额共计132.17万元，税额共计19.20万元。此后，花垣县利丰矿产品经营部将上述发票，向税务机关申报和抵扣税款19.20万元，谢某获开票费14.44万元，刘某获介绍费0.66万元。

2013年9月12日，张某通过谢某、邓某以河南省濮阳市某商贸有限公司名义开具增值税专用发票20份，票面金额共计233.72万元，税额共计33.96万元。此后，张某所在的花垣县某矿产品经营部将上述增值税专用发票，向税务机关申报和抵扣税款33.96万元，张某向谢某支付开票费24.54万元，邓某获开票费20.56万元，谢某获开票费3.98万元。

2013年10月12日，蒋某、王某、郭某在无任何货物交易的情况下，以郴州市某贸易有限公司名义虚开增值税专用发票3份，票面金额共计241.83万元，税额共计35.14万元。此后，郭某将上述发票，向税务机关申报和抵扣税款35.14万元，蒋某、王某获开票费26.6万元。

2013年11月上旬，谢某、张某约定让邓某从深圳虚开增值税专用发票给花垣县某矿产品经营部。2013年11月14日，邓某从东莞携带在深圳虚开的增值税专用发票返郴州时，与谢某、王某和黄某被郴州市公安局民警抓获，并当场查获虚开增值税专用发票90份，票面金额共计1044.47万元，税额共计151.76万元。

【查办过程】 2013年6月28日，郴州国税局稽查局将案件移送郴州市公安局经侦支队，2013年7月10日，郴州市公安局立案侦查。公安部门经过一年时间的侦查，于2014年7月21日移送郴州市检察院审查起诉。郴州市检察院于2014年12月25日依法向郴州市中级法院提起公诉。

【处理处罚结果】 郴州市中级法院于2015年8月16日作出刑事判决，判处蒋某、王某等10名被告人犯虚开增值税专用发票罪，分别处以有期徒刑一年六个月至十二年，分别处罚金人民币5万~25万元。税务机关按规定做出了处理处罚决定，已追缴入库税款2227.03万元。

【问题分析及工作启示】 虚开增值税专用发票案件屡打不绝，一方面要加大案件查处力度，另一方面要在税制、发票管理制度等方面进行深化改革。

（湖南省国家税务局稽查局供稿）

四川遂宁“1·25”虚开“黄金票”案

【案件类别】 发票违法案例

【案件所属行业】 批发业

【案件特点】 犯罪嫌疑人通过中介代理注册“空壳”商贸公司，取得真实版“黄金”增值税专用发票，经国税机关认证后将“黄金票”藏匿，然后购买虚假的增值税专用发票，通过电脑打印模板，打印货物名称为“废钢、铜杆、电解铜”等的增值税专用发票作入账处理。同时，分别以“废铜、铜杆、电解铜”等货物名称虚开增值税专用发票，牟取暴利。

【案件来源】 举报案件

【基本案情】 犯罪嫌疑人通过注册“空壳”商贸公司，取得货物名称为“黄金”的增值税专用发票，经税务机关认证后将真实版黄金增值税专用发票藏匿，然后利用网络联系购买虚假的省外增值税专用发票，通过电脑打印模板，打印货物名称为“废钢、铜杆、电解铜”等的增值税专用发票作入账处理。同时，分别以“废铜、铜杆、电解铜”等货物名称向省外企业虚开增值税专用发票1690份，价税合计1.96亿元。

【违法事实】 2014年11月，虞某、何某、吕某通过中介代理注册了遂宁市某商贸有限公司和遂宁市某跃商贸有限公司，两公司均未开展任何合法的生产经营业务。2014年12月—2015年1月，两公司从山东和广东取得货物名称为“黄金”的增值税专用发票，通过税务机关认证后将黄金增值税专用发票藏匿，然后利用网络联系购买虚假的山东省增值税专用发票，通过电脑打印模板，打印货物名称为“废钢、铜杆、电解铜”等的增值税专用发票作入账处理。同时，分别以“废铜、铜杆、电解铜”等货物名称向江苏、西藏、天津等地企业虚开增值税专用发票1690份，价税合计1.96亿元。为制造公司正常经营的假象，两公司还通过网络等方式购买假的普通发票，伪造发票专用章后自行填开，交给会计人员做账使用，逃避税务机关监管。

【查办过程】 内紧外松，分析鉴别假票现形。2015年1月25日，四川省遂宁市国税局稽查局局长接到知情群众举报，称有人于2014年11月在遂宁市注册2个公司，大肆虚开增值税专用发票，且短期内会将公司注销后逃逸。遂宁市国税局稽查局迅速启动应急预案，召开案情分析会，在安排人员利用税收征管信息系统对涉案企业税务登记、纳税申报、发票流向和财务数据等信息进行初步分析的基础上，认为举报人提供的相关信息可信度高，随即请公安经侦部门提前介入，成立专案组，制定检查预案，并严格做好保密工作。专案组通过深入分析发现，两个企业均“购销在外”，且销售金额异常，遂以日常检查为由通知企业代账会计提供账簿凭证。为了不打草惊蛇，专案组连夜加班，利用单反相机微距镜头拍照，将企业取得和开具的增值税发票逐份拍摄并在电脑上放大，通过肉眼观察识别增值税发票防伪标志，初步判断，两企业原始凭证中的72份增值税专用发票和18份普通发票为假发票，举报线索获得印证。微距拍照鉴别假发票的证据线索成为公安机关立案的重要依据，为侦破此案打下了基础。

警税协作，周密布控人赃俱获。2015年1月26日上午，遂宁国税局稽查局局长黄源东第一时间带上简要案情、相关法律条文、增值税专用发票印制规定、初步鉴定为假发票的增值税专用发票放大照片打印件等相关政策、证据资料，到遂宁市公安局经侦支队商请公安机关立即采取措施，并安排专案组人员与办税服务厅协调，要求办税服务厅工作人员协助，对涉案公司认证发票尽量拖延时间。公安部门立即启动立案程序，并紧急从其他案件准备外调的办案人员中抽出3名民警，蹲守办税服务厅，静候嫌疑人出现。上午10点，2名嫌疑人员先后到办税服务厅窗口办理涉案企业认证业务。为逃避打击，疑犯非常狡猾，两人装着互不认识，分别在不同的窗口认证增值税专用发票。经专案组成员及公安民警现场通过所认证发票确认，一举抓获犯罪嫌疑人何某、吕某，并现场扣押作案用的小轿车1辆、手提电脑3台、公司财务专用章、发票专用章和法定代表人章8枚、优盘若干等作案工具。

抽丝剥茧，全案彻底真相大白。公安民警随即开展对嫌疑人的突击审讯，犯罪嫌疑人何某、吕某对虚开增值税发票的违法行为供认不讳，并交代了案件主犯虞某，公安民警当即分组奔赴虞某经常出没的宾馆、茶楼、咖啡厅布控，经4个多小时的蹲守，虞某未出现，手机已关机，确认其外逃。随即公安部门依法对何某、吕某刑拘，并对虞某实施网上通缉。半年时间，警税联合专案组辗转江苏、山东、天津、西藏等8个省（市、区），行程5000余公里，开展协查取证工作，同时，请中国人民银行印制科学技术研究所、涉及省、市国税局、地税局鉴定相关发票。最后查实，该企业账务中的增值税专用发票、通用机打发票全部为假票、所有业务均为虚构。遂宁国税局作出失控发票处理1790份，为国家挽回税款损失2857万元。

（四川省国家税务局稽查局供稿）

云南盐津“3·23”系列虚开发票案

【案件类别】 发票违法案例

【案件所属行业】 批发业

【案件特点】 该案作案手法呈现出以下主要特点：一是“五虚两无”。“五虚”即不法分子借用他人身份证件办理工商注册，进行虚假的税务登记；涉案企业涉嫌通过非法取得农户身份、户口等信息大量虚构农产品收购业务；以他人名义虚构运输业务；虚构销售业务虚开增值税专用发票；进行虚假的账务处理。“两无”即无真实的生产、加工、仓储、经营地点，无机器设备和水电耗用等生产要素。二是“三化两对外”。“三化”即组织集团化，涉案企业均为团伙关联关系，统一指挥管理、统一操控配置、统一财务核算、统一对外开票，以达到效率最大化；“业务”专业化，涉案企业整个经营过程中都有专业的“办税人员”负责办理涉税事项并与税务机关进行接触，并对企业的进销发票进行配比，定期缴纳微量税款以蒙骗税务机关的日常监督管理；活动跨区域化，涉案的26户企业均是从甘肃省流入到盐津县的，主要操控人员是“8·14”虚开增值税专用发票案中开票人员。“两对外”即涉案企业均为当地政府招商引资企业，由专人保证“经营业务”的顺利开展；虚开的增值税专用发票受票单位均在省外，涉及9个省28户企业。

【案件来源】 专项整治

【基本案情】 按照云南国税局农产品收购和

加工行业税收专项整治工作的统一部署，昭通国税局在对农产品收购和加工企业发票开具情况进行监控分析时发现，昭通市盐津县所辖的26户中药材经营企业经营异常，26户企业都成立于2014年11月，2014年11月17日前认定为增值税一般纳税人；注册地址都在盐津县某交易城内；2014年12月31日前财务核算都由陈某负责，自2015年1月1日起改为某会计计账公司负责。该26户企业发票使用异常、销售异常，即在2014年11—12月的短短2个月内领购并开具了数千份农产品收购发票和2500多份增值税专用发票，开具金额高达2.49亿元。经省、市两级国税局稽查局共同分析认为，该情况与盐津县中药材种植、经营实际情况不符，涉嫌虚开增值税专用发票。云南国税局立即安排对上述26户企业开展立案检查，并定名为云南盐津“3·23”虚开发票案。

【违法事实】　经查明，26户企业虚构农产品收购业务向下游用票企业无货虚开增值税专用发票。2014年11月17日—12月4日，共计虚开增值税专用发票2508份、金额2.49亿元、税额3240万元。

【查办过程】　数据分析发现多家相似企业疑点重重。昭通国税局在对农产品收购和加工企业发票开具情况进行监控分析时，多家“相似”企业引起了工作人员的注意，这就是云南盐津“3·23”虚开案件涉及的26户企业。它们都是独立纳税主体，具有独立法人资格；都成立于2014年11月，2014年11月17日前认定为增值税一般纳税人；注册地址都在盐津县某交易城内；2014年12月31日前财务核算都由陈某负责，自2015年1月1日起改为某会计计账公司负责。该交易城由当地某管理公司负责引进和运营，此公司是甘肃某公司派出的管理公司，属于盐津县人民政府招商引资引进的企业，但26户企业中竟有部分企业法定代表人从企业成立至案发都未曾到过昭通市盐津县。为及时查清案件，打击涉案企业虚开发票的违法犯罪活动，最大限度挽回国家损失，该案件由云南国税局稽查局督办、昭通国税局稽查局直接负责查办。2015年3月21日，由10人组成的检查组开始对26户涉案企业的农产品购进情况进行摸底调查。

深入检查发现发票、资金流向异常。2014年11—12月间的短短15天内，涉案的26户药材经营公司开具增值税专用发票2770份，其中作废发票257份，2513份发票全部流向安徽、福建、广东、湖南、江西、北京、宁夏、河南和山东等9个外省、市、自治区的28家企业，开具金额2.5亿元，销项税额3246.78万元。部分涉案企业在盐津国税部门代开的货物运输普通发票上的运输费用与市场同期价格相比明显偏低。查阅账簿资料发现，多数涉案企业在向农户收购农产品时未支付款项；少数涉案企业的账簿资料反映出的资金流向是：企业先向法定代表人借入现金，再支付给农户，销售收取现金后再将现金归还法定代表人。多数涉案企业在“销售”过程中，没有向受票企业收取款项，挂应收账款；少数涉案企业虽向受票企业收取了“货款”，但在收取“货款”后又通过网银转入法定代表人账户或其他个人账户。经检查，基本证实涉案企业农产品收购环节属于虚构业务。

全面外调查实无货虚开。该案涉及的725户农户分散在昭通盐津县柿子镇中坪村、岔河村、新生村和落雁镇落雁村，山高路远，交通极为不便。专案组工作人员克服重重困难，经过10余天的努力调查了解到：其一，涉案村庄属于昭通高山冷凉地区，没有成规模的中药材种植和销售情况；其二，当地农民的经济收入极低，生活条件艰苦，大多数人选择外出打工，涉案企业的收购业务发生在2014年11—12月，该时节并不是农民返乡的高峰期，大多数农民并不在家，有些农民外出多年未回，有些农民户口迁出多年，甚至其中的3个农民已去世多年；其三，部分农户近年虽然种有不同品种的中药材，但由于中药材有一定的生长期，2014年11—12月未进行销售；其四，少数农户虽有零星销售，但不是收购发票所开具的中药材品种和数量，也未向涉案企业销售过中药材和收取涉案企业任何款项。通过对涉案企业实地检查和对农户走访调查，发现26户企业涉嫌无货虚开增值税发票，由于该案涉嫌虚开发票金额较大，已达到移送标准，2015年3月13日，昭通市国税局稽查局报经市局领导同意后，将案件移送公安机关侦查；3月23日，昭通市公安局经侦支队正式对案件立案受理。在国税、公安部门的共同努力下，查实26户企业虚构农产品收购业务向下游用票企业无货虚开增值税专用发票。2014年11月17日—12月4日，共计虚开增值税专用发票2508份、金额2.49亿元、虚开税额3240万元。

【处理处罚结果】　税务机关已将26户企业移送公安机关立案侦查，抓捕犯罪嫌疑人6人，移送检察院起诉6人，其余犯罪嫌疑人还在抓捕中。当地税务机关已及时向下游受票企业所在地税务机关发出《已证实虚开通知单》，目前共挽回国家税款损失超过680万元。

【问题分析及工作启示】 一是涉案企业利用在农产品收购业务中可自己开具收购发票的特殊税收政策，虚开农产品收购发票多抵扣增值税进项税，虚开增值税专用发票。二是企业在购进农产品时增值税进项税是按票面注明的购进含税价款金额，以13%的税率计算抵扣进项税，而销售时按不含税价以13%的税率计算销项税额，由于两者的计税依据不同，对农产品收购后再销售的企业形成销项税与进项税"倒挂"现象。三是现行的税收政策对农产品收购的一般纳税人的抵扣凭证实行"三自"（自行领购、自行开票、自行抵扣）管理模式，制度设计上存在缺陷给虚开发票提供了前提条件。四是虚开增值税专用发票"窝案"浮出水面后，云南国税局采取积极措施加强对农产品收购和加工企业的税收征管，特别是对经营期限较短、购销金额较大、纳税人税负较低、纳税人经营情况"正常"却突然提出注销申请的企业加强注销清算管理。五是云南国税局稽查局在案件查办中主动担当，对注销、走逃、失踪户中不提供账簿资料企业的定性问题予以了明确指导。

（云南省国家税务局稽查局供稿）

某物资有限公司虚开增值税专用发票案

【案件类别】 发票违法案例

【案件所属行业】 批发业

【案件特点】 检查人员紧紧围绕公安部门提供的举报线索，在被举报纳税人不提供会计账簿、凭证等资料无账可查的情况下，从购货方入手，通过对购货方采购计划、采购订单、入库验收单、出库单等业务真实性的甄别，最终查实了该公司利用真假两套销售清单，虚开增值税专用发票的违法事实。3名涉案人员被检察机关以涉嫌虚开增值税专用发票罪提起了公诉。对于查处李代桃僵的虚开增值税专用发票案件提供了借鉴。

【案件来源】 举报案件

【基本案情】 银川某物资有限公司成立于2007年12月13日，2008年2月被认定为增值税一般纳税人，实行独立核算、无分支机构，增值税、企业所得税均由国税局管理，企业主要从事电线电缆、化工产品、轴承、建材的销售。该公司在2012—2014年经营期间，在没有销售汽车和装载机配件的情况下，给宁夏某集团公司开具货物名称为汽车和装载机配件的增值税专用发票376份，价税合计3469.83万元；该公司无法提供账簿资料，对该公司2010—2013年的企业所得税实行核定征收，补缴企业所得税38.45万元。

【违法事实】 增值税方面，该公司在没有销售汽车和装载机配件的情况下，代安徽某有限责任公司给宁夏某集团公司开具货物名称为汽车和装载机配件的增值税专用发票376份，价税合计3469.83万元，同时按开票金额20%加价，收到货款后再转给安徽某有限责任公司；企业所得税方面，由于该公司无法提供账簿资料，对该公司2010—2013年的企业所得税实行核定征收，补缴企业所得税38.45万元。

【查办过程】 查账受阻，逆向调查。接到案件后，办案人员到该公司注册经营地，发现毛某2013年3月就将该公司转让给了储某，毛某说2012年及之前的资料由于搬家已经不知去向，2013—2014年的账簿、凭证资料因打官司被储某拿走，无法提供。公安、税务联合检查组经过分析，决定兵分两路从外围入手，一路从税收管理系统中导出该公司检查期内所有进项、销项信息进行分析，同时到购货方取得该公司销售发票复印件；另一路到宁夏某集团公司了解情况，掌握购销业务流程和收货、付款情况，通过逆向检查发现问题。

外围调查，循线突破。办案人员从购货方宁夏某集团公司调取了物资验收入库单、出库单等原始单证和银川某物资有限公司开具的所有增值税专用发票、付款凭证和往来账，核对后发现票流、货物流、资金流完全一致，增值税专用发票的货物名称与物资验收入库单、物资出库领料单的货物名称相符，全部是汽车和装载机配件。办案人员发现购货方一年要耗用3000多万元配件的疑点，查看购货方固定资产卡片，到购货方车队了解车辆运输情况，与同属一个集团公司的其他单位车辆配件消耗情况进行比较，发现购货方公司汽车配件的耗用远远大于集团公司其他单位。经对购货方公司供应科所有的仓库保管员逐一询问，仓库保管员反映单位的物资进出全部由供应科负责，银川某物资有限公司从未给他们单位供应过汽车和装载机配件，只收到过供应的电缆、水泵和采煤机配件。所有的汽车和装载机配件验收入库单、出库领料单都是伪造的。

抽丝剥茧，真相大白。随着案件调查的逐步深入，案件的脉络也逐步清晰起来。原来几年前，宁夏某集团公司下属单位供应科长刘某在没有征得单位领导同意的情况下，与安徽某有限责任公司法定代表人储某私下签订了一份200多万元的机电配件购销合同，货物已经使用。后来由于宁夏某集团公司改组，货款没有支付，迫于对方起诉压力，利用供应科长的便利与储某又签订了5份供货合同，标的物是电缆、水泵和采煤机配件，这些货物也已经使用。为规避宁夏某集团公司非公开招标单位不予支付货款规定，经过3人密谋策划和分工，刘某负责向宁夏某集团公司上报银川某物资有限公司招标范围内的配件计划，负责安排库管员、领料员等相关人员编造虚假的入库手续、质检验货手续、出库手续。需要开票时，刘某就打电话给毛某说要走账，储某就找到毛某按照提供的销售货物明细单出具增值税发票，按开票金额20%加价，收到货款后再转给安徽某有限责任公司。于是，电缆、水泵、采煤机配件摇身一变就成了汽车和装载机配件。办案人员从宁夏某集团公司取得的物证、询问笔录等证据证实：宁夏某集团公司会计凭证中的入库单、出库单全部是仓库保管员、领料员在供应科长刘某授意下伪造的，验收入库单、领料出库单与发票开具的货物名称完全一致，均为汽车和装载机配件，而真正收到的货物是电缆、水泵、采煤机配件。

该公司在收到处理处罚决定书后缴清了所有款项后，一方面，以税务机关核定征收该公司企业所得税没有法理依据为由，向银川国税局提起行政复议；另一方面，以税务机关认定该公司虚开增值税专用发票事实有误为由，向法院提出行政诉讼，要求撤销认定该公司虚开专用发票的违法事实和处罚决定。经过质证、激烈辩论，一审、二审，法院做出最终裁决，认定该公司虚开发票事实成立，维持了银川国税局稽查局认定该公司虚开增值税专用发票的违法事实和处罚决定。

【处理处罚结果】　根据《中华人民共和国税收征收管理法》《企业所得税核定征收办法》和《中华人民共和国发票管理办法》规定，对该公司的违法行为做如下处理：一是追缴企业所得税38.45万元，并从滞纳税款之日起按日加收万分之五的滞纳金。二是对该公司虚开发票376份，价税合计3469.83万元问题，处40万元罚款。三是该公司未按规定保管账簿、凭证资料，处以1万元的罚款。

【问题分析及工作启示】　问题分析。从作案动机看，该案中购货方经手人员利用主管货物采购的便利，违反招投标程序，伙同销货方和开票方三方共同密谋策划，编造与开具发票内容一致的虚假资料，虚开增值税专用发票，欺骗财务核算部门以达到付款的目的。从作案手法看，购货方经手人员与销货方和开票方采用偷梁换柱的手法，用虚假采购计划、采购订单、入库验收单、出库单代替真实的入库验收单，如果不是购货方举报，并提供真实的入库单与假入库单比对，难以发现问题，作案手法十分隐蔽。从以查促管看，稽查部门应高度警觉和重视对进货销货品类不匹配问题的核查，严厉打击各类虚假取得进项发票违法问题。

工作启示。建立虚开发票企业及企业法定代表人“黑名单”。通过向社会公布企业名称和违法当事人姓名，依法发挥社会监督和舆论监督的作用。对公布的违法案件当事人新办公司的，应进行更加严格的管理，使其处处受限、寸步难行。建立虚开发票主管会计“黑名单”。从近年来发生的虚开发票案件来看，企业会计特别是一些记账公司或兼职会计已经成为虚开发票企业的帮凶，他们明知企业没有真实的货物购进或销售，却想方设法为企业做假账，事发后以兼职不知情或者老板指使进行开脱。对这些会计追究责任少，助长了违法行为的发生。应通过建立虚开发票主管会计“黑名单”制度，对上了“黑名单”的会计切断他们兼职的通道，让他们彻底失去就业市场。

（宁夏回族自治区国家税务局稽查局供稿）

某建筑安装有限公司发票违法案

【案件类别】 发票违法案例

【案件所属行业】 建筑安装业

【案件特点】 近年来，社会上假发票屡禁不止，为严厉打击和整治发票违法犯罪活动，规范发票使用秩序，完善发票管理监督机制，进一步整顿和规范税收征管秩序，震慑发票违法犯罪行为，加大对假发票的稽查力度，做到查账必查票、查案必查票，从而铲除贩卖使用假发票的温床。

【案件来源】 日常检查

【基本案情】 某建筑安装有限公司，经济类型为有限责任公司，经营范围：建筑施工及安装、装潢。该公司于2014年11月8日与宁夏某生物科技开发有限公司签订“枸杞系列深加工项目”建筑安装合同，合同价人民币5052.37万元，具体由该公司第七项目部负责人方某负责。

【违法事实】 经检查核实，该公司存在以下违法事实：2015年3—4月，通过户外散发的广告小卡片上的联系电话，联系到银川市某代开发票人，在收到通过快递寄来的虚开发票后，向对方账户支付了7万余元手续费，获得了以该公司名义开具的金额为3760万元的建筑安装业假发票，并将假发票交付给宁夏某生物科技开发有限公司。

【查办过程】 分析案情，制定预案。稽查人员通过实地走访了解到，受票企业宁夏某生物科技开发有限公司是中宁县政府重点扶持的招商引资企业。检查组分析，双方企业有真实经济业务，该建筑公司可能通过假发票结算进行偷税。于是制定了以核实该建筑公司经济业务真实性和发票领用、填开情况为重点的检查预案。

多方协调，获取证据。由于案件涉及招商引资企业，投资额巨大，涉及单位多，社会影响力大，假发票一旦被证实将可能影响到该县的招商引资工作，因此检查组获取直接证据难度很大。中卫地税局稽查局及时向中宁县商务和经济技术合作局、审计局发公函请求配合，最终调取了该公司开具的假发票原件7份。

谨慎甄别，核查真伪。检查组分三步甄别发票真伪。第一步到中宁地税局办税大厅核对，发现发票时间、发票主管税务机关代码与中宁地税局大厅领用不符。第二步到中宁县地税局征管科，发票管理员在代开发票查询系统中未比对出发票信息。第三步，在调取了7份假发票原件后，稽查人员又通过宁夏地税（稽查）发票比对系统比对，最终确定为假发票。

突击询问，全面稽查。检查组先后对宁夏某生物科技开发有限公司财务会计及该建筑公司第七项目负责人方某进行了税务询问，并分别制作了询问笔录。面对强大的政策宣传攻势和税收法律的威慑，在证据面前，方某极不情愿地交代了自己的违法事实：2015年初，通过散发的代开发票的小广告联系中间人，在支付7万余元手续费后，由中间人替该公司开出了建筑安装业假发票3760万元。

【处理处罚结果】 该假发票尚处于中宁县招商局审核阶段，宁夏某生物科技开发有限公司也尚未入账付款，该公司并没有实际取得该项工程收入，因此尚未造成事实上的逃税结果，只是构成了开具虚假发票的违法行为。

根据《中华人民共和国税收征收管理法》《中华人民共和国发票管理办法》，对于该公司未进行纳税申报，造成少缴的税款营业税112.8万元、城市维护建设税5.64万元、企业所得税75.2万元予以追缴。同时追缴2015年度少缴纳的教育费附加3.384万元、地方教育附加2.26万元、水利基金2.63万元，共追缴税费收入201.91万元。同时对该公司未按规定开具发票的行为处以罚款10万元。

【问题分析及工作启示】 理清工作思路，是查办假发票案件的前提条件。稽查局在立案之处，制定出“从内到外，分段实施”检查工作预案，紧紧抓住获取发票原件这个关键的中心环节，两头延伸，上查虚假发票的原始来源，下查接受使用假发票的单位，最终以查补税款为工作重点，使检查工作分阶段有步骤的有序开展。

加强组织领导，是查办假发票案件的执行保障。为确保发票检查工作顺利开展，局领导高度重视，多次亲赴中宁。为了避免税款流失，同意对该建筑公司实施税收保全措施，冻结宁夏某生物科技开发有限公司支付给该公司的工程款20万元，作为税款入库的保证金，最终税款、罚款得以全额入库。

扩大舆论宣传，是查办假发票案件的重要手段。稽查局在查处此案件的过程中，适时在《法治新报》进行公开曝光。通过这种形式扩大重大税收违法案件信息的覆盖面，增强信息公布工作的社会影响力和威慑力。进一步增强广大纳税人的税收法制意识，提高了公众对假发票的鉴别能力。

加强部门联动，是查办假发票案件的坚实基础。这起假发票案由审计局牵出，由税务所证实，由稽查局核查并处理。部门之间紧密联系，辐射中宁中卫两地，加强了执法保障，减少了执法盲区。通过联动整治在社会上形成了打击发票违法犯罪活动高压态势，最大限度遏制税收违法行为，在打击发票违法犯罪活动中发挥了示范效应。

（宁夏回族自治区地方税务局稽查局供稿）

某化工有限公司虚开增值税专用发票案

【案件类别】　发票违法案例

【案件所属行业】　批发业

【案件特点】　该案涉及虚开金额巨大，违法犯罪性质恶劣，查处成效明显。通过该案的查办，青岛国税局稽查局在税警联合办案、虚开案件证据取证等方面取得了丰硕的经验，对今后此类案件的查处具有重要的启示意义。

【案件来源】　举报案件

【基本案情】　2014年，青岛国税局根据群众举报线索，联合公安机关，成功查获了青岛某化工有限公司虚开增值税专用发票一案。经查实，该公司2013年1—3月期间，在没有真实业务的情况下，虚开增值税专用发票1027份，金额8504万元，税额1443万元。

【查办过程】　1. 深入分析举报线索，确定虚开疑点。2014年3月，青岛国税局举报中心接到群众举报，反映青岛某化工有限公司（以下简称某公司）存在购买虚开的增值税专用发票，并对外虚开的行为。

检查人员在接到检查任务后，首先对该公司相关涉税资料进行了分析。通过分析发现，该公司取得的增值税进项发票，大多数来自外市的石化企业，发票均为顶额开具。对外开具发票的受票方涉及纺织、机械加工、商贸零售等与石化行业并不相关的单位。在该公司的申报表中，没有运输发票等符合成品油经营企业特点的其他抵扣凭证，企业财务报表中的固定资产科目来看，该科目数字一直为0，说明企业没有储存成品油的大型固定资产。通过以上资料分析，检查人员判断该公司具备虚开增值税专用发票企业的特点，举报信提供的虚开发票线索存在一定的真实性，于是决定进行实地检查。

2. 税警联合，犯罪嫌疑人抓捕归案。为避免打草惊蛇，检查人员首先是以日常涉税业务检查的名义，与该公司的负责人吕某进行电话联系，并询问其办公地点、生产经营状况等基本情况。然而吕某却避而不答，并拒绝了检查人员实地检查的要求，随后就不再接听电话，检查人员通过多方查找，也一直无法与其取得联系。企业负责人吕某的异常举动，使得检查人员提高了警惕。在报经领导批准后，检查人员立即与公安机关组成联合检查组，对嫌疑人吕某实施控制。随后，犯罪嫌疑人吕某到案。

3. 承认虚开事实，案件取得重大突破。吕某到案后供述，其在学车的时候认识了苏某（青岛某化工有限公司虚开发票案主犯，现已另案查处）。2010年11月苏某向吕某索要了身份证及房屋租赁合同，办理了该公司的登记手续。之后，为了利用该公司赚取非法所得，吕某通过苏某认识了虚开增值税发票的王某、陈某，并用其银行卡与王某、陈某二人按照开具发票票面金额4%支付开票费。为了制造真实交易的假象，吕某按王某要求到银行了开具一个该公司的对公账号，再把银行卡、U盾邮寄给王某，方便王某给该公司开增值税专用发票时伪造虚假的资金流向。

有了增值税进项发票以后，吕某又委托苏某为其介绍需要增值税发票用来抵扣的“客户”。经苏某牵线搭桥，吕某结识了大量“客户”，并按照开具发票票面金额7%的比例收取开票费。吕某承认，涉案公司2011年11月—2014年3月期间开具的675份增值税发票（票面金额4223万元，税额716万元）是企业在无真实交易情况下为他人开具的。虚开增值税专用发票所获取的非法所得，全被吕某用于个人生活消费。

【处理处罚结果】 某化工公司法定代表人吕某的行为已违反了《国家税务总局转发〈最高人民法院关于适用全国人民代表大会常务委员会关于惩治虚开、伪造和非法出售增值税专用发票犯罪的决定的若干问题的解释〉》（国税发〔1996〕210号）规定，属虚开增值税专用发票。根据《中华人民共和国发票管理办法》第二十二条、第三十七条的规定，青岛国税局对该公司处以20万元罚款，并移送公安机关查处。

【问题分析及工作启示】 结合青岛某化工公司等虚开增值税专用发票案件的查处，提出以下工作建议。

1. 加大对涉税高风险企业日常管理的力度。在不断加强一般纳税人管理的同时，虚开团伙也具有了职业化、专业化的特点，利用税收管理中的薄弱环节进行虚开犯罪活动，严重破坏税收经济秩序。稽查虽是征管的最后一道防线，但更多的作用体现在事后的查处和对税收损失的补救上，这就需要税收管理中的各环节在工作中的各阶段都要扎紧各道风险闸口，提升管理合力。具体措施包括：一要加强户籍巡查。在对虚开发票违法案件查处中发现，部分企业仍存在着注册地址虚假的问题，这就需要管理局户籍巡查岗增加对新办的、发票领用量大的、应具备一定生产能力企业的巡查覆盖率和适当的巡查频率。二要加强涉税高风险疑点分析与应对的能力。涉案企业在进行虚开活动时，必然会产生高风险的涉税疑点。近年来，在对虚开发票案件的检查中发现，很多涉案企业的货物品目，都涉及成品油、钢材、煤炭、化工原料等大宗货物。有的虚开企业会出现连号或整本为一家下游企业大量开具发票的情况，有的虚开企业会形成虚开的上下游链条，应充分利用市级、区县级两级税收风险分析、纳税评估的力量，在所辖区域内实现高风险涉税疑点横向与纵向间的信息交换，使涉税业务的同城通办与风险应对的全区域统筹相匹配。

2. 加强金融监管，推行银行结算。现阶段，随着网上支付方式的普及，很多中小企业之间的资金往来大多通过个人网银、非备案银行账号等方式进行流转，这就增加了税务机关对违法案件调查取证的难度。因此，想要限制虚开发票等重大税收违法行为，必须要在金融监管方面进行强化。建议在全国范围内，推行个人及单位金融机构涉税账号的唯一制度，所有涉税的银行资金账号交易信息由中国人民银行服务器实施监控，交易数据备份，并实现身份证号码、信用卡号码、银行账号信息的公安、税务、银行共享制度。

3. 加强与工商、公安等部门的信息交流，形成打击合力。从近年来查处的发票违法大要案件情况看，由于税务检查权限的局限性，单纯依靠税务稽查自身的力量很难彻底查处，与公安机关建立良好的协作机制，直接决定着发票违法犯罪案件查处工作的顺利开展。青岛某航化工公司虚开增值税专用发票案件的查处过程中，正是借助公安机关的力量，才能使得犯罪嫌疑人主动投案自首，为虚开发票案件的破获节约了大量的时间。

（青岛市国家税务局稽查局供稿）

“海浪二号”特大虚开发票、骗取出口退税、贩卖假发票及偷税案

【案件类别】 发票违法案例

【案件所属行业】 多行业

【案件特点】 “海浪二号”专案是深圳国税局迄今为止办理的一宗涉税违法犯罪类型最全的专案，打击发票违法犯罪链条最完整的案件，涵盖了骗取出口退税、取得虚开黄金票、虚开增值税专用发票、虚开普通类发票、窝藏售卖假发票、偷税等犯罪违法行为。该案也是出动人员和部门最多的一次行动（公安出动经侦、技侦、特警、网警等多个警种130人，保安100人；国税出动73人），分21个行动组展开行动，对涉税违法犯罪团伙展开全面打击。

【案件来源】 上级交办重大案件

【基本案情】 2015年10月，在税务总局、公安部联合督办和直接指挥下，深圳国税局和公安局成功破获“海浪二号”特大虚开黄金票、骗取

出口退税、贩卖假发票及偷税专案，一举摧毁了以卓某为首的特大虚开增值税专用发票团伙，以黄某为首的特大骗取出口退税团伙，以詹某、刘某为首的虚开普通发票和贩卖假发票团伙。

【违法事实】 现已查明，以卓某为首的主要虚开黄金票犯罪嫌疑人等，通过控制龙某通公司、昊某公司、成某某公司以及汕头某涛公司等第一层黄金代理客户，利用上海黄金交易所的会员进行黄金代购获取增值税专用发票后，通过票货分离的方式，套取上海黄金交易所开具的增值税专用发票用于抵扣，同时向下游的第二层专业贩票团伙（深圳市信某新贸易有限公司等，以下简称“信某新公司”）虚开增值税专用发票，赚取开票手续费。

第二层虚开企业（信某新公司等）再虚开增值税专用发票给实际用票企业（深圳市奥某莱电子有限公司等，以下简称“奥某莱公司”），用于骗取出口退税。奥某莱公司是免抵退税企业，表面上通过购买原材料为国内外客户生产加工手机主板，制造大规模出口生产经营的假象，实际上通过支付手续费购买增值税专用发票用于抵扣，借用深圳周边厂家来料加工的手机主板（与该公司自行生产加工的手机主板型号不同）等货物申报自营出口或委托外贸公司出口骗取出口退税。

经统计，涉案金额60亿元、税额10亿元。其中，涉嫌虚开发票金额50多亿元、税额8.7亿元，涉嫌骗取出口退税涉案金额9亿多元、退税额1.5亿元。

【查办过程】 在税务总局、公安部的督办和统一协调下，税警部门抽调精干力量组成联合专案组。在前期侦查工作中，专案组对涉案的4户黄金票第一层企业、170多户第二层受票企业以及部分第三层受票企业进行数据分析和统计，梳理出有关的涉案信息，为公安部门提供了充足的信息支持；充分分析和利用税务总局、公安部、人民银行三部委下发的数据和线索（尤其是反洗钱数据），排查分析涉税事项，对150多个涉案银行账户进行了调查，并从中分析梳理出虚开违法资金回流数据。联合专案组充分利用国税征管信息系统、税警系统的税收信息和数据，结合公安部门办案手段，对犯罪团伙的相关人员构成、作案手段方式、窝点位置及涉案银行账户数据等涉案信息进行了反复排查。经过3个多月的外地调查取证，深入分析物证、书证，海量比对数据，专案工作取得重大突破，犯罪嫌疑人的虚开、骗税犯罪事实证据得以固定，犯罪团伙的主要犯罪嫌疑人最终也被成功锁定。

2015年10月14日，在税务总局、公安部联合督办和直接指挥下，深圳国税局和公安局联合发起“海浪二号”特大虚开黄金票、骗取出口退税、贩卖假发票及偷税案集群战役统一收网行动。行动一举摧毁了以卓某为首的特大虚开增值税专用发票团伙，以黄某为首的特大骗取出口退税团伙，以刘某、詹某为首的虚开、贩卖假发票团伙，成功抓获犯罪嫌疑人29名，捣毁犯罪窝点22个，扣押开票设备、电脑主机、手提电脑、信息群发器、传真机、打印机、手机等作案设备一大批，现场扣押已填开的和空白的增值税专用发票3000多份，各类假发票5000多份，公章、发票章等虚假印章300多枚。

【处理处罚结果】 该案涉案19660份发票已被定性为虚开发票，涉及金额29.7亿元，税额5.05亿元，价税合计34.75亿元；查实涉案企业接受虚开发票14372份，涉及金额13.41亿元，税额2.28亿元，价税合计15.69亿元；另涉案企业深圳市奥某莱电子有限公司已查实通过虚假出口3.16亿元骗取出口退税4000余万元，偷税1.06亿元；对涉嫌骗取出口退税企业暂缓出口退税，并对已退税款采取税收保全措施，冻结金额合计1.2亿元。公安机关已查清了涉案的卓某、詹某、刘某等11名犯罪嫌疑人的违法犯罪事实，依法移交深圳检察院提起公诉。

【问题分析及工作启示】 成功破获“海浪二号”专案，有以下几点启示：

一是对异常涉税数据的预警机制还不够完善。应该充分发挥税务总局大数据平台的优势，构建数据仓库，利用先进的数据分析工具发现有价值的案源线索。在税务总局搭建数据分析平台的基础上，引入增值税专用发票流向分析方法，探索构建适合用于针对虚开发票的指标和模型。上述系统可帮助主管部门对于那些申报数据异常变动的企业加强监管。

二是发票认证对碰制度的完善问题。办案中发现上海黄金交易所会员代理客户企业金涛公司开给深圳市屹某科技有限公司（以下简称屹某公司）的多份增值税专用发票有篡改货物品名的违法行为，在金某公司的凭证中他开出的增值税专用发票货物名称是黄金，但在屹某公司的增值税专用发票却变成是线材和电路板，而在我们的征管系统中只有企业抵扣的金额信息，无法确定是否有增值税专用发票上下联不一致的问题。

三是由上而下完善税警合作机制。当稽查部门开始对涉案企业进行检查时，涉案企业一般选择立即走逃。而公安机关一般不可能提前介入，就会给税务机关调查、取证、定性和追缴税款造成很大难度，致使违法企业有恃无恐。所以必须结合公安强大的侦查系统、技侦系统等办案手段，才能有效地打击涉税犯罪。

四是加强信息化建设，充分利用大数据。该案取得成功正是分析和利用税务总局、公安部、人民银行三部委下发的数据和线索（尤其反洗钱数据），才掌握了犯罪嫌疑人的违法行为的线索。所以充分利用大数据分析等手段，综合税收征管信息系统、稽查数据分析系统、稽查工作平台、公安信息情报系统等多个系统开展情报会战，海量筛选、比对数据信息，排查涉嫌骗税企业的基本经营情况、出口退税变化情况、货物流、资金流、开票流等情况，才能更有效地了解、分析案情，为案件侦办明确方向。

（深圳市国家税务局稽查局供稿）

第五篇

法规及规范性文件

第六章

产权的保护与激励

国家税务总局关于落实《关于对重大税收违法案件当事人实施联合惩戒措施的合作备忘录》有关事项的通知

2015年3月27日　税总发〔2015〕40号

各省、自治区、直辖市和计划单列市国家税务局、地方税务局：

为切实做好对重大税收违法案件当事人的联合惩戒工作，真正使违法纳税人“一处失信，处处受限”，现就落实《关于对重大税收违法案件当事人实施联合惩戒措施的合作备忘录》（发改财金〔2014〕3062号文件印发，以下称《合作备忘录》，见附件）有关事项通知如下：

一、统一思想，提高认识

国家税务总局与发展改革委、中央文明办等20个单位共同签署《合作备忘录》，对重大税收违法案件当事人实施跨部门联合惩戒，这是贯彻党的十八届三中、四中全会精神，落实国务院《社会信用体系建设规划纲要（2014—2020年）》（国发〔2014〕21号）和中央文明办《关于推进诚信建设制度化的意见》（文明委〔2014〕7号），推动形成褒扬诚信、惩戒失信合力的重要举措。《合作备忘录》规定的18项联合惩戒措施，涉及内容多，惩戒力度大，影响范围广，对提高纳税人的税法遵从度、构建纳税诚信体系、全面推进税收现代化、促进社会信用体系建设具有重大意义。各地税务机关要把思想统一到国家税务总局的要求上来，采取切实可行措施，狠抓工作落实，主动协调参与联合惩戒的单位，把《合作备忘录》规定的各项措施落到实处。

二、严格把关，保证质量

重大税收违法案件信息向社会公布并提供给参与联合惩戒的单位后，将形成当事人的失信记录，并对其权益产生重大影响。如果公布或提供的信息不准确，就会造成联合惩戒措施无法落实，甚至出现惩戒对象错误，给税务机关带来执法风险。因此，各地税务机关要确保提供的案件信息准确无误。

对外提供、已公布以及重大税收违法案件信息系统中记录的已公布的案件信息，三者的数量和内容等所有信息必须完全一致。按照“谁检查，谁负责”的原则，作出行政处理、行政处罚决定的税务机关要对录入重大税收违法案件信息系统中的案件信息严格把关，对案件信息的真实性与准确性负责。上级税务机关对外提供上述案件信息时，要认真复核，发现案件信息不准确或出现错误的，要及时通知下级税务机关进行更正。

三、分级负责，及时提供

国家税务总局定期向签署《合作备忘录》的单位提供全国各级税务机关对外公布的重大税收违法案件信息；省税务机关定期向同级参与联合惩戒的单位提供本辖区内各级税务机关对外公布的重大税收违法案件信息；地市以下税务机关是否提供本辖区内重大税收违法案件信息，由省税务机关根据实际情况，与参与联合惩戒的单位协商决定。

各地税务机关要在每季度结束后60日内，向参与联合惩戒的单位提供该季度公布的重大税收违法案件信息。已建立政府公共信用信息平台的地区，税务机关应充分利用信息平台提供；尚未建成政府公共信用信息平台的地区，要通过约定的专线、信函、光盘等形式提供。各地税务机关要建立案件信息提供台账，记录传递时间、内容、接收单位和接收人等信息。

各地税务机关在向参与联合惩戒的单位提供重大税收违法案件信息时，对涉及采取阻止出境措施的，应与出入境管理机关沟通明确，按照《国家税务总局　公安部关于印发〈阻止欠税人出境实施办法〉的通知》（国税发〔1996〕215号）规定的程序执行，防止出现对所有重大税收违法案件当事人都阻止出境，或仅对重大税收违法案件当事人阻止出境的问题；对涉及采取限制担任相关职务、禁止部分高消费行为措施的，应与人民法院和工商行政管理机关沟通明确，按照《合作备忘录》中列明的法律法规和操作程序执行，由人民法院根据其处理情况进行信息确认和传递。

四、主动沟通，形成合力

各地税务机关要高度重视《合作备忘录》的落实工作，组织本单位办公室、纳税服务、征管科技、信息技术、稽查等部门共同开展重大税收违法案件信息公布和对外提供工作，主动及时向地方党委政府汇报，积极争取地方党委政府的领导和支持；要主动与本地区发展改革委、文明办等社会信用体系建设牵头单位协调，将落实《合作备忘录》作为本地区社会信用体系建设的重要工作内容，形成合力，大力推进；要积极与参与联合惩戒的单位进行一对一的沟通，推动和协助他们落实联合惩戒措施。

各地税务机关要与参与联合惩戒的单位密切配合，充分利用政府公共信用信息平台、报纸、广播、电视、网络媒体等途径以及新闻发布会等形式，加大对重大税收违法案件当事人联合惩戒工作的宣传力度。既要宣传税务机关所做的工作，也要宣传参与联合惩戒单位所取得的成效；既要宣传联合惩戒工作的总体情况，也要宣传联合惩戒工作的典型案例。

五、绩效考评，狠抓落实

为推动重大税收违法案件信息公布工作，提高公布质量，落实联合惩戒措施，国家税务总局在按季度对各地税务机关上报的案件信息进行绩效考评的同时，也将对各地税务机关对外公布的案件信息进行定期检查和绩效考评，发现没有严格按照国家税务总局要求进行公布的，要给予扣分并通报批评。

国家税务总局将从以下几个方面，对各地税务机关落实联合惩戒工作情况进行分档考评：对外提供的重大税收违法案件信息是否准确无误；对外提供、已公布以及重大税收违法案件信息系统中记录的已公布的案件信息三者的数量和内容等所有信息是否完全一致；在每季度结束后60日内，是否向参与联合惩戒的单位提供了该季度公布的案件信息；是否与本地区社会信用体系建设牵头单位和参与联合惩戒的单位进行了沟通、协调；是否进行了新闻宣传工作。

各地税务机关要定期对落实《合作备忘录》的工作进行总结，按照《国家税务总局关于印发〈全国税务系统绩效管理办法〉等制度及2015年指标体系的通知》（税总发〔2015〕17号）规定的时限，将联合惩戒工作开展情况通过重大税收违法案件信息系统报送国家税务总局（稽查局）（系统功能建成以前通过FTP报送）。报告应包括以下内容：信息提供及接收情况、联合惩戒工作开展及宣传情况、工作中创新性经验做法、工作中存在的问题及建议。

各地税务机关在落实工作中遇到的问题，请及时向国家税务总局（稽查局）反馈。

附件：关于印发《关于对重大税收违法案件当事人实施联合惩戒措施的合作备忘录》的通知（发改财金〔2014〕3062号）（编者略）

国家税务总局关于2015年上半年协查信息管理系统运行情况的通报

2015年8月3日　税总函〔2015〕427号

各省、自治区、直辖市和计划单列市国家税务局、地方税务局：

2015年上半年，各级税务机关切实提高了对协查工作重要性的认识，认真贯彻落实协查工作各项新要求，改进协查工作成效初显。现将上半年协查信息管理系统（以下简称协查系统）运行情况通报如下：

一、协查质量指标情况

（一）委托协查

1. 委托发出情况

2015年上半年，各地国税机关稽查局通过协查系统发起委托协查发票10.47万份，涉及企业11940户（次），金额216.34亿元，税额33.32亿元；移送司法机关案件14起（见附件1）。发出委托协查发票量前六位的国税局稽查局依次是广东、天津、江苏、山东、黑龙江、云南，共占全国总量的61.61%。

2. 委托查处情况

2015年上半年，各地国税机关稽查局通过协查系统体现的稽查查补收入12836.09万元，已入库9871.16万元。入库前六位的国税局稽查局依次是江苏、福建、辽宁、宁夏、宁波、新疆，共占全国总量的67.32%。虽然有委托发出协查，但委托查处情况暂为零的国税局稽查局有8个。

（二）受托协查

1. 受托收到情况

2015年上半年，各地国税机关稽查局通过协查系统收到受托协查发票10.45万份，涉及企业16988户（次），金额215.91亿元，税额33.28亿元；累计回复发票10.65万份，累计按期回复率为100%；移送司法机关案件43起（见附件2）。受托协查发票量前六位的国税局稽查局依次是深圳、广东、北京、江苏、上海、厦门，共占全国总量的53.11%。

2. 受托回复情况

（1）回复结果为“有问题”情况

2015年上半年，全国平均受托协查回复“有问题”发票占受托协查发票的比率为61.68%，有24个单位的占比超过全国平均值（见附件3），占比前六位的国税局稽查局依次是云南、厦门、甘肃、新疆、海南、四川。

协查问题类型为“有疑问”的受托协查中，全国平均受托协查回复“有问题”发票占受托协查发票的比率为31.99%，有24个单位的占比超过全国平均值，占比前六位的国税局稽查局依次是青海、云南、海南、辽宁、甘肃、四川。

协查问题类型为“确定虚开”的受托协查中，全国平均受托协查回复“有问题”发票占受托协查发票的比率为89.45%，有20个单位的占比超过全国平均值，占比前六位的国税局稽查局依次是河北、大连、云南、新疆、浙江、湖北。

（2）回复结果为“正常”情况

2015年上半年，全国平均受托协查回复“正常”发票占累计回复发票的比率为21.97%，有14个单位的占比超过全国平均值。

协查问题类型为“有疑问”的受托协查中，全国平均受托协查回复“正常”发票占累计回复发票的比率为33.44%，有17个单位的占比超过全国平均值，前六位的国税局稽查局依次是河北、福建、新疆、吉林、内蒙古、河南。

协查问题类型为“确定虚开”的受托协查中，全国平均受托协查回复“正常”发票占累计回复发票的比率为7.15%。对该比率超过20%的吉林、内蒙古、辽宁、青海、山西、宁夏、宁波、青岛、天津9个单位给予“高执法风险”提示；对该比率超过10%不到20%的福建、上海、黑龙江3个单位给予“较高执法风险”提示。

（3）回复结果为“无法核实”情况

2015年上半年，全国平均受托协查回复“无法核实”发票占累计回复发票的比率为42.68%，有12个单位的占比超过全国平均值，全国平均受托协查回复“无法核实”占比依旧很高。

协查问题类型为“有疑问”的受托协查中，全国平均受托协查回复“无法核实”发票占累计回复发票的比率为50.83%，有14个单位的占比超过全国平均值，前六位的国税局稽查局依次是海南、厦门、宁夏、上海、北京、江苏。

协查问题类型为“确定虚开”的受托协查中，全国平均受托协查回复“无法核实”发票占累计回复发票的比率为32.15%。对该比率超过30%的北京、黑龙江、陕西、福建、深圳、重庆、甘肃、江西、江苏、湖南、宁夏、大连、青岛13个单位给予“高执法风险”提示；对该比率超过20%不到30%的天津、湖北、广西、青海给予“较高执法风险”提示。

3. 受托查处情况

2015年上半年，各地国税机关稽查局通过协查系统体现的受托协查查补收入31492.02万元，已入库22083.76万元。受托协查查补收入入库前六位的国税局稽查局依次是安徽、广东、江苏、上海、辽宁、宁波，上述地区入库受托协查查补收入占全国总量的56.73%。虽然有受托协查，但受托查处情况暂为零的国税局稽查局有4个。

二、绩效考核指标情况

（一）发票协查选票准确率

2015年上半年，各地国税机关稽查局通过协查系统委托协查收到回复发票10.62万份，已确定协查结果发票7.58万份，其中有问题发票5.57万份，全国平均发票协查选票准确率为73.57%。其中有33个单位选票准确率超过15%，排名前六位的国税局稽查局依次是大连、云南、黑龙江、湖南、辽宁、河北。选票准确率尚未达到15%的国税局稽查局有青岛、海南。

（二）协查函按期回复率

上半年，全国协查函按期回复率为100%，各地国税机关稽查局受托协查都能够按期回复协查结果。

（三）纸质协查情况

截至6月底，尚未接到以纸质发起协查代替协查系统发起协查的报告。

三、工作要求

下半年，各单位要认真落实《国家税务总局办公厅关于进一步改进税收违法案件发票协查工作的若干意见》（税总办发〔2015〕87 号），进一步提高协查系统运行质量，进一步改进和加强协查工作。

（一）做好增值税发票系统升级版信息比对应用与协查系统对接工作。目前，增值税发票系统升级版信息比对应用工作正在上海市试点运行。为确保试点工作顺利进行，对于上海市税务局通过协查系统委托发起的标有“增值税发票升级版协查”的协查函件，各地税务机关稽查局要高度重视，将此类协查视同于总局督办案件和组织协查案件，加快查办进度，及时、准确地回复协查结果。为确保此类协查的回复质量，税务总局稽查局将适时开展此类协查质量的抽查工作。

（二）加大受托回函监控力度。各省（自治区、直辖市和计划单列市）税务机关稽查局要进一步加强对本辖区内协查回函质量的监控，特别是税务总局督办案件和组织协查案件受托协查质量的监管，要研究建立对回函质量的考核制度，努力降低协查问题类型为“确定虚开”而受托协查中回复为“正常”的发票占累计回复发票的比率。

（三）提高协查系统使用效率。各地税务机关稽查局要充分利用协查系统的统计、查询和分析功能，加强对个案查办结果的总结分析，了解相关信息数据，分析判断增值税涉税案件的发展趋势，为发现新的案源线索和掌握增值税涉税违法案件的发展趋势提供可靠依据。

（四）做好协查系统升级工作。下半年，协查系统将升级至 V3.5.00 版本，该版本增加了三种地税普通发票的完整协查业务；对个别协查回函结果代码进行了修改和完善。各地税务机关稽查局要及时与相关部门协调，做好协查系统的升级维护工作，确保协查系统平稳顺利运行，逐步提高协查工作信息化管理程度。

（五）积极开展整改工作。当前，部分税务机关稽查局对协查工作认识不到位、采取措施不得力，协查工作质量经不起审计、监察等部门的检查检验。为此，本通报中被提示有“高执法风险”和“较高执法风险”的单位，要高度重视执法风险，立即采取有力措施整改，并于 8 月 14 日前上报整改计划至税务总局稽查局。委托查处情况为零和受托查处情况为零的单位要将上半年协查查处情况说明于 8 月 14 日前上报税务总局稽查局。

附件：1. 2015 年上半年全国分省增值税抵扣凭证委托协查情况汇总表（编者略）

2. 2015 年上半年全国分省增值税抵扣凭证受托协查情况汇总表（编者略）

3. 2015 年上半年全国分省增值税抵扣凭证受托协查回复质量情况分析表（编者略）

国家税务总局关于印发《推进税务稽查随机抽查实施方案》的通知

2015 年 8 月 25 日　税总发〔2015〕104 号

各省、自治区、直辖市和计划单列市国家税务局、地方税务局：

为贯彻落实《国务院办公厅关于推广随机抽查规范事中事后监管的通知》（国办发〔2015〕58 号）要求，国家税务总局制定了《推进税务稽查随机抽查实施方案》，现印发给你们，请认真贯彻执行。执行中遇到的问题，请及时报告国家税务总局（稽查局）。

推进税务稽查随机抽查实施方案

为深入贯彻落实《国务院办公厅关于推广随机抽查规范事中事后监管的通知》（国办发〔2015〕58号）要求，推进税务稽查随机抽查，增强执法效能，特制定本实施方案。

一、总体要求

（一）指导思想

贯彻党中央、国务院的决策部署，落实简政放权、放管结合、优化服务要求，坚持执法公正，提高执法效率，以风险管理为导向，建立健全科学的随机抽查机制，规范税务稽查，创新方式方法，加强专业化和集约化，努力实现执法成本最小化和执法效能最大化，促进税法遵从和公平竞争。

（二）基本原则

——依法实施。严格执行相关法律、行政法规和规章，规范执法行为，确保税务稽查随机抽查工作依法顺利进行。

——公正高效。坚持规范公正文明执法，对不同类型税务稽查对象分别采取适当的随机抽查方法，注重公平，兼顾效率，减轻纳税人负担，优化市场环境。

——公开透明。在阳光下运行执法权力，公开税务稽查随机抽查职责、程序、事项、结果等，强化社会监督，切实做到确职限权，尽责担当。

——稳步推进。充分利用相关信息数据，立足税源分布结构、稽查资源配置等实际情况，分步实施，有序推进，务求实效。

二、完善税务稽查随机抽查机制

（一）随机抽查依据

《中华人民共和国税收征收管理法》第四章及其实施细则第六章等法律、行政法规和税务部门规章相关规定。

（二）随机抽查主体

税务稽查随机抽查主体是各级税务稽查部门。国家税务总局稽查局负责组织、协调全国税务稽查随机抽查工作，根据工作需要从全国重点税源企业中随机抽取待查对象，组织或督促相关地区税务稽查部门实施稽查。省、市税务局稽查局负责组织、协调、实施辖区内税务稽查随机抽查工作。县税务局稽查局负责实施辖区内税务稽查随机抽查工作。

省税务局可以根据本地实际情况，适当调整税务稽查选案层级，对辖区内的全国、省、市重点税源企业由省税务局稽查局集中确定随机抽查对象。上级税务稽查部门随机抽取的待查对象，可以自行稽查，也可以交由下级税务稽查部门稽查。下级税务稽查部门因力量不足实施稽查确有困难的，可以报请上级税务稽查部门从其他地区选调人员参与稽查。

上级税务稽查部门可以对下级税务稽查部门随机抽查情况进行复查，以检验抽查绩效。复查以案卷审核为主，必要时可以实地核查。

（三）随机抽查对象和内容

依法检查纳税人、扣缴义务人和其他涉税当事人（以下统称为税务稽查对象）履行纳税义务、扣缴税款义务情况及其他税法遵从情况。所有待查对象，除线索明显涉嫌偷逃骗抗税和虚开发票等税收违法行为直接立案查处的外，均须通过摇号等方式，从税务稽查对象分类名录库和税务稽查异常对象名录库中随机抽取。

各级税务局建立税务稽查对象分类名录库，实施动态管理。国家税务总局名录库包括全国重点税源企业，相关信息由税务稽查对象所在省税务局提供。省税务局名录库包括辖区内的全国、省、市重点税源企业。市、县税务局名录库包括辖区内的所有税务稽查对象。名录库应录入税务稽查对象税务登记基本信息和前三个年度经营规模、纳税数额以及税务检查、税务处理处罚、涉税刑事追究等情况。该项工作应于2015年12月31日前完成。

省、市、县税务局在收集各类税务稽查案源信息的基础上，建立税务稽查异常对象名录库，实施动态管理。名录库应包括长期纳税申报异常企业、税收高风险企业、纳税信用级别低的企业、多次被检举有税收违法行为的企业、相关部门列明违法失信联合惩戒企业等，并录入税务登记基本信息以及涉嫌税收违法等异常线索情况。该项工作应于2016年3月31日前完成。

税务稽查对象分类名录库和税务稽查异常对象名录库相关信息应从税收信息管理系统获取。

（四）随机抽查方式

随机抽查分为定向抽查和不定向抽查。定向抽查是指按照税务稽查对象类型、行业、性质、隶属关系、组织架构、经营规模、收入规模、纳税数额、成本利润率、税负率、地理区域、税收风险等级、纳税信用级别等特定条件，通过摇号等方式，随机抽取确定待查对象名单，对其纳税等情况进行稽查。不定向抽查是指不设定条件，通过摇号等方式，随机抽取确定待查对象名单，对其纳税等情况进行稽查。定向抽查与不定向抽查要结合应用，兼施并举，确保稽查执法效能。

对随机抽查对象，税务稽查部门可以直接检查，也可以要求其先行自查，再实施重点检查，或自查与重点检查同时进行。对自查如实报告税收违法行为，主动配合税务稽查部门检查，主动补缴税款和缴纳滞纳金的，依法从轻、减轻或不予行政处罚；税务稽查部门重点检查发现存在重大税收违法行为或故意隐瞒税收违法行为的，应依法从严处罚；涉嫌犯罪的，应依法移送公安机关处理。

（五）分类确定随机抽查比例和频次

随机抽查比例和频次要合理适度，切合实际，以不影响公正与效率为前提，既要保证必要的抽查覆盖面和工作力度，又要防止检查过多和执法扰民。

对全国、省、市重点税源企业，采取定向抽查与不定向抽查相结合的方式，每年抽查比例20%左右，原则上每5年检查一轮。

对非重点税源企业，采取以定向抽查为主、辅以不定向抽查的方式，每年抽查比例不超过3%。

对非企业纳税人，主要采取不定向抽查方式，每年抽查比例不超过1%。

对列入税务稽查异常对象名录库的企业，要加大抽查力度，提高抽查比例和频次。

3年内已被随机抽查的税务稽查对象，不列入随机抽查范围。

（六）随机和竞标选派执法检查人员

各级税务局建立税务稽查执法检查人员分类名录库，实施动态管理。国家税务总局名录库人员由各省税务局推荐，国家税务总局稽查局审核确定。省、市、县税务局名录库应包括辖区内所有税务稽查执法检查人员。名录库应录入执法检查人员基本信息及其专长、业绩等情况，并按照执法检查人员擅长检查的行业、领域、税种、案件等进行分类。该项工作应于2015年12月31日前完成。

实施抽查的执法检查人员，通过摇号方式，从税务稽查执法检查人员分类名录库中随机选派，也可以采取竞标等方式选派。执法检查人员应根据抽查内容，结合其专长进行选派。在一定周期内对同一抽查对象不得由同一执法检查人员实施检查。对同一抽查对象实施检查，选派执法检查人员不得少于2人。执法检查人员与抽查对象有利害关系的，应依法回避。

（七）国税、地税开展联合抽查

国税、地税机关建立税务稽查联合随机抽查机制，共同制订并实施联合抽查计划，确定重点抽查对象，实施联合稽查，同步入户执法，及时互通查获的情况，商讨解决疑难问题，准确定性处理。

（八）实现抽查成果增值运用

对随机抽查发现税收违法行为的税务稽查对象，综合运用经济惩戒、信用惩戒、联合惩戒和从严监管等措施，加大税收违法代价，加强抽查威慑力，引导纳税人自觉遵从税法，提高税收征管整体效能。抽查中发现的税收征管薄弱环节和税收政策缺陷，及时向相关部门反馈，强化工作成果增值运用。

三、保障措施

（一）实行计划统筹管理

科学安排年度税务稽查随机抽查工作计划，制订严密的具体实施方案，统筹考虑辖区内税务稽查对象数量、稽查资源配置、税收违法案件数量、工作任务计划及企业、行业分布结构等因素，合理确定年度定向抽查、不定向抽查的比例，保持各类税务稽查对象相对均衡。税务稽查部门的检查与税收征管部门的检查要相互协调，统筹安排实地检查事项，统一规范进户执法，避免多头重复检查和交叉重叠执法，切实解决检查任性、执法扰民、效率低下、影响形象问题。税务稽查部门与税收征管、大企业税收管理等部门要充分沟通配合，统筹协同做好国家税务总局、省税务局定点联系企业（列名企业）等重点税源企业抽查工作。

（二）强化信息技术支持

将税务稽查随机抽查纳入税收信息管理系统，运用信息技术手段确保其落实到位，并实现全程跟踪记录，运行透明，痕迹可查，效果可评，责任可追。税务稽查对象分类名录库和税务稽查异常对象名录库相关信息，通过税收信息管理系统在税务系统共享。国家税务总局和省税务局应加强税务稽查选案指标体系建设，加快定向抽查分析模型设计，并不断修正完善。该项工作应于2016年6月30日前取得阶段性成果。

（三）加强纵向横向联动

上级税务机关布置、安排、督办随机抽查事项，要严密跟踪，督促、指导实施稽查的税务机关开展工作，防止敷衍塞责和消极懈怠。下级税务机关对上级税务机关布置、安排、督办的随机抽查事项，应严格按照规定的时限和要求办理。随机抽查事项涉及其他地区的，相关地区税务机关应积极协助主办地区税务机关调查取证，不得推诿抵制和包庇袒护。积极参与当地人民政府协调组织的联合抽查，进一步加强与公安、海关、工商等部门执法协作。

（四）推进与社会信用体系相衔接

将税务稽查随机抽查结果纳入纳税信用和社会信用记录，按规定推送至全国信用信息共享交换平台和全国企业信用信息公示系统平台，与相关部门实现信息共享；将严重税收违法行为列入税收违法“黑名单”，实施联合惩戒，让失信者一处违法、处处受限。

（五）接受社会监督

向社会公布税务稽查随机抽查的依据、主体、内容、方式等事项清单，公布抽查情况和抽查结果，自觉接受社会监督，扩大执法社会影响。

四、工作要求

（一）统一思想认识

推进税务稽查随机抽查，是税务系统贯彻落实党中央、国务院关于深化行政体制改革，加快转变政府职能，推进简政放权、放管结合、优化服务的决策部署的重要举措。各级税务机关务必高度认识此项工作的重要性和必要性，创造性地落实工作部署和要求，充分发挥税务稽查职能作用，打击税收违法活动，整顿规范税收秩序，促进市场公平竞争，服务经济社会发展。

（二）加强组织领导

各级税务机关主要领导对税务稽查随机抽查工作要亲自抓，分管领导具体抓，税务稽查部门牵头落实，相关部门协作配合。根据本实施方案确定的抽查工作任务和目标，相应调整充实一线执法检查力量。加强对抽查工作的组织部署、督促指导和业绩考评，确保抽查工作顺利开展，取得明显实效。

（三）强化责任落实

明确工作进度要求，落实责任任务，一级抓一级，一级督一级，强化对税务稽查随机抽查工作的过程监控和绩效评价。各省税务局要根据本实施方案要求，具体细化辖区内推进随机抽查的任务和步骤，确保此项工作落到实处，抓出成效。要激励先进，鞭策后进，通过纳入绩效考核，对落实到位、成绩突出的单位和个人，按有关规定给予激励；对落实不力、成绩较差的单位和个人，按有关规定处理。

（四）注重培训宣传

加强税务稽查随机抽查业务培训和交流，转变执法理念，增强执法能力，组建专业团队。充分利用广播、电视、报刊、网络等多种渠道，广泛开展宣传报道，积极争取各界支持。加大相关税收政策法规解读力度，及时回应纳税人关切，解疑释惑，增进理解，促进和谐，为随机抽查工作顺利开展营造良好的氛围。

各省税务局要按照本实施方案的要求，作出贯彻落实国办发〔2015〕58号文件和本实施方案的具体工作安排，于2015年9月15日前报送国家税务总局（稽查局）；后续工作进展及主要成果等情况，于每年7月1日前和12月31日前各报送一次。

国家税务总局稽查局关于2015年1—7月协查信息管理系统运行情况的通报

2015年8月26日　税总稽便函〔2015〕90号

各省、自治区、直辖市和计划单列市国家税务局稽查局、地方税务局稽查局：

根据《国家税务总局稽查局关于加强协查信息管理系统监控管理的通知》（税总稽便函〔2015〕55号）要求，现将2015年1—7月协查信息管理系统（以下简称协查系统）运行情况通报如下：

一、协查质量指标情况

（一）委托协查

1. 委托发出情况

2015年1—7月，各地国税机关稽查局通过协查系统发起委托协查发票12.38万份，涉及企业

13577户（次），金额242.89亿元，税额37.38亿元；移送司法机关案件30起（见附件1）。发出委托协查发票量前六位的国税局稽查局依次是广东、天津、江苏、山东、黑龙江、云南，共占全国总量的60.20%。

2. 委托查处情况

2015年1—7月，各地国税机关稽查局通过协查系统体现的稽查查补收入为14375.41万元，已入库11295.27万元。入库前六位的国税局稽查局依次是江苏、辽宁、福建、宁波、宁夏、新疆，共占全国总量的66.23%。虽然有委托发出协查，但委托查处情况暂为零的国税局稽查局有吉林、黑龙江、浙江、厦门、青岛、海南、甘肃7个单位。

（二）受托协查

1. 受托收到情况

2015年1—7月，各地国税机关稽查局通过协查系统收到受托协查发票12.36万份，涉及企业20713户（次），金额242.63亿元，税额37.37亿元；累计回复发票11.80万份，累计按期回复率为100%；移送司法机关案件55起（见附件2）。受托协查发票量前六位的国税局稽查局依次是深圳、广东、上海、江苏、天津、北京，共占全国总量的51.98%。

2. 受托回复情况

（1）回复结果为“有问题”情况

2015年1—7月，全国平均受托协查回复“有问题”发票占受托协查发票的比率为62.73%，有23个单位的占比超过全国平均值（见附件3），占比前六位的国税局稽查局依次是云南、厦门、甘肃、新疆、海南、大连。

协查问题类型为“有疑问”的受托协查中，全国平均受托协查回复“有问题”发票占受托协查发票的比率为33.86%，有25个单位的占比超过全国平均值，占比前六位的国税局稽查局依次是云南、青海、海南、辽宁、甘肃、宁波。

协查问题类型为“确定虚开”的受托协查中，全国平均受托协查回复“有问题”发票占受托协查发票的比率为89.63%，有19个单位的占比超过全国平均值，占比前六位的国税局稽查局依次是河北、大连、云南、新疆、浙江、厦门。

（2）回复结果为“正常”情况

2015年1—7月，全国平均受托协查回复“正常”发票占累计回复发票的比率为21.33%，有15个单位的占比超过全国平均值。

协查问题类型为“有疑问”的受托协查中，全国平均受托协查回复“正常”发票占累计回复发票的比率为32.51%，有16个单位的占比超过全国平均值，前六位的国税局稽查局依次是河北、福建、内蒙古、吉林、河南、新疆。

协查问题类型为“确定虚开”的受托协查中，全国平均受托协查回复“正常”发票占累计回复发票的比率为7.01%。对该比率超过20%的内蒙古、吉林、青海、宁夏、辽宁、宁波、青岛、山西8个单位给予“高执法风险”提示；对该比率超过10%不到20%的天津、上海、福建、黑龙江、广西5个单位给予“较高执法风险”提示。

（3）回复结果为“无法核实”情况

2015年1—7月，全国平均受托协查回复“无法核实”发票占累计回复发票的比率为42.76%，有11个单位的占比超过全国平均值，全国平均受托协查回复“无法核实”占比依旧很高。

协查问题类型为“有疑问”的受托协查中，全国平均受托协查回复“无法核实”发票占累计回复发票的比率为50.85%，有10个单位的占比超过全国平均值，前六位的国税局稽查局依次是海南、厦门、宁夏、上海、北京、江苏。

协查问题类型为“确定虚开”的受托协查中，全国平均受托协查回复“无法核实”发票占累计回复发票的比率为32.39%。对该比率超过30%的北京、黑龙江、陕西、福建、深圳、甘肃、江西、重庆、大连、天津、湖南、江苏、宁夏、青岛14个单位给予“高执法风险”提示；对该比率超过20%不到30%的湖北、上海、青海给予“较高执法风险”提示。

3. 受托查处情况

2015年1—7月，各地国税机关稽查局通过协查系统体现的受托协查查补收入为37347.24万元，已入库28141.57万元。受托协查查补收入入库前六位的国税局稽查局依次是广东、安徽、江苏、河北、辽宁、上海，上述地区入库受托协查查补收入占全国总量的56.73%。虽然有受托协查，但受托查处情况暂为零的国税局稽查局有黑龙江、海南、贵州3个单位。

二、绩效考核指标情况

（一）发票协查选票准确率

2015年1—7月，各地国税机关稽查局通过协查系统委托协查收到回复发票11.76万份，已确定协查结果发票8.40万份，其中有问题发票6.26万份，全国平均发票协查选票准确率为74.44%。有34个单位选票准确率超过15%，排名前六位的国税局稽查局依次是大连、云南、辽宁、黑龙江、湖南、青岛。选票准确率尚未达到15%的国税局稽查局有海南。

（二）协查函按期回复率

1—7月，全国协查函按期回复率为100%，各地国税机关稽查局受托协查都能够按期回复协查结果。

（三）纸质协查情况

截至7月底，尚未接到以纸质发起协查代替协查系统发起协查的报告。

三、整改工作开展情况

今年7月，孙瑞标总会计师在总局稽查局上报的《关于近期改进和加强协查管理工作的报告》上批示：提高协查质量是查办案件中一个长期困扰稽查工作的问题，为此稽查局今年专门发了有关文件，并狠抓落实，取得了初步成效。望继续抓紧抓实文件有关要求的落地工作，扩大成效，争取今年内使协查工作面貌有明显改观。各地国税局稽查局要迅速传达贯彻落实孙瑞标总会计师的批示精神，以问题为导向，抓好落实，达到年内协查工作质量明显改观的目标。

截至7月底，云南、新疆国税局稽查局风险指标比率长期维持在一个极低的位置；浙江、厦门、山东3个国税局稽查局虽接近风险指标临界点，但能积极采取有效措施，将风险指标持续降低。本月对上述5个单位予以表扬。

截至8月14日，被总局提示为“高执法风险”“较高执法风险”的单位都按时将整改计划、查处情况说明报至税务总局稽查局。总局稽查局认真分析研究了各单位上报的整改计划，发现大部分单位提高了对协查工作的重视程度，并就自身存在的不足有针对性提出整改。如北京市国税局稽查局在6月第一轮整改效果不佳的情况下，按基层自查阶段、市局督导阶段、工作总结阶段对存在的问题再次进行整改；辽宁省国税局对被提示为“高执法风险”高度重视，省局分管局长专门做出批示，要求针对问题制订具体应对措施，做到应查尽查，精准发力；宁波市国税局稽查局迅速查找原因，查清事实后对造成回复“正常”比率畸高的所辖某县局通报批评；湖南省国税局稽查局在云南“3·23”案件协查中，在所有涉案企业均注销的情况下，将该案移送公安机关另案调查，且已控制其实际控制人，并决定在涉案地区开展打击虚开区域整治；重庆市国税局稽查局要求所辖县局穷尽稽查手段，补充检查了4户注销企业，并做了税务处理；甘肃省国税局稽查局以总局稽查局下发的通报为依据，认真梳理今年来“无法核实”的每份发票，有针对性提出整改措施。

但是，少数单位面临执法风险没有出实招、下狠劲，甚至有个别单位未弄清自己是被提示为“高执法风险”还是“较高执法风险”单位就制定了“整改计划”，缺乏认真严谨的工作态度；还有个别国税局稽查局在“确定虚开”的受托协查中，回复“正常”的比率数月维持在50%左右高位，远超“高执法风险”指标底线，影响到全国协查质量的改善。总局稽查局近期将对部分单位进行集中实地督导，督促其进一步加大整改工作力度，采取更有效措施，迅速扭转工作的被动局面。

附件：1. 2015年1—7月全国分省增值税抵扣凭证委托协查情况汇总表（编者略）

2. 2015年1—7月全国分省增值税抵扣凭证受托协查情况汇总表（编者略）

3. 2015年1—7月全国分省增值税抵扣凭证受托协查回复质量情况分析表（编者略）

国家税务总局稽查局关于做好“黄金票”专项行动协查工作的通知

2015年8月26日　税总稽便函〔2015〕91号

各省、自治区、直辖市、计划单列市国税局稽查局：

根据《国家税务总局　公安部关于开展打击利用黄金交易虚开增值税专用发票违法犯罪专项行动的通知》（税总发〔2015〕56号，以下简称《通知》）要求，经过前期的组织部署、线索梳理、侦查经营和集中行动，本次专项行动将于2015年9月进入第四阶段。为有效打击利用黄金交易虚开增值税专用发票违法犯罪，现就做好第四阶段“黄金票”专项行动的协查工作提出以下几点要求，请各单位认真贯彻执行。

一、高度重视，提高认识

此次打击虚开“黄金票”专项行动是税务总局、公安部、中国人民银行三部委首次利用大数据平台联合选案、分析线索、统一部署的方式开展的专项行动。行动的第四阶段是全面检查和协查取证阶段，本阶段协查工作质量的高低，将直接关系到“黄金票”专项行动能否取得成果、能否挽回国家税款损失、能否将犯罪分子绳之以法和能否维护法律尊严。各单位无论作为委托方还是受托方，都要尽职尽责扎实做好疑点企业的检查工作，认真做好本职工作，确保本阶段的协查工作取得实效。

二、加强领导，明确职责

各单位要加强对“黄金票”专项行动协查工作的组织领导，各地专项行动领导小组办公室要充实协查人员，加强对协查工作的领导，并明确分工，责任到人。按有关规定要求，受托方主要领导对协查工作质量负把关责任，分管领导负审核责任，各环节经办人员负直接责任。同时各单位应建立协查双方案件联系制度，增强主动协作和积极配合意识，强化双方的沟通与交流，互通工作进展，实现信息共享。各单位于9月7日前报送《“黄金票”专项行动联系人员通讯录》（见附件），总局稽查局汇总后下发各地参考使用。

三、认真负责，开展检查

做好一、二层疑点企业的检查，是开展协查工作的基础，也是开展用票企业检查、挽回税款损失的前提，各地要按照《通知》部署，在全面检查和协查取证阶段开始后，立即对两部委下发的上海黄金交易所会员单位和代理客户疑点企业（第一层企业）、涉嫌空壳开票企业（第二层企业）全部进行检查。并适时组织对用票企业（第三层企业）的检查。

四、主动发起委托协查

两部局已经下发172户“黄金票”会员单位或代理客户，5095户空壳开票企业，8万多户用票企业的数据和线索，受种种因素影响，目前各单位对上述企业的查办进展不一，原则上要先期发起对会员单位和代理客户的委托协查。

对于违法事实清楚、条件成熟的案件，无论涉及到何种企业，委托方要敢于定性，及时发出已确定虚开的协查函，向受托方提供《已证实虚开通知单》。

在检查过程中如仅需异地协助查证资金流向、发票信息、人员关系等单个信息的，委托方要按“有疑问的”协查类型发起委托协查。受托方应在15日内将协助查证结果回复委托方。

委托方发起协查时，要确定具体的联系人，提出具体、明确的协查要求，并尽量随函提供涉案企业的案情报告、票流、资金流等详细信息，以及证人证言、影音资料等相关证据资料。

为鼓励各单位主动发起委托协查，总局稽查局将统筹考虑此类委托协查的“选票准确率”。

五、认真做好受托协查

受托方要强化“协查地就是案发地”的观念，把协查工作视为委托方提供的重要案源，把协查地作为案发地，把对嫌疑人的常规发票检查变成有针对性的案件检查。

要充分分析和利用三部委下发的数据和线索，穷尽所有手段，涉案企业无论是否走逃、注销，都应做到应查尽查，从资金流、物流和票流等方面查深查透，并及时固定有关证据。

凡协查类型为“确定虚开”、受托回复结果为“正常”或“无法核实”的，受托方“黄金票”专项行动领导小组应要采取各种措施严格把关，受托方还要有详细的情况说明和充足的证据支持。

要严格按照协查工作规定要求，及时回复结果和证据。因种种客观条件无法及时回复、但确有把握回复“有问题”的个别受托协查，可以按有关规定向总局稽查局申请延期，延期时间最长不超过15日。

六、“黄金票”协查格式要求

根据“黄金票”协查工作特点，为分析统计使用，提出以下格式要求：

（一）委托方发起的协查函件，如涉案企业为“黄金票”要按照“全国2015年黄金票—代理客户/空壳开票企业/用票单位—××企业”格式命名，并以受托方纳税人为单位一户一函发起协查。

（二）受托方对于受托协查案件，发现确有需要进行立案检查并将发起协查的，如该企业不属于黄金票企业，协查函件要按照“全国2015年黄金票—黄金票外—××企业”格式命名，随函提供案件来源、案情介绍、票流、资金流等相关信息和证据。

七、确保协查工作质量

为确保“黄金票”协查工作质量，税务总局

稽查局决定将“黄金票”协查视同于总局督办案件和组织协查案件并纳入管理，重点监控回复结果为“正常”“无法核实”的委托、受托协查情况并适时开展抽查。

附件：“黄金票”专项行动联系人员通讯录（编者略）

国家税务总局关于进一步加大打击税收违法行为力度的通知

2015 年 9 月 2 日　税总函〔2015〕471 号

各省、自治区、直辖市和计划单列市国家税务局、地方税务局：

为全面落实年初税务稽查工作部署，国家税务总局决定进一步加大打击税收违法行为的力度。现将具体要求通知如下：

一、进一步加大打击出口骗税力度

各地国税机关要认真落实《国家税务总局关于进一步做好 2015 年打击出口骗税工作的通知》（税总函〔2015〕363 号）的要求和部署，除了前期已确定的上海、江苏、浙江、福建、广东、青岛、厦门和深圳等 8 个打击出口骗税重点地区外，增加北京、广西、海南、重庆、四川、新疆和大连为打击出口骗税重点地区。上述 15 个打击出口骗税重点地区应认真分析选定案源，周密组织案件查办，切实加强与公安、海关等部门的配合，在年内查结若干有影响的出口骗税大要案件。非重点地区也要高度重视打击出口骗税工作，将其作为今年打击涉税违法犯罪工作的重中之重，主动出击，积极作为，发现和查处出口骗税案件。各地选定案源情况请于 9 月 11 日前报税务总局（稽查局）。

二、进一步加大打击虚开增值税专用发票力度

各地国税机关要以打击虚开“黄金票”专项行动为龙头，带动打击虚开增值税专用发票工作全面深入开展。一是在虚开“黄金票”集中收网行动中，要对行政、刑事案件的涉案企业开展全面调查、协查取证、追捕逃犯、挽回损失和深挖扩线等工作；二是对虚开“黄金票”涉案企业进行延伸检查，对非“黄金票”虚开问题一并查深查透，扩大检查成果；三是加强对重点行业、重点企业虚开增值税专用发票违法活动的监控分析，发现虚开线索立即组织查处。

三、扎实推进打击发票违法犯罪活动工作

各地税务机关要按照《国家税务总局关于认真做好 2015 年打击发票违法犯罪活动工作的通知》（税总发〔2015〕34 号）要求，继续保持打击发票违法犯罪活动的高压态势，坚持查案必查票、查税必查票，对发票使用情况问题较为突出的行业依法加大检查和处理处罚力度。要积极会同公安机关对制售假发票问题突出的重点地区开展整治，集中力量查办一批大要案件。对发现的“受票”重要线索，要一追到底，查深查透，严厉打击。

四、全面推进税收专项检查和区域专项整治工作

各地税务机关要按照《国家税务总局关于开展 2015 年税收专项检查工作的通知》（税总发〔2015〕25 号）要求，切实做好税收专项检查和区域专项整治工作。一是国税机关要对出口退（免）税企业开展指令性税收专项检查，确保专项检查面不低于 2014 年度申报出口退税企业的 20%；二是各地税务机关要严格落实指令性任务和指导性任务，确保完成文件要求的专项检查和专项整治工作具体指标，实现行业专项检查全覆盖、区域专项整治见成效。

五、狠抓重大案件查处

各地税务机关要高度重视突破重大案件，力争查处几个有震慑力的重大案件。要加快重大案件特别是税务总局督办案件的查处进度，集中精力、集中力量进行打击，提高结案率，及时组织查补收入入库。

六、深入落实税收违法“黑名单”制度

各地税务机关要深入落实税收违法“黑名单”制度，进一步发挥其积极作用。要按时公布重大税收违法案件信息，进一步加强与联合惩戒部门的沟通与协作，推动联合惩戒的各项措施落实到位。未联合发文部署联合惩戒工作、未公布重大税收违法案件信息的地区，要采取有效措施，尽快改变被动局面。

七、强化案件曝光和稽查宣传工作

各地税务机关要加大对重大税收违法案件的曝光力度，按月向社会曝光税收违法典型案例，同时积极宣传税务稽查工作的成效，提高税务稽查的震慑力，营造打击税收违法行为的良好舆论氛围。

请各地税务机关接此通知后，认真研究落实的具体措施，确保各项要求落到实处、取得实效。税务总局将对各地落实情况进行督导和考核，推动各项措施落地。

国家税务总局办公厅关于印发《培训方案策划基本规范》及《税务稽查培训指导大纲》等8个课程培训指导大纲的通知

2015年10月8日　税总办发〔2015〕183号

各省、自治区、直辖市和计划单列市国家税务局、地方税务局，局内各单位：

为推进税务系统培训方案策划及课程设计规范化运作，促进培训质量和效果提升，现将《培训方案策划基本规范》及《税务稽查培训指导大纲》等8个课程培训指导大纲印发你们，请按基本规范和指导大纲有关要求组织培训。

一、编制背景

培训方案策划与课程设计是税务教育培训部门尤其是税务干部院校的重要工作。受各种因素制约，目前培训工作中培训方案策划和课程设计仍相对薄弱，存在工作流程及各方责任不明确、培训目标定位不具体、培训对象不分层级、课程设计不规范、培训方法单一等诸多问题，影响了培训的针对性、有效性。《培训方案策划基本规范》及课程培训指导大纲以需求为导向，坚持分类分级、改革创新、注重实效的原则，旨在提高培训的科学化、现代化、精细化水平。

二、主要内容

《培训方案策划基本规范》进一步明确了培训要素的关键点及关联关系，对策划流程进行路径指引，对职责分工提出明确要求。课程培训指导大纲以专业课程为单位，重点针对培训对象、培训目标、培训内容、培训方法和培训时间进行规范。按照培训对象的初、中、高三个不同层级，对知识进行梳理和细化，明确重点和难点，并以"了解""熟悉""掌握"三个层次细化培训内容。现阶段主要完成了《税务稽查培训指导大纲》《征收评估培训指导大纲》《税收风险管理培训指导大纲》《企业会计·税务版培训指导大纲》《小企业会计·税务版培训指导大纲》《增值税实务培训指导大纲》《企业所得税实务培训指导大纲》《法律课程培训指导大纲》《"营改增"培训指导大纲》等9个培训指导大纲，其中《"营改增"培训指导大纲》已印发（详见《国家税务总局办公厅关于印发〈"营改增"培训指导大纲〉的通知》（税总办发〔2015〕63号））。

三、有关要求

各级税务机关教育培训管理部门和税务干部院校要认真落实《培训方案策划基本规范》及课程培训指导大纲有关要求，各负其责，各尽其职，密切配合，全面提高培训需求的适配性、课程设计的科学性、教学内容的针对性、教学方法的有效性、教学组织的有序性。广大税务干部应全面了解课程培训指导大纲，明确自身能力层级和各层级培训目标。培训主办方应明确培训需求，准确选派学员，保证参训学员层级基本一致，并加强对税务干部参训效果的考核。培训承办方应根据培训对象层级，按课程培训指导大纲要求安排培训内容和课时，选择适当的教学方法。

税务总局将陆续推出税务教育培训核心课程培训指导大纲，逐步构建系统、完整的课程培训指导规范体系。同时，将加强对培训方案策划和课程培训规范性的检查以及税务干部参训效果的考核，并将检查考核结果作为培训质量评估和衡量院校办学水平的重要标准。

对《培训方案策划基本规范》及各类课程培训指导大纲的有关问题和建议，请及时联系国家税务总局教育中心。联系人：孙丹，联系电话：010－63531174。

附件：1. 培训方案策划基本规范（编者略）
2. 税务稽查培训指导大纲（编者略）
3. 征收评估培训指导大纲（编者略）
4. 税收风险管理培训指导大纲（编者略）
5. 企业会计·税务版培训指导大纲（编者略）
6. 小企业会计·税务版培训指导大纲（编者略）
7. 增值税实务培训指导大纲（编者略）
8. 企业所得税实务培训指导大纲（编者略）
9. 法律课程培训指导大纲（编者略）

国家税务总局关于进一步加强税务稽查特殊案源管理工作的通知

2015年10月12日　税总函〔2015〕535号

各省、自治区、直辖市和计划单列市国家税务局、地方税务局：

为进一步提高税务稽查案源管理工作水平，更好地发挥税务稽查职能作用，现将税务稽查特殊案源（以下简称特殊案源）管理相关要求明确如下：

一、特殊案源要由稽查部门归口管理

案源管理是税收征管法及其实施细则赋予税务稽查部门的法定职责。特殊案源是案源管理的重要组成部分，主要包括举报案源、协查案源，上级税务机关交办、督办、转办案源，中央及地方各级党委、政府、纪委、公安、检察、审计及其他部门交办、督办、转办案源等。

特殊案源是税务稽查案件的重要来源，有的也是中央及地方各级党委、政府及有关部门交给税务机关的重要工作任务，既需要税务稽查部门依法依规开展调查和检查，也要求对处理结果按规定时限进行反馈，相当一部分案源还具有涉密性。因此，各级税务机关必须严格依照税收征管法及其实施细则、税务稽查工作规程等法律法规的规定，对特殊案源实行稽查部门归口管理。没有实行稽查部门归口管理的，要及时纠正。

二、特殊案源要指定专人负责管理

大多数特殊案源都涉及商业秘密和个人隐私，尤其是中央及地方各级党委、政府及有关部门交办、督办、转办的，一般都涉及国家秘密，并定密为秘密、机密甚至绝密。因此，各级税务机关要严格按照《国家税务局系统保密工作规则》的要求，对特殊案源指定专人负责管理，把工作任务落实到岗位，细化到个人。要制定保密管理措施，严格控制接触和知悉特殊案源的人员范围。要对涉密人员进行保密形势、保密法律法规、保密技能等方面的教育培训，提出保密要求。要定期对特殊案源管理工作开展监督检查，发现存在涉密风险的，要及时采取措施加以解决。

三、切实强化特殊案源管理责任落实

各级税务机关要切实提高特殊案源管理对打击涉税违法犯罪活动、维护国家利益和防范涉税风险等方面重要性的认识，严格落实本通知的要求。要对特殊案源管理工作开展一次清理检查，发现没有实行稽查部门归口管理，没有指定涉密人员专人负责，以及违反保密规定，擅自将涉密案源交给非涉密人员管理，甚至发生失密、泄密等问题的，要立即进行整改。清理检查和整改情况于2015年11月30日前上报国家税务总局（稽查局）。税务总局将定期对各地税务机关执行本通知规定的情况进行监督检查并纳入绩效考评。

国家税务总局稽查局关于税务检查证有关管理事项的通知

2015 年 10 月 14 日　税总稽便函〔2015〕117 号

各省、自治区、直辖市和计划单列市国家税务局稽查局、地方税务局稽查局：

近期一些单位反映税务检查证面临到期、后续如何换证核发以及检查证数据管理的问题，现将有关管理事项明确如下：

一、鉴于近年来稽查人员调整变化较大，相关具体情况主要由省以下税务机关掌握，为及时办理税务检查证相关管理事项，本次换证核发工作由各省级国家税务局检查证主管部门、地方税务局检查证主管部门，按照《国家税务总局关于印发〈税务检查证管理暂行办法〉的通知》（国税发〔2005〕154 号）的规定自行组织。

二、本次换证核发工作保持税务检查证现版式样、规格、内芯及填写内容不变。我局不指定相关厂商，由各省自行联系厂商进行检查证的制作。

三、本次换证核发工作应当做好《税务检查证管理信息系统软件》与金税三期工程系统税务检查证管理模块的衔接。

（一）金税三期工程已经上线的单位，可以对照使用《税务检查证管理信息系统软件》和金税三期工程相关模块，保证检查证的管理需要，逐步实现过渡。

（二）金税三期工程尚未上线的单位，仍可采用《税务检查证管理信息系统软件》进行管理。

（三）换证过程中应当做好信息系统相关原始数据的备份工作。

四、有关税务检查证的其他管理事项，仍按《国家税务总局关于印发〈税务检查证管理暂行办法〉的通知》（国税发〔2005〕154 号）相关规定执行。

国家税务总局稽查局关于祝贺深圳“10·15”骗税案收网行动取得重大成果的函

2015 年 10 月 14 日　税总稽便函〔2015〕126 号

深圳市国家税务局：

欣悉在你局和海关、公安的密切配合和精心组织下，经过“10·15”专案组全体同志的拼搏努力，“10·15”走私并骗取出口退税案统一收网行动取得重大成果！总局孙瑞标总会计师对此案作出重要批示并给予充分肯定。在此，向你局并通过你局向专案组全体同志表示热烈的祝贺并致以诚挚的慰问！

“10·15”案是全国首起既涉嫌骗取出口退税又涉嫌走私逃避出口关税的案件，涉案金额约 2 亿元，涉嫌逃避出口关税 2100 万元，涉嫌骗取出口退税款 1384 万元。在案件查处期间，深圳税务、海关、公安三部门密切配合、通力合作，经过 4 个多月的秘密调查，以深圳为主战场，于 9 月 24 日成功收网。此次行动，严厉打击了走私及骗取出口退税的违法犯罪行为。

希望你们再接再厉，抓紧进行取证和后续核查工作，务必做到查深查透、全案全结，最大限度挽回国家税款损失。同时，深入总结三部门联合办案的成功经验，为维护平等、公平、法制的税收环境做出更大贡献。

国家税务总局办公厅关于进一步加强税收违法“黑名单”联合惩戒工作有关事项的通知

2015 年 10 月 15 日　税总办函〔2015〕1159 号

各省、自治区、直辖市和计划单列市国家税务局、地方税务局：

为推进社会信用体系建设，提高纳税人的依法纳税意识和税法遵从度，现就进一步加强税收违法“黑名单”联合惩戒工作有关事项通知如下：

一、加快建立联合惩戒工作机制

联合签署合作备忘录和召开部门联席会议等工作机制，是对税收违法“黑名单”当事人有效实施联合惩戒的重要保障。目前，全国已有 23 个省签署了合作备忘录，32 个省召开了部门联席会议，其余 13 个省合作备忘录正在会签或协调过程中，3 个省还没有召开部门联席会议。为深入开展联合惩戒工作，尚未签署合作备忘录或召开部门联席会议的，省（区、市）国税局和地税局要共同协调本地发改委、文明办等社会信用体系建设牵头单位，尽快签署合作备忘录和召开部门联席会议，对沟通协调后仍不能落实的，要共同提请省（区、市）政府帮助解决。各地税务机关务必于 2015 年 11 月 15 日前完成上述两项工作，并于 2015 年 11 月 30 日前将有关情况（附件 1）上报国家税务总局（稽查局）。

二、切实推进落实联合惩戒措施

各地税务机关要主动向地方党委政府汇报，积极争取地方党委政府领导的重视和支持。要主动与本地区发改委、文明办等社会信用体系建设牵头单位协调，将落实合作备忘录作为本地区社会信用体系建设的重要工作内容，形成合力，大力推进。要积极与参与联合惩戒的单位进行一对一的沟通，积极支持和推动他们开展联合惩戒工作，一些惩戒措施需要当地税务机关出具相关文书的（如阻止出境），当地税务机关要及时主动出具相关文书。要建立信息反馈机制，顺畅沟通渠道，及时获取各单位联合惩戒工作取得的成效。

三、全面落实税务机关内部惩戒措施

各地税务机关要组织本单位纳税服务、征管和稽查等部门共同落实税务机关内部惩戒措施，按照《纳税信用管理办法（试行）》的有关规定，对税收违法“黑名单”当事人直接判为 D 级纳税信用级别，并严格实施增值税专用发票领用按辅导期一般纳税人政策办理，普通发票的领用实行交（验）旧供新、严格限量供应；加强出口退税审核；加强纳税评估，严格审核其报送的各种资料；列入重点监控对象，提高监督检查频次，发现税收违法违规行为的，不得适用规定处罚幅度内的最低标准等措施。

四、大力开展新闻宣传工作

各地税务机关要与参与联合惩戒的单位密切配合协作，充分利用政府公共信用信息平台、报纸、广播、电视、网络媒体等途径以及新闻发布会等形式，加大对税收违法“黑名单”当事人联合惩戒工作的宣传力度。既要宣传税务机关所做的工作，也要宣传参与联合惩戒单位所取得的成效，既要宣传联合惩戒工作的总体情况，也要宣传联合惩戒工作的典型案例，扩大联合惩戒工作的影响力和威慑力。

各地税务机关要及时汇总联合惩戒工作取得成效（附件 2），定期与联合惩戒工作报告一并上报国家税务总局（稽查局）。国家税务总局在绩效考评工作中，将根据联合惩戒工作取得成效情况予以评定。

附件：1. 签署合作备忘录或召开部门联席会议情况统计表（编者略）

2. 联合惩戒工作取得成效情况统计表（编者略）

国家税务总局稽查局关于祝贺深圳“7·20”专案收网行动取得重大成果的函

2015年10月29日 税总稽便函〔2015〕145号

深圳市国家税务局：

欣悉在你局和公安部门的密切配合和精心组织下，经过“7·20”专案组全体同志的拼搏努力，“7·20”特大黄金票虚开、骗取出口退税、贩卖假发票、偷税案集群战役收网行动取得重大成果！总局王军局长、孙瑞标总会计师对此案作出重要批示并给予充分肯定。在此，向你局并通过你局向专案组全体同志表示热烈的祝贺并致以诚挚的慰问！

经过5个多月的秘密调查，你局和公安部门高度重视，抽调精兵强将，加强协作配合，注意保密纪律，在汕头国税、公安部门的积极配合下，一举摧毁了特大黄金票虚开团伙5个、特大骗税团伙1个、虚开普通发票团伙2个和贩卖假发票团伙1个，涉案金额约60亿元、税额近10亿元。“7·20”专案是首次在一个集群战役中，同时破获虚开专用发票、骗取出口退税、贩卖假发票、偷税等多种涉税违法犯罪行为的重大案件，对涉税违法犯罪起到严厉的震慑作用。

希望你们再接再厉，继续巩固扩大行动战果，抓紧进行取证和后续核查工作，务必做到查深查透、全案全结，最大限度挽回国家税款损失。

各地发布的税务稽查工作相关文件目录

北京市国家税务局

北京市国家税务局　天津市国家税务局　河北省国家税务局关于建立京津冀税务稽查案件协查协作机制的通知

2015 年 5 月 19 日　京国税发〔2015〕146 号

北京市国家税务局关于印发《对重大税收违法案件当事人实施联合惩戒措施工作方案（试行）》的通知

2015 年 6 月 5 日　京国税发〔2015〕160 号

北京市国家税务局关于印发《重大税收违法案件信息公布办法（试行）》的通知

2015 年 10 月 12 日　京国税发〔2015〕270 号

北京市地方税务局

北京市地方税务局关于印发《北京市地方税务局 2015 年打击发票违法犯罪活动工作实施方案》的通知

2015 年 4 月 10 日　京地税稽〔2015〕64 号

北京市地方税务局关于印发《北京市地方税务局关于开展 2015 年税收专项检查工作的通知》的通知

2015 年 4 月 14 日　京地税稽〔2015〕68 号

北京市地方税务局印发《北京市地方税务局关于公布重大税收违法案件信息有关工作的通知》的通知

2015 年 5 月 22 日　京地税稽〔2015〕95 号

北京市地方税务局印发《北京市地方税务局关于进一步推进税务稽查市级全覆盖工作的意见》的通知

2015 年 9 月 30 日　京地税稽〔2015〕188 号

北京市地方税务局关于印发《北京市地方税务局清理 2011—2013 年稽查未结案件工作方案》的通知

2015 年 10 月 9 日　京地税稽〔2015〕193 号

北京市地方税务局关于印发《北京市地方税务局关于推进税收违法行为检举工作改革的意见》的通知

2015 年 10 月 10 日　京地税稽〔2015〕194 号

天津市国家税务局

天津市国家税务局关于按季度开展稽查案例交流评价工作的通知

2015 年 2 月 17 日　津国税函〔2015〕20 号

天津市国家税务局关于印发《关于加强我市国税系统稽查部门与国际税务管理部门相关工作协调配合》的通知

2015 年 5 月 12 日　津国税稽便函〔2015〕1 号

天津市国家税务局稽查局关于印发《天津市国家税务局稽查局网络与信息安全应急保障工作综合预案》的通知

2015 年 10 月 20 日　津国税稽〔2015〕24 号

天津市国家税务局关于印发《关于 2015 年重点税源企业随机抽查工作具体安排》的通知

2015 年 10 月 25 日　津国税稽〔2015〕26 号

河北省地方税务局

河北省地方税务局　河北省国家税务局关于印发《国地税稽查合作事项实施方案》的通知

2015 年 10 月 14 日　冀地税发〔2015〕87 号

河北省地方税务局关于《进一步加强税收违法"黑名单"联合惩戒工作有关事项》的通知

2015 年 10 月 22 日　冀地税函〔2015〕111 号

山西省地方税务局

山西省地方税务局关于认真做好 2015 年打击发票违法犯罪活动有关工作的通知

2015 年 3 月 27 日　晋地税发〔2015〕57 号

山西省地方税务局关于印发《2015 年稽查工作目标责任制（绩效）考核暂行办法》的通知

2015 年 4 月 8 日　晋地税发〔2015〕60 号

山西省地方税务局关于开展 2015 年税收专项检查工作的通知

2015 年 4 月 10 日　晋地税发〔2015〕62 号

山西省地方税务局关于做好 2015 年下半年稽查工作的通知

2015 年 8 月 18 日　晋地税函〔2015〕196 号

山西省地方税务局关于印发《全省地方税收重点稽查工作方案》的通知

2015 年 8 月 27 日　晋地税发〔2015〕134 号

山西省地方税务局关于印发《全省地税系统中秋国庆节日期间中高档饭店及会所专项检查工作方案》的通知

2015 年 9 月 10 日　晋地税发〔2015〕146 号

山西省地方税务局关于进一步抓好中秋国庆节日期间对中高档饭店及会所专项检查工作的通知

2015 年 9 月 21 日　晋地税发〔2015〕150 号

内蒙古自治区国家税务局

内蒙古自治区国家税务局　内蒙古自治区地方税务局关于印发《内蒙古自治区国地税稽查工作合作方案》的通知

2015 年 11 月 10 日　内国税发〔2015〕191 号

内蒙古自治区国家税务局关于发布《单纯索要发票举报事项快捷处理办法》的公告

2015 年 12 月 29 日　内蒙古自治区国家税务局公告 2015 年第 11 号

吉林省国家税务局

吉林省国家税务局关于认真做好 2015 年打击发票违法犯罪活动工作的通知

2015 年 3 月 26 日　吉国税函〔2015〕46 号

吉林省国家税务局关于开展 2015 年税收专项检查工作的通知

2015 年 4 月 15 日　吉国税发〔2015〕53 号

吉林省国家税务局关于成立重大税收违法案件信息公布和联合惩戒工作领导小组的通知

2015 年 5 月 15 日　吉国税发〔2015〕67 号

吉林省国家税务局稽查局关于对“营改增”企业开展检查的通知

2015 年 7 月 24 日　吉国税稽函〔2015〕31 号

吉林省国家税务局稽查局关于对利用农产品收购发票抵扣进行虚开疑点纳税人开展专项检查和专项整治有关问题的通知

2015 年 8 月 14 日　吉国稽函〔2015〕39 号

吉林省国家税务局稽查局关于进一步做好税务稽查执法工作的紧急通知

2015 年 9 月 29 日　吉国税稽函〔2015〕44 号

吉林省国家税务局稽查局关于切实加强稽查办案专项经费使用管理的通知

2015 年 12 月 10 日　吉国税稽函〔2015〕55 号

吉林省地方税务局

吉林省地方税务局　吉林省国家税务局关于明确重大税务行政处罚案件审理实施办法案件标准的通知

2015 年 1 月 30 日　吉地税发〔2015〕7 号

黑龙江省国家税务局

黑龙江省国家税务局关于印发《全省国税系统 2015 年打击发票违法犯罪活动工作方案》的通知

2015 年 4 月 2 日　黑国税发〔2015〕41 号

黑龙江省国家税务局关于印发《2015 年区域税收专项整治工作方案》的通知

2015 年 4 月 15 日　黑国税发〔2015〕48 号

黑龙江省国家税务局关于开展 2015 年税收专项检查工作的通知

2015 年 4 月 23 日　黑国税发〔2015〕50 号

黑龙江省国家税务局关于印发《黑龙江省国家税务局关于对重大税收违法案件当事人实施联合惩戒措施的工作方案》的通知

2015 年 5 月 28 日　黑国税发〔2015〕77 号

黑龙江省国家税务局关于转发《国家税务总局关于进一步做好 2015 年打击出口骗税工作的通知》的通知

2015 年 8 月 7 日　黑国税函〔2015〕274 号

黑龙江省国家税务局关于转发《国家税务总局关于印发〈推进税务稽查随机抽查实施方案〉的通知》的通知

2015 年 10 月 22 日　黑国税函〔2015〕354 号

黑龙江省国家税务局关于 2015 年重点税源企业随机抽查工作的通知

2015 年 10 月 26 日　黑国税发〔2015〕120 号

上海市国家（地方）税务局

上海市国家税务局　上海市地方税务局关于认真做好 2015 年打击发票违法犯罪活动工作的通知

2015 年 3 月 26 日　沪国税稽〔2015〕1 号

上海市国家税务局　上海市地方税务局关于开展 2015 年税收专项检查工作的通知

2015 年 4 月 15 日　沪国税稽〔2015〕2 号

江苏省国家税务局

江苏省国家税务局关于发布《江苏省国税系统重大税务案件审理实施办法》的公告

2015 年 3 月 17 日　江苏省国家税务局公告 2015 年第 2 号

江苏省国家税务局稽查局关于集中开展打击骗取出口退税专项行动的通知

2015 年 1 月 14 日　苏国税稽便函〔2015〕2 号

江苏省打击发票违法犯罪活动工作协调小组 2014 年度自评报告

2015 年 2 月 5 日　苏国税稽便函〔2015〕6 号

江苏省国家税务局稽查局关于加强重大税收违法案件信息公布工作的通知

2015 年 2 月 27 日　苏国税稽便函〔2015〕7 号

江苏省国家税务局稽查局关于印发《2015 年全省国税稽查工作要点》的通知

2015 年 3 月 17 日　苏国税稽便函〔2015〕17 号

江苏省国家税务局稽查局关于开展2015年资本交易税收专项检查工作的通知
2015年5月11日　苏国税稽便函〔2015〕33号
江苏省国家税务局稽查局关于转发《国家税务总局稽查局关于明确税收违法“黑名单”有关工作事项的通知》的通知
2015年5月22日　苏国税稽便函〔2015〕37号
江苏省国家税务局稽查局关于进一步加强协查信息管理系统监控管理的通知
2015年6月9日　苏国税稽便函〔2015〕42号
江苏省国家税务局稽查局关于开展小规模纳税人虚开网络版普通发票专项整治的通知
2015年7月10日　苏国税稽便函〔2015〕54号
江苏省国家税务局稽查局关于电信业专项稽查地市级分公司延伸检查的通知
2015年7月20日　苏国税稽便函〔2015〕58号
江苏省国家税务局稽查局关于对江苏名和集团有限公司及其关联、下属企业开展专案检查的通知
2015年8月24日　苏国税稽便函〔2015〕65号
江苏省国家税务局稽查局关于2015年上半年协查信息管理系统运行情况的通报
2015年8月25日　苏国税稽便函〔2015〕68号
江苏省国家税务局稽查局关于开展应用升级版数据打击虚开增值税专用发票违法犯罪专项检查的通知
2015年10月20日　苏国税稽便函〔2015〕81号
江苏省国家税务局稽查局关于2015年重点税源企业随机抽查工作具体安排的通知
2015年10月23日　苏国税稽便函〔2015〕82号
江苏省国家税务局稽查局关于做好国家税务总局打骗专项行动协查工作的通知
2015年11月2日　苏国税稽便函〔2015〕84号
江苏省国家税务局稽查局关于大案要案上报管理事项的通知
2015年12月8日　苏国税稽便函〔2015〕94号
江苏省国家税务局稽查局关于下发2015年重点税源企业随机抽查工作检查阶段实施方案的通知
2015年12月29日　苏国税稽便函〔2015〕101号

江苏省地方税务局

江苏省地方税务局关于税务稽查办案中心建设的指导意见
2015年4月22日　苏地税函〔2015〕72号
江苏省地方税务局关于稽查积案清理工作的指导意见
2015年11月23日　苏地税函〔2015〕230号
江苏省地方税务局推进税务稽查随机抽查实施方案
2015年11月16日　苏地税发〔2015〕81号
江苏省地方税务局稽查局区域稽查分局案件管理暂行办法
2015年6月26日　苏地税发〔2015〕45号

浙江省地方税务局

浙江省地方税务局关于印发《浙江省地税系统避免重复进户执法管理办法》的通知
2015年7月2日　浙地税函〔2015〕160号
浙江省地方税务局关于明确税收检查中发现少缴非税收入如何追缴有关问题的通知
2015年8月31日　浙地税函〔2015〕194号
浙江省地方税务局关于明确税收检查中发现少缴非税收入如何追缴有关问题的补充通知
2015年11月12日　浙地税函〔2015〕251号
浙江省地方税务局稽查局关于发布《税务稽查业务指引——涉税举报管理》的通知
2015年3月30日　浙地税稽便函〔2015〕17号
浙江省地方税务局稽查局关于发布《税务稽查业务指引——股票转让营业税检查》的通知
2015年5月19日　浙地税稽便函〔2015〕24号

安徽省地方税务局

安徽省国家税务局　安徽省地方税务局关于认真做好2015年打击发票违法犯罪活动工作的通知
2015年3月26日　皖国税发〔2015〕58号
安徽省国家税务局　安徽省地方税务局关于开展2015年税收专项检查工作的通知
2015年4月10日　皖国税发〔2015〕69号
安徽省地方税务局稽查局关于公布重大税收违法案件信息有关事项的通知
2015年4月13日　稽便函〔2015〕3号
安徽省地方税务局稽查局关于进一步做好当前检查工作的通知
2015年5月11日　稽便函〔2015〕4号
安徽省地方税务局关于开展全省重点税源企业税收检查工作的通知
2015年7月17日　皖地税函〔2015〕398号
安徽省地方税务局稽查局关于修订《安徽省地方税务局稽查局岗位职责》的通知
2015年8月5日　稽便函〔2015〕16号
安徽省地方税务局稽查局关于印发《安徽省地方税务局稽查局稽查案件审理办法》的通知
2015年8月6日　稽便函〔2015〕15号

安徽省地方税务局稽查局关于印发2015年度全省重点税源企业异地交叉稽查实施方案的通知

2015年8月31日　稽便函〔2015〕17号

安徽省地方税务局稽查局转发《国家税务总局办公厅关于进一步加强税收违法“黑名单”联合惩戒工作有关事项的通知》

2015年10月29日　稽便函〔2015〕19号

安徽省国家税务局　安徽省地方税务局关于开展2015年重点税源企业随机抽查工作有关事项的通知

2015年11月4日　皖国税发〔2015〕187号

安徽省地方税务局稽查局关于明确随机抽查名录库建设工作有关事项的通知

2015年12月31日　稽便函〔2015〕28号

福建省国家税务局

福建省国家税务局推进税务稽查随机抽查实施方案

2015年9月16日　闽国税发〔2015〕105号

福建省国家税务局　福建省地方税务局关于进一步加强稽查工作协作意见的通知

2015年2月13日　闽国税发〔2015〕19号

福建省地方税务局

福建省地方税务局关于印发《福建省地税系统优秀稽查案例评审奖励办法》的通知

2015年4月20日　闽地税〔2015〕37号

福建省地方税务局关于稽查工作提速增效的指导意见

2015年5月5日　闽地税〔2015〕43号

江西省国家税务局

江西省国家税务局联合江西省发展改革委等22部门印发《关于对重大税收违法案件当事人实施联合惩戒措施合作备忘录的实施意见》

2015年4月22日　赣发改财金〔2015〕346号

江西省国家税务局关于落实《对重大税收违法案件当事人实施联合惩戒措施合作备忘录实施意见》的通知

2015年4月22日　赣国税函〔2015〕134号

江西省国家税务局　江西省公安厅关于印发《税警协作备忘录》的通知

2015年6月15日　赣国税发〔2015〕49号

江西省国家税务局关于进一步加强以查促管工作的通知

2015年6月26日　赣国税函〔2015〕209号

江西省地方税务局

江西省地方税务局稽查局关于印发《税务稽查执行工作制度》的通知

2015年7月10日　赣地税稽发〔2015〕7号

江西省地方税务局稽查局关于印发《税务稽查预案工作制度（试行）》的通知

2015年12月14日　赣地税稽发〔2015〕12号

江西省地方税务局稽查局关于印发《税务稽查取证管理办法（试行）》的通知

2015年12月22日　赣地税稽发〔2015〕13号

江西省地方税务局稽查局关于印发《税务稽查检查工作制度（试行）》的通知

2015年12月23日　赣地税稽发〔2015〕14号

江西省地方税务局稽查局关于印发《税务稽查工作限时办结制度（试行）》的通知

2015年12月30日　赣地税稽发〔2015〕15号

山东省国家税务局

山东省国家税务局　山东省地方税务局　山东省公安厅关于对2014年打击发票违法犯罪活动成绩突出单位和个人予以表彰的通报

2015年2月15日　鲁国税发〔2015〕29号

山东省国家税务局稽查局关于印发《2015年全省国税稽查工作要点》的通知

2015年3月24日　鲁国税稽便函〔2015〕18号

山东省国家税务局稽查局关于印发《2015年山东省警税联席会议纪要》的通知

2015年4月10日　鲁国税稽便函〔2015〕25号

山东省国家税务局关于转发鲁发改财金〔2015〕541号做好税收“黑名单”联合惩措施落实工作的通知

2015年6月15日　鲁国税发〔2015〕125号

山东省国家税务局关于贯彻落实《推进税务稽查随机抽查实施方案》的报告

2015年9月15日　鲁国税发〔2015〕174号

山东省国家税务局稽查局关于印发《2015年山东省国税系统打击发票违法犯罪活动工作考核方案》的通知

2015年12月16日　鲁国税稽便函〔2015〕98号

山东省地方税务局

山东省地方税务局稽查局关于印发《2015年山东地税稽查工作要点》的通知

2015年3月5日　鲁地税稽函〔2015〕1号

山东省地方税务局关于开展2015年地方税收专项检查工作的通知

2015年4月7日　鲁地税发〔2015〕24号

山东省地方税务局稽查局关于印发《山东省地方税务局稽查系统绩效管理考评办法》的通知

2015年4月13日　鲁地税稽函〔2015〕2号

山东省地方税务局关于印发《山东省地方税务局重大税收违法案件信息公布管理办法（试行）》的通知
2015 年 4 月 30 日　鲁地税发〔2015〕32 号
山东省地方税务局关于开展 2015 年度重点税源企业税收抽查工作的通知
2015 年 5 月 15 日　鲁地税函〔2015〕57 号
山东省地方税务局关于推行稽查体制改革试点工作的通知
2015 年 5 月 28 日　鲁地税函〔2015〕60 号
山东省地方税务局稽查局关于开展全省稽查执法文书检查的通知
2015 年 6 月 5 日　鲁地税稽函〔2015〕3 号
山东省地方税务局稽查局关于组织开展全省税务稽查精品案例评选工作的通知
2015 年 6 月 8 日　鲁地税稽函〔2015〕4 号
山东省地方税务局稽查局关于做好下一步稽查工作的通知
2015 年 6 月 8 日　鲁地税稽函〔2015〕5 号
山东省地方税务局稽查局关于印发《2015 年山东省地税稽查系统打击发票违法犯罪活动工作考核方案》的通知
2015 年 8 月 7 日　鲁地税稽函〔2015〕7 号
山东省地方税务局稽查局关于全省稽查文书检查情况的通报
2015 年 9 月 16 日　鲁地税稽函〔2015〕9 号
山东省地方税务局关于 2015 年全省重点税源企业地方税收随机抽查工作具体安排的通知
2015 年 10 月 23 日　鲁地税函〔2015〕103 号
山东省地方税务局关于进一步深化查管互动工作的意见
2015 年 11 月 4 日　鲁地税发〔2015〕71 号
山东省地方税务局关于 2015 年度打击发票违法犯罪活动工作的报告
2015 年 11 月 30 日　鲁地税发〔2015〕77 号

河南省国家税务局

河南省国家税务局关于进一步加强税收违法案件查办工作的意见
2015 年 4 月 3 日　豫国税发〔2015〕55 号
河南省国家税务局关于深入开展 2015 年打击发票违法犯罪活动工作的通知
2015 年 3 月 25 日　豫国税发〔2015〕46 号
河南省国家税务局　河南省地方税务局关于印发《河南省国家税务局、河南省地方税务局联合开展重点税源企业检查办法（试行）》的通知
2015 年 3 月 20 日　豫国税发〔2015〕62 号
河南省国家税务局关于开展 2015 年税收专项检查工作的通知
2015 年 4 月 3 日　豫国税发〔2015〕56 号
河南省国家税务局关于做好对重大税收违法案件当事人实施联合惩戒工作的通知
2015 年 4 月 20 日　豫国税发〔2015〕69 号
河南省国家税务局　河南省公安厅　郑州海关关于 2015 年继续深入开展打击出口骗税违法犯罪活动的通知
2015 年 7 月 7 日　豫国税发〔2015〕104 号
河南省国家税务局关于印发《河南省国家税务局推进税务稽查随机抽查实施方案》的通知
2015 年 9 月 15 日　豫国税发〔2015〕139 号
河南省国家税务局稽查局　河南省地方税务局稽查局关于进一步深化税务稽查工作合作的实施意见
2015 年 3 月 27 日　豫国税稽便函〔2015〕13 号
河南省国家税务局稽查局　河南省地方税务局稽查局关于联合开展总局部署重点税源企业税收专项检查工作的通知
2015 年 6 月 15 日　豫国税稽便函〔2015〕28 号
河南省国家税务局稽查局关于做好“黄金票”专项行动协查工作的通知
2015 年 8 月 31 日　豫国税稽便函〔2015〕39 号
河南省国家税务局稽查局　河南省公安厅经济犯罪侦查总队关于开展“7·03”专案查处工作的通知
2015 年 11 月 9 日　豫国税稽便函〔2015〕58 号
河南省国家税务局稽查局关于石油石化产品消费税专项检查税款入库情况的报告
2015 年 11 月 11 日　豫国税稽便函〔2015〕60 号
河南省国家税务局稽查局关于 2015 年税收违法“黑名单”联合惩戒工作情况的报告
2015 年 12 月 3 日　豫国税稽便函〔2015〕63 号

河南省地方税务局

河南省地方税务局稽查局关于 2014 年反腐倡廉建设工作的自查报告
2015 年 1 月 7 日　豫地税稽发〔2015〕1 号

河南省地方税务局稽查局关于民主推荐县处级副职后备干部建议人选情况的报告

2015 年 1 月 23 日　豫地税稽发〔2015〕2 号

河南省地方税务局稽查局关于 2014 年度税务稽查情况的通报

2015 年 3 月 9 日　豫地税稽发〔2015〕5 号

河南省地方税务局稽查局关于 2014 年度稽查信息工作情况的通报

2015 年 3 月 9 日　豫地税稽发〔2015〕6 号

河南省地方税务局稽查局关于 2014 年度税收违法案件检举工作通报

2015 年 3 月 9 日　豫地税发〔2015〕7 号

河南省地方税务局稽查局关于 2014 年度公务员考核结果的决定

2015 年 3 月 5 日　豫地税发〔2015〕8 号

河南省地方税务局稽查局关于开展重点税源企业税收检查工作的通知

2015 年 4 月 7 日　豫地税发〔2015〕9 号

河南省地方税务局稽查局关于党支部支部委员调整的通知

2015 年 5 月 28 日　豫地税发〔2015〕10 号

河南省地方税务局稽查局关于印发 2015 年推进服务型行政执法建设实施方案的通知

2015 年 5 月 27 日　豫地税稽发〔2015〕11 号

河南省地方税务局稽查局关于开展 2015 年度省重点税源企业立案检查工作的通知

2015 年 7 月 2 日　豫地税稽发〔2015〕12 号

河南省地方税务局稽查局关于贯彻落实主体责任情况的报告

2015 年 7 月 7 日　豫地税稽发〔2015〕13 号

河南省地方税务局稽查局关于 2015 年重点税源企业随机抽查工作具体安排的通知

2015 年 10 月 15 日　豫地税稽发〔2015〕14 号

关于进一步深入贯彻落实中央八项规定精神切实纠正“四风”问题的情况报告

2015 年 10 月 27 日　豫地税稽发〔2015〕15 号

河南省地方税务局稽查局关于税务稽查特殊案源管理工作问题的回复

2015 年 10 月 26 日　豫地税稽发〔2015〕16 号

河南省地方税务局稽查局关于 2015 年度督查工作落实情况的报告

2015 年 11 月 27 日　豫地税稽发〔2015〕17 号

河南省地方税务局稽查局关于实行每周工作例会制度的通知

2015 年 11 月 27 日　豫地税稽发〔2015〕18 号

河南省地方税务局稽查局关于严禁违规插手涉税中介经营活动自查情况的报告

2015 年 7 月 1 日　豫地税稽函〔2015〕1 号

中共河南省地方税务局稽查局党支部关于 2015 年反腐倡廉建设工作的自查报告

2015 年 12 月 9 日　豫地税稽党字〔2015〕1 号

河南省地方税务局关于全省举报中心规范化建设检查情况的通报

2015 年 1 月 16 日　豫地税函〔2015〕12 号

河南省地方税务局关于 2014 年全省地税系统“十大规范典型案例”及“优秀案例”评选结果的通报

2015 年 2 月 27 日　豫地税发〔2015〕27 号

河南省地方税务局关于表彰 2014 年度打击发票违法犯罪活动工作优秀单位和先进个人的通报

2015 年 3 月 5 日　豫地税发〔2015〕28 号

河南省地方税务局关于表彰 2014 年度税收违法案件举报中心规范化建设优秀单位和先进单位的通报

2015 年 3 月 5 日　豫地税发〔2015〕29 号

河南省地方税务局关于表彰 2014 年度稽查工作优秀单位的决定

2015 年 3 月 9 日　豫地税发〔2015〕31 号

河南省地方税务局关于表彰 2014 年度稽查工作先进单位的通报

2015 年 3 月 9 日　豫地税发〔2015〕32 号

河南省地方税务局关于开展 2015 年税收专项检查工作的通知

2015 年 4 月 2 日　豫地税发〔2015〕42 号

河南省地方税务局关于认真做好 2015 年打击发票违法犯罪活动工作的通知

2015 年 4 月 2 日　豫地税发〔2015〕43 号

河南省地方税务局关于印发《2015 年全省地税稽查工作要点》的通知

2015 年 3 月 11 日　豫地税函〔2015〕73 号

河南省地方税务局关于印发 2015 年度稽查工作绩效考核办法的通知

2015 年 7 月 1 日　豫地税发〔2015〕86 号

河南省地方税务局关于印发《推进税务稽查随机抽查实施方案》的通知

2015 年 9 月 11 日　豫地税发〔2015〕124 号

河南省地方税务局关于报送 2015 年打击发票违法犯罪活动工作总结的报告

2015 年 12 月 12 日　豫地税发〔2015〕163 号

湖北省国家税务局

湖北省国家税务局关于印发《湖北省国家税务局“嵌入式稽查管理”实施方案》的通知
2015 年 10 月 30 日　鄂国税发〔2015〕133 号

湖南省国家税务局

《湖南省国家税务局关于进一步加强稽查工作的意见》
2015 年 4 月 10 日　湘国税发〔2015〕58 号

湖南省地方税务局

湖南省地方税务局关于停止执行《湖南省地方税务稽查部门组织税收自查管理办法》的公告
2015 年 4 月 2 日　湖南省地方税务局公告 2015 年第 1 号

湖南省地方税务局关于发布《重大税收违法案件信息公布实施办法（试行）》的公告
2015 年 8 月 25 日　湖南省地方税务局公告 2015 年第 6 号

广西壮族自治区国家税务局

广西壮族自治区国家税务局关于废止《广西壮族自治区国家税务局税务稽查案件立卷归档管理规定》的通知
2015 年 1 月 23 日　桂国税函〔2015〕24 号

广西壮族自治区国家税务局关于印发《2015 年全区国税系统重点工作任务》的通知
2015 年 2 月 26 日　桂国税发〔2015〕27 号

广西壮族自治区国家税务局关于印发《广西国税系统 2015 年打击发票违法犯罪活动实施方案》的通知
2015 年 3 月 27 日　桂国税发〔2015〕48 号

广西壮族自治区国家税务局稽查局关于印发 2015 年稽查系列绩效考评重点指标评分细则的通知
2015 年 3 月 31 日　桂国税稽便函〔2015〕14 号

广西壮族自治区国家税务局稽查局关于印发《2014 年度税收违法行为检举案件管理工作考核方案》的通知
2015 年 4 月 2 日　桂国税稽便函〔2015〕16 号

广西壮族自治区国家税务局关于印发《广西国税稽查系统 2015 年绩效管理考核办法》的通知
2015 年 4 月 8 日　桂国税发〔2015〕57 号

广西壮族自治区国家税务局关于开展 2015 年税收专项检查工作的通知
2015 年 4 月 8 日　桂国税发〔2015〕56 号

广西壮族自治区国家税务局稽查局关于印发《自治区国家税务局稽查局机关 2015 年绩效管理考评办法》的通知
2015 年 4 月 17 日　桂国税稽便函〔2015〕18 号

广西壮族自治区国家税务局关于开展 2015 年度重点税源企业税收抽查工作的通知
2015 年 5 月 18 日　桂国税函〔2015〕198 号

广西壮族自治区国家税务局稽查局关于印发《自治区国家税务局稽查局个人绩效管理实施细则》的通知
2015 年 5 月 21 日　桂国税稽便函〔2015〕23 号

广西壮族自治区国家税务局稽查局关于下发《外贸企业出口退（免）税检查指南》的通知
2015 年 6 月 23 日　桂国税稽便函〔2015〕27 号

广西壮族自治区国家税务局关于进一步做好 2015 年打击出口骗税工作的通知
2015 年 7 月 15 日　桂国税函〔2015〕315 号

广西壮族自治区国家税务局稽查局关于印发《自治区国家税务局稽查局 2015 年税务稽查案件复查工作方案》的通知
2015 年 8 月 6 日　桂国税稽便函〔2015〕40 号

广西壮族自治区国家税务局关于开展 2015 年重点税源企业随机抽查工作的通知
2015 年 9 月 11 日　桂国税函〔2015〕400 号

广西壮族自治区国家税务局关于印发《广西国税稽查系统 2015 年打击骗取出口退税专项工作考核办法》的通知
2015 年 10 月 8 日　桂国税发〔2015〕154 号

广西壮族自治区国家税务局关于印发《全区国税系统推进税务稽查随机抽查工作方案》的通知
2015 年 11 月 25 日　桂国税发〔2015〕174 号

广西壮族自治区地方税务局

广西壮族自治区地方税务局关于印发《广西壮族自治区地方税务局税务稽查四个环节管理若干规定》的通知
2015 年 1 月 9 日　桂地税发〔2015〕2 号

广西壮族自治区地方税务局关于印发《税收征管与稽查业务衔接协作办法（试行）》的通知
2015 年 2 月 28 日　桂地税发〔2015〕20 号

广西壮族自治区地方税务局关于印发《广西壮族自治区地方税务局税收违法行为检举管理办法（试行）》的通知
2015 年 5 月 7 日　桂地税发〔2015〕58 号

广西壮族自治区地方税务局关于确定重大税务案件审理范围的通知
2015 年 5 月 25 日　桂地税发〔2015〕64 号
广西壮族自治区地方税务局关于印发《税收违法案件证据问题暂行规定》的通知
2015 年 7 月 16 日　桂地税发〔2015〕80 号
广西壮族自治区地方税务局关于印发《广西壮族自治区地方税务局税务稽查随机抽查暂行办法》的通知
2015 年 10 月 26 日　桂地税发〔2015〕103 号
广西壮族自治区地方税务局关于加强发票违法检举管理工作的通知
2015 年 12 月 28 日　桂地税发〔2015〕126 号
广西壮族自治区地方税务局关于印发《2015 年打击发票违法犯罪活动工作方案》的通知
2015 年 3 月 30 日　桂地税函〔2015〕101 号
广西壮族自治区地方税务局关于开展 2015 年税收专项检查工作的通知
2015 年 4 月 8 日　桂地税发〔2015〕44 号

重庆市国家税务局

重庆市国家税务局　重庆市地方税务局关于认真做好 2015 年打击发票违法犯罪活动工作的通知
2015 年 4 月 3 日　渝国税发〔2015〕71 号

重庆市地方税务局

重庆市地方税务局关于开展 2015 年重点税源轮查工作的通知
2015 年 3 月 30 日　渝地税函〔2015〕39 号
重庆市地方税务局关于进一步规范税收执法和风险管理有关工作的通知
2015 年 7 月 16 日　渝地税发〔2015〕101 号
重庆市地方税务局关于进一步加强重大税收违法案件信息公布工作的通知
2015 年 10 月 9 日　渝地税函〔2015〕199 号

贵州省国家税务局

贵州省国家税务局关于印发《2015 年全省国税系统稽查工作要点》的通知
2015 年 3 月 27 日　黔国税函〔2015〕77 号
贵州省国家税务局　贵州省地方税务局关于开展 2015 年税收专项检查工作的通知
2015 年 4 月 17 日　黔国税发〔2015〕49 号
贵州省国家税务局关于认真落实《贵州省对重大税收违法案件当事人实施联合惩戒办法（试行）》的通知
2015 年 8 月 31 日　黔国税函〔2015〕284 号

贵州省地方税务局

贵州省地方税务局关于印发《2015 年全省地方税务稽查工作要点》的通知
2015 年 3 月 12 日　黔地税函〔2015〕59 号
贵州省地方税务局关于开展 2015 年打击发票违法犯罪活动的通知
2015 年 4 月 10 日　黔地税发〔2015〕41 号
贵州省地方税务局关于开展 2015 年重点税源企业税收抽查工作的通知
2015 年 5 月 27 日　黔地税函〔2015〕133 号
关于印发《贵州省对重大税收违法案件当事人实施联合惩戒办法（试行）》的通知
2015 年 8 月 17 日　黔发改财金〔2015〕1344 号
贵州省地方税务局关于发布《重大税收违法案件信息公布实施办法（试行）》的公告
2015 年 12 月 16 日　贵州省地方税务局公告 2015 年第 12 号

云南省国家税务局

云南省国家税务局关于印发《云南省国家税务局关于贯彻落实〈推进税务稽查随机抽查实施方案〉的实施意见》的通知
2015 年 10 月 19 日　云国税发〔2015〕273 号

云南省地方税务局

云南省地方税务局关于开展 2015 年地方税收专项检查工作的通知
2015 年 4 月 9 日　云地税发〔2015〕44 号
云南省地方税务局关于开展 2015 年度重点税源企业税收抽查工作的通知
2015 年 5 月 14 日　云地税发〔2015〕66 号
云南省地方税务局关于印发 2015 年度收入任务完成情况巡查抽检工作实施方案的通知
2015 年 10 月 14 日　云地税发〔2015〕135 号
云南省地方税务局关于 2015 年重点税源企业随机抽查工作安排的通知
2015 年 10 月 20 日　云地税发〔2015〕138 号

陕西省国家税务局

陕西省国家税务局稽查局关于下发《重点税源企业轮查工作管理办法（试行）》的通知
2015 年 3 月 12 日　陕国税稽发〔2015〕13 号
陕西省国家税务局稽查局关于印发《省局稽查局机关 2015 年绩效管理实施细则》及绩效指标体系等的通知
2015 年 5 月 26 日　陕国税稽发〔2015〕24 号

陕西省国家税务局稽查局关于印发《稽查局信访工作办法》的通知
2015年9月10日 陕国税稽发〔2015〕46号
陕西省国家税务局关于贯彻落实国家税务总局《推进税务稽查随机抽查实施方案》的通知
2015年9月14日 陕国税发〔2015〕164号

甘肃省国家税务局

甘肃省国家税务局关于印发《甘肃省国家税务局稽查局案件检查廉政承诺暂行规定（试行)》的通知
2015年3月27日 甘国税稽便函〔2015〕5号
甘肃省国家税务局关于印发《甘肃省国家税务局稽查局案件查后回访暂行规定（试行)》的通知
2015年3月27日 甘国税稽便函〔2015〕6号
甘肃省国家税务局关于印发《税收违法案件一案双查实施办法（试行)》的通知
2015年4月20日 甘国税发〔2015〕114号

宁夏回族自治区地方税务局

宁夏回族自治区地方税务局关于认真做好2015年打击发票违法犯罪活动工作的通知
2015年4月2日 宁地税发〔2015〕41号
宁夏回族自治区地税局关于开展2015年税收专项检查工作的通知
2015年4月8日 宁地税发〔2015〕46号

新疆维吾尔自治区地方税务局

新疆维吾尔自治区地方税务局关于认真开展2015年打击发票违法犯罪活动的通知
2015年4月9日 新地税发〔2015〕64号
新疆维吾尔自治区地方税务局关于开展2015年税收专项检查工作的通知
2015年4月10日 新地税发〔2015〕65号
新疆维吾尔自治区地方税务局关于开展2015年全区重点税源企业税收抽查工作的通知
2015年4月21日 新地税发〔2015〕77号
新疆维吾尔自治区地方税务局关于开展2015年重点税源企业随机抽查工作的通知
2015年10月14日 新地税发〔2015〕153号

大连市地方税务局

大连市地方税务局关于税务稽查“寻找最强检查组”活动开展情况及评选结果的通报
2015年3月24日 大地税发〔2015〕74号
大连市地方税务局关于认真做好2015年打击发票违法犯罪活动工作的通知
2015年4月7日 大地税函〔2015〕39号
大连市地方税务局关于印发税务稽查案卷管理办法的通知
2015年4月8日 大地税发〔2015〕94号
大连市地方税务局关于开展2015年税收专项检查工作的通知
2015年4月10日 大地税函〔2015〕44号
大连市地方税务局关于印发《税务稽查信息反馈管理办法（修订稿)》的通知
2015年5月21日 大地税发〔2015〕95号
大连市地方税务局关于推行税务稽查随机抽查工作的意见
2015年9月14日 大地税发〔2015〕178号
大连市地方税务局转发国家税务总局关于进一步加强税务稽查特殊案源管理工作的通知
2015年10月29日 大地税发〔2015〕225号
大连市地方税务局关于落实重大税收违法案件信息公布及联合惩戒有关事项的通知
2015年11月26日 大地税发〔2015〕238号

深圳市国家税务局

深圳市国家税务局税务案件稽查取证操作指引
2015年12月18日 深国税发〔2015〕216号
深圳市国家税务局稽查报告制作办法（试行)
2015年12月28日 深国税发〔2015〕219号

第六篇

统计资料

第八课

网贷[illegible]

2015 年全国税务稽查机构查处税收违法案件情况统计表（1）

单位：户、万元

按行业统计	税务登记总数	立案检查户数	审结户数	有问题户数	结案户数	有问题户数	查补入库情况										
							总额		税款		滞纳金		没收非法所得		罚款		以前年度查补入库
							查补	入库	查补	入库	查补	入库	查补	入库	查补	入库	
	1	2	3	4	5	6	7	8	9	10	11	12	13	14	15	16	17
合计							19156162	18669828	17039144	16695869	1420651	1389075					
一、采矿业	230088	2308	2293	2264	2282	2252	226943	223365	164255	162966	35277	34449			27411	25950	19106
二、制造业	8509811	35148	33821	33237	33076	32597	1178176	1133370	895900	857859	139536	147332	339	140	142401	128039	159522
其中：1. 烟草制品业	4310	55	60	58	58	58	67589	67590	62516	62517	3212	3212			1861	1861	605
2. 石油加工、炼焦和核燃料加工	48077	335	339	332	330	322	133708	132112	110829	109295	19385	19348			3494	3469	11331
3. 化工原料和化工制品制造业	325873	2618	2569	2530	2546	2504	97897	105934	75348	79512	12418	16763	5	5	10126	9654	23008
4. 汽车制造业	144884	983	932	918	910	900	54424	53281	47071	46059	4772	4672			2581	2550	5038
5. 电器机械和器材制造业	446846	3233	3115	3058	3075	3025	82728	82275	63716	64441	7263	7707			11749	10127	11418
6. 计算机、通信和其他电子设备制造业	379417	1221	1190	1157	1089	1049	37836	37016	28225	27469	4673	4881			4938	4666	5719
三、电力、热力、燃气及水生产和供应业	222186	2941	2833	2773	2850	2785	241420	235658	193622	189155	28722	30283			19076	16220	21134
四、建筑业	2562999	8058	8099	7966	7905	7751	457126	436136	368194	354061	48276	43608	82	82	40574	38385	55103

2015 年全国税务稽查机构查处税收违法案件情况统计表（2）

单位：户、万元

按行业统计	税务登记总数	立案检查户数	审结户数		结案户数		查补入库情况										
				有问题户数		有问题户数	总额		税款		滞纳金		没收非法所得		罚款		以前年度查补入库
							查补	入库	查补	入库	查补	入库	查补	入库	查补	入库	
	1	2	3	4	5	6	7	8	9	10	11	12	13	14	15	16	17
五、批发和零售业	37400857	29815	28068	27532	27438	26927	1043247	936709	773095	701914	161373	162141	3712	394	105067	72260	301286
六、交通运输、仓储和邮政业	2274596	3545	3496	3380	3465	3343	94728	94361	67922	69474	11961	11592	90	88	14755	13207	11783
七、住宿和餐饮业	2839011	2446	2412	2357	2355	2291	34133	29401	22956	19860	4967	4282	6	6	6204	5253	5982
八、信息传输、软件和信息技术服务业	1103390	1201	1073	1014	1041	993	110678	105708	101615	98059	5022	4363	9	9	4032	3277	3362
九、金融业	573866	3579	3468	3332	3413	3261	1745349	1737097	1656294	1647573	54782	57953			34273	31571	551182
十、房地产业	1031044	13840	13380	13160	13099	12827	2784170	2658177	2349704	2294865	247404	210793	51	51	187011	152468	522167
十一、租赁和商务服务业	4721220	4515	4298	4106	4144	3976	259890	248354	175531	170243	58303	55163	143	62	25913	22886	30913
十二、文化、体育和娱乐业	496552	792	772	737	760	729	20805	19014	14888	13373	3099	2622	1	1	2817	3018	4627
十三、其他	9985053	15635	15198	14762	14884	14467	654391	577113	502245	439145	69746	66451	110	45	82290	71472	87326
小计	71950673	123823	119211	116620	116712	114199	8851056	8434463	7286221	7018547	868468	831032	4543	878	691824	584006	1773493
督导自查收入							10305106	10235365	9752923	9677322	552183	558043					

2015 年全国税务稽查机构查处税收违法案件情况统计表（3）

单位：户、万元

按违法性质统计	户次	查补总额					按税种统计	查补税款	入库税款	案件统计分析资料	户数	查补税款	入库税款	查补总额	入库总额
		查补税款	滞纳金	没收违法所得	罚款	合计									
	18	19	20	21	22	23		24	25		26	27	28	29	30
合计	127150	17039144	1420651			19156162	合计	17039144	16695869	合计		17039144	16695869	19156162	18669828
偷税	31948	747114	174276	159	286005	1207554	增值税	989224	899304	100 万元以下	110081	1833355	2124316	2569144	2792168
逃避追缴欠税	1096	23161	4872		3049	31082	消费税	112050	110097	100 万～500 万元以下	4987	1055676	949660	1316540	1197864
骗取出口退税	59	25060	23		6356	31439	营业税	668787	637266	500 万～1000 万元以下	697	472937	435186	574417	512359
抗税							企业所得税	3703276	3568072	1000 万～5000 万元以下	737	1397913	1204133	1673223	1397304
编造虚假计税依据	1673				1931	1931	个人所得税	320694	304499	5000 万～1 亿元以下	73	527555	489461	565480	541749
不进行纳税申报	17285	945362	118781		147591	1211734	土地增值税	544678	465508	1 亿元以上	45	1998785	1815791	2152252	1993019
发票违法	16969	187612	40807	4081	33942	266442	其他	947512	1033801	小计	116620	7286221	7018547	8851056	8434463
其他	58120	5357912	529709	303	212950	6100874	小计	7286221	7018547	督导自查收入		9752923	9677322	10305106	10235365
小计	127150	7286221	868468	4543	691824	8851056	督导自查收入	9752923	9677322	以前年度预缴本年结案	户次	金额	本年预缴	户次	金额
督导自查收入		9752923	552183			10305106					979	207784		2039	1080537
其他稽查成果统计	户数	税款	金额	立案查处情况	件数	上报总局大要案统计	合计	偷税	逃避追缴欠税	骗取出口退税	抗税	虚开增值税发票	其他	备注	
调减留抵税额	1904	103531		上期移案	21296	户数(次)	585	262	3	10		140	192		
不予免、抵、退税	187	95087		本期立案	123823	金额	12768744	182223	1083	24286		12347618	213534		
调增应纳税所得额	7733		2500154	本期结案	116712										
其中：弥补亏损	4011		778895	本期存案	28407										

2015 年国家税务局稽查机构查处税收违法案件情况统计表（1）

单位：户、万元

按行业统计	税务登记总数	立案检查户数	审结户数	有问题户数	结案户数	有问题户数	查补入库情况										
							总额		税款		滞纳金		没收非法所得		罚款		以前年度查补入库
							查补	入库	查补	入库	查补	入库	查补	入库	查补	入库	
	1	2	3	4	5	6	7	8	9	10	11	12	13	14	15	16	17
合计							10183017	9943503	9110616	8918488	784449	795775					
一、采矿业	114630	1438	1415	1402	1410	1396	146374	144209	110750	109522	24768	24779			10856	9908	13305
二、制造业	4682865	26983	25636	25230	25157	24802	945873	891895	714274	670934	120543	124192	339	140	110717	96629	119712
其中：1. 烟草制品业	890	29	29	27	27	27	13595	13596	9183	9184	2870	2870			1542	1542	154
2. 石油加工、炼焦和核燃料加工	10156	228	232	228	229	223	125151	124466	104376	103746	18408	18380			2367	2340	10689
3. 化工原料和化工制品制造业	177628	1763	1727	1707	1730	1708	67367	65290	52078	50620	8925	8744	5	5	6359	5921	11286
4. 汽车制造业	73075	769	733	721	712	704	51090	50009	44623	43644	4376	4275			2091	2090	4789
5. 电器机械和器材制造业	219967	2078	1993	1963	1968	1938	60274	59464	46447	46833	5650	6086			8177	6545	7397
6. 计算机、通信和其他电子设备制造业	164676	937	915	889	823	796	30157	28760	22748	21633	3672	3843			3737	3284	4454
三、电力、热力、燃气及水生产和供应业	98119	1526	1430	1411	1451	1432	170334	165223	139998	136035	21872	23114			8464	6074	7813
四、建筑业	418942	1492	1589	1564	1575	1538	78029	74909	62301	59302	10327	10029	1	1	5400	5577	10197

2015 年国家税务局稽查机构查处税收违法案件情况统计表（2）

单位：户、万元

按行业统计	税务登记总数	立案检查户数	审结户数	有问题户数	结案户数	有问题户数	查补入库情况										
							总额		税款		滞纳金		没收非法所得		罚款		以前年度查补入库
							查补	入库	查补	入库	查补	入库	查补	入库	查补	入库	
	1	2	3	4	5	6	7	8	9	10	11	12	13	14	15	16	17
五、批发和零售业	21797167	25952	24465	24008	23902	23463	981637	878067	730200	661161	154663	155955	3695	377	93079	60574	293286
六、交通运输、仓储和邮政业	1223928	2512	2469	2396	2442	2363	52930	57533	38944	43969	7436	7636	90	88	6460	5840	8799
七、住宿和餐饮业	230177	114	121	119	118	114	2526	2028	1790	1417	448	368	6	6	282	237	834
八、信息传输、软件和信息技术服务业	538190	686	608	578	591	570	96672	91700	91184	87627	3179	2450	9	9	2300	1614	1892
九、金融业	188289	905	873	853	895	872	1449020	1448128	1405129	1401156	37396	40715			6495	6257	537235
十、房地产业	205653	2394	2279	2228	2310	2268	778748	761210	687536	669194	77263	78567	37	37	13912	13412	125278
十一、租赁和商务服务业	2371725	1594	1439	1369	1388	1343	60068	56686	45598	43897	7150	6964	9	9	7311	5816	14693
十二、文化、体育和娱乐业	101730	204	188	184	186	182	2262	2274	1708	1721	370	372			184	181	529
十三、其他	4101212	6972	6533	6398	6420	6276	198533	184384	155763	144064	24464	23866	84	20	18222	16434	24352
小计	36072627	72772	69045	67740	67845	66619	4963006	4758246	4185175	4029999	489879	499007	4270	687	283682	228553	1157925
督导自查收入							5220011	5185257	4925441	4888489	294570	296768					

2015年国家税务局稽查机构查处税收违法案件情况统计表（3）

单位：户、万元

按违法性质统计	户次	查补总额					按税种统计	查补税款	入库税款	案件统计分析资料	户数	查补税款	入库税款	查补总额	入库总额
		查补税款	滞纳金	没收违法所得	罚款	合计									
	18	19	20	21	22	23		24	25		26	27	28	29	30
合计	72623	9110616	784449			10183017	合计	9110616	8918488	合计		9110616	8918488	10183017	9943503
偷税	25118	385171	114045	157	185564	684937	增值税	989224	899304	100万元以下	64484	984671	1091005	1377460	1400775
逃避追缴欠税	796	16935	3481		1482	21898	消费税	112050	110097	100万~500万元以下	2545	540581	478471	667442	610008
骗取出口退税	59	25060	23		6356	31439	营业税	10923	12871	500万~1000万元以下	317	213888	195324	259121	230515
抗税							企业所得税	3036199	2964780	1000万~5000万元以下	338	640905	564301	774648	674667
编造虚假计税依据	1411				985	985	个人所得税	12315	14273	5000万~1亿元以下	34	255695	234190	268032	265399
不进行纳税申报	2292	42874	6849		9655	59378	土地增值税	10418	16088	1亿元以上	22	1549435	1466708	1616303	1576882
发票违法	10069	135451	32690	3849	21377	193367	其他	14046	12586	小计	67740	4185175	4029999	4963006	4758246
其他	32878	3579684	332791	264	58263	3971002	小计	4185175	4029999	督导自查收入		4925441	4888489	5220011	5185257
小计	72623	4185175	489879	4270	283682	4963006	督导自查收入	4925441	4888489	以前年度预缴	户次	金额	本年	户次	金额
督导自查收入		4925441	294570			5220011				本年结案	756	169047	预缴	1799	964187

其他稽查成果统计	户数	税款	金额	立案查处情况	件数	上报总局大要案统计	合计	偷税	逃避追缴欠税	骗取出口退税	抗税	虚开增值税发票	其他	备注
调减留抵税额	1904	103531		上期移案	13042	户数(次)	314	117		10		140	68	
不予免、抵、退税	187	95087		本期立案	72772	金额	12546109	117331	360	24286		12347618	56514	
调增应纳税所得额	5564		1527585	本期结案	67845									
其中：弥补亏损	3574		680516	本期存案	17969									

2015 年地方税务局稽查机构查处税收违法案件情况统计表（1）

单位：户、万元

按行业统计	税务登记总数	立案检查户数	审结户数	有问题户数	结案户数	有问题户数	查补入库情况										
							总额		税款		滞纳金		没收非法所得		罚款		以前年度查补入库
							查补	入库	查补	入库	查补	入库	查补	入库	查补	入库	
	1	2	3	4	5	6	7	8	9	10	11	12	13	14	15	16	17
合计							8973145	8726325	7928528	7777381	636202	593300					
一、采矿业	115458	870	878	862	872	856	80569	79156	53505	53444	10509	9670			16555	16042	5801
二、制造业	3826946	8165	8185	8007	7919	7795	232303	241475	181626	186925	18993	23140			31684	31410	39810
其中：1. 烟草制品业	3420	26	31	31	31	31	53994	53994	53333	53333	342	342			319	319	451
2. 石油加工、炼焦和核燃料加工	37921	107	107	104	101	99	8557	7646	6453	5549	977	968			1127	1129	642
3. 化工原料和化工制品制造业	148245	855	842	823	816	796	30530	40644	23270	28892	3493	8019			3767	3733	11722
4. 汽车制造业	71809	214	199	197	198	196	3334	3272	2448	2415	396	397			490	460	249
5. 电器机械和器材制造业	226879	1155	1122	1095	1107	1087	22454	22811	17269	17608	1613	1621			3572	3582	4021
6. 计算机、通信和其他电子设备制造业	214741	284	275	268	266	253	7679	8256	5477	5836	1001	1038			1201	1382	1265
三、电力、热力、燃气及水生产和供应业	124067	1415	1403	1362	1399	1353	71086	70435	53624	53120	6850	7169			10612	10146	13321
四、建筑业	2144057	6566	6510	6402	6330	6213	379097	361227	305893	294759	37949	33579	81	81	35174	32808	44906

2015年地方税务局稽查机构查处税收违法案件情况统计表（2）

单位：户、万元

按行业统计	税务登记总数	立案检查户数	审结户数	有问题户数	结案户数	有问题户数	查补入库情况										
							总额		税款		滞纳金		没收非法所得		罚款		以前年度查补入库
							查补	入库	查补	入库	查补	入库	查补	入库	查补	入库	
	1	2	3	4	5	6	7	8	9	10	11	12	13	14	15	16	17
五、批发和零售业	15603690	3863	3603	3524	3536	3464	61610	58642	42895	40753	6710	6186	17	17	11988	11686	8000
六、交通运输、仓储和邮政业	1050668	1033	1027	984	1023	980	41798	36828	28978	25505	4525	3956			8295	7367	2984
七、住宿和餐饮业	2608834	2332	2291	2238	2237	2177	31607	27373	21166	18443	4519	3914			5922	5016	5148
八、信息传输、软件和信息技术服务业	565200	515	465	436	450	423	14006	14008	10431	10432	1843	1913			1732	1663	1470
九、金融业	385577	2674	2595	2479	2518	2389	296329	288969	251165	246417	17386	17238			27778	25314	13947
十、房地产业	825391	11446	11101	10932	10789	10559	2005422	1896967	1662168	1625671	170141	132226	14	14	173099	139056	396889
十一、租赁和商务服务业	2349495	2921	2859	2737	2756	2633	199822	191668	129933	126346	51153	48199	134	53	18602	17070	16220
十二、文化、体育和娱乐业	394822	588	584	553	574	547	18543	16740	13180	11652	2729	2250	1	1	2633	2837	4098
十三、其他	5883841	8663	8665	8364	8464	8191	455858	392729	346482	295081	45282	42585	26	25	64068	55038	62974
小计	35878046	51051	50166	48880	48867	47580	3888050	3676217	3101046	2988548	378589	332025	273	191	408142	355453	615568
督导自查收入							5085095	5050108	4827482	4788833	257613	261275					

2015 年地方税务局稽查机构查处税收违法案件情况统计表（3）

单位：户、万元

按违法性质统计	户次	查补总额					按税种统计	查补税款	入库税款	案件统计分析资料	户数	查补税款	入库税款	查补总额	入库总额
		查补税款	滞纳金	没收违法所得	罚款	合计									
	18	19	20	21	22	23		24	25		26	27	28	29	30
合计	54527	7928528	636202			8973145	合计	7928528	7777381	合计		7928528	7777381	8973145	8726325
偷税	6830	361943	60231	2	100441	522617	增值税			100 万元以下	45597	848684	1033311	1191684	1391393
逃避追缴欠税	300	6226	1391		1567	9184	消费税			100 万～500 万元以下	2442	515095	471189	649098	587856
骗取出口退税							营业税	657864	624395	500 万～1000 万元以下	380	259049	239862	315296	281844
抗税							企业所得税	667077	603292	1000 万～5000 万元以下	399	757008	639832	898575	722637
编造虚假计税依据	262				946	946	个人所得税	308379	290226	5000 万～1 亿元以下	39	271860	255271	297448	276350
不进行纳税申报	14993	902488	111932		137936	1152356	土地增值税	534260	449420	1 亿元以上	23	449350	349083	535949	416137
发票违法	6900	52161	8117	232	12565	73075	其他	933466	1021215	小计	48880	3101046	2988548	3888050	3676217
其他	25242	1778228	196918	39	154687	2129872	小计	3101046	2988548	督导自查收入		4827482	4788833	5085095	5050108
小计	54527	3101046	378589	273	408142	3888050	督导自查收入	4827482	4788833	以前年度预缴	户次	金额	本年	户次	金额
督导自查收入		4827482	257613			5085095				本年结案	223	38737	预缴	240	116350
其他稽查成果统计	户数	税款	金额	立案查处情况	件数	上报总局大要案统计	合计	偷税	逃避追缴欠税	骗取出口退税	抗税	虚开增值税发票	其他	备注	
调减留抵税额				上期移案	8254	户数(次)	271	145	3				124		
不予免、抵、退税				本期立案	51051	金额	222635	64892	723				157020		
调增应纳税所得额	2169		972569	本期结案	48867										
其中：弥补亏损	437		98379	本期存案	10438										

2015 年全国税务稽查机构行政强制及移送司法机关案件情况统计表

单位：户、万元

税收保全			强制执行			其他措施					行政救济	
项目	户数	金额	项目	户数	金额	项目	户数	人数	金额	税款	项目	件数
	1	2		3	4		5	6	7	8		9
合计	606	170998	合计	457	159582	合计	1895	296	125959	298209	纳税人提请听证	265
冻结存款	512	129348	扣缴税收款项	439	150694	责成提供纳税担保	54		92496		受理行政复议	88
扣押查封财产	102	44481	依法拍卖或变卖	18	8888	阻止出境	310	296		81143	其中：决定撤销或变更	23
						提请人民法院强制执行	92		33463		纳税人提起诉讼	68
						行使代位权、撤销权	2			4344	其中：判决撤销或变更	3
						暂停出口退税	591			213914	国家赔偿	
						收缴或停售发票	860				国家赔偿金额（元）	

移送司法统计		本期移送公安机关处理案件	公安机关不予立案退回案件	税务与公安机关联合办案		已判决案件	判决情况					
					公安机关提前介入		管制	拘役	有期徒刑	无期徒刑	罚金	没收财产
		10	11	12	13	14	15	16	17	18	19	20
移送司法机关案件	件数	3359	604	1771	969	355	6	36	304	7	390	19
	人数					528	9	44	464	11		
	金额										11670	482

2015 年国家税务局稽查机构行政强制及移送司法机关案件情况统计表

单位：户、万元

税收保全			强制执行			其他措施					行政救济	
项目	户数	金额	项目	户数	金额	项目	户数	人数	金额	税款	项目	件数
	1	2		3	4		5	6	7	8		9
合计	438	81369	合计	246	112273	合计	1665	199	53932	249888	纳税人提请听证	152
冻结存款	401	68613	扣缴税收款项	239	111729	责成提供纳税担保	37		26610		受理行政复议	64
扣押查封财产	45	15587	依法拍卖或变卖	7	544	阻止出境	213	199		32822	其中：决定撤销或变更	17
						提请人民法院强制执行	75		27322		纳税人提起诉讼	44
						行使代位权、撤销权	2			4344	其中：判决撤销或变更	3
						暂停出口退税	579			213914	国家赔偿	
						收缴或停售发票	773				国家赔偿金额（元）	

移送司法统计		本期移送公安机关处理案件	公安机关不予立案退回案件	税务与公安机关联合办案		已判决案件	判决情况					
					公安机关提前介入		管制	拘役	有期徒刑	无期徒刑	罚金	没收财产
		10	11	12	13	14	15	16	17	18	19	20
移送司法机关案件	件数	3166	565	1693	915	333	5	34	291	7	377	14
	人数					506	8	42	445	11		
	金额										11598	398

2015年地方税务局稽查机构行政强制及移送司法机关案件情况统计表

单位：户、万元

税收保全			强制执行			其他措施					行政救济	
项目	户数	金额	项目	户数	金额	项目	户数	人数	金额	税款	项目	件数
	1	2		3	4		5	6	7	8		9
合计	168	89629	合计	211	47309	合计	230	97	72027	48321	纳税人提请听证	113
冻结存款	111	60735	扣缴税收款项	200	38965	责成提供纳税担保	17		65886		受理行政复议	24
扣押查封财产	57	28894	依法拍卖或变卖	11	8344	阻止出境	97	97		48321	其中：决定撤销或变更	6
						提请人民法院强制执行	17		6141		纳税人提起诉讼	24
						行使代位权、撤销权					其中：判决撤销或变更	
						暂停出口退税	12				国家赔偿	
						收缴或停售发票	87				国家赔偿金额（元）	

移送司法统计		本期移送公安机关处理案件	公安机关不予立案退回案件	税务与公安机关联合办案		已判决案件	判决情况					
					公安机关提前介入		管制	拘役	有期徒刑	无期徒刑	罚金	没收财产
		10	11	12	13	14	15	16	17	18	19	20
移送司法机关案件	件数	193	39	78	54	22	1	2	13		13	5
	人数					22	1	2	19			
	金额										72	84

2015 年全国税收专项检查工作统计表

单位：户、万元

税收专项检查项目	税收专项检查子项目	检查户数	查补收入	查补入库	自查户数	自查收入	自查入库
指令性检查项目	出口退（免）税企业	5054	458606.24	98932.41	42802	121969.46	97137.76
	黄金交易企业	11395	261037.15	100358.71	10357	66800.58	52187.27
	资本交易	4108	255328.44	192322.81	8763	315744.46	298418.41
	小　计	20557	974971.83	391613.93	61922	504514.50	447743.44
指导性检查项目	房地产及建筑安装业	17950	1561867.83	1528159.37	52045	2209821.54	2093138.16
	高收入者个人所得税	1004	17974.70	17131.39	3982	37989.13	33323.57
	营利性教育培训机构	1184	23933.00	21881.33	3723	8300.55	7652.62
	小　计	20138	1603775.53	1567172.08	59750	2256111.22	2134114.35
各地自行开展检查项目		43639	1462198.22	1222574.54	97705	1855568.29	1790789.02
区域税收专项整治		11086	143251.19	115752.76	10393	98903.78	96106.70
所有项目	合　计	95420	4184196.76	3297113.31	229770	4715097.80	4468753.51

2015 年税务违法举报案件综合情况统计表

单位：件、万元

项目 / 类型	受理、查处、查结举报案件数		检查结果				执行情况							
	受理件数	查处件数	合计	税款金额	滞纳金金额	罚款金额	合计	入库税款		入库滞纳金		入库罚款		移送案件数
								金额	比例（%）	金额	比例（%）	金额	比例（%）	
列号	1	2	3	4	5	6	7	8	9	10	11	12	13	14
省　级	17204	1246	150841.37	115137.1	11638.891	24065.38	35766.82	25132.76	21.83	4313.2	37.06	6320.9	26.27	8
地（市）级	13615	11320	252213.06	198001.25	23003.44	31208.43	210602.61	167220.4	84.45	20232	87.95	23150	74.18	101
县　级	8923	7518	109653.7	75772.65	12066.64	21814.43	93420.81	65840.05	86.89	10594	87.79	16987	77.87	59
合　计	39742	20084	512708.21	388911	46708.959	77088.23	339790.24	258193.2	66.39	35139	75.23	46458	60.27	168

2015 年举报奖励基金管理情况统计表

单位：件、万元

项目名称	案件情况		应计奖案件税款入库情况			奖励基金发放情况
	查结举报案件数	应计奖案件总件数	合计	应计奖案件入库税款金额	应计奖案件入库罚款金额	本年度本级支付总额
列号	1	2	3	4	5	6
省　级	1337	50	3472.13	2855.46	616.67	3.09
地（市）级	11035	811	35447.51	32558.61	2888.9	118.04
县级	7712	430	15858.55	12053.31	3805.24	37.20
合计	20084	1291	54778.19	35414.08	7310.80	158.33

2015年税务违法举报案件举报人结构统计表

单位：件、万元

项目 名称	举报人结构						案发地		
	税务干部	被举报企业内部人员		被举报企业同行	其他	合计	中心城市（地（市）级以上）	县及县以下	合计
		总数	其中：直接责任人						
列号	1	2	3	4	5	6	7	8	9
受理数	32	2852	522	2129	34207	39742	28301	11441	39742
查结数	26	1854	278	1247	16679	20084	12240	7844	20084
滞补罚合计	458.77	105450.33	4815.61	13885.09	388098.41	512708.21	335614.72	177093.49	512708.21

2015年税务违法举报案件所有制情况统计表

单位：件、万元

所有制 案件	国有企业	集体企业	股份合作企业	联营企业	有限责任公司	股份有限公司	私营企业	港澳台商投资企业	外商投资企业	个体经营	其他企业	合计
列号	1	2	3	4	5	6	7	8	9	10	11	12
受理数	362	176	345	41	9969	850	4152	431	420	5998	16998	39742
查结数	289	146	270	35	7808	697	3462	337	341	4102	2597	20084
滞补罚合计	8529.74	4695.48	5712.19	177.02	296589.92	23734.95	50435.44	16565.4	14182.64	10435.44	81649.987	512708.21

2015年税务违法举报案件行业情况统计表

单位：件、万元

行业 案件	农林牧渔业	采掘业	制造业	电力、煤气及水的生产和供应业	建筑业	地质勘察业、水利管理业	交通运输、仓储及邮电通信业	批发和零售贸易、餐饮业	金融保险业	房地产业	社会服务业	卫生体育和社会福利业	教育、文化艺术及广播电影电视业	科学研究和综合技术服务业	国家机关、党政机关和社会团体	其他行业	合计
列号	1	2	3	4	5	6	7	8	9	10	11	12	13	14	15	16	17
受理数	87	172	3650	122	1075	19	793	8995	173	1894	3190	226	328	223	95	18700	39742
查结数	80	149	3372	104	796	13	664	6291	113	1326	2406	147	235	177	60	4151	20084
滞补罚合计	1133.9	5538	149131	3150.99	25204	81.5	3890.83	57674.5	4663.9	127452	20593	2362.24	11433.9	5572.65	682.53	94143.33	512708.21

2015年税务违法举报案件分税种情况统计表

单位：件

违法类型 分税种	偷税	逃税	骗税	抗税	避税	发票违法	违反税务管理规定	其他	合计
列号	1	2	3	4	5	6	7	8	9
增值税	2046	10	18		1	1897	139	585	4696
营业税	724	42	1		20	2840	494	897	5018
消费税	14						19	3	36
企业所得税	833	8			3	414	294	427	1979
个人所得税	322	65			7	171	343	346	1254
其他	360	79		1	12	2382	817	2295	5946
合计	4299	204	19	1	43	7704	2106	4553	18929

2015 年全国分省增值税抵扣凭证委托协查情况汇总表

金（税）额：万元

地区名称	委托发出情况					委托收到协查结果情况						委托查处情况						
	协查起数	委托方户次	发票份数	金额	税额	收到发票份数	协查问题类型：有疑问			协查问题类型：已确定虚开	选票准确率（%）	查补数			入库数			移交司法机关起数
							正常	有问题	无法核实	发票份数		税款	罚款	滞纳金	税款	罚款	滞纳金	
1	2	3	4	5	6	7	8	9	10	11	12	13	14	15	16	17	18	19
北京市国家税务局稽查局	997	1033	6814	138794.73	23081.46	7225	792	910	5365	158	57.42	714.27	115.27	16.68	707.70	65.27	16.68	
天津市国家税务局稽查局	2933	3126	66176	1042620.40	170836.60	65737	19523	16459	15563	14192	61.09	1870.60	50.42	64.18	1870.60	50.42	64.18	
河北省国家税务局稽查局	513	565	10055	193475.11	32740.11	9844	425	790	843	7786	95.28	464.83	9.06	56.29	463.09	9.06	56.29	1
山西省国家税务局稽查局	722	728	3576	125276.56	21071.24	3110	790	477	1658	185	45.59	194.21	36.94	0.54	166.38	36.94	0.54	1
内蒙古自治区国家税务局稽查局	434	435	5620	145889.85	24697.68	5539	1053	270	1713	2503	72.48	79.50		14.46	79.50		14.46	
辽宁省国家税务局稽查局	401	407	6474	141110.08	23940.12	6273	297	602	2456	2918	92.22	1129.30	40.00	22.20	1106.60	40.00	22.20	1
大连市国家税务局稽查局	607	608	6065	410167.97	69661.25	5823	204	214	2099	3306	94.52	12.73		0.02	12.73		0.02	
吉林省国家税务局稽查局	49	51	1638	20401.86	2893.39	1632	19	110	295	1208	98.58	59.57		6.17	59.57		6.17	
黑龙江省国家税务局稽查局	1229	1240	19889	721424.98	102579.55	15533	1116	383	4211	9823	90.14	30.67		1.03	30.67		1.03	
上海市国家税务局稽查局	685	1140	7998	88045.35	14589.76	7778	3262	856	2533	1127	37.81	1023.75	179.34	28.61	937.22	179.34	28.61	
江苏省国家税务局稽查局	5594	6132	78265	1772603.48	298563.28	68782	15083	12481	20255	20963	68.92	5148.05	547.65	104.19	4677.37	186.39	104.16	574
浙江省国家税务局稽查局	1712	2661	19594	254040.82	43120.90	18080	4188	4351	7099	2442	61.86	643.45	261.01	65.70	644.67	257.71	64.94	2
宁波市国家税务局稽查局	308	394	1282	9478.95	1608.04	1257	279	268	667	43	52.71	1770.00	484.58	111.76	1770.00	484.58	111.76	6
安徽省国家税务局稽查局	931	1020	8755	272938.30	46005.72	8891	945	2425	1905	3616	86.47	196.56	48.58	4.93	196.56	48.58	4.93	
福建省国家税务局稽查局	1109	1267	8146	111845.61	18627.82	8149	2229	701	2671	2548	59.31	1942.33	429.64	140.25	1562.70	381.08	140.25	13
厦门市国家税务局稽查局	656	660	4509	71031.67	12073.85	4538	1371	586	1344	1237	57.08	323.12	321.43	0.68	323.12	321.43	0.68	
江西省国家税务局稽查局	550	560	7677	204200.01	34560.53	7825	1650	632	2280	3263	70.24	361.17	211.50	32.23	317.04	151.50	32.23	15
山东省国家税务局稽查局	1610	1757	14209	245821.85	32483.25	17339	1984	2496	3671	9188	85.48	2132.25	366.17	299.07	2033.99	366.17	299.07	3

续表

地区名称	委托发出情况					委托收到协查结果情况						委托查处情况						
	协查起数	委托方户次	发票份数	金额	税额	收到发票份数	协查问题类型：有疑问			协查问题类型：已确定虚开	选票准确率（%）	查补数			入库数			移交司法机关起数
							正常	有问题	无法核实	发票份数		税款	罚款	滞纳金	税款	罚款	滞纳金	
1	2	3	4	5	6	7	8	9	10	11	12	13	14	15	16	17	18	19
青岛市国家税务局稽查局	47	51	661	7335.90	1170.09	662	35	14	15	598	94.59	15.09		0.82	15.09		0.82	
河南省国家税务局稽查局	713	713	8919	101803.54	15923.55	6274	161	217	349	5547	97.28	842.14	364.97	316.76	842.14	364.97	316.76	2
湖北省国家税务局稽查局	669	686	4877	61546.02	10186.86	5082	1309	825	1783	1165	60.32	294.27	81.35	9.22	308.05	81.35	9.22	31
湖南省国家税务局稽查局	523	532	5746	118749.30	20020.60	5671	645	190	1574	3262	84.26	45.81		4.05	45.81		4.05	
广东省国家税务局稽查局	6182	6356	63572	1380260.93	233397.19	56101	10259	6251	27134	12457	64.58	1267.51	78.94	58.04	1211.70	78.94	32.25	
深圳市国家税务局稽查局	952	992	14888	238586.66	36889.54	14592	704	608	4421	8859	93.08	221.31	52.91	18.60	204.12	52.91	21.12	1
广西壮族自治区国家税务局稽查局	550	565	10167	170643.37	28820.97	8836	424	368	711	7333	94.78	456.07	50.27	35.97	456.98	70.27	35.97	
海南省国家税务局稽查局	4329	4329	55331	3865382.70	657688.65	55228	625	6428	48165	10	91.15	27451.60	26399.48					2
重庆市国家税务局稽查局	557	563	7526	314906.25	52990.12	7212	286	312	1700	4914	94.81	5.64		0.06	5.64		0.06	
四川省国家税务局稽查局	696	784	8476	96206.82	16079.45	6871	1028	1022	3361	1460	70.71	396.95	13.14	9.89	351.98	13.14	9.89	6
贵州省国家税务局稽查局	256	274	9274	117091.14	19892.26	8978	328	150	1331	7169	95.71	513.29	72.07	10.93	386.43	31.34	10.93	
云南省国家税务局稽查局	304	310	17525	502161.53	80931.53	16001	496	324	3025	12156	96.18	125.98	11.01	23.44	88.43	11.01	23.44	1
西藏自治区国家税务局稽查局	32	38	5367	158455.73	26916.92	5297	412	1460	3425		77.99							
陕西省国家税务局稽查局	212	226	928	33468.85	5187.41	717	145	115	135	322	75.09	28.36	26.04	3.27	28.36	26.04	3.27	
甘肃省国家税务局稽查局	208	217	4014	42810.98	7233.46	3975	493	1895	1041	546	83.20	507.93	30.18	1.39	507.93	30.18	1.39	
青海省国家税务局稽查局	147	147	3028	42924.65	7297.19	2997	171	1018	894	914	91.87	874.68	854.50	5.35	49.65	19.47	5.35	2
宁夏回族自治区国家税务局稽查局	85	86	1743	21030.73	3432.21	1400	23	298	308	771	97.89	1317.91	1.00		1065.12	1.00	3.56	1
新疆维吾尔自治区国家税务局稽查局	734	797	12055	235241.50	39856.72	10134	482	97	756	8799	94.86	60.59	669.58	29.38	60.59	669.56	29.38	3
合　计	38236	41450	510839	13477774.18	2237049.27	479383	73236	66603	176756	162788	75.80	52521.49	31807.03	1496.16	22587.53	4028.65	1475.66	665

注：12 =（9 + 11）÷（8 + 9 + 11）=（9 + 11）÷（7 − 10）。

2015 年全国分省增值税抵扣凭证受托协查情况汇总表

金（税）额：万元

地区名称	受托收到情况					逾期已回发票份数	累计回复发票情况									受托查处情况						移交司法机关起数
	协查起数	受托方户次	发票份数	金额	税额		累计回复发票份数	协查问题类型：有疑问			协查问题类型：确定虚开			有问题发票占受托协查发票的比率（%）	累计按期回复率（%）	查补数			入库数			
								正常	有问题	无法核实	正常	有问题	无法核实			税款	罚款	滞纳金	税款	罚款	滞纳金	
1	2	3	4	5	6	7	8	9	10	11	12	13	14	15	16	17	18	19	20	21	22	23
北京市国家税务局稽查局	5113	5986	71296	3023555.45	495972.94		66016	1764	1430	45301	407	1399	15715	56.58	100.00	453.56	269.08	90.35	453.56	269.08	90.35	
天津市国家税务局稽查局	1859	3878	28492	774590.97	125182.68		28709	4462	5012	8897	756	5867	3715	67.58	100.00	603.94	23.24	42.47	587.20	23.24	42.47	
河北省国家税务局稽查局	1323	2189	24488	437631.48	73087.46		23723	5897	3652	2560	3	9933	1678	69.72	100.00	6647.88	231.66	343.10	6543.10	231.66	225.39	6
山西省国家税务局稽查局	467	570	10301	289760.94	49014.42		10413	3482	627	133	480	5464	227	60.59	100.00	5791.34	574.85	454.24	3876.58	454.85	454.24	5
内蒙古自治区国家税务局稽查局	397	488	5579	92041.15	15091.65		5311	1869	314	1986	114	889	139	37.76	100.00	2205.22	97.95	69.02	1084.00	97.95	69.02	2
辽宁省国家税务局稽查局	429	587	10927	145929.51	24397.14		10132	2393	1921	4755	194	671	198	50.05	100.00	2152.59	124.75	74.05	1923.37	124.75	74.40	3
大连市国家税务局稽查局	622	726	18885	1000394.56	169235.17		16248	457	648	11487	3	896	2757	77.05	100.00	364.34		8.88	357.57		8.88	
吉林省国家税务局稽查局	176	248	1746	28843.68	4282.87		1349	170	658	132	2	372	15	85.69	100.00	333.94	11.42	39.55	338.49	11.11	39.94	1
黑龙江省国家税务局稽查局	277	356	4213	111506.03	17235.26		3268	760	600	1022	81	261	544	50.59	100.00	151.57	4.25	3.17	60.46	4.25	3.17	
上海市国家税务局稽查局	3361	4589	36113	696273.44	117800.61		31987	6092	7996	8172	414	8850	463	72.14	100.00	10294.98	1472.15	765.09	10535.27	1455.49	737.57	4
江苏省国家税务局稽查局	5050	6381	42027	1025059.56	172933.68		41217	6038	7978	14937	30	10892	1342	75.67	100.00	6205.51	726.02	646.47	4230.33	613.02	512.30	86
浙江省国家税务局稽查局	1490	2349	13846	255312.38	42884.74		13312	2819	4378	2807	8	3042	258	72.41	100.00	4670.67	1737.95	487.48	4255.54	1634.70	448.49	14
宁波市国家税务局稽查局	319	416	3607	80130.62	13526.06		3725	737	448	684	233	1391	232	65.47	100.00	7121.84	744.37	261.63	7121.84	744.37	261.63	10
安徽省国家税务局稽查局	849	1069	10829	186736.14	29903.58		10323	1409	1213	1041	111	6225	324	83.03	100.00	13122.16	129.31	62.92	6007.52	129.31	54.66	2
福建省国家税务局稽查局	699	925	7292	106126.05	17871.31		6954	1451	906	1398	188	2090	921	64.64	100.00	6957.05	199.23	74.40	5000.35	93.24	62.77	3
厦门市国家税务局稽查局	725	836	8977	194847.04	33072.66		8934	745	192	3403	50	4146	398	84.51	100.00	1238.85		196.81	1238.85		196.81	
江西省国家税务局稽查局	858	1060	12750	413061.01	69725.77		11496	1333	3209	3146	46	2489	1273	80.51	100.00	3169.72	668.86	92.86	3124.87	495.87	92.86	7
山东省国家税务局稽查局	1546	2300	17767	395393.00	64888.44		16031	4423	3549	2561	382	3786	1330	60.42	100.00	4553.29	748.42	417.45	3434.97	715.78	438.44	12

续表

地区名称	受托收到情况					逾期已回发票份数	累计回复发票情况									受托查处情况						
	协查起数	受托方户次	发票份数	金额	税额		累计回复发票份数	协查问题类型：有疑问			协查问题类型：确定虚开			有问题发票占受托协查发票的比率（%）	累计按期回复率（%）	查补数			入库数			移交司法机关起数
								正常	有问题	无法核实	正常	有问题	无法核实			税款	罚款	滞纳金	税款	罚款	滞纳金	
1	2	3	4	5	6	7	8	9	10	11	12	13	14	15	16	17	18	19	20	21	22	23
青岛市国家税务局稽查局	322	484	2788	57663.92	9647.31		2886	441	817	914	81	548	85	72.34	100.00	241.71	101.88	64.43	241.71	101.88	64.43	2
河南省国家税务局稽查局	1128	1332	15251	287727.73	46837.86		13776	2185	1572	3853	145	4476	1545	72.19	100.00	1443.96	16.73	41.55	1310.06	16.73	41.55	2
湖北省国家税务局稽查局	719	837	8996	179357.89	28505.20		8411	1795	707	1767	86	2691	1365	64.37	100.00	1394.44	496.32	219.99	1435.72	531.94	223.89	22
湖南省国家税务局稽查局	638	729	9197	250265.65	41705.25		8297	904	599	4041	83	1926	744	71.90	100.00	76.30	15.66	16.54	76.30	15.66	16.54	4
广东省国家税务局稽查局	3894	5560	34691	648151.96	106490.83		32300	5840	3950	9762	170	10008	2570	69.90	100.00	10393.27	285.37	446.93	7561.43	260.86	444.71	
深圳市国家税务局稽查局	5299	6712	45908	1056028.55	177739.01		44853	11292	2072	24905	153	2210	4221	27.23	100.00	4557.34	62.13	31.03	1247.02	53.39	31.03	1
广西壮族自治区国家税务局稽查局	677	737	6827	213780.08	35807.67		6020	435	3152	840	42	1473	78	90.65	100.00	2143.81	806.39	223.37	2126.59	437.76	200.98	5
海南省国家税务局稽查局	191	237	2978	178416.17	30240.59		2869	116	267	2113	29	64	280	69.54	100.00	4.97		0.15	1.60		0.15	
重庆市国家税务局稽查局	287	333	2774	85036.37	14400.80		2760	765	463	365	92	871	204	60.89	100.00	294.08	51.55	7.14	283.98	41.45	5.67	13
四川省国家税务局稽查局	843	1053	13878	279516.57	46632.78		12533	1141	2054	4335	190	2695	2118	78.11	100.00	1005.84	26.92	33.19	1034.85	19.66	38.01	4
贵州省国家税务局稽查局	126	140	1048	22499.10	3787.42		1026	166	181	153	2	505	19	80.33	100.00	46.12	11.76	4.18	46.12	11.76	4.18	
云南省国家税务局稽查局	175	214	2179	52221.51	8635.99		2072	186	549	65	1	1270	1	90.68	100.00	1443.10	160.69	297.47	1248.61	24.32	238.96	18
西藏自治区国家税务局稽查局	30	32	1233	49659.04	8044.43		1171	40	731	2		3	395	94.83	100.00							
陕西省国家税务局稽查局	1067	1260	13058	386314.31	64494.80		12454	1080	694	6600	37	1264	2779	63.67	100.00	1164.17	347.02	136.13	1162.07	347.02	136.13	1
甘肃省国家税务局稽查局	208	236	3371	56051.24	9175.30		2664	74	178	529	48	1759	76	94.07	100.00	744.34	285.68	59.32	744.34	285.68	59.32	1
青海省国家税务局稽查局	93	110	1626	29298.69	4929.64		1708	22	1001			685		98.71	100.00	488.42	19.78	23.53	488.42	19.78	23.53	
宁夏回族自治区国家税务局稽查局	356	408	3906	154085.81	25778.72		3850	185	1162	1720	57	508	218	87.34	100.00	732.23	240.78	70.95	610.13	118.68	70.95	
新疆维吾尔自治区国家税务局稽查局	716	822	10177	225206.38	37395.38		9299	155	1455	115	110	6643	821	96.83	100.00	428.04	37.45	2.36	161.76	27.45	2.36	1
合　计	42329	56189	509021	13468473.98	2236355.42		478097	73123	66335	176501	4828	108262	49048	69.13	100.00	102640.59	10729.62	5808.20	79954.58	9412.69	5415.78	229

注：15 = （10 + 13） ÷ （8 − 11 − 14） = （10 + 13） ÷ （9 + 10 + 12 + 13）；16 = 8 ÷ （7 + 8）。

2015 年全国分省增值税抵扣凭证受托协查回复质量情况分析表

地区名称	累计回复发票份数	协查问题类型：有疑问						协查问题类型：确定虚开						正常发票占累计回复发票的比率（%）	有问题发票占受托协查发票的比率（%）	无法核实发票占累计回复发票的比率（%）
		正常	占比（%）	有问题	占比（%）	无法核实	占比（%）	正常	占比（%）	有问题	占比（%）	无法核实	占比（%）			
1	2	3	4	5	6	7	8	9	10	11	12	13	14	15	16	17
北京市国家税务局稽查局	66016	1764	3. 64	1430	44. 77	45301	93. 41	407	2. 32	1399	77. 46	15715	89. 69	3. 29	56. 58	92. 43
天津市国家税务局稽查局	28709	4462	24. 29	5012	52. 90	8897	48. 43	756	7. 31	5867	88. 59	3715	35. 94	18. 18	67. 58	43. 93
河北省国家税务局稽查局	23723	5897	48. 70	3652	38. 24	2560	21. 14	3	0. 03	9933	99. 97	1678	14. 45	24. 87	69. 72	17. 86
山西省国家税务局稽查局	10413	3482	82. 08	627	15. 26	133	3. 14	480	7. 78	5464	91. 92	227	3. 68	38. 05	60. 59	3. 46
内蒙古自治区国家税务局稽查局	5311	1869	44. 83	314	14. 38	1986	47. 64	114	9. 98	889	88. 63	139	12. 17	37. 34	37. 76	40. 01
辽宁省国家税务局稽查局	10132	2393	26. 39	1921	44. 53	4755	52. 43	194	18. 25	671	77. 57	198	18. 63	25. 53	50. 05	48. 88
大连市国家税务局稽查局	16248	457	3. 63	648	58. 64	11487	91. 22	3	0. 08	896	99. 67	2757	75. 41	2. 83	77. 05	87. 67
吉林省国家税务局稽查局	1349	170	17. 71	658	79. 47	132	13. 75	2	0. 51	372	99. 47	15	3. 86	12. 75	85. 69	10. 90
黑龙江省国家税务局稽查局	3268	760	31. 91	600	44. 12	1022	42. 91	81	9. 14	261	76. 32	544	61. 40	25. 73	50. 59	47. 92
上海市国家税务局稽查局	31987	6092	27. 37	7996	56. 76	8172	36. 71	414	4. 26	8850	95. 53	463	4. 76	20. 34	72. 14	27. 00
江苏省国家税务局稽查局	41217	6038	20. 85	7978	56. 92	14937	51. 59	30	0. 24	10892	99. 73	1342	10. 94	14. 72	75. 67	39. 50
浙江省国家税务局稽查局	13312	2819	28. 18	4378	60. 83	2807	28. 06	8	0. 24	3042	99. 74	258	7. 80	21. 24	72. 41	23. 02
宁波市国家税务局稽查局	3725	737	39. 43	448	37. 81	684	36. 60	233	12. 55	1391	85. 65	232	12. 50	26. 04	65. 47	24. 59
安徽省国家税务局稽查局	10323	1409	38. 47	1213	46. 26	1041	28. 42	111	1. 67	6225	98. 25	324	4. 86	14. 72	83. 03	13. 22
福建省国家税务局稽查局	6954	1451	38. 64	906	38. 44	1398	37. 23	188	5. 88	2090	91. 75	921	28. 79	23. 57	64. 64	33. 35
厦门市国家税务局稽查局	8934	745	17. 17	192	20. 49	3403	78. 41	50	1. 09	4146	98. 81	398	8. 66	8. 90	84. 51	42. 55
江西省国家税务局稽查局	11496	1333	17. 34	3209	70. 65	3146	40. 92	46	1. 21	2489	98. 19	1273	33. 43	12. 00	80. 51	38. 44

续表

地区名称	累计回复发票份数	协查问题类型：有疑问						协查问题类型：确定虚开						正常发票占累计回复发票的比率（%）	有问题发票占受托协查发票的比率（%）	无法核实发票占累计回复发票的比率（%）
		正常	占比（%）	有问题	占比（%）	无法核实	占比（%）	正常	占比（%）	有问题	占比（%）	无法核实	占比（%）			
1	2	3	4	5	6	7	8	9	10	11	12	13	14	15	16	17
山东省国家税务局稽查局	16031	4423	41.99	3549	44.52	2561	24.31	382	6.95	3786	90.83	1330	24.19	29.97	60.42	24.27
青岛市国家税务局稽查局	2886	441	20.30	817	64.94	914	42.08	81	11.34	548	87.12	85	11.90	18.09	72.34	34.62
河南省国家税务局稽查局	13776	2185	28.71	1572	41.84	3853	50.63	145	2.35	4476	96.86	1545	25.06	16.91	72.19	39.18
湖北省国家税务局稽查局	8411	1795	42.05	707	28.26	1767	41.39	86	2.08	2691	96.90	1365	32.96	22.36	64.37	37.24
湖南省国家税务局稽查局	8297	904	16.31	599	39.85	4041	72.89	83	3.01	1926	95.87	744	27.03	11.90	71.90	57.67
广东省国家税务局稽查局	32300	5840	29.87	3950	40.35	9762	49.93	170	1.33	10008	98.33	2570	20.16	18.61	69.90	38.18
深圳市国家税务局稽查局	44853	11292	29.51	2072	15.50	24905	65.08	153	2.32	2210	93.53	4221	64.11	25.52	27.23	64.94
广西壮族自治区国家税务局稽查局	6020	435	9.83	3152	87.87	840	18.97	42	2.64	1473	97.23	78	4.90	7.92	90.65	15.25
海南省国家税务局稽查局	2869	116	4.65	267	69.71	2113	84.66	29	7.77	64	68.82	280	75.07	5.05	69.54	83.41
重庆市国家税务局稽查局	2760	765	48.02	463	37.70	365	22.91	92	7.88	871	90.45	204	17.48	31.05	60.89	20.62
四川省国家税务局稽查局	12533	1141	15.15	2054	64.29	4335	57.57	190	3.80	2695	93.41	2118	42.33	10.62	78.11	51.49
贵州省国家税务局稽查局	1026	166	33.20	181	52.16	153	30.60	2	0.38	505	99.61	19	3.61	16.37	80.33	16.76
云南省国家税务局稽查局	2072	186	23.25	549	74.69	65	8.13	1	0.08	1270	99.92	1	0.08	9.03	90.68	3.19
西藏自治区国家税务局稽查局	1171	40	5.17	731	94.81	2	0.26			3	100.00	395	99.25	3.42	94.83	33.90
陕西省国家税务局稽查局	12454	1080	12.90	694	39.12	6600	78.82	37	0.91	1264	97.16	2779	68.11	8.97	63.67	75.31
甘肃省国家税务局稽查局	2664	74	9.48	178	70.63	529	67.73	48	2.55	1759	97.34	76	4.04	4.58	94.07	22.71
青海省国家税务局稽查局	1708	22	2.15	1001	97.85					685	100.00			1.29	98.71	
宁夏回族自治区国家税务局稽查局	3850	185	6.03	1162	86.27	1720	56.08	57	7.28	508	89.91	218	27.84	6.29	87.34	50.34
新疆维吾尔自治区国家税务局稽查局	9299	155	8.99	1455	90.37	115	6.67	110	1.45	6643	98.37	821	10.84	2.85	96.83	10.07
合　计	478097	73123	23.14	66335	47.57	176501	55.86	4828	2.98	108262	95.73	49048	30.25	16.30	69.13	47.18

注：4 = 3 ÷ （3 + 5 + 7）；6 = 5 ÷ （3 + 5）；8 = 7 ÷ （3 + 5 + 7）；10 = 9 ÷ （9 + 11 + 13）；12 = 11 ÷ （9 + 11）；14 = 13 ÷ （9 + 11 + 13）；15 = （3 + 9） ÷ 2；16 = （5 + 11） ÷ （3 + 5 + 9 + 11）；17 = （7 + 13） ÷ 2。

2014—2015 年全国分省增值税抵扣凭证受托协查回复质量情况比较表

年份	累计回复发票份数	协查问题类型：有疑问						协查问题类型：确定虚开						正常发票占累计回复发票的比率（%）	有问题发票占受托协查发票的比率（%）	无法核实发票占累计回复发票的比率（%）
		正常	占比（%）	有问题	占比（%）	无法核实	占比（%）	正常	占比（%）	有问题	占比（%）	无法核实	占比（%）			
1	2	3	4	5	6	7	8	9	10	11	12	13	14	15	16	17
2014 年	355670	68182	37.17	54041	44.22	61232	33.38	10705	6.22	125312	92.13	36198	21.02	22.18	69.45	27.39
2015 年	478097	73123	23.14	66335	47.57	176501	55.86	4828	2.98	108262	95.73	49048	30.25	16.30	69.13	47.18
增减	122427	4941	-14.02	12294	3.35	115269	22.48	-5877	-3.24	-17050	3.60	12850	9.23	-5.88	-0.32	19.78
增幅（%）	34.42	7.25	-37.73	22.75	7.58	188.25	67.37	-54.90	-52.10	-13.61	3.91	35.50	43.92	-26.49	-0.46	72.22

2015年全国分省增值税抵扣凭证分捡质量情况统计表

地区名称	统计期内待分捡发票份数	逾期未分捡发票份数	累计分捡发票份数	累计分捡率（%）	逾期已分捡发票份数	累计按期分捡发票份数	累计按期分捡率（%）
1	2	3	4	5	6	7	8
北京国税局稽查局	97		85	100.00		85	100.00
天津国税局稽查局	22		22	100.00		22	100.00
河北国税局稽查局	658		658	100.00		658	100.00
山西省国税局稽查局	12087		7738	100.00	367	7371	95.26
内蒙古国税局稽查局	89		83	100.00	2	81	97.59
辽宁国税局稽查局	1106		1104	100.00		1104	100.00
大连国税局稽查局							
吉林省国税局稽查局	159		38	100.00		38	100.00
黑龙江国税局稽查局	249		180	100.00	10	170	94.44
上海国税局稽查局	24		24	100.00	1	23	95.83
江苏国税局稽查局	15619		15152	100.00		15152	100.00
浙江国税局稽查局	184		184	100.00		184	100.00
宁波国税局稽查局	7		7	100.00		7	100.00
安徽国税局稽查局	8181		7995	100.00	14	7981	99.82
福建国税局稽查局	1151		1144	100.00	9	1135	99.21
厦门国税局稽查局	848		728	100.00		728	100.00
江西国税局稽查局	1699		1694	100.00	1	1693	99.94
山东省国税局稽查局	51		45	100.00		45	100.00
青岛国税局稽查局	8		8	100.00		8	100.00
河南国税局稽查局	75		75	100.00	6	69	92.00
湖北国税局稽查局	178		150	100.00	29	121	80.67
湖南国税局稽查局	8885		7359	100.00	213	7146	97.11
广东国税局稽查局	2729		2698	100.00	35	2663	98.70
深圳国税局稽查局	255		255	100.00		255	100.00
广西国税局稽查局	11039		10955	100.00	103	10852	99.06
海南国税局稽查局	6069		5759	100.00	91	5668	98.42
重庆国税局稽查局	6		6	100.00		6	100.00
四川国税局稽查局	1905		1842	100.00	77	1765	95.82
贵州国税局稽查局	9		9	100.00		9	100.00
云南国税局稽查局	194		194	100.00		194	100.00
西藏国税局稽查局	1808		1185	100.00	626	559	47.17
陕西国税局稽查局	574		547	100.00	25	522	95.43
甘肃国税局稽查局	48		38	100.00		38	100.00
青海国税局稽查局							
宁夏国税局稽查局	80		76	100.00		76	100.00
新疆国税局稽查局	259		245	100.00		245	100.00
合　计	76352		68282	100.00	1609	66673	97.64

2015 年全国税务稽查机构人员、装备情况统计表

单位：人

机构人员统计	税务机关（个）	税务机关人员	税务稽查机构（个）	税务稽查人员			政治面貌			文化结构				专业资格					年龄结构		
				合计	男	女	党、团员	民主党派	群众	博士研究生	硕士研究生	大学本科	专科及以下	注册会计师	注册税务师	法律职业资格	资产评估师	计算机高级程序员及以上	35 岁以下	35～45 岁	45 岁以上
	1	2	3	4	5	6	7	8	9	10	11	12	13	14	15	16	17	18	19	20	21
合 计	8251	727581	5191	80154	52918	27236	61787	767	17600	41	3676	56503	19935	971	4917	585	49	105	10251	25714	44189
省（自治区、直辖市、计划单列市）	70	22446	122	5110	3036	2074	3925	74	1111	16	770	3660	664	162	502	114	15	3	1140	1658	2312
市（地）	1096	203190	960	34809	21348	13461	26892	469	7448	18	2135	26414	6242	465	2529	263	21	30	4947	12210	17652
县（市、区）	7085	501945	4109	40235	28534	11701	30970	224	9041	7	771	26428	13029	344	1886	208	13	72	4164	11846	24225

队伍建设项目	税务稽查机构主要装备配置情况					领军人才		专业人才库		业务培训			奖励		惩戒（人次）	备 注
	交通工具（辆）	办公设备（件）	计算机（台）	业务软件（套）		总局	省级	总局	省级	培训班次	培训人次	境外培训人次	集体	个人（人次）		
				研发	外购											
	22	23	24	25	26	27	28	29	30	31	32	33	34	35	36	
合 计	7719	173075	116935	92	7115	41	284	325	3351	11380	204080	380	215	816	7	
省（自治区、直辖市、计划单列市）	676	16766	10484	27	1824	22	73	121	358	1280	31152	20	41	120	1	
市（地）	4156	89598	58224	48	3462	14	160	173	1986	4468	122333	247	133	483	6	
县（市、区）	2887	66711	48227	17	1829	5	51	31	1007	5632	50595	113	41	213		

2015年国家税务局稽查机构人员、装备情况统计表

单位：人

机构人员统计	税务机关（个）	税务机关人员	税务稽查机构（个）	税务稽查人员			政治面貌			文化结构				专业资格					年龄结构		
				合计	男	女	党、团员	民主党派	群众	博士研究生	硕士研究生	大学本科	专科及以下	注册会计师	注册税务师	法律职业资格	资产评估师	计算机高级程序员及以上	35岁以下	35～45岁	45岁以上
	1	2	3	4	5	6	7	8	9	10	11	12	13	14	15	16	17	18	19	20	21
合　计	3634	388495	2690	43262	28747	14515	32709	385	10168	20	1797	29263	12183	445	2289	332	25	51	5130	12309	25823
省（自治区、直辖市、计划单列市）	36	11874	65	2713	1548	1165	1999	44	670	9	400	1966	338	95	301	75	10	3	659	790	1264
市（地）	490	106548	531	19168	11849	7319	14528	231	4409	6	1011	14121	4030	194	1208	144	6	12	2524	6126	10518
县（市、区）	3108	270073	2094	21381	15350	6031	16182	110	5089	5	386	13175	7815	156	780	113	9	36	1947	5393	14041

队伍建设项目	税务稽查机构主要装备配置情况					领军人才		专业人才库		业务培训			奖励		惩戒（人次）	备　注
	交通工具（辆）	办公设备（件）		业务软件（套）		总局	省级	总局	省级	培训班次	培训人次		集体	个人（人次）		
			计算机（台）	研发	外购							境外培训人次				
	22	23	24	25	26	27	28	29	30	31	32	33	34	35	36	
合　计	3879	88013	59131	48	3571	24	197	183	1865	6090	104636	100	119	388	4	
省（自治区、直辖市、计划单列市）	348	8182	5187	19	852	16	29	76	229	623	15727	1	30	63		
市（地）	2104	46510	29998	25	1858	4	128	95	1092	2407	64316	2	67	232	4	
县（市、区）	1427	33321	23946	4	861	4	40	12	544	3060	24593	97	22	93		

2015 年地方税务局稽查机构人员、装备情况统计表

单位：人

机构人员统计	税务机关（个）	税务机关人员	税务稽查机构（个）	税务稽查人员			政治面貌			文化结构				专业资格					年龄结构		
				合计	男	女	党、团员	民主党派	群众	博士研究生	硕士研究生	大学本科	专科及以下	注册会计师	注册税务师	法律职业资格	资产评估师	计算机高级程序员及以上	35 岁以下	35～45 岁	45 岁以上
	1	2	3	4	5	6	7	8	9	10	11	12	13	14	15	16	17	18	19	20	21
合　计	4617	339086	2501	36892	24171	12721	29078	382	7432	21	1879	27240	7752	526	2628	253	24	54	5121	13405	18366
省（自治区、直辖市、计划单列市）	34	10572	57	2397	1488	909	1926	30	441	7	370	1694	326	67	201	39	5		481	868	1048
市（地）	606	96642	429	15641	9499	6142	12364	238	3039	12	1124	12293	2212	271	1321	119	15	18	2423	6084	7134
县（市、区）	3977	231872	2015	18854	13184	5670	14788	114	3952	2	385	13253	5214	188	1106	95	4	36	2217	6453	10184

队伍建设项目	税务稽查机构主要装备配置情况					领军人才		专业人才库		业务培训			奖励		惩戒（人次）	备注
	交通工具（辆）	办公设备（件）	计算机（台）	业务软件（套）		总局	省级	总局	省级	培训班次	培训人次	境外培训人次	集体	个人（人次）		
				研发	外购											
	22	23	24	25	26	27	28	29	30	31	32	33	34	35	36	
合　计	3840	85062	57804	44	3544	17	87	142	1486	5290	99444	280	96	428	3	
省（自治区、直辖市、计划单列市）	328	8584	5297	8	972	6	44	45	129	657	15425	19	11	57	1	
市（地）	2052	43088	28226	23	1604	10	32	78	894	2061	58017	245	66	251	2	
县（市、区）	1460	33390	24281	13	968	1	11	19	463	2572	26002	16	19	120		

第七篇

机构和人员

国家税务总局稽查局领导名单

局　　长： 王学东
巡 视 员： 李国成
副 局 长： 于海春
副 局 长： 文月寿
副巡视员： 沈甫明

国家税务总局稽查局处级机构及副处级以上人员名单

综合处
处　　长： 张宝江（至2015年11月27日）
副 处 长： 曾静蓉

制度处
处　　长： 陈居奇

系统工作处
处　　长： 李亚兵
副 处 长： 张达光

举报中心
处　　长： 李光辉

稽查一处
处　　长： 徐　平
副 处 长： 张名达

稽查二处
处　　长： 尹　雁
副 处 长： 张小平
调 研 员： 郭六武　郭大庆　张　茗

稽查三处
处　　长： 邹秀芹
副 处 长： 李明磊
调 研 员： 佟国涛　王　磊
副调研员： 艾　玥

稽查四处
处　　长： 金　鑫
副 处 长： 黄　鑫
调 研 员： 李璆梅　刘小鹃　王　军

稽查五处
处　　长： 汪永标
调 研 员： 白淑芬

稽查六处
处　　长： 陈　杰
副 处 长： 王明科
调 研 员： 马　琪

公安部联络室
调 研 员： 孙立平

税务稽查系统副处级以上人员名单

北京市国家税务局稽查局

主管领导：郑怀远（市局副局长，至2015年6月）
李亚民（市局局长，2015年6—12月）
雷　彤（市局总审计师，自2015年12月）
稽查局局长：武建春（至2015年6月）
雷　彤（2015年6—11月；2015年12月，兼）
稽查局副局长：王红虎（至2015年3月）
刘世田（自2015年12月）
王红雨
陈华君
黄滟君（至2015年12月）
稽查局副调研员：郝　增
张允安
李雪梅
第一稽查局
局　　长：姜斯民（至2015年9月）
雷　彤（2015年9—12月，兼）
严　纪（自2015年12月）
副 局 长：夏　宇
韩　毅
刘泽民
副处级监察员：王小玲（自2015年11月）
第二稽查局
局　　长：王大庆（至2015年9月）
李云龙（自2015年9月）
副 局 长：王国兰（至2015年3月）
刘建华
何　毅
张福伟（自2015年3月）
副调研员：李兴国（自2015年3月）

北京市地方税务局稽查处

主管领导：郭筑明（市局副巡视员）
处　　长：华　方
副 处 长：王　京　刘　丽　孙玉洁
副处级调研员：周燕玲　马　昕

天津市国家税务局稽查局

主管领导：窦　伟（市局总会计师）
局　　长：王　廉
副 局 长：金玉发
赵　向（至2015年9月）
李玉梅（自2015年9月）
李雅红
副调研员：于祝成

天津市地方税务局稽查处

主管领导：高秋丰（市局副局长）
税务稽查处
处　　长：邢汝霖
副 处 长：朱　力　李　刚

河北省国家税务局稽查局

主管领导：耿金跃
局　　长：赵国宏
副 局 长：张文锦
田二周（自2015年10月）
调 研 员：吴玉刚
窦希慧（至2015年4月）
副调研员：白铁柱
第一稽查局
主管领导：耿金跃
局　　长：苌少沛
副 局 长：李　伟
潘丽华（至2015年4月）
副调研员：潘丽华（自2015年4月）

河北省地方税务局稽查局

主管领导：贾红星（省局局长）
局　　长：谢江宜（副厅级）
常务副局长：崔玉清
副 局 长：姜　伟　王志彬　商　革
副调研员：肖延升　马怡宏

山西省国家税务局稽查局

主管领导：范扎根（省局副局长）
局　　长：侯树森
副 局 长：韩建刚　李润仙　司新文
调 研 员：易东东　傅国强
副调研员：王　茜　王丽英

山西省地方税务局稽查局

主管领导：刘建光（省局副局长）
局　　长：孟来茂
副 局 长：王少挺　孙三平
调 研 员：温四香
副调研员：杨英群　姚晓波

内蒙古自治区国家税务局稽查局

主管领导：霍文刚（区局副局长）
局　　长：郭树安
副 局 长：祁桂平　王洁璐　张铁林
常　力
调 研 员：段永胜
副调研员：温玉祥

内蒙古自治区地方税务局稽查局

主管领导：包清泉（区局副局长）
局　　长：高国青
调 研 员：潘　英　吕晓明
副 局 长：郑建平
副调研员：段晓娟

直属第一稽查局

局　　长：冯壮军
副 局 长：刘　智　刘致华
副调研员：张　杰
总会计师：王　飞
调 研 员：王培荣　刘　杰　张中胜
张　健
副调研员：邢福旺　宋常新

直属第二稽查局

局　　长：康万利
副 局 长：董建青　李万成
纪检组长：苑国志
总会计师：刘　哲
调 研 员：苏　华
副调研员：苏海民

直属第三稽查局

局　　长：于长明
副 局 长：许振军
纪检组长：张海英
副 局 长：盖　宇
副调研员：白雪飞　马　维

辽宁省国家税务局稽查局

主管领导：杨荣学（省局总审计师）
局　　长：李维海
副 局 长：池福贵　贾欣宇　李　丹
调 研 员：姜万中　谷跃龙
副调研员：关剑秋

辽宁省地方税务局稽查部门

主管领导：赵振芳（省局副局长）

辽宁省地方税务局稽查管理处

处　　长：李铁成
副 处 长：孙锦秀　周　力

辽宁省地方税务局稽查局

局　　长：张广平（至2015年6月19日）
副 局 长：甄宝来　栾沛业　何　清

吉林省国家税务局稽查局

主管领导：王华君（省局巡视员）
局　　长：王书剑
副 局 长：张　铭（至2015年10月）
宫　伟
张庆志（自2015年10月）
调 研 员：王春强（至2015年1月退休）
副调研员：娄晓鹏
高淑环（自2015年8月）

吉林省地方税务局稽查局

主管领导： 傅圣方（省局副局长）
局　　长： 李茹宝（至2015年12月23日）
　　　　　　 雎立军（自2015年12月23日）
副 局 长： 张雅军（调研员）
　　　　　　 关　平（至2015年4月）
　　　　　　 马德勇（自2015年4月）
　　　　　　 洪　光（至2015年5月）
　　　　　　 郭景志（自2015年5月）
　　　　　　 冯　志（自2015年4月）
副调研员： 刘兴伟　康文波

黑龙江省国家税务局稽查局

主管领导： 赵石岚（省局副局长）
局　　长： 杨　楠
副 局 长： 谭昭民　王国伟
纪检监察员： 郭真源

黑龙江省地方税务局稽查局

主管领导： 于　平（省局副局长）
局　　长： 柳柏春
副 局 长： 杨彦龙　刘彦君
调 研 员： 蔡可威
副调研员： 刘　杰

上海市国家（地方）税务局稽查处

主管领导： 曹　晖（市局副局长）
处　　长： 陆友清
副 处 长： 唐林玮

江苏省国家税务局稽查局

主管领导： 葛元力（省局副局长）
局　　长： 沈金元
副 局 长： 王　强　赵　飞
调 研 员： 杨鹏飞
副调研员： 尚美武　杨　凯

江苏省地方税务局稽查局

主管领导： 陈　筠（省局副局长）
局　　长： 赵灿奇
副 局 长： 项　明　周　森　朱育刚

浙江省国家税务局稽查局

主管领导： 王　平（省局总会计师）
局　　长： 屠克威
副 局 长： 郦　萍
调 研 员： 徐大江　林建新
副调研员： 楼锣银　陈　兵　俞成根
纪检监察员： 祈昆峰

浙江省地方税务局稽查局

主管领导： 王　平（省局副局长）
局　　长： 边宏庆
副 局 长： 张雄伟　贝　加
调 研 员： 王行军
副调研员： 田白薇　张美萍

安徽省国家税务局稽查局

主管领导： 洪治社（省局副局长，至2015年12月10日）
　　　　　　 张宝江（省局总会计师，自2015年12月11日）
局　　长： 曹龙华
副 局 长： 王永春　王晓虹　王晴岚
第一稽查局
局　　长： 汪海洋
副 局 长： 徐强强

安徽省地方税务局稽查局

主管领导： 洪晓建（省局副局长）
局　　长： 仇应广
副 局 长： 李晓文　卢年春　陈明洋
调 研 员： 周光伟
副调研员： 谢建君

福建省国家税务局稽查局

主管领导： 林国镜（省局总会计师）
局　　长： 张梦桂
副 局 长： 林家云　聂　霞
副调研员： 孙建榕　高锦芬　游在雄

福建省地方税务局稽查局
主管领导： 郑孝真（省局副局长）
局　　长： 林建文
调 研 员： 詹卫华　潘福平
副 局 长： 周少艳　肖　珍　黄　强
副调研员： 廖建敏

江西省国家税务局稽查局
主管领导： 胥敏锋（省局副局长）
局　　长： 刘荣军
调 研 员： 刘火忠
副 局 长： 朱忠恩　李　轩

江西省地方税务局稽查局
主管领导： 刘理达（省局副局长）
党支部书记： 刘远来
副 局 长： 黄同佐　汪明荣　温淑萍
调 研 员： 袁志翔　黄利民
副调研员： 王　兵　衷华红

山东省国家税务局稽查局
主管领导： 孙德仁（省局副局长）
局　　长： 李腾蛟
调 研 员： 韩建炬　刘峰光　唐　锐
副 局 长： 胡峻峰
副调研员： 高　雷　邱文东

山东省地方税务局稽查局
主管领导： 李　功（省局副局长）
局　　长： 王发升
副 局 长： 孟宪岭
调 研 员： 张贤波　杨义庆
副调研员： 刘昌建　张建明

河南省国家税务局稽查局
主管领导： 齐群跃（省局总审计师）
局　　长： 李天星
副 局 长： 叶继海　卢宏丽
第一稽查局
局　　长： 王永钦
副 局 长： 姬现威　郑　强　吴　昱

河南省地方税务局稽查局
主管领导： 李建华（省局副局长）
局　　长： 王财兴
副 局 长： 司喜庆　王继恒　袁　弘
纪检监察员： 张兴昌
调 研 员： 王汴梁　张占铎
副调研员： 杜运生　胡国民

湖北省国家税务局稽查局
主管领导： 陈　煜（省局总经济师，至2015年12月）
局　　长： 赵　勇（自2015年5月）
副 局 长： 王继军
柯　涛
副调研员： 张曙光

湖北省地方税务局稽查局
主管领导： 肖厚雄（省局副局长）
局　　长： 吴　鸿（副厅级）
纪委书记： 陈汉桥
副 局 长： 梁卜华　汪学东　魏建平
综合处
处　　长： 张　军
副 处 长： 冯烨华
副调研员： 谢　颖
稽查一处
处　　长： 马建军
副 处 长： 张季超
稽查二处
处　　长： 任　伟
副 处 长： 辛国平　余晓东　杨　帆
审理处
处　　长： 李建新
副 处 长： 冯红梅

湖南省国家税务局稽查局
主管领导： 孙险峰（省局总经济师）
局　　长： 李　韧
副 局 长： 端木阳　薛洪发
副调研员： 徐孟希
第一稽查局
局　　长： 刘湘晖

副 局 长：陈少波　胡　蓉

湖南省地方税务局稽查局

主管领导：郑　惠（省局副局长）
局　　长：邓新凤
副 局 长：陈树生　李科全　朱杰夫
　　　　　张芙蓉
副调研员：王小青　沈莉敏

广东省国家税务局稽查局

主管领导：朱江涛（省局副局长）
局　　长：张巧珍
副 局 长：叶　松　张智洪　李才波
副调研员：陈　东　袁　涛　黄攸响
　　　　　朱　虹　邱惠敏

广东省地方税务局稽查局

主管领导：苏振钿（省局总会计师）
局　　长：余振荣（副厅级）
副 局 长：黄松宜（正处级）
副 局 长：范思鑫　张文邦　郑小明
纪检监察专员：张　弟
副调研员：庞信城　吴建秀　朱伟馨
　　　　　陈　蕾

广西壮族自治区国家税务局稽查局

主管领导：杨　辉（区局副局长，至2015年11月30日）
　　　　　欧发明（区局副局长，自2015年12月1日）
局　　长：唐颖昭
副 局 长：覃木荣　刘小冬　李　彬
调 研 员：滕纪丰

广西壮族自治区地方税务局稽查局

主管领导：黎海君（区局副局长）
局　　长：黎海君（兼）
副 局 长：覃东汉　陆绍康　王惠颖
调 研 员：唐啟壮　王怡菲　黄　芸
副调研员：谢冬玲

海南省国家税务局稽查局

主管领导：林　电（省局总经济师）
局　　长：林　电（兼）
调 研 员：高　敏　陈海燕　曾令荣
副调研员：欧阳海珠

海南省地方税务局稽查局

主管领导：汪葛平（省局总会计师）
局　　长：王　冀
副 局 长：陈绵强　王　峰　李占侠
调 研 员：朱进艺　庄锦明
副调研员：颜灿星　吴　芬

重庆市国家税务局稽查局

主管领导：卢自强（市局副局长）
局　　长：向垣树
副 局 长：雷仕勇　郑甫华
专职纪检监察员：江　庆（副处级）
调 研 员：江师见
副调研员：刘继全　王小鲁　李　艰

重庆市地方税务局稽查处

主管领导：徐德中（省局副局长）
处　　长：张　目
副 处 长：肖　强
第一稽查局
　局　　长：曾洪波
第二稽查局
　局　　长：聂章同
第三稽查局
　局　　长：邓　铭
第四稽查局
　局　　长：莫琪玲
第五稽查局
　局　　长：杜大钢

四川省国家税务局稽查局

主管领导：张　兵（省局副局长）
局　　长：李　波
副 局 长：唐德友　陈　丰　袁　淮
纪 检 员：张红梅

副调研员：张树新

四川省地方税务局稽查局

主管领导：黄刚才（省局副局长）
局　　长：杜　锦
副 局 长：王永东　姚茗国　白振兴
　　　　　汤　华
纪检监察员：施　德
总会计师：王　琦
调 研 员：陈友辉　郭明哲
副调研员：宋　伟　胡七芳　丁大林

贵州省国家税务局稽查局

主管领导：付巧晨（省局巡视员，至2015年11月）
　　　　　赵寿均（省局总会计师，自2015年11月）
局　　长：甘　石
副 局 长：杨晓峰　蒋　勇
副调研员：李贵玉　朱义翔　张　勇

贵州省地方税务局稽查局

主管局长：杨　军（省局副局长）
局　　长：岳克健
副 局 长：苟平平

云南省国家税务局稽查局

主管领导：张炳华（省局总经济师）
局　　长：郑　青
副 局 长：李庆阳　李明义
副调研员：王晓龙　刘致志　解道勇

云南省地方税务局稽查局

主管领导：刘德强（省局局长，自2015年3月5日至2015年10月8日）
　　　　　段雨澜（省局副局长，自2015年10月8日）
局　　长：李培仁（至2015年6月24日）
副 局 长：余　萍（自2015年6月24日）
　　　　　孙旭伟　张梦明（挂职）

西藏自治区国家税务局稽查局

主管领导：杨承碧（区局副局长）
局　　长：达娃云丹

陕西省国家税务局稽查局

主管领导：寇伟斌（省局副局长）
局　　长：李　杰
副 局 长：张国栋　赵新科　刘黎军
党组纪检组组长、副局长：胡海彦

陕西省地方税务局稽查局

主管领导：薛庚武（省局副局长）
局　　长：艾礼贵
副 局 长：唐陇利　柴治义　王　卫

综合处
　处　　长：张　峰
　副 处 长：赵九虎　史晓泳
　调 研 员：史军勇　李连顺
　副调研员：赵德胤

举报中心
　主　　任：刘开放
　副调研员：杨恩政

稽查一处
　处　　长：马林乾
　副 处 长：祝洪刚
　副调研员：焦广利

稽查二处
　处　　长：鲁　强
　副 处 长：吴爱成
　副调研员：王小敏

稽查三处
　处　　长：郑宏斌
　副 处 长：马　伟
　副调研员：谭泽澜

专职纪检监察员
　副调研员：安　鹏

甘肃省国家税务局稽查局

主管领导：刘　虎（省局副局长）

局　　长：彭正国
副 局 长：房全喜　徐长瑛
副调研员：田建浩

甘肃省地方税务局稽查局

主管领导：白继成（省局巡视员）
局　　长：陈岸颖
副 局 长：崔　麟　方晓芬
调 研 员：孙宝生　沈三荣

青海省国家税务局稽查局

主管领导：范立会（省局副局长）
局　　长：窦晓军
副 局 长：耿　直

青海省地方税务局稽查局

主管领导：张　卫（省局副局长）
局　　长：晏懋秋
副 局 长：杨敬秀
副 局 长：董宝琪

宁夏回族自治区国家税务局稽查局

主管领导：杨　勇（区局副局长）
局　　长：姚明军
副 局 长：杨继荣　倪永刚　李进来

宁夏回族自治区地方税务局稽查局

主管领导：沈甫明（区局副局长）
局　　长：刘　晨
副 局 长：张宏伟　张维俊　杨　诚　蔡　菁
副调研员：李湘宁

新疆维吾尔自治区国家税务局稽查局

主管领导：李　桓（区局副局长）
局　　长：孙建东
副 局 长：芦文革　罗志伟　尹君石
副调研员：张　辉　韩力宏

新疆维吾尔自治区地方税务局稽查局

主管领导：赵　炜（区局党组书记）
党组书记、副局长：张家存
党组副书记、局长：朱国兴
纪检组长：李中华
副 局 长：马志忠　葛　刚
副调研员：李　斌

大连市国家税务局稽查局

主管领导：徐成义（市局副局长）
局　　长：宋春毅
副 局 长：王哨兵　吴振宁　葛宏文
副调研员：曲传清　言　军

大连市地方税务局稽查处

主管领导：梁　兵（市局总经济师）
处　　长：赵喜民
副 处 长：王玉武　金　岩

宁波市国家税务局稽查局

主管领导：刘绍武（市局总会计师）
局　　长：章　程
副 局 长：潘新光　邬杨杰
副调研员：顾维均

宁波市地方税务局稽查局

主管领导：张立权（市局副局长，至2015年6月）
笠培楠（市局总会计师，自2015年6月）
局　　长：石惠明
副 局 长：马　鸿
张筱逍（至2015年9月）
单守永（自2015年9月）

厦门市国家税务局稽查局

主管领导：陈　健（市局副局长）
局　　长：李垂福
副 局 长：洪清辉　林　翊　张谦莹
纪律检查员：苏法吾
副调研员：李国成　苏炯勇　罗德雪

厦门市地方税务稽查局

主管领导：王增加（市局副局长）
局　　长：曾安辉
副 局 长：郑　澍　李刚为
调 研 员：许国荣

青岛市国家税务局稽查局

主管领导：任洪礼（市局总经济师）
局　　长：于　波
纪律检查员：陈绪发（正处级）
副 局 长：罗良毅　郑小华　刘海生

第一稽查局
局　　长：韩　斌（正处级）
副 局 长：高东旭　王丽华

第二稽查局
局　　长：苗宏伟（正处级）
副 局 长：张充航　丁明富　董小波

第三稽查局
局　　长：刘瑞旭（正处级）
副 局 长：苟校书　刘民生　张勇强

青岛市地方税务稽查局

主管领导：孙辉业（市局副局长，至2015年11月）
李宁国（市局副局长，自2015年11月）
局　　长：王长江
副 局 长：李元奎
纪委书记：孙　伟
副 局 长：桑　磊

办公室
主　　任：葛敬书
副 主 任：宋文晶　杨晓飞

监察室
主　　任：王立国

综合业务处
处　　长：卜海鑫
副 处 长：徐雪梅

选案处
副 处 长：张　鲁（主持工作）

审理处
副 处 长：王晓燕（主持工作）

执行处
副 处 长：栾绍文（主持工作）

检查一处
处　　长：孙宗祥

检查二处
副 处 长：孙　军（主持工作）

检查三处
副 处 长：曲在棣（主持工作）

检查四处
处　　长：徐冬聚
副 处 长：张宏宇

深圳市国家税务局稽查局

主管局长：李显著（市局总审计师）
局　　长：蔡伟群
副 局 长：杨小河　陈德胜　郑　维　王　晓　赖容锦　郭　庆　黄凯明
副调研员：李东敏

深圳市地方税务局稽查局

主管领导：林伟明（市局副局长）
局　　长：叶重德
副 局 长：林柏坚　谢晔文　李庭旭

（本部分由各省、自治区、直辖市和计划单列市国家税务局、地方税务局稽查局提供，编辑部整理）

税务稽查系统领导任免情况（2015年）

北京市国家税务局稽查局

2015年3月，北京市国家税务局发出《北京市国家税务局关于王红虎、王国兰职务任免的通知》（京国税任〔2015〕20号），任命王红虎为北京市国家税务局集中采购中心副主任，免去其北京市国家税务局稽查局副局长职务；任命王国兰为北京市国家税务局离退休干部处副处长。

2015年3月，北京市国家税务局发出《北京市国家税务局关于张福伟任职的通知》（京国税任〔2015〕44号），任命张福伟为北京市国家税务局第二稽查局副局长。

2015年3月，北京市国家税务局发出《北京市国家税务局关于李兴国任职的通知》（京国税任〔2015〕47号），任命李兴国为北京市国家税务局第二稽查局副调研员（任职时间自2014年12月起计算）。

2015年6月，北京市国家税务局发出《北京市国家税务局关于王宏等5人职务任免的通知》（京国税任〔2015〕68号），武建春不再担任北京市国家税务局稽查局局长职务，另有任用。

2015年7月，北京市国家税务局发出《北京市国家税务局关于雷彤、高永杰职务任免的通知》（京国税任〔2015〕81号），任命雷彤为北京市国家税务局稽查局局长。

2015年9月。北京市国家税务局发出《北京市国家税务局关于姜斯民免职的通知》（京国税任〔2015〕90号），姜斯民不再担任北京市国家税务局第一稽查局局长职务，另有任用。

2015年9月，北京市国家税务局发出《北京市国家税务局关于李云龙、王大庆职务任免的通知》（京国税任〔2015〕110号），任命李云龙为北京市国家税务局第二稽查局局长，试用期一年；免去王大庆北京市国家税务局第二稽查局局长职务。

2015年11月，北京市国家税务局发出《北京市国家税务局关于王小玲任职的通知》（京国税任〔2015〕130号），任命王小玲为北京市国家税务局第一稽查局副处级监察员。

2016年1月，北京市国家税务局发出《北京市国家税务局关于宁伯东等9人职务任免的通知》（京国税任〔2016〕1号），任命陈华君为北京市国家税务局稽查局副局长；任命刘世田为北京市国家税务局稽查局副局长，不再担任北京市国家税务局货物和劳务税处副处长职务；黄滟君不再担任北京市国家税务局稽查局副局长职务，另有任用。

2016年1月，北京市国家税务局发出《北京市国家税务局关于严纪任职的通知》（京国税任〔2016〕13号），任命严纪为北京市国家税务局第一稽查局局长。

北京市地方税务局稽查处

1月16日，中共北京市地方税务局党组发出京地税党〔2015〕17号文件，关于杨晓东、邹永欣同志职务任免的通知，免去杨晓东同志北京市地方税务局稽查处（税务违法案件举报中心）处长职务，改任调研员。

1月16日，中共北京市地方税务局党组发出京地税党〔2015〕14号文件，关于黄健等6名同志职务任免的通知，华方同志主持北京市地方税务局稽查处（税务违法案件举报中心）工作。

11月16日，中共北京市地方税务局党组发出京地税党〔2015〕191号文件，关于佟云飞等9名同志试用期满任职的通知，孙玉洁同志任北京市地方税务局稽查处（税务违法案件举报中心）副处长。

12月4日，中共北京市地方税务局党组发出京地税党〔2015〕212号文件，关于张争同志任职的通知，张争同志任北京市地方税务局第一稽查局党组副书记、副局长、调研员。

12月4日，中共北京市地方税务局党组发出京地税党〔2015〕214号文件，关于张争等4名同志免职的通知，免去张争同志北京市地方税务局稽查处（税务违法案件举报中心）副处长职务。

12月11日，中共北京市地方税务局党组发出京地税党〔2015〕219号文件，关于佟云飞等4名同志职务任免的通知，免去孟刚同志北京市地方税务局稽查处（税务违法案件举报中心）副处长职务。孟刚同志任北京市地方税务局非税收入管理处副处长。

12月17日，中共北京市地方税务局党组发出京地税党〔2015〕212号文件，关于佟云飞等4名同志职务任免的通知，王京同志、刘丽同志任北京市地方税务局稽查处（税务违法案件举报中心）副处长。

天津市国家税务局稽查局

9月21日，天津市国家税务局印发津国税任字〔2015〕64号文件，赵向任天津市国家税务局信息中心副主任，免去其天津市国家税务局稽查局副局长职务；李玉梅任天津市国家税务局稽查局副局长。

河北省国家税务局稽查局

3月26日，河北省国家税务局发出冀国税人字〔2015〕32号文件，河北省国家税务局2015年3月26日决定：免去窦希慧的河北省国家税务局稽查局调研员职务，办理退休手续。退休时间自2015年4月起计算。

4月13日，河北省国家税务局发出冀国税人字〔2015〕34号文件，河北省国家税务局2015年1月29日决定：潘丽华任河北省国家税务局第一稽查局副调研员，免去其河北省国家税务局第一稽查局副局长职务。

10月13日，河北省国家税务局发出冀国税人字〔2015〕83号文件，河北省国家税务局2015年9月30日决定：田二周任河北省国家税务局稽查局副局长。

12月25日，河北省国家税务局发出冀国税人字〔2015〕103号文件，河北省国家税务局2015年12月21日决定：苌少沛任河北省国家税务局第一稽查局局长，同意按期转正，任职时间自2014年11月起计算。

河北省地方税务局稽查局

3月22日，河北省地方税务局发出冀地税任〔2015〕13号文件，决定任命商革为河北省地方税务局稽查局副局长（试用期一年）。

内蒙古自治区国家税务局稽查局

8月28日，内蒙古自治区国家税务局发出内国税任〔2015〕39号文件，任命祁桂平为内蒙古自治区国家税务局稽查局副局长（副处长级）；王洁璐为内蒙古自治区国家税务局稽查局副局长（副处长级）；免去：祁桂平的内蒙古自治区国家税务局收入规划核算处副处长职务；王洁璐的内蒙古自治区国家税务局财务管理处副处长职务。

内蒙古自治区地方税务局稽查局

4月17日，内蒙古自治区地方税务局发出内地税任〔2015〕17号文件，任命高国青为内蒙古自治区地方税务局稽查局局长，任命郑建平为内蒙古自治区地方税务局稽查局副局长。

8月29日，内蒙古自治区地方税务局内地税任〔2015〕40号文件，任命吕晓明为内蒙古自治区地方税务局稽查局调研员，任命段晓娟为内蒙古自治区地方税务局稽查局副调研员。内地税任〔2015〕61号文件，任命于长明为内蒙古自治区地方税务局直属第三稽查局局长。

辽宁省国家税务局稽查局

8月26日，辽宁省国家税务局发出辽国税任〔2015〕66号文件，任命张保林为朝阳市国家税务局局长。

8月26日，辽宁省国家税务局发出辽国税任〔2015〕71号文件，任命李维海为辽宁省国家税务局稽查局局长（试用期一年）。

辽宁省地方税务局稽查处

3月2日，中共辽宁省地方税务局党组发出辽地税任字〔2015〕25号文件，经省地方税务局党组会议（2015年2月11日，第5次）研究决定：张宏同志任辽宁省地方税务局总审计师。免去张宏同志辽宁省地方税务局稽查管理处处长职务。

4月14日，中共辽宁省地方税务局党组发出辽地税任字〔2015〕35号文件，经省地方税务局党组会议（2015年4月2日，第10次）研究决定：免去李铁成同志铁岭市地方税务局副局长、党组成员职务。

4月14日，中共辽宁省地方税务局党组发出辽地税任字〔2015〕36号文件，经省地方税务局党组会议（2015年4月2日，第10次）研究决定：李铁成同志任辽宁省地方税务局稽查管理处处长，试用期一年。

6月19日，中共辽宁省委员会发出辽委干发〔2015〕170号文件，省委同意张广平同志退休。（注：张广平，原辽宁省地方税务局稽查局局长。）

吉林省国家税务局稽查局

10 月 14 日，吉林省国家税务局发出吉国税任〔2015〕21 号文件，吉林省国家税务局 2015 年 8 月 19 日决定，任命张铭为巡视工作办公室副主任；张庆志为稽查局副局长。免去张铭稽查局副局长职务。

10 月 14 日，吉林省国家税务局发出吉国税任〔2015〕23 号文件，任命邱雅君、杨芳、韩国忠、毕长宇、高淑环、郑金光为副调研员。

吉林省地方税务局稽查局

4 月 16 日，吉林省地方税务局发出吉地税任〔2015〕21 号文件，任命马德勇为吉林省地方税务局稽查局副局长（列洪光前）；冯志为吉林省地方税务局稽查局副局长（列洪光后）。免去关平吉林省地方税务局稽查局副局长职务。

4 月 16 日，吉林省地方税务局发出吉地税任〔2015〕21 号文件，任命马德勇为吉林省地方税务局稽查局副局长（列洪光前）；冯志为吉林省地方税务局稽查局副局长（列洪光后）。免去关平吉林省地方税务局稽查局副局长职务。

5 月 18 日，吉林省地方税务局发出吉地税任〔2015〕33 号文件，任命郭景志为吉林省地方税务局稽查局副局长（列马德勇后）。免去洪光吉林省地方税务局稽查局副局长职务。

12 月 25 日，吉林省地方税务局发出吉地税任〔2015〕87 号文件，吉林省地方税务局 2015 年 12 月 23 日决定，任命睢立军为吉林省地方税务局稽查局局长，免去李茹宝吉林省地方税务局稽查局局长职务。

黑龙江省地方税务局稽查局

1 月 14 日，黑龙江省地方税务局发出黑地税任〔2015〕1 号文件，经 2015 年 1 月 14 日省局党组会议研究决定：柳柏春任黑龙江省地方税务局稽查局局长。免去唐岱君黑龙江省地方税务局稽查局局长职务。

上海市国家（地方）税务局稽查处

2 月 27 日，上海市国家（地方）税务局发出沪国税〔2015〕8 号文件，免去杨敏庸上海市国家税务局稽查处调研员、上海市地方税务局稽查处调研员职务，并办理退休手续。

江苏省国家税务局稽查局

6 月 5 日，中共江苏省国家税务局党组发出苏国税党组发〔2015〕41 号文件，按照有关规定和董明慧同志个人意愿，经研究，免去其江苏省国家税务局稽查局调研员职务。按有关规定办理退休手续。

江苏省地方税务局稽查局

5 月 25 日，中共江苏省地方税务局党组发出苏地税党组〔2015〕44 号文件，免去项明同志江苏省地方税务局稽查局副局长职务。

12 月 9 日，中共江苏省地方税务局党组发出苏地税党组〔2015〕110 号文件，免去周森同志江苏省地方税务局稽查局副局长职务。

浙江省地方税务局稽查局

12 月 7 日，中共浙江省财政厅党组发出浙财党〔2015〕60 号文件，决定任命王行军为浙江省地税局稽查局调研员，免去其浙江省地税局直属稽查分局副局长职务。

安徽省国家税务局稽查局

12 月 11 日，安徽省国家税务局发出皖国税发〔2015〕205 号文件，张宝江分管稽查局、第一稽查局、机关服务中心（含机关基建）工作；洪治社协助韩杰副局长分管工作。

安徽省地方税务局稽查局

12 月 31 日，安徽省地方税务局发出皖地税任〔2015〕13 号文件，任命周光伟为安徽省地方税务局稽查局调研员。

福建省地方税务局稽查局

11 月 4 日，福建省地方税务局发出闽地税〔2015〕138 号文件，根据《中华人民共和国公务员法》第十四章第八十七条规定，免去詹卫华福建省地税局稽查局调研员职务，退休。

江西省国家税务局稽查局

1 月 31 日，江西省国家税务局发出赣国税人字〔2015〕8 号文件，刘荣军任江西省国家税务局稽查局局长；免去江亚庆江西省国家税务局稽查局局长职务，另有任用。

1 月 31 日，江西省国家税务局发出赣国税人字〔2015〕9号文件，江亚庆任宜春市国家税务局局长。

1月31日，中共江西省国家税务局党组发出赣国税党人字〔2015〕5号文件，中共江西省国家税务局党组2015年1月6日决定：江亚庆同志任中共宜春市国家税务局党组书记。

江西省地方税务局稽查局

7月17日，中共江西省地方税务局党组发出赣地税党组发〔2015〕33号文件，决定免去徐志军的省地方税务局稽查局调研员职务，退休。

11月10日，中共江西省地方税务局党组发出赣地税党组发〔2015〕65号文件，决定免去胡成龙省地方税务局稽查局局长职务。

山东省地方税务局稽查局

3月5日，山东省地方税务局印发鲁地税任〔2015〕9号文件，免去刘昌建同志山东省地方税务局稽查局副调研员职务，刘昌建同志退休。

4月15日，山东省地方税务局印发鲁地税任〔2015〕10号文件，免去张贤波同志山东省地方税务局稽查局调研员职务，张贤波同志退休。

河南省地方税务局稽查局

1月13日，河南省地方税务局印发豫地税任字〔2015〕3号文件，根据工作需要，经省局党组研究决定：司喜庆同志任河南省地方税务局稽查局副局长；免去任国甫同志河南省地方税务局稽查局副局长职务。

6月3日，河南省地方税务局印发豫地税任字〔2015〕32号文件，根据工作需要，经省局党组研究决定：王继恒同志任河南省地方税务局稽查局副局长；免去姚慧群同志河南省地方税务局稽查局副局长职务。

9月18日，河南省地方税务局印发豫地税任字〔2015〕40号文件，根据工作需要，经省局党组研究决定：张占铎同志任河南省地方税务局稽查局调研员。

湖北省国家税务局稽查局

5月26日，湖北省国家税务局发出鄂国税任〔2015〕56号文件，任命赵勇为湖北省国家税务局稽查局局长。

湖北省地方税务局稽查局

6月2日，中共湖北省地方税务局党组发出鄂地税党组发〔2015〕100号文件，冯烨华同志任湖北省地方税务局稽查局综合处副处长。

湖南省地方税务局稽查局

2014年9月24日，湖南省人民政府发出湖政人〔2014〕10号文件，刘绪东任省地方税务局副巡视员。

2014年12月30日，湖南省地方税务局发出湘地税干〔2014〕30号文件，省局同意湖南省地方税务稽查局正处级干部张晓飞退休。

3月10日，湖南省地方税务局发出湘地税干〔2015〕6号文件，根据省委省政府机构改革精神，原湖南省地方税务稽查局撤销，何小鸣、宁平、罗志强、曹传生四位原湖南省地方税务稽查局副局长职务自然免除，曹传生另有任用。

3月11日，湖南省地方税务局发出湘地税干〔2015〕10号文件，决定娄底市地税局党组书记、局长邓新凤调任湖南省地税局稽查局局长。

4月29日，中共湖南省地方税务局党组发出湘地税党〔2015〕15号文件，根据省纪委湘纪干〔2015〕10号文件通知：曹传生同志任湖南省纪委派驻省地方税务局纪检组副组长、省监察厅派驻省地方税务局监察室主任。

5月19日，湖南省地方税务局发出湘地税干〔2015〕16号文件，决定原省地税稽查局稽查一处处长陈树生、综合处处长李科全、稽查二处处长朱杰夫、审理处处长张芙蓉转任省地税局稽查局副局长。

广东省地方税务局稽查局

1月16日，广东省地方税务局印发粤地税任〔2015〕16号文件，任命郑小明为广东省地方税务局稽查局副局长。

1月28日，广东省地方税务局印发粤地税任〔2015〕21号文件，免去欧阳华的广东省地方税务局稽查局副局长职务，退休。

2月13日，广东省地方税务局印发粤地税任〔2015〕22号文件，免去陈群荣的广东省地方税务局稽查局副调研员职务，退休。

7月27日，广东省地方税务局印发粤地税任〔2015〕48号文件，免去龚寿文的广东省地方税务局稽查局调研员职务，退休。

广西壮族自治区地方税务局稽查局

5月27日，广西壮族自治区地方税务局发出桂地税干〔2015〕22号文件，免去王怡菲广西壮族自治区地方税务局稽查局调研员职务，提前退休。

6月1日，广西壮族自治区地方税务局发出桂地税干〔2015〕60号文件，免去陆光天广西壮族自治区地方税务局玉林稽查局副局长职务。

6月30日，广西壮族自治区地方税务局发出桂地税干〔2015〕58号文件，任命唐培洪为广西壮族自治区地方税务局柳州稽查局副局长；任命黄永政为广西壮族自治区地方税务局南宁稽查局副调研员。

海南省国家税务局稽查局

11月20日，海南省国家税务局发出琼总任〔2015〕291号文件，任命林电为海南省国家税务局总经济师。

四川省国家税务局稽查局

2月6日，四川省国家税务局发出川国税任〔2015〕18号文件，任命陈丰为四川省国家税务局稽查局副局长。

3月31日，四川省国家税务局党组发出川国税党组发〔2015〕30号文件，胡春任四川省国家税务局稽查局纪检员职务试用期已满，经考核合格，中共四川省国家税务局党组决定，同意按期转正，任职时间自2014年3月起计算。

3月31日，四川省国家税务局党组发出川国税党组发〔2015〕31号文件，中共四川省国家税务局党组2015年3月30日决定，免去胡春同志的四川省国家税务局稽查局纪检员职务。

6月23日，中共四川省国家税务局党组发出川国税党组发〔2015〕63号文件，任命张红梅同志为四川省国家税务局稽查局纪检员，试用期一年。

四川省地方税务局稽查局

4月12日，四川省地方税务局发出川地税人〔2015〕11号文件，批准郭明哲退休。

贵州省国家税务局稽查局

1月13日，贵州省国家税务局发出黔国税任字〔2015〕1号文件，任命顾黔春为贵州省国家税务局调研员，免去顾黔春贵州省国家税务局稽查局副局长职务。任命朱义翔（祥）为贵州省国家税务局副调研员。

11月5日，贵州省国家税务局发出黔国税任字〔2015〕34号文件，任命张勇为贵州省国家税务局副调研员。

11月16日，贵州省国家税务局发出黔国税发〔2015〕133号文件，赵寿均总会计师分管稽查局。

云南省地方税务局稽查局

6月24日，云南省地方税务局发出云地税党组任免〔2015〕37号文件，余萍任云南省地方税务局稽查局党组书记、副局长，主持工作。免去李培仁云南省地方税务局稽查局党组书记、局长职务。

西藏自治区国家税务局稽查局

5月12日，西藏自治区国家税务局发出藏国税任〔2015〕8号文件，李刚任拉萨经济技术开发区国家税务局副局长（列曹云之后），免去其西藏自治区国家税务局稽查局副局长职务。

陕西省国家税务局稽查局

6月4日，陕西省国家税务局发出陕国税任〔2015〕25号文件，胡海彦任陕西省国家税务局稽查局副局长（列刘黎军之后）；赵峰不再担任陕西省国家税务局稽查局副局长职务，另有任用。

6月4日，中共陕西省国家税务局党组发出陕国税党组发〔2015〕34号文件，胡海彦同志任中共陕西省国家税务局稽查局党组成员，兼任党组纪检组组长；免去赵峰同志中共陕西省国家税务局稽查局党组成员职务；赵新科同志不再兼任中共陕西省国家税务局稽查局党组纪检组组长。

陕西省地方税务局稽查局

1月26日，陕西省地方税务局印发陕地税任〔2015〕1号文件，任命艾礼贵任陕西省地方税务局稽查局局长。

1月26日，陕西省地方税务局印发陕地税任〔2015〕2号文件，免去刘群陕西省地方税务局稽查局调研员职务，退休。

青海省国家税务局稽查局

6月8日，青海省国家税务局印发青国税任〔2015〕10号文件，根据工作需要，经2015年6月5日中共青海省国家税务局党组会议研究决定：张晓琴任青海省国家税务局进出口税收管理处副处长，免去青海省国家税务局稽查局副局长职务；耿直任青海省国家税务局稽查局副局长，免去青海省国家税务局所得税处副处长职务。

青海省地方税务局稽查局

2月26日，中共青海省地方税务局党组发出青地税党字〔2015〕8号文件，同意孙庆禄同志退休，并免去孙庆禄同志青海省地方税务局稽查局局长职务。

3月24日，中共青海省地方税务局党组发出青地税党字〔2015〕16号文件，晏懋秋同志任青海省地方税务局稽查局局长。

宁夏回族自治区地方税务局稽查局

2月9日，宁夏回族自治区地方税务局发出宁地税任〔2015〕4号文件，任命杨诚为宁夏回族自治区地方税务局稽查局副局长，免去其银川经济技术开发区地方税务局副局长职务。

6月30日，宁夏回族自治区地方税务局发出宁地税任〔2015〕16号文件，任命刘晨为宁夏回族自治区地方税务局稽查局局长，免去其宁夏回族自治区地方税务局政策法规处（行政审批办公室）处长（主任）职务。

6月30日，宁夏回族自治区地方税务局发出宁地税任〔2015〕16号文件，免去王占河宁夏回族自治区地方税务局稽查局局长职务。

新疆维吾尔自治区地方税务局稽查局

2014年12月23日，新疆维吾尔自治区地方税务局发出新地税任〔2014〕97号文件，免去曹明忠新疆维吾尔自治区地方税务局稽查局调研员职务，退休（时间自2014年12月起）。

大连市国家税务局稽查局

9月14日，大连市国家税务局发出大国税发〔2015〕129号文件，宋春毅任大连市国家税务局稽查局局长。

宁波市国家税务局稽查局

2014年11月18日，宁波市国家税务局出发甬国税任〔2014〕18号文件，免去陶仁兴、洪毅宁波市国家税务局稽查局（第一、第二稽查局）副调研员职务，办理退休手续。

2月12日，宁波市国家税务局发出甬国税任〔2015〕2号文件，免去金坪坪宁波市国家税务局稽查局（第一、第二稽查局）副调研员职务，办理退休手续。

6月18日，宁波市国家税务局发出甬国税任〔2015〕13号文件，章程任宁波市国家税务局稽查局局长，免去宁波市国家税务局稽查局副局长职务。

10月28日，宁波市国家税务局发出甬国税任〔2015〕27号文件，任命余建平为宁波市海曙区国家税务局副局长（列叶华龙之前），免去其宁波市国家税务局稽查局副局长职务。

宁波市地方税务局稽查局

8月28日，宁波市地方税务局印发甬国税任〔2015〕99号文件，任命单守永为宁波市地方税务局稽查局副局长。

厦门市国家税务局稽查局

9月5日，厦门市国家税务局发出厦国税任〔2015〕20号文件，张谦莹任厦门市国家税务局稽查局副局长。

青岛市国家税务局稽查局

7月13日，青岛市国家税务局发出青国税任〔2015〕28号文件，免去赵景源青岛市国家税务局稽查局调研员职务，办理退休手续。

青岛市地方税务局稽查局

10月8日，中共青岛市地方税务局党组发出青地税任〔2015〕8号文件，任命李爱红为青岛市地方税务局党委委员、纪委书记。

11月20日，中共青岛市地方税务局党组发出青地税党任〔2015〕3号文件，任命王长江为青岛市地方税务局稽查局党委书记，免去其青岛市地方税务局市南分局党委书记职务。

11月20日，中共青岛市地方税务局党组发出青地税党任〔2015〕3号文件，任命李元奎为青岛市地方税务局稽查局党委委员，免去其青岛市地方税务局直属征收局党委委员职务。

11月20日，中共青岛市地方税务局党组发出青地税党任〔2015〕3号文件，任命孙伟同志为青岛市地方税务局稽查局党委委员、纪委书记。

11月20日，中共青岛市地方税务局党组发出青地税党任〔2015〕3号文件，任命桑磊为青岛市地方税务局稽查局党委委员（列薛桂林同志之后）。

11月20日，中共青岛市地方税务局党组发出青地税党任〔2015〕3号文件，免去李爱红青岛市地方税务局稽查局党委书记职。

11月20日，中共青岛市地方税务局党组发出青地税党任〔2015〕3号文件，任命张仲禹为青岛市地方税务局黄岛（经济技术开发区）分局党委委员、纪委书记，免去其青岛市地方税务局稽查局检查四处处长职务。任命杨凡同志为青岛市地方税务局高新技术产业开发区分局党总支委员、纪委书记，免去其青岛市地方税务局稽查局执行处副处长职务。

11月20日，青岛市地方税务局发出青地税任〔2015〕10号文件，任命李元奎为青岛市地方税务局稽查局副局长（列副局长第一位），免去其青岛市地方税务局直属征收局副局长职务。

11月20日，青岛市地方税务局发出青地税任〔2015〕10号文件，任命桑磊为青岛市地方税务局稽查局副局长（列薛桂林之后），免去其青岛市地方税务局稽查局审理处处长职务。

11月20日，青岛市地方税务局发出青地税任〔2015〕10号文件，任命卜海鑫为青岛市地方税务局稽查局综合业务处处长，免去其青岛市地方税务局黄岛（经济技术开发区）分局直属征收局局长职务。

11月20日，青岛市地方税务局发出青地税任〔2015〕10号文件，任命张鲁为青岛市地方税务局稽查局选案处副处长，免去其青岛市地方税务局稽查局监察室副主任职务。

11月20日，青岛市地方税务局发出青地税任〔2015〕10号文件，任命王晓燕为青岛市地方税务局稽查局审理处副处长，免去其青岛市地方税务局直属征收局税源管理处副处长职务。

11月20日，青岛市地方税务局发出青地税任〔2015〕10号文件，任命栾绍文为青岛市地方税务局稽查局执行处副处长，免去其青岛市地方税务局黄岛（经济技术开发区）分局直属征收局副局长职务。

11月20日，青岛市地方税务局发出青地税任〔2015〕10号文件，任命曲在棣为青岛市地方税务局稽查局检查三处副处长，免去其青岛市地方税务局稽查局综合业务处副处长职务。

11月20日，青岛市地方税务局发出青地税任〔2015〕10号文件，任命张宏宇为青岛市地方税务局稽查局检查四处副处长，免去其青岛市地方税务局黄岛（经济技术开发区）分局机关党办副主任职务。

11月20日，青岛市地方税务局发出青地税任〔2015〕10号文件，任命董福常为青岛市地方税务局离退休干部处处长兼人事处副处长，免去其青岛市地方税务局稽查局副局长职务。任命郭建春同志为青岛市地方税务局直属征收局党委委员、纪委书记，免去其青岛市地方税务局稽查局综合业务处处长职务。

11月20日，青岛市地方税务局发出青地税任〔2015〕11号文件，任命杨晓飞为青岛市地方税务局稽查局监察室副主任（试用期一年），免去其青岛市地方税务局城阳分局人事科科长职务。

11月20日，青岛市地方税务局发出青地税任〔2015〕11号文件，任命徐雪梅为青岛市地方税务局稽查局综合业务处副处长（试用期一年），免去其青岛市地方税务局崂山分局稽查局综合业务科科长职务。

11月20日，青岛市地方税务局发出青地税任〔2015〕11号文件，任命徐冬聚为青岛市地方税务局稽查局检查四处处长（试用期一年），免去其青岛市地方税务局李沧分局副局长职务。

深圳市国家税务局稽查局

6月3日，深圳市国家税务局发出深国税任〔2015〕30号文件，任命郑维为深圳市国家税务局稽查局纪检监察专员。王晓、赖容锦为深圳市国家税务局稽查局副局长。

6月3日，深圳市国家税务局发出深国税任〔2015〕23号文件，袁林任深圳市国家税务局第二稽查局副局长（副处长级），免去其深圳市国家税务局稽查局副局长（副处长级）职务；郑颂飞任深圳市福田区国家税务局副局长（副处长级），免去其深圳市国家税务局稽查局副局长（副处长级）职务；叶向阳任深圳市龙华新区国家税务局副局长（副处长级），免去其深圳市国家税务局稽查局副局长（副处长级）职务。

6月29日，深圳市国家税务局发出深国税任〔2015〕41号文件，任命郭庆为深圳市国家税务局稽查局副局长，兼举报中心主任（副处长级）。

7月2日，深圳市国家税务局发出深国税任〔2015〕43号文件，任命黄凯明为深圳市国家税务局稽查局副局长。

（本部分由各省、自治区、直辖市和计划单列市国家税务局、地方税务局稽查局提供，编辑部整理）

2015 年全国税务稽查人员基本情况表（1）

单位：人

单位	人员配置情况				性别		政治面貌			文化结构				专业资格					年龄结构		
	合计	省级	地市级	县级	男	女	党、团员	民主党派	群众	博士研究生	硕士研究生	大学本科	专科及以下	注册会计师	注册税务师	法律职业资格	资产评估师	计算机高级程序员及以上	35 岁以下	35～45 岁	45 岁以上
北京市国家税务局稽查局	1024	146	878		646	378	720	6	298	2	79	752	191	21	59	19			175	202	647
北京市地方税务局稽查局	1071		1071		590	481	789	16	266	3	69	900	99	11	58	4	1	1	165	381	525
天津市国家税务局稽查局	804	76	728		538	266	541	11	252	1	37	681	85	4	21	5			122	117	565
天津市地方税务局稽查局	665	198	467		416	249	471	15	179		35	562	68	21	54	3			151	145	369
河北省国家税务局稽查局	2516	54	962	1500	1743	773	2100	20	396	2	45	1680	789	29	120	14	2		204	888	1424
河北省地方税务局稽查局	3091	20	1183	1888	2052	1039	2600	10	481		65	2005	1021	23	195	14		21	381	1214	1496
山西省国家税务局稽查局	1379	23	446	910	924	455	965	5	409		23	964	392	8	42	4	1		114	350	915
山西省地方税务局稽查局	1473	31	524	918	1037	436	1126	7	340		21	928	524	8	53	8			185	467	821
内蒙古自治区国家税务局稽查局	1234	19	488	727	722	512	833	7	394		37	909	288	12	26	2		2	169	481	584
内蒙古自治区地方税务局稽查局	673	80	248	345	422	251	504	17	152		29	570	74	6	8	4			102	298	273
辽宁省国家税务局稽查局	2564	22	2010	532	1633	931	2059	43	462		100	1777	687	19	156	15		1	394	707	1463
辽宁省地方税务局稽查局	1894	52	1192	650	1265	629	1443	42	409		124	1390	380	33	150	14	4		193	584	1117
大连市国家税务局稽查局	368	368			207	161	245	3	120		39	229	100	7	10	4			100	61	207
大连市地方税务局稽查局	468	7	399	62	299	169	340	3	125	1	55	363	49	7	33	2			98	142	228
吉林省国家税务局稽查局	1008	11	661	336	629	379	666	10	332		46	658	304	7	55	9			122	263	623
吉林省地方税务局稽查局	1030	88	621	321	596	434	667	12	351	3	116	681	230	11	72	8			241	384	405
黑龙江省国家税务局稽查局	1230	15	402	813	753	477	913	4	313		42	936	252	9	46	7	1		172	310	748
黑龙江省地方税务局稽查局	1249	15	310	924	679	570	965	11	273		69	996	184	17	68	11	4		372	421	456

2015 年全国税务稽查人员基本情况表（2）

单位：人

单位	人员配置情况				性别		政治面貌			文化结构				专业资格					年龄结构		
	合计	省级	地市级	县级	男	女	党、团员	民主党派	群众	博士研究生	硕士研究生	大学本科	专科及以下	注册会计师	注册税务师	法律职业资格	资产评估师	计算机高级程序员及以上	35 岁以下	35 ~ 45 岁	45 岁以上
上海市国家（地方）税务局稽查局	1191	631	560		596	595	717	30	444		101	871	219	40	147	22	6		236	224	731
江苏省国家税务局稽查局	2104	15	722	1367	1534	570	1629	27	448	1	76	1481	546	57	259	18	2	3	231	475	1398
江苏省地方税务局稽查局	1754	20	760	974	1207	547	1444	29	281		150	1407	197	75	386	37	3		194	802	758
浙江省国家税务局稽查局	1929	20	684	1225	1381	548	1292	21	616	2	59	1376	492	23	119	17	1	3	161	447	1321
浙江省地方税务局稽查局	1699	20	511	1168	1219	480	1221	29	449		73	1298	328	33	70	9	2	2	211	395	1093
宁波市国家税务局稽查局	328	176		152	259	69	236	3	89		9	266	53		7	2			29	70	229
宁波市地方税务局稽查局	252	59	101	92	171	81	188	6	58		10	196	46	2	6	1			19	92	141
安徽省国家税务局稽查局	1238	39	668	531	910	328	1055	9	174		113	875	250	19	122	12	1		148	306	784
安徽省地方税务局稽查局	1098	31	369	698	786	312	863	17	218		145	823	130	36	190	4	2	2	70	421	607
福建省国家税务局稽查局	828	20	303	505	661	167	642	7	179		32	531	265	4	31	9			65	195	568
福建省地方税务局稽查局	865	20	291	554	644	221	714	8	143	1	27	671	166	7	52	5			95	326	444
厦门市国家税务局稽查局	123	75	48		68	55	72		51		8	101	14		7	4			33	33	57
厦门市地方税务局稽查局	96	66	30		63	33	75	1	20		6	77	13	1	7	4	1		12	45	39
江西省国家税务局稽查局	1174	19	478	677	870	304	908	11	255		34	1005	135	20	93	4		12	90	259	825
江西省地方税务局稽查局	1232	24	381	827	879	353	931	11	290		63	913	256	31	146	22	2	2	124	485	623
山东省国家税务局稽查局	2684	19	588	2077	1844	840	2383	11	290	3	96	1627	958	27	173	16	1	3	227	777	1680
山东省地方税务局稽查局	2088	18	529	1541	1437	651	1903	7	178	2	45	1745	296	38	156	7	1	2	108	1029	951

2015 年全国税务稽查人员基本情况表（3）

单位：人

单位	人员配置情况				性别		政治面貌			文化结构				专业资格					年龄结构		
	合计	省级	地市级	县级	男	女	党、团员	民主党派	群众	博士研究生	硕士研究生	大学本科	专科及以下	注册会计师	注册税务师	法律职业资格	资产评估师	计算机高级程序员及以上	35岁以下	35～45岁	45岁以上
青岛市国家税务局稽查局	294	167	21	106	210	84	219	1	74	1	14	250	29	5	19	3	1		12	105	177
青岛市地方税务局稽查局	266	138	43	85	182	84	232	2	32		14	203	49	1	22				6	92	168
河南省国家税务局稽查局	3079	54	1784	1241	1877	1202	2362	14	703	1	48	1404	1626	10	109	13	1		273	988	1818
河南省地方税务局稽查局	2282	39	1206	1037	1442	840	2102	8	172		63	1963	256	11	123	7	1		413	917	952
湖北省国家税务局稽查局	2249	14	1113	1122	1542	707	1890	12	347	3	117	1491	639	19	85	6	1		208	835	1206
湖北省地方税务局稽查局	1558	32	618	908	1067	491	1381	15	162	1	72	1089	396	16	131	8	1		237	442	879
湖南省国家税务局稽查局	2293	38	875	1380	1648	645	1802	12	479		75	1551	667	20	100	14	1	2	246	733	1314
湖南省地方税务局稽查局	1496	19	380	1097	1025	471	1240	5	251	1	36	1118	341	25	92	1		1	196	560	740
广东省国家税务局稽查局	2209	29	664	1516	1468	741	1823	20	366	2	145	1445	617	23	71	35	2	11	301	668	1240
广东省地方税务局稽查局	2348	37	1081	1230	1556	792	1922	11	415	1	149	1556	642	32	108	19	1	2	250	815	1283
深圳市国家税务局稽查局	296	296			158	138	216	2	78	1	40	210	45	8	20	9	1	1	83	113	100
深圳市地方税务局稽查局	279	279			168	111	215	4	60	2	70	170	37	14	24	7			57	113	109
广西壮族自治区国家税务局稽查局	1207	18	435	754	824	383	851	10	346		60	902	245	7	23	9	1		68	422	717
广西壮族自治区地方税务局稽查局	553	553			312	241	406	5	142		44	461	48	5	24	10			101	243	209
海南省国家税务局稽查局	142	142			83	59	118	4	20		20	112	10	8	6	5			46	61	35
海南省地方税务局稽查局	279	279			201	78	223	2	54		19	112	148	1	5	2			56	67	156
重庆市国家税务局稽查局	569	26	402	141	392	177	423	5	141	1	44	410	114	4	17	8			107	127	335
重庆市地方税务局稽查局	626		467	159	401	225	444	33	149	1	48	551	26	10	46	9		11	143	186	297

2015 年全国税务稽查人员基本情况表（4）

单位：人

单位	人员配置情况				性别		政治面貌			文化结构				专业资格					年龄结构		
	合计	省级	地市级	县级	男	女	党、团员	民主党派	群众	博士研究生	硕士研究生	大学本科	专科及以下	注册会计师	注册税务师	法律职业资格	资产评估师	计算机高级程序员及以上	35岁以下	35～45岁	45岁以上
四川省国家税务局稽查局	1800	21	710	1069	1186	614	1296	21	483		78	1197	525	9	109	17		1	241	542	1017
四川省地方税务局稽查局	2164	90	563	1511	1362	802	1542	37	585	3	84	1459	618	27	95	21	1		343	665	1156
贵州省国家税务局稽查局	661	15	318	328	407	254	455	3	203		28	502	131	3	33	10	1		77	239	345
贵州省地方税务局稽查局	329	20	309		204	125	243	1	85		12	280	37	2	2	1			48	141	140
云南省国家税务局稽查局	1150	14	283	853	763	387	710	30	410		24	729	397	1	18	2			76	237	837
云南省地方税务局稽查局	1168	25	311	832	760	408	753	2	413		31	712	425	5	55	5		1	118	400	650
西藏自治区国家税务局稽查局	80	15	65		46	34	76		4		1	75	4						32	42	6
陕西省国家税务局稽查局	1484	39	493	952	1007	477	1022	9	453		34	824	626	4	28	4		12	191	413	880
陕西省地方税务局稽查局	1180	40	621	519	786	394	871	7	302	1	86	796	297	2	56	2		9	128	452	600
甘肃省国家税务局稽查局	721	17	303	401	475	246	543	7	171		16	473	232	1	30	4			81	178	462
甘肃省地方税务局稽查局	741	9	218	514	455	286	550	6	185		9	531	201	9	74	3			117	300	324
青海省国家税务局稽查局	297	15	187	95	200	97	200	3	94		22	173	102	1	5	2			44	106	147
青海省地方税务局稽查局	106	10	96		62	44	78		28		3	78	25		5				8	51	47
宁夏回族自治区国家税务局稽查局	356	25	260	71	187	169	248	3	105		18	288	50	2	12	1			63	104	189
宁夏回族自治区地方税务局稽查局	161	31	130		76	85	125	3	33		10	142	9	1	8				28	69	64
新疆维吾尔自治区国家税务局稽查局	649	20	629		356	293	479	1	169		37	508	104	14	111	7	1		189	231	229
新疆维吾尔自治区地方税务局稽查局	658	47	611		350	308	507		151	1	27	494	136	5	54	1			151	261	246
合　计	80154	5110	34809	40235	52918	27236	61787	767	17600	41	3676	56503	19935	971	4917	585	49	105	10251	25714	44189

第八篇

大　事　记

2015 年税务稽查大事记

第 1 季度

1 月 8 日　国家税务总局向各省、自治区、直辖市和计划单列市国家税务局、地方税务局发出《国家税务总局关于印发〈2015 年全国税务稽查工作要点〉的通知》（税总函〔2015〕88 号）。

1 月 13 日　国家税务总局稽查局向财政部国库司推送第一批重大税收违法案件及当事人信息，落实联合惩戒措施。

1 月 15 日　国家税务总局稽查局发出《国家税务总局稽查局关于重点税源检查及“黑名单”工作调研的通知》（税总稽便函〔2015〕3 号），将对重点税源检查及“黑名单”工作进行集中调研。

1 月 22 日　全国打击发票违法犯罪活动工作协调小组办公室发出《2014 年打击发票违法犯罪活动工作综治考评实施方案》（协办函〔2015〕2 号）。

3 月 3 日　全国税务稽查工作视频会议召开，国家税务总局总会计师孙瑞标作题为《认识税收新常态　把握发展新要求　持续推进税务稽查现代化》的讲话。

3 月 24 日　国家税务总局稽查局从部分省市国税局稽查局、地税局稽查局抽调业务骨干成立稽查信息化建设课题组，集中研究稽查信息化建设工作方案。

3 月 25 日　国家税务总局召开局领导专题会议，研究出口退税无纸化管理试点工作有关问题。

3 月 27 日　国家税务总局发出《国家税务总局关于落实〈关于对重大税收违法案件当事人实施联合惩戒措施的合作备忘录〉有关事项的通知》（税总发〔2015〕40 号），要求落实对重大税收违法案件当事人实施联合惩戒措施的有关事项。

第 2 季度

4 月 1 日　自 2015 年 4 月开始，按照税务总局的统一部署，税务系统 2015 年打击发票违法犯罪活动工作全面有序展开。

4 月 22 日　国家税务总局联合公安部、中国人民银行在杭州召开打击利用黄金交易虚开增值税专用发票违法犯罪专项行动部署会，部署打击虚开“黄金票”专项行动。会上成立了联合领导小组，国家税务总局总会计师孙瑞标担任领导小组组长。

4 月 22 日　国家税务总局稽查局、公安部经侦局、海关总署缉私局联合召开 2015 年打击骗税工作部署会议，部署和推进联合打骗工作。为加强领导和协调，三部门成立了打击出口骗税工作联合领导小组，国家税务总局总会计师孙瑞标任组长。

4 月 28 日　京津冀税务稽查协作首次会议暨签约仪式在北京举行。会议对京津冀协作机制及快速查处涉税案件、联手打击涉税违法犯罪行为等具体工作予以明确，京津冀税务稽查协作机制正式建立。

4 月 30 日　国家税务总局稽查局在全国范围内开展税务稽查信息化建设情况专题调研。

5 月 11 日—17 日　国家税务总局稽查局在云南税务学校举办税务稽查局长培训班，国家税务总局总会计师孙瑞标出席并发表重要讲话。

5 月 15 日—10 月 30 日　根据年度工作计划，国家税务总局稽查局部署税务稽查部门对中国电信股份有限公司、省级分公司及全部下属支公司进行电信业“营改增”专项稽查。

5 月 30 日　从 2015 年 5 月开始，国家税务总局稽查局对全国增值税发票协查情况每月进行通报。2015 年 1—5 月，全国各地国税机关稽查局通过协查系统发起委托协查发票 9.29 万份，涉及企业 10504 户（次），金额 192.05 亿元，税额 29.26 亿元；受托收到协查发票 9.26 万份，涉及企业 15185 户（次），金额 190.84 亿元，税额 29.20 亿元。

6 月 5 日　国家税务总局、公安部和海关总署打击出口骗税工作联合领导小组召开第一次工作会议，就 2015 年打骗工作的进展情况、目前存在的主要问题以及下一步工作安排进行认真研讨。

6 月 15 日—19 日　国家税务总局稽查局巡视员李国成带队赴浙江、上海、山东开展打击发票违法犯罪活动工作联合调研督导工作，国务院办公厅秘书二局、中央综合办综治三室、公安部经济犯罪侦查局、工业和信息化部通信保障局、国家税务总局货物和劳务税司、国家税务总局稽查局有关人员参加。

6月15日 按照《关于对重大税收违法案件当事人实施联合惩戒措施的合作备忘录》的规定，国家税务总局稽查局将第二批176件重大税收违法案件信息进行交换，提供给20个参与联合惩戒的部门。

6月17日 经过前期6个月的调查取证，“海浪1号”行动成功收网，一举摧毁了3个特大虚开增值税专用发票团伙，抓获犯罪嫌疑人31名，严厉打击了虚开增值税专用发票的违法犯罪行为。6月25日，国家税务总局稽查局发函祝贺“海浪1号”收网行动取得重大成果。

第3季度

7月15日 根据公安部《关于同意增加深圳等5个计划单列市国家税务局为有权交控单位的函》（公境〔2015〕1342号），深圳、大连、青岛、宁波、厦门5个计划单列市国家税务局需要阻止欠税人出境的，可按规定分别向广州出入境边防检查总站和辽宁、山东、浙江、福建公安边防总队直接办理边控交控手续。

8月3日 国家税务总局以税总函〔2015〕427号文件对2015年上半年协查信息管理系统运行情况进行通报。

8月25日 国家税务总局发出《推进税务稽查随机抽查实施方案》（税总发〔2015〕104号）。

8月26日 国家税务总局稽查局以税总稽便函〔2015〕90号文件对2015年1—7月协查信息管理系统运行情况进行通报。

8月26日 国家税务总局稽查局发出《关于做好“黄金票”专项行动协查工作的通知》（税总稽便函〔2015〕91号）。

9月2日 国家税务总局发出《国家税务总局关于进一步加大打击税收违法行为力度的通知》（税总函〔2015〕471号）。

9月2日 国家税务总局副局长汪康、总会计师孙瑞标主持召开会议，研究进一步加强防范和打击骗取出口退（免）税工作。货物和劳务税司和稽查局汇报了当前防范和打击骗税工作的形势、措施和下一步工作安排。国家税务总局货物和劳务税司、稽查局相关人员参加会议。

9月7日—20日 国家税务总局稽查局在江苏省税务干部学校举办全国税务系统信息化管理企业税务稽查培训班。各省、自治区、直辖市和计划单列市国家税务局、地方税务局入选国家税务总局税务稽查人才库的人员参加了信息化管理企业税务稽查的技术运用与实务操作的培训。

第4季度

10月8日 国家税务总局发出《国家税务总局办公厅关于印发〈培训方案策划基本规范〉及〈税务稽查培训指导大纲〉等8个课程培训指导大纲的通知》（税总办发〔2015〕183号）。

10月12日 国家税务总局发出《国家税务总局关于进一步加强税务稽查特殊案源管理工作的通知》（税总函〔2015〕535号）。

10月14日 国家税务总局稽查局以税总稽便函〔2015〕126号文件祝贺深圳“10·15”骗税案收网行动取得重大成果。

10月14日 国家税务总局稽查局以税总稽便函〔2015〕117号文件明确关于税务检查证的管理事项。

10月15日 国家税务总局发出《国家税务总局办公厅关于进一步加强税收违法“黑名单”联合惩戒工作有关事项的通知》（税总办函〔2015〕1159号）。

10月27日 国家税务总局稽查局、公安部经济犯罪侦查局在税务总局第二办公区六楼第一会议室联合召开案件部署会，相关省（区、市）国家税务局稽查局、公安厅（局）经侦总队负责人参会。

10月29日 国家税务总局稽查局以税总稽便函〔2015〕145号文件祝贺深圳“7·20”专案收网行动取得重大成果。

11月2—8日 国家税务总局、公安部在重庆市税务干部学校联合举办第三期全国税警协作培训班。

11月3日 国家税务总局总会计师孙瑞标主持召开专题会议，研究重大税收违法案件公布信息系统优化升级工作。

11月14日—15日 中央电视台一套和新闻频道并机直播的《朝闻天下》《新闻30分》栏目分两期报道了题为《60亿连环骗税大案》的节目，全面报道了“海浪2号”特大骗税案件查处始末。

11 月 15 日—16 日　国家税务总局在天津市召开部分地区税务稽查信息化建设座谈会。按照税务稽查信息化建设总体规划和金税三期工程系统推广应用的工作要求，听取了与会单位对税务稽查信息化建设的意见和建议。

11 月 16 日—20 日　23 日—27 日　国家税务总局稽查局在湖北省税务干部学校举办两期全国税务系统协查信息管理系统培训班。

第九篇

文　选

关于税务检查权管理问题的探讨

郭筑明

正确行使税务检查权，有利于加强税收征收管理，规范税收征收和缴纳行为，保障国家税收收入，保护纳税人合法权益，促进经济和社会发展。

一、税务检查权概述

（一）税务检查权的法律内涵

税务检查权是《税收征管法》第四章规定的由税务机关依法对纳税人、扣缴义务人遵从税法情况进行了解的资格和权能，用于规范纳税行为、扣缴行为和其他涉税行为的多项权力总称，是被法律所赋予的一项行政执法权。

《税收征管法》规定，税务机关的税务检查权包括查账权、场地检查权、责成提供资料权、询问权、查证权、检查存款账户权、调查取证权等。税务检查权具备五点特征：一是主动性；二是独立性；三是广泛性；四是限制性；五是强制性。税务检查权的行使应遵循依法检查、公正效率、分工协作三个原则。

（二）税务检查权的行政作用

1. 规范纳税行为的作用。在税收核心职能层面上，法律赋予税务机关检查权，目的是加强税收征收管理，规范征收和缴纳行为，保障国家税收收入，维护公平环境，促进经济和社会发展。

2. 完善税收征管的作用。在征管体制层面上，税务检查权同时拥有特定的行政任务，在税收秩序的管理上发挥特定作用。随着征管体制改革的不断深入，税务检查权越来越体现出其独立行使、独立运行和管理的重要。

3. 形成法律威慑的作用。无论是为日常管理、风险监控、监督惩戒等何种目的而实施的税务检查，对行政对人都会形成法律威慑。

4. 增加财政收入的作用。税务检查是事后监督的手段之一，对堵塞征管漏洞，为国家挽回税收损失起到重要作用。2012—2015 年上半年，全市地税稽查系统共对各类纳税人实施检查 10911 户，查补税款 88.77 亿元，成为税收收入的重要支点。

二、税务检查权的管理及现状

（一）税务检查权管理的内容

税务检查权的管理主要包括对检查权的授权范围、权力行使规则、问题处理方式和渠道、权力行使监督控制、检查权运行效果评价等内容。

（二）北京市地税局税务检查权管理的现状

1. 多头管理部门，多重任务下达。目前，北京市地税局具有检查权管理职能的处室主要包括：征管和科技发展处、稽查处、大企业税收管理处、国际税务管理处等；在检查权行使层面上，主要由各区县税务局、稽查局、税务所行使。各部门检查目的及内容各不相同，均承担一定的收入任务。

2. 检查管理规定及工作流程不统一。各部门负责的不同检查事项有不同的流程和管理规定。如：对总部企业的检查主要采用约谈的形式；对国际情报检查采取受理、转办、调查核实、督察督办及审核上报的流程进行。

三、税务检查权管理问题的分析

从现状可以看出，检查权的管理缺少顶层设计。实践中，被查对象可能同时面对多个检查者，参与不同的检查程序。这种情况，不仅带来管理乱象，更严重影响了检查权作用的发挥。主要后果分析如下：

（一）管理职责不集中，产生行政壁垒

目前，检查权分散于各行政主体内部，管理上存在一定混乱，易导致税务机关内部出现壁垒。如：各部门均作为税务检查主体，从满足自身职责和完成任务角度出发进行工作安排，考虑问题缺乏统筹部署。

（二）任务安排不统一，困扰检查对象

目前的管理实践中，一定程度上存在对被查对象多头检查、短期内重复检查，对重点纳税人过度检查等情形。另外，相关法律尚未对重复检查作出规定，纳税人仅能就某一具体执法行为进行复议或诉讼，但无法对重复检查行为进行抗辩，只能被动接受同时多次开展的税务检查。

（三）行使标准有差异，损伤行政效力

对于检查权的行使程序，规定最为详尽的是国家税务总局《税务稽查工作规程》。但它仅限于稽查部门行使检查权，对于其他有权检查的部门没有约束力。一方面，其他部门开展检查工作的标准和规范与稽查部门有所不同，产生了执法流程、执法尺度、查证深度、检查期间等方面的差异；另一方面，税务检查具有很强的政策性、技术性和严肃性，检查权的管理既包括对一次执法行为纵向的约束，也包括对多项执法行为横向的对比控制，加强质量、提高效率是检查权管理的内在要求。

（四）检查目的偏离，加大执法风险

在现有模式下，不同部门行使检查权往往带有行政功利色彩，组织税收收入、完成处罚指标、调节征收任务等均成为检查目的。目的偏离带来不易控制的执法风险，无论是客观原因还是主观原因，都在损害国家及个人利益的同时，加大了执法人员的执法风险。

四、完善税务检查权管理的建议

中央全面深化改革领导小组第十七次会议，审议通过的《深化国税、地税征管体制改革方案》中要求，着力解决现行征管体制中存在的一些突出问题，是我们今后工作的重要方针和发展趋势，集中税务检查权管理有利于国地税联合检查的开展与协调。因此，税务检查权管理模式应当按照方案要求加快调整步伐，这有益于征管合力的发挥和征管体系的健康发展。

（一）明确职能定位，重塑税务检查管理体系

基于税务检查权正确定位的角度，才能够真正理解检查权归口管理的重要性和必要性。据此，对目前散落在各级税务机关的检查权，有必要做全面梳理，从而实现统一归口管理。其突出作用有以下三个方面：一是保证检查权职能定位始终保持在管理主线中，不会偏离。二是保证检查权得到充分行使，实现依法治税的目标。要使检查权得到充分有效的行使，在《税收征管法》框架下要有更加细化的规范、制度、标准及流程，而且这些规范应当统一、稳定。三是防范检查权被滥用的系统性风险，保护执法活动参与者的各方利益。滥用检查权的系统性风险存在于权力行使的每一个环节，包括如何选取检查对象、检查过程中动用哪一项检查权、检查周期和时间是否需要限制、检查结果需要哪一级领导审查等等。

鉴于以上分析，可提出以下建议：凡涉及查账权、场地检查权、取证权、查证权、检查存款账户权，以及到纳税人经营地实地检查等职权，统一整合由一个部门管理，实现税务检查权管理的相对集中。

（二）调整组织架构，强化税务检查专业队伍

具备专业素养的人员队伍是高效完成检查任务的关键。一是由管理检查权的部门牵头，统一管理全市检查人员队伍，统一给予业务指导，规范标准，并独立考核人员绩效；二是由管理检查权的部门直接部署检查任务，可根据全市检查的总体需要分解任务、分配指标，满足检查与征管的综合效率最大化需求；三是利用归口管理部门的信息集中优势，建立信息化的培训平台和检查实例交流平台，使各级检查人员能开阔思路、开放视野得到学习与提升。

（三）加强检查监督，充分发挥管理合力

各种检查方式相互补充，才能起到更好的征管效果。一是扩大日常检查范围，从覆盖面上发挥检查促进管理的作用。日常检查程序应尽量简化，一事一查，检查发现的轻微违法情形从低适用处罚裁量，以跟踪监督、完善征管、轻惩戒重教育为目的规范纳税人行为，促进和谐征纳关系的形成；二是对待重大涉税问题应坚决立案稽查，从点上纵深切入，重点打击涉税犯罪，有力发挥稽查局打击职能，做到程序规范、证据确凿、定案准确、处罚适当，使检查权得到深入全面运用，真正起到震慑、警示作用；三是对于日常检查和税务稽查以外需要检查的情形，应当在统一协调下做到点面结合，科学部署，依法合理安排，既不给纳税人带来更多的干扰和负担，也不以实现规范涉税行为以外的行政目的为出发点乱作为。

（四）全面信息共享，提高征收管理质效

应当以“互联网+”的现代化思维看待税收工作，建立检查与检查之间、征管与检查之间的信息交流机制和交流平台，将孤立的数据变成组合的数据，加以分析、比对、运用，为征管水平的提高带来效益。

综上所述，统一管理税务检查权有助于检查权力的高效专业行使，有利于检查效能的最大地发挥，继而有益于综合征管力量的充分发挥，最终使全体纳税人受益，使国家受益。

（郭筑明，北京市地方税务局副巡视员）

构建“四位一体”税务大监督体系的思考

陈 煜

税务机关组织体系中巡视、督察内审、监察、稽查四个相关部门共同具有监督的职能特点，承担着大量具体繁杂的内外监督的工作任务。如何实现对巡视、督察内审、监察、稽查四个职能部门管理资源的有效利用，积极构建“四位一体”的税务大监督体系值得认真思考。

一、“四位一体”税务大监督体系的架构解读

（一）“四位一体”的功能

巡视、督察内审、监察和稽查是“四位一体”税务大监督体系中的四位。其中，巡视、督察内审、监察居于税务机关对内监督的重要位置，稽查担负着税务机关发挥对外监督作用的重要外在角色。“巡视”的功能主要是对各级税务机关领导班子及其领导成员的党风、作风、班子建设以及廉政勤政等方面情况进行重点巡查和监督。“督察内审”的功能是组织实施税收法律法规的监督检查，干部经济责任审计以及督察落实税收执法检查工作。“监察”的功能在于监督检查税务系统内部各级机关及其工作人员落实党纪、行政监察制度情况和开展执法监察工作，查处系统内违法违纪案件。“稽查”的功能是落实税收法律、法规、规章和规范性文件，组织、协调、督办或直接查处各类税收违法案件。

（二）“四位一体”的提出

构建“四位一体”大监督体系，是基于督察内审、巡视、监察和稽查均具有监督职能并且相互之间具有双向或多向互动关系这一特点而提出的，是从四个不同维度把税务监督功能有机联系起来的集合体，是创新税务行政管理的积极举措。从内在逻辑上讲，“四位一体”大税务监督体系的形成是发挥税收职能作用的内在要求，是坚持科学发展的本质内涵，对于推进税收现代化和税务事业的全面发展有着积极意义。从外在逻辑上讲，“四位一体”大监督体系是税务监督内外结合的有机联系体。巡视、督察内审、监察这“三位”侧重于从内部进行监督，稽查这“一位”侧重从外部进行监督，但内部监督与外部监督是密切联系在一起的，特别是内部监督的“三位”之间更是相互渗透的。

（三）“四位一体”的指向

“四位一体”的四位既相对独立成系统又相互关联为体系。其中，“监察”和“稽查”分别是税务机关发挥内部监督和外部监督作用两个不同的起点，也是内外监督的重点；“巡视”是发挥税务监督作用的基点，通过“巡视”发现情况或问题可以为实施税务监督活动提供线索和依据。在此基础上，通过“监察”受理对涉案税务机关及其工作人员违法违纪行为进行查处，并视案件的性质或情节严重程度，通过或联合“督察内审”对涉案税务机关的财务活动进行审计或涉案税务领导干部进行经济责任审计；必要时，还可以借助“稽查”力量对涉案相关纳税人税收违法行为进行查处。同时，还可以结合开展“一案双查”工作，将“监察”与“稽查”相结合起来一并进行内外税务监督活动。

二、“四位一体”税务大监督体系的作用探析

（一）更好地发挥税务监督功能

将四个具有监督功能的职能部门有机地组合起来，共同构建一个“四位一体”的税务大监督体系，并以大监督体系协同机制为平台，实现了一个职位可以受到与之相关其他职位的监督约束，一方面提升了监督机制本身的执行力，另一方面可以促使该职位人员从自身的角度评估滥用职权的风险性。因此，从实质上讲，“四位一体”大税务监督体系实现了税务监督功能的“再提升”，是税务机关内外监督共同作用的最优平台，既打破了各自监管的边界，使各自监督体系既有独立性，又有关联性，从而更加有效地发挥税务监督功能，消除内外监督有别和监管体制上的“孤岛”。

（二）有效地提高税务管理水平

“四位一体”税务大监督体系的构建，遵循了

系统管理的理念和方法，对共同具有监督职能的不同职位相关业务进行协调优化，从整体上实施业务梳理和有机衔接，提高了管理资源使用效率，并且能够有效地解决税务监督管理上的信息不对称以及权责不清、管理交叉、部门间交流不畅等问题，有利于各自监督功能的高效发挥。值得指出的是，“四位一体”税务大监督体系的构建，其本身就是一个全面的管理体系梳理、管理内容的细化、管理基础改进的机会和过程。以监督特点为共同取向而形成集内外监督于一体的相对闭环管理系统，可以通过管理体系灵活动态的调整实现各个职位业务优化、消除管理流程断点，改进管理薄弱点，从而有效地提升税务管理运行效率和税务监控能力。

（三）有助于推进税收现代化

高效清廉的组织体系是税收现代化的六大体系之一。从一定意义上讲，构建“四位一体”大税务监督体系就是落实推进税收现代化的重要举措。“四位一体”体系构建以强化管理落脚点的方式服务于税务大监督的工作流程、制度、标准、绩效考核等，通过业务的整合和资源的调配促进协同管理，有助于更好地落实各个职位的责任，实现管理效率的更优和服务方式的更便捷。同时，借助构建“四位一体”大监督体系，有助于强化内控机制，防范税务风险，加快建设现代税收管理体系，为推进国家治理体系和治理能力现代化及税收现代化建设做贡献。

三、构建“四位一体”税务大监督体系的路径求解

（一）前提——准确把握职能定位“四个目标”

发挥其监督职能作用的目标是构建“四位一体”税务大监督体系的重要前提。这个前提可以形象地概括为“四个一”：即“织密一张网”，以防范理念为指导，通过布局税务机关发挥内外监督职能作用的网格状监管领域，使之成为强化内控机制和外部监控的预警系统；“筑牢一堵墙”，以制度建设为保障，通过内外监督的协同运作机制，构筑共同防范税务违纪违法的“防火墙”；“擦亮一面镜”，以职能管理为依据，借助业务管理的相互融合和监督职能的再提升这面“镜子”，促使“四位一体”大系统不断地自我修复、自我完善；“高悬一把剑”，以监督打击为要求，让“四位一体”系统好比达摩克利斯之剑，其构建的落脚点体现在对内加强职能监管、防范执法风险，打击税收违法活动，共同维护良好税收秩序。

（二）基础——切实坚持相互作用“四个原则”

一是资源互用原则。就是将巡视、督察内审、监察和稽查部门所拥有的税务监督管理资源有机地整合，实现管理资源相互提供、相互反馈和相互使用，实现管理资源利用最大化。二是业务互联原则。加强四部门相互之间的业务联系和沟通，既合理地界定实施监督职能的边界和防止业务管理重叠，又加强业务衔接，促进协同配合和分工负责，提高“四位一体”系统的整体运作效率。三是管理互动原则。按照共同加强税务监督的职能要求，将四位之间的职责、流程、制度、标准、考核等管理要素进行优化和匹配，从而促进“四位一体”内在的各个职位之间相互融合，形成良性循环和闭环管理。四是成果互享原则。“四位一体”体系以发挥监督作用为基础，进行多种管理体系内容和要求的一体化整合，为管理成果共同分享提供了基础和条件。

（三）重点——积极寻求管理瓶颈“四大突破”

一是在事前风险防控上求突破。运用“制度+科技”手段，从“权力节点、管理弱点、监控盲点”三个维度入手，及时查找“四位”之间易发、频发或可能发生的风险点，建立风险数据库，并及时发布风险预警提示。二是在事中协调监管上求突破。充分发挥“四位一体”税务大监督体系的协同优势，积极构建四部门之间信息共享、业务衔接、协作办案以及结果运用机制，进一步规范执法行为、堵塞管理漏洞，促进各项税务工作协调开展。三是在事后责任追究上求突破。切实加大对“四位一体”各位职能作用发挥的行政惩戒力度，严格责任追究，不断增强税务大监督体系的威慑力和影响力。四是在团队协作配合上求突破。充分整合和运用好四位之间监督力量，统筹做好日常监督和专项监督工作，有效发挥“四位一体”的“聚集效应”。

（陈煜，湖北省国家税务局总经济师）

税务稽查案源管理机制探究

肖厚雄　吴　鸿

一、税务稽查案源管理概述

税务稽查案源管理是税务稽查工作的重要组成部分，是税务稽查的先导和基础，是指税务系统内部专业部门，以促进纳税遵从为根本目标，按照法定职责和规定程序，依照一定的方式、方法，对纳税人、扣缴义务人涉税信息进行收集、分类、识别、确认、处理、反馈等的管理活动，涵盖了税务稽查对象的确定，税务稽查任务的下达，税务实施和审理的反馈等内容，是一个不断循环流转的过程。

税务稽查案源管理的核心是税务稽查对象的确定。税务稽查对象的确定亦称税务稽查选案，是税务稽查的第一道程序，包括主动选案和被动选案。主动选案主要是指日常稽查和税收专项检查对象的确定，被动选案主要是指上级交办案件、其他部门转办和群众检举案件等对象的确定。

二、制约税务稽查案源管理发展的主要问题

（一）案源管理制度不完善，案源管理工作不规范

目前，缺乏统一规范的案源管理办法和选案操作规范，导致各税务稽查单位在案源管理岗位的设置，人员的配备、具体的职责、流转的程序、岗位的监督管理方面各行其是，选案主观随意，撤案时有发生，影响了稽查工作的严肃性。

（二）信息保障与支撑不足，选案工作比较被动

一是信息采集网络不健全，渠道不畅通。目前，税务系统同级各部门间的信息交流和上下级间的信息反馈受到广度和深度的制约。税务系统外部，尚无第三方数据采集机制和操作规范，缺乏与工商、公安、司法、银行、产权交易所、能源部门、房地产管理部门、行业管理部门等部门有效的信息传递渠道，造成第三方信息来源匮乏。

二是信息源渠道狭窄，信息质量偏低。目前可供选案分析的资料主要是征管信息和部分财务指标信息，针对特定税种的计税依据相关信息不全，更新不及时，由此造成选案分析对账外经营和虚假申报等情况难以判明。

（三）选案方式和手段滞后，选案准确性相对不足

一是选案指标体系尚未构建，选案方法单一。全省尚未建立科学、全面的选案指标体系，税务稽查选案基本上还是以人工选案为主，导致目前税收分析深度不够，选案随意性大、科学性不足。

二是稽查选案分析软件缺乏，选案手段滞后。核心征管软件税务稽查模块没有计算机选案功能，也没有稽查选案的辅助分析模块。全国税务稽查系统也没有建立统一的选案软件，稽查选案主要依靠人工分析和经验判断，难以满足科学选案的要求。

（四）案源管理岗位设置不一，人员业务素质有待提升

一是案源管理岗位设置杂乱。目前，大部分地税局稽查局尚未设立专门的案源管理部门，而是将案源管理工作放在综合部门、审理部门或检查部门，导致一人多岗、一岗多责，背离了四环节相分离的原则，案源管理职能作用不能得到有效发挥。

二是案源管理专业人才缺乏。目前选案人员专业化程度和稳定性较低，身兼多职，岗位经历单一，思维模式固化，联系实际和工作创新性不够，制约案源管理水平的提高。

（五）选案考核指标欠精准，导致稽查工作舍本逐末

目前，涉及案源管理的考核指标为税务总局确定的选案准确率，选案准确率指标考量的不仅是选案部门的选案水平，还考量了检查人员的业务能力及职业态度等多方面内容。从全省近几年数据来看，税务稽查部门选案准确率逐年提升，然而通过仔细分析稽查情况明细数据，不难发现，选案准确率的考核初衷与考核方向出现了一定的偏差。理论上，选案准确率应着重考量稽查选案所提示的涉税问题与实际检查发现被查对象涉税问题之间的吻合

度，但由于目前尚无法统计上述吻合度，只能以查有问题户数占比来考量选案准确率。由于任务安排、取证难度以及业务水平等主、客观因素，部分稽查人员为减少“空白户”，把大量精力放在查处小额印花税和个人所得税，来确保“选案准确率”达标，导致稽查成本与实际取得成效的不十分匹配，背离了提升纳税遵从的终极目标。

三、完善税务稽查案源管理的措施与建议

（一）以制度建设为保证强化案源管理的顶层设计

一是建立“四位一体，整体联动”的案源管理机制。首先，由税收征管部门收集纳税人的涉税信息，形成税源管理的基础数据信息；其次，由纳税评估部门建立行业纳税评估模型，实施案头分析，对基础案源数据信息进一步补充完善；再次，由风险监控部门按风险应对标准，对各类税源数据进行风险等级划分，并将结果以风险提示的形式向稽查部门推送；最后，稽查部门通过收集整理税源数据信息、风险提示信息，建立基础的稽查案源信息库，并对立案检查结果以成果运用的形式最终反馈到征管部门，从而形成四个环节在案源管理方面的良性互动机制。二是强化机构设置，明确部门职责。三是建立科学的案源分级分类管理制度。综合考虑纳税规模、行业特点、风险等级等因素，对案源情况实施科学化、专业化、信息化的分级分类管理。

（二）以信息化为支撑打造科学的稽查选案系统

一是建立案源大数据管理仓库。内容包括核心征管系统的税源数据信息、纳税评估线索数据信息、涉税风险提示数据信息，以及从房地产管理部门、建设部门、科技部门、知识产权部门、外经部门、工商部门、供水供电部门、行业协会以及互联网等多方采集的关键经济数据。确保选案人员能及时掌握被查单位的财务会计信息数据，以及被查行业关键经济、技术、税收指标等。二是建立科学的选案指标体系。一方面，税务总局建立具有共性特征的选案指标体系，适应全国税务稽查的一般情况；另一方面，各地省一级税务机关，分国税、地税，建立涵盖财务指标、纳税指标、其他指标三大类的个性化选案指标体系。三是分行业建立预警指标体系。利用计算机系统自动定期将预警结果发送到各级领导和稽查人员手中，实现稽查疑点的自动捕捉。

（三）以风险管理为导向推进人机结合的立体选案模式

一是根据指标预警，由计算机系统确定不同的风险应对等级。对高风险纳税户由稽查进行定向稽查，提高税务稽查打击税收违法行为的准确性。二是对一般风险和低风险纳税户，采用计算机随机抽查的方式实施税务稽查。三是对于难以用计算机系统进行甄别的案源数据信息，由人工进行案头分析，实施风险评估，并在集体审议的前提下确定待查对象。以此提高选案准确率，最终实行稽查选案的精确打击。

（四）以专业化改革为契机培养复合型的案源管理队伍

一是加强专业化的人才配备。将案源管理的专业化人才占稽查干部的比例作为硬性指标，纳入税务稽查专业化改革的规划中。二是强化对复合型人才的培养。通过定期开展分行业、分层次、分专业的案源管理业务培训，把培养案源管理的复合型人才作为一项重要工作来抓。三是建立团队化的选案模式。将具有不同专业知识的案源管理人才集中起来，实施团队化的选案，为提高选案精准度打下坚实基础。

（五）以成果检验为标尺建立案源管理综合考评体系

一是建立案件跟踪管理机制。案源管理部门应在立案后，对案件的检查、审理、执行情况进行跟踪管理，根据情况不断修正完善稽查选案指标体系。二是建立成果反馈机制。审理部门在案件执行完毕后，要及时将稽查成果情况反馈给案源管理部门。三是建立多指标考核体系。绩效考核部门要设置“大要案查处率”“查补率”“撤案率”“稽查计划完成率”“交办、转办案件回复率”等考核指标。四是建立多方测评打分制度。由检查环节和审理环节对选案工作成果进行测评打分。最后，绩效考核部门综合考虑指标考评情况和测评打分情况，对案源管理工作和选案工作成果做出客观评价。

（肖厚雄，湖北省地方税务局副局长；吴鸿，湖北省地方税务局稽查局局长）

银川地区国税稽查部门效能分析

杨 勇

自1994年分税制实施以来，历经数次改革调整，宁夏国税部门在银川地区形成了银川市、银川经济技术开发区、宁东能源化工基地3个国税部门划区属地管理的税收管理格局，并分别设立了税务稽查部门，对于强化税收管理发挥了积极作用。随着地区经济社会和税收管理发展，经济税源发展呈现新的态势，稽查机构运转效能如何？在此，笔者对有关情况做一简要比较分析。

一、银川地区国税稽查工作开展情况比较

（一）从人员队伍看，“一大”“两小”特点鲜明

人员数量上，2013年银川市国税局稽查局人员数量多，超过全区国税稽查人员1/3；经开区国税局稽查人员占本局全部人员比例虽然与银川市差异不大，但总量上偏小；宁东国税局稽查局2013年正式成立，人员尚未完全到位，由该局河东分局实行一套人马、两个机构代行职能，专职稽查人员少、比例低。年龄结构上，2013年银川市、经开区、宁东45岁以上人员比例额分别为44%、55%、100%，银川市局稽查人员年龄相对较小，比全区49%的水平略低。学历及专业资格上，银川市局稽查部门研究生等高学历人才和“三师”、计算机等专业人员数量较多，梯次结构合理，人才优势明显。人员队伍总体呈现大局人才优势明显和小局力量不足并存特点，有较大互补空间。

表1 银川地区国税稽查机构人员情况表 单位：人

单位	人数			年龄结构			学历			专业资格		区局人才库		检查岗位	
	税务机关	稽查人员	比例（%）	35岁以下	35～45岁	45岁以上	研究生	大专及本科	其他	三师	计算机	数量	比例（%）	人员数量	占比（%）
银川市	915	143	16	18	62	63	6	134	3	8	7	17	34	100	70
经开区	73	11	15	1	4	6	1	10	0	0	0	2	4	9	82
宁 东	42	3	7	0	3	3	0	8	0	0	0	0	0	3	100
合 计	1030	157	15	19	69	72	7	152	3	8	7	19	38	112	71
全区国税	3061	408	13	65	144	199	23	374	11	20	37	50		285	70

说明：上述数据为2013年末人员数据，区局稽查人才库以2014年人才库调整后数据为准。

（二）从税源结构看，稽查案源普遍丰富、内存差异

从2013年银川地区三局税源分布看，一般纳税人户数占到全区国税的66%，年纳税50万元以上税源企业占到50%，区级重点税源企业占到39%，相对全区其他各地税源数量集中特点明显。从2013年各类税源对当地税收收入贡献看，银川、经开区、宁东年纳税50万元以上税源企业、区级重点税源企业入库税收占本地收入总量的比重均高于全区平均水平，分别比全区77%、67%的均值高出11%、9%；分管理局看，年纳税50万元以上税源企业税收收入集中度银川、经开区、宁东依次递增，区级

重点税源企业宁东、银川、经开区比重依次递减，充分反映出宁东局体量大的重点税源企业集中度高，经开区局中等税源企业数量多，银川局重点税源与中等规模税源企业结构分布相对均匀，也为税务稽查强化监控指明了方向。

表2　　银川地区国税部门2013年税源及人员分布情况表　　单位：人、户、年

单位	一般纳税人户数	稽查人员	年纳税50万元税源		区级重点税源		人均年稽查户数			轮查一遍年限	
			户数	占当地收入比重(%)	户数	占当地收入比重(%)	一般纳税人	本级50万元税源	区级重点税源	一般纳税人	本级50万元税源
银川市	10728	143	581	83	44	73	75	4	0.31	23.44	1.27
经开区	985	11	158	91	10	46	90	14	0.91	27.98	4.49
宁　东	237	3	41	100	12	95	79	14	4.00	24.69	4.27
合　计	11950	157	780	88	66	76	76	5	0.42	23.79	1.55
全区国税	18085	408	1561	77	168	67	44	4	0.41	13.85	1.20

说明：1. 人均年稽查户数按照“户数/稽查人员”计算得出；

2. 轮查一遍年限按照“人均年稽查户数/每年加权检查户数”得出，其中：年加权检查户数＝全区国税稽查2011年、2012年、2013年稽查户数之和/全区国税稽查2011年、2012年、2013年稽查人员之和计算得出3.2户/人/年计。

（三）从稽查资源配比看，呈现“两高三不均”特点

“两高”：从人均年稽查户数看，人均占有一般纳税人稽查户数为全区平均水平的1.7倍，经开区局超过2倍，明显偏高；从轮查一遍年限看，由于税源相对全区其他各地丰富，一般纳税人轮查一遍年限普遍较长，尤其经开区局超过全区平均水平的两倍。

“三不均”：一是50万元以上税源企业人均年稽查户数与全区平均水平接近，为平均水平的1.25倍，但经开区局和宁东局均达到3.5倍，人均占有中等规模税源明显高于银川市局；二是重点税源人均水平总体与全区接近，银川略低，经开区超过两倍，宁东局由于专职稽查人员少、户数多达到全区平均水平的近10倍；三是50万元以上税源企业总体接近全区平均水平，但经开区局、宁东局相对偏高，超过银川市局的3倍。充分反映出区域经济税源相对丰富，经开区、宁东偏高，人力资源和稽查案源配置不均衡。

（四）从工作效能看，大局指标发展向好态势优于小局

从综合效能指标看，银川市局、经开区局、全区调整后查补收入比重分别为1.99%、1.26%、1.63%，银川市局明显高于全区平均水平，经开区局低于全区水平较多，反映出银川市局工作整体成效明显优于经开区局。

从人均产出效益看，经开区局人均查补收入数额、查补收入占比与稽查人员数量比值、查补收入占比与稽查户数比值均高于银川市局，反映经开区局单位人员产出和户均产出效益高于银川市局。从工作效率看，银川市局年人均检查户数、检查户数占比与人员占比比值均高于经开区局，反映银川市局每户检查用时少、效率高。从稽查指标发展态势看，银川市局查补收入、检查户数、查处大要案件数量等指标体量较大、相对稳定；查补收入占比与稽查人员数量比值、查补收入占比与稽查户数比值、检查户数占比与人员比值，银川市局波动不大、态势向好，经开区局波幅较大，尤其受查处大要案件影响较大、内部不均。

表 3　　银川地区国税稽查机构稽查指标对比表（一）　　单位：万元、人、户

单位	调整后税收收入	人数	检查户数	稽查查补收入	人均查补		户均查补	百万以上案件	调整后查补收入比重（%）
					收入	户数			
银川市	1379422	443	1897	27415	61.88	4.28	14.45	31	1.99
经开区	300702	35	138	3790	108.29	3.94	27.46	9	1.26
全　区	5168850	1291	4129	84433	65.40	3.20	20.45	112	1.63

说明：1. 因宁东能源化工基地国税局稽查局 2013 年成立故未列入；

2. 本表所列各指标数据为 2011 年、2012 年、2013 年度数据之和；

3. 调整后税收收入为剔除消费税和车辆购置税数额。

表 4　　银川地区国税稽查机构稽查指标对比表（二）　　单位：万元、户、人

单位	年度	查补收入		检查户数		稽查人员		收入占比/户数占比	收入占比/人员占比	户数占比/人员占比
		本级查补	占比（%）	本级检查	占比（%）	本级数量	占比（%）			
银川市	2011	7033	28	553	45	152	34	0.62	0.82	1.32
	2012	9233	33	675	51	148	34	0.65	0.97	1.50
	2013	11149	36	669	49	143	35	0.73	1.03	1.40
	合计	27415	32	1897	48	443	34	0.67	0.94	1.41
经开区	2011	1210	5	48	4	12	3	1.25	1.67	1.33
	2012	1490	5	48	4	12	3	1.25	1.67	1.33
	2013	1090	3	42	3	11	3	1.00	1.00	1.00
	合计	3790	4	138	4	35	3	1.00	1.33	1.33

说明：因宁东能源化工基地国税局稽查局 2013 年成立，故本表未列入宁东局。

（五）从职能职责看，小马拉大车影响工作质效提升

银川市局稽查部门人员数量远远多于经开区、宁东局，机构设置完备、人员充足、运转规范、质效较高。相比之下，经开区局和宁东局人员少、职能全，落实打击发票违法活动、税收专项检查、“黑名单”制度等专项工作和按期报送各类报表、总结、信息等综合管理工作任务繁重，常规工作占用稽查人力资源较多，拖累稽查主业工作开展。对于打击发票违法犯罪等需要较多人力投入和信息化稽查等技术性较强的专项工作难以落实，被动应付、无法深入问题突出。由于受人员较少等因素制约，专业化建设难深入，稽查一线力量无法保证，稽查“四段式”运行不规范，相互制约难以落实到位，不利于工作质效提升。

（六）从执法成效看，同区域、多主体的分散执法格局难以实现公平执法

一是执法标准尺度难以统一。各局检查、审理、重大案件审理委员会人员业务素质和主观认识差异的客观性，致使对同一税收违法行为性质的认定、法条的适用、处罚标准的选择难免存在不同理解，同一行为有的单位定性为偷税并给予罚款，有的单位仅仅做补缴税款处理，执法尺度松紧不一。在多次的外部审计和执法检查中均反映过类似问题。二是执法外部干扰无法消除。现行财政和经费管理体制下，各级税务部门无论是在工作上还是在经费来源上，听命于地方党委政府、受约于相关部门，难以独立公正执法；稽查人员在“小圈圈”

内长期不流动，形成“老熟人”“留情面”等人情稽查执法的情况时有发生。三是执法监督检查难以跟进。稽查工作政策性、专业性强，虽然各级有执法监督检查、行风测评、抽复查等不同形式的监督，但从效果看，往往是内部制约监督由于人员缺失落实不到位，本级监督业务不熟难以深入进行，上级抽查复查监督无法扩大覆盖面，尚未形成有力威慑。

二、强化银川地区国税稽查工作的建议

推进税务稽查现代化建设是实现税收现代化的重要内容，也是税务稽查工作顺应时代发展的内在要求。推进全区国税稽查工作发展，必须着眼税务稽查现代化的要求和方向，紧紧抓住银川地区这个关键，积极适应构建现代税源结构特征和查处税收违法行为需要的稽查资源配置模式和管理机制，在不断探索中走出一条推进我区税务稽查现代化的新路。

（一）顺应发展态势，牢固树立稽查现代化的新理念

现代化的思想是推进全区国税稽查工作的总遵循，也是应对经济社会发展新常态的要求。要立足实际，正确认识银川地区经济税源整体上的大同和结构上的差异，强化税收管理的共性要求和个性需求，开展税务稽查工作的优势和短板，切实强化服务大局、依法行政、创新管理、提升遵从、以人为本等现代理念，借鉴“四省一市”等地区先进经验，从组织机构、体制机制、稽查队伍等全方位思考、一体化谋划、协同化推进。

（二）优化组织机构，构建银川地区大稽查的新格局

区域大稽查模式有利于促进人力资源和税源的有效匹配。尤其银川地区各局经济税源发展态势具有大同小异的特点，也为优化稽查组织机构奠定了基础。根据改革广度深度不同可选择以下方案：一种是省级大稽查。对现行机构设置进行优化整合，撤并现行银川、经开区、宁东局稽查机构，设立区局稽查局直属一、二、三局，专司案件检查职能；区局稽查局负责本级查处案件选案、审理职能，履行系统管理和重大税收违法案件查处职责。另一种是区域稽查协作。在保持机构不动的前提下，按照业务管理专业化和人力资源与税源配置均衡化方向，充分发挥区局协调指挥职能，加大统一调配人力资源力度，组织对税源丰富、人手不足的区域实施检查，促进人力资源与税源要素的有序流动和合理匹配，统一执法尺度，为营造公平公正的税收环境奠定基础。

（三）整合职能职责，有效形成协同化治税的新合力

区域位置的一体化、职能职责的一致性，决定了独立分散的稽查力量只有整合职责、协同联动，才能形成团队战斗优势。区局稽查局作为全区国税稽查工作的指挥部门，要加强稽查顶层设计，科学规划职责体系，明晰部门职责，加强协调沟通，为整合职能职责提供制度保障；同时，要切实强化条条管理职能，对于税收专项检查和其他专项稽查任务，建立区局牵头、统一指挥、统筹管理、各地联动的工作机制，形成团队工作合力，提高工作的成效。二是要发挥银川市局稽查局内在优势引领带动。要充分依托银川市公安等部门机构健全、稽查人力资源相对充分、运转规范的优势，积极发挥在区域打击发票违法犯罪活动等专项工作中的牵头和带动作用，弱化经开区、宁东有关职能，带动相关工作开展。三是要力促经开区、宁东形成精兵作战、重点突破的工作格局。减少人员较少稽查部门承担的税收专项稽查等专项和临时性任务，简化减并报表管理、总结报送、案件曝光等工作任务，确保将主要精力投入到案件检查等中心工作，将好钢用在刀刃上，力促在案件查处方面有新突破。

（四）转变方式方法，建立注重效能化目标的新机制

要紧紧围绕税收专业化管理格局下的稽查职能定位，突出效能化目标，依托稽查方式方法转变，推进体制机制创新。建立科学抽查制度，按照企业类型、行业、经营规模、纳税数额、税收风险等级、纳税信用级别等特定条件，合理确定随机抽查比例和频次，创新方式方法，促进税法遵从和公平竞争。完善分级分类管理，根据分级分类范围和稽查工作实际，完善分级管理和属地检查、集中检查和授权检查有机结合的灵活机制，促进待查案件资源与稽查人力资源的有效匹配。加快信息稽查建设，注重信息化人才培养，扩大查账软件、选案软件、审计型检查工作底稿等工具软件的应用，完善智能化税务稽查辅助工具软件的数据提取、数据分析、疑点查找等功能，建立专司电子商务的稽查电子系统，为稽查工作高效开展提供有力支撑。

（五）提升能力素质，增强工作可持续发展的新动力

要以提升稽查核心业务能力为根本，加强干部队伍能力素质建设。练强内功，以能力建设为重

点，采取案例讲解、实地示范教学、专题将讲授、拜师学艺等多样形式，强化对税收政策、稽查业务、查账技能的培训，着力提升稽查队伍稽查核心业务能力。培养专家，以专业化培养为方向，强化稽查专业人才库建设，建立分行业的税务稽查专业人才队伍，统一调配开展行业、企业集团、重点案件检查，发挥人才聚集效应形成办案合力。拓展外脑。注重通过遴选、招录、聘请顾问等形式吸引优秀人才，将各类社会优秀人才纳入专家库、智囊库，做强稽查工作的外脑，强化人才保障和智力支持。

（六）强化执法监督，树立清廉执法促发展的新形象

完善稽查部门纪检监察机构，配备专职力量开展专业化的执法监督，全程参与稽查选案、检查巡访、审理监督和执行跟踪，及时发现和消除各类风险隐患；对已查结案件组织案头审计和实地复查，增强执法监督的深度；开展实地走访、明察暗访、电话询访、问卷调查等多种形式的监督，强化对执法服务的督导；向社会公布举报电话，入户发放执法监督评议卡，拓展社会监督的广度；联合监察部门落实“一案双查”，严格责任追究，对发现的人情稽查、关系税、违规违纪等行为严肃查处，增强监督的威慑力。

（杨勇，宁夏回族自治区国家税务局副局长）

加强稽查信息化建设 提高稽查工作质量

陆友清

上海市税务稽查部门围绕税务总局关于加快实现稽查工作现代化的目标要求，努力探索创新工作方法，大力推进稽查信息化建设。2015 年，共入户检查纳税人 4388 户，查补收入 22 亿元，其中，开展信息化稽查 1064 户，查补收入 11.72 亿元，占稽查总户数和检查查补总收入的比例分别为 24%、53%。

一、加强案源管理，提升信息化选案精准度

近几年来，上海市税务稽查部门将案源管理作为推动税务稽查信息化选案的关键。运用现代信息技术与传统经验相结合、定量与定性相结合的方法，整合数据资源，研究开发了本市案源管理分析平台，并在此基础上强化数据分析，设计指标模型，构建稽查案源管理系统。2015 年，运用稽查案源管理系统锁定涉嫌税收违法行为的企业，查办了利用黄金交易虚开增值税专用发票案、彩奕骗取出口退税案等一批重大涉税违法案件，全年选案准确率达到 98% 以上，提升了税务稽查的质效。

（一）整合信息资源，搭建案源管理平台

在稽查案源管理分析平台中，以纳税人名称为链接点，将综合征管数据、金税系统增值税发票数据、出口退税审核系统数据、工商部门提供的股权转让及股东信息等数据资源进行整合，通过与本市税收综合征管生产系统对接，实现数据每日更新。为加强对重大涉税违法案件进行更有效的研判，在案源管理分析平台中建立了“虚开、虚受增值税专用发票企业‘黑名单’库”，对虚开、虚受增值税专用发票案件当事人信息进行动态采集，为稽查部门开展重大涉税违法案件检查提供线索。

（二）创建指标模型，实现精准选案

科学的指标模型是稽查案源管理系统的关键。在构建案源管理分析平台的同时，积极探索科学分析方法，总结提炼涉税违法案件的疑点特征，建立涉税风险指标模型，形成一套稽查选案分析体系，实现对涉税犯罪行为的及时发现、精准选案。充分发挥专家团队优势，定期面向全市征集选案模型，不断充实完善稽查案源管理系统的选案指标和模型。已建立了 11 大类、222 个选案指标，构建了包括虚开增值税专用发票模型、房地产企业模型、汽车维修与保养（4S 店）模型等在内的 25 个选案模型。

（三）深入挖掘数据，开展精准打击

2015 年，利用案源管理系统，对增值税发票升级版数据和增值税申报表明细数据进行深入比对分析，发现了通过《增值税申报表》“未开票销售额”“未开票应纳税额”填报负数，冲减虚开增值税专用发票销售额的这一类违法案件特征，共发现

34户企业存在重大虚开疑点，涉及金额12.4亿元，税额2.1亿元。通过案源管理系统科学选案，提高了选案的精准度。

（四）健全管理制度，注重人才培养

在全面应用案源管理系统的实践中，制定《上海市税务稽查选案工作指南（试行）》，完善稽查选案的规范化、标准化。在稽查信息化人才培养方面，注重专家团队建设，建立市、区二级信息化技术推进组，通过稽查选案技巧培训、典型案例分享、信息化稽查优秀案例巡讲等业务培训，提升稽查案源管理和分析团队的专业技能。

二、应用稽查软件，提升信息化稽查能力

积极开展信息化稽查软件的全面应用，使用网络版稽查软件，不断丰富电子稽查手段，探索对大型企业集团海量数据的有效检查手段和方法。

（一）加强网络版稽查软件应用

2015年，全市在用网络版稽查软件124套，占全部337套稽查软件近四成。通过将采集的企业财务和业务数据上传至网络版稽查软件，实现检查小组多人同时在线阅账分析功能，大大提升实施环节的信息化稽查效率。

在全面应用网络版稽查软件的基础上，拓展思路，利用互联网相关信息，结合近年来对金融机构、保险机构的检查，2015年建立银行业、保险业等信息化稽查模型，为快速有效甄别行业系统性问题、快速锁定疑点打下了基础。

（二）加强稽查标准化建设

在稽查信息化建设中树立规范化、标准化理念，借鉴审计流程开展稽查标准化建设，编制《信息化稽查痕迹管理工作底稿》，制定《信息化稽查痕迹化管理操作指南（试行）》，从稽查文书、数据采集、数据分析、信息安全、电子数据归档等方面作了规范，统一信息化稽查操作标准，防范税务稽查执法风险。

（三）加强稽查人员培训

2015年，坚持“缺什么，补什么”的原则开展信息化稽查团队建设。一是组织稽查软件的普及培训和深化培训，提高应用信息化稽查软件查账的能力。二是依托本市税务稽查实训基地，搭建ERP软件环境开展模拟实训，提高了稽查干部对数据建模和应对海量数据的快速突破能力。三是组织优秀案例评比，提高信息化稽查的技巧能力。

三、加强内控管理，提升信息化综合管理水平

2015年，完成稽查全流程痕迹化管理系统（1.0版）的开发和推广工作。该系统利用综合征管稽查模块的数据，将稽查日常管理中需要的信息通过图形化界面展示，涵盖税务稽查各环节的业务流程，并能自动生成、及时反映各稽查局的选案率、处罚率、入库率等综合质量指标，为各稽查局岗责考核体系提供了量化的参考数据，实现了稽查全流程的痕迹化管理。稽查全流程痕迹化管理系统的应用，做到实时跟踪办案进度，实现痕迹可查，责任可追，为提升稽查信息化综合管理水平打下基础。

为防范税务稽查执法风险，积极推进税务稽查内控平台建设。认真梳理、全面排查可能引发税务稽查执法和廉政问题的风险点，纳入信息化防控，实现内控平台覆盖税务稽查全流程。对稽查案件的重要执法风险点实施预警提示和实时阻断。2015年共完成13项内控风险点的程序开发工作，全年共对787户次稽查风险点实施阻断，对1713户次稽查风险点实施提醒。

（陆友清，上海市国家税务局、地方税务局稽查处处长）

提升工作站位　强化部门协作 提升打击发票违法犯罪活动工作成效

李腾蛟

2015年，在税务总局和省政府的正确领导下，山东国税稽查部门继续将打击发票违法犯罪活动纳入地方政府工作大局，不断完善政府搭台、税务牵头、国地税协作、各部门联动的工作机制，通过打击活动增加税收21.18亿元（其中国税系统14.61亿元，占68.98%），主要工作指标位居全国前列。税务总局局长王军、副局长孙瑞标和山东省常务副省长孙伟先后作出重要批示，予以充分肯定。

一、提升站位，持续把打击发票违法犯罪活动纳入政府工作大局

（一）政府部署，部门联动

近年来，山东省经济税收形势严峻复杂，一些不法企业和个人把从事发票违法活动作为规避经营困难、偷逃国家税收、牟取非法暴利的手段，必须予以严厉打击。为此，山东国税稽查部门会同有关部门多次向省政府领导汇报，持续将打击发票违法犯罪活动纳入政府工作大局，由政府牵头部署，保证了活动的高站位、高水平推进。

（二）迎接检查，充分肯定

2015年6月，全国协调小组办公室来山东开展专题工作调研督导。省领导及省有关部门负责人积极迎接，从提升工作站位、强化部门协作配合、军地联合开展发票使用检查等方面做了工作汇报，并深入分析工作中存在的问题，提出具体对策和建议。调研督导组对山东省委、省政府的重视和支持表示感谢，对山东省相关工作给予充分肯定和高度评价。

（三）总结提高，联合表彰

2015年，会同省地税局、省公安厅提请省政府召开打击发票违法犯罪活动工作新闻发布会，向社会通报打击成果，发布打击警示，并对下一步工作进行再动员部署。会后，经省政府同意，省国税局、省地税局、省公安厅对打击发票违法犯罪活动工作成绩突出的106个先进单位和120名先进个人进行联合表彰，树立典型，激发干劲。

二、突破重点，充分发挥打击发票违法犯罪活动的主力作用

全省国税稽查部门责无旁贷，厉行职责，充分发挥“主力军”作用，严打发票违法活动，取得了丰硕成果。

（一）打击思路明晰有力

将发票检查与各类检查有机结合，做到“查案必查票、查账必查票、查税必查票、查票必查税”。加大对企业发票使用情况的检查力度，必要时延伸检查上、下游企业。在税务总局部署的“黄金票”专项行动中，山东国税稽查部门在一二类企业的查处中取得突破，连续破获烟台“7·22”“7·23”、济宁“蒋岳友案”等多起利用黄金票特大虚开案，移送公安部门涉案企业167户，摧毁犯罪团伙7个，抓获犯罪嫌疑人94人，涉案金额170多亿元。其中，济南“6·19”特大虚开专用发票案取得重大战果，公安部发来贺电。

（二）涉票数据利用充分

以推行增值税发票管理系统升级版为契机，充分运用系统发票数据，“人机结合”挖掘疑点线索，有效防范和打击增值税发票违法犯罪活动。济南市国税局稽查局利用此类疑点线索，成功破获济南鑫德超商贸有限公司虚开增值税专用发票一案，税务总局局长王军、副局长孙瑞标批示表扬。注重利用日常协查积累的数据，实现协查案件信息的增值利用，有针对性地开展行业性、区域性专项整治。滨州、济宁等地根据重庆“6·06”案件协查线索，在辖区内开展了纺织行业的专项整治，取得显著成效。

（三）发票监控力度强化

对发票违法活动实行查防并举，建立健全相关管理制度，注重源头治理。认真查找发票管理中的薄弱环节，有的放矢加强日常监控，特别是加强对

成品油专用发票供需双方的税务管理和巡查力度，发现疑点及时落实。加强网络发票管理系统建设，提高发票管理的现代化和信息化水平。

三、加强协作，形成打击发票违法犯罪活动的强大合力

充分发挥省协调小组办公室的职能作用，积极落实分工协作的工作机制，联动互动，齐抓共管，形成打击整治合力。

（一）税警协作

国税、地税、公安部门统一步调，齐心协力，共同部署打击发票违法犯罪活动。召开7次警税协作联席会议，实行每月碰头会制度，研究近期工作，协调工作配合，对督办大要案实行联合查办。加大信息共享力度，实现数据实时查询，提升了打击效能。全年会同公安部门查办各类涉税违法案件11560起，抓获犯罪嫌疑人407人，缴获非法发票310万份。

（二）部门配合

2014年省政府召开专门会议，重组省打击发票违法犯罪活动协调小组，吸收济南海关、省经信委参加，成员单位共19家。实行不定期专题会议制度，已编发工作简报22期，通报工作进展，明确打击方向。财政部门加大了对财税返还政策的监管力度，海关、税务、公安联合打击出口骗税，商务等部门加强了对发票使用情况的管理监督工作。交通运输等部门会同公安、税务建立涉票信息查询制度。电信部门切断发票买卖双方的联系途径，其他各部门协同遏制发票违法信息蔓延势头。

（三）强化宣传

加大发票知识宣传教育力度，宣传发票整治工作成果，引导全社会正确规范使用发票，自觉抵制虚假发票，积极营造良好舆论氛围。加大税收违法案件宣传曝光力度，建立涉税违法“黑名单”制度，公开发布或曝光重大涉税违法案件120起。2015年8月，在省政府召开的全省社会信用体系建设联席会议第一次会议上作典型发言，受到与会省领导及各单位的肯定和好评。

四、问题导向，将打击发票违法犯罪活动推向深入

当前，打击发票违法犯罪活动工作仍然形势严峻、不进则退。为此，针对存在的问题和难点，提出以下建议：

（一）解决发票鉴别系统发票滞后的问题

目前普通发票还没有验证稽核系统，普通发票的受票方不需要到税务部门重新认证，以致管理环节不能及时有效发现假票，只能在事后的稽查环节去发现。而稽查人员通过“普通发票控管系统”（征管）和“防伪税控认证子系统”（货劳）核实发票真伪时的查询权限非常低，区县一级只能看到本辖区内企业开具发票情况，而企业接受的发票来自全国各地。为了查深查透，只能发起协查，检查时间被拉长，同时给对方税务机关加大了工作量。为提高检查发票的效率和广度，建议税务总局适当放开以上两个系统发票查询的权限。

（二）解决税务部门作出“确定虚开”结论效力受后续司法判决影响的问题

根据现行《税收征管法》及相关规定，作为发票的管理机关，税务局有权做出企业虚开发票的结论并给予处罚。但是没有条文明确规定这一结论的证据标准是否等同于“虚开罪”的取证标准。因此在办案过程中，不少稽查人员经常陷入两难，如果不做出“确定虚开”的结论，单纯以“有疑问”开展协查，不仅很难取得有用的证据，还可能会影响后期对受票企业税款的追索；但是如果先期做出“确定虚开”的结论，后期司法机关却认为证据不足，不作出虚开的有罪判决，这是否意味着对税务部门结论的否定？纳税人能否以此为由要求税务机关撤销处罚？建议税务总局研究制定查办涉嫌虚开案件的工作指引，明确税务部门“虚开结论”的证据标准。

（三）解决“票货分离”型虚开调查困难的问题

在开票企业方面，票货分离本身意味着有真实货物交易，不能直接追究开票企业责任，但是中间人和实际买货人隐藏在幕后，只能以资金流向进行查找。针对自然人，税务机关缺乏有效的执法手段，而公安介入必须以立案为前提。没有公安机关介入，难以获取有力证据，税务检查人员查问过多，还有可能惊动嫌疑人。对此，建议税务总局协调公安部针对“票货分离”类虚开案件展开调研，构建联合办案模式，为各级税警联合办案扫清障碍。

（四）解决特定类型受票方税款追缴困难的问题

从近年来山东省大要案协查的受票方检查情况看，正常经营的生产型企业税款追缴顺利，极少有

走逃企业，而正常经营商贸型企业则税款追缴率不足30%，其中不少还是由公安机关扣押后组织入库。主要原因是这部分商贸企业大多属于皮包公司，无场地、无财产、无资金，缺乏控制手段和可供执行的财产。而非正常企业、注销企业，如果没有因为其他案件被先期冻结账户，则基本上没有入库税款。对此，建议如下：一是进一步扩大税警合作范围，从充分发挥税务机关专业管理和公安机关专业侦查的职能作用入手，积极探索保障国家税收收入、合作追缴税款的途径；二是探索将商贸企业财产作为基层税务机关监控项目；三是研究制定注销企业税款追索制度，明确追索责任人和年限，最大限度地保护国家税收。

（五）建立打击发票违法犯罪工作长效机制

现在许多虚开案件在税务机关到了对个人进行核实调查时，由于税收执法权限有限，稽查部门往往限于被动，只能将有关线索进行移交。但是在与公安部门的配合上，往往受工作流程、经费、人员等诸多因素影响，部分案件不能在短时间内有效处理落实。虽然各地税警联合的模式非常多，也取得了效果，但是当前发票检查任务的繁重和虚开案件的急剧上升，亟须上级部门制定有关成立税警联合队伍的具体办法，从机构、人员、经费上给予明确。

（李腾蛟，山东省国家税务局稽查局局长）

当前虚开骗税案件特征分析及对策

李天星

2015年我国的出口贸易下降了2%，但出口退税却逆势增长了13%，其中存在的骗退税问题突出，严重危害经济发展和财税安全，李克强总理对此高度重视，批示要求“稳、准、狠地打击出口骗税，坚决遏制骗税猖獗势头”。虚开与骗税密切相连，取得虚开的专用发票是实施骗税的前提，打击骗税与打击虚开密不可分。近年来，河南省国税局按照税务总局的部署在全省范围内深入开展打击虚开骗税工作，取得明显成效，但面临虚开骗税形势依然严峻。本文结合河南省打击虚开骗税工作实际，剖析虚开骗税案件的趋势、特征及原因，分析查处过程中遇到的问题，探讨新形势下如何更好地打击虚开骗税行为。

近年来，根据河南省国税局局长孙荣洲关于“紧盯虚开发票易发区域、易发行业，严厉查处大案、要案”的指示要求，稽查部门以涉农、涉矿、涉油、涉运等为重点行业，以往年虚开案发较多的市县为重点地区，以风险推送、协查、举报内容为重点线索，积极开展打击虚开骗税工作，取得良好效果。通过总结发现，当前虚开骗税案件的新趋势值得关注，对查处工作的认识需进一步提升，查处虚开骗税案件组织方法方式需深入研究。

一、当前虚开发票案件案发趋势

通过近年打击虚开骗税工作情况来看，虚开案件呈现出地域在扩散，个案金额在增长，涉案人员在流动，虚开犯罪总体在扩张的趋势。2013—2014年查处的15起亿元以上案件中，2014年11起，占73.33%。虚开发票案件案发趋势表现如下：

（一）农产品加工、矿产品及煤炭经销等行业依然是虚开案件发生的高发行业

虚开问题从“开具方”看，主要集中在增值税链条的尾端企业和税收优惠企业，如经营石化、钢材、电子、家电和食品行业；从“抵扣方”看，主要集中在不易取得专用发票的增值税链条的首端企业和高利润企业，如矿产品生产经销、耐火材料生产、煤炭经销行业和强制认定户等。2014年查处的261件涉嫌虚开发票案件中，97件涉及农产品，40件涉及矿产品经销；出口骗税案件中利用上游涉农供货企业增值税专用发票进行虚抵案件也较多。

（二）县域特色行业涉嫌虚开、偷税案件增多

为追求更高的规模经济利润，结合本地资源特点的县域特色经济蓬勃发展，但其中易形成虚开骗税等窝案。如近年查处的某县纺织行业涉嫌虚开发票案件，涉及企业近20余户；某县卫生材料行业利用开具大头小尾发票、假发票、套号发票进行偷税案件，金额较大的就涉及6户企业；某县“营改增”运输企业虚开增值税发票案，涉及企业4户等。

（三）虚开敏感地区增多，跨地区流窜作案明显

虚开敏感地区在全国南方集中在福建、广东、深圳等省（市），在北方集中在吉林、内蒙古、河北等省；而省内主要集中在开封尉氏和周口等市。安阳检查发现的某团伙虚开发票案、濮阳检查发现某企业虚开发票案，都是由河北人员到河南省控制若干企业进行虚开活动；许昌查处的某团伙案件全部由开封尉氏人控制；漯河检查3户医药企业由广东揭阳人操控。

（四）利用农村专业合作社、“手机票”进行虚开成为新动向

如某棉花专业合作社无真实购销业务虚开农产品收购发票，利用资金回流和收取手续费方式，对外开增值税专用发票；某贸易公司从农村合作社取得虚开的增值税专用发票，在无真实货物交易的情况下，对外虚开增值税专用发票。郑州查处的一户电器维修服务部半年期间“销售”苹果手机4.6亿元，仅向天津一家公司销售的手机就有8500余部，金额1700余万元。利用销售“手机”等电子产品的“富余票”对外虚开，成为新动向。

（五）短期内业务突增，购销两头在外的虚开案件增多

如某公司从省外购进“铁精粉”等货物，向省外销售“成品油”和“煤炭”，变换品名虚开增值税专用发票，3个月内销售额从零增长至5亿多元；如某公司成立后，前两年长期零申报，每月是取持票量15份，后5个月销售额突增至1亿多元，每月持票量300份，从外省取得“黄金”增值税专用发票抵扣税款，向外省开具“矿产品”增值税专用发票。

（六）虚开犯罪团伙增多，团伙内成员间通过关联交易使违法事实更具隐蔽性

犯罪团伙以地区化、老乡化、家族化为特点，其内部组织严密，从领票、开票、中介介绍，到收取费用，分工细致，单线联系，各司其职，甚至有详细的工作流程和分工，形成了一个虚开发票的网络。如许昌查处的某团伙案件涉及16户企业；以安阳查处的虚开团伙为例，3户主要成员企业相互勾结，其中2户企业充当第3户公司的“洗票”公司，将其伪装成一个进销一致的正常企业，躲避税务机关的监管和打击。

（七）人为控制税务机关关注指标，作案手段更为隐蔽

许昌查处的4户虚开企业，存续期平均为1年，月开票25份左右，月均开票额280万元，月均缴税额1万元，除税负较低（0.37%）外，其他指标项目均无异常。许昌针对上述企业规律开业、注销，不同法定代表人、但联系方式相同等疑点，与公安联合经营并侦办了此案。

（八）“营改增”后运输行业虚开行为初显端倪

如商丘查处的4户运输公司在无真实运输业务情况下，以收取开票手续费的方式，采取资金回流的手段，虚开运输发票1000余份，涉及金额2400余万元；国美电器某市分公司委托个人负责运输业务，却取得运输公司的虚开发票；某汽车运输公司虚抵“石油票”，对外虚开货运增值税专用发票。

（九）企业为达到不同目的而实施虚开，动机多元

既有为上市编造虚假业绩而虚开，又有为取得银行承兑汇票套取银行资金而虚构业务进行虚开。如某公司为虚增业绩达到上市的目的，企业以虚开农副产品收购发票抵扣增值税，以虚开增值税普通发票达到虚增收入的目的；某公司为取得银行承兑汇票套取银行资金，采取伪造虚假购销合同、承兑汇票背书等手段，在无任何货物交易的情况，对外虚开增值税专用发票以满足银行要求。

二、虚开类型及虚开企业特征、手段

虚开案件案发趋势随税收政策、地域特点以及管理强度等不断变化。但通过对查处的虚开案件分析，发现其有一定固有的类型、共有的特征及普遍的手段。

（一）虚开发票违法犯罪的类型

主要分为四种类型：其一，正常经营企业利用富裕发票“实壳”虚开；其二，不法分子设立开票公司，收取开票费“造壳”虚开；其三，职业黄牛利用票货分离“借壳”虚开；其四，犯罪团伙操控产业链、跨区域，多环节“多壳”虚开。

（二）虚开发票违法犯罪的特征

主要体现为“三短五不匹配”。即短期内注册登记和申请认证、短期内增长收入和增加用票量、短期内办理注销或进行走逃；耗能与产量不匹配、场地与物流量不匹配、工艺与产出不匹配、设备与产品不匹配、货运与进销量不匹配。

（三）虚开发票违法犯罪的手段

主要采取“五虚三作假”的方法。五虚：虚假法人注册。或利用他人身份办理登记及资格认定

事宜，或购买他人的工商、税务登记证，或承租他人的合法企业。实际控制人躲在幕后，逃避责任。虚假注册资金。利用中介机构，当天注册资金，次日抽逃资金。虚假办公场所和经营场地。虚开的商贸企业多在居民住宅小区租赁简易办公场所，虚开的生产企业或在偏远的农村设立，或虚假签订经营场地合同。虚假生产资料设备。以简陋陈旧的设备、设施为幌子从事生产，原材料、产成品常年堆弃不用。虚假人员用工。或伪造工资单，虚构用工数量，但从未为职工办理相应的社会保障。“三作假”：围绕资金流作假。利用银行承兑汇票、利用个人银行卡多手转账、通过造虚假现金收支进行作假。围绕发票流作假。利用金税系统不能识别汉字信息的漏洞，通过品名不同的“克隆票”进行作假、利用销货清单作假。围绕货物流作假。编造虚假的货物出库、入库凭证、虚假运输合同，取得运输公司虚开的货运发票抵扣税款。

三、虚开骗税案件成因分析

（一）经济利益驱动

现行增值税制度，纳税人可以通过取得虚开发票少缴应纳税额，形成了买方市场；一般纳税人资格门槛较低，对外虚开能够按一定比例赚取手续费，形成了卖方市场。在利益驱动下，买卖双方唯利试图，以身试法，是造成虚开专票活动严重的主要原因。

（二）税制设置缺陷

现行的增值税制度将纳税人分为小规模纳税人和一般纳税人，既无法体现税收的公平，又人为造成了增值税抵扣链条的断裂；部分行业实行销售免税，使增值税抵扣链条断裂；农产品收购环节自行开票扣税，难辨真伪，成了涉农行业虚开骗税的“源头”。

（三）社会监管不力

银行对现金和大额转账资金监管不力，为虚开提供了便利；海关在货物出口环节，抽检率极低，为虚假出口提供了便利；税务、工商、质监等部门信息共享程度低，虚假注册、借壳虚开较为普遍；社会信用体系尚未健全，“一处惩戒、处处受限”的体制尚未建立，使流窜作案成为可能。

（四）政府盲目引税

个别政府为完成经济指标任务，盲目招商引资，为了虚开企业缴纳的“少量”税款，成为虚开企业“大肆”虚开的保护伞。有的地方政府“营改增”后，还延续了地税管理时“税收返还”；有的甚至自办虚开企业，非法“引税”。如某区域运输企业涉嫌虚开举报案，多个企业注册地址均为政府所在地。

（五）税收管理薄弱

现有增值税发票认证系统尚不能对汉字信息进行识别，使得“克隆票”较为泛滥；近年来的许多便民措施，简化了的增值税专票的购领和申报手续，同时税务人员缺乏应有的警惕性，征后管理流于形式，在短时间内大量、连号开出发票的现象未能引起足够重视，给犯罪分子以可乘之机；税收风险管理、纳税评估偏重于对收入风险与漏洞的分析，对虚开骗税风险的研判明显滞后。

（六）打击力度有限

一些地方或单位怕暴露征管和队伍管理问题，怕监察部门司法机关跟进追究责任，怕对地域经济或政府造成“不良”影响等在思想上有顾虑；受虚开骗税案件链条长、区域广、较隐蔽、难查办等因素的影响，往往十起涉嫌虚开案件只是定性处理一至两起，且认定虚开发票数额较少、处罚较轻，其他虚开企业未能得到应有惩处。较低的被查处定罪几率和较轻的惩戒，形成“破窗效应”，甚至出现了虚开案件“越查越多”的感觉。

四、工作建议

（一）加强引导，提高对打虚防骗工作的思想认识

针对当前打击虚开骗税中，部分基层单位存在的思想顾虑问题，建议加强对各基层党组的引导和教育，进一步提高思想认识。一是提高主动防范意识。虚开骗税案件一般为链条式作案、涉及区域广且无真实货物、资金支撑，案值往往较大，危害性较强。因此要加强日常管理，将防范虚开骗税作为风险管理的一项重要内容；二是提高积极作为意识。打击虚开骗税存在一定的“洼地效应”，总有一批从事虚开骗税活动的人员，哪里防范较松、打击较轻，就到哪里活动、在哪里猖獗。因此对待虚开和骗税要“零容忍”，坚持露头就打、有案必查、查案必深，彻底铲除虚开和骗税滋生环境；三是提高科学思维意识。正确对待案件的发生，不要认为一旦发案就是工作有失误、管理有问题，而是把发案作为经济发展、税制完善过程中不可避免的现象，查办案件是税务工作的重要组成部分和维护税法的必然要求；四是提高责任担当意识。各级党

组要“守土有责、守土尽责”。要充分认识到，很多虚开骗税案件涉及多个地区、多个环节。一个地区一个环节问题出现，其他地区、其他环节的问题随即而现。害怕暴露问题，不敢触及矛盾，奢望通过隐瞒、遮掩当个“太平官”的反而不太平。

（二）强化管理，有效化解税收管理风险

一方面，建议加大对增值税链条中环弱环节的监管。积极呼吁完善增值税制的同时，重点加强对增值税链条中薄弱环节的监管。结合我省打击虚开骗税工作情况，依然需要重点关注涉农、涉矿、涉油行业、企业；重点关注农村专业合作社利用其涉农身份、手机经营者利用“富裕票”对外虚开的新动向；重点关注“营改增”后涉运行业、企业利用政府返还政策虚开问题等。对区域特色经济也要高度关注，在鼓励发展的同时，早防范、早治理、早规范才能促使其良性发展。

另一方面，建议加大对税收征管流程中重点关口的监管，把好“登记和认定关”。关注法定代表人信息，是否为外地虚开高发地区人员、是否为年龄过小或过长的人员，是否与其他同行、同地域的企业的法定代表人或财务人员同名；关注注册地点信息，是否为居民区或宾馆写字楼，经营地点是否与其经营范围相匹配，是否有一定的货物存放场所；关注联系方式，不同企业是否拥有同一联系方式；关注企业变更信息，是否存在买卖一般纳税人资格情况等。把好“申报和购票关”。关注收入与用票量是否与注册资金相匹配，是否存在短期突增的情况，是否与生产经营淡旺季相符合；关注供货和购货企业是否都在外地，发票是否连号、顶格开具或连号却跨时间开具；运输发票记载的运输数量、里程、起运地、到达地、承运方等是否与企业购销情况相符等。把好“分析和评估关”。建议在关注税源收入分析的同时，加大对虚开骗税的监控分析。审核企业个体税负是否明显低于行业整体税负；使用原材料和辅助材料数量和配比是否与行业模型标准相符；用电、用水、用工是否与收入规模及开票量相符；是否存在大量的现金交易或汇票背书情况；固定资产账载的机器设备是否能满足生产产成品的工艺要求等。把好“转非与注销关”。关注转非或注销的企业是否在同一地址或相近地方，“更名改姓”继续“经营”；关注是否存在经营期间较短、收入规模较大的情况；在办理注销、转非业务时，对具有高发地区人员经营、购销两头在外、涉农涉矿等前面所提虚开疑点的企业，注重保密，及时移交进行评估、稽查，勿失战机。

（三）完善机制，营造遏制虚开和骗税的共治环境

一是建议建立完善信息共享机制。加强同公，检、法、海关、工商、银行、质检等部门的工作联系，建立与相关部门的信息共享通道、共享平台和工作联系制度，及时交换企业注册登记、股份变更、质量检测、资格认定等信息，加强对纳税人基础管理。同时建立信用共享机制，定期交换经济案件信息，建立经济违法犯罪企业、人员“黑名单”库，使不法者“一处失信”，“处处受限”。二是建立与纪检监察和检察机关协调机制。落实和执行“一案双查”制度同时，注重税务稽查与纪检监察部门之间的协调。建议稽查案件与监察案件实行“错时查处”。建议协调检察机关对税务部门主动查处移交公安追究刑事责任的虚开案件，不再作为重点监督对象；对税务管理人员主动发现并采取措施弥补的案件不再立案侦查；对于因制度设计原因，致使税务人员虽尽全力而不能及的问题，不再追究责任。三是建议完善管查互动机制。税源管理部门对日常管理中发现的企业涉嫌虚开骗税案件线索，要及时移交稽查部门进行查处，不遮遮掩掩，害怕揭丑；稽查部门在检查中发现的新问题，作案的新手段，要及时反馈给管理部门，为管理部门加强税源管理提供更加完善的管理措施；建议在全省范围内建立失踪涉税违法嫌疑人防控网络，将走逃的涉及虚开骗税等恶性税收违法行为的嫌疑人名单进行全省联网监控，继续追究以往违法责任防止异地易名再犯。四是建议建立案件奖励机制。建议借鉴税务总局从2008年以来每年对打击发票违法犯罪活动工作都进行表彰的做法，2015年对全省打击虚开骗税工作中的先进单位和个人进行表彰，形成“有案件必查处，办大案有奖励”的正激励氛围。同时建议对及时发现虚开骗税案件线索、及时交办稽查部门检查并且为国家挽回较大损失的税源管理人员进行表彰，鼓励基层管理人员主动发现问题，采取措施解决问题。

（李天星，河南省国家税务局稽查局局长）

推进异地稽查　致力提质增效

邓新凤

异地稽查，是指稽查干部不在原工作区域，而由上级机关统筹安排，实行跨行政区域和税收管辖区域开展稽查的一种模式。全面推进异地稽查，是省局稽查工作实行分级分类管理模式的重点举措，也是湖南省地税局局长张云英高度重视的重点工作，将有效打破人员和区域限制，是稽查工作提质增效的有效尝试。

一、充分认识：推行异地稽查意义重大

异地稽查在优化资源配置、历练干部队伍、彰显稽查权威方面起着不可替代的作用，将切实解决不会办案、不能办案、不敢办案的问题。

（一）统筹，稽查优势资源再配置

当前，涉税违法案件呈现出违法线索隐蔽、案情疑难复杂等特点。由于本地案源的特殊性，部分稽查干部专注于一个行业、一个税种的稽查业务，传统的稽查模式无法做到全面、系统地开展稽查工作，而集中优势兵力开展异地稽查，能够在短时间内集中稽查业务、计算机等方面骨干人才，不仅能有效强化省市稽查局开展跨地区办案、协同作战等工作的指挥和督办功能，而且将有效缓解案源地稽查骨干不足、业务水平参差等不适状况。

（二）练兵，干部岗位技能再提升

由于各地支柱产业、征管对象、征管方式、征管质量不尽相同，参加异地稽查的干部需要对自己不熟悉的领域和行业，大范围、常态化地开展异地稽查，这样有助于丰富知识体系、充实稽查技能、锻炼实战本领，将显著提高稽查干部的业务能力和综合素质，打造出专业化、全能化、精英化的稽查队伍。

（三）树威，稽查刚性权威再强化

在以往的稽查实践中，刚性执法难免会触碰到纳税人既得利益，而案源地人情网、关系网等错综复杂，严重干扰了正常办案，削减了稽查权威，更会带来执法风险。在不违背法律法规情况下，组织跨行政区划、跨税收征管辖区的异地稽查，是履行稽查回避规定的举措，能有效确保稽查执法公廉、降低外界干扰、保障执法刚性。

二、积极推进：促进异地稽查全面铺开

正是因为异地稽查对提高稽查质效将起到重要作用，省局从逐步试点，到出台办法机制，再到全面铺开，一直在探求和创新的路上。

（一）寻路，逐步试点推进

早在2010年，省局稽查局将异地稽查模式试点纳入年度工作规划，以全省地税稽查能手竞赛为平台开展全省范围的异地稽查，并鼓励市州稽查部门先行先试，为异地稽查工作的建章立制做好经验储备。据统计，整个试点工作历时两年半，共抽调570余人次，组织异地稽查27次，涉及房地产、资本交易、行政事业单位、煤炭矿产等11个行业共340余户，稽查成果总计达2.93亿元。

（二）建制，规范顶层设计

2012年底，省局下发了《湖南省地方税务局异地稽查管理办法》，明确了偷税、逃税、假发票制售等案情重大、上级指定、下级提请5类案源为异地稽查的实施对象，对人员调配、办案经费等作了明确规定，并将全省性异地稽查工作纳入市州地税局领导班子年度工作考核。在此基础上，省局在2015年下发了《湖南省地方税务局关于建立异地稽查工作机制的通知》，建立了由省局局长张云英亲自挂帅的领导小组，税政、法规、人教、财务等单位相互配合的异地稽查机制。

（三）联动，取得初步成果

顶层规划确定后，省市县三级联动，敢于攻坚突破，取得了初步成果。2014年，省局稽查局派出7人带队，抽调70名业务骨干，组织对全省14户城建投和15户上市公司进行异地稽查，查补税费19.55亿元。2015年1—9月，全省异地稽查共查补税费超过了9亿元，其中娄底、长沙、岳阳3个市查补税费超过了2亿元。异地稽查逐步成为湖南地税的品牌项目和闪亮名片。

三、全力保障：确保异地稽查优质高效

异地稽查是整体推进、务求实效的“一把手”工程，各方力量需要统筹组织、协调推进，保障异地稽查工作顺利开展。

（一）强化组织领导

要切实加强组织领导，尽快完善健全市县两级异地稽查工作机制，并将异地稽查工作纳入绩效考核和年度目标考核内容。要加强省市县纵向联动和业务部门横向配合，争取当地政府支持协助，努力形成齐心协力、齐抓共管的良好氛围。

（二）强化部门协作

各级稽查局要充分发挥职能，强化部门协作，尤其要加强稽查与征管、税政、法规、监察等部门的信息交流与工作衔接，在做好异地稽查工作的同时，扭住“一案双查双报告”工作不放松，及时向相关部门反馈情况、提出建议，做到既有各尽其职，又有齐心协力。要积极完善内部互动机制，在规范稽查程序上下功夫、做文章，促进异地稽查模式的有效执行。

（三）强化后勤保障

参加异地稽查的人员会涉及吃住、交通、费用等问题，各级稽查局要积极主动向主管税务局汇报沟通，统筹做好异地稽查的后勤保障工作，解除检查人员的后顾之忧。各案源地主管税务机关要安排专人负责提供被查企业的生产经营和纳税情况，并就涉税问题与当地政府及企业进行充分沟通，协助检查组保证工作进度和质量。要积极争取、落实好异地稽查办案经费，确保专款专用。

（邓新凤，湖南省地方税务局稽查局局长）

从一起案例谈骗税案件查处的难点及应对策略

唐颖昭　覃木荣

税务总局提出，严厉打击骗取出口退税是当前税务稽查工作的重点专项。与此同时，骗取出口退税案件（以下简称骗税案），尤其是“异地报关、两头在外”的外贸企业骗税案的查处，也是当前稽查工作的难点。

一、当前骗税案件查处的难点

难点之一：出口退税业务涉及环节多、部门多、单证多，不仅涉及诸多行政监管部门如税务、外汇管理、海关、商检、银行等，还涉及国际货物运输、船代、货代、报关行等经营单位，取证环节多、范围广、难度大。

难点之二：不法分子通过前期的“配货、配单、配票”，退税企业的退税申报资料和备案单证，往往伪造得“天衣无缝”，仅凭表面的审单、核单难以发现问题和找到突破口。稽查办案人员难以理清头绪，不知从何处下手，感到茫然。

难点之三：骗税案的查处，不仅需要稽查人员全面掌握税收法律法规和出口退（免）税的相关政策，熟悉外贸出口监管的流程、外贸企业的经营特点，同时还需要洞察骗税的手段和规律，以及配合公安机关办案的技巧。具备以上良好办案技能的稽查人员的数量难以跟上骗税案件查处形势发展的需要。

难点之四：骗税分子多为异地作案且异常警觉，一有风吹草动即走逃，给案件查处带来困难。

二、防城港市某纺织有限公司骗税案简介

（一）案件来源

根据选案分析，确定“异地报关、两头在外”出口模式的防城港市某纺织有限公司为当年出口退税专项检查的重点关注对象，由防城港市国税局稽查局对其开展立案检查。在案件稽查过程中，又接到云南省国税稽查部门发来的《已证实虚开通知单》，反映云南嵩明某公司为防城港市某纺织有限公司虚开增值税专用发票161份，涉及税额240多万元。经稽查部门初查，发现该公司从2009年以

来一直采取“异地报关、两头在外”的出口模式。结合云南国税稽查部门的函件，该公司存在利用虚开增值税专用发票进行出口骗税的重大嫌疑。税务部门迅速将相关案情通报公安机关。公安机关立即展开立案侦查。为顺利侦破此案，公安机关和国税局联合成立了专案组，抽调得力干警和稽查骨干具体负责案件的侦破工作。

（二）查处过程

第一阶段：顺查陷入僵局。专案组从该公司取得虚开增值税专用发票的违法线索入手，对企业从购进货物开始到申报退税的各个环节开展顺查。经查，云南嵩明某公司不具备皮制手袋的生产能力，没有货物发出，属于无货虚开。但现有证据尚不能排除该公司善意取得虚开增值税专用发票、而有实际货物出口的可能性。同时，如果要顺查该公司取得虚开增值税专用发票是否有资金回流等让他人为自己虚开的证据，需要比较长的取证时间，且存在诸多不确定性。办案工作一时陷入僵局。

第二阶段：逆查获得突破。根据当前骗税违法犯罪的主要作案手法，专案组经过讨论分析认为，假设该企业是无货购进而取得虚开增值税专用发票，那么出口环节的货物非常有可能是非该公司所出口，而是采取配货、配单、配票的方式，将他人的货物套到自己公司名下实施骗税。一旦能查实出口的货物货主另有其人，则该公司假报出口骗税的事实便得到证实。因此专案组决定改变办案方向，决定从逆查实际出口货物的货主入手展开案件调查。为此，专案组派出 4 个小组前往广东、山东、浙江等地，寻找出口货物的真实货主。经过外调人员的艰苦努力，终于通过追查 7 份海运提单，确认报关单上记载的出口货物实际上是由浙江温州某公司负责代理出口的，浙江宁波若干个生产厂家出口西班牙的货物。由于这些生产厂家不具备出口退税资格，不需要相关的退税单证，不法分子就利用了他人出口货物的信息进行配货、配单、配票，最终以防城港市某纺织有限公司名义取得一系列的出口退税单证。在取得该公司没有实际货物出口而以假报出口手段进行骗税的关键证据后，专案组对涉案人员进行统一抓捕行动。经审讯，涉案人员对骗取出口退税行为供认不讳。

第三阶段：全面固定证据链。根据涉案人员的供述，专案组对该公司为骗取出口退税而如何取得海关报关单、外汇核销单、增值税专用发票等开展全面调查，并围绕骗取出口退税的违法（犯罪）构成要件固定证据链，最终查实了该公司在没有货物真实出口的情况下，通过寻找中间人买单配单非法取得出口报关单证、通过非法渠道购买外汇取得结汇水单和外汇核销单、通过支付开票手续费方式让他人为自己虚开相对应的增值税专用发票，以及伪造虚假外贸合同、海运提单等单证，蓄意骗取出口退税的违法事实。该公司通过上述非法手段获取一整套的出口退税单证用于申报出口退税，申报退税 416 万元，已获取出口退税 356 万元。

案件经公安机关侦查终结，检察机关提起公诉，防城港市中级人民法院依法判决被告人姜某、李某、张某、王某犯骗取出口退税罪，其中对主犯姜某判处有期徒刑 10 年 6 个月，并处罚金 200 万元；对主犯李某判处有期徒刑 10 年，并处罚金 160 万元。这是目前为止广西壮族自治区以骗取出口退税罪判处较重刑罚的成功案件。

三、当前骗税案查处的应对策略

骗税案难查，但仍有路可循。本文通过总结已查案件的成功经验，可以用于指导今后的办案工作。

（一）深入掌握当前骗税的主要手段和特点，做到知己知彼

不法分子以往惯用的骗税作案手法主要有“无货报关，空箱骗关”“以少报多，虚增数量”“以次充好，加价报关”“重复通关，货物旅行”等，但随着近几年税务、海关等监管部门加强管理后，骗税违法犯罪的作案手法呈现出了新的特点。如上述案件，当前骗税犯罪基本上都有真实货物出口，从表面上看“资金流”“货物流”“单证流”都“真实”“合法”，违法犯罪具有极强的隐蔽性，但实质上是将他人（通常是不能退税的小规模纳税人）的出口货物，配换上由自己虚构的全套“合法”的退税手续后，大肆骗取国家的退税款。因此，只有深入掌握当前骗税的主要手段和特点，才能不被犯罪分子的伎俩所蒙骗，也为取证工作打开思路。

（二）以相关法律法规为办案指引，理清取证方向和头绪

众所周知，法律法规不仅是最终确定案件当事人法律责任的依据，同时也是办案取证工作的指引，办案取证工作要紧紧围绕法律法规的设定来进行，否则取证就会失去方向，所取证据也缺乏关联性。

对何为骗取出口退税，《中华人民共和国税收

征收管理法》第六十六条规定了两种行为，即“假报出口”和“其他欺骗手段”，但何为“假报出口”和“其他欺骗手段”，税收法律法规没有具体的规定。在此情况下，要参考《最高人民法院关于审理骗取出口退税刑事案件具体应用法律若干问题的解释》（法释〔2002〕30 号）来进行。就当前骗税的主要手段而言，主要是围绕以下几个方面进行取证：一是伪造或者签订虚假的买卖合同；二是以伪造、变造或者其他非法手段取得出口货物报关单、出口收汇核销单、出口货物专用缴款书等有关出口退税单据、凭证；三是虚开、伪造、非法购买增值税专用发票或者其他可以用于出口退税的发票。

上述案例，就是全面围绕这三个方面进行取证，最终组成了完整的证据链，证实了该公司骗取出口退税的违法犯罪事实。

（三）运用“逆查法”，以点带面推动全案

如前所述，出口退税业务涉及环节多、部门多、单证多，采取“全查法”和“顺查法”效果未必好。因此有必要通过运用“逆查法”，实施外科手术式精准打击。所谓“逆查法”，是指以海关报关单上记载的船公司、提单号及集装箱号为线索，通过层层追查出口货物的订舱、拖车、船代、货代、报关等环节，最终查出所出口货物真实的“主人”。通过逆查出口货物的真实货主，证实退税企业冒用他人出口货物假报出口、用欺诈的方式得到国家出口退税款的事实，从而全面否定其表面“合法”的单证。一旦查获真实货主的证据，往往会成为案件的突破口。而案件获得突破后，就可以以点带面，推动案件的全面查处。

在上述案例中，专案组在取得该公司没有实际货物出口，而将他人出口货物配换到自己名上假报出口的关键证据后，案件就取得重大突破，立即对涉案人员实施抓捕行动，从而推动了全案的查处。

（四）实施迂回取证和严格保密，减少办案的阻力

一是在查前分析和前期取证阶段，尽量从执法监管部门和第三方调取数据进行分析和取证，避免直接接触当事人，以免打草惊蛇；二是办案过程中要实行严格的办案保密制度。保密是骗税案件查处的生命线。

（五）税警紧密协作，是办案成功的关键

在办理骗税案中，税务稽查部门要发挥税收专业知识优势和查账优势，公安部门则要发挥侦查优势，并形成工作合力，这对于骗税案件的查处来说是至关重要的。上述案例的查处过程已经充分说明了这一点。

（六）加强稽查人员业务知识培训，为办案打下坚实基础

要切实加强稽查办案能力建设，不断提升稽查人员出口退（免）税税收政策水平，并积极创造条件，让稽查骨干到海关、外汇管理、货代公司等单位熟悉相关的外贸出口监管流程、经营业务特点，苦练内功，加强实战锻炼，打造一支作风优良、业务娴熟、敢战能赢的打骗专家团队。

（唐颖昭，广西壮族自治区国家税务局稽查局局长；覃木荣，广西壮族自治区国家税务局稽查局副局长）

税务检查权规范行使研究

杜　锦　包爱萍　杜　奕

税务检查权是法律赋予税务机关的一项重要行政执法权。保障税务检查权的规范行使，确保国家税收政策法规的正确贯彻与执行，是税务检查机关的职责所在。

一、坚持以法治税原则

坚持以法治税是税务部门做好税收工作永恒的主题。税务检查必须以税收法律、法规为准绳，以国家有关的经济政策和有关财务制度为依据。做到依法检查、以法治税，有法必依、执法必严，在法律面前人人平等。对违反税法的行为要依法制裁，保证税法的严肃性和各项税收政策的贯彻执行。

二、坚持合理高效原则

坚持规范原则，就是要依照法定权限和法定程序，正确运用税收法律法规；坚持合理原则，就是

要掌握好一个尺度，即必须在税法和有关法律规定的范围内活动。坚持高效原则，就是要方便、快捷、及时地发现和打击税收违法行为，同时最大限度地节约税务机关和纳税人的费用。

三、完善法律法规体系

目前，税务检查权依据的法律法规主要是《中华人民共和国税收征收管理法》《中华人民共和国税收征收管理法实施细则》和《税务稽查工作规程》等。随着改革的深化、开放的扩大和社会主义市场经济体制的逐步建立和发展，税务检查实际工作中面临的情况愈趋多样和复杂，现行法律法规逐步暴露出一些不能完全适应实际需要的弊端，亟须国家和相关部门作出明确规定，补充完善。比如，税务机关查账只能对纳税人提供的账簿、凭证和有关资料进行审查、核对。如果纳税人提供的是假账或者弄虚作假和非法的凭证，税务机关只能在此基础上进行审查，往往使检查的结果失去真实性，影响检查的效果，使违法的纳税人得不到法律的追究和制裁。建议在立法上，赋予税务机关在税务检查方面的搜查权，对适用搜查的条件、审批权限、搜查的方法和程序作出规定，保证税务检查的有效开展。又比如，在立法上对税务机关赋予必要的拘留权和起诉权，可对严重的偷骗税犯罪活动，从广度和深度上进行彻底查处。

四、细化具体运用程序

税务检查属于事后监督，对同一检查项目，实施的具体程序不同，检查结果可能也不同，纳税人对税务检查结果的反应也可能不同。《中华人民共和国税收征收管理法》中对于如何运用税务检查权缺少程序上的具体规定，使正常开展税务检查遇到困难。比如，税务机关可以检查纳税人的银行储蓄存款，但如何检查个人的储蓄存款，金融机构如何配合，应当履行哪些义务，金融机构以为储户保密而拒绝提供情况应如何处理，都没有具体规定，使检查权难以实现。建议尽快制定相应办法，细化运用税务检查权的具体程序。

同时，遵循现行的法律法规，做好税务检查各项工作，也是非常重要的。

一要正确执行检查程序。实施检查前，向纳税人发出书面《税务检查通知书》，告知其检查的时间、需要准备的资料、情况等。但对公民举报案件、有根据认为纳税人有违法行为或预先通知有碍检查的三种情况，不必事先通知。实施检查时，应当两人以上，并出示检查证。对于检查人员与被查对象有近亲属关系、有利害关系等可能影响公正执法情形的，检查人员应当回避。对于达到《税务稽查工作规程》规定的立案标准的案件，应当立案查处。

二要正确实施检查手段。根据需要询问当事人时，应当有专人记录，并告知当事人不如实提供情况应当承担的法律责任。《询问笔录》应当交当事人核对，并由当事人签章或者押印；当事人拒绝的，应当注明；修改过的笔录，应当由当事人在改动处签章或押印。调取账簿及有关资料时，应当填写《调取账簿资料通知书》及其清单，并在三个月内完整退还。调账通知书须有县以上税务局（分局）局长签发，并且只能调取以前年度的账簿资料。检查人员在调查收集证据时要严格按规定的程序和制度办事，并且遵循一定的方式方法。比如，制作询问笔录时，不得对纳税人或证人引供、诱供和逼供；复印、复制证据时，须注明原件保存单位和出处，由当事人签注“与原件核对无误”的字样，并签字盖章；需要将已开具的发票调出的，应当向被调查对象开具《发票换票证》；需要到有关单位提取证据时，应填制《提出证据专用收据》，由双方签字盖章。

三要正确运用执法权力。依照《中华人民共和国税收征收管理法》第五十五条的规定，直接采取税收保全措施或者强制执行措施时，必须注意前提条件。一是必须经县级以上税务局（分局）局长批准；二是必须是以前纳税期间，对当期的不能当即行使；三是必须发现纳税人有逃避纳税义务行为，并有明显的转移、隐匿其应纳税的商品、货物以及其他财产或者应纳税的收入迹象的。须查询纳税人以外人员的储蓄存款的，必须是在调查税务违法案件，并须经设区的市以上税务局（分局）局长批准，而且查询所获得的资料，不得用于税收以外的用途。运用记录、录音、录像、照相、复制等手段取证时，应注意此手段只能在调查税务违法案件时使用。

五、结合先进技术手段

在信息化迅速发展的今天，税务检查应该充分依托信息化先进技术手段，以提高税务检查的效率。

一要加强税务信息的沟通与共享。加强与税收征管机构、工商、公安、银行等相关部门的网络协作，建立数据交换、信息共享的网络平台和经济信息数据交换网络，改变目前信息共享度低、税务检查选案数据基础差的现状。

二要改进税务检查的方式方法。采用集约化检查方式，实行分级分类、省市联动或异地交叉检查。重视运用电算化查账方法、项目化检查法等多种检查方法。

三要研发案源信息系统。当前要重点研发案源信息管理软件，对纳税人申报、征收信息、税源监控信息、第三方信息进行采集，利用数据模型进行加工、处理，重点是将从外部取得的纳税人交易和收支等数据与纳税人申报资料进行比对，提高选案准确率。

六、强化检查人员队伍

税务检查权的正确运用，有赖于高素质的税务检查人员，我们应当着重提高稽查干部执法意识，规范检查行为，正确运用税务检查权。通过岗位培训、能手选拔、等级考试等各种形式提高税务稽查队伍整体素质，适应新形势对税务检查的要求。

七、重视监督考核

首先，要建立科学的税务检查工作考核指标体系。要为税务检查建立以“质”为主，以“量”为辅的考核评价体系。质的指标主要是体现税务检查机构和检查人员依法办案程度的衡量标准，一般应包括税务文书使用合格率、执法程序规范率等。量的指标是体现检查面、检查成果的衡量标准，包括查补收入总额、检查面等。

其次，要完善监督制约机制。一是要建立以检查岗位责任制、考核和检查执法过错责任追究为核心的税收执法责任体系，以岗位责任为基础，以考核评议为手段，以过错追究为保障，建立起检查内部监督制约的长效机制。二是要主动接受外部监督，建立上下级税务检查机关间的纵向监督，不同部门之间的横向监督，实行检查告知制和税案公告制等来增强税务检查工作的透明度，接受被查对象和广大纳税人的监督。三是抓好纪检监察部门的监管工作。严格执行责任倒挂，强化责任追究、对办案中的违法违纪行为进行监督检查和责任追究。

八、寻求相关单位协作

税务稽查作为税收征管的最后一道防线，必须寻求有关单位、部门的大力支持，形成齐抓共管、综合治税的良好局面。税务检查机构要积极与税收征管、工商、银行、财政等部门的联系，建设定期联席会议、检查情报交换等合作制度，扩展税务检查信息来源，加强工作协调，减少办案阻力，降低办案成本，形成综合治税合力。一旦在实际工作中遇到相关情况，税务部门和相关部门能够形成关联反应，共同配合，高质量高效率地解决税务案件，保证税务检查的正常开展。

（杜锦，四川省地方税务局稽查局局长；包爱萍，四川省地方税务局稽查局办公室主任；杜奕，四川省地方税务局稽查局科员）

当前税务稽查执法风险聚焦及对策初探

甘　石　李远华

2015 年 5 月，新修订的《中华人民共和国行政诉讼法》正式实施。就各级税务稽查部门而言，如何适应立法新变化、新趋势，认识和防控当前执法过程的风险，显得尤为迫切和重要。本文试图结合当前税务稽查执法实践，就存在的稽查执法风险以及应对措施，作初步探讨，并求教于方家。

一、当前稽查执法中面临的主要风险点及产生原因

（一）当前稽查执法主要风险点

1. 稽查执法的主体不适格。一是稽查局无检查存款账户、查封、扣押、冻结以及税收强制执行

措施的批准权，而有关执法文书只进过稽查局局长签批，而未经过所属税务局局长签批。二是稽查局在查处偷、逃、骗、抗以及税务总局规定的其他税收检查等执法范围以外不当行使执法权。比如，对于偷、逃、骗、抗违法行为以外涉税事项的税款追缴，以稽查局名义下达处理决定书。

2. 对部分违法行为定性不当。对纳税人税收违法行为定性不准确，造成行政执法后续的处理、处罚出现罚不当过，少数违法行为处理不适当，处罚畸重或者畸轻，影响了执法的质量，损害执法了权威。主要表现在：对于偷税行为该定偷税而没有定，不该定偷税的没有充分阐明理由和依据，造成定性存疑；对于虚开增值税专用发票、虚开用于抵扣税款、骗取出口退税的其他发票、虚开普通发票，在实施行政处罚时，没有区别纳税人违法行为性质与受到处罚行为性质，笼统表述为虚开，有的将虚开行为与偷税行为混为一谈，不加严格区分。

3. 存在执法程序不合法、不规范问题。一是在部分案件中发现在送达检查通知书并实施进场检查时未有“已出示税务检查证”等表明身份的笔录或者书面证据材料；检查开始的地点、时间，检查范围与方式等没有笔录记载。二是在检查、询问、听证、处罚等部分环节未告知当事人有陈述申辩、申请回避权，申请复议和提起诉讼权利。三是部分主要的文书送达过程中当事人签收手续不严格，签收人身份不明，非直接送达的送达程序执行不到位。四是调查取证、询问当事人以及采取税收强制措施基本程序不完整；调取电子证据的审批手续、证据固定等缺乏统一的操作标准；办案过程中相关笔录不规范，存在明显程序漏洞。五是对于重大税收违法案件应该经过而未经过税务局重大案件审理委员会审理，审理过程与结果的相关书面资料、会议记录不规范。

4. 主要证据不充分、不扎实。部分案件执法证据不充分、不扎实的问题主要体现在：首先是部分证据与所证明事实关联性不够；其次是证据不充分，比如待证事实需要三项证据，只收集两项；再次是在证据收集的合法性上，违反相关证据收集的法定程序和要件；最后是在证据的调查中，不注重及时、快速固定和保存证据，错过收集证据的最佳时机，造成事后难以弥补的后果。

（二）问题产生的原因分析

1. 依法行政的法治意识不强。从查找出的问题可以看出，当前我们部分稽查执法干部的法治意识还不强，行政程序法治意识与自觉维护公民、法人法律权利的意识还未入脑入心。

2. 法律专业素质有待提升。一线稽查执法人员执法风险点的存在与其税收法律专业素质不高不无关系，与其基础不牢、术业不专、不精高度相关。

3. 办案监督考核机制还不够完善。选案、检查、审理之间以及执法监督方面还缺乏高效的相互监督制约，特别是对错案追究的考核机制不健全，缺乏完善的执法风险过程控制机制。

4. 相关法律制度尚待不断完善。部分税收法律制度之间相互冲突、少数执法领域法律缺位以及法律规定存在含混、模糊，也是稽查执法风险发生的一个不可忽视的因素。

二、采取积极有效的措施防范和管控风险

（一）进一步强化法治理念学习教育

进一步加强法治理念学习，注重法律思维培养和训练。通过强化社会主义法治理念教育，树立法治思维，真正将法律思维渗透到日常执法行动中，变成自觉意识和行为习惯。

（二）加强财税法应用专业素质培训

加强稽查干部财税法执法应用专业素质培训和学习，系统、深入掌握经济类法律、法规和规范性文件在稽查实践中的适用技巧，把握全国司法和执法实务发展的新动向。进一步加大对疑难案件交流和研究的力度，借助案例分析、同行专业交流等形式，取人之长，补己之短。

（三）完善相关执法程序规避涉诉风险。

一是对于执法主体不适格的问题，要在法律、法规的允许范围内，改进和完善执法程序。如稽查局无检查存款账户、查封、扣押、冻结以及税收强制执行措施的批准权，必须经过稽查局局长、所属税务局相应级别的局长签批。对于稽查局在查处偷、逃、骗、抗以及税务总局规定的其他税收检查等执法范围以外无权执法的事项，比如，对于偷、逃、骗、抗违法行为以外涉税事项的税款追缴，不再以稽查局名义下达处理决定书，而代之以由相应具有税收管辖权的税务局下达处理决定。再比如，对于稽查局在查处案件过程中，对商品、服务价格的核定，应该严格限制在法律、行政法规、规章授权的范围内，不得随意扩大价格核定的执法权。

二是对于违法行为的定性问题，应秉承公正、合法和适当的原则，谨慎认定。首先应该区分行为

是否违法，在是与非之间做出明确的区分；其次是在违法的性质严重性上划分，是轻微违法还是严重违法；最后是违反的何种法律、属于何种性质和类型的违法行为。对于复杂的违法定性问题，可以移交重大案件审理委员会，降低直接办案人员在行政执法、决策方面因判断失误带来的行政责任和风险。

三是对于执法程序不合法的问题，要从防范涉诉风险的高度重视，避免出现程序瑕疵、违法问题。首先，应该提高程序意识，严格依照法定的程序一丝不苟执行，必要时对重要程序列出程序清单，逐项落实。其次，上级稽查局应该加强对下级稽查局在执法程序规范化方面的监督，在执法文书、案卷方面经常开展监督检查，及时发现、及时预防程序方面的不规范、不合法的情形。再次，加强日常稽查程序操作的岗位练兵，要求所有稽查一线人员人人过关，确保不出现程序上的漏洞。

四是对于证据问题，在选案、检查、审理、举报监督等各项工作中，必须高度重视证据调取、采集以及保存证据的规程。牢固树立用证据说话，用事实说话的证据规则意识，真正做到有一分证据说一分话，不主观臆断，不凭想当然。保证每一项处理、处罚决定必须证据完整、确实充分，证据与证据之间形成完整的逻辑链条。逐步完善对于企业电子证据、个人手机信息以及互联网平台提取信息等证据的取证、固定和证据比对程序机制，确保各项执法措施、稽查结论，有充分、合法有效的证据作为支撑。

（四）健全稽查监督考核机制

应该加强稽查办案流程监督考核机制建设。加强对于稽查流程与稽查案卷的监督与考核，发挥好奖惩机制对于提升办案质效的重要促进作用，真正预防执法风险，最大限度降低错案发生概率。

（五）加强稽查调研，为法律制度的修改完善提供实践参考

过加强基层稽查执法调研，将实践中碰到的各类法律问题总结提炼出带有共性和普遍性的问题，通过向上级部门和有关立法部门积极建言献策，为促进税收法制的健全和完善提供实践依据和理论依据。

（甘石，贵州省国家税务局稽查局局长；李远华，贵州省凯里市国家税务局副主任科员）

关于加快推进云南省国家税务局稽查体制改革的调研

郑　青

2015 年全国税务工作会议上税务总局局长王军指出，要总结部分地区税务稽查模式改革经验，研究提出优化稽查资源配置、提升稽查管理层级、增强执法刚性和统一性的意见。按照税务总局深入推进稽查体制机制改革的要求，作者对云南国税稽查管理体制现状进行了充分的调查研究。推动稽查体制改革成为促进云南国税稽查工作科学化、现代化发展的内在动力，成为破解云南国税稽查工作难题的重要突破口。

一、研究云南国税稽查体制改革的时代背景

（一）把握“四个全面”的新要求是根本

随着中国进入“四个全面”发展关键时期，全国经济社会发展转轨步入新常态，“互联网 +”思维全方位融入，依法治税、简政放权带来更多机遇和挑战。党的十八届三中全会把全面深化改革的总目标确定为“完善和发展中国特色社会主义制度，推进国家治理体系和治理能力的现代化。”税务系统一方面在加大简政放权、放管结合职能转变工作力度，许多税务行政审批事项被取消、下放或改为备案管理，方便了纳税人，另一方面也在不断创新后续管理方式，优化综合管税、信息管税、依法管税能力。简政放权不是放任不管，在深化税收征管改革的进程中，如何更加有效地发挥稽查职能作用和提高稽查工作质量，成为推进税务稽查体制改革所要解决的中心问题。完善稽查体制就是要让稽查工作步入规范、高效、运转良好的发展轨道上来，更大程度地发挥以查促管、以查促收的职能作

用，从而促进依法治税思想的全面落实。

（二）应对市场经济发展的新情况是关键

市场经济快速发展，经济结构、税源规模发生深刻变化，经济主体跨国、跨地区、跨行业相互渗透，重组、并购等新的经营运作模式及新型业态、新兴商业模式不断涌现，纳税人组织形式和行为方式日益多元化。复杂的经济生活让涉税违法手段日益多样化、智能化、链条化，给税务稽查发现和固定证据带来新课题。加快推进稽查管理体制改革，是要让分散的稽查力量得到更有效的集中，形成强大合力，打击和震慑各种涉税违法犯罪行为。比如，“云南盐津‘3·23’虚开案件”涉及的26企业，看似相互分离，实为“团伙”操控。其一，他们利用虚假法人身份虚构注册多家公司，增大购票量，企图蒙骗税务机关的监管；其二，通过人为调节进项税额，每月申报并缴纳税款，造成正常经营的假象；其三，通过涉嫌非法取得农户身份信息大量虚构农产品收购业务，虚开专用发票，且有资金回流现象；其四，该案件由省外人员实际控制企业，呈现跨地域、集团化、长期谋划并专业合作分工等特点。

（三）借鉴其他地区的改革经验是捷径

继2012年税务总局确定河北、河南、安徽、湖南和青岛四省一市开展稽查管理方式改革后，其他地区也在积极推进扁平化、集约化稽查管理方式改革，为建立和实现稽查现代化目标，实践科学合理的稽查发展路径做出积极探索。重庆市国税局相继撤并主城区16个征管局内设稽查局，于2011年设立第一、第二稽查局，2013年设立第三、第四、第五稽查局，跨区稽查模式全面覆盖重庆市主城区。5支跨区专业稽查队伍，以不足全市国税稽查1/3的力量，覆盖全市国税50%的纳税人75%的税源，查补80%以上的稽查收入，成为组织税收收入、维护区域税收经济秩序、促进区域投资增长和经济发展的重要力量。多地的改革经验提供了有力的借鉴，今后将以税收风险管理为导向，按照机构扁平化要求，进一步明确稽查工作定位，明晰稽查职责范围，整合优化稽查资源，加快推进云南省国税务稽查体制机制改革。

二、云南国税系统现行稽查体制基本情况

（一）机构设置基本情况

1. 省级稽查机构设置情况

目前，云南省国税系统现有省级稽查机构1个，级别为正处级，现有稽查干部14人，局领导级别为正处级。云南省目前未实行省级一级稽查体制，稽查局没有单独的人员编制。

2. 地市级稽查机构设置情况

云南省国税系统现有地市级稽查机构16个，级别为副处级，现有稽查干部329人，局领导级别为副处级，各地市级稽查机构没有单独的人员编制。目前云南省国税系统地市级稽查机构设置模式主要有以下两种：

一是传统模式，即在地市级本级设有稽查局，在主城区及所辖县按照行政区划也分别设置稽查局，目前云南省采用此种机构设置模式的地市级稽查局共有12个。

二是一级稽查模式。该模式有两种形式：其一是地市级本级设有稽查局，负责地市全部主城区稽查工作和所辖县稽查局的管理指导工作，主城区不再设置稽查局，只在所辖县设有稽查局，云南省采用此种模式的地市级稽查局有3个；其二是在地市级的全域只设置一个稽查局，主城区及所辖县都不再设置稽查局，目前云南省采用此模式的只有玉溪市国税局。

3. 县级稽查机构设置情况

云南省国税系统现有县级稽查机构120个，级别为副科级，实有稽查干部894人，局领导级别为副科级，各县级稽查机构没有单独的人员编制。

（二）现行稽查体制存在的问题

多年来，云南国税稽查现行体制在推进依法治税、维护税收秩序、保障税收收入、促进公平竞争等方面发挥了无可替代的作用。2010—2014年间，全省国税稽查累计重点检查纳税户20169户，查补税款、罚款、滞纳金共计185791万元，入库179353万元，集中力量查处了“南疆税案”“普阳税案”“云南盐津‘3·23’虚开案件”等一批涉税违法大案要案，净化了全省税收环境，为国家挽回了税款损失。但云南国税系统现行稽查体制也逐渐暴露出严重的“不适症”。

1. 人员分布与税源结构不相适应

云南地处西南边陲，社会经济发展极不平衡，昆明、曲靖、玉溪、红河四个州（市）的GDP占全省GDP的60%，税收收入占全省税收的79%。这四个州（市）是全省稽查的重点区域，但四个州（市）的稽查人数仅占全省稽查人数的41%，人员分布与税源结构严重背离。另外，受人员编制、机构设置等方面的制约，我省县级稽查力量分布不均衡，全省稽查干部在4人以下（含4人）

的县级稽查机构就有 27 个，6 人以下（含 6 人）的县级稽查机构 66 个，占全省县级稽查机构数量的 55%。这些机构连稽查“四环节”相分离的职能分配都做不到，稽查职能得不到有效发挥，也增加了稽查人员的执法风险。

2. 机构配置与分级分类稽查模式不相适应

2014 年，全省 137 个稽查机构仅有 1237 名稽查人员，占全省国税 10900 名干部的 11.35%，稽查人员数量严重不足，难以应对“井喷式”的纳税户数增长。在分级分类稽查任务的划分上，省市县三级呈“倒三角”状况，而省市县三级的稽查人员分布则成“正三角”，稽查力量与稽查任务不匹配。稽查重点检查面从 2003 年的 8.02% 降至 2014 年的 0.21%。省、市级检查工作主要依赖从基层借调人员，这种做法短期内满足了检查工作的需要，但也产生了不少问题。一是借调人员吃、住、行、通讯费用等花费较高，导致案件检查成本过高；借调人员更换频繁，培训费用、管理成本较高。二是被借调人员长期在外工作，在职务晋升、公务员考评方面都处于劣势，严重影响个人发展。三是县级业务能力较强的人员多被上级部门抽调，无形中削弱了县级的检查力量。

3. 人员素质与业务要求不相适应

随着经济社会的快速发展，企业经营方式、管理方式、财务核算方式都在发生深刻变化，税收政策也在不断调整更新，稽查人员不仅要掌握税收、法律、财会、计算机等多方面的知识，更要加快知识更新，拓宽工作思路。但云南省稽查高素质人才与专业化人才缺乏，具有研究生学历的稽查人员仅 22 人，具有“三师”资格的也仅 22 人，都只占总人数的 1.78%。部分稽查人员不懂会计电算化、不懂现代企业制度，甚至对税收制度和法律法规把握不准，越来越不能适应稽查业务日益繁重和复杂的要求。从年龄结构来看，云南省稽查人员 35 岁以下的仅有 85 人，占总稽查人数的 6.9%；35～45 岁的 294 人，占总稽查人数的 23.8%；45 岁以上的 858 人，占总稽查人数的 69.4%。稽查队伍呈现出老龄化的特点，给提升稽查队伍整体素质带来一定的难度。

4. 权责划分与经济发展不相适应

云南省现行按行政区划设置稽查机构的模式，稽查战线过长，稽查力量分散，而随着全球经济的调整和区域经济一体化的发展，企业规模越来越大，大企业运作集团化、经营区域化、核算信息化，与现行税收属地管理体制下的分散管理矛盾日益突出。除省级稽查局统管全省稽查工作外，市级之间、县级之间按行政区划各自负责辖区内的稽查工作。受管辖权的限制，市、县两级稽查局无法按照经济区域开展工作，分散化、局部性的稽查力量和单一的稽查手段无力应对集团化、信息化的企业税收检查，也不能对跨区域经济的企业开展深入、高效的稽查。

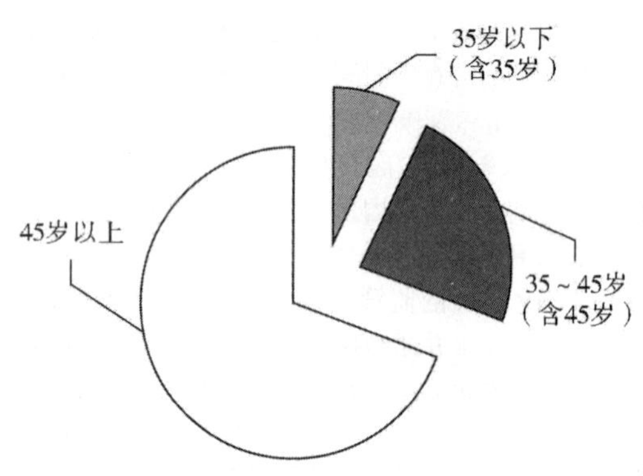

2014 年云南省国税稽查人员年龄结构图

5. 稽查工作与职能定位不相适应

长期以来，云南省国税系统在实际工作中对稽查职能定位认识不足，稽查工作出现重收入轻管理、重任务轻执法和抓大放小、避难就易的现象，稽查职能的发挥受到限制，云南省国税稽查工作带有明显“收入型稽查”的特征。只管不查或重管轻查导致稽查工作缺乏执法刚性；只查不管或重查轻管又削弱了稽查工作的监管职能。征、管、查分离的征管模式过分强调各自的工作特点，缺乏大局意识、系统观念。纳税评估与稽查抢案源，纳税人饱受多头重复检查之苦，以评代查、以补代罚现象普遍存在；稽查选案与基层征管需求脱节，基层稽查工作缺位；稽查查后反馈制度未能有效落实，稽查以查促管、以查促收的职能作用没有得到有效发挥。

三、云南省国税局稽查管理体制改革的建议

（一）基本思路

2014 年 2 月 18 日，李克强总理在中央党校省部级主要领导干部专题研讨会上对税务稽查工作做出重要指示：“我们要抓紧建立科学的抽查制度、责任追溯制度、经常异常名录和“黑名单”制度，

把问题企业和违法经营者列进去，进行重点监控。”建立科学的抽查制度，势必让稽查的作用和地位得以回归。云南省国税稽查体制改革将在税收征管改革的总体框架内，以促进纳税人税收遵从、降低税收风险为目标，以税收风险管理、专业化管理为导向，以逻辑扁平理论为依据，按照“做大省级稽查局、做强市级稽查局、做优县级稽查局”的总思路，基本保持省、市、县三级稽查架构，充实省、市两级稽查力量，整合市、县稽查业务流程，减少管理层级，提升执法主体层次，优化人力资源配置，健全稽查资源统筹等机制，形成上下协调、执法公正、高效运转的稽查工作格局，初步形成适应现代化税源结构特征的稽查管理体制。

（二）基本内容

1. 强化风险管理，促进纳税遵从

打破将税务稽查职责局限于专司偷逃骗抗的传统思维限制，将税务稽查职责界定为对纳税人、扣缴义务人和其他税务当事人履行纳税义务、扣缴义务及税法规定的其他义务等情况进行检查和处理。在风险管理模式下，税务稽查就是对风险识别评定部门移送的各类不同风险等级的纳税人采用科学的选案方法，进行选案检查，以保证对各类纳税人相对稳定的检查概率和统一的处罚口径，促使纳税人形成公平的纳税遵从心理预期。

2. 整合稽查资源，提升执法层次

以一级稽查业务逻辑重组州（市）和县（区）两级稽查业务，稽查选案、检查、审理、执行四环节业务，在州（市）和县（区）之间重新进行划分，县级稽查的选案和审理业务上划州（市）级稽查，实现县局稽查业务向市局集中，做大市级稽查局；县级稽查只保留检查和执行环节业务，降低县级稽查在稽查四环节业务分工中的人力资源需求和执法中的程序性风险，将县级稽查有限的人力资源更多地投入到稽查检查工作中，做优县级稽查局。

3. 实现机构重组，适应工作需求

以逻辑扁平化理论为指引，保持现有省、市、县三级稽查模式不变，充实省、市两级稽查力量，实现“要素优化、配置最佳、效益最大”，适应分级分类稽查工作要求，构建“大稽查”格局。

省局稽查局定编60～80人，下辖三个正处级建制的第一、第二、第三稽查分局，每个稽查分局定编20～30人，并按行业设立检查科，负责全省跨区域的重点税源企业稽查和重大涉税违法案件的查处。省局稽查局主要负责系统管理和对下级稽查执法情况的监督检查，以及对第一、第二、第三稽查分局的业务指导、选案和审理。

州（市）稽查局根据税源状况下设副处建制从事检查的稽查分局，分局内设按行业划分的检查科，负责除省局稽查职责以外的主城区及跨县（区）的重点税源企业稽查和重大涉税违法案件的查处。州（市）局稽查局主要负责本辖区稽查选案、审理、稽查执法情况的监督检查和系统管理，以及对所属稽查分局进行业务领导。

保留县级稽查机构，区分税源状况规范人员配置，具体是：50人以下的县级局配置2～4名稽查人员；50～80人的县级局配置4～8名稽查人员；80人以上的县级局配置8名以上稽查人员。

（三）配套措施和组织保障

完善配套设置，强化组织保障，减少每一层级选案、实施、审理、执行四环节结构的人力资源需求和执法风险，进而发挥税务稽查在税源专业化管理中的作用。

1. 人员统一调配

省局主要以省局稽查人才库人员为主要调配对象，将省局稽查人才库人员在综合征管软件中虚拟为省局稽查局人员；州（市）局将县（区）局稽查人员在综合征管软件中虚拟为州（市）局稽查局人员。省、市局稽查局根据分级分类稽查、专项检查、专项整治、案件检查和打击发票违法犯罪活动工作需要，统一调配虚拟人员以省、市局稽查局为主体开展稽查工作。

2. 案源统一管理

省局稽查局负责对省级分级分类稽查、专项检查和重大案件案源的确定和管理，州（市）局稽查局负责本辖区除省局分级分类稽查外的所有案源的确定和管理，县（区）局根据日常税收管理需要，向州（市）局稽查局提供案源线索和信息。省、市两级稽查局组建选案团队，建立税收违法行为风险指标体系，运用纳税人风险识别方法，科学选取指标，做到精准选案。选案采取总量控制、相对均衡的办法确定案源，统一下达选案计划，做到科学选案，避免选案环节的随意性，减少或杜绝无重大疑点和问题的案件下达。

3. 检查统一实施

在检查实施过程中，省、市两级稽查局对稽查人员（含虚拟人员）实行项目化管理、团队化运作，组建税种检查团队、行业检查团队、发票检查团队，统一调配，统一分组，发挥专业团队专业化检查优势，州（市）局也可委托或指定县（区）

局检查。检查环节统一实施、统一检查项目和口径，确保稽查依照法定职责、法定权限和法定程序进行，体现稽查执法公正与效率，促进纳税遵从的提升。

4. 案件统一审理

省、市两级稽查局按照统一扎口、集中审理的要求进行案件审理工作，确保案件处罚自由裁量权执行标准一致，做到统一政策、统一尺度、一视同仁，实事求是地处理各类涉税违法案件，减少或杜绝以补代罚、处罚畸轻畸重的现象，促进稽查执法公平公正。

5. 经费统一使用

稽查办案经费是财政部列名专款用于稽查查办案件的专项经费，有着严格的开支范围和列支标准，稽查局按照专款专用、厉行节约的原则进行稽查办案专项经费的使用和管理，经费核算部门根据《稽查办案专项经费使用管理办法》进行经费报账手续和核算工作。

参考文献

[1] 王军. 励精图治 改革创新 持续推进税收现代化——在全国税务工作会议上的讲话[R]. 北京:国家税务总局,2015.

[2] 孙瑞标. 认识税收新常态 把握发展新要求 持续推进税务稽查现代化——在全国税务稽查工作会议上的讲话[R]. 北京:国家税务总局,2015.

[3] 云南省国家税务局稽查局专项课题组. 论云南国税稽查体制改革[R]. 昆明:云南省国家税务局,2013.

[4] 广西地税局、编办、财政厅联合课题组. 广西地税系统稽查管理体制改革研究[J]. 经济研究参考,2013(17).

[5] 北京市国家税务局稽查局. 改革创新 趁势而为 谱写税务稽查现代化发展新篇章[M]. 中国税务稽查:厉风. 北京:中国税务出版社,2015.

[6] 厉文. 锐意进取:深化稽查体制改革[M]. 中国税务稽查:厉风. 北京:中国税务出版社,2015.

（郑青，云南省国家税务局稽查局局长）

涉税失信联合惩戒中跨部门协作机制的思考

彭正国　蒋丽华

税收信用是社会信用体系的重要组成部分。2014 年 12 月，国家税务总局与国家发改委等 20 部门联合签署了《关于对重大税收违法案件当事人实施联合惩戒措施的合作备忘录》（以下简称《合作备忘录》），对税务机关公布的重大税收违法案件当事人实施 18 项联合惩戒措施。涉税失信惩戒从单兵推进到多部门、宽领域的纵深拓展。合作备忘录明确了联合惩戒的对象、惩戒措施及操作程序、实施方式、动态管理等，但在实践过程中还存在部门间协作机制及实施细则尚未建立、信息共享平台还有待完善等问题。本文尝试从跨部门合作治理角度来探讨多部门实施涉税失信联合惩戒的协作机制。

一、跨部门治理

随着社会的变化与发展，公共问题日益复杂化，政府运用传统的治理结构、工具、过程存在治理失效的现象，越来越难以满足民众对管理的需求。在此背景下，管理者必须寻求新的治理途径以提升政府的治理绩效，从而掀起了一场全球范围内的政府改革浪潮并被众多学者称为新公共管理运动。一些学者开始强调多元治理主体在解决社会问题过程中的作用，涌现出多种形式的政府治理模式，如多中心治理、网络化治理、整体治理、协作性治理。

跨部门治理模式的核心理论包括协同治理和合作主义。协同治理中的多元主体间相互依赖并形成复杂的合作关系，政府的主要职责不再限于管理人员与项目，更在于动员与组织不同主体中的资源，一定条件下，通过各种形式的信息交流与沟通协调达成共识，保持对环境的适应性与灵活性，最大限度地维护和增进社会公共利益，创造更大的公共价值。跨部门治理强调各主体之间的合作，实现对社会公共事务“整体大于局部之和”的治理功效，实现最大限度的治理功效。

跨部门治理代表着一种新的治理过程或一种治理社会的新方式，其具有治理主体多元、主体间相互依赖、利益兼容等特征。本文研究的跨部门治理方式主要是指公共事务的治理需要政府多部门形成公共行动体系，充分发挥各自的优势，齐心协力、互助合作的治理模式。

二、涉税失信联合惩戒为跨部门治理提供了现实基础

（一）税收信用体系建设需要政府多部门参与

信用是最根本的社会关系，是整个社会赖以生存和发展的基础。市场经济是法治经济，也是信用经济，税收作为市场经济的重要组成部分，需要法治，也需要信用。一方面，通过信用的方式可以调整税收征纳关系，规范税收秩序，净化税收环境；另一方面，在实施依法治税的同时，也要通过税收信用的形式加以管理、指导和教育纳税人自觉纳税，不断提高我国公民的纳税意识。

守信激励和失信惩戒机制是直接作用于每一个社会主体信用行为的最有效的制度安排，是社会信用体系运行机制中的核心机制。国家税务总局发布了《纳税信用管理办法》和《重大税收违法案件信息公布办法》，建立税收守信激励和失信惩戒机制，打造税务领域信用体系建设的升级版。为使税收违法“黑名单”发挥出强有力的警示和震慑作用，对“黑名单”当事人开展联合惩戒，是社会信用体系建设的题中之意和客观要求，也是“黑名单”制度的重要组成部分。2014 年 12 月末，《合作备忘录》经 21 部委正式会签完成，标志着税收违法“黑名单”联合惩戒机制正式确立。国家税务总局成为国务院系统第一家签署联合惩戒《合作备忘录》的部门，同时 21 部门联合签署《合作备忘录》也是体系最为完整的一个案例，被中央有关部门领导誉为在社会信用体系建设中“具有示范意义”。多部门参与涉税失信联合惩戒，真正使失信纳税人“一处失信，处处受限”。

联合惩戒措施的实施，大大增加了税收违法者的违法成本，对税收违法行为产生了严厉的警示和震慑作用，促使欠税企业主动补税。湖北、北京、青岛的6家企业接到当地税务机关的通知后，因担心受到联合惩戒，主动补缴欠税合计2411 万元。

（二）整体性政府的要求

随着中国行政体制改革的不断深入，简政放权、整体政府的顶层设计和系统推进以及建立和提升跨部门协同治理能力，都是政府改革的重点目标，也是实现国家“五位一体”建设和“新四化”发展的关键。

整体性治理理论认为，当下信息技术的发展为整体性治理提供了技术保障，而信息技术的进步使得政府内部的协调与整合在现代科层制之下会更有效率。整体性治理仍以官僚制（科层制）为基础，以期通过发达的信息技术改造现有的官僚制结构，打破政府部门间条块分割的现状，从而实现各部门间的紧密合作。作为整体性治理的两个“引擎”，协调与整合相辅相成。如果把整体性治理比喻为圆桌谈判，“协调”就是通过推进多方努力进行有效沟通、共商议题，达成对某一问题的一致看法，为整合创造良好的条件；而“整合”就是指圆桌上的各方参与者依据达成的共识，制定相关政策并合力付诸实施的过程。简言之，整体性治理是以协调、合作、整合为特征的整体政府改革，以整体主义与信息技术为理论基础。

三、联合惩戒跨部门协作机制构建的思考

（一）充分发挥多元治理主体的各自优势

涉税失信联合惩戒成员单位省级层面涉及 20 多家，各有自己的优势、特征与最合适的领域：发改委作为牵头单位，在联合惩戒涉税失信过程中，应发挥核心主导作用。围绕推进联合惩戒措施的有效落实，统筹考虑各部门间的协作机制，制定《合作备忘录》的实施细则和操作流程；促进部门间信用信息共享交换平台建设；发挥信用体系建设联席会议的组织协调作用等。国、地税作为联合惩戒对象的提供者，要确保信息准确无误和及时推送。重大税收违法案件信息向社会公布并提供给参与联合惩戒的单位后，将形成当事人的失信记录，并对其权益产生重大影响。如果公布或提供的信息不准确，就会造成联合惩戒措施无法落实，甚至出现惩戒对象错误，给税务机关带来执法风险。因此，税务机关要严格审核，确保案件质量。中国人民银行、工商等部门主要在各自领域依法对联合惩戒对象采取措施，形成惩戒合力。

（二）建立良好的合作信任机制

在跨部门合作治理互动过程中，各主体间的信任可以使部门间达成共识较为顺利。解决信任有两个基本的思路：“一是通过外部强制力来保证合作

所必需的信任，从而保证合作的延续和完成；二是通过合作双方内部的互动来建立信任。”实践中，要充分考虑各方需求与优势来进行合理分工，如信息部门具有的技术优势、工商部门具有的企业信用信息公示系统、人民银行征信系统等。由此形成一种各主体间主动承担责任、相互尊重的良好信任机制。

（三）重视主体间的沟通协调机制

在跨部门合作形成的集体行动中，各主体间的沟通是必要的。沟通使信息在多元主体间相互交流，通过建立正式与非正式沟通渠道，增强主体间对于目标、任务及责任的理解，提高解决问题的能力。协调主要是通过对话、协商及共同规划来调整参与者之间的利益关系，使参与者在形成决策过程中进行沟通，彼此考虑对方的需求及利益，有利于在各主体间实现资源、知识、信息的共享及流动，降低参与者在治理过程中的运行成本。目前联合惩戒各部门之间交流并不充分。因此，在治理过程中有必要建立长期而持续的沟通协调组织、信息反馈机制，使参与各方都能得到利益表达、交流意见的机会，提升联合惩戒工作的弹性与适应力，实现良性互动。

（四）加强公共责任分配与承担机制

涉税失信联合惩戒的跨部门合作治理主要围绕对联合惩戒对象依法开展惩戒措施。联合惩戒对象为各级税务机关公布的重大税收违法案件信息中所列明的当事人。当事人为自然人的，惩戒的对象为当事人本人；当事人为企业的，惩戒的对象为企业及其法定代表人、负有直接责任的财务负责人；当事人为其他经济组织的，惩戒的对象为其他经济组织及其负责人、负有直接责任的财务负责人；当事人为负有直接责任的中介机构及从业人员的，惩戒的对象为中介机构及其法定代表人或负责人，以及相关从业人员。虽然《合作备忘录》中明确界定多元主体在跨部门治理结构中地位、职责与操作程序等，但是未建立相应的责任分担格局，忽视了各主体在合作网络中应承担相应的行政责任。跨部门治理是一个多重机制共同运行的治理形式，要确保其良性且有效合作，必须建立包含责任分配和承担机制的实施细则，促进跨部门联合惩戒的有序运行。

（五）大数据环境下，加快部门间信用信息共享交换平台建设

工欲善其事必先利其器。充分运用大数据、云计算等现代信心技术，提高跨部门协作水平。通过建立起信用信息共享交换平台，打破了信息资源的条块分割局面，实现了信息资源的协同建设与管理，使跨组织界限的部门，能够及时掌握有关部门的行动动态。跨部门联合惩戒协作，需要大量的资讯信息交流。利用数据交换平台，一是要建立数据交换机制，提升信息传递速度。具体实践中，税务部门通过数据共享交换平台接口及时将涉税失信信息上传，再由省信息中心统一传送至各成员单位数据共享交换平台接口。二是要加强数据反馈，形成对联合惩戒工作的闭环管理。各部门对重大税收违法案件当事人实施跨部门联合惩戒后，应及时通过数据共享交换平台将惩戒结果反馈上传，便于各主体及时掌握工作动态，形成闭环管理模式。

总之，实施多领域、跨部门的涉税失信联合惩戒，为跨部门治理模式提供了土壤。在协调与整合的治理理念下，建立联合惩戒跨部门协作机制，将会在很大程度上提升跨部门协同治理能力，提高联合惩戒效果。实现对失信者“一处失信、处处受限”，避免税收违法“黑名单”当事人“金蝉脱壳”、卷土重来情况的发生，对税收违法行为产生严厉的警示和震慑作用。

（彭正国，甘肃省国家税务局稽查局局长；蒋丽华，甘肃省国家税务局稽查局案件管理科科长）

创新稽查选案方式　推动稽查现代化发展

河北省国家税务局稽查选案工作调研组

根据税务总局提出“2020年基本实现税收现代化”的工作愿景和“稽查现代化先行”的工作要求，河北国税局稽查局以“互联网+”为平台，以大数据应用为基础，以信息化建设为路径，集中精干力量，着手研发“精准选案、统计分析、综合查询、网络查账、过程管控”为规划内容的稽查综合软件。

一、选案软件的架构

选案软件的研发构思是：分类灌装数据→分析疑点工具→精确锁定目标。具体是依托数据仓库、指标模型两大支点，灌装近五年分散在税务内部各系统的数据以及互联网数据，按照不同的需求目标进行分类，建立企业“大数据库”。在此基础上，运用多种分析工具进行对比、分析、排序等，生成疑点，最终达到选案自动化，实现及时监控、精准锁定选案目标的目的。

（一）完成数据导入

以金税三期工程为基点，采集分散在防伪税控系统、进销项比对系统、出口退税管理系统、重点税源监控系统、全国税收调查系统、协查系统、举报系统、综合治税系统、互联网信息数据等，对内外部关键性适用数据进行导入，建立选案大数据，作为选案依据的重要参考。

（二）建立疑点分析指标

疑点指标的设定是选案软件的核心部分，共分为即时性指标、通用指标、个性指标、后台选案指标四大类 196 个指标。

1. 即时性指标，主要用于对虚开、虚抵增值税专用发票和多点退税指标的实时监控，实现即时预警功能，共 26 个指标。

2. 通用指标。按照数据获取来源不同选取应用广泛的四类 57 个指标，包括基础类、申报类、财务类及其他类。

3. 个性指标。按行业涉及房地产、钢铁、运输、金融、医药制造等 18 个行业 113 个指标，数据来源于企业的申报征收数据及财务报表数据，主要将待选企业与其行业指标进行关联，有针对性地进行异常值分析。

4. 后台选案指标。包含前台大部分指标，共 149 个。数据来源于各应用系统接口导入数据及第三方数据。主要实现选案指标的多维组合和深度应用。一方面，可以按实际需要，不受行业、地域限制由选案人员自主判断选取指标集合；另一方面，可实现对综合性选案后精准选案的补充。在完成基础指标或个性指标选案后，选案人员可以有针对性的选取与该企业或行业相关的指标进行深度分析。

（三）实现目标锁定

以纳税人识别号为条件查询单户纳税人的所有信息，为选案人员提供全面的纳税人数据监管。信息主要包括税务登记信息、税种登记信息、税务认定信息、查账征收企业所得税汇缴数据、增值税一般纳税人申报数据、消费税申报数据、财务报表数据等。以实用性为原则，对重点税源选案、行业性检查选案、区域整治选案、打击发票、打击出口骗税、一户式选案等日常选案项目进行规范，设定选案步骤，调用相关指标进行精准选案。并通过此部分嵌入稽查分类名录库、稽查异常对象名录库和稽查检查人员分类名录库，实现待查对象和检查人员双随机抽取。确定待查对象后，使用选案分析模板完成综合选案报告的制作。

二、选案软件的功能和特点

运用大数据思维，以整合数据信息为基础，以工作创新和指标适用为目的，实现稽查选案“人无我有，人有我优”和“全省选，选全省”的目标。

（一）两大功能

一是精准选案。该软件通过选案需求和指标工具，既支持模糊选案，进行案源线索归集，查找出某一区域、行业中线索集中、疑点最大的备查案源；又能一户式深度分析，显示出某一纳税人存在的所有疑点线索。既可以随机自动生成疑点信息，又可以根据需要主动选案，提高了自动化程度，能够有效提升选案准确率，并将选案人员从繁琐的案头工作中解放出来，更重要的是可以及时发现问题，实现早预防、早打击，并可提供相关参考信息，促使领导进行科学决策，实现稽查质效的最大化。二是预警监控。根据预警值指标，实现稽查选案岗日常对各类企业作业区域内指标变化的事前、事中、事后全过程可控管理，不但能实现企业疑点指标自动弹出，还能实现对选案全过程的痕迹化管理，减少了随意性，增强了稽查人员的责任意识，降低了执法风险和廉政风险。

（二）四大特点

一是即时性。通过实时监控，实现稽查打防结合。相关数据按月导入，疑点问题随时分析，及时发现行业性、区域性案件苗头，将选案从事后监管提前至事前、事中监督，力求打早打小，实现稽查质效的最大化。二是精准性。经过分类灌装数据，利用指标分析工具，生成疑点指向，锁定检查目标，实现精确选案，大大提高了准确率，降低稽查成本，提高稽查效能。通过充分利用信息资源，在选案阶段将三年未查企业设为必选条件，从根本上规范进户执法，避免重复入户。将案源选取和检查人员的双随机抽取，增加执法透明度，实现税务稽查选案的公正、公开、公平，助力依法行政。三是便捷性。通过选案系统将常规动作以指标的形式固化下来，将重点税源选案、行业性检查选案、区域整治选案、打击发票、打击出口骗税等选案方式进行流程化设计，实现与日常工作紧密结合，成为一种工具，便于实际操作。四是开放性。通过系统简便操作，实现相关指标相互兼容。随时可升级、可完善。既可以灵活地增加、删除或修改指标，使其更适合于现状，又可以在选案过程中对指标进行任意组合，形成量身定做的选案要素。通过不断获取外部数据，不断整合多部门、多应用系统关键数据，依托综合治税机制，实现外部数据交换、信息共享，建立起辐射范围广、传递速度快、监控能力强的税收大数据网络。

三、选案软件初步运用情况

河北国税稽查选案软件边研发、边试用，先行先试，在实践中检验完善，效果得到初步验证。

（一）在一户式选案方面取得突破

针对承德市某医药制造行业规模适中、有龙头企业为典型、已多年未实施稽查的特点，决定作为采用综合软件信息化选案的试点行业：一方面，运用共性指标进行筛选，按疑点数量排序，另一方面，按该行业普遍经营特点设置个性指标，进一步固定风险特征。选案结果显示：某医药公司共性指标疑点特征达 19 个，其中，其他应收款占短期借款比例、主营业务收入利润率指标尤为突出，表明存在借款为他人使用、多列支出、少列收入等可能；个性指标疑点表现为 2014 年期间费用与主营业务收入变动率弹性系数为 2.07，远高于正常值，销售费用增长率 2013 年、2014 年连续两年增长超过 100%，进一步确认企业可能虚增成本费用、转移利润的问题指向。经立案检查，企业少缴税款 2580.4 万元，其中通过虚列销售费用偷税 890.6 万元，另外还存在借款为他人使用、虚列业务人员工资、价外费用未计提销项税、利用假发票列支管理费用等疑点问题。依照以上该案例，又推送同类案源 4 户，正在检查中。

（二）在行业性选案方面获得实效

以承德市供热行业为突破口，将多年未被案源选中的公共产品生产行业作为检查重点。根据供热行业区域覆盖广、经营核算方式落后、长期税负偏低的特点，通过共性指标筛选疑点数据，汇总比对各企业疑点 192 项次，归纳总结出两税申报收入差异值较大、预收账款与期末存货不匹配、其他应收款占实收资本比例偏高等 12 项普遍性指标，据此形成供热行业检查提纲，有针对性地实施检查。检查结果表明，大部分企业均存在少计收入、违规抵扣进项税等检查提纲所列问题，成功验证了选案系统指标的准确性。

（三）在区域性选案方面有所验证

以承德县作为选案应用系统试用单位，在区域整治工作中先行试用。对该县经济税源进行全面分析，选取户数和疑点数均占全市首位的非金属矿物制品业为重点，发现其中石材加工行业和商砼行业存在着工业企业用电支出与销售收入比例异常等疑点。经过实地检查，发现企业存在隐瞒销售收入等问题，进一步印证了疑点指向，目前已检查 6 户，查补收入 151 万元。同时锁定设备制造业，根据其常见的税负低、成本费用与收入不匹配等问题设计选案指标，对疑点突出的两户企业实施检查，经检查发现问题与疑点吻合，初步确定补缴税款 178 万元，偷税罚款 65 万元。另外，在该县还利用选案系统对涉嫌黄金票第三层企业进行一户式分析，有针对性地开展自查，入库税款 118 万元。

（调研组成员：赵国宏，河北省国家税务局稽查局局长；高剑，河北省国家税务局稽查局副局长；杜志浩、张腾飞、田雄斌，河北省国家税务局稽查局；刘大海，河北省承德市国家税务局稽查局局长）

从行政诉讼案件看税务稽查依法行政

安徽省地方税务局稽查局课题组

依法行政是税务稽查工作的生命线。近年来，各级税务稽查部门不断加强内部执法监督，加大人才培养力度，大力推进依法治税，税收执法水平明显提高。但是也应该清醒地看到，涉税行政诉讼案件逐渐增多，暴露出税务稽查执法的一些缺陷与不足。特别是新行政诉讼法的实施，对税务稽查执法也提出了更高要求。如何进一步规范执法行为，避免行政败诉案件的发生，是各级税务稽查部门面临的重大课题。为进一步做好依法稽查工作，特选取2014—2015年全国47起（含安徽省3起）稽查部门应诉典型案例，归类分析，反思稽查执法漏洞，提出依法稽查工作建议。

一、税务行政诉讼案件特点

47起税务行政诉讼案件，涉及18个省市，其中败诉案件10起，胜诉案件37起（其中虽被判胜诉但有瑕疵案件10起），案件呈现以下特点：

（一）民营企业和个人提起行政诉讼多

47起税务行政诉讼案件中，行政诉讼的主体大多是民营企业或个人。近年来，随着民营经济的发展，法律意识的提高，民营经济主体维护自己经济利益的意识更加强烈，更多地运用法律武器来维护自己的合法权益，成为真正意义上的“民”告“官”。47起案件中，个人举报案件7起，占比14.9%，举报人往往与被举报人有利益纠纷，被举报人被查处，更加深了其与举报人的矛盾，因稽查部门的介入，很多矛盾又被转嫁到了稽查部门身上，增加了涉诉风险。检查过程中，信访人要求公开检查流程和结果的情形屡见不鲜，应反馈案情未反馈、不应公开而公开，或者没有做好解释工作，都会成为行政诉讼的导火索，甚至引发涉税舆情，举报问题不容小觑。

（二）税务行政诉讼案件诉求多

税务行政诉讼案件行政相对人的诉求不同于其他案件，有执法主体上的诉求，包括超越法定权限征税、检查等；有程序上的诉求，包括违法法定程序核定、征收，未履行告知程序，未按法定程序检查等；有实体上的诉求，包括税务具体行政行为的证据是否确凿充分、事实是否清楚，税务具体行政行为的证据是否具有合法性、客观性、关联性，税务具体行政行为适用法律依据是否正确等。税务行政诉讼案件诉求具有内容复杂，涉及范围广，专业性强等特点。

（三）征税和处罚引发税务争议多

征税和处罚是引发税务争议最多的两个问题。一方面，反映出纳税人对税务部门执法触及其经济利益的行为反应最强烈；另一方面，也反映出税务机关的具体执法行为和某些税收政策仍存在一定问题。47起税务行政诉讼案件中，涉及自由裁量权行使的案件共计5起。其中，绵竹某装饰有限公司一案，对企业少缴税款，按照3倍处罚引起诉讼，被诉称同地区同类型企业却不同处罚；天津某摄影有限公司一案，对纳税人未按规定保管账簿，按照上限10000元来处罚引起诉讼。上述案例虽稽查局胜诉，但仍给自由裁量权的行使敲响了警钟。操作虽合法，但有失公平，行政相对人心存抵触，难以心服口服。

（四）行政相对人委托代理诉讼多

47起诉讼案件中，25位行政相对人委托了律师事务所作为代理人，12位行政相对人请会计师或者税务师事务所“出谋划策”。上述中介机构均对稽查机关作出的处理决定书和处罚决定书进行了细致核查，有的还出具了报告。税务师事务所等第三方出具的报告，虽不是法院定案依据，但因其熟悉税收业务和税收法律法规规定，对企业经济业务判定更加全面，容易发现税务机关执法漏洞，在很大程度上影响了法院的判决。如广西某房地产公司诉讼案，相对人委托两个事务所复核稽查内容，经反复核查，最终找到税务机关在适用法律上的漏洞，税务机关因此被法院判定认定事实不清、适用法律错误而败诉。

（五）税务行政诉讼“缠诉”多

一是案件多经过复议、一审、二审、再审。有的案件为“案中案”，在稽查检查前就提起诉讼，税企矛盾大。如安徽省蚌埠某工贸有限责任公司、合肥某像塑有限公司、黄山某投资咨询公司三个案件，均经过复议、一审、二审，有的还经过再审。二是历时时间长。案件诉讼一审、二审、再审往往经历2年、3年，有的甚至3年、5年，7年、8年，如辽宁某彩票发行中心案件，历经复议、一审、二审，近10年才结束，耗费了大量人力、物力。三是政府招商引资不规范引发矛盾难解决。地方政府基于支持地方经济发展、招商引资等考虑，往往会承诺给予企业一定优惠政策，但往往因违背税法规定等难以兑现。法律对税收征管有严格规定，优惠或者延期都必须履行严格的审批程序，《税收征管法》第三十三条也规定，减免税需要到审批机关审批，未经审批不能自动免除上诉人的缴税义务。对该类企业的检查会容易导致企业存在心理落差，本来政府承诺有优惠的，现在稽查却被要求补缴税款，甚至缴纳滞纳金、罚款，纳税人在心理上往往接受不了，引起诉讼，如青岛某化工公司诉求是否应征土地使用税案件。47个诉讼案件中涉及税收优惠的案件共13件。

二、税务稽查行政诉讼案件成因分析

税务行政诉讼案件的发生，既体现执法部门与纳税人的固有矛盾，又有社会法治意识普遍增强的背景，也归因于稽查部门执法方面的不足。归纳起来主要有以下几个方面：

（一）执法者和执法对象是一对“矛盾体”

矛盾存在于一切事物的变化过程中。检查者与被检查者是一对“矛盾体”，伴随着稽查执法天然地出现。执法程序不完善忽视了纳税人自身权利的诉求、执法事实的认定与纳税人对事实的认定的不一致、检查人员的解释宣传达不到纳税人的心理预期，凡此种种，都是矛盾的具体表现。出于利益最大化考虑，纳税人都想尽可能少缴税。但摄于税法威严，绝大多数纳税人会自动选择纳税遵从或被动的纳税遵从。也有少部分纳税人处心积虑地偷、逃税款。在这个基础上，有两种人容易变成行政相对人，第一种是自认为纳税遵从了，却被查出问题甚至罚款，内心不服的纳税人；第二种是从一开始就决定和稽查部门“钻税收漏洞”“躲猫猫”“对抗到底”的偷逃抗骗分子。多数税企双方沟通顺畅，取得共识，矛盾得到化解。但也有一部分案件，一方面有的税务机关以管理者、执法者自居，漠视纳税人的诉求，而使矛盾激化；另一方面也有少部分纳税人对税务机关心存恶意，一心要激化矛盾，想通过法律诉讼，给税务机关制造麻烦，施加压力。

（二）纳税人法律维权意识越来越强

近年来，随着法治社会建设推进，纳税人权利意识普遍增强，针对税务机关的行政诉讼呈逐年上升之势。2015年5月1日，新《中华人民共和国行政诉讼法》施行、立案登记制实施。行政案件立案数呈爆炸式增长。据有关统计数据显示，2015年5月全国行政案件立案登记数共29924件，同比增长221%，环比增长84.5%。

税务行政案件数总体上升说明纳税人的维权意识不断增强，并已习惯利用法律途径获得救济。纳税问题涉及纳税人的直接利益，社会关注度较高，税务稽查更是聚焦放大了这个问题。税务稽查执法的同时，纳税人也在拿起放大镜检查我们的稽查执法，盯执法程序、看事实认定、找法律漏洞，给稽查部门执法提出了更高要求。

（三）稽查执法有待进一步规范

2015年，省局举办了全省地税依法稽查培训班、全省地税稽查审理业务培训班和行业税收检查专题培训班，努力提升稽查法治水平，并对依法稽查情况做了摸底调查，很多地区没有诉讼案件，但稽查人员对诉讼的处理兴趣浓厚，因为多数地区都有行政诉讼的苗头，不少案件虽通过和解或者调解的方式解决了，税务行政诉讼暗流涌动，涉诉风险逐步加大。结合稽查争议的内容和工作实际看，稽查执法确实存在很多不完善的地方，给我们执法带来风险，成为依法稽查路上的绊脚石。如果不及时指出这些漏洞、纠正这些问题，稽查执法涉诉风险会大大加大，甚至引发税务部门疲于应诉的不良后果，造成税收执法工作的被动。

三、稽查行政诉讼案件败诉原因分析

人民法院对税务具体行政行为实行合法性审查的主要内容包括以下几个方面：（1）税务机关是否有作出具体行政行为的权限。（2）税务具体行政行为的证据是否确凿充分、事实是否清楚，税务具体行政行为的证据是否具有合法性、客观性、关联性。（3）税务具体行政行为适用法律依据是否正确。（4）税务具体行政行为程序是否合法。税收机关在作出具体的行政行为时不得违反法定程序，遗漏程序步骤，颠倒顺序、超越权限以及违反法定行为方式所作出的具体行政行为无效。（5）税务具体行政行为的目的是否合法。税务行政机关不得借用合法的形式，实现非法目的，否则，构成滥用职权，所做的具体行政行为就会被撤销。

从目前各级人民法院审理税务行政败诉的案件看，稽查执法存在四个问题：

（一）执法程序不规范

程序是行政公正的最基本要求，如果程序违法，那么行政行为所作出的结论也是违法的，这就是通常说的“程序违法，实体必违法”。长期以来，在税务执法实践中，普遍存在重实体、轻程序的现象。在一定意义上说，税收执法程序方面的问题比实体法方面的问题更严重。由于历史原因，我国许多实际工作都是按政策开展的，与此相对应，我国的税收实体法大多是以政策形式出现的，虽然“法律”级次不高，但刚性很强，这种执行政策的刚性特征制约了人们对税收执法程序的重视和遵从。相当一部分人，往往比较重视税收政策的学习宣传和贯彻执行，而对税收执法的程序重视不够，税收执法程序不规范、不严格的现象比较普遍。譬如在行政相对人听证、复议、诉讼的告知或期限上出错；譬如文书上写错了法人名称、发文机关签章机关不一致；譬如应该引用征管法的规定却引用了部门规章，法条引用混乱，以会议纪要代替行政审批表；譬如未按期归还纳税人检查资料、文书被非法定送达人签收、文书收回程序不规范等，都给稽查执法带来了很大风险。

（二）主要证据不足

《中华人民共和国行政诉讼法》第三十二条明确规定：被告对作出的具体行政行为负有举证责任，应当提供作出该具体行政行为的证据和所依据的规范性文件。第三十三条规定：在诉讼过程中，被告不得自行向原告和证人收集证据。行政诉讼中由被告承担举证责任，在税务行政诉讼中自然由税务机关承担。这就要求税务机关在开展日常税务检查，并对纳税人、扣缴义务人作出《税务处理决定书》和《税务行政处罚决定书》过程中，必须对纳税人、扣缴义务人违反国家税收法律、法规的事实进行全面调查，掌握充足的证据。如果证据不充足，就会造成违法事实不清，定性不准，行政处理有失公正。但在实际工作中，有的办案人员往往分不清各类证据，胡子眉毛一把抓，证据很多，但关联性不强，形成不了证据链。具体行政行为认定事实如果不清或没有认定事实或认定的事实没有足够的证据支持，就会因主要证据不足而无效。

（三）适用法律、法规错误

无法律即无行政，这是依法行政的直接体现，税务机关所做的所有税务具体行政行为必须要有法律依据。就税法而言，有税收法律、税收行政法规、税收地方性法规、税收行政规章和税收规范性文件等不同位阶的税收法律法规规范，其法律效力也是依次递减的。稽查部门在适用法律时，既要关注法律规范的适用范围，即时间范围、空间范围和对象范围，又要注意引用法律规范的合法有效性。执法机关做出一项具体行政行为引用的法律法规要准确，比如本该对纳税人适用的税收核定却用在了扣缴义务人身上；在没有确定纳税人编造虚假计税依据的证据材料上，就适用《税收征收管理法》第六十四条定性偷税。有些税收法律政策规定不清楚，会导致败诉，如新疆某房地产开发公司案，税法规定模糊，税务总局虽给了明确答复，但法院不采纳，也导致了败诉。

（四）宣传沟通不到位

目前稽查部门和行政相对人、司法机关沟通交流不够，存在不愿交流、不会交流、不早交流的问题，使很多税企争议不能得到有效化解。如广州某举报案件，稽查局缺少与举报人的沟通，举报人对工作作风不满，诉之法庭，虽胜诉仍造成不良影响。又如长丰某橡塑公司案，一审胜诉，二审却判定执法主体不合法，造成很多被动。申请再审时，和法院主动沟通交流，宣传解释税收相关规定，取得法院认可，最终取得了胜诉。

四、做好安徽省地税系统依法稽查工作的建议

在税务行政诉讼案件中，虽然败诉的案件较少，却暴露了很多税收执法工作存在的不足。即使是胜诉的案件，也有一部分是存在执法瑕疵的。千丈之堤，以蝼蚁之穴溃；百尺之室，以突隙之烟焚。如果不好好处理这些问题，弥补这些不足，不仅会给执法带来风险，严重的，还会损害税法的尊严。要做到依法行政，避开稽查执法雷区，建议对税收稽查执法和管理工作做以下改进：

（一）养成依法稽查意识

“意识的养成，需要 20 次的纠正”，稽查法治意识的养成：一是强化学习。稽查法治工作具有很强的针对性和可操作性，不懂法条就不知如何适用，不懂规章不知如何开展工作，对稽查部门而言，法律条文、规章制度的学习来不得半点虚头，尤其需要严谨。因此，学习不应三天打鱼、两天晒网，而应有的放矢、查漏补缺。教育也不应是三言两语、蜻蜓点水，“会会提”“时时提”都不为过，

要通过学习教育把依法稽查这个弦绷起来。二是实施培训。培训可以在短时间内大面积的提高整个面上工作，提升关键人员的法治水平，被动的传统培训存在“要我学”与“我要学”的矛盾，学与用“脱轨”，在培训中可以通过案例分析讨论、模拟复议、模拟诉讼的方式来增加法治问题的临场感与迫切感，打好法治预防针，提升培训质效。三是严格把关。一名工作人员疏忽出错的可能性为10%，两名人员同时出错的概率就是1%，再加上领导认真审核把关，再出错的概率就是0.1%。稽查工作中，证据固定、文书处理、法条适用都是极其繁杂细致的工作，也更易出错，A－B岗、老带新、集中讨论、多轮审核、痕迹化管理、信息化管理都是强化法治意识、弥补法治漏洞的有效方法。

（二）建立健全稽查制度

要实现依法稽查，根本还是靠制度。一是需要更细致的执法制度。现在税务稽查执法的根本依据是《中华人民共和国税收征收管理法》和《税务稽查工作规程》，仅此两项。而且《税务稽查工作规程》法律层次偏低，权威性还不够。因此需要在充实执法手段、完善执法流程、消除执法疑点、深化部门协作、加强案卷管理、规范自由裁量权等方面，制定完善细致、可操作的制度，提高法律层级，增加执法的刚性。二是需要更完备的内控机制。要明确岗位职责及绩效管理制度，坚持稽查学习制度，严格遵守办文办事办会制度，完善稽查建议制度，强化问责，以铁的制度打造铁的队伍，为依法稽查提供制度保障。

（三）重视稽查取证

从某种意义说，稽查的过程就是固定证据的过程，稽查证据是诉讼案件的核心，也往往是诉讼案件的矛盾点。做好稽查取证工作：一是要保证证据的客观性。证据的客观性，要求证据必须有一定的载体展示出来，稽查人员需要重点把握证据形成的原因、获取证据时的客观环境、证据的与原物是否相符、提供证据的人是否有利害关系以及其他影响证据真实性的其他因素。如税务行政诉讼案件中河北某公司电话提供证据事后却不承认，导致证据效力丧失，成都某公司签字后拒绝承认，反称稽查机关未尽责任，都应给予我们深刻的警示。二是证据必须具有关联性。证据必须与需要证明的案件具有一定的联系。稽查取证中，必须对收集、调取的证据分析、判断、推理，排除不关联的证据材料，揭示出证据与证据、证据与事实之间的必然联系，形成证据链。尤其是在发票与业务的关联上，显得尤其关键。三是确保证据的合法性。证据的形式、取得和固定都必须是合法的方式。偷拍、利诱、证据性不强的证言、不予认可的复制件等，都不能作为合法证据，实际案例中，稽查机关由于对证据的合法性不够重视，是吃过大亏的。

（四）做好税企沟通工作

稽查日常工作中，很少有纳税人不动声色，专等着抓稽查部门小辫子，然后告它个败诉，绝大多数都是多轮沟通无果后才行政诉讼。如果能用好宣传沟通这个“利器”，做好矛盾化解工作，将大大减轻稽查应诉负担。具体实施起来：一是吃透案件细节。稽查人员首先要把案件流程吃透、把适用的法律法规把握好、把条条证据链固定死、把事情的来龙去脉弄清楚，然后才能结合矛盾点，用合适的方式沟通。行政相对人一问三不知，或者含混无据，沟通工作就会陷入被动。二是找准矛盾点。找矛盾离不开倾听、分析、归纳。倾听是第一步，有的稽查人员以执法者自居，高高在上，听不得诉求，生硬的应付，自以为躲进“避风塘”，无事一身轻，其实是点燃了矛盾的“导火索”。要重视相对人的诉求，发现矛盾点，明白相对人做了什么，想做什么，需要我们做什么。再结合实际分析目前情况不符的原因在哪里，做好解释工作。三是要积极应诉。沟通无果，需直面诉讼的，稽查部门应不畏不惧，主动或积极配合税收法治部门，整理相关证据，准备应诉材料，加强部门沟通协作，维护税法尊严。

（五）实现综合效益最大化

严格执法与讲究效益既是矛盾的对立面，又是统一的和谐体。严格执法既是为了提高纳税遵从，更是为了规范税收秩序，最终服务经济发展。因此，稽查工作既要考虑到经济效益、法律效益，又要考虑到政治效益和社会效益，凸显执法智慧，取得符合各方期盼的“最佳处理结果”，实现综合效益最大化。一是把握严格与灵活。稽查执法，不能只生搬硬套法律规定，而不考虑实际情况，一味追求法律的遵从性。要区分不同情况采取不同手段，宽严并重、刚柔并济，对故意偷、逃、抗税、骗税的，制造、买卖假发票、虚开发票等恶意行为，要加大查处力度，维护税法尊严。对纳税诚信度较高的企业或个人，要设身处地，加强辅导。如新疆某房地产公司案件，二审判决书认为：“税务局作为国家税收征管机关除依法征收税款之外，通过税收征管服务，创造良序的税企关系，促进企业健康、可持续的发展，是税务机关的另一项重要职责。纵观本案税务局作出的《税务行政处罚决定书》，其将某房产公司低于市场价格销售给退休老职工的房屋，简单地定性为无正当理由，明显低于市场价格，属认定事实不清，主要证据不足。稽查机关和纳税人非敌对关系，灵活执法也非随意执法，我们在判断纳税人涉税行为的故意性上、在处罚的力度上，要结合地方经济和企业发展实际，灵活对待，凸显执法智慧。”上述案件因税务机关未考虑具体社会效益，生搬硬套相关规定，导致败诉，其法律判决书的上述内容，值得我们深思。二是兼顾公平与效率。严格执法并非畏首畏尾、谨小慎微，“极端追求执法流程、不管不顾检查效果”“只要不出事，宁可不干事”的作风更是要不得的。稽查执法要把握公平与效率的关系，在用规章制度规范约束稽查执法的同时，积极探索稽查现代化的管理方法和技术手段，加大稽查工作力度，提升稽查工作质效，实现经济社会综合效益最大化。

（课题组

组　长：仇应广，安徽省地方税务局稽查局局长

成　员：卢年春，安徽省地方税务局稽查局副局长；石卫斌，安徽省地方税务局稽查局综合科科长；戴清、韩思远，安徽省地方税务局稽查局科员

执笔人：石卫斌，安徽省地方税务局稽查局综合科科长；韩思远，安徽省地方税务局稽查局综合科科员）

创新稽查组织方式　实施交叉执法检查　全面增强税收风险管控力度

青海省国家税务局稽查局

2015 年为了加大税务稽查工作力度，提高执法质量和水平，推进税收工作，促进税收收入，青海省国家税务局决定，围绕税收中心工作任务，按照“企业自查为先导，税务稽查为保障”的工作思路，坚持严格执法，规范执法，文明执法，以重点税源企业和房地产行业为对象，以查处税收违法行为为突破口，以促进提高税收收入质量和水平为目标，创新稽查执法组织方式，全面实施税收交叉执法检查工作，努力营造良好的公平竞争市场环境，助力青海开放型经济建设，形成税收服务经济、经济促进税收良性互动格局。

一、把握经济新常态，勇于探索、多措并举，实现税务稽查执法工作新突破

（一）科学研判形势，明确工作重心

随着国家产业结构调整步伐深入推进，青海省作为载能产业比重过高的地区，加大调整不合理经济结构、淘汰落后产能力度，加快经济发展方式转变已成为经济社会发展新常态。同时也为青海国税事业发展带来了新的发展机遇。面对机遇和挑战，青海国税稽查部门在税务总局、省局党组正确的领导下，通过开展交叉式执法检查工作，创新稽查执法组织方式，积极探索一条符合青海实际的税务稽查现代化发展道路。

（二）强化组织领导，组建专业团队

成立省级、市（州）级两级领导小组，组长由分管领导担任，稽查局局长直接负责本级或本地区交叉检查工作的组织、协调和督导落实工作，主动与被查地区税务机关沟通，最大限度地减少和排除地方行政干预和地方保护主义干扰。结合稽查人才库管理，抽调稽查业务骨干 92 名，组建省级、市（州）级两级专业检查组 21 个，由省局统一办理《税务检查证》，施行人员备案统一管理、统一调度。

（三）集中案源管理，实施精准打击

围绕重点税源企业、征管薄弱行业，加强与大企业管理、征管、计统等部门的沟通协调，充分利用 CTAIS 系统、稽查协查系统，以及第三方信息，进一步拓展案源信息。进行省局集中选案，确定对 54 户重点税源企业和房地产企业实施交叉检查，经自查、检查均发现有问题，稽查选案准确率达到 100%，其中，查处 100 万元以上案件 43 起，较 2014 年较增长 34%；查补税收 2.66 亿元，较 2014

年增长3倍，增加1.88亿元。

（四）组织税收自查，促进自律遵从

省局召集省、市（州）州级国税局主管领导、稽查局局长、重点税源企业和房地产企业负责人、财务负责人，组织召开税收交叉检查工作动员会议，进行查前动员和自查工作部署，明确工作任务、下发《自查提纲》，确保企业税收自查工作顺利开展。各级稽查部门加强税收自查督导工作，加大税收业务部门沟通力度，积极开展辅导，严格审核、分析纳税人自查报告，有力的强化了稽查监控职能。截至自查工作结束，共计自查有问题户数42户，占自查户数的78%，自查查补税收1.92亿元。

（五）实施交叉检查，增强稽查力度

由省局统一下发《检查提纲》，重点对重点税源企业2011—2013年和房地产业2010—2013年的税收政策执行、税款申报和缴纳情况进行税收自查和重点检查。在开展交叉检查工作中，以被检查地区国税局稽查局为执法主体，负责下达各类税务执法文书和案件审理、执行工作，检查工作由外来交叉检查稽查部门组织实施。为了避免多头下户，除由省局直接查处的重点税源企业外，各地稽查局在省局下达的重点企业检查范围内选择被查对象实施交叉检查。截至2015年11月底，共计查补税收2.73亿元，较2014年税收专项检查查补总额增长55%，增加1亿元，占稽查查补税收总额的71%，占全省国税税收总额的2.31%。

（六）完善绩效管理，提升执法成效

建立稽查查补收入制约考核机制，重点围绕执法成效、工作协作、依法行政等方面对交叉检查工作业绩实施目标考核。具体方法是：采取以组织企业税收自查查补收入、实施交叉检查查补收入，以及本地区自行组织的稽查查补收入合计为考核基数，与办案经费、2015年绩效考核相挂钩的方式进行绩效考核。被交叉检查出的查补税收，计为实施交叉检查的稽查局查补收入考核基数中，不纳入被检查地区稽查查补税收总额中考核。对工作成效不大、协作不力，以及严重违反依法行政工作要求，造成不良影响或工作失误的地区和个人，省局予以通报批评和处理。通过查补收入制约考核机制的运行，有效推进各级税务机关及其稽查部门工作能力明显提升。截至2015年11月底，选案准确率100%，案件结案率99%，查补税款入库率100%，均达到和超过税务总局的目标要求，稽查协查工作、打击发票违法犯罪工作得到税务总局的通报表彰。

二、立足管理新要求，依法行政、求真务实，取得税务稽查执法工作新成效

（一）激发主观能动性，充分发挥“以查促收”职能作用

交叉检查工作的实施是青海国税系统稽查部门主动适应经济和税收发展新常态。一方面，利用稽查查补税收制约机制的建立，充分调动了被查地区和检查地区稽查部门组织税收自查和实施交叉检查的积极性和主动性，形成组织稽查收入争先创优的良好局面；另一方面，通过互动交叉检查的开展，实现地区间稽查工作质效管理成果面对面的交流和比较，充分调动了各级税务稽查部门和干部职工抓执法、讲成效、促收入的主观能动性。截至2015年11月底，全省国税稽查查补收入实现3.82亿元，同比增长41%，增收1.11亿元，查补率达到3.23%，较2014年提高了1.77个百分点，查补总额和查补率再创历史新高。

（二）突出税收风险管控，充分发挥“以查促管”职能作用

妥善处理执法与收入的关系，在实施交叉检查工作中，坚持重点突出，务求实效的原则，以省、市（州）级重点税源企业和房地产业为重点，落实税收风险管控要求，特别强调以涉税违法问题为导向，依法严厉查处偷、漏税等税收违法行为，充分发挥税务稽查监督职能。一方面，进一步加强稽查协作力度，积极争取各级国税机关及其税政、税源、计统、人事等部门的支持和配合。截至2015年11月底，稽查查处案件中涉及内部移送线索查补税收7400万元，有效发挥打击涉税违法行为的合力优势。另一方面，坚持“一案一析”工作制度，落实“整改清单”稽查建议制度，提出关于税收征管漏洞、薄弱环节以及改进稽查工作建议172条，并将稽查征管建议以问题“整改清单”形式列为税务机关督办事项，进行限期整改落实。

（三）优化稽查资源配置，充分发挥“以查促查”职能作用

针对不同经济税源分布和特点，结合各稽查部门执法能力和业务骨干配备情况，由省局统一调配地区间交叉检查工作，组织年度税收执法检查大会战，最大限度地发挥稽查资源集群效应。一方面，通过省局统一实施选案，调配组成专业团队实施交叉检查工作，并进行全程跟踪问效管理，有效提升

稽查执法层级，降低了稽查执法干扰，杜绝了“人情税”等现象的发生；另一方面，通过实行案件审理、执行由案源地税务稽查部门实施，进一步增强了稽查执法监督制约机制，实现案件查处道道把关、层层负责、相互制约、相互促进的良性互动局面，有效提升执法检查工作和案件查办质量。

（四）强化执法责任管理，充分发挥“以查促廉”职能作用

通过实施交叉检查工作，进一步强调了稽查执法的风险管理和成效管理，以加强执法责任落实为核心，严格落实工作纪律要求和各项工作任务，实现稽查执法工作和稽查风险管理双促进。一方面，由省局统筹协调组织开展检查工作，对涉税违法行为和问题实施分类管理，对涉及的执法程序、步骤、处理方法及依据问题，由省局会同有关部门，统一进行答复、解决和督导执行，进一步规范稽查执法活动，缩小自由裁量执法的空间；另一方面进一步强化了岗位监督制约，切实加强“两权监督”“一案双查”的工作制度落实，通过召开阶段性分析会，及时研究、解决和处理执法中出现的问题和困难，对个别案件要求复查，着力增强了稽查执法管理，保障各项工作制度执行到位，充分发挥稽查以查促廉作用。

三、深化执法新举措，固本强基、深中笃行，推进税务稽查执法工作新发展

通过近一年来交叉执法检查工作的开展，全省国税稽查工作取得显著成效，稽查执法能力整体水平明显提高，为青海地方经济建设和国税事业发展做出积极工作。

（一）进一步深化稽查扁平化管理

紧密结合税源结构及分布情况，以合理调配管理与稽查之间的资源配置，有效增强对重点税源企业和重大税收违法案件的检查力度为出发点，进一步改进稽查管理体制，整合税源单一、规模较小地区的稽查机构，减少稽查管理层级，建立重点税源地区市（州）级稽查局分支机构，做强省级稽查局、做实市（州）级稽查局，逐步构建以税收风险管控为导向的适应税源日益集中和企业跨地区、跨行业经营的稽查资源配置模式和管理机制。

（二）进一步推进稽查信息化发展

以信息化技术为主要手段，结合税收风险管控中心建设工作和“网络＋税收”工作的开展，搭建稽查信息数据信息处理平台，完善税务稽查案例库，逐步建立健全税务稽查信息资源库、稽查选案分析和税务稽查随机抽查工作机制，形成税源监控合力和规模效应，提高稽查精准打击能力。同时，大力推广信息化查账手段，积累经验、摸索规律，形成较为成熟的信息化企业稽查工作方法和流程，有效提高信息化稽查办案能力。

（三）进一步健全稽查专业化管理制度

在进一步建立健全“四环节”的工作职责和工作制度的基础上，按照不同的经济税源、行业分布，以及涉税违法行为特征，进行稽查管理分工，探索建立稽查执法分类监控管理制度。根据重点税源行业类别，以及出口退税、资本交易等经营行为，分别成立稽查执法工作组或负责部门，在日常工作中除分别开展稽查执法工作外，还要负责有关项目的税收、法律法规、财务核算、涉税风险点、涉税违法行为一般规律等方面的分析研究，总结、完善、改进检查方法和手段，促进稽查管理专业化发展。

（四）进一步完善效能管理机制

制定稽查工作业绩奖评审奖励办法，对稽查执法工作的业绩目标、工作程序，以及履职责任等进行明确，直接与稽查专项经费挂钩，加大工作业绩考核力度，充分调动各级稽查部门及其所属税务机关的工作积极性、主动性。同时，健全完善干部个人工作业绩分类考核管理机制，把工作业绩作为评先评优、晋职晋升的重要依据，并及时从人力、物力和财力等方面助推业务骨干工作开展，充分调动稽查干部的责任意识、创新意识和主观能动性。

（五）进一步加快人才队伍建设

强化稽查人才配置和管理，提高稽查人员占税务人员的比例，提高一线检查人员占全体稽查人员的比例，提高具备独立查账能力人员和电子查账能力人员占一线检查人员的比例，提高拥有注册税务师、注册会计师、律师资格人员比例。以公正合法为核心、以专业化为导向，详细制定选拔、培养、使用、考核以及奖惩办法，制定稽查专家型人才培养计划，进一步优化稽查人才结构。

宁夏地方税收涉税违法态势分析及对策建议

宁夏回族自治区地方税务局稽查局课题组

近年来，宁夏地方经济快速发展，带动了各产业的共同繁荣，地税税收也保持了较快的增长势头。与此同时，地方税收涉税违法案件也随之迅猛增加，虽然各级地税机关加大打击力度，涉税违法犯罪势头得到有效遏制。但受高额非法利益诱惑、税收管理瑕疵等因素影响，宁夏地方税收涉税违法行为仍处于高发态势。本文以宁夏地税稽查部门 2011—2014 年检查处理的税收违法案件为例，对宁夏地方税收涉税违法行为的态势、特点和原因进行了调研、分析，提出应对地方税收涉税违法的意见建议。

一、宁夏地方税收涉税违法行为呈现的态势与特点

2011—2014 年，宁夏地税稽查部门累计查处地方税收涉税违法案件 1510 户次，查补税费金额 89156 万元，入库税费金额 92746 万元，有力地打击了涉税违法行为。从宁夏地税稽查部门查处的涉税违法案件来看，主要呈现以下五个特点。

（一）查补税费金额增速加快化，但大案、要案数量增幅不大

2011—2014 年，宁夏地税稽查部门查补税费年均增长比例分别为 22. 18% 、14. 29% 、37. 36% 、48. 69% ，呈现出明显的加速增长态势。从大要案件查处情况来看，2011—2014 年，宁夏地税稽查部门查处的查补税额在 500 万元以上的案件分别有 1 户、4 户、5 户、2 户，增幅不大。

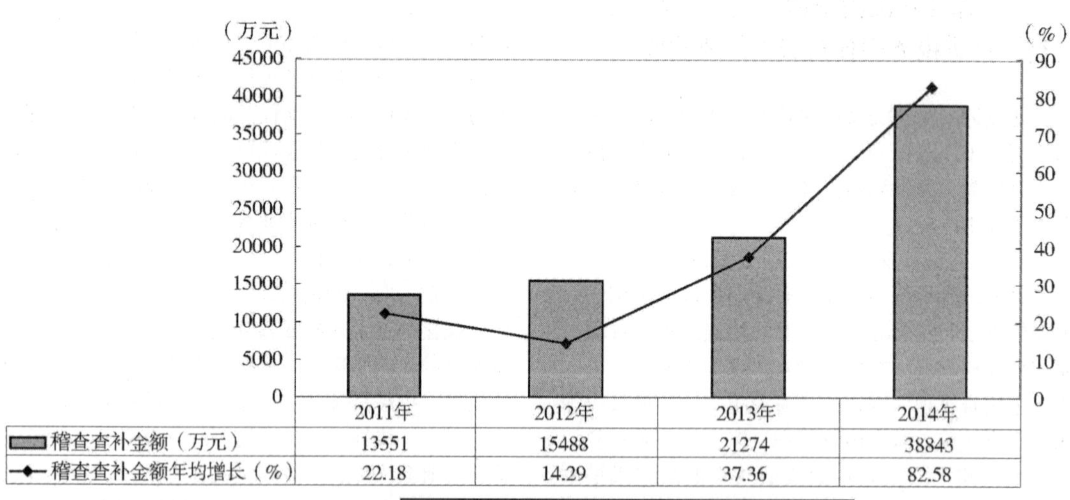

	2011年	2012年	2013年	2014年
稽查查补金额（万元）	13551	15488	21274	38843
稽查查补金额年均增长（%）	22.18	14.29	37.36	82.58

图 1　宁夏地税稽查局机构查处税收违法案件情况统计

（二）涉案地域相对集中化，但分散趋势逐渐明显

2011—2014 年，银川、石嘴山、吴忠、中卫地区查补税额占全区查补的比例分别为 72. 68% 、13. 22% 、11. 39% 、2. 7% 。分年度来看，银川地区四年来占全区查补税额的比重下降了 6. 24 个百

分点；石嘴山地区四年来占全区查补税额的比重上升了5.73个百分点；吴忠地区四年来占全区查补税额的比重上升了2.13个百分点；中卫地区相对变化不大，从全区的总体趋势看，查补税额分散的趋势逐渐明显。

表1　　宁夏地方税收违法案件查补税额分地区统计

地区	2011年所占比重（%）	2012年所占比重（%）	2013年所占比重（%）	2014年所占比重（%）	平均所占比重（%）
银川地区	78.95	69.53	65.02	72.73	71.15
石嘴山地区	8.85	11.43	18.14	14.58	13.96
吴忠地区	7.91	16.78	14.16	10.04	12.03
中卫地区	4.30	2.25	2.67	2.65	2.85

（三）税收违法主体多元化，但有限责任公司所占比重逐年提高

2011—2014年，宁夏地税部门查处税收违法案件累计查补税额按企业类型统计情况看，有限责任公司平均所占比重达到了88.72%，且从2011年到2014年又增长了2.63个百分点；国有企业平均所占比重为7.07%，从2011年到2014年呈现明显下降的趋势，下降了3.61个百分点；其他企业类型相对变化不大。

表2　　宁夏地方税收违法案件查补税额分企业类型统计表

企业类型	2011年所占比重（%）	2012年所占比重（%）	2013年所占比重（%）	2014年所占比重（%）	平均所占比重（%）
国有企业	9.36	9.46	5.76	5.75	7.07
有限责任公司	86.96	86.30	90.21	89.59	88.72
股份有限公司	2.29	2.25	2.59	2.56	2.46
私营企业	0.26	0.26	0.18	0.16	0.20
个体经营	0.11	0.18	0.11	0.18	0.10
其他	1.02	1.56	1.15	1.77	1.40

（四）税收违法行业分散化，但房地产行业相对多发

2011—2014年，宁夏地税部门查处税收违法案件累计查补税额按行业类型统计情况看，房地产行业所占比重最大，平均达到了58.88个百分点，4年间比重又上升了2个百分点；服务业所占比重增幅较大，4年间增长了5.74个百分点，平均所占比重达到了5.31个百分点；建筑业所占比重变化较大，2011年所占比重最低，仅为3.46%，2013年所占比重最高，达到了16.33%。与此相对应，2011—2014年，宁夏地税稽查部门查处税收违法案件累计查补税额按税种统计为契税占37%、营业税占22%、个人所得税占20%、企业所得税占12%、印花税占3%、城市维护建设税占2%、车船税和耕地占用税各占1%。

表 3 宁夏地方税收违法案件查补税额分行业统计表

企业类型	2011 年所占比重（%）	2012 年所占比重（%）	2013 年所占比重（%）	2014 年所占比重（%）	平均所占比重（%）
房地产业	63.68	49.91	52.44	65.68	58.88
建筑业	3.46	8.41	16.33	7.58	9.39
金融保险业	8.17	6.70	7.15	5.82	6.70
交通运输、仓储及邮电通信业	0.34	0.49	0.99	0.07	0.43
其他服务业	0.56	4.83	6.82	6.43	5.31
批发和零售业	0.49	9.00	2.62	0.16	2.54
制造业	2.04	8.97	3.44	4.06	4.52
其他行业	21.25	11.70	10.20	10.22	12.23

（五）税收违法手段多样化，但运用不进行纳税申报手段违法的比重过半

2011—2014 年，宁夏地税稽查部门立案查处的案件中，运用不列或少列收入手段违法的纳税人分别有 0 户、0 户、10 户、2 户，占所查纳税人户次的 1%；运用不进行纳税申报手段违法的纳税人分别有 140 户、214 户、392 户、285 户，占所查纳税人户次的 63.92%；运用编造虚假计税依据手段违法的纳税人分别有 13 户、13 户、0 户、0 户，占所查纳税人户次的 1.6%；运用虚假发票手段违法的纳税人分别有 47 户、39 户、18 户、61 户，占所查纳税人户次的 10.23%；运用其他手段违法的案件分别有 202 户、170 户、7 户、0 户，占所查纳税人户次的 23.5%。

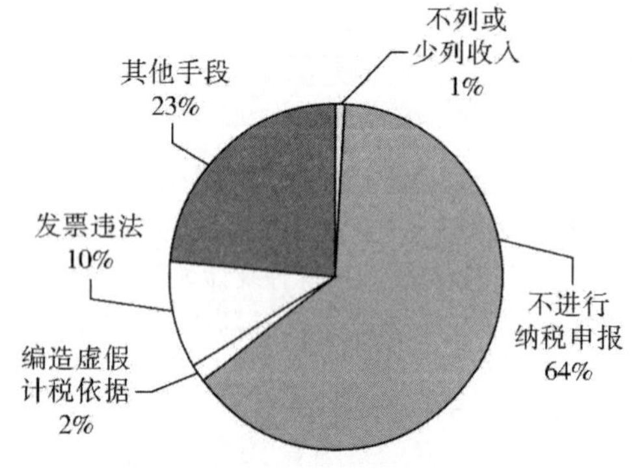

图 2 宁夏地税稽查部门查处税收违法案件采取违法手段（2011—2014 年）

二、宁夏地方税收涉税违法原因分析

（一）从经济原因分析，高额利益诱惑是地方税收涉税违法高发的主要原因

征税是国家强制地从纳税人手中取得社会财富，纳税是纳税人无偿地将自身财富贡献给国家，征纳双方因为征、纳税而形成互相博弈的关系。受高额利益的诱惑，部分纳税人必然会想方设法减少税收的缴纳。虽然知道违反税法会受到查处，但由于税务机关检查的覆盖面不足，加之受侥幸心理作祟，经济方面的原因成为我区地方税收涉税违法行为高发的最主要原因。

（二）从纳税人主观原因分析，纳税意识淡薄是地方税收涉税违法高发的重要原因

现阶段，我国公民的纳税意识虽然有了很大提高，但仍比较淡薄，其中有深刻的历史原因和现实的社会背景。在人们的潜意识里，偷逃税并不是一种违法行为。甚至有一部分人认为能够从国家执法机关里偷逃税款是一种本事，把它当成一种发家致富的途径，“纳税光荣，偷税可耻”并未成为纳税人的纳税准则。依法纳税意识薄弱以及扭曲的纳税意识是我区税收违法行为高发的一个重要原因。

（三）从纳税人客观原因分析，财务人员自身素质不高是地方税收涉税违法高发的潜在因素

我国《中华人民共和国会计法》规定，各单位不得任用不具备会计从业资格的人员从事会计工

作。此规定虽然对会计从业人员的素质进行了限定，但现实中许多会计从业人员的税收知识匮乏，无法按照税法的规定进行正确的纳税申报，无法识别发票的真假。对一些较为复杂的税法知识更是一知半解，这就导致在进行账务处理和纳税申报中不可避免造成少缴税款的发生，这也是宁夏地税部门查处的税收违法案件中最主要的违法原因。

（四）从税务部门角度分析，税收制度和税收征管质量存在瑕疵

一是由于信息的不对称，税务机关对企业的成本、收入、费用等难以有效掌握，较难查清纳税人应纳税额的真实信息，为纳税人偷逃税款提供了条件。二是税收征管中一些新情况在法律上缺乏明确的规定，如随着会计电算化的普及、电子商务以及互联网产业的发展，应对网上交易缺乏相应的税收对策和征管制度。三是税收征管信息化程度低，与相关部门的协作化程度低，导致纳税申报、税务检查、税务稽查等工作费时、费力，效率低。

（五）从社会角度分析，综合治税尚未形成合力

一方面表现在国、地税部门机构独立，信息尚未完全实现互通互享，部门之间缺乏日常性的工作沟通，严重影响了税收管理的质量。另一方面表现在与其他部门的合作上，没有明确的法律规定，在处理违案件时无法得到当地有关部门的支持。虽然《中华人民共和国税收征收管理法》对其他部门对税务部门的支持进行了一些规定，但在实际工作中，往往难以在制度上难以落到实处，造成比较严重的社会负面影响。

三、应对宁夏地方税收涉税违法采取的对策

（一）理念先行，着眼于培养依法纳税意识

观念是行为的先导，纳税观念的普及是消除涉税违法犯罪的基本条件。各级税务机关要加强税法宣传教育，提高纳税人依法纳税意识，并将此作为税务部门落实依法治国方略的具体举措。坚持日常宣传与定期宣传相结合，有针对性地开展税法宣传；建立必要的税收资金使用公示制度，赋予纳税人对违法行为的税务执法人员和不符合税收目的的滥用行为以监督权，提升全社会对税务部门的信赖度；提高纳税人的权利义务意识，既要宣传义务，更要宣传权力，将两者放在对待的角度宣传，提高纳税人的纳税自豪感。

（二）行动为本，着手于加大税收执法力度

要严厉打击涉税违法行为，提高违法者的违法成本。克服过去单纯以查补收入多少来衡量稽查工作水平的倾向，突出对大案要案和重点行业、领域的检查，突出严格执法，加大对税收违法者的处罚力度，提高为违法者的违法成本。要曝光税案，惩戒违法失信者。对重大税务违法案件及时公开曝光，增强税法的威慑力，促使其他纳税人引以为戒，坚持守法经营、诚信纳税。全面落实《重大税收违法案件信息公布办法》，将符合“黑名单”条件的纳税人全部纳入，严惩的失信纳税人。

（三）规范为重，着力于规范税收执法行为

在管理上，要加强税务部门税源管控能力。遵循税收征管运行规律和信息化建设要求，把税收征管链条中的政策咨询、税务登记、发票管理、申报纳税、税源管理、税务稽查等各个环节进行优化、简化、规范，重新进行业务定位，明确人员岗责，相应调整税务机关内部职能部门和职权划分，优化税收征管程序，最大限度地实现税务机关集中受理纳税人涉税事务。

在稽查上，要推进税务稽查“双随机”工作机制。加快落实“双随机”工作机制，分级分类确定稽查抽查对象和主体，合理确定抽查比例和频次，对全国、省、市重点税源企业抽查，每年按照20%左右比例抽查，原则上每5年检查一轮；对非重点税源企业，每年抽查比例不超过3%；对非企业纳税人，每年抽查比例不超过1%。3年内已被随机抽查的税务稽查对象，不再列入随机抽查范围，力求做到公平公正。

在远景上，要实施“互联网＋税务稽查”。推动互联网创新成果

与税务稽查工作深度融合，以信息化和大数据为支撑，着力打造“互联网＋税务稽查”新模式，为税务稽查现代化奠定坚实基础。在选案环节，利用互联网思维科学选案，建立互联网举报“直通车”，充分利用网络举报，广泛收集偷、逃税等违法案件线索，解决案源匮乏问题。稽查环节，进一步加大电子稽查的实施力度。审理环节，通过对稽查中发现的问题及时总结，以征管建议等形式在各级税务内网上刊登，起到以查促管的作用。执行环节，对税务违法案件和“黑名单”企业实施网上（税务网站）曝光，提高震慑力。

（四）法制为基，致力于健全金融税收制度

要进一步建立健全税收法律制度。一方面，尽快健全地方税体制，解决“营改增”对地方税体

系带来的冲击，建立起相对稳定的地方税体制；另一方面，改变税收法制大多数还以单行法形式出现的局面，规范立法程序，提高立法质量，提升税收法律层级。

要进一步完善金融制度。加快《现金结算管理办法》等金融制度的修订进程，完善对现金、银行存款等货币资金的管理制度和规定，合理确定现金使用幅度、范围，从严控制现金结算，限定现金流量。对账户的设立、撤销、变更等情况做出具体规定，加强人民银行对各专业银行及其他金融机构的管理，强化对企业开户情况的审批检查力度，有效防止多头开户、资金账外循环等现象的发生。

（五）保障为辅，着重于建构税务保障体系

要部门联动，形成打击涉税违法犯罪工作合力。对内建立纳税评估和税务稽查互动机制，构建信息共享、良性互动、有机统一的工作格局和运行机制。明确纳税评估环节移送的案源将由目前的来源之一逐步成为稽查案源的重要来源，确保评估选户、评估检查与税务稽查的紧密衔接。对外国税、地税及公安部门应利用政府信息系统加强信息交换，在加速国税、地税系统信息共享的基础上，有计划、有步骤地实现与政府有关部门的信息联网，在全社会形成打击涉税违法行为的合力。

要鼓励举报，提高举报奖励的力度。重新修订《检举纳税人税收违法行为奖励暂行办法》，对举报人按照户次和查实收缴入库金额双重标准进行奖励，举报经查实的，给予固定金额的奖励，同时按照查实收缴入库金额给予一定比例的浮动奖励，提高举报人的积极性，形成全民参与、综合治理的良好税收环境。

（课题组

组　长：沈甫明，宁夏回族自治区地方税务局副局长

副组长：刘晨，宁夏回族自治区地方税务局稽查局局长；蔡菁，宁夏回族自治区地方税务局稽查局副局长

成　员：刘守娟，宁夏回族自治区地方税务局稽查局纪检监察科科长

执　笔：李平，宁夏回族自治区地方税务局稽查局办公室副主任）

防止纳税评估稽查化　化解税收执法风险

许巨洪　代　佳

纳税评估工作对增加税收收入、加强税务管理，发挥了积极的作用。但随着此项工作的深入开展，也出现了一些不容忽视的问题，特别是在实际操作过程中出现了纳税评估稽查化的现象，给税收执法工作增加了一定风险。

一、纳税评估现状、存在的问题及带来的执法风险

纳税评估是指税务机关运用数据信息对比分析的方法，对纳税人和扣缴义务人纳税申报（包括减免缓抵退税申请）情况的真实性和准确性作出定性和定量的判断，并采取进一步征管措施的管理行为，是对纳税人履行纳税义务的事中监督。

税务稽查是指税务机关依法对纳税人、扣缴义务人和其他涉税当事人履行纳税义务、扣缴义务情况及税法规定的其他义务等情况进行检查和处理工作的行政执法行为，是对纳税人履行纳税义务的事后监督。

因此，纳税评估是税务机关内部的一种管理手段，是一种日常管理行为；税务稽查是由稽查局专职负责的对外行政执法行为，两者不可以混同。但在实际工作中，邯郸市地税局纳税评估是集中人力、集中时间下户查账的形式，呈现了稽查化，这样就造成了一种错误导向，使管理部门和管理人员对纳税评估的理解错误，认识上发生偏差，不懂得真正的纳税评估，不去收集基础资料，搞案头分析，而是一提纳税评估就认为是检查。实际上真正的纳税评估包括对各种信息的采集、数据的维护、情况的分析以及测算、判断等，具体的做法有：（1）对纳税人申报纳税资料进行案头的初步审核比对，以确定进一步评估分析的方向和重点；通过各项指标与相关数据的测算，设置相应的预警值，将纳税人的申报数据与预警值相比较；（2）将纳

税人申报数据与财务会计报表数据进行比较、与同行业相关数据或类似行业同期相关数据进行横向比较；（3）将纳税人申报数据与历史同期相关数据进行纵向比较；（4）根据不同税种之间的关联性和钩稽关系，参照相关预警值进行税种之间的关联性分析，分析纳税人应纳相关税种的异常变化；（5）应用税收管理员日常管理中所掌握的情况和积累的经验，将纳税人申报情况与其生产经营实际情况相对照，分析其合理性，以确定纳税人申报纳税中存在的问题及其原因；（6）通过对纳税人生产经营结构，主要产品能耗、物耗等生产经营要素的当期数据、历史平均数据、同行业平均数据以及其他相关经济指标进行比较，推测纳税人实际纳税能力。

这些纳税评估的方式方法与税务稽查完全是不同的概念，而稽查式的评估，将评估变成了检查，带来了一系列执法风险。

（一）主体错位带来的风险

按照税务总局《纳税评估管理办法》（以下简称《办法》）第三条规定："纳税评估工作主要由基层税务机关的税源管理部门及其税收管理员负责。"而邯郸市地税局纳税评估人员绝大多数由稽查人员组成，近年来全市参加纳税评估的稽查人员达到了85%以上。稽查人员既要参加纳税评估，又要进行税务稽查。企业认为是重复检查，很有抵触情绪，这就给正常的稽查工作带来了阻力。特别让企业反感的是，同样是稽查局人员，评估时没有评出问题或只评出一小部分问题，而后对该企业稽查时查出了问题或又查出新的问题，企业认为要是评估时就能指出来会及时缴纳，检查时才指出来，既补税又罚款，非常不服气，形成了很大的风险。

（二）程序和权限的超越带来的风险

税务总局《办法》第五条规定，纳税评估应设立评估指标及其预警值，开展综合运用对比分析，作出定性和定量的判断。可见纳税评估主要进行案头分析，是一种内部审计行为。但从我市纳税评估的流程看，都是采取下户检查的方式进行，下户检查却又未履行法定的权限和程序，如未出示《税务检查通知书》和《税务检查证》，查账过程中没有进行法定的调查取证等。这种评估，虽然没有税务文书，但由于采取的方式、方法、手段与稽查一样，给纳税人造成一种错觉，认为是稽查。可以说，现在采取的下户检查式的评估没有法定依据，不受法律的保护，纳税人完全可以不接受，即使纳税人接受也是迫于压力。而一旦税务机关与纳税人在涉税问题上产生争议，由于没有政策的支持，也没有采取法定程序和法定手段，评估的税款无法实现，还会引起执法风险。

（三）评估期限错用带来的风险

税务总局《办法》第五条规定，"开展纳税评估工作原则上在纳税申报到期之后进行，评估的期限以纳税申报的税款所属当期为主。"纳税评估作为事中监督的管理活动，主要应该是对当期纳税申报进行审核。而邯郸市地税局纳税评估的期限往往设定为以前年度，与税务稽查的期限重叠，导致同一期限内的涉税事项处理结果不同。目前评估结果不定性，只补税不罚款。如果稽查人员对该户进行检查，则必须定性处理，既补税又罚款，达到移送标准的，还要移送司法机关。这种情况就会产生执法风险，要么稽查部门被企业状告执法不公，要么管理部门被检察机关判"不作为"。

（四）处理结果的差异带来的风险

税务总局《办法》第十八条、第二十一条、第二十六条规定，对纳税评估中发现的异常情况，可采用税务约谈或书面通知的形式告知纳税人自行改正；发现纳税人有偷、逃、骗、抗税等涉税违法行为嫌疑的，要移交税务稽查部门处理；评估人员应移交案件不移交的，不构成犯罪的，要按照有关规定给予行政处分，构成犯罪的，要依法追究刑事责任。而从近四年来的纳税评估情况看，极少有将评估发现的涉税案件向稽查部门移交的，都是自行处置，仅仅是补税了事，该移交不移交，容易引起执法风险。

二、建议和对策

第一，严格按照税务总局《办法》规定开展纳税评估，建议纳税评估应以管理部门和管理人员为主体，稽查人员不再参与纳税评估。

第二，纳税评估应当主要采用案头分析的方法，不能以评估的名义，使用税务稽查的方法，以避免执法风险。

第三，加强纳税评估和税务稽查的良性互动。纳税评估发现的案源线索及时移交稽查部门，有效地增加稽查针对性，更好地发挥稽查"打击震慑"的作用；稽查部门对评估移交的涉嫌案件，及时处理、及时反馈，不断完善纳税评估，共同促进税收征管质量的提高。

（许巨洪，河北省邯郸市地方税务局稽查局局长；代佳，河北省邯郸市地方税务局稽查局副科长）